Classica et Orientalia

Herausgegeben von
Ann C. Gunter, Wouter F. M. Henkelman,
Bruno Jacobs, Robert Rollinger,
Kai Ruffing und Josef Wiesehöfer

Band 25

2020
Harrassowitz Verlag · Wiesbaden

Kerstin Droß-Krüpe

Semiramis, de qua innumerabilia narrantur

Rezeption und Verargumentierung
der Königin von Babylon
von der Antike bis in die *opera seria* des Barock

2020
Harrassowitz Verlag · Wiesbaden

Cover: unbekannter Künstler, Semiramis wird zu den Waffen gerufen (um 1660/1670), Inv.Nr.: AZ 4383. © Museumslandschaft Hessen Kassel, Gemäldegalerie Alte Meister.

Gedruckt mit Unterstützung der Mariann-Steegmann-Foundation.

Das Copyright für alle nicht anders gekennzeichneten Abbildungen liegt bei der Autorin.

Bibliografische Information der Deutschen Nationalbibliothek
Die Deutsche Nationalbibliothek verzeichnet diese Publikation in der Deutschen Nationalbibliografie; detaillierte bibliografische Daten sind im Internet über https://dnb.de/ abrufbar.

Bibliographic information published by the Deutsche Nationalbibliothek
The Deutsche Nationalbibliothek lists this publication in the Deutsche Nationalbibliografie; detailed bibliographic data are available on the internet at https://dnb.de/.

Informationen zum Verlagsprogramm finden Sie unter
https://www.harrassowitz-verlag.de/

© Otto Harrassowitz GmbH & Co. KG, Wiesbaden 2020
Das Werk einschließlich aller seiner Teile ist urheberrechtlich geschützt.
Jede Verwertung außerhalb der engen Grenzen des Urheberrechtsgesetzes ist ohne Zustimmung des Verlages unzulässig und strafbar. Das gilt insbesondere für Vervielfältigungen jeder Art, Übersetzungen, Mikroverfilmungen und für die Einspeicherung in elektronische Systeme.
Gedruckt auf alterungsbeständigem Papier.
Druck und Verarbeitung: Memminger MedienCentrum AG
Printed in Germany
ISSN 2190-3638
ISBN 978-3-447-11555-1

Parentibus bene merentibus,
marito optimo filioque dulcissimo

Inhalt

Vorwort XI

Hinweise zu Abkürzungen und Textgestaltung XIII

1. Auf den Spuren einer wandelbaren Erinnerungsfigur 1

1.1 Untersuchungsgegenstand, Fragestellung und Ziele 1
1.2 Forschungsstand 7
1.3 Methodische und theoretische Überlegungen 11
1.4 Aufbau der Studie 17

2. Non ti scordar di me – Semiramisbilder 21

2.1 Semiramis in den griechischen und lateinischen Quellen 23
    2.1.1 Herodot 23
    2.1.2 Ktesias/Diodor 24
    2.1.3 Berossos 40
    2.1.4 *Tractatus de mulieribus claris in bello* 42
    2.1.5 Pompeius Trogus/Iustin 44
    2.1.6 Valerius Maximus und Polyainos 51

2.2 Semiramis bei den frühen Kirchenvätern und in den christlichen Chroniken 53
    2.2.1 Euseb und Augustinus 54
    2.2.2 Orosius 56
    2.2.3 Frutolf von Michelsberg 61
    2.2.4 Otto von Freising 63
    2.2.5 Ausblick: Spätere Chroniken 66

2.3 Erinnerungsbausteine abseits der Hauptnarrative 68
    2.3.1 Von der Sklavin zur Königin 69
    2.3.2 Semiramis als Modeschöpferin 70
    2.3.3 Semiramis als Selbstmörderin und Sodomitin 75
    2.3.4 Semiramis und die Kastration 79
    2.3.5 Semiramis und Trier 82

2.4 Antike und mittelalterliche Rezeptionsstränge zur Kriegerkönigin Semiramis – vom Faszinosum zum politisch-moralischen Argument 83

2.5 Semiramisbilder in der Renaissance und Frühen Neuzeit (bis 1729) 91
    2.5.1 Semiramis bei den ‚tre corone fiorentine' 93
    2.5.2 Semiramis im England der Tudor- und Stuartzeit 111

	2.5.3	Semiramis als Reflex der *querelle des femmes* in Italien	118
	2.5.4	Eine Gegentradition? Semiramis unter den *neuf preuses*	127
	2.5.5	Semiramis in Deutschland: Meisterlieder	134
	2.5.6	Entering the stage – Semiramis auf den Theaterbühnen in Italien, Spanien und Frankreich	136
2.6		Rezeptionsstränge und Sinnzuschreibungen vom 14. bis ins frühe 18. Jh. – Semiramis auf dem Weg zum *role model*	160

3. Eine kurze Geschichte der (Barock-)Oper 165

3.1 Oper als Gegenstand historischer Analyse und Erinnerungsgattung. 166

3.2 Die Anfänge des Genres und die Bedeutung der Antike für die Barockoper..... 170

3.3 Zur Struktur der italienischen *opera seria* im 17. und 18. Jh. 172

3.4 Bedeutung und Elemente der Libretti 175

4. Si alza il sipario – Semiramis auf der barocken Opernbühne 181

4.1 Semiramide pre-mestastasiana – Eine Vielfalt von ‚Semiramiden' 181
    4.1.1 Maiolino Bisaccioni – Semiramide in India (1648/1649).............. 181
    4.1.2 Ippolito Bentivoglio – Nino il giusto (1662) 191
    4.1.3 Giovanni Andrea Moniglia – La Semirami (1665/1667) 201
    4.1.4 Anonymus – Semiramide (1671) 224
    4.1.5 Anonymus – La Semiramide (1673).............................. 235
    4.1.6 Ercole Pinamonte Bonacossi – La Semiramide (1674) 241
    4.1.7 Hinrich Hinsch – Semiramis, die aller-erste regierende Königin (1683)... 247
    4.1.8 Francesco Maria Paglia – La Semiramide (1701) 254
    4.1.9 Giorgio Maria Rapparini (?) – La monarchia stabilita (1703).......... 262
    4.1.10 Matteo Noris – La regina creduta re (1706) 272
    4.1.11 Francesco Silvani – Semiramide (1713) 277
    4.1.12 Pierre-Charles Roy – Sémiramis (1718)............................ 292
    4.1.13 Ippolito Zanelli – Nino (1720) 298
    4.1.14 Apostolo Zeno – Semiramide in Ascalona (1725)................... 311

4.2 Semiramide metastasiana – *e pluribus una*.............................. 318
    4.2.1 Umstände der Entstehung...................................... 318
    4.2.2 Argomento und Handlung...................................... 321
    4.2.3 Ideae et species Semiramidis 324
    4.2.4 Überarbeitungen (Auswahl)..................................... 327

4.3 Exkurs: Cross-Dressing und Cross-Gender – Kastraten- oder Hosenrollen? 332

4.4 *Haec placuit semel, haec deciens repetita placebit?* Entwicklungslinien der Semiramis-Rezeption in der *opera seria* 340

5. Fazit: Semiramide riconosciuta, ma poi obliata? 349

			IX
		Inhalt	

6. Bibliographie 357

6.1 Editionen antiker Texte 357

6.2 Editionen mittelalterlicher und frühneuzeitlicher Texte 359

6.3 Sekundärliteratur 361

7. Anhang 417

7.1 Katalog der nachweisbaren barocken Semiramis-Opern 417

7.2 Verbreitungskarten der nachweisbaren barocken Semiramis-Opern 550

7.3 Zeitstrahlen zu den nachweisbaren barocken Semiramis-Opern 559

7.4 Szenenpräsenzen der nachweisbaren barocken Semiramis-Opern 561

7.5 Szenenabgleiche der nachweisbaren barocken Semiramis-Opern 577

7.6 ‚Gegengeschlechtliche' Rollenbesetzungen 584

7.7 Motivkataloge 588
    7.7.1 Antike 588
    7.7.2 Theater 597
    7.7.3 Oper 598

7.8 Zeitstahl der Theaterstücke und Opern 600

8. Indizes 601

8.1 Stellen 601
    8.1.1 Antike Autoren 601
    8.1.2 Bibelstellen und Apokryphen 607
    8.1.3 Mittelalterliche und frühhumanistische Autoren 607
    8.1.4 Inschriften und Papyri 608
    8.1.5 Rechtstexte 608

8.2 Personen 608

Vorwort

Die vorliegende Untersuchung wurde vom Fachbereich Gesellschaftswissenschaften der Universität Kassel im Februar 2020 als Habilitationsschrift im Fach Alte Geschichte angenommen. Für die Veröffentlichung wurde sie leicht überarbeitet und um ein Register ergänzt.

Der Abschluss eines solchen Projektes ist die willkommene Gelegenheit, sich bei all den Menschen zu bedanken, die mir in den letzten Jahren auf vielfältige Weise zur Seite gestanden haben. Mein besonderer und tief empfundener Dank gilt meinem akademischen Lehrer, Prof. Dr. Kai Ruffing, der meinen akademischen Werdegang nun schon zwei Jahrzehnte begleitet. Mein Habilitationsvorhaben hat er, wie alle meine Projekte, von Anfang an vollumfänglich unterstützt und mir an der Universität Kassel ein hervorragendes Arbeitsumfeld geboten. Sein kritischer und holistischer Blick auf die Antike und deren Fortleben hat mich als Wissenschaftlerin maßgeblich geprägt. Unsere zahlreichen Gespräche, seine konstruktive Kritik und sein für meine Anliegen stets offenes Ohr haben viel zum Gelingen dieses Projektes beigetragen. Für seine langjährige Förderung, Inspiration und Freundschaft bin ich sehr dankbar.

Herzlich gedankt sei auch Prof. i.R. Dr. Helmuth Schneider, der mich vom ersten Tage an mit großer Herzlichkeit in Kassel aufgenommen, den Fortgang dieser Arbeit und meiner sonstigen Forschungen immer mit großem Interesse verfolgt und mir eine Vielzahl wertvoller Hinweise, insbesondere auf neuere Inszenierungen antiker Stoffe, gegeben hat. Darüber hinaus hat er sich dankenswerter Weise bereitgefunden, der Habilitationskommission anzugehören.

Mein herzlicher Dank gilt außerdem Prof. Dr. Robert Rollinger, von dessen Perspektive auf die antike Welt ich stark profitiert habe, sowie Prof.es Dr.es Anne-Charlott Trepp und Jörg Requate sowie Dr. Luigi D'Ambrosia als weiteren Mitgliedern der Habilitationskommission – nicht zuletzt, weil sie alle gemeinsam einen zeitnahen Abschluss des Verfahrens selbst unter den herausfordernden Rahmenbedingungen von COVID-19 möglich gemacht haben.

Großer Dank gebührt zudem em. o. Univ.-Prof. Dr. Reinhold Bichler, dem ich viele Einsichten in die antike Historiographie verdanke und der mich als Erster auf das Potenzial der wandelbaren Gestalt der Semiramis aufmerksam gemacht hat, sowie Prof. i.R. Dr. Hans-Joachim Drexhage, von dem ich in meiner Marburger Zeit fachlich wie menschlich viel gelernt habe. Mein Dank gilt weiterhin Dr. Volker Losemann, dem ich von meinem ersten althistorischen Proseminar an verbunden bin.

Vielen Kolleginnen und Kollegen verdanke ich nicht nur wertvolle inhaltliche Hinweise, sondern auch freundschaftliche Begleitung auf dem Weg von der ersten Projektidee bis hin zur Publikation. Mein Dank gilt insbesondere Prof. Dr. Irmgard Fees, Prof. Dr. Lloyd Llewellyn-Jones, Prof. Dr. Anke Ortlepp, Dr. Magdalena Öhrmann, Dr. Patrick Reinard, Prof. Dr. Josef Wiesehöfer und Prof. Dr. Michael Yonan.

Ohne die tatkräftige Unterstützung von Falk Ruttloh, BA wäre mein Arbeiten deutlich schwieriger gewesen; seine Mitarbeit bei Literaturbeschaffung und Archivrecherchen war von unschätzbarem Wert. Lion J.G. Arendt hat die Karten im Anhang der Studie erstellt; Mag.ª Adina Guarnieri und Delila Jordan, BSc BA haben bei den Übersetzungen aus den italienischen Librettotexten geholfen.

Daran, dass diese Arbeit nun vorliegt, haben außerdem viele Freunde und Freundinnen innerhalb wie außerhalb des althistorischen Kosmos gewichtigen Anteil. Mein großer Dank gilt insbesondere Michael Keil, MBA, Dr. Sebastian Fink und Dipl.-Geol. Katrin Schwab, sowie außerdem Dr. Matthias Bode, Markus Diedrich, Dr. Agnès Garcia-Ventura, Dipl.-Psych. Bettina Hecker-Lehrle, Dr. Ramona Grieb, Dr. Silke Hackenesch, Valeska Hartmann, BA, Dr. Helmut Hering, Mag.a Michaela Oberhuber, Dr. Marie Reusch und Almuth Westecker-Hecker. Sie alle haben mit ihrer Freundschaft, ihrer steten Gesprächsbereitschaft und ihrem Optimismus alle Phasen dieses Projektes begleitet und bereichert, wofür ich sehr dankbar bin.

Die Digitalisierung einer großen Zahl der hier behandelten Librettodrucke wurde durch die finanzielle Unterstützung des Kasseler Internationalen Graduiertenzentrum Gesellschaftswissenschaften (KIGG) ermöglicht. Mein Dank gebührt auch dem Personal vor Ort in den Archiven.

Für die Aufnahme der Arbeit in die Reihe CleO und die Möglichkeit zu einer zeitnahen Drucklegung danke ich den Herausgebern und der Herausgeberin der Reihe herzlich. Der Mariann Steegmann Foundation schulde ich Dank für die großzügige Übernahme der Druckkosten.

Ohne den liebevollen Rückhalt, die vielfältige Unterstützung, die endlose Geduld sowie das unerschütterliche Vertrauen meines Mannes, unseres Sohnes und meiner Eltern hätte ich die vorliegende Studie niemals fertigstellen können. Wie groß meine Dankbarkeit ist, lässt sich mit Worten nur völlig unzureichend ausdrücken. Ihnen ist daher dieses Buch gewidmet.

Marburg, im Oktober 2020   Kerstin Droß-Krüpe

Hinweise zu Abkürzungen und Textgestaltung

Die verwendeten antiken Quellen sind, soweit möglich, entsprechend den Konventionen in DNP 3 (1997), XI–XLIV abgekürzt; für dort nicht enthaltene Texte wurden möglichst eindeutige Abkürzungen gefunden. Kursiv gesetzt sind lediglich lateinische Texte; werden längere Passagen aus den antiken Quellen im Original zitiert, ist eine Übersetzung beigefügt.[1] Althistorische Periodika und Lexika werden ebenfalls nach DNP abgekürzt, solche aus den Nachbardisziplinen, so sie nicht absolut einschlägig sind, dagegen vollständig angegeben.

Die Studie folgt der deutschsprachigen Konvention, Libretto – anders als im Italienischen – als Neutrum aufzufassen. Dagegen werden *personaggio* und *argomento* als Maskulina verwendet, wie sie es im Italienischen auch sind. Auf Grund der z.T. etwas sperrigen Sprache der italienischen Librettotexte wurde längeren Passagen eine möglichst wortgetreue deutsche Übersetzung beigegeben. Durch das Bestreben, nah am Ausgangstext zu bleiben, lassen diese Übersetzungen zwar bisweilen sprachliche Eleganz vermissen, geben aber einen genaueren Eindruck von der Satz- und Sprachstruktur der barocken Originale.

Bei Zitaten aus frühneuzeitlichen Texten wurde die jeweilige Orthographie des zu Grunde liegenden Druckes beibehalten; auf eine Wiedergabe nach metrischer Notation wurde allerdings mehrheitlich verzichtet, ebenso wie auf die Übernahme von Zeilentrennern. Die daraus resultierenden Inkohärenzen der Textgestalt wurden dabei in Kauf genommen, in der Hoffnung, dass die Leserschaft sich durch die Vielfalt an Orthographien nicht verwirren lassen werde. Bei der Schreibweise der Rollennamen wurde stets die Namensform gewählt, die der entsprechende Druck bzw. die jeweilige Edition enthält. Dies geschieht nicht zuletzt, um die (musiko-)literarischen Rezeptionen von den Gestalten in den antiken Quellentexten klarer zu trennen. Die Schreibweise der Namen von Komponisten, Librettisten, auf der Bühne agierenden Personen sowie der Spielorte und Spielstätten wurde dagegen vereinheitlicht; gewählt wurde für die Spielorte die Namensvariante in der jeweiligen Landessprache (also Venezia statt Venedig, Firenze statt Florenz).

Für alle Theaterstücke und Opern wurden die Akte in römischen, die Szenen in arabischen Ziffern angegeben. Die jeweils verwendeten Librettodrucke sind dem Katalog der Arbeit zu entnehmen, sie sind überwiegend unpaginiert, weswegen auch bei direkten Zitaten nur auf die jeweilgen Akte und Szenen verwiesen wird. Wenn kein genaues Datum, keine *stagione* und kein Aufführungsanlass einer Aufführung eruiert werden konnte, wurde in die Zeitstrahlen im Anhang der Arbeit jeweils der Jahresbeginn eingetragen. Bei den Szenenabgleichen wurden textliche Abweichungen von bis zu 20% bzw. das Austauschen einer Arie am Szenenende als

---

[1] Damit soll keineswegs verschleiert werden, dass jede Übersetzung der altsprachlichen Originaltexte zugleich auch eine Interpretation darstellt und dass das interpretierende Textverständnis der jeweiligen Übersetzer und Übersetzerinnen nicht zwingend immer das Richtige trifft. Wo philologische Problematiken für die hier interessierenden Fragestellungen evident werden, ist daher ein genauerer Blick in den Originaltext unumgänglich. Zur Subjektivität von Übersetzungen s. auch Apel & Kopetzki ²2003, insb. 37.

(mit Blick auf die Opernhandlung und ihre Charakterzeichnungen) marginale Änderungen kategorisiert,[2] darüber hinausgehende Eingriffe dagegen als deutliche Veränderungen der Szenen aufgefasst.

Es wurde darauf verzichtet, alle erhaltenen Drucke einer Librettovariante anzugeben; im Katalog ist stattdessen nur der jeweils im Rahmen der vorliegenden Arbeit zu Grunde gelegte Druck verzeichnet. Weitere Exemplare sind leicht über Sartori 1990–1994 zu eruieren. Auf die Verwendung von RISM-Bibliothekssiglen wurde verzichtet, die besitzenden Bibliotheken also stets ausgeschrieben. Wird im Anmerkungsapparat auf eine Uraufführung (UA) verwiesen, so wird stets nur das Jahr derselben angegeben. So es nicht möglich war, einen Librettodruck (vollständig) einzusehen, ist dies im Katalog vermerkt.

Für die Mitglieder von mittelalterlichen und frühneuzeitlichen Herrscherfamilien wurden die jeweiligen Lebensdaten hinter der ersten Namensnennung in Klammern angegeben.

Hinsichtlich des Genderings orientiert sich die vorliegende Studie an den Leitlinien der Gesellschaft für deutsche Sprache (GfdS) und verwendet vorzugsweise Doppelnennungen und Ersatzformen.

---

2   Der Austausch einer Arie ist auf der musikalischen Ebene natürlich nicht marginal, verändert aber die vorgestellte Handlung und damit das präsentierte Personenbild nicht bzw. kaum.

1. Auf den Spuren einer wandelbaren Erinnerungsfigur

1.1 Untersuchungsgegenstand, Fragestellung und Ziele

> Al tuo signore di che l'opre de regi, sian di ben o di mal, son sempre esempio.
>
> *Giulio Cesare in Egitto* (UA 1724, London), I/3;
> L.: G.F. Bussani & N. F. Haym, M.: G.F. Händel

Semiramis, legendäre Herrscherin Assyriens, ruhmreiche Herrin über Babylon, bewegt sich seit über 2.500 Jahren im Spannungsfeld zwischen *femme forte* und *femme fatale*. Als Herrscherin über ein Großreich begegnet sie in den verschiedensten antiken Quellentexten, wird dort teils mit Bewunderung, teils mit tiefer Abscheu geschildert und avancierte schnell zu einem herrscherlichen *esempio di ben o di mal*, das sich in der Folge in nahezu allen Literatur- und Kunstgattungen der Spätantike, des Mittelalters, der Renaissance und der Frühen Neuzeit wiederfand und eine ganz besondere Faszination auf den Theater- und Opernbühnen des 17. und 18. Jh.s entfaltete.[1] Wie der italienische Literaturwissenschaftler Cesare Questa treffend formuliert:

> Pochi testi classici hanno conservato per secoli la memoria della regina assira, offrendo tuttavia alle letterature europee spunti rivelatisi di straordinaria ricchezza, in particolare se affidati all'immaginario teatrale.[2]

Ähnlich wie die Amazonen stellt Semiramis die „Macht der männlichen Ordnung"[3] dezidiert in Frage und wird zum Sinnbild für starke und unabhängige Frauen, denen mit Bewunderung, mit Skepsis oder gar mit offener Feindseligkeit begegnet wird. Bis in das frühe 20. Jh. hinein gehörte Semiramis zu den im kulturellen Gedächtnis der westlichen Welt präsentesten Frauengestalten der Antike.[4] Dabei verliert sich bis in die Gegenwart hinein die Ambivalenz ihrer Darstellung

---

1 Angesichts der Quellenlage überraschend die Aussage bei Pettinato 1988, 289: „Das Urteil der Antike über die erste Königin des Orients ist durchwegs positiv (...) selbst die christlichen Autoren können, auch wenn sie die Sittenlosigkeit der Königin verurteilen, nicht umhin, deren wunderbare Leistungen auf dem militärischen und zivilen Bereich zu erwähnen."
2 Questa 1989, 13.
3 Bourdieu 2005, 21.
4 Exemplarisch sei der Roman *Semiramis. Die Palastdame in Beinkleidern* aus dem Jahr 2012 von Jutta Schöps-Körber erwähnt. Auch im Marvel-Comic erscheint Semiramis, und zwar als Nebenfigur in einigen Bänden von Earth-616, der alternativen Realität, in der fast alle Comic-Geschichten des Marvel-Multiversums spielen (vgl. Official Handbook of the Marvel Universe A–Z 10 [1983]; für diesen Hinweis danke ich Falk Ruttloh, BA [Kassel]). Ohne Zweifel ist der Begriff des kulturellen Gedächtnisses, den Jan und Aleida Assmann, basierend auf Maurice Halbwachs' Arbeiten, maßgeblich mit ihren Arbeiten prägten, das – zumindest im deutschsprachigen Raum – meist diskutierte und meist angewandte Konzept der kulturwissenschaftlichen Gedächtnisforschung. Vgl. v.a. Assmann & Assmann 1994, Assmann ⁴2009 u. ⁸2013, aber auch Erll ³2017, 24–30. Insbesondere seine nahezu universelle Anknüpfbarkeit an unterschiedlichste Fachdisziplinen machen dieses Theoriegebäude zu einem hervorragenden Instrumentarium der Erforschung

nicht. Je nach dominierenden Diskursen über Weiblichkeit und/oder Herrschaft wird ihre Gestalt auf unterschiedliche Arten ausgedeutet und kontextualisiert. An ihrem Exempel werden durch die Epochen hinweg Weiblichkeit und Herrschaft miteinander verknüpft, Transgressionen von weiblichen Handlungsräumen thematisiert, Geschlechterordnungen und Geschlechternormen verhandelt und über Handlungsspielräume für das weibliche Geschlecht reflektiert. Semiramis, ursprünglich eine Gestalt aus der griechischen Historiographie, wird dabei vielfach rezipiert, verargumentiert[5], instrumentalisiert und refiguriert – sie gerät über die Jahrhunderte hinweg einerseits zu einem Leitbild, andererseits aber auch zu einem als bedrohlich empfundenen, furchterregenden Entwurf von Weiblichkeit und Herrschaft.

Zwar hat die Gestalt der Semiramis in der althistorischen wie auch altorientalistischen Forschung mehrfach Beachtung erfahren,[6] eine historisch-kritische Aufarbeitung des in den zahlreichen Quellentexten präsentierten Semiramisbildes stellt allerdings noch immer ein Desiderat der Forschung dar. Bisherigen Studien zur Gestalt der Semiramis haben v.a. auf die Frage ihrer Historizität fokussiert und selten nach dem ‚Sitz im Leben'[7], also nach Abfassungskontext, Aussageintention, Rezipientenkreis, Literaturgattung etc. der sie behandelnden Texte sowie nach den in diesen enthaltenen Motivkonjunkturen gefragt.[8] Dieses Desiderat bilden den Ausgangspunkt der vorliegenden Arbeit, die längsschnittartig die Wahrnehmungen, Deutungen und Verargumentierungen der Semiramis als Erinnerungsfigur durch die Jahrhunderte analysiert.[9] Darüber hinaus nimmt sich die vorliegende Studie eines noch unzureichend erforschten Aspektes an: der Rezeption und Verargumentierung der Semiramis in der Oper des Barock, in der sie eine herausragende Position einnimmt. Über 200 Opern befassen sich mit ihrer Person – ein eindrücklicher Beleg für die Attraktivität dieser Figur für die Librettisten bzw. Komponisten des 17. und 18. Jh.s und für die Wirkmächtigkeit der Oper als Medium von Antikenrezeption.[10] Gerade die Oper

---

    von Rezeptionsphänomenen als gemeinschaftliche, identitätsstiftende und retrospektiv konstruierte Vergegenwärtigung von Vergangenheit. S. a. Assmann 1988, 1998 u. 1999, sowie unten unter Kapitel 1.3.
5 Zum Begriff der Verargumentierung vgl. Niggemann & Ruffing 2011, 16–17.
6 Vgl. dazu ausführlicher unter Kapitel 1.2.
7 Der Terminus ‚Sitz im Leben' geht auf den evangelischen Alttestamentler Hermann Gunkel zurück, der ihn zu Beginn des 20. Jahrhunderts für die formgeschichtliche Bibelexegese des Alten Testamentes entwickelt hat: „Jede alte literarische Gattung hat ursprünglich ihren Sitz im Volksleben Israels an einer ganz bestimmten Stelle. (...) Wer die Gattung verstehen will, muss sich jedesmal die ganze Situation deutlich machen und fragen: wer ist es, der redet? wer sind die Zuhörer? welche Stimmung beherrscht die Situation? welche Wirkung wird erstrebt?" (Gunkel 1913, 33). Gunkel hat dabei allerdings zunächst keine literarischen Texte, sondern das gesprochene Wort vor Augen; erst in der Folgezeit wird der Terminus auch für die Sprach- und Literaturwissenschaften adaptiert und erweitert; vgl. Voßkamp 1977, 27–44. So auch bereits Martin Franz Dibelius (1919, 7), der betont, der Sitz im Leben meine „die geschichtlich-soziale Lage, in der gerade literarische Formen ausgebildet werden".
8 Unter den jüngeren Arbeiten über Semiramis erwähnenswert sind v.a. Comploi 2000, 223–244; Asher-Greve 2006; Bichler 2014, 55–71; Beringer 2016; Stronk 2017. Selbstverständlich dürfen auch die verdienstvollen älteren Arbeiten von Lehmann-Haupt, Eilers, Pettinato und Nagel nicht unerwähnt bleiben, die das antike Quellenmaterial zu Semiramis allerdings eher summarisch behandeln, sich dabei aber oftmals ausschließlich auf die Hauptüberlieferung (Ktesias/Diodor, Trogus/Iustin und Orosius) konzentrieren und/oder im Geiste des Historismus der Spurensuche einer ‚realen' Semiramis verpflichtet sind: Lehmann-Haupt 1900/1901, 256–281 u. 1918, 243–255; Eilers 1971; Nagel 1982; Pettinato 1988. Dazu ausführlicher unter Kapitel 1.2.
9 Zum Begriff der Erinnerungsfigur s. Assmann 1988, 12 u. ^{8}2013, 38 mit Anm. 19.
10 Die einzige Arbeit, die sich diesem Aspekt bislang widmet, ist Questa 1989, der allerdings eher eine literaturwissenschaftliche, stoffgeschichtliche Untersuchung vorlegt und die Fragen, die im Fokus der vorliegenden

bildet in ihrer Plurimedialität einen ganz besonders fruchtbaren Nährboden für die Rezeption antiker Themen. Während heute vermutlich „kein anderes Medium das Bild über die Antike so sehr [beeinflusst] wie der kommerzielle Film"[11], kommt in der Frühen Neuzeit der Oper die prägende Rolle bei der Ausformung eines kulturellen Gedächtnisses über die antike Welt zu. Die Oper, so die dieser Studie zu Grunde liegende These, fungierte als Multiplikator, mittels dessen Semiramis und andere antike Gestalten aus den Gelehrtenstuben in ein breiteres öffentliches Bewusstsein, in die populäre Wahrnehmung, gerückt wurden.[12]

Ein höchst eindrucksvolles Beispiel für die Wirkmächtigkeit der Oper im Rahmen von Erinnerungsbildung und Ausformung von Vergangenheit liefert Richard Wagners *Ring des Nibelungen*. Denn „[w]enn Deutsche bis zu ‚Asterix und die Goten' als Germanen mit Spitzhelmen, Schild und Kettenhemd imaginiert wurden, dann lag das mit an Neumanns Tournee mit der Bayreuther Ausstattung von 1876."[13] Der Leipziger Opernimpresario Angelo Neumann war nämlich mit der persönlich von Richard Wagner erworbenen Ausstattung des *Ringes* mehrere Jahre durch ganz Europa gereist und hat so ein schier unauslöschliches Bild von ‚den Germanen' in die Köpfe seines Publikums gebrannt, das auch fast 150 Jahre später noch von enormer Wirkmächtigkeit ist – die von Richard Wagner geschaffenen Germanenbilder determinieren das imaginierte Aussehen der Germanen bis ins 21. Jh. hinein. Ähnliches ist auch für Vertonungen und visuelle Repräsentationen der Semiramis-Geschichte(n) anzunehmen, da die Mechanismen der Oper sich zwischen dem 18. und 19. Jh. nicht grundlegend veränderten, wenn auch der inhaltliche Fokus sich von antiken hin zu veristischen Stoffen verschob. Anders als zu Wagners Zeit stand aber im Barock vor allem der Text einer Oper im Vordergrund.

Am Beispiel der Barockoper, genauer der italienischen *opera seria*, zeigt diese Studie daher Variationen und Beständigkeiten der jeweils präsentierten Semiramisbilder auf und fragt so nach der Aneignung von Antike durch spätere Epochen.[14] Dabei wird Rezeption im Rahmen dieser Arbeit aufgefasst als Erinnerungskultur, als Neukonstituierung und/oder Refiguration vergangener Personen bzw. Ereignisse mit dem Ziel der Orientierung und Sinngebung für die jeweilige Gegenwart. Während die Opernlibretti selbst eine allochthone mittelbare Form bilden, also vorhandene Elemente der Erinnerungskultur umnutzen, dienen als Grundlage oftmals autochthone Präsentationsformen der Erinnerungskultur, also materielle oder ritualisierte Gedächtnismedien, die intentional als Elemente einer Erinnerungskultur geschaffen wurden. Im Rahmen späterer Vergangenheits- (und Gegenwarts-)Konstruktion erhalten diese aber oftmals neue Bedeutungen – Antike wird „generell erst durch Imagination und Bezugnahmen konstruiert".[15] Ulrich Niggemann und Kai Ruffing sprechen hier von wechselnden ‚Aneignungssituationen'. In diesen Aneignungssituationen bzw. (Re-)Konstruktionsprozessen wird Vergangenes so stets neu geschaffen, ohne dass dies den jeweiligen Akteuren dabei zwingend bewusst sein muss.[16] Das Verfassen eines

---

Studie stehen, kaum berührt. Auch enthält seine Arbeit lediglich einen Bruchteil der Semiramis-Opern; von den hier zusammengetragenen Libretti aus der Barockzeit werden von ihm nur 13 näher behandelt.

11 Wenzel 2005, 15.
12 Was Philipp Ther (2006, 14) in seiner wegweisenden Studie über die Oper des 19. Jh.s formulierte, gilt auch für die Oper des Barock: „Was auf der Bühne gespielt wurde, ist daher für die Geschichtswissenschaft von ebenso großem Interesse wie die Gesellschaftsgeschichte der Oper."
13 Ther 2010a, 18.
14 Ähnlich auch Manuwald 2003, 3 für Nero.
15 Niggemann 2019, 45; s. a. Berek 2009, insb. 177–179.
16 Niggemann & Ruffing 2013.

Librettos – im Barock im Regelfall eine Auftragsarbeit – wird hier jeweils als eine solche Aneignungssituation aufgefasst, ebenso wie jede Wiederaufnahme bzw. Adaption desselben.

Der außerordentlich produktiven nachantiken Rezeption der Gestalt der Semiramis ist sich von althistorischer Seite bislang noch nicht genähert worden.[17] Umfangreichere altertumswissenschaftliche Arbeiten zur Antikenrezeption auf der Opernbühne sind ebenfalls vergleichsweise selten. Erwähnung verdienen in diesem Kontext v.a. die verdienstvollen Arbeiten von Jan Assmann zu Mozarts *Zauberflöte*, Robert Ketterers *Ancient Rome in Early Opera* sowie Gesine Manuwalds Untersuchungen zur Rezeption des römischen *princeps* Nero.[18] Von den vielfältigen Arbeits- und Forschungsgruppen, die sich – aus den Altertums- und/oder Geschichtswissenschaften kommend bzw. in diesen verankert – in den letzten Jahren mit Antikenrezeption befass(t)en,[19] ist es – soweit ich sehe – allein das internationale Forschungsnetzwerk „Imagines: Antiquity in the Visual and Performing Arts" (gegründet 2007), das auch der Oper einen expliziten Platz einräumt.[20]

Eine größer angelegte, längsschnittartige Studie, die nicht nur die Operntexte, sondern auch die antiken Quellengrundlagen und deren literarisches Fortleben bis hin zur ersten Umsetzung als Librettotext mit den jeweiligen politischen, sozial- und kulturhistorischen Entstehungskontexten in den Blick nimmt, steht noch aus. Mit dem Ziel, das Spektrum bisheriger Untersuchungen über die Bearbeitung des Semiramis-Stoffes zu erweitern, leistet die vorliegende Studie einerseits einen Beitrag dazu, die antike und nachantike Überlieferung zu Semiramis und die damit verbundenen Reflexe von Diskursen über weibliche Handlungsräume und deren Transgression sowie Genderfragen einer Analyse zu unterziehen. Andererseits bietet sie eine Auswertung der bislang mehrheitlich nicht edierten Libretti der italienischen *opera seria* des Barock, in denen explizit auf die Gestalt der babylonischen Königin Semiramis rekurriert wird. Gerade in der ita-

---

17 Mit einzelnen Aspekten der Rezeption der Semiramis befassten sich die Mediävistin Irene Samuel (1943), die Literaturwissenschaftler Herta Haun (1949), Cesare Questa (1989), Maximilian Benz (2015) und Alison Beringer (2016) sowie die Altorientalistin Julia Asher-Greve (2006). Siehe dazu unten unter Kapitel 1.2.
18 Assmann 2005a u. 2018; Ketterer 2009; Manuwald 2013; vgl. ferner Castillo 2015, 79–91. Gesine Manuwald (2018) hat außerdem jüngst die Rezeption Ciceros auf den Theaterbühnen seit 1574 untersucht.
19 Man denke im deutschsprachigen Bereich v.a. an die beiden Sonderforschungsbereiche SFB 343 „Erinnerungskulturen" und 644 „Transformationen der Antike". Zu beiden s. unter Kapitel 1.2. Erwähnenswert ist weiterhin die Forschergruppe „Antiquity and the Classical Tradition" am Department of Archaeology, History, Cultural Studies and Religion (AHKR) der Universität Bergen, die Forschergruppe „Classical Receptions" an der Universität Amsterdam, das „Classical Reception Studies Network" (CRSN) am Classical Studies Department an der Open University sowie das an der baskischen Universidad del País Vasco angesiedelte und vom spanischen Ministerio de Economia y Competivity geförderte Projekt „Antigüedad, nacionalismos e identidades complejas en la historiografía occidental – Antiquity, Nationalism and Complex Identities in Western Historiographies" (2012–2014).
20 http://www.imagines-project.org/about/ (letzter Zugriff: 12.3.2017). Alle bislang publizierten Bände zu den Imagines-Konferenzen enthalten auch Beiträge zur Oper. Am stärksten ist die Oper dabei auf der Eröffnungskonferenz des Netzwerkes 2007 in Logroño vertreten – vier Beiträge des Tagungsbandes befassen sich mit Antikenrezeption auf der Opernbühne: Castillo Pascual 2008, 119–143; Herreros 2008, 145–158; Melfi 2008, 159–164; Fontano Schiavone 2008, 165–180. Beiträge zur Oper werden in den folgenden Tagungsbänden des Netzwerkes weniger zahlreich, reißen aber bis hin zum 5. Netzwerktreffen in Turin 2016 nie ganz ab: Reig & Carruesco 2013, 109–120; Reig & Carruesco 2015, 93–102; Carruesco & Reig 2018, 147–164. Unpubliziert: P. Castillo, The Emperor Nero in the Baroque Opera. Tradition or Manipulation, Vortrag gehalten auf der 5. Imagines-Konferenz „The Fear and the Fury. Ancient Violence in Modern Imagination", Turin 2016. Ein gemeinsames theoretisches Konzept oder zumindest eine einheitliche Terminologie liegt diesem Netzwerk allerdings nicht zu Grunde.

lienischen *opera seria*, die sich im Barock zu einer transeuropäischen Kulturgattung entwickelte, wurde der Rezeption antiker Stoffe eine besondere Bedeutung beigemessen. In allen höfischen und bürgerlichen Theatern Europas – mit der Ausnahme Frankreichs, wo sich mit der *Grand opéra* ein gänzlich anderer Operntypus etablierte – war die *opera seria* nicht nur die unangefochten vorherrschende Gattung, sondern zudem zentraler Teil des kulturellen und gesellschaftlichen Lebens.[21] Der Präsentation von *exempla*[22] – insbesondere *esempi di ben*, aber durchaus auch abschreckenden *di mal*[23] – kam in dieser Kunstform eine zentrale Rolle zu. Barockoper hatte in diesem Sinne einen ‚Erziehungsauftrag'. Sie präsentierte also, ganz ähnlich wie Diodor, Orosius, Boccaccio, Petrarca, Peter Idley und viele mehr, Semiramis als historisches bzw. historisch gedachtes Exempel, von dem es zu lernen galt.[24] Spätestens um 1800 fand in der Oper ein Paradigmenwechsel statt, der nun die Musik als Leitkunst gegenüber den anderen Künsten deutlich heraushob – die Oper blieb zwar auch in der Romantik eine zentrale musikalische Gattung, doch zeichnen sich mit der Frühromantik andere musikästhetische Tendenzen und Schwerpunkte ab. Die *opera seria* fand keinen Platz mehr in den bürgerlichen Gesellschaften des 19. Jh.s.

Die vorliegende Studie behandelt Libretti, die zwischen 1648 und 1729 entstanden sind.[25] Der Beginn des Untersuchungszeitraums wird dabei determiniert von der ersten Vertonung des Semiramis-Stoffes für die Oper. Das Ende desselben bildet das Libretto *Semiramide riconosciuta* von Pietro Metastasio, wobei die Bearbeitungen dieses Operntextes bis zum Tode von Johann Adolf Hasse im Jahre 1783, der im Rahmen dieser Arbeit als Ende des (musikalischen) Barock aufgefasst wird, mit einbezogen werden. Dabei werden die musikdramatischen Texte nicht nur auf ihren Inhalt und das jeweilige in ihnen kompilierte und präsentierte Semiramisbild hin untersucht, sondern auch die Aufführungskontexte sowie Adressaten und Adressatinnen beleuchtet, um der Kasualgebundenheit solcher Aufführungen insbesondere auf höfischen und hof-

---

21 Zwar werden auch in der französischen Musik antike Stoffe und orientalische Sujets rezipiert, doch setzt diese Rezeption erst deutlich später ein; Schneider-Seidel 2002, 11–13 u. 53–59. Weiterhin ist die französische *Grand opéra* ihrem Charakter nach deutlich verschieden von der *opera seria*, was Einfluss auf die Libretti und die Dramaturgie hat. Zur Geschichte der französischen Oper vgl. einführend Fulcher 1988 u. Charlton 2003.

22 Unter *exemplum* wird ein Stilmittel der antiken Rhetorik verstanden, das Beispiele aus der Vergangenheit zur Unterstützung der eigenen Argumentation heranzieht; vgl. Quint. inst. 5,11,1–6, Sen. epist. 6,5 sowie Lumpe 1966, 1230–1239. Das Konzept des *exemplum* war allerdings bereits in der Antike auch in anderen Kunstgattungen wie Skulptur oder Malerei übernommen worden und sollte sich für spätere Epochen als äußerst wirkmächtig erweisen; Fuhrmann 1973, 449–452; Moos 1988.

23 Hier ist vor allem an die zahlreichen Opern zur Gestalt des römischen *princeps* Nero zu denken; Hess 2011, 769–782 u. Manuwald 2013.

24 Van Wickevoort Crommelin (1993, 189) sieht sagenhafte Herrschergestalten und Reichsgründer wie Ninos und Semiramis in den antiken Ursprungsgeschichten über die Genese von Völkern und Reichen als „an der ‚Schwelle' zur ‚Geschichte'".

25 Auch in späterer Zeit befassen sich noch etliche Opern mit ihrer Gestalt. Die Opern des 18. Jh.s wurden dabei im Katalogteil ergänzend aufgenommen; Semiramis-Opern entstehen aber bis in das 20. Jh. hinein: Ottorino Respighi verfasste 1910 eine Oper mit dem Titel *Semirâma* (UA 1901, Bologna, L.: Alessandro Ceré auf Basis von Voltaires *Sémiramis* von 1748) und Richard Strauss erwog noch 1939 in Zusammenarbeit mit Stefan Zweig und Joseph Gregor die Abfassung einer Semiramis-Oper auf Basis des Dramas *La hija del aire* von Pedro Calderon de la Barca in einer freien Bearbeitung von Hugo von Hofmannsthal. Schon 1907/1908 hatte Strauss erste Skizzen und einen Entwurf für die Disposition des Stückes angefertigt. Vgl. Brosche 2012, 255–267 u. Schmidt 2014, 281. Im 20. Jh. widmeten ihr auch Arthur Honegger (*Sémiramis*, UA 1934, Paris; mit Ida Rubinstein in der Titelrolle) und Peter Hamel (*Semiramis*, UA 1983, Salzburg) musikalische Werke.

nahen Bühnen und ihrer Funktion im Rahmen herrscherlicher Machtdemonstration im Sinne einer *representatio maiestatis* Rechnung zu tragen.[26]

Auch wenn die Oper eine plurimediale Kunstform bildet, konzentriert sich die vorliegende Arbeit ausschließlich auf die Librettotexte. Dies ist zum einen der Tatsache geschuldet, dass die Partituren oftmals nicht erhalten sind, da sie, im Gegensatz zu den Textbüchern, nicht in gedruckter Form vorlagen.[27] Zum anderen trägt diese Fokussierung der besonderen Bedeutung der Librettisten im Barock Rechnung – der Text der Oper wird im Barock als das zentrale Element aufgefasst, dem sich die akustische und optische Ausgestaltung der Oper unterzuordnen habe.[28] Mit Anja Overbeck wird hier die Auffassung vertreten, dass bei der Beschäftigung mit einer Oper des Barock, auch wenn sie aus mehreren Komponenten besteht (Text, Musik, Bühnenbild und Kostüme, Dramaturgie), dennoch jede der Einzelkomponenten für sich betrachtet werden kann, da ihre einzelnen Bestandteile modular sind, ergo auch für sich allein stehen können.[29] Manche Libretti sind nie vertont worden, existieren aber in Drucken dennoch; Opern lassen sich konzertant aufführen, und insbesondere die Werke Pietro Metastasios, einem der bedeutendsten Librettisten seiner Zeit, sind auch als reine Bühnenstücke als wirkmächtig empfunden worden.[30] Librettotexte bieten deutlich mehr als nur die von Sängern und Sängerinnen auf der Opernbühne gesungenen Worte, sie besitzen vielmehr für das auf der Bühne präsentierte Geschehen eine entscheidende Dimension. Sie sind Spiegel bestimmter historischer Situationen und gesellschaftlicher Diskurse.[31]

Neben der Gegenüberstellung von antikem Quellenmaterial und musikdramatischen Texten im Hinblick auf deren jeweiligen Sitz im Leben, ihre intertextuellen Bezüge und die jeweils verhandelten Frauenbilder verfolgt die Arbeit noch weitere Ziele. So gilt es herauszuarbeiten, in welcher Weise die heterogenen Semiramisbilder Resultate verschiedener Weiblichkeitsentwürfe von der *femme forte* bis zur *femme fatale* sind und wie Debatten über die Geschlechterordnung und die Fähigkeit von Frauen zu Herrschen (oder aber ihre Unfähigkeit dazu) das Erinnern an Semiramis in unterschiedlichen Epochen beeinflusst haben. Weiterhin wird danach gefragt, wie Semiramis im Rahmen der einzelnen Texte funktionalisiert wird, welche Intentionen auf Seiten der quasi ausschließlich männlichen Verfasser der hier behandelten Texte bei der Ausgestaltung ihrer jeweiligen Semiramisbilder geleitet haben (könnten) und wie wirkmächtig die so ausgestalteten Bilder in der Folgezeit waren.

Zusammengefasst ist das Ziel dieser Studie also, darzulegen, wie Semiramis wann von wem erinnert, verargumentiert, instrumentalisiert und konstruiert wurde. Zudem soll aufgezeigt werden, dass der Barockoper eine entscheidende Rolle als Katalysator und Multiplikator der diskursiven Imaginationen von Semiramis als Herrscherin, Frau, Kriegerin, Hure und ‚Orientalin'[32]

---

26 Berns 1984, 298 u. 302; Habermas 1990, 62; Mücke 2005, 217–218.
27 Vgl. dazu Krämer 2008, 64–65.
28 Vgl. dazu ausführlich unten unter Kapitel 3.2.
29 Overbeck 2011, 4.
30 Vgl. z.B. Hiller 1786, 148.
31 Vgl. Kesting 2017, 11–12.
32 Angesichts der seit etwa 40 Jahren geführten Debatte über den Orientalismus in der europäischen und nordamerikanischen Wissenschaftstradition besitzt die Frage nach einem Orientalismus in der Antike Bedeutung. Reinhold Bichler (2007, 475) betont zu Recht, „dass bereits der pauschalisierende Begriff eines antiken Orient-Bildes verfänglich ist". Die These, dass „der Orient" als ein ideologisches Konstrukt aus westlicher Perspektive namens „Orientalismus" verstanden werden könne (und müsse), wurde 1978 durch den palästinensischen Literaturwissenschaftler Edward W. Said aufgebracht, der mit seinen wegweisenden Monographien *Orientalism* (1978) und *Culture and Imperialism* (1993) einen entscheidenden Anstoß für die

zukommt. Dabei ist die Studie bewusst als Längsschnitt angelegt, der mehrere Epochen abdeckt, dabei aber eine althistorische Perspektive einnimmt. Eine strenge Fixierung auf eine Trinität aus Antike – Mittelalter – Neuzeit als „drei Phasen, an denen man nicht zu rütteln wagt"[33], mündet allzu häufig in einer eurozentristischen Geschichtswissenschaft und verstellt den Blick auf eine universalgeschichtliche Perspektive.[34] Manche historischen Phänomene sind nur dann – zumindest versuchsweise – zu erfassen, wenn man die engen Epochen- und Fächergrenzen verlässt und den Versuch wagt, „die imaginären Mauern um die klassische Antike niederzureißen".[35]

1.2 Forschungsstand

In Ergänzung zu den bereits genannten Forschungsbeiträgen zur Antikenrezeption in der Oper und zur Gestalt der Semiramis soll hier eine etwas umfassendere Darlegung der bisherigen Arbeiten folgen. Dabei soll zunächst der Blick auf Arbeiten zu Semiramis gerichtet werden.

Die antike Überlieferung zu Semiramis ist seit vielen Jahrzehnten in der altertumswissenschaftlichen Forschung beleuchtet worden. Besondere Erwähnung verdienen hier die eher dem Historismus verpflichteten älteren Studien von Carl Friedrich Lehmann-Haupt.[36] Ähnlich angelegt sind die Arbeiten von Lewy (1952, 264–286), Eilers (1971), Schramm (1972, 513–521), Nagel

---

sich seit den 80er Jahren des 20. Jh.s herausbildenden post-colonial studies gab. Demnach ist der Orient kein geographisch vom Okzident unterscheidbares Territorium, sondern eine westliche Idee; geschaffen zur Abgrenzung gegenüber dem Anderen/Fremden. Auch wenn Saids Thesen häufig und stark kritisiert wurden, ist ihr großer Einfluss auf die Geschichtswissenschaft des letzten Drittels des 20. Jh.s unbestritten. Orient wird im Rahmen dieser Arbeit primär verstanden als geographisch determinierter Raum, in dem bestimmte Topiken verortet werden (können). Ist die Rede von Orient bzw. Orientbildern, werden diese also nicht im Said'schen Sinne als Resultat eines eurozentrischen imperialen Diskurses der Neuzeit begriffen, da zu Grunde gelegt wird, dass es weder den Orient noch die Griechen, die Römer oder die Antike geben kann. Vgl. Meyer-Zwiffelhofer 2007, 501–594, insb. 506–507. Dennoch wird von der Prämisse ausgegangen, dass auch in der vormodernen Welt ‚Orient' als Chiffre für die Reflexion anderer geschichtlicher Ereignisse und Diskurse funktionalisiert werden kann.

33 Spengler 1972, 27.
34 Das dreiteilige Schema Antike – Mittelalter – Neuzeit, das von dem Philosophen Joachim von Fiore im 12. Jh. aus der Trias Vater – Sohn – Heiliger Geist abgeleitet wurde, ist bis heute wirksam, determiniert es doch die an fast allen Universitäten übliche Einteilung der historischen Fachdisziplinen. Studienprogramme wie ‚Ancient, Renaissance and Medieval Studies' am Ripon College in Wisconsin, ‚Classical and Medieval Studies' am Bates College in Maine oder ‚Ancient, Medieval and Early Modern Studies' an der University of Melbourne bilden nach wie vor die Ausnahme. Dabei hatte sich bereits der Kulturphilosoph Oswald Spengler in seinem 1918 bzw. 1922 erschienenen Hauptwerk *Der Untergang des Abendlandes* vehement gegen diese strenge Epocheneinteilung ausgesprochen: „Altertum – Mittelalter – Neuzeit: das ist das unglaubwürdig dürftige und sinnlose Schema, dessen unbedingte Herrschaft über unser geschichtliches Denken uns immer wieder gehindert hat, die eigentliche Stellung der kleinen Teilwelt, wie sie sich seit der deutschen Kaiserzeit auf dem Boden des westlichen Europas entfaltet, in ihrem Verhältnis zur Gesamtgeschichte des höheren Menschentums nach ihrem Range, ihrer Gestalt, ihrer Lebensdauer vor allem richtig aufzufassen." (Spengler 1972, 21); vgl. Fink 2013, 274–277. Zur Problematik von Epocheneinteilungen s. außerdem Bichler 1983, insb. 145–157. Auch einer der Gründungsväter der kulturwissenschaftlichen Gedächtnisforschung, Aby Warburg, wandte sich klar gegen die Sicht auf Antike, Mittelalter und Neuzeit als drei getrennte Epochen, sondern vertrat die Auffassung, sie seien vielmehr als eine einzige zusammenhängende zu betrachten; Warburg 1932, 478–479.
35 Fink 2013, 294.
36 Lehmann-Haupt 1900/1901, 256–281; 1910; 1918, 243–255 u. 1965, 678–702.

(1982) oder Pettinato (1988). Gegenstand all dieser Abhandlungen ist primär die Frage nach einer historischen Semiramis, ihr Ziel ist letztlich das Herausschälen eines wahren historischen Kerns und eine Synthese der Quellentexte. Im Gegensatz dazu interessiert sich die vorliegende Studie nicht dafür, ob sich in der zuerst in der griechischen Historiographie in Erscheinung tretenden Gestalt der Semiramis der Reflex einer historischen Persönlichkeit, nämlich jener der assyrischen Königin Sammu-rāmat aus dem späten 9. Jh. v.Chr., fassen lässt. Seit vielen Dezennien hat sich die Forschung immer wieder bemüht, die Gattin Šamšī-Adads, die aus mehreren Inschriften bekannt ist, als „historisches Urbild"[37] der Semiramis zu identifizieren. So postuliert beispielsweise Fritz Hommel:

> Die Semiramis der griechischen Sage ist einerseits die historische assyrische Königin Sammuramat, die Mutter des Hadadniari IV. (...), andererseits die Göttin Ishtar.[38]

Auch in der *Prosopography of the Neo-Assyrian Empire* heißt es jüngst:

> In Classical sources Sammu-ramat appears as Σεμιραμις or Σεμυραμις.[39]

In der Tat scheint ein aus Uruk stammendes Dokument, in dem eine Griechin – Krate – einerseits als große Bauherrin genannt und andererseits mit einem babylonischen Namen versehen wird, der klar an Sammu-rāmat anklingt, eine Brücke zu schlagen.[40] Bei genauerer Betrachtung zeigt sich aber, dass die zentralen Aspekte der griechisch-römischen Semiramis-Tradition, nämlich ihre langjährige Alleinherrschaft über Babylon, die kriegerische Expansion des Reiches und ihre Tätigkeit als Bauherrin, sich nicht überzeugend mit Sammu-rāmat in Verbindung bringen lassen.[41] Die Frage nach einem historischen Kern für die literarische Gestalt der Semiramis soll im Rahmen dieser Arbeit allerdings vor allem deswegen ausgeblendet werden, da sie für die Rezeption und Verargumentierung der assyrischen Königin nicht von Bedeutung ist. Weder für die griechische Historiographie noch für die lateinischen Historiker, für die christlichen Chronisten oder für die Literaten der Renaissance und des Barock spielt die Trennung von historischer und historisierter mythologischer Gestalt eine Rolle – Semiramis wird in diesem Sinne stets als historische Person wahrgenommen, ihre reale Existenz nicht in Frage gestellt.[42] Semiramis wird

---

37 Dazu Rollinger 2010a, 385. Vgl. v.a. Pettinato 1988, aber auch Lewy 1952, 264–286; Lehmann-Haupt 1965, 678–702; Eilers 1971 u. Schramm 1972, 513–521 sowie Gera 1997, 68–69.
38 Hommel 1921, 286.
39 Novotny 2012, 1083–1084. Auch Stephanie Dalley (2013, 117) postuliert die Existenz eines „genuine historical background for Sammu-ramat, the Assyrian queen whose name in Greek tradition was Semiramis."; ähnlich auch Dalley 2005, 12–22 sowie Capomacchia 1986, Lenfant 2004, XLIII u. Pinnock 2006.
40 YCB 11633; vgl. Oelsner 1992, 343–347.
41 Rollinger 2010a, 383–387; zur Frage ob und in welchem Umfang Sammu-rāmat als Regentin für ihren minderjährigen Sohn agierte vgl. zusammenfassend Svärd 2016, 128–130. In dieser Frage ist m.E. Blanco völlig zuzustimmen, der formuliert: „Cependant, les savants spécialistes de la Mésopotamie, ayant diverses raisons de ne pas renoncer à leur droit naturel de propriété sur la belle Sémiramis qui a tant frappé les imaginations, essayèrent tout de même de lui trouver un ancrage dans la réalité (...). Il semble incontestable cependant que la légende de Sémiramis, personnage infiniment plus haut en couleur que Ninos lui-même, fut inventée par des Grecs qui voyagèrent en Orient (...)"; Blanco 2015.
42 Dies wird beispielsweise auch durch das Fehlen eines entsprechenden Lemmas bei Hederich 1770 deutlich. Vgl. auch Muntz 2018, 383: „(...) he [i.e. Diodorus, Anm. d. Verf.in] considers it [i.e. the reign of Ninus, Anm. d. Verf.in] truly historical as opposed to mythical." Ihre Existenz wird lediglich bei dem christlichen Apolo-

daher im Folgenden aufgefasst als „Figur der Erinnerung"[43]; nicht der Realitätsgehalt der Überlieferung ist hier Untersuchungsgegenstand, sondern die pluralistische und wandelbare Verankerung der Semiramis in verschiedenen kulturellen Erinnerungsprozessen. Innerhalb dieser ist sie mythisch und historisch, vergleichbar mit dem Exodus des Volkes Israel aus Ägypten oder dem Trojanischen Krieg, sie ist Bestandteil eines „kollektiv geteilte[n] Wissen[s] vorzugsweise (aber nicht ausschließlich) über die Vergangenheit, auf das eine Gruppe ihr Bewußtsein von Einheit und Eigenart stützt"[44] – sie wird daher aufgefasst als Identifikationsfigur im Rahmen des Assmann'schen kulturellen Gedächtnisses. Auf die rezeptionstheoretischen Grundlagen und insbesondere die hier zu Grunde gelegte Pluralität von kulturellen Erinnerungen wird weiter unten noch näher einzugehen sein.[45]

Aus althistorischer Perspektive hat sich Reinhold Bichler (2014) mit dem Bild der Semiramis befasst und überzeugend herauskristallisiert, dass sie in der hellenistischen Historiographie im Schatten eines Wettkampfes großer männlicher Eroberer memoriert wird, die von seleukidischer bzw. ptolemäischer Seite vereinnahmt werden.[46] Mit der ktesianischen Überlieferung hat sich v.a. Sabine Comploi (2000) auf vorbildliche Art und Weise auseinandergesetzt,[47] zu Valerius Maximus verdient ein Aufsatz von Brigitte Truschnegg besondere Erwähnung.[48] Althistorische Arbeiten neueren Datums, die andere für die Semiramis-Überlieferung zentrale Quellentexte behandeln, blenden dagegen ihre Gestalt fast gänzlich aus. So fehlt sie in den Habilitationsschriften von Michael Rathmann über Diodor (2016) und Dagmar Hofmann über Iustin (2018) quasi völlig.

Zur späteren Rezeption der assyrischen Königin liegen relativ wenige, meist literaturwissenschaftlich ausgerichtete Arbeiten vor. Zuerst hat sich Herta Haun in ihrer Dissertation von 1949 mit dem Titel *Semiramis in den romanischen Literaturen* mit Semiramis befasst und einen Abriss der Semiramis-Stoffe in der europäischen Literaturgeschichte gegeben, der aber selektiv und ober-

---

geten Tatian in Frage gestellt, der in seiner Streitschrift mit der gesamten griechischen Kultur abrechnet; vgl. Tat. 32.

43 Assmann 1998, 18.
44 Assmann 1988, 15.
45 Vgl. dazu zusammenfassend Niggemann 2019, 43–45. Die Pluralität und Dynamik kultureller Erinnerungsprozesse wurden insbesondere im Sonderforschungsbereich (SFB) 434 „Erinnerungskulturen" (1997–2008) an der Justus-Liebig-Universität Gießen entwickelt, aus dem eine Vielzahl an Publikationen hervorgegangen ist. Exemplarisch sei an dieser Stelle nur verwiesen auf Erll ³2017, 34–39 mit umfassender Literaturliste. Auch der SFB 644 „Transformationen der Antike", der 2005 bis 2016 an der Humboldt-Universität zu Berlin, der Freien Universität Berlin sowie dem Max-Planck-Institut für Wissenschaftsgeschichte und der Antikensammlung der Staatlichen Museen zu Berlin angesiedelt war, untersuchte die Antike als wandelbaren Referenzpunkt von Fremd- und Selbstkonstruktionen. Einer der beiden dort angesiedelten Objektbereiche befasste sich explizit mit „Transformationen der visuellen und literarischen Kultur" – wobei allerdings die Teilprojekte aller Förderphasen Theater und Oper aussparten. (Im Rahmen der mit dem SFB 644 verbundenen Reihe „Transformationen der Antike" fokussiert allerdings Gesine Manuwald auf die Transformation eines antiken Stoffes auf den Opernbühnen: Manuwald 2013.) Ein ähnliches Themenfeld bearbeitete auch 2002–2005 eine von der Fritz Thyssen Stiftung geförderte Forschergruppe unter dem Dachthema „Multiple Antiquities – Multiple Modernities" am Collegium Budapestum, hier allerdings explizit auf Basis von Reinhart Koselleck und als *histoire croisée* angelegt – und erneut unter Auslassung der Oper (vgl. http://www.colbud.hu/humanities/05research.html [letzter Zugriff 12.3.2017] sowie die Beiträge in Klaniczay et al. 2011). Die Aktualität solcher Fragestellungen für die Geschichtswissenschaft des 21. Jh.s ist zweifelsohne evident.
46 Bichler 2014, 55–71.
47 Vgl. auch, allerdings deutlich optimistischer was die Dependenzen von Ktesias und Diodor anbelangt, Waters 2017, sowie unter Fokussierung auf Genderaspekte Truschnegg 2011, 403–447.
48 Truschnegg 2002, 360–397.

flächlich gerät. Semiramis als Bühnengestalt wurde im Rahmen einer Stoffgeschichte durch den italienischen Literaturwissenschaftler Cesare Questa behandelt. Er fokussiert dabei insbesondere auf das Libretto von Gaetano Rossi, das der Vertonung ihrer Geschichte durch Gioacchino Rossini zu Grunde liegt, ohne aber Kontext, Verfassende und Zielgruppen dieses und vorhergehender Opernstoffe einzubeziehen.[49] Im Jahre 2016 hat die Germanistin Alison Beringer die mittelalterlichen Narrative zur Semiramis zum Thema einer monographischen Studie gemacht, ihr Fokus liegt dabei auf den deutschen ‚Meisterliedern', die Semiramis häufiger zu Thema haben.[50] Aus historischer Sicht haben vor allem mittelalterliche Adaptionen Aufmerksamkeit erfahren. So hat Irene Samuel (1943) in ihrem immer noch lesenswerten Beitrag ‚Semiramis in the Middle Ages. The History of a Legend' verschiedenen mittelalterlichen Semiramisbildern nachgespürt, Peter Dronkes Aufsatz ‚Semiramis, the Recreation of Myth' (1970/²1986) behandelt eine Umsetzung des Stoffes aus dem 11. Jh.[51] und Maximilian Benz (2015, 347–367) untersucht schwerpunktmäßig die Funktion der Semiramis-Episode in der Weltchronik des Rudolf von Ems aus dem 13. Jh.

Zum Vorkommen und zur Konzeption von Narrativen um die Gestalt der Semiramis in den antiken Texten sowie in der *opera seria* lässt sich somit das Fehlen einer breit angelegten Studie konstatieren, wie Gesine Manuwald sie für die Person des Nero vorgelegt hat.[52] Eine erste diachrone Würdigung der Semiramis hat in jüngster Zeit Julia Asher-Greve unternommen.[53] Dabei kann sie herausarbeiten, dass weniger Semiramis' ‚orientalische' Herkunft, sondern vielmehr sich verändernde Diskurse über weibliche Herrschaft und weibliche Sexualität die babylonische Königin zu einer über die Jahrtausende faszinierenden Figur machten. Dieses Ergebnis verwendet die vorliegende Arbeit als Ausgangsbasis, um der Erinnerung an die Gestalt der Semiramis und den historischen Transformationsprozessen, denen diese Erinnerung in verschiedenen sozialen Gruppen und Epochen unterliegt, auf den Grund zu gehen und intensiver nach den Gründen und Mechanismen ihrer Aus- und Umdeutung als Frau und Herrscherin – und weniger als ‚Orientalin' – im jeweiligen Zeitgeist zu fragen.

---

49 Questa 1989. Giovanni Morelli (1989, 430) nennt Questas Monographie nicht zu Unrecht ein „labirintico libro". Der Kanon der von Questa dort zusammengestellten Operntexte, die sich mit der Gestalt der Semiramis befassen, konnte in der vorliegenden Studie deutlich erweitert werden. Zwar geht er auch kurz auf einige antike Quellentexte zur Gestalt der Semiramis ein, bezieht aber spätere Vorbilder nicht bzw. nur sehr am Rande ein. Insbesondere die Theaterstücke aus Spanien, Italien und Frankreich sowie sämtliche Traktatliteratur fehlen in seinen Betrachtungen.
50 Beringer 2016; zu den Semiramisbildern im Meisterlied s. weiter unten unter Kapitel 2.5.5.
51 Vgl. dazu auch Herschend 2017, 85–121, der den Text als Bühnenstück interpretiert.
52 Manuwald 2013. Andere Arbeiten zur Rezeption antiker Gestalten in der Oper liegen von musikwissenschaftlicher Seite vor, man denke nur an Esch 1994, Herr 2000, Göddertz 2007, Lautenschläger 2008 oder Siranossian & Yevadian 2014. Auch in der Musikwissenschaft hat die Gestalt der Semiramis allerdings noch kaum Beachtung erfahren. So kommt sie etwa bei MacDonald 2000 oder Steinbeck 2010 nicht vor. Eine Ausnahme bildet hier allein Heller 1993, 93–114 u. 2003, 229–262, die auf Semiramis' erstes Auftreten auf der Opernbühne 1648 fokussiert. Nicht unerwähnt bleiben soll, dass für Edward W. Said gerade die Gattung der Oper als westliches Herrschaftsinstrument und Element eines westlichen imperialen Diskurses zu deuten ist, die die orientalische Welt als exotisches ‚Anderes' konstruiert; Said 1993, 111–131; vgl. Kreutziger-Herr 2008, 123–146.
53 Asher-Greve 2006, 322–373. Asher-Greve kompiliert in ihrem Aufsatz eine große Menge an Material, betrachtet dieses aber vorrangig vor dem Hintergrund der Frage nach der Einbeziehung von Gendertheorie in die Orientwissenschaften, weniger unter dem Aspekt der historisch-kritischen Auseinandersetzungen mit den Quellentexten oder der Reichweite der Semiramis-Rezeption.

1.3 Methodische und theoretische Überlegungen

Wie oben dargelegt wurde, sind bisherige Untersuchungen zu Semiramis entweder historistischen Ansätzen verpflichtet oder fokussieren auf einen bestimmten Quellentext, eine bestimmte Quellengattung oder einen bestimmten Zeitausschnitt – längsschnittartige Forschungsarbeiten fehlen dagegen. Die vorliegende Studie versteht sich als ein rezeptionshistorischer Beitrag zur Alten Geschichte, der kulturgeschichtlich und interdisziplinär angelegt ist. Daher bedient sie sich methodischer und theoretischer Überlegungen aus unterschiedlichen Wissenschaftsdisziplinen, um der Frage nachzugehen, wie und warum an Semiramis erinnert wurde. Sie greift Methoden und theoretische Ansätze aus der Geschichtswissenschaft, der Mnemohistorie, der Musik- und Theaterwissenschaft, dem Bereich der Gender Studies und der Literaturwissenschaft auf. Zu Grunde gelegt wird dabei ein poststrukturalistischer Zugang, der Geschichte als Narrativ versteht und Vergangenheit als aus der jeweiligen Gegenwart gedeutetes diskursives Konstrukt begreift.[54]

Dass gerade die Analysekategorie ‚Gedächtnis' in den letzten 30 Jahren zu einem „Leitbegriff der Kulturwissenschaften"[55] avancierte, ist – neben anderen Einflussfaktoren – nicht zuletzt eine Folge der subjekt- und hermeneutikkritischen Ansätze des Poststrukturalismus.[56] Auch im Rahmen dieser Studie wird eine poststrukturalistisch-konstruktivistische Perspektive eingenommen, die davon ausgeht, dass sowohl Erinnerung als auch Geschichte und Geschichtsschreibung als Konstrukte aufgefasst werden müssen, wobei jede schriftliche Fixierung von vergangenem Geschehen als erinnerungskulturelle Praxis zur Selbstreflexion und Selbstidentifikation von sozialen Gruppen der jeweiligen Gegenwart verstanden wird.[57] Historiographische Texte werden

---

54 Pethes & Ruchatz 2001, 13. Ähnlich auch Landwehr 2016, 79.
55 Assmann 2002, 27–45. Ähnlich Kansteiner 2004, 199–139 und Assmann [8]2013, 11. Trotz oder vielleicht auch gerade wegen der Konjunktur, die die Erforschung des Zusammenhangs zwischen Kultur und Gedächtnis seit den späten 1980er Jahren erfahren hat, wird der Einstieg in dieses Arbeitsfeld durch eine überwältigende Masse an Literatur von ungewöhnlicher Heterogenität erschwert. Am Erinnerungsdiskurs partizipieren Sozialwissenschaften, Geschichtswissenschaften, Literaturwissenschaften, Philosophie, Psychologie, Religionswissenschaften, Erziehungswissenschaften und Kunstgeschichte in Europa und den USA. Einen guten Überblick bieten Erll [3]2017 sowie Tamm 2013, 458–473.
56 In den Geschichtswissenschaften wird seit den 1970er Jahren die Frage ventiliert, ob Historiographie nicht selbst eine Form kultureller Erinnerung sei, da sie vergangene Realitäten nicht objektiv abbildet, sondern stets auch perspektivisch ausdeutet. Unter diesem neuen Blickwinkel sind in der jüngeren Forschung neben Texten aus der Antike auch städtische Chroniken des Mittelalters als Erinnerungsgattung eingestuft und somit als „Zeugnisse zur Bewußtseinsgeschichte" (Rösener 2000, 13) analysiert worden, für die lange vornehmlich die Frage nach ihrem Quellenwert sowie die Kritik an der Übernahme von mythischen Erzählungen zur Gründung von Frühgeschichte von Städten im Fokus gestanden hatten. Einen guten Überblick gibt Berek 2009, 10–12; vgl. auch die Beiträge in Niggemann & Ruffing 2011.
57 Dagegen heißt es noch 1824 in Leopold v. Rankes Vorwort zu seinen *Geschichten der romanischen und germanischen Völker*: „Man hat der Historie das Amt, die Vergangenheit zu richten, die Mitwelt zum Nutzen zukünftiger Jahre zu belehren, beigemessen: so hoher Aemter unterwindet sich gegenwärtiger Versuch nicht: er will blos zeigen, wie es eigentlich gewesen ist." (Ranke 1824, VII); während Gottfried Wilhelm Leibniz schon 1714 betont, dass alle Wahrnehmung stets vom Betrachter derselben abhängig ist: „Und wie eine und dieselbe Stadt, die von verschiedenen Seiten betrachtet wird, als eine ganz andere erscheint und gleichsam auf perspektivische Weise vervielfacht ist, so geschieht es in gleicher Weise, daß es durch die unendliche Vielheit der einfachen Substanzen gleichsam ebenso viele unterschiedliche Universen gibt, die jedoch nur die Perspektive des einen einzigen gemäß der verschiedenen Gesichtspunkte jeder Monade sind." (Monadologie § 57, Leibniz 1996, 465). Für diese Hinweise danke ich Dr. Sebastian Fink (Innsbruck) herzlich. Vgl. außerdem White 1973 u. 1978 oder auch Burke 1989, 97–113 sowie Landwehr 2016, 281–316, insb. 313.

also ebenso wie alle anderen hier behandelten literarischen Textgattungen der Antike, des Mittelalters und der Frühen Neuzeit als Literatur aufgefasst und mit Hayden White als zwingend narrativ und nicht etwa rein objektiv verstanden.[58]

Zu Grunde gelegt wird die erstmals bei Maurice Halbwachs formulierte Prämisse, dass Geschichte und Erinnerung sozial determinierte kollektive Konstrukte aus der jeweiligen Gegenwart heraus sind und dass sie damit als erinnerungskulturelle Praxen der Selbstreflexion aufzufassen sind:[59]

> Die Erinnerung ist in sehr weitem Maße eine Rekonstruktion der Vergangenheit mit Hilfe von der Gegenwart entliehenen Gegebenheiten und wird im übrigen durch andere, zu früheren Zeiten unternommene Rekonstruktionen vorbereitet, aus denen das Bild von ehemals schon recht verändert hervorgegangen ist.[60]

Geschichtsschreibung wird im Rahmen dieser Arbeit verstanden als bedeutsamer und prestigeträchtiger Teilbereich einer kulturellen Praxis, als wichtiges Subsystem kultureller Selbstrepräsentation einer sich erinnernden Gemeinschaft und somit letztlich als kulturell kodiertes Medium kollektiver Gedächtnisse, das auf die jeweils verfügbaren Wissenselemente, Topoi, Stereotype, Werte und Narrative zurückgreift und so Vergangenheit (und Gegenwart) konstruiert.[61] Mit Reinhold Bichler wird Historiographie also in dieser Studie als „Kohärenzfiktion auf faktischer Basis"[62] aufgefasst, wobei nicht der wie auch immer geartete faktische Kern von primärem Interesse ist, sondern vielmehr die epistemologischen Überzeugungen, die in diesen Texten zum Vorschein kommen bzw. basierend auf diesen Texten in späteren Zeiten entwickelt worden sind. Geschichtsschreibung wird, ebenso wie Geschichte als Wissenschaft, als eine von mehreren möglichen Formen von Vergangenheitsbezug angesehen, die situativ unterschiedlich ausgedeutet werden kann – letztlich also als Teil des kollektiven Gedächtnisses im Assmann'schen Sinne.[63]

Die Weiterentwicklung von Halbwachs' Theoriegebäude durch die Arbeiten von Aleida und Jan Assmann, die sich aber in einer poststrukturalistisch-konstruktivistischen Perspektive klar von dessen Unterscheidung zwischen *mémoire* und *histoire* abwenden,[64] bildet einen Kernpunkt der vorliegenden Studie. Ihr einflussreiches Konzept des kollektiven Gedächtnisses wird auch für diese Studie als gewinnbringend erachtet, da es einerseits ein Zusammenspiel unterschiedlicher akademischer Fächer durch ein diese verbindendes gemeinsames Erkenntnisinteresse am Zusammenhang von kultureller Erinnerung und Identitätsbildung ermöglicht, andererseits auf die Verbindung von Kultur und Gedächtnis fokussiert und den Blick auf den Umgang mit Vergangenheit und verschiedenen diskursiven und politischen Gegebenheiten schärft. Auch wenn

---

58 White 1973, insb. IX–X u. 11–13 oder auch 1986, 101–122, insb. 122. Damit rückt White auch in die Nähe von Johann Gustav Droysen, der sich ebenfalls bereits vehement gegen die Vorstellung einer objektiven Historie wandte; Droysen [7]1937, 283 u. 287.
59 Vgl. auch Niggemann & Ruffing 2011, 5–22 u. 2013 zur Modellhaftigkeit der Antike, die als variabel einsetzbarer kultureller Code verwendet wurde (und wird).
60 Halbwachs [2]1985a, 55–56; vgl. außerdem Halbwachs [2]1985b. An dieses Konzept schließt sich die Idee des Historikers Pierre Nora von *lieux de mémoire* an, die dieser für französische Erinnerungsorte entwickelte und die vor allem in Deutschland stark rezipiert wurde; Nora 1984–1992.
61 So auch bei Erll 2003, 59; Neumann & Nünning 2006, 6 u. Kienberger 2008, 32–33.
62 Bichler 2009, 17.
63 So auch Berek 2009, 42. Vgl. auch Landwehr 2016, 78.
64 Assmann [8]2013, 42–43.

wichtige Vorarbeiten existieren, sind die Kernpublikationen doch sicher Jan Assmanns *Das kulturelle Gedächtnis* von 1992 sowie Aleida Assmanns *Erinnerungsräume* von 1999.[65] In diesen beiden Monographien entwickeln sie die Unterscheidung zwischen kommunikativem und kulturellem Gedächtnis sowie von Funktions- und Speichergedächtnis. Für Jan Assmann bilden das kommunikative und das kulturelle Gedächtnis zwei komplementäre Register kultureller Erinnerung. Unterscheidungskriterien zwischen beiden sind für Assmann Inhalt, Formen, Medien, zeitliche Struktur (also der zeitliche Abstand zwischen dem erinnerten Ereignis und den Erinnerungsprozessen) sowie Träger.[66] Das kommunikative Gedächtnis basiert auf Alltagskommunikation innerhalb einer sozialen Gruppe und der persönlichen Erinnerung von Zeitzeugen. Es deckt einen begrenzten, zeitlich wandernden Zeithorizont von 80–100 Jahren ab und ist Gegenstand der *oral history*. Dieser Gedächtnisrahmen entspricht dem Halbwachs'schen Begriff des Kollektivgedächtnisses.[67] Das kulturelle Gedächtnis dagegen fußt auf symbolträchtiger kultureller Objektivation – es greift damit Aby Warburgs Ideen auf – und reicht bis zu einer mythischen Urgeschichte und Jahrtausende zurückliegenden Ereignissen zurück. Assmann definiert das kulturelle Gedächtnis wie folgt:

> Unter dem Begriff kulturelles Gedächtnis fassen wir den jeder Gesellschaft und jeder Epoche eigentümlichen Bestand an Wiedergebrauchs-Texten, -Bildern und -Riten zusammen, in deren ‚Pflege' sie ihr Selbstbild stabilisiert und vermittelt, ein kollektiv geteiltes Wissen vorzugsweise (aber nicht ausschließlich) über die Vergangenheit, auf das eine Gruppe ihr Bewußtsein von Einheit und Eigenart stützt.[68]

Auch das kulturelle Gedächtnis ist also sozial bedingt und für eine Gruppe identitätsstiftend. Zentral ist hierbei vor allem die Gemeinsamkeit von Werten und Normen, von Sprache und Vorstellungswelt.[69] Zur Bewahrung und Ausdeutung des kulturellen Gedächtnisses bildet sich ein hierarchisches System von Institutionen heraus:

> Staat und Schrift gehören zusammen und bilden zusammen das Symbolsystem der kulturellen *memoria* sowie die Rahmenbedingungen seiner Stabilisierung.[70]

Texte, Bilder und Riten werden in diesem Kontext verstanden als „objektiviertes Langzeitgedächtnis der Gesellschaft"[71]. Im Gegensatz zu vorherigen Konzepten werden hier vergangenheitsbezogene Texte mit normativer und narrativer Prägung (aber auch andere mediale Ausprägungen) nicht mehr zugunsten einer angeblichen Objektivität von Geschichte als mythisch oder ideologisch abgelehnt, sondern vielmehr zum zentralen Forschungsgegenstand gemacht.[72] Hier setzt Aleida Assmanns Unterscheidung in Funktionsgedächtnis und Speichergedächtnis an:[73] Durch das objektivierbare Medium Schrift wird eine Erinnerung dauerhaft speicherbar, da sie

---

65 Assmann ^{8}2013; Assmann ^{4}2009.
66 Assmann ^{8}2013, 56.
67 Assmann 1988, 10.
68 Assmann 1988, 15.
69 Assmann ^{8}2013, 132.
70 Assmann ^{8}2013, 57.
71 Assmann 2005b, 80.
72 Schraten 2011, 14.
73 Vgl. hierzu vor allem Assmann 1995, 169–185; Assmann ^{4}2009, 133–142.

von der mündlichen Weitergabe durch lebende Erinnerungträger losgelöst und so von Generation zu Generation weitergegeben werden kann. Der Umfang des kulturellen Gedächtnisses kann so nahezu beliebig wachsen – weitererinnert wird aber nur eine Selektion von Erinnerungselementen, nämlich diejenigen, die für die jeweilige Gegenwart als identitätsbildend erachtet werden. Dieser aktiv genutzte Teil des kulturellen Gedächtnisses wird von Aleida Assmann als Funktionsgedächtnis bezeichnet, er beinhaltet also sowohl das alltagsgebundene kommunikative Gedächtnis als auch die zu einem gegebenen Zeitpunkt aktiv genutzten medial manifestierten Erinnerungselemente einer Gesellschaft. Hier werden Handlungsnormen aufgegriffen und weitervermittelt.[74] Der übrige, passive Teil des kollektiven Gedächtnisses bildet dagegen das Speichergedächtnis. Die hier enthaltenen Erinnerungen weisen keinen direkten Bezug zur momentanen Gegenwart auf, können aber jederzeit in das Funktionsgedächtnis aufgenommen werden, wenn ein solcher Bezug entsteht – beide Gedächtnisausprägungen sind also nicht hermetisch abgeschlossen, sondern durchlässig.[75] In diesem Kontext sollte der von Jan Assmann in seiner Monographie *Moses der Ägypter* eingeführte Begriff der ‚Gegenerinnerung' nicht fehlen.[76] Unter Gegenerinnerung versteht Assmann „eine Erinnerung, die Elemente in den Vordergrund stellt, die in der offiziellen Erinnerung unterdrückt werden"[77] – ein Konzept, das sich auf die *memoria* der Semiramis sehr gut anwenden lässt, da sich hier klare Konjunkturen für die eine oder andere Sichtweise auf ihre Person ausmachen lassen. In besonderem Maße scheint es für die Gestalt der Semiramis möglich – und gängige Praxis durch die Jahrhunderte –, dem Prinzip eines Baukastens ähnlich, bestimmte im Speichergedächtnis enthaltene Elemente in den Vordergrund des Funktionsgedächtnisses zu rücken oder den Erinnerungskanon mit neuen Elementen zu erweitern. Hier wird daher der Begriff des Erinnerungselementes eingeführt. Dieser erweitert und konkretisiert im Rahmen der Studie den traditionellen literaturwissenschaftlichen Begriff des Motivs als „kleinere stoffliche Einheit, die (...) bereits ein inhaltliches, situationsmäßiges Element darstellt"[78] dahingehend, dass er als kleinste denkbare semantische Einheit verstanden wird, die Bestandteil einer Erzählung ist, ohne zwingend einem bestimmten Typus-, Raum- oder Zeitmotiv zuzugehören. Beispiele sind Anzahl und Namensgebung der Kinder der Semiramis oder die Zahl ihre Regierungsjahre. Das jeweils präsentierte Bild der Semiramis besteht aus unterschiedlichen Erinnerungselementen, deren Gewichtung und generelle Zusammenstellung durch die Jahrhunderte hinweg unterschiedlich ausfallen kann.

Erinnerungen sind keine objektiven Abbilder vergangener Wahrnehmungen, geschweige denn einer vergangenen Realität. Es sind subjektive, hochgradig selektive und von der Abrufsituation abhängige Rekonstruktionen. Erinnern ist eine sich in der Gegenwart vollziehende Operation des Zusammenstellens (re-member) verfügbarer Daten. Vergangenheitsversionen ändern sich mit jedem Abruf, gemäß den veränderten Gegenwarten.[79]

Bei dieser Zusammenstellung sind nicht nur chronologische Entwicklungen, sondern vor allem Fragen nach Abfassungskontext, Rezipienten und Aussageintentionen des jeweiligen Semiramisbildes von zentraler Bedeutung. Antike Vergangenheit wird hier also nicht als statisch begriffen, ihre Rezeption ist vielmehr eine Aneignung der jeweiligen Gegenwarten durch Transformation;

---

74 Assmann 1995, 182.
75 Vgl. auch Erll ³2017, 28–29.
76 Assmann 1998.
77 Assmann 1998, 30. Vgl. ähnlich auch den Begriff der counterhistory, Biale 1979.
78 Frenzel ⁹1998, vi.
79 Erll ³2017, 6.

sie ist somit kein linearer Vorgang, sondern wird u.a. determiniert von sozio-politischen Gegebenheiten der erinnernden Gesellschaften und den damit in engem Zusammenhang stehenden jeweiligen Erinnerungsinteressen, aber auch von aktuellen Diskursen, die vorschreiben, wie ein bestimmtes Themenfeld von unterschiedlichen Akteuren und sozialen Gruppen verhandelt wird.

Basierend auf dem Konzept des kulturellen Gedächtnisses von Jan und Aleida Assmann hat in letzten beiden Jahrzehnten die Erforschung von Antike und ihrer Aneignung durch spätere Epochen durchaus Konjunktur. Zeugnis dieser Entwicklung sind größere Forschungsverbände, die sich in stark interdisziplinären Kontexten diesen Themenfeldern unter Anwendung und Entwicklung von theoretischen Modellen zur Erinnerungsforschung angenommen haben. Besondere Erwähnung verdienen hier sicherlich die Sonderforschungsbereiche 434 „Erinnerungskulturen" (1997–2008) und 644 „Transformationen der Antike" (2005–2016) sowie die Forschergruppe „Multiple Antiquities – Multiple Modernities" am Collegium Budapestum (2002–2005), die das Assmann'sche Theoriegebäude erweitert und stärker auf die Antike zugeschnitten haben. Insbesondere die weitere Ausgestaltung des Assmann'schen terminologischen wie methodischen Kanons durch den Gießener SFB 434 „Erinnerungskulturen" erscheint lohnend für die vorliegende Arbeit. Hier wird der Fokus auf den pluralistischen Charakter von kulturellen Erinnerungen bereits im Titel deutlich; es geht um die „Vielfalt und historisch-kulturelle Variabilität von Erinnerungspraktiken und -konzepten"[80]. Unter Erinnerungskulturen verstehen die Beteiligten dieses SFB dabei Formen der Thematisierung von Vergangenheit – denn erst durch die kulturelle Formung werden Ereignisse zu Erinnerungen, die in unterschiedlichen Medien (,Erinnerungsgattungen') ihre Manifestation finden:

> Der Begriff [i.e. Erinnerungskulturen, Anm. d. Verf.in] verweist auf die Pluralität von Vergangenheitsbezügen, die sich nicht nur diachron in unterschiedlichen Ausgestaltungen des kulturellen Gedächtnisses manifestiert, sondern auch synchron in verschiedenartigen Modi der Konstitution der Erinnerung, die komplementäre ebenso wie konkurrierende, universale wie partikulare, auf Interaktion wie auf Distanz- und Speichermedien beruhende Entwürfe beinhalten können.[81]

In der Konsequenz entwarf der SFB 434 ein Modell zur Beschreibung von kulturellen Erinnerungsprozessen, das in erster Linie die Rahmenbedingungen des Erinnerns untersucht.[82] Die vorliegende Studie lehnt sich an die dort ventilierten Fragen nach der Art und Weise von kollektiven Erinnerungskonstruktionen an[83] und untersucht unter Fokussierung auf die Erinnerungsgattung Oper die Ausformung der identifizierten spezifischen Erinnerungskulturen. Dabei wird mit dem im Rahmen des SFB 664 „Transformationen der Antike" entwickelten Konzept der Allelopoiese[84] davon ausgegangen, dass durch den Antikenbezug nicht nur die jeweilige Aufnahmekultur modifiziert, sondern zugleich die Referenzkultur (also die Antike) konturiert

---

80 Erll ³2017, 32.
81 Sandl 2005, 100.
82 Vgl. dazu ausführlich Sandl 2005, 100–105.
83 So auch in den Beiträgen in Erll & Nünning 2004.
84 Von ἀλλήλων (gegenseitig) und ποίησις (Herstellung, Erzeugung); vgl. https://www.sfb-antike.de/abschlussbericht.pdf (letzter Zugriff: 27.8.2017). Der SFB 644 versteht sich dabei weniger als Beitrag zur Mnemohistorie denn zu reziprokem Kulturtransfer. Nach Ansicht der Verfasserin dieser Studie sind beide Felder allerdings untrennbar miteinander verwoben.

und letztlich konstruiert wird. Caspar Hirschi zieht diesen Prozess bis in die Gegenwart der Forschenden und formuliert:

> Wer sich mit Transformationen der Antike befasst, transformiert die Antike.[85]

Von dieser Annahme ausgehend, rekurriert die vorliegende Studie auf das Konzept des kulturellen Gedächtnisses, wie Aleida und Jan Assmann es entwickelt haben, da es, angelehnt an Maurice Halbwachs, den Zusammenhang von Normen/Werten einer sozialen Gruppe und der innerhalb dieser Gruppe tradierten identitäts- (und alteritäts-)stiftenden Erinnerungen in besonderem Maße Rechnung trägt. Kulturelle Gedächtnisse werden dabei stets als Ausdruck kollektiver Identitäten verstanden[86] – aber mit dem SFB 434 eben als pluralistisches Phänomen aufgefasst, so dass nicht *ein* kulturelles Gedächtnis und *eine* kollektive Identität, sondern eine Vielzahl derselben postuliert wird, die u.U. miteinander in Konkurrenz treten.[87] Es wird davon ausgegangen, dass die z.T. stark divergierenden Aussagen über Semiramis durch antike wie spätere Autoren und Autorinnen (worunter auch die Verfasser der Opernlibretti gefasst werden) aus einem Fundus an Wissenselementen aus dem Speichergedächtnis schöpfen und dabei gleichzeitig diesen Fundus beständig erweitern, refigurieren und entsprechend der aktuellen Zeitläufte neu zusammensetzen. Äußere Faktoren während des Aneignungsprozesses determinieren, welche dieser Bausteine vom Speichergedächtnis ins jeweilige kulturelle Gedächtnis wechseln und wann gegenläufige intentionale Strömungen als bewusste Abkehr von der im jeweiligen Diskurs dominierenden Darstellungsweise fassbar werden.[88]

Die Gestalt der Semiramis bewegt sich sowohl in ihrer positivsten als auch in ihrer negativsten Ausdeutung immer am Rande oder sogar deutlich jenseits geltender Normen. Dabei werden je nach Kontext, Medium und Zeithorizont unterschiedliche Elemente erinnert, also vom Speichergedächtnis in das Funktionsgedächtnis aufgenommen bzw. aus diesem entfernt, auch das Konzept der Gegenerinnerung wird greifbar. Untersucht werden in dieser Studie somit fiktionale Gedächtnisnarrative, die abbilden, welchen Elementen in der jeweiligen Gegenwart Relevanz zugeschrieben wurde. Die innerhalb der unterschiedlichen erinnernden sozialen Gruppen dominierenden Diskurse sind dabei ebenso zentral wie deren kultureller Hintergrund, aktuelles Sinnbedürfnis und Identitätsbildungsprozess sowie die Selektionsprozesse der Vergangenheitsbezüge von Erinnerungsgemeinschaften. Mit Jan Assmann gesprochen geht es in der vorliegenden Studie also „(...) nicht um die Vergangenheit als solche, sondern nur um die Vergangenheit, wie sie erinnert wird."[89] Oder anders formuliert: Es geht nicht um die Frage nach einer wie auch immer gearteten historischen Faktizität, sondern vielmehr um sich wandelnde Darstellungs- bzw. Erinnerungskonventionen. Das jeweils vermittelte Semiramisbild wird aufgefasst als abhängig von dem Sinnbedürfnis und den dominierenden Diskursen einer sozialen Gruppe innerhalb der jeweiligen erinnernden Gegenwart.[90] Gleichzeitig muss aber auch in Rechnung gestellt werden, dass sich jeder Text „in einem schon vorhandenen Universum der Texte, ob er dies beabsichtigt

---

85 Hirschi 2009, 251. Ganz ähnlich auch Niggemann & Ruffing 2013 und allgemeiner Landwehr 2016, 37 u. 78.
86 So auch Neumann 2003, 50.
87 Vgl. Neumann 2003, 61–66 u. Heinen 2011, insb. 15–16 mit Anm. 16.
88 So auch Niggemann & Ruffing 2013; Niggemann 2019, insb. 42–46.
89 Assmann 1998, 26.
90 Assmann 1998, 34.

oder nicht", situiert.⁹¹ Mit Hans Georg Gadamer und seiner Philosophie des hermeneutischen Zirkels geht die Studie davon aus, dass weder standpunktfreies Denken noch voraussetzungsfreies Verstehen möglich sind, sondern dass jede Form des Verstehens, das ja die Voraussetzung für eine gezielte Aus- und Umdeutung ist, „auf ein tragendes Vorverständnis angewiesen [ist], welches Autor und Interpreten über historische Zeiten und soziale Räume hinweg verbindet".⁹² Für dieses Vorverständnis, so Gadamer weiter, spielen nicht nur geprüfte Urteile, sondern auch existierende Vorurteile eine große Rolle (die jedoch keinesfalls per se falsche Urteile sein müssen)⁹³ – ein Aspekt, der an verschiedenen Stellen der Semiramis-Rezeption in besonderem Maße zum Tragen kommt. An eine mythische oder historische Figur, einen Stoff oder ein Ereignis wird nur dann durch die Jahrhunderte erinnert, wenn und weil eine ständige Zuschreibung von Relevanz aus der jeweiligen Gegenwart heraus erfolgt. Die italienische *opera seria* fungiert dabei für Semiramis als eine der zentralen medialen Erinnerungsgattungen⁹⁴, die das Erinnern an sie perpetuiert und zugleich aus den im Speichergedächtnis vorhandenen Erinnerungselementen zu ihrer Person immer neue Semiramisbilder erschafft, die sich als unterschiedlich erfolgreich und somit unterschiedlich wirkmächtig erweisen.⁹⁵

Im Rahmen dieser Arbeit geht es somit nicht, wie oben bereits ausgeführt, um die Rekonstruktion antiker Realität(en) in und um Babylon, sondern darum, wie, warum und von wem bestimmte Aspekte der Gestalt der antiken Königin Semiramis memoriert worden sind.

1.4 Aufbau der Studie

Der Hauptteil der vorliegenden Studie gliedert sich in drei große Kapitel: Um das Erinnern an Semiramis auf der barocken Opernbühne überhaupt untersuchen zu können, ist es unumgänglich, den Weg der Erinnerung an sie aus der antiken Überlieferung heraus nachzuzeichnen. Kapitel 2 trägt daher das Quellenmaterial zusammen und analysiert die darin verhandelten Diskurse über Weiblichkeit und Herrschaft mit Blick auf die Entstehungskontexte der Texte. Daher gilt es zunächst zu eruieren, welcher Pool an Erinnerungselementen bzw. Traditionssträngen den Librettisten des Barock (zumindest theoretisch) zur Verfügung stand, um Geschichten über die Gestalt der Semiramis auf die Opernbühne zu bringen. Ziel des Kapitels ist es, die Elemente des Speichergedächtnisses zu identifizieren und zu untersuchen, warum welche dieser Elemente zu bestimmten Zeiten Bestandteil des Funktionsgedächtnisses wurden. Die Kapitel 2.1 und 2.2 bieten dabei einen chronologischen Durchgang durch die Hauptnarrative⁹⁶, während der Abschnitt 2.3. in einer thematischen Gliederung einzelnen kleineren Erinnerungselementen nachspürt.

---

91 Stiehrle 1996, 349.
92 Tietz 1999, 37.
93 Gadamer 1986, 57–65, insb. 60–61.
94 Unter Erinnerungsgattungen werden am SFB 434 „Erinnerungskulturen" die verschiedenen Darstellungsformen von Vergangenheit, wie beispielsweise Historienbild, Film, Historiographie, kategorisiert; vgl. Erll ³2017, 31–34, insb. 32. Vgl. dazu auch den berühmten ‚Historikerstreit' von 1986 über die Auseinandersetzung mit dem Holocaust: Augstein 1987.
95 Vgl. Krämer 1998, 14: „Medien übertragen nicht einfach Botschaften, sondern entfalten eine Wirkkraft, welche die Modalitäten unseres Denkens, Wahrnehmens, Erinnerns und Kommunizierens prägt."
96 Als Hauptnarrative werden, angelehnt an den Begriff der Meistererzählung bzw. des master narratives diejenigen Erzählstränge verstanden, die sich als dominierende Sichtweisen etablieren konnten und durch ihre

Dieses Vorgehen ist geeignet, aufzuzeigen, wie wandelbar die Gestalt der Semiramis über die Jahrhunderte ist, wie unterschiedlich sie sich bereits in der Antike den Bedürfnissen der jeweiligen Erinnerungskultur entsprechend vereinnahmen ließ und wie differierende Erinnerungskulturen und Traditionslinien miteinander in Konkurrenz traten. Nach einem Zwischenfazit zu den vormodernen Quellen (Kapitel 2.4) schließt sich in ähnlicher Weise ein Durchgang durch die frühneuzeitlichen Texte an. Erneut wird danach gefragt, wie sich die tradierten Semiramisbilder in die Diskurse der jeweiligen Gegenwart einfügen und auf welchem älteren Material sie fußen (könnten). Beginnend mit den Ausführungen der italienischen Humanisten werden, nach Sprachräumen gegliedert, unterschiedliche Fortführungen des Erinnerns an Semiramis diskutiert (Kapitel 2.5.1 bis 2.5.5), wobei der Traktatliteratur im Umfeld der *querelle des femmes* und der Ausgestaltung weiblicher Idealtypen mit ritterlichen Tugenden besondere Aufmerksamkeit gewidmet wird. Gerade hier spiegeln sich frühneuzeitliche Diskurse über Weiblichkeit und Geschlechtertransgressionen, die am Beispiel der Semiramis verhandelt werden. In Kapitel 2.5.6 schließt sich eine knappe Betrachtung der Theaterstücke an, die sich um ihre Gestalt ranken, da auch diese gängige Weiblichkeits- und Herrschaftsdiskurse präsentieren und ohne Zweifel als Inspirationsquelle für die Librettisten des Barock fungiert haben. All diese Texte bilden das Fundament für Semiramis' grandiosen Erfolg als Opernfigur. Sie bereiteten letztlich die Basis für die Ausdeutung der Königin durch Pietro Metastasio, dessen Libretto maßgeblich dazu beitrug, dass Semiramis zu einem Ankerpunkt des europäischen kulturellen Gedächtnisses werden konnte. Gleichzeitig machte die Omnipräsenz der Semiramis in einer Vielzahl von antiken wie frühneuzeitlichen Texten und Literaturgattungen sie erst zu einer interessanten Figur für Kunstschaffende. Die starke mediale Präsenz und ambivalenten Ausdeutungsmöglichkeiten ihrer Person und ihres Schicksals perpetuierten Semiramis' Position als *esempio di ben o di mal*, regten zur weiteren Beschäftigung an und resultierten in einer stetigen Erweiterung des Argumentationsarsenals der jeweiligen Zeit.

Die *opera seria* des Barock als für diese Untersuchung zentrale Erinnerungsgattung wird in Kapitel 3 in ihren wesentlichen Charakteristika vorgestellt, insbesondere da sie sich vom aktuellen Opernbetrieb in vielfacher Hinsicht unterscheidet. Im Anschluss daran wird der Blick auf die italienischen Libretto-Texte gerichtet, die in chronologischer Abfolge der jeweiligen Erstaufführungen abgehandelt werden (Kapitel 4). Die überwiegende Mehrzahl der hier behandelten Texte ist nicht ediert, viele sind auch in der musikwissenschaftlichen Forschung kaum untersucht worden, weswegen nicht nur auf die Umstände ihrer Entstehung, also die jeweilige Aneignungssituation, sondern v.a. auf die eigentliche Opernhandlung eingegangen wird. Wieder gilt der Fokus der Ausgestaltung der Semiramisbilder im Spannungsfeld zwischen *esempio di ben* und *esempio di mal*. Weiterhin interessieren die Intensität, Performanz und Reichweite der Präsentation von Semiramis-Erinnerungen (und auch -Gegenerinnerungen) und wie diese durch eine bestimmte mediale Erinnerungsgattung, eben die Barockoper, beeinflusst wurden. Es wird also versucht, die Wirkkraft dieses Mediums in den Blick zu nehmen, da Medien „keine neutralen Träger gedächtnisrelevanter Informationen" sind,[97] sondern vielmehr, wie schon der Literaturwissenschaftler Marshall McLuhan, der als Begründer der Medientheorie gilt, formulierte, Erweiterungen des menschlichen Körpers und der menschlichen Sinne (‚extensions of man').[98] Durch die

---

weite Verbreitung über einen langen Zeitraum als Träger gesellschaftlich akzeptierter Sinnstiftung fungierten. Vgl. Jarausch & Sabrow 2002, 9–32, insb. 18–19.
97 Erll 2004, 5.
98 McLuhan 1994, 90.

Analyse der mehrheitlich unedierten Librettodrucke, die sich in verschiedensten europäischen und außereuropäischen Archiven befinden, ist es gelungen, die Zahl der bekannten Semiramis-Opern beträchtlich zu erweitern,[99] neue Zuschreibungen zu Librettisten und Komponisten vorzunehmen und z.T. ältere Zuschreibungen zu korrigieren. Des Weiteren wird danach gefragt, wie erfolgreiche, d.h. mehrfach vertonte, Libretti jeweils überarbeitet wurden, welche Reichweite die jeweiligen Opernaufführungen besessen haben, welche Zentren der musikalischen Semiramis-Rezeption sich ausmachen lassen und wie politische Gegebenheiten die Spielpläne beeinflussten.

---

99 So heißt es beispielsweise bei Heilmann (2004, 41): „(...) 43 Vertonungen des Semiramis-Stoffs sind aus den Jahren 1667 bis zur Uraufführung von Rossinis Oper Semiramide belegt"; im Booklet zu Anna Bonitatibus' CD *Semiramide. La Signora Regale* (deutsche harmonia mundi 2014, 28) ist die Rede von „[ü]ber einhundert von ihr [i.e. Semiramis, Anm. d. Verf.in] inspirierte[n] Kompositionen", was „ein für alle Zeiten unschlagbarer Rekord auf dem Gebiet des Musiktheaters" sei. Im Katalogteil der vorliegenden Studie konnten dagegen allein für den Zeitraum zwischen 1648 und 1782 knapp 200 Vertonungen zusammengetragen werden.

2. Non ti scordar di me[1] – Semiramisbilder

> Sometimes a single word conceals an entire conceptual universe. (...) the word presides over a nexus of mythic narratives, and in this way endures in the West's cultural consciousness (...)[2]

So beginnt Andrew Scheil seine aktuelle Monographie über das antike Babylon. Diese Aussage passt ebenso exzellent für die Gestalt der Semiramis. Wie im Folgenden zu zeigen sein wird, sind mit der Gestalt dieser assyrischen/babylonischen Königin vielfältigste Allusionen und Assoziationen verbunden, die allein durch die Nennung ihres Namens in den Köpfen von Leser/innen und/oder Zuschauer/innen evoziert werden. Den Grundstein all dieser assoziativen Vorstellungen legte dabei die griechische Historiographie. Von hier ausgehend entstanden durch die Jahrhunderte verschiedene – z.T. kongruente, z.T. stark divergierende – Bilder der Semiramis, die letztlich ihren Weg in die Frühe Neuzeit und auf Opernbühnen fanden und daher die Basis der folgenden Überlegungen bilden.[3] Bisherige Arbeiten zu einzelnen antiken Autoren und zu den auf diesen fußenden mittelalterlichen und frühneuzeitlichen Quellen sparen die in ihnen enthaltenen Semiramisbilder häufig entweder aus oder behandeln sie allenfalls am Rande. Arbeiten zur Gestalt der Semiramis geben meist einen schlaglichtartigen Überblick über die als ‚am wichtigsten' erachteten Quellen (i.d.R. Ktesias/Diodor, Trogus/Iustin und Orosius), oder fokussieren auf einen Autor, ohne dass die Quellentexte in Gänze präsentiert und auf ihren ‚Sitz im Leben' hin analysiert werden.[4] Es fehlt bislang an einer konzisen, die Epochengrenzen übergreifenden Darstellung der durch eine solche Zusammenschau zu gewinnenden Traditionsstränge zu Semiramis, zur Konjunktur einzelner Motive sowie zur Wirkmächtigkeit der in den Quellen erzeugten Semiramisbilder – genau hier setzt die vorliegende Studie an. Auf den folgenden Seiten soll daher ein Überblick über die Narrative zur Gestalt der Semiramis in der Antike gegeben werden, um dann ihren Spuren durch das Mittelalter bis in die Frühe Neuzeit hinein zu folgen.[5]

---

1 *Il trovatore*, IV/1 (UA 1853, Roma; L.: Salvatore Cammarano & Leone Emmanuele Bardare, M.: Giuseppe Verdi).
2 Scheil 2016, 3.
3 Zwar geht Giovanni Pettinato (1988, 10) überzeugend von drei unterschiedlichen, letztlich aber gleichberechtigten Strängen der Überlieferung aus, indem er zwischen einer griechisch-römischen (bei Ktesias/Diodor), einer griechisch-ägyptischen (im Ninosroman) und einer armenischen Legende (bei Moses von Chorene) unterscheidet, doch wird im Rahmen dieser Studie auf die griechisch-römische Tradition fokussiert, da diese die Basis für die mittelalterlichen wie v.a. die hier interessierenden frühneuzeitlichen Um- und Ausgestaltungen der Semiramis bildet. Die in der griechisch-römischen Welt präsentierten Episoden und Versatzstücke sind es, die in späteren Zeiten ventiliert, erinnert und zu neuen Semiramisbildern zusammengesetzt werden.
4 Vgl. oben Kapitel 1.2.
5 Für den mittelalterlichen und frühneuzeitlichen Bereich hat jüngst Alison Beringer eine vielversprechende Studie vorgelegt, die allerdings im 17. Jh. endet und die Oper als Kunstgattung bzw. Libretti als Literaturgattung nicht einbezieht. Ihr Fokus liegt stattdessen auf den deutschen Meisterliedern; Beringer 2016. Zu den Meisterliedern weiter unten unter Kapitel 2.5.5. Für Semiramis im Mittelalter immer noch maßgeblich der Überblick bei Samuel 1943, 32–44.

Die Vielzahl der unterschiedlichen Motive bzw. Erinnerungselemente, die zu ganz unterschiedlichen Semiramisbildern zusammengesetzt werden können, sowie die Beobachtung, dass sich keine stringenten chronologischen Entwicklungen festmachen lassen und auch keine gattungsspezifisch unterschiedlichen Darstellungskonventionen auszumachen sind, spiegeln sich in der Gliederung des Kapitels wider. Für die Besprechung der antiken Texte wurde eine Mischform aus einem chronologischen und einem motivgeleiteten Zugang gewählt. Die frühesten uns vorliegenden Quellen sowie die als Hauptnarrative einzustufenden, besonders wirkmächtigen Passagen späterer Zeit werden dabei, beginnend in der griechischen Historiographie, chronologisch betrachtet, um so die Genese und Veränderungen der Semiramisbilder nachzuverfolgen und Abhängigkeiten aufzuzeigen. Einige der hier zusammengestellten Autoren und Werke werden auch von den Opernlibrettisten als Quellen ihrer Texte genannt. Weiterhin werden zentrale Erinnerungselemente abseits dieser Hauptnarrative nach Art eines Motivkataloges aufgearbeitet, wobei der Fokus auf dem ersten Auftauchen der jeweiligen Elemente sowie ihrem Nachleben liegt. Immer wird dabei danach gestrebt, den Kontext der Passagen sowie den ‚Sitz im Leben' der Texte zu erfassen und auch die Reichweite und Wirkmächtigkeit der konstruierten Semiramisbilder in den Blick zu nehmen.

Historiographie wird dabei im Folgenden, wie eingangs bereits erläutert, nicht als Versuch einer objektiven Realitätsbeschreibung, sondern v.a. als Medium des kollektiven Erinnerns aufgefasst, also als eine erinnerungskulturelle Praxis der Selbstreflexion und Selbstidentifikation von sozialen Gruppen. Anders als in der Mehrzahl der älteren Arbeiten geht es im Folgenden daher an keiner Stelle um eine Historisierung der Semiramis.[6] Sie wird hier weder als Reflex realhistorischer Ereignisse um Assyrer, Skythen und Reiternomaden, noch als missgedeutete und überformte Sammu-rāmat oder als Verschmelzung mit Atossa oder als die Göttin Ishtar verstanden. Der hier gewählte Ansatz steht ganz im Sinne einer bereits vor rund 20 Jahren von Klaus Große-Kracht für die Geschichtswissenschaften konstatierten sich wandelnden Tendenz des Erkenntnisinteresses:

> Das Interesse vieler Historikerinnen und Historiker zielt heute weniger darauf zu zeigen, wie es eigentlich gewesen ist, als vielmehr darauf zu zeigen, wie Geschichte eigentlich gelesen worden ist.[7]

Dabei interessiert in erster Linie, wann was wie erinnert werden soll bzw. erinnert wird – also Auswahl und Deutung/Bewertung des Geschehens um die Gestalt der Semiramis –, aber auch der jeweilige Kontext und die Traditionen der Schriftquellen.[8] Ein solches Vorgehen mag zunächst positivistisch erscheinen, bildet aber die Grundlage für weitere Überlegungen zur (Re-)Konstruktion von antiken Gegebenheiten, zur Selektion, Negation und Transformation von Wissenselementen, zur Ausbildung von Topoi, Stereotypen und Narrativen zur Gestalt der Semiramis – ausgehend von der Annahme, dass das Erinnern an Semiramis keiner linearen Entwicklung folgt, sondern in seiner Intensität und auch mit Blick auf die einzelnen Motive und Erinnerungsbausteine Konjunkturen unterworfen ist.

---

6   So beispielsweise in den Arbeiten von Lehmann-Haupt ([1900/1901], 256–281; 1910; [1918], 243–255), Eilers (1971), Schramm (1972, 513–521), Pettinato (1988) oder Nagel (1982).
7   Große-Kracht 1996, 21.
8   Vgl. dazu auch Erll ³2017, 38–39.

2.1 Semiramis in den griechischen und lateinischen Quellen

2.1.1 Herodot

Erstmals erscheint die Gestalt der Semiramis in der griechischen Historiographie bei Herodot. Herodots *Historien* bilden nicht nur die wichtigste Quelle zu den Auseinandersetzungen zwischen Persien und den griechischen Poleis am Beginn des 5. Jh.s v.Chr., sondern eröffnen gleichzeitig in groß angelegten Exkursen Einblicke in die griechische und persische Geschichte im Vorfeld dieser Konflikte.[9] Dabei galt er durchaus bereits in der Antike als umstrittener Gewährsmann, der von Cicero zwar als ‚Vater der Geschichtsschreibung' bezeichnet, aber im gleichen Satz als Ursprung unzähliger Gerüchte identifiziert wurde: *„apud Herodotum patrem historiae (...) sunt innumerabiles fabulae"*.[10]

In den großen Bereich der *fabulae*, wenn auch nicht den der besonders spektakulären, ist die Erwähnung der Semiramis einzureihen. Semiramis' Entrée in den griechischen Kosmos ist dabei wenig eindrucksvoll ausgestaltet und sehr kurz gehalten. Bei seinen Ausführungen über den Feldzug des Perserkönigs Kyros gegen Babylon berichtet Herodot auch von den Merkwürdigkeiten Babylons und seiner Bewohner. In diesem Zuge findet Semiramis Erwähnung und zwar in der Genealogie der babylonischen Könige.[11] Laut Herodot regierte Semiramis in der fünften Generation vor Nitokris, der mächtigen Mutter des – zumindest bei Herodot – letzten souveränen Königs in Babylon, Labynetus, den Kyros stürzte. Zu Grunde liegt bei Herodot die Vorstellung von einem ruhmreichen, von Babylon aus regierten Großreich, zu dessen legitimem Nachfolger Kyros als sein Eroberer wird.[12] In Hdt. 3,155 tritt Semiramis – eher indirekt – auch als Bauherrin in Erscheinung, wenn bei der Eroberung Babylons durch den Perserkönig Dareios vom sogenannten ‚Tor der Semiramis' die Rede ist.[13] Semiramis ist bei Herodot nicht viel mehr als ein Name, sie ist weder die Gründerin Babylons (dies ist für ihn Nitokris[14]), noch eine große Feldherrin oder eine schillernde Gestalt, die einer längeren Ausführung Wert erachtet würde.[15] Für ihn sind anderen Frauengestalten von Bedeutung, etwa besagte Nitokris oder aber Artemisia und Tomyris. Diese drei sind in den Historien die großen Frauengestalten, die in männlich

---

9 Bichler & Rollinger ⁴2014, 6–18.
10 Cic. leg. 1,1,5. Auch Ktesias wird nicht müde, auf Fehler im Werk Herodots hinzuweisen, den er gar als Lügner (ψεύστης) bezeichnet (FGrHist 688 T 8); vgl. außerdem Lukian. Philops. 2. S. dazu Bichler 2006, 445–459 u. 2010a, 37–46 sowie Bleckmann 2007, 137–150.
11 Hdt. 1,184. Die von Thomas Lenschau (1940, 1207) postulierte „Anspielung auf ihre Liebesabenteuer" vermag die Verfasserin hier allerdings nicht zu entdecken.
12 Bichler 2014, 55. Zu den Daten in Herodots Geschichte der Babylonier vgl. außerdem Bichler 2010, 135–140.
13 Dieses Stadttor Babylons wird gemeinhin mit dem Ishtar-Tor identifiziert. Vgl. den Kommentar von David Asheri zu dieser Passage (ed. Asheri 1990, 358). Da in derselben Passage auch das Tor des Ninos erwähnt wird, steht die Bautätigkeit der Semiramis hier nicht exponiert, sondern reiht sich in die ihres Gatten in – wenn auch das Tor der Semiramis zuerst genannt wird. Zu den Toren Babylons s. Unger 1928, 339–342. Auch wenn Herodots Beschreibung Babylons seit Jahrhunderten besondere Bedeutung zugemessen wird, weist sie doch nur wenige Gemeinsamkeiten mit der seit rund 100 Jahren durch großflächige Ausgrabungen freigelegten Stadt auf. Zur Problematik vgl. Heinsch et al. 2011, insb. 471–473.
14 Hdt. 1,184–186.
15 Rollinger 2010a, 383–387; Lanfranchi 2011, 206–208.

dominierten Sphären agieren, ihre Klugheit und militärisches Geschick betonte Herodot stets.[16] Dass diesen dreien relativ viel Raum eingeräumt wird, ist um so bemerkenswerter, da Frauen bei Herodot zwar häufig in einzelnen Episoden der Historien prominente Rollen einnehmen, dabei aber meist namenlos bleiben.[17] Gelegentlich wird in der Forschung gemutmaßt, Herodot habe eine ausführliche Schilderung des Lebens der Semiramis unterlassen, weil bereits zu seinen Lebzeiten so viele unterschiedliche Legenden im Umlauf gewesen seien.[18] Da Herodot an anderer Stelle aber eine ausgesprochene Freude daran hat, unterschiedliche ihm bekannte – oder von ihm erfundene – Varianten von Begebenheiten vor seinen Lesern auszubreiten,[19] erscheint diese Argumentation nicht stichhaltig. Überzeugender scheint, dass ihm entweder keine Legenden und Geschichten zu Semiramis bekannt waren oder dass diese Herrscherin schlicht nicht sein Interesse fand bzw. für die Aussageintention seines Werkes von untergeordneter Bedeutung war[20] – ganz übergehen konnte er sie aber offenbar dennoch nicht.

2.1.2 Ktesias/Diodor

Erst Ktesias bildet die Grundlage der späteren Glorie der Semiramis, er bietet gleichermaßen das Skelett, auf dessen Basis spätere Autoren ihre facettenreichen Ausgestaltungen der Figur modellieren. Seine angeblich 23 Bände umfassenden *Persika* zeichnen sich vor allem durch eine große Zahl an spektakulären, reißerischen und unglaubwürdigen Geschichten aus.[21] Leider sind Ktesias' *Persika* – bis auf vier kleinere direkte Zitate – nicht erhalten. Sein Werk ist uns nur durch Drit-

---

16 Nitokris: Hdt. 1,185; Stephanie Dalley (2005, 12–22) postuliert eine Vermischung von Nitokris mit Semiramis. Artemisia: Hdt. 7,99,1–3; vgl. Vignolo Munson 1988, 91–106. Tomyris: Hdt. 1,206–214; vgl. Sancisi-Weerdenburg 1985, 459–471.
17 So z.B. die Frau des Kandaules (Hdt. 1,8–13). Vgl. Dewald 1980, 11–18 oder auch Bichler 2000, 13–56.
18 So von Fritz 1967, 461 und jüngst auch – mit Verweis auf von Fritz – Heller 2010, 63. Heller verweist als Indiz dafür, dass Semiramis bereits zu Herodots Zeiten große Bekanntheit besessen habe, außerdem auf IG XII 1,145 (= SEG XXVIII [1978], 842), ein auf Rhodos gefundenes Epigramm, welches Semiramis erwähne (Heller 2010, 63). Die Ergänzung ist aber einerseits fragwürdig, andererseits die Datierung des Steines völlig offen, so dass in keiner Weise davon auszugehen ist, dass er aus herodoteischer Zeit stammt. Vgl. zu dieser Inschrift Hiller von Gärtringen 1941, 220–222; Peek 1941, 222–223; Ebert 1986, 37–43. Im Widerspruch steht dazu Hellers Aussage im Fazit seiner Arbeit: „die später von Ktesias so schillernd dargestellten Herrscher Ninos, Semiramis und Sardanapal kennt er [i.e. Herodot, Anm. d. Verf.in] nur dem Namen nach."; Heller 2010, 444.
19 Man denke nur an die beiden Versionen von der Ermordung des Smerdis (Hdt. 3,30,3); vgl. dazu Fehling 1971, 82–83.
20 Der Quellenwert der herodoteischen Historien ist seit langem in der altertumswissenschaftlichen Forschung kontrovers diskutiert. Seine Reisetätigkeit und hier insbesondere seine Anwesenheit in Babylon sind mit guten Gründen angezweifelt worden; einen guten Überblick bieten Bichler & Rollinger ⁴2014, 133–166 sowie Ruffing 2013, 1–5. Zentral ist sicherlich, dass seine Historien viel mehr als einen geschichtlichen Abriss liefern, sondern neben einer Zeit- und Strukturgeschichte, geographischen wie ethnographischen Abhandlungen auch Elemente der Kritik an der Vorherrschaft und damit einhergehenden Hybris des Athens seiner eigenen Zeit enthalten; vgl. Ruffing 2009, 323–340, insb. 335.
21 Sancisi-Weerdenburg 1987, 43–44; Bichler 2004, 105; Bichler 2011, 22; ed. Lenfant 2004, CXXVII–CXXXVII; Gera 1997, 77.

te überliefert, vor allem durch Epitome der Bücher 7–23 bei Photius[22], sowie Diodor[23], Nikolaos von Damaskus[24] und Plutarch.[25] Dabei handelt es sich meist nicht um Fragmente im eigentlichen Sinne, vielmehr bauten die späteren Mittelsmänner Episoden aus Ktesias' Werk in ihre Schriften ein und überformten sie teilweise ihren eigenen Aussageintentionen entsprechend, wie noch zu zeigen sein wird.[26] Jan P. Stronk betont zu recht, es handele sich in allen Fällen allenfalls um „an interpretation and/or adaption – or at best an unbiased and reliable quotation or epitome".[27] Dies ist umso bedauerlicher, als Ktesias' *Persika* eine ganz enorme Wirkmacht entfaltete – bis auf den heutigen Tag ist das Orient-Bild der westlichen Welt stark durch sie beeinflusst. Vorstellungen über effeminierte, verweichlichte orientalische Despoten haben hier ebenso ihren Ursprung wie Vorstellungen von Polygamie oder dem sprichwörtlichen Reichtum des Orients.[28]

Ktesias' *Persika*, so lässt sich aus der späteren Überlieferung destillieren, entstand mit einiger Wahrscheinlichkeit nach 393/392 v.Chr.[29] und besaß angeblich den folgenden Aufbau:

- Buch 1–3:   Assyrer
- Buch 4–6:   Meder
- Buch 7–23: Perser
    Buch 7–11:   Kyros I.
    Buch 12–13: Kambyses, Mager, Darios I. und Xerxes
    Buch 14–17: Artaxerxes I.
    Buch 18:   Xerxes II., Sogdianus, Darios II.
    Buch 19–23: die ersten 8 Regierungsjahre von Artaxerxes II.

Es wurde also die Abfolge großer Reiche beschrieben – das der Assyrer, der Meder und der Perser.[30]

Ktesias' Bestreben, die Berichte Herodots, wo immer möglich, zu korrigieren, kritisieren oder persiflieren, ist hinreichend bekannt und seit längerem Gegenstand der althistorischen Forschung,[31] gleichzeitig wurde Ktesias, obwohl er nachweislich zu den besonders weit verbreiteten und oft zitierten griechischen Autoren gehörte, bereits in der Antike als unglaubwürdig getadelt.[32] Daraus resultiert letztlich die in der althistorischen Forschung kontrovers diskutierte Frage

---

22 Ed. Stronk 2010, 12–13.
23 Diod. 2,1–28 u. 32–34 für die Bücher 1–6 (= FGrHist 688 F 1b § 1–28 u. F 5 § 32, 4–34) und evtl. 14 für die Bücher 7–23. Die Zählung der Ktesias-Fragmente und -Testimonia bezieht sich – soweit nicht anders angegeben – stets auf ed. Lenfant 2004.
24 FGrHist 90 F 3, 4, 66 (= FGrHist 688 F 6b* u. 8d*).
25 Vita Artaxerxes für die Bücher 19–23. Zur problematischen Umgang mit Plutarch als Quelle für Ktesias' *Persika* vgl. Binder 2011, 53–68.
26 Vgl. Bigwood 1980, 198–200 u. 203–207; Stronk 2007, 30–33; Comploi 2000.
27 Vgl. ed. Stronk 2010, 3; so auch ed. Lenfant 2004, CXC u. Anm. 784 sowie Wiesehöfer 2013a, 128.
28 Madreiter 2011, 247; Bichler 2000, 21; Gorman & Gorman 2014, 270. Zusammenfassend auch Auberger 1995, 337–352.
29 Photius erwähnt in seinen Epitome das Grab des Klearchos in Babylon, welcher dort in Gefangenschaft gestorben war (Phot. 44b17); s. dazu ed. Stronk 2010, 11. Wiesehöfer (2013a, 128) weist darauf hin, dass u.U. auch eine Datierung auf die Jahre nach 398/397 v.Chr. möglich wäre.
30 Rollinger 2011, 314; Wiesehöfer et al. 2011, 8; Bichler 2011, 26.
31 Bichler 2004, 105–116 u. Bleckmann 2007, 137–150.
32 Ein Schicksal, das er allerdings mit Herodot und auch Megasthenes teilt. Zu Ciceros Urteil über Herodot in leg. 1,1,5 vgl. Dunsch 2013, 153–200. Zu Megastehenes immer noch wertvoll: Brown 1955, 18–33; s.a. die Beiträge in Wiesehöfer et al. 2016. Überhaupt ist es in den literarischen Quellen Usus, sich über die schlechte

nach dem Quellenwert des ktesianischen Werkes, die sich vor allem an der Frage entzündet, ob wir mit Ktesias einen Augenzeugen vor uns haben, der basierend auf persönlicher Erfahrung und intimer Kenntnis der persischen Welt seine *Persika* verfasst hat. Ktesias selbst behauptet, er habe als Arzt des Artaxerxes II. in Babylon gelebt, doch konnte Mario Dorati überzeugend darlegen, dass sich keine der biographischen Angaben des Ktesias durch Parallelquellen stützen lassen.[33] Nicht nur dies, seine Vita weist darüber hinaus auffällige Parallelen zu der des griechischen Arztes Demokedes von Kroton auf, die uns durch Herodot überliefert ist.[34] Dennoch gibt es irritierenderweise nach wie vor in der Forschung eine starke Tendenz, an der Augenzeugenschaft des Ktesias festzuhalten[35] – eine Tendenz, der sich die Verfasserin nicht anschließen möchte. Sicher ist, dass Ktesias Semiramis deutlich mehr Raum zugestand als sein Vorgänger Herodot.

Ktesias' Darstellung der Semiramis war Teil seines assyrischen Logos gleich am Beginn seines Werkes.[36] Zusammen mit ihrem Gatten Ninos, ihrem Sohn Ninyas und Sardanapal bildete Semiramis eine der zentralen Figuren von Ktesias' Geschichtsablauf,[37] wobei nicht vergessen werden darf, dass auch andere Frauengestalten der persischen Welt wie Zarinaia, Parysatis oder Stateira im weiteren Verlauf der *Persika* ausführliche Beachtung fanden.[38]

Lange Zeit ist man in der althistorischen Forschung davon ausgegangen – und tut es z.T. noch immer –, dass uns mit Diodor 2,1–28[39] eine mehr oder minder unverfälschte Abschrift dieser Passage aus der *Persika* vorläge.[40] So werden Abhandlungen über Semiramis häufig eingeleitet mit Phrasen wie „Die ausführlichste Erzählung über die Ursprünge von Semiramis und ihr späteres Werden gibt uns Ktesias in der Vermittlung durch Diodor, der die Geschichte so zum Allgemeingut der klassischen Antike macht."[41], „Il testo più ampio è certamente quello di Diodoro

---

Qualität von Vorgängertexten zu beklagen, während man nur äußerst selten auf lobende Äußerungen über andere Autoren stößt; vgl. Karttunen 1997, 635–636.

33 Dorati 2011, 81–109.
34 Griffiths 1987, 48; Dorati 1995, 33–52.
35 Begründet liegt diese Ansicht in der Bewertung von Xenophons Anabasis, die als Bestätigung von Aussagen des Ktesias gesehen wird. Als Augenzeugen sehen ihn beispielsweise ed. Lenfant 2004, VII–XXII; Gera 2007, 91; ed. Stronk 2010, 3–15; Llewellyn-Jones & Robson 2010, 7–17; Abe 2010, 44–45.
36 Vgl. FGrHist 688 F 33b/T 9 (= Diod. 14,46,6).
37 Assyrien fungiert bei Ktesias offenbar als erste universale Weltmacht, die zunächst von den Medern beerbt wird, welche wiederum von den Persern abgelöst wurden; Madreiter 2011, 259.
38 Zu den Frauen in den Persika s. Auberger 1993.
39 = FGrHist 688 F 1b § 1–28.
40 So beispielsweise Krumbholz 1886, 327 mit Blick auf Diod. 2,20,3. Ähnlich auch Sancisi-Weerdenburg 1987, 40–43 oder Sacks 1990, 76. Auch Jan P. Stronk (2017, 529) schreibt: „Diodorus claims that his account of ,Semiramis' is completely based upon Ctesias' story" – diese Aussage überrascht insbesondere in einer neuen kommentierten Übersetzung des Textes. Diodor bezieht sich zwar nach eigenen Angaben auf Ktesias, dessen Name fällt allerdings auffälliger Weise fast ausschließlich, wenn es um Zahlenangaben geht. Auch nennt er mehrfach explizit andere Quellen (Kleitarch, Athenaios) und behauptet an keiner Stelle eindeutig, er gebe ausschließlich Ktesias' Text wider. Diod. 2,20,3 (Κτησίας μὲν οὖν ὁ Κνίδιος περὶ Σεμιράμιδος τοιαῦθ' ἱστόρηκεν) muss sich keineswegs auf den gesamten Abschnitt über Semiramis beziehen, sondern kann auch nur auf ihre Verwandlung in eine Taube beziehen. Entsprechend übersetzen Gerhard Wirth und Otto Veh auch „Dies erzählt Ktesias aus Knidos." (ed. Wirth & Veh 1992), während Jan P. Stronk sich für ein weiter gefasstes „[s]uch, then, is the account that Ctesias of Cnidus has given about Semiramis" entscheidet (Stronk 2017, 120). Vgl. auch Comploi 2000, 227–228 mit Anm. 50.
41 Pettinato 1988, 46. An anderer Stelle heißt es hier: „,Persika' heißt das Werk dieses griechischen Arztes, und wir können es in der ,Historischen Bibliothek' von Diodor nachlesen." (ebd. 59).

Siculo (II 4–20), sostanzialmente un riassunto di Ctesia di Cnido (...)"⁴² oder „It is through the Persica, by way of Diodorus Siculus, that we possess the main elements of her [i.e. Semiramis', Anm. d. Verf.in] legend. Most accept, likewise here, that what Diodorus preserved follows the Ctesian original in plot and thematic motifs associated with the great queen."⁴³ In der Tat wird Ktesias in Diodors Semiramis-Episode insgesamt sieben Mal als Gewährsmann erwähnt.⁴⁴ Die Lage ist allerdings deutlich komplexer, Diodor liefert nämlich gerade keine exakte Wiedergabe von Ktesias' Schilderung, wie unten noch zu zeigen sein wird.⁴⁵ Dennoch soll zunächst der Blick auf die Beschreibung der Königin bei Diodor gerichtet werden, um in der Folge herauszustellen, welche Elemente davon wohl mit großer Wahrscheinlichkeit aus Ktesias stammen, welche anderen Quellen zuzuordnen sind und welche Schöpfungen bzw. Umdeutungen Diodors sind. Jan Assmann tut Diodor sicher unrecht, wenn er ihn einen bloßen „Kompilator" nennt, der „keine eigene Agenda"⁴⁶ habe. Dennoch ist nicht zu bestreiten, dass Diodor als Autor und seine *Bibliotheke* als eigenständiges Gesamtwerk hellenistischer Literatur in der althistorischen wie philologischen Forschung lange zugunsten von Partikularstudien zu den von ihm verwendeten Quellen vernachlässigt worden sind.⁴⁷

Diodor, ein Grieche aus Agyrrhion auf Sizilien, war Zeitgenosse Caesars und erlebte die politischen Umwälzungen der letzten Phase der römischen Republik zeitweise auch von Rom aus, wo er sich wohl um 42 v.Chr. einige Zeit aufhielt.⁴⁸ Er verfasste eine in großen Teilen erhaltene Universalgeschichte in 40 Büchern, die der interessierten Leserschaft eine Überblicksdarstellung von den Anfängen der Welt bis zum ersten Konsulat Caesars 60 v.Chr. bietet. Besondere Berühmtheit erlangte das 17. Buch seines Werkes als älteste überlieferte zusammenhängende Vita Alexanders III.

Was berichtet nun also Diodor über Semiramis? Seine Schilderung ist ungewöhnlich lang und füllt ganze 17 Kapitel des zweiten Buches. Von ihrer mysteriösen Geburt und Kindheit an beschreibt er die herausragenden Ereignisse im Leben der Semiramis bis hin zu ihrem Tod. Wichtig war es ihm, gleich zu Beginn eine Wertung ihrer Person vorzunehmen, nannte er sie doch hier direkt ‚die bedeutendste aller Frauen, die wir kennen' („τὴν ἐπιφανεστάτην ἁπασῶν τῶν γυναικῶν ὧν παρειλήφαμεν"⁴⁹) – diese Eröffnung lässt Großes erwarten und steht in klarem Gegensatz zur marginalen Rolle, die sie bei Herodot einnahm. Semiramis, so erzählt Diodor, sei die Tochter der Göttin Derketo⁵⁰ und eines unbekannten Sterblichen. Die Göttin, die ein menschliches Antlitz, aber den Leib eines Fisches besäße, habe das Kind aus Scham darüber, sich mit einem Menschen eingelassen zu haben, ausgesetzt, den Jüngling getötet und sich danach in den Askalonsee⁵¹ gewor-

---

42 Questa 1989, 14.
43 Waters 2017, 45. Auberger 1993 geht sogar so selbstverständlich davon aus, dass Diodor einen unverfälschten Blick auf Ktesias' Persika ermöglicht, dass diese Frage nicht einmal thematisiert wird.
44 Diod. 2,5,4; 2,7,1; 2,7,3; 2,7,4; 2,8,5; 2,17,1; 2,20,3.
45 Vgl. dazu auch Comploi 2000, 223–244.
46 Assmann 1998, 32; außerdem – stellvertretend für viele – Wiemer 2005, 20 u. Demandt 2009, 8. Ähnlich bereits Mommsen 1859, 125. Anders jetzt Rathmann 2016, dessen Studie sowohl die Gestalt des Autors als auch dessen Motive für die Abfassung seine Weltgeschichte untersucht und auch Diodors Arbeitsweise einer erneuten kritischen Analyse unterzieht. Allerdings spart er bei der Frage nach Intention und Aussageabsicht des Werkes Semiramis vollständig aus.
47 Vgl. Rathmann 2016, 2–3.
48 Zu den Lebensdaten und zum Romaufenthalt ausführlich Rathmann 2016, 18–22 u. 29–44.
49 Diod. 2,4,1.
50 Vgl. zu dieser Göttin und ihrer Benennung Jacoby 1875, 576; Eilers 1971, 13; Stobel 1976, 209–217 sowie Stronk 2017, 92 Anm. 23 mit Verweis auf Lukian, Syr. dea 14.
51 Grabungen haben die Existenz eines Sees nahe der Stadt Askalon nachgewiesen; Stager & Schloen 2008, 3.

fen und gänzlich in einen Fisch verwandelt. Das Kind sei ein Jahr lang von Tauben ernährt[52] und schließlich von Simmas, einem kinderlosen Hirten, gefunden und aufgezogen worden.[53] Dieser habe ihr auch den Namen Semiramis gegeben, was auf Syrisch Taube bedeute.[54] Als etliche Jahre später der königliche Statthalter (ὕπαρχος)[55] Onnes[56] bei Simmas eingekehrt sei, sei er von der Schönheit der jungen Frau in den Bann gezogen worden und habe Simmas umgehend um ihre Hand gebeten, die dieser ihm auch gewährt habe. Die beiden hätten zwei Söhne, Hyapates und Hydaspes, gehabt.[57] Als Onnes an der Belagerung Baktras teilgenommen habe, habe er seine Frau so sehr vermisst, dass er nach ihr schicken ließ.[58] Semiramis sei seinem Ruf gefolgt und habe sich für die Reise nach Baktra Kleider angefertigt, die nicht erkennen ließen, ob sie eine Frau oder ein Mann sei („στολὴν ἐπραγματεύσατο δι' ἧς οὐκ ἦν διαγνῶναι τὸν περιβεβλημένον πότερον ἀνήρ ἐστιν ἢ γυνή")[59]. Diodor betont ausdrücklich, wie nützlich ein solches Kleidungsstück gerade mit Blick auf die sengende Sonne sei und erwähnt auch, dass später die Meder und Perser ähnliche Kleidung besessen hätten, die sie die Tracht der Semiramis genannt hätten[60] – dem Anlegen dieser Kleidung liegt also bei ihm nicht unbedingt eine Täuschungsabsicht zu Grunde. Doch nicht nur während der Reise, auch nach der Ankunft vor Baktra habe sich Semiramis' Klugheit gezeigt, habe sie doch sogleich die Schwachstellen in der Verteidigung der belagerten Stadt erkannt. Durch ihren Einfall, die Stadt an der steilsten und daher am wenigsten bewachten Stelle anzugreifen, habe Baktra schließlich eingenommen werden können.[61] So sei König Ninos auf sie aufmerksam geworden – auch er sei von ihrer Schönheit wie ihrer Klugheit höchst angetan gewesen und habe sie umgehend zur Frau nehmen wollen. Onnes habe er seine eigene Tochter Sosane als Ersatz für Semiramis angeboten und ihm gedroht, ihm die Augen ausstechen zu lassen, wenn er Semiramis nicht frei gäbe. Onnes, der nicht von seiner Frau lassen wollte, habe sich daraufhin das Leben ge-

---

52 Vgl. dazu Momigliano 1931, 21; Eilers 1971, 14 u. Frahm 2017, 436 u. 442.
53 Seymour (2014, 62) sieht hier einen Anklang an die Moses-Geschichte (Ex 2,1–10), die Datierung des Pentateuch ist allerdings in der alttestamentlichen Forschung intensiv diskutiert, die Tendenz geht dahin, eine Endredaktion des Pentateuchs ins 6. Jh. v.Chr. zu datieren, wobei auch spätere Ansätze erwogen werden; Schmidt ⁵1995, 45–49.
54 Diod. 2,4,6; vgl. dazu Stronk 2017, 93 Anm. 30.
55 In einer Variante auch ἔπαρχος (vgl. ed. Eck 2003). Zur Schwierigkeit der adäquaten Übersetzung des Begriffs siehe Stronk 2017, 93, Anm. 31. Vgl. Pettinato 1988, 53–54, der hier einen assyrischen Gouverneur Syriens, bzw. den Turtanu, einen General-Stellvertreter und obersten Heerführer, vermutet.
56 Nagel identifiziert diesen mit Menoenis, „einem assyrisch-skytischen Fürsten"; Nagel 1982, 77.
57 Diod. 2,5,1. Diese beiden Söhne der Semiramis erscheinen in Diodors Schilderung nicht weiter, allerdings erwähnen sie Nikolaos von Damaskus (FGrHist 90 F 1) und andere als Verschwörer und letztlich Mörder der Königin.
58 Zu Ninus' Feldzug gegen Baktrien vgl. ausführlich Briant 1984, 13–27.
59 Diod. 2,6,6. In dieser Passage stimmen alle Handschriften zweifelsfrei überein. Boncquet 1987, 68–70 hält dieses Kleidungsstück für identisch mit dem griechischen κάνδυς. Auberger denkt hier – völlig anachronistisch – an den Mantel, von dem es bei Strabo (11,13,9) heißt, er sei für Griechen zu weiblich, für Perser aber angemessen, da dieser ihre Körper entgegen der griechischen Gewohnheiten verhüllten (Auberger 1993, 258). Rutishauser (1989, 110) zufolge ist es dieses „Kleid, durch das sie [i.e. Semiramis, Anm. d. Verf.in] der Eingrenzung in eines der beiden Geschlechter entgehen kann" sowie eine „ungebrochene Androgynität", die ihr zum Sieg verhelfen (wobei sie offen lässt, worüber Semiramis eigentlich auf diese Art und Weise siegt – die konkrete militärische Aktion vor Baktra ist jedenfalls nicht gemeint). Alison Beringer (2016, 67) formuliert, Diodor „created genderless clothing" für Semiramis.
60 Diod. 2,6,6.
61 Stronk 2017, 97, Anm. 45 verweist völlig zu recht auf die augenfälligen Parallelen zu Arr. an. 4,18,4–19,5 u. Curt. 7,11.

nommen.⁶² Über die Zeit dieser zweiten Ehe der Semiramis berichtet Diodor lediglich, Ninos habe mit ihr einen Sohn, Ninyas, gezeugt und ihr nach seinem Tod die Herrschaft überlassen („τὴν γυναῖκα ἀπολιπὼν βασίλισσαν").⁶³ Sie habe Ninos in einem riesigen Grabhügel beisetzen lassen. In den folgenden Abschnitten geht Diodor detailliert auf Semiramis' militärische und bauliche Aktivitäten ein – es heißt hier sie sei ‚von Natur aus geneigt, Großes zu unternehmen, und begierig, an Ruhm ihren Vorgänger noch zu übertreffen' („οὖσα φύσει μεγαλεπίβολος καὶ φιλοτιμουμένη τῇ δόξῃ τὸν βεβασιλευκότα πρὸ αὐτῆς ὑπερθέσθαι").⁶⁴ Mit Hilfe von zwei Millionen Arbeitskräften habe sie die Stadt Babylon errichten und mit einer riesigen Mauer samt 50 Türmen bewehren lassen.⁶⁵ Weiterhin habe sie eine Brücke von fünf Stadien Länge sowie an deren Enden auf jeder Seite des Euphrat zwei bewehrte Paläste, eine riesige Zisterne und einen Tempel für Zeus/Bel mit riesigen goldenen Standbildern von Zeus, Hera und Rhea erbauen lassen.⁶⁶ Auch die Hängenden Gärten werden erwähnt, aber ausdrücklich nicht der Semiramis, sondern einem ungenannten späteren König zugeschrieben.⁶⁷ Auch außerhalb Babylons sei Semiramis, so Diodor, als Bauherrin und Städtegründerin aufgetreten,⁶⁸ insbesondere habe sie Häfen für die Händler errichtet,⁶⁹

---

62 Diod. 2,6,7–6,10. Man fühlt sich vage erinnert an die alttestamentliche Erzählung von Bathsebah, Urija und König David (2 Sam 11) oder die herodoteische Schilderung von der Frau des Masites und Xerxes (Hdt. 9,108–113). Michel Casevitz (1985, 120) sieht hier eine Parallele zu Diodors Eingangsepisode um Derketo. So wie diese ihren sterblichen Liebhaber getötet habe, habe Semiramis aus Machthunger ihren Mann in den Tod getrieben, um Königin zu werden. Ähnlich auch Auberger 1993, 257 u. 260. Entsprechende Indizien finden sich allerdings im Quellentext Diodors nicht. Dieser betont im Gegenteil, Derketo habe aus Scham gehandelt und macht Semiramis, wie schon bei der Eheschließung mit Onnes, zu einem Objekt – nach ihrer Meinung wird weder gefragt, noch wird ein Hinweis darauf gegeben, dass sie die neue Ehe forciert oder auch nur gut geheißen habe. Machtgier ist Semiramis zumindest nach Diodors Schilderung hier nicht zu bescheinigen.
63 Diod. 2,7,1.
64 Diod. 2,7,2. Für die Behauptung Aubergers (1993, 260), Semiramis habe geduldig auf ihre Stunde gewartet („attendu son heure") und nach dem Tode des Ninos Rache genommen („pris sa revanche"), sehe ich in denen im Quellentext geschilderten baulichen wie kriegerischen Aktivitäten keine Hinweise – insbesondere, da völlig unklar bleibt, wie lange ihre Ehe mit Ninos nach Ktesias'/Diodors Vorstellung überhaupt gedauert hat (lange genug, um ein Kind zu empfangen und zur Welt zu bringen jedenfalls), ob sich also eine Zeit der längeren duldsamen Passivität überhaupt mit den späteren Aktivitäten kontrastieren lässt. Auch bleibt die bei Auberger zu Grunde liegende Idee, das Errichten von Bauten und das Führen von Kriegen sei durch Rachegelüste – gemeint ist wohl das Bestreben, Ninos zu übertreffen – motiviert, reine Hypothese, insbesondere da schon vorher ja auf τὴν ἰδίαν ἀρετήν (2,6,5) hingewiesen wird.
65 Diod. 2,7,2. Der Name der Stadt fällt bei Diodor allerdings nicht explizit; vgl. Bigwood 1978 u. Jacobs 2011, 141–158. Die Mauern Babylons, die Semiramis errichten lässt, sind häufig Gegenstand griechischer wie römischer Quellen, so z.B. Dion. Hal. ant. 4,25,3–4; Amm. 23,6,23; Ov. met. 4,58 u.v.m. Auch andere Mauern werden ihr zugeschrieben: Strab. 11,14,8.
66 Diod. 2,7,2–9,8. Zur Identifikation der griechischen Götternamen mit den altvorderasiatischen Gottheiten s. Stronk 2017, 103, Anm. 87; vgl. Capomacchia 1986, 37. Gerade das religiös einwandfreie Verhalten, das sich im Tempelbau niederschlägt, rückt Semiramis von Xerxes ab (Hdt. 1,183), der als Tempelschänder memoriert wird; vgl. Rollinger 1998, insb. 351–355; Kuntner & Heinsch 2013, 219–262 u. Wiesehöfer 2017, 211–220.
67 Diod. 2,10,1; vgl. Strab. 16,1,5. Zur renaissancezeitlichen Zuschreibung der Gärten zu Semiramis Rollinger 1999, 378 u. Bichler & Rollinger 2005.
68 Diod. 2,11,1. Auch andere Autoren schreiben ihr die Gründung verschiedener Städte zu, so z.B. Melita in Kappadokien (Plin. nat. 6,3,1), Arachosia am Fluss Arachotus (Plin. nat. 6,92) und Abaisamis und Saraktia im Gebiet zwischen Petra und dem Persischen Golf (Plin. nat. 6,145). Vgl. außerdem Curt. 9,6,23. Nach Lukian habe die Königin außerdem Hierapolis gegründet, wo sich eine Statue der Semiramis befände (Syr. dea 14).
69 Diod. 2,11,1.

die Wasserversorgung im eroberten Ekbatana durch Zisternen und Kanäle gesichert[70], Straßen gebaut[71] und in ihrem gesamten Herrschaftsbereich in den Ebenen Hügel für ihre gefallenen Heerführer errichten lassen.[72]

Am Bagistanischen Felsen habe sie ein besonders eindrucksvolles Monument hinterlassen, nämlich ein Relief ihrer Person, umgeben von 100 Speerträgern und mit einer Inschrift versehen.[73] Als Feldherrin sei sie zunächst mit einem großen Heer gegen Medien gezogen, habe sich dann gegen Ägypten gewendet[74] und große Teile Libyens und Äthiopiens[75] unterworfen – ja, bis zum Heiligtum des Ammon soll sie gelangt sein und den Gott nach ihrem Tod gefragt haben. Die Antwort des Orakels sei gewesen, dass sie der Welt entrückt als Gottheit verehrt werde, wenn ihr Sohn Ninyas ihr nach dem Leben trachte.[76] Zurück in Baktra sei zunächst eine längere Friedensperiode gefolgt, bevor sie sich entschlossen habe, gegen Indien zu rüsten, das als größtes und schönstes Land gegolten habe.[77] Auch gebe es dort Gold, Silber, Edelsteine und dergleichen mehr. Detailliert schildert Diodor die zweijährigen Kriegsvorbereitungen beider Seiten, inklusive der Episode, Semiramis habe 300.000 schwarze Rinder als Elefanten verkleiden lassen, um den indischen König Stabrobates und seine Truppen zu täuschen.[78] Im Gegensatz zu den anderen Kriegen der Königin klassifiziert Diodor ihren Feldzug gegen Indien als ohne Anlass[79] und allein durch Semiramis' Ehrgeiz[80] wie die Aussicht auf Beute[81] motiviert. Einen Brief des Stabrobates an sie, der Vorwürfe wegen dieses Angriffskrieges enthält, habe sie verlacht.[82] Im ersten Aufeinandertreffen habe Semiramis gesiegt, das zweite Gefecht sei lange unentschieden geblieben und habe eine Vielzahl an Opfern gefordert. Semiramis, die von Diodor als klug agierende Feldherrin geschildert wird, wird schließlich nur durch Verrat besiegt. Dabei soll sie zweimal von

---

70 Diod. 2,13,6–8.
71 Diod. 2,14,1.
72 Diod. 2,14,1.
73 Diod. 2,13,1–2; vgl. Bichler & Rollinger 2017, 11–12; Stronk 2017, 109, Anm. 107.
74 Historisch betrachtet ist Asarhaddon der erste mesopotamische Herrscher, der gegen Ägypten zieht (671 v.Chr.). Vgl. Sano 2016, 251–264 sowie die sog. Siegesstele des Asarhaddon (Vorderasiatisches Museum Berlin, Inv. VA2708).
75 Im Widerspruch dazu Diod. 3,3,1, wonach Semiramis nicht bis Äthiopien vorgedrungen sei.
76 Ähnlich die Episode in 17,49,2–51,4 zu Alexander III.; Bernard Eck sieht hierin eine umgekehrte *imitatio Alexandri* (ed. Eck 2003, 137–138).
77 Hier sieht Eck erstaunlicherweise nun keine solche umgekehrte *imitatio Alexandri* (ed. Eck 2003, 31, Anm. 8), eine Ansicht, der sich Jan P. Stronk anschließt (Stronk 2017, 113, Anm. 130); anders Bichler 2014, 59–60 u. Szalc 2014, 495–508. Für Stronk (2017, 115, Anm. 142) bestehen keinerlei Zweifel, dass der Indienfeldzug der Semiramis fiktiv sei („it should again be stressed that this expedition was a fiction"). Zu Semiramis' Indienzug vgl. auch Ruffing 2011, 358–359.
78 Vgl. auch Beringer (2016, 49–50), die diesen militärischen Kunstgriff als „attempt to manipulate the viewers' sight" sieht, wie auch schon beim Anlegen genderneutraler Kleidung.
79 Diod. 2,16,4.
80 Diod. 2,16,1.
81 Diod. 2,16,3–4.
82 Vgl. dazu P.Köln 6/248. Hier wird Semiramis wegen ihrer wechselnden Liebhaber auch als Prostituierte beschimpft; vgl. auch unten unter Kapitel 2.3.1 sowie zu einem ähnlichen Vorwort bei Orosius (Oros. 1,4,7) unter Kapitel 2.2.2. Wie Brigitte Truschnegg (2011, 417) aber überzeugend darlegen kann, besteht für Ktesias/Diodor hier kein Zusammenhang zwischen dieser Lebensweise und dem Scheitern des Feldzuges gegen die Inder.

Stabrobates verwundet worden sein,[83] habe aber dennoch unter großen Verlusten zurück nach Babylon fliehen können.[84] Nun wendet sich Diodor dem Ende ihres Lebens zu: Ninyas: so schildert er, habe ihr gemeinsam mit einem Eunuchen nach dem Leben getrachtet, woraufhin ihm Semiramis, eingedenk des Ammonorakels, die Herrschaft überlassen habe.[85] Über Semiramis' Ende im Alter von 62 Jahren kennt Diodor mehrere Versionen: Sie habe sich, dem Orakel gemäß, menschlichen Blicken entzogen und sei zu den Göttern entrückt worden oder aber, wie es Ktesias berichte, sie habe sich in eine Taube verwandelt und sei davon geflogen. Zum Schluss gibt er noch einen Abriss anderer ihm bekannter Varianten: Athenaios und andere behaupteten, so schreibt Diodor, sie sei eine schöne Hetäre des Königs gewesen, die schließlich zu dessen Gattin aufgestiegen sei und den König überredet habe, ihr für fünf Tage die Herrschaft zu überlassen. Sofort habe sie die Heerführer hinter sich gebracht, den König ins Gefängnis werfen lassen und dann bis ins hohe Alter geherrscht.[86]

Verschiedene Aspekte stellte Diodor in seiner Schilderung besonders heraus: Zum einen betonte er mehrfach die Schönheit der Semiramis[87], zum anderen hob er auf ihre vielfältigen Tugenden ab, wobei er insbesondere ihre Tapferkeit und ihre Klugheit in den Vordergrund rückte.[88] Wie Sabine Comploi richtig betont, fehlt dabei jeglicher negativer Unterton, insbesondere unterlässt es Diodor, ihre Ehemänner Onnes und Ninos als schwache, effeminierte Männer zu charakterisieren.[89] Anders als bei Ktesias spielte das Gegensatzpaar starke Frau – schwacher Mann hier also keine Rolle. Auch Semiramis' Tätigkeit als Bauherrin erfuhr eine besondere Würdigung, wobei nicht nur Palast- und Prunkbauten, sondern auch Sakrales und Ingenieurbauten ausführlich beschrieben wurden. Deutlich wurde also neben Semiramis' Rolle als kriegerische Herrscherin auch auf ihre zweite Rolle als Dienerin der Götter und als fürsorgliche ‚Landes-

---

83 Bemerkenswert ist, dass Stabrobates hier auf dem rechten Flügel kämpft, der in der griechischen Historiographie durchgehend als der prestigeträchtigere, da gefährlichere gilt. Eck wie Stronk vertreten die Ansicht, die geschilderte Aufstellung sei ein reines Produkt der Fantasie („tactics played no role at all in this fantasy that was designed to place both commanders opposite each other"; Stronk 2017, 118, Anm. 148; ed. Eck 2003, 142–143). Schon seit Xenophon ist in den Schlachtenbeschreibungen der griechischen Historiographie eine Zuspitzung auf einen Zweikampf der gegnerischen Heerführer/Herrscher Usus (an. 1,8,21ff.); vgl. dazu auch Bichler 2009, insb. 20–22.
84 Es sei angemerkt, dass Diodor nur im Indienfeldzug auf Schlachtverlauf und Kriegshandlungen genauer eingeht, solches aber bei allen anderen militärischen Aktionen der Semiramis unerwähnt lässt.
85 Diod. 2,20,1. Auberger (1993, 260) sieht hier zu recht die Wiederherstellung der ‚normalen' Ordnung: „Ce fils vient remettre les choses à leur place."
86 Diod. 2,20,3–5.
87 Diod. 2,4,5; 2,5,1; 2,5,2 u. 2,6,9. Die Betonung ihrer Schönheit ist ungewöhnlich, werden doch bei Diodor, wie Simonetti Agostinetti herausstellte, bei vorbildhaften Frauen normalerweise nur die charakterlichen Stärken beschrieben, während das Erscheinungsbild ausgespart bleibt; Simonetti Agostinetti 1991, 77–87, insb. 84–85. Auberger (1993, 256) sieht hier zweifelsfrei Ktesias' Text und macht diesen als Erfinder des Topos der schönen Heldin zum Vorreiter späterer Autoren: „il montre le chemin à tous les romanciers des siècles suivants, et donne, sans le savoir, une des premières lois du genre: l'héroïne de roman est obligatoirement, chez Chariton, Héliodore, Achille Tatius, plus belle que ses compagnes, auréolée d'une perfection divine".
88 Diod. 2,5,2; 2,6,5; 2,6,9; 2,7,2; 2,13,5; 2,16,1.
89 Comploi 2000, 223. Auch wenn Onnes vorgeworfen wird, er habe sich von Semiramis beherrschen lassen, so wird direkt hinzugefügt, dass ihm dies nicht zum Schaden gereicht sei. Vgl. auch Truschnegg 2011, 434–436. Überhaupt scheinen liebesgeleitete Verhaltensweisen von Männern, wie sie hier Onnes und Ninus an den Tag legen, in der griechischen Welt nicht – oder zumindest nicht pauschal – negativ konnotiert gewesen zu sein, wohingegen der Vorwurf der *vinolentia* in den Schriften Ciceros und darauf aufbauend in der augusteischen Sicht der Dinge einen schwerwiegenden Vorwurf darstellt; Thurn 2018, 140–141 u. 179–183.

mutter' hingewiesen, die sie mit ähnlicher Klugheit und Stringenz erfüllte.⁹⁰ An drei Punkten wertete Diodor Semiramis allerdings deutlich ab, seine Kritik steht dabei zweimal im Kontext eines kritischen Luxus- bzw. Dekadenzdiskurses:⁹¹ Bei Semiramis' Aufenthalt in der medischen Stadt Chauon formulierte er, sie habe sich an allerlei Luxus erfreut („πάντων τρυφὴν") – ohne dass dieser aber näher benannt würde – und bei der Motivation ihres Indienfeldzuges legte er dar, sie habe sich von dem Reichtum und Luxus Indiens („τρυφή καὶ πλοῦτος") zu diesem Kriegszug verleiten lassen („ὑπὲρ ὧν τὰ κατὰ μέρος ἡ Σεμίραμις ἀκούσασα προήχθη μηδὲν προαδικηθεῖσα τὸν πρὸς Ἰνδοὺς ἐξενεγκεῖν πόλεμον")⁹², obwohl die Inder ihr nichts zu Leide getan hätten.⁹³ Auch eine weitere Anmerkung Diodors enthält einen deutlichen negativen Beigeschmack: So schrieb er, eine legale Ehe habe Semiramis nicht eingehen wollen, damit ihr die Herrschaft nicht geraubt werde („γῆμαι μὲν νομίμως οὐκ ἠθέλησεν, εὐλαβουμένη μήποτε στερηθῇ τῆς ἀρχῆς").⁹⁴ Statt dessen habe sie sich die schönsten Soldaten als Liebhaber gewählt, sich mit ihnen vergnügt und diese anschließend töten lassen.⁹⁵

Semiramis' Beschreibung bei Diodor ist dennoch eine mehrheitlich positive, sie wurde seinem Bestreben, *exempla* zu bieten, entsprechend ausgeformt. Exemplarität von Einzelpersonen nimmt in Rahmen des Diodorischen Narrativs eine zentrale Rolle ein und strukturieren sein Werk. Dies zwird im wenig beachteten 10. Buch, das in Auszügen durch die Excerpta Constantiniana überliefert ist, programmatisch formuliert:

> ὅτι δὲ τῶν προγεγονότων ἀνδρῶν ἡ τῶν βίων ἀναγραφὴ δυσκολίαν μὲν παρέχεται τοῖς γράφουσιν, ὠφελεῖ δ'οὐ μετρίως τὸν κοινὸν βίον. μετὰ παρρησίας γὰρ δηλοῦσα τὰ καλῶς <τε καὶ κακῶς> πραχθέντα τοὺς μὲν ἀγαθοὺς κοσμεῖ, τοὺς δὲ πονηροὺς ταπεινοῖ, διὰ τῶν οἰκείων ἑκάστοις ἐγκωμίων τε καὶ ψόγων.

> Die Darstellung der Leben der Männer der Vergangenheit bereitet ihren Autoren zwar Mühe, ist aber von nicht geringem Nutzen für das Leben der Gemeinschaft. Denn da sie mit Freimut die guten <und schlechten> Taten aufzeigt, ehrt sie die Tüchtigen und demütigt sie die Schlechten, indem sie jeden lobt und tadelt, wie es ihm gebührt.⁹⁶

Semiramis reiht sich in Diodors Konzept ein und wird innerhalb seines Narrativs ganz konkret in Beziehung zu anderen herausragenden Herrscherpersonen gesetzt. Ihre prominente Rolle und besondere Relevanz innerhalb von Diodors Werkes ist sicherlich zu einem guten Teil aus ihren expansionistischen Bestrebungen und hier insbesondere in ihrem Kriegszug gegen den Inderkö-

---

90 Vgl. Comploi 2000, 225–226.
91 Diese negativen Aspekte sowie die Expansionsbestrebungen stehen in Scheils Beurteilung der diodorischen Erzählung deutlich im Vordergrund, wenn er Semiramis auf ihre Rolle als „ambitious imperial leader" (2016, 25) reduziert, die darauf brenne, ihren Namen durch monumentale Bauprojekte unsterblich zu machen, und die lobenden und bewundernden Worte Diodors unerwähnt lässt. Zur Luxuskritik vgl. Bernhardt 2003, insb. 132–134 u. 239–246; Thurn 2018, 149–152.
92 Diod. 2,16,3.
93 Diod. 2,16,4. Ein Faktum, das von Diodor bei keinem anderen ihrer Feldzüge erwähnt wird.
94 Diod. 2,13,4.
95 Diod. 2,13,4; vgl. Auberger 1993, 260 u. Truschnegg 2011, 417.
96 Diod. 10,27,1 (ed. Cohen-Skalli 2012); Übersetzung nach Schorn 2014, 139. Zu dieser Passage Cohen-Skalli 2012, 177–181 u. 363–378; Schorn 2013, 179–259 u. 2014, 135–162. Zur Exemplarität bei Diodor beispielsweise Sacks 1990, 23–35 oder Rathmann 2014, 49–113 u. 2016, 272 u. 306.

nig zu sehen: Semiramis war hier das Vorbild, dem bei Diodor Alexander III. nachstrebt (so auch Curtius Rufus und Arrian[97]). Die Viten von Semiramis und Alexander wurden bei Diodor an entscheidenden Stellen parallelisiert – so beispielsweise beim Besuch des Ammonorakels in Ägypten[98] und beim Zug gegen Indien, der außerdem bei beiden von Baktra aus seinen Anfang nahm.[99] Mit einer Ausnahme (nämlich Äthiopien) wurden alle von Semiramis eroberten/durchzogenen Gebiete auch von Alexander und seinen Truppen durchquert, zum Teil ist sogar der von Diodor verwendete Wortlaut identisch.[100] Iris Sulimani hat sicherlich recht, wenn sie vermutet, die Feldzüge Alexanders hätten Diodor als Folie für seine Schilderung der kriegerischen Aktivitäten der Semiramis und der für diese genutzten Routen gedient.[101] So viele Parallelen aber auch Alexander und Semiramis bei Diodor aufweisen, so werden beide doch durch einen anderen Herrscher in ihren expansionistischen Bestrebungen und ihren übrigen Taten übertroffen: Der Ägypter Sesoosis/Sesostris ist bei Diodor derjenige, der ‚von allen Königen bis auf seine Zeit hin die glänzendsten und bedeutendsten Taten vollbracht hat' (1,53,1: „Σεσόωσιν [...] ἐπιφανεστάτας καὶ μεγίστας ὧν πρὸ αὐτοῦ πράξεις ἐπιτελέσασθαι."). Er, so Diodor, gelangte ‚nicht nur in die Gebiete, die später Alexander in seinen Besitz brachte, sondern auch zu Völkern, deren Land dieser nicht mehr betrat' (1,55,3: „Οὐ μόνον γὰρ τὴν ὕστερον ὑπ' Ἀλεξάνδρου τοῦ Μακεδόνος κατακτηθεῖσαν χώραν ἐπῆλθεν, ἀλλὰ καί τινα τῶν ἐθνῶν ὧν ἐκεῖνος οὐ παρέβαλεν εἰς τὴν χώραν."). Er überschritt den Ganges und durchquerte ganz Indien bis zum Ozean hin (1,55,4[102]: „ἕως ὠκεανοῦ"). Somit übertraf er beide, Semiramis wie Alexander.[103] Überhaupt weist auch die Beschreibung des Sesostris interessante Verbindungen zu Diodors Viten der Semiramis und insbesondere des Alexander auf:[104] Die Herrschaft des Sesostris dauert bei Diodor 33 Jahre – und somit genau so lang wie die Lebensspanne Alexanders. Beide unternehmen riesige Feldzüge, die insgesamt neun Jahre dauerten. Anders als Alexander hatte Sesostris aber bereits im Vorfeld seiner Kriegszüge intensive Vorkehrungen getroffen, um während seiner Abwesenheit einen Aufstand im Kernland zu vermeiden. Ihre Feldzüge sind quasi gespiegelt – während Alexander im Osten auf Probleme stieß, die zum Abbruch des Feldzuges führten, sah sich Sesostris im Westen, genauer in Thrakien, mit Versorgungmangel und unwirtlicher Natur konfrontiert. Wiederum anders als Alexander kam es bei Sesostris aber nicht zur Revolte, sondern der kluge Feldherr beendete den Feldzug daraufhin auf eigenen Entschluss. Sesostris wird somit bei Diodor zu einem besseren Alexander.

---

97 Curt. 5,1,24; Arr. an. 6,24; ähnlich auch Strab. 15,1,5–6 u. 15,2,5. Auch Stronk (2017, 529) beobachtet bei Diodor die Verbindung zwischen der Vita Alexanders und der der Semiramis; auch er hält aber Diodor für „completely based upon Ctesias" (ebd.).
98 Semiramis: Diod. 2,14,3; Alexander: Diod. 17,40,2 u. 49,1–2. Nicht unerwähnt bleiben sollte, dass bei Diodor auch Hannibal ein Orakel des Ammon empfängt: Diod. 25,19. Somit vereint Diodor hier drei sehr erfolgreiche, aber letztlich eben doch jeweils scheiternde Militärs.
99 Diod. 2,16 u. 17,86.
100 „ἐπανῆλθε μετὰ τῆς δυνάμεως εἰς Βάκτρα τῆς Ἀσίας" heißt es bei Semiramis (Diod. 2,16,1) und „ἐπανῆλθε μετὰ τῆς δυνάμεως εἰς τὴν Συρίαν" bei Alexander (Diod. 17,52,7).
101 Sulimani 2005, 53. Zu den Parallelen zwischen den Viten von Semiramis und Alexander III. auch Szalc 2014, 495–508, die allerdings in der Hinzufügung von bei Ktesias noch nicht vorhandenen Elementen der Erzählung v.a. die Absicht sieht, Semiramis an Alexander III. anzugleichen. Maßgeblich ist für sie hier der Einfluss von Kleitarch, „who coloured the Semiramis' history to make it more like stories of Alexander" (2015, 505).
102 Vgl. auch Hdt. 2,102–103 u. 106–110.
103 Anders dagegen Bichler & Rollinger 2017, 11: „Mit ihren Eroberungszügen zu Land übertraf Ktesias' Semiramis sogar Herodots Sesostris."
104 Einige der hier ausgeführten Aspekte auch bei Ryholt 2013, 59–62.

Doch auch zur Gestalt der Semiramis finden sich auffällige Parallelen mit Sesostris:[105] So heißt es auch von Sesostris, er habe bedeutende Bauten errichten lassen – sowohl Tempel[106] als auch Bewässerungskanäle.[107] Auch die Errichtung von Erdhügeln (χώματα) findet sich hier – er habe, so heißt es bei Diodor, die Städte auf künstlich errichteten Hügeln umsiedeln lassen, die zuvor im Tal bzw. der Ebene gelegen haben.[108] Diodor erwähnt selbige χώματα in seiner Semiramis-Vita, leicht abgewandelt und mit der kritischen Anmerkung versehen, dass diese Hügel zum Teil für die Anlage von Städten, zum Teil aber auch als Grabstätten für ihre Liebhaber gedient hätten.[109]

Insgesamt zog Diodor also zwischen allen drei Viten Verbindungen, wobei Semiramis von Alexander und beide wiederum von Sesostris überragt werden. Sesostris wird bei Diodor, wie später Ninos und Semiramis, als Gründer eines ‚Weltreiches' zum Wegbereiter späterer Eroberer – zunächst Ninos und Semiramis, dann Kyros, Dareios und letztlich Alexander III. Die letzten drei beerben alle das von Semiramis geschaffene bzw. ausgestaltete Großreich Babylon.[110] Damit unterscheidet sich die Konzeption Diodors nicht grundsätzlich von der Herodots, der auch ein von Babylon aus regiertes Weltreich imaginiert, dieses aber mit der Gestalt der Nitokris verbindet. Über allem steht aber mit Sesostris ein ägyptischer Herrscher.[111] Es zeigt sich m.E., dass Diodor bestrebt war, hier eine pro-ägyptische und damit letztlich pro-ptolemäische Position einzunehmen.[112] Indem er mit Sesostris einen ägyptischen König zum Paradigma erhob, hinter dem sowohl Alexander selbst, als auch die von diesem bewunderte (und überflügelte) Semiramis zurückstehen müssen, erhöhte er nicht nur einen Pharao über andere Herrscher, sondern auch die Ptolemäer über die Seleukiden, die ja schließlich das Kernland von Semiramis' Reich beherrschten, bevor Rom dort 63 v.Chr. die Provinz *Syria* einrichtete. Semiramis steht, so formuliert es Reinhold Bich-

---

105 Noch bei Plutarch werden Sesostris und Semiramis verglichen (mor. 243C [de mul. virt.]): „(...) εἰ τὸν αὐτὸν ἔχει χαρακτῆρα καὶ τύπον ἡ Σεμιράμεως μεγαλοπραγμοσύνη τῇ Σεσώστριος (...) – (...) whether the magnificence of Semiramis has the same character and patterns as that of Sesostris (...)" (ed. Babbitt 1927).
106 Diod. 1,56,2. Semiramis dagegen errichtet nur einen Tempel: ἱερὸν Διός (Diod. 2,9,4).
107 Diod. 1,57,2: „κατὰ πᾶσαν δὲ τὴν χώραν τὴν ἀπὸ Μέμφεως ἐπὶ θάλατταν ὤρυξε πυκνὰς ἐκ τοῦ ποταμοῦ διώρυχας (...) – Im ganzen Lande zwischen Memphis und dem Meere zog er vom Nil ausgehend ein dichtes Netz von Kanälen (...)" (ed. Wirth & Veh 1992).
108 Diod. 1,57,1: „ὁ δ᾽οὖν Σεσόωσις χώματα πολλὰ καὶ μεγάλα κατασκευάσας τὰς πόλεις εἰς ταῦτα μετῴκισεν, ὅσαι μὴ φυσικῶς τὸ ἔδαφος ἐτύγχανον ἐπηρμένον ἔχουσαι, ὅπως κατὰ τὰς πληρώσεις τοῦ ποταμοῦ καταφυγὰς ἔχωσιν ἀκινδύνους οἵ τε ἄνθρωποι καὶ τὰ κτήνη – Sesoosis ließ auch eine Menge großer, künstlicher Hügel aufschichten und nach dorthin alle Städte umsiedeln, die nicht bereits auf einem von Natur aus hochgelegenen Platze erbaut waren, damit zur Überschwemmungszeit Mensch wie Tier eine sichere Zuflucht hätten." (ed. Wirth & Veh 1992).
109 Diod. 2,14,1: „ἐν δὲ τοῖς πεδίοις ἐποίει χώματα, ποτὲ μὲν τάφους κατασκευάζουσα τοῖς τελευτῶσι τῶν ἡγεμόνων, ποτὲ δὲ πόλεις ἐν τοῖς ἀναστήμασι κατοικίζουσα – Überall zerstörte sie steilaufragende Berge und legte kostspielige Straßen an, während sie in den Ebenen Hügel aufschütten ließ. Dies tat sie, teils um ihren toten Heerführern Grabstätten zu bereiten, teils um auf den Erhebungen Städte anzulegen." (ed. Wirth & Veh 1992). Vgl. auch Strab. 12,3,37 u. 16,1,2.
110 Ähnlich auch Stronk 2017, 530.
111 Dies findet sich auch später in Plutarchs Abhandlung zu Isis und Osiris, Plut. mor. 360C (de Iside et Osiride).
112 Dies wird auch an anderer Stelle deutlich, beispielsweise wenn Diodor behauptet, nicht Dionysios, sondern der ägyptische Gott Osiris sei in der Stadt Nysa aufgewachsen (1,15,6–7), welches nicht in Nordindien läge – wo es Alexander III. entdeckt haben will –, sondern in Arabien; vgl. Bichler 2014, 63. Solche Positionen mögen durchaus auch durch Diodors Aufenthalt in Ägypten bedingt sein; so beispielsweise Marincola 1997, 108–109 oder Rathmann 2016, 91 m. Anm. 300. Skeptisch dagegen Kunz 1935, 79–80. Das Herausstellen der Exemplarität und Exzerptionalität eines ägyptischen Pharaos ist aber eben auch vor seinem eigenen zeitgeschichtlichen Hintergrund gut erklärbar.

ler sehr treffend, bei Diodor also im Schatten eines Wettkampfes zwischen Sesostris und Alexander – respektive Ptolemaios und Seleukos.[113] Sie ist, ebenso wie Sesostris, innerhalb von Diodors Werk weniger als eigenständige Figur, sondern vor allem mit Bezug auf Alexander bedeutsam; beide Viten werden mit all ihren Episoden mit Blick auf Alexander und die ihm nachfolgenden Diadochenreiche mit all ihren Konflikten und Legitimationsproblematiken sorgfältig konstruiert. Darüber hinaus fügen sie sich in Diodors didaktisches Konzept, das sich durch die gesamte *Bibliotheke* zieht.[114] Wie bereits erwähnt, hat Michael Rathmann Diodor und dessen Umgang mit seinen Vorlagen jüngst einer erneuten Untersuchung unterzogen und konnte überzeugend herausarbeiten, dass dieser „beinahe holzschnittartig" *exempla* präsentiert, die für seine Leser als Bewertungsmaßstäbe fungieren sollen.[115] Rathmann folgert: „Diodor will also den Positiv- wie den Negativstellen mit seinem Werk ein Denkmal setzen und so generell zu guten Taten anregen (...)" und richtet sich überzeugend gegen die in der früheren Forschung vertretene Ansicht, Diodor weise auf Caesar oder gar Augustus als große Leitfiguren hin.[116] Auch weist er auf die kritischen Anklänge hin, die Diodor seiner Schilderung der Vita Alexanders beifügt – so z.B. dessen letztliches Scheitern in Indien[117] – und sieht hier einen Gegensatz zu den mythischen Gestalten des Dionysos und Herakles.[118] Dass bei Diodor mit Sesostris neben einem Gott und einem Heros auch eine historische (bzw. als historisch gedachte) Gestalt Indien erreicht hat und sogar bis zum dahinter liegenden Ozean gelangt ist, übersieht Rathmann dabei allerdings. Auch wird Sesostris von Diodor ebenso als Wohltäter der Menschen – genauer seines eigenen Volkes – gestaltet wie im zweiten Buch Herakles, Dionysos und Osiris, wobei letzterer die griechischen Heroen und Götter nochmals übertrifft.[119]

Wenn Diodor also nicht einfach nur älteres Material kompiliert, sondern Semiramis seinem eigenen Masternarrativ folgend ausgestaltet und als Folie für Alexander III. bzw. Sesostris verwendet, was lässt sich dann noch über Ktesias' Beschreibung der Königin von Babylon sagen? Ktesias' Name fällt in Diodors Semiramis-Vita zwar häufig, allerdings fast immer mit Blick auf konkrete Zahlenangaben.[120] Stammen allein diese Angaben auch wirklich aus den *Persika*? Ein genauerer Blick auf die abseits von Diodor erhaltenen Ktesias-Fragmente zur Gestalt der Semiramis ist unumgänglich. Schnell zeigen sich hier Abweichungen zur Erzählung Diodors. Diese Abweichungen betreffen quasi alle Stationen von Semiramis' Leben, sie sind nicht auf bestimmte Aspekte beschränkt. So liefern zum Beispiel Eratosthenes und Tzetzes jeweils mit Bezug auf Ktesias von Diodor abweichende Beschreibungen zu den Umständen von Semiramis' Zeugung,

---

113 Bichler 2014, 66.
114 Vgl. dazu u.a. Laqueur 1958, 290; de Romilly 1979, 255; Sartori 1984, 492; Rathmann 2014, 49–113 u. 2016, 306. Anders dagegen Farrington 1947, 59–60 u. Assmann 1998, 32.
115 Rathmann 2016, 272.
116 So auch bei Sacks 1990, 75: „Caesar is the contemporary figure Diodorus most admires." Ihr Urteil über die innere Hierarchie der militärischen Führer bei Diodor fällt – konsequenterweise – auch gänzlich anders aus: „In fact, neither Sesostris of Egypt nor Ninus of Assyria, legendary figures of the early books who are thought to have been fashioned after the Dictator [i.e. Caesar, Anm. d. Verf.in], is especially significant in the narrative (...)." (ebd.).
117 Diod. 17,89,5.
118 Diod. 2,38,3 u. 2,39,1.
119 Diod. 1,4–15; vgl. auch Napp 2017, 75–99. Zu Herakles und Dionysos als Eroberer Indiens s. Bichler 2017, 52–53.
120 Diod. 2,5,4; 2,7,1; 2,7,3; 2,7,4; 2,8,5; 2,17,1; 2,20,3. Vielfach wird aber in der Forschung behauptet, die komplette Passage stamme aus Ktesias (so z.B. Stronk 2017, 529).

Geburt und Aussetzung.[121] Ausführlich berichtet Nikolaos von Damaskus von einem angeblich bei Ktesias widergegebenen Komplott und Attentatversuch gegen Semiramis durch ihre Söhne aus der Ehe mit Onnes, angestiftet von einem Eunuchen[122] – eine Episode, die auch in der Semiramis-Vita des *Anonymus de mulieribus* mit Verweis auf Ktesias erwähnt wird.[123] Hier wird darüber hinaus darauf hingewiesen, Semiramis habe Baktra gemeinsam mit ihrem Gemahl Onnes eingenommen („μετὰ τοῦ ἀνδρός"), während bei Diodor ja die kriegsentscheidende Idee zur erfolgreichen Einnahme allein auf Semiramis zurückgeht. Nikolaos von Damaskus[124] nennt als Grund für die Mordabsicht der Söhne gegen Semiramis die ungezügelte Lüsternheit der Mutter („περιορᾶν ἀκόλαστον μητέρα") – ein Aspekt, der bei Diodor in dieser Schärfe nicht auftaucht. Kephalion[125] erwähnt – unter Verweis auf Ktesias wie auch auf Hellanikos, Zenon und Herodot –, Semiramis habe ihre Söhne (gemeint sind wohl die beiden aus der Ehe mit Onnes) getötet und sei schließlich von ihrem Sohn Ninyas getötet worden.[126] Synkellos[127] behauptet, die Hügel (χώματα), die Semiramis habe errichten lassen, seien Grabhügel, in denen ihre zahllosen Liebhaber lebendig begraben worden seien („[...] διὰ τούς κατακλυσμούς τὰ δ'ἣν ἄρα τῶν ἐρωμένων ζώντων κατορυσσομένων οἱ τάφοι [...]") – ein Motiv, das bei Diodor nur als eine von mehreren möglichen Erklärungen vorkommt.[128] Athenagoras nennt sie eine lüsterne und blutbefleckte Frau („λάγνος γυνὴ καὶ μιαφόνος") und stellt die bei Ktesias überlieferte göttliche Abstammung in Frage.[129] Sein moralisches Verständnis unterscheidet sich also offenbar von dem des Ktesias – für Athenagoras ist, anders als für Ktesias, göttliche Abstammung mit Promiskuität völlig unvereinbar. Athenaios erwähnt ihren Hang zum Luxus, der allen eigen sei, die über Assyrien herrschten („Καὶ οὗτος οὖν ἔνδον μένων καὶ τρυφῶν ὑπ' οὐδὲν ὃς ἑωρᾶτο [...]"),[130] während Luxus bei Diodor nur am Rande des Indienfeldzuges und während ihrer Zeit in Baktra kurz thematisiert werden.

Es bleibt festzuhalten: In den *Persika* des Ktesias ist offenbar eine Vielzahl an negativen Aspekten aus dem Leben und/oder über den Charakter der Semiramis enthalten gewesen – und oftmals von Diodor bewusst ausgespart oder abgemildert worden.[131] Dies gilt für alle Stationen ihres Lebens, besonders aber für ihren Tod, der mehrfach mit Bezug auf Ktesias als Mord durch ihre Söhne bzw. ihren Sohn geschildert wird. An anderer Stelle weist Diodor darauf hin, dass ein guter Herrscher keine Attentate fürchten müsste[132] – eine Ermordung der Königin hätte also

---

121 FGrHist 688 F 1eα u. F 1eγ (Stronk).
122 FGrHist 90 F 1 = FGrHist 688 F *1δ.
123 FGrHist 688 F 1c.
124 FGrHist 90 F 1 = FGrHist 688 F *1δ.
125 FGrHist 93 F 1b = Eus. chron. p. 29,3–10 (ed. Karst 1911) = FGrHist 688 F 1g.
126 Man denke an die Ermordung Klytemnästras durch ihren Sohn Orest, der als Strafe für diese Gräueltat von den Erinyen verfolgt wird; vgl. Eur. El. 1207–1223; Aischyl. Choeph. 1054; Apollod. epit. 6,25).
127 Ecloga chronographia, p. 119 = FGrHist 688 F 1i.
128 Promiske Witwen erscheinen in Ktesias' Werk öfter – einer promiskuitiven Lebensweise haftet dabei nichts Unmoralisches an, wie die Episoden um Amestris und ihre Tochter Amytis zeigen. Letzterer wird sogar von einem Arzt zum sexuellen Verkehr mit mehreren Männern explizit geraten; vgl. Truschnegg 2011, 417. Die negative Wertung durch Nikolaos könnte also auch gut seinem eigenen Zeitgeist bzw. der Aussageabsicht seines Werkes geschuldet sein. Zum Wandel des Semiramisbildes in augusteischer Zeit siehe unten.
129 Legatio pro christianis 30 = FGrHist 688 F 1m.
130 Athen. 12,538ef = FGrHist 688 F 1n.
131 Auch Alison Beringer (2016, 38) betont den positiven Tenor in Diodors Darstellung: „(...) little in Diodorus's narrative suggests that Semiramis is a passionate woman."
132 Diod. 3,7,2–3 (mit Bezug auf die Äthiopier).

sein insgesamt positives Semiramisbild konterkariert, weswegen er dieses Element wohl bewusst verschweigt bzw. verändert.

In den oben zusammengestellten Ktesias-Fragmenten abseits von Diodor erscheinen die später typisch gewordenen Orienttopoi: Luxussucht, Mordlust, Promiskuität.[133] Es zeigt sich aber auch, dass verschiedene Aspekte durch spätere Überlieferer und deren moralische Vorstellungen überformt werden. Dies gilt insbesondere für sexuelle Aspekte – während für Ktesias promiskuitives Verhalten von Witwen offenbar keine Normentransgression darstellt, herrscht bei Athenagoras ein anderes moralisches Ideal vor, das seine Sicht auf Ktesias' Text determiniert. Die Vielzahl der Autoren, die sich – nicht nur mit Blick auf Semiramis – auf Ktesias beziehen, verdeutlicht die enorme Wirkmacht, die seine *Persika* entfalteten und zeigt, wie stark sie rezipiert wurden. Ktesias ist also sozusagen die Schlüsselfigur, wenn es um die Ausbildung der Elemente eines kollektiven griechischen (und später römischen) Gedächtnisses zu diesem Teil der antiken Welt geht.[134] Wie Andre Heller treffend formulierte:

> Es war Ktesias selbst, der das Bild eines dekadenten Orients maßgeblich prägte und für seine Tradierung bis auf den heutigen Tag verantwortlich ist.[135]

Das Narrativ von Babylon und überhaupt der altorientalischen Welt wurde nachhaltig durch ihn geformt.[136] Auberger konstatiert, Ktesias habe für sein griechisches Publikum eine „monde à l'envers" schaffen wollen, „où les femme guerroient et où les hommes se maquillent à la céruse et restent enfermés au harem à longueur de journées".[137] Dabei ist es methodologisch problematisch, aus den zugeschriebenen Fragmenten sichere Rückschlüsse auf Wortlaut, Inhalt oder Charakteristik der *Persika* zu ziehen, zeigt sich doch für alle literarischen Texte der Antike eine starke Tendenz, die verwendeten Quellen entweder gar nicht oder nur dort, wo ihnen widersprochen wird, zu nennen.[138] Zusätzlich ist die Frage, ob und wie die erhaltenen Fragmente von in ihrer Gesamtheit verlorenen antiken Quellen als unverfälschte Abschriften verwendet werden dürfen, in höchstem Maße problematisch, wie der Vergleich der Ktesias-Fragmente innerhalb und außerhalb von Diodor erbracht hat – ein Phänomen, dass Dominique Lenfant bereits vor rund 20 Jahren für die Fragmente Herodots bei anderen Autoren deutlich demonstrieren konnte.[139]

Die Frage nach der Intention des Ktesias bei der Abfassung der *Persika* in toto und insbesondere bei der Ausgestaltung der Semiramis ist folglich schwer zu beantworten. Auberger sieht in ihrer Darstellung (wobei er nur die bei Diodor kompilierten Passagen einbezieht) „l'histoire d'une femme qui veut le pouvoir et refuse le mariage pour basculer dans le monde des

---

133 Vgl. Seymour 2014, 64–66.
134 So subsummiert Bruno Jacobs (2011, 152) mit Blick auf Ktesias' Schilderung der Architektur Babylons: „Ktesias' Beschreibung Babylons erweist sich als ein farbenfroher Bericht, in dem er – ganz wie Herodot – Einzelheiten, die er allgemein verbreitetem Wissen über die mesopotamische Metropole entnahm, wie Stichworte nutzte und phantasievoll ausschmückte. Dabei war er in seiner Gestaltung ganz wesentlich Herodot verpflichtet, auch wenn er sich von diesem abzusetzen versuchte. Das von Herodot und Ktesias entworfene Bild blieb prägend (..)."
135 Heller 2010, 62.
136 Bichler 2011 u. Sancisi-Weerdenburg 1987.
137 Auberger 1993, 255.
138 So kritisiert Aristoteles Ktesias zwar einerseits scharf, verwendet ihn aber offenbar dennoch stillschweigend als Hauptquelle für Indien (Arist. hist. an. 3,22,523a = FGrHist 688 F 48a).
139 Lenfant 1999, 103–121.

hommes"¹⁴⁰ – also sozusagen eine emanzipatorische Rekonfiguration des Normalen. In der Tat enthält Ktesias' Semiramisbild, soweit es sich aus den Fragmenten der *Persika* destillieren lässt, wenig Feminines, wenig bis keine Bezüge zu klassisch weiblichen Tugenden, die in der griechischen Welt als vorbildhaft gelten – man denke beispielsweise an Penelope als sittsame, unverändert treue Ehegattin, die ihre Tage am Webstuhl verbringt und nach Kräften versucht, sich der um sie – und die Herrschaft über Ithaka – buhlenden Freier zu erwehren.¹⁴¹ Semiramis' kriegerische Aktivitäten sind aber nicht ohne Vorbilder aus dem griechischen Kosmos – man denke nochmals an Nitokris oder auch an Artemisia bei Herodot.¹⁴² Insbesondere für Artemisia als kluge, abenteuerlustige und kriegerische halikarnassische Königin hegt Herodot ganz offenbar Bewunderung.¹⁴³ Kriegerische Eigenschaften sind also in dieser Zeit nicht per se ein negatives Kriterium für Frauen¹⁴⁴ – auch bei Herodot werden sie aber mit Artemisia einer ‚Orientalin' zugeschrieben, einer Frau im Heer des persischen Großkönigs, die gegen die Griechen kämpft. Es besteht offenbar auch schon bei Herodot die Vorstellung von kriegerischen Königswitwen im Einflussbereich des persischen Großreiches. Bei Ktesias begegnet neben Semiramis besonders prominent noch die Königin der Saken, Zarinaia¹⁴⁵ – auch sie wird als außergewöhnliche Schönheit beschrieben und geht zweimal die Ehe ein. Sie allerdings tötet ihren zweiten Mann, um an seiner Stelle zu herrschen.¹⁴⁶ Auch sie ist – so Diodor mit Bezug auf Ktesias – Kriegerin und Städtegründerin. Ktesias hat offenbar also ein starkes Interesse an der Ausgestaltung von Frauengestalten, die sich außerhalb des traditionellen weiblichen Kosmos' bewegen. Mit Sparethra¹⁴⁷ präsentiert er eine weitere solche Frauengestalt, die zeitlich nun aber in der Regierungszeit des Kyros angesiedelt wird und keine Königswitwe ist, sondern eine offenbar glückliche Ehe mit dem König der Saken, Amorges, führt. Jacoby bezeichnet sie als „Doppelgängerin der Zarinaia".¹⁴⁸ All diese Frauengestalten mit ihren negativen Zügen, ihrem Machthunger, ihrer Hinterlist und Rücksichtslosigkeit scheinen bei Ktesias dazu zu dienen, den Griechen eine andersartige Welt vorzuführen, und vor der Bedrohung solcher Frauen zu warnen:

> Il y a de quoi effrayer un Grec. (…) Il y a vraiment de quoi plonger le lecteur grec dans la terreur d'une ‚Cité des Femmes'.¹⁴⁹

Den Frauen, die in männlichen Sphären agieren, stellt er häufig – aber nicht immer – effeminierte Männergestalten zur Seite.¹⁵⁰ Das Gegensatzpaar männliche Frau – weiblicher Mann spielt

---

140 Auberger 1993, 261.
141 Auch sie wird als sehr schön geschildert, allerdings verhilft die Göttin Aphrodite ihr zu dieser Schönheit; Hom. Od. 18,490–498.
142 Zu Artemisia vgl. Vignolo Munson 1988, 91–106.
143 Insb. Hdt. 7,99,1.
144 Vgl. allgemein zur Thematik Sebillotte Cuchet 2012, 573–603. Anders ist die Lage dann offenbar für Plutarch, der Herodots positives Bild der Artemisia nicht teilen kann (mor. 870A [Her. Malign.]).
145 Zu ihr vgl. Schmitt 2012 u. Waters 2017, 91–93.
146 FGrHist 688 F 5, 7, 8a u. c.
147 FGrHist 688 F 9.
148 Jacoby 1922, 2059.
149 Auberger 1993, 266.
150 Bei Semiramis ist dies Sardanapal (FGrHist 688 F 1b § 23); vgl. Bernhardt 2009, 1–25; Fink 2014, 239–250; Seymour 2014, 64–68; Monerie 2015. Zu Geschlechteraspekten in Ktesias' *Persika* vgl. Truschnegg 2011, 403–447.

hier offenbar eine bedeutende Rolle.¹⁵¹ Das Semiramis-Narrativ wird also von Ktesias nicht nur genutzt, um weibliche Herrschaft zu verhandeln, sondern auch um geschlechtlichen Normen nicht adäquates Verhalten vorzuführen.

Unstrittig ist, dass in der historiographischen Darstellung seit Ktesias den Königinnen im Perserreich eine andere Position zugeschrieben wurde als den Frauen in den griechischen πόλεις – und auch vor diesem Hintergrund ist die Ausgestaltung der Semiramis des Ktesias wie des Diodor zu sehen.¹⁵² Die Frauen scheinen also einerseits als Instrument zur Demonstration der völligen Andersartigkeit der von Ktesias beschriebenen Welt zu dienen, andererseits aber auch, wie Auberger postuliert, als Warnung für ein griechisches Publikum ausgestaltet zu sein, Frauen nicht viel Macht zuzugestehen bzw. sich nicht von Frauen dominieren zu lassen oder der τρυφή zu verfallen.¹⁵³ Das Interesse des Ktesias an der Umkehr üblicher Geschlechterrollen lässt sich an mehreren Stellen zeigen – paradigmatisch vielleicht die Episode um Parsodes.¹⁵⁴ Dass Semiramis bei Ktesias keines natürlichen Todes stirbt, sondern von den eigenen Kindern ermordet wird, passt gut in dieses Bild.

Dabei ist es im Rahmen dieser Arbeit nicht von entscheidendem Belang, ob Ktesias als intimer Kenner Babylons mit Zugang zu dortigen Archivmaterialien zu gelten hat oder ob er Babylon vielleicht nie betreten hat.¹⁵⁵ John Gilmore bescheinigt Ktesias, insbesondere mit Blick auf die bei Herodot nur beiläufig erwähnte Gestalt der Semiramis, er habe „a plausible and interesting narrative"¹⁵⁶ kreieren wollen. Ob seine Angaben korrekt, beschönigt oder gar rein fiktiv sind, ist für die hier verfolgte Fragestellung unerheblich – zentral ist vielmehr, dass seine *Persika* in der antiken Welt vielfach rezipiert wurden und dass Diodor, der die *Persika* ja zweifelsfrei kannte, bei der Gestaltung seiner Semiramis die oben genannten negativen Aspekte aus Ktesias' Werk mehrheitlich ausblendete, da sie seiner eigenen Aussageintention für sein Werk, seiner eigenen Erzählabsicht für diese Gestalt, nicht entsprachen.¹⁵⁷ Diodors Anspruch, ein sowohl praktisches als auch didaktisches Werk zu verfassen, prägte sein Narrativ maßgeblich, da es die Ausgestaltung der von

---

151 Vgl. zur Rolle des Ninyas im Narrativ um Semiramis Asher-Greve 2006, 325; Seymour 2014, 64–65 u. 176–177.

152 Pinnock (2006, 241) formuliert treffend: „Certamente, osservando il mondo mesopotamico, l'uomo greco entrava in contatto con una vita femminile quasi sovversiva a paragone del suo ideale di austera madre di famiglia, questa sì realmente segregata nella vita domestica."; vgl. auch Bichler & Rollinger 2017, 11. Zu Frauen im Perserreich umfassend Brosius 1996; zum Fehlen einer homogenen Gesellschaft im Achaimeniden-Reich s. Briant 1999, 108.

153 Auberger 1993, 271: „un monde où la femme se mêle de tout et entraîne les pires catastrophes". Auch Aristoteles ist der Ansicht, dass fehlende Regularien für das adäquate Verhalten von Frauen zur Herrschaft von Frauen über Männer führe; Arist. pol. 1269b12–14 u. 19–26. Beate Wagner-Hasel (2006, 199–201) betont aber, dass eine solche Frauenherrschaft vor dem 4. Jh. v.Chr. in den Quellentexten nicht fassbar wird – somit bleibt auch die Angst vor einer solchen für das 5. Jh. v.Chr. hypothetisch.

154 Der hypervirile Parsodes fühlt sich von dem als weich und weiblich beschriebenen Nanaros abgestoßen, gerät in dessen Fänge und wird von diesem durch Baden, Rasieren und Schminken schnell effeminiert; vgl. dazu Thomas 2018, 399–410.

155 Zur Autopsiebehauptung etwa FGrHist 688 T 3b u. T 7a, zur Nutzung der Archive FGrHist 688 F 1b sowie 5a u. b. Stellvertretend für sehr unterschiedliche Urteile in der aktuelleren Forschung sei verwiesen auf Llewellyn-Jones & Robson 2010, 11–18; ed. Stronk 2010, 2–11 u. 31–33 gegen Dorati 1995 u. 2011. Zur These, Ktesias sei 17 Jahre lang als Leibarzt des Artaxerxes II. in Babylon gewesen, wohin er als Kriegsgefangener gelangt sei vgl. u.a. ed. Lenfant 2004, VII–XXIV; Tuplin 2004, 306; Llewellyn-Jones & Robson 2010, 11–18; ed. Stronk 2010, 2–11 u. Heller 2010, 58–64.

156 Gilmore 1888, 10–11.

157 Vgl. auch Comploi 2000, 230–235.

ihm geschilderten Episoden und Personen determiniert. All dies geschieht vor dem Hintergrund einer pro-ptolemäischen Perspektive aus Geschichte und Mythologie. Letztlich führte dies zu einer Umgestaltung seiner Vorlagen, wann immer die dort geschilderten Begebenheiten für Diodors Zwecke nicht passend erschienen. Diese Beobachtung lässt auch einige Vermutungen über die Datierung von Diodors Werk zu. Dass für ihn eine pro-ptolemäische Perspektive wahrscheinlich gemacht werden kann, spricht für einen Abfassungszeitraum der Weltgeschichte in einer Zeit der Gemengelage, als also der Konflikt zwischen Gaius Caesar (so auch die Bezeichnung in Diodors Werk) und Marcus Antonius/Kleopatra VII. noch nicht endgültig entschieden war. Dies würde Michael Rathmanns Datierung der *Bibliotheke* und der Deduktion der Colonia Tauromenium (= Taormina) als jüngstem in dieser genannten Datum auf das Jahr 36 v.Chr. stützen.[158] Die vergleichsweise positive Bewertung einer weiblichen Herrscherin könnte als Reflex auf Kleopatra VII. zu lesen sein – die Verbindung zwischen beiden Königinnen gewinnt in späterer Zeit, nicht zuletzt durch die augusteische Propaganda, an Bedeutung, wie noch zu zeigen sein wird.

Es zeigt sich also deutlich, dass Giovanni Pettinato einem Trugschluss erliegt, wenn er postuliert, dass die Gestalt der Semiramis erst im Verlauf der Jahrhunderte an Bosheit zugenommen habe und die sexuellen, perversen und negativen Episoden Zugaben späterer Autoren seien.[159] Sie sind vielmehr zu großen Teilen schon in Ktesias' *Persika* enthalten und verbreiteten sich von dort weiter – später gewinnen sie aber an Schärfe und werden als politische Instrumenta gebraucht und gegenüber Semiramis' Errungenschaften in den Vordergrund gerückt, wie im Folgenden zu zeigen sein wird.[160]

2.1.3 Berossos

Überraschend wenig hat Berossos zu Semiramis beizutragen. Seine in griechischer Sprache und für ein griechisches Publikum verfassten *Babylonika* bestanden aus drei Büchern, die allerdings leider größtenteils verloren sind. Aus mesopotamischer Perspektive verfasst und unter Verwendung von akkadischen und sumerischen Quellen, die sein Narrativ nachhaltig formen,[161] prä-

---

158 Als Daten für die Deduktion der Kolonie werden in der Forschung sowohl das Jahr 36 v.Chr. (basierend auf App. BC 5,109) als auch 21 v.Chr. (basierend auf Cass. Dio 54,7,1) diskutiert; vgl. Rathmann 2016, 18–21 mit weiterer Literatur. Diodors Werk würde damit in einer Zeit großer Umbrüche fallen – im Gegensatz dazu sieht Mischa Meier in Diodor einen der wenigen Autoren, der sich „nicht an eine bedrohte Ordnung rückbinden" (2015, 327) lässt. Ich danke Prof.es Dr.es Josef Wiesehöfer (Kiel) und Timothy Howe (St. Olaf College, Northfield) für fruchtbaren Austausch zu dieser Frage.
159 Pettinato 1988, 289. Sein Fazit überrascht allerdings: „Das Urteil der Antike über die erste Königin des Orients ist durchwegs positiv (...)" (ebd.). Wie die vorliegende Studie offenlegt, stammen die negativen Züge der Semiramis zwar vornehmlich, aber eben nicht ausschließlich aus christlichen Quellen.
160 Die Fragmente des Ktesias wurden seit dem 16. Jh. gesammelt und ediert. Besondere Erwähnung verdient hier natürlich Henricus Stephanus' *Ex Ctesia, Agatharchide, Memnone Excerptae historiae* von 1557. Auch Übersetzungen in moderne europäische Sprachen entstanden, wie beispielsweise eine französische Ausgabe der Photius-Exzerpte durch Abbé Gedoyn 1745, die aber wenig Verbreitung fand. Eine lateinische Ausgabe entstand erst 1844; vgl. Karttunen 1997, 637–639. Einige Episoden aus der Vita der Semiramis, wie z.B. Inzest bzw. Inzestgelüste oder Sodomie scheinen aber gerade nicht aus Ktesias zu stammen, wie unten noch zu zeigen sein wird.
161 Haubold 2013, 3–8 sowie de Breucker 2013, 15–18.

sentiert er hier Geschichte und Kultur Babylons.¹⁶² Er verfasst dieses Werk zu einer Zeit, in der Babylon (wieder) eine große Bedeutung erlangt hat¹⁶³ – nämlich etwa 280 v.Chr. – und widmet es dem Seleukidenherrscher Antiochos I. Soter. Sein Hauptanliegen ist es, die historische Größe der Stadt Babylon und ihrer Herrscher hervorzuheben – Modelle von guter Herrschaft und Konsequenzen von herrscherlichem Fehlverhalten werden vorgestellt. Sicherlich sind ihm neben den bereits erwähnten indigenen Quellen auch die *Persika* des Ktesias bekannt gewesen¹⁶⁴ – um so überraschender ist es, dass ihm die Gestalt der Semiramis – jedenfalls soweit uns die erhaltenen Fragmente Auskunft geben – bestenfalls eine Randbemerkung wert ist. Über Assyrien habe sie geherrscht und die Behauptungen einiger anderer, sie habe die Stadt Babylon gegründet und mit wunderbaren Gebäuden ausgestattet, sei falsch.¹⁶⁵ Berossos' Heilsgestalt ist nicht Semiramis, sondern Nebuchadnezzar, der bis zu seiner Zeit dem griechischen Publikum allenfalls durch die Lektüre von Megasthenes bekannt war.¹⁶⁶ Vor der Positivfolie Nebuchadnezzars müssen selbstverständlich alle anderen babylonischen Könige – und auch Semiramis – verblassen. Daher gestaltet Berossos Semiramis und Kyros als Gegenbilder zu Nebuchadnezzar und Nabonid – während die beiden ersten keine Bauten errichteten bzw. Bauten zerstörten, wird den beiden letzteren das Verdienst der Errichtung von großen Bauten zugestanden.¹⁶⁷ Berossos' Aussage, Semiramis sei eben keine große Bauherrin gewesen, wie die griechischen Autoren behaupten, richtet sich dabei klar gegen Ktesias, von dem er sich abgrenzen möchte, da er mit seinen Werk ein positives Babylonbild mit Nebuchadnezzar als idealem Herrscher im Zentrum präsentieren will.¹⁶⁸

Berossos dürfte sein Ziel, der griechischen Welt die vergangene Blütezeit Babylons vor Augen zu führen, allerdings verfehlt haben. Auch wenn Plinius Maior überliefert, ihm sei durch die Athener eine Statue errichtet worden,¹⁶⁹ so genossen seine *Babylonika* wohl weder großes Ansehen noch verfügten sie über eine große Reichweite und das Potential, das Bild von Babylon in der griechischen Literatur nachhaltig zu beeinflussen oder gar zu formen:

> Whatever the original purpose Berossos had for his *History*, it had very little effect on classical antiquity. His *History* failed to become the standard work on Mesopotamia before Alexander the Great's conquest, and his chronology of ancient Babylonian rulers failed to be adopted by later Christian writers. Ktesias of Knidos's *Persica*, written in the fourth

---

162 Verbrugghe & Wickersham 2001, 16–18; van der Spek 2008, 287–290.
163 Vgl. dazu beispielsweise Strab. 15,3,9–10.
164 Haubold 2013, 6. Vgl. zu Quellen, Stil und Intention auch Verbrugghe & Wickersham 2001, 25–31.
165 BNJ 680 F 5 (= Eus. chron., p. 12, Z. 17–p. 13, Z. 9 [ed. Karst 1911], in armenischer Übersetzung) sowie F 9a (= Ios. c. Ap. 1,131–144). Letztere Aussage bezieht sich sicherlich auf Ktesias. Dabei ist die Überlieferungslage der Berossos zugeschriebenen Passagen enorm problematisch, wie Johannes Haubold zu Recht betont: „(…) we cannot even be certain that we have any verbatim quotations from the Babyloniaca at all (…)"; Haubold 2013, 4; vgl. dazu auch de Breucker 2013, 20–21.
166 FGrHist 715 F 1a; Haubold 2013, 7–8. Von Bedeutung ist für sein Narrativ die Konstruktion von Parallelen zwischen den Vater-Sohn-Paaren Nabopolassar – Nebuchadnezzar sowie Seleukos – Antiochos. Beide Söhne beleben die Großmacht Babylon wieder und führen sie zu neuer Größe; vgl. Lanfranchi 2013, 64; Dillery 2013 sowie Kuhrt 1987.
167 BNJ 680 F 8a (= Ios. c. Ap. 1,139–142) u. 9a (= Ios. c. Ap. 1,146, 150 u. 152); vgl. Rollinger 2013, 142–155.
168 Rollinger 2013, 142 mit weiterer Literatur.
169 Plin. nat. 7,123 – ob der hier erwähnte Astrologe Berossos aber mit dem Verfasser der *Babylonica* identisch ist, ist nicht zweifelsfrei zu klären; Felix Jacoby hatte sich in seinen *Fragmenten griechischer Historiker* vehement für zwei unterschiedliche Verfasser gleichen Namens ausgesprochen und listet den von Plinus zitierten als „Pseudo-Berossos von Kos". Vgl. auch Heller 2010, 66.

century B.C., remained for the Greco-Roman world the standard account of Mesopotamian history, with an emphasis on Assyria and Media. Berossos's *History* was little read and copied.[170]

Gegenüber den *Persika* des Ktesias besitzen Berossos' *Babyloniaka* also in der griechischsprachigen Welt einen vergleichsweise bescheidenen, wenn nicht ganz zu vernachlässigenden Anteil an der Entstehung und Ausformung von Gedächtnisnarrativen über Babylon und seine Herrscher. Seine Marginalisierung der Semiramis hat dem übermächtigen und schillernden ktesianischen Narrativ nichts entgegenzusetzen.[171]

2.1.4 *Tractatus de mulieribus claris in bello*

Wenig beachtet, aber erhellend für die Ursprünge von Kompilationen vorbildhafter Frauen, wie sie uns bei Plutarch und Polyainos, bei Petrarca, Boccaccio und in den *neuf preuses* begegnen, ist ein anonymes Werk mit dem Titel γυναῖκες ἐν πολεμικοῖς σθεταὶ καὶ ἀνδρεῖαι / *Tractatus de mulieribus claris in bello*.[172] Dieses Werk, über dessen Autor (oder Autorin) ebenso wie über die Abfassungszeit keine sicheren Angaben vorliegen,[173] versammelt kurze Notizen über insgesamt 14 Frauen und ihre kriegerischen Fähigkeiten. Manche der Frauen besitzen einen hohen Bekanntheitsgrad, andere wiederum sind den anderen griechischen Historiographen nur eine kurze Erwähnung wert. Gemeinsam ist ihnen zum einen, dass es sich, wie Deborah Gera es nennt, um „allegedly historical figures"[174] handelt, zum anderen ihr königlicher Rang. Göttinnen, Priesterinnen sowie der Archetypus der kriegerischen Frau schlechthin, die Amazonen, fehlen dagegen. Zu Semiramis heißt es hier:

Σεμίραμις. Θυγάτηρ μὲν, ὥς φησι Κτησίας, Δερκετοῦς τῆς Συρίας θεοῦ καὶ Σύρου τινός, ἥτις ἐτράφη ὑπὸ Σίμ<μα>, ὑπηρέτου τοῦ βασιλέως Νίλου [lies: Νίνου]. γαμηθεῖσα δὲ Ὀννέῳ, ὑπάρχῳ τινὶ βασιλικῷ, ἔσχεν υἱοὺς <β'>. ἐλοῦσα δὲ Βάκτρα μετὰ τοῦ ἀνδρός (*lacuna conicienda*) ἐπιγνοὺς Νενος [lies: Νίνος] ἤδη γηραιὸς ὢν ἐγάμησεν. ἡ δὲ ἐτέκνωσεν ἐξ αὐτοῦ Νινύαν παῖδα. μετὰ δὲ τὸν Νίνου θάνατον ἐτείχισε τὴν Βαβυλῶνα ὀπτῇ πλίνθῳ καὶ ἀσφάλτῳ

---

170 Verbrugghe & Wickersham 2001, 31.
171 Vgl. auch Seymour 2014, 69.
172 Kompilationen von bestimmten Personengruppen sind seit dem 4. Jh. v.Chr. bekannt. Man denke nur an Kallimachus' περὶ τῶν ἀπὸ φιλοσοφίας εἰς τυραννίδας καὶ δυναστείας μεθεστηκότων, Neanthes' von Kyzokos' περὶ ἐδόξων ἀνδρῶν oder Charon von Karthago, der in seinem Werk βίους γυναικῶν ὁμοίως vielleicht als erster Viten berühmter Frauen zusammenstellte, auch wenn die Datierung seines Werkes unsicher ist. Mehrere Zusammenstellungen von Frauenviten werden bei Photios genannt (codex 161), sind aber allesamt verloren; vgl. Gera 1997, 32–34. Erhalten haben sich nur Plutarchs *Mulierum virtutes* (Plut. mor. 242E–263C; vgl. Stadter 1965) und Polyainos' *Strategemata* (8,26), wobei nur letzterer auch Semiramis Leben beschreibt (s. dazu weiter unten), während sie bei Plutarch lediglich in seiner Einleitung im Vergleich mit Alexander III. kurz erwähnt wird (mor. 243C).
173 Deborah Gera ermittelt über eine Analyse der genannten Quellen des Werks das Ende des 2. Jh. v.Chr. als *terminus post quem*. Für sie ist die Abfassung durch eine Frau, genauer durch Pamphile von Epidaurus im 1. Jh. n.Chr., wahrscheinlich, letztlich kann sie aber keine Belege anführen, die diese Hypothese stützen. Gera 1997, 29–30 u. 56–61. Gegen diese Argumentation Brodersen 2010, 151–153.
174 Gera 1997, 17.

καὶ τὸ τοῦ Βήλου ἱερὸν κατεσκεύασεν. ἐπιβουλευθεῖσα δὲ ὑπὸ τοῦ υἱοῦ Νίνου [lies: Νινύου] ἐτελεύτησεν, ἔτη βιώσασα ξ', βασιλεύσασα ἔτη μβ'.

> Semiramis. Tochter, wie Ktesias sagt, der Derketo, der syrischen Göttin, und eines Syrers, die aufgezogen wurde von Simma, einem Diener des Königs Ninos. Verheiratet war sie mit Onnes, einem königlichen Hyparchos, sie hatte zwei Söhne. Als sie Baktra mit ihrem Mann einnahm, lernte Ninos sie kennen, der schon alt war, und heiratete sie. Sie gebar ihm das Kind Ninyas. Nach dem Tod des Ninos ummauerte sie Babylon mit Backstein und Asphalt und errichtete das Heiligtum des Belos. Als es gegen sie zu einer Verschwörung durch ihren Sohn Ninyas kam, starb sie, nach dem sie 60 Jahre lang gelebt hatte und 42 Jahre Königin gewesen war.[175]

Fast durchgehend werden die verwendeten Quellen genannt[176] – hier ist es, wieder einmal, Ktesias, doch werden bis auf die Verschwörung durch Ninyas alle bei diesem enthaltenen negativen Details entfernt und die Darstellung der Semiramis auf ihre Aktivitäten im Kontext ihrer Herrschaft und Kriegsführung konzentriert – und selbst hier wird vieles, wie beispielsweise ihre erfolgreichen Kriegszüge, nicht erwähnt.[177] Es erscheint fraglich, ob der Verfasser wirklich die *Persika* des Ktesias konsultierte oder ob er sich für seine Ausführungen nicht vielmehr auf Diodor, der ja Ktesias als Gewährsmann nennt, stützt.[178] Welche Verbreitung das Werk genossen hat, ist bleibt unklar, es ist nur in vier Handschriften überliefert, deren älteste aus dem 12./13. Jh. stammt.[179] Sein Anteil an der weiteren Ausgestaltung und Verbreitung der Gestalt der Semiramis dürfte aber überschaubar sein.

---

175 Der griechische Text folgt bis auf einige Marginalia zur Verbesserung der Lesbarkeit Brodersen 2010, 154. Übersetzung nach Brodersen 2010, 155 mit leichten Veränderungen durch die Verf.in. Völlig unverständlich dessen Übersetzung der Derketo als „der syrischen Königin" (ebd.).

176 Zweimal stammen die Informationen aus Ktesias, fünfmal aus Herodot, die anderen Viten speisen sich aus Timaeus, Hellanikos, Aeschines, Xenophilus und Menekles, zweimal wird keine Quelle angegeben. Vgl. die Zusammenstellung bei Gera 1997, 28–29.

177 Bei der Vita der Artemisia, als deren Quelle Herodot genannt wird, zeigt sich, dass Informationen aus mehr als nur der angegebenen Quelle verwendet worden sein müssen – sind hier doch Angaben enthalten, die eindeutig nicht aus Herodot stammen. Daher steht auch für die anderen Viten in Frage, wie exakt die Verbindung zu den genannten Autoren jeweils wirklich ist. Insbesondere dort, wo der originale Text gar nicht vorliegt, wird dies letztlich nicht zu entscheiden sein. Gera (1997, 31) kommt in dieser Frage zu dem etwas unbefriedigenden Schluss: „it seems best to assume that ADM [i.e. the author of *de mulieribus*, Anm. d. Verf.in] did read his sources, but was occasionally careless."

178 Diese Annahme impliziert natürlich eine Datierung des anonymen Textes nach der Abfassung von Diodors Universalgeschichte und würde somit – Brodersen 2010 folgend – Geras Datierungsvorschlag (1997, 29–30) entgegenstehen.

179 Gera 1997, 5; Brodersen 2010, 150–151. Die klugen und kriegerischen Frauen, deren Verdienste der anonyme Autor in dieser Schrift präsentiert, sind: Semiramis, Zarinaia, Nitokris, die Ägypterin, Nitokris, die Babylonierin, Argeia, Dido, Atossa, Rhodogyne, Lyde, Pheretime, Thargelia, Tomyris, Artemisia und Onomaris.

2.1.5 Pompeius Trogus/Iustin

Die frühesten erhaltenen Erwähnungen der Semiramis in lateinischen Texten findet sich in den letzten Jahren der römischen Republik und im frühen Prinzipat: Cicero und Velleius Paterculus nennen sie kurz[180], sie findet bei Hygin[181] und bei Pomponius Mela Erwähnung, wobei letzterer ausnahmslos positiv ihre außerordentliche Herrschaft und deren sichtbare Zeichen herausstellt.[182] Ovid erwähnt sie zweimal: zum einen als Tochter der Derketo in den Metamorphosen – allerdings ohne ihren Namen zu nennen[183] – ein anderes Mal als Vergleich für die Geliebte Corinna, die – wie angeblich Semiramis, so Ovid –, mit offenem Haar eintritt.[184] Auch in Properz' *Elegien* erscheint sie, nun als Vorläuferin für Kleopatra zur Illustration der Unangemessenheit weiblicher Herrschaft[185], ähnlich bei Iuvenal.[186] Die häufige, aber stets nur kurze Nennung ihrer Person in der frühen Kaiserzeit spricht dafür, dass sie einerseits eine ausgesprochen bekannte Gestalt war, legt andererseits aber auch nahe, dass diese assoziative Parallelisierung mit Kleopatra VII. maßgeblich auf Narrative der augusteischen Propaganda zurückgeht.[187] Sueton nennt sie in seiner Caesar-Vita, und zwar in einer angeblichen wörtlichen Rede des Diktators, der eine spitze Bemerkung eines Senators, die auf Gerüchte zu einer sexuellen Beziehung zu Nikomedes Bezug nahm, mit dem Hinweis kontert, dass auch mit Semiramis eine Frau Königin über Syrien gewesen sei – man ihn also nicht unterschätzen solle.[188] Dies ist zum einen wiederum als Indiz zu verstehen, dass weibliche Herrschaft als inadäquat und schimpflich galt – eine Sichtweise, die nachhaltig durch die augusteische Propaganda gegen Marcus Antonius geprägt wurde und die weibliche Herrschaft nicht nur als Herrschaft über ein Gebiet, sondern v.a. als Herrschaft über

---

180 Vell. 1,6,1; Cic. prov. 9,3. In dieser Rede Ciceros wird die Person des Piso, der zu diesem Zeitpunkt Statthalter in *Macedonia* ist, anhand sexueller Verfehlungen diffamiert – die Erwähnung der Semiramis ist daher ein gelungener rhetorischer Schachzug Ciceros; vgl. Thurn 2018, 129.

181 Fab. 223; 240; 243,8 u. 275. Dazu ausführlich unten.

182 1,63: „(...) *sed cum eam regno Semiramis tenuit longe potentissima. Operibus certe eius insignia multa sunt; duo maxime excellunt; constituta urbs mirae magnitudinis Babylon, ac siccis olim regionibus Euphrates et Tigris immissi.* – (...) am weitaus mächtigsten aber, als Semiramis es [i.e. Syrien, Anm. d. Verf.in] unter ihrer Herrschaft hielt. Sicher, durch ihr Zutun gibt es viel Berühmtes, doch treten zwei Taten am meisten hervor: die Gründung Babylons, einer Stadt von bewunderswerter Größe, und die Bewässerung eines einst trockenen Gebietes durch die Einleitung von Euphrat und Tigris." (ed. Brodersen 1994).

183 Met. 4,44–48. Anders als über Myrrha, Canace, Byblis und Phaedra (epist. 4 u. 9; met. 9,454ff. u. 298ff.) erzählt Ovid über Semiramis aber eben *keine* inzestuösen Episoden. Dennoch erscheint sie in seinen *Amores* durchaus als sexualisierte Figur (am. 1,5,9–12), während in den *Metamorphosen* auf ihre Bautätigkeit angespielt wird (met. 4,58); vgl. Perdrizet 1932, 193–228, insb. 199–200. Das Verschweigen von Namen ist eine in der augusteischen Literatur durchaus etablierte Diffamierungspraxis – so vermeiden es auch Properz und Horaz, Marcus Antonius (Prop. 3,11,39–46; Hor. epist. 9,11–14) bzw. Kleopatra (Hor. carm. 1,37) beim Namen zu nennen; vgl. Krippner 2014, 105 u. Thurn 2018, 266.

184 Am. 1,5,10–12: „*Candida dividua colla tegente coma; qualiter in thalamos formosa Semiramis isse dicitur* (...) – Weißen Hals bedeckt ganz ihr gescheiteltes Haar. So betrat das Gemach die schöne Semiramis (...); so wird es erzählt." (ed. Holzberg 1999). Vielleicht eine Vorlage für die späteren Episoden zur Niederschlagung eines Aufstandes vor Fertigstellung einer angemessenen Frisur bei Valerius Maximus (9,3 ext. 4) und Polyainos (8,26). Dazu weiter unten unter Kapitel 2.1.6.

185 3,11,21–26; wohl bezugnehmend auf Diod. 2,9,1–3. Vgl. Flach 2011, 162; s. auch Grimal 1981, 21–23.

186 Iuv. 2,108–109. In 2,82 wird sie hier außerdem in eine Reihe mit Kleopatra VII. gesetzt.

187 Vgl. zur Funktion Kleopatras in der Agitation des Octavianus/Augustus gegen seinen Kontrahenten Marcus Antonius Wallmann 1989, insb. 334.

188 Suet. Caes. 22; die angebliche Affäre zu Nikomedes in Caes. 2.

einen Mann deutet.[189] Zum anderen könnte die Passage aber auch als Indiz dafür gelesen werden, dass in Suetons Zeit eine Anlagerung der Semiramis an Diskurse über Kleopatra VII. stattgefunden hatte.[190] Bei Curtius Rufus und Arrian nimmt Semiramis dann als Folie für die Taten Alexanders III., ähnlich wie bei Diodor, eine wichtige Rolle ein.[191] Wirklich ausführlich hat sich von den republikanischen und kaiserzeitlichen Verfassern von Werken in lateinischer Sprache aber nur der aus der Gallia Narbonensis stammende Pompeius Trogus mit ihrer Gestalt beschäftigt.

Im späten 1. Jh. v.Chr., also nur wenige Jahre nach Diodor, machte sich Pompeius Trogus an die Abfassung einer Universalgeschichte in lateinischer Sprache – es ist die einzige lateinische Universalgeschichte der Antike, die nicht aus christlicher Perspektive verfasst wurde.[192] Seine *historiae Philippicae* umfassen das Geschehen von der Gründung des Assyrerreiches bis hin zur Provinzwerdung Spaniens in augusteischer Zeit in 44 Büchern.[193] Sein historisches Narrativ konzentriert sich auf bedeutende Einzelpersonen, deren persönliche Anlagen, insbesondere deren Fähigkeit und eben Unfähigkeit zur Mäßigung (*moderatio*), für den Aufstieg und Fall von (Welt-) Reichen verantwortlich gemacht werden.[194] In diesem Kontext behandelt er auch Semiramis. Trogus schreibt aber dabei keine Weltgeschichte aus römischer Perspektive, sondern kann besser als „Vermittler griechischer Geschichte in der römischen Welt"[195] verstanden werden. Dafür bedient er sich, und das ist eine Novität, der lateinischen Sprache, wodurch er auch Personengruppen zu erreichen sucht, die der griechischen Sprache nicht (ausreichend) mächtig sind.

Allerdings ist auch Trogus' Werk bis auf wenige Fragmente verloren[196] und uns lediglich durch die Epitome des M. Iunianus Iustinus bekannt. Wir stehen also vor einem ähnlichen Ausgangsproblem wie bei Ktesias/Diodor, wobei wir hier nicht einmal auf Parallelüberlieferungen des Ursprungstextes durch andere Autoren zurückgreifen können. Erneut ist es nahezu unmöglich zu entscheiden, ob und wie stark schriftstellerische Eingriffe in den Text durch den späteren Autor erfolgten, inwieweit Iustin also nicht nur destillierte, sondern den Text seiner eigenen Agenda entsprechend abänderte.[197] Wann genau Iustin seinen Auszug der *historiae Philippicae* verfasste, ist in der Forschung umstritten. Die Vorschläge zur Datierung reichen von der Mitte des 2. bis zum

---

189 Thurn 2018, 265; Wallmann 1989, 334; vgl. in diesem Sinne beispielsweise auch das Antoniusbild in Plut. Ant. 10,5–6 oder auch die Didopassage in der *Aeneis*, in der Aeneas verführt durch Dido auf Abwege gerät (Verg. Aen. 4, insb. die Verse 261–267).

190 In der augusteischen Literatur (und später) begegnet sie aber außerdem vielfach als Bauherrin; vgl. Motivtabelle im Anhang dieser Studie.

191 Curt. 5,1,24; Arr. an. 6,24; vgl. außerdem Plin. nat. 6,18,1. Auch im Alexanderroman erscheint sie, nämlich als Alexander ihren berühmten Palast besichtigen möchte (3,18,1, ed. Thiel 1983; vgl. Dion. 2,37 u. 6,37).

192 Johannes Engels (1999, 219–220) hält die neunbändige Universalgeschichte des Bion aus dem 1. Jh. v.Chr. (FGrHist 89) für ein mögliches Vorbild des Trogus.

193 Er spannt damit einen weit größeren Bogen als Theopomp und Anaximenes, die bereits im 4. Jh. v.Chr. *historiae Philippikai* verfassten, welche sich vornehmlich mit den Leistungen von Philipp II. von Makedonien beschäftigten; vgl. zum Werk Alonso-Núñez 1992.

194 Müller 2016, 60.

195 Hofmann 2018, 222.

196 Ediert bei Seel 1956.

197 Die eigenständige Leistung des Iustin als gering einstufend Forni 1958, 50–140 u. Forni & Bertonelli 1982, 1298–1358. Anders dagegen bereits Brunt 1980, 477–494, insb. 494 oder Jal 1987. Iustin als Autor mit eigenem Gestaltungswillen und einer eigenen Aussageabsicht jüngst v.a. bei Yarrow 2006, 111–116, Yardley 2010 u. Borgna 2014. In jedem Fall behielt Iustin aber Struktur und chronologische Abfolge des Trogus-Textes bei (Hofmann 2018, 23–62 u. 223).

Ende des 4. Jh.s n.Chr., wobei aktuell einer späten Datierung der Vorzug gegeben wird.[198] Iustin hat seine Textvorlage dabei extrem zusammengekürzt – nach eigenen Aussagen hat er all diejenigen Teile ausgelassen, die weder unterhaltsam noch als *exempla* geeignet bzw. notwendig seien (praef., „[...] *quae nec cognoscendi voluptate iucunda nec exemplo erant necessaria* [...]").[199] Eine *translatio imperii* spielt auch für Trogus/Iustin eine entscheidende Rolle – Assyrien, Medien, Persien, Makedonien und Rom folgen hier als Weltreiche aufeinander.[200] Begründer des ersten Weltreiches, das bei ihm 1.300 Jahre Bestand hatte, ist hier Ninus mit seinem Bestreben, *res gestae* zu vollbringen. Dabei bleiben kritische Töne durchaus nicht aus – ist es doch Ninus, der aus Machtgier die bestehenden Bräuche missachtet und expansionistische Bestrebungen an den Tag legt („*nova imperii cupiditate*"; Iust. 1,1,4), an deren Ende eine völlige Unterwerfung der Nachbargebiete und des gesamten Orients steht („[...] *populos* [...] *usque Libyae perdomuit* [...] *et* [...] *totius Orientis populos subegit* [...]"; Iust. 1,1,5). Trogus/Iustin nennt mit Vezosis (Sesostris) und Tanaos auch andere Herrscher, die ihren Machtbereich ausdehnten, wertet deren Verhalten im Gegensatz zu Ninus kriegerischen Aktivitäten als positiv, da sie nicht ihre Nachbarn bekriegt und in den besiegten Gebieten keine dauerhafte Herrschaft installiert hätten („[...] *populis suis gloriam quaerebant continentique victoria imperio abstinebant* [...]"; Iust. 1,1,7). Erstmals taucht in der Schilderung des Trogus/Iustin ein Kriegsgegner des Ninos namentlich auf, nämlich Zoroaster, der König der Baktrer, dem die Erfindung der Magie zugeschrieben wird.[201] Semiramis[202] spielt als Kriegsherrin bis zum Todes des Ninos keinerlei Rolle, die Episode der Belagerung von Baktra ist entweder unbekannt oder Iustins Kürzungen zum Opfer gefallen. Große Taten vollbringt sie erst, als sie andere Kleidung anlegt, sich als ihr eigener Sohn ausgibt, dem sie sehr ähnlich sieht („*Nam et statura utrique mediocris et vox pariter gracilis et liniamentorum qualitas matri ac filio similis* [...]"; Iust. 1,2,2) und ihr wahres Geschlecht verbirgt („[...] *primis initiis sexum mentita puer esse credita est* [...]"; Iust 1,2,3).[203] Dies tut sie, weil die von Ninus unterworfenen Völker sich einer Frau nicht beugen würden („[...] *tot ac tantis gentibus vix parentibus viro, nedum feminae parituris* [...]"; Iust. 1,2,1)[204]. Nun erst vollbringt sie Großes („[...] *magnas deinde res gessit* [...]"; Iust. 1,2,5)[205], führt Krieg gegen Äthiopien und auch gegen Indien (hier wird erneut Alexander III. als Vergleich herangezogen). Die spätere Preisgabe ihres wahren Geschlechtes schmälert ihren Ruhm keinesfalls, sondern vermehrt ihn vielmehr, da

---

198 Galdi 1922, 108: 130–180 n.Chr.; Steele 1917, 41: 144/145 n.Chr.; Schmidt 1979, 23: 2. Jh. n.Chr.; ed. Seel ²1972, 346 u. ed. Yardley & Heckel 1997, 1: um 200 n.Chr.; Yardley 2010, 470–473: spätes 2./frühes 3. Jh. n.Chr.; Nieto 2009, 36: 3. Jh. n.Chr.; Klotz 1913, 548: 4. Jh.; Syme 1988, 365: um 390/95 n.Chr. Emberger (ed. Emberger 2015, 11) legt sich nicht fest, tendiert aber zum 4. Jh. n.Chr.; für eine späte Datierung votiert auch Hofmann 2018, 224.

199 Seel (²1972, 1) geht davon aus, dass Iustin den Text des Trogus auf etwa ¹⁄₁₀ der ursprünglichen Länge kürzte. Zu den *exempla* im Werk des Trogus/Iustin vgl. Hofmann 2018, 99–136.

200 Vgl. Hofmann 2018, 211–217 mit weiterer Literatur, die die *translatio imperii* nur für das erste Buch als übergreifendes Periodisierungsschema favorisiert (anders Seel ²1972, 295–298). Ausführlich dazu auch Lühr 1980, 133–154. Zur Idee der Abfolge von Weltreichen in der griechischen und römischen Literatur zusammenfassend Wiesehöfer 2013b, 59–70.

201 Insbesondere dieser Aspekt bringt Zoroaster später auch auf die Opernbühne, so z.B. in *Semiramis, die aller-erste regierende Königin* (1683) oder *La monarchia stabilita* (1703). S. dazu weiter unten Kapitel 4.1.7. u. 4.1.9.

202 Hier unter dem Namen Samiramis.

203 Der Einfluss von Kleidung auf männliche oder weibliche Verhaltensweisen zeigt sich auch schon bei Herodot (1,155).

204 Iust. 1,2,1.

205 Iust. 1,2,5.

‚sie als Frau nicht nur die Frauen, sondern auch die Männer an *virtus* übertroffen' hat („[...] *quod mulier non feminas modo virtute, sed etiam viros anteiret* [...]"; Iust. 1,2,6) – die Herrschaft behält sie auch als Frau („*Nec hoc illi dignitatem regni ademit* [...]"; Iust. 1,2,6). Bei Iustin/Trogus findet sich als Bestandteil ihrer Kleidung erstmals die Tiara, die später bei Isidor von Sevilla im Zusammenhang mit Semiramis wieder begegnen wird.[206]

Über Semiramis' Leben bis zum Antritt ihrer Herrschaft erfahren wir bei Trogus/Iustin nichts, ebenso wenig über ihre Abstammung, ihr Äußeres (abgesehen von der Ähnlichkeit zu Ninyas) oder die Existenz weiterer Kinder neben Ninyas. Ihren Tod findet sie hier durch Mord nach 32 Regierungsjahren, wie vermutlich ja auch bei Ktesias: Ninyas tötet die Mutter, nachdem diese sexuelle Handlungen mit ihrem Sohn angestrebt habe („[...] *cum concubitum filii petisset* [...]"; Iust. 1,2,10). Dieses später besonders stark rezipierte Element wird hier erstmals fassbar. Ob es aus Ktesias oder einer anderen Quelle stammt oder gar eine neue Zutat des Trogus oder Iustin ist, ist dabei nicht zu entscheiden.[207] Inzest mit der Mutter wird zwar bei Ktesias thematisiert[208], allerdings nicht mit Bezug auf Semiramis, sondern ganz allgemein auf ‚die Perser'. Auch andere Autoren des 5. Jh. v.Chr. verknüpfen orientalische Völker mit sexuellen Handlungen zwischen Söhnen und Müttern, so Xanthos von Lydien mit Blick auf die Mag(i)er.[209] Bezug auf diesen Topos nimmt vermutlich auch Plutarch[210], bei dem es heißt, Alexander III. habe auf die Perser eingewirkt, ihre Mütter künftig zu ehren, statt mit ihnen sexuell zu verkehren.[211] Dagegen heißt der griechische Philosoph Zenon im frühen 3. Jh. v.Chr. in seiner Konzeption eines Idealstaates Inzest gut und betont, er müsse nicht verboten werden.[212] Inzest darf daher wohl als durchaus ambivalentes Konzept gelten, wobei generell der Inzest zwischen Geschwistern eine positivere Deutung erfährt als tabuisierte sexuelle Verbindungen zwischen Vater und Tochter bzw. Mutter

---

206 Iust. 2,1,3. Dagegen schreibt Hellanikos von Mytilene (FGrHist 1782) die Erfindung der Tiara der Atossa zu, in der er im Übrigen auch die Erfinderin von Beinkleidern sieht. Auch die ‚Erfindung' der Eunuchen geht für ihn auf Atossa zurück, die bei ihm die erste orientalische Eroberin ist, während Ammianus Marcellinus (14,6,17) und Claudianus (In Eutropium 1,338–342) die Eunuchen zu den zweifelhaften Verdiensten der Semiramis zählen; vgl. dazu Guyot 1980, 77–78 und weiter unten Kapitel 2.3.4. Für eine Verwechslung des Hellanikos von Semiramis und Atossa spricht sich u.a. Gera 1997, 141 aus. Die Datierung seiner *Persika* ist strittig (vgl. z.B. Drews 1973, 22–24), so dass nicht zweifelsfrei zu entscheiden ist, ob Herodot, Ktesias oder Hellanikos den Anfang der Darstellung herrschender Frauen im ‚Orient' markieren. Zu Atossa vgl. Bichler & Rollinger 2017, 10. Isidor von Sevilla hat Iustin sicherlich benutzt (ed. Rühl 1886, 5).

207 An Ktesias angelehnt ist offenbar auch das weitere Schicksal des Ninyas, der ohne eigene militärische Bestrebungen einem Leben unter Frauen gefrönt habe, als ob er mit der Mutter nicht nur die Kleidung, sondern gleich das Geschlecht getauscht habe (1,2: „*veluti sexum cum matre mutasset*").

208 FGrHist 688 F 44.

209 FGrHist 765 F 31.

210 Plut. mor. 328C (de Alex. fort.). Zu Person und Werk vgl. einführend Pelling et al. 2000, 1159–1175.

211 Man mag hier auch an spätere zoroastrische Texte denken, die sich die Schöpfung der Menschen durch den Gott Ohrmazds als Ergebnis dessen sexuellen Verkehrens mit seiner Tochter Spandarmad vorstellen (Dēnkard [DK] 3,80) und die wiederum mit ihrem Sohn und Bruder das erste Menschenpaar hervorbringt; vgl. König 2010, insb. 439–440. Nicht unerwähnt bleiben sollte dabei, dass auch das römische Recht Inzest als Ehehindernis kannte – und zwar bis zum sechsten Verwandtschaftsgrad, wobei geistliche Verwandtschaft ebenso berücksichtigt wurde wie leibliche; vgl. Dig. 48,5,38 u. Cod. Iust. 4,5,19.

212 SVF 1,256 (Ödipus und Iokaste); SVF 2,1072; vgl. dazu ausführlich Bees 2011, 148–174. Wie auch bei Diogenes von Sinope (vgl. TrGF 88 T 2 S) geht es Zenon allerdings dabei primär um das Hinterfragen von Konventionen. Dennoch erscheint die Passage erwähnenswert, kennt doch Plutarch Zenons Schriften nachweislich (vgl. mor. 329B [de Alex. fort.]).

und Sohn.²¹³ Hingewiesen sei aber auch darauf, dass in den *invectiva in ciceronem*, einer Deklamationsrede für die Rhetorikschulen, generationenübergreifender Inzest (nämlich zwischen Cicero und seiner Tochter Tullia) ebenfalls als gezielte Schmähung eingesetzt wird.²¹⁴ Inzest gehört also in den rhetorischen Kanon der diffamierenden Topoi. Dass es auch tatsächlich zum Inzest gekommen sei, wird bei Trogus/Iustin nicht formuliert – dieser wird nur angestrebt (lat. *petere*), bleibt bei ihm, anders als später bei Orosius und Boccaccio, somit also auf der Ebene eines (dennoch völlig unangemessenen) Wunschdenkens.²¹⁵

Auch eine andere Passage des Epitomators Iustin verdient im Kontext dieser Arbeit besondere Aufmerksamkeit. Auch wenn durch Iustins Text klar nahegelegt wird, dass Semiramis als junger Mann auftritt, stellt sich doch die Frage, ob hier explizit vom Anlegen von Männerkleidung die Rede ist.²¹⁶ Schlüssel zur Beantwortung dieser Frage ist hier die Formulierung „*igitur bracchia et crura calciamentis (…) tegit.*"²¹⁷ Diese Phrase findet sich so aber keineswegs in allen Codices. Otto Seel hat sich in seiner bis heute maßgeblichen kritischen Textausgabe für diese Textvariante entschieden, auch Peter Emberger folgt in seiner neueren zweisprachigen Ausgabe dieser Lesart. Otto Seel übersetzt folglich: „sie bedeckte ihre Arme und Beine mit enganliegender Kleidung"²¹⁸; bei Emberger findet sich die Übersetzung, sie habe ‚ihre Arme und Beine mit Kleidung bedeckt'.²¹⁹ Wie bereits erwähnt, liefern aber andere Codices abweichende Versionen –ein genauer Blick erscheint an dieser Stelle unablässig. So heißt es im Codex V² *virilis vestis* (korrekt wäre *virilibus vestibus*), in den Handschriftenklassen π, ι und im Codex D findet sich *velamentis*, in den Codices V¹, Q und R sogar – völlig sinnfrei – nur *mentis*.²²⁰ Die von Seel favorisierten Codices Parisinus 4950 (A) und Gissensis 79 (G) gehören zur Handschriftenklasse τ, den sogenannten *Transalpini*, und haben ihren Ursprung im 9. Jh. n.Chr.²²¹ Da Seel diese beiden Codices als beste (und älteste) Vertreter der von ihm generell gegenüber den drei anderen Handschriftenklassen (g, i und p) favorisierten Klasse τ einstuft, überrascht es wenig, dass er dieser Variante den Vorzug gibt. Dennoch stellt sich die Frage, wie man sich denn das geschilderte Bedecken der Beine (*crura*) genau vorzustellen hat, bedeutet *calciamentum* doch Fußbekleidung (von lat. *calx*, Ferse).²²² Seels eigene Übersetzung von 1972 mit ‚enganliegende Kleidung', scheint mir daher eine Interpretation zu sein, die nur schwierig mit *calciamentum* in Einklang zu bringen ist. Vielleicht könnte diese Passage eher so zu deuten sein, dass sie ihre Beine in hochschaftige Schuhe kleidete, wie man sie beispielsweise auf der sogenannten Perser- oder Darius-Vase, einem monumentalen

---

213 So bereits im Kodex Hammurabi, § 157; s.a. Rank ²1926 sowie Hoffner 1973, 81–90. Wie Elizabeth Archibald (2001, 103) formuliert: „In classical incest stories there is no concept of sin and/or redemption, no moral lesson to be learned (…)".
214 Einführend hierzu Novokhatko 2009, 1–21.
215 Vgl. auch Archibald 2001, 91–92 u. Beringer 2016, 69.
216 Beringer (2016, 59) postuliert: „(…) now she is actively trying to be a male (…)".
217 Iust. 2,1,3 (ed. Seel ²1972 u. ed. Emberger 2015).
218 Iust. 2,1,3 (ed. Seel ²1972).
219 Iust. 2,1,3 (ed Emberger 2015).
220 Zur Klassifikation der Iustin-Handschriften ausführlich ed. Seel ²1972, 13–15 sowie Petoletti 2015.
221 Ed. Seel ²1972, 13. Die zu dieser Klasse gehörigen Codices stuft Seel als durchgehend höherwertig ein, während noch Rühl die Codices der etwas späteren Klasse ι, die Italici, als verlässlicher beurteilte. Rühl betrachtet insbesondere Codex A als sehr fehlerhaft, er spricht von einem „ganz verwilderten Text", während den G als „sehr schön und correct" bezeichnet (ed. Rühl 1886, 11).
222 Auch das Wörterbuch zur philippinischen Geschichte hat unter diesem Lemma und unter Verweis auf besagte Stelle des Werkes ausschließlich diese Bedeutung; Eichert 1882, 23.

rotfigurigen Volutenkrater aus Apulien, dargestellt findet.²²³ Eine Vielzahl antiker Texte nennt *crura* in Verbindung mit Kleidung (*vestis*); vor allem spätantike Texte nennen Schuhe häufig gemeinsam mit Kleidung.²²⁴ Denkbar wäre, dass die Kenntnis solcher Formulare die Kopisten und späteren Editoren beeinflusst haben könnte.²²⁵ Die Lesart der *manus prima* im Codex Vossianus (V¹) als *velamentis* würde dagegen bedeuten, dass Semiramis sich in eine Art Mantel oder Decke gehüllt habe – diese Variante käme inhaltlich der Version Diodors nahe, der ja, wie oben ausgeführt, von Kleidungsstücken, die nicht erkennen ließen, ob sich unter ihnen ein Mann oder eine Frau verberge, schreibt.²²⁶ Dieser Textvariante wird sowohl bei Rühl als auch in der englischen Ausgabe von John Selby Watson von 1853 der Vorzug gegeben.²²⁷ Selby Watson bietet als Übersetzung „She accordingly clad her arms and legs in long garments". Auch ein früher Druck aus Mailand von 1476, der sich heute in der Bayerischen Staatsbibliothek München befindet, bietet *velamentis*.²²⁸ Und in einer italienischen Übersetzung des Textes aus Venedig von 1477 heißt es: „Dunque ella se vesti le braccia & le gambe".²²⁹ Es ist also davon auszugehen, dass diese Lesart für die mittelalterliche und frühneuzeitliche Rezeption der Passage die maßgebliche war – erst mit Seels kritischer Edition wird *velamentis* zugunsten von *calciamentis* aufgegeben. Explizit als Männerkleidung (*virilis vestis*) wird die Kleidung der Semiramis dagegen nur in einer Hinzufügung der *manus secunda* im Codex Voxianus (V²) bezeichnet.²³⁰

Dass Seel und Emberger als Übersetzung eine Variante anbieten, die sich mit der von ihnen zugrunde gelegten lateinischen Formulierung der favorisierten Codizes A und G nicht deckt, ist eine durchaus interessante Beobachtung – auch hier scheint die Vorstellung über das Agieren der Semiramis bereits so fest verankert zu sein, dass die Frage, ob *calciamentis* oder *velamentis* im lateinischen Text steht samt der daraus resultierenden Differenzen in der Übersetzung und Deutung der Passage in den Hintergrund gerät. Zu Grunde liegt vielleicht außerdem die Vorstellung, dass

---

223 Museo Nazionale, Napoli, Inv. 81947 [H 3253] Vgl. Hurschmann 2000, 611 u. Taplin 2007, 235–237.
224 So z.B. Cels. 3,6 („Huius autem rei causa continere aeger sub veste satis multa manus debet, eademque crura pedesque contegere. – Aus ebendiesem Grund soll der Kranke seine Hände gänzlich unter der Bettdecke behalten und mit dieser auch seine Beine und Füße einhüllen." [ed. Lederer 2016]) oder Curt. 9,1,29 („vestis erat auro purpuraque distincta, quae etiam crura velabat – Sein Gewand, das auch die Unterschenkel bedeckte, war mit Gold und Purpur verziert." [ed. Siebelis 2007]); vgl. auch Vulg. Matt. 10,10; Vopisc. Prob. 8,2; Greg. Tur. Franc. 7,9.
225 Ich danke Dr. Magdalena Öhrmann (Lampeter) herzlich für diesen Hinweis, sowie für den intensiven Austausch über diese Passage. Ebenso bin ich Prof. Dr. Sven Günther (Changchun) für fruchtbare Diskussionen zu Dank verpflichtet.
226 Diod. 2,6,6: „στολὴν ἐπραγματεύσατο δι' ἧς οὐκ ἦν διαγνῶναι τὸν περιβεβλημένον πότερον ἀνήρ ἐστιν ἢ γυνή." Hier ist also ganz explizit nicht von männlich Kleidung die Rede, vielmehr geht es um Kleidung, die das Geschlecht verbrigt und somit unsichtbar macht; vgl. auch Beringer 2016, 57–58.
227 Ed. Rühl 1886 u. ed. Selby Watson 1853.
228 München, Bayerische Staatsbibliothek, Sign. 1476.06.01.
229 Epitome historiarum Trogi Pompeii Segue: Girolamo Squarzafico: Epistola a Nicolò di Campobasso. impresso ne l'alma cidade de Venetia: ale spese di Iohanne da Colonia et Iohannem Gheretzem compagno, negli anni dil signore MCCCCLXXVII ali giorni X semptembris; Biblioteca Nazionale Centrale di Roma, Sign. 70.7.C.2. Cesare Questa entschied sich in der Übersetzung für „Coprì quindi braccia e gambe con vesti annodate (...)", wobei er allerdings die Quelle des italienischen Textes nicht offenlegte. Im lateinischen Text verwendete auch er *calciamentis*; Questa 1989, 22–23 mit Anm. 13.
230 Schon Rühl wies allerdings darauf hin, dass V² so sehr von V¹ abweiche, dass ihr Stellenwert dem eines eigenständigen Codexes nahekomme (ed. Rühl 1886, 4). Dennoch hat diese Variante Eingang gefunden in die *Historia ecclesiastica* des Hugo von Fleury aus dem frühen 12. Jh.: „(...) brachiaque et crura vestis virilis (...)" (1,11); vgl. unten Kapitel 2.2.5.

die übliche Kleidung von Frauen in Babylon freizügiger gewesen sei und ihre Arme und Beine entblößt habe.

Insgesamt lässt sich beobachten, dass Frauen innerhalb der Epitome einen relativ großen Raum einnehmen. Dies gilt insbesondere für mythische Kontexte, aber auch für Frauen in herrschenden Positionen.[231] Dagmar Hofmann betont zu Recht, dass wir zwar keine sicheren Aussagen über die Gewichtung von männlichen und weiblichen Figuren in Trogus' Werk treffen können, dass die bewusste Auswahl des Epitomators Iustin aber durchaus Rückschlüsse auf dessen eigenes Geschichtsverständnis und Erkenntnisinteresse ermöglicht:[232] Sein Fokus liegt einerseits auf moralischen *exempla* (negativen wie positiven), andererseits auf Episoden mit einem gewissen Unterhaltungswert. Hofmann spricht von einer „Verschiebung der Handlung vom öffentlichen und politischen in den familiären und privaten Bereich (...), wo die Innensicht einer Figur den Handlungsrahmen unterbricht".[233] Hier sieht sie die Schlüsselrolle der Frauendarstellungen bei Iustin, nämlich als Verkörperungen moralischer Normen im privaten Bereich, der zu einer Richtschnur für den politisch-öffentlichen Bereich wird und der Auswirkungen auf das reale politische Geschehen nach sich zieht. Auffallend ist dabei, dass mehrere der beschriebenen Frauenpersönlichkeiten in eigentlich männlich besetzten Sphären anzutreffen sind und als ausgesprochen mannhaft geschildert und so positiv gewertet werden. Neben Semiramis gilt dies auch für Tamyris, Artemisia und, wenn auch in geringerem Maße, für Elissa.[234] Wie Sabine Comploi treffend zusammenfasst:

> Diese Frauen waren ‚Exotinnen', von denen man sich vorstellen konnte, daß sie im Bereich des Fremden und Fernen durchaus erfolgreich sind.[235]

Ihr Auftreten und im Falle der Semiramis auch ihre Kleidung führen zu einer gewissen Verunklarung der üblichen Verortung des weiblichen Geschlechtes, die schon bei den griechischen Historiographen angelegt ist und die auch offenbar Trogus/Iustin und spätere Autoren in besonderem Maße fasziniert.

Die Epitome des Iustin scheinen im Mittelalter eine relativ weite Verbreitung erfahren zu haben, v.a. in karolingischer Zeit und in von den Karolingern besonders begünstigten Klöstern, aber auch im 12. und 13. Jh. finden sich zahlreiche Handschriften.[236] Im 14. Jh. besaßen sie eine enorme Verbreitung, gedruckt wurde die erste Edition 1470 (z.T. auf Basis verderbter Handschriften).[237]

---

231 Am ausführlichsten fällt die Darstellung von Olympias, der Mutter Alexanders III., aus. Ausführlich zu diesem Themenfeld Hofmann 2018, 121–136 u. Comploi 2002, 336–352.
232 Die Auffassung, dass Iustin nicht reiner Epitomator, sondern auch Autor eines eigenständigen, intentionalen Geschichtswerkes sei, auch bereits bei Jal 1987 u. Yardley 2010.
233 Hofmann 2018, 135–136. Ähnlich bereits Comploi 2002, 352.
234 Comploi 2002, 347. Anders bei Olympias: Iust. 14,6,1.
235 Comploi 2002, 352.
236 Rühl 1871, insb. 10–11 u 18–19.
237 Rühl 1871, 50–52.

2.1.6 Valerius Maximus und Polyainos

Ein besonders für die Kunstgeschichte sehr wirkmächtiges Motiv fügen Valerius Maximus und Polyainos der Erzähltradition um Semiramis hinzu[238] – es ist die Niederschlagung eines Aufstandes in Babylon, von dem Semiramis Kenntnis erhält, während sie gerade ihre Frisur richtet. Noch bevor sie ihre Haartracht geordnet hat, stürmt sie zu den Waffen, um den Aufstand niederzuschlagen:

> *Namque Samiramis Assyriorum regina cum ei circa cultum capitis sui occupatae nuntiatum esset Babylona defecisse, altera parte crinium adhuc soluta protinus ad eam expugnandam cucurrit nec prius decorem capillorum in ordinem quam urbem in potestatem suam redegit (...)*

> Samiramis, queen of Assyria, was busy doing her hair when news came that Babylon has revolted. Leaving one half of it loose, she immediately ran to storm the city and did not restore her coiffure to a seemly order before she brought it back into her power (...)[239]

Im Anschluss wird ihr zu Ehren ein Standbild errichtet („[...] *statua eius Babylone posita est* [...]").[240]

Für die Abfassungszeit der *facta et dicta memorabilia* des Valerius Maximus, die die älteste vollständig erhaltene *exempla*-Sammlung in lateinischer Sprache bilden, dominieren in der Forschung auf Grund werkinterner Indizien die Jahre 27 bis 31 n.Chr.[241] In neun als Einheit konzipierten Büchern werden hier annähernd 1.000 *exempla* vorbildhaften bzw. tadelnswerten Verhaltens (meist von Männern) präsentiert, die dabei nach einzelnen Tugenden wie *moderatio*, *fortitudo*, *clementia* oder Lastern wie *crudelitas* und *perfidia* gegliedert sind.[242] Dabei verfolgt Valerius Maximus eine deutliche moralische Zielsetzung, wie bereits Clive Skidmore aufzeigen konnte.[243] Valerius' bewusste Selektion und Anordnung der *exempla* dürfte dabei sowohl seine eigenen als auch die Anschauungen seiner römischen Zeitgenossen widerspiegeln.[244]

---

238 Dazu auch Pettinato 1988, 194–195, der darin allerdings – seiner Perspektive aus Semiramis entsprechend – eine „ziemlich genaue Entsprechung zu den wirklichen Ereignissen" sieht (Zitat auf 195).
239 Val. Max. 9,3 ext. 4 (ed. Wardle 1998).
240 Ebd.; vgl. Diod. 2,13,1–2.
241 Basis sind hier 2,6,8, praef. 6 u. 9,11 ext. 4. Allerdings haben Bellemore (1989, 67–80) und Themann-Steinke (2008, 17–28) vorgeschlagen, Valerius' Werk enger an die augusteische Zeit zu knüpfen und seine Abfassung in die ersten Jahre der Regierung des Tiberius zu verlegen. Das ursprünglich in der Rhetorik entwickelte Konzept des *exemplum* war auch in späteren Epochen wirkmächtig; in diesem Kontext konnte selbst die Gestalt der Kleopatra in der Kunst der Renaissance als *exemplum virtutis* gedeutet werden; Schrodi-Grimm 2009, 27 u. 145–165.
242 In den einzelnen Abschnitten werden Römer und Personen aus der nichtrömischen Geschichte kontrastiert, wobei gegen 636 *exempla interna* 320 *exempla externa* stehen. Nur 17% der *exempla* erwähnen dabei weibliches Verhalten; rein weibliche *exempla*, also solche, die vollständig ohne Erwähnung männlicher Personen auskommen, fehlen gänzlich; vgl. Truschnegg 2002, 362. Zur Konzeption der *facta et dicta memorabilia* s. Honstetter 1977 u. Schmied 1990.
243 Skidmore 1996, insb. 53–82, der auch auf die daraus resultierende starke Rezeption des Werkes im Mittelalter und während der Frühen Neuzeit hinweist. Ähnlich Truschnegg 2002, 362 und Langlands 2008, 160–187. Der von Honstetter konstatierte literarische Anspruch des Valerius Maximus ist nicht unbestritten, so wendet sich Bloomer (1992, 12–13) gegen die Ansicht einer eigenständigen literarischen Leistung des Valerius Maximus und sieht ihn als Kompilator rhetorischer Topoi für ein außerrömisches Publikum; vgl. auch Kleijwegt 1998,105–110; Wardle 1998, 12–15.
244 Truschnegg 2002, 362.

Semiramis erscheint im neunten Buch, „the only book of the work to have an unremitting focus on negative values"²⁴⁵. Sie wird hier aber nicht wegen ihrer Machtgier, Luxussucht oder ihrer Lüsternheit aufgenommen²⁴⁶, vielmehr findet sie sich in einem Abschnitt über Zorn und Hass – *De Ira aut Odio*.²⁴⁷ Neben acht römischen *exempla* bildet sie hier eines der vier *exempla externa*.²⁴⁸ Dass wir es hier mit einer ausländischen Königin zu tun haben, spielt allerdings eine untergeordnete Rolle – Laster von Römern überwiegen im 9. Buch zahlenmäßig die von Nicht-Römern deutlich und stehen ihnen auch in ihrer Schwere in nichts nach.²⁴⁹

Auch wenn keine Einigkeit über die Vorlagen des Valerius besteht (z.B. das Ausmaß, in dem er *exempla* selbst kompilierte oder auf ältere, uns verloren gegangene, Vorläufersammlungen zurückgriff), so gelten doch zumindest Livius, Cicero, Varro sowie Pompeius Trogus als sichere Quellen.²⁵⁰ Um so mehr überrascht es, dass er hier eine Episode berichtet, von der wir zumindest in den *Epitoma* des Iustin nichts erfahren – ob diese Erzählung seinen Kürzungen zum Opfer gefallen ist oder ob Valerius sich hier anderer Vorlagen bediente, ist dabei nicht zu klären.

Interessanterweise wird eine ganz ähnliche Geschichte im oben bereits besprochenen Traktat *de mulieribus* über die persische Königin Rhodogyne erzählt²⁵¹ – eventuell unterläuft Valerius hier eine Verwechslung der beiden, die auch andernorts in den Quellen begegnet,²⁵² vielleicht vermischt er die Stoffe auch absichtsvoll.

Valerius Maximus erfreute sich in Mittelalter und Renaissance enormer Beliebtheit, sein Werk ist in zahlreichen Handschriften überliefert und auch früh gedruckt worden.²⁵³ So verwundert es wenig, dass auch sein Semiramisbild weit verbreitet war – zahlreiche Künstler haben die vom Frisiertisch aufspringende Semiramis verewigt, gelegentlich genügt es sogar, eine Frau mit halb frisiertem Haar darzustellen, um Semiramis eindeutig für den Betrachter zu identifizieren.²⁵⁴

Diese Episode wird nur wenig später in den *Strategemata* des Polyainos aufgegriffen.²⁵⁵ Auch in diesen 161/162 veröffentlichten und den *principes* Marcus Aurelius und Lucius Verus dedizier-

---

245 Murray 2016, 31. Alfred Klotz geht in seinen *Studien zu Valerius Maximus und den exempla* (München 1942) nicht auf die entsprechende Passage ein.
246 Alles Kategorien, die Valerius Maximus durchaus mit anderen *exempla* abhandelt.
247 Das Themenfeld des Zorns geht zurück bis zu Homer, man denke an die ersten Zeilen der *Ilias*. Auch Livius, der für etliche *exempla* dieses Abschnitts als Quelle zu gelten hat, behandelt *ira* als negative Eigenschaft; Murray 2016, 129.
248 Gemeinsam mit Alexander III., Hamilkar Barkas und Hannibal.
249 Sarah Lawrence (2006, 26) schreibt dazu: „behaviour, and not nationality, is the organising principle in Valerius' text"; eine Differenzierung, die der Verf.in angesichts des Fehlens von Nationalstaaten nicht ganz unproblematisch erscheint.
250 Murray 2016, 36 mit einer guten Zusammenstellung der Forschungsliteratur zur Quellenfrage in Anm. 89.
251 De mulieribus 8.
252 Philostrat (imag. 2,5) beschreibt eine Statue der Rhodogyne mit nur halb frisierten Haaren. Vgl. auch Dion. 64,2; Gera 1997, 154 u. Ehlers 1966, 48–50.
253 Zur Rezeption s. Crab & De Keyser 2013, 667–668, sowie die verdienstvollen älteren Arbeiten von Dorothy M. Schullian: Schullian 1937, 70–72; 1940, 202–206; 1960, 81–95; 1981, 695–728 u. 1984, 287–403.
254 Vgl. beispielsweise die bildlichen Darstellungen der *neuf preuses* weiter unten Kapitel 2.5.4. Aufgelöstes Haar wird dabei in der Ikonographie der Frühen Neuzeit zu einem universellen Zeichen des weiblichen Zorns – eines als unweiblich betrachteten Affekts. Man denke nur an Hans Baldung Griens elf lüstern-diabolische Hexendarstellungen aus der Zeit zwischen 1510 und 1523, die bis in die Gegenwart die Vorstellung von Hexen nachhaltig prägen; vgl. Schade 1984, 98–110 sowie die Abbildungen in Brinkmann 2007. Seymour (2014, 113) sieht (unter Verweis auf Michalski 2003, 213–333) in Botticellis Venus einen Anklang an diese Darstellungsform.
255 8,26. Zu Polyainos' Leben und Werk vgl. Lammert 1952, 1432–1436 sowie Schettino 1998.

ten Abhandlungen wird über *exempla* gehandelt – nur allerdings keine moralischen, sondern solche guter militärischer Führung. Im achten Buch widmet sich Polyainos explizit auch Frauen in militärischen Führungspositionen – Semiramis ist sein erstes Beispiel.[256] Anders als bei Valerius Maximus geht es hier um einen Aufstand der Sikarer, zu dessen Niederschlagung Semiramis eilt, ohne zunächst ihre Frisur zu vollenden („παραυτίκα ἀνυπόδητος μηδὲ τὰς τρίχας ἀναπλεξαμένη ἐπὶ τὸν πόλεμον ἐξῆλθεν – ohne ihre Sandalen anzulegen oder ihre Haare zu ordnen, zog sie sofort in den Krieg" [Übers. d. Verf.in]). Auch berichtet er von einer Stele mit einem langen Text der Semiramis, in der diese ihre Taten rühme.[257]

Überliefert sind die *Strategemata* im sog. Codex Laurentinum aus dem 12./13. Jh. In demselben Codex, wenn auch von unterschiedlichen Händen abgefasst, ist auch das oben bereits besprochene anonyme Traktat *De mulieribus claris in bellis* enthalten.[258] Da fünf kriegerische Frauen in beiden Werken behandelt werden – wobei sich die Darstellungen z.T. deutlich unterscheiden – hat Gera vorgeschlagen, dass Polyainos das anonyme Traktat als Quelle benutzt haben könnte, was Brodersen allerdings schlüssig widerlegt.[259]

Die Episode der unfertigen Frisur, die die kriegerische Königin nicht davon abhält, zu den Waffen zu eilen, zeigt deutlich die Gendertransgression – Semiramis verlässt die weibliche Sphäre, um sich einer männlich konnotierten Aufgabe zu widmen.[260] Diese männliche Aufgabe besitzt Priorität. Die Wirkmächtigkeit dieses Bildes zeigt sich in einer Vielzahl späterer Darstellungen, die Semiramis mit offenem und nur unzureichend frisiertem Haar zeigen – in späterer Zeit ein visueller Marker für weibliche Verführungskünste, was die Ambiguität der Gestalt der Semiramis in der kollektiven Erinnerung unterstrichen und befördert haben dürfte.[261]

2.2 Semiramis bei den frühen Kirchenvätern und in den christlichen Chroniken

Von den Autoren mit christlichem Hintergrund spielt Semiramis vor allem bei den frühen Kirchenvätern und Orosius eine wichtige Rolle. Sie und Ninus, so will es die christliche Überlieferung seit Eusebius[262] und Augustinus[263], werden chronologisch parallelisiert mit der Geburt des Abraham – hier vollzieht sich der Übergang vom zweiten zum dritten Weltalter. Babylon wird somit zum heidnischen Negativexemplum konstruiert, dem das von Abraham begründete

---

256 Sie wird u.a. begleitet von Rhodogyne, Tomyris, Porcia u. Artemisia. Kleopatra VII. fehlt in dieser Zusammenschau ebenso wie Olympias, die Mutter Alexanders. Beide werden also offenbar nicht als positive *exempla* angesehen.
257 Unter diesen ist neben der Ummauerung Babylons indirekt auch der Indienzug (8,26: θάλασσαν πρότερον οὐδεὶς Ἀσσυρίων εἶδεν, ἐγὼ δὲ τέσσερας). Beachtung verdient die an Hdt. 7,14 erinnernde Formulierung ἐγένετο πολὺς (ebd.).
258 Brodersen 2010, 149; Schindler 1973, 15–18.
259 Gera 1997, 37; Brodersen 2010, 152.
260 Krieg als Aufgabe der Männer schon bei Hom. Il. 6,492–493. Thomas Spät (2014, 28) betont – allerdings mit Blick auf Tacitus –, dass solche Trangessionen des Weiblichen gerade nicht als Unweiblichkeit aufzufassen sind, sondern eine Übernahme männlicher Tugenden und Werte durch Frauen darstellen.
261 Vgl. Schade 1984, 98–110; Wolfthal 2012, 181–187 u. Brander 2008, 314–315.
262 Eus. chron. 7,20a–b.
263 Aug. civ. 18,1–2.

Reich Gottes auf Erden gegenübersteht.²⁶⁴ Dadurch erhält Semiramis von der ersten christlichen Weltchronik des Julius Africanus bis hin zu Luthers Weltchronik von 1541 einen mehr oder minder festen Platz in den christlichen Weltchroniken.

2.2.1 Euseb und Augustinus

Die ‚Chronik' des Euseb von Kaisareia (Παντοδαπὴ ἱστορία) ist dabei das früheste christlich geprägte Werk, das Vorstellungen zur Gestalt der Semiramis bietet. Das griechische Original ist bis auf wenige Fragmente verloren, so dass sich auch hier – ähnlich wie bei Ktesias und Trogus – der genaue Wortlaut nicht überprüfen lässt. Verfasst im frühen 4. Jh. n.Chr. umfasste es die Geschichte der Welt von Abraham bis zu den Decennalia des Konstantin I. 315 n.Chr. Die Herrschaft Konstantins markiert dabei für Euseb den Beginn eines goldenen Zeitalters, das die Erwartung auf individuelle wie universale Eschatologie erfüllt. Erhalten ist der Text des ersten Buches, das die Chronologien verschiedener Völker liefert, in einer armenischen Übersetzung aus dem 6. Jh., wobei strittig ist, wie eng sich diese Version an den Text des griechischen Originals hält. Die in einer großen Zahl von Handschriften und frühen Drucken erhaltene lateinische Übersetzung (und Fortsetzung) des zweiten Buches durch Hieronymus erlangte aber größte Beliebtheit und sicherte Eusebs Ausführungen eine weite Verbreitung.²⁶⁵

Semiramis wird, wie oben erwähnt, in der armenischen Version des Euseb'schen Textes als chronologischer Marker verstanden.²⁶⁶ Ihre Regierung von 42 Jahren (deren Dauer mehrfach genannt wird) folgt auf eine 52jährige Regentschaft ihres Gatten Ninus. Als Quellen werden zunächst Abydenos²⁶⁷, Agrippa Castor und Diodor angegeben. Mit Bezug auf letzteren wird außerdem in der folgenden Passage berichtet, Semiramis habe nach Ninus' Tod über ganz Asien außer Indien geherrscht; ihre Regierungsdauer wird hier um eine Altersangabe – 62 Jahre – ergänzt. Auch Ktesias' zweites Buch der *Persika* wird in diesem Abschnitt genannt, allerdings stammen die über Semiramis berichteten Details nicht von dort, sondern nur Aussagen über spätere assyrische Könige. Unter Bezugnahme auf Kephalion, der wiederum Hellanikos von Lesbos, Ktesias, Zenon und Herodot als Quellen genannt haben soll, wird dann berichtet, Semiramis habe Zoroaster, den König von Baktrien besiegt und Babylon ummauert.²⁶⁸ Nach Euseb berichtet Kephalion außerdem von der Niederlage der Semiramis in Indien, dass sie ihre beiden Söhne ermordet habe und von ihrem dritten Sohn, Ninyas, ermordet worden sei.

Da fast alle von Euseb als Referenzen angeführten Werke verloren sind, ist es nicht möglich zu eruieren, ob und in welcher Form er die darin enthaltenen Begebenheiten transformierte. Beachtung verdient aber sicherlich, dass er die mit großer Sicherheit in Ktesias enthaltenen Passagen über

---

264 Sedlacek 1997, 33; Benz 2015, 347–348.
265 Wallraff 2005a, 63. Hieronymus hatte so maßgeblichen Anteil an der Tradierung antiker Chronographien durch die Jahrhunderte des Mittelalters hindurch.
266 Die Wichtigkeit antiker Chronologien auch noch in der Spätantike verdeutlich auch Macrobius (somn. 2,10,7) im frühen 5. Jh., der Semiramis zur Tochter des Ninus macht, sonst aber nichts über sie zu berichten weiß. Für den Hinweis auf diese Textstelle danke ich Dr. Anja Wieber (Dortmund).
267 FGrHist 685; vgl. Oelsner 1996, 45. Abydenos liefert außerdem die chronologische Verknüpfung zwischen orientalischer und griechischer Welt, indem er die Regierung des Sardanapal 67 Jahre vor der ersten Olympiade (also 709 v.Chr.) enden lässt.
268 Eine Tat, die weiter vorn im Werk noch Nebuchadnezzar zugeschrieben wurde (7,1).

sexuelle Ausschweifungen, Inzestbestrebungen, Blutdurst und sonstige Laster ebenso auslässt wie alle Andeutungen auf das Tragen von Männerkleidung oder die Unangemessenheit ihrer Herrschaft.[269] Sie erscheint ihm zweifelsohne exzeptionell, die Notwendigkeit einer expliziten Wertung ergibt sich daraus für ihn aber nicht – sein Semiramisbild ist vielmehr erstaunlich neutral. Browns Behauptung, die Dämonisierung und Sexualisierung der Semiramis sei ein universelles Phänomen der Kirchenväter, ist daher zu relativieren („for the Fathers of the Church [...] Christianity springs from Abraham's line while pagan bloodshed and lust originate with Ninus and Semiramis"[270]). Vielmehr scheint Euseb – soweit wir dies angesichts der schwierigen Überlieferungslage sagen können – ein Vertreter eines relativ neutralen Semiramisbildes zu sein, bei dessen Ausgestaltung ein zweifelsfrei bereits vorhandener Kanon an negativen Erinnerungselementen elidiert wird.[271]

Beim Kirchenvater Augustinus von Hippo gewinnen dagegen die negativen Züge nur wenige Jahre später deutlich an Bedeutung. In seiner 22 Bücher umfassenden apologetischen Schrift *De civitate dei*, die 413–427 als Reaktion auf die Besetzung und Plünderung Roms durch Westgoten im August 410 erschien[272], begegnet nun auch der Inzest als Begründung für die Ermordung des Semiramis durch ihren Sohn:

> *Apud illos enim regnabat filius Nini post matrem Samiramidem, quae ab illo interfecta perhibetur, ausa filium mater incestare concubitu.*

> Bei jenen herrschte nämlich des Ninus Sohn als Nachfolger seiner Mutter Semiramis, die von ihm getötet sein soll, als sie es wagte, die Mutter den Sohn, durch blutschänderischen Umgang zu beflecken.[273]

Darüber hinaus weiß er über Semiramis nur wenig zu berichten. Einen Angriff gegen Indien habe sie geführt und außerdem, nach einigen Autoren, Babylon gegründet, eine Tat, die Augustinus ihr nicht einfach so zugestehen möchte – immerhin habe sie die Stadt aber wohl ummauert (civ. 18,2: „[...] *hanc putant nonnulli condidisse Babylonem, quam quidem potuit instaurare* [...]"). Dass ihre Verdienste, wie die aller Nichtchristen, im Rahmen der Schrift geschmälert wurden, ist in der Intention des Augustinus begründet, die christliche Religion gegen heidnische und jüdische Systeme abzugrenzen und als diesen überlegen zu konstruieren, die Menschheitsgeschichte also als Heilsgeschichte zu präsentieren. Basis seiner historischen Ausführungen sind zu einem guten Teil Euseb und Hieronymus.[274] Hinzu kommen Besonderheiten in Augustinus' Sicht auf Frauen im Allgemeinen und auf Sexuelles im Besonderen.[275] Während er die Treue seiner Lebensgefährtin (deren Namen wir in seinen Schriften nicht erfahren) lobt und mit ihr auch einen gemeinsam

---

269 So auch Samuel 1943, 34–37.
270 Brown 1997, 111.
271 Auch andere Frauen, wie beispielsweise die monantistischen Prophetinnen Maximilla und Priscilla, würdigte Euseb in längeren Abschnitten (Eus. chron. 2,16–18). Die weibliche Natur der Prophetinnen ist dabei nie Gegenstand seiner Ausführungen, vielmehr geht es allein um ihre Verstöße gegen die gültigen Maßstäbe für Propheten; vgl. Hirschmann 2005, 102–104.
272 Aus der Fülle an Literatur zur Eroberung Roms 410 sei exemplarisch verwiesen auf einige neuere Arbeiten: Rebenich 2009, 49–59; Meier 2011, 73–101; Meier & Patzold ²2010; sowie die Beiträge in Lipps et al. 2013.
273 Civ. 18,2 (ed. Thimme 1978).
274 Fritze 2016, 109–110.
275 Vgl. Müller 1996–2002, 1266–1281 u. Schneider 2006, 412–426. Augustinus stellt Ninus deutlich über Semiramis (civ. 18,1–2).

Sohn hat, bewertet er die sexuelle Dimension ihrer Beziehung jedoch negativ.[276] Diese Ablehnung mag ihren Ursprung in seiner Zeit als Manichäer und der Entwicklung des Mönchstums mit dem damit verbundenen Zölibat haben. Sie führt zu einer Wertung aller sexueller Handlungen als Kontrollverlust, der die Menschen von ihren eigentlichen, kontemplativen Aufgaben und der Beschäftigung mit geistigen Fragen abhält. Umso schwerer wiegen daher für ihn lustgesteuerte Transgressionen sexueller Konventionen wie der Inzest, zumal Sexualität für ihn ohnehin nur mit dem Zweck der Zeugung von Nachkommen innerhalb einer Ehe akzeptabel ist.[277]

Augustinus' Werk besaß eine große Sogwirkung, so dass bis ins Mittelalter jede Form von Kirchengeschichtsschreibung im Bann eines augustinischen *universum tempus sive saeculum* stand und von dem dort entworfenen Kosmos angängig war.[278]

2.2.2 Orosius

Einen weiteren Meilenstein für die Verbreitung etlicher Episoden über Semiramis bilden die *Historiae adversus paganos* des Orosius. Diese Universalgeschichte aus christlicher Perspektive, die er 417/418 im Auftrag des Augustinus anfertigte, welcher so sein apologetisches Werk *De civitate dei* gestützt wissen wollte, verfolgt ein auf Jesus Christus ausgerichtetes heilsgeschichtliches Konzept. Es deutet, voller antipaganer Polemik, das gesamte Weltgeschehen als Ausdruck eines göttlichen Planes und ist, wie van Nufflen herausgearbeitet hat, als „panegyric of God" zu verstehen.[279] Von der Erschaffung des Menschen bis in die Mitte des Jahres 417 werden hier Ereignisse aufgeschrieben und gewertet,[280] Ordnungskriterium ist dabei erneut die Abfolge von Weltreichen: Babylon, Karthago, Makedonien und Rom.[281] Anders als im Buch Daniel[282], wo auf den Fall all dieser Reiche ein fünftes, messianisches Reich folgt, endet bei Orosius das römische Reich aber nicht, sondern „Orosius' kingdoms culminate in the divinely inspired fourth kingdom, the Roman empire".[283]

---

276 Vgl. conf. 4,2 u. 6,21; außerdem De gratia Christi 2,42.
277 De bono coniugali 1 u. 6; zur Stellung der Geschlechter auch De continentia 23, dennoch findet sich keine Wertung der Herrschaft der Semiramis, was angesichts von Aussagen wie in In Epistolam Joannis ad Parthos 2, § 14 durchaus überrascht; vgl. auch Leisch-Kiesl 1993, 22–36.
278 Wallraff 2005b, 11.
279 Van Nufflen 2012, 156–167. Dieser wendet sich gleichzeitig aber gegen die These, Orosius' Werk sei primär geschichtstheologisch und sieht hier eher einen *historicus* mit guter rhetorischer Ausbildung am Werke (ebd. 9–24).
280 7,43,19: *ab initio mundi usque in praesentem diem*. Zu Orosius' Blick auf die Völkerschaften außerhalb Roms vgl. van Nufflen 2012, 170–185.
281 Oros. 2,1,4–6 u. 7,2,1–12. Die Weltreiche werden bei Orosius an die Himmelsrichtungen geknüpft, was das ungewöhnliche Auftauchen von Karthago unter den Weltreichen erklärt, welches ihm selbst erklärungsbedürftig erscheint (7,2,4); vgl. auch Ruffing [im Druck].
282 7,1–4.
283 Rohrbacher 2007, 146; vgl. auch Alonso-Núñez 1993, 199–202 u. 210. Josef Wiesehöfer und Robert Rollinger (2012, 84–85) kommen diesbezüglich zu dem Schluss: „In der christlichen Universalhistorie der frühen Neuzeit fällt den Reichen der Assyrer und Babylonier einerseits sowie der Meder und Perser andererseits eine tragende Rolle im eschatologischen Schema der vier Monarchien zu. (...) Den orientalischen Völkern kam also aufgrund der Vorsehung eine dienende Rolle im göttlichen Heilsplan zu, der die jüdisch-christliche Tradition ins Zentrum der Universalhistorie stellte."

Geschichte dient hier in besonderem Maße als Argument und wird geradezu zu einem Missionsschrifttum, mit einer direkt erkennbaren und sogar explizit formulierten Wirkungsabsicht.[284] Für Orosius wird damit die Geschichte zur *magistra vitae christianae*,[285] die nach der Plünderung Roms durch die Westgoten 410 zeigen soll, dass in vorchristlicher Zeit deutlich größere Katastrophen geschahen.[286] Adressaten sind dabei wohl v.a. Christen bzw. Personen, die dem Christentum nahestehen und mit dieser Religion liebäugeln.[287] Es gehörte zu den meistgelesenen Werken des gesamten Mittelalters.[288]

Vor diesem Hintergrund überrascht es, wie wenig wir über ihren Verfasser wissen – selbst sein Name ist unsicher.[289] Man darf vermuten, dass er aus Bracara (heute Braga) in Spanien stammte, von wo aus er gegen 414 nach Nordafrika (Hippo regius) ging und sich von dort im Umfeld des dortigen Bischofs Augustinus bewegte, der ihn 415/416 mit einer Gesandtschaft zu Hieronymus nach Bethlehem betraute. Ab 418 besitzen wir keinerlei Informationen über sein weiteres Leben.

Mehr als zur Person des Orosius lässt sich zu seinen Quellentexten sagen. Neben Euseb[290] und Augustinus, von dem er sich aber durchaus emanzipiert, beruft er sich auf eine klassische historiographische Tradition und zitiert – zum Teil wörtlich – aus einer Vielzahl von antiken Autoren wie etwa Pompeius Trogus/Iustin, Livius, Sueton oder Eutrop.[291] Insbesondere das 4. Kapitel des 1. Buches, in dem das assyrische Weltreich behandelt wird, basiert stark auf Iustin:

Zunächst wird Ninus als Reichsgründer als blutrünstiger, machtgieriger Kriegstreiber ausgestaltet, der als Erster Asien mit seinen expansionistischen Bestrebungen unterworfen habe (1,4,1: *„propagandae dominationis libidine arma foras extulit cruentamque vitam quinquaginta annis per totam Asiam bellis egit"*). Die mit Ninus beginnenden kriegerischen Auseinandersetzungen setzen sich bis in die Gegenwart des Orosius fort, der Krieg als gänzlich negativ besetzt sieht.[292] Wie bei Trogus/Iustin und Euseb erscheint der Zusatz, er habe in diesem Zuge auch Zoroaster, den König Baktriens, bezwungen, dem man magische Fähigkeiten zuschreibe (1,4,3: *„novissime Zoroastrem Bactrianorum regem eundemque magicae ut ferunt artis repertorem pugna oppressum interfecit"*).[293] Im Zuge seiner Kriege findet Ninus bei Orosius dann auch den Tod – er wird von einem Pfeil tödlich verwundet (1,4,3: *„sagitta ictus interiit"*).[294] Ihm folgt seine Gattin Semiramis, der Orosius eine männliche Seele attestiert (1,4,4: *„virum animo"*). Weiter heißt es, sie habe die Kleidung ihres Sohnes angelegt (1,4,4: *„habitu filium gerens"*) und so für weitere 42 Jahre ihr bereits gewohnheitsmäßig nach Blut dürstendes Volk in weitere Kriege geführt. Das von Ninus eroberte Gebiet habe ihr nicht genügt (1,4,5: *„non contenta terminis mulier"*), weshalb sie gegen

---

284 Gehrke 2005, 29–51, v.a. 30 u. 39.
285 Brandt 2009, 130. Geschichte erscheint als *magistra vitae* auch bei Cicero (de orat. 2,36). Bereits Diodor schreibt ihr – ähnlich topisch – verschiedene Verdienste zu (1,2,2); vgl. dazu auch Dunsch 2013, 153–154.
286 Oros. prol. 9–10; vgl. auch Ricci 2005, 68 u. Meier 2015, 312–313.
287 Van Nuffelen 2012, 16–18.
288 Goetz 1980, 148–165.
289 Zum Leben des Orosius s. ausführlich Vilella 2000; vgl. außerdem die knappe Darstellung bei Lawrence 2013, 4942.
290 Schon dieser stellt seine Weltgeschichte unter einen heilsgeschichtlichen Aspekt; Timpe 1989, 177.
291 Brandt 2009, 126.
292 Trattner 2011, 211–212. Dieses Bild von Assyrien als expansionistem Imperium, das Nachbarreiche unterdrückte, bestimmte lange den akademischen Diskurs. So wurde der assyrische Druck auf Phönizien lange als Auslöser der karthagischen Expansion im westlichen Mittelmeerraum gesehen; so noch Aubet 1993, 68–74, anders Huß 1985, 57–58 u. Ameling 1993, 250–260; vgl. auch Ruffing [im Druck].
293 Mit dieser Innovation löst er sich von Augustinus, bei dem Zoroaster ein persischer Prophet ist (civ. 21,14).
294 Ein weiteres Erinnerungselement, das bei Orosius erstmals fassbar wird.

Äthiopien und Indien gezogen sein.[295] Anders als seine Vorgänger enthält sich Orosius deutlicher Wertungen nicht – „*crudelius graviusque*" sei dies alles gewesen, da solche Kriege in dieser längst vergangenen Zeit sonst unbekannt gewesen seien (1,4,6). Doch damit nicht genug:

> *Haec, libidine ardens, sanguinem sitiens, inter incessabilia et stupra et homicidia, cum omnes quos regie arcessitos, mereticie habitos, concubitu oblectasset occideret, tandem filio flagitiose concepto impie exposito incest cognito privatam ignominiam public sclere obtexit.*

> Obwohl diese [Frau], von Begierde glühend, nach Blut dürstend, inmitten unablässiger Taten der Unzucht und des Mordes alle tötete, die sie – nachdem sie sie nach Art einer Königin herbeigerufen, [aber] nach Art einer Hure bei sich behalten hatte – durch ihren Beischlaf betört hatte, verbarg sie, nachdem sie schließlich einen Sohn auf schändliche Weise empfangen, ihn auf gottlose Weise ausgesetzt und mit ihm blutschänderisch verkehrt hatte, ihre private Schande mit einem öffentlichen Verbrechen. [Übers. d. Verf.in][296]

Orosius Vorwürfe umfassen also Lüsternheit und Blutdurst, vielfachen Mord und das Verkehren mit Liebhabern wie eine Prostituierte (*meretrix*).[297] Doch auch diese Schilderung erfährt nochmals eine weitere Steigerung (*tandem*), nämlich einen illegitimen Sohn, den sie pflichtvergessen ausgesetzt habe[298] und – sozusagen der Höhepunkt des Ganzen – ein Gesetz, welches Inzest zwischen Eltern und Kindern legitimiert habe (1,4,8: „*Praeceput enim ut inter parentes ac filios nulla deleta reverentia naturae de coniugiis adpetendis ut ciuque libitum esset licitum fieret.*")

Nicht ganz klar wird, wie genau Orosius die logische Verbindung zwischen dem ausgesetzten Kind und dem Inzest imaginiert. Denn um den in älteren Quellen enthaltenen Sohn mit Ninus, Ninyas, kann es sich bei dem ausgesetzten Kind schwerlich handeln, da dieser innerhalb einer regulären Ehe geboren wurde; auch hören wir nirgendwo sonst von dessen Aussetzung. Auch ist bei Orosius nicht explizit die Rede davon, dass der geschilderte Inzest mit dem zuvor ausgesetzten Sohn absichtsvoll, also im Wissen um die Blutsverbindung, geschehen sei – diese Verknüpfung bleibt der Phantasie seiner Leser überlassen.

---

295 Bei der Erwähnung des Indienfeldzuges zieht auch Orosius Alexander III. als Vergleichsfolie heran – „*quo praeter illam et Alexandrum Magnum nullus intravit*" (1,4,5). Andrew Scheil (2016, 65) ist fälschlicherweise der Auffassung, die Passage zeige, Semiramis sei mit ihren (persönlichen und/oder geschlechtlichen) Grenzen nicht zufrieden gewesen, nicht mit denen des Reiches („not content with her borders").

296 Oros. 1,4,7. Die elementare Bedeutung dieser Passage ließ einen eigenen Übersetzungsversuch notwendig erscheinen. Für seine Hilfe beim Verständnis der inneren Struktur der Passage sowie intensive Diskussionen über diese Passage bin ich PD Dr. Boris Dunsch (Marburg) zu großem Dank verpflichtet.

297 In Verbindung mit dem Begriff *meretrix* erscheint sie auch bereits in Ammianus Marcellinus' zweitem Romexkurs (28,4,9); vgl. Wieber-Scariot 1999, 318–320. Man denke auch an den bei Diodor (2,18,1) formulierten entsprechenden Vorwurf des Staurobates. Das starke moralisierende Element in Orosius' Geschichtswerk betont auch Trattner 2011, 213.

298 Die Assoziation an die bei Diodor überlieferte, evtl. auf Ktesias zurückgehende, wundersame Geburt der Semiramis als ausgesetzte Tochter der Göttin Derketo und eines Sterblichen, die von Tauben aufgezogen wird, liegt nahe. Orosius verschiebt aber den Fokus von einem ausgesetzten Kind – einem beliebten literarischen Topos für berühmte Personen (vgl. Tuor-Kurth 2010, 19) – zu einer lieblosen Mutter, die ihr Kind aussetzt und so dem Tode weiht.

Das schaurige Bild, das Orosius von Semiramis zeichnet und das sich als kongruent mit der biblischen Hure Babylon erweist[299], zeigt sich als enorm wirkmächtig; sein Werk wurde in späteren Zeiten sehr geschätzt und häufig genutzt, was die große Zahl an erhaltenen Handschriften eindrücklich demonstriert. Ungefähr 250 Handschriften sind erhalten, die bereits im 6. Jh. einsetzen und bis ins 17. Jh. reichen.[300] Orosius' Darstellung der Semiramis passt gut in die generell misogynen Tendenzen der Kirche dieser Zeit[301] – neben Semiramis fungieren in seinem Werk auch noch andere barbarische Frauen als „mahnendes Gegenbeispiel zum Idealbild einer christlich-tugendhaften Frau".[302] Immer wieder werden seine *historiae* in der Folgezeit – gemeinsam mit der Chronik des Hieronymus – als Lehrbuch für die antike Welt wie für Universalgeschichte in der Ausbildung von Klerikern wie Laien genutzt. Die Weltchronisten des Mittelalters verwendeten sie intensiv als Quelle und trugen so zu ihrer weiteren Verbreitung bei.[303] Überarbeitungen und Übersetzungen setzen relativ früh ein – eine herausragende Stellung nimmt hier ohne Zweifel eine Übertragung ins Altenglische durch Alfred den Großen im 9. Jh. n.Chr. ein, der den Stoff auch nach England transportierte. Der Text verändert und vereinfacht das lateinische Original an mehreren Stellen – so wird beispielsweise die Passage, dass sie sich als ihr Sohn ausgebe, gestrichen. In der oben bereits besprochenen Inzest-Episode ist der altenglische Text allerdings deutlich freier und expliziter als Orosius' Original:

> And þa æt nehstan hyre firenluste fulgan ne moste butan manna bysmrunge, hio gesette ofer eall hyre rice þæt nan forbyrd nære æt gelingere betwuh nanre sibbe.[304]

Erwähnung verdient auch eine arabische Übersetzung im Auftrag des Kalifen von Cordoba in der Mitte des 10. Jh.s. Der Text des Orosius besitzt also offenbar insbesondere an den Peripherie Europas im Rahmen eines aktiven Aneignungsprozesses des römisch-christlichen Erbes besondere Bedeutung. Die *editio princeps* erschien 1471 in Augsburg, weitere Ausgaben wurden wenig

---

299   Jes 13–14,21 u. 47; Jer 25,50–51; Sach 5,5–11; Offb 17–19. Dazu Scheil 2016, 126: „From earliest times, Western commentators depict Babylon's inhabitants as decadent and corrupt, especially in their sexual mores. Generally speaking, Babylonian sexual excess spreads as a classical commonplace (...) and it is not surprising to see classical and biblical sources depict Babylon as a cesspool of vice". Umfassend zum Bild Babylons als Hure Sals 2004. Erwähnung verdienen in diesem Kontext auch die von Weinfeld 1991 und jüngst von Frahm 2017 herausgearbeiteten Parallelen zwischen der Semiramis-Vita bei Diodor und der biblischen Erzählung um Jona. Die negativen Aussagen des Alten Testamentes zu Babylon sind für die mittelalterliche Rezeption des gesamten antiken Orients von maßgeblicher Bedeutung; Haas 2001, 1223–1224.
300   Vgl. Bately & Ross 1961, 329–334.
301   Man denke beispielsweise an die Verunglimpfung der vormals als *apostola apostolorum* (u.a. Hipp. Cant. 15 CGCS 1) gesehenen Maria Magdalena – in einer Verquickung mit den Erzählungen über Maria aus Bethanien (Joh 12,3) und der fußwaschenden Sünderin im Haus eines Pharisäers (Lk 7,37–38) – als Hure durch Papst Gregor I. in seinen Magdalenenhomilien Ende des 6. Jh.s (Homilie 33, CCL 141, 288–298); vgl. Ehrman 2006, 189–190. Zum Wandel der Sicht auf Frauen im frühen Christentum auch Bichler 1991, 9–25. Sicherlich spielt das Aufkommen des Mönchstums im 4. Jh. eine wichtige Rolle bei der Marginalisierung und Verdrängung der Frauen aus dem Lehramt und bei der Entwicklung eines tendenziell negativen Frauenbildes; vgl. dazu auch Markert-Wizisla 1997, 36–42.
302   Trattner 2011, 213–216, Zitat auf 216.
303   Ricci 2005, 69.
304   Oros. 1,2,3: „In the end, she had sex with her own son, and because she couldn't otherwise satisfy her lust without ill repute, she decreed throughout her kingdom that there should be no abstaining from sex between kindred." (ed. Godden 2016).

später in Italien gedruckt, wo 1520 außerdem eine Übersetzung ins Vulgäritalienische erfolgte.³⁰⁵ Der Text war also ungemein verbreitet und leicht zugänglich.

Dem Werk zugrunde liegt eine Auffassung der Geschichte als endlose Folge von Elend, das aus dem Sündenfall resultiert.³⁰⁶ Besonders ausgestaltet wird dabei Babylon/Assyrien als vergängliches erstes Reich, dem Rom als dauerhaftes letztes Reich gegenübergestellt wird.³⁰⁷ Wegen dieser Gesamtkonzeption übernehmen auch spätere Chronisten stets Orosius' Ausführungen zu Babylon und damit letztlich dessen Bild der Semiramis. Selbst wenn die Beschreibung Babylons sehr kurz ausfällt, erhalten Ninus und Semiramis ihren Platz darin, betont doch auch Orosius – angelehnt an Euseb (chron. 7,20a–b) und Augustinus (civ. 18,1–2) – eine chronologische Verknüpfung zwischen paganer und jüdisch-christlicher Tradition, indem er die Geburt Abrahams im 43. Regierungsjahr des Ninus ansiedelt.³⁰⁸ Diese chronologische Verschränkung sichert Semiramis den Platz in jeder Weltgeschichte des Mittelalters und der Frühen Neuzeit.

Aus Orosius' christlicher Perspektive erscheint die weibliche Herrschaft noch deutlich suspekter als in der antiken griechisch-römischen Welt, auch der Vorwurf sexueller Begierde und von Gewaltakten außerhalb eigentlicher kriegerischer Handlungen werden bei ihm betont.³⁰⁹ Der mitschwingende Topos der Hure Babylon und die Verortung von Semiramis in dieser Stadt führen bei ihm zu einer regelrechten Dämonisierung der Königin, an deren Extremum der Vorwurf des Inzestes steht, der zwar bereits bei Trogus/Iustin auftaucht, über den dort aber vergleichsweise neutral berichtet wird. Mit Benz gesprochen, desambiguiert Orosius in seiner Darstellung die Gestalt der Semiramis, indem er ihr die bislang positiv konnotierten Aspekte ihrer Größe nimmt und sie jenseits geltender moralischer Normen ansiedelt.³¹⁰ Es ist Orosius, der für die folgenden Jahrhunderte – und letztlich bis heute – die gedankliche Verknüpfung von Semiramis als Gegenbild christlicher Moralvorstellungen erschafft, in dem er sexuelle Freizügigkeit und gesetzlich legalisierten Inzest untrennbar mit ihrer Gestalt verbindet.³¹¹ Die einzelnen Elemente sind – mit Ausnahme der Legalisierung des Inzestes – dabei alle bereits in älteren Quellen angelegt, werden aber z.T. anders oder gar nicht gewertet.³¹² Durch die Auslassung ihrer dort oft positiv beurteilten Leistungen und den Fokus auf Kriegstreiberei, Blutdurst und sexuelle Unangepasstheit, gestaltet er sie zu einem universalen *fatale monstrum* im Horaz'schen Sinne.³¹³

---

305 Ricci 2005, 69–70.
306 Oros. 1,1,4; 2,6,13; 2,10,9; vgl. Ehlers 2013, 173.
307 Ehlers 2013, 173.
308 Dies ist besonders deswegen bemerkenswert, weil Orosius die Geburt Christi auf ähnliche Weise datiert, nämlich auf den letzten Tag des 42. Regierungsjahres des Augustus (1,1,6). Ähnliche Parallelen finden sich auch für den zeitlichen Abstand vom Herrschaftsbeginn des Ninus bis zur Wiederherstellung Babylons durch Semiramis und dem Herrschaftsbeginn des Prokas und der Gründung Roms – je 65 Jahre (2,2,5). Dazu auch Rohrbacher 2007, 146 u. Ehlers 2013, 173. Diese Synchronisierungen hat er vermutlich aus der von Hieronymus übersetzten *Chronica* des Euseb übernommen; vgl. Alonso-Núñez 1993, 203.
309 Trattner 2011, 212–213.
310 Benz 2015, 350–351. Hier zeigt sich bereits, was Beringer (2016, 67) in der Folge für das gesamte christlich geprägte Mittelalter konstatiert: „Female warriors (…) are acceptable only as they are sexually inactive."
311 Rollinger 2017, 574.
312 Man denke beispielsweise an die divergierenden Sichtweisen auf sexuell adäquates Verhalten von Witwen bei Ktesias und bei späteren Übermittlern seines Textes; s. dazu Truschnegg 2011, 416–218 und oben unter Kapitel 2.1.2.
313 Hor. carm. 1,37,21. Neben den genannten Kirchenvätern bilden v.a. die Schriften des Jordanes und des Cassiodor aus dem 6. Jh. den Kanon, aus dem die späteren Weltchronisten ihre Informationen über das antike Mesopotamien zogen. Beide schließen auch Semiramis in ihre Narrative ein, doch widmen sie ihr nur mar-

2.2.3 Frutolf von Michelsberg

Frutolf von Michelsberg (auch Frutolf von Bamberg) schuf Ende des 11. Jh.s eine annalistisch angelegte Weltchronik, die hinsichtlich ihres Umfangs und ihrer Wirkmächtigkeit als eines der bedeutendsten chronistischen Werke des gesamten Mittelalters angesehen werden darf.[314] Auf ihrer Basis – bzw. basierend auf den späteren Rezensionen und Erweiterungen seines Werkes, die lange Ekkehard von Aura zugeschrieben wurden – entstanden in der Folge zahlreiche weitere Chroniken.[315] Beginnend bei der Schöpfung der Welt reichen die geschilderten Ereignisse bis in die Zeit von Heinrich IV. (1050–1106) bzw. Heinrich V. (1081 [o. 1086]–1125) – Frutolf ist damit der erste mittelalterliche Chronist, der ein solches Unterfangen wagt. Basis für die älteren Epochen waren dabei v.a. die Weltchronik des Euseb in der lateinischen Übersetzung des Hieronymus, Orosius' *Historiae adversum paganos*, sowie – für die Zeit von Adam bis Ninus – Isidor von Sevilla und Beda Venerabilis[316], deren Werke aber einer anderen Konzeption folgen, die Frutolf wohl weniger passend für seine eigene Weltgeschichte erschien.[317] Über die Person Frutolfs existieren dabei nur wenige Informationen, da er völlig hinter seiner Chronik zurücktritt. Offenbar war er Prior des benediktinischen Konventes im fränkischen Michelsberg (in Bamberg) und die Weltchronik nicht sein einziges – wohl aber das einzig erhaltene – Werk.[318]

---

ginale Bemerkungen, die darüber hinaus keiner Wertungen enthalten – Kernpunkt ist beide Male die mit der biblischen Tradition nicht vereinbare Gründung Babylons durch sie, die später auch Otto von Freising beschäftigen wird (Cassiod. 12: „*Semiramis uxor Nini regnavit annos 42. Haec Babyloniae muros instaurasse memoratur, non quod condidit* – Semiramis, die Gattin des Ninus, regierte 42 Jahre. Man sagt, diese habe die Mauern Babylons erneuert, nicht es gegründet." [Übers. d. Verf.in]; Jord. 1,14: „*Semiramis uxor Nini annis XLII: hanc dicunt quasi Babyloniæ conditricem, quamvis non legatur quia condidit, sed quia reparavit. Sub ea Abram adolescit in Chaldæa.* – Sémiramis, épouse de Ninus régna quarante-deux ans. On la représente comme la fondatrice de Babylon, quoique nous lisionsqu'elle ne bâtit pas cette ville, mais qu'elle la répara seulement. Sous son règne, Abraham grandit en Chaldée." [ed. Savagner 1842]). Zu Jordanes s. Goffart 1998, 20–111; zu Cassiodor Hafner 2002. Zu den Abhängigkeiten der frühen Kirchengeschichte und den schwierigen Datierungsfragen s.a. Leppin 1996, 225–227 u. 273–290. Erwähnung verdient auch noch Johannes Malalas, der in byzantinischer Zeit eine griechischsprachige Weltchronik in 18 Bänden verfasste. Auch hier ist Semiramis – nun als Rhea Semiramis – enthalten (1,9–11), Malalas' bunter Darstellung zufolge ist sie die Gattin des Kronos, der seinerseits der erste König in Assyrien gewesen sei und mit dem sie drei Kinder gehabt habe; vgl. Rollinger 2017, 575. In der *praefatio* nennte er in der Liste seiner Quellentexte auch Diodor, wobei in der Forschung diskutiert wird, ob er diesen direkt (Patzig 1901, 259–261; van Nuffelen 2017, 263–271) oder aus zweiter oder gar dritter Hand benutzte (Treadgold 2007, 246–249). Vgl. auch die Zusammenstellung aller Quellen in Malalas' Werk bei Jeffreys 1990, 172–196.

314 MGH.SS 6,33–267. An Frutolf von Michelsberg und der Bamberger Weltchronistik wird aktuell stark gearbeitet, eine Neuedition von Frutolfs Chronik bei den *Monumenta Germaniae Historica* ist in Vorbereitung; vgl. http://www.mgh.de/datenbanken/scriptores/bamberger-weltchronistik/anonyme-kaiserchronik/ (letzter Zugriff 17.7.2019). Für diesen Hinweis danke ich Prof. Dr. Irmgard Fees (München).

315 von den Brincken 1957, 187–188; Schmale & Schmale-Ott 1972, 1; Deutinger 2016, 86–87 u. 100. Die bislang gängige Zuschreibung der Fortsetzungen durch Ekkehard von Aura kann McCarthy 2018 widerlegen. Diesen Literaturhinweis verdanke ich Prof. Dr. Irmgard Fees (München).

316 Von diesem übernimmt er beispielsweise die Einteilung in sechs Weltreiche.

317 Ed. Schmale & Schmale-Ott 1972, 9 u 11.

318 Ed. Schmale & Schmale-Ott 1972, 5–7.

Auf der einen Seite zeichnet sich seine Schilderung durch einen Fokus auf das Faktische aus und verzichtet auf Ausdeutungen des Geschehens, auf der anderen Seite besitzt Frutolf aber eine gewisse Freude an unterhaltsamen Episoden.[319]

Dabei war er mehr als ein reiner Kompilator, sondern gestaltete seine Vorlagen seinen Vorstellungen entsprechend um. Bemerkenswert ist auch sein kritischer Umgang mit den Quellen, die er korrigierte und auf Widersprüche in ihnen hinwies. Seine Kritik galt dabei aber immer der Sache, Kritik an den handelnden Personen war ihm in der gesamten Chronik fremd.[320]

Dies trifft auch auf seine Schilderung der Semiramis zu. Über sie heißt es bei Frutolf:

> *Semiramis uxor Nini, regnavit post eum in Assyriis ann. 42, de qua innumerabilia narrantur. Nam non contenta terminis quos a viro suo, tunc solo bellatore, acceperat Ethyopiam bello pressam suo imperio adiecit, Indis bellum intulit, quo preter illam et Alexandrum nullus intravit. Haec Babyloniam muris coctilibus instauravit, et aggeres propter inundationes aquarum construxit.*[321]

Semiramis, die Gattin des Ninus, von sie Unzähliges erzählen, herrschte nach diesem 42 Jahre lang in Assyrien. Allerdings was sie nicht zufrieden mit den Grenzen ihres Mannes, der damals der einzige Kriegstreiber gewesen war, und nahm Äthiopien ein, nachdem sie es mit Krieg unterdrückt hatte, und fügte es ihrem Reich hinzu; auch nach Indien brachte sie Krieg, wo außer ihr und Alexander niemand eingedrungen war. Diese hat die gebrannten Mauern in Babylon erneuert, und wegen der Überschwemmungen durch Wasser Dämme errichtet. [Übers. d. Verf.in]

Erst eine deutlich spätere Zufügung – die allerdings nicht genau datierbar ist – ergänzt diese Angaben um die folgenden:

> *Haec privignum suum Trebetam regno expulit, qui per mare et Rhenum et Mosellam classe vectus, Treverim primus construxit et eam ex nomine suo, ut aiunt Treverenses, appellavit. Unde etiam ad haec tempora parvum repertum fuit ibi in lapide sculptum hoc epitaphium: Nini Semiramis quae tanto coniuge felix plurima possedit sed plura prioribus addit, non contenta suis, nec totius finibus orbis, expulit a patrio privignam Trebeta regno, insignem profugus qui nostrum condidit urbem Treveris etc.*[322]

Diese vertrieb ihren Stiefsohn Trebeta aus dem Reich, der nachdem er mit dem Schiff über das Meer an den Rhein und die Mosel gesegelt war, als erster Trier erbaut und es nach seinem Namen benannt hat, wie die Treverer sagen. Von wo auch zu dieser Zeit eine kleine Entdeckung stammte, dass dort dieser Epitaph in Stein gemeißelt war: Semiramis, die Gattin des Ninus, die glücklich über so einen so bedeutenden Gatten sehr viel besaß, aber vieles zu dem Früheren hinzufügt; nicht zufrieden mit ihren, noch mit den Grenzen des

---

319 Ed. Schmale & Schmale-Ott 1972, 13: „Frutolf ist durchaus Schriftsteller und Erzähler, der Geschichte auch der Unterhaltung wegen und aus Freude am Stoff schreibt."
320 Heyden 2005, 81–82.
321 MGH.SS 6,33,59–62.
322 MGH.SS 6,33,63–72. Der Wortlaut des Epitaphs stammt aus den *Gesta Treverorum* (2,10), wo sich allerdings keine Entsprechungen für die beiden vorangehenden Sätze in Frutolfs Text finden.

ganzen Erdkreises, vertrieb sie den Stiefsohn Trebeta aus dem väterlichen Reich, der als Flüchtling unsere ausgezeichnete Stadt Treveris gründete, etc. [Übers. d. Verf.in]

Außerdem erscheint auch hier die bereits bei den Kirchenvätern[323] angelegte Synchronisierung von Abraham und Semiramis.[324]

Es zeigt sich, dass Frutolf in der Tat bei seiner Schilderung der Semiramis alle wertenden Elemente ausspart. Deutlich wird die Verwendung von Hieronymus und Orosius als Vorlagen, aus denen er aber nach einem Ermessen selektiert.[325] Zwar fügt die spätere Ergänzung der Gründung Triers durch Trebeta eine Wertung hinzu, in dem die expansionistischen Bestrebungen der Semiramis sowie ihre Unzufriedenheit (gemeint ist die Unzufriedenheit mit ihrer Rolle als Frau oder aber die Unzufriedenheit mit der Größe ihres Reiches[326]) erwähnt werden, jedoch werden auch hier die in der Vorlage enthaltenen Inzestgelüste ausgespart. Selbst mit der Episode um Trebeta wird Semiramis also bei Frutolf in keiner Weise sexualisiert.

2.2.4 Otto von Freising

Ganz anders verhält es sich bei der 1146 vollendeten achtbändigen *Chronica sive Historia de duabus civitatibus* des Bischofs Otto von Freising, die unter den Arbeiten, die auf der Chronik des Frutolf von Michelsberg aufbauen, eine herausragende Position einnimmt.[327] Sie bietet weniger eine Chronik im eigentlichen Sinne als eine Geschichtserzählung, die sich dem bei Augustinus angelegten Antagonismus zwischen himmlischem und irdischem Staat widmet – in Zeiten kurz nach Ende des Investiturstreites durch das Wormser Konkordat (1122) können diese beiden Reiche nichts anderes meinen als geistliche und weltliche Macht, also Königtum/Kaisertum und Papsttum.[328] In Ottos *Chronica* wird von der Vertreibung aus dem Paradies bis zum Ende der Welt und darüber hinaus (Auferstehung der Toten, Jüngstes Gericht, ewiges Leben) berichtet.

Als Sohn des österreichischen Markgrafen Leopold III. (1073–1136) und Halbbruder König Konrads III. (1093–1152) sowie Mitglied des Zisterzienserordens hatte Otto nicht nur eine hervorragende Ausbildung erhalten, sondern er war auch intensiv in die politischen Geschehnisse seiner Zeit eingebunden, die für ihn in unmittelbarer Nähe zu einem bevorstehenden Weltenen-

---

323 Eus. chron. 1,4: „*Semiramidem autem et Abraham contemporales fuisse, manifestum est.*"
324 MGH.SS 6,33,15–16.
325 Hier. chron. 16,32–33: „*Assyriis imperavit uxor Nini Semiramis, de qua innumerabilia narrantur, quae et Asiam tenuit (...) et propter inundationem aggeres construxit (...)*"; Oros. 1,4,5: „*(...) non contenta terminis mulier, quos a viro suo tunc solo bellatore in quinquaginta annis adquisitos susceperat, Aethiopiam bello pressam, sanguine interlitam, imperio adiecit. Indis quoque bellum intulit, quo praeter illam et Alexandrum Magnum nullus intravit.* – Nicht zufrieden war die Frau mit den von ihrem Mann übernommenen Gebieten, die er als damals einziger Kriegsführender in 50 Jahren hinzuerworben hatte. Sie fügte das durch Krieg unterdrückte, mit Blut überzogene Äthiopien ihrem Reich hinzu. Auch den Indern, deren Gebiete außer ihr und Alexander dem Großen niemand betreten hat, brachte sie Krieg." (ed. Lippold 1985).
326 Man denke an Oros. 1,4,5: „*non contenta terminis mulier*" (bei Scheil [2016, 65] auf die durch ihr Geschlecht gesetzten Grenzen, statt auf die des Reiches bezogen) oder Hier. chron. 16,32–33.
327 MGH.SS rer. Germ. in usum schol. 45 sowie an diese eng angelehnt und mit einer Übersetzung ed. Schmidt ⁴1980.
328 Wallraff 2005b, 14.

de stand.³²⁹ Sein Blick auf die historischen Ereignisse, von denen er berichtet, ist in der Folge ein durchaus resignierter, der in einer Forderung nach einer Verachtung der irdischen Welt und einer völligen Fokussierung auf die kommende, himmlische Welt mündet.³³⁰

Im Prolog zum ersten Buch nennt er einige seiner Quellen: Iustin, Tacitus, Varro, Euseb, Hieronymus, Orosius und Jordanes. Aus dieser Fülle an Vorlagen, von denen ja einige auch Episoden aus dem Leben der Semiramis enthalten, kompiliert er sein Semiramisbild und fügt auch neue Elemente in die Erzählung ein. So erfahren wir hier, dass Ninus in seinem 50. Regierungsjahr bei der Erstürmung einer Stadt von einem Pfeil getroffen wurde und verstarb (1,7) – ein Zusatz, den er sicher aus Orosius übernommen hat. Otto von Freising berichtet dies alles aber, anders als Frutolf, nicht einfach nur, er wertet das Geschehen durch einen bildlichen Vergleich, der sich allerdings nicht auf den Tod des Ninus, sondern auf dessen Kriegsführung bezieht – *„tamquam lupus seviens inter oves inhermes exercens"* (1,7).

Ottos Semiramisbild ist nun erstmals ein durchgehend negatives. Zwar wird ihr hier zugestanden, Indien erobert zu haben, doch wird ihr dies keineswegs als Verdienst angerechnet, vielmehr ist es ein Ausweis ihres Machthungers – *„haut contenta terminis"* (1,6). Semiramis sei weniger die Gründerin als vielmehr die Wiederherstellerin Babylons zu nennen, auch Ninus habe die Stadt nicht gegründet, sondern sie habe schon vor ihm bestanden (1,6).³³¹ Semiramis wird als Fortsetzerin der Politik des Ninus gesehen, mit dem (und nicht etwa mit dem Fall Adams) bei Otto von Freising die Geschichte des menschlichen Unglücks begann (1,5: *„humanae miseriae hystoriam"*) – Semiramis bildet den Höhepunkt der Klimax seiner Erzählung über das Babylon der Vorzeit, welches Otto als Figur der *civitas mundi* betrachtet, der Jerusalem als *civitas dei* gegenüber gestellt wird.³³² Auch Otto von Freising übernimmt dabei den Synchronismus Ninus/Semiramis – Abraham, den wir bereits aus Augustinus, Orosius und Frutolf von Michelsberg kennen (1,7,1). Ninus und Semiramis als Repräsentanten der weltlichen Sphäre werden hier also dem von Gott auserwählten Abraham erneut gegenübergestellt.

Über Semiramis heißt es bei ihm, sie habe nach dem Tode des Ninus die Herrschaft übernommen – von einer Illegitimität dieser Tat hören wir nichts. Sie sei dabei *viro inmanitor*, noch grausamer als ein/ihr Mann – auch hier fungiert sie als Steigerung der Taten des Ninus. Doch damit nicht genug, auch ihre Libido wird als unmäßig beschrieben: *„(...) etiam execrabilis libidinis voluptas quia multi multa dixerunt (...)"*.³³³ Eine Vielzahl namenloser Gewährsleute nutzt Otto um diese Aussage zu verifizieren, die doch eigentlich, zumindest in dieser Schärfe, seine eigene neue Zutat zum Erinnerungskanon ist, denn Diodor, der ja von den Liebhabern der Semiramis berichtet, gehört nicht zu seinen Quellen. Nach längeren Ausführungen über die Gründung Triers durch Semiramis vertriebenen Stiefsohn Trebeta³³⁴ enden seine Ausführungen mit der Ermordung der Semiramis durch ihren Sohn Ninus oder Ninias, als Reaktion auf inzestuöse

---

329 Nagel 2012, 32; Ehlers 2013, 9.
330 Deutinger 2016, 94–95. Joachim Ehlers (2013, 265) nennt ihn daher einen „depressiven Außenposten", Franz Nagel (2012, 36) einen „Geschichtstheologe[n]".
331 Eine Gründung durch Ninus und/oder Semiramis ist mit der biblischen Tradition nicht in Einklang zu bringen; s.a. Bichler 2014, 68.
332 Chron. 1,4 u. 1,20; Goetz 1984, 82–83.
333 Chron. 1,8.
334 Zu Trier ausführlich unten. Interessanterweise ist bei Otto von Freising der Grund für die Vertreibung, den andere Texte in unsittlichen sexuellen Begierden der Stiefmutter ihm gegenüber sehen, nicht erwähnt, obwohl eine solche Aussage sich trefflich in Ottos Semiramisbild eingefügt hätte.

Avancen der Semiramis. Wieder lässt seine Wortwahl keine Zweifel an seinem Urteil über dieses Ereignis:

Semiramis, dum filium suum Ninum seu Niniam de illicito ac incestuoso sollicitare audet concubitu, ab eo, ut traditur, interficitur (...)

Als Semiramis sich erfrechte, ihren Sohn Ninus oder Ninias zu unerlaubtem, blutschänderischem Geschlechtsverkehr zu verführen, tötete, wie berichtet wird, ihr Sohn sie (...).[335]

Seine Darstellung hält sich inhaltlich, nicht aber wörtlich, eng an Orosius – Trogus/Iustin hat er nicht verwendet.[336] Dennoch überformt und selektiert auch Otto von Freising, z.B. indem er das Gesetz zur Legitimation von Inzest, von welchem Orosius ja mit besonderer Empörung berichtet, unerwähnt lässt. Die Gründung Triers durch Trebeta, die ja Orosius nicht kennt, scheint er – ob mittelbar oder unmittelbar – aus den *Gesta Treverorum* übernommen zu haben.

Otto von Freisings Werk erfreute sich im 12. und 13. Jh. v.a. in Süddeutschland als historische Materialsammlung einiger Beliebtheit, bevor das Interesse deutlich nachließ. Von der Mitte des 15. bis in die Mitte des 16. Jh.s setzte dann aber eine regelrechte Otto-Renaissance ein. Beginnend mit Enea Silvio Piccolomini (dem späteren Papst Pius II.; 1405–1464) bediente sich eine Vielzahl an Autoren der Schriften Ottos von Freising als Quelle für ihre eigenen Schriften, wobei sie aber vornehmlich auf die Kaisergeschichte fokussierten.[337] Dabei blieb der geographische Rezeptionsrahmen nun nicht mehr auf den süddeutschen Raum beschränkt, auch in Frankreich und Italien erfreute sich Ottos *chronica* während des Humanismus großer Beliebtheit.[338] Seine vernichtende Wertung der Semiramis erfuhr so massive Verbreitung und prägt folgende Semiramisbilder maßgeblich.

Diese negative Darstellung im Text wird allerdings nicht im Bild aufgegriffen. Im Codex Jenensis Bose q. 6 ist eine illustrierte Version der Chronik Ottos von Freising erhalten. Die enthaltenen Miniaturen gelten als Kopien aus dem Exemplar der Chronik, das Otto von Freising 1157 dem Kaiser Friedrich I. (~1122-1190) widmete und schenkte – die Auswahl der Szenen und deren Darstellung gehen daher wohl auf Otto von Freising selbst zurück.[339] Hier ist auch eine Darstellung der Semiramis enthalten, die trotz ihrer überragend negativen Darstellung in der *chronica* eine mit herrschaftlichen Insignien thronende Königin zeigt, die den Bau der Mauern Babylons beaufsichtigt.[340]

---

335 Chron. 1,8 (ed. Schmidt ⁴1980).
336 Die bei ihm vorkommenden Episoden, die auch Iustin abhandelt, gehen alle auf die Lektüre des Orosius zurück; ed. Rühl 1886, 22.
337 Schürmann 1987, v.a. 10-15, 17-27 u. 120; Deutinger 2016, 96. Eine Ausnahme bildet die *Weltchronik* des Johannes Naucler (postum 1516 veröffentlicht), der Otto von Freising auch für die antike Geschichte verwendete.
338 So befand sich auch in der Bibliothek des Mailänder Erzbischofs eine Handschrift der *chronica* Ottos von Freising; Schürmann 1987, 18.
339 Vgl. ed. Schmidt ⁴1980, LXIX–LXX sowie Tafeln 1-14.
340 Cod. Jenensis Bose q. 6 fol 10b; vgl. Nagel 2012, 25-27.

2.2.5 Ausblick: Spätere Chroniken

Semiramis erscheint in einer Vielzahl weiterer Chroniken in verschiedenen Sprachräumen. Mal wird lediglich ihr Name genannt, mal dient sie als chronologischer Marker für die Geburt Abrahams.[341] So nennt beispielsweise der aus England stammende Radulfus Niger[342] Ninus und Semiramis in seiner Chronik, die unmittelbar vor dem Ende des 12. Jh.s fertig gestellt wurde. Sein Interesse gilt aber weniger ihrer Person als vielmehr Sardanapal, der ihm zufolge der Erste ist, der Götzenbilder errichtet.[343] Auch in einigen hoch- und spätmittelalterlichen historiographischen Chroniken aus dem Gebiet des späteren Italiens erscheint Semiramis gelegentlich.

Benzo von Alba diente sie in seinen sieben Büchern *Ad Heinricum IV Imperatorem* aus dem 11. Jh. als Datierungskriterium, nun in Verbindung mit Assur.[344]

Bis gegen Ende des ersten Jahrtausends dominierte im Gebiet des heutigen Italiens eindeutig kirchliche Historiographie, d.h. historiographische Texte, die von Autoren abgefasst wurde, die in engem Zusammenhang mit der christlichen Kirche standen. Erst danach ist ein steter Aufschwung der städtischen Geschichtsschreibung sowie kirchlicher Chroniken mit regionalem Fokus zu beobachten, ohne dass die Abfassung von Weltchroniken aber zum Erliegen gekommen wäre.[345] Fast alle diese Texte sind in lateinischer Sprache abgefasst, lediglich die Lokalchroniken, in denen Semiramis aber gattungsbedingt nie eine Rolle spielt, bedienten sich zunehmend lokaler Dialekte.

Dabei erscheint Semiramis keineswegs in allen historiographischen Texten italienischer Verfasser, die mit der Erschaffung der Welt beginnen. In Gottfried von Viterbos *Memoria Seculorum* aus dem 13. Jh. kommt sie beispielsweise nicht vor – chronologischer Marker ist hier allein Ninus:

> *Cum Abrae tempora describimus, statim iuxta eum capitolium ponimus de Belo prima rege Assiriorum et Egiptiorum et de Nino filio eius rege Ninivitarum, at de aliis gentibus ipsius temporis.*[346]

> Wenn wir die Zeit des Abraham beschreiben, setzen wir sofort neben ihn das Kapitel über Belus, den ersten König der Assyrer und Ägypter und Ninus, seinen Sohn, König der Niniveher und von anderen Völkern zur selben Zeit. [Übers. d. Verf.in]

Auch Martin von Troppau als einer der am intensivsten gelesenen und rezipierten Chronisten des Mittelalters behandelt sie in seinem *Chronicon pontificum et imperatorum* aus dem 13. Jh. nicht eingehend, sondern nennt sie lediglich als Frau des Ninus, des Begründers des ersten Weltreiches.[347]

---

341 Man denke auch an Honorius Augustodunensis und seine *Imago mundi* aus der Zeit um 1120, wo Semiramis als diejenige genannt wird, die Babylon wiederhergestellt und ummauert habe (1,14). Auch im *Chronicle to the Year 724* erscheint sie, basierend auf Euseb, als chronologischer Marker „to correlate different strands of history" (Howard-Johnston 2010, 61).
342 Flahiff 1940, 104–126 sowie Krause 1985.
343 1,1,150: „(...) *primus idolum fecit* (...)".
344 MGH.SS 11,600: „*Nam Semiramis et Assuerus confitebunturse eguisse* (...)."
345 Vgl. dazu Bratu 2016, 707–741.
346 MGH.SS 22,97.
347 MGH.SS 22,398: „(...) *et sicut omnes historie Babylonice a Nino, cuius uxor Semiramis Babyloniam instauravit* (...)"; vgl. auch die in Entstehung befindliche Neuedition von Anne-Dorothee von den Birken (http://www.mgh.de/ext/epub/mt/ [letzter Zugriff: 19.7.2019]). Um so erstaunlicher, da er sich in der Vorrede ex-

In der mittelalterlichen französischsprachigen Geschichtsschreibung, die ja nicht auf das Gebiet des heutigen Frankreichs beschränkt war, sondern als Anglonormannisch in England gesprochen wurde und auch in Norditalien von den Eliten verwendet wurde[348], spielte Semiramis eine Rolle. Der Benediktiner Hugo von Fleury[349] behandelt sie in seiner im frühen 12. Jh. verfassten *Historia ecclesiastica*, die in zahlreichen Handschriften erhalten und während des Mittelalters weit verbreitet war. Gemeinsam mit Ninus eröffnet Semiramis Hugos Werk.[350]

Seine Schilderung ist sehr eng, z.T. wörtlich, Iustins Epitome des Pompeius Trogus – aus welchen er auch die Regierungszeit von 32 Jahren übernommen hat – und Orosius *Historiarum adversum paganos* angelehnt. Als chronologischer Fixpunkt zur Datierung der Geburt Abrahams dient aber auch Hugo von Fleury lediglich Ninus.[351]

Dagegen sahen im 13. Jh. die *Grandes Chroniques de France* als auch die *Chronique abrégée* des Guillaume de Nangis, aus dem Umfeld von Saint-Denis unmittelbar nördlich von Paris den Beginn der französischen Geschichte und des französischen Königtums auf Troja zurückgehen, von wo aus sich Francus, ein Verwandter des Aeneas, nach Frankreich geflüchtet hätte. Babylon als Ankerpunkt spielte hier keine Rolle.[352]

Neben Hugo von Fleury ist als weiterer Meilenstein für die Vermittlung von Semiramis-Narrativen durch das Mittelalter hindurch noch Rudolf von Ems zu nennen, der in der Mitte des 13. Jh.s als erster eine Weltchronik in deutscher Sprache verfasste. Seine Chronik teilt die Welt in sechs Zeitalter, von denen er aber nur die ersten vier (bis zum Tode Salomos) vollenden konnte. Semiramis misst er innerhalb seines Werkes besondere Bedeutung bei. Anders als seine Vorgänger verfasste er aber keine primär biographisch, also chronologisch geordnete Erzählung, sondern bediente sich eines Erzählschemas nach Rubriken.[353] Maximilian Benz kann zeigen, dass Rudolf

---

plizit auf Orosius bezieht („Sicut ergo dicit Orosius [...]"), dessen Text und damit auch dessen Ausführungen zu Semiramis also kannte. Vgl. zu diesem Chronisten und seiner Rezeption Ikas 2001, 327–341 u. 2002.

348 Man denke an die auf Französisch abgefassten *Estoires de Venise* des Venezianers Martin da Canal aus dem 13. Jh.; Berto 2010, 1084.

349 Zu ihm s. Bourgain 1991, 171.

350 1,1–31 (ed. de Ruiter 2016): „*Assirorum igitur rex potentissimus fuit olim Ninus, qui bellum finitimis inferens, regibus omnes Asye populos preter Indos sibi subiugavit, et annis in ea quinquaginta regnavit. Quibus exactis decessit, relicto adhuc inpubere filio Nina nomine et uxore Semiramide. Que nec inmaturo puero imperium ausa trader, nec ipsa palam tractare, tot ac tantis gentibus vix paciencer uni viro, nedum femine parituris, simulat se pro uxore Nini filium, pro femina puerum. Nam et statura utrique mediocris, et vox eque gracilis, et liniamentorum qualitas matri ac filio similis erat, brachiaque et crura vestis virilis, caput vero thiara tegebat. Et ne forte novo habitu aliquid occultare videretur, eodem ornatu et populum vestiri iubet. Quem morem vestis exinde gens illa universa tenet. Sed primis initiis sexum mentita, puer esse credita est. Magnas deinde res gessit. Quarum amplitudine ubi invidiam putat superatam, que sit fatetur quemue simulasset. Sed hoc illi dignitatem regni non ademit, sed ammirationem auxit, quod mulier non feminas modo virtute, sed etiam viros anteiret. Nec est contenta mulier virilis animi terminis, quos adquisitos a viro susceperat, sed Ethiopiam bello pressit, et Indis bellum intulit, quod preter illam nullos ante subegerat. Hec quoque Babiloniam civitatem antiquam adificavit, eamque muro circumdedit, et ut esset caput regni Assyriorum instituit. Multa etiam alia precara huius reginie fuere. Verum cum duos et triginta annos post Ninum regno potita fuisset, a filio interfecta est. Qui dum ei successisset, conentus elaborato a partinbus regno belli studia deposuit, et veluti sexum cum matre mutasset, raro a viris visus in feminarum turba consenuit.*"

351 1,36–37: „*Verum memorati regis Nini anno XL tercio natus est Abraham patriarcha (...).*"

352 Vgl. Burrichter 2016, insb. 691–695. Auch wenn Semiramis natürlich keine Unbekannte ist: So spricht Jean Froissart zu Beginn des 15. Jh.s in seinen *Chroniques* von ihr als „dame de grant valour" (ed. de Lettenhove 1867, Prologue, 10).

353 Benz 2015, 360; vgl. auch Beringer 2016, 14.

von Ems für die Semiramis betreffende Passage auf Orosius, Frutolf von Michelsberg, Honorius Augustodunensis und Otto von Freising zurückgegriffen hat[354] – keinem dieser Autoren folgt er allerdings dabei wörtlich.[355] Auch Alexander III. kommt hier als Vergleich vor – außer diesem und Semiramis, so Rudolf, habe niemand Indien erreicht. Rudolf bietet eine Vielzahl an Motiven und nutzt Semiramis sowohl als Vergleichsfolie für Alexander als auch für Abraham. Sein Werk, dessen Abschriften u.a. Konrad IV. (1228–1254) und dem Landgrafen Heinrich von Thüringen (~1215–1288) dediziert waren, erreichte durchaus einige Bedeutung.[356]

Eingang gefunden hat Semiramis auch in die anonyme mittelhochdeutsche Christherre-Chronik, die vermutlich zwischen 1254 und 1263, also kurz nach Abfassung der Chronik des Rudolf von Ems, entstanden ist und ihr und ihrer Familie stolze 184 Zeilen widmet.[357] Neu hinzu kommt hier die Notiz, Semiramis habe ihren Sohn Ninus unter den Frauen verborgen gehalten, was uns später in der ersten Oper um die Gestalt der Semiramis, *Semiramide in India* von 1648/1649, wieder begegnen wird.[358]

In der arabischen Historiographie hat Semiramis dagegen keinen Platz, weder als Gestalt mit eigenem narrativem Wert noch als chronoligscher Ankerpunkt. In aṭ-Ṭabarīs einflussreicher Universalgeschichte ءاخرتأ يخير رصتخم الرسل والمل وك والخلفاء, welche die Zeit von der Schöpfung bis in aṭ-Ṭabarīs Gegenwart um 915 umfasst, heißt es beispielsweise:[359]

> Most of the earlier sages have said that Abraham was born during the year of Nimrod ben Cush, while most historians say that Nimrod was an official of al-Azdahāq.

Semiramis und mit ihr Babylon sind also primär westliche, europäische Erinnerungselemente, an die, wenn auch mit unterschiedlicher Gewichtung, durch das gesamte Mittelalter hindurch weiterhin erinnert wird.

2.3 Erinnerungsbausteine abseits der Hauptnarrative

Wie in den vorausgegangenen Kapiteln aufgezeigt werden konnte, wird Semiramis in den griechischen wie lateinischen Texten primär als Gründerin Babylons oder aber zumindest als diejenige Person, die die Stadt vergrößerte oder befestigte, beschrieben. Darüber hinaus wird sie als höchst kriegerische Herrscherin erinnert, die ihr Herrschaftsgebiet durch Kriegszüge bis nach

---

354 „(...) für jeden Abschnitt lässt sich also genau ein lateinischer Präfix identifizieren, der in der Informationsvergabe und in der Wertung dem Rudolf'schen Text entspricht wie kein anderer."; Benz 2015, 358.
355 Am engsten hält er sich noch bei der Episode um Trebeta an die Vorlage von Otto von Freising (1,4).
356 Walliczek 1992, 332–345; Beringer 2016, 171–177.
357 Vgl. Beringer 2016, 87–98; Gärtner et al. 1994, 43–56; vgl. auch Gärtner & Plate 1998.
358 Zeilen 4569–4576 (Zählung nach http://dtm.bbaw.de/bilder/christh.pdf [letzter Zugriff: 19.7.2019]). In diesem Kontext verdienen auch die *Annales ecclesiastici veteris testamenti ab orbe condito usque ad Christi mortem* des französischen Jesuiten Jacobus Salianus Beachtung, die 1619 erstmals in Paris erschienen. Einer Chronik ähnlich versammelte Salianus hier nach Jahren geordnet alle zentralen Ereignisse, die im Kontext der christlichen Geschichte stehen. Als Zeitgenossin Abrahams fand hier auch Semiramis Erwähnung (Annus Mundi 2049), als Grundlagen sind Diodor und Trogus/Iustin genannt. Salianus' Werk diente späteren Lexikographen wie Moréri als Quelle; zu diesem vgl. unten unter Kapitel 2.5.6.6.
359 253 (ed. Brinner 1986, 49).

Indien hin auszuweiten versuchte – gelegentlich kommen das Anlegen besonderer, ihre Weiblichkeit verbergender Kleidung und Inzestgelüste hinzu.

Doch nicht nur solche Sensationsgeschichten wissen die Quellen über Semiramis zu berichten, abseits dieser Hauptnarrative werden verschiedene kleinere Episoden überliefert, die in der Folge zusammengestellt und deren oft erstaunliche Reichweite in spätere Zeiten demonstriert werden soll. Die Einzelmotive werden dabei chronologisch nach ihrem ersten fassbaren Auftreten in den Quellen angeordnet, wobei Vor- und Rückgriffe auf bereits oben besprochene Quellentexte ebenso wie auf in der Folge noch zu besprechende Autoren notwendig sind, da wir es eben nicht mit einem evolutionären, sich linear fortentwickelnden Semiramisbild zu tun haben, sondern mit einer Vielzahl konkurrierender Motive, die sich sowohl ergänzen als auch sich widersprechen können und dabei ganz unterschiedliche Aspekte in den Vordergrund rücken bzw. im Sinne des Assmann'schen Konzeptes der Gegenerinnerung, negieren.

2.3.1 Von der Sklavin zur Königin

Schon Diodor hat mit Verweis auf Athenaios erwähnt, dass eine Traditionslinie existiert, die Semiramis als illegitime soziale Aufsteigerin sieht.[360] Athenaios habe berichtet, so Diodor, sie sei eine Hetäre des Ninus gewesen. Wegen ihrer Schönheit sei es ihr gelungen, Ninus zu heiraten und ihn zu überreden, ihr für fünf Tage die Herrschaft zu überlassen. Als ihr dies gewährt worden sei, haben sie die Militärs hinter sich versammelt und den König ins Gefängnis werfen lassen.

Diese Episode wird, sei es aus Diodors *Weltgeschichte* oder direkt aus Athenaios Werk, von Plinius und Plutarch wieder aufgegriffen. Bei Plinius ist es nur eine Randbemerkung, dass es nämlich ein berühmtes Gemälde des Aetion, der während der 107. Olympiade (also in der Mitte des 4. Jh.s v.Chr.) gewirkt habe, gegeben habe, welches Semiramis zeige. Die Königin bezeichnet er hier als Sklavin, die an die Herrschaft gelangt sei – „*Semiramis ex ancilla regnum apiscens*".[361]

In der Kaiserzeit liefert dann Plutarch gegenüber Diodor noch zusätzliche Angaben, deren Ursprung allerdings offen bleibt. Bei ihm heißt es in seiner Abhandlung über die Liebe, Semiramis sei eine Prostituierte gewesen, allerdings nicht die des Ninus, wie bei Athenaios, sondern die eines seiner Sklaven. Ninus habe sich in sie verliebt und sei ihr geradezu hörig gewesen, so dass sie von ihm erbeten habe, für einen Tag Herrscherin über das Reich zu sein. Zuerst seien ihre Befehle gemäßigt gewesen, dann aber, als sie gesehen habe, dass man ihr ohne zu zögern Folge leistete, habe sie Ninus zuerst ins Gefängnis werfen und dann sogar töten lassen.[362] Danach haben sie über ganz Asien mit großer Pracht und großem Ansehen geherrscht.[363]

Dass Semiramis sich die Herrschaft auf illegitimem Weg aneignet und dabei ihre Schönheit (und ihren Körper?) einsetzt, besitzt insbesondere für die Renaissance einige Wirkmacht. Nachdem Plutarchs *Moralia* nämlich während des Mittelalters in Europa nicht zugänglich gewesen waren, verbreiteten sich ab dem 15. Jh. zunächst lateinische Übersetzungen, wenig später dann

---

360 FGrHist 681 F 1 = Diod. 2,20,3–5.
361 Plin. nat. 35,36,7.
362 Als Mörderin des Ninus erscheint Semiramis bereits bei Hygin (fab. 240).
363 Plut. mor. 753D–E (amatorius); vgl. dazu Pettinato 1988, 91 u. Görgemanns ²2011, 3–38.

auch (z.T. sehr freie) Übersetzungen in verschiedene Volkssprachen.[364] In einigen Semiramis-Opern wird genau auf diese Episode Bezug genommen, wie unten noch zu zeigen sein wird.[365]

2.3.2 Semiramis als Modeschöpferin[366]

In den Epigrammen Martials aus dem letzten Viertel des 1. Jhs. n.Chr. wird Semiramis zur ‚textilen Gestaltungskünstlerin' und Urheberin kunstvollster babylonischer Stickereien. In einem elf Distichen umfassenden Dankgedicht für eine Toga ist eine lange Liste von Vergleichsobjekten enthalten, die die besondere Qualität der Toga unterstreichen sollen, bevor sich alles in ein „augenzwinkerndes Bettelgedicht"[367] wandelt. Hier lautet ein Vergleich, der auf das strahlende Weiß der Toga abzielt:

> (...) *non ego praetulerim Babylonos picta superbae texta Samiramia quae variantur acu.*
>
> Ich wollte nicht die bunten Gewänder des stolzen Babylon vorziehen, die von der Nadel einer Semiramis bestickt sind.[368]

Während Martial in flavischer Zeit als einer der herausragendsten Dichter gehandelt wurde, gilt er traditionell in der althistorischen wie altphilologischen Forschung als „Dichter zweiten Ranges, dessen Werk keine detailliertere Untersuchung verdiene"[369] und aus dem bestenfalls Realia zu seiner Person und den Gegebenheiten in Stadtrom während des 1. Jh.s n.Chr. destilliert werden können.[370] Seine Epigramme wurden häufig als Speichelleckerei für Domitian abgetan. In der Renaissance wurde er dagegen breit rezipiert.[371]

Stoffe aus Babylon werden in den antiken Quellen vielfach wegen ihrer Qualität und Pracht gelobt.[372] Es ist dies aber, soweit ich sehe, das einzige Mal, dass wir einen Einblick erhalten, was genau diese berühmten Textilien auszeichnet – nämlich ihre Dekoration mit einer Nadel (*acu*), die in bunten Stoffen resultierte. Häufig wird davon ausgegangen, dass damit die textile Dekora-

---

364 So beispielsweise die Übertragung von Jacques Amyot aus dem Jahr 1572 unter dem Titel *Œuvres morales*. Besonders in Frankreich und England waren Plutarchs Schriften im 16. und 17. Jh. einflussreich. Vgl. beispielsweise Honigmann 1952, 25–33; zur Rezeption in Deutschland Holzberg & Pirckheimer 1981, 201–203.

365 So z.B. Bonacossi, *La Semiramide* (1674); Silvani, *Semiramide* (1713/14 und 1743). Vgl. ausführlich unten unter Kapitel 4.1.6 u. 4.1.11.

366 Ich danke Prof. Dr. Monika Frass (Salzburg) für die Gelegenheit, diesen Aspekt anlässlich des 1. Salzburger Frühlingskolloquiums 2018 vorzustellen und dort wertvolle Anregungen zu erhalten.

367 Schöffel 2002, 262.

368 8,28,17–18 (ed. Schöffel 2002). Zur Stickerei in der Antike vgl. Droß-Krüpe & Paetz gen. Schieck 2015, 207–235. Zu Autor und Werk s. Holzberg ²2002 sowie zu seiner Rezeption Watson & Watson 2010, 523–536.

369 Lorenz 2002, 2; vgl. auch Leberl 2004, v.a. 22 u. 100–102.

370 So etwa Fuhrmann 2005, 442. Arbeiten, die sein Werk als literarisches intentionales Konstrukt analysieren, sind in der Minderzahl. Erwähnung verdienen v.a. Fowler 1995, Obermayer 1998 u. Lorenz 2002.

371 Man denke an Niccolò Perottis 1489 erschienene Kommentare zum *Liber Specatculorum* und zum ersten Band der *Epigramme*.

372 Beispielsweise Plin. nat. 8,196 oder im Alexanderroman (2,14,6; ed. Thiel 1983).

tionstechnik der Stickerei gemeint sein müsse – so übersetzen auch Barié & Schindler, es handelte sich um Stoffe, die von der ‚Nadel der Semiramis bestickt' seien.[373] Hugo Blümner nennt die Stickerei eine in der Antike „ungemein verbreitete Kunst"[374]. Ein genauerer Blick in die Textquellen wie in die archäologische Evidenz zeigt jedoch, dass Stickerei bei weitem nicht so weit verbreitet war, wie dies in der Forschung immer wieder postuliert wird und wie uns auch die vielfachen Einträge in den gängigen Lexika zu Stickerei glauben machen.[375] Der Ausdruck *acu pingere* wird von einer Vielzahl lateinischer Autoren verwendet.[376] Die so bezeichneten Textilien werden häufig mit Personen außerhalb des römischen Kosmos verbunden – oft, aber eben nicht ausschließlich, mit ‚Orientalen' bzw. ‚Orientalinnen'.[377] Semiramis taucht in diesem Kontext ausschließlich bei Martial auf, wobei Christian Schöffel postuliert, das Adjektiv *samiramius* bedeute „nicht viel mehr als nur ‚babylonisch'"[378] und keine echte Verbindung zwischen der Gestalt der Königin und der Stickerei sehen möchte.

Im 7. Jh. wird Semiramis bei Isidor von Sevilla von einer geschickten Textildekorateurinsogar zur Erfinderin eines Kleidungsstückes, nämlich der Tiara. Isidor von Sevilla stammte aus einer vornehmen hispano-römischen Familie, er wird geboren in einer Zeit, die Cardelle de Hartmann ein „goldenes Zeitalter des westgotischen Spaniens" nennt.[379] Isidor, der seinem Bruder als Bischof von Sevilla nachfolgte, gilt als letzter der lateinischen Kirchenväter, in deren Tradition sich sein Werk nahtlos einreihen lässt. Dies gilt insbesondere mit Blick auf seine moralisch-pädagogischen Tendenzen und seine überwiegend negative Sicht auf Juden wie Frauen. Wie schon vor ihm Cassiodor in seiner *Chronika* von 518/519 wollte Isidor diejenigen Elemente der antiken Geschichte und Tradition, die ihm für sich und seine Gegenwart bedeutsam schienen, für die Nachwelt erhalten.[380] In seinen *Etymologiae* kompilierte er in den 20er Jahren des 7. Jh.s nach Sachgebieten sortiert Wissen über die Antike und die christliche Lehre. Dazu präsentierte er Wortursprünge, Analogien und terminologische Unterscheidungen, wobei er auf zahlreiche antike Quellen rekurrierte.[381] Verwendet hat er u.a. Aelius Donatus, Cassiodor, Hygin, die Digesten, Lactantius, Hieronymus, Aurelius Augustinus, Varro, Vergil, Cicero, Sueton, Tertullian, Servius, Plinus Maior, Sallust, Columella, Cato, Orosius, Festus und Lukan – wobei nicht immer klar ist, wo ihm der originale Text vorlag und wo er auf Exzerpte und Kompendien zurückgegriffen hat.[382] Griechisch beherrschte er wohl nur in Ansätzen. Adressaten der *Etymologiae* waren wohl, trotz des klaren und einfachen Lateins, primär die Angehörigen des Klerus, aber auch gebildete Män-

---

373 Ed. Barié & Schindler 2013.
374 Blümner 1875, 218. Auch Fabio Vicari postuliert: „L'arte del ricamo – acu pingere – era appannaggio di artigiani specializzati" (2001, 7); ähnlich Ruffing 2008, 724.
375 Droß-Krüpe & Paetz gen. Schieck 2015 u. Brøns 2017, 101–109. Anders als Martial nennt Plinius (nat. 8,196) nur wenig später die Phrygier als Erfinder dieser Kunst. Er verbindet zwar kunstvolle farbige Textilien mit Babylon, verwendet zur Beschreibung derselben aber *intexere*, was nahelegt, dass er hier zwischen bestickten (*acu pingere*) und durch Bildwirkerei dekorierten Textilien (*intexere*) differenziert.
376 So z.B. Verg. Aen. 9,582 u. 11,777; Tac. ann. 6,34; Lucr. 2,34–36.
377 Dionysius von Syrakus (Cic. Tusc. 5,61); Arachne (Ov. met. 6,23); Aeneas' Kontrahent Arcens von Sizilien (Verg. Aen. 9,582); die Meder (Tac. ann. 6,34). Vgl. Droß-Krüpe & Paetz gen. Schieck 2015, 215–216. Die Vorstellung, diese Technik habe ihren Ursprung im Orient, spiegelt sich auch in Plaut. Stich. 378 oder Apul. flor. 9,13.
378 Schöffel 2002, 274.
379 Cardelle de Hartmann 2012, 2.
380 Vgl. zu Cassiodor als Vorbild Isidors Fontaine ²1983.
381 Maßgeblich ist noch immer Lindsay 1911.
382 Möller 2008, 9–18, insb. 14; Barney et al. 2006, 10–13.

ner außerhalb der kirchlichen Hierarchien.³⁸³ Da das hier zusammengestellte Wissen aber, wie schon erwähnt, nach assoziativen Sachgebieten organisiert ist, gestaltete sich die Suche nach einer bestimmten Information innerhalb der 20 Bände für die Nutzer und Nutzerinnen sicherlich als Herausforderung.

Auch in den *Etymologiae* begegnet Semiramis in der bereits bekannten Rolle als Vergrößerin Babylons, wobei Isidor v.a. die Baumaterialen der Stadtmauer interessieren.³⁸⁴ Sie erscheint aber auch an anderer Stelle in einem ganz anderen Kontext, nämlich eben als Erfinderin der Tiara:

> *Persae tiaras gerunt, sed reges rectas, satrapae incuruas. Reperta autem tiara a Semiramide Assyriorum regina.*

> Die Perser tragen Tiaren, die Könige aber gerade, die Satrapen gebogene. Erfunden aber wurde die Tiara von der Assyrerkönigin Semiramis.³⁸⁵

Pate für die Idee, die Erfindung der Tiara mit der Person der Semiramis zu verknüpfen, stand vermutlich Trogus/Iustin.³⁸⁶ Wie genau eine solche Tiara vorzustellen ist, darüber gibt es in der Forschung verschiedene Ansichten. Unter diesem Sammelbegriff werden oftmals alle Kopfbedeckungen erfasst, die von sich in den bildlichen Darstellungen assyrischer, achaimenidischer oder arsakidischer Eliten finden.³⁸⁷ Der altpersische Terminus für all diese Kopfbedeckungen ist unbekannt, die griechischen Texte liefern mehrere, nicht immer klar getrennte Bezeichnungen – neben τιάρα sind beispielsweise auch κίδαρις und κυρβασία gebräuchlich. Hier werden offenbar zwei als ganz typisch ‚orientalisch' wahrgenommene Elemente kombiniert – die ‚orientalische Königin' und der ‚orientalische Königskopfschmuck'.

Isidors Werk entfaltete im Mittelalter eine enorme Wirkmächtigkeit und gehörte zu den am stärksten rezipierten lateinischen Schriften.³⁸⁸ Das enorme Ansehen, das er und sein Werk in späteren Jahrhunderten besaßen, vermag neben den rund 1.000 erhaltenen Handschriften v.a.

---

383   Barney et al. 2006, 3.
384   15,1,4: „*Primus post diluvium Nembroth gigans Babylonem urbem Mesopotamiae fundavit. Hanc Semiramis regina Assyriorum ampliavit, murumque urbis bitumine et cocto latere fecit. Vocabulum autem sumpsit a confusione, eo quod ibi confusae sint atque permixtae linguae aedificantium turrem.* – Als Erster nach der Sintflut gründete Nimrod, indem er die Stadt Babylon errichtete, Mesopotamien. Diese vergrößerte Königin Semiramis von Assyrien und errichtete eine Stadtmauer aus Erdpech und Backsteinen. Den Namen aber nahm sie von der Sprachverwirrung, weil dort die Sprachen derjenigen, die den Turm bauten, verwirrt und vermischt wurden." (ed. Möller 2008). Erstmals ist es Diodor, der unter Verweis auf Ktesias berichtet, dass die Mauern Babylons aus diesen Materialien errichtet worden seien (2,9,1–3). Isidor hat diese Information aber sicher nicht aus Diodor übernommen – nicht nur war er, wie bereits erwähnt, des Griechischen nur in begrenztem Maße mächtig, sondern die ältesten Handschriften von Diodors Werk stammen auch erst aus dem 10. Jh.; Pinkepank 2007, 201–203. Vielmehr ist anzunehmen, dass er auf die uns leider nur fragmentarisch erhaltenen Enzyklopädien des Varro zurückgegriffen hat, die auch Vitruv schon als Quelle dienten; Kruft ⁴1995, 31–32.
385   19,30,3 (ed. Möller 2008); vgl. beispielsweise Lehmann-Haupt 1926, 262.
386   2,1,3: „(...) *caput tiara tegit.*"
387   So z.B. die Darstellungen des Xerxes in Persepolis; vgl. Aischyl. Pers. 661 oder Xen. Kyr. 8,3,13 sowie Suda, s.v. Tiara; vgl. Waetzoldt 1980–1983, 197–203.
388   Rabanus Maurus' *De rerum natura* lehnt sich beispielsweise stark an Isidors *Etymologicae* an. Bernhard Bischoff hat den Verbreitungsweg der *Etymologicae* nachgezeichnet: Bischoff 1961, 317–344. Vgl. auch Cardelle de Hartmann 2009, 29–41; Codoñer 2005, 274–299; van den Abeele 2008, 195–205.

Dantes *Divina Comedia* zu illustrieren, wo er sich zusammen mit Beda Venerabilis, Boethius und Orosius im Sonnenkreis des Paradieses befindet.[389] Ernst Robert Curtius nannte die *Etymologiae* Isidors von Sevilla sogar „das Grundbuch des Mittelalters"[390] – ein unverzichtbares, allgegenwärtiges Nachschlagewerk. Noch lange nach seinem Tod stand Isidor hoch in der Gunst seines Königs Ferdinand I. (1018–1065), so dass seinen Gebeine, die Ferdinand als diplomatisches Geschenk erhalten hatte, in der Kirche S. Isidore in León beigesetzt wurde, die auch die Grablege des leónesischen Königshauses werden sollte.[391] Im ausgehenden 16. Jh. wurde Isidor heiliggesprochen.

Bei Martial und auch bei Isidor wird Semiramis also (auch) mit geradezu urweiblichen Attributen und Objekten verbunden – Textilien! Wann immer dies geschieht, treten ihre kriegerischen Eigenschaften in den Hintergrund bzw. werden ganz verschwiegen, gleiches gilt für jegliche inzestuöse Episoden. Die Idee, dass die Erfindung bestimmter Kleidungsstücke auf Semiramis zurückgehe, gewann in Spätantike und Mittelalter eine deutliche Wirkungsmacht.[392] Petrus Comestor schreibt ihr im 12. Jh. in seiner *Historia Scholastica* sogar die Erfindung der Hose zu:

> *Semiramis fuit mulier quae primo adinvenit brachas, et usus earum.*

> Semiramis war diejenige Frau, die zuerst Hosen und deren Gebrauch erfand. [Übers. d. Verf.in][393]

Von hier aus scheint sich gerade diese Episode zu verselbständigen. Giovanni Boccaccio erwähnt in seinem Werk *De mulieribus claris*, einer Sammlung moralisierender Biographien berühmter Frauen der Antike und des Mittelalters, ganz beiläufig Semiramis habe den Damen an ihrem Hof befohlen, bestimmte Kleidung zu tragen – und zwar aus Angst, sie könnten ihr den Sohn und Liebhaber abspenstig machen:[394]

> *Timensque ne a domesticis feminis concubitu fraudaretur filii – ut quidam volunt – prima usum femoralium excogitavit, eis omnes aulicas cinxit sub conclavi.*

> Sie fürchtete aber, die Frauen ihrer Umgebung könnten ihr ihren Sohn und Liebhaber abspenstig machen; deshalb verfiel sie als erste – zumindest wollen einige das wissen – auf die Verwendung von Dessous [wörtl.: Bedeckung für die (Ober-)Schenkel[395], Anm. d. Verf.in] und ließ sie alle Damen des Hofes tragen.

Boccaccio nennt also eine Bekleidung für die Beine bzw. Schenkel als Innovation der Semiramis. Hier sei an die entsprechende Passage bei Trogus/Iustin erinnert, in der einige Handschriften *calciamenta* als Kleidung der Semiramis listen. Die Vermutung, dass Boccaccio eine Handschrift mit dieser Variante als Grundlage für seinen Text nutzte, liegt nahe. In der Übersetzung von Boccaccios Text durch Heinrich Steinhöwel im 15. Jh. werden daraus ‚die niederklaid', also ein

---

389 Dante, Div. Com. 10,132–135.
390 Curtius [10]1984, 487.
391 Historia Silense 95–101; s. Barton & Fletcher 2000, 9–64.
392 Vgl. dazu Müller et al. 2013, insb. 202 u. 422.
393 Migne PL 198, Gen. Kap. 36, Sp. 1087D, add. 1.
394 Semiramis 15 (ed. Erfen & Schmitt 1995). Zu Boccaccio siehe weiter unten unter Kapitel 2.5.1.
395 Entgegen dem Eindruck, den die tendenziöse deutsche Übersetzung entstehen lässt, geht es im lateinischen Text eindeutig um das Verdecken von Reizen, nicht um deren Betonung bzw. Zurschaustellung.

Untergewand;³⁹⁶ in den Illustrationen von Boccaccios Text und späteren Übernahmen wird daraus die Unterhose.

Die Empfehlung, (Unter-)Hosen zu tragen, um die eigene Keuschheit zu bewahren, findet sich bereits im Alten Testament und in der Folge in einigen Mönchsregeln des Mittelalters.³⁹⁷ Der ‚Kampf um die Hose' als ein Insignium männlicher Macht findet sich seit dem 14. Jh. in zahlreichen Schnitzereien und später auch in Druckgraphiken. Bei der umkämpften Hose handelt es sich meist um die brouch – also eine kurze Hose, an der zwei einzelne Beinlinge befestigt wurden.³⁹⁸ Bild- und Schriftquellen aus dem Mittelalter belegen die soziale Inakzeptanz dieses Kleidungsstücks für Frauen; erst ab dem 16. Jh. gibt es vereinzelte Belege, dass Frauen dieses Kleidungsstück trugen.³⁹⁹ Die Transgression der Geschlechtergrenzen, die im Mittelalter mit dem Kampf der Frauen um die Hosen der Männer verbunden ist, wird hier also rückwirkend auf die in den antiken Quellen als besonders männlich agierende Semiramis projiziert.

In der Antike finden sich Hosen stets bei Reitervölkern wie den Skythen, bei Darstellungen von ‚Orientalen' sowie von Kelten und Germanen. Das bislang älteste Exemplar einer antiken Hose stammt übrigens aus einem bronzezeitlichen Gräberfeld in der Nähe von Turfan in Nordwestchina.⁴⁰⁰ Antike Indizien für die Vorstellung von hosentragenden Frauen finden sich eventuell in der *Germania* des Tacitus, wo es über die Germanen heißt:

> *locupletissimi veste distinguuntur non fluitante, sicut Sarmatae ac Parthi, sed stricta et singulos artus exprimente. (...) nec alius feminis quam viris habitus (...)*

> Die Wohlhabendsten unterscheiden sich von den übrigen durch ein Kleidungsstück, das nicht wallend herabfällt wie bei den Sarmaten und Parthern, sondern eng anliegt und die einzelnen Gliedmaßen gut erkennen lässt (...) Die Frauen kommen nicht anders als die Männer daher (...).⁴⁰¹

Eindeutiger sind antike Darstellung von hosentragenden Frauen, wenn es um Amazonen geht, wie beispielsweise auf einigen weißgrundigen Alabastra aus dem 5. Jh. v.Chr.⁴⁰² – andere Frauen in Hosen sind in der griechisch-römischen Ikonographie allerdings nicht sicher fassbar.

Auf den ersten Blick erscheint es nicht ungewöhnlich, dass Semiramis als Frau auch mit textilen Neuerungen verbunden wird. Dahinter steht die stillschweigende Annahme, alles Textile sei eine Domäne der Frauen – eine Vorstellung, die mit den antiken Realitäten nur bedingt zu tun hat, wie beispielsweise der papyrologische Befund zeigt.⁴⁰³ Textile Erfindungen werden in den literarischen Quellen allerdings auch Männern zugeschrieben; so nennt Plinius in seiner *Naturalis Historia* Attalus III. von Pergamon als die erste Person, die Goldfäden in Textilien einwebte.⁴⁰⁴

---

396 Ed. Drescher 1895, 28: „Und über das, daz sich ander frowen ihres suns Ninia nit gebruchten, erdacht sie die aller erst die niderklaid, als etlich wellen, und verslosz daryn alle frowen, die in irem sal waren (...)". Vgl. zu Steinhöwels Semiramis auch Watanabe-O'Kelly 2009, 30–31.
397 Ex 28,42; Ez 44,18; Lev 8,7–9; Domaski 2007, 228.
398 Vgl. Metken 1996; Goebel & Reichmann 2001, 1233–1234.
399 Nutz & Stadler 2015, 247.
400 Beck et al. 2014.
401 Tac. Germ. 17 (ed. Städele ²2001).
402 Beispielsweise British Museum Vasenkatalog B 673.
403 Droß-Krüpe 2011, 58 u. 2019, 280.
404 Plin. nat. 8,196; vgl. außerdem nat. 33,63.

Nicht nur für die Antike, auch für das Mittelalter ist hinreichend belegt, dass Männer und Frauen gemeinsam in der Textilherstellung tätig waren. So arbeiten beispielsweise 1330 in einer englischen Stickwerkstatt 70 männliche und 42 weibliche Sticker an mehreren Prunkdecken, die für das Königshaus in Auftrag gegeben worden waren.[405] Nur das Spinnen scheint traditionell mit der Frau verbunden gewesen zu sein. Der Spinnrocken ist auf vielen mittelalterlichen Abbildungen Symbol für die Frau.[406] Die Beschäftigung mit textilen Arbeiten, v.a. mit dem Sticken, war seit dem Mittelalter für hochstehende Frauen eine übliche Beschäftigung.[407] Die Verbindung von Frauen und Textilien ist aber scheinbar in den Köpfen – v.a. offenbar in denen der Männer – durch die Jahrhunderte derart präsent, dass solch stereotype Vorstellungen von geschlechtlich bedingter Aufgabenteilung über den Umweg von Projektionen von Gegebenheiten ‚aus grauer Vorzeit' wiederholt und legitimiert werden. Dass eine berühmte Frau neben vielerlei Heldentaten und Schauergeschichten quasi nebenbei auch etwas Textiles erfindet, erscheint in dieser Denkweise konsequent und plausibel. Mit vermutbaren Realitäten hat die lasziv-wollüstige Kriegerkönigin wohl ebenso wenig zu tun wie die Modeschöpferin.

2.3.3 Semiramis als Selbstmörderin und Sodomitin

Vermutlich in augusteischer Zeit wird in einer Fabel des Hygin ein weiterer, neuer Erinnerungsbaustein der Gestalt der Semiramis hinzugefügt.[408] Hier heißt es:

> *Semiramis in Babylonia equo amisso in pyram se coniecit.*
>
> Sémiramis, à Babylone, se jeta dans un bûcher après la perte de son cheval.[409]

Dieser knappe Hinweis ist gleich in mehrfacher Hinsicht bemerkenswert, wird die Selbstverbrennung als eskapistischer Akt in der antiken Historiographie doch in der Regel Führungspersönlichkeiten zugeschrieben, die sich einer militärisch aussichtslosen Lage befinden und bildet so eine Alternative zur Selbsttötung durch das Schwert.[410] Der Akt dient zum einen der Verhinderung von Sklaverei und Verschleppung, zum anderen dem Abwenden von Leichenschändungen, hat aber darüber hinaus auch eine „öffentlichkeitswirksame Funktion".[411]

---

405 Hicks 2007, 52.
406 Ludwig 1990, 77–89 u. 1995, 2119–2120; Saurma-Jeltzsch 2002, 303–308.
407 Eine Tätigkeit, die offenbar als recht eintönig empfunden werden konnte: Liselotte von der Pfalz notierte 1719 am Hofe Ludwigs XIV., sie schreibe lieber und finde „nichts Langweiligeres in der Welt, als eine Nähnadel einzustecken und wieder herauszuziehen."; Text nach Künzel 1912, 403.
408 Die Identifikation des Hygin mit Gaius Iulius Hyginus, dem Bibliothekar des Augustus, ist allerdings umstritten. Zur Datierung und Verfasserfrage s. ed. Boriaud 1997, VII–XIII (gegen ed. Marshall 1993, IX–XII, der ihn ins 2. Jh. n.Chr. datiert wissen möchte).
409 243,8 (ed. Boriaud 1997).
410 Dazu Dietrich 2017, 60–115. Hinzu kommt – als einziger Beleg aus biblischem Kontext – die Selbstverbrennung des Simri (1 Kön 15–19), ein Akt, der in der Forschung kontrovers gedeutet wird. Negative Konnotation wird unterstellt bei Fritz 1996, 158; dagegen Cogan 2001, 413–414 u. de Vries 1985, 200; neutral bei Dietrich 2017, 126.
411 Dietrich 2017, 119.

Von Leben und Tod des sagenhaft reichen Kroisos berichtet v.a. Herodot in seinem ersten Buch (1,86–87), er erscheint aber auch in der Nabonid-Chronik[412] und einem Gedicht des Bakchylides.[413] Im herodoteischen Narrativ ist er der Erste, der ungerecht gegen die Griechen handelt, indem er sie tributpflichtig macht.[414] Am Ende unterliegt er durch eine Fehlinterpretation eines Orakelspruchs dem Perserkönig Kyros, der ihn mit seinen Truppen in Sardes belagert und die Stadt schließlich einnehmen kann. Nach dem Fall von Sardes habe Kroisos gemeinsam mit seiner Familie den Scheiterhaufen besteigen wollen. Sowohl bei Bakchylides als auch bei Herodot entgeht er jedoch durch göttliche Intervention dem Tod auf dem Scheiterhaufen.[415]

Im siebten Buch seiner Historien kommt Herodot auch kurz auf zwei weitere Selbstverbrennungen zu sprechen, nämlich die des Persers Boges, der sich auf einem Scheiterhaufen verbrannte, nachdem seine Heimatstadt Eion 476 v.Chr. der Belagerung durch die Griechen nicht länger standhalten konnte (7,107) sowie die des Amilkas, einem Sohn des karthagischen Königs Annon (7,165–167), angesichts der Niederlage bei Himera 480 v.Chr.[416] Diese beiden suizidalen Akte werden bei ihm positiv gewertet,[417] sie erscheinen somit in gänzlich anderem Licht als die Episode um Kroisos auf dem Scheiterhaufen, der den Weg dorthin nicht aus eigenem Antrieb, sondern durch den Zwang des Siegers Kyros antritt. Dennoch bleibt festzuhalten, dass bei Herodot die Selbstverbrennung keine griechische Strategie zur ehrenvollen Vermeidung von Schändung und Versklavung ist, sondern vielmehr mit fremdländischen Herrscherpersonen verbunden wird.

In dieses Schema passt auch die Selbstverbrennung des Sardanapal.[418] Ktesias, der Sardanapal zum „Idealtyp des dekadenten Schwelgers"[419] ausgestaltet und dessen Schilderung uns wiederum nur durch den Filter Diodors entgegentritt (2,23–27), formt die Erzählung von der Selbstverbrennung des Sardanapal nach der Niederlage gegen den Mederkönig Arbakes gemeinsam mit seinen Frauen und Eunuchen sowie seinen kostbarsten materiellen Besitzgütern (Gold, Silber und Kleidung).[420] Dennoch liefert Ktesias/Diodor eine plausible Erklärung für den Selbstmord des Königs: „ἵνα δὲ μὴ τοῖς πολεμίοις ὑποχείριος γένηται" (2,27,5). Das hier präsentierte Bild des luxusliebenden, verweiblichten letzten Königs von Babylon wird von verschiedenen antiken Autoren aufgegriffen und ausgestaltet[421]; es bleibt auch in der Spätantike, im Mittelalter und bis in die Frühe Neuzeit hinein enorm wirkmächtig.[422] Die Vorstellung, das erste Weltreich habe mit der Selbstverbrennung seines Herrschers geendet, könnte dabei auf die Selbstverbrennung des

---

412 2,15–18 (ed. Glassner 1993).
413 3,29–37 u. 3,47–62.
414 1,5,3 u. erläuternd 1,6,2. Vgl. zu Kroisos bei Herodot Erbse 1992, 10–30.
415 Zu den Unterschieden beider Texte ausführlich Segal 1971 sowie West 2003, 419–420; vgl. auch Bichler & Rollinger ⁴2014, 86–87 u. Dietrich 2017, 137–142. Das Erlöschen der Flammen lässt Kyros den Kroisos als Liebling der Götter und als tüchtigen Mann erkennen (Hdt. 1,87,2).
416 Dazu Ameling 1993, 54–64 u. Dietrich 2017, 143.
417 So folgert auch Dietrich (2017, 305) in seiner Analyse der Quellentexte zum Suizid im altorientalischen Bereich: „Suizidanten verfolgen sterbenswerte Ziele. Ihre (...) suizidalen Handlungen sind sinnbesetzte Handlungen, auf welche die eigene Kultur und Gesellschaft in der Regel mit Verständnis reagieren (...)".
418 Vgl. Bernhardt 2009, 1–25. Im Gegensatz dazu Kroisus: Irwin 2016, 107–126.
419 Bichler 2011, 29.
420 Diod. 2,27,2.
421 Eine gute Übersicht gibt Weißbach 1920. Besondere Beachtung verdient hier Athen. 12,529d, der den Tod des, von ihm auch sonst eher negativ gezeichneten, Sardanapal γενναῖος nennt.
422 Vgl. Heller 2010, 147–148; Dietrich 2017, 136.

Šamaš-šuma-ukin, des Bruders Assurbanipals,⁴²³ aber auch auf die bei Berossos (nach Synkellos) überlieferte Selbstverbrennung des Sarakos (= Sîn-šarru-iškun) zurückgehen.⁴²⁴

Außerdem wird die Selbsttötung auf dem Scheiterhaufen seit Diodor mit Indien in Verbindung gebracht⁴²⁵ – für Cicero ein Kennzeichen von Barbarei,⁴²⁶ für Properz ein Indiz für die Treue der Ehefrauen zu ihrem toten Gemahl⁴²⁷ – und erscheint auch in der griechischen Tragödie.⁴²⁸ Immer wird sie verbunden mit Treue und Liebe der Frau zum verschiedenen Gemahl.

Gerade vor dem Hintergrund, dass Suizide im Feuer in der antiken Welt als „sinnbesetzte und zielgerichtete Handlungen"⁴²⁹, als eskapistische Phänomene zu betrachten sind, die einerseits positive Deutung erfahren und deren Ausführung als Selbstverbrennung auf einem Scheiterhaufen explizit mit ausländischen, vornehmlich östlichen Herrscherpersönlichkeiten verbunden wird, wird Hygins Behauptung, Semiramis habe wegen der Liebe zu einem Pferd den Scheiterhaufen betreten, zu einer Satire. Anders als in den ihm sicher bekannten Traditionen, die Semiramis von der Hand des Sohnes fallen sehen (Trogus/Iustin und Euseb)⁴³⁰, scheidet sie hier durch Selbstmord in den Flammen aus dem Leben. Assoziationen zum Liebestod der Dido auf dem Scheiterhaufen in der kurz zuvor veröffentlichen *Aeneis* Vergils⁴³¹ sowie zur ebenfalls durch die eigene Hand aus dem Leben gegangene Kleopatra VII. liegt auf der Hand, aber Hygins Publikum hat sicherlich gleichermaßen den Hinweis auf Sardanapal und Kroisos verstanden und an die indischen Witwen gedacht. Der Flammentod ist Herrscherfiguren und treuen Ehefrauen vorbehalten. Dass hier aber als Auslöser nicht die narratologisch etablierte militärisch ausweglose Lage oder eheliche Treue, sondern der Tod eines Pferdes postuliert wird, kommt einer offenen Unterstellung von Sodomie gleich. Dass diese Passage von den Zeitgenossen auch durchaus in diese Richtung verstanden wurde – und nicht etwa primär als Reflex orientalischer Pferde-Göttinnen zu lesen ist⁴³² –, zeigt das Wiederaufgreifen dieses Elementes bei Plinius in seiner *Naturalis Historia*, wo es heißt „*equum adamatum a Samiramide usque in coitum Iuba auctor est.* – Daß Semiramis ihr Pferd bis zur Begattung geliebt habe, berichtet Juba."⁴³³ Auch der Kontext der Hygin-Stelle, in welchem weiterhin u.a. der Selbstmord der Thisbe wegen der unerfüllten Liebe zu Pyramus und der der Dido aus vergeblicher Liebe zu Aeneas vorkommen, lässt keine andere Deutung zu, als dass die Liebe der Semiramis zu dem verstorbenen Tier die geltenden moralischen Normen weit überschritt.⁴³⁴ Interessant ist weiterhin, dass bei Hygin auch eine weitere

---

423 Vgl. MacGinnis 1988.
424 BNJ 680 F 7d.
425 Diod. 19,33,2–4. Vgl. zur Witwenverbrennung in Indien Ruffing 2002, insb. 258–260.
426 Cic. Tusc. 5,78.
427 Prop. 3,13,15–24.
428 Eur. Suppl. 984–1031.
429 Dietrich 2017, 115.
430 Pettinato (1988, 271) behauptet gar, fälschlicherweise, dass Semiramis in „fast allen Überlieferungen" durch ihren Sohn ermordet werde; vgl. Motivtabelle im Anhang dieser Studie.
431 Verg. Aen. 4,494–508.
432 So der Deutungsversuch von Pettinato 1988, 289; Weinfeld 1991 u.a.
433 Plin. nat. 8,64 (ed. König 1976).
434 Vgl. zu den Vorlagen Hygins P.Oxy. 62/4306 sowie Cameron 2004, 33–51. Aufgegriffen wird das Motiv später u.a. bei Johannes Fischart im 16. Jh., der im vierten Kapitel seiner *Chronik von Gargantua* von der „hengstbrünstigen Schamiramis (sic)" spricht; vgl. dazu Haas 1999, 531.

Innovation in den Erinnerungselementen zu konstatieren ist: Wird sie doch bei ihm unter den Frauen, die ihre Ehemänner ermordeten, gelistet.[435]

Abgewandelt begegnet das Sodomie-Motiv in einem Manuskript aus dem späten 11. Jh.[436] Hier wird ein längeres lateinische Gedicht eines anonymen Autors überliefert. Das in Hexametern aufgebaute satirische Gedicht bietet einen Dialog zwischen dem Geist der Semiramis und dem Augur Tolumpnus (= Tolumnius), der hier ihr Bruder ist und der sie zu Beginn des Gedichtes mit einem nekromantischen Ritual aus der der Welt der Toten zurückruft.[437] Überhaupt handelt das Gedicht primär von Zauberei und magischen Tieropfern.[438] Der unbekannte Verfasser ist zweifellos sehr belesen in den antiken Quellen im Allgemeinen und zu Semiramis im Besonderen. Zwar richten sich die sodomitischen Handlungen hier nicht auf ein Pferd, sondern einen Bullen (*tauro*), der Konnex zwischen der babylonischen Königin und amourösen bzw. sexuellen Praktiken mit Tieren bleibt aber bestehen. Semiramis behauptet, Jupiter habe sich in dieses Tier verwandelt, da er sie begehrt habe, *devotio* habe sie bewogen, einzuwilligen. Hier wird also die Gestalt der Semiramis mit den Mythen um Europa und den Stier vermischt.[439] Um keine Zweifel bei der Leserschaft aufkommen zu lassen, wie sein Semiramisbild ausfallen wird, urteilt der Erzähler gleich zu Beginn des Gedichtes vernichtend über die Königin:

> *In terris meretrix numquam crudelius arsit quam lupa Semiramis, meochum que traxit ab herbi (...) In terris quod plus potuit sordescere scortum? (...) Femina que Babilon cepit se sub bove stravit! (...) Quadrupes est meachus Nino pereunte repertus.*
>
> Never did any courtesan on earth burn more fiercely than wanton Semiramis, taking her paramour from the fields (...) What prostitute in the whole world could have been more debased? (...) The woman who took Babylon has submitted to the bull. (...) To Ninus' undoing, a beat was found his rival.[440]

---

435 Fab. 240. Zusätzlich folgt Hygin aber auch an anderer Stelle bereits etablierten Traditionen, nennt sie als Gründerin Babylons (fab. 275) sowie als Verantwortliche für die Ummauerung der Stadt (fab. 223). Als Mörderin des Ninus erscheint sie bereits bei Deinon von Kolophon um die Mitte des 4. Jh. v.Chr. (FGrHist 690 F 7 = Ail. var. 7,1) und in der hohen Kaiserzeit bei Plut. mor. 753D–E (amatorius). Zur schwierigen Datierung von Deinons *Persika* vgl. Jacoby 1921, 622–624; zu seinem Werk Drews 1973, 117–118, Stevenson 1997, 63–67 sowie Lenfant 2009, 5–9 u. 31–37.

436 Bibliotheque Nationale Paris, lat. 8121A, fols. 30r–32v (auch andere Texte des Codexes befassen sich mit sexueller Perversion). Vgl. ausführlich Dronke ²1986, 66–112; s.a. Beringer 2016, 109–123.

437 Man denke später an die Entwicklung von *ombra*-Figuren in der Oper – wobei hier nie eine *ombra di Semiramide* auftaucht. Vgl. dazu McCleland 2012 und weiter unten unter Kapitel 4.1.2.

438 Man denke an die Bedeutung, die Magie in Rapparinis Libretto *La monarchia stabilita* (1703) einnimmt. S. dazu ausführlich unten unter Kapitel 4.1.9.

439 Z. 168–169 (ed. Dronke ²1986): „*Qui de stellifero solio sua fulgura mittit Iupiter appetiit, sed me devotio traxit.* – Jupiter, who sends his lightnings from his starry throne, was filled with desire – but it was devotion drew me to him." Diese Bearbeitung zeigt deutlich, dass Rutishausers Behauptung (1989, 111), Semiramis habe bis in die Neuzeit „den Sprung zur frei gestaltbaren Figur" nicht geschafft, fehl geht. Sie ist vielmehr auch schon im 11. Jh. Gegenstand literarischer Imagination und Neuschöpfungen.

440 Z. 5–19 (ed. Dronke ²1989). Die Verwendung von *meretrix* erinnert an Orosius (1,4,7) und Ammianus Marcellinus (28,4,9). Als *meretrix* wird bei Iuvenal (Iuv. 6,117) Messalina bezeichnet; vgl. Schneider [im Druck].

Während also bei Otto von Freising nur wenig später Ninus als Wolf bezeichnet wird[441], wird hier als Semiramis noch grausamer als eine Wölfin beschrieben.[442] Ob beide Texte auf eine gemeinsame Vorlage zugreifen oder ob sich daraus vielleicht eine alternative Datierung für das Gedicht ergeben könnte, muss dabei offen bleiben. Das Gedicht liefert aber ein gutes Bespiel dafür, wie wirkmächtig das Bild der sexualisierten Semiramis in dieser Zeit ist und wie wandelbar es in ganz unterschiedliche Kontexte eingepasst werden kann. Evtl. hat das Gedicht einen konkreten lebensweltlichen Bezug und könnte eine Satire auf den Erzbischoff Robert von Rouen (987–1037) und seine Schwester Emma (987–1052) sein.[443] Diese These gründet auf die Widmung einiger anderer Gedichte dieser Zusammenstellung an Robert. Seine Schwester Emma war als Gattin von Æthelred II. und danach von Knut dem Großen Königin von England und nahm insbesondere während ihrer zweiten Ehe eine einflussreiche Stellung ein.[444]

Es scheint angesichts der zeitimmanenten realpolitischen Ereignisse keine Überraschung, dass gerade in augusteischer Zeit der Selbstmord einer Königin aus niederen Motiven abseits geltender sexueller Normen konstruiert wird und als neues Erinnerungselement Eingang in das Speichergedächtnis zu Semiramis findet. Wie schon an anderer Stelle wird Semiramis hier als Chiffre für die in Rom verhasste Kleopatra VII. verwendet, sie fällt damit, ähnlich wie diese, der negativen Überformung durch die augusteische Propaganda anheim.[445] Als negatives *exemplum* einer weiblichen Herrscherin wird über die Umdeutung und die Hinzufügung entsprechend moralingeschwängerter Episoden über ihre Person das Urteil über das *fatale monstrum* Kleopatra gefällt.[446]

2.3.4 Semiramis und die Kastration

In den letzten Jahren des 4. Jh.s fügte Ammianus Marcellinus der Erinnerungsfigur Semiramis eine neue Anekdote über Semiramis hinzu.[447] In seinen *Res Gestae*, die die Zeit von Nerva bis

---

441 1,7: „(...) *tamquam lupus seviens inter oves inhermes exercens* (...) – (...) wie ein Wolf unter waffenlosen Schafen wütend (...)" (ed. Lippold 1985).
442 Die Verwendung von Tier-Metaphern zur Diffamierung findet sich bereits bei Cicero, der Marcus Antonius als *importunissima belua* tituliert (Cic. Phil. 6,7); vgl. auch Thurn 2018, 230–231. Der Begriff *lupa* wird außerdem – insbesondere in spätrepublikanischer/augusteischer Zeit – zur Bezeichnung von Prostituierten verwendet, z.B. Cic. Mil. 21,55, Liv. 1,4,7 oder Iuv. 3,66.
443 Vgl. von Houts 1992, 18–24 sowie 2013, 9. Ebenso Strachan 2004, 99, allerdings ohne Quellenangaben.
444 Keynes 2004.
445 Vgl. Schäfer 2006; Wyke 1994, 103–129 u. zusammenfassend auch Nebelin 2011 insb. 36–39 zur (vornehmlich durch Augustus) negativ geprägten *memoria* der Kleopatra. Zu Diffamierungsstrategien in der späten Republik Thurn 2018, die auch feststellt, dass die Diffamierung von Frauen in dieser Zeit als Vehikel zur Kritik an den zugehörigen Männern vorgenommen wird (ebd. 139–140); vgl. dazu auch Günther 2006, insb. 228–229 u. 235.
446 Interessanterweise wird gerade in der berühmten *Nunc est bibendum*-Ode des Horaz (carm. 1,37), in der Kleopatra als *fatale monstrum* bezeichnet wird, diese wegen ihres typisch weiblichen Verhaltens scharf kritisiert (*nec muliebriter*), während in der späten Republik Frauen sonst insbesondere dann kritisiert werden, wenn sie ausgesprochen männliche Verhaltensweisen an den Tag legen; vgl. Hartmann 2007, 153. Friederike Krippner (2014, 104) formuliert treffend: „Kleopatra wird im Regelfall vor einer doppelten Folie konturiert: vor Rom und vor dem männlichen Geschlecht."
447 Zu Ammianus Marcellinus s. einführend Rohrbacher 2007, 14–42 mit weiterer Literatur sowie Rosen 1996. Grundlegend immer noch Demandt 1965.

zum Tode des Valens abdeckten, uns aber nur in den die Jahre ab 353 umfassenden Textteilen erhalten sind,[448] berichtete er, Semiramis sei die erste gewesen, die junge Männer kastriert habe (14,6,17: *mares castravit omnium prima*).[449] Darüber hinaus erscheint sie bei der Beschreibung Babylons, das nicht namentlich genannt, aber als *civitas* des Ninus bezeichnet wird. Dieser wiederum wurde von Ammianus sowohl als *potentissimus* gelobt, im gleichen Atemzug aber auf seine Rolle als Ehemann der Semiramis reduziert.[450]

Generell wird in spätantiken Texten die Bedeutung von Eunuchen v.a. am kaiserlichen Hof häufig thematisiert.[451] Ammianus überwiegend abfällige Äußerungen über Eunuchen greifen also einen allgemeinen Diskurs auf, der diese Personengruppe häufig kritisiert und zur Zielscheibe polemischer Äußerungen macht. Vor allem für die Regierung des Constantius II. wird immer wieder in verschiedenen Quellen ein (zu) starker Einfluss der Eunuchen auf den Kaiser betont.[452] Das negative Bild der Eunuchen wird von Ammianus nicht nur aufgegriffen, sondern gewinnt in seinen *Res Gestae* zusätzliche Schärfe.[453] Seine Äußerungen finden sich v.a. in seinen Ausführungen zu Constantius II., dem Gegenspieler des von Ammianus heroisierten Iulian.[454] Insbesondere Constantius' *cubicularius*, der Eunuch Eusebius, wird in den schwärzesten Farben geschildert, während Iulians Eunuchen Eutherius herausragende positive Eigenschaften zugeschrieben werden. Diese beiden Eunuchen fungieren also in Ammianus Werk als Spiegelbilder ihrer jeweiligen Herren.[455]

---

448 Die Überlieferung beruht dabei allerdings allein auf dem einem Codex, dem Fuldensis bzw. Vaticanus Latinus 1873 (V), von welchem alle jüngeren Handschriften abhängen und der als stark verderbt einzustufen ist. 1533 wurde eine Edition angefertigt, die jedoch heute verloren ist; Rosen 1996.

449 Dieses zweifelhafte Verdienst wird im anonymen *tractatus de mulieribus claris in bello* (7) der Atossa zugeschrieben; vgl. auch Browe 1936. Auch im 1. Jh. n.Chr., nämlich bei Petron, wird die Kastration mit dem orientalischen Kulturraum verbunden (119,19–27). Kastration wird im Kontexte kaiserzeitlicher Diskurse als barbarische Praxis thematisiert, die mit Diskursen über Luxuskritik und effeminierte Schönheit verbunden wird (Petron. 109,20–27, ebenso bei Mart. 9,5–7 u. Iuv. 6,373A–373B). Vgl. auch den Kommentar des Donatus aus dem 4. Jh. n.Chr. zu Terenz' *Eunuchus* (FGrHist 687a F 7c); für diese Hinweise danke ich Prof. Dr. Kordula Schnegg (Innsbruck), die sich dem Phänomen in ihrer in Drucklegung befindlichen Habilitationsschrift (Von Hermaphroditen und Eunuchen. Geschlechtertransgression und soziale Entgrenzung in der römischen Antike vom 1. Jh. v. bis zum 2. Jh. n.Chr., Habil. Innsbruck 2016) ausführlich gewidmet hat. Alison Beringer (2016, 9) formuliert mit Bezug auf diese Episode: „Semiramis's invention of castration constitutes the ultimate threat to masculine power".

450 23,6,22: „(...) *Samiramidis mariti* (...)." Ihr Name fällt darüber hinaus in 28,4,9. Zu dieser Stelle, die eine Kritik an der Verdorbenheit der römischen Eliten beinhaltet und Semiramis mit anderen Herrscherinnen in eine Reihe von *meretrices* einreiht, vgl. Wieber-Scariot 1999, 318–329.

451 Vgl. Guyot 1980, insb. 181–233 sowie Scholten 1995, insb. 205–251.

452 So bei z.B. Athan. hist. Ar. 37–38; Greg. Naz. or. 21,21 oder Ps.-Aur. Vict. epit. 42,19. Auch eine deutliche Beeinflussung durch Frauen, v.a. der Eusebia, wird hier immer wieder postuliert. Vgl. Szidat, 1977, 222 (Komm. zu 21,16,16).

453 Vgl. dazu umfassend Tougher 1999 sowie Sidéris 2000. Eunuchen tauchen aber schon vorher auf, so etwa bei Herodot (3,4 u. 3,77), Diodor (2,20,1 u. 2,23,1–2), Lukian (Syr. dea 51–52) oder bei den SHA in den Viten des Severus Alexander, Heliogabal und Gordian III., wo Eunuchen als Vertrauenspersonen im engsten Kreis eines Herrschers bzw. einer Herrscherin verortet und über sie Kritik an diesen geübt wird. Reale Praktiken aus dem antiken Vorderasien reflektieren die griechischen wie römischen Quellen dabei nicht; vgl. Rollinger 2010b, 559–666, insb. 617–618; Pirngruber 2011, 279–312 (darin auch ausführlich die griechische Überlieferung) u. Jursa 2011, 159–173. Zu Lukian vgl. insb. Spickermann 2009, 229–281 u. Schnegg 2016, 1–10.

454 So z.B. 14,113; 16,7,3; 18,4,3.

455 Tougher 2008, 129–130.

Dass gerade für Ammianus Marcellinus mit Semiramis eine östliche Herrscherin als Initiatorin der Kastration und damit Verursacherin des für ihn mehrheitlich mit Eunuchen verbundenen Übels in Frage kommt, verwundert angesichts der Zeitläufte, die von den Auseinandersetzungen mit dem Sassanidenreich geprägt sind, die Ammianus als Teilnehmer des Feldzuges selbst erlebt hat, nicht.[456] Die östliche Welt in Form des Sassanidenreiches wird bei Ammianus als bedrohlicher Feind ausgestaltet, den es zu bezwingen gilt.[457] Die Verknüpfung von Eunuchen mit dem persischen Hof geht dabei bereits auf die griechische Historiographie des 5. und 4. Jh.s zurück, die εὐνούχοι als Funktionsträger am achaimenidischen Hof nennen:[458]

> Der Typus des intriganten Eunuchen gehört seit seiner [i.e. Ktesias', Anm. d. Verf.in] Zeit zum festen Repertoire des persischen Königshofes.[459]

Auch sei nochmals auf generelle misogyne Tendenzen der Zeit hingewiesen, wie sie sich z.B. in den Schriften vieler Kirchenväter finden. Ammianus' Episode, in der Semiramis als ultimative Bedrohung von Männlichkeit ausgestaltet wird, greift somit generelle Strömungen auf und spitzt sie weiter zu.[460] Dass eine Person, deren eigene Gendertransgression (sei es durch Verhalten, sei es durch Kleidung, die ihrer sozialen Rolle nicht entsprechen) bereits zu einem Gemeinplatz geworden ist, und die auch mehr und mehr mit unangemessener Sexualität in Verbindung gebracht wird, auf drastische und irreversible Weise in die geschlechtliche Identität von jungen Männern eingreift, erscheint vor diesem Hintergrund eine durchaus plausible Konstruktion. Mit Ammianus „Semiramis comes to be a figure of infamy".[461]

Dennoch sollte diese weitere Pointierung und Dämonisierung keine allzu große Wirkmacht entfalten. Ammianus' Text geriet im Mittelalter zunehmend in Vergessenheit,[462] seine Bedeutung für die frühe Neuzeit ist gering – der von ihm hinzugefügte Erinnerungsbaustein der Kastration durch Semiramis verschwindet in der späteren Überlieferung zu ihrer Gestalt, abgesehen von einem Hinweis in den 399 n.Chr. verfassten Invektiven des Claudius Claudianus gegen Stilichos Rivalen, den Bischof Eutropius, völlig.[463]

---

456 Vgl. Amm. Marc. 8,6,8–23; Paschoud 1989.
457 Vgl. dazu Sommer 2017, 345–354.
458 Vgl. Pirngruber 2011.
459 Pringruber 2011, 283.
460 Schon in den *Annales* des Tacitus wird Weiblichkeit als Bedrohung aufgefasst (z.B. 1,4,5 oder 14,45,1); vgl. dazu Späth 2014, 26–28.
461 Beringer 2016, 9.
462 Die 1533 durch Gelenius erstellte Edition ist heute verloren; Rosen 1996.
463 In Eutropium 1,338–342: „*Illas* [i.e. Eunuchen, Anm. d. Verf.in] *praeterea rerum natura creavit, hos fecere manus: seu prima Semiramis astu Assyriis mentita virum, ne vocis acutae mollities levesve genae se prodere possent, hos sibi coniunxit similes (...)*" Vgl. Samuel 1943, 35. Diese Schrift Claudianus' gelangte zwar in die Hofbibliothek Karls des Großen, wurde aber offenbar insgesamt wenig rezipiert. Sein Werk war allerdings Petrarca, Boccaccio und auch Geoffrey Chaucer bekannt. Zu Claudianus Leben, Werk und Rezeption s. Hofmann 1997, 3–6.

2.3.5 Semiramis und Trier

Neben ihren Eigenschaften als Königin, Feldherrin und Erfinderin von Kleidungsstücken wird Semiramis auch eine ganz andere Rolle zugewiesen, nämlich die der Ahnherrin der Stadt Trier. Die sogenannten *Gesta Treverorum*, eine Sammlung von Dokumenten, Geschichten und Legenden der Trierer Erzbischöfe, die vermutlich von den Benediktinern der Abtei St. Matthias gesammelt wurden und die Zeit von 2053 v.Chr. bis 1102 n.Chr. beschreiben, verfolgen nämlich die Ursprünge Triers wegen der Namensgleichheit der Stammesbezeichnung Treveri mit Trebeta, der ein Sohn des Ninus sein soll, auf assyrische Ursprünge und damit bis in die Zeit Abrahams zurück.[464]

Die *Gesta Treverorum* lehnen sich dabei in ihrem Wortlaut eng an die entsprechenden Passagen bei Orosius an.[465] Neu hinzu kommt, dass Ninus zwei Söhne besitzt – Trebeta, den ihm eine frühere Ehefrau, eine chaldäische Königin, geboren hat, und Ninas, dessen Mutter Semiramis ist. Nach Ninus' Tod habe Semiramis ihren Stiefsohn Trebeta ehelichen wollen (1,4: *„Trebetam maritum ducere"*). Als dieser sich verweigerte, habe sie ihn vertrieben und er sei nach einigen Wirren nach Europa gelangt, wo er an einem besonders lieblichen Ort die Stadt Trier gegründet habe (1,8: *„[...] captus amenitate loci, ibidem subsistere delegit, urbemque constituit [...]"*).[466] Dieser Gründungsmythos spiegelt das mittelalterliche Streben nach einer möglichst weit in die Vergangenheit zurückreichenden Herkunft von Völkern, Städten und Reichen.[467] Seit Isidor von Sevilla war es außerdem eine beliebte Praxis, aus Namensähnlichkeiten genealogisch-historische Verknüpfungen abzuleiten[468] – so ist also der logische Weg von Babylon nach Trier geradezu kurz.

Wieder aufgegriffen wird diese Episode bei Otto von Freising in seiner *Chronica sive Historia de duabus civitatibus*.[469] Von hier findet sie offenbar ihren Weg in die sehr freie Übersetzung von Boccaccios *De mulieribus claris* durch den Ulmer Mediziner und Humanisten Heinrich Stein-

---

464 Gesta Treverorum 1–2 (ed. Dräger 2017). Vgl. dazu auch Haari-Oberg 1994 u. Goetz ²2008, 222–227. Die Vorstellung, Semiramis habe einen Stiefsohn besessen, findet sich auch in Boccaccios *De mulieribus claris* bzw. in der Übersetzung dessen Textes durch Steinhöwel, wo er es ist, der einen Aufstand in Babylon anführt; s. dazu ausführlich oben.

465 Beispielhaft seien hier die jeweiligen Anfangssätze gegenübergestellt, die Parallelen zeigen sich im gesamten ersten Kapitel der *Gesta Treverorum*. Gesta Treverorum 1,1: *„Anno ante urbem Romam conditam millesimo trecentesimo Ninus rex Assiriorum primus, ut historici volunt, propagandae dominationis libidine arma foris extulit cruentamque vitam quinquaginta annis per totam Asiam bellis egit; (...)* – Im 1300 Jahr vor Gründung der Stadt Rom trug Ninus, König der Assyrier, als Erster, wie die Geschichtsschreiber wollen, aus Lust auf Erweiterung seiner Herrschaft die Waffen nach draußen und führte ein grausames Leben während fünfzig Jahren mit Kriegen durch Asien hin; (...)" (ed. Dräger 2017); Oros. 1,4: *„Ante annos urbis conditae MCCC Ninus rex Assyriorum ‚primus' ut ipsi volunt propagandae dominationis libidine arma foras extulit cruentamque vitam quinquaginta annis per totam Asiam bellis egit; (...)*. – 1300 Jahre vor Gründung der Stadt [Rom] hat Ninus, der König der Assyrer, nach Meinung der heidnischen Autoren der erste König überhaupt, aus Gier nach Ausweitung seiner Herrschaft Krieg begonnen und 50 Jahre lang ein blutbeflecktes Leben mit Kriegen in Asien geführt." (ed. Lippold 1985).

466 Die gleiche Episode findet sich außerdem in der ebenfalls anonymen *Hystoria Treverorum* (2,3; ed. Dräger 2017), die vermutlich etwas früher als die *Gesta Treverorum* zu datieren ist und stets mit dieser gemeinsam in den Handschriften erscheint; vgl. dazu ausführlich ed. Dräger 2017, 400–412.

467 Zu den mittelalterlichen *origines gentium* vgl. Plassmann 2006 u. Coumert 2007.

468 Goetz 2014, 10; auch Priesener 1990, 264–276.

469 1,8. Auch eine spätere Ergänzung bei Frutolf von Michelsberg berichtet diese Geschichte. Zu Frutolf von Michelsberg und Otto von Freising ausführlicher oben unter Kapitel 2.2.3 u. 2.2.4. Enthalten ist sie weiterhin in der anonymen mittelhochdeutschen *Christherre-Chronik* aus der Zeit zwischen 1250 und 1263

höwel aus dem Jahr 1473.⁴⁷⁰ Steinhöwel übersetzte 98 der bei Boccaccio enthaltenen Lebensbeschreibungen, darunter die der Semiramis. Hier fügte er die im Ursprungstext Boccaccios nicht enthaltene Episode um Trebeta und die Gründung Triers ein:

> Mer findt man, wie ir stiefsun Trebetta von ir umb unrainikait angestrengt in Galliam kemme, alda er die eltisten stat Triel (sic) eruwet.⁴⁷¹

Ähnliches findet sich auch in der kurz zuvor veröffentlichten deutschen Chronik Steinhöwels, denen die mittelalterlichen *flores temporum* zu Grunde liegen,⁴⁷² sowie bereits in der 1456 erschienenen lateinischen Augsburger Stadtchronik (*Chronographia Augustensium*) des Sigismund Meisterlin.⁴⁷³ Letzterer hat seinen Text fast wörtlich aus der Chronik des Otto von Freising übernommen. Auch Johannes Naucler übernimmt Endes des 15. Jh.s die Passage für seine Weltchronik.⁴⁷⁴ Zumindest im deutschsprachigen Raum besaß dieser Erinnerungsbaustein also offenbar einige Wirkungsmacht.

2.4 Antike und mittelalterliche Rezeptionsstränge zur Kriegerkönigin Semiramis – vom Faszinosum zum politisch-moralischen Argument

Nachdem in den vorigen Kapiteln dargelegt wurde, welche Erinnerungselemente zur Gestalt der Semiramis in der Zeit zwischen Herodot und den christlichen Chroniken des Mittelalters entwickelt und rezipiert worden sind, sollen die Ergebnisse hier nun zusammenfassend resümiert und in einen größeren Kontext gestellt werden. Dabei wird argumentiert, dass insbesondere das ktesianische Narrativ, die Verbindung zu Alexander III., die Sexualisierung und Diffamierung im Zusammenhang mit der augusteischen Propaganda sowie durch Orosius und dessen Rezipienten von besonderer Bedeutung für die Rezeptionsprozesse waren. Über die Frage nach weiblichen Handlungsräumen und (imaginierten) Grenzen derselben unter besonderer Fokussierung auf weibliche Herrschaft erfolgte über einen Zeitraum von 2000 Jahren eine Sinnzuschreibung, die durchaus Konjunkturen unterworfen war – eine Beobachtung, die sich in der Frühe Neuzeit hinein fortsetzen wird.

Insgesamt zeichnen die griechischen wie lateinischen Texte der Antike ein recht divergentes Bild der Semiramis, das letztlich im Kern wohl auf Ktesias' Schilderung zurückgeht, diese aber gleichzeitig massiv überformt und eigenen Darstellungszielen entsprechend aus- und umgestaltet. Da der ktesianische Text verloren ist, gestaltet es sich dabei schwierig, im Einzelfall zu entscheiden, welche Erinnerungsbausteine auf ihn zurückgehen und welche erst durch spätere Sinnzuschrei-

---

(Z. 4552–4560, Zählung nach http://dtm.bbaw.de/bilder/christh.pdf/ [letzter Zugriff: 16.6.2019]), die umfangreich von Semiramis und Ninus berichtet; vgl. dazu Beringer 2016, 88–96.
470 H. Steinhöwel, Von den synnrychen erlüchten wyben, Ulm 1473 o. 1474. Der Band ist der Herzogin von Tirol, Eleonore, gewidmet. Zur Person Steinhöwels s. Dicke ²1995, 258–278.
471 Ed. Drescher 1895, 28.
472 Hie hebt an ein tütsche Cronica von anfang der welt vncz vff keiser fridrich, Ulm 1473: „Triel (sic) war von Trebeta gebuwen, zu de selben zyten, als er yner muter unküscheit geflohen was."
473 Bereits im Folgejahr auch ins Deutsche übersetzt. Vgl. Ott 2001, 21–29, sowie zur Person Meisterlins Colberg 1990, 73.
474 Johannes Staindel, Chronicon generale, Codex latinus Monacensis 732; Schürmann 1987, 74–76 u. 146.

bungen an Semiramis als Erinnerungsfigur Bestandteil des Speicher- bzw. Funktionsgedächtnisses wurden.[475] Es zeigt sich, dass sie für verschiedene Diskurse des 5. und 4. Jh.s v.Chr. genutzt wurde, die herausragenden und somit für jedermann sichtbar werdenden Frauen skeptisch gegenüberstanden. Die Gestalt der Semiramis erfuhr so in diesem Rahmen eine Sinnzuschreibung, welche die Erinnerung an sie relevant werden ließ. Dass diese Skepsis zumindest im Athen des 5. Jh. nicht nur für kriegerische, sondern auch allgemeiner für besonders intelligente Frauen galt, zeigen einige Passagen aus der griechischen Tragödie[476] – und dennoch, oder vielleicht gerade deshalb, waren außergewöhnliche, aufrührerische Frauen im antiken Theater in besonderem Maße präsent.[477] Während Herodot und Berossos Semiramis nur marginale Bedeutung zugestehen, gestaltet Ktesias sie zu einer schillernden Gestalt aus.[478] Bei Ktesias angelegt sind offenbar, soweit der beschränkte Blick auf den verlorenen Text Aussagen ermöglicht, kriegerische Kompetenz und erfolgreiche Feldzüge (bis nach Indien), bauliche Aktivitäten, ein gewisser Hang zum Luxus, eine ausgeprägte Libido sowie die Ermordung durch den eigenen Sohn/die eigenen Söhne.[479] Auch wenn diese Kernelemente mit den dominierenden Diskursen zu vorbildlichen, tugendhaften Frauen wenig gemein haben, gibt es selbst in dieser Zeit Traditionen, die kriegerische Frauengestalten in sehr positives Licht rückten – man denke beispielsweise an Artemisia. Oftmals stammen diese Frauen jedoch nicht aus griechischen Kontexten – waren aber längst nicht alle ‚orientalischer' Herkunft.[480] Semiramis ist in der griechischen Welt wegen der Ausübung von Herrschaft und dem Führen von Kriegen keineswegs zwingend (und durchgehend) negativ konnotiert – dies ist lediglich ein Aspekt, um sie gegen idealtypische griechische Frauen abzugrenzen. Bei Ktesias dienen diese Episoden wohl nicht zuletzt der Unterhaltung und vielleicht darüber hinaus als

---

475 Die verschiedenen Motive sind im Anhang dieser Studie tabellarisch zusammengefasst, sie verdeutlichen Semiramis' enorme Präsenz in den Quellentexten durch die Jahrhunderte.
476 So erlaubt Theseus seiner Mutter mit dem Hinweis, dass aus dem Mund der Frauen viele weise Worte kämen, das Wort zu ergreifen (Eur. Suppl. 293-294) und Orest schreibt eine gute Idee Elektras einem männlichen Geist in einem weiblichen Körper zu (Eur. Or. 1204-1205). Gleichzeitig nennt aber z.B. Hippolyt intelligente Frauen gefährlich (Eur. Hipp. 638-644); Medea klagt über das Misstrauen, das ihr wegen ihrer Klugheit entgegengebracht (Eur. Med. 292ff.) und Andromache werden Vorwürfe gemacht, als sie ihre Klugheit vor Männern demonstriert (Eur. Andr. 364-365); vgl. Dover 1974, 98-101; Gera 1997, 22-24.
477 Unter den positiv gewerteten ist hier v.a. an Sophokles' *Antigone* zu denken, deren Agieren aus feministischer Sicht dahingehend gedeutet wurde, dass sie sich damit eine explizit männliche Rolle zu eigen mache (Foley 1975, 36 oder auch Sorum 1982, 206). Abschreckende *exempla* bieten beispielsweise Euripides' *Medea* und der Stoff um Elektra, den Sophokles und Euripides bearbeiteten.
478 Diese unterschiedlichen Sichtweisen sind dabei durchaus voneinander abhängig bzw. Reaktionen auf die jeweils zuvor verfassten Aussagen zu Semiramis.
479 Vgl. FGrHist 688 F 1g; F 1i; F 1m u. F 1n. Dabei wird aber gerade eine promiske Lebensweise für Witwen in Ktesias' *Persika* nicht problematisiert, ganz anders als beispielsweise Ehebruch stellt sie keine Normentransgression dar. Erst die Kombination von promisker Sexualität und Luxus bildet einen Verstoß gegen gesellschaftliche Normen; vgl. Truschnegg 2011, 416-418 u. oben unter Kapitel 2.1.2.
480 Arrian betont zwar ausdrücklich, in Asien sei die Ausübung von Herrschaft für Frauen seit den Tagen der Semiramis üblich (an. 1,23,2), in römischer Zeit werden aber auch andere Frauengestalten in herausragenden Machtpositionen memoriert und mit einem positiven Image versehen, so Fulvia, Boudicca (die bei Cassius Dio sogar explizit mit einer positiven Semiramis verknüpft wird; Cass. Dio 79,23), die illyrische Königin Teuta oder Zenobia. Vgl. zu kämpfenden Frauen Schaps 1982, 193-213; Schmal 2007, 99-116; Günther 2007, 92-93 u. Engster 2011, 199-225.

Warnung, Frauen nicht zu viel Macht zuzugestehen. Erst später werden Semiramis und ihre Vita explizit politisch instrumentalisiert und als historische Argumente gebraucht.[481]

Dies setzt ein mit der Betonung der Gestalt der Semiramis im Kontext der Erzählungen über die Taten Alexanders III. Es ist wohl kein Zufall, dass gerade mit Diodor, dem häufig – wie oben gezeigt wurde: irrtümlicherweise – das Verdienst zugeschrieben wird, das verlorene ktesianische Narrativ unverfälscht wiederzugeben, die Gestalt der Semiramis besonders prominent erscheint. Hier wird allerdings eine Vielzahl der bei Ktesias enthaltenen negativen Aspekte der Semiramis bewusst ausgespart bzw. abgemildert. Wie bei den Alexanderhistorikern wird v.a. ihre militärische Kompetenz memoriert und die Frage eines Feldzuges nach Indien ventiliert – dies sind hier die zentralen Elemente des kulturellen Gedächtnisses. Semiramis ist in dieser Erzähltradition ein *exemplum*, dem Alexander III. entweder nacheifert oder aber das er übertrifft. Diodor nutzt die Feldzüge Alexanders als Folie, um die kriegerischen Aktivitäten der Semiramis zu schildern – ihr geographischer Handlungsraum wird als identisch mit dem Alexanders konstruiert.[482] Dabei wird offenbar das Semiramis-Narrativ nach dem Vorbild Alexanders ausgestaltet – und nicht etwa, wie von Szalc postuliert, umgekehrt.[483] Semiramis wird also dort bedeutsam, wo es gilt, Alexander von ihr abzuheben, insbesondere wenn mit Rückbezug auf sie eine übertrumpfende Wiederholung durch Alexander inszeniert werden soll[484] – diese Sinnzuschreibung sichert die Erinnerung an sie. Ihre Geschichte wird nicht um ihrer selbst willen erzählt, sondern ist Vehikel für die Geschichte Alexanders, bei Diodor sogar politisches Instrumentarium in der Herausstellung der ptolemäischen Dominanz über das Seleukidenreich, indem Sesostris als beide überragende Herrschergestalt konstruiert wird.[485] Semiramis' Geschlecht ist hier kein signifikanter Bestandteil der Erzähltradition. Außerhalb der Alexandergeschichte spielt sie in den hellenistischen Quellen keine Rolle.

Erst in spätrepublikanischer und augusteischer Zeit nahmen die Texte, die sich mit Semiramis befassten, wieder deutlich zu.[486] Die Gründe für diese Blüte sind wohl in den Auseinandersetzungen zwischen Octavianus und Kleopatra VII. Philopator zu sehen. Im Konnex dieser Machtkämpfe und der deren Darstellungsform maßgeblich dominierenden augusteischen Propaganda wird weibliche Herrschaft als Bedrohung konstruiert.[487] So wie Kleopatra in diesen Texten stark sexualisiert wurde, wurde auch die Erinnerung an die babylonische Königin zunehmend lasziv und promiskuitiv ausgestaltet – es sei erinnert an Nikolaos von Damaskus oder Hygin. Hier gewann nun, anders als in den früheren Texten, ihr Geschlecht eine neue, negative

---

481 So schon bei Berossos, der Semiramis und Kyros bewusst als Gegenbilder zu Nebuchadnezzar und Nabonid gestaltet; s. oben unter Kapitel 2.1.3.
482 Sulimani 2005, 53; Szalc 2014, 495–508.
483 Szalc 2014, 505. Vgl. dazu ausführlich vorn unter Kapitel 2.1.2.
484 So auch Curt. 5,1,24 oder Arr. an. 6,24. Schon Jacoby (1922, 2054) betont, wie groß der Eindruck des Indienfeldzuges der Semiramis auf die Phantasie der Alexanderhistoriker war.
485 Diod. 1,53,1; vgl. auch Bichler 2014, 63.
486 Erwähnung verdient in diesem Kontext auch der in etlichen Papyrusfragmenten erhaltenen Ninus-Roman, der vermutlich ebenfalls in diese Zeit gehört, auch wenn die einzig wirklich sichere Datierung in 100/101 n.Chr. als *terminus ante quem* besteht (durch die Datierung eines Textes auf der Rückseite eines Romanfragmentes). Die Geliebte des jungen Ninus bleibt hier allerdings namenlos; vgl. Stephens & Winkler 1995, 31; Bowie 2002, 47–52; Seymour 2014, 75–77.
487 Kleopatra VII. – und in ihrem Sog auch Semiramis – wird in der römischen Literatur zu einem radikalen Gegenentwurf zu Rom (verkörpert durch Octavia) ausgestaltet, ihre Alterität in jeder Form herausgestellt; Krippner 2014, 106; vgl. auch de Callataÿ et al. 2019, 329–346.

Bedeutung.⁴⁸⁸ Vor diesem zeitgeschichtlichen Hintergrund sind auch neu hinzukommende Erinnerungselemente zu deuten, wie beispielsweise die bei Hygin erstmals thematisierte Ermordung des Gatten und der Selbstmord, der sie in zusätzliche Nähe zu Kleopatra VII. Philopator rückt. Zudem kam in der Kaiserzeit der Vorwurf der Sodomie auf⁴⁸⁹, ihre Gestalt wurde sexuell stark aufgeladen.⁴⁹⁰ Dies alles kennzeichnet Diffamierungsstrategien mit topischem Charakter, die zur Diskreditierung weiblicher Herrscherinnen eingesetzt wurden und sicherlich beim Publikum sofort Assoziationen zu der von Octavianus/Augustus als in jeder Hinsicht bedrohlich propagierten Kleopatra VII. ausgelöst haben.⁴⁹¹ In diesem Kontext ist ebenfalls die Schilderung bei Trogus/Iustin zu sehen, der Semiramis als erster römischer Autor einen längeren zusammenhängenden Text widmete.⁴⁹² Selbst wenn erneut der Blick auf den ursprünglichen Text erschwert wird, zeigt sich auch hier ein durch die augusteische Propaganda gegen Kleopatra VII. geprägtes Bild, das für die weitere Ausgestaltung der Semiramis Maßgebliches hinzufügte – nämlich die große Ähnlichkeit zu ihrem Sohn und ihr Auftreten als dieser sowie inzestuöse Absichten.⁴⁹³ Anders als für die augusteischen Autoren war für Trogus/Iustin anscheinend weibliche Herrschaft nicht per se zwingend unangemessen⁴⁹⁴ – unangemessen waren vielmehr sexuelle Phantasien und ebensolche Handlungen mit dem eigenen Sohn, als der sie sich außerdem mehrfach ausgab. Dass sie aber Männerkleidung anlegte, um ihr Volk über ihr wahres Geschlecht zu täuschen, wird bei Trogus/Iustin so nicht explizit gesagt, selbst wenn dies in der Forschungsliteratur im-

---

488 Nikolaos unter Berufung auf Ktesias (FGrHist 90 F 1 = FGrHist 688 F *1δ); Hyg. fab. 240 u. 243. Was François de Callataÿ (2015, 11) treffend für Kleopatra VII. formuliert, gilt gleichermaßen für Semiramis: „Le portrait qu'il an dresse porte la trace de la propagande augustéenne et des deux préjudices irrémédiables que celle-ci s'emploie à stigmatiser: elle est femme et elle est étrangère."
489 Hyg. fab. 240, aufgegriffen bei Plin. nat. 8,64.
490 So z.B. Ov. am. 1,5,10–12. Man denke in diesem Zusammenhang auch an einige Öllämpchen aus dem 1. Jh. n.Chr., die ein nacktes Mädchen beim Geschlechtsverkehr mit einem Krokodil zeigen und die auf Grund der Attribute (u.a. ein Palmzweig und ein Schiff) als Darstellungen der Kleopatra gedeutet werden; Römisches Landesmuseum Trier (Inv. 3747d), Römisch Germanisches Museum Köln (Inv. WO 1339), British Museum (Inv. Lamp Q900); vgl. Grimm 2006, 176–183. Ich danke Dr. Patrick Reinard (Trier) für diesen Hinweis.
491 In diesem Kontext auch die Betonung der Gendertransgression bei Valerius Maximus (9,3 ext. 4) und Polyainos (8,26), die Schilderungen bei Properz (3,11,21–26) und Iuvenal (2,108–109 u. 2,82) sowie Plutarch (Caes. 22). Inzestuöse Episoden sind darüber hinaus für Tyrannenbeschreibungen üblich, etwa bei Apollonius von Tyros in der anonymen *Historia Apollonii regis Tyri*; s. Archibald 2001, 93. Für die Dämonisierung der Kleopatra und die Abwertung weiblicher Herrschaft sei an die Beschreibung Kleopatras in Lukans *Pharsalia* (10,1–171) erinnert, wo sie zum Gegenmodell aller römischen *virtutes* ausgestaltet wurde. Das Schicksal als „beauté malfaisante, perfide et conspiratrice, étrangère, incestueuse, audacieuse, menteuse, adultère, fastueuse, luxurieuse, impudique, vaniteuse, cupide" (Boyer 2004, 28) teilen von nun an beide Königinnen.
492 Trogus wurde von Seel (1956, 116), deutlich zögerlicher von Welles (1970, 13–14) und sehr progressiv jüngst wieder von Stronk (2017, 60–62) als Quelle für Elemente im Narrativ Diodors ins Gespräch gebracht. Auf den Einfluss augusteischer Propaganda auf Trogus weist auch Müller (2016, 76) kurz hin. Die oben aufgezeigte pro-ptolemäische Position Diodors spricht aber für eine Abfassung in den 30er Jahren des 1. Jh.s v.Chr. und rückt ihn chronologisch vor Trogus. So auch Rathmann 2016, 168.
493 1,2,1. Dass weibliche Herrschaft auch in der Kaiserzeit sehr wohl Bewunderung hervorrufen kann, zeigen Ausführungen von Plutarch und Dio Chrysosthomos über Semiramis (Plut. mor. 336C [de Alex. fort.] u. 243C [de mul. virt.]; Dion 64,2).
494 So behält Semiramis bei ihm ihre Herrschaft auch nach der Offenlegung ihres ‚wahren' Geschlechtes. Darüber hinaus enthält sein Werk weitere *exempla* weiblicher, durchaus positiv konnotierter Herrschaft, die aber alle außerhalb des römischen Kosmos angesiedelt sind; Comploi 2002, 347 u. 352.

mer wieder zu lesen ist und auch die modernen Übersetzungen diese Deutung bieten. Hier zeigt sich vielmehr, dass dieses Erinnerungselement, das erst im 4. Jh. in den Quellen ausdrücklich so formuliert wird, die Vorstellung über ihre Person derartig prägt, dass die Deutung und Übersetzung von Quellentexten davon tangiert werden.[495] Diese Übersetzungen wiederum fungieren ihrerseits als Multiplikatoren von Stereotypen – bereits in den Köpfen vorgefertigte Bilder determinieren den Blick auf den Quellentext, die Zuschreibung von Eigenschaften, deren Kenntnis sich aus anderen Texten ergibt (oder die sogar rein assoziativ und nicht quellenbasiert sind), bestimmt die Sicht auf Semiramis, alles andere wird von diesen überstrahlt bzw. wird nicht weiter hinterfragt – in der Sozialpsychologie wird dieses Phänomen als Halo-Effekt bezeichnet.[496] Es kommt also zu einer kognitiven Verzerrung und Urteilsfehlern, die ein bereits vorgefertigtes Bild bestätigen. Der Blick auf Semiramis wird durch „perceptions of gender-induced status, behaviour and exemplariness" geformt – und zwar eben nicht nur die der antiken (im Übrigen ausschließlich männlichen) Autoren, sondern ebenso die der Übersetzer dieser Texte (die ebenfalls ausschließlich männlich sind) und letztlich der diese Texte analysierenden Wissenschaftler und Wissenschaftlerinnen.[497]

In der römischen Kaiserzeit liegen also die Wurzeln einer verstärkten Dämonisierung und Sexualisierung der Semiramis, die über die bei Ktesias angelegten Elemente hinausgingen und die wiederum in Teilen der christlichen Tradition späterer Jahrhunderte aufgegriffen wurden.[498] Vor allem Inzest und Sodomie waren Erinnerungselemente der Gestalt der Semiramis jener Zeit – sie sind in der griechischen Historiographie für diese Königin nicht nachzuweisen.[499] So wie Kleopatra durch die augusteische Propaganda und deren Auswirkungen auf spätere Texte zum in jeder Hinsicht *fatale monstrum* wurde, wurde es auch Semiramis.[500]

Nach längerem Schweigen in den Quellen vollzieht sich in Teilen der christlichen bzw. christlich geprägten Literatur dann endgültig die Diffamierung und Sexualisierung ihrer Gestalt. Schon bei Athenagoras in seiner *Legatio pro christianis* (30,1) in der zweiten Hälfte des 2. Jh.s n.Chr. wird, unter Bezug auf Ktesias, ihre sexuelle Libertinage ebenso aufgeführt wie ihr Blutdurst. Beide Elemente werden bei Orosius aufgenommen[501], der sie in düstersten Farben schildert und – wie zuvor bereits Ammianus Marcellinus – in die Nähe von *meterices*, Prostituierten,

---

495   Ähnliche Beispiele finden sich beispielsweise bei Casewitz 1985, 120; Auberger 1993, 257 u. 260.
496   Vgl. Kandale & Rugenstein ³2017, 50. Für diesen Hinweis danke ich Dipl.-Psych. Bettina Hecker-Lehrle (Gladenbach).
497   Valls-Russell 2011, 105.
498   Diese Entwicklung deckt sich mit der von Sabine Müller (2016, 73) beobachteten Tendenz, dass auch die Zuschreibung sexueller Eskapaden an die Argeaden primär eine Zutat römischer Autoren und weniger der griechischen Quellen über das makedonische Königshaus sei.
499   Selbst Athenaios, der von der illegitimen Aneignung der Regentschaft für fünf Tage spricht, macht sie – soweit wir dies sehen können – nicht zur Mörderin des Ninus (FGrHist 681 F 1 = Diod. 2,20,3–5), wenn auch andere, allerdings nur durch spätere Exzerpte tradierte und offenbar weniger rezipierte, Autoren sie zur Mörderin der Söhne machen und ihre Lüsternheit betonen (Kephalion: FGrHist 93 F 1b oder Athenagoras: FGrHist 688 F 1m; s. dazu oben). Als Mörderin des Gatten erscheint sie allerdings bei Deinon von Kolophon um die Mitte des 4. Jh. v.Chr. (FGrHist 690 F 7 = Ail. var. 7,1), der außerdem ebenso wie Athenaios berichtet, sie habe sich von Ninos die Herrschaft für fünf Tage ausgebeten. Das Motiv des Gattenmordes wird aber, soweit wir es fassen können, zunächst nicht aufgegriffen.
500   So selbst noch in Johannes Tzetzes' *Biblos historion* (seit der Renaissance bekannt als Chilliades) aus dem 12. Jh. (12,56/452). Ein Gegengewicht bildet die Darstellung des Pomponius Mela (1,54), dessen Werk aber erst in der Renaissance breit rezipiert wurde.
501   1,4,1–8.

rückt.[502] Darüber hinaus betont Orosius das Anlegen von Männerkleidung[503] – so überschreitet sie hier in gleich mehrfacher Hinsicht Grenzen innerhalb einer als männlich-weiblich gedachten Taxonomie mit differierenden moralischen und habituellen Normen.[504] Orosius' Narrativ wird für die folgenden Jahrhunderte (zusammen mit Trogus/Iustin) richtungsweisend und hat eine unübersehbare Spur in der späteren Tradition hinterlassen, auch da es sich als sinn- und bedeutungsverwandt zu dem der ‚Hure Babylon' erweist. Vorangegangen waren Orosius Darstellungen wie die des Euseb und des Augustinus, für die Semiramis und Ninus als chronologische Marker fungierten, um die Geburt Abrahams und damit den Übergang vom zweiten zum dritten Weltreich zu datieren – vor allem Trogus/Iustin dienten ihnen allen als Basis, aus der aber wiederum intentional selektiert wurde. Eusebs Darstellung ist dabei recht neutral[505], Augustinus – wohl motiviert durch eine tendenziell misogyne und Sexualität ablehnende Haltung – betont v.a. den Inzest mit dem Sohn[506] und weiß sonst wenig zu berichten. Insbesondere der Aspekt des Inzestes wird bei Orosius ausgebaut, indem er Semiramis diesen sogar gesetzlich legitimieren lässt.[507] Hinzu kommt bei ihm außerdem ein gänzlich neues Element, nämlich die Empfängnis und Aussetzung eines illegitimen, also außerehelich geborenen Sohnes, mit dem besagter Inzest später in Unkenntnis seiner Identität vollzogen wurde. Ein gesetzlich legitimierter Inzest ist hier die Klimax einer dämonischen Herrscherin abseits der geltenden Verhaltens- und Geschlechternormen.[508] Die Ausgestaltung von Semiramis als heidnisches Gegenbild christlicher Wertmaßstäbe unter nahezu ausschließlicher Aus- bzw. Umdeutung der in älteren Quellen enthaltenen Elemente und unter Auslassung aller positiv konnotierten Errungenschaften ist also letztlich ein Produkt des Orosius. Es passt sowohl in die misogynen Tendenzen der Kirche seiner Zeit, als auch in die immer noch virulenten Diskurse von der Unangemessenheit weiblicher Herrschaft und zur Sicht auf den untrennbar mit ihrer Gestalt verbundenen Sündenpfuhl Babylon. Die enorme Verbreitung seines Textes sowie die zahlreichen Übersetzungen trugen zur weiteren Verbreitung und Verfestigung dieses Bildes maßgeblich bei, welches durch Otto von Freising in der *Chronica sive Historia de duabus civitatibus* sowie Hugo von Fleury in seiner *Historia ecclesiastica* zu weiterer Blüte geführt wurde. Zwar existieren auf Basis von Orosius auch gemäßigtere und nüchternere Perspektiven, wie beispielsweise bei Frutolf von Michelsberg[509], auf dessen Werk Otto aufbaut, doch setzen sich diese in der Folgezeit nicht durch. Semiramis wurde gewissermaßen zur Personifikation der lasterhaften *civitas mundi* Babylons, dem Jerusalem als tugendvolle *civitas dei* gegenübersteht.[510] Durch den Synchronismus zu Abraham erhielt sie zusätzlich einen festen und

---

502 Amm. 28,4,9; Oros. 1,4. Vgl. die Bezeichnung *lupa* in einem anonymen Gedicht aus dem 11. Jh.; s. dazu oben. Auch noch Prokop (HA 1,9) betont im 6. Jh. v.a. ihre sexuelle Zügellosigkeit.
503 1,4,4.
504 Dies steht in gewissem Gegensatz zu der Beobachtung von Sigrid Mratschek, im 4. und 5. Jh. habe sich ein neues weibliches Idealbild entwickelt, das nicht mehr auf Ehe, Familie, Keuschheit und Schönheit fokussiere, sondern das Ideal einer „selbstbewussten, männlichen und dem Mann ebenbürtigen Frau" propagiere; Mratschek 2007, 211–227, Zitat auf 222. Vielmehr scheint auch in dieser Zeit ein gewisser Pluralismus an z.T. antithetischen Weiblichkeitsidealen vorzuherrschen – der von Mratschek auf Basis von Frauen wie Tatiane oder der älteren Melania postulierten „neuen, höheren Bewertung von Weiblichkeit im christlich-philosophischen Diskurs" (ebd.) steht die misgyone Sichtweise eines Augustinus oder Orosius entgegen.
505 Vgl. Samuel 1943, 34–37.
506 Civ. 18,2.
507 1,4,7–8.
508 Benz 2015, 350–351.
509 Auch Radolfus Niger, Rudolf von Ems oder die *Christherre-Chronik*; vgl. oben unter Kapitel 2.2.5.
510 Chron. 1,4 u. 1,20; Goetz 1984, 82–83.

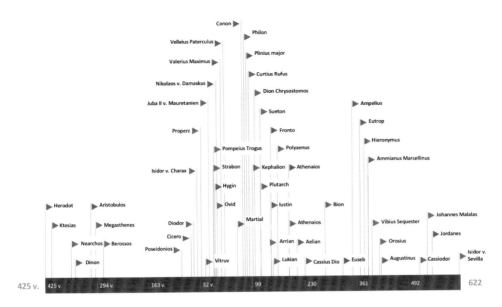

Abb. 1: Zeitstrahl der Quellen zu Semiramis von Herodot bis Isidor von Sevilla[512]

bedeutungsvollen Platz als Erinnerungsfigur in der mittelalterlichen Welt. Die Bedeutung, die in dieser Welt dem Inzest beigemessen wurde – man denke an die hohen Inzestschranken bis zum Laterankonzil 1215, aber auch noch darüber hinaus –, machte ihre Vita zu einem verbreiteten Erzählstoff. Hinzu kommt die in der christlichen Kirche nicht nur als Verletzung von Normen und Vorschriften, sondern auch als deutliche Bedrohung göttlicher Ordnung wahrgenommene Transgression von geschlechtlichen Identitäten, die dem Tragen von dem eigenen Geschlecht nicht angemessener Kleidung innewohnt. Dies kann vielleicht auch erklären, warum Semiramis trotz der Herrschaftssituation im hochmittelalterlichen Europa, als die Ausübung von Herrschaft durch Frauen keine Seltenheit darstellte,[511] nicht als Identifikationsfigur für diese Frauen taugte – ganz anders als in der Frühen Neuzeit.

Es zeigt sich somit: Der Stoff um Semiramis ist in hohem Maße künstlerisch ergiebig und variantenreich gestaltbar, er lässt sich für unterschiedliche Agenden instrumentalisieren, indem das Bild der babylonischen Königin immer wieder refiguriert und neu ‚verargumentiert' wird. Dabei haben wir es nicht mit einer linearen Fortentwicklung eines Semiramisbildes zu tun, vielmehr existieren durchaus Konjunkturen – einerseis mit Blick auf ihre Person als Ganzes, anderseits

---

511 Hingewiesen sei auf Adela von Blois (~1062–1138), Eleonore von Aquitanien (~1122–1204) oder Maria von Burgund (1457–1482). Weitere Beispiele weiblicher Herrschaft während des Mittelalters vereinigen die Beiträge in Zey 2015.

512 Der Zeitstrahl soll einen Überblick zu den obigen Ausführungen geben, für eine bessere Orientierung sorgen und die chronologischen Konjunkturen der Semiramis-Rezeption vom 5. Jh. v. bis ins 7. Jh. n.Chr. aufzeigen. Die Eintragungen sind dabei nicht als absolute Jahresdatierungen zu verstehen, Unschärfen und Unsicherheiten der Datierung einzelner Autoren sollen durch diese Darstellungsform keinesfalls negiert werden. Der Mehrwert einer Visualisierung der chronologischen Grundstruktur der Semiramis-Rezeption wird aber höher eingeschätzt.

mit Blick auf bestimmte Erinnerungselemente (vgl. den Zeitstrahl am Ende dieses Kapitels). Vor allem als Vergleichsfolie für männliche Protagonisten (wie Alexander III. und Sesostris) und männlich dominierte Moralvorstellungen ist sie bedeutsam, aber auch zur Diffamierung von weiblichen Gestalten sowie zur Illustration der Unangemessenheit von weiblicher Herrschaft, die als bedrohlich empfunden wird, kann sie verwendet werden.[513]

Die ihr zugeschriebenen Errungenschaften, wie etwa der Feldzug gegen Indien, traten ab augusteischer Zeit zunehmend in den Hintergrund. Universale Bedeutung, unabhängig von der Ausdeutung ihrer Gestalt, behielt allein ihre Rolle als Bauherrin und Städtegründerin.[514] Gleichzeitig gewannen Elemente, die Semiramis als liminale bzw. liminoide[515] und hoch sexualisierte Gestalt zeigen, an Virulenz – dies gilt insbesondere für Teile der christlichen Überlieferung in der Tradition des Orosius, die in der Folge das Narrativ dominierten. Weibliche Herrschaft wurde hier als unangemessen wahrgenommen, die Sexualisierung diente letztlich als rhetorisches Vehikel zur Diskreditierung einer solchen. Wo christliche Tugenden wie Keuschheit idealisiert werden, kann eine Figur wie Semiramis nur verdammenswert memoriert werden.[516] Ausgehend von einem derart vorgeformten und mit markanten Eigenschaften versehenen Bild, kommt es allein schon durch die Nennung des Namens „Semiramis" zu bestimmten Erwartungshaltungen – ein Effekt, der z.B. bei Shakespeare später wiederbegegnen wird. Dabei treten durchaus systematische Verzerrungen auf – der Halo-Effekt –, wie beispielsweise anhand der modernen Übersetzungen von Iust. 2,1,3 vorgeführt werden konnte. Die Vorstellbarkeit bestimmter Sachverhalte, die durch das Vorwissen sowie die Beurteilung von Wahrscheinlichkeiten determiniert wird, verstellt und verzerrt mitunter den Blick. Die Psychologen Daniel Kahnemann und Amos Tversky haben zur Beschreibung und Erfassung solcher Phänomene das Modell der intuitiven Heuristiken entwickelt. Entscheidend ist für das hier geschilderte Phänomen vor allem ihre Verfügbarkeitsheuristik, also die Leichtigkeit, mit der Informationen oder Erinnerungen abrufbar sind, die als Indikatoren für die Abschätzung von Wahrscheinlichkeiten genutzt werden.[517] Die Art der bereits zur Verfügung stehenden Informationen determiniert also, wie neue Informati-

---

513 Auch außerhalb der Texte der Kirchenväter und von diesen abhängenden späteren Chroniken kann Semiramis dabei als Paradigma für das Oxymoron Frau – Herrschaft verwendet und als abstoßend und unangemessen verurteilt werden; vgl. SHA trig. tyr. 27 – hier wieder gemeinsam mit Kleopatra VII. Ihre Existenz, und damit die Existenz weiblicher Herrschaft, kann gar in Frage gestellt und ins Lächerliche gezogen werden; vgl. Tat. 32. Als negatives *exeplum* erscheint sie auch bei Julian im Panegyrikus auf Eusebia (or. 3), nämlich als eine der Frauen – hier zusammen mit Nitokris und Rhodogyne –, die sich in unangemessener Weise wie Männer benehmen.

514 Neben Babylon gründet sie angeblich Melita in Kappadokien (Plin. nat. 6,8), Arachosia am Arachotus (Plin. nat. 6,92), Abaisamis und Saraktia (Plin. nat. 6,145), Hierapolis (Lukian, Syr. dea 14) oder Trier (zuerst Hystoria Treverorum 2,3 [ed. Dräger 2017]). Bauherrin auch bei Hdt. 1,184; Prop. 3,11,21–22; Vitr. 8,3,8; Mart. 9,75; Strab. 2,1,26; 11,14,8 u. 16,1,2; Dion Chrys. 64,22; Dion. Per. 1000; Amm. 23,6,22–23; Lib. or. 11,59 u.v.m.; vgl. auch Perdrizet 1932, 203–205. Erinnert sei in diesem Kontext auch an den Kanal der Semiramis: Isid. 1,2 u. Grewe 2010, 281–287.

515 Im Sinne der Studie des Ethnologen Victor Turner (1974) wird Liminalität zur Beschreibung von Schwellenzuständen zwischen zwei Sinnordnungen verwendet, genauer des Schwebezustandes während des Übergangs einer Person von einer sozialen Kategorie zu einer neuen, ihr opponierten. Liminoid bezeichnet dabei eine solche Überschreitung, die nicht Bestandteil evolutionärer oder gesellschaftlich akzeptierter Schwellenerfahrungen (wie z.B. Pubertät/coming of age) ist, sondern ein absichtsvolles Ausbrechen aus der herrschenden Sozialordnung bzw. der diese determinierenden und formenden Gesellschaft.

516 Kolsky 2005, 136. Mit Blanco (2015) lässt sich summieren: „Les auteurs ecclésiastiques en firent tout naturellement la plus grande des pécheresses mais aussi la plus grandiose."

517 Tversky & Kahneman 1974, 1124–1131. Vgl. auch Kahnemann 2012, insb. 13–25.

onen beurteilt werden. Das bereits in den Köpfen etablierte Bild der Semiramis determiniert die Wahl einer Wortbedeutung für die Übersetzung bzw. die Abschrift eines Textes. Solche intuitiven Heuristiken beeinflussen den Blick auf Semiramis – und zwar nicht nur den künstlerischen, sondern eben auch den wissenschaftlichen.

In den geschilderten Semiramis-Narrativen verbinden sich somit Bewunderung und Staunen über ihre Taten mit der Furcht vor einem Niedergang von Männlichkeit und einer Ablehnung von effeminierten Männern. Sie können je nach Bedarf gelesen werden als „a warning to virtuous women [... and ...] weak men".[518] Dabei wird Semiramis an keiner Stelle die Herrschaft abgesprochen; ihre politische und militärische Handlungsfähigkeit wird nie als solche in Frage, die Existenz weiblicher Herrschaft in Babylon nie in Abrede gestellt. Allen hier besprochenen Texten gemeinsam ist weiterhin die grundsätzliche Bedeutung, die der Gestalt der Semiramis beigemessen wird – selbst in der Notwendigkeit zur Marginalisierung, wie bei Berossos, spiegelt sich letztlich ja die Relevanz ihrer Gestalt. Sie ist, wenn auch mit Konjunkturen, durch die gesamte Antike hindurch, eine „Frau, von der man spricht".[519]

2.5 Semiramisbilder in der Renaissance und Frühen Neuzeit (bis 1729)

Bereits bevor Semiramis ihren Weg auf die Opernbühnen Italiens – und von dort ausgehend in die gesamte europäische Opernwelt und auch die des amerikanischen Kontinents – fand, wurde der Stoff in der europäischen Literatur der Renaissance und der Frühen Neuzeit ausführlich behandelt. Überhaupt gehört der Rückbezug auf die Antike, die Orientierung an der lateinischen (später und zögerlicher auch der griechischen) Sprache und die Übernahme künstlerischer Formen – und dies nicht nur im Rahmen der *Querelle des Anciens et des Modernes* – zu den Charakteristika der Frühen Neuzeit. Antike diente dabei stets auch als Instrument sozialer Distinktion und etablierte sich zu einem omnipräsenten, universellen „kulturellen Code in den europäischen Gesellschaften der Frühen Neuzeit"[520].

Als eigenständiges Drama kam der Themenkreis um Semiramis in Italien erstmals 1593 in einer Bearbeitung von Muzio Manfredi auf,[521] doch bereits die drei großen italienischen Literaten der Renaissance – Dante, Petrarca und Boccaccio, die ‚tre corone', die das 14. Jh. literarisch dominierten – ließen Semiramis in ihren Werken auftreten und sicherten so ihr ‚Überleben' bis in die Barockzeit. Die Humanisten zeichneten sich gegenüber dem Mittelalter durch ein deutlich gesteigertes Interesse an der Antike aus, wobei dies nur bedingt in einer erweiterten Kenntnis der antiken Texte begründet ist,[522] sondern vielmehr in einem gewandelten Verhältnis zu den griechischen und römischen Autoren. Es herrschte eine große Vertrautheit im Umgang mit ihnen, sie waren geradezu alltägliche Gefährten. Die Renaissance der Antike im Sinne einer Rückbe-

---

518 Valls-Russell 2011, 111.
519 So der deutsche Titel des Filmes *Women of the Year* mit Spencer Tracy und Katherine Hepburn aus dem Jahr 1942.
520 Niggemann 2019, 46.
521 Szarota 1987, 228. Zu Manfredis Adaption(en) des Stoffes vgl. ausführlich weiter unten unter Kapitel 2.5.6.1.
522 Dabei spielen v.a. bei den griechischen Autoren nach wie vor sprachliche Barrieren eine große Rolle. So bezeichnete Dante Homer zwar als „poeta sovrano" (Inf. 4,88), konnte aber, da er des Griechischen nicht mächtig war und keine Übersetzung ins Lateinische vorlag, keine einzige Zeile seiner Texte lesen; Müller 1992, 12.

sinnung diente der ‚Regeneration der eigenen Kultur', wobei die Antike nun als abgeschlossene Epoche betrachtet wurde, der man sich über einen historischen Abstand hinweg annähern müsse. Ziel ist nicht mehr die reine *imitatio*, sondern eher eine *aemulatio*.[523]

Im folgenden Abschnitt ist die Entscheidung erneut gegen eine rein chronologische Anordnung der Texte gefallen. Da die frühneuzeitlichen Semiramisnarrative, -motive und -erinnerungselemente, wie ihre früheren Vorbilder, weder eine lineare Entwicklung durchlaufen, noch sich in literarischen Gattungen systematisieren lassen, wurde ein Zugang gewählt, der zwar chronologische Grundzüge aufweist, dann aber verstärkt mit Sprachräumen operiert. Diesem Zugang liegt die Beobachtung zu Grunde, dass mit dem Humanismus bzw. der Renaissance die Volkssprachen zunehmend an Bedeutung gewinnen und die zuvor in rein akademischen Zirkeln auf Latein geführten Diskurse und Narrative durch die Übertragung in Volkssprachen eine eigene Dynamik entwickeln.[524] Der daraus resultierende Rezeptionsraum wird somit im Verlauf der Frühen Neuzeit zunehmend sprachlich-geographisch definiert. Ausnahmen in diesem Vorgehen bilden der Kanon der neun tugendhaften Frauen, der sich, wenn auch mit leicht unterschiedlichen Personen, in vielen europäischen Lädern findet, sowie die ersten Bühnenbearbeitungen des Stoffes um Semiramis, die fast zeitlichgleich in Spanien und Italien entstehen. Da im 16. Jh. die spanische Sprache auch in Italien sehr weit verbreitet war, kommt hier den Interdependenzen zwischen den einzelnen Stücken besondere Bedeutung zu.[525] Am Anfang des Kapitels stehen aber zunächst die Werke von Dante, Petrarca und Boccaccio, den sog. ‚tre corone fiorentine' aus

---

523   Müller 1992, 72–73; auch Meid 2015, 24.
524   Dabei soll natürlich die Existenz einer wirkmächtigen und nationale Sprachräume übergreifenden neulateinischen Literatur bis ins 17. Jh. hinein nicht in Abrede gestellt werden, doch spielt hier die Gestalt der Semiramis, abgesehen von den bereits erwähnten mittelalterlichen Chroniken und den hier ausführlich behandelten Schriften der *tre corone*, eine verhältnismäßig kleine Rolle. Eine Ausnahme bildet Erasmus von Rotterdam als der wohl bedeutendste der europäischen Humanisten. Zum einen erscheint sie in seinen schon um 1500 begonnenen *Adagiorum Collectanea*, einer Sammlung von Sprichwörtern, die er lange Jahre bearbeitete und erweiterte. Von ursprünglich 820 war die Sammlung schließlich auf 3.260 Sprichwörter angewachsen, deren Zweck es war, eine Synthese zwischen Antike und Christentum zu bilden und dem Publikum des 16. Jh.s die Weisheit der Antike in quasi destillierter Form zu präsentieren. Die Reichweite von Erasmus' *Adagia* kann kaum groß genug eingeschätzt werden, für Jahrhunderte waren sie eines der meistgelesenen ‚Bildungsbücher' und lange Zeit sein bekanntestes *opus*; Margaret Philipps nennt es „one of the world's biggest bedside books" (Philipps 1964, ix). Unter der Überschrift „Moenia Semiramidis" heißt es hier: „Τείχη Σεμυράμιδος, id est Muri Semyramidis, de muris inexpugnabilibus dicebatur egregieque munitis. Ovidius libro Metamorphoseon quarto: Ubi dicitur altam Coctilibus muris cinxisse Semyramis urbem"; ed. Hoven 1997, #3234. Es wird hier Bezug genommen auf Ov. met. 4,57–58. Vgl. einführend Philipps 1964, 3–25, sowie zu den Quellenzitaten (abseits biblischer Texte) ebd. 393–403. Auch in dem 1531 erstmals erschienenen *Apophthegmatum opus*, in dem Erasmus kurz und anekdotenhaft Begebenheiten aus dem Leben herausragender antiker Persönlichkeiten berichtet, widmet Erasmus der Semiramis einen längeren Abschnitt. Die hier in sechs (später acht) Bänden zusammengetragenen Anekdoten entlehnt er meist aus Werken Plutarchs; sie fanden großen Anklang, wurden schon im 16. Jh. mehrfach aufgelegt und erfreuten sich bis weit ins 18. Jh. großer Beliebtheit; vgl. beispielsweise Erasmus of Rotterdam, The Apophthegms of the Ancients. Being an Historical Collection of the most celebrated, elegant, pithy and prudential sayings of all the illustrious Personages of Antiquity, London 1753. Boccaccio, Petrarca und Dante gegenüber besaß Erasmus den entscheidenden Vorteil, nicht nur des Lateinischen, sondern eben auch des Griechischen mächtig zu sein, so dass für ihn ein deutlich größerer Quellenfundus erschließbar war. Plutarchs Werke waren allerdings bereits im frühen 15. Jh. durch den italienischen Leonardo Bruni ins Lateinische übersetzt worden; vgl. Beringer 2016, 107.
525   Vgl. Migliorini 1963, 329: „La lingua straniera di gran lunga predominante nell'Italia cinquecentesca è lo Spagnolo (...)."

dem italienischen Trecento, durch die, basierend auf den antiken Quellentexten, das Bild der Semiramis in Italien und weit darüber hinaus bis in die Moderne hinein nachhaltig geformt und in einen allgemeinen Bildungskanon überführt wurde – den Übersetzungen dieser Werke in verschiedene Volkssprachen kommt dabei eine große Bedeutung für die Verbreitung der darin transportierten Erinnerungselemente und Vergangenheitskonstruktionen zu. Hier besprochen werden dabei, dem in der Einleitung abgesteckten chronologischen Rahmen folgend, nur Texte, die vor 1729 und damit vor der Abfassung des letzten hier behandelten Librettos *Semiramide riconosciuta* von Pietro Metastasio entstanden sind.

2.5.1 Semiramis bei den ‚tre corone fiorentine'

2.5.1.1 *Dante Alighieri*

Die Geschichte der italienischen Literatur im engeren Sinne beginnt mit Dante Alighieri, der die europäische Literaturgeschichte nachhaltig prägte, über dessen Leben aber relativ wenig bekannt ist.[526] Geboren 1265 in Florenz, einer der „Geburtsstätten des europäischen Frühkapitalismus"[527] und sicherlich einer der blühendsten, mächtigsten und reichsten Städte ihrer Zeit, sind sein Leben und Wirken mit dieser Stadt und ihrer Geschichte eng verflochten. Er wird in den schon lange währenden Konflikt zwischen Ghibellinen, die die Sache des Kaisers vertraten, und Guelfen, die auf Seiten des Papstes kämpfen, hineingeboren.[528] Doch auch innerhalb dieser beiden Gruppierungen herrschte keine Einigkeit, vielmehr zerfielen die Guelfen in zwei Lager – das der papsttreuen ‚Schwarzen' (‚Neri') und das der papstkritischen ‚Weißen' (‚Bianchi'), die für einen Kompromiss mit dem Kaiser eintraten. Letzteren schließt sich Dante Ende des 13. Jh.s an.[529] Im Jahr 1300 wird er im Namen der Bianchi als Botschafter zum damaligen Papst, Bonifatius VIII. (~1235–1303), nach Rom entsandt. Im folgenden Jahr wendet sich in Florenz allerdings das Blatt zu Gunsten der ‚Neri'. Im Januar 1302 kommt es zu einer Prozesswelle gegen die Anführer und Anhänger der ‚Bianchi', in deren Zuge auch Dante verurteilt wird. Neben einer hohen Geldstrafe wird ihm die Ausübung politischer Ämter verboten, im März folgt dann sogar die Verbannung aus Florenz, das er bis zum Ende seines Lebens nicht mehr betreten wird. Die Zeit der Verbannung, die für ihn den Verlust von Heimat, Familie, Freunden, Vermögen und Ehre mit sich bringt, bedeutet für Dante eine entscheidende Zäsur und eine neue Schaffensphase.[530] In dieser Zeit macht er sich an die Abfassung von Dichtung in Volkssprache, zunächst des philosophischen *Convivio* (1304–1307),[531] dann schließlich der *Divina Commedia*. Deren Datierung ist

---

526 Vgl. einführend Stierle 2014 oder Jacoff ²2007.
527 Stierle 2014, 9.
528 Vgl. Raveggi 2009; Dessì 2011 sowie Cardini 1989a, 1436–1438 u. 1989b, 1763–1765, jeweils mit umfassender weiterführender Literatur.
529 Vgl. Herde 1976.
530 Wie hart ihn die Verbannung trifft, lässt eine Passage in diesem Werk erahnen, die er seinem Vorfahren Cacciaguida in den Mund legt; Par. 17,55–60: „Tu lascerai ogne cosa diletta più caramente; e questo è quello strale che l'arco de lo essilio pria setta. Tu proverai sì come sa di sale lo pane atrui, e come è duro calle lo scendere e 'l salir per l'altrui scale."; zu Cacciaguida vgl. Jacoff ²2007, 114.
531 Zur Einführung s. Wittschier 2009.

auf Grund von fehlenden Dokumenten zu ihrer Entstehung nicht eindeutig festzumachen, so dass meist allgemein eine Abfassung zwischen 1306 und 1321 angenommen wird.[532]

Boccaccios Abschriften der *Divina Commedia*, die er Petrarca schenkte, bilden die Basis für die Textversion, die sich heute als die kanonische etabliert hat. Boccaccio ist auch der erste, der eine Lebensbeschreibung Dantes vorlegt (*Trattatello in laude di Dante,* ca. 1355–1370) und der die *Commedia* 1373/1374 in Florenz öffentlich kommentiert und ausdeutet.[533] Die Wirkmächtigkeit der *Divina Commedia* ist enorm, im 14. Jh. wird sie zum allgemeinen, omnipräsenten Kulturgut – das nach der Bibel meist gelesene Buch dieser Zeit.[534] Die Zahl der Abschriften ist exorbitant, allerdings stammt keine aus Dantes Zeit selbst,[535] eine Vielzahl an Kommentaren in verschiedenen Sprachen aus dem 14. und 15. Jh. demonstriert aber die Bedeutung seines Textes.[536]

Sicherlich ist es im Rahmen dieser Arbeit nicht möglich, seit Jahrhunderten in der Literaturwissenschaft geführte Debatten über die (Be-)Deutung von Dante und seinem Werk auszubreiten.[537] Für unsere Zwecke mag es hier genügen, den Blick auf die *Divina commedia* zu fokussieren, ja noch enger, sogar nur kurz auf die Grundanlage des Werkes und dann auf den zweiten Kreis der Hölle zu blicken, in dem Semiramis (und andere) anzutreffen sind.

Der Ich-Erzähler, Dante, nimmt, begleitet bzw. geleitet vom antiken Dichter Vergil, die Leserschaft mit auf seine abenteuerliche Reise an den Mittelpunkt der Welt – denn bis dorthin erstreckt sich Dantes Hölle, die als ungeheurer, sich nach unten verengender Trichter gedacht und in neun einzelne Kreise aufgeteilt ist. Nachdem beide das Höllentor und die Vorhölle am oberen Rand des gigantischen Schlundes durchschritten haben, gelangen sie in den ersten Kreis der Hölle, wo die ungetauften Kinder und die ungetauften Gerechten versammelt sind. Hier begegnen ihnen auch antike Gestalten, mythische[538] wie historische.[539] Im zweiten Kreis der Hölle begegnet der Wanderer dann den ‚fleischlichen Sündern' (5,38: „i peccator carnali"), genauer gesagt denen, die der Wollust gefrönt haben , was seit dem späten 6. Jh. in der kirchlichen Lehre unter die den Tugenden gegenübergestellten Hauptlaster gerechnet wird.[540] Hier versammeln sich, von furchtbaren Stürmen gepeitscht, die berühmtesten Liebenden der Antike (vier Frauen und zwei Männer), dazu einer Figur aus dem Mittelalter und – die vielleicht bewegendste Geschichte von allen – ein Liebespaar aus dem zeitgenössischen Ravenna. Semiramis eröffnet die antiken *exempla*:[541]

> La prima di color di ciu novelle
> tu vuo' saper' mi disse quelli allotta,

---

532 Wittschler 2009, 24.
533 Stierle 2014, 216.
534 Wittschler 2009, 25.
535 Amelung 1965, 18; vgl. auch Roddewig 1984.
536 Wittschler 2009, 139–143.
537 Verwiesen sei hier exemplarisch auf Jacoff ²2007 oder Stierle 2008. Diese Einschränkung gilt im Übrigen für alle in der Folge behandelten Texte.
538 Elektra, Penthesileia, Hektor, Aeneas et al.
539 Caesar, Platon, Seneca, Cicero, Galen et al. Insgesamt trifft Dante auf seiner Jenseitswanderung auf etwa 600 Seelen (vgl. Wittschler 2009, 74).
540 Vgl. Köhler 2010, 72. Seit Papst Gregor I. (dem ‚Großen') und seinem Kommentar zum Buch Hiob (*Moralia in Iob*) aus dem späten 6. Jh. bildete sich in der kirchlichen Lehre ein Kanon aus sieben Hauptlastern bzw. aus diesen resultierende Todsünden (*vitium capitale*) heraus: *superbia, invidia, ira, tristitia, avaritia, ventris ingluvies, luxuria*; vgl. Scheffczyk 1997, 315–319 sowie Hentschel-Wegener 1997, 319–320.
541 Inf. 5,61–69 (ed. Köhler 2010); vgl. Schildgen 2002, 94–95; Shapiro 1975, 455–456.

> 'fu imperadrice di molte favele.
> A vizio di lussuria fu sì rotta,
> che libitio fè licito in sua legge
> per tòrre il biasmo in che era condotta.
> Ell' è Semiramìs, di cui si legge
> che succedette a Nino e fu sua sposa:
> tenne la terra che 'l Soldan corregge.

> ‚Die erste von denen', antwortete er mir, ‚über die du Auskunft haben möchtest, war Herrscherin über viele Zungen. Dem Laster der Wollust war sie so hemmungslos ergeben, dass sie Willkür in ihrem Reich zum Gesetz werden ließ, um der Anklage zu entgehen, der sie sich aussetzte. Es ist Semiramis, von der zu lesen steht, sie sei Ninos nachgefolgt und seine Frau gewesen; sie beherrschte das Land, wo heute der Sultan regiert.

Das Bild, das Dante hier von Semiramis zeichnet, basiert zu guten Teilen auf Orosius' *Historia adversos paganos*, die im 14. Jh. in ganz Europa weit verbreitet war.[542] Dabei überträgt er Passagen fast wörtlich.[543] Die Position als Herrscherin eines großen Reiches gesteht er ihr ohne zu zögern zu, doch unmittelbar danach folgt der Verweis auf ihre „lussuria". Dass es sich dabei laut Orosius, basierend auf Trogus/Iustin, um eine sexuelle Beziehung zum eigenen Sohn handelte, benennt Dante nicht explizit – ob der großen Verbreitung von Orosius' Werk[544], dürfte diese Begebenheit seinen Lesern schon allein bei der Nennung des Namens Semiramis lebhaft vor Augen stehen. Als besonders verwerflich, und daher hier erwähnenswert, erscheint Dante aber die ebenfalls bei Orosius enthaltene Episode, dass Semiramis eine Gesetzesänderung angestrebt habe, nach der künftig Inzest rechtens werden solle.[545] Erzählungen, die einen Inzest thematisieren, sind während des Mittelalters weit verbreitet.[546] Dieses Interesse, das sich auch noch bei Dante widerspiegelt, hat u.a. mit den damaligen hohen Inzestschranken zu tun – war doch bis zum IV. Laterankonzil (1215) allen Heiratswilligen, die bis zum siebten agnatischen oder kognatischen Grad miteinander verwandt waren, die Ehe verboten, danach immerhin noch bis zum vierten Verwandtschaftsgrad.[547] Zuwiderhandlungen wurden zu Dantes Zeit in Italien mit dem Tode bestraft.[548]

Interessant ist der Blick auf die ‚Gefährten' der Semiramis im zweiten Kreis der Hölle. Dies sind Dido, Kleopatra, Helena, Achilles und Paris sowie Tristan. Zumindest Dido und Kleopatra hätten durchaus auch unter den Selbstmördern zu finden sein können[549] – Dante entscheidet

---

542 Ed. Köhler 2010, 77; Southward Singleton 1990, 177–178. Zu Orosius siehe ausführlich weiter vorn. Seymour (2014, 115) dagegen kommt zu dem Schluss: „(...) Dante's Semiramis is a combination of those described by Ctesias and Athenaeus, via Diodorus Siculus and presumably a Latin translation or epitome (...)" und nennt Orosius erst nach diesen.
543 Beispielsweise Oros. 1,4,4: „[*Nino*] *mortuo Semiramis uxor sucessit*".
544 Vgl. dazu Bately & Ross 1961, 329–334.
545 Oros. 1,4,7-8. Dazu ausführlich oben.
546 Vgl. Buschinger 1985, 107–141.
547 Vgl. zum kanonischen Inzestverbot Ubl 2008 sowie zur durchaus nicht unüblichen Praxis der Umgehung desselben durch Dispens Schmugge 2008.
548 Dahm 1931, 438–439.
549 Und auch für Semiramis existiert ja eine Traditionslinie, in der sie ihrem Leben auf dem Scheiterhaufen selbst ein Ende setzt; Hyg. fab. 243 u. Plin. nat. 8,64. Vgl. dazu oben.

sich aber, sie hier zu platzieren.⁵⁵⁰ Dantes Dido-Bild basiert auf offenbar auf Vergil,⁵⁵¹ sein Kleopatra-Bild auf den diffamierenden Äußerungen des Lukan.⁵⁵² Dass Helena unter den fleischlichen Sündern anzutreffen ist, erklärt sich vermutlich durch die Verwendung des altfranzösischen Trojaromans von Benoît de Sainte-Maure, der in rund 30.000 Versen die Vorgeschichte des trojanischen Krieges erzählt.⁵⁵³ Die überraschende Präsenz des griechischen Helden Achilles – „che con amore al fine combatteo" (Inf. 5,65–66) – in diesem illustren Kreis ist ein deutliches Indiz für Dantes Auffassung dieses Höllenkreises als „Kreis der großen Liebenden"⁵⁵⁴; seine Basis ist offenbar die *Ilias Latina* und der viel gelesene Aeneis-Kommentar des Servius.⁵⁵⁵ Bemerkenswert ist auch, dass Dante diesen sechs Figuren zusammen die Verse 61–69 widmete, d.h. genau so viele Verse, wie er zuvor auf die Beschreibung der Semiramis allein verwendet. Den Abschluss bilden Francesca und Paolo aus Ravenna, denen wieder sehr viel Raum gewidmet wird. Diese Episode hat wohl einen wahren Kern, entspringt in ihrer Ausgestaltung aber Dantes Phantasie.⁵⁵⁶ Die in diesem Kreis der Hölle Vereinten sind für Dante also beides – fleischliche Sünder aber eben nicht zuletzt auch Personen, die ihr Leben an die Liebe verloren haben – „ch'amor di nostra vita dipartille" (Inf. 5,69).⁵⁵⁷ Vor diesem Hintergrund ist Semiramis hier also keine rein negative, sondern bestenfalls eine ambivalente Gestalt, deren Leben im Kontext von Liebe („amor") gesehen und verstanden werden muss.

Neben der *Divina Commedia* ist Semiramis auch in einer weiteren Schrift Dantes vertreten, nämlich in *De Monarchia*, die er wohl nach dem Tode Kaiser Heinrichs VII. verfasst hat.⁵⁵⁸ Auch dieses Werk entstammt somit seiner Exilzeit – evtl. ist es 1316 entstanden –, ist aber im Gegensatz zur *Divina Commedia* auf Lateinisch verfasst.⁵⁵⁹ Es handelt sich um ein staatstheoretisches Werk, in dem Dante der Frage nachgeht, warum und wie Herrschaft durch ein Staatsoberhaupt ausgeübt werden muss, um die göttliche Weltordnung zu verwirklichen. Im zweiten Band, in welchem Dante sich der Frage widmet „*utrum romanus populus de iure sibi asciverit Imperii dignitatem* – ob sich das römische Volk die Würde der Herrschaft rechtmäßig angeeignet habe"⁵⁶⁰ nimmt er ausführlich Bezug auf antike Autoren, die er oft namentlich nennt – Seneca, Lukan, Cicero, Ovid, Livius, Orosius und einige mehr. Neben der römischen Geschichte geht er auf die Geschichte anderer Völker, insbesondere anderer großer Reiche, ein. In diesem Zusammenhang wird Semiramis erwähnt. Von ihr heißt es:⁵⁶¹

Primus nanque in mortalibus, qui ad hoc bravium anelavit, Ninus fuit Assiriorum rex: qui quamvis cum consorte thori Semiramide per nonaginta et plures annos, ut Orosius refert,

---

550 Kleopatras Selbstmord wird an anderer Stelle der *Commedia* erwähnt: Par. 6,76–78.
551 Mina 2012, 56: „Dido's placement in the circle of lust rather than with the suicides, affirms both Vergil's and Dante-poet's reading of Dido as a woman who died for love not for her own honor as she claims."
552 10,1–171; vgl. Zwierlein 1974, 54–73.
553 Jung 1996; Schöning 2003, 198–205; auch ed. Köhler 2010, 77.
554 Maurer 1959, 317.
555 Ed. Köhler 2010, 79.
556 Ruud 2008, 38.
557 Dass auch Semiramis als große Liebende verstanden werden kann, legt später auch Giambatisto Marinos *La Galeria* nahe, wo es über sie heißt, ihr Leben sei „Diedi in preda ad Amore" gewesen (G. Marino, La Galeria, Venedig 1675, 245 – zuerst Venedig 1619).
558 Zum Werk einführend: Cassell 2004. Vgl. Southward Singleton 1990, 177–178; Cheneva 1995.
559 Baethgen 1966.
560 De Mon. 2,2,1 [Übers. d. Verf.in].
561 De Mon. 2,8,3–4.

imperium mundi armis temptaverit et Asyam totam sibi subegerit, non tamen occidentales mundi partes eis unquam subiecte fuerunt. Horum amborum Ovidius memoriam fecit in quarto, ubi dicit in Piramo:
Coctilibus muris cinxisse Semiramis urbem et infra:
Conveniant ad busta Nini lateantque sub umbra (...)[562]

Denn der Erste unter den Sterblichen, welcher diesem Preis [i.e. die Oberhand beim Wettkampf aller Völker um die Herrschaft der Welt, Anm. d. Verf.in] entgegenlechzte, war Ninus, der König von Assyrien, der zwar mit seiner Gefährtin Semiramis neunzig Jahre und länger, wie Orosius angibt, die Herrschaft [der Welt] mit seinen Waffen in Angriff nahm und ganz Asien bezwang: die westlichen Teile der Erde aber unterwarfen sich ihnen niemals. Beide erwähnt Ovid im vierten Buch [der Metamorphosen], wo er [in der Erzählung von] Pyramus sagt: ‚Die Stadt, die Semiramis einst mit Mauern aus gebranntem Ton befestigt', und weiterhin: ‚Sie kamen bei Ninus' Grab im Schatten [eines Baumes] zusammen' (...). [Übers. d. Verf.in].

Orosius hatte Dante bereits bei der *Divina Commedia* als Quelle der Semiramis-Episode gedient, hier aber zielt er unter Verwendung der selben Grundlage auf anderes ab:[563] Stand in der *Divina Commedia* Semiramis' Lüsternheit/Fähigkeit zur Liebe mindestens ebenso im Fokus wie das große Reich, über das sie herrschte („fu imperadrice di molte favelle", Inf. 5,63), zieht Dante nun ihre Rolle als Königin eines expandierenden Reiches an der Seite des Ninus für seine Argumentation heran. Dabei summiert er die bei Orosius für beide genannten Zahl der Regierungsjahre – statt der 52 Jahre, die Orosius für Regierungszeit des Ninus angibt, auf die dann weitere 42 Herrschaftsjahre der Semiramis folgen, spricht Dante von 90 oder mehr.

Interessant ist Dantes Verweis auf Ovids *Metamorphosen* – zweifelsohne im Mittelalter und der Renaissance eines der meist rezipierten antiken Werke überhaupt, das starken Einfluss auf die Literatur und Kunst ausübte,[564] so dass es wenig überrascht, dass auch Dante mit ihnen vertraut war und sich der Charaktere und des Wortlautes für seine Argumentationslinien bediente. Hier wird in der Erzählung des babylonischen Liebespaares Pyramus und Thisbe[565] auf die Bautätigkeit der Semiramis angespielt und das Grab des Ninus als Schauplatz des grausigen Todes der beiden unglücklich Liebenden erwähnt.[566] Diese wenigen Angaben aus Ovid und Orosius genügen, um Babylon vor den Augen von Dantes Leserschaft erstehen zu lassen. Semiramis wird hier

---

562 In Dantes Wiedergabe des Ovidtextes fehlt das letzte Wort des Satzes, die Formulierung lautet eigentlich: „Conveniant ad busta Nini lateantque sub umbra arboris."
563 Die Stelle, auf die Dante hier Bezug nimmt, ist Oros. 2,3,1.
564 Vgl. die Beiträge in Mathieu-Castellani 1980 oder Schubert 1998.
565 Die Episode von Thisbe und Pyramus erscheint auch als Stück-im-Stück in William Shakespeares *A Midsummer Night's Dream* (verfasst wohl zwischen 1594 und 1598; Akt V/1, 141ff.), ist dies doch das Stück, das Peter Quince und seine Truppe anlässlich der Hochzeit von Hippolyte und Theseus aufführen wollen. Ovids *Metamorphosen* waren 1567 durch Arthur Golding ins Englische übersetzt worden, Shakespeare benutzte aber wohl neben dieser Übersetzung auch das lateinische Original; Foakes 2003, 7–10. Semiramis wird hier nicht erwähnt (aber in anderen Stücken Shakespeares, s. dazu unten unter Kapitel 2.5.2), wohl aber das Grab des Ninus als Treffpunkt der Liebenden. Zu Pyramus und Thisbe vgl. auch Perdrizet 1932, 197–199.
566 Met. 4,58 u. 4,88. Zum Stoff und seiner enormen Bedeutung für die europäische Literatur und Kunst vgl. Schmitt-von Mühlenfels 1972 sowie Oswald 2008, 641–664.

durchaus in positive(re)s Licht gerückt, all ihre angeblichen ruchlosen Taten bleiben unerwähnt. Es geht Dante hier um die beeindruckende Größe des von Semiramis und Ninus begründeten und stetig vergrößerten Reiches – auch wenn dieses Reich bei Dante hinter dem Imperium Romanum zurückstehen muss. Er kreiert auf Basis desselben Quellenmaterials somit zwei unterschiedliche Semiramiden, je nachdem, welche Aussageintention er verfolgt.

2.5.1.2 Francesco Petrarca

In einer gänzlich anderen literarischen Gattung wird Semiramis dann bei Petrarca und Boccaccio präsentiert – nämlich in Kompilationen vorbildhafter Personen, wie sie bereits seit dem 4. Jh. v.Chr. bekannt sind.[567] Solche biographischen Sammelwerke über historische Personen waren im Humanismus enorm beliebt und entstanden seit der Mitte des 14. Jh.s in großer Zahl.[568] Im Fokus steht dabei – anders als bei mittelalterlichen Vorläufern – ein besseres Verständnis des irdischen Lebens der Person und nicht deren Verdienste um das Jenseits.[569] Geschichte wird dabei als ein Vorrat von guten wie schlechten *exempla* gesehen, deren Präsentation den Leser der Biographien in seiner eigenen Lebensführung beeinflussen kann und soll[570] – man verfolgt also eine edukative Absicht.

Ein herausragendes Beispiel dieser Literaturgattung stellt Francesco Petrarcas *De viris illustribus* dar, das als „überaus ambitioniertes kompilatorisch-biographisches Projekt"[571] den Dichter fast 40 Jahre bis zu seinem Tode 1374 beschäftigte und erst von einem seiner Schüler, Lombardo della Seta, vollendet wurde. Hier versammelt er in zwei Büchern die Viten von herausragenden Männern aus biblischen und klassisch antiken Kontexten.[572] Vornehmlich handelt es sich dabei um Herrscherfiguren, wie Romulus, Hannibal, Alexander III. oder Iulius Caesar. Die einzige Frau, die Petrarca mit in sein Werk aufnimmt, ist Semiramis, von der er u.a. schreibt, sie sei eine Frau, die eine lange Reihe illustrer Männer anführe (Semiramis 5: „*una mulier tantum virorum illustrium seriem antecessit*"). Semiramis gehört zu der Gruppe von zwölf biblisch-mythologischen Figuren, die Petrarca selbst seinem Werk wohl 1351–1353 hinzufügte.[573]

Petrarcas Bild der babylonischen Königin ist im Grundsatz ein eher positives, auch wenn er negative Aspekte nicht verschweigt. Eine große Feldherrin ist Semiramis, mit einer männlichen Seele (Semiramis 1,1: „*corpore quidem femineo, sed virili animo*") ausgestattet,[574] die nach dem Todes des Ninus das entstandene Machtvakuum ausfüllt, die große Taten vollbringt (Semiramis

---

567 Vgl. dazu ausführlich oben.
568 Exemplarisch sei verwiesen auf Giovanni Colonna, der ebenfalls an einem *De viris illustrius* arbeitete. Vgl. Ross 1970, 533–563; Modonutti 2012, 30–63.
569 Müller 1992, 11.
570 Vgl. u.a. Petrarca, de viris ill. pr. S. 113 (ed. De Nolhac 1890); Müller 1992, 29.
571 Schürer 2016, 218.
572 Es existieren verschiedene Textversionen, die häufigste Variante beginnt mit Romulus gefolgt von drei weiteren der etruskischen Könige Roms sowie 19 großen Feldherren (16 aus der römischen Republik sowie Hannibal, Alexander und Pyrrhus). Den Abschluss bildet eine *vita* Caesars, die ursprünglich als eigene Schrift konzipiert worden war. Die sich daran anschließenden 12 Viten hat Lombardo della Seta hinzugefügt, sie umfassen acht weitere republikanische Größen sowie die *principes* Augustus, Vespasian, Titus und Trajan; Armstrong 2014, 57.
573 Hoffmeister 1997, 68. Mein Dank gilt Eva Kraus (Salzburg) und Dr. Florian Krüpe (Marburg) für ihre Hilfe beim Verständnis des lateinischen Textes.
574 Genauso bei Oros. 1,4,4.

1,4: *"magnis interea rebus gestis"*; 1,5: *"vera magnitudine animi et claritate rerum summi regis implesset officium"*) und die erfolgreiche Kriege führt (Semiramis 2,2: *"Cum Indis eis atque Ethiopibus, quos Ninus intactos liquerat, bella gessit; Indiam infesto agmine ingressa est, quod ante illam nulli, post illam paucis accidit."*). Auch auf den Feldzug gegen Indien geht er kurz ein, eine Tat, die vor ihr niemand, nach ihr nur wenige erreicht haben – der Name Alexanders III. fällt hier also gerade nicht. Dass er auch Trogus/Iustin verwendete, zeigt auch sein Hinweis auf das Tragen der Tiara, ihre Kleidung wird von Petrarca aber explizit als Männerkleidung benannt (Semiramis 1,3: *"accessit virilis habitus et, quo altius concilia tegerentur, tyara caput obnubitur"*)[575]; auch die Niederschlagung des Aufstandes mit halbfrisierten Haaren und die Errichtung der Statue aus Valerius Maximus führt er an (Semiramis 3). Auch bei Petrarca endet ihr Leben von der Hand des eigenen Sohnes (Semiramis 4,1: *"a filio est interfecta"*). In seinem Gesamturteil hält er sich bedeckt: Keuschheit (Semiramis 4,1: *"pudicitia"*) sei ihre Sache nicht gewesen – wenn diese Vorwürfe denn wahr seien, die ihr von etlichen Autoren gemacht würden, während andere derartige Verfehlungen nicht nennten (Semiramis 4,1: *"[...] si vere ille macule sunt, quas ei non minima scriptorum pars inussit, nam apud alios talis infamia deest [...]"*). Auch die Episode um die gesetzliche Legitimierung von Inzest, die aus Orosius stammt, führt er an, versieht den Inzest selbst aber auch wieder mit einem Fragezeichen (Semiramis 4,2: *"Quod si enim verum, quomodo et illud verum est, quod antiquiores memorant ystorie, concubitum filii petentem ab eodem interemptam"*). Ihre Regierungszeit gibt Petrarca mit 32 Jahren an (Semiramis 5), eine Zahl, die er entweder aus Iustin oder aber von Hugo von Fleury übernommen hat.

Petrarca war mit der antiken Dichtung und Literatur in besonderem Maße vertraut.[576] Über die (Haupt-)Quellen von *De viris illustribus* gibt er selbst Auskunft: Livius, Sueton, Cicero und Valerius Maximus. Insbesondere Livius' Werk übte große Faszination auf ihn aus, so dass er sogar versuchte, den Ursprungstext aus den ihm zugänglichen Textzeugnissen zu rekonstruieren. Immens ist neben den antiken Autoren aber vor allem der Einfluss von Dantes *Divina Commedia* als bahnbrechendes ästhetisches Opus, das der Ordnung der Welt „die Form einer unerhörten dichterischen Vision" gab.[577] Besondere Bedeutung kommt auch den Werken Vergils[578] und Augustinus' *Confessiones* und *De civitate dei* zu, die Petrarca als besondere Schätze seiner Bibliothek betrachtete.[579] Dennoch geht sein Semiramisbild weit über das des Augustinus hinaus. Petrarcas Schilderung der Semiramis schöpft, wie oben gezeigt, aus einer Vielzahl von lateinischen Quellen, dass er dagegen Diodors Text kannte, ist nicht anzunehmen. Im Mittelalter war die griechische Sprache durch das Lateinische, das sich als Wissenschaftssprache in allen *artes liberales* durchgesetzt hatte, vollständig an den Rand gedrängt worden. Die Zahl der Menschen, die Griechisch beherrschten, war ausgesprochen gering, in der Ausbildung der kirchlichen wie weltlichen Eliten spielte es keinerlei Rolle – die antike griechische Literatur lag, wenn überhaupt, nur durch lateinische Übersetzungen und ‚latinisierte griechische Wissensspeicher' vor.[580] Wie

---

575 Der Hinweis auf die Tiara zeigt vielleicht auch die Kenntnis der Schriften Isidor von Sevillas (19,30,3). Zu diesem unter Kapitel 2.3.2.
576 Auskunft über die Petrarca bekannten (und von ihm verwendeten) antiken Autoren und Werke gibt de Nolhac 1907. Siehe auch Highet 1949, insb. 84–85.
577 Stierle 2003, 10.
578 De Nolhac 1907, Bd. 1, 123 Anm. 2.
579 Nachod & Stern 1931, XXXVIII.
580 Landfester 2007a, 11. Eine umfassende Griechenlandbegeisterung, die mit der intensiven Beschäftigung der griechischen Sprache einherging, ist dagegen v.a. ein Phänomen des frühen 19. Jh.s; vgl. Habermas 2000, insb. 233–235.

auch Dante beherrschte Petrarca das Griechische nicht, auch wenn er sich darum bemühte. Erst am Ende des 14. Jh.s wird an der Universität von Florenz ein Lehrstuhl für Gräzistik eingerichtet (1397); im 15. Jh. – im Kontext des Falls von Konstantinopel 1453 – kamen vermehrt byzantinische Gelehrte (z.T. samt ihrer Bibliotheken) nach Italien und machten Florenz zu einem Zentrum der Graezistik. Das Geschichtswerk Diodors war allerdings nicht (bzw. nicht in Gänze) unter den nun neu im Westen verfügbaren Texten. Das Interesse an diesen Texten war groß, doch wurden sie zunächst primär durch lateinische Übersetzungen erschlossen – bis ins 16. Jh. hinein blieb die Zahl der Personen, die die griechischen Quellen im Original lesen konnte, klein und erreichte nur Teile der Bildungseliten. Wie die Mehrzahl der Humanisten war auch Petraca daher für die Lektüre griechischer Texte auf lateinische Übersetzungen angewiesen.[581] Dennoch war nicht zuletzt er es, der mit seinem starken Interesse am griechischen Kosmos die Wende hin zu einer europäischen Gräkophilie einleitete.

Schon früh wurde der lateinische Text von *De viris illustribus* ins Italienische übersetzt, den Anfang macht Donati degli Albanzani bereits 1397 (*Libro degli uomini famosi*). Von hier aus verbreiteten sich die Viten schnell in Italien, sie wurden vielfach gelesen und rezipiert.

Aber auch außerhalb von *De viris illustribus* begegnet Semiramis im Werk Petrarcas. Inspiriert von Ciceros Briefen publizierte Petraca in seinen *Epistulae familiares* eine umfangreiche Briefsammlung an berühmte antike Gestalten und insbesondere an befreundete Zeitgenossen wie etwa Boccaccio.[582] Von besonderem Interesse ist hier ein Brief an die junge Kaiserin Anna (1339–1362), die dritte Ehefrau Karls IV. (1316–1378), den Petrarca 1358 verfasst.[583] Anlass des Schreibens ist die Gratulation an die erst siebzehnjährige Kaiserin zur Geburt ihrer Tochter Elisabeth – und damit eben nicht des ersehnten Thronfolgers für Karl –, die er mit einem generellen Lob auf die Frauen verbindet, das er einer großen Zahl antiker *exempla* lobenswerter Frauen ausschmückt. Petraca demonstriert hier seine enorme Belesenheit in der antiken Literatur und schwingt sich gleichsam zu einem Streiter für das weibliche Geschlecht auf, in dem er die Kaiserin Anna mit bedeutenden weiblichen Gestalten der antiken Welt bekannt macht, deren bemerkenswerteste Taten er kurz umreißt – darunter sind neben Semiramis Penthesileia, Tamiris, die Amazonenkönigin Oreithyia (wobei wohl eher Hippolyte gemeint ist[584]), Kleopatra VII., Zenobia, Lucretia, Cloelia und einige mehr. Über all den genannten Frauen steht aber Livia, die Gattin des Augustus, die in seinen Augen an hingebungsvoller Treue und Klugheit nicht zu übertreffen ist. In diesem Brief heißt es über Semiramis:

> *Apud Assyrios Semiramis non regnavit modo, sed mirum in modum prolatavit auxitque regni fines, Indis atque Ethiopibus vexatis bello. Babilonem primam, quod quibusdam placet, condidit; quod nemo dubitat, muro cinxit amplissimo. Cuius urbis inopina rebellio cum sibi capitis cultui muliebriter intente subito nuntiata esset, tantus animi feminei ardor fuit, ut altera comarum parte composita, altera autem adhuc sparsa, sicut erat, armis arreptis ad expugnandam Babilona contenderet; adiuvitque fortuna virtutem, ut non prius ad ordinem come pars quam tota civitas ad obsequium remearet; cuius facti testis statua eodem illo festinantis regine habitu multis seculis in ea urbe permansit.*

---

581 Landfester 2007a, 14; s. auch Nachod & Stern 1931, XXXIX; Sandys 1908, 8.
582 Nachod & Stern 1931, XLIV–XLVIII. Zur Freundschaft mit Boccaccio und dem Briefwechsel der beiden vgl. Kocher 2006, 53–71 oder auch Velli 1979.
583 Vgl. auch Altmann 2006, 47–53.
584 Vgl. ed. Widmer 2009, 468, Anm. 15.

Semiramis herrschte nicht bloss über die Assyrer, vielmehr weitete sie in erstaunlichem Masse die Grenzen aus und stärkte ihr Reich durch kriegerische Belästigung der Inder und Äthiopier. Das erste Babylon wurde, wie manche behaupten, von ihr gegründet; und jedenfalls hat sie, wie niemand bezweifelt, die Stadt mit einem ungemein weiten Mauerring umgürtet. Von einem überraschenden Aufstand in dieser Stadt erhielt sie einmal in eben dem Augenblick Nachricht, als sie nach Frauenart mit der Pflege ihres Haares beschäftigt war, und gleich wurde diese Weiberseele von so ungestümer Kampfwut ergriffen, dass sie mit teils aufgebundenen, teils wehendem Haar, wie es eben war, nach den Waffen griff und zur Rückeroberung Babylons stürmte. Fortuna begünstigte ihre Tapferkeit aber so sehr, dass sie die ganze Stadt, noch bevor ihr Haar geordnet war, zum Gehorsam gezwungen hatte. Für diese Tat zeugte die Statue einer eilenden Königin mit besagter Haartracht; sie blieb dort während Jahrhunderten stehen. [Übers. d. Verf.in][585]

Ganz offensichtlich wird hier – schon dem Anlass des Schreibens geschuldet – jeder negative Aspekt der Überlieferung ausgeblendet. Neben der kriegerischen Expertise und der Befestigung Babylons durch die Königin ist es lediglich die erstmals bei Valerius Maximus auftauchenden Episode über die Niederschlagung eines Aufstandes quasi während der Morgentoilette. Auffällig ist, dass Petrarca in diesem Brief bereits fast die Hälfte der Frauen versammelt, die dann gemeinsam im 15. Jh. den Kanon der *neuf preues*, der neun tugendhaften Frauen, bilden werden.[586]

Auch in Petrarcas vulgäritalienischen *Trionfi*, genauer im *Trionfo d'Amore*, kommt Semiramis vor – hier eröffnet sie nun eine Trias weiblicher Negativexempla, die drei ‚schönen verliebten Frauen' gegenübergestellt werden:

Vedi tre belle donne innamorate,
Procri, Artemisia con Deidamia,
et altrettante ardite e scelerate,
Semiramìs, Biblì e Mirra ria;
come ciascuna par che si vergogni
de la sua non concessa e torta via!

Sieh drei schöne verliebte Frauen
Procis, Artemisia mit Deidamia,
und ebenso viele kühne und ruchlose,
Semiramis, Biblis und die wilde Mirra;
wie eine jede sich zu schämen scheint
über ihren nicht eingestandenen und falschen Weg![587]

---

585 Petrarca 97*/ Fam. 21,8 (ed. Widmer 2009).
586 Vgl. dazu weiter unten unter Kapitel 2.5.4. Auch in einer weiteren Briefsammlung Petrarcas, die harsche Kritik am Papsttum in Avignon übt und im *Liber sine nomine* kompiliert ist, wird Semiramis kurz erwähnt. In *epistula* X an den Florentiner Geistlichen Francesco Nelli heißt es: „*Subscriptiones epistolarum mearum miraris. Nec immerito. Non nisi geminam enim Babylonem cum legeris, alteram apud Assyrios olim, ubi clarum Semiramis nomen habet (...)*".
587 1,73–78 [Übers. d. Verf.in]. Vgl. auch Pettinanto 1988, 273–274.

Verfasst wurden diese allegorischen Gedichte wohl im zweiten Drittel des 14. Jh.s und wären somit das späteste Zeugnis der Semiramis im Werk Petrarcas. Geradezu exemplarisch wird die hingebungsvolle Liebe zwischen Eheleuten von Artemisia verkörpert, der Schwester und Ehefrau des Mausolos, die aus Kummer über den Tod des innig geliebten Gatten nicht nur dessen Grabstelle prachtvoll ausgestaltet, sondern sogar seine Asche trinkt, um mit ihrem Körper gleichsam ein lebendes Grab zu bilden.[588] Ähnlich gelagert ist die Liebe der Deidamia, einer Tochter des Lykomedes, zu Achilles, der nach dem Willen seiner Mutter Thetis bei ihr und ihren Schwestern als Mädchen verkleidet aufwächst, um nicht in den Trojanischen Krieg ziehen zu müssen. Deidamia und Achilles verlieben sich ineinander. Als Achilles enttarnt wird und in den Krieg zieht, bleibt Deidamia schwanger und mit gebrochenem Herzen auf Skyros zurück.[589] Ambivalenter ist die Gestalt – und die Liebe – der Prokris, der schönsten Tochter des athenischen Königs Erechtheus zu Kephalos; eine Liebe, die bei Ovid auf mehrere harte Proben gestellt wird und eine Beziehung, in der sich die Gatten gegenseitig zur Untreue verführen.[590] Viktor Pöschel betont aber zu recht, dass es Ovid in dieser Episode vor allem an der Darstellung einer „großen, ungewöhnlichen Liebe, die beide bewegt und erfüllt" gelegen ist[591] – in diesem Sinne passt Prokris dann eben doch zu den beiden anderen Frauen. Gegenübergestellt werden diesen ‚wahrhaft Liebenden' drei ebenso schöne, aber allesamt inzestuöse Gegenspielerinnen: Byblis verliebt sich in ihren Bruder,[592] Myrrah in ihren Vater[593] – und Semiramis teilt mit ihrem eigenen Sohn das Bett. Zwar wird der Inzest der Semiramis nicht explizit gemacht, in eine Reihe mit Biblis und Myrrah gestellt, kann aber hier kein anderer Aspekt aus der Vita der Semiramis gemeint sein.

Erneut wird Semiramis ganz unterschiedlich ausgestaltet, bestimmte Erinnerungselemente, je nach Kontext und Intention, entweder in den Vordergrund gerückt oder verschwiegen. Auch bei Petrarca ergibt sich somit also nicht die <u>eine</u> Semiramis, sondern mehrere.

2.5.1.3 *Giovanni Boccaccio*

Giovanni Boccaccio, wenige Jahre nach Petrarca geboren, gilt bis heute als einer der bedeutendsten literarischen Vertreter des italienischen Humanismus. Herausragend ist seine Novellensammlung *Il Decamerone*, welche stilbildend auf die weitere Entwicklung der Novelle wirkte.[594] Bis heute richtet die Forschung ihr Hauptaugenmerk auf seine italienischen Texte, doch hat er in seiner zweiten Lebenshälfte eine Reihe lateinischer Werke verfasst, von denen zwei der *exempla*-Literatur zuzurechnen sind und intensiven Bezug auf antike Stoffe und Quellen nehmen, nämlich *De casibus virorum illustrium* und *De mulieribus claris*. Neben der bereits oben erwähnten Vorliebe vieler Humanisten für biographische Literatur spielt sicherlich auch die Beeinflussung durch die Boccaccio vorliegenden antiken Autoren (insb. Sueton und die Historia Augusta[595]) eine zentrale

---

588 Diod. 16,36–45; Strab. 14,2,17. Ihr widmet Boccaccio auch ein Kapitel in *De mulieribus claris* (#57).
589 Hyg. fab. 96; Apollod. 3,13.
590 Ov. met. 7,690–862.
591 Pöschel 1959, 332.
592 Met. 9,450–665, sie erscheint auch in Boccaccios *Teseida* (7,62; s. dazu weiter unten unter Kapitel 2.5.1).
593 Hyg. fab. 58; Ov. met. 10,306–519. Sie taucht auch in Dantes *Divina commedia* auf (Inf. 30,34–48).
594 Vgl. Schlaffer 1993; Aust ⁴2006; Meletinskij 2014.
595 Plutarchs *De virtute mulierum* hat Boccaccio dagegen nicht benutzt, das Werk war zu seiner Zeit nicht einmal dem Titel nach bekannt; Müller 1992, 24. Die Übersetzung von Plutarchs Werken ins Lateinische erfolgt im ersten Viertel des 15. Jh.s; vgl. Beringer 2016, 107.

Rolle. Er ist in dieser Phase seines Lebens in besonderem Maße bestrebt, wissenschaftliche, historiographische Werke zu verfassen und seinen Lesern auch Rechenschaft über seine Quellen abzulegen, seine Gewährsleute nennt er – in bester antiker Tradition – dabei allerdings nur selten.[596]

Boccaccio verband eine langjährige Freundschaft mit dem etwas älteren Francesco Petrarca. Beide tauschten sich intensiv brieflich aus und haben sich auch einige Male persönlich getroffen. 1363 war Boccaccio sogar für ganze drei Monate bei Petrarca in Venedig.[597] Während der Treffen fertigte Boccaccio, der ein begeisterter Handschriftensammler war, aber nicht über große finanzielle Mittel verfügte, um Codizes zu kaufen oder Kopisten zu beschäftigen, Abschriften vieler Werke aus Petrarcas Bibliothek an oder exzerpierte sie.[598] Auch sonst betätigte er sich ausgiebig als Kopist – z.B. in der Bibliothek von Montecassino – und konnte so eine enorme Bibliothek zusammenstellen. Welche Werke er besaß, lässt sich durch einen Bibliothekskatalog eruieren, denn Boccaccio hat seine Bibliothek seinem Freund und Beichtvater Bruder Martino da Sigma vermacht; aus dessen Besitz gingen sie dann in den des Klosters Santo Spirito in Florenz über.[599] Von den dort verzeichneten 107 Titeln stammen rund 80 mit großer Wahrscheinlichkeit tatsächlich aus Boccaccios Beständen, ohne dass dies aber seine vollständige Bibliothek wiedergäbe. Unter den antiken Autoren finden sich wahre Schätze – so besaß niemand sonst zu dieser Zeit einen so guten und so vollständigen Livius-Text wie Boccaccio. Viele der von Boccaccio kopierten und gelesenen Werke waren im Mittelalter einem breiteren Publikum unbekannt, gelegentlich gilt Boccaccio als der Wiederentdecker der jeweils ältesten Handschrift eines Textes. Seine Bibliothek umfasste neben dem bereits erwähnten Werk des Livius unter anderem (in alphabetischer Folge) Apuleius, eine lateinische Übersetzung der Nikomachischen Ethik des Aristoteles, Augustinus, Ausonius, Cassiodor, Catull, Columella, Florus, Fulgentius, Hieronymus' Bearbeitung der Chronik des Euseb, die Historia Augusta, Horaz, Isidor von Sevilla, Iustins Epitome aus Pompeius Trogus, Lukan, Macrobius, Martial, Orosius, Ovid (*Metamorphosen* und *Fastes*), Plinius d.Ä., Pomponius Mela, Properz, Sallust, Seneca, Servius, Solin, Statius, Sueton, Tacitus, Tertullian, Tibull, Valerius Maximus, Varro (*Lingua Latina*) und Vergil.[600] Boccaccio war somit ohne Zweifel noch belesener als sein Freund Petrarca[601] – bis auf wenige Ausnahmen ist aber auch seine Bibliothek primär mit Quellen in lateinischer Sprache bestückt.

Vermutlich in der zweiten Hälfte der 50er Jahre des 14. Jh.s verfasste Boccaccio einen ersten Entwurf von *De casibus virorum illustrium*, einer Sammlung von historischen *exempla*, die das Wirken Fortunas im Leben der Menschen zum Thema hat und offenbar ohne intime Kenntnisse von Petrarcas *De viris illustribus* konzipiert wurde.[602] Hier versammelte Boccaccio 56 Biographi-

---

596 Müller 1992, 67.
597 Winkler 2015, 52–53; Müller 1992, 9–12.
598 Vgl. Boccaccio, Epist. 10, 4–5; Müller 1992, 14–16.
599 Auzzas 1966, 1–74.
600 Müller 1992, 14–16.
601 Nicht unerwähnt bleiben sollte auch, dass Boccaccio die erste lateinische Übersetzung der Werke Homers zu verdanken ist – ein Projekt, an dem Petrarca gescheitert war, das er aber mit großer Anteilnahme verfolgte; Müller 1992, 12–13. Vorgenommen wurde die eigentliche Übersetzung dabei von dem Mönch Leonzio Pilato, dem Boccaccio und Petrarca in der Folge zu einem Lehrstuhl für Altgriechisch an der Universität Florenz verhalfen. Die Handschrift befindet sich heute in der Bibliotheque nationale de France; Pertusi 1964.
602 *Terminus post quem* ist die Schlacht bei Poitiers und die anschließende Gefangennahme des Königs Johann II. (Jean II le Bon) Ende September 1356 (De casibus 9,24); vgl. Winkler 2015, 59 mit Anm. 39. Eine Überarbeitung des Textes erfolgte wohl in den 70er Jahren. Eine kritische Edition des Textes steht bislang aus.

en bedeutender Männer und Frauen von biblischer Zeit bis in seine Gegenwart. Semiramis ist nicht unter den *exempla*, wohl aber Dido, Zenobia, Olympias, Kleopatra VII. und andere mehr, die alle auch Eingang in *De mulieribus claris* gefunden haben. Die Biographien sind nicht chronologisch angeordnet, sondern werden durch einen losen Erzählrahmen zusammengehalten.[603]

Nur wenige Jahre später, 1361/1362, machte er sich an die Abfassung von *De mulieribus claris*, das er Ende 1362 bei seiner Übersiedlung nach Neapel als Gastgeschenk der Schwester des Großseneschalls (Gran Siniscalco) Niccolò Acciaiuoli, Andrea Acciaiuoli, widmete – fertig gestellt wurde es allerdings erst 1375.[604] Boccaccio überarbeite und ergänzte *De mulieribus claris* über viele Jahre ständig, mehrere erhaltene Handschriften dokumentieren unterschiedliche Bearbeitungsstände mit z.T. umfangreichen Randglossen. Seine mindestens sieben Überarbeitungen verstärkten den moralisierenden Charakter des Werkes, auch entschloss er sich, die Biographien chronologisch zu ordnen. Auf Anraten seines Freundes Petrarca hatte er seine Schriften dieser Zeit in den Dienst eines didaktisch-moralischen Anliegens gestellt, er verfolgte mit ihnen einen moralischen Auftrag.[605] Auch fühlte er sich zunehmend an die kirchliche Lehrmeinung gebunden und hütete sich davor, zu dieser in Widerspruch zu geraten.[606]

Nicht nur mit Blick auf den moralisierenden Charakter des Werkes kommt Petrarcas Einfluss eine maßgebliche Bedeutung zu, auch dessen eigenes Werk, *De viris illustribus*, prägt Boccaccios *De mulieribus claris* entscheidend. In Anbetracht der zahlreichen Werke über herausragende Männer der Geschichte und Gegenwart empfand er, so Boccaccio, die Vernachlässigung bedeutsamer Frauen als Defizit, dem es abzuhelfen gelte:

Sane miratus sum plurimum modicum apud huiusce viros potuisse mulieres, ut nullam memorie gratiam in speciali aliqua descriptione consecuta sint.

Ich habe mich freilich oft darüber gewundert, dass Frauen bei diesen Männern so wenig galten, dass sie nie die Gunst erlangten, in einer eigenen Darstellung Erwähnung zu finden, obwohl sich doch aus umfangreicheren Geschichtswerken klar ergibt, dass manche Frauen entschlossene und tapfere Taten vollbracht haben.[607]

Wie Alexander Winkler prägnant formuliert, ergänzte so Boccaccios *De mulieribus claris* Petrarcas *De viris illustribus* „zu einem wahren Diptychon berühmter Gestalten der gesamten Menschheitsgeschichte".[608] Dabei sind vor allem diejenigen Frauen hier positiv gewertet, die männliche Verhaltensweisen und männliche Tugenden an den Tag legen.[609]

Die insgesamt 106 Viten der ausgewählten berühmten Frauen werden in einer lockeren chronologischen Reihenfolge präsentiert, die durch den Todeszeitpunkt der jeweiligen Frau determiniert

---

603 Winkler 2015, 61–62.
604 Vgl. einführend Dubois-Reymond & Augustyn 2010, 641–656. Die maßgebliche Ausgabe ist Zaccaria 1967.
605 Müller 1992, 11–12.
606 Dies ist wohl im Kontext der Übernahme einer kirchlichen Position zu sehen: 1360 wird er in einer päpstlichen Urkunde als *clericus florentinus* bezeichnet (Branca 1977, 119–120); vgl. auch Müller 1992, 12.
607 De mul. pr. 3 (ed. Erfen & Schmitt 1995).
608 Winkler 2015, 59.
609 So auch Rutishauser 1989, 114.

wird.⁶¹⁰ Eine Trennung in thematische Blöcke, wie Zaccaria sie gesehen hat⁶¹¹ – mythologische Quellen, historische Quellen, mittelalterliche Quellen –, ist nicht aufrecht zu erhalten, „vielmehr gelten ihm auch die Frauen des Mythos als historisch".⁶¹² Jede Vita beginnt mit Grundinformationen über die vorgestellte Frauengestalt: Herkunft, Familie, Lebensdaten, sowie der Hervorhebung ihres hauptsächlichen Verdienstes. Alle Abschnitte enden mit einem moralisierenden Epilog.⁶¹³

Was berichtet aber Boccaccio nun über Semiramis, die nach Eva die zweite Frau ist, die er seiner Leserschaft – noch vor den Göttinnen Opis, Juno, Ceres, Minerva, Venus und Isis – präsentiert? Die Vita ist vergleichsweise ausführlich gehalten und umfasst etwa 600 Worte, gleich zu Beginn nennt er sie „*insignis atque vetustissima*" – herausragend und uralt (Semiramis 1), ihre Seele sei außerordentlich (Semiramis 3: „*ingentis fuit animi*"). Als ihr Sohn, dem sie sehr ähnele, habe sie sich verkleidet und so alle getäuscht (Semiramis 4–5). Er geht noch weiter:

> *Et dum, nullo labori parcens aut periculo territa, inauditis facinoribus quorumcunque superasset invidiam, non est verita cinctis aperire que foret quodve etiam fraude smulasset feminea, quasi vellet ostendere, non sexum, sed animum ipmerio oportunum.*

> Sie scheute keine Mühe, ließ sich durch keine Gefahr beeindrucken, und als sie mit unerhörten Taten das allgemeine Misstrauen widerlegt hatte, trug sie keine Bedenken, öffentlich zu enthüllen, wer sie wirklich war und welchen Trug sie in weiblicher List eingefädelt hatte, gewissermaßen um zu zeigen, dass nicht Geschlecht, sondern Mut zum Herrschen gehöre.⁶¹⁴

Danach geht er ausführlich auf ihre Errungenschaften ein: Ihr Sieg über Äthiopien, der Kriegszug gegen Indien, das außer ihrem (?) Mann noch niemand betreten habe (Semiramis 8: „*ad quos nondum, preter virum, quisquam accesserat*"⁶¹⁵), der Wiederaufbau Babylons, dessen Erbauung hier Nimrod zugeschrieben wird, die Niederschlagung des Aufstandes mit halbfrisierten Haaren (Semiramis 9), sowie die Gründung von mehreren Städten (Semiramis 10). Doch all diese Taten werden durch den Inzest zunichte gemacht:

> *Ceterum hec omnia, nedum in femina, sed in quocunque ori strenuo, mirabilia atque laudabilia et perpetua nemoria celebranda, una obscena mulier fedavit illecera. Nam cum, inter ceteras, quais assidua libidinis prurigine, ureretur infelix, plurmim miscuisse se concubitui creditum est, et inter mechos, bestiale quid potius quam humanus, filius Ninias numeratur (...).*

> Und am Ende hat auch sie sich verleiten lassen und mit einer einzigen Tat alles beschmutzt, was sie Großes getan hat, Großes, womit jeder wackere Mann – und schon gar eine Frau – sich Bewunderung und dauernde Erinnerung verdient hätte. Denn wie alle Frauen

---

610 Dies zeigt sich an der Reihenfolge der Frauen aus dem trojanischen Sagenkreis; Müller 1992, 32.
611 Ed. Zaccaria 1967, Komm. 7.
612 Müller 1992, 32.
613 Müller 1992, 36–37; vgl. außerdem Franklyn 2006.
614 Semiramis 7 (hier und im Folgenden ed. Erfen & Schmitt 1995).
615 Denkbar wäre hier m.E. auch, dass *vir* nicht Ninus, sondern Alexander III. meint, der ja bei den von Boccaccio verwendeten Autoren Trogus/Iustin (1,2,9) und Orosius (1,4,5) neben Semiramis der einzige ist, der Indien betrat.

brannte sie ständig in Gier und Geilheit, teilte mit mehr als einem Mann das Bett, so glaubt man zu wissen, und unter ihre Liebhaber zählt auch ihr Sohn Ninias (...).[616]

Auch das Gesetz zur Legitimierung dieses „*celestum facinus*" (Semiramis 14) übernimmt er, bevor er andere Varianten zu dem Inzest und zu ihrer Ermordung durch den Sohn präsentiert.[617]

Grundlage von Boccaccios Semiramis-Vita ist offensichtlich wiederum Orosius, von dem er u.a. den Tod des Ninus durch einen Pfeil (Oros. 1,4,3) und die Ermordung der zahlreichen Liebhaber (Oros. 1,4,7) übernimmt, aber auch Iustins *Epitome* des Pompeius Trogus, von wo er die Tiara und die sonstige Verkleidung übernimmt (Iust. 2,1,3).[618] Hinzukommen Passagen aus Euseb sowie Valerius Maximus[619] – seine Quellenbasis ist damit identisch mit der Petrarcas, dessen Text er ohne Zweifel ebenfalls intensiv studiert hat.[620] Interessant ist, dass Boccaccio eine göttliche Herkunft offenbar bekannt ist, da ihm Diodors Text aber nicht vorliegt, macht er sie kurzerhand zu einer Tochter des Neptun (Semiramis 1: „*filiam fuisse Neptuni*")! Woher ihm dieses Element bekannt ist, ist nicht zu eruieren – Diodor und auch das anonyme Traktat *de mulieribus claris in bellis* scheiden sowohl auf Grund der Sprachbarriere als auch auf Grund der Überlieferungslage aus.[621] Auch Lucius Ampelius' *Liber Memorialis*, der sie als Tochter einer Nymphe bezeichnet,[622] liegt erst 1638 gedruckt vor. Von ihrer Aussetzung, einer ersten Ehe und der Eroberung Baktras weiß Boccaccio in Ermangelung Diodors nichts. Boccaccio ist aber mehr als ein reiner Kompilator, er wertet das Geschehen einerseits deutlich und fügt andererseits durchaus Neues und Eigenes hinzu, wie beispielsweise die Mutmaßungen über die Beweggründe ihres Sohnes, denen er Scham über das Verhalten der Mutter und die Furcht vor einem Konkurrenten um den Thronanspruch ergänzt. Neu im Kanon der Erinnerungsbausteine ist auch die Episode um die Einführung von Unterbekleidung für Frauen, die er als *femoralium* – wörtl.: Bedeckung für die Oberschenkel – bezeichnet.[623]

Semiramis ist bei Boccaccio die geschickte und listige Nachfolgerin des Ninus. Unerschrocken – und sehr erfolgreich – führt sie Kriege, errichtet Bauwerke und lässt Städte bauen. Ihr Vergehen, der Inzest mit dem Sohn, ist für Boccaccio Resultat einer Gier und Geilheit, die allen Frauen innewohne. Für Boccaccio ist Semiramis eine Frau, die „despite her extraordinarily masculine qualitites, could not overcome her corrupt feminine nature."[624] Auch im etwa zeit-

---

616 Semiramis 13.
617 „*Alii tamen scribund quod, cum in desiderium incidiesset filii eumque iam etate provectum in suos provocasset amplexus, ab eodem (...) occisam* – Andere Autoren geben indes an, sie sei erst in Liebe zu ihrem Sohn entbrannt, als er schon erwachsen war und von ihm getötet worden, als sie ihn in ihr Bett ziehen wollte (...)", Semiramis 16 – Boccaccois Leserschaft dachte hier sicherlich auch an Orests Ermordung seiner Mutter Klytämnestra (z.B. Eur. El. 1207–1223, 1545 von Petrus Victorius herausgegeben); „(...) *verum, cum aliquando concepisset, adultaria prodidisse partu* (...) – Als sie jedoch eines Tages schwanger wurde, da sei durch die Leibesfrucht ihr loser Lebenswandel offenbar geworden." (Semiramis 17).
618 Frauen in Männerkleidung verletzen für ihn nicht nur geltende Normen, sondern sind auch eine Bedrohung der göttlichen Ordnung (vgl. auch Boccaccios *De Iohanna anglica papa* in *De mulieribus claris*).
619 Eus. chron. 20,13–26; Val. Max. 9,3 ext. 4. Allgemein zu den Quellen Boccaccios siehe Kolsky 2003, 59–69.
620 Indiz für Boccaccios Abhängigkeit von Petrarca ist vielleicht auch die Angabe von Semiramis' Regierungsdauer mit 32 statt der in den antiken Texten üblichen 42 Jahre.
621 Die Bände 1–5 von Diodors *Weltgeschichte* lagen erst 1492 in lateinischer Übersetzung gedruckt vor; Pinkepank 2007, 201–203.
622 11,3: „(...) *Dercetis nymphae filia* (...)".
623 Bei Brown 2003 sogar übersetzt als „chastity belt". S. zu dieser Passage ausführlich oben.
624 Franklyn 2006, 33; ähnlich auch Rutishauser 1989, 115.

gleich entstandenen *Corbaccio* beschreibt er die Frau als „animale imperfetto, passionato da mille passioni spiacevoli e abominevili".[625]

Semiramis ist auch für die Maßstäbe Boccaccios eine ungewöhnliche Frau – er ist hin und her gerissen zwischen Bewunderung und Abscheu. Wie alle Frauen in *De mulieribus claris* fasst er Semiramis als von der Natur gegenüber dem Mann benachteiligtes Geschöpf auf, das aber dennoch durch besondere (moralische) Anstrengungen zu den gleichen Leistungen wie ein Mann gelangen kann – immerhin 68 seiner 106 Viten handeln von ganz eindeutig positiven Frauengestalten und ihren herausragenden Leistungen, die sie Männern mindestens ebenbürtig machen.[626] Da Semiramis, wie allen Frauen in *De mulieribus claris*, als Heidin die Aussicht auf das ewige Leben im Jenseits bzw. die Angst vor der Hölle nicht als *stimulus* für tugendhaftes Verhalten und große Taten gelten kann, ist ihre Tugendhaftigkeit bzw. deren Fehlen für Boccaccio anders zu bewerten, als es bei christlichen Frauen geschehen müsste[627] – letztere sind in *De mulieribus claris* vollständig ausgespart.

Die Ambivalenz, die Semiramis auch bei Boccaccio besitzt, spiegelt sich auch in den Illustrationen wider, die späteren Drucken beigegeben werden. So wird hier einerseits auf den kriegerischen Charakter der Königin Bezug genommen,[628] andererseits der Inzest mit ihrem Sohn in den Fokus gerückt.[629]

Interessant ist, dass Semiramis bereits in einem früheren italienischen Werk Boccaccios auftaucht – wenn auch nur als winzige Nebenepisode, die aber dennoch gut veranschaulichen kann, wie fest die Gestalt der babylonischen Königin im kulturellen Gedächtnis der Renaissance verankert ist. In *Teseida delle Nozze d'Emilia*, einem fast 10.000 Verse umfassenden Gedicht, das er 1340/1341 gegen Ende seiner Zeit in Neapel verfasste, erscheint Semiramis im Kreis von Liebenden.[630] Die Geschichte der beiden Thebaner Arcita und Palemone, welche um die Gunst der schönen Amazone Emilia[631] konkurrieren, hat – auch wenn Boccaccio dies behauptet[632] – kein direktes antikes Vorbild, orientiert sich aber inhaltlich und strukturell stark an der *Thebais* des Statius sowie sprachlich an Virgil und Ovid und ist Boccaccios erste Imitation eines klassischen antiken Epos als mittelalterlicher Minneroman.[633] Sicherlich färben die Eindrücke am neapolitanischen Hof des Robert d'Anjou, welcher stark Französisch beeinflusst war und an dem sich eine Vielzahl französischer Gelehrter und Literaten aufhielt, auf dieses frühe Gedicht Boccaccios ab. So könnte Boccaccio in dieser Zeit in Kontakt zu Werken des Benoît de Sainte-Maure gekommen

---

625 Corb. S. 496 (ed. Ricci 1965). Vgl. auch Aristot. gen. an. 2,3, 737a27f. Zu Boccaccios Frauenbild s. Müller 1992, 101–104.

626 Je 19 Viten sind dagegen negativ oder ambivalent, zur letztgenannten Gruppe zählt Semiramis; Müller 1992, 105–106.

627 Vgl. ded. 9 u. pr. 11.

628 Semiramis, Jabocus Philippus Bergomensis Foresti, De plurimis claris selectisque mulieris; Ferrara: Laurentius de Rubeis, de Valentia, 1497 (fol. xviv, British Library, shelfmark 167.h.17).

629 Giovanni Boccaccio, De claris mulieribus; deutsch; Ulm: Iohanne Zainer, 1473, fol. Ii; British Library, shelfmark IB. 9113; Giovanni Boccaccio, De claris mulieribus, Leuven: Egidius van der Heerstraten, 1487, fol. A4r; British Library, shelfmark IB.49350 – hier werden die Figuren im Bett sogar beschriftet.

630 Zu den Frühwerken Boccaccios s. umfassend König 1960, 108–142.

631 Bei Boccaccio eine jüngere Schwester der skythischen Amazonenkönigin Hippolyte, der Gattin des Theseus.

632 Ad. zu Tes. 1,2; vgl. Savj-Lopez, 1900, 76–77 u. Havely 1980, 6.

633 So ist das Gedicht beispielsweise dem Vorbild der *Thebais* (und auch der *Aeneis*) folgend in zwölf Bücher aufgeteilt. S. dazu auch Havely 1980, 6.

sein; Benoîts *Roman de Troie* sowie der *Roman de Thèbes*[634] werden als Inspirationen für *Teseida* diskutiert.[635] Interessant ist, dass weder Semiramis namentlich benannt, noch Episoden ihres Lebens näher beschrieben werden – und dennoch ist sie offenbar für die Leserschaft ganz eindeutig zu erkennen:

> Vidivi istorie per tutto dipinte,
> intra le quai, con più alto lavoro,
> della sposa di Nin vidi distinte
> l'opere tutte; et vidi a piè del moro
> Piramo et Tisbe, et già le gelse tinte;
> e il grande Ercul vide tra costoro
> in grembo a Iole, e Blidis dolerosa
> andar pregando Cauno pietosa.

> Dort sah sie Geschichten vollständig gemalt, unter denen, mit höchster Qualität, sah sie jene der Braut des Nin[us] sich hervorheben von allen Werken; und sie sah am Fuße des Maulbeerbaumes Piramus und Thisbe, und schon die bunten Maulbeeren; und sie sah den großen Herkul[es] unter ihnen, im Schoß der Iole, und mitleidsvoll die schmerzerfüllte Biblis, Cauno anbetend. [Übers. d. Verf.in][636]

Der Kontext der Abschnitt ist der folgende: Arcita und Palemone werben beide um die Liebe der wunderschönen Emilia. Die Entscheidung, wer sie zur Frau nehmen darf, soll im Rahmen eines großen Turniers fallen. Vor dessen Beginn hat zunächst Arcita Mars um Hilfe und Beistand angerufen, Palemone wendet sich nun an Venus – und im Tempel der Venus erblickt Emilia Malereien, die u.a. die Taten der Semiramis zeigen.[637] In dem vorhergehenden Absatz werden außerdem im Tempel der Venus aufbewahrte Artefakte erwähnt, die auf Kallisto und Atalante (bzw. zwei Atalanten) hinweisen.[638] Diese Frauen sind eng mit der Tugend der Keuschheit verbunden: Die von Diana zu keuschem Leben verpflichtete Nymphe Kallisto wird von Jupiter geschwängert, daraufhin verstoßen und in eine Bärin verwandelt[639]; die Jägerin Atalante tötet, um ihre Jungfräulichkeit zu schützen, zwei Zentauren und will nur denjenigen ehelichen, der sie im Wettlauf besiegt – was Hippomenes nur gelang, indem er während des Wettlaufes goldene Äpfel, die er von Venus erhalten hatte, auswarf, die Atalante aufhob.[640] Bei Hygin[641] – für Boccaccio ist dies eine andere Atalante – ist sie außerdem Mutter des Heros Parthenopaios. Im Gegensatz dazu

---

634 Logié Philippe et al. 2002. Angemerkt sei, dass John Lydgate das Verdienst einer ersten englischen Übersetzung des Romans zukommt; Drabble ⁶2000, 617.
635 Havely 1980, 7.
636 Tes. 7,62 (ed. Agostinelli & Coleman 2015).
637 Der Vollständigkeit halber sei erwähnt, dass die Erzählung tragisch und doch glücklich endet: Arcita siegt und heiratet Emilia, erliegt aber wenig später den Verletzungen, die er sich im Turnier zugezogen hat. Nach seinem Tod ehelicht Palemone dann die schöne Witwe.
638 „Quivi molti archi a' cori di Diana vide appiccati a rotti, intra' quali era quel di Calisto, fatta tramontana Orsa; E li pome v'eran della fiera Atalanta che 'n correr fu sovrana; e ancor l'arme di quell'altra altiera che partorì il bel Partenopeo, nepote al calidonio Oeneo."
639 Ov. met. 2,401–507.
640 Ov. met. 8,425–427 u. 10,560–704.
641 Hyg. fab. 70.

sind die anschließend gelisteten Liebespaare – Ninus/Semiramis, Pyramus/Thisbe, Herkules/Iole[642], Kaunos/Byblis[643] – allesamt tragische, höchst leidenschaftliche Gestalten, ihre Geschichten haben allesamt ein tödliches Ende für mindestens eine der beteiligten Personen. Anders als in Petrarcas *Trionfo d'Amore* spielt ein Inzest-Motiv für die Zusammenstellung dieser Paare hier offenbar keine Rolle.[644] Auch ist es wiederum nicht notwendig, Details zu den Mythen zu präsentieren – die Nennung der Namen alleine genügt.

Während, so führt Boccaccio in seinem umfangreichen Prosakommentar zu seiner *Teseida* aus, Mars für das plötzlich aufbrausende Begehren steht, wird Venus, in deren Tempel sich das Bildnis der Semiramis befindet, hier einerseits als Göttin der angemessenen Begierden (so z.B. der Wunsch einer Frau nach einem Kind) verstanden, andererseits als Göttin der unangemessenen, wollüstigen Leidenschaften. Zu Semiramis kommentiert er ausführlich:

> Questa Semiramìs fu moglie di Nino, re regli Assirii, e morto il marito, veggendosi di lui uno solo figliuolo similmente chiamato Nino e questo essere fanciullo e per sembiante più atto alle cose veneree che al regimento del regno, ella in sé ritenne la signoria e face in fatti d'arme maravigliose cose e ampliò molto il regno lasciatole dal marito. Ma come che in altro fosse valorosa donna, fu nondimeno di tanto venereo fuoco accesa, che vedendo Nino, su figliuolo, bellissimo giovane, si condusse a giacere seco e a lenerlo tra le sue damigelle nascoso; e per gelosia che alcuna d'esse non giacesse seco, fece a tututte brache (i.e. una sorta di cintura di castità), le quali infino a quel tempo non erano state per alcuna persona né vedute né usate. Ultimamente scoprednosi per lungo uso questo suo peccato, e sentendo ella che tra la gente in vituperio di leid se ne ragionava molto, per torre via questo vituperio, fece una legge, che in atto di lussuria fosse a ciascuno licito ciò che gli piacessa. Questo adunque era quivi di Semiramìs istoriato.

> Diese Semiramis war die Ehefrau des Ninus, König der Assyrer, und als der Ehemann verstorben war, und sie sich mit nur einem Sohn wiederfand, der ebenfalls Ninus heißt, und weil dieser [noch] ein Junge und vom Aussehen mehr für die Liebesdinge als zur Regierung eines Reichs geeignet war, behielt sie die Herrschaft für sich und tat in Waffenangelegenheiten herausragende Dinge und vergrößerte das Reich sehr, das ihr der Ehemann hinterlassen hatte. Aber so wie sie in anderen Dinge eine tapfere Frau war, war sie ebenso in leidenschaftlichem Feuer entbrannt und als sie Nino, ihren Sohn, einen wunderschönen Jüngling, sah, wurde er zu ihr geführt, um bei ihr zu liegen und um ihn unter ihren Zofen zu verstecken; und aus Eifersucht, dass eine von ihnen bei ihm liegen könnte, ließ sie allen Unterhosen (i.e. eine Art Keuschheitsgürtel), anfertigen, die bis zu jenem Zeitpunkt noch von niemandem je gesehen noch benutzt worden waren. Zuletzt, als man dies aufgrund der langen Dauer dieser ihrer Sünde herausgefunden hatte und sie gehört hatte, dass die Menschen untereinander deshalb sehr schlecht über sie redeten, erließ sie ein Gesetz, dass

---

642 Iole verursacht letztlich Herkules' Tod, richtet sich doch Deianeiras Eifersucht gegen sie (Ov. epist. 9,131–145). Auch heißt es bei Ovid, Herkules sei von Iole unterjocht worden („*Iolem inposuisse ignum*"; Ov. epist. 9,6).
643 Byblis hatte sich leidenschaftlich in ihren Bruder Kaunos verliebt, der ihre Avancen allerdings entrüstet zurückwies, so dass Byblis vor Trauer und Verzweiflung in ihren eigenen Tränen zerfloss (Ov. met. 9,450–665).
644 1,76; s. dazu oben.

beim Akt der Wollust jedem das erlaubt sei, was ihm gefällt, um diese Schande loszuwerden. Dies war also hier über Semiramis berichtet. [Übers. d. Verf.in]

Boccaccios Kommentar zu Semiramis in der *Teseida* deckt sich also sehr eng mit der ca. 20 Jahre später verfassten Lebensbeschreibung der Königin in *De mulieribus claris*, es werden die selben zentralen Stationen bzw. Episoden aufgeführt, allein die aus Valerius Maximus[645] stammende Geschichte, sie sei mit losgelösten Haaren zu den Waffen geeilt, um einen Aufstand niederzuschlagen, fehlt. Boccaccio scheint also schon um 1340 aus mehr oder minder demselben Quellentexten geschöpft zu haben. Bereits in seinem Kommentar zu der *Teseida* werden Semiramis herausragende Taten zugestanden („*maravigliose cose*"), wiederum ist es aber die *lussuria*, die sie zu Fall bringt, ihren schönen Sohn verbirgt sie unter ihren Damen ihres Hofes.[646]

Boccaccios *Teseida* gilt als hauptsächliche Quelle und Inspiration für einige Episoden in Geoffrey Chaucers *Canterbury Tales*, allen voran für *The Knight's Tale*.[647] Chaucer greift hier zwar die Gestalt der Semiramis nicht auf, verwendet sie aber, wie unten noch zu sehen sein wird, an anderer Stelle in den *Canterbury Tales*. Strittig ist dabei, ob Chaucer nur der reine Text der *Teseida* oder aber auch Boccaccios Kommentar dazu vorgelegen haben, wobei zuletzt Piero Boitani mit guten Argumenten für letzteres votiert hat.[648]

Für Boccaccio fällt das Urteil über Semiramis also deutlich klarer aus als für Dante und Petrarca, auch zeichnet er nicht mehrere unterschiedliche Semiramiden in seinen Werken, sondern präsentiert ein recht konsistentes Bild der Königin. Die *lussuria*, Inzest und die Verkleidung als Mann werden mit ihm endgültig zu den zentralen, klar negativ gewerteten Themen ihrer Vita – seine Quellenbasis ist dabei aber mit der der Vorgenannten identisch. Seine Verurteilung geschieht vor dem Hintergrund einer grundsätzlichen Misogynie, vor einem christlichen Tugendkanon für die Geschlechter und – basierend auf beidem – in dem Bestreben, historische *exempla* für gutes wie schlechtes Handeln zu bieten. Sein Semiramisbild, das zwar – anders als bei Orosius – die Errungenschaften der Königin nicht verschweigt, diese dennoch aber letztlich wegen ihrer Laster verdammt, sollte sich in den folgenden Jahrhunderten als diskursdominerend erweisen. Wie kaum ein zweiter prägt Boccaccio die Frage, wie Semiramis in der Folge erinnert wird. Dies liegt nicht zuletzt daran, dass seine Werke schon früh übersetzt werden; v.a. *De mu-*

---

645 9,3 ext. 4.
646 Dieses Element wird in der ersten Umsetzung des Stoffes um Semiramis für die Opernbühne, *Semiramide in India* (UA 1648, Venezia), aufgegriffen. Dazu ausführlich unten unter Kapitel 4.1.1. Einen Eindruck über die spätere Deutung der *Teseida* bietet ein umfangreicher Kommentar aus der zweiten Hälfte des 15. Jh.s, der sich heute unter der Signatur It. 581 in der Bibliothèque National de France in Paris befindet und ursprünglich Bestandteil der Bibliothek des Salentiner Adelsmannes Angilberto del Balzo war. Dieser Kommentar wurde erst 2016 von Marco Maggiore im Rahmen seiner Dissertation in einer kritischen Edition vorgelegt; Maggiore 2016, 1028–1029. Bereits 1441 hatte Pietro Andrea de'Bassi einen umfangreichen Kommentar zur *Teseida* verfasst; vgl. Agostinelli 1985/1986, 73 (Appendix III) mit einer Zusammenstellung der Manuskripte bzw. Kommentare.
647 Vgl. dazu Anderson 1988; Haveley 1980 oder Porcelli 1986, 57–80. Besondere Erwähnung verdient eine um 1460 entstandene Abschrift einer mittelfranzösischen Prosa-Übersetzung des Werkes, die von zwei Hofmalern des René von Anjou prachtvoll ausgestaltet wurde; vgl. Österreichische Nationalbibliothek Wien, Codex 2617; Brachert 1989. Der Text der mittelfranzösischen Nachdichtung ist leider bis heute ungedruckt. Eine Fülle überlieferter Handschriften und Kommentare zeigt, dass die *Teseida* im 15. und 16. Jh. große Aufmerksamkeit genoss. Auch andere Renaissanceautoren ließen sich hier inspirieren; vgl. Brachert 1989, 24–25.
648 Boitani 1977, insb. 116.

lieribus claris und auch *Teseida* sind im 14. und auch noch im 15. Jh. außerordentlich beliebt und weit verbreitet.⁶⁴⁹

2.5.2 Semiramis im England der Tudor- und Stuartzeit

Im Laufe der folgenden beiden Jahrhunderte entwickelt sich v.a. England zu einem Zentrum der Semiramisrezeption.⁶⁵⁰ Im 15. und 16. Jh. begegnet sie hier vielfach in unterschiedlichen literarischen Genres und und in unterschiedlicher Ausführlichkeit. Als kulturelle Stereotype erweist sie sich auch hier als wandelbar.

Ähnlich wie Dante mit der *Divina Commedia* für Italien leistete Geoffrey Chaucer Ende des 14. Jh.s für England und die englische Literaturgeschichte Bedeutendes, erhob er doch durch sein Werk das Mittelenglische zur Literatursprache, während zu seiner Zeit literarische Arbeiten üblicherweise nicht in Volkssprache, sondern auf (Neu-)Latein oder Französisch verfasst wurden. Lange war es *communis opinio*, dass Chaucers Semiramisbild sich aus Dantes *Divina Commedia* speise,⁶⁵¹ doch dürften neben Ovid sicherlich vor allem Boccaccios *De mulieribus claris* und auch dessen *Teseida* von Bedeutung gewesen sein.⁶⁵² Chaucer verarbeitet den Semiramis-Stoff gleich mehrfach und mit unterschiedlichen Schwerpunkten: In einer seiner berühmten *Canterbury Ta-*

---

649 Ebenso findet es vielfältige Nachahmer, die allerdings oftmals die Zusammenstellung der Frauen verändern. So eliminiert beispielsweise Sabadino degli Arienti alle Frauengestalten, die mit ungenügend kontrollierter Sexualität verbunden werden, darunter auch Semiramis: Sabadino degli Arienti, *Trattato della pudizia* (1487). In einem seiner späteren Werke, *Ginevera de le clare donne* (1490) nimmt er sie dagegen wieder auf und parallelisiert sie mit Giovanna II. (1373–1435), der Königin von Neapel, sowie mit Ursina Torelli – dabei zielt er einmal auf moralische Vorstellungen, einmal auf kriegerische Aspekte ab. Vgl. Kolsky 2005, ins. 67–76; 102–109; 131–132. Beringer (2016, 67) postuliert für das Mittelalter und die beginnende Frühe Neuzeit: „Female warriors, in other words, are acceptable only as long as they are sexually inactive. It follows, then, that female warrior can be most effectively vilified by maligning her sexual reputation."

650 Doch auch vorher war Semiramis in England schon eine bekannte Gestalt. So ist sie bereits auf der um 1300 zu datierenden Hereford-Karte enthalten. Zu Babylon heißt es hier: „*Babilonia, a Nembroth gigante fundata, a Nino (et) Seramide reparata, campi planicie undiq(ue) conspicua, natura loci letissima, castrorum facie menib(us) parib(us) per quadrum disposita, muror(um) latitudo quinquaginta cubitor(um), eius altitudo quater tanta. Ambitus urbis sexaginta quatuor miliaria circumplectitur. Murus coctile late atq(ue) interfuso bitumine compactus. Fossa extrinsecus late patens uice ampnis circumfluit. A fronte muror(um) cente porte eree. Ipsa autem latitudo in consu(m)macione pinnarum utroq(ue) latere habitaculis eque dispositis, uicenas quadrigas in medio capit.*" (Text nach: http://sims.digitalmappa.org/workspace/#965fe731 [letzter Zugriff: 2.8.2019]); vgl. Westrem 2001. Auf der vermutlich relativ zeitgleichen Ebstorfer Weltkarte ist sie ebenfalls Bestandteil des beschreibenden Textes für den Turm zu Babel bzw. Babylon: „*Babylonia civitas magna cuius muri latitudo est L cubitorum, altitudo CC cubitorum; ambitus eius CCCCLXXX stadiorum, centum portis ereis firmata, fluvio Eufrate per medium eius currente. Hanc Nemroth gygas fundavit, sed Semiramis regina Assyriorum ampliavit murumque eius cemento et cocto latere fecit.*" Zu dieser Karte vgl. Wilke 2001. Zu Frauendarstellungen auf den mittelalterlichen Weltkarten s. Baumgärtner 2003, 31–86, Semiramis hier auf 59.

651 Lowes 1916/1917, 705–735.

652 Parr 1970, 57–61, der allerdings überraschenderweise Boccaccios *Teseida* nicht als mögliche Quelle erwähnt. Schon das Auftauchen von Herkules und Byblis in Chaucers *The Parlement of Foules* (Verse 288–294) in einer Reihe mit Semiramis weisen m.E. deutlich auf die *Teseida* hin; vgl. auch Wallace 1985, insb. 141–150.

les, *Man of Law's Tale* (Verse 358–359), verfasst um 1390[653], ist Semiramis eine arglistige und mordlüsterne alte Sultana. In *The Parlement of Foules* (Verse 288–294) erscheint sie als unglückliches Opfer ihrer Liebe, wie bei Dante in einer Reihe mit Dido, Kleopatra VII., Achilles und Tristan, aber auch noch vielen anderen antiken und mittelalterlichen Gestalten,[654] und schließlich ist sie in *Legend of Good Women* (Vers 707) die ruhmreiche Gründerin Babylons.[655]

Das Interesse an Semiramis bleibt in den folgenden beiden Jahrhunderten auf den britischen Inseln stark. Auch das über 36.000 Verse umfassende Gedicht *The Fall of Princes*, das der englische Benediktinermönch John Lydgate in den 20er Jahren des 15. Jh.s verfasst, greift Boccaccios Semiramis auf – und malt ein noch schauerlicheres Bild der babylonischen Königin:

> But among all, he writith ther was on
> Queen off Assirie and wiff to kyng Nynus,
> And be discent douhter to Neptunus
> Semiramis callid in hir daies
> Which off all men wolde make assaies
> She nouther spared straunger nor kynreede
> Hir owne sone was nat set a-side,
> But with hym hadde knowlechyng in deede
> Off which the sclaundre wente abrod ful wide.
> For with on man she koude nat a-bide
> Such a fals lust was vron hir fall
> In hir corage to haue a-do with all

> But among all, he wrote that there was one
> Queen of Assyria and wife to King Nynus
> And the daughter of Neptune descended
> Semiramis called in her day
> Which to all men would make assays [i.e. flirted with them, hit on them, Anm. d. Verf.in]
> She neither spared stranger nor kindred
> Her own son was not set aside
> But with him had knowledge in deed [i.e. sexual relations, Anm. d. Verf.in]
> Of which the slander went abroad full and wide.
> For with one man she could not abide

---

653 „O Sowdanesse, roote of iniquitee! Virago, thou Semyrame the seconde!" (ed. Koch 1928). Zur Datierung Cooper 1989, 125.

654 „Semyramus, Candace, and Hercules Biblis, Dido, Thisbe and Piramus Tristam, Isaude, Paris, and Achilles, Eleyne, Cleopatre, and Troylus, Silla, and ek the moder of Romulus: Alle these were peynted on that other side, And al here loue, an in what plite they d[e]yde." (ed. Koch 1928).

655 „At Babiloyne whylom fil it thus, the whyche toun the queen Semyramus let dychen al aboute, and walles make ful hye, of hard tiles wel ybake: There were dwellyng in this noble toun two lordes, whiche that were of gret renoun, and woneden so nygh, upon a grene, that ther nas but a ston-wal hem betweene, as ofte in grete toundes ist he wone."(ed. Koch 1928). Unter die tugendhaften Frauen wird sie hier aber nicht gezählt. Für Chaucer sind dies: Kleopatra, Thisbe, Dido, Hypsipyle, Medea, Lucretia, Ariadne, Philomela, Phyllis sowie Hypermnestra. Basis für Chaucers Thisbe-Episode sind Ovids Metamorphosen – so gelangt auch Semiramis in dieses Gedicht. Vgl. Frank 1972, 47 Anm. 1.

Such a false lust was her fall
In her courage to have ado with all.⁶⁵⁶

Lydgates Basis ist hier allerdings nicht der lateinische Text Boccaccios, sondern dessen relativ freie französischen Übersetzungen durch Laurent de Premierfait, *Des cas des nobles hommes et femmes* (1400 und nochmals, noch freier 1409), die in Westeuropa und insbesondere in England weit verbreitet waren.⁶⁵⁷ Deutlich wird die Abhängigkeit von Boccaccio statt von der antiken Überlieferung v.a. an der Erwähnung Neptuns als Vater der Semiramis. Auch Lydgates Gedicht wird wiederum breit rezipiert. So entlehnt beispielsweise Peter Idley in seinen *Instructions to His Son*, verfasst um 1450, über 300 Zeilen aus dessen *Fall of Princes*.⁶⁵⁸ Idleys in zwei Bänden abgefasster väterlicher Rat an seinen Sohn und Erben Thomas ist durchdrungen von tiefem „mistrust of women's sexuality".⁶⁵⁹ Und so fügt er Geoffreys Ausführungen zu Semiramis noch zwei Zeilen hinzu, „to emphasize the transgressive nature of her sexual sins, even going so far as to say that she had intercourse with both her own brother and son"⁶⁶⁰:

She hadde no mynde that she shold dye –
With hir croked instrument tn encrees and multeplie.⁶⁶¹

Im ausgehenden 16. Jh. findet Semiramis in England dann auch zuerst ihren Weg auf die Bühne – hier herrscht ein starkes Interesse an Stücken, die einen Bezug zur orientalischen Welt aufweisen. Wie Jane Grogan für die englischen Dramen des 16. und 17. Jh.s pointiert zusammenfasst:

To the readers and audience of early modern English drama, Persia was never simply a distant exotic place, but something more familiar, complex, even domestic. In this, the classical narratives of Persia were most prominent, relevant and readily available for dramatization.⁶⁶²

Vielfach begnügen sich die Dramatiker dabei mit Anspielungen, ohne Semiramis zum Hauptgegenstand ihrer Stücke zu machen – die Nennung ihres Namens genügt, um Assoziationen beim Publikum auszulösen.⁶⁶³ So finden sich beispielsweise in den Werken Christopher Marlows

---

656 1,6632–6643 (ed. Bergen 1924). Grundlegend dazu Mortimer 2005. Für seine Hilfe bei diesem Text danke ich Prof. Dr. Michael Yonan (University of California, Davis) herzlich.
657 Gathercole 1955, 14–21.
658 Das Lydgate-Zitat findet sich in 2,1812–1816 (ed. D'Evelyn 1935).
659 Niebrzydowski 2006, 97.
660 Mortimer 2005, 248.
661 2,1817f. (ed. D'Evelyn 1935).
662 Grogan 2014, 147.
663 Welche ungeheure Bekanntheit die Person der Semiramis in der Frühen Neuzeit besessen hat, kann vielleicht eine Episode um einen legendären Münzfund, der 1543 am Ufer des Strei im Gebiet der Orăștie Berge in Siebenbürgen gemacht wurde, illustrieren. Dreißig- oder gar vierzigtausend Münzen aus dem 1. Jh. n.Chr. sollen damals zu Tage gebracht worden sein – heute fehlt von ihnen jede Spur. Dieser riesige Münzhort beschäftigte und beeindruckte die Zeitgenossen sehr und lebt bis heute im Volksmund und in der Literatur fort. Zum Fund Deppert-Lippitz 2010, 9–27 mit umfassender älterer Literatur. Das wirklich bemerkenswerte sind aber nicht die Münzen aus dem späten 1. Jh., sondern vielmehr, dass zum Fund auch zwei goldene Medaillen gehört haben sollen. Deren Bildnisse wurden als Ninus und Semiramis gedeutet und die Medaillen deswegen an Kaiser Karl V. geschickt, wie Giovanni Battista Castaldo in einem 1552

mehrere Bezugnahmen auf Babyon und Semiramis: Neben Belus, Ninus und Alexander III. ist in seiner in Persepolis angesiedelten *Tamburlaine* von 1587/1588[664] die Rede von „fair Semiramis, courted by kings and peers of Asia" (II/5, 73–74).[665] Etwa gleichzeitig[666] entstand Robert Greenes *The Honorable Historie of Frier Bacon and Frier Bongay*, in dem sich ebenfalls eine Allusion zu Semiramis findet; sie wird hier als Befestigerin Babylons gerühmt.[667] Auch in dessen Stück *The Scottish History of James the Fourth*[668] taucht die babylonische Königin, nun etwas ausführlicher, auf:

> Semiramis, the proud Assyrian queen, When Ninus died, did levy in her wars Three millions of footmen to the fight, Five hundred thousand horse, of armed cars A hundred thousand more, yet in her pride Was hurt and conquer'd by Stabrobates.[669]

Und in seinem Prosawerk *Farewell to Folly* widmet Greene ihr einen noch längeren Abschnitt. In seinem Narrativ ist die schöne Semiramis mit einem einfachen Arbeiter Menon verheiratet, als sich Ninus in sie verliebt. Seine Avancen weist sie zurück. Ninus bietet Menon schließlich seine eigene Tochter im Tausch gegen Semiramis zur Frau an. Als dieser das Angebot des Königs zurückweist, tötet ihn Ninus in einem Zornesausbruch. In tiefer Trauer zieht Semiramis Selbstmord in Erwägung, bevor ihr der Gedanke kommt, an Ninus Rache zu nehmen. So heiratet sie Ninus und gewinnt schnell die Herzen der Angehörigen des Hofes. Als ihr nach einigen gemeinsamen Jahren Ninus anbietet, jeden ihrer Wünsche zu erfüllen, fordert sie von ihm für die Dauer von drei Tagen die absolute Herrschaft über Babylon, die ihr auch gewährt wird. In dieser Zeit zwingt sie Ninus öffentlich einzugestehen, dass er allein an Menons Tod Schuld trägt und lässt ihn in der Folge zum Tode verurteilen. Semiramis wird hier also wiederum zur unglücklich Liebenden – doch ist es bei Greene Menon, dem ihre Liebe und Treue über den Tod hinaus gilt. Ninus dagegen findet sein gerechtes Ende – er ist es, der seine Triebe nicht im Zaum halten kann und so zum Mörder wird.[670] Dass Green Diodors Text bekannt gewesen sein muss, ist offensichtlich; seit 1472 lagen die ersten fünf Bücher seiner Weltgeschichte in einer lateinischen Übersetzung vor, die *edito princeps* des griechischen Textes folgte allerdings erst etwa 70 Jahre später.[671] Über Greenes Vita ist wenig bekannt, sicher studierte er, finanziert durch ein Stipen-

---

verfasst Brief an den Literaten Ascania Centorio degli Hortensi berichtet: „due medaglie d'oro, una del Re Nino, e l'altra della Reina Semiramis ch'ambe si mandarono a donare a Carlo Quinto" (später gedruckt in: Lettere di principi, le quali ò si scrivono da principi, ò à principi; ò ragionan di principi, libro primo, in questa seconda editione tutto riordinato & migliorato, Venedig 1564, 163–164).

664 Wenig später lag es auch gedruckt vor: Für den 14. August 1590 wird das Stück im Stationer's Register geführt (s. Arber 1875–1894).
665 Vgl. dazu auch Hardin 2006, 31–42, insb. 36.
666 Im Stationer's Register gelistet für den 14. Mai 1594 (s. Arber 1875–1894). Greene starb allerdings bereits im September 1592.
667 I/2, 19–24: „The work that Ninus rear'd at Babylon, The brazen walls fram'd by Semiramis Carv'd out like the portal of the sun, Shall not be such as rings the English strand From Dover tot he market-place of Rhy." (ed. Harrison 1927).
668 Im Stationer's Register ebenfalls eingetragen am 14. Mai 1594; s. Arber 1875–1894.
669 Interludium nach Akt I, 625–631 (ed. Dyce 1861).
670 The Second Discourse of Follie – The Tale of Cosimo (ed. London 1617, http://www.oxford-shakespeare.com/Greene/Greenes_Farewell.pdf, S. 30–39 [letzter Zugriff: 28.5.2019]).
671 Pinkepank 2007, 201–203. Vor der Übersetzung ins Lateinische besaß Diodors Werk ganz offenbar wenig Einfluss auf die weitere nachantike Ausgestaltung des Narrativs um Semiramis; so auch Beringer 2016, 39.

dium, in Cambridge und unternahm im Anschluss (1578–1583) die Grand Tour mit Stationen in Frankreich, Deutschland, der Schweiz, Italien, Dänemark und Polen.[672] Ob er hier mit Diodors Weltgeschichte in Berührung gekommen ist, lässt sich nicht sicher eruieren. Sein Blick auf Semiramis wird in späteren Opern mehrfach aufgegeffen.[673]

Auch in den Stücken seines Zeitgenossen William Shakespeare erscheint Semiramis in kurzen Erwähnungen, nämlich in *The Taming of the Shrew*[674] und *Titus Andronicus*[675]; ihre Promiskuität und Mordlust stehen hier jeweils im Fokus. Vertraut ist ihm Semiramis zweifelsohne aus Ovids *Metamorphosen*, die er sowohl in englischer Übersetzung als auch im lateinischen Original gekannt hat,[676] mit einiger Wahrscheinlichkeit hat er auch Boccaccios Werk konsultiert, da er sie in *Titus Andronicus* zwischen eine Göttin und eine Nymphe reiht. Zwar siedelt Shakespeare nie eines seiner Stücke in Persien an, Anspielungen und Bezugnahmen auf Persien sind in seinen Werken aber an vielen Stellen präsent und entsprechen dem oben kurz umrissenen Zeitgeist des englischen Renaissance-Dramas.[677]

Aber nicht nur als purer Name oder kurze Episode findet sich Semiramis im englischen Drama der Elisabethanischen Zeit. 1595 wurde ihr und ihrem Gatten von einem anonymen Autor ein eigenes Stück gewidmet: *Ninus and Semiramis*. Am 10. Mai 1595 hat es Eingang in das Stationer's Register gefunden, wo es heißt, es handele sich um „the tragedie of Ninus and Semiramis, the first monarchs of the world".[678] Genaueres zum Inhalt ist nicht bekannt; da sich kein Druck erhalten hat, ist nicht einmal sicher, ob das Stück je gespielt wurde.[679]

Um einen Eindruck zu gewinnen, welchen Kenntnisstand zur babylonischen Königin sich all die genannten englischen Schriftsteller der Renaissance zu eigen machen konnten, ist ein Blick in

---

672 Melnikoff & Gieskes 2008, 1–24, insb. 6–13 u. Nestrick 1973, 56–92.
673 So beipielsweise in *Semiramide* (UA 1671, Bologna) oder *La Semiramide* (UA 1674, Modena). Zu diesen Opern siehe ausführlich unter Kapitel 4.1.4 u. 4.1.6.
674 Introduction, 2, 39: „(...) We'll have thee to a couch softer and sweeter than the lustful bed on purpose trimm'd up for Semiramis." (ed. Oliver 1984). UA unbekannt, wohl vor 1594 verfasst; zur Datierung des Stücks vgl. Hosley 1964, 289–308.
675 UA 1594, London; II/1, 19–24: Aaron: „(...) I will be bright, and shine in pearl and gold, to wait upon this new-made empress. To wait, said I? – to wanton with this queen [evtl. quean], this goddess, this Semiramis this Nymph, this Siren, that will charm Rome's Saturnine, and see his shipwreck and his commenweal's." (ed. Marti 2008). Der Mohr Aaron, Geliebter der von Titus Andronicus gefangen gesetzten Gotenkönigin Tamora, der diese Worte ausspricht, wird in Shakespeares Drama als durch und durch bösartige Laster-Figur ausgestaltet, die aus purer Freude an Grausamkeiten agiert. Außerdem erscheint sie in II/3, 118: Lavinia: „Ya, come, Semiramis, nay, barbarous Tamora for no name fits thy nature but thy own" (ed. Marti 2008). Hier geht es um die gestürzte Gotenkönigin Tamora, die Rache für ihren von Titus Andronicus ermordeten ältesten Sohn nehmen will, und letztlich – nun als Kaiserin Roms – selbst ermordet wird, nachdem sie ihre Söhne zum Mord angestiftet hat. Vgl. ed. Marti 2008, 283.
676 S.a. Bates 1994. Einen guten Überblick geben die Beiträge in Taylor 2000. So erklärt sich auch „(...) I'll meet thee, Pyramus, at Ninny's tomb." in *A Midsummer Night's Dream* (III/1, 910) aus den letzten Jahren des 16. Jh.s. Für diesen Hinweis danke ich Prof. Dr. Christoph Heyl (Duisburg-Essen). Da Shakespeare für *A Midsummer Night's Dream* (dessen Abfassungsdatum nicht genau zu greifen ist, sondern nur mit 1594 als *terminus post* und 1598 als *terminus ante quem* angegeben werden kann, Elemente aus Spencers *Faerie Queene* verwendet hat – er diese also nachweislich kannte –, wäre es denkbar, dass er auch bei der Abfassung der beiden oben genannten Stücke Spencers positive Sicht auf die babylonische Königin absichtsvoll außen vor ließ; vgl. Foakes 2003, 7–10.
677 Grogan 2014, 117–120.
678 Hypothesen zum Inhalt des Stückes finden sich bei Wiggins & Richardson 2013, 172.
679 Vgl. Grogan 2014, 123.

den *Thessaurus linguae romanae et britannicae* von Thomas Cooper sehr erhellend. Im Jahre 1565 erschienen, bis 1587 mindestens fünfmal wiederaufgelegt und bis 1644 unglaubliche vierzehnmal erweitert und neu ediert, bildet er „the acknowledged leader of all Tudor reference books".[680] Coopers Semiramis ist stark an Boccaccios Version ihrer Vita in *De mulieribus claris* orientiert. Bei ihm heißt es:[681]

> Semiramis: A famous Queene of Assyria, wyfe to king Ninus, who, after the death of hir husbande, being loth on the one part to commit the charge of so great an empyre to the gouernment of hir yong sonne, and on the other, fearing that the fierce people woulde be loth to be gouerned by a woman, altered hir apparayle so[m]ewhat to the fashion of men, and tooke on hir the person of hir sonne, to whome she was both in stature and fauour very lyke. But when by many notable enterpryses and valiaunt actes she had so much confirmed and inlarged hir Empire, as she might seeme to haue passed the compasse of enuie, she disclosed what she was, & why she had so done. Which thing knowne did not onely nothing appayre hir authoritie, but styrred greater admiration toward hir. As she was on a time attyring hirselfe, worde was hastily brought to hir, that the citie of Babilon rebelled. She being in a rage therewith ranne forth with the one side of hir heare not dressed vp, and with a power that she had in a readynesse assayled the citie, and neuer gaue ouer, nor dressed vp hir heade tyll she had brought the citie in subiection. At the last, falling from noblenesse to sensuall lust, shee desired the companie of hir owne sonne, and of him was slaine.

Hier hat also offenbar die bei Diodor überlieferte Episode um Simma, Memnon und die Eroberung Baktras keinerlei Niederschlag gefunden[682] – um so bemerkenswerter, dass diese Details Robert Greene dennoch bekannt waren, was vielleicht die direkte Konsultation von Diodors *Weltgeschichte* nahelegt. Auch die Kriegszüge gegen Äthiopien und Indien werden bei Cooper ausgespart, wohingegen die Niederschlagung des Aufstandes aus Valerius Maximus auch hier prominent integriert wird. Ganz offensichtlich basiert sein Text auf Orosius bzw. Boccaccio. Die Reichweite dieses Lexikons in der englischsprachigen Welt kann wohl kaum hoch genug geschätzt werden. Aus der hier destillierten Vita schöpfte die englische Literatur, aber auch die englischen Erziehungsanstalten das gesamte 16. und 17. Jh. über.[683] Die positiven Aspekte ihrer Regentschaft, die Cooper durchaus stark macht, finden sich in den Bühnenstücken zwar relativ selten, Edmund Spenser lobt aber Semiramis' Tugend und ihren Erfolg als Herrscherin in seinen *Faerie Queene*, die Ende des 16. Jhs. veröffentlicht wurden und Elisabeth I. (1533–1603) gewidmet waren.[684] Spenser vergisst zwar auch nicht, negative Aspekte aus Semiramis' Vita zu erwähnen,

---

680 Hamilton et al. 1990, 591.
681 Cooper 1578 [unpaginiert].
682 Ganz ähnlich wie in den frühen französischen Lexika, vgl. dazu Kapitel 2.5.6.6.
683 Green 2009, 1–3; Fleming 1960, 22. Auch im 17. Jh. bleibt Semiramis auf den englischen Bühnen präsent. So erscheint sie beispielsweise im 1680 am Royal Theatre London uraufgeführten Stück *The Female Prelate being the history of the life and death of Pope Joan* von Elkanah Settle über die höchst negativ gezeichnete Päpstin Johanna. Hier ersehnt die ehrgeizige und machthungrige Johanna, die ja nur Dank ihrer Verkleidung als Mann den Papstthron innehat: „Could I but reach the Roman Diadem; I'd fit within my Romes seven Hills as glorious as once the fam'd Semiramis within her Babylonian Towers. Her female hand did the worlds Scepert guide, and why not mine?" (I/2). Vgl. dazu Kirchhoff 2002, 21–26.
684 2,10,56: „O famous moniment of womens prayse, Matchable either to Semiramis, whom antique history so high doth raise" (ed. Hamilton 1977). Hier werden zusätzlich Hypsipyle, Königin von Lemnos, die es nicht

tut dies angesichts seiner Gönnerin aber ohne explizit Sexuelles zu nennen.[685] Semiramis als kriegerische Königin, die ihr wahres Geschlecht verbirgt, war eine besonders passende Allegorie für Elisabeth I., denn wie Woodcook betont:

> Elizabeth's sex required a form of negotiation achieved through the construction of a series of mythological identities and artificial bodies. With the accession of a female monarch, the disparity between the queen's body natural and the body politic, the physiological fiction used to describe the office and rights of kingship, was inexorably stressed.[686]

Gleichzeitig stand man weiblicher Herrschaft – trotz ihrer unbestreitbaren Existenz – höchst skeptisch gegenüber. Im Jahr von Elisabeths Thronbesteigung hatte der schottische Reformator John Knox eine viel beachtete Schrift herausgegeben, die die Herrschaft von Frauen als Verstoß gegen die göttliche Ordnung darstellte, Frauen die Fähigkeit zu Herrschen absprach und die Unterlegenheit des weiblichen Geschlechtes gegenüber dem männlichen postulierte – keinesfalls eine Minderheitenmeinung in dieser Zeit.[687] Eine kriegerische Herrscherin war für viele noch immer ein Oxymoron und eine Bedrohung, auch – oder gerade – da ja mit Mary Queen of Scots (1542–1587) oder Mary Tudor (1553–1558) bereits Frauen auf den britischen Inseln geherrscht hatten und auch im Europa das Hochmittelalters Königinnen und Regentinnen alles andere als eine Ausnahme waren.[688] Dabei darf aber nicht übersehen werden, dass das Erinnern an Elisabeth I. als Kriegerkönigin ein Produkt späterer Zeit ist, wie Kerstin Weiand eindrücklich zeigen konnte. Elisabeths *memoria* wurde insbesondere unter ihrem Nachfolger James I. nachhaltig geformt. Das Haus Stuart gestaltete ihr Bild zunächst zu dem einer überkonfessionell agierenden Friedensfürstin, also als das einer Vorläuferin der Friedenspolitik von James I. (1603–1625), dessen Friedensschluss mit Spanien so letztlich die von Elisabeth begonnene Politik vollendete. Im Zuge des Dreißigjährigen Krieges ab 1618 wurde diese *memoria* dann aber umgestaltet zu dem Bild einer wehrhaften protestantischen Heroine – die Deutung und Verargumentierung von Elisabeth I. als Kriegerkönigin stand somit am Ende und nicht am Anfang einer umstrittenen Erinnerung an die letzte Tudor-Königin – erst damit wären also günstige Voraussetzungen gegeben, an das antike Motiv der Kriegerkönigin Semiramis anzuknüpfen. Dass dies nicht geschah, liegt v.a. an der zeitgenössischen allgemeinen protestantischen Lesart: Babylon als Synonym für eine Kom-

---

übers Herz bringt, den eigenen Vater zu töten und von Iason entgegen seines Treueschwures verlassen wurde (Stat. Theb. 5,240–295 und 468–485), und die skythische Königin Thomyris als *exempla* genannt. Siehe dazu auch Frye 1993, insb. 13, sowie zu den Elisabethbildern in *The Faerie Queene* Weiand 2015, 68–69.

685 1,5,50: „Amongst these might men were wemen mixt proud wemen, vainie, forgetfull of their yoke; The bold Semiramis, whose sides transfixt with sonnes owne blade, her fowle reproches spoke" (ed. Hamilton 1977); weiterhin werden hier Stheneboia, die Bellerophon, den Gastfreund ihres Mannes, begehrte, und Kleopatra VII. genannt. Bemerkenswert ist, dass der Name Stheneboia nur in Fragmenten des Euripides auftaucht, bei Homer (Il. 6,160) heißt sie Anteia; Zühlke 1961, 198–225.

686 Woodcock 2004, 39.

687 The First Blast of the Trumpet Against the Monstrous Regiment of Women, Genf 1558. Weibliche Herrschaft wurde vor allem von protestantischer Seite massiv kritisiert, und zwar insbesondere von Protestanten, die unter Mary Tudor auf den Kontinent geflüchtet waren. Mit Elisabeth I. als deren Nachfolgerin wurden aus opportunistischen Gründen aber auch Traktate abgefasst, die weibliche Herrschaft als rechtmäßig kategorisierten, auch wenn die kritischen Stimmen keineswegs ganz verstummten; Wiesner-Hanks ³2008, 279–281. Man denke auch an die Beurteilung der Semiramis (und anderer Frauenfiguren) im Rahmen der *querelle des femmes*; vgl. dazu ausführlicher unten unter Kapitel 2.5.3.

688 Vgl. Hartmann 2013, 137–144; Earenfight 2013 sowie die Beiträge in Zey 2016.

bination aus Heidentum, Lasterhaftigkeit und übersteigertem Machtanspruch wurde gleichgesetzt mit dem Papsttum in Rom.[689] Und von Babylon war Semiramis als seine Gründerin v.a. im puritanischen England nun einmal nicht zu trennen.[690] Auch die letzten Stuart-Herrscherinnen Mary II. (1662–1694) und Anne Stuart (1665–1714) nutzten die Gestalt der Semiramis nicht für sich, zu eindeutig war offenbar ihr Bild im kollektiven Gedächtnis Englands als negatives, abschreckendes *exemplum* verankert, zu inadäquat war das antike Babylon als rezeptioneller Ankerpunkt im frühneuzeitlichen London. Auch auf der Londoner Opernbühne bleibt Semiramis im Barock eine Ausnahmeerscheinung.[691]

2.5.3 Semiramis als Reflex der *querelle des femmes* in Italien: Exemplarische Semiramisbilder in Traktatliteratur, Biographien und fiktiven Reden

Seit dem Ende des 15. Jh.s erscheint Semiramis in zahlreichen Zusammenstellungen von Frauenbiographien, die allesamt von Boccaccios *De claris mulieribus* abhängen, und die babylonische Königin für ihre jeweiligen Zwecke sehr unterschiedlich ausdeuten. Die dort präsentierten Inhalte sind aber neben den tradierten Erinnerungs- und Gegenerinnerungsdiskursen auch Reflexe akademischer Diskurse ihrer Zeit – allen voran der *querelle des femmes*. Im Zentrum dieser frühneuzeitlichen Debatte steht die Frage nach der Stellung der Frau sowie nach ihrer Stellung in der Gesellschaft. Es geht um die Etablierung bzw. Fortschreibung spezifisch ‚männlicher' und ‚weiblicher' Tugenden sowie die Anthropologie des weiblichen Geschlechts.[692] Auch wenn die *querelle des femmes* ihre Blüte im Frankreich des 16. und 17. Jh.s besaßen, waren sie doch ein Phänomen, das insbesondere die höheren Schichten in ganz Europa für lange Zeit beschäftigte.[693] Seinen Ursprung hatte dieser streitbare Dialog zwischen den Geschlechtern nicht zuletzt in dem mittelfranzösischen *Le livre de la cité des dames* von Christine de Pizan aus dem Jahr 1404/1405.[694] In ihrer Stadt der Frauen versammelt sie ideale Frauengestalten verschiedenster Zeiten und Kulturen, die als Modelle bzw. Leitfiguren dienen sollen; diese Frauen sind das ‚Baumaterial' ihrer utopischen Stadt. De Pizans Ausführungen sind stark von Boccaccios *De mulieribus claris* beeinflusst, aus dem sie fast alle *exempla* übernimmt, aber deren chronologische Ordnung auflöst und die Frauengestalten stattdessen thematisch gruppiert (kluge Frauen, liebende Ehefrauen etc.). Christine de Pizan, 1365 in Venedig geboren und in unmittelbarer Nähe des königlichen Hofes in Paris aufgewachsen, hochgebildet und in einem für ihre Zeit ungewöhnlichen Maße selbständig,

---

689 So wurde beispielsweise in Thomas Dekkers *The Whore of Babylon* von 1607 Titania, die Königin der Insel Fairieland (eine Allegorie für Elisabeth I.), von der titelgebenden Hure (einer Allegorie für Papst Pius V.) bedroht. Vgl. insb. Dolan 1999, insb. 55–57.

690 Merry Wiesner-Hanks (³2008, 281) betont in diesem Zusammenhang auch die gegenüber dem Katholizismus größere Bedeutung von „paternal authority" für die puritanische englische Gesellschaft, die die Geschlechterhierarchie nachhaltig beeinflusste. Für fruchtbare Diskussionen zu diesem Aspekt danke ich Dr. Christoph Martin Vogtherr (Potsdam).

691 Vgl. dazu außerdem weiter unten unter Kapitel 4.2.4.

692 Vgl. Plume 1996, 15–69.

693 So geht beispielsweise Giesela Bock (2005, 15) davon aus, dass sich die „querelle des sexes" generell durch das Abfassen von Traktaten in den Landessprachen, v.a. in der italienischen Sprache, im 16. Jh. zuspitzten; vgl. außerdem Maître 1999, 135–139 u. Schlumbohm 1978, 77–99, insb. 79–80.

694 Bock & Zimmermann 1997, 20.

verfasste unter dem Eindruck misogyner literarischer Diskurse zunächst Liebesgedichte sowie *Dit de la rose* als Antwort auf den Rosenroman.[695] Ihr wichtigster Beitrag zu den Weiblichkeitsdiskursen ihrer Zeit besteht aber in ihrem *Livre de la Cité des Dames*, in dem sie misogyne pagane wie christliche Traditionen aufgreift und revidiert.[696] In der Konsequenz werden bei de Pizan auch aus den in ihrer Vorlage Boccaccio negativ, neutral oder ambivalent geschilderten Frauen positive Vorbilder. De Pizan ist bestrebt, „den zeitgenössischen Frauen ihr Gefühl der Unterlegenheit zu nehmen"[697], so wird sie oft als feministische Vorreiterin vereinnahmt.[698]

Semiramis eröffnet den Reigen der Damen (1,15): de Pizan betont ihre göttliche Abstammung[699], ihre Expertise als unerschrockene, waffentragende Kriegerin und ihr Geschick als Regentin und nennt sie stets eine ‚edle Frau', die einem Mann nicht nur ebenbürtig, sondern sogar überlegen ist. Ninos, so führt sie aus, sei bei der Belagerung einer Stadt durch einen Pfeil gefallen[700] – den bei Hygin enthaltenen Vorwurf des Mordes an Ninos übergeht sie gänzlich, auch fehlt jeder Hinweis auf das von Boccaccio so negativ bewertete Tragen von Männerkleidung. Gleichwohl, der Inzest mit dem Sohn begegnet auch bei de Pizan, er wird aber hier umgedeutet bzw. abgemildert, da ein solcher nur dann tadelnswert sei, wenn Semiramis eine Christin gewesen wäre. Ja, de Pizan ist sogar sicher, dass Semiramis von einer Eheschließung mit ihrem Sohn (und den damit verbundenen sexuellen Handlungen) Abstand genommen hätte, hätte es zu ihrer Zeit ein Gesetz oder eine Norm gegeben, die dies als etwas Sündiges oder Unehrenvolles kategorisiert hätten.[701]

De Pizan ist somit bis zu diesem Zeitpunkt die Erste und Einzige, in deren Erzählung der Inzest mit dem Sohn die Verdienste der Semiramis nicht zu nichte macht, sie kombiniert damit zwei ansonsten über Jahrhunderte unvereinbare Erinnerungsbausteine. Ihre Sichtweise kann sich aber nicht durchsetzen. Das Werk Christine de Pizans wurde zwar erst im 18. Jh. breit rezipiert,[702] es markiert aber dennoch den Anfang einer geistesgeschichtlich-akademischen Debatte um die Stellung der Frauen, in deren Kontext auch die Entstehung einer umfangreichen Traktatliteratur in italienischer Sprache gehört, in der die *superiorità* bzw. *inferiorità* der Frauen diskutiert wird.[703] Die Frau wird hier verstanden als „[u]n animale da temere, insomma, ma acnhe

---

695 Zur Vita Pernoud 1982; Margolis 2011. Vgl. außerdem Yenal 1982.

696 Sonnleitner 2014, 130–166. Zur *querelle des femmes* vgl. einführend Bock & Zimmermann 1997, 9–38 sowie ausführlich weiter unten unter Kapitel 2.5.3.

697 Zimmermann 1990, 27.

698 Vgl. zusammenfassend Krueger 2013, 590–606 mit weiterer Literatur.

699 Was sie ohne Zweifel von Boccaccio übernommen hat (Semiramis 1).

700 So auch Oros. 1,4,3; Boccaccio, Semiramis 1.

701 Die Verteidigung der Semiramis wird in ähnlicher Weise bei Desfontaines eingesetzt; vgl. dazu unten unter Kapitel 2.5.6.5.

702 So widmet ihr Louise-Félicité Guinement de Kéralio in ihrer umfangreichen *Collection des meilleurs ouvrages françois, composé par le femmes* (1786–1788) rund 500 Seiten; vgl. Zimmermann 1995, 156–185, zu de Kéralio ebd. 157–158. Für die weitere Entwicklung eines Semiramisbildes in der Frühen Neuzeit spielt Christine de Pizanes Werke keine Rolle, so dass Rutishausers Fazit (1989, 119), mit de Pizan sei „der Leserin eine mögliche Identifigationsfigur" gegeben worden, nicht recht überzeugen kann.

703 Vgl. einführend Kelso 1956; Daenens 1983 u. Boni 2016, 27–84. Auch in lateinischer Sprache sind entsprechende Traktate abgefasst worden, in denen auch Semiramis auftaucht, so z.B. Bartolomeo Goggios *De laudibus mulierum* (wohl um 1487), der ihren Mut und ihr Wissen herausstellt und alles Sexuelle verschweigt („Dona de tanto inzegno et de tanto animo quanto mai fusse homo al mondo. Né mai fut homo che ad lei fusse da comparare perchè facesse tanti facti quanti fece lei") oder Jacopo Forestis *De plurimis claris selectisque mulieribus* von 1497. Foresti bezieht im Gegensatz zu Boccaccio auch christliche Frauengestalten, insbesondere Heilige und Märtyrerinnen, in sein Werk ein – seine Überarbeitung bzw. Umarbeitung von *De claris mulieribus* befindet sich in bestem Einklang mit den kirchlichen Lehren und hagiographischer

da studiare"⁷⁰⁴, dem durchaus mit größerer Skepsis begegnet wird. Diese Abhandlungen folgen dabei bestimmten Archetypen, die häufig auf die in Giovanni Boccaccios *De mulieribus claris* ausgestalteten *exempla-* und Topoi-Repertorien zurückgreifen und diese kontext- und intentionsabhängig adaptieren.⁷⁰⁵ Die Traktate knüpfen damit gleichermaßen an biblische Traditionen wie an die klassische Antike an und zeigen ein Nebeneinander positiver und negativer Frauenbilder.⁷⁰⁶ Sie tragen maßgeblich dazu bei, dass Episoden aus dem Leben der als vorbildhaft oder verachtenswürdig eingestuften Frauen Eingang ins kulturelle Gedächtnis der politischen und kulturellen Eliten der Zeit finden und so zum Gemeingut werden.⁷⁰⁷ Die Verfasser dieser Frauentraktate sind fast ausschließlich männlich.⁷⁰⁸ Sie entstammen höfischen Kontexten oder wirken im Umfeld der Druckereien und Akademien.⁷⁰⁹ Ihre Traktate sind also Druckerzeugnisse, die in und für erlesene gesellschaftliche Zirkel entstehen – gerade also auch die Personenkreise, aus denen sich das Opernpublikum des Barock dann rekrutiert. Die in diesen Schriften aufscheinenden emanzipatorischen Bestrebungen und damit verbundenen Forderungen, wie z.B. die nach Zugang zu Bildung, werden aber gleichzeitig in diesen Kreisen, und besonders in den Akademien, in der Realität nach wie vor stark eingeschränkt⁷¹⁰ – misogyne Texte überwiegen die Diskus-

---

Tradition. Er betont v.a. Semiramis' Lüsternheit, die sogar so weit gegangen sei, dass sich – so sage Plinius – sogar ein Pferd unter ihren Liebhabern befunden habe: „*Tamen suis obscenitatibus sedavit et plurimos haberet concubitores est equum (ut Plinio placet) quemdam tum amavit.*" Vgl. Torretta 1902, 51–53 sowie Kolsky 2005, 117–137. Erwähnung verdient auch Agrippa von Nettersheims *Declamatio de nobilitate et praeecellentia foeminei sexus* (1529), welches Margarethe von Österreich, der Statthalterin der Niederlande, gewidmet war, an deren Hof Agrippa tätig war. In seiner langen Auflistung der Vorzüge der Frauen ist Semiramis in der Liste der bedeutenden Herrscherinnen enthalten; ihre Regierung umfasst hier 40 Jahre. Bereits 1540 wird das Werk von Johann Herold ins Deutsche übersetzt. An anderer Stelle (*De incertitudine et vanitate scientiarum* [1527], 280; s. van der Poel 1997) hat von Nettersheim sich ihr etwas ausführlicher gewidmet. Als Vorlage haben dabei offenbar Diodor (genauer die auf Athenaios zurückgehende Episode als schöne Hetäre, die vom König die Herrschaft für fünf Tage erhält) und Boccaccio gedient. Vgl. ed. Rabil Jr. 1993, 85, Anm. 185.

704 Boni 2016, 34.
705 Chemello 1997, 239–240. Plutarchs Text und seine darin enthaltenen Urteile über den Charakter und die Tätigkeitsfelder von Frauen haben sich für eine Vielzahl von Renaissance-Texten als einflussreich erwiesen – Details zur Vita der Semiramis liefert er allerdings nicht. Lateinische Übersetzungen seiner *Moralia*, in denen diese Abhandlungen enthalten sind, waren ab der Mitte des 15. Jh.s weit verbreitet; vgl. Stok 1998. Basis aller Überlegungen ist aber immer Aristoteles (gen. an. 2,3,737a), der eine biologisch angelegte Inferiorität der Frau – auf Grund ihres Unvermögens zur Samenherstellung – postuliert. Zur Weiterführung dieses Gedankens von zwei naturgegebenen Geschlechtern, die durch unterschiedliches Zeugungsverhalten differenziert werden, bis ins 19. Jh. hinein vgl. Trepp 2002, 10–14 basierend auf Frevert 1995, 18–25.
706 Chemello 1997, 240; Herr 2000, 23–25.
707 Chemello 1997, 240 mit weiterer Literatur.
708 Nur wenige Frauen schalten sich in die Diskussion ein: Moderata Fontes Dialog *Il Merito delle Donne* wurde im Jahr 1600 posthum publiziert. Chemello 1997, v.a. 249–263.
709 Chemello 1997, 243.
710 So z.B. durch die Nichtzulassung von Frauen in die Akademien; de Ponte 2013, 57.

sion.⁷¹¹ Da die Traktate z.T. an Frauen dediziert werden, erhält das weibliche Geschlecht eine Art Zwitterrolle als Diskursobjekt und Adressatin.⁷¹²

Eröffnet wird die volkssprachliche Traktatliteratur über Frauen durch Galeazzo Flavio Capras Jugendwerk *Della eccellenza e dignità delle donne* aus dem frühen 16. Jh.⁷¹³ Capra, der später im diplomatischen Dienst des Herzogs von Mailand, Francesco II. Sforza, stand, verfolgt in dieser Schrift die Absicht, die Vortrefflichkeit der Frauen anhand von ruhmvollen *exempla* zu demonstrieren. Semiramis ist hier allerdings nicht enthalten, wohl aber Kleopatra VII., ihre Leidensgenossin in Dantes *Divina Commedia*. Die ptolemäische Königin ist gleich in zwei Tugendkategorien bei Capra vertreten, nämlich *De la fortezza* („Vedi de Cleopatra che per non esser nel triumfo condotta, sostene voluntariamente li crudi morsi de li venenosi aspidi.") sowie *De la magnanimità* („[...] ma noi leggemo ancora di Cleopatra che in gettare le immense ricchezze non volse cedere a quei ricchissimi imperatori romani.") Auf Capra folgt insbesondere im Verlauf des 16. Jh.s eine schier unüberschaubare Vielzahl an Traktaten, die sich mit Tugendkatalogen, Fragen zur Erziehung von Mädchen und Fragen der Ehe auseinandersetzen und z.T. beachtliche Verbreitung erfuhren. So wurde beispielsweise Lodovico Domenichis Dialog *La nobilità delle donne* binnen fünf Jahren viermal gedruckt und gewann so einen gewissen Modellcharakter für nachfolgende Traktate. Wie Capra vertritt auch Domenichi im Grundsatz ein positives Frauenbild.⁷¹⁴

Aus der Vielzahl der akademischen Abhandlungen in italienischer Sprache seien hier vier näher herausgegriffen, die der Gestalt der Semiramis größeren Raum zugestehen. Es handelt sich, in chronologischer Reihenfolge, um Luigi Dardanos *La bella e dotta: difesa delle donne in verso e prosa* (Venedig 1554), Giambattista Marinos *La galeria* (Venedig 1619), Francesco Ponas *La galeria delle donne celebri* (Verona 1625) und Ferrante Pallavicinos *Scena rhetorica* (Venedig 1640).

Luigi Dardanos *La bella e dotta: difesa delle donne* von 1554 führt eine Reihe von *exempla* von Frauen vor, die in der historischen Wertung bestimmter Vergehen für schuldig befunden wurden und lässt die Schuld dieser Frauen in einem fiktiven Prozess unter Beteiligung eines die Seite der Männer vertretenden Anklägers, Fulvio Stello, und Hortensia, der Verteidigerin der angeklagten Frauen, nochmals prüfen. Als Richter fungieren der römische Kaiser Trajan, ein gewisser Carondo, Prinz von Tyrus,⁷¹⁵ sowie Seleukos I. In seiner Argumentation schlägt Dardano dabei zwei grundsätzliche Prinzipien der historischen Untersuchung vor: das Prinzip der Einzigartigkeit und das Prinzip des Paradigmas. Historische Ereignisse haben also einerseits als einzigartig und

---

711 Bezeichnend hier das Traktat *Vera narrazione delle operationi delle donne* eines unter dem Pseudonym Onofrio Filarco agierenden unbekannten Verfassers, das 1586 in Padova erschien: „O donna, causa di ogni male, principio di ogni miseria, origine di ogni travaglio, o fonte di ogni perturbarzione", Jagiellonische Bibliothek in Krakau, Ital. Fol. 148, S. 973 (nach Boni 2016, 39).
712 Chemello 1997, 244.
713 Zur Person s. Ricciardi 1976 mit weiterer Literatur. Diese Texte gehen auf Vorläufer aus dem 14. und 15 Jh. zurück. Man denke beispielsweise an *Fiore di Virtù*, ein Prosawerk in italienischer Sprache aus dem frühen 14. Jh., das dem Benediktinermönch Tommaso Gozzadini zugeschrieben wird. Dieses Werk wurde im 15. Jh. mehrfach gedruckt und von Hans Vintler als *Pluemen der Tugent* ins Deutsche übertragen und in Reimform gebracht. Das Werk war in Süd- und Osteuropa verbreitet und wurde bis ins 19. Jh. hinein in Italien als Schulbuch eingesetzt. Es präsentiert menschliche Tugenden und Laster, die dann mithilfe von Beispielen aus der Tierwelt sowie daran anschließend aus der Bibel und aus den antiken Quellen vorgeführt werden. Hier wird auch ausführlich auf Semiramis eingegangen – Basis ist die Episode des Valerius Maximus; vgl. umfassend Peka 2015.
714 Chemello 1997, 241.
715 Evtl. handelt es sich um den griechischen Philosophen Charondas, von dem auch Diodor berichtet (Diod. 12,11–19).

unwiederholbar zu gelten, andererseits ist das Verhalten jedes einzelnen Akteurs auch immer von einer Art geltenden Ideologie bestimmt und damit nicht nur Spiegel persönlicher Gefühle und Überzeugungen. Somit ist jedes Ereignis und jede Handlung zwar einzigartig, steht aber doch in Bezug zu einem geltenden Wertekanon.[716]

Zuerst wird erneut über Eva gerichtet, die zu ihrer eigenen Verteidigung selbst das Wort ergreift – sie argumentiert, dass sie nach dem Bejahen ihres Vergehens und ihrer Reue nicht mehr als Sünderin zu gelten habe. Später (Buch 3) wendet sich der Gerichtsprozess dann Semiramis zu, die er „regina nobile" nennt.[717] Die Vorwürfe lauten, sie sei lasterhaft und schrecklich und habe den Sohn um die Herrschaft gebracht („vitiose, e abbominevoli [...] occupò il regno al figliuolo"). Doch damit endet die Anklage nicht, auch der Inzest kommt zur Sprache; bis zum 32. Lebensjahres des jüngeren Nino soll sie sich an ihm sexuell vergangen haben, weswegen dieser sie letztlich gerechterweise getötet habe („dapoi la morte del padre con quello usando come faceva col padre fin che pervenne a l'età di trentadue anni, benche aspra, nondimeno giusta vedetta").[718] Dardano schreibt ihr außerdem auch die Erfindung der Unterhose zu, die allerdings nicht für Frauen, sondern für ihren Sohn Nino gedacht gewesen sei, damit dieser nicht mit anderen Frauen verkehren könne („non trovò ella l'invention di portar mutande chiuse, e poste al figliuolo gelosa di lui, che con altre donne non poteße prendere amoroso piacere tenendolo in palazzo con somma custodia"). Getrieben von großer Lüsternheit („libidinose voglie") habe sie viele Liebhaber besessen und diese perfide ermordet. Für Fulvio ist das Urteil eindeutig: „si può ancho fra le scelerate." Wie für alle (männlichen wie weiblichen) Angeklagten des dritten Buches gibt es keine Verteidigungsrede der Gegenseite und auch kein richterliches Urteil – es ist bereits eindeutig und vor dem geltenden Wertekanon der Zeit unstrittig. Basis der Anklage ist eindeutig Boccaccios Semiramis-Vita; Dardano präsentiert nichts, was nicht auch dort zu finden wäre, spart alle positiven Details aber aus. Eine Abwandlung nimmt er allerdings vor – ob absichtsvoll oder als Resultat eines Missverständnisses muss offen bleiben: Bei der Schilderung des Inzestes wird aus Boccaccios „cum [Semiramis, Erg. d. Verf.in] annis iam duobus et triginta regnasset" bei Dardano „fin che [il figlio, Erg. d. Verf.in] pervenne a l'età di trentadue anni". Ob Dardano die antike Überlieferung direkt konsultiert hat, ist daher höchst fraglich.

Mit Giambattista Marino, 1569 in Neapel geboren, nimmt sich einer der wirkmächtigsten Poeten des italienischen Barock, dessen Dichtung eine überwältigende Strahlkraft entfaltete, 65 Jahre später der Semiramis an.[719] Zunächst Schützling des Kardinals Aldobrandini, gelangte er 1615 an den Hof der Maria de'Medici in Paris, die zeitlebens seine Gönnerin blieb. In dieser Zeit vollendete er sein Werk *La Galeria*, das 1619 erstmals in Venedig gedruckt wurde.[720] Marinos *Ga-*

---

716 Jordan 1990, 162, sowie zum Werk und einigen *exempla* auch ebd. 163–167.
717 Text nach Luigi Dardano, La bella e dotta: difesa delle donne in verso e prosa contra gli accusatori del sesso loro, con un breve trattato di ammaestrare li figliuoli, Venedig 1554. Alle direkten Zitate hier auf S. 93.
718 Die Zahl 32 erscheint auch bei Iustin (1,2), Hugo von Fleury (1,27; ed. de Ruuter 2016) und Petrarca (Semiramis 5).
719 Zur Person immer noch maßgeblich Borzelli 1927. Vgl. auch ed. Kruse & Stillers 2009.
720 Vorausgegangen war der *Galeria* u.a. eine Sammlung von rund 400 Sonetten – *La Lira* (1602–1614). Der Gattungsbegriff der *Galeria* lässt zunächst an eine Bildersammlung denken. Hier hat er auch seinen Ursprung, ließ doch Anna von Österreich ihre Räumlichkeiten im Schloss Richelieu mit einem solchen Bilderzyklus starker Frauen, nämlich Semiramis, Judith, Esther, Bathseba, Dido, Tomyris, Artemisia, Kleopatra, Sophonisbe und die Frau des Karthagers Hasdrubal, ausschmücken. Vgl. Baumgärtel 1995, 152 u. Schlumbohm 1981, 119–121. Umfassend zur Innengestaltung der Gemächer der Anna von Österreich s. Rotmil 2000.

leria vereinigt reale Kunstwerke seiner Zeit (beispielsweise Werke von Tizian, Rubens oder Carravaggio) mit mythologischen, historischen und zeitgenössischen Größen. Das Werk ist in zwei großen Teilen konzipiert, zum einen *Pitture*, unterteilt in die Kategorien *Favole*, *Historie*, *Ritratti* und *Capricci*, zum anderen *Sculture*, mit den Abschnitten *Statue*, *Rilievi*, *Modelli*, *Medaglie* und wiederum *Capricci*. In der Kategorie *Ritratti* nimmt er weitere Untergliederungen vor: Zunächst wird nach biologischen Geschlechtern differenziert, wobei erst die Männer, danach die Frauen je in weiteren Unterkategorien behandelt werden.[721] Semiramis erscheint in der Gruppe der als „Belle, impudiche e scelerate" betitelten Frauen, nicht etwa unter „Bellicose e virutose"[722] – bereits diese Zuteilung macht deutlich, welche grundsätzliche Richtung die hier präsentierte Darstellung verfolgt. Über sie heißt es:[723]

> Semiramis:
> Per pochi giorni in forte
> Dal credulo amator mi fu concesso
> De lo screttro il possesso.
> Pio de lo scettro in vece
> Da me, che n'hebbi il regno, hebbe la morte;
> Ma lo scettro, e la vita
> Diedi in preda ad Amore
> Madricida crudele, e traditore,
> Amor sprezzar mi fece
> Le leggi, Amor istesso
> Ogni legge schernita,
> Armò poi contro me chi da me nascque;
> Ma quando à legge Amor giammao soggiacque?

> Semiramis:
> Nur wenige Tage an der Macht, die mir vom leichtgläubigen Liebhaber gewährt war, im Besitz des Zepters. Ehrerbietig gegenüber dem Zepter erhielt er durch mich, die ich die Herrschaft innehatte, den Tod; aber das Zepter, und das Leben gab ich, grausame Muttermörderin, und Verräterin, als Beute Amors, Amor ließ mich die Gesetze verachten, Amor selbst jedes Gesetz verhöhnen; er bewaffnete dann gegen mich denjenigen, der von mir geboren; aber wann unterwarf sich Amor jemals dem Gesetz? [Übers. d. Verf.in]

Die Schilderungen bieten in ihren Grundzügen nichts Neues. Wieder erscheint Semiramis als Befestigerin Babylons und wird als grausame Betrügerin tituliert („crudele e traditore"). Ihre

---

721 Für die Männer sind dies: Principi, capitani, heroi; Tiranni, corsari, scelerati; pontefici e cardinali; Padri Santi & theologi; Negromanti & heretici; Oratori & predicatori; Filosofi & humanisti; Historici; Giurisconsulti & medici; Matematici & astrologi; Poeti greci; Poeti latini; Poeti volgari; Pittori & scultori; Diversi signori, & letterati amici dell'autore; Ritratti burleschi. Für die Frauen: Belle, caste, magnanime; Belle, impudiche, scelerate; Bellicose & virtuose.

722 Unter den schönen, unkeuschen und ruchlosen Frauen finden sich außer ihr noch Medea, Helena, Armida et al., zu den kriegerischen Frauen werden hier u.a. Tomyris und Zenobia gerechnet.

723 Text nach Giambattista Marino, La galeria, Venedig 1675, 245 (Passage nicht enthalten in ed. Kruse & Stillers 2009). Der ihr hier zugebilligte Raum ist etwa doppelt so groß wie der, den Marino der Gestalt der Kleopatra VII. einräumt.

Herrschaft – und hier verweist Marino wohl auf Diodor und den dort zitierten Athenaios und eben nicht auf Orosius, Petrarca oder Boccaccio –, hat sie zunächst „per pochi giorni" besessen und letztlich den ihr hörigen Gatten („credulo amator") ermordet („diè la morte à chi la fè Reina"). Auch ihr Machthunger wird betont („pio de lo scettro"), der Inzest und die Inzestgesetzgebung thematisiert („Le leggi, Amor istesso Ogni legge schernita, Armò poi contro me chi da me nascque"). Es entsteht so v.a. im ersten Teil des Sonetts ein gänzlich negatives Bild der Semiramis, das durch die sich anschließenden acht Zeilen auch nur ein wenig positiver gestaltet wird.[724] Marino nimmt damit nicht nur bestehende Strömungen auf, sondern wirkt gleichsam als Verstärker derselben, erfuhr doch *La galeria* allein im 17. Jh. 16 Auflagen.[725] Der von ihm durch seine Poetik etablierte Stil des ‚Marinismo' beeinflusste die italienische Barockliteratur nachhaltig, auch Literaten anderer europäischer Länder wie Lope de Vega in Spanien eiferten ihm nach.[726] Die Mitglieder der römischen *Accademia dell'Arcadia*, zu der auch Pietro Metastasio als der berühmteste Librettist seiner Zeit gehörte, kritisierten später seinen Sprachstil[727] – dennoch ist diese Kritik sowie die Vielzahl an späteren Neuauflagen auch ein eindeutiges Indiz dafür, dass sein Werk auch Ende des 17. Jh.s in diesen Zirkeln bekannt war und die Diskurse über Semiramis und weibliche Herrschaft sicherlich beeinflusst hat.

Nur wenige Jahre später, und damit mitten in die Phase der Entstehung der musikalischen Gattung Oper, fällt *La galeria delle donne celebri* des Veroneser Philosophen und Literaten Francesco Pona, welches 1625 in Rom erstmals gedruckt wurde und sich von dort in Italien verbreitete.[728] Pona, der neben seinen akademischen Bestrebungen auch ein ausgeprägtes Interesse für die bildenden Künste besitzt und Mitglied in gleich mehreren Akademien ist,[729] versammelt hier insgesamt zwölf Frauen, die er in drei Kategorie gruppiert – je vier unzüchtige („lascive"), keusche („caste") und heilige Frauen („sante donne"). Semiramis erscheint, gemeinsam mit Leda, Helena und ihrer Mutter Derketo, unter den lasziven Frauen.[730] Zwar werden hier, ähnlich wie bei Boccaccio, Petrarca und Christine de Pizan, Viten präsentiert, doch besitzt auch dieses Werk gleichzeitig einen deutlichen edukativen und moralisierenden Charakter, der es gut in die Reihe der Trakate und auch in die Tradition der durch die *querelle des femmes* eröffneten Diskurse passen lässt. Gleichzeitig ist es ein exzellenter Spiegel nicht nur der ventilierten Diskurse über die Stellung von Frauen, sondern auch der Erinnerungsbausteine, aus denen sich in akademischen Kreisen des 16. Jh.s Semiramisbilder konstituierten.

Ponas umfangreiche Beschreibung der Semiramis umfasst, ganz wie bei Diodor, auf dem die Erzählung zu guten Teilen basiert, ihr gesamtes Leben von der Geburt bis zum Tod. Pona erfindet zahlreiche Details hinzu, um seine Geschichte unterhaltsamer (und wohl auch glaubwürdiger) zu machen. Gleich zu Beginn betont er ihre männliche Kraft, die ihr vom ersten Atemzug an zu eigen gewesen sei („vigor maschio").[731] Als das Mädchen heranwächst, nehmen Kraft wie Schönheit zu („Semiramide in tanto superando laetà, cresceva in bellezze"; insbesondere ihr Haar wird ausführlich beschrieben). Mit der männlichen wie mit der weiblichen Sphäre assoziierte Ge-

---

724 Hier wird zumindest auch auf ihren Ruhm („gloria") eingegangen.
725 Kapp et al. 1994, 182.
726 Ernst 2015, 66. Zu Lope de Vega und seiner Semiramis s. unten unter Kapitel 2.5.6.3.
727 Casadei & Santagata 2007, 17. Zur *Accademia dell'Arcadia* s. auch unten unter Kapitel 4.2.1.
728 Zu Person und Werk vgl. Boni 2016, insb. 133–140 u. 154–157.
729 Boni 2016, 154–155.
730 Die keuschen Frauen sind Lukretia, Penelope, Artemisia und Hipsicratea (die Frau von Mitridates VI.); die heiligen sind Maria Magdalena, Barbara, Monika sowie Elisabeth von Ungarn.
731 Text nach Francesco Pona, La galeria delle donne celebri, Verona 1632, 53–66.

genstände hätten sie in gleichem Maße interessiert („con egual piacere mitava l'Elmo o la Spada, lo Specchio e'l Pettine"), was ihr nicht zum Nachteil gereicht sei („Non fù dissolutezza [...]"); mit Mädchen wie Jungen habe sie gleichermaßen gespielt. Im Wettkampf mit dem Bogen bleibt sie auch unter widrigen Bedingungen siegreich und tötet im Anschluss an einen Wettkampf einen Ritter, der den Wettkampf zwischen Jungen, Mädchen und Knechten als Unterhaltung initiiert hatte, mit einem zielsicheren Schuss. Aber auch als Musikerin und Tänzerin tut sie sich hervor („con leggierissimo piede secondando lo impero de gli stromenti") – so dass König Ninus sich in sie haltlos verliebt. Um sie zu gewinnen, verschleiert er seine Identität. Die schöne Semiramis hat den verliebten König sofort ganz in ihrer Gewalt (er ist ihr geradezu hörig: „in breve di maniera l'animo di Nino si cattivo [...] dominando [...] con assoluto freno le voglie tutte di Nino") und wird so zur Königin. Ihr wacher Verstand sichert ihr auch einen Platz als politische Ratgeberin („così profondo lo Intelletto"), was Pona durchaus lobend bemerkt („la più celebre Donna dell'Universo"), ebenso wie ihre militärischen Fähigkeiten („cavallerizza, lotta, scherma"). Gleich im Anschluss berichtet er aber von vielfachem Ehebruch, Unzucht und Obszönitäten („giochi osceni") unter denen der verliebte Nino leidet und die ihr Ansehen beim Volk schmälern. Schließlich ermordet Semiramis Nino beim Akt, ebenso wie sie zuvor andere Liebhaber getötet hat („ne gli stessi martali congiungimenti con breve ferro lo sueno"). Mit halb frisiertem Haar schlägt sie einen Aufstand in Babylon nieder, der tausende Rebellen das Leben kostet. Pona vergleicht Semiramis mit Alexander III. und schreibt ihr außerdem die Erfindung des Münzgeldes zu („fu l'inuentarle monete"), welches er für durchaus ambivalent hält. Auf diese Münzen habe sie ihr Porträt prägen lassen.[732] Auch habe sie ein Kolossalbildnis von sich in einen Berg schlagen lassen, vor dem Dedikanten niederknien und Geschenke darbieten. Auch die bei Herodot – allerdings nicht für Semiramis, sondern für Nitokris – überlieferte Episode um Dareios, der ihr Grabmal auf der Suche nach dem legendären Schatz geöffnet habe,[733] findet sich hier. Schließlich verliebt sie sich in ihren Sohn Nino, der für Pona nur wahrscheinlich – aber eben nicht sicher – ein Kind des älteren Nino ist, auch wenn er dessen Gesichtszüge trägt („figlio [probabilmente] del Marito"), und erlässt ein Gesetz, das diesen Inzest legalisiert. Der junge Nino, der gleichermaßen Scham als auch Wut empfindet, erschlägt sie daraufhin und rächt so den Vater als auch sein eigenes erlittenes Unrecht.

Pona nennt seine Quellen nicht, doch die Auswahl und Ausgestaltung der präsentierten Motive und Episoden zeigt, dass ihm Diodor, Valerius Maximus, Herodot, und Trogus/Iustin bekannt gewesen sein dürften. Viele der Elemente von Ponas Schilderung sind auch in Boccaccios Vita der Semiramis enthalten, doch fehlt hier beispielsweise die Episode des Kolossalbildes (die Diodor bietet) sowie die Erzählung um Dareios, so dass der direkte Blick in die antike Überliefe-

---

732 Eine ähnliche Behauptung findet sich im *argomento* der Oper *Semiramide in Ascalona* des Librettisten Apostolo Zeno, die 1727 in Wien uraufgeführt wurde. Hier ist die Rede von „molte medaglie quivi battute in tempo degl'Imperadori Romani, nelle quali ella si vede scolpita". S. zu dieser Oper weiter unten unter Kapitel 4.1.14. In der Tat finden sich (z.T. gefälschte) Münzen und Medaillen mit dem Bild der Semiramis; Roville 1553, 18. Unter Caracalla wurden in Hierapolis Tetradrachmen geprägt, die auf dem Revers die Kultbilder von Haddad und Atargatis zeigen (Prieur & Prieur 2000, 925; Bellinger 1940, 42, Abb. 2). Lukian beschreibt den Tempel der beiden in Syr. dea 31–33 detailliert und erwähnt ein drittes Kultbild einer unbekannten Gottheit, die als Attributtier eine Taube besitzt. Ob es sich dabei wirklich um Semiramis handelt, darf allerdings bezweifelt werden. Für die Hinweise zur Numismatik bin ich Prof. Dr. François de Callataÿ (Brüssel) zu großem Dank verpflichtet.

733 Hdt. 1,187.

rung durch Pona durchaus wahrscheinlich wird.⁷³⁴ Das Werk erlebte zehn Auflagen und fand bis zum Ende des 19. Jh.s breites Interesse.⁷³⁵ Um so bemerkenswerter ist es, dass die neu hinzugefügten Elemente in Ponas Semiramisbild – die Tänzerin und Musikerin, der Wettkampf mit dem Bogen – nicht breiter rezipiert werden.

Als letztes sei noch auf Ferrante Pallavicinos *Scena retorica* verwiesen, die 1640 in Venedig erschien. Pallavicino beginnt seinen Text direkt mit dem Verweis auf das für ihn offenbar Bemerkenswerteste an der Gestalt der Semiramis – ihre sexuelle Libertinage. Pallavicino war Angehöriger der venezianischen *Accademia degli incogniti*, für die er auch einige Libretti verfasste. Aufgrund seiner papstkritischen Texte wurde er letztlich Opfer der Inquisition. Seine Person und sein Werk wurden aber auch nach seiner Hinrichtung 1644 innerhalb der *Accademia degli Incogniti* noch geschätzt und seine Texte blieben weiterhin einflussreich.⁷³⁶

Pallavicinos *Scena retorica* gehört in den Bereich der im 17. Jh. äußerst beliebten Gattung der *orationes fictae*, also fiktiver Reden, die die stets akademischen Verfasser heroischen Gestalten der Vergangenheit in den Mund legten. Erneut spiegelt sich hier das große Interesse der Zeit an Heldengestalten der antiken Welt, das sich zeitgleich ja auch auf der Opernbühne und in der Malerei niederschlägt.⁷³⁷ Die Reden in Pallavicinos Werk sind nach den Namen der Redner alphabetisch geordnet und jeweils mit einer eigenen Dedikation versehen. Im Prolog nennt er, ganz ähnlich wie später die Librettisten, antike Gewährsmänner für seine Ausführungen – nämlich Plutarch und Iustin.

Semiramis wird einerseits im *argomento* der *Scena* als ‚Trophäe der Liebe' bezeichnet („trofeo d'more" [sic]), andererseits handelt der gesamte Haupttext sofort von sexuellen Unangemessenheiten, nämlich dem Inzestbegehren, das ausführlich und seitenlang ausgeführt wird. Letztlich beendet der angebetete junge Nino die Rede der Semiramis, in dem er sie ersticht („E con lingue di ferro, si riponde ad una Madre amorosa? [...] Scrivi, o Parricida con questo le tue vittorie, onde per prima delle tue prodezze, sia registrata la morte della Madre. Tigre inhumana, fiera perversa.") Noch sterbend fällt sie auch ihr eigenes Urteil:

> Muoro, o Parricida giustamente condannata, per havere promosta la tua perfidia co' miei favori.

Wie auch in den vorigen hier vorgestellten Werken ist sie – selbst aus ihrer eigenen Perspektive! – letztlich verdammungswürdig.

Diese exemplarische Zusammenschau von akademisch geprägten Semiramisbildern der italienischen Renaissance mag verdeutlichen, in welchem Kontext sich die Ausgestaltung der Figur der Semiramis auf der Opernbühne vollzogen hat und wie der generelle Diskurs um die Stellung der Frau die Sicht auf Semiramis ebenso beeinflusste wie die Lektüre antiker Quellentexte sowie

---

734 Dass Ponas Werk breit rezipiert wurde, zeigen mehrere Neuauflagen auch in anderen italienischen Städten, wie die hier als Textgrundlage herangezogene Ausgabe von 1633 aus Verona.
735 Eine Zusammenstellung bei Boni 2016, 157.
736 Marx 2009, 61–100. Der *Accademia degli Incogniti* entstammt auch das erste Libretto für eine Semiramis-Oper, das Maiolino Bisaccioni 1648, also nur kurz nach dem Tode Pallavicinos, verfasste. Sicherlich waren Bisaccioni dessen Schriften bekannt – für seine Oper wählte er aber eine gänzlich andere Episode. Ausführlich zur Oper unten unter Kapitel 4.1.1.
737 S.a. Nider 2017, insb. 381.

deren weitere Überarbeitungen.⁷³⁸ Semiramis ist eine Gestalt, die die Fantasie der Literaten der Zeit in besonderem Maße beflügelte und die auf breites Interesse stieß – ein Interesse, dass sich auf den Opernbühnen fortsetzen sollte, deren Publikum und konzeptionistisch Beteiligte sich ja überwiegend aus demselben Personenkreis rekrutierte. Auffallend ist dabei, dass in den Traktaten das Element der Verkleidung als Mann gegenüber anderen Erinnerungsbausteinen völlig zurückgedrängt wird – und zwar unabhängig von der Frage, ob das Gesamtbild ein eher negatives oder ein eher positives ist. Nie ist das Anlegen von Männerkleidung Thema, selbst dann nicht, wenn die Unrechtmäßigkeit ihrer Herrschaft angedeutet oder explizit gemacht wird, wie bei Marino oder Dardano.

Dass Semiramis in den oben vorstellten Texten sowohl als *femme forte* als auch als *femme fatale* gesehen werden konnte, passt nicht nur in den Deutungsrahmen der Zeit – man denke an ihre Rolle als eine der *neuf preuses* und daran anschließend in den Heldinnengalerien oder an die lobenden Worte, die Niccolo Macchiavelli für ihre militärischen Fähigkeiten findet⁷³⁹ –, sondern setzt antike Urteile fort und trägt damit die Ambivalenz der Figur in die neue Gattung der Oper.⁷⁴⁰

2.5.4 Eine Gegentradition? Semiramis unter den *neuf preuses*

Auf den ersten Blick eigentümlich ist Semiramis' Erscheinen im *Speculum humanae salvationis*, einem christlichen Erbauungsbuch aus dem Ende des 13. oder aber dem ersten Drittel des 14. Jh.s in lateinischer Reimprosa,⁷⁴¹ das zu den meistgelesenen Werken des Spätmittelalters zählt.⁷⁴² Dieser wohl in Italien entstandene Heilsspiegel eines unbekannten Verfassers richtet sich sowohl an Geistliche, aber auch an Laien, und stellt in 40 Kapiteln in Bild und Text heilsgeschichtliche Bezüge zwischen dem Neuen und dem Alten Testament her. In diesen wird die Heilsgeschichte von der Verkündigung der Geburt Marias bis zum Jüngsten Gericht abgehandelt, wobei immer eine Begebenheit aus der Heilsgeschichte (der sogenannte Antitypus) zu drei Vorbildern dieser Begebenheit (den sogenannten Typen), meist aus dem Alten Testament, aber auch aus der Profan- oder Naturgeschichte, in Beziehung gesetzt und gedeutet wird.⁷⁴³ Die gewählten Typen deuten „als realprophetische Vorbilder"⁷⁴⁴ das an, was im Antitypus seine Vollendung gefunden hat. Jedes Kapitel beginnt mit einer formelhaften Einleitung und endet mit einem an Jesus gerichteten Gebet, das die Kernaussage des Kapitels aufgreift. Die 100 Verse eines jeden Kapitels sind

---

738 Interessant ist allerdings, dass sie in Henricus Spoors *Deorum et heroum, virorum et mulierum illustrium imagines antiquae illustratae versibus & prosa* (Amsterdam 1715) nicht enthalten ist – während allerdings Kleopatra VII. gleich drei Einträge erhält und auch eine Vielzahl anderer Frauenfiguren aufgenommen wurde; vgl. de Callataÿ 2015, 12–13.
739 Machiavelli, Discorsi 1,13 (ed. Inglese 1984). Zu den *neuf preuses* s. unten unter Kapitel 2.5.4.
740 Vgl. auch Herr 2000, 23–25.
741 Zur kontroversen Diskussion um die Datierung s. Niesner 1995, 10–31, die für eine Entstehung um 1280 plädiert. Die Abfassung in Reimprosa erleichtert das Auswendiglernen des Textes; Rost 1939, 234.
742 Niesner 1995, 2.
743 Suntrup 1999, 294 sowie die Gesamtübersicht über die Typologie bei Rost 1939, 235–236. So wird hier beispielsweise die Massagetenkönigin Tomyris/Thamyris, die den Kopf des gefallenen Kyros in einen Schlauch voller Menschenblut steckt (Hdt. 1,215), zum ‚Vorbild' für Maria, die der Schlange den Kopf zertritt (Speculum humanae salvationis 31).
744 Niesner 1995, 2.

in erhaltenen Handschriften fast immer in vier Kolumnen auf einer Doppelseite angeordnet. Über diesen findet sich je eine kunstvolle Miniatur (bzw. in späteren Drucken ein Holzschnitt), die durch knappe lateinische Beischriften erläutert wird. Der Antitypus steht dabei immer ganz links, die Typen folgen ohne feste Ordnung.

Die außergewöhnliche Beliebtheit dieses *Speculum* zeigt sich in der breiten Überlieferung: Vom zweiten Drittel des 14. bis zum Ende des 15. Jh.s sind über 400 Kopien des Textes angefertigt worden, von denen viele illustriert sind und dem Schema des ursprünglichen Manuskriptes sehr exakt folgen.[745] Übersetzungen dieses einflussreichen Werkes ins Deutsche (schon im frühen 14. Jh.), später auch ins Französische (1448 durch Jean Miélot), Englische, Niederländische und Tschechische folgen.[746] Die hauptsächlichen Quellen für das *Speculum* bilden die *Historica Scholastica* des Petrus Comestor, die *Legenda aurea*[747] von Jacobus de Voragine, die *Antiquitate Judaica* des Flavius Josephus sowie die Werke des Heiligen Thomas von Aquin.[748]

Zu Semiramis (die allerdings nicht namentlich genannt wird) heißt es im entsprechenden Titulus (5c):

Regina persarum contemplabatur patriam suam in orto suspensili.

Die Königin der Perser betrachtet ihr Land im hängenden Garten [Übers. d. Verf.in]

Auch wenn ihr hier irrtümlich die Herrschaft über die Perser zugeschrieben wird, kann niemand anders als Semiramis in diesem Zusammenhang gemeint sein.[749] Es geht in diesem Abschnitt des *Speculum* um die Zeit Marias im Tempel.[750] Diese Phase ihrer Hingebung an Gott, in der sie Gott geradezu als lebendiges Opfer dargebracht wird und eine geistige Ausbildung erhält, wird mit einer Episode aus dem Alten Testament und zweien aus der heidnischen Welt ergänzt. Semiramis dient hier „als Vorbild für das kontemplative Leben"[751], welches Maria im Tempel zu Jerusalem als Kind führte. So wie Semiramis sinnend das Land betrachtet, so blickt Maria auf ihr Vaterland, das Himmelreich, wenn sie als Kind im Tempel die Heilige Schrift liest.[752] Interessanterweise ist Semiramis auf den Illustrationen dieses Typus nicht in dem erwähnten Garten dargestellt[753], sondern vielmehr in einem begrünten turmartigen Gebäude – diese Darstellung ist

---

745 Hinzu treten noch Blockbuch-Ausgaben sowie Inkunabeln; Suntrup 1999, 293–294; Niesner 1995, 8; Wilson & Wilson 1984, 24. Die Bedeutung des *Speculum* für das geistige Leben sowie die Kunst des Mittelalters ist wohl noch höher anzusetzen als die der *Biblia pauperum*; Rost 1939, 234.

746 Wilson & Wilson 1984, 10 u. 49.

747 Vgl. Goff 2011.

748 Wilson & Wilson, 1984, 25.

749 Rost 1939, 235. Neben Semiramis sind in diesem Abschnitt des *Speculum* folgende Begebenheiten kompiliert: Darstellung Mariens (*Maria oblata est domino in templo*; vgl. Jakobus-Evangelium bzw. *Legenda aurea* [37: *De purificatione beatae Mariae virginis*]; Marias Eltern bringen ihr Kind in den Tempel, um es Gott zu weihen, danach erhält Maria eine Ausbildung im Tempel) – Der Tisch der Sonne (*Mensa aurea in sabulo oblata est in templo solis*; vgl. Val. Max. 4,1 ext. 7; Fischer fangen in ihren Netzen einen goldenen Tisch und weihen ihn Apoll) – Jephtas Tochter (*Jepte obtulit filiam suam domino*; vgl. Richter 11,30–39; Jephta opfert seine Tochter, wie er es versprochen hat, da Gott ihm den Sieg über Israels Feinde geschenkt hat).

750 Protoevangelium des Jakobus 5–8.

751 Niesner 1995, 187.

752 Appuhn 1981, 82; vgl. außerdem Brumble 1988, 307–309.

753 Die hängenden Gärten werden vage in Plin. nat. 19,19,1 mit ihr verbunden: „*Quam his superest reverti ad hortorum curam et suapte natura memorandum et quoniam antiquitas nihil prius mirata est, quam Hesperi-*

offenbar ohne direktes Vorbild, drückt aber die Kontemplation, um die es hier ja geht, in treffender Weise bildlich aus.[754]

Wie kommt es aber, dass sich im späten Mittelalter neben der in höchstem Maße negativ dargestellten, ja geradezu sprichwörtlich eine verabscheuungswürdige Frau verkörpernden Semiramis auch eine solch tugendhafte Sichtweise breit etabliert?[755] Gelegentlich findet sich in der Forschungsliteratur die Anmerkung, diese Idee einer Semiramis, die kontemplativ ihr Land betrachtet, ginge auf die 1169–1173 entstandene *Historia Scholastica* des Petrus Comestor zurück.[756] Ein genauer Blick in die für diese Behauptung stets zitierte Passage zeigt aber, dass Semiramis hier nur kurz als Erfinderin der Hose erwähnt wird:[757]

Semiramis fuit mulier quae primo adinvenit brachas, et usus earum.

Semiramis war diejenige Frau, die zuerst Hosen und deren Gebrauch erfand. [Übers. d. Verf.in]

An anderer Stelle teilt Petrus Comestor mit, dass Semiramis ihren Sohn zum Mann genommen habe, um die Nachfolge ihres verstorbenen Gatten Ninus antreten zu können:[758]

Anno undecimo Abrahae mortuus est Ninus, cujus uxor Semiramis, ut post eum regnare posset, proprio filio, quem susceperat ex Nino, nupsit, et ex eo filium genuit, qui et Babyloniam ampliavit.

Im 11. Jahr des Abraham, starb Ninus, dessen Gattin Semiramis war; damit sie nach ihm regieren konnte, heiratete sie ihren eigenen Sohn, den sie von Ninus empfangen hat, und aus dieser Verbindung hat sie einen Sohn geboren, welcher Babylon erweitert hat. [Übers. d. Verf.in]

Entgegen der Behauptungen in der Forschung kann die *Historia Scholastica* des Petrus Comestor, die im übrigen im Mittelalter sehr weit verbreitet war und auch schon relativ früh in verschiedene europäische Sprachen übersetzt wurde,[759] also nicht als Ursprung eines Rezeptionsstranges

---

dum hortos ac regum Adonidis et Alcinoi itemque pensiles, sive illos Semiramis sive Assyriae rex Syrus fecit, de quorum opere alio volumine dicemus. – Nach diesen Ausführungen bleibt noch übrig, vom Gartenbau zu reden, der sowohl für sich allein erwähnenswert ist als auch weil das Altertum nichts früher bewunderte als die Gärten der Hesperiden, der Könige Adonis und Alkinoos, ebenso die hängenden Gärten, seien sie nun von Semiramis oder Syros, dem König von Assyrien, angelegt worden." (ed. König 1996). Die feste Verbindung von Semiramis zu den hängenden Gärten ist eine Zuschreibung der frühen Neuzeit; vgl. dazu Bichler & Rollinger 2005, 153–218, insb. 158 u. 164.

754 Niesner 1995, 187.
755 Auch Jean Froissart nennt sie beispielsweise in seinen 1408 posthum veröffentlichten *Chroniques* ‚eine Dame von hohem Wert' (Prologue 10: „dame de grant valour"; ed. de Lettenhove 1867).
756 So beispielsweise Palmer 2009, 350, Anm. 9, Wilson & Wilson 1984, 151 oder Steinmetzer 2001/2002, 7, Anm. 10 unter Verweis auf Appuhn 1981, 82. Zu Petrus Comestor vgl. einführend Quinto 1993, 1967/1968.
757 Migne PL 198, Gen. Kap. 36, Sp. 1087D, Add. 1.
758 Migne PL 198, Gen. Kap. 63, Sp. 1108D. Die Formulierung, Semiramis habe mit dem eigenen Sohn wiederum einen Sohn gezeugt, könnte ein Reflex der schwer verständlichen Formulierung des Orosius um einen unrechtmäßig empfangenen und ausgesetzten Sohn darstellen (Oros. 1,4,7).
759 Vgl. Quinto 1993, 1968.

identifiziert werden, der Semiramis als tugendhaftes, sittsames und kontemplativ ihr Land betrachtendes Pendant zur Jungfrau Maria ausgestaltet. Wo sonst könnte aber der Ursprung dieses Rezeptionsstranges liegen?

Im ausgehenden Mittelalter begegnet in Europa eine Gruppe von neun Männern, die in eine heidnische, eine jüdische und eine christliche Triade aufgliedert. Diese *neuf preux*, neun Helden, negen besten, nueve preciados de la fama, nove prodi oder Nine Worthies, sind Hektor, Alexander III. und Iulius Caesar, Josua, David und Judas Makkabäus sowie König Artus, Karl der Große und Gottfried von Bouillon.[760] Nach dem Vorbild der *neuf preux*, die erstmals in *Les Voeux du Paon* des lothringischen Poeten Jacques de Longuyon 1312/1313 auftauchten,[761] entwickelte sich im Spätmittelalter ein Kanon von neun tugendhaften Frauen, den *neuf preuses*, die als triumphierende Siegerinnen präsentiert und wegen ihrer militärischen Verdienste und Tugenden hoch gelobt werden – sie verkörpern das ritterliche Ideal der *prouesse*. Auch in bildlichen Darstellungen aus dem Spätmittelalter sind die vorbildhaften Frauen aus Mythologie und Geschichte erhalten – besonders prominente Beispiele finden sich auf dem Kamin in der Festung Coucy in der Picardie oder auf einem Fresco im Kastell La Manta im Piemont. Dabei sind die *preuses* nicht etwa nur eine Spiegelung der *Preux*, sondern eine Ergänzung derselben, wie etwa im neapolitanischen *Uomini famosi*-Zyklus (um 1330), wo die Auswahl der Frauen von der der präsentierten Männer determiniert wird.[762] Sie sind vielmehr autonom und zeichnen sich allesamt durch herausragende kriegerischen Errungenschaften aus – so werden sie auch stets in Waffen dargestellt. Anders als die *Preux*, die, wie oben erwähnt, in drei Dreiergruppen aufgefasst werden – je drei heidnische, jüdische und christliche Helden – stammen alle *preuses* aus der antiken Welt. Der ‚klassische' Kanon der *preuses* umfasst:[763]

> Deipyle (die an der Eroberung Thebens beteiligt war)
> Sinope (die Herkules besiegte)
> Hippolyte und Melanippe (die gegen Herakles und Theseus kämpften)
> Semiramis
> Lampeto (die zahlreiche Städte eroberte und neue gründete)
> Tomyris (die Kyros besiegte)
> Teuta (die den Römern schwer zusetzte)
> Penthesileia (die mit den Trojanern gegen die Griechen kämpfte)

---

760 Vgl. die umfassende Zusammenschau bei Schroeder 1971.
761 Collignon 1924, 1–82 sowie Schroeder 1971, 41–66.
762 Vgl. Sedlacek 1997, 9–15.
763 Basis dieses Kanons sind das *Livre de Leësce* des Jehan Le Fèvre (1373), der allegorische Roman *La livre au chevalier errant* von Thomas III. de Saluces (Ende des 14. Jh.s) sowie die Ballade *Il est temps de faire la paix* des Eustache Deschamps (Ende des 14. Jh.s). Eine Abweichung – Argine für Menalippe – ergibt sich im weiter unten ausführlicher behandelten *Le traictié des neuf preues*. Für das *Livre de Leësce* s. Les Lamentations de Matheolus et le Livre de Leësce de Jehan Le Fèvre de Resson, hrsg. v. A.G. van Hamelen, 2 Bde., Paris 1892/1905; für die Balladen Deschamps' s. Anthologie, hrsg. v. C. Dauphant, Paris 2014; der betreffende Abschnitt in *Le chevalier errant* findet sich im Manuskript Bnf, fr. 12559, fol. 124r. Auch Schroeder (1971, 173 u. Anm. 29) betont die Stabilität des Kanons. Erst im 15. Jh. etabliert sich im deutschen Sprachraum ein abgeänderter Kanon, der nun ebenfalls nach Glaubensgruppen aufgeteilt ist und statt auf kriegerische Fähigkeiten auf die Keuschheit der Frauen abzielt; Schroeder 1971, 173–174.

Nur ein einziges narratives Werk widmet sich den *neuf preuses* in aller Ausführlichkeit. Es handelt sich dabei um *L'Histoire des Neuf Preux et des Neuf Preuses* des französischen Geistlichen Sébastian Mamerot, entstanden zwischen 1460 und 1468. Die Vita der Semiramis ist bei Mamerot die längste; in sechs Kapiteln handelt er ihr Leben ab. Jedem Kapitel sind knappe Abrisse des folgenden Inhaltes vorangestellt. Diese lauten:

> De la royne Semiramis. Et conment elle sceult la mort du roy Nynus, son mary, se vestit en habit d'omme et se faignit estre Zameis, par aulcuns dit Ninas, filz d'elle et du roy Nynus. Premier chapitre.
>
> Conment la royne Semiramis se partit de Babiloine atout grant armee et se tint aux champs jusques a ce qu'elle eult retiré a soy l'armee du roy Nynus mort et conferrer en son amour et subgection toute Assire. Et aprés comment elle entra en la terre des Gangaridiens et comment ses coureurs furent desconfiz par leur mauvaise garde. Chapitre II.
>
> Le dueil que menerent les Assiriens quant ilz sceurent la mort de leurs compaignons. Conment Semiramis leur parla. La venue des Gangaridiens, la peur des Assiriens, l'exortacion de Semiramis. Et conment les Gangiridiens furent desconfis, leur prince tué et leur cité prinse et destruitte, et tout le paÿs subjugué par Semiramis. Chapitre III.
>
> Conment la royne Semiramis conquesta Ynde ou nul n'avoit par avant elle osé entre par force et venga la mort du roy Nynus, son mary, sur les Ethiopiens et les subjugua et pluseurs aultres terres et nacions. Chappitre IIII.
>
> Conment la royne Semiramis appela ses princes et cappitaines a part et leur conmanda querir ouvriers pour agrandir et fermer de nouveau la tresforte [cité] de Babiloine. De quel tour et façon elle la fit faire. Des murs, portes, rivieres et donjon dont elle fut paree et fortifiee. Et en quel temps elle la fonda et fit chief du royaume d'Assirie. Chappitre V.
>
> Conment la royne Semiramis declaira devant ses princes et chevaliers qu'elle estroit la femme de Nynus et mere de Zameis, dit Ninias, dont ilz la loerent moult, et conment pour couvoittise de regner elle print son filz en mariage et en eult ung enfant. Conment elle rapaisa sa cité esmeue en rebellion de sa luxure. Et conment son filz la fit tuer. Chapitre VI.[764]

Besonders bemerkenswert ist, dass auch Mamerots Schilderung die „dunklen Seiten" der Königin nicht etwa ausspart. Zwar nimmt die Darstellung ihrer militärischen Erfolge einen größeren Raum ein, doch auch die Episoden über den Inzest mit ihrem Sohn, die Trogus/Iustin erstmals aufgebracht hatte, und ihre Ermordung durch ihren Sohn finden Erwähnung – sie schmälern aber ganz offenbar Semiramis' Position unter den *preuses* in keiner Weise. Ihre militärischen Erfolge, auf die die Kompilation der *preuses* ja fokussiert, wiegen ‚moralische Mängel' auf.

Mamerot stand den überwiegenden Teil seines Lebens in Diensten von Louis de Châtillon-Laval, dessen Bibliothek auch Laurent de Premierfaits Übersetzung von Boccaccios *De casibus virorum illustrium* beinhaltete. Ob die Entstehung der *L'Histoire des Neuf Preux et des Preuses* da-

---

764 Mein Dank gilt Regine Vincon-Scherwitz (Kirchhain) für ihre Hilfe mit diesem Text.

mit in Zusammenhang steht, ist letztlich nicht zu klären.⁷⁶⁵ Schroeder spricht sich jedenfalls für eine Vermittlung der *preuses* durch Boccaccios *De mulieribus claris*, der neben Semiramis auch Tomyris, Penthesileia, Lampeto, Sinope, Melanippe und Hippolyte behandelt – und damit letztlich für einen Ursprung bei Trogus/Iustin und Orosius.⁷⁶⁶ Sedlacek schlägt die im frühen 13. Jh. entstandene *Historie ancienne jusqu' à César* als Ursprung für die Zusammenstellung der *neuf preuses* vor,⁷⁶⁷ allerdings fällt in diesem frühen französischen Prosatext das Urteil über Semiramis sehr negativ aus. Es heißt hier über sie:

> De la royne Semiramis qui tient toute assire. (...) Semiramis qui ot cuer dome et semblance de feme. (...) Et la aquit ethiope e soumist a sa chevalerie et a sa seignorie. Et puis entra en inde par force ou onques nulz netra que la peust aquerre se lui non et Alexandres le grand (...) Ceste roine Semyramis fu la plus malicieuse qui onques plus fust. Car elle estoit ardant a luxure e desirant domes occire.⁷⁶⁸

In England, wo die *preuses* unter dem Namen *Nine Worthies* bekannt waren,⁷⁶⁹ existiert überraschenderweise nur eine einzige bildliche Darstellung, nämlich in Amberley Castle in Sussex (16. Jh.). Der zugehörige Titulus bezeichnet Semiramis als:

> Semiramis Quene of Babylon subdued al from Barbary to septentryon

In der im späten 15. oder im frühen 16. Jh. entstandenen und erstmals 1561 gedruckten Ballade *The Nine Ladies Worthy* – früher Geoffrey Chaucer zugeschrieben –, die die selben Namen wie der *Chevalier errant* nennt und offenbar die Grundlage für die Tituli in Amberley Castle bildet,⁷⁷⁰ erfährt man über Semiramis:

> Lo here Semiramis quene of great Babilon, most generous gem and floure of louely fauor, whose excellent power fro Mede vnto septentrion florished in her regally as a mighty conqueror subdued al Barbary: and Zorast that king of honor she slue in Ethiop, and conquerd Armony in Inde, in which non entred but Alexander and she as I finde.⁷⁷¹

Ohne Zweifel steht der englische Zyklus in Abhängigkeit von dem französischen. Offenbar orientiert sich die Ballade der *Nine Ladies Worthy* an dem auch in England bekannten *Le chevalier errant* – auch in den Tituli von La Manta werden die selben Taten der Semiramis gepriesen, dieselben eroberten Länder genannt.⁷⁷² Der Kanon der *Worthies* nicht dabei statisch, sondern erfährt durchaus Wandlungen, so beispielsweise bei John Ferne, *Blazon of Gentrie* (1586), bei Thomas Heywood, *Exemplary Lives and Memorable Acts of Nine of the Most Worthy Women of the World* (1640) – Semiramis ist aber immer enthalten.⁷⁷³ Deutsche Versionen weisen dagegen kei-

---

765 Ed. Salamon 2016, xlv.
766 Schroeder 1971, 179.
767 Sedlacek 1997, 47–52.
768 BN, Ms. fr. 12586 Fol. 1 r°.
769 Vgl. dazu ausführlich Schroeder 1971.
770 Croft-Murray 1956, 119.
771 Zitiert nach Schroeder 1971, 182.
772 Sedlacek 1997, 127.
773 Sedlacek 1997, 128.

nerlei Übereistimmungen mit dem französischen oder einem der englischen Kanons auf – hier stehen die Ideale des Christentums im Vordergrund, v.a. Keuschheit und Nächstenliebe, die kriegerischen Exempla sind nicht (mehr) gefragt.[774] Wie Ingrid Sedlacek treffend resümiert:

> Da Deutschland seine Wurzeln nicht von Troja ableitete [im Gegensatz zu Frankreich und England, Anm. d. Verf.in], hatte ein derart ‚unweibliches' und darüber hinaus dem christlichen Idealbild widersprechendes Modell wie die Preuse hier keine Chance.[775]

Interessant ist in diesem Zusammenhang ein Büchlein, das 1518 in Augsburg erschien und dessen Verfasser unbekannt ist. Der Band trägt den etwas sperrigen Titel *Hierin auff das kürtzest ist angezaigt der freien glauben. dz ist der Haidn Judn vn Cristen die frümbste vn poesen Mannen vnnd frawen der hoechsten geschlaecht*.[776] Dem in Dreiergruppen strukturierten Kanon der Männer und Frauen wird hier noch eine Abwandlung beigefügt, in welcher ja auch die neun ‚bösesten' Vertreter beider Geschlechter genannt werden. Dem moralisierenden Gesamttenor entsprechend findet sich Semiramis hier plötzlich ‚auf der anderen Seite', will sagen, unter den verruchten Negativexempla! Sie ist dabei die einzige der *preues*, die dieses Schicksal trifft – alle anderen sind in diesem Werk erst gar nicht enthalten.[777]

An bildlichen Darstellungen der tugendhaften Frauen ragt eine bereits oben kurz erwähnte Malerei auf La Manta im französisch beeinflussten Piemont heraus. Die Heldinnen sind hier in üblicher Weise auf einer Blumenwiese in Waffen und mit Wappenschild wiedergegeben, ein ausführlicher Text erläutert die dargestellten Figuren.[778] Zu Semiramis heißt es:

> (Semiramis) de Babiloyne fu dame de soubz tout le trono Onc tel fame ne vesquy, rise subiuga et vainqui: De midy a setenterion mist tout a sa subiection gent Scicie et gent Barbarie sousmist tout a sa segnurie et Zoroastrun le fort roy ocist elle per son arroy.

> Semiramis von Babylon war lange Herrscherin auf dem Thron. Unter ihrer Herrschaft bezwang und besiegte sie [alles]. Vom Süden bis Norden machte sie alle zu Untertanen: Das Volk der Skythen und das Volk der Barbaren, alle stellte sie unter ihre Herrschaft. Und Zoroaster, den starken König, tötete sie mit seinem Gefolge. [Übers. d. Verf.in].

Erkennbar ist die babylonische Königin, abgesehen von der erläuternden Beischrift, an ihrem aufgelösten Haar.[779] Diese in der Kunst der Zeit ganz übliche Darstellungsform der Semiramis nimmt Bezug auf die bei Valerius Maximus erstmals geschilderte und im Mittelalter immer wie-

---

774 Esther, Judith, Jael, Lucretia, Veturia, Virginia sowie die Heiligen Helena, Brigitta und Elisabeth.
775 Sedlacek 1997, 129. Zur Bedeutung der Troja-Rezeption für das frühneuzeitliche England s. Hopkins 2020.
776 Germanisches Nationalmuseum Nürnberg: Sign. 8L 1954p; BM London: Sign. C. 55 c. 20; Schroeder 1971, 183–184.
777 Die neun ‚bösen' Frauen sind: Tullia, Medea, Semiramis, Isebel, Dalila, Athalja, Biblis, Joata von Dänemark sowie Otha von Irland.
778 Vgl. Schroeder 1971, Taf. 4.
779 Irene Erfen und Peter Schmitt (1995, 233) weisen in ihrer Kommentierung von *De mulieribus claris* darauf hin, dass aufgelöstes Haar in der Ikonographie stets Zeichen eines gänzlich unweiblichen Affekts, nämlich des Zorns, sei. In den Darstellungen der *neuf preues* erscheint Semiramis aber trotz der aufgelösten Haartracht ebenso friedvoll wie die anderen *preues*, kriegerische Aspekte werden lediglich durch die attribuierte Bewaffnung ausgedrückt. Zur Verbindung von Semiramis und Zoroaster vgl. Gen. 10,10.

der aufgegriffene Episode, sie habe beim Frisieren von einem Aufstand in ihrem Reich erfahren und sei sogleich zu den Waffen gestürzt, um diesen niederzuschlagen.[780]

Semiramis kann also auch, wenn das ritterliche Ideal der *prouesce* im Fokus steht, auf Grund ihrer militärischen Erfolge als rein vorbildhafte Frauengestalt erinnert werden, negative Elemente werden in diesem Kontext vollständig ausgelassen. Gemeinsam mit den anderen *preuses*, die alle Amazonen, kriegerische Herrscherinnen und/oder Kontrahentinnen griechischer Heroen sind, bildet sie eine Ergänzung zu den männlichen *preux* und trägt somit dazu bei, die ritterlichen Ideale auf beide Geschlechter auszuweiten und zu universellen, vom biologischen Geschlecht unabhänigen Idealen zu stilisieren.[781] In diesem Kontext kann sie später auch als positiver Referenzrahmen für weibliche Herrscherinnen/Regentinnen und sonstige hochgestellte Frauen herangezogen werden – so z.B. in der bildlichen Ausgestaltung von Privat- und Repräsentationsräumen von Anna von Österreich, Maria Mancini oder Maria de'Medici.[782]

2.5.5 Semiramis in Deutschland: Meisterlieder

Wie oben bereits ausgeführt, erhielt Semiramis als Erinnerungsfigur durch ihre zentrale Rolle in den christlichen Weltchroniken einen festen Platz in der mittelalterlichen Welt – und zwar sowohl in der klerikalen wie in der weltlichen. Von letzterem kann, neben einer Vielzahl volkssprachlicher Übersetzungen lateinischer Texte, ihr Erscheinen in den deutschen Meisterliedern Zeugnis ablegen.[783] Diese von Mitgliedern der zunftartig zusammengeschlossenen Meistersänger verfassten und vorgetragenen Stücke, die einem festgelegten Aufbau folgten, behandelten vornehmlich religiöse Themen, verarbeiteten aber durchaus auch weltliche Erzählstoffe.[784] Als herausragender Vertreter des Meistergesangs hat Hans Sachs zu gelten, der weit über 4.000 Lieder verfasste, von denen sich einige auch mit der Gestalt der Semiramis befassen.[785] Seine Meisterlieder wurden auch in Drucken verbreitet, aber erst während der Zeit des Sturm und Drang breit rezipiert.[786]

Erstmals setzt sich Sachs 1544 mit Semiramis auseinander. *Die Küngin mit dem zopf* berichtet ausführlich aus dem Leben der Semiramis.[787] Diese habe ihrem Ehemann Ninus, dem König von Assyrien, einen Sohn namens Ninias geschenkt und nach Ninus die Herrschaft übernommen. Die Bilanz ihrer Herrschaft ist äußerst positiv: Nicht nur kann sie Babylon zurückerobern und wiederaufbauen, ihr gelingt es auch die Stadt gegen Angriffe zu verteidigen. Bei einem dieser Angriffe stürmt sie mit nur halbfertiger Frisur, dem titelgebenden Zopf, in die Schlacht und ord-

---

780 Val. Max. 9,3 ext. 4. Siehe dazu ausführlich oben.
781 Hierzu passt außerdem die Beobachtung von Ingrid Baumgärtner (2003, 31–86, Zitat auf 85), dass Frauen in den mittelalterlichen Weltkarten ganz selbstverständlich gleichberechtigt gemeinsam mit Männern zur Illustration eingesetzt werden, „während misogyne Wertungen mittelalterlicher Autoren kaum das Kartenbild beeinflußten." Vgl. dazu außerdem Baumgärtner 2010, 194–203.
782 Baumgärtel 1995, 152; Wenzel 2001, 60, 75 u. 340–341. Vgl. dazu auch Schlumbohm 1981, 113–122.
783 Umfassend zu dem Meisterliedern Beringer 2016.
784 Ein große Zahl an Meisterliedern sind in etwa 120 Handschriften des 15. bis 19. Jh.s überliefert, einige wurden auch gedruckt.
785 Willers 1981.
786 Eichler 1904 u. Brunner 1975.
787 Abgedruckt bei Brunner 1986, 495; vgl. zu diesem und den im folgenden genannten Meisterliedern, Beringer 2016, insb. 71–86 u. 126–132.

net ihr Haar erst nach dem erfolgreichen Abschluss dieser militärischen Aktion. Zum Gedenken hierfür wird ihr eine Statue errichtet, die sie mit eben dieser unfertigen Frisur zeigt. All diese Erfolge habe Semiramis jedoch letztlich mit einem inzestuösen Verhältnis zunichte gemacht. Den Stoff, so Sachs selbst, habe er Boccaccio entnommen.[788] Eine Variante mit ganz ähnlichen Motiven erzählt Sachs' *Semiramis eine Königin in Assyrie* aus dem Jahr 1559.[789] Wieder herrscht Semiramis in Vertretung ihres Sohnes, der hier Ninus heißt. Dies tut sie nun in Männerkleidern, die ihr wahres Geschlecht verbergen. Ihre Erfolge als Herrscherin werden erneut durch sexuelle Avancen dem Sohn gegenüber zunichte gemacht, der Inzest führt letztlich zu ihrer Ermordung.[790] Die Verkleidung als Mann, sexuelle Libertinage und Inzest thematisiert Sachs auch in einem weiteren Meisterlied (1550[791]). Ganz anders erscheint sie dagegen in seinen Meisterliedern *Die wunderlich gepurt semiramis* und *Die wunderlich hairat semiramidis* aus dem Jahr 1554[792] – als Basis gibt Hans Sachs Diodor an – es ist das erste Mal, dass sich eine nachantike Erzählung um Semiramis explizit auf diesen bezieht.[793] Die ersten fünf Bücher seiner Weltgeschichte lagen ab 1472 in lateinischer Übersetzung vor und waren damit breiteren Kreisen zugänglich.[794] Diodor liefert auch die Grundlage für Sachs' *Wunderlicher Vrsprung vnnd Heyraht Semiramidis* aus dem Jahr 1559.[795] In den auf Diodor basierenden Meisterliedern bleiben sexuelles Fehlverhalten und die Verkleidung als Mann ausgespart – Sachs mischt die aus Diodor stammenden Erinnerungsbausteine also nicht mit denen aus anderen Quellen. Ein positives Semiramisbild ist für ihn nicht mit einer als Mann verkleideten Frau vereinbar.[796] Rekurriert er auf Diodor, so ist Semiramis weiblich, sie erscheint objektiviert, passiv und keusch – Verfehlungen sind nun den sie umgebenden Männern anzulasten.[797] Es existiert hier, und darin ist Sachs symptomatisch für die Rezeption der babylonischen Königin, ein klares Nebeneinander unterschiedlicher ‚Semiramiden', fast, als wären es mehrere Personen gleichen Namens und aus demselben Kulturkreis.

Doch nicht nur Hans Sachs, auch andere Meistersänger haben sich mit ihr auseinandergesetzt; so erscheint sie in insgesamt zehn Meisterliedern von sieben unterschiedlichen Verfassern von aus der Zeit zwischen 1544 und 1634.[798] Die Lieder thematisieren ihre Bautätigkeit (Kaspar Klippisch), ihre Schönheit (Georg Braun, 1607) und die illegitime Aneignung der Herrschaft, nachdem sie ihr von Ninus für eine Zeit überlassen worden war (Georg Braun 1611–1613 u. Kaspar Klippisch 1613).

---

788 „[w]ie Pocacius vns peschrieb". Er konsultierte allerdings nicht den lateinischen Text, sondern die deutsche Übersetzung von Heinrich Steinhöwel; Sasse 2015, 139. Zu Boccaccio s. ausführlich oben.
789 Abgedruckt bei Krüger & Kraus 1613, 354–355.
790 Ob Sachs den Stoff ausschließlich aus Boccaccio oder direkt aus den antiken Werken gewonnen hat, muss hier offen bleiben. Boccaccios Schilderung enthält jedenfalls alle in diesen beiden Gedichten verarbeiteten Elemente.
791 *Dreÿ uncheüsch keÿserin*, wo er auch auf den Tod Ninus' durch einen Pfeil verweist, der bei Diodor nicht enthalten ist, wohl aber bei Orosius (1,4,3) und auf diesem basierend bei Otto von Freising (1,7), Boccaccio (Semiramis 1) und Christine de Pizan (1,15). Das Meisterlied ist abgedruckt bei Beringer 2016, 211.
792 Abgedruckt bei Beringer 2016, 211–215.
793 Vgl. dazu auch Beringer 2016, 39.
794 Pinkepank 2007, 201–203.
795 Abgedruckt bei Krüger & Kraus 1613, 355–357.
796 So auch Roth 2018, 89.
797 Vgl. Beringer 2016, 135. Im Gegensatz dazu agiert sie in den anderen Meisterliedern Sachs' in höchstem Maße männlich und überschreitet die Geschlechtergrenzen vielfach; Valls-Russell 2011, 109.
798 Beringer 2016, 26. Kleopatra VII. und Dido, die ja sonst relativ häufig in ihrem Umfeld auftauchen, erhalten dagegen nur drei bzw. ein Mal ein Meisterlied.

Die weitere Rezeption der Semiramis im deutschen Sprachraum war vergleichsweise unbedeutend. Dies liegt nicht zuletzt daran, dass Deutschland literarisch, verglichen mit den zeitlichen volkssprachlichen Literaturen in Italien, Frankreich, Spanien oder England, so Volker Meid, „in der frühen Neuzeit eine ‚verspätete Nation'" war.[799] Erst im 17. Jh. wurde die deutsche Spache auch als Literatursprache verwendet, so war Martin Opitz' *Buch von der Deutschen Poeterey* 1624 die erste Dichtung in deutscher Sprache. Bei den Versuchen der deutschen Späthumanisten, Anschluss an die literarischen Entwicklungen in Italien, England oder Frankreich zu gewinnen, indem man, deren Vorbild folgend, „die Dichtung in der eigenen Sprache auf humanistischer Basis reformierte"[800], spielten die oben erwähnten Meisterlieder, die ja eine originär deutsche Entwicklung darstellten, allerdings keine Rolle. Ihnen kommt daher auch für die Vermittlung bestimmter Semiramisbilder in der Frühen Neuzeit eine allenfalls marginale Bedeutung zu. Entscheidender war der Rückgriff auf die (lateinischen) Texte der klassischen Antike, sei es im Original oder durch die vermehrte Anfertigung von Übersetzungen, die nicht nur die Kenntnis der Stoffe, sondern auch deren rhetorischer Umsetzung vermitteln sollten.[801] Zu einer eigenständigen Weiterentwicklung bzw. Transformation und Adaption von Semiramisbildern kam es in Deutschland nicht.[802]

2.5.6 Entering the stage –
Semiramis auf den Theaterbühnen in Italien, Spanien und Frankreich

Nachdem Semiramis in Elisabethanischen Theater mehrfach am Rande erschienen war und dort 1595 ein – leider nicht erhaltenes – Theaterstück über ihre Person entstanden war, fand sie im ausgehenden 16. Jh. ihren Weg auch auf andere Bühnen mehrerer europäischer Nationen. Diese Bühnenstücke bilden den Ausgangspunkt für die erfolgreiche ‚Karriere' der Semiramis als Bühnenfigur, die sowohl im Theater als auch in der Oper bis ins 20. Jh. andauern sollte, weswegen der in ihnen vorgestellten Handlung, ihren Quellen und Interdependenzen sowie den Entstehungskontexten hier besondere Aufmerksamkeit gewidmet wird. Auch diese Stücke sind nicht chronologisch, sondern nach Sprachräumen geordnet, da davon ausgegangen wird, dass

---

799 Meid 2015, 18.
800 Meid 2015, 18. Die Bildung der breiten Masse war in Deutschland selbst noch im 18. Jh. gering, wenn auch schon im Spätmittelalter akademische Rats- bzw. Lateinschulen entstanden waren und nach der Reformation protestantische Gelehrtenschulen und jesuitische Gymnasien hinzutraten.
801 Meid 2015, 19.
802 Allerdings begegnet Semiramis gelegentlich in katholischen Predigten der Zeit – stets als abschreckendes Beispiel: Schilling 1675, 2 (Am heiligen Aschermittwoch) oder auch noch bei Hörmann 1865, 100–101 (im Rahmen der elften Predigt – Am Sonntag nach dem Fastensonntage). Für den Hinweis auf diese Predigten danke ich Prof. Dr. Hans Kloft (Bremen) herzlich. Dass Semiramis auch im deutschsprachigen Raum enorme Bekanntheit genoss, zeigt auch ihr Auftauchen im Nekrolog von Benjamin Neukirch auf die preußische Königin Sophie Charlotte (1668–1705), wo es heißt: „Die Natur wircket nun bald sechs tausend Jahr: und in dieser so langen Zeit hatten Sie viel vortrefflihche Frauen unter so vielen aber noch keine gebildet in welcher alle Seltenheiten zugleich erscheinen. Semiramis war klug aber boßhafftig: Helena schön aber untreut; Cleopatra holdselig aber betrieglich; Zenobia großmüthig aber zugleich ein Spott des Glücks. So also hat immer einer jeden etwas gefehltet: bis endlich die Natur ihre Kräffte der Himmel aber seine Güte versamlett und in unser einzigsten eldin das alles vereiniget was sie in so viel trausenden bißher vertheilet hatten."; ediert bei Fürstenwald 1973, 366.

die Interdependenzen innerhalb derselben Volkssprache noch stärker sind, als über sprachliche Grenzen hinweg.[803]

2.5.6.1 Muzio Manfredi

Als erster widmete Muzio (Mutio) Manfredi der babylonischen Königin ein eigenes Stück. *La Semiramis* ist sein erstes Bühnenwerk, wohl 1583 verfasst, aber erst 1593 in Bergamo gedruckt.[804] Geboren in Cesena in der Emilia-Romagna, war Manfredi in der literarischen Welt des 16. Jh.s kein Unbekannter, auch wenn sich seine Vita nur lückenhaft rekonstruieren lässt.[805] Zunächst im Dienste der Orsini, war er als Sekretär von Onorato Caetani auf Seiten der päpstlichen Infanterie an der Schlacht von Lepanto 1571 beteiligt. Er war in den Folgejahren Mitglied der *Accademia degli Invaghiti* in Mantua, der *Accademia dei Confusi* in Bologna und stand ab 1580 der *Accademia degli Innominati* in Parma vor.[806] Verheiratet war er mit der Sängerin und Poetin Ippolita Benigni della Penna Manfredi, die ebenfalls Mitglied in mehren Akademien war (*Accademia degli Affidati* im toskanischen San Miniato, *Accademia degli Insensati* in Perugia)[807], und war somit eng eingebunden in die literarischen Elitenzirkel seiner Zeit und deren Bildungskanon.

Kern seines Dramas sind zwei Fälle von Inzest, eine große, tragische Liebe, mehrere grausame Morde und ein Selbstmord – die aber, wie im Drama der Frühen Neuzeit üblich, hinter der Bühne geschehen und dem Publikum nur berichtet werden. Im gleichen Jahr erschien seine etwas leichterer Version der blutigen Tragödie unter dem Titel *La Semiramis boscareccia*. Basierend auf dem Inzestmotiv gestaltet Manfredi den Stoff hier gänzlich neu aus, fügt Personen und Handlungsstränge hinzu.

Kurz zum Inhalt der ersten Version, *La Semiramis*: Die Tragödie wird eröffnet durch den Auftritt des Schattens (*ombra*) des ermordeten Nino, der erscheint, um Rache an seiner Mörderin – seiner Gattin Semiramis – zu nehmen und Unglück über sie zu bringen.[808] Er berichtet, dass er seinem Sohn Nino im Traum erschienen sei und diesem aufgetragen habe, ihn zu rächen. In der zweiten Szene des ersten Aktes tritt der Schatten von Mennone, Semiramis' erstem Gatten, hinzu. Er wirft Nino vor, ihm Semiramis gestohlen und ihn in den Selbstmord getrieben zu haben. Beide halten Zwiesprache und klagen über ihr schreckliches, ungerechtes Los. Mennone sagt den Untergang von Ninos Reich und Blutlinie voraus.[809] Es folgt der erste Auftritt

---

803 Berücksichtigt werden dabei nur die Stücke, die Semiramis zur Hauptprotagonistin machen, nicht solche, die sie lediglich am Rande erwähnen (wie beispielsweise Jean LeMaire in seiner *Prazèmene* aus der Mitte des 17. Jh.s).
804 Versehen mit einer Widmung an Signor Donno Odoardo, Kardinal Farese, sowie dem Hinweis, das Stück selbst sei für „Madama Serenissima Dorotea di Lorena, Duchessa di Bransuich, mia Signora", in deren Diensten er zum Veröffentlichungszeitpunkt vermutlich noch immer stand. Die Umsetzung des Stoffes für die Theaterbühne erfolgt damit ca. 10 Jahre nach dem ersten Drama um die Gestalt des Cicero, der allerdings zunächst in Frankfreich, Deutschland und England als Bühnenfigur adaptiert wurde. Semiramis' Erscheinen passt damit in ein verstärktes Interesse an historischen Dramen während der Renaissance; vgl. Manuwald 2018, 27–41 u. 243.
805 Pignatti 2007, 720–725; anders Haun 1949, 27.
806 Sampson 2006, 107.
807 Cox 2008, 104 u. 142; Hickson 2016, 122.
808 Vgl. auch Bergel 1973, 235–236.
809 Das Auftreten solcher *ombra*-Figuren ist im spanischen und französischen Theater der Zeit nicht ungewöhnlich. Manfredi hat die Idee vermutlich bei Giambattista Giraldi Cintios *L'Orbecce* aus der Mitte des

der Semiramis, aus deren Mund (ihr Vertrauter, Himetra, vervollständigt die Vorgeschichte) das Publikum erfährt, dass sie aus Furcht vor einem Machtverlust nach Ninos Tod als ihr Sohn verkleidet regiert. Auch wird berichtet von Ninos Werbung um die verheiratete Semiramis, dem Selbstmord des Menonne, Semiramis' dreitägiger Herrschaft, während der sie Nino ermordete, ihren Bauten und erfolgreichen Feldzügen[810] sowie ihrer göttlichen Herkunft.[811] Hier setzt nun die eigentliche Handlung des Dramas ein, die Vorbereitungen zu einer Doppelhochzeit zwischen Semiramis' Mündel Dirce und ihrem General Anfarne sowie zwischen Semiramis und ihrem Sohn Nino. Die Warnungen und moralischen Bedenken der Amme Himetra schrägt sie in den Wind.[812] Allerdings weiß Semiramis nicht, dass Nino bereits seit sieben Jahren heimlich mit Dirce verheiratet ist, mit der er auch zwei Kinder hat. Dirce überbringt Nino die Nachricht von den geplanten Eheschließungen und bittet ihn um die Erlaubnis, Selbstmord zu begehen, um ihn und die Kinder vor dem ihnen zugedachten Schicksal zu bewahren. Nino versucht, sie zu beruhigen und verspricht, sie immer zu beschützen. In ihrer Verzweiflung schicken die Liebenden ihren Freund Simando zu Semiramis, um sie von der Ehe der beiden wissen zu lassen. Diese Nachricht erreicht Semiramis im dritten Akt, sie reagiert wutentbrannt, der Priester Beleso hält sie aber von einem vorschnellen Racheakt ab. Sie lenkt scheinbar ein und lädt das Paar an ihren Hof, angeblich, um die Hochzeit nun öffentlich und festlich zu begehen. Zu Beginn des vierten Aktes erfährt das Publikum von der erschütterten Dienerin Atirtia, dass Semiramis in ihren Gemächern – und verborgen vor den Augen der Zuschauer – zuerst die beiden Kinder und dann auch Dirce getötet hat. Ausführlich wird Nino (und dem Publikum) dieses Geschehen geschildert, die Grausamkeit und Kaltblütigkeit der Königin werden besonders herausgehoben (IV/1):

Atirtia:
Prese la figlia tua, che la mirava, senza timor; che non sapea temere. L'appoggio con le spalle al suo ginocchio sinistro, e col pie destro, i pie le prese: E con la manca man presele la fronte, e'l capo a dietro gl'inchino, passando in un tempo, col pugnal, la gola (...). Ma la Regina, quasi lupa ingorda, Ch'à gli agnelli sia intenta, e sdegna, e sprezza le madri (...) e'ferro scelerato immerso nel petto (...).

Nino will Frau und Kinder rächen, wird aber wiederum von Beleso zur Besonnenheit ermahnt. Im fünften Akt bezichtigt Semiramis, um Nino doch noch zur Ehe mit ihr zu zwingen, nun ihn des Inzests, indem sie behauptet, Dirce sei ihre Tochter und damit seine Schwester gewesen. Doch Nino weist die Ehe mit der Mutter erneut zurück. Das Ende des Dramas erfolgt relativ unvermittelt: Ein Soldat berichtet dem Publikum, dass Nino zuerst seine Mutter und dann sich selbst getötet habe.[813]

Deutlich zeigt sich auch hier, dass die ‚Wiederentdeckung' und Edition von Diodors Text das Erzählen über Semiramis beeinflussen, denn die Vorgeschichte des Dramas von Manfredi basiert auf Elementen des diodorischen Narrativs. Seit 1472 lagen die Bände 1–5 seiner Weltgeschichte in einer lateinischen Übersetzung durch den italienischen Humanisten Gianfrancesco Poggio

---

16. Jh.s entlehnt; Faverzani 2012, 98–100.
810 Semiramis: „(...) guerra àgli Egittiy, à gli Ethiopi, à gl'Indi (...)" Himetra: „(...) fortunata in guerra (...)" (I/3).
811 Himetra: „figlia di Dea" (I/2); sowie Atirtia: „figlia d'una dea" (IV/2).
812 Semiramis: „Questo e dunque l'amor, ch'a far m'induce nozze con seco; amor di me medesma, amor di lui, amor del nostro Impero." (I/3).
813 Vgl. auch Haun 1949, 27–34; Heller 1993, 100.

Bracciolini vor, ab 1536 war auch der griechische Text als Druck zugänglich.[814] Zugleich spielen aber auch die vielfach refigurierten Episoden der Verkleidung als Mann und des Inzests eine zentrale Rolle. Sicherlich ist die Vermittlung dieser Details zu Semiramis durch Orosius und in der Folge durch Petrarca und Boccaccio nicht zu unterschätzen, wobei Manfredi hier stark selektiert.[815] Auch der zuerst bei Hygin enthaltene Mord an Ninus wird aufgegriffen. Ob Manfredi antike Quellen abseits von Diodor direkt konsultiert hat, muss fraglich bleiben.[816] Ingesamt ist sein Umgang mit den tradierten Erinnerungselementen aber sehr frei, seine Tragödie basiert auf historischen Versatzstücken, ist aber kein historisches Stück. Unzweifelhaft ist, dass sein Drama alles liefert, was auf den Bühnen des späten 16. und des 17. Jh.s gefragt war: exotische Schauplätze, amouröse Verwicklungen und Intrigen, Verkleidungs- und Verwechslungsgeschichten, kriegerische Paraden und Travestie.[817] Dennoch liegen zwischen dem Abfassen des Dramas und seiner Veröffentlichung rund 10 Jahre, wenn das Stück auch nachweislich bereits vor der Drucklegung zirkulierte.[818] Sally Hickson erläutert: „Semiramis was not considered a desirable literary heroine"[819] – eine Aussage, die angesichts der massiven literarischen Präsenz der Semiramis eher dahingehend präsziert werden müsste, dass die blutrünstige, mordende Semiramis Manfredis als inadäquate Heldin angesehen wird, weswegen der Herzog von Mantua, Guglielmo Gonzaga, in dessen Diensten Manfredi in den 80er Jahren stand, sich gegen eine Veröffentlichung aussprach.[820] Anna Giordano Gramegna fasst zusammen:

> La sua [i.e. Semiramis, Anm. d. Verf.in] non e una tirannia politica, non e un castigo divino, ma una vendetta umana e passionale.[821]

Erst 1593, Manfredi war nun in Diensten von Dorothea von Lothringen in Nancy, erfolgte die Drucklegung.[822]

Ganz anders gestaltet Manfredi die babylonische Königin im selben Jahr in seiner *La Semiramide boscareccia* aus. In einem Schäferspiel, einer von der Mitte des 16. bis weit in das 17. Jh. hinein sehr erfolgreichen dramatischen Gattung in Italien,[823] in fünf Akten wird nun die Eheschließung

---

814 Pinkepank 2007, 201–203.
815 Vgl. auch Questa 1989, 73–78, insb. 73.
816 Herrick (1965, 206–207) sieht motivische Vorbilder auch in Giovanni Battista Giraldis *L'Orbecche* (1541), Sperone Speronis *Canace* (1546) und Luigi Grotos *La Dalida* (1583), die aber jeweils gänzliche Handlungen präsentieren.
817 Vgl. Questa 1989, 84. Das Motiv der Heldin in Verkleidung als Mann taucht bereits 1559 in Juan de Timonedas Comedia *Llamada Cornelia* auf; de Ponte 2013, 45.
818 Dies ergibt sich aus einem Brief Manfredis aus dem Dezember 1591, abgedruckt bei Giordano Gramegna 1990, 302–303.
819 Hickson 2016, 120.
820 „The failure of the work became a bone of contention between Manfredi and the Gonzaga (...)"; Hickson 2016, 119. Vgl. auch die prägante Zusammenfassung von Bergel (1973, 241): „His portrait of Semiramis corresponds to a worldly, non-Christian, ideal of ‚magnanimity'."
821 Giordano Gramegna 1990, 311.
822 Wendy Heller (2003, 227) nennt das Stück eine „popular tragedy"; ähnlich Bergel 1973, 227. Indiz für die Popularität ist ein Nachdruck aus dem Jahr 1598, der zwar noch die Widmung der Erstausgabe enthält, zusätzlich aber eine neue Widmung durch den Herausgeber Pietro Bartoli beinhaltet – nun an Manfredis Freund Giovanni Giorgi; M. Manfredi, La Semiramis. Tragedia, Pavia 1598. Im 18. Jh. wird das Stück sehr erfolgreich in Verona gespielt; Faverzani 2012, 100–101.
823 Vgl. zur Gattung und ihrer Entwicklung Sampson 2006, insb. 1–11.

zwischen Semiramis und Mennone thematisiert. Im Prolog erläutert Venus die Vorgeschichte der Handlung: Semiramis ist die Tochter der Nymphe Dirce. Diese hatte sich gebrüstet, schöner noch als Venus zu sein, weswegen die Göttin veranlasst, dass Dirce sich mit einem Sterblichen einlässt und von ihm schwanger wird. Das Kind, Semiramis, setzt Dirce aus und stürzt sich in einen See. Venus sorgt für das Mädchen, indem sie es von Tauben ernähren lässt und dafür sorgt, dass der Hirte Simma es findet und aufzieht. Hier setzt die Handlung des eigentlichen Stückes ein. Die Hirten um Simma und die schöne Semiramis bereiten sich auf die jährliche Ankunft von Mennone vor, der regelmäßig im Auftrag des Königs Nino nach dem Rechten sieht.[824] Sein Besuch wird dabei mit einem großen Fest feierlich begangen. Auch Semiramis sehnt die Ankunft Mennones herbei, in den sie heimlich verliebt ist. Doch fühlt sie sich seiner nicht würdig, da sie ihre wahre Herkunft nicht kennt, dem ständigen Lob ihrer Schönheit schenkt sie keinen Glauben.[825] Da sie Mennone für unerreichbar hält, wendet sie sich Simmas Bruder Pirnesio zu, der um sie wirbt, in welchen aber auch Semiramis' Freundin Tisira verliebt ist. Kurz vor Mennones Ankunft findet der Hirte Sarnuco die tote Tisira im Wald, die sich wegen Pirnesios verschmähter Liebe mit einem Pfeil das Leben genommen hat. Auf dem Weg zur Leiche wird Semiramis von einer Bande Räuber gefangen genommen. Zwischenzeitlich ist Mennone bei den Hirten angekommen. Als er von Semiramis Gefangennahme hört, eilt er zu ihrer Rettung. Die Rettung gelingt, Mennone verliebt sich in die schöne Semiramis und möchte sie sofort in Simmas Haus zur Frau nehmen.[826] Ihre Herkunft, die Semiramis so bedrückt, ist ihm gleichgültig.[827] Da erscheint Dirce, die inzwischen eine Gefährtin der Venus geworden ist und offenbart allen die göttliche Abstammung der Semiramis und dass die Ehe zwischen Semiramis und Mennone ohnehin vorherbestimmt war (V/4). Ein armenischer Zauberer hat Tisira wieder zum Leben erweckt, in die sich inzwischen Pirnesio verliebt hat, so dass am Ende des Stückes beide Liebespaare glücklich vereint sind.

Im Rahmen der eher seichten und überschaubaren Handlung, die sich v.a. in amourös bedingten Klagen und Zweifeln ergeht, erhalten die Figuren nur wenig psychologische Tiefe. Semiramis' Schönheit wird sehr häufig thematisiert, sie wird als bescheiden und gehorsam geschildert und doch ist ihr von Geburt an ein höheres Schicksal bestimmt, das sich erfüllen muss.[828] Manfredi betont neben ihrer Schönheit in seinem Nachsatz zum Stück auch ausdrücklich „la pudicia fama", also ihren keuschen Ruf. Ganz klar ist das hier ausgestaltete Semiramisbild maßgeblich von Diodors Schilderung beeinflusst, nicht weibliche Herrschaft, nicht weibliche Handlungsräume oder Gendertransgression sind von Interesse, sondern die Erfüllung eines vorherbestimmten Schicksals. Wieder einmal zeigt sich, dass sich aus dem Quellenmaterial und dessen späterer Verarbeitung je nach Aussageintention und Publikum durch denselben Verfasser ganz unterschiedliche Semiramiden formen lassen – beide Semiramis-Stücke aus Manfredis Feder wurden 1593 in demselben Band abgedruckt.

---

824 Semiramis: „Ch'ogni anno per lo Rè nostro Nino, veniua a riveder l'opre di Simma. Al quale uffitio poi Mennon dal Rè fù eletto: Et è la terza volta questa, ch'ei ci è venuto, e son duo anni." (II/4).
825 Semiramide:„Nè pur bella mertio, ch'altri mi chiami (...)" (I/2).
826 Mennone: „La qual sarà mia Donna, e mia consorte (...). Le nozze si faranno in casa tua (...)" (V/3).
827 Mennone: „Altro non credo, & altro non bramo di saper de l'esser suo. Così m'è cara, e caro m'è, ch'altro ella non sappia (...)" (V/4).
828 Beispielsweise Frisseno: „Semiramis bellissima, e divina" (I/2) // Tisira: „ò sei bella: Ma quando non sei bella?" (II/5). Oder auch in Manfredis eigenen Worten am Ende des Dramas – L'autore all'opera: „Bella Semiramis, vattene lieta (...)".

2.5.6.2 Berlingero Gessi junior

Für die italienischen Bühnen, genauer für das Theater in seiner Heimatstadt Bologna, schuf erst der jüngere Berlingero Gessi wieder eine Tragödie mit musikalischen Einlagen mit dem Namen *Il Nino figlio*, die 1649 zur Aufführung kam. Veröffentlich wurde das Stück 1655 unter dem Pseudonym Gregorio Belsensi (ein Akronym von Gessis Namen) – inzwischen waren auf spanischen und französischen Bühnen einige Stücke über Semiramis entstanden.[829] Zuvor war Gessi bereits als Verfasser eines *dramma per musica* mit dem Titel *Perseo* (UA 1642, Bologna) und eines Stückes namens *Corindo* (UA 1640, Bologna) in Erscheinung getreten. Gessi erhielt als Spross einer adeligen Familie eine hervorragende Ausbildung, bewegte sich schon früh im Umfeld der *Accademia degli Ardenti* und vertiefte seine Studien am Hof sein Onkels, Kardinal Berlingero Gessi, in Rom. Nach Bologna zurückgekehrt, wurde er Mitglied der *Accademia dei Gelati* und begann sein literarisches Schaffen.[830] Neben einem christlich-moralischen Wertekodex spielten für ihn v.a. die ‚scienta callaeresca' eine zentrale Rolle, die sich mit Fragen der Ehre und rittterlichen Tugendhaftigkeit auseinandersetzten. Beides sollte sich auf sein literarisches Schaffen auswirken.

Der Druck von *Il Nino figlio* bietet neben dem Text des Dramas auch ein ausführliches Schreiben des Verfassers (Lettera responsiva in materia della compositione di quest Tragedia), in dem auf immerhin acht Druckseiten seine Motivation und Herangehensweise bei der Abfassung des Dramas darlegt. Dabei geizt Gessi nicht mit lateinischen Zitaten, wohl als Ausweis seiner Bildung und Belesenheit. Die Handlung ist überaus komplex und wird in einem *argomento* dargelegt, wie es sich auch für Opernlibretti etabliert hatte:

> Da Simma Pastor Regio fù raccolta una picciola Infante, dalla Madre (che fù creduta esser Derceto Ninfa) abbandonata ne' campi d'Ascalona; nutrita questa da lui, e chiamata Semiramide, per haverla ritrovata in tempo, che le Colombe fatte pietose nutrici l'alimentavano, e cresciuta all' età nubile, fù destinata a Mennone Capitano del Rè Nino, a cui tolta dallo stesso Rè, fù fatta Regina, e participatole col Regno l'animo bellicoso, accompagnata però da troppe lasciui costumi. Nino Rè (fù che il prima Idolatra di Belo suo genitore) hebbe di costei un figlio detto Nino, o Ninia, o (com'altri vogliono) Nino Zemeo. Era questi somigliantissimo alla Madre Semiramide a segno, che giunto all'età giovenile per i lineamenti del volto confacenti, e per le vesti, che d'ordine di lei erano da gli Huomini portate, non diverse da quelle delle Donne, furono per qualche tempo persi vicendevolmente l'uno per l'altro. Domando elle al Rè du poter per alcuni pochi giorni haver libero il dominia di tutto il Regno, e ne ottenne la gratia. Ma la prima eßecutione della sua autorià fù la morte ordinata da lei dell' imprudente Marito. Quindi presa troppa dall' amor del figlio Nino, volendo tenta la modestia di lui, restò per ordine di esso miseramente priva di vita. Passò il possesso del Regno, doppo la morte di Madre, e del Figlio stesso, ad Ario, o sia Alario Terzo Rè de gli Assiri.
>
> Questi accidenti tolti all' Istorie di Diodoro Sicula, di Giustini Comendiatore di Trogo Pompeo, e d'altri autori, diedero materia di spiegar' in Favola Tragica i seguenti successi.

---

829 Vgl. dazu unten unter Kapitel 2.5.6.4 u. 2.5.6.5.
830 Zur Vita vgl. de Rosa 2000, 477–479.

Von Simma, einem königlichen Hirten, wurde ein kleines Mädchen gefunden, von der Mutter (von der man glaubt, sie sei die Nymphe Derceto) auf den Feldern von Ascalon ausgesetzt; von ihm [i.e. Simma, Anm. d. Verf.in] ernährt und Semiramis genannt, weil er sie zu der Zeit gefunden hatte, als die barmherzigen Tauben sie als Ammen ernährten; und als sie ins heiratsfähige Alter heran gewachsen war, wurde sie dem Mennone, Kapitän des Königs Nino, bestimmt; doch wurde sie diesem vom selben König genommen, sie zur Königin gemacht und hatte an dem Königreich durch kriegerischen Geist teil, begleitet jedoch von vielen lasziven Sitten. König Nino (welcher der erste Götzendiener des Belos, seines Vaters, war) hatte von ihr einen Sohn namens Nino, oder Ninia, oder Nino Zemeo (wie andere wollen). Dieser war der Mutter Semiramis im Aussehen sehr ähnlich, die im Alter aufgrund passender Gesichtszüge jugendlich wirkte, und aufgrund der Kleider, die auf ihren Befehl von den Männern getragen wurden, nicht anders als die der Frauen, wurden sie für einige Zeit miteinander verwechselt. Sie bat den König, für ein paar Tage die Herrschaft über das ganze Königreich haben zu dürfen, und erhielt diese Gnade. Aber die erste Tat ihrer Herrschaft war der von ihr befohlene Tod des unvorsichtigen Ehemannes. Dann, zu sehr eingenommen von der Liebe für ihren Sohn Nino, wollte sie seine Sittsamkeit versuchen und wurde auf dessen Befehl hin kläglich des Lebens beraubt. Der Besitz des Reiches ging nach dem Tod der Mutter und des Sohnes selbst auf Ario oder Alario über, den dritten König der Assyrer.

Diese Vorkommnisse, die aus den Historien von Diodorus Siculus, Iustin Epitomen des Pompeius Trogus und von anderen Autoren entnommen wurden, gaben das Material, um als Favola Tragica die folgenden Geschehnisse zu entfalten. [Übers. d. Verf.in]

Auf den *argomento* folgen die Rollen des Dramas in der Reihenfolge ihres Erscheinens auf der Bühne, die wesentlich zahlreicher ausfallen, als es der erläuternde Paratext vermuten lässt, weswegen sie hier nochmals vollständig aufgelistet werden:

Mennone – Capitano della Guarida Reale
Orcano – Consigliero del Rè Nino
Simma – Marito della Nutrice della Regina
Alvandro – Aio di Zelindo, Amico d'Alario
Zelindo – Giovine creduto figlio d'Alario Generale
Nutrice della Regina, Moglie die Simma
Ariclea – Egittia, creduta figlioa die Alvandro
Ormonda – Egitta, Nutrice, e serva d'Ariclea
Semiramide – Regina, Moglie di Nino Rè
Coro di cittadini di Ninive
Mitreo[831] – Soldato d'Alario Generale
Soldato della Guardia della Città
Alario – Generale, e Parent del Rè Nino
Soldato della Guardia Reale

---

831 Der Name erinnert an Mirteo aus dem Operlibretto *Semiramide riconosciuta* von Pietro Metastasio von 1729; vgl. dazu unten unter Kapitel 4.2. Ob Metastasio Gessis Tragödie bekannt war, ist leider nicht zu eruieren.

Die verworrene Handlung spielt in Ninive „frà Palagi Reali il vecchio, ed il nuovo, trà Loggie, e Fabriche nobili, con Horti pensili, inventiati da Semiramide Sù gli Edificj."

Die äußerst komplexe und durch verschiedene Verkleidungen und Verwechslungen schwierig zu verfolgende Handlung lässt sich in Kürze wie folgt zusammenfassen:[832] Die kriegerische Semiramide, der von Nino die Herrschaft für kurze Zeit überlassen wurde, hat ihren Mann durch Mennone ermorden lassen und herrscht in der Folge allein. Sie ist unsterblich in den jüngeren Nino verliebt, der aber unter dem Namen Zelindo als Sohn des Alario gilt – die wahre Identität des Geliebten ist Semiramide also unbekannt. Auch Nino/Zelindo selbst kennt über weite Teile der Dramenhandlung hinweg seine wahre Identität nicht,[833] erst als er zum wiederholten Mal mit Semiramide verwechselt wird, erfährt er die Wahrheit.[834] Alario strebt danach, Semiramide zu töten, um so selbst an die Macht zu gelangen,[835] für diesen Zwecke versucht er gemeinsam mit Alvandro, Nino/Zelindo zu instrumentalisieren – Nino/Zerlindo soll die als Mann verkleidete Semiramide töten.[836] Nino/Zelindo ist seinerseits für die Ägypterin Ariclea entbrannt, die angebliche Tochter des Alvandro.

Das Stück wird von Orcano und Mennone eröffnet, die die Schreckenstaten der Semiramide resümieren; Semiramide erscheint zum ersten Mal in der zweiten Szene des zweiten Aktes auf Bühne (sie wird dabei im Textbuch lediglich als ‚regina' bezeichnet), wo sie ihrer ungläubigen Amme ihr Liebesleid klagt:[837]

> *Nutrice:*
> E per cagion d'Amor sospira, e pinage quella, ch'oggi Regina, e già Guerriera stese l'Assirio impero dal Tigri, dal'Eufrate a l'Indo, al Gange?

Semiramide entgegnet:

> *Semiramide:*
> Ma che poss'io, s'a ciò mi Sforza a Amore? E con Amor congiura il mio destono?

Gleichzeitig unterstreicht sie ihre Machtposition und ihren Willen zur Herrschaft:

> *Semiramide:*
> Hoggi non regna Nino anzi i cadente, canuto, infermo, a me lo Scettro, e'l Regno, quasi la vita ancor, cedè mal vivo.[838]

---

832 Vgl. Questa 1989, 80–84.
833 Grund für seine Aussetzung als Kind ist ein Orakelspruch des Ammonorakels (IV/8), der den Untergang des babylonischen Reiches vorhergesagt hat – wieder spielt hier also Ägypten eine besondere Rolle, auch dürfte sich hier ein Reflex des bei Diodor erwähnten Besuchs eben dieses Orakels durch Semiramis finden (Diod. 2,14,3).
834 IV/7 u. IV/8.
835 Alario: „(…) insieme unita con Alario, ch'or Duce è de'Guerrieri, che per tronco Reale al Trono aspira, pensa tramar congiure, ordir la morte Al commune signor." (I/1).
836 Zelindo: „Io lei non persuasi a dar la morte a Nino, al gran Consorte amor l'indusse a sì spietato effetto." (IV/1).
837 II/2.
838 Ähnlich in II/3, als sie Mennone mit der Ermordung des Nino beauftragt: „(..) e del mio Scettro stà sicuro il regnar; libera, e sola chiesi a Nino seder sul trono Assiro (…)."

Während sich die im *argomento* geschilderte Vorgeschichte durchaus eng an die dort genannten Quellen hält, entwickelt Gessi dann im eigentlichen Drama eine völlig neue Handlung, die nur wenige Erinnerungselemente zur Gestalt der Semiramis beinhaltet – ihre kriegerische Kompetenz und Ausweitung des assyrischen Herrschaftsgebietes, die Verkleidung, die Liebe zu ihrem Sohn. Die Erwähnung verschiedener Namensformen für den Sohn der Semiramis weist auf Gessis Kenntnis der antiken Texte hin, denn die Variante als Zemeo könnte auf Hieronymus oder Jordanes deuten, erinnert aber auch an Cristóbal de Virués' Zameis.[839] Cesare Questa ist darüber hinaus sicher, dass Gessi mit Manfredis *La Semiramide* vertraut war.[840] Er summiert weiterhin:[841]

> (...) la regina è arrivata al trono con l'inganno ed è avida di potere e di sesso (...)

Doch anders als bei Manfredi tötet hier nicht der Sohn die Mutter, vielmehr finden beide im Verlauf der Tragödie den Tod durch Soldaten. Dabei erfährt Semiramide die wahre Identität des Nino/Zelindo erst in der Todesstunde.[842]

Nino/Zelindo wird, so berichtet Orcane an Ende des fünften Aktes, seine Ähnlichkeit zu Semiramide letztlich zum Verhängnis, denn aufgebrachte Soldaten verwechseln ihn auf Grund dieser Ähnlichkeit mit Semiramide, die sie für die Mörderin ihre geliebten Königs Nino halten, und ermorden auch ihn.[843] So bewahrheitet sich letztlich das Orakel des Ammon, das vorherbestimmte Schicksal ist unabänderlich.[844] Die Herrschaft geht an Alario über.

Bereits zu Beginn des Stückes werden klare Aussagen über weibliche Herrschaft getroffen, die für Gessi widernatürlich ist:[845]

Orcano:
Non fè natura il feminil costume atto a gl'Imperi.

Semiramis' militärischen Aktivitäten werden ebenfalls direkt in der ersten Szene genannt, aber – ganz in der Tradition des Orosius – enorm negativ gewertet.[846]

---

839 Hier. chron. 1,6; Jord. 15. Zu de Virués' Stück ausführlich unten unter Kapitel 2.5.6.3.
840 Questa 1989, 80.
841 Ebd.
842 Vgl. Questa 1989, 83.
843 Orcane: „Entrar ne la Città le squadre irate, a cui nota di Nino era la morte, e credean Semiramide homicida, di cui, men che del Re soffrian l'impero; là, vè trottar, chi contrastasse, o fiero s'opponesse per lei soldato, o servo, ne fer misero scempio, tutti lasciaro in mar di sangue infusi. Poiche dal sacro Tempio di Belo uscì Zelindo afflitto, e mesto per l'estinta regina tutto in viso dolor, spavento, e morte, e noi seguiamo appresso: Incontrò furibonda armata squadra, che d'improviso a lui riuolse il passo, gridando, ecco la rea; nel seno immerse il ferro empio, e cubello al giovine Zelindo, al Rè novello, che somigliò nel volto, e ne la morte la genitrice uccisa. E ben in rimirar or l'uno, or l'altra, poco fra lori distanti, erano morti ancor cagion d'inganni. E qual più resta omai orribile caso, ove fai spargan pianti, ove trè regi in un sol giorno estinse fatale errore, e somiglianza infausta?" (V/8).
844 Geltende Normen und Regeln werden hier umgekehrt – die Soldaten klagen: „(...) se conosciuta anco la madre uccisi. A chi vita mi diè, tolsi la vita e de la vita invece ai genitori miei resi la morte." (V/6).
845 I/1.
846 Oros. 1,4,5; vgl. oben unter Kapitel 2.2.2.

Gessis Drama scheint keine weitere Verbreitung gefunden zu haben,[847] so dass er – vermutlich – für die weitere Entwicklung und Ausformung von Semiramisbildern wenig beigetragen hat. Wie Manfredis erster Semiramis ist auch Gessis Ausgestaltung als machthungrige und grausame Figur offenbar nur geringer Erfolg beschieden, weitere Aufführungen oder Drucke des Textes sind nicht auszumachen. Dennoch zeigt sich hier einerseits die Bedeutung des Stoffes im Umfeld der Akademien des 17. Jh.s, sowie darüber hinaus ein weiteres Mal der große Einfluss Diodors, der die frühneuzeitlichen Narrative von den mittelalterlichen scheidet.

2.5.6.3 Cristóbal de Virués

Vermutlich etwa gleichzeitig mit den beiden so unterschiedlichen Semiramiden Manfredis entstand die erste spanische Bühnenadaption des Stoffes durch Cristóbal de Virués, die gemeinsam mit vier anderen seiner Tragödien 1609 gedruckt wurde.[848] De Virués formuliert selbst zu diesen Stücken:

> En este libro hay cinco tragedias, de las cuales las cuatro primeras están compuestas habiendo procurado juntar en ellas lo mejor del arte antiguo y de la moderna costumbre, con tal concierto y tal atención a todo lo que se debe tener, que parece que llegan al punto de lo que en las obras de teatro de nuestros tiempos se debería usar.[849]

Und im Vorwort zu *La gran Semiramis* (LGS) heißt es erläuternd:

> Con este fin, con este justo intento, hoy en su traje trágico se ofrece la vida y muerte de la gran Semíramis, tirana reina de la grande Asiria.[850]

Von Anfang an wird also eine bestimmte Sichtweise der Gestalt der Semiramis vorgegeben – sie ist gleichermaßen „gran" wie „tirana".[851]

---

847 Auch das Urteil von Giovanni Morelli (1989, 432) fällt vernichtend aus; das Stück enthalte ausschließlich „personaggi che non sanno né chi veramente sono né quel che veramente fanno (incesti compresi), onde cercano e trovano alla disperata la ragion d'essere del testo solo in un ultimo effettaccio di ‚cala la tela finalmente edipico'."

848 Obras trágicas y líricas, 1609. Alle Stücke befassen sich mit großen Frauengestalten. Eine „licenza della censura" lag allerdings bereits für den 26. Juni 1604 vor; Giordano Gramegna 1990, 305. Der genaue Abfassungszeitraum für diese Stücke ist nicht zu eruieren, lediglich 1604 als *terminus ante quem* darf als sicher gelten; Blanco 2015. Giordano Gramegna (1990, 319–320) plädiert für eine Abhängigkeit der beiden Stücke voneinander, wobei sie Manfredis Stück für das Vorbild von de Virués' Adaption hält. Vgl. zu dieser Frage auch Bergel 1973, 235.

849 Al discreto lector (ed. Hermengildo 2003).

850 Ed. Hermengildo 2003.

851 De Virués erläutert in diesem Abschnitt ebenfalls, dass er die aristotelischen Erfordernisse nach der Einheit der Handlung verlässt, indem er dem Drama drei Tage und drei Schauplätze zugesteht: „Y solamente, porque importa, advierto que esta tragedia, con estilo nuevo que ella introduce, viene en tres jornadas que suceden en tiempos diferentes, en el sitio de Batra la primera, en Nínive famosa la segunda, la tercera y final en Babilonia, formando cada cual una tragedia, con que podrá toda la de hoy tenerse, por tres tragedias, no sin arte escritas." (ed. Hermengildo 2003). Dieser Paratext übernimmt die Funktion späterer Opern-*argomenti*, indem er dem Publikum Handlung, Idee und Struktur der Tragödie offenlegt.

Mitte des 16. Jh.s in Valencia in eine angesehene Familia geboren, gehörte Cristóbal de Virués bald zu den angesehensten Persönlichkeiten seiner Heimatstadt. Nicht nur er selbst, sondern auch seine Geschwister waren wichtige Figuren im intellektuellen Leben Valencias, über sie hatte er auch Verbindungen zur *Accademia de los Nocturnos*, der ältesten Akademie der Stadt, in der sich Angehörige einer gebildeten, bürgerlichen bzw. kleinadligen urbanen Elite zusammengeschlossen hatten, um sich der Poesie zu widmen.[852] Wie Manfredi auch, hatte de Virués an der Schlacht von Lepanto teilgenommen.

Kurz zur Handlung seines Stückes, das sich wesentlich enger an antike Vorlagen hält als Manfredis Varianten: Der erste Tag zeigt die Ereignisse um die Belagerung von Baktra. Semiramis hat sich, als Mann verkleidet,[853] den assyrischen Truppen um ihren Gatten Menón und den König Nino angeschlossen, die Baktrien belagern. Menón hatte nach ihr schicken lassen, da er ihre Abwesenheit während der sich hinziehenden Belagerung der Stadt nicht ertragen konnte. Vor Baktra angekommen, rät Semiramis zu einem Angriff auf die Stadt von der Seite aus, die durch ihr steiles Gelände unzugänglich zu sein scheint und deren Verteidigung daher von den Belagerten vernachlässigt wird.[854] Der Plan wird umgesetzt und führt zur erfolgreichen Einnahme Baktras.[855] Als König Nino Menón gratuliert, stellt dieser ihm Semiramis als Urheberin dieses taktischen Meisterstückes vor. Nino verliebt sich sofort in die schöne Frau und will sie ehelichen, Menón bietet er zum Tausch seine eigene Tochter an. Menón weigert sich, woraufhin Nino kurzerhand Semiramis ohne Entschädigung entführt; der verzweifelte Menón erhängt sich.[856] Der erste Akt endet also mit dem Tod des Menón, gegenüber dem Nino seine herrscherliche Macht missbrauchte und ihn so in den Tod trieb. Aus dem siegreichen Militär und glücklichen Ehemann wird binnen weniger Szenen ein verzweifelter Selbstmörder.

Der zweite Tag spielt 16 Jahre später in Niniveh. Semiramis, nun Mutter eines Sohnes mit Namen Zameis oder Ninyas, lebt dort als Ninos Ehefrau. Sie bittet ihren Mann, ihr die Herrschaft für fünf Tage zu überlassen, dieser willigt ein. Getrieben von einer Gemengelage aus dem Ehrgeiz, selbst zu herrschen, dem Wunsch, sich des ungeliebten alten Ehemanns zu entledigen und stattdessen mit dem attraktiven jungen Zopiro zu leben, sowie dem Gedanken an Rache für den Tod des Menón, wagt sie den Staatsstreich. Nino wird gefangen gesetzt, Zameis/Ninyas in Frauenkleidern zu den vestalischen Jungfrauen gebracht. Verkleidet als Zameis/Ninyas tritt Semiramis vor Vertreter des königlichen Rates und lässt verkünden, Semiramis sei Vestalin geworden, nachdem ihr ein Traumgesicht mit der Apotheose des Nino erschienen sei. Zameis/Ninyas wird daraufhin zum Nachfolger des Ninos als Herrscher über Assyrien erklärt – Semiramis ist am Ziel. Noch immer als Zameis/Ninyas verkleidet tritt sie vor Nino und erklärt diesem,

---

852 Zur Vita vgl. Weiger 1978. Zur *Accademia de los Nocturnos* s. Bierbach 1996, 529–534.

853 ‚La mujer vestida de hombre' ist ein beliebtes Element der Sückes des Sigle d'oro; Estevez 1985, 33.

854 Auch was ihre Abstammung anbelangt, hält sich de Virués an Diodor: Celabo: „(...) No fue su padre [i.e. de Semíramis, Anm. d. Verf.in] Sima el ganadero, como pensó Menón el desdichado y todos los demás tienen creído. Un hombre vil y bajo fue su padre. Su madre fue Derceta [sic], una ramera, la cual, al lago de Ascalón llegando, la tomó el parto allí, y allí dio al mundo esta hija (...)" (LGS, 2077–2084).

855 Bezeichnender Weise wählt de Virués ausgerechnet Alexander („príncipe Alejandro"; LGS 475) als Namen für den baktrischen Prinzen, dessen Stadt Semiramis einnimmt und stellt so die Beziehung zur lang etablierten Verbindung Semiramis – Alexander III. her. Alejandro begeht Selbstmord als Baktra fällt, wie Menón in einer längeren Rede berichtet (LGS, 472–493) – der Selbstmord des Alejandro nimmt den des Menón geradezu vorweg.

856 Menón: „¡Oh, bárbaro inhumano, ingrato a mis servicios, cruel, tirano, inimico, injusto i fiero!" (LGS, 564–566).

sie – also Zameis/Ninyas – habe Semiramis getötet. Nino, der die geliebte Frau nicht überleben will, nimmt darauf bereitwillig den Giftbecher, den Semiramis' Komplizen ihm reichen.

Der dritte Tag is wiederum sechs Jahre später angesiedelt. Semiramis herrscht als ihr Sohn verkleidet, hat viele erfolgreiche Feldzüge geführt[857] und Babylon baulich ausgeschmückt – sie regiert ein Weltreich.[858] Stolz auf das Geleistete enthüllt sie ihrem Volk ihr wahres Geschlecht. Ihrem Sohn Zameis/Ninyas offenbart sie, dass sie ihn liebe, dieser wendet sich voller Entsetzen und Ekel ab.[859] Als Semiramis ihm erneut zusetzt, tötet er sie. Am Ende ergehen sich die Vertrauten der Semiramis, Celabo und Diarco, in einer Debatte über die Bewertung von Semiramis' Leben und Tod, wobei sie zu sehr unterschiedlichen Bewertungen gelangen: Celabo hasst sie und erinnert sich nur an ihre Laster, Diarco bemitleidet sie und bewundert ihre großen militärischen und königlichen Tugenden. Die höfischen Berater ermutigen Zameis/Ninyas, die Nachfolge der Mutter anzutreten und befehlen seine Krönung.

Die Geschichte ist eng an Diodor angelehnt, alle von de Virués verarbeiteten Elemente finden sich in diesen beiden Texten.[860] Blancos Annahme, de Virués habe des Italienischen mächtig sein müssen, um Zugang zu Inspirationen für sein Stück abseits der spanischen Weltchroniken seiner Zeit erhalten zu können, geht fehl – Diodors Text lag ja bereits seit 1472 in einer lateinischen Übersetzung vor.[861] Die Verwendung des Namens Zameis für den Sohn der Semiramis zeigt aber, dass de Virués außerdem Hieronymus' lateinische Übersetzung des Euseb von Caesarea oder aber Jordanes Romana konsultierte, wo dieser Name erscheint.[862]

Jeder der Akte endet hier mit einem (Selbst-)Mord, jeder Akt bietet eine Tragödie in sich. Menon, Ninos und Semiramis erliegen der Tyrannis des jeweiligen Souveräns[863] – alle Todesfälle werden durch übermäßige Leidenschaften und mangelnde Vernunft verursacht.[864] Die Herrscher sind somit letztlich austauschbar, absolute Gewalt und Mord hängen zusammen, unabhängig davon, ob ein Mann oder eine Frau, ein alter oder ein junger Mensch die Herrschaft ausübt. Hierin liegt das innovative Potenzial von de Virués' *La gran Semiramis* – nicht die Auswahl der Erinnerungsbausteine, sondern deren Ausrichtung auf eine Gesamtaussage, die nicht als Fürstenspiegel, sondern vor allem als *esempio di mal* souveräner Herrschaft und extremer Leiden-

---

857 Hier führt er auch den Indienfeldzug samt der Elefantenattrappen an (LGS, 2025–2034).
858 Vgl. die LGS, 1508–1513.
859 Dabei nennt er sie „peores que los brutos animales" (LGS, 1601).
860 Die bei Cecile Vannard Sargent 1930 (insb. 72 mit Anm. 3) und Blanco 2015 breit angelegte Frage nach Vorbildern und Quellen von de Virués *La gran Semiramis* ist daher m.E. zu einem gewissen Maße obsolet. Irritierenderweise behauptet allerdings Blanco 2015 „Non seulement l'histoire de Sémiramis doit être reconstituée au travers des sources antiques ou byzantines éparpillées, pour la plupart allusives ou se bornant à une anecdote, mais les versions larges et plus ou moins complètes se trouvent chez des auteurs de second rang, dont les informations ne se recouvrent pas exactement."
861 Pinkepank 2007, 201–203.
862 LSG, 2190–2202; Hier. chron. 1,6: „*Zames idemque Ninyas annis XXXVIII*"; Jord. 15: „*Zameis, qui et Ninias, filius Nini et Semiramidis, annos XXXVIII*". Der Name erscheint auch bei Athanasius Kirchers *Turris Babel* (1,106). Die Episode des Valerius Maximus (9,3 ext. 4) wird von de Virués ebenfalls verarbeitet, könnte aber gut aus Boccaccios Text übernommen worden sein.
863 „Les trois succombent à une violence exercée par le souverain ou par celui qui va le devenir, mais eux-mêmes renoncent à se défendre ou donnent des armes au meurtrier, chacun préférant mourir plutôt que de céder sur son désir amoureux."; Blanco 2015.
864 Besondere Bedeutung kommt dabei dem Motiv des Strebens nach Ruhm zu; vgl. Estevez 1985, 161. Dieses Motiv kommt auch bereits bei Diodors Beschreibung ihrer baulichen Aktivitäten vor (Diod. 2,7,2).

schaften gelesen werden kann.[865] Dabei wird die Klugheit der Semiramis nie verleugnet,[866] im Vergleich mit Manfredis fast gleichzeitiger Semiramis ist sie „un personaggio molto più umano e tragico (...); se ha commesso degli errori, paga con la sua morte e questi errori sono ammissibili solo perché riconosciuta di umili origini sociali."[867] Carmen Estevez subsummiert treffend:[868]

> (...) his [i.e. Virués', Anm. d. Verf.in] Semíramis will be ambitious, lustful, incestuous and a glorious and efficient ruler.

Gerade vor dem Hintergrund des nur wenige Jahre zuvor in der Schlacht bei Lepanto errungenden Sieges der Heiligen Liga um den spanischen König Philipp II. und Papst Pius V. gegen das Osmanische Reich unter Sultan Selim II., an dem de Virués ja beteiligt gewesen war, kann dieses *esempio di mal* von Herrschaft sich gut auf orientalische Despotien beziehen. Es kann aber auch als universelle Kritik an Alleinherrschaft gelesen werden, die letztlich immer tragisch endet und in Tyrannei und Mord mündet.[869]

2.5.6.4 *Felix Lope de Vega*

Mit Felix Lope de Vega wandte sich kurz darauf ein weiterer bedeutender Schriftsteller des spanischen Goldenen Zeitalters der Gestalt der Semiramis zu. Sein Drama, das vermutlich vor 1604 verfasst wurde, ist allerdings nicht erhalten geblieben.[870] Lope de Vega gehörte zu den produktivsten Schriftstellern seiner Zeit, unter seinem Namen sind etwa 500 Stücke überliefert. Von der „hypertrophen Dramenproduktion Lope de Vegas ist dann allerdings nur ein verschwindend geringer Teil in den schulischen und universitären Kanon des 19. und 20. Jh.s aufgenommen worden".[871] Seine Semiramis-Adaption ist also offenbar – gemeinsam mit etlichen anderen seiner

---

865 So auch Walthaus 2008, 335 o. Lorente 2015, 25: „(...) Virués ataca al régimen político en su totalidad, representando los peligros del absolutismo y los errores que pueden llevar a un monarca a la tiranía (...)." Im Gegensatz zu dieser These sieht Gwynne Edwards (1966, 183) in Ninyas einen pflichtbewussten Monarchen „who restores order by putting public duty first and foremost"; Asher-Greve (2006, 340) urteilt: „Cristóbal de Virués (1550–1609) intended to instill desire for virtue with his version of Semiramis".
866 So heißt es zum Beispiel am zweiten Tag: „(...) yo mostraré quinzá mi ingenio agudo." (LGS, 763).
867 Giordano Gramegna 1990, 313.
868 Estevez 1985, 28.
869 Angesichts der herausragenden Machtposition des spanischen Königs Philipp II., seines Engagements für die Inquisition, seiner stringenten Verfolgung aller Andersgläubiger und auch politischer Feinde, könnte hier aber auch eine Kritik an de Virués' Gegenwart enthalten sein. Vgl. zur Herrschaft von Philipp II. exemplarisch Parker 2014. Virués verarbeitet seine Kriegserfahrungen auch in einer flammenden Verurteilung des Krieges mit all seinen Gräueln am Ende des ersten Aktes (LGS, 691–740); vgl. Estevez 1985, 39.
870 Haun 1949, 68. Erhalten ist aber ein Sonett (Nr. 187) mit dem Titel *De Nino y Semíramis*, in dem Ninus von seiner Frau („Semíramis famosa") u.a. um die Herrschaft gebeten wird; als diese gewährt wird, bringt „la lasciva" die „capitanes" hinter sich, Nino verliert sein Leben durch einen Pfeil. Am Ende urteilt de Vega: „Justamente acaba con muerte vil quien de mujer se fía" (ed. Pedraza Jiménez 1993). Ob dieses Bild einer machthungrigen und lasziven Frau, die den schwachen König dominiert und beerbt auch in seiner Bühnenversion aufgegriffen wurde, ist nicht zu entscheiden – insbesondere da bereits an anderer Stelle gezeigt wurde, dass dieselben Autoren mitunter in unterschiedlichen Kontexten ganz unterschiedliche Semiramisbilder ausgestalteten. Deutlich wird aber durch die Erwähnung des Pfeiles, durch den Ninus ums Leben kommt, dass die Quellengrundlage für das Sonett wohl Orosius (1,4,3) oder Boccaccio (Semiramis 1) war.
871 Grünnagel 2010, 19–20, Zitat auf 20.

Dramen – einem Selektionsprozess des 17. Jh.s zum Opfer gefallen.[872] Die Gründe dafür lassen sich nicht eruieren.

Mit Frenzel lässt sich bis hierhin subsummieren, dass „das spanische Drama [suchte,] die furchtbarsten Motive des Stoffes zu einer Handlung zusammenzuschweißen".[873] Der Fokus auf die negativen Erinnerungsbausteine ist überdeutlich. Semiramis wird hier als klares abschreckendes Exempel präsentiert, Antike wird hier zu einem Instrument zur Verurteilung von weiblicher Herrschaft, zur Herausstellung von weiblicher Untugend. Das oben umrissene Drama von de Virués gehört zu einer Tradition einer ‚tragedia del horror', die in Valencia Ende des 16. Jh.s ihren Ausgang nahm und damit vermutlich auch Lope de Vega in Madrid beeinflusst haben dürfte.[874] Ähnlich wie Manfredis erste Version des Stoffes offenbar erst zögerlich angenommen wurde, billigte auch das spanische Publikum die blutigen Dramen von de Virués nur bedingt.[875]

2.5.6.5 Pedro Calderon de la Barca

Zum Prozess der Kanonisierung bestimmter Vorstellungen über die Gestalt der Semiramis im 17. Jh. hat Don Pedro Calderon de la Barca einen entscheidenden Beitrag geleistet. Aus dem spanischen Adel und einer Familie im Umfeld des spanischen Hofes stammend, war er in einem Jesuitenkolleg in Madrid ausgebildet worden, bevor er sich der Schriftstellerei widmete. 1635 folgte er Lope de Vega als Hofschriftsteller am spanischen Hof.[876] Auch er war Kontribuent für die lebendige spanische Theaterpraxis des Goldenen Zeitalters, die primär auf Unterhaltung ausgerichtet war. Er steht durchaus in der Tradition von Lope de Vega, setzt aber eigene Akzente. Seine Dramen zielten auf eine „Symbiose zwischen dem anspruchsvollen antiken Theater" und der gängigen spanischen Theaterkultur ab; er zählt zu den Gründervätern eines niveauvollen spanischen Literaturtheaters und einer spanischen Tragödie.[877] Charakteristisch für seine Stücke – und die Stücke seiner Zeit im Allgemeinen – ist das Fehlen edukativer Absichten, eine Vorliebe für komplexe Handlungen mit Verwechslungen und Verkleidungen sowie die Bedeutung von Zufällen und überraschenden Lösungen. Seine Dramen sind eben gerade kein Spiegel zeitgenössischer Realitäten, sie sind keine Fürstenspiegel, die *exempla* bieten sollen.[878]

Calderons *La hija del aire* (LHDA), uraufgeführt 1653 am königlichen Hof von Madrid, weist wenig Ähnlichkeiten mit Manfredis Semiramis-Adaptionen auf. Auch mit Virués' Drama hat das Stück wenig gemein, wobei Calderon vermutlich beide Stücke bekannt waren.[879] Auch Calderon zieht seine Inspiration aus Diodors' Schilderung, sein Drama ist ebenfalls in der Jugendzeit

---

872   Zielgruppe der Bühnenstücke des spanischen Theaters der Zeit sind zu einem guten Teil auch die breiten Massen in den Städten; vgl. Grünnagel 2010, 57. V.a. für die ökonomisierten *corral*-Bühnen, auf denen v.a. Komödien gegeben wurden, war das einfache Volk die entscheidende Größe; Neuschäfer & Neumeister ³2006, 161–164. Zum Publikum dieser Theater vgl. Ruano de la Haza & Allen 1994, 182–196.
873   Frenzel ⁹1998, 720; Bergel 1973, 234.
874   Lorente 2015; Hermenegildo 1973 u. 1994.
875   „El público, que no se sentía identificado con un teatro tan sangriento y horroroso, no aprobó las innovaciones de Virués y el resto de dramaturgos valencianos."; Lorente 2015, 10; vgl. auch Hermenegildo 2003, 397.
876   Zur Vita vgl. Aparicio Maydeu 2003, 1097–1100.
877   Neuschäfer & Neumeister ³2006, 159–160, Zitat auf 160.
878   Neuschäfer & Neumeister ³2006, 174–176.
879   Haun 1949, 69; Edwards (1966, 180–181) sieht in de Virués *La Gran Semiramis* das Vorbild für Calderons Version.

der Semiramis angesiedelt. Calderon führt allerdings für komische Zwecke und zur Entwicklung eines komplexen Dramas deutlich mehr Charaktere ein als de Virués.[880] Sein Stück ist binär konstruiert und füllt mit zwei *comedias* zu je drei Tagen gleich zwei Abende am Theater des spanischen Königs.

Die hinreißend schöne Semíramis ist bei Calderon die Tochter der Nymphe Arceta, die ausgesetzt und von Vögeln ernährt wird.[881] Die Göttin Diana versucht, das Kind durch wilde Tiere töten zu lassen, doch Venus beschützt es. Tiresias, ein Priester der Venus, findet das Mädchen und zieht es auf. Venus befiehlt ihm, es vor menschlichen Blicken zu verbergen, da ihre Schönheit andernfalls Unglück über die Welt bringen werde – das Kind sei verflucht. So wächst Semíramis in einer einsamen Höhle bei Askalon auf. Als Menón sich Zugang zu dieser Höhle verschafft, ist er von ihrer Schönheit völlig überwältigt. Sie bittet ihn, sie mitzunehmen, er folgt ihrem Wunsch.[882] Beide gehen nach Niniveh und Menón verbirgt weiterhin Semíramis vor aller Augen, schildert aber König Nino ihre Schönheit.[883] Dieser rät ihm, die Vorzüge seiner Braut nicht vor mächtigeren Männern zu rühmen. Als König Nino schließlich auf Semíramis trifft, verliebt er sich heftig in die schöne Frau.[884] Während er ihr und Menón eine prächtige Hochzeit verspricht, sinnt er darüber nach, wie er Semíramis für sich gewinnen kann. Als Menón Semíramis nicht freigeben will, blendet Nino ihn und zwingt ihn Semíramis aufzugeben. In der Vergangenheit hatte Menón um die Schwester des Königs, Irene, geworben, sie aber wegen Semíramis verlassen. Irene sinnt auf Rache. Semíramis ist von Ninos Werbung angetan, auch wenn sie sich Menón verpflichtet fühlt, der sie aus der Höhle befreit hat. Als sie Königin an Ninos Seite wird, verflucht der blinde Menón Semíramis und prophezeit, sie werde Ninos töten. Seine Prophezeihungen werden von Naturgewalten begleitet, in denen Semíramis Dianas Handschrift sieht und die Göttin verhöhnt.[885] Wenig später bittet Semíramis Nino für sechs Tage (sic) um die Herrschaft, die dieser ihr bereitwillig überlässt. Während ihrer Herrschaft vergiftet sie Ninos und lässt den gemeinsamen Sohn Ninyas in Niniveh zurück. Hier findet sich der Übergang zum zweiten Spieltag: Zwanzig Jahre später wird Babylon durch Lidor von Lydien belagert; dieser hatte Irene, die Schwester des Ninos, geheiratet. Die Nachricht von der Belagerung erreicht Semíramis während des Frisierens, sie eilt zum Kampf, ohne ihre Frisur fertig zu ordnen und kann Lidor gefangen setzen. Das Volk möchte jedoch nicht länger von einer Frau regiert werden und fordert, dass Ninyas an ihrer Stelle König werde. Semíramis zieht sich empört zurück, schmiedet aber Pläne zur Wiedererlangung des Thrones. Dafür macht sie sich die große Ähnlichkeit zu ihrem Sohn zunutze. Mit Hilfe ihres Geliebten Phryxus entführt sie Ninyas und nimmt seinen Platz ein. In

---

880 So wird das komische Element, das das spanische Theater dieser Zeit fordert, bei ihm durch zwei Bauersleute, Chato und Sirene, vertreten.

881 Von Anfang an ist bei ihm das Leben der Semíramis mit Tod und Mord verbunden. So tötet Arceta den Vater der Semíramis und stirbt bei der Geburt des Kindes – Semíramis resümiert „costándole al Cielo ya mi vida dos homicidios" (LHDA, I, 878; hier und im Folgenden ed. Riuz Ramón 1998).

882 „Y así, Semíramis, hoy he de llevarte conmigo, donde tu hermosura sea, aun más que escándalo, alievio de los mortals." (LHDA, I, 999–1003).

883 Semíramis hat nun also die Höhle gegen ein anderes Gefängnis eingetauscht (LHDA, I, 1134–1149). Vgl. Grünnagel 2010, 264–265.

884 Die Begegnung (LHDA, I, 1694–1719) ist dabei symbolisch für das weitere Geschehen des Dramas: Nino gleiten die Zügel seines durchgehenden Pferdes aus der Hand und der König stürzt; Semíramis rettet sein Leben; vgl. Grünnagel 2010, 270.

885 Hier am Ende de ersten Teiles wird der Orient explizit verbalisiert: „Reina será del Oriente" (LHDA, I, 3350) und „El gran Tigris encrespado, opuesto al azul volumen, a dar asalto a los dioses, gigante de espuna sube." (LHDA, I, 3419–3423).

einer Schlacht gegen die Lyder, die nun von Lidors Sohn Iran angeführt werden, wird sie tödlich verwundet. Im Sterben erscheinen ihr die Geister ihrer Opfer – Menón, Nino und Ninyas. Sie versucht, ihr Handeln zu rechtfertigen, stirbt aber schließlich mit dem Wissen, dass dieser Tod die gerechte Strafe für ihr Handeln, also letztlich ein ihr vorbestimmtes Schicksal ist:[886]

> *Semíramis:*
> Yo no te saqué los ojos, yo no te di aquel veneno, yo, si el Reino te quité, ya te restituyo el Reino. Dejadme, no me aflijáis: vengados estáis, pues muero, pedazos del corazón arrancándome del pecho. Hija fui del aire, ya hoy en él me desvanezco.

In den letzten Szenen von *La hija del aire*, die auf den Tod von Semíramis folgen, wird die Wiederherstellung der legitimen dynastischen Macht bekräftigt, eine Garantie der Ordnung (die Semíramis geändert hatte), die den in der Gesellschaft Calderons geltenden Werten entspricht.[887]

Semíramis zeichnet sich bei Calderon v.a. aus durch „stolzesten Hochmut[e] und trotzigste[...] Wildheit, sowie rücksichtslosen Ehrgeiz und große Grausamkeit".[888] Seine Adaption geht mit den Quellen freier um als die von de Virués und „selects only three of Semíramis predominant characteristics to construct her character (...) beauty, intelligence and ambition".[889] Gleichzeitig ist sie selten selbständig handeldes Subjekt, sondern v.a. im ersten Teil mehr Objekt – vor allem ein Objekt männlicher Begierde. Interessanterweise reagieren in Calderons Stück die „Staatsmänner und Kriegsherren auf das Ausbrechen der Semíramis aus ihrem weiblichen Gefängnis in den ordo des Patriarchats (...) [mit] erotische[r] Faszination, Attraktion und Besitzphantasien".[890] Die geschilderte Gender-Transgression durch das Ausüben von Macht und die damit verbundene zeitweise (Zer-)Störung der patriarchal geprägten Ordnung wird bei ihr durch Begierde und Ehrgeiz als zentrale Handlungsmotive ausgelöst:

> The theme of ambition, largely subordinated in the Primera Parte to the theme of lust, is reflected principally in Semíramis herself. (...) While her beauty excites others, she feels nothing for them and exploits their feelings in a cold and calculating manner, using her intelligence to further her ambition.[891]

Ihr Machtanspruch wird dabei v.a. im zweiten Teil sehr explizit formuliert:

> *Semíramis:*
> ¡Oh, qué grand gusto es mirar tantas gentes a mis plantas![892]

---

886 LHDA, II, 3276–3285.
887 Froldi 2003, 321; Edwards 1966, 190; Wiesner-Hanks ³2008, 297.
888 Haun 1949, 80; ähnlich Edwards 1978, 48: „(...) Semíramis cannot conceal her pride, her ruthlessness, her intolerance."
889 Estevez 1985, 68.
890 Grünnagel 2010, 262; vgl. zur admiración der Semíramis Hernández-Archaico 1982, 111–113. Dazu passt auch, dass sie ihr Haar offen trägt (LHDA, I, 1435).
891 Edwards 1966, 189. Vgl. auch Xuan 2004, 219 u. 230–231 oder Quintero 2001, 167.
892 LHDA, II, 2512–2513.

Während im ersten Teil die expansionistischen Verdienste des Reiches Nino zugeschrieben wurden,[893] übertrifft Semíramis diesen letztlich.[894] Durch beide Teile hindurch wird Semíramis immer wieder als ‚monströs' bezeichnet,[895] gerade dieser Aspekt des den Rahmen der Normalität sprengende, transgressive und gewaltbehaftete interessiert Calderon. Ihrer Vorbestimmung, Unglück über die Menschen zu bringen, kann sie nicht entrinnen, letztlich scheitert sie, weil „der politische Körper eben doch ein bevorzugtes Geschlecht hat".[896]

Vorlage ist ganz klar Diodors Schilderung, die mit verschiedenen Motiven und Erinnerungsbausteinen aus anderen Quellen angereichert und mit vielerlei Gewaltelementen ausgestaltet wird. Durch seine Ausbildung an einem Jesuitenkolleg war er mit der antiken Tradition sicher bestens vertraut.[897] Es steht zu vermuten, dass hier außerdem wieder Boccaccios Text maßgeblichen Anteil hatte. Bei aller Betonung von erotischen Elementen wie der das Maß aller Normalität übersteigenden Schönheit der Semíramis, den Besitzphantasien von Menón und Nino oder von mitschwingender „sadistischer Erotik"[898] ist das Inzestmotiv für Calerdon ebensowenig von Interesse wie die Ermordung durch den Sohn – beide Elemente werden elidiert. Anders als in *La gran Semiramis* liegt die Verantwortung für das Geschehen in Calderons Drama nicht bei den jeweiligen Herrschenden, sondern vielmehr bei den Göttern und beim Schicksal.[899] Von Bedeutung sind hierbei natürlich auch unterschiedliche Adressatenkreise beider Stücke – für Calderon, der am und vom königlichen Hof lebt und der sein Stück für das Hoftheater verfasst,[900] ist eine Kritik an der Krone nicht denkbar. De Virués, der für das *corral*-Theater, also für ein sehr heterogenes und nicht-adeliges Publikum schreibt, hat hier durchaus einen anderen, distanzierteren und kritischeren Blick auf das eigene politische System. Grundfrage ist für Calderon, ob Indiviuen ihr Schicksal gestalten können, eine Frage, die auch in einigen barocken Opernlibretti zur Gestalt der Semiramis thematisiert wird.[901] Auch die Opernbühne findet Calderons *La hija del aire* allerdings erst 1815 und zwar am venezianischen Teatro S. Moise. Das Libretto stammt von Gaetano Rossi, die Musik von Ferdinando Paini.[902]

2.5.6.6 Gabriel Gilbert und Nicolas-Marc Desfontaines

Bereits vor der Uraufführung von *La hija del aire* waren zwei Stücke zu ihrer Person in Frankreich erschienen. Die spanische und französische Literatur des 17. Jh.s standen in einem engen Dialog und weisen große strukturelle Gemeinsamkeiten auf, wenn auch die französischen Klas-

---

893 Nino: „(...) apenas quedó nación contraria que non me obedeciese desde el Tanais al Nilo (...)." (LHDA, I, 236–238).
894 „Babilonia eminente, ciudad que en las cervices del Oriente yo fundé, a competencia de Níniveh imperial, cuya eminencia tanto a los cielos sube, que fábrica empezando, acaba nube." (LHDA, II, 7–12); vgl. Edwards 1978, 45–46.
895 Vgl. dazu Grünnagel 2010, 262–283.
896 Xuan 2004, 237.
897 Zu den Jesuitenkollegs und den dort aufgeführten Semiramis-Opern s. unten ausführlich unter Kapitel 4.1.4.
898 Grünnagel 2010, 271.
899 Edwards 1978, 58: „The end of Semíramis is contained in her beginning."; vgl. auch Hermenegildo 1983, 909–911.
900 Ruiz Ramón 1998, 49; Froldi 2003, 319.
901 So z.B. in Bonacossis Libretto von 1674; s. dazu ausführlich unten unter Kapitel 4.1.6.
902 Zum Stück s. Gon 2009, 211–240.

sizisten nur zu gern die Position vertraten, etwas grundlegend anderes als die spanischen Dichter geschaffen zu haben.[903] Das Drama *Sémiramis* von Gabriel Gilbert hatte seine Premiere entweder 1646 oder 1647, *La veritable Sémiramis* von Nicolas-Marc Desfontaine wurde 1647 erstmals gegeben.

Es fällt auf, dass die Abfassungszeit der französischen Stücke in die Regierungszeit Annas von Österreich (1601–1666) fällt, die nach dem Tode Louis' XIII. (1601–1643) bis zum Jahr 1651 die Regentschaft für ihren noch minderjährigen Sohn Louis innehatte und auch nach dessen Volljährigkeitserklärung bis 1660 noch weiter politische Macht ausübte. Wie Oliver Mallick prägnant zusammenfasst:

> Mit ihrem Machtantritt setzte sich von selbst eine Propagandamaschinerie im literarischen Milieu in Gang, weil viele Autoren hofften, durch bestimmte Sujets oder Verweise auf die Regentin auf sich aufmerksam zu machen und eine entsprechende Unterstützung von ihr zu erfahren.[904]

Annas Regentschaft hat gemeinsam mit den Regentschaften von Caterina und Maria de'Medici zu einem Wandel des Frauenbildes in Frankreich beigetragen und die Diskussion um die Ebenbürtigkeit von Frauen und Männern in dieser Zeit entscheidend geprägt.[905] Da in Frankreich Frauen von der Thronfolge ausgeschlossen waren, bildete die Regentschaft in Vertretung eines minderjährigen Sohnes die einzige Möglichkeit einer offiziellen Herrschaftspartizipation auf breiter gesellschaftlicher Akzeptanz.[906]

Gabriel Gilbert, der bereits 1643 eine Ode auf Anna von Österreich abgefasst hatte, verfasste eine Tragödie mit dem Titel *Sémiramis*, in der die Königin von Babylon als herausragendes *exemplum* weiblicher Herrschaft präsentiert wird, 1646 oder 1647.[907] Geboren in Paris, war er zunächst als Sekretär der Herzogin von Rohan, Marguerite de Béthune (1595–1660), der das Stück auch gewidmet ist, später als Geheimsekretär der Königin Christine von Schweden (1626–1689) am französischen Hof tätig.[908] Marguerite de Béthune nahm, wichtige politische wie auch militärische Funktionen ein, wie aus der Korrespondenz ihres Gatten, Henri II. de Rohan (1579–1638), hervorgeht, was eine Verbindung zu Semiramis besonders passend erscheinen lässt.[909]

Entsprechend positiv ist auch seine Sémiramis ausgestaltet; Gilbert präsentierte eine Episode aus der Zeit vor ihrer Herrschaft über Babylon, nämlich aus der Zeit ihrer Ehe mit Ménon, an dessen Seite sie in diesem Stück u.a. den baktrischen König Zoroaster bekämpft und tötet und König Ninus aus dessen Gefangenschaft befreit.[910] Ninus bietet seiner schönen Retterin die Ehe und die

---

903 Vgl. dazu Grünnagel 2010, ins. 332–333.
904 Mallick 2016, 177.
905 Zur *querelle des femmes* s. ausführlich oben, vgl. außerdem Maître 1999, 135–139.
906 Schlumbohm 1981, 117.
907 Haun 1949, 93–103.
908 Zur Biographie vgl. Pellet 1931.
909 Conroy 2016, 84–85. Auch beteiligte sich Gilbert am literarischen Diskurs über die Stellung der Frau, wobei er die Überlegenheit der Frauen gegenüber den Männern betonte: G. Gilbert, Panégyrique des dames, dédié à Mademoiselle, Paris 1650. Seine literarische Tätigkeit umfasst Tragödien, Komödien und eine Oper, sowie kleinere Werke wie Sonette oder Madrigale; Haun 1949, 93–94.
910 „Lorsque Sémiramis éclatante de gloire, eut dessus Zoroastre emporté la victoire, et que ce grand Monarque en son dard vainqueur, reçut le coup mortel qui lui perça le coeur (…)" (I/3). Text hier und um Folgenden nach https://gallica.bnf.fr/ark:/12148/bpt6k71583j.pdf (letzter Zugriff: 24.8.2019).

Krone an, doch Sémiramis will den geliebten Ménon nicht verlassen.[911] Auch Ménon, dem Ninus im Austausch für Sémiramis die Hand seiner eigenen Tochter Sosarme anbietet, will an der bestehenden Ehe festhalten. Erst als Ninus droht, er werde Sémiramis töten, willigt Ménon ein, um ihr Leben zu retten. Sémiramis gegenüber täuscht Ninus allerdings vor, Ménon habe ihn um die Hand der Sosarme gebeten, weswegen sich Sémiramis von Ménon verraten glaubt. In ihrer Wut bittet sie Ninus, ihr die Herrschaft für fünf Tage zu überlassen, was dieser auch gewährt.[912] Während der Zeit ihrer Herrschaft kommt schließlich die Wahrheit ans Licht. Ménon hat inzwischen vor den Augen der Sosarme (und unmittelbar vor der Eheschließung mit dieser) Selbstmord begangen, um nicht ohne Sémiramis leben zu müssen. Sémiramis nutzt ihre temporäre Macht nun, um sich an Ninus für den Tod Ménons zu rächen. Sie beruft den Rat ein und schildert – ohne Nennung von Namen – den Sachverhalt. Der Rat befindet den Rivalen für schuldig, worauf Ninus sich das Leben nimmt, um der Bestrafung zuvor zu kommen. Auch Sosarme begeht Selbstmord, prophezeit aber zuvor, dass Sémiramis eines Tages von ihren Kindern für diese Tat bestraft werde (V/3). Das Volk, das nun ohne König ist, bittet Sémiramis, weiterhin zu herrschen.[913]

Für Gilbert geht es also zu einem guten Teil darum „to present female regnancy as an eminently feasible, indeed desirable, form of government."[914] Ninus dagegen wird als despotischer, triebgesteuerter Tyrann ausgestaltet, „qui tua des maris pour violer leurs femmes" (V/3) – Semiramis' Rache an ihm erscheint somit legitim, da er die gegenseitige Treue der Eheleute gewaltsam bricht.[915] Inzest und Verkleidung haben in diesem Stück keinen Platz, Kerngedanken sind die Betonung ehelicher Treue und der Vorbildhaftigkeit weiblicher Herrschaft. Diese Ziele verfolgt Gilbert basierend auf Erinnerungselementen aus Diodor, die er aber mit verschiedenen Elementen anreichert und den Fokus modifiziert.[916] Es ist das erste Mal, dass der Aspekt der Treue derart in den Vordergrund gerückt wird. Mit Gilbert wird dieser Baustein zu einem Element des Speichergedächtnisses über Semiramis. Sein Stück wurde mit großem Erfolg gespielt.[917]

Fast gleichzeitig, aber von Gilbert völlig unabhänig, entstand Nicolas-Marc Defontaines Stück *La véritable Semiramis*, das etwa zwei Wochen vor Gilberts Werk im Druck erschien.[918] Gewidmet ist die Tragödie dem Staatsrat und Brigadegeneral François Honorat de Beauvillier. Hier wird ein diametral entgegengesetztes Bild der Königin gezeichnet.[919] Basis ist hier weniger

---

911 Ninus: „Belle Sémiramis, adorable Héroïne dont la grâce est céleste, et la force divine, on me pourroit compter au nombre des ingrats, si je ne vous offrais mon Trône, et mes État si je ne partageais avec vous ma couronne, et ne vous consacrais ma vie, et ma personne." (I/2).

912 Semiramis: „Je veux être la Reine, et qu'il soit mon sujet, je désire autant lui porter le Diadème, et lui faire adorer ma puissance suprême: Mais sans perdre le temps en de plus longs discours, accordez-moi, Seigneur, le règne de cinq jours." (IV/1).

913 „Qu'un trône est dignement remply par une femme (…)" (V/4).

914 Conroy 2016, 85.

915 Vgl. auch Edwards 1966, 184. Es erstaunt daher, dass Faverzani (2012, 101) Gilberts Stück unter diejenigen zählt, die eine „esthétique de l'horreur" bedienen. Zwar sind drei Selbstmorde Bestandteil der Tragödie, doch steht die Rechtmäßigkeit des Verhaltens der Semiramis nie in Frage, was den Tod des Ninus und den seiner Tochter zu gerechtfertigten Akten macht.

916 Zu den Quellen Gilberts s.a. Pellet 1931, 109–115.

917 Conroy 2016, 173, Anm. 38.

918 Haun 1949, 85–93. Lancaster (1932, 584) ist dagegen der Ansicht, das Stück sei als Reaktion auf Gilberts Stück entstanden.

919 Vgl. Conroy 2016, 153–154 sowie prägnant bereits Pellet 1931, 122: „The trend of the two pieces is in opposite directions. Gilbert's Semiramis is a warrior and a devoted wife, who through the operation of the

Diodor, sondern vielmehr Trogus/Iustin und Orosius – zentrales Motiv ist nicht mehr Treue und gerechte Rache, sondern Inzest.[920] Wie Conroy formuliert:[921]

> While the epithet véritable was presumably added to distinguish Desfontaines's play from Gilbert's, and no doubt has more to do with publishing rivalry than with the representation of the queen, the fact remains that the incestuous tyrant, rather than the popular sovereign, is presented to the collective theatergoing public as the real queen.

Schon die Ausgangssituation ist bei Desfontaine eine gänzlich andere. Semiramis, Tochter des von Ninus besiegten und ermordeten syrischen Königs, ist gegen ihren Willen Gemahlin des Ninus geworden. Um ihren Vater zu rächen, will sie den ungeliebten Gatten töten, ihre Tat richtet sich aus ihrer Sicht „contre un roy, mais tyran; contre un usurpateur" (I/2) – für Merzabane, einen ihrer Getreuen, ist der König dagegenen „le grand Ninus" (V/2). Sie erbittet von Ninus, der ihr völlig verfallen ist, die Herrschaft für die Dauer von drei Tagen, was ihr auch gewährt wird.[922] Während ihrer Herrschaft weist sie Merzabane an, Ninus zu töten. Hingezogen fühlt sie sich zum General Melistrate, ihrem Sohn, doch wissen beide nichts von ihrer verwandschaftlichen Verbindung.[923] Melistrate liebt allerdings seinerseits die Prinzessin Prazimene, die ihm ebenfalls zugetan ist. Semiramis' Versuche, das Paar zu entzweien, scheitern. Melistrate weist Semiramis' Werben zurück. Semiramis befielt daraufhin Merzabenes Sohn, Oronclide, Melistrates zu töten, dieser schlägt sich aber auf die Seite des jungen Generals. Semiramis lässt ihn daraufhin gefangen setzen. Merzabane will seinen Sohn retten, Oronclide hält den Retter aber für den Henker und verletzt ihn tödlich – zu spät erkennt er entsetzt den eigenen Vater. Von Selbstvorwürfen gequält will er sich töten, doch der sterbende Merzabane hält ihn davon ab und eröffnet ihm, nicht sein leiblicher Vater zu sein. Vielmehr sei er das Kind aus der ersten Ehe des Ninus, so enthüllt er nun in Anwesenheit von Semiramis und Melistrates, seine Mutter sei bei seiner Geburt gestorben. Seinen eigenen, gleichaltrigen Sohn habe er mit dem Königskind vertauscht, um seinen Sohn eine glänzende Zukunft zu ermöglichen, dieser sei aber gestorben und er habe Oronclide aufgezogen. Auch eröffnet er, dass er Semiramis leiblichen Sohn geraubt habe – dieser sei Melistrate. Semiramis geht in sich und bereut ihre Taten.[924] Sie bittet Melistrate, sie zu töten. Als dieser sich weigert, bestimmt sie ihn zu ihrem Nachfolger und tötet sich anschließend selbst.

---

    tragic intrigue is set, by popular wish, upon the throne; Desfontaines' Semiramis is upon the throne at the beginning, and disgraced and unhappy, takes her life at the end."

920 Frenzel ([9]1998, 727) ist der Ansicht, Desfontaines entlaste Semiramis in gewisser Weise, da sie nicht wisse, dass ihre Liebe ihrem eigenen Sohn gelte. Letztlich wird hier also eine ähnliche Argumentationsweise wie bei Christine de Pizan (s. dazu oben) verwendet.

921 Conroy 2016, 153, Anm. 85.

922 Sémiramis: „Et pour la vanité dont mon ame est saisie, il suffira, grand Roy, du Sceptre de l'Asie. Seule l'ay l'honneur pour trois jours seulement, de pouvoir sur le Trône agir absolument, mon ame en cet estat pleinement satisfaite, aura de vos bontez, tout ce qu'elle souhaite." (I/3).

923 Melistrate ist entsetzt, als er von Ninus' Tod erfährt und spricht von einer Herrschaft des Zornes („Comment, Ninus est mort, & vous parlez, de joye, vous voulez qu'en son sang ma tristesse se noye. Ah! discours sans raison! ô penser plein d'horreur! La joye est insense, où regne la fureur!" [IV/1]).

924 Sie erwähnt hier auch ihr Handeln wider die ‚natürliche' Geschlechterordnung, die sie gleichzeitig kritisiert: „ie voy bien qu'en cette conjoncture, la nature en ce lieu combattra la nature; et que mon sexe ici vainement respecté, servira de prétexte à vostre lâcheté." (V/3).

Semiramis eröffnet das Drama mit einem längeren Monolog, sofort wird eine Verbindung zu Melistrate hergestellt.[925] Auch wenn die Handlung des Dramas keine Schlachten umfasst, werden die kriegerischen Erfolge der Semiramis mehrfach erwähnt[926] – selbst also, wenn Semiramis in negatives Licht gerückt wird, ist das Element der erfolgreichen Kriegerin so fest im kulturellen Gedächtnis der Zeit verankert, dass es nicht elidiert werden kann. Der militärische Erfolg und ihre Schönheit sind, wie sich zeigt, die einzigen Elemente, die in allen Theaterumsetzungen ihres Stoffes enthalten ist, während die anderen Erinnerungsbausteine flexibler einsetzbar sind.[927]

Das hier in den Fokus gerückte Thema des Inzests bleibt für die weiteren Bearbeitungen des Stoffes im französischen Theater von Bedeutung – sowohl Claude-Prosper Jolyot Crébillon (1717) als auch Voltaire (1749) machen das Begehren des Sohnes zum zentralen Gegenstand ihrer Dramen.[928] Dennoch war Desfontaines *La véritable Sémiramis* insgesamt ein geringerer Erfolg beschert als Gilberts *Sémiramis*, sein Bild der Semiramis traf den Publikumsgeschmack wohl weniger – vielleicht angesichts der zeitgleichen Regentschaft Anna von Österreichs wenig erstaunlich. Dennoch hat Desfontaines Stück die Zensur passiert und eine königliche *imprimatur* erhalten – und zwar durch den noch minderjährigen Louis XIV.[929]

2.5.6.7 Madeleine-Angelique de Gomez und Prosper Jolyot de Crébillon

Im ersten Viertel des 18. Jh.s entstehen in Frankreich, erneut in schneller Folge, zwei weitere Bühnenstücke, die sich um die Gestalt der Semiramis ranken: *La Sémiramis* der Madeleine-Angelique de Gomez (1716) und *La Sémiramis* von Prosper Jolyot de Crébillon (1717). Im Unterschied zu den zuvor besprochenen Stücken aus dem 17. Jh. konnten diese Tragödien auch aus einer lexikalischen Aufbereitung des Stoffes um Semiramis schöpfen. 1674 war in Lyon erstmals *Le grand dictionnaire historique, ou mélange curieux de l'histoire sacrée et profane, qui contient en abregé, les vies et les actions remarquables des Patriarches, des Juges, des Rois des Juifs* erscheinen, eine einbändige Enzyklopädie, für die der Kaplan Louis Moréri verantwortlich zeichnete. In der Folge wurde das *Grand dictionaire* mehrfach aufgelegt, erweitert und in verschiedene Nationalsprachen übersetzt (Deutsch, Englisch, Italienisch et al.).[930] Dieses Lexikon bietet unter dem Lemma Semiramis folgende Informationen:[931]

> SEMIRAMIS, Reine des Assyriens, succeda a son mari Ninus, comme tutrice du jeune Ninyas son fils. Elle étendit les conquêtes du Roi son épox, d'un côté jusques à l'Ethiopie, & de l'autre jusques dans les Indes, après avoir soúmis la Medie, la Libye, & l'Egypte.

---

925 Sémiramis: „Melistrate amoureux? ah! ie ne lepuis croire; S'il aime Merzabane, il n'aime que la gloire (...)" (I/1).
926 So z.B. I/3 („Vous sçavez... Que i'ay toûjours fait honte à tous vos Capitaines; qu'ils ont en cent combats admire ma valeur, que toûjours ma prudence a surmonté la leur.") oder III/1, wo auch die besiegten Völkerschaften genannt werden.
927 So ist sie bei Gilbert eine „illustre beauté" (I/3), bei Desfontaine nennt Ninus sie „ma belle Amazone" (III/1).
928 Auch wenn keine direkten Abhängigkeiten für Crébillons und Voltaires Stücke von dem Desfontaines nachzuweisen sind; vgl. Conroy 2016, 153, Anm. 85; anders Haun 1949, 109, allerdings ohne Begründung.
929 „Par grace & Privilege du Roy, donné à Paris le 17. d'Avril 1647 (...)".
930 Miller 1981, 48–50.
931 Moréri [10]1718, Bd. 4, 370.

Elle éleva un magnifique tombeau à Ninus, changea la montagne de Bagistone en statuë, en fit renverser d'autres pour applanir les grands chemins; & ayant achevé Babylone, elle y fit bâtir ces murailles, & élever ces jardins sur des Palais, qui passerent pour des merveilles du Monde. Mais cette Reine si merveilleuse, souilla sa gloire en s'abandonnant à idles impuretez extraordinaires. On dit qu'elle faisoit égorger ceux qui lui avoient servi, pour contenter ses brutalitez; & qu'ensuite elle leur élevoit de magnifiques rombeaux Son fils Ninyas lui plût trop, elle le sollicita à commettre un inceste; & ce Prince la fit mourir, après qu'elle eut regne 42. ans. Quelques uns mettent cette mort en l'an 2038. du Monde, & les autres en 2090.

Auch seine Quellen gibt Moréri an: Es handelt sich um Iustin und Diodor, für die er allerdings jeweils falsche Angaben macht, indem er behauptet, die Erzählung um Semiramis finde sich bei Iustin im zweiten bzw. bei Diodor im dritten Buch. Moréri berichtet von Semiramis als einer inzestuösen, kriegerischen, blutdürstigen und brutalen Königin. Auch wenn er Diodor als eine seiner Quellen benennt, fehlen die Episoden aus Semiramis' Leben vor der Ehe mit Ninus.

Die Beliebtheit der Semiramis in Frankreich demonstriert auch der entsprechende Eintrag im 1722 in Paris erschienenen *Dictionnaire historique, critique, chronologique, géographique et littéral de la Bible* des Augustin Calmet:[932]

SEMIRAMIS, fille de Dercétis, ou de Vénus la Syrienne, fameuse Reine d'Assyrie, épouse de Ninus, gouverna allez long-tems l'Empire d'Assyrie, sous la: minorité de son fils Ninias. Elle entreprit plusieurs guerres, dont elle plusieurs guerres, fortit trés-heureusement, & fit à Babylone, & ailleurs plusieurs beaux ouvrages. Hérodote (a) parle des levées & des diguesqu'ellc avoir cnstruites prés de Babylone. Diodorc de Sicile, (b) Trogus, (c) Strabon, (d) & plusieurs autres lui attribuënt l'honneur d'avoir bâti les murs de Babylone: mais les plus exacts Chronologistes croyent que Sémiramis ne fit rien à Babylone; & il y a assez d'apparence qu'on a encore beaucoup grossi ses autres exploits. Quoi qu'il en soit, comme l'Ecriture ne nomme point cette Princesse, nous nous contenterons de dire qu'elle commença à regner à Ninive l'an du Monde 2789. avanc J. C. 1211. avant l'Ere vulgaire 1215. Vers le commencement du Grand-Prêtre Héli, & qu'elle mourut aprés quarante-deux ans de regne, âgée de soixante & deux ans, l'an du Monde 2831. avant J. C. 1169. avant l'Ere vulgaire 1173. Ninias son fils la tua, ayant horreur de la proposition qu'elle lui fit de coucer avec elle.

(a) Herodot l. 1 c. 184 (b) Diodor l. 2 Bibliot. (c) Trog. seu Justin l. 1. (d) Strab. l. 2 & 16 Geograph.

Beide französischen Nachschlagewerke lassen also die Zeit vor der Ehe der Semiramis mit Ninus unberücksichtigt, obwohl sie Diodor zitieren[933] – gerade dieser Zeit wendet sich aber Madeleine-Angelique de Gomez zu. Ihr Drama präsentiert eine verworrene Handlung, in der es um Liebe und Krieg, Heldentum und Verrat, falsche Identitäten und Gift geht – das hier präsentierte Semiramis-Bild ist aber ein positives.[934] Sémiramis ist die Tochter des Königs von Arabien, Sim-

---

932 Calmet 1722, Bd. 2, 354.
933 In Pierre Bayles *Dictionaire historique et critique* von 1697 gibt es kein Lemma ‚Semiramis'.
934 So auch Asher-Greve 2006, 336. Dies rückt dieses Drama für Don Neville (1995, 117) in die Nähe des später ausführlich zu besprechenden Librettos *Semiramide riconosciuta* von Pietro Metastasio (UA 1729, Roma): „From among several significant French dramas, the Semiramis of Madeleine Gomez, from 1716, is the only

ma, wächst aber unter dem Namen Nitocris als Tochter des Ménon, eines assyrischen Prinzen, auf.[935] Ménon hat sie entführt, um sich an Simma für den Tod seines eigenen Sohnes zu rächen. Nitocris/Sémiramis ist wunderschön und so verliebt sich, neben einem Unbekannten namens Arius, sogar der König von Assyrien, Ninus, in sie. Doch Ménon ist gegen diese Verbindung, da er selbst das schöne Mädchen zur Frau begehrt (IV/4). Auch wenn sie Ninus sehr zugetan ist, ist für Sémiramis der Gehorsam dem väterlichen Willen gegenüber absolut bindend, wie sie Ninus erläutert:[936]

> *Sémiramis:*
> Moi dédaigner, Seigneur, le plus grand des Monarques, de vos bontez, helas! les glorieuses marques, plus que vous ne pensez, vous assurent mon cœur; Mais un cruel devoir s'oppose a mon bonheur. C'est malgré moi, Seigneur, que je vous suis contraire, mon zele pour mon Roi ... mon respect pour un pere; Et cet hymen enfin ... pour vous si plein d'appas, entraîne des malheurs que vous ne sçavez pas.

Ménon plant ein Komplott gegen Ninus, um sich Nitocris/Sémiramis zu sichern, doch sein Plan wird entdeckt. Im Kerker nimmt er Gift und eröffnet Ninus sterbend die wahe Identität seiner Ziehtochter; Arius ist in Wahrheit ihr Bruder Aretas. Am Ende des Stückes steht dann schließlich doch die Eheschließung mit Ninus „as a means of achieving social integration".[937] Simma, der als Botschafter des baktrischen Königs Zoroaster am Hofe des Ninus weilt, gibt seine wiedergefundene Tochter dem König zur Frau, dem sie schon als kleines Kind versprochen worden war. Das vorbestimmte Schicksal ist durch menschliches Handeln also auch hier nicht wandelbar. Es ist dies eines der wenigen Male, dass eine Erzählung um Semiramis ihr keinerlei kriegerische Aspekte zugesteht. Sie ist keine kluge Kämpferin, sie ist allein besonders schön, gehorsam und angesichts des drohenden Todes unerschrocken. Offenbar war das Stück wenig erfolgreich, es sind nur drei Aufführungen zu verzeichnen.[938]

Dagegen stellt Prosper Jolyot de Crébillon die Motive der Rache und des Inzests sowie das der gerechten Strafe der Königin in den Mittelpunkt, die bei ihm beschrieben wird als „[m]ère dénaturée, épouse parricide, moins reine que tyran dans un sexe timide, idole d'une cour sans honneur et sans foi" (I/1). Erneut ist Sémiramis hier für den Tod des Ninus verantwortlich, den sie aus Machtgier ermordete. Bélus, der Bruder der Sémiramis, schwört dem „ombre de grand Ninus" (I/1), dass er ihn rächen werde – er ist es auch, der das Drama eröffnet. Sémiramis hält ihren Sohn für tot, in Wahrheit hat Bélus das Kind allerdings entführt und das Gerücht von dessen Tod verbreitet. Ninias wächst in Abgeschiedenheit unter der Obhut des Mermécide auf und wird mit Bélus' Tochter Ténésis verheiratet, ohne dass die Brautleute einander aber sehen und kennen. Bélus hofft so auf eine Teilhabe an der Herrschaft über Assyrien. Seine Pläne scheitern aber, da Ninias eines Tages verschwunden ist. Dieser Ninias ist die eigentliche Hauptfigur des Stückes. Unter dem Namen Agenor, seine Herkunft nicht kennend, dient er als junger Mann im

---

one to take a similar approach to that of Metastasio, even though the resultant plot is quite different. Italian librettos, however, provided a tradition of non-violent Semiramide dramas."

935 Ed. Paris 1821. Die Verwendung des Namens Nitorcris ist m.E. ein Indiz dafür, dass Gomez über eine solide Kenntnis klassischer Autoren verfügte, die auch Herodot mit einschloss.
936 IV/3.
937 Edmiston 2000, 467.
938 Haun 1949, 103.

Heer der Semiramis, die sich in ihn verliebt und ihn zu ihrem Gemahl machen will. Ténésis, die ebenfalls am Hof der Semiramis lebt, soll Agenor von der Entscheidung der Königin in Kenntnis setzen, ist aber selbst in Agenor verliebt, was sei diesem aber eingedenk ihrer Ehe mit einem ihr nur namentlich bekannten Mann, nicht zeigt. So weist sie auch Agenors Liebesbeteuerungen zurück. Anders als bei Gilbert ist es also hier nicht Sémiramis, sondern Ténésis, die die eheliche Treue (und auch die Liebe zum Vater) in vorbildhafter Weise lebt. Agenor willigt daraufhin in Sémiramis' Angebot ein. Diese offenbart ihm daraufhin nicht nur ihre Liebe, sondern auch den Mord an Ninus, den sie „le plus grand de ses rois" (II/4) nennt. Bélus versucht, die Heirat der Sémiramis zu verhindern, um Ténésis' Aussichten auf den Thron aufreht zu erhalten. Dies tut er, indem er einer Vermählung von Agenor mit Ténésis zustimmt, doch Agenor weist diese Verbindung zurück. Bélus beschließt daraufhin, entgegen der Bitten der Ténésis, Agenor zu töten; gleichzeitig plant Semiramis die Ermordung des Bélus durch Agenor. Ténésis verwendet sich bei Agenor für den Vater und Agenor beschließt, gerührt von ihren Bitten, Bélus zu schonen. Als Ténésis ihm erzählt, sie sei seit früher Kindheit an einen ihr unbekannten Ehemann gebunden, erinnert sich Agenor, dass auch er als Kind mit einer Unbekannten vermählt wurde – die beiden erkennen einander als Eheleute. Mermécide offenbart die wahre Identität des Agenor. Sémiramis bittet ihren Sohn, sie zu töten; als dieser sich weigert, begeht sie Selbstmord – nicht ohne ihn sterbend zu verhöhnen:

Sémiramis:
Vous voilà satisfaits et je le suis aussi. (...) Adieu, puisse ton coeur, content de Ténésis, mon fils, n'y pas trouver une Sémiramis. (V/5)

Am Ende herrscht nun also Agenor/Ninias; es ist, wie Cesare Questa formuliert „il ritorno sul trono del legittimo signore, salvato a stento e poi misteriosamente ricondotto dagli dei alla regina".[939] Die Wiederherstellung der natürlichen Ordnung spielt also auch hier eine zentrale Rolle – die Herrschaft einer Frau, die als lüstern, machtgierig und blutdürstig geschildert wird, wird von der eines tugendhaften jungen Mannes abgelöst. Crébillon entschied sich ohne Zweifel bewusst und vielleicht sogar in Abgrenzung von Gomez für diese Erzählvariante. Durch seine Ausbildung an jesuitischen *collèges* in Dijon und Paris war er mit den antiken Quellentexten bestens vertraut, sicher war er auch in der Lage, die Texte im Original zu lesen.[940] Herta Haun sieht als seine hauptsächlichen Quellen Diodor und Trogus/Iustin an, hinzuzufügen sind aber sicherlich Orosius sowie für die Ermordung des Ninus Hygin oder Aelian.[941] Obwohl Prosper Jolyot de Crébillon zu den erfolgreichsten französischen Dramatikern seiner Zeit zählte, stieß dieses Stück beim Publikum allerdings auf nur mäßigen Erfolg, es wurde an der Comédie Française sieben Mal aufgeführt.[942]

Mit de Crébillon endet die Zahl der Stücke, die Semiramis zur Hauptprotagonistin machen und die vor der Abfassung der hier behandelten Librettotexte entstanden. Über den chronol-

---

939 Questa 1989, 99.
940 Zur Biographie de Crébillons vgl. The Literary World Nr. 127 vom 7.7.1849, 2–3. Zur jesuitischen Ausbildung s. unten unter Kapitel 4.2.3.
941 Hyg. fab. 240; Ail. var. 7,1 (= Deinon, FGrHist 690 F 7). Zu denken wäre allerdings auch an Plut. mor. 753D–E (amatorius). Irritierenderweise behauptet Haun (1949, 108), die Ermordung des Ninus stamme aus Diodor. Auch geht sie fehl in der Annahme, de Crébillon sei der erste, der Semiramis einen Bruder an die Seite stelle, vielmehr geschieht dies erstmals in dem unter Kapitel 2.3.4. besprochenen anonymen altenglischen Gedicht aus dem 11. Jh.
942 Haun 1949, 112.

gischen Fokus dieser Arbeit hinaus bedeutend ist sicherlich Voltaires Semiramisbearbeitung von 1748, die allerdings ebenfalls nur mäßig erfolgreich war.[943] Voltaire rehabilitiert Semiramis, indem er zwar an der Ermordung durch den Sohn und den Inzestgelüsten festhält, Semiramis aber von aufrichtiger Reue und schlechtem Gewissen gequält wird. Auch hier weiß sie zunächst nicht um die Identität des Angebeteten Arsace, der Wahrheit ihr Sohn Ninyas ist. Sobald dessen Identität offenbart wird, wendet sie sich ihm in mütterliche Liebe zu. Dennoch wird sie am Ende irrtümlich von ihrem Sohn getötet, der glaubt, Assur vor sich zu haben, mit dem Semiramis gemeinsam Ninus vergiftet hatte. Die Grundzüge der Handlung sind also der bei de Crébillon recht ähnlich, doch wird Semiramis bei Voltaire in positiveres Licht gerückt, da sie ihre Taten bereut und ihr Schicksal das Mitleid des Publikums erregen soll. Auf dieser Textbasis entstanden in der zweiten Hälfte des 18. Jh.s mehrere Libretti, die sich eines großen Erfolges erfreuten und die zuvor auf den Opernbühnen ventilierten Ausgestaltungen zunehmend verdrängten.[944] Allein das Libretto *Semiramide riconosciuta* von Pietro Metastasio hatte diesem Trend noch mehrere Jahrzehnte etwas entgegenzusetzen, wie unten ausführlich dargelegt wird.

2.6 Rezeptionsstränge und Sinnzuschreibungen vom 14. bis ins frühe 18. Jh. – Semiramis auf dem Weg zum *role model*

Nachdem im vorangegangenen Kapitel die Darstellung der Semiramis von Dante bis zur Uraufführung des letzten im Rahmen dieser Arbeit untersuchten Opernlibrettos umrissen wurde, sollen die Ergebnisse hier resümiert werden, um Rezeptionskonjunkturen aufzuzeigen und auch auf die Interdependenzen einzelner Texte voneinander zu verweisen. Wie schon in den vorhergegangenen Jahrhunderten spielt auch zwischen dem 14. und frühen 18. Jh. einerseits die Frage nach weiblicher Herrschaft und deren Rechtmäßigkeit aufgrund der frühneuzeitlichen Zeitläufte eine besondere Rolle, zum anderen ermöglicht die Zugänglichkeit von Diodors *Weltgeschichte* nun in manchen Kontexten die Verwendung von Semiramis als *esempio di ben* und somit als positives *role model* für frühzeitliche Herrscherinnen und Regentinnen. Die vielfältigen Elemente zur Erinnerungsfigur Semiramis, die bereits im Speichergedächtnis angelegt sind, lassen sich nahezu beliebig (re-)kombinieren und gestatten so unterschiedliche Sinnzuschreibungen – nach wie vor besitzt und bewahrt Semiramis eine gesellschaftliche Bedeutsamkeit.

Klar zeigt sich, dass die antike Gestalt der Semiramis auch in der Renaissance und der Frühen Neuzeit enorm breit und variantenreich rezipiert wurde. Bis zum Vorliegen einer lateinischen Übersetzung der ersten fünf Bücher der *Weltgeschichte* Diodors 1472 überwogen dabei eindeutig Semiramisbilder, die sich aus Trogus/Iustin und Orosius speisten und ein eher negatives Semiramisbild vermittelten, wobei allerdings ihre militärischen Verdienste durchaus Würdigung erfuhren. Die Autoren gestalteten in ihren Werken mitunter geradezu verschiedene Semiramiden aus[945] – stand Amouröses bzw. Sexuelles im Vordergrund, wurde Semiramis verurteilt, ging es um Militärisches, fanden sie (auch) lobende Worte. Oder umgekehrt: Sollte die Gestalt der Semi-

---

943 Haun 1949, 113–124; Estevez 1985, 123–158; Questa 1989, 104–109.
944 Am bekanntestem wohl die auch noch heute auf den Spielplänen zu findende Adaption des Voltaire'schen Dramas durch Gaetano Rossi, vertont von Gioacchino Rossini: *La Semiramide* (UA 1823, Venezia); vgl. dazu Droß-Krüpe 2020b.
945 So beispielsweise Petrarca oder Muzio Manfredi.

ramis als *esempio di ben* dienen, wurde ihr militärisches Geschick thematisiert, sollte sie dagegen als *esempio di mal* ausgestaltet werden, lag der Fokus auf Inzest und Promiskuität. Welche Erinnerungsbausteine jeweils konkret aus dem Speicher- ins Funktionsgedächtnis überführt wurden, war somit von den Aussageintentionen bzw. den aktuellen Sinnzuschreibungen an Semiramis abhängig. Die Figur der babylonischen Königin blieb weiterhin – wie in der Antike – ein sinnstiftendes Argument für die jeweilige Gegenwart.

Petrarcas Biographie der Semiramis, die ein eher positives Bild zeichnet, das – in Anlehnung an Orosius, aber mit anderer Wertung – deren männliche Seele betonte, steht etwas außerhalb dieser Tendenzen. Es scheint, als würden hier im Hochmittelalter virulente Diskurse über weibliche Herrscherinnen gespiegelt, die ihrem Auftreten einen männlichen Anstrich gaben bzw. als männlich wahrgenommen wurden.[946] Dazu passt, dass Petrarca Semiramis in eine Reihe herausragender Männer stellt, ja sie sogar diese Reihe der männlichen *exempla* anführen lässt – und das nicht nur aus chronologischen Gründen. Petrarcas Darstellung war weit verbreitet und war – wie auch Dantes Schriften – Boccaccio bekannt, dem eine herausragende Bedeutung bei der Verbreitung und Fortentwicklung von frühneuzeitlichen Vorstellungen über Semiramis zukommt, da sich seine narrative Ausgestaltung für eine lange Zeit als diskursdominierend erwies. Sein Urteil fällt dabei deutlich ambivalenter aus als das seines Freundes Petrarca. Die bei Boccaccio enthaltenen Episoden sowie die Wertung derselben dominierten die Erinnerung an Semiramis in der Folge. Erst mit der Verbreitung von Diodors *Bibliotheke* im späten 15. und frühen 16. Jh. sowie mit der etwa zeitgleichen Verbreitung der jesuitischen Kollegien mit ihrem Fokus auf akademische Ausbildung der Kollegiaten, die ein dezidiertes Studium der alten Sprachen und antiken Texte beinhaltete, entstand ein zweiter Erzählstrang, der Semiramis unter die vorbildhaften Frauen einreihte und als *exemplum* ehelicher Treue und Tugendhaftigkeit refigurierte.[947]

So unterschiedlich in diesen Jahrhunderten – wie in der Antike – das Erzählen über und das Erinnern an Semiramis ausgestaltet werden konnte, so zeigt sich doch, dass bestimmte Erinnerungsbausteine untrennbar mit ihr verbunden wurden, während andere nur dann vom Speicher- ins Funktionsgedächtnis überführt wurden, wenn aktuelle politische Anlässe oder generelle Diskurse eine Sinnzuschreibung an genau diese Erinnerungsbausteine ermöglichten und erforderten. In allen Rezeptionssträngen unabhängig von Zeit und Ort sind die Herrschaft über Babylon, die Ehe mit Ninus sowie ihre Schönheit die essentiellen Erinnerungsbausteine.[948]

---

946 Auch im Rahmen der Traktatliteratur spielte dieser Aspekt eine große Rolle, so betonte doch beispielsweise Francesco Pona Semiramis' männliche Kraft („vigor maschio"). In diesem Zusammenhang sei auch an die Verwendung männlicher Namensformen bei der Beurkundung von Rechtsgeschäften durch weibliche Herrscherinnen erinnert; Erkens 1991 245–259, insb. 252 u. 256. Dazu passen Einschätzungen wie die des Bernhard von Clairvaux im 12. Jh., dass politischer Erfolg von Frauen möglich sei, wenn diese wie ein Mann agieren; Rogge 2015, 437–438. Ähnlich lobt auch ein Epitaph für die 1167 verstorbene Kaiserin Mathilde: „Virtutum titulis humani culmen honoris Excessit mulier nil mulieris habens." (Migne PL 101, 199; vgl. Chibnall 1999, 279–293). Als unweibliche Frau wird dieser somit Ehre und Anerkennung zuteil.

947 Und damit gerade gegensätzlich zu ihren Ausgestaltungen in den *Trionfi d'amor* des Petrarca (I 73–78), wo sie als eines der Gegenbilder der tugendhaften, ergebenen und über den Tod hinaus treuen Artemisia fungiert; siehe dazu oben unter Kapitel 2.5.1.2. In diesem Kontext kann Semiramis beispielsweise in Jean LeMaires *La Prazimène* (entstanden 1638–1643 in Paris) als eine männlichen Heroen ebenbürtige Figur ausgestaltet werden.

948 Rutishauser (1989, 107) kommt zu dem Schluss: „Immer ist Semiramis als Königin, als Regierende, jedenfalls als Machtausübende erinnert und (neu) definiert worden: Die Krone als Kristallisationspunkt der Legende." Dabei übersieht sie allerdings die – wenn auch weniger präsente – Traditionslinie, die Semiramis als treue, tugendhafte Ehefrau und eben nicht als (Allein-)Herrscherin darstellt.

In der überwiegenden Zahl der Texte wird sie außerdem als Kriegerin memoriert. Die Figur der Kriegerin oder Kriegerkönigin ist insbesondere in der Literatur des 17. Jh.s von universeller Relevanz.[949] Überall beggnen dort ab ca. 1630 wehrhaften Amazonen wie Penthesileia oder Hippolyte[950] – und eben auch Semiramis. Diese *femmes fortes* bzw. *femmes heroïques* greifen das im Mittelalter entwickelte und im Rahmen der *querelle des femmes* in der Frühen Neuzeit weiter diskutierte Ideal der *virago* auf und werden als höchst erstrebenswertes Oxymoron einer weiblichen Frau mit spezifisch männlichen Tugenden verstanden.[951] Es geht hier also weniger um Gendertransgression als vielmehr um die idealisierte Vereinigung von positiven Aspekten zweier binär gedachter Geschlechterrollenentwürfe.

In den Erinnerungsprozessen und Sinnzuschreibungen sind dabei klar Konjunkturen fassbar: Während Semiramis im Mittelalter, als man sich ausschließlich auf die lateinische Überlieferung sowie die Schriften der Kirchenväter stützte, von Herrscherinnen wie Irene von Athen (752–803), Eleonore von Aquitanien (~1122–1204) oder selbst noch Maria von Burgund (1457–1482) nicht als Vorbild herangezogen wurde[952] und auch sonst in den zahlreichen Briefen an und von Frauen in dieser Zeit keine Rolle spielte,[953] wird sie im 17. und 18. Jh. in besonderem Maße dort evident, wo Frauen „eine reale (männlich konnotierte) machtpolitische Funktion" ausübten.[954] Dabei ist es aber gerade nicht die heute als Kriegerkönigin memorierte Elisabeth I. in England, die sich der Semiramis bediente – obwohl Semiramis auch im England der Tudors und später Stuarts Bestandteil eines allgemein bekannten Kanons antiker Gestalten war. Semiramis erscheint vielmehr insbesondere im Kontext von Caterina de'Medici (1519–1589; Regentin 1560–1574), Maria de'Medici (1575–1642, Regentin 1610–1617), und allen voran Anna von Österreich (1601–1666, Regentin 1643–1651).[955] Auch Christina von Schweden (1626–1689, Königin 1632–1654) oder später – und damit abseits des hier behandelten Zeitraumes – die russischen Kaiserinnen Elisabeth I. (1709–1762, Kaiserin ab 1741) und Katharina II. (1729–1796, Kaiserin ab 1762) wurden

---

949 Conroy 2016, 169 Anm. 18.
950 Vgl. zu den Amazonen als Bezugspunkt und Frauenideal im 17. Jh. Schlumbohm 1978, 77–99; zum Amazonenbild im Mittelalter Reinle 2000, 1–38; zu Amazonen auf der Opernbühne Villarama 2015.
951 Idealisiert wird „(...) eine ideale Mischung von douceur und beauté einerseits und force und fierté andererseits, von eminent weiblichen Reizen und spezifisch männlichen Eigenschaften also (...)"; Schlumbohm 1981, 114. Zur *virago* im Mittelalter vgl. Haag 1999, 228–248.
952 Ob sich das oben unter Kapitel 2.3.3. besprochene satirische Gedicht aus dem 11. Jh. auf Emma von England (987–1052) bezieht, ist allerdings nicht sicher.
953 Vgl. die Datenbank „Epistolae: Medieval Women's Letters" (http://epistolae.ccnmtl.columbia.edu/ [letzter Zugriff: 17.7.2019]), die rund 1500 Briefe von und an Frauen aus der Zeit zwischen dem 4. und 13. Jh. digital aufbereitet. Semiramis findet sich hier in keinem der Dokumente, wohl aber andere antike Frauengestalten. Semiramis passt nicht gut in das im Mittelalter propagierte Ideal einer Königin, deren Leben durch „[d]ynasty, marriage and motherhood" definiert wird, wie Therese Earenfight (2013, 247) betont. Mittelalterliche Königinnen „were expected to embrace a form of queenship that blended sanctity and maternity." (ebd.) In diesem Konzept hat Semiramis als positive Identifikationsfigur keinen Platz. Erweiterungen der realen Handlungsräume von Frauen führten also nicht sofort dazu, dass diese mächtigen Frauen mit Semiramis als historischem Vorbild in Verbindung gebracht werden oder sich selbst mit ihr in Verbindung bringen.
954 Mallick 2016, 76; ähnlich Schlumbohm 1981, 116.
955 Dass gerade in Frankreich die Frage nach der Befähigung von Frauen zu herrschen so intensiv diskutiert wurde, war neben einer philosophischen v.a. eine juristische Frage, da hier durch die *lex Salica* Frauen von der Thronfolge explizit ausgeschlossen waren und lediglich als Regentinnen für einen minderjährigen Sohn oder als Stellvertreterin des abwesenden Königs politische Macht ausüben konnten. Gleichzeitig fielen die Regentschaften der oben genannten Frauen aber in eine Zeit bedeutender militärischer Auseinandersetzungen; vgl. Taylor 2006, 543–564.

mit Semiramis in Verbindung gebracht.[956] Im Gegensatz zu den Herrscherinnen des (Hoch-)Mittelalters übten insbesondere die französischen Regentinnen ihre Herrschaft aus, „ohne aber ihre Weiblichkeit zu schmälern oder gar zu opfern", wie Oliver Mallick betont.[957] Sie herrschten vielmehr und entsprachen dabei gleichzeitig dem den geschlechtlichen Konventionen ihrer Zeit wie auch dem im 17. Jh. zentralen Ideal einer starken Frau.[958] In diese Phase fällt eine intensive und auffallend divergente Semiramis-Rezeption, in der v.a. die schon in der *querelles des femmes* intensiv diskutierte Frage nach der Möglichkeit und Rechtmäßigkeit weiblicher Herrschaft behandelt wird. Frauen der jeweiligen Gegenwart mit berühmten Frauen der Antike zu vergleichen, entwickelte sich im 16. und v.a. 17. Jh. zu einem gängigen Topos des Herrscherlobes. Nahezu alle Herrscherinnen dieser Zeit werden mit verschiedenen antiken Vorbildern in eine Reihe gestellt, wohl als eine Folge der *querelle des femmes*, die sich für die Auseinandersetzung um Über- oder Unterlegenheit des weiblichen Geschlechtes ja auch stets historischer *exempla* bedient hatte. Je nachdem, wie die Verfasser und Verfasserinnen sich zur Frage weiblicher Herrschaft positionieren, fällt ihr Semiramisbild aus. Verfügbar war dabei ein großes Portfolio an möglichen Erinnerungsbausteinen – Babylon, Inzest, militärische Größe, Verkleidung als Mann, ungezügelte Libido. Gleichzeitig werden bestimmte Elemente im 14. bis 18. Jh. aus der antiken Überlieferung konsequent elidiert, so beispielsweise der Vorwurf der Sodomie oder Semiramis' mögliche Herkunft als Sklavin. Selbst der Erinnerungsbaustein ‚Kriegerin' kann in dieser Zeit wegfallen.[959]

Zu Beginn von Semiramis' ‚Karriere' als Bühnengestalt im späten 16. Jh., durch die ihre Person und Geschichte in größere Bevölkerungskreise beiderlei Geschlechtes getragen wurde, lagen alle antiken Quellen ediert vor, die griechischen Autoren waren zudem durch Übersetzungen bzw. Übertragungen auch für Personen, die des Griechischen nicht mächtig waren, einfach zugänglich. Es war den Bühnenautoren in Italien, Spanien und Frankreich somit möglich, die Engführung des orosianischen und Boccaccio'schen Narrativs zu verlassen, von diesem unabhängige Erinnerungsbausteine einzusetzen und so – um mit Hayden White zu sprechen – neue ‚narrative discourses' zu gestalten.[960] Das Theater als eines der zentralen Medien des aufklärerischen Kulturbetriebes wirkte gewissenmaßen als Multiplikator – es schuf die Voraussetzungen für die Verbreitung, aber auch für die Entstehung von Semiramisbildern, ganz ähnlich wie dies ab Mitte des 17. Jh.s die Oper tat. Es trug zur Verankerung der Gestalt der Semiramis im kulturellen Gedächtnis abseits der absoluten gesellschaftlichen und akademischen Eliten[961] sowie zur Verbreitung von Episoden aus der Zeit vor der Ehe mit Ninus bzw. vor ihrer Alleinherrschaft wohl mehr bei, als die frühen Nachschlagewerke eines Thomas Cooper oder Louis Moréri. Auf den Theaterbühnen wurden schon

---

956 Die Bezeichnung ‚Semiramis des Nordens' für beide geht auf Voltaire zurück; vgl. ed. Pomeau 1962, 59 sowie den Briefwechsel zwischen Voltaire und Katharina II. Letztere wurde darüber hinaus auch mit Kleopatra VII., Agrippina, Messalina, Athena, Thalestris und Dido verbunden; vgl. Schippan 2009. Im 19. Jh. wurde dann auch Margarethe I. (1353–1412), Königin von Dänemark, Norwegen und Schweden, als ‚Semiramis des Nordens' bezeichnet; als eine „geschickte Königin, was sie aber nicht verhinderte, ihr ganzes Leben hindurch eine Frau zu bleiben", deren „Klugheit, Kraft und Nachdruck" lobenswert erscheinen; de Vouvion 1842, 420.

957 Mallick 2016, 76.

958 Schlumbohm 1978 u. 1981; Plume 1996, 72–125.

959 Dies geschieht insbesondere in Kontexten, die auf die eheliche Treue der Semiramis zu ihrem ersten Mann fokussieren.

960 White 1990.

961 Die sie im Rahmen der *querelle des femmes* intensiv erörtern – und letztlich stets als verdammungswürdig eingestuft hatten, da sie auf die durch Orosius geprägte Traditionslinie fokussierten, den Inzest in den Vordergrund rückten; vgl. oben unter Kapitel 2.2.2 bzw. 2.5.3.

längst Geschichten über Semiramis' erste Ehe erzählt, während lexikalische Texte noch bis in das frühe 18. Jh. hinein Diodor als Informationsquelle zur Gestalt der Semiramis ausblendeten.[962]

Dabei erwiesen sich die Stücke, die ein besonders negatives Semiramisbild zeichnen denen gegenüber, die die Königin in ein positiveres Licht rücken, als weniger erfolgreich. Anklang fanden vorzugsweise Bühnenadaptionen, die ihre Schönheit und Verdienste gleichermaßen betonten und ihre Liebe und Treue zu ihrem ersten Mann in den Fokus rückten. Gendertransgression im Sinne einer Verschleierung ihrer Weiblichkeit durch das Anlegen von Männerkleidung spielt auf der Theaterbühne nur selten eine Rolle;[963] wird der Inzest mit dem Sohn thematisiert, so geschieht dies immerhin in der Hälfte der Fälle unter der Prämisse, dass die verwandtschaftliche Beziehung ihr nicht bekannt ist. Allerdings: Nur in der Adaption von Gilbert ist Semiramis auch am Ende des Dramas noch alleinige Herrscherin – eine Tendenz, die sich auf der Opernbühne fortsetzen wird. Die Tradition einer monströsen Semiramis, wie sie v.a. die christlichen Autoren der Spätantike und des Mittelalters gezeichnet haben, deren Herrschaft als unrecht und bedrohlich angesehen wird, existiert also auch auf der Theaterbühne der Frühen Neuzeit, erweist sich aber als weniger wirkmächtig als das Herausstellen einer dem Ideal der Zeit entsprechenden *femme forte*, die männliche und weibliche Tugenden vereinigt.[964]

In der Frühen Neuzeit emanzipierte sich die Gestalt der Semiramis zunehmend von den antiken Vorlagen[965] – sie war inzwischen im europäischen kulturellen Gedächtnis so fest verankert, dass sie ohne größere Probleme mit zusätzlichen Elementen angereichert werden konnte. Gleichzeitig genügten Angaben nur weniger zentraler Erinnerungsbausteine oder sogar allein ihres Namens, um ihr Bild vor den Augen der Leser und Leserinnen bzw. des Publikums entstehen zu lassen.[966] Wieder war sie das Vehikel zur Vermittlung bestimmter Aussagen und Assoziationsketten. Als allgemein bekannte Frauengestalt der Antike ließ sie sich auch in der Frühen Neuzeit für verschiedene Zwecke vereinnahmen und unterschiedlich verargumentieren, wobei die Themenfelder, innerhalb derer Sinnzuschreibungen an sie stattfanden, sich im Spannungsfeld der Idealbilder einer *femme forte* und einer tugendhaften, treuen Ehefrau bewegten.

---

962 Die in den Stücken auftauchenden Personen sowie die verwendeten Erinnerungsbausteine sind im Anhang dieser Studie tabellarisch zusammengestellt. Um mögliche Interdependenzen zu verdeutlichen, wurden die Dramen nicht nach Sprachräumen, sondern chronologisch gegliedert, die Sprachräume werden durch Farbcodes angezeigt.

963 Wie auch in der *querelle des femmes* das Verkleiden als Mann nicht thematisiert wurde.

964 Dies passt zu Theresa Earenfights (2013, 247) Beobachtung zu mittelalterlichen Herrscherinnen: „(...) Christianity made a queen's gender most visible (...)".

965 Auch Carmen Estevez (1985, 160) beobachtet (bezogen auf die Stücke von Virués, Calderon und Voltaire), „(...) that there has been great freedom in the treatment of her legend (...)".

966 Selbst ohne ihren Namen zu nennen, ist sie in Boccaccios *Nozze d'Emilia* für die Leserschaft eindeutig zu erkennen – ein Prinzip, das sich auch schon in verschiedenen antiken Quellentexten gefunden hat. Der Komponist Guillaume de Machaut nennt Semiramis im 14. Jh. in zwei Zeilen eines seiner Lieder als Königin Babylons (*Le Lay Amoureux*, Zeile 150–151 [ed. Hoepffner 1908–1921]); François Rabelais erwähnt in seinem erfolgreichen Romanzyklus über die beiden Riesen Gargantua und Pantagruel (1532–1564): „Ayans ceste persuasion en leurs caboches, elles feront leurs mariz coquz infailliblement, par Dieu (sans jurer), deussent elles faire ce que firent Semiramis, Pasiphaé, Egesta, les femmes de l'isle Mandes en Egypte, blasonnées par Herodote, et Strabo, et altres telles mastines." (3,34; ed. Moland 1926). Die Reihe der Beispiele ließe sich noch fortführen.

3. Eine kurze Geschichte der (Barock-)Oper

Vielen gilt die Oper als der zeitlose Ausdruck von Kunst schlechthin. Alle Sinne werden hier angesprochen – eine gute Oper kann ein Ohren- wie auch ein Augenschmaus sein. Die Gattung Oper ist plurimedial, sie ermöglicht durch miteinander verschränkte semantische Systeme (Drama, Musik, mimetisches Figurenspiel) einzigartige Ausdrucksmöglichkeiten.[1] Allem Gefühlsbombast, allen oft unrealistischen Wendungen der Handlung, allen präsentierten Stereotypen zum Trotz lässt sich das Publikum von der Oper in eine fremde, völlig unrealistische Welt entführen, in der singend gelacht, geweint und gestritten und sogar singend gestorben wird. Denn, wie es in Richard Strauss' letzter Oper *Capriccio* so treffend heißt:

> Eine Oper ist ein absurdes Ding. Befehle werden singend erteilt, über Politik im Duett verhandelt. Man tanzt um ein Grab, und Dolchstiche werden melodisch verabreicht.[2]

Durch unterschiedliche Regieführungen, Bühnenausstattungen, Dirigate und Ensembles wird eine Oper immer wieder anders ausgedeutet und neu interpretiert – dabei werden Publikumserwartungen erfüllt, enttäuscht (oder auch getäuscht). Doch Oper ist nicht nur erbauliche, seichte Unterhaltung. Wenn man Opern nämlich nicht als zeitlose Werke versteht, sondern ihre jeweils zeitgenössische, sich stetig wandelnde politische und gesellschaftliche Relevanz betrachtet, können sie zum Gegenstand historischer, sozialwissenschaftlicher und genderspezifischer Fragestellungen werden.

Gerade die Oper eignet sich hervorragend für die Untersuchung von Art, Erfolg und Reichweite von Rezeptionsprozessen antiker Stoffe, denn von der Geburtsstunde der Oper im Italien des ausgehenden 16. Jh.s an sind antike Themenkreise auf den Opernbühnen präsent. Nicht zu unterschätzen ist dabei, dass gerade die Oper des Barock ein durch und durch politisches Medium, ein Ort politischer wie gesellschaftlicher Repräsentation war.[3] Ja mehr noch: Die Oper war *das* kulturelle Ereignis des 17. und 18. Jh.s, in dem Musik, bildende Kunst und Literatur zusammenwirkten. Sie fungierte gleichzeitig als Ort moralischer und vergnüglicher Erbauung, als unterhaltsame Lehrbühne für die legitime Organisation und damit Reproduktion gesellschaftlich normierter Züge der Zeit. Von der Barockzeit[4] bis in die Gegenwart ist die Oper somit nicht

---

1 Der Transmedialität der Gattung Oper und der daraus resultierenden Interdisziplinarität mit den daran anknüpfenden methodischen und fachlichen Schwierigkeiten widmet sich jüngst der Sammelband von Maria Imhof und Anke Grutschus (2015, insb. 18–20). Der Fokus liegt hier allerdings eher auf der Körperlichkeit von Oper, d.h. auf Körpern und Stimmen der Sänger und Sängerinnen als Träger von Information sowie als Medium innerhalb der Gattung.
2 Szene 9 (UA 1942, Wien; L.: Clemens Krauss u. Richard Strauss).
3 Feldman 2007; Ther 2010b, 176.
4 Der Begriff ‚Barock' ist in der Kunstgeschichte wie auch in der Geschichtswissenschaft unscharf und umstritten (vgl. beispielsweise Pfisterer et al. 2005), eine terminologische Erörterung „muss ins Uferlose führen – oder zumindest in uferlose Langeweile" (Walther 2011, 79). Für die hier behandelte Fragestellung wird eine musikwissenschaftliche Epocheneinteilung gewählt und der Begriff vom Wirken Claudio Monteverdis zu Beginn des 17. Jh.s bis zum Tode Johann Adolf Hasses (1783) gefasst.

(nur) ein utopisches Gesamtkunstwerk, sondern immer auch eine Form der Populärkultur, die der Geschichtswissenschaft Einblicke in die Rezeption von (antiken) Stoffen, in die (Aus- und Um-)Gestaltung von Geschlechterbildern, in die Gegebenheiten des Barock und – durch die Wiederentdeckung der Barockoper seit den 1980er Jahren, durch stete Wiederaufnahmen und unterschiedliche Inszenierungen – auch der heutigen Gegenwart bietet.

Dass die Textbücher der italienischen Barockoper als eines der beiden Standbeine dieser Untersuchung gewählt wurden, ist neben der enormen Bedeutung dieser medialen Erinnerungsgattung durch die starke Präsenz der Gestalt der Semiramis auf der Opernbühne bedingt. Insbesondere das Libretto von Pietro Metastasio trug maßgeblich zu ihrem Bühnenruhm bei – seine *Semiramide riconosciuta*, 1729 erstmals in einer Vertonung von Leonardo Vinci in Rom aufgeführt, gehört zu den meistvertonten Libretti der Operngeschichte. Quasi alle großen Komponisten des 18. Jh.s haben dieses Libretto vertont und so Metastasios Variante der Semiramis auf die herrscherlichen wie bürgerlichen Bühnen von Lissabon bis St. Petersburg getragen.

3.1 Oper als Gegenstand historischer Analyse und Erinnerungsgattung

Seit einiger Zeit ist es insbesondere die italienische *opera seria* des Barock, die boomt und weltweit im Fokus des Interesses steht und auch das Zentrum dieser Studie bildet. Seit das Züricher Opernhaus 1975–1977 unter Jean-Pierre Ponnelle und Nikolaus Harnoncourt drei Opern von Claudio Monteverdi in historischer Aufführungspraxis, also musiziert auf historischen Instrumenten oder deren Nachbauten und in ‚alter Stimmung' (415 Hz[5]), auf die Bühne brachte, ist die Begeisterung für Opern des 18. Jh.s ungebrochen.[6] Dabei ist die Barockoper auch vor 1977 nicht der Vergessenheit anheimgefallen gewesen. Vor allem die Opern von Georg Friedrich Händel waren bereits 1920 ‚wiederentdeckt' worden, als der Kunsthistoriker und Musikwissenschaftler Oskar Hagen in Göttingen dessen *Rodelinda* inszenierte und damit unter Beweis stellte, dass nicht nur Händels Oratorien, sondern auch seine Opern dem Publikum des 20. Jh.s noch einiges zu sagen hatten.[7] Und doch war das Interesse an der Barockoper vor knapp 100 Jahren anders gelagert als die Welle der barocken Opernrenaissance der letzten Jahrzehnte. Damals waren es zum einen die geradezu halsbrecherischen virtuosen Arien, die v.a. Sängerinnen reizten und das Publikum in ehrfurchtsvolles Staunen versetzten.[8] Zum anderen kam es bis weit ins letzte Viertel des 20. Jh.s

---

5   Die heutige Tendenz zur 415-Hz-Stimmung der Instrumente ist dabei allerdings eher eine Konvention als die Wiedergabe eines historisch universellen Faktums, da ein verbindlicher Stimmton in der Barockzeit nicht existierte. Der Ton, so unterstreicht bereits Johann Joachim Quantz, „in welchem die Orchester zu stimmen pflegen, ist nach Beschaffenheit der Orte und Zeiten immer sehr verschieden gewesen"; Quantz 1752, § 6, 241. Händels Stimmton war 422,5 Hz, Bachs Stimmton dagegen 415 Hz.

6   Zur Aufführung kamen: *L'Orfeo* (1975/1976); *L'Incoronazione di Poppea* (1977); *Il Ritorno d'Ulisse in Patria* (1977). Nicht zu unterschätzen ist außerdem die Rolle, die Alice Harnoncourt als Konzertmeisterin dieses Zyklus einnahm. Ihr ist es maßgeblich zu verdanken, dass sich das Orchester und die zunächst ungewohnten Barockinstrumente zu einem beeindruckenden Klangkörper formierten; vgl. Fürstauer & Mika 2009, 33–34.

7   Siehe Thompson 2006, insb. 19–24 u. 39–44. Bemerkenswert ist, dass Hagen ausschließlich mit Laien arbeitete, die sich aus den Reihen des Universitätspersonals und Studierenden rekrutierten. Die musikalische Begleitung übernahm die Akademische Orchestervereinigung. Diese Inszenierung gilt heute als Ausgangspunkt der Händel-Renaissance und ist gleichzeitig Ursprung der Göttinger Händel-Festspiele.

8   So beispielsweise Joan Sutherland. Erwähnt seien ihre Gestaltungen der Titelrolle in *Alcina* 1957 in London, 1959 in Köln und 1960 in Venedig oder der Cleopatra in *Giulio Cesare in Egitto* 1963 in London.

hinein stets zu gravierenden Umarbeitungen der Partituren, bevor eine Barockoper auf die Bühne gebracht wurde – es wurden Rezitative gestrichen, die für den Barock charakteristischen Da Capo-Arien[9] rigoros gekürzt und umgestellt und ursprünglich für Kastraten bzw. männliche Soprane geschriebene Hauptrollen wurden transponiert und so für Tenöre, Baritone oder gar Bässe singbar gemacht.[10] Diese drastischen und später zum Teil als entstellend empfundenen Eingriffe in Musik und Dramaturgie wurden als notwendig erachtet, um die Barockoper für modernes Publikum zumutbar machen sollte. Heute dagegen werden solche Partien von Countertenören übernommen – eine Entwicklung, die sicherlich mit zur landläufigen Vorstellung beigetragen hat, die Musik des Barock sei vollständig von Kastraten dominiert gewesen, obwohl de facto ebenso viele Frauen wie Männer auf den Opernbühnen dieser Zeit nachzuweisen sind.[11]

Doch wie wirkte eine Oper aus der zweiten Hälfte des 17. oder aus der ersten Hälfte des 18. Jh.s auf das damalige Theaterpublikum? Die vielzitierten zeitgenössischen Berichte über das Desinteresse des Publikums an der Opernhandlung (und insbesondere an den Rezitativen) stammen fast ausschließlich von ausländischen Besuchern.[12] Diese konnten aber auf Grund mangelnder Sprachkenntnisse – i.d.R. also mangelnder Italienischkenntnisse[13] – einer Oper nur mit großer Konzentration folgen, während es ihnen schien, als würden viele ihrer Sitznachbarn gar nicht richtig zuhören und seien nur mit ihren eigenen Gesprächen beschäftigt. Hinzu kommt, dass die ausländischen Gäste fast nie die Premiere einer Oper besuchten, sondern spätere Vorstellungen – das übrige, einheimische Publikum kannte die Handlung aber schon von früheren Besuchen und konnte sich neben dem Musikgenuss auch ausgiebigen Plaudereien mit dem Sitznachbarn oder der Sitznachbarin widmen. Es herrschte im 18. Jh. also nicht etwa Desinteresse am Bühnengeschehen, das Publikum war vielmehr sehr am Inhalt einer Oper interessiert und besuchte eine für gut befundene Oper in der Regel mehrfach. Besonders beeindruckten die z.T. extrem aufwendigen Bühnenmaschinerien, die es ermöglichten, dem staunenden Publikum Blitz und Donner oder schwebende Götter zu präsentieren.[14]

---

9   Zur Da Capo-Arie in der italienischen Oper s. Beghelli 2008, 761–773; in der französischen Oper s. Boussiou 2008, 637–649.
10 So z.B. Peters 1989. Zum Kastratentum siehe unten unter Kapitel 4.3.
11 So Saskia Woyke (2012, 1–26), die sich ebenso wie Knaus 2011, Herr ²2013 und Seedorf 2016 vehement gegen die verbreitete Ansicht ausspricht, Kastraten wären als unmännlich und daher als prädestiniert für die Darstellung von Weiblichkeit/Verweiblichung angesehen worden (so z.B. Koestenbaum 1993; Heller 2003, insb. 77 u. 237–238); vgl. unten unter Kapitel 4.3.
12 Strohm 1979, 22. Zur Rolle der Musik in den Reiseberichten des 18. und 19. Jh.s und der Funktion dieser Passagen für die Ausbildung von nationalen Stereotypen vgl. V. Lucentini, Music and Cultural Transfer: the Impact of Eighteenth-Century Travel Writing. International Musicological Society, 20th Quinquennial Congress in Tokyo, 19–23 March, 2017. Siehe außerdem Gerhard 1998a. Ich danke Valeska Hartmann, BA (Marburg) für den Hinweis auf die beiden letztgenannten Arbeiten.
13 Die Sprache der hier behandelten barocken *opera seria* ist das Italienische – an allen Höfen und in allen Städten Europas (mit Ausnahme Frankreichs) wurden die Opern auf Italienisch aufgeführt, wobei ihnen häufig im Libretto eine Übersetzung in die Landessprache beigegeben wurde. Als erste originär deutsche Oper gilt gemeinhin erst *Die Entführung aus dem Serail*, die Wolfgang Amadeus Mozart auf Basis eines Librettos von Johann Gottlieb Stephanie 1782 für das Wiener Burgtheater vertonte.
14 Nicht unerwähnt soll bleiben, dass das Staunen über die Theatermaschinen und ihre Effekte im Verlauf des 18. Jh.s zunehmend einem diese Maschinen problematisierenden Diskurs gewichen ist. Vgl. dazu beispielsweise Gess 2009, 655–667 oder auch Buccheri 2014, insb. 71–94 u. 169–178.

Dies hat selbstverständlich Auswirkungen auf die Stoffe und Themenkreise, die auf diesen höfischen und ‚öffentlichen' Opernbühnen präsentiert wurden.[15] Während eine Oper auf den höfischen Bühnen meist nur ein einziges Mal gespielt wurde, versuchte man auf den öffentlichen Bühnen, einen möglichst großen Kreis an Besuchern anzuziehen – von deren Eintrittsgeldern hing ja das Überleben des jeweiligen Opernbetriebes ab. Daher wurden zum einen erfolgreiche Opern mehrfach aufgeführt und zum anderen eine deutlich größere Anzahl an Opern auf die Bühne gebracht. Es galt, immer neue Stücke zu entwickeln bzw. zu adaptieren, die den Geschmack des Publikums trafen. Denn, das ist ein zentraler Unterschied zwischen dem Opernbetrieb der Frühen Neuzeit und dem gegenwärtigen: Es existierte in der Frühen Neuzeit kein Repertoiresystem, die Oper des Barock war dem Wesen nach ein „Uraufführungstheater".[16] Die Kombination von Libretto und Musik wurde üblicherweise stets neu für ein bestimmtes Theater bzw. einen bestimmten Anlass geschaffen. Wenn keine Uraufführung auf dem Spielplan stand, dann präsentierte man Übernahmen von bereits andernorts erfolgreich gespielten Opern (fast immer neueren Datums), die durch Austausch, Hinzufügen oder Streichung von Szenen adaptiert wurden; echte Wiederaufnahmen im Sinne von unveränderten Aufführungen von Opern, die an diesem Theater bereits gespielt worden waren, waren dagegen höchst unüblich.[17] Daraus folgt für die geschichtswissenschaftliche Forschung: Welche Stoffe auf die Bühne gebracht wurden, wie diese Stoffe auf der Opernbühne ausgedeutet wurden, welche Thematiken beim Publikum erfolgreich waren und welche nicht, kann Aspekte der Kultur- und der Mentalitätsgeschichte sehr eindrucksvoll beleuchten,[18] aber auch Einblicke in die jeweilige Tagespolitik geben.

Vor dem Hintergrund ihrer Bedeutung und Strahlkraft überrascht es, dass die Oper in der Geschichtswissenschaft lange eher stiefmütterlich behandelt wurde und erst in den letzten drei Jahrzehnten mehr und mehr in den Fokus (kultur-)historischer Studien gerückt ist.[19] Von musikwissenschaftlicher Seite sind hier insbesondere Arbeiten von John Roselli,[20] Jane Fulcher,[21] Michael Walter[22] und Anselm Gerhard[23] zu nennen, die den Blickwinkel über ‚klassische' musikwissenschaftliche Fragen hinaus auch um historische Dimensionen erweitern. Als Pioniere seitens der Geschichtswissenschaft, die sich insgesamt der Oper eher zögerlich nähert, sind vor allem Ute Daniel[24] und James Johnson[25] zu nennen, deren Forschungen hauptsächlich auf das Rezeptionsverhalten des Opernpublikums fokussieren. Das Publikum ist – im Gegensatz zu den Arbeiten mit einem klar musikwissenschaftlichen Fokus – relativ häufig Untersuchungsgegen-

---

15 Unter öffentlichen Theatern werden hier Theater in privater Trägerschaft verstanden, d.h. städtische Bühnen und ‚Geschäftstheater' unter der Ägide von impressarii (Walter 2016, 68). Vgl. dazu auch Gerhard 1992 u. 1998b.
16 Stallknecht 2001, 142.
17 Stallknecht 2001, 142–143.
18 Stachel 2010, 198.
19 Ther 2010a, 9–10. Besondere Erwähnung verdient das 2005–2009 von der deutschen Volkswagenstiftung geförderte Forschungsprojekt „Oper im Wandel der Gesellschaft. Die Musikkultur europäischer Metropolen im langen 19. Jh.", das sich einerseits der Untersuchung des sozialen wie institutionellen Wandels der Oper widmete, andererseits auch die gesellschaftlichen Gruppen innerhalb des Kosmos Oper in den Blick nahm.
20 Rosselli 1984; 1992 u. 1994, 304–321.
21 Fulcher 1987 u. 2007, 201–215.
22 Walter 1995; 1997 u. 2014, 198–229.
23 Gerhard 1998a; 1988b u. 2000, 21–36.
24 Daniel 1995.
25 Johnson 1995.

stand von historischen Studien zur Oper, sind doch gerade die Erwartungen und Reaktionen des Publikums und deren Abhängigkeit vom jeweiligen kulturellen Vorwissen zu rekonstruieren bzw. zu bewerten.[26] Man hat dabei die Geschichte der Barockoper auch noch in neuester Zeit oft einseitig nach den großen Prunkaufführungen auf höfischen Bühnen beurteilt, sie (zu) stark als eine Kunstform der Herrschenden gesehen.[27] In der Tat, die ersten Opernbühnen des 17. Jh.s fanden sich an Fürstenhöfen und Königshäusern und bis weit in das 19. Jh. hinein verlor die Oper zumindest in den Residenzstädten nie ganz ihre Anbindung an die regierenden Machthaber (und Machthaberinnen).[28] Aber sehr bald wurde in der Barockoper auch auf das breite Publikum größte Rücksicht genommen – schon vor der Mitte des 17. Jh.s wurden in Italien ‚öffentliche' Opernhäuser eröffnet[29] und im Laufe des späteren 17. Jh.s setzte sich in ganz Italien und Mitteleuropa mehr und mehr die Unternehmeroper durch, in der das breite Publikum gegen Zahlung eines – meist moderaten[30] – Eintrittsgeldes, aber nach sozialen Schichten getrennt, die Aufführung ansah.[31] Die Frage nach dem Publikum der Oper und der gesellschaftlichen Gebundenheit dieser Kunstgattung hat deswegen die historische Forschung in besonderem Maße bewegt.[32]

Zudem sind bestimmte Stoffe bzw. Figuren in zahllosen Studien nachverfolgt worden – wenn auch vornehmlich bislang eben nicht von historischer, sondern musikwissenschaftlicher Seite.[33] Ebenso gibt es zum Bereich der Antikenrezeption auf der Opernbühne bereits einige Vorarbeiten, die aber mehrheitlich auf Rom/römische Geschichte fokussieren.[34] Der große Bereich des ‚Orients' auf der Opernbühne hat ebenfalls einige Beachtung erfahren,[35] gleiches gilt für das Studium von Geschlechterverhältnissen und Geschlechterrollen, insbesondere mit Blick auf misogyne Tendenzen der Oper.[36] Alles in allem kann die vorliegende Studie also auf hervorragende Grundlagenarbeiten aus unterschiedlichen Fachdisziplinen aufbauen und diese für die Figur der Semiramis im Sinne einer althistorischen Perspektive weiterentwickeln.

---

26 Gier 1998, 34.
27 Wolff 1964, 442.
28 Zur problematischen Beziehung Herrscher – Oper im 18. Jh. vgl. v.a. Feldman 2007.
29 Den Beginn markiert hier die Eröffnung des Teatro S. Cassiano in Vendig 1637, zu der die Oper *L'Andromeda* von Francesco Manelli und Benedetto Ferrari präsentiert wurde.
30 Vgl. Gulrich 1993, 201.
31 Der Zuschauerraum der Opernhäuser der Frühen Neuzeit, seien sie höfisch oder öffentlich, gliederte sich architektonisch und sozial nach der Nähe bzw. Ferne des Platzes von der Fürstenloge und der Person des Monarchen. Auf diese Weise blieben die verschiedenen sozialen Gruppen des Publikums im Theater wie auch in ihrem Alltag separiert; vgl. Meyer 2012b, 644.
32 Beispielsweise Wolff 1964, 442–452; Fulcher 1987; Bermbach 1997; Walter 2000, 155–182; Walther 2011, 79–115; Zalfen 2011; Preston 2017 sowie die Beiträge in den Sammelbänden von Johnson 2007 sowie Müller 2008 u. 2010.
33 Zur Mythenrezeption: Feldmann 2007; Gerbino 2009 sowie die Beiträge in Leopold 1998; Csobádi 1999; Herr 2000; Göddertz 2007; zu historischen Gestalten der Antike: Lühning 1983; Esch 1994; Manuwald 2013 u. 2018.
34 Kunze 1987; McDonald 2001; Schneider-Seidel 2002; Assmann 2005a; Ketterer 2008; Gerbino 2009; Werr 2011; Manuwald 2013 u. 2018; Assmann 2018.
35 Kreidt 1987; Schmitt 1988; Gulrich 1993; Grimm-Stadelmann & Grimm 2009; Goldhill 2011; Meyer 2012a; Piemontese 2014.
36 Beispielsweise Clément 1979 bzw. 1994; Abbate 1993, Koestenbaum 1993; Freeman 1996; McDonald 2001; Kiupel 2010; Knaus 2011; Beghelli & Talmelli 2011; Charton 2012.

3.2 Die Anfänge des Genres und die Bedeutung der Antike für die Barockoper

Um das Phänomen Oper besser zu verstehen, sind eine kurze historische Einordnung sowie ein Abriss der Charakteristika unerlässlich, die dieses und das folgende Kapitel bieten. Jede Geschichte der italienischen Oper, von den Zeitgenossen normalerweise als *dramma per musica* – also ein in Musik gesetztes Schauspiel – bezeichnet, sieht den Beginn dieses Genres im ausgehenden 16. Jh. in Florenz. Schon der spanische Dichter Tomás de Iriarte verortete 1779 in seinem Lehrgedicht *La Música* hier Geburtsort und Geburtsstunde der Oper.[37] Als communis opinio wurde bis ans Ende des 20. Jh.s die folgende Chronologie perpetuiert: Die Geschichte der Oper begann zwischen 1575 und 1600 in Florenz (bzw. im unmittelbaren Umfeld von Florenz). Sie entstand in den Salons und Akademien gelehrter männlicher Eliten, die nach einer Wiederbelebung des griechischen Dramas strebten, welches als durchgehend gesungen imaginiert wurde. Maßgeblich war insbesondere die *Camerata fiorentina*, in deren Umfeld um 1600 die ersten Opern entstanden.[38] Von Florenz aus trat das neue Genre dann schnell einen beispiellosen Siegeszug über die italienische Halbinsel nach Frankreich, England und schließlich ganz Europa an.[39] Erst in den letzten Jahren wurde diese lange postulierte lineare Entwicklung der Oper zunehmend hinterfragt und als deutlich facettenreicher identifiziert.[40] Seit etwa 20 Jahren werden in der Musikwissenschaft die Ursprünge der Oper in ganz Italien gesucht; die Pastoraldramen, Intermedien und andere semimusikalische Formen des 16. Jh.s spielten nach neuerer Ansicht für die Entstehung des Genres eine ebenso zentrale Rolle wie die Gelehrtenzirkel in den Akademien mit ihrem Streben nach der Wiederbelebung der griechischen Antike.[41] Die vielzitierte *Camerata fiorentina* unter der Ägide des Grafen Giovanni de'Bardi nahm sicherlich eine besondere Stellung unter diesen Akademien ein,[42] eine zentrale Rolle kam aber auch den Musikern, die im Umfeld dieser Zirkel agierten, zu, waren sie es doch, die die philosophisch-theoretischen Überlegungen über das Wesen griechischer Musik der Antike in die Praxis umsetzten und dabei nach Herzenslust experimentierten.[43]

Insbesondere die Librettisten nahmen zu Beginn der Operngeschichte wie auch während des gesamten 18. Jh.s eine ganz entscheidende Rolle ein. Die überwiegende Mehrzahl der Librettisten, die sich im Barock der Gestalt der Semiramis angenommen hat, stammt aus dem Umfeld dieser Akademien. Wie oben bereits angerissen, war man, basierend auf einer Stelle bei Ps.-Aristoteles

---

37 Gedruckt 1805 in Madrid. Übrigens kommt auch Semiramis hier vor, heißt es doch im 5. Gesang, der von der Oper handelt: „Es un pintado lienzo: que non hablaban Español ni Toscano Semíramis, Aquíles, ni Trajano (sic); Y que en prosa, nó en verso, se explicaban. – Es ist wie eine bemalte Leinwand [i.e. sonnenklar, Anm. d. Verf.in], dass Semiramis, Aquiles und Trajan weder Spanisch noch Toskanisch sprachen und dass sie sich in Prosa, nicht in Versform ausdrückten." Ich danke Dr. Agnès Garcia Ventura (Barcelona) für ihre Durchsicht meiner Übersetzung.
38 Claudio Monteverdis *Orfeo* wird fast durchgängig als erste Oper der Geschichte geführt. Vgl. einführend Sternfeld 1993, insb. 1–30.
39 Dabei wurden zunächst Übernahmen aus dem italienischen Raum gegeben, später entstanden auch Opern im Stile der italienischen *opera seria* für ausländische Bühnen, so z.B. *Rinaldo* als erste italienische Oper, die für die Londoner Bühne konzipiert wurde (UA der ersten Fassung 1711, Queen's Theatre [Haymarket], L.: Giacomo Rossi & Aaron Hill, basierend auf dem Epos *Gerusalemme Liberata* von Torquato Tasso); Leopold ²2009, 279–283.
40 Beispielsweise Rosand 1991 oder Sternfeld 1993.
41 Sehr gut zusammengefasst bei Leopold 2004b, insb. 13–60; vgl. auch Daolmi 1998.
42 Palisca 1972, 203–236 u. 1989. Immer noch grundlegend auch Pirrotta 1954, 1563–1568.
43 Exzellent zusammengefasst bei Abbate & Parker 2013, 65–69.

und einer Passage bei Platon,[44] seit der Mitte des 16. Jh.s der Ansicht, „che tutta la Tragedia, che di attori era composta, e di chori, si cantava"[45], dass also die gesamte griechische Tragödie gesungen worden sei. Die Konsequenz liegt auf der Hand: In der Oper wird der gesungene Text verbindlich, nicht wie im Singspiel der gesprochene Dialog. Claudio Monteverdi formulierte 1607 „l'orazione sia padrona dell'armonia e non serva" und Antonio Salieri verfasste rund 180 Jahre später gar eine augenzwinkernde kleine Oper, die den Kampf zwischen Librettisten und Komponisten persiflliert.[46] Die Verständlichkeit des Textes war von immenser Bedeutung, die Ausdeutung des Librettos in größtmöglicher musikalischer Expressivität wurde zur zentralen Aufgabe der Komponisten. Die Librettisten waren z.T. höchst angesehene Künstler, die ihre Libretti explizit als Dramen konzipierten, die zwar zur Vertonung gedacht waren, aber theoretisch auch als Sprechdrama aufgeführt werden konnten.[47] Es entstand im Barock also immer zuerst der Operntext – die Musik hatte eine sekundäre Funktion; die Librettisten waren im Barock – anders als in späteren Epochen – ebenso große Stars des barocken Opernbetriebes wie die Komponisten und die Sängerinnen und Sänger. Ein erfolgreiches Libretto wurde dabei von verschiedenen Komponisten vertont, wobei es durchaus zu Veränderungen kam, um das Stück den Gegebenheiten eines Theaters, den stimmlichen Fähigkeiten der Sänger und Sängerinnen oder den Möglichkeiten einer bestimmten Bühne anzupassen. In jedem Fall tauschte ein neuer Komponist Arien aus, denn nur in diesen konnte er sein kompositorisches Können zeigen. Die Rezitative waren dagegen im Barock nur von einem *basso continuo* begleitet und normalerweise nicht auskomponiert. Das Austauschen von Arien als den Teilen einer Oper, die auf den Affekt und eben nicht auf das Vorantreiben der Opernhandlung fokussieren, veränderte dabei die dargestellte Geschichte kaum.[48]

Besonders gern wurde – dem Zeitgeist entsprechend[49] – im Barock auf antike Themenkreise zurückgegriffen. Von der ‚Geburtsstunde' der Oper im frühen 17. Jh. an waren antike Stoffe fester Bestandteil der jungen Gattung des Musiktheaters. Orpheus, Daphne, Odysseus oder Dido waren vertraute Gestalten auf den zunächst meist privaten Opernbühnen fürstlicher Auftraggeber. Dabei dominierten, trotz aller Wertschätzung für die griechische Tragödie, Stoffe aus lateinischen Quellen.[50] Schnell hielten aber auch historische Gestalten Einzug auf den Opernbühnen der Zeit – den Beginn markiert hier traditionell Claudio Monteverdis letzte Oper *L'incoronazione di Poppea*.[51] Dass gerade antike Stoffe in dieser Zeit mit großer Vorliebe ventiliert wurden, überrascht wenig: Die Wiederentdeckung der Antike und die Abkehr vom Mittelalter waren gewis-

---

44   Ps.-Aristot. probl. 19,48; Plat. polit. 3,400a – ganz anders dagegen Aristot. poet. 1449b28–30. Vgl. dazu Pöhlmann 1969, 5–13 oder Steinbeck 2010, 197–206 mit weiteren Beispielen aus dem 16. Jh.
45   F. Patrici, Della poetica, Ferrara 1586.
46   *Prima la musica, poi le parole* (UA 1786, Wien). Eben diese Frage treibt auch Richard Strauss in seiner letzten Oper *Capriccio* (UA 1942, Wien) noch um, in der er – die Handlung spielt im späten 18. Jh. – den Komponisten Flamand und den Dichter Olivier um die Gunst der kunstbegeisterten Gräfin Madeleine buhlen lässt.
47   Wiesend 1983, 255; Ketterer 2003, 5.
48   Zur Struktur der barocken *opera seria* s. unten unter Kapitel 3.3.
49   Vgl. Walther 2010, 1–5; Weiand 2017, 17–25. Damit setzt sich letztlich eine ältere Tradition fort, in der – nach der Durchsetzung des Christentums – die antiken Götter und Heroen zwar ihr religiöses Fundament verloren, aber als moralische *exempla* perpetuiert und gleichzeitig auch als Statussymbole der jeweiligen Eliten instrumentalisiert wurden. Vgl. auch Carlà & Berti 2015, 12 mit weiterer Literatur.
50   Vgl. dazu Ketterer 2003, 1–14.
51   UA 1642, Venezia; basierend auf einem Libretto von Giovanni Francesco Busanello.

sermaßen das Programm der Renaissance.[52] Wie Ulrich Niggemann und Kai Ruffing pointiert formulieren:

> Die Neuzeit definierte sich über die Antike, und ohne einen Bezug auf das Modell Antike gäbe es keine Neuzeit.[53]

Antike diente einerseits als allgemeiner Referenzrahmen für unterschiedliche Gesellschaftsschichten,[54] andererseits der Legitimation von Herrschaft und dabei insbesondere der Legitimation von Herrscherfamilien durch Herleitung der eigenen Dynastie auf antike Herrscher-, Heroen- oder Göttergestalten.[55] Gerade für die barocke *opera seria*, in der es häufig um die Präsentation moralischer *exempla* herrscherlicher Tugendhaftigkeit geht, lieferten antike Stoffe daher willkommenes Rohmaterial.[56]

3.3 Zur Struktur der italienischen *opera seria* im 17. und 18. Jh.

Die Hauptspielzeit für Opernaufführungen war im 17. und 18. Jh. stets die relativ kurze Karnevalssaison (*stagione di carnevale*). Der Beginn der Saison war dabei allerdings nicht einheitlich, in Venedig, dem vielleicht bedeutendsten Zentrum der *opera seria*, begann die *stagione di carnevale* am 26. Dezember, in München dagegen erst am Sonntag nach Epiphanias.[57] Diese *stagione* dauerte in der Regel bis zum Beginn der Fastenzeit, im 19. Jh. dann sogar bis zum 30. März.[58] Wie viele Spielabende es gab und wie viele Opern gezeigt wurden, war im 17. und 18. Jh. unterschiedlich – in der Regel werden es insgesamt wohl zwischen 30 und 40, in der verlängerten Saison des 19. Jh.s sogar zwischen 80 und 100 Abende gewesen sein, an denen Opern und Ballette stattfanden. In den italienischen Opernmetropolen (Venedig, Neapel, Rom und Bologna) mit ihrer Vielzahl an Theatern konnten so pro Karnevalssaison insgesamt durchaus 30 verschiedene Opern gegeben werden – normalerweise zwei oder drei Opern pro Theater.[59] Im Berliner Theater wurden dagegen stets zwei neue Opern inszeniert, in München immer nur eine.[60] Neben die Karnevalssaison traten in den größeren Theatermetropolen und Residenzstädten noch weitere Spielzeiten, deren Bedeutung gegenüber der *stagione di carnevale* allerdings deutlich abfiel: die

---

52 Wobei die Faszination für antike Literatur und Narrative auf mittelalterlichen Vorläufern fußt; Weiand 2017, 17.
53 Niggemann & Ruffing 2013, 1.
54 So beispielsweise Pawlitzki 2009. Vgl. außerdem speziell zur Bedeutung von Oper in diesem Kontext Werr 2011, 277–289.
55 Einen guten Überblick bieten Walther 2010, insb. 1–5 u. Burke 1996.
56 Vgl. beispielsweise zum Verhältnis von Metastasios weltlichen Opern und sakralen Oratorien und den jeweils verwendeten Stoffen Neville 1998. Zur Attraktivität antiker, insbesondere römischer Themen für die Opernbühne vgl. Ketterer 2003, 1–14 u. 2008 sowie McDonald 2001, insb. 9–16.
57 Strohm 1979, 12 u. Sadgarski 2010, 36. Die unterschiedliche Länge der *stagioni* und die daraus resultierende unterschiedlicher Zahl potentieller Aufführungstage bringt es mit sich, dass die absolute Anzahl an Aufführungen allein nicht als eindeutiger Indikator für den Erfolg oder Misserfolg einer Oper herangezogen werden kann.
58 Schuster 2003, 21.
59 Schuster 2003, 21.
60 Sadgarski 2010, 36.

stagione di primavera (oder *stagione di ascensione*) von Ostermontag bis Ende Juni sowie die *stagione di autunno* von Anfang September bis Ende November.[61] Hinzu kamen u.U. weitere kurze *stagioni*, die zu besonderen Anlässen begangen wurden, wie lokale Messen oder Märkte (*stagione di fiera*) in den Sommermonaten, Krönungen oder andere Festivitäten.

Aber nicht nur der geschilderte äußere Rahmen der Barockoper war derart strukturiert, sie folgte auch einer relativ festgelegten inneren Strukturierung. Dies gilt insbesondere ab dem ersten Viertel des 18. Jh.s, als die *opera seria* einigen grundlegenden Reformen unterzogen wurde. Maßgeblich für diesen Erneuerungsprozess und die daraus resultierende Gestalt der Barockoper ist vor allem der Librettist Pietro Metastasio,[62] der als einflussreichster Verfasser von Operntexten des gesamten 18. Jh.s gilt und zunächst im Umfeld der *Accademia dell'Arcadia* und der *Accademia dei Quirini* in Rom wirkte, bevor er als *poeta cesareo* an den Habsburgerhof nach Wien ging.[63] Metastasios Fokus war stets das Schöne und Erhabene, ein *lieto fine*, ein glücklicher Ausgang, wurde mit ihm obligatorisch, während vor (und nach) seinem Wirken durchaus auch *fini tragici* oder *funesti* in den Opern vorkamen.[64]

Alle metastasianischen Libretti sind formal streng durchkonzipiert, sie werden mit ihrem schematischen Aufbau maßgeblich für spätere Librettisten und die Gestalt der gesamten *opera seria*, greifen dabei aber bereits zuvor bestehende Gliederungskonzepte auf. Die typische *opera seria* des 18. Jh.s bestand aus drei Akten, die sich je in 10 bis 15 unterschiedliche Szenen aufgliederten.[65] Zwischen den Akten wurden in Abhängigkeit der zur Verfügung stehenden Finanzmittel Ballette als Einlagen gegeben, die allerdings meist in keinerlei Zusammenhang zum Thema der jeweiligen Oper standen – dies war auch bereits im 17. Jh. üblich gewesen.[66] Dass durch diese Pra-

---

61 Vgl. Schuster 2003, 21; Feldman 2007, 144–152; Walter 2016, 73–74.
62 Lange hat man in der musikwissenschaftlichen Forschung diese Gestaltung der *opera seria* ausschließlich mit Pietro Metastasio verbunden, ist aber inzwischen dazu übergangen, die Veränderungen gegenüber früheren Opern auch mit Apostolo Zeno und weiteren Librettisten und Musikschaffenden der Zeit in Beziehung zu setzen; vgl. Strohm 1997, 19–23; Gier 1998, 110. Zu Metastasio s. einführend Neville ²2001 u. unten unter Kapitel 4.2.1.
63 Zur Wiener Hofoper 1659–1740 und darüber hinaus: Seifert 1985; Seebald 2009, 42–44; Wyn Jones 2016, insb. 8–29 u. 47–71.
64 Zu den wenigen Ausnahmen gehören *Didone abbandonata*, *Catone in Utica* und *Attilio Regolo*. Dazu Gerhard 1994, 27–64. Im 17. und 18. Jh. überwiegt der lieto fine in der *opera seria* zwar eindeutig, doch gibt es mehrfach Libretti, die stattdessen einen *tragico* oder *funesto fine* als Schlusslösung wählen, wie z.B. *La Rosimonda* (UA 1695, Venezia; L.: Girolamo Frigimelica Roberti, M.: Carlo Francesco Polaiolo) oder *Tamerlano* (UA 1711, Venezia; L.: Agostino Piovene, M.: Francesco Gasparini) sowie Ende des 18. Jh.s *La morte di Cesare* (UA 1789, Venezia; L.: Gaetano Sertor, M.: Francesco Bianchi), *La morte di Semiramide* (UA 1790, Padova; L.: Antonio Simeone Sografi auf Basis von Pietro Giovanninis *La vendetta di Nino*, M.: Alessio Prati & Sebastiano Nasolini), *La morte di Cleopatra* (UA 1791, Milano; L.: Antonio Simeone Sografi, M.: Sebastiano Nasolini), *La morte di Mitridate* (UA 1786, Trieste; L.: Antonio Simeone Sografi, M.: Sebastiano Nasolini). Diese Varianten finden sich allerding v.a. außerhalb des Wirkungszeitraums Metastasios, wie Kathatina Kost (2004) zeigen konnte. Ähnlich bereits Strohm 1990, 11–26.
65 Bis zur Reform der Oper durch Metastasio bzw. Zeno umfassten die einzelnen Akte der Opern bis zu 25 Szenen mit mehreren Arien. So hat beispielsweise die Oper *Il Giorno di Salute ovvero Demetrio in Athene* des Freiherrn von Demantstein, vertont durch Hugo Wilderer (UA 1697, Düsseldorf), in der neunten Szene ihres zweiten Aktes stolze sieben Arien. Die z.T. sehr kurzen Arien konnten im 17. Jh. an beliebigen Stellen innerhalb der Szenen platziert werden, sie eröffnen, beschließen oder aber in der Szenenmitte stehen; Steffen 1960, 121–123.
66 Strohm 1997, 11.

xis die Handlung einer Oper völlig zerrissen wurde, war nebensächlich, die Musik bzw. die Oper als Gesamtkunstwerk spielte im Barock eine vergleichsweise geringe Rolle.

Spielorte waren zunächst häufig höfische bzw. hofnahe Theater, aber auch öffentliche Opernhäuser existierten schon früh, seit im März 1637 in Venedig mit dem Teatro S. Cassiano das erste öffentliche Opernhaus überhaupt eröffnet worden war.[67] Entsprechende Theater in anderen Städten folgten; ihr zahlendes Publikum deckte zwar ein breiteres soziales Spektrum ab als das der Aufführungen auf höfischen Bühnen, doch handelte es sich auch hier noch um einen relativ erlesenen Kreis von Personen, die sich v.a. aus Adel, Bürgertum und Klerus rekrutierten.

Ein öffentliches Opernhaus größeren Maßstabs besaß in dieser Zeit Restaurants, Cafés mit Billardtischen, Bibliotheken, Wandelhallen und dergleichen mehr und diente in erster Linie der Erfüllung gesellschaftlicher Bedürfnisse und wirtschaftlicher Interessen. Die soziale Dreiteilung des Publikums mit den Angehörigen der Aristokratie bzw. des Hofes in ihren Logen, das Bürgertum im Parkett und den einfachen Leuten auf dem obersten Rang unter dem Dach findet ihre Entsprechung in der Rollenkonstellation auf der Bühne; die gesellschaftliche Hierarchie bleibt auch hier gewahrt: An der Spitze steht im Normalfall ein Herrscher oder eine Herrscherin, dem oder der es am Ende des dritten Aktes zukam, den scheinbar in die Katastrophe mündenden Konflikt – meist entstanden aus dem Widerstreit zwischen Pflichterfüllung und Liebe – durch Großmut oder Selbstaufgabe zum Guten zu wenden. Ihm bzw. ihr untergeben sind dann zwei Sängerpaare (*prima donna – primo uomo*; *seconda donna – secondo uomo*), hinzu kommen mehrere kleinere Rollen als Vertraute oder Stichwortgeber.[68]

Musikalisch wird die *opera seria* spätestens seit Apostolo Zeno und Pietro Metastasio charakterisiert durch Rezitativ und Arie, wobei das Rezitativ in sog. *versi sciolti* verfasst ist, also unregelmäßig wechselnden reimlosen Sieben- und Elfsilblern, während der Text einer Arie in lyrischen Versen verschiedenster Versmaße abgefasst ist.[69] Als Faustregel kann gelten, dass das Rezitativ die Handlung vorantreibt, während die Arie die Affekte (Zorn, Liebe, Verzweiflung, Hoffnung etc.) einer Person ausdrückt. Der Inhalt der Arien ist für den Handlungsablauf mehr oder minder unerheblich, sie konnten ausgetauscht, eingefügt oder gestrichen werden, ohne dass dies den Verlauf der Oper wesentlich beeinflussen würde.[70] Sie sind in die Handlung integriert, nicht aber integraler Handlungsbestandteil.[71] Es handelt sich dabei seit Metastasio immer um Abgangsarien am Schluss einer Szene – der Sänger/die Sängerin verlässt im Anschluss die Bühne, jede Szene hat dann also maximal eine Arie; viele Szenen bestehen aber auch nur aus Rezitativen. Im 16. und frühen 17. Jh. kommen dagegen auch im Verlauf der Szenen gelegentlich Arien vor. Die Handlung ist dabei immer so angelegt, dass die sozial höher gestellten Personen mehr Arien zu

---

67 Albrecht 2001, 89–99; Prato 1971.
68 Die Opern des 17. Jh.s verfügen z.T. über eine deutlich größere Zahl an Rollen.
69 Schreiber 1988, 269.
70 Schmidt-Hensel 2009, 23. Die relative Bedeutungslosigkeit der Arien für den Handlungsverlauf lässt sich am besten an zwei Beispielen illustrieren. So wurde in den beiden Aufführungen von *Semiramide riconosciuta* im Jahr 1729 die Rolle des Mirteo deutlich verändert: Während er bei der römischen Uraufführung vier Arien zu singen hatte, waren es wenige Tage später in Venedig sechs, wohl da hier der berühmte Kastrat Carlo Broschi (detto Farinello) die Rolle verkörperte. Auch das Libretto *Achille in Sciro* desselben Librettisten wurde für die Aufführung in Neapel 1737 gegenüber der Wiener Uraufführung von 1736 dahingehend abgeändert, dass der König Licomede, der in Neapel mit einem jungen und noch unerfahrenen Sänger besetzt war, statt der ursprünglichen vier nur noch zwei Arien zu singen hatte; vgl. Knaus 2011, 99. In beiden Fällen wird die Handlung durch die veränderte Zahl der Arien in keiner Weise tangiert.
71 Schmidt-Hensel 2009, 24.

Abb. 2: Schematischer Aufbau der metastasianischen Oper. Die Ziffern bezeichnen die Anzahl der einer Person/Rolle zugedachten Arien, ihre Position innerhalb der Pyramide ihre soziale Stellung.

singen haben – und zwar seit Metastasio nach einem festen Schema (vgl. Abb. 2): Der Herrscher bzw. die Herrscherin erhält drei oder vier, *prima donna* und *primo uomo* je fünf, *seconda donna* und *secondo uomo* je drei, die kleinen Rollen je eine. Wichtig war für Librettisten des Barock, dass innerhalb der Arien die ganze Bandbreite menschlicher Leidenschaften ausgedrückt wird, dass die Arien gut über das gesamte Stück verteilt sind und dass der Affekt von Arie zu Arie wechselt.[72] Fast immer bietet die Oper dieser Zeit Herrschergestalten, die sich im Zwiespalt zwischen Liebe und Pflicht befinden; stets fällt im Barock die Entscheidung zugunsten der Pflicht aus, die Erfüllung der Liebe folgt oftmals durch eine höchst unwahrscheinliche und häufig unlogische Wendung im Opernfinale.

3.4 Bedeutung und Elemente der Libretti

Wie eingangs dargelegt, speist sich die Faszination und Wirkmächtigkeit der Oper zu einem guten Teil aus ihrer Plurimedialität. Musik, Text, Bühnenbild und Dramaturgie wirken zusammen, um ein Gesamtkunstwerk zu kreieren. Und dennoch ist es möglich, die Einzelkomponenten der Oper jeweils für sich zu betrachten (und zu untersuchen) – eine Oper kann konzertant aufgeführt werden, ein Libretto ist für sich allein lesbar, ohne dass Musik und Bühnenhandlung zwingend hinzutreten müssen.[73] Insbesondere die Libretti wurden früh als eigenständige Texte verstanden. So waren beispielsweise in zahlreichen privaten Bibliotheken des 18. Jh.s Libretti enthalten, die neben ‚normalen' Dramen und Romanen eingereiht wurden.[74]

Um so mehr erstaunt es, dass Librettotexte in der musikwissenschaftlichen, der literaturwissenschaftlichen und historischen Forschung bislang eher vernachlässigt wurden.[75] Wenn sie überhaupt Gegenstand akademischer Forschung waren, so wurden die Libretti bislang fast

---

[72] Die wechselnden Affekte spielten auch im 17. Jh. schon eine wichtige Rolle. Arien mit gleichen Affekten können während der gesamten Barockzeit gegeneinander ausgetauscht werden.
[73] Zur Geschichte des Librettos vgl. u.a. Bragaglia 1970 u. Gier 1998.
[74] Darüber hinaus wurden manche Libretti nie vertont, existieren also bis heute lediglich als Text; Overbeck 2011, 3 Anm. 4. Zur Frage, ob Libretti eine eigenständige literarische Textgattung bilden, auch Lüderssen 2012, 207–209.
[75] Eine Vorreiterrolle nimmt die beeindruckende Studie Overbeck 2011 ein.

ausschließlich aus philologischer oder musikwissenschaftlicher Perspektive betrachtet.[76] Das mangelnde Interesse an dieser literarischen Sonderform steht, wie Borchmeyer et al. zu Recht bedauern, nicht nur „in einem Missverhältnis zu ihrer weiten Verbreitung und Popularität, die von kaum einem Dramatiker der Weltliteratur erreicht wird, aber auch zu ihrer eminenten Bedeutung als Traditionsträger nicht-theatraler Strukturen und Topoi, sondern auch allgemeinen Kulturwissens".[77] Ziel dieser Arbeit ist es hingegen, das Libretto als literarisches und insbesondere kulturhistorisches Phänomen zu betrachten und als Katalysator und Multiplikator von Rezeptionsprozessen zu begreifen – das Libretto wird aufgefasst als die schriftlich fixierte Manifestation der Erinnerungsgattung Oper. Denn, so wirkmächtig die präsentierten visuellen und akustischen Eindrücke einer Oper auch sein mögen, der Librettotext determiniert letztlich die Geschichte, die auf der Bühne erzählt wird.

Das Libretto in den Fokus einer Analyse der in der Oper vermittelten Semiramisbilder zu stellen, erscheint vor allem für die Zeit des Barock vielversprechend – bildeten damals die Libretti stets den Ausgangspunkt einer Oper. Wie oben erwähnt, bestimmte der Librettist durch seinen Text die Gestalt der Oper – sowohl mit Blick auf den Inhalt als auch die Struktur –, geben doch seine Verse die Platzierung von Arien (in *versi lirici*) und Rezitativen (in *versi sciolti*) vor.[78] Die Librettosprache wird also nicht zuletzt dadurch charakterisiert, dass sie für die Umsetzung in Musik gewählt wurde.[79] Dem Komponisten obliegt im Barock dann die Aufgabe der musikalischen Ausdeutung des Textes,[80] wobei ein gutes, i.e. erfolgreiches, Libretto ohne weiteres mehrfach und von unterschiedlichen Komponisten vertont werden kann.[81] Im Regelfall wurden dazu Verträge (*scritture*) mit einzelnen Komponisten geschlossen, in denen Aufträge zur Vertonung eines bestimmten Librettos für ein bestimmtes Opernhaus vergeben wurden. Dieses Prozedere ist charakteristisch für die Barockoper, erst später entstehen auch Opernkompositionen auf Grundlage von zuvor völlig eigenständigen literarischen Werken (sog. Literaturopern).[82]

Auch die barocken Librettisten selbst verstanden sich als Dichter, nicht etwa als Zulieferer für einen Musikbetrieb.[83] Dabei darf natürlich nicht außer Acht gelassen werden, dass Librettisten zu keiner Zeit und in keinem Land eine homogene Gruppierung bildeten. Neben mehr oder minder professionellen Librettisten, also Personen, die ihre Libretti zum Broterwerb verfassten und häufig fest an ein fürstliches oder öffentliches Theater gebunden waren, unternahmen einige Dichter nur gelegentliche Ausflüge in die Welt der Oper. Gemeinsam ist vielen unter ihnen, dass sie in engem Konnex zu den Akademien agierten oder dort sogar selbst Mitglieder waren. Viele Librettisten des 17. und frühen 18. Jhs. hatten darüber hinaus eine hervorragende Ausbildung

---

76 Overbeck 2011, 4–5.
77 Borchmeyer et al. ²1996, 1118. Zum Schattendasein der Libretti vgl. auch Clément 1994, 32. Dass die Frage nach dem Status und der Beurteilung von Libretti schon im Barock kontrovers diskutiert wurde, zeigt Gauthier 2011, 1007–1008.
78 Leopold 2004b, 102; auch Schreiber 1988, 269.
79 Overbeck 2011, 2.
80 Wobei in der Intensität der Zusammenarbeit und der Hierarchie zwischen Librettisten und Komponisten sehr wohl Unterschiede bestanden. So war Carlo Goldoni durchaus bereit, seine Texte an die Bedarfe des jeweiligen Komponisten anzupassen, und auch Lorenzo Da Ponte ist für die Wandlungsfähigkeit seiner Libretti bekannt; Emery ³1991, 69–70.
81 Zum Verhältnis von Librettisten und Komponisten vgl. die Beiträge in Prinzbach 2003. Vgl. auch Gier 1998, 17: „Wenn ein Komponist ein Libretto vertont, deutet er es auf individuelle Weise aus; seine Interpretation kann nur eine von zahlreichen (oder zahllosen) möglichen sein, so wie jede Inszenierung eines Schauspiels oder einer Oper die Lesart des Regisseurs darstellt."
82 Budden 1992, 1290.
83 Lüderssen 2012, 206, die ausdrücklich auf die Literarizität der Libretti Pietro Metastasios, Lorenzo Da Pontes und Arrigo Boitos verweist.

genossen, worauf weiter unten näher eingegangen werden wird. Zusätzlich übernahmen die Librettisten an einigen Theatern auch die Funktion von heutigen Dramaturgen.[84]

An dieser Stelle erscheint ein kurzer Blick auf die Genese von Begriff, Funktion und Aufbau von Libretti angebracht. Der Terminus bezeichnete zunächst das kleine Format des Buches (Diminutiv v. ital. *libro* = Buch), erst später auch den Inhalt selbst. Er ist in historischen Wörterbüchern seit dem mittleren 18. Jh. belegt, findet aber nur langsam Eingang in die europäischen Sprachen.[85] Im 17. und vor allem 18. Jh. erfüllt das Libretto die Funktion moderner Programmhefte – es enthält neben einem Personen- und Besetzungsverzeichnis eine kurze Inhalts- und ggf. Quellenangabe (*argomento*[86]) sowie den kompletten Operntext. Diesen konnte das Publikum während der Aufführung mitlesen, war doch der Zuschauerraum bis weit ins 19. Jh. hinein nicht abgedunkelt.[87] Während die Libretti in höfischen Theatern meist erst nachträglich gedruckt wurden, sind sie in den bürgerlichen Theatern sowohl Gebrauchsgegenstände als auch Massenware, die bereits zur Premiere vorliegen müssen[88] – sie dienen als Verständnishilfe während der Opernaufführung, werden danach aber oftmals im Theater liegengelassen oder weggeworfen. Die kurze Lebensdauer eines Librettos zeigt sich auch am häufig nachlässigen Satz mit vielen Druckfehlern und der Verwendung von qualitativ minderwertigem Papier.[89] Gerade ausländische Besucher nehmen die Libretti allerdings gern als Souvenir ihrer Reise mit nach Hause und verschaffen ihnen einen Platz in ihren Bibliotheken.[90] Der Auftrag zum Librettodruck ging normalerweise vom jeweiligen Operndirektor oder aber vom Librettisten selbst aus.[91]

Wie bereits erwähnt, wurden erfolgreiche Libretti, also solche, die den jeweiligen Publikumsgeschmack trafen, oftmals von mehreren Komponisten vertont. Dabei wurden teilweise umfangreiche Änderungen und Anpassungen an Sängerfähigkeiten oder die Gegebenheiten der jeweiligen Opernbühne vorgenommen. Szenen wurden umgestellt, Arien gestrichen oder ergänzt, Schauplätze verändert. Zu annähernd jeder neuen Vertonung eines Librettos wurde die verwendete Textfassung erneut für das Publikum gedruckt – Partituren lagen dagegen bis ins 19. Jh. hinein nur handschriftlich vor.[92]

Die Abfolge der Elemente des Barocklibrettos folgt stets dem gleichen Schema: Titelblatt, Widmung (in öffentlichen Opernhäusern stets vom Impresario des Theaters an einen lokalen Mäzen), *argomento*, Personenverzeichnis, Auflistung der Bühnenbilder und ggf. Balletteinlagen und schließlich der vollständige Operntext. Von besonderer Bedeutung ist der *argomento*, dem

---

84   Gier 1998, 33–36.
85   Gier 1998, 3: 1742 England, 1817 Frankreich, 1830er Deutschland, 1840er Russland, 1884 Spanien. Vgl. einführend auch Macnutt ²1996, 1240–1243.
86   Vgl. zum Begriff Quint. inst. 5,10,9 u. Rädle 1997, 132–133. Der *argomento* ist dabei ein Charakteristikum der *opera seria*, in der *opera buffa* fehlt er im Regelfall; Gier 2012, 32.
87   Die Verdunklung des Zuschauerraumes hängt eng mit der Person Richard Wagners und seinem Bayreuther Festspielhaus zusammen. Doch selbst hier war das Auditorium nie völlig abgedunkelt. Dieses von Richard Wagner propagierte und keinesfalls auf ungeteilte Gegenliebe stoßende ästhetische Konzept der Verdunklung ist letztlich der Versuch, das Theater als sozialen Raum aufzulösen und die Aufmerksamkeit des Publikums fast gewaltsam auf das Bühnengeschehen zu fokussieren; Schivelbusch 1983, 198.
88   Erstmals so geschehen für Giulio Strozzis Libretto *La finta pazza*, vertont von Francesco Sacrati und 1641 in Venedig uraufgeführt; Rosand 1989, 342.
89   Gier 1998, 4 u. 54.
90   https://www.uni-bamberg.de/fileadmin/uni/verwaltung/presse/Publikationen/uni.vers/uni.vers_forschung_2013/08_Was_bleibt_vom_erfuellten_Augenblick.pdf (letzter Zugriff: 20.11.2018).
91   Krämer 2008, 61–62.
92   Krämer 2008, 64–65.

die Funktion eines Schwellentextes zukommt und der gleichzeitig die Funktion einer „handlungsexternen Exposition" erfüllt.[93] Im *argomento* bietet der Librettist das notwendige Vorwissen, das dem Zuschauer das Verständnis der dramatischen Handlung erst ermöglicht – was erklärbar macht, dass die frühesten Opernlibretti ohne *argomento* auskommen, da die ventilierten mythologischen Stoffe beim Publikum als vollständig bekannt vorausgesetzt werden konnten. Seit den 40er Jahren des 17. Jh.s wird die Abfassung eines Librettos verbindlich,[94] etwa 1830 reißt diese Tradition langsam ab.[95] Neben der Inhaltsangabe und insbesondere der Vorgeschichte des auf der Bühne präsentierten Stückes nutzen die Librettisten des Barock die *argomenti* oftmals auch, um die Quellen zu benennen, auf deren Grundlage das gewählte historische Sujet fußt.[96] Dies geschieht vor allem dann, wenn es gilt, Abweichungen von der Stofftradition nachvollziehbar zu machen,[97] verkommt manchmal aber zur Demonstration der Belesenheit der Librettisten, die durch diese Angaben das Prestige der seit Urzeiten bezeugten *historia* und/oder *fabula* für ihr Werk beanspruchen. Dabei sind ihre Angaben häufig sehr exakt und verweisen vereinzelt sogar auf einigermaßen entlegene antike Quellen – z.B. in Metastasios *argomento* zu *Didone abbandonata* (UA 1724, Napoli) auf das dritte Buch der *Fasti* Ovids[98], in Apostolo Zenos *Alessandro in Sidone* (UA 1721, Wien) auf exakte Passagen bei Diogenes Laertius, Philostrat, Curtius Rufus und Iustin sowie summarisch auf Arrian, Plutarch, Lukian, Clemens Alexandrinus und Stobaios.[99] Gleichzeitig existieren, wie unten noch ausführlicher zu sehen sein wird, auch ausgesprochen vage, unscharfe Quellenverweise.[100]

Aus der Perspektive der geschichtswissenschaftlichen Forschung interessiert dabei natürlich auch die Frage, woher die Librettisten des Barock die Stoffe nahmen, wie also ihr Zugriff auf die

---

93 Gier 2012, 20.
94 Gier 2012, 25–27.
95 So fehlt der *argomento* beispielsweise in Gaetano Rossis und Gioacchino Rossinis *Semiramide* von 1823 und nur drei der insgesamt 26 von Giuseppe Verdi zwischen 1842 und 1893 vertonten Opern enthalten einen *argomento*; Gier 2012, 35 m. Anm. 83.
96 Sehr ungewöhnlich ist, dass ein Opernstoff völlig frei erfunden wurde, worauf z.B. im Libretto zu Alessandro Pepolis *Giuochi d'Agrigento* (UA 1792; Venezia, M.: Giovanni Paisiello) ausdrücklich verwiesen wird: „Avvertasi che il soggetto del dramma è tratto dalla pura fantasia, e non da passo alcuno di favola o storia"; Gier 2012, 48 u. 101.
97 So heißt es beispielsweise bei Giovanni de Gamerras *Achille* (UA 1801; Wien, M.: Fernando Paër): „ha peraltro subito qualche episodico cangiamento, inevitabile in una teatrale rappresentanza". Auch Pietro Metastasio weist in *Semiramide riconosciuta* (UA 1729; Roma, M.: Leonardo Vinci) explizit auf seine umfänglichen Veränderungen gegenüber der Stofftradition hin: „L'azione principale del dramma è questo riconoscimento di Semiramide, al quale per dare occasione e per togliere nel tempo istesso l'inverisimilitudine della favolosa origine di lei, si finge che fosse figlia di Vessore re di Egitto, che avesse un fratello chiamato Mirteo educato da bambino nella corte di Zoroastro re de'Battriani, che s'invaghisse di Scitalce principe d'una parte dell'Indie, il quale capitò nella corte di Vessore col finto nome d'Idreno, che non avendolo potuto ottenere in isposo dal padre fuggisse seco, che questi nella notte istessa della fuga la ferisse e gettasse nel Nilo per una violenta gelosia fattagli concepire per tradimento da Sibari suo finto amico, e non creduto rivale, e che indi, sopravvivendo ella a questa sventura, peregrinasse sconosciuta e che poi le avvenisse quanto d'istorico si è accennato di sopra."
98 „Ovidio, libro III de' Fasti, dice che Iarba s'impadronisse di Cartagine dopo la morte di Didone, e che Anna di lei sorella, che sarà da noi chiamata Selene, fosse anch'essa occultamente invaghita d'Enea.", enthalten in Metastasio 1781.
99 University of North Carolina at Chapel Hill, Italian Opera Libretto Collection, #IOLC-00112; https://archive.org/stream/alessandroinsido112zeno#page/n3/mode/2up, S. 2–3 (letzter Zugriff: 16.10.2017).
100 „Tutto ciò si ha dagli storici" heißt es beispielsweise in Pietro Metastasios *Catone in Utica* (UA 1728, Roma; M.: Leonardo Vinci); enthalten in Metastasio 1781.

antiken Themenkreise erfolgte, die sie für die Opernbühne adaptierten, welche Erinnerungsbausteine sie dabei mit Sinnzuschreibungen versahen und welche sie negierten. Vor allem für das 17. und 18. Jh. stellt sich damit zugleich die Frage nach Bildung und Ausbildung der Librettisten. Eine dichterische oder schriftstellerische Laufbahn setzt in dieser Zeit gründliche humanistische Studien voraus; bis ins 19. Jh. hinein betrachteten Librettisten die lateinischen (und italienischen!) Klassiker als verbindlichen Maßstab für ihre eigenen Werke.[101] Ob die z.T. klassisch hervorragend ausgebildeten Librettisten des Barock die zitierten Texte direkt oder über eine Zwischenstufe, etwa eine ältere Libretto- oder Schauspielversion, benutzt haben, ist dabei allerdings oft schwer zu entscheiden.[102] Wie bereits gezeigt wurde, wird die Gestalt der assyrischen Königin Semiramis keineswegs nach einer einzigen, festen Tradition memoriert, sondern ihre Rezeption unterliegt vielmehr diskursiven Schwankungen und ist in höchstem Maße wandelbar. Der Faszination der facettenreichen Gestalt der Semiramis konnten sich die Librettisten ebenso wenig wie die griechischen Historiographen, die lateinischen Autoren, die Kirchenväter, die mittelalterlichen Chronisten, die großen Literaten der Renaissance oder die Dramatiker der Frühen Neuzeit dabei je entziehen.

---

[101] Gier 1998, 34.
[102] So auch Rosand 1980, 282–283.

4. Si alza il sipario – Semiramis auf der barocken Opernbühne

Im folgenden Kapitel werden die einzelnen Libretti, die sich um die Gestalt der Semiramis ranken, vorgestellt. Dabei wird zunächst nach den Umständen ihrer Entstehung, den Librettisten und ihrem Umfeld sowie Zeit und Ort der jeweiligen Uraufführung gefragt. Im folgenden Abschnitt wird dann die Handlung der Oper wiedergegeben, wobei dem *argomento* besondere Aufmerksamkeit geschenkt wird. Ebenso werden die nachweisbaren Adaptionen, Übernahmen und Wiederaufnahmen des jeweiligen Librettotextes besprochen[1] – die textlichen Veränderungen gegenüber der Uraufführung sind im Anhang der Arbeit aufgearbeitet. Häufige Vertonungen bzw. Übernahmen werden dabei als Indizien für besonders erfolgreiche, den Publikumsgeschmack der Zeit gut treffende Manifestationen der Erinnerungsfigur Semiramis aufgefasst. Während einerseits die jeweils präsentierten Semiramisbilder herausgearbeitet werden, wird andererseits auch nach den Vorbildern/Vorläufern und zeitimmanenten Diskursen gefragt, die die Ausgestaltung und Verargumentierung der jeweiligen Semiramis determiniert haben (könnten).

4.1 Semiramide pre-mestastasiana – Eine Vielfalt von ‚Semiramiden'

4.1.1 Maiolino Bisaccioni – Semiramide in India (1648/1649)

4.1.1.1 Umstände der Entstehung

Angesichts der enormen Bedeutung der Gestalt der Semiramis für die antike Welt und ihrer Omnipräsenz innerhalb des westlichen kulturellen Gedächtnisses sowie der generellen Beliebtheit antiker Figuren auf den Bühnen der Renaissance, verwundert es wenig, dass Semiramis schon relativ früh die Opernbühne betrat – und zwar in Venedig. Venedig hatte sich schnell als Zentrum der Oper etabliert, hier wurde das Genre weiterentwickelt und neue Trends gesetzt. Bereits im März 1637 war in Venedig mit dem Teatro S. Cassiano das erste öffentliche Opernhaus überhaupt eröffnet worden, das sich als derartiger Erfolg erwies, dass innerhalb weniger Jahre weitere öffentliche Opernhäuser ihre Pforten für das Bürgertum und die zahlreichen Reisenden, die in Venedig Station machten, öffneten. So entstanden das Teatro SS. Giovanni e Paolo (1639), das Teatro S. Moisè (1639) und das Teatro Novissimo der *Accademia degli Incogniti* (1641).[2] In diesem Zentrum musikalischer Neuerungen und Entwicklungen, sozusagen dem Schmelztiegel der Barockoper, wurde Semiramis in der Karnevals-Saison 1648/1649 erstmals zur Gestalt der

---

[1] Eine Ausnahme bildet hier lediglich *Semiramide riconosciuta* (UA 1729, Roma) von Pietro Metastasio, dessen 85 Vertonungen nur in Auswahl besprochen werden können.
[2] Albrecht 2001, 89–99; Prato 1971.

Opernbühne – mit *Semiramide in India* von Maiolino Bisaccioni.[3] Die Musik zur ersten Semiramisoper, die heute allerdings verloren ist, steuerte Francesco Paolo Sacrati bei.

Conte Maiolino Bisaccioni (1582–1663) hatte zunächst in Bologna Rechtswissenschaften studiert.[4] Nach seiner Promotion führte ihn sein Weg nach Venedig, Modena, Trient und Wien, bevor er im Dreißigjährigen Krieg kämpfte. Als hoher Beamter und politischer Agent übernahm er in den folgenden Jahren Aufgaben in Rom, Neapel, Palermo und Turin und ließ sich danach in Venedig nieder. Dort wurde er Mitglied der *Accademia degli Incogniti*, der auch Ferrante Pallavicino angehörte,[5] und die 1630 bis 1660 ihre Hochphase erlebte.[6] Hier sammelten sich die venezianischen Adeligen und führenden Intellektuellen der Zeit, die am literarischen Leben Venedigs regen Anteil nahmen. Ihre Mitglieder nahmen auch auf die Ausgestaltung der venezianischen Oper dieser Jahre starken Einfluss – sei es als Librettisten oder als Geldgeber des Teatro Novissimo.[7] Neben einigen historischen Abhandlungen schrieb Bisaccioni als Anhänger der sich etablierenden Gattung der Oper mehrere Libretti, die alle in Venedig uraufgeführt wurden: *Ercole in Lidia* (UA 1645, Teatro Novissimo), *Semiramide in India* (UA 1648/1649, Teatro S. Cassiano?) sowie *Orithia* (UA 1650, Teatro SS. Apostoli). Alle diese Libretti haben antike Themen, in allen spielen starke Frauen und Cross-Dressing zentrale Rollen – sie entsprechen somit gänzlich dem (venezianischen) Operngeschmack des 17. Jh.s und den in akademischen Kreisen geführten Diskursen über die Rolle der Frauen.[8] Bisaccioni bot in seiner Oper *Semiramide in India* ein virtuoses Beispiel von doppeltem Transvestitismus, der in besonderem Maße den damaligen Zeitgeschmack traf: Die überbetonten männlichen Charakterzüge einer weiblichen Protagonistin wurden als Gegensatz zu den effeminierten Charakterzügen einer männlichen Figur ausgestaltet.

Das Libretto nennt den Aufführungsort nicht. Die relativ große Zahl an erhaltenen Drucken[9] sowie das Faktum, dass sich die Drucke voneinander unterscheiden – also aus unterschiedlichen Serien stammen und damit für unterschiedliche Abende der Karnevals-Saison gedruckt wurden –, weist eher auf die Aufführung in einem bürgerlichen Theater und nicht in einem adeligen Palazzo hin.[10] Lionel Allacci vermutet als Aufführungsort das Teatro S. Cassiano.[11] Sollte diese Annahme korrekt sein, sind wenigstens vorsichtige Schätzungen zur Zahl der Zuschauer und somit zum Rezipientenkreis möglich: Von Benedetto Ferrari als Logentheater konzipiert,[12] besaß das Teatro S. Cassiano auf fünf Rängen je 31 Logen, in denen normalerweise sechs Personen der Aufführung beiwohnen konnten – das ergibt pro Aufführung bei ausverkauftem Haus 930 Zuschauern in den Logen; hinzu kommt eine nicht exakt eruierbare Anzahl an Personen auf

---

3 Allacci 1755, 710; Sonneck 1914, 988; Thiel 1970, 1474; sowie Miato 1998; Rosand 1991, 37–40; Heller 2003; Lattario 2012; Droß-Krüpe 2020a, 17–30.
4 Zur Biographie Bisaccionis s. Castronovo 1968, 639–643.
5 Zu dessen Semiramisbild in seiner *Scena retorica* von 1640 siehe oben unter Kapitel 2.5.3.
6 Der vom Gründer der *Accademia*, Giovanni Francesco Loredano, protegierte Pallavicino, ein desertiertes Ordensmitglied des Augustinerordens, der in seinen zahlreichen Werken häufig die Missstände im päpstlichen Rom anprangerte. Aufgrund dieser papstkritischen Texte fiel Pallavicino letztlich der Inquisition zum Opfer, wurde aber in der *Accademia degli Incogniti* auch nach seiner Hinrichtung in besonderem Maße wertgeschätzt; seine Werke blieben über seinen Tod hinaus einflussreich; Marx 2009, 61–100.
7 Rosand 1991, 37–38.
8 Vgl. einführend Rosand 1991. S.a. Treadwell 1998, 131–153 u. Heller 2003, 239–240.
9 15 Drucke lt. Sartori 1990–1994, #21529, 179.
10 So besitzen beispielsweise nicht alle erhaltenen Drucke ein Frontispiz.
11 Allacci 1755, 710; Monterosso-Vacchelli 1977, 85.
12 Albrecht et al. 1991, 21.

Stehplätzen im Parterre und auf Plätzen in der *orchestra*.[13] Geht man mit Bianconi & Walker davon aus, dass ⅔ der Zuschauer in den Logen Platz fanden, so ergeben sich ca. 300 zusätzliche Plätze im Parterre.[14] Da aus dieser Zeit keine Zeitungsberichte vorliegen, die Auskünfte über die Zahl der Aufführungen geben könnten, sind wir auch hier auf Vermutungen angewiesen. Wie erwähnt, besaß die italienische Oper dieser Zeit kein Repertoire, so dass pro Saison und Theaterhaus üblicherweise zwei, maximal drei Opern aufgeführt wurden – allerdings nicht täglich, sondern drei bis fünf Mal pro Woche.[15] 1648/1649 dauerte die Karnevalssaison bis zum 16. Februar; es ergeben sich somit rund 30 potenzielle Spielabende, realistisch betrachtet dürften es wohl eher 10–15 Aufführungen gewesen sein, da ja in der Regel zwei Opern gegeben wurden. Selbst wenn man bedenkt, dass mindestens die Inhaber der Logen eine solche Aufführung mehrfach besuchten, könnten 2.000–4.000 Personen eine Aufführung gesehen haben und mit Bisaccionis Semiramisbild konfrontiert worden sein.

4.1.1.2 *Argomento und Handlung*

In seiner Widmung an Giovanni Battista Cornaro dalla Piscopia (1613–1692), seines Zeichens Procuratore di S. Marco, erläutert Bisaccioni die Bedeutung seiner Heroine:

> Egli è bene una favola chimerizata sopra le attioni della più celebre Heroina, che cingesse mai spada, ancora che di soverchio donna alla fragilità degli Amori; ma non è già se non historia verissima ch'io sono & sarò in eterno.

Seine Oper umfasst folgende Rollen, die Besetzung derselben wird allerdings – wie in dieser Zeit üblich – nicht genannt:

Semiramide – regina degli Assiri
Nino – suo figlio
Serpillo – paggio di Nino
Argillante – capitan generale di Semiramide
Capitan della guardia di Semiramide
Egilda – principessa del sangue di Semiramide
Arimeno – principe degli Indi
Euroneo – suo consigliero
Caristo – pastorella
Climene – suo padre putativo

Abgesehen von Semiramide und Nino ist der Kanon der auf der Bühne agierenden Personen von den antiken Quellen losgelöst. Auch wenn zuvor schon freie Ausgestaltungen des Stoffes um

---

13 Lynn 2005, 100.
14 Bianconi & Walker 1984. Walter (2016, 372) geht dagegen davon aus, dass im Schnitt 85 Personen eine Opernaufführung vom Parterre aus betrachteten. Für alle folgenden Hochrechnungen zur Größe des Publikums werden stets die Angaben aus Bianconi & Walker 1984 zu Grunde gelegt.
15 Siehe Grosley 1769, 97: „L'Opéra joue, à Naple, depuis la S. Charles jusqu'au Carême, à trois représentations par semaine."

Semiramis möglich waren, vollzieht sich hier endgültig – und unumkehrbar – der Schritt zu einer aus tradierten Personenkonstellationen herauslösbaren literarischen Figur und einer frei transformierbaren Handlung, die sich verschiedenster Erinnerungselemente bedient, diese aber nach Belieben anreichert und modifiziert, worauf unten noch zurückzukommen sein wird.

Ein erhaltener Librettodruck in der venezianischen Biblioteca Nazionale Marciana gibt bereits auf dem Frontispiz einen guten Eindruck von dem in der Oper präsentierten Bild der babylonischen Königin:[16] Semiramide wird vor einem Kriegszelt sitzend gezeigt, sie trägt zwar ein Kleid, ist aber mit Harnisch, Helm, Speer und Schild bewaffnet – die Darstellung erinnert an Roma oder Minerva. An ihrer Seite befindet sich eine zweite weibliche Gestalt, vielleicht Egilda.[17] Mit dem Rücken zum Betrachter ist eine männliche Gestalt zu sehen, es handelt sich wohl um Semiramides General (und früheren Liebhaber) Argillante. Nichts kennzeichnet Semiramide optisch als Orientalin, weder Kleidung noch Accessoires noch die Landschaft, die sich im Hintergrund erahnen lässt, deuten auf den Vorderen Orient oder Asien hin.[18]

Im Libretto keine Angaben zur Ausgestaltung der Szenen enthalten, so dass kein Eindruck vom Bühnenbild gewonnen werden kann – dies git für alle hier besprochene Textbücher. Wir erfahren nur, dass die Handlung sich am Ganges abspielt. Es ist

Abb. 3: Frontispiz – M. Bisaccioni,
Semiramide in India, Venezia 1648/1649
(Biblioteca Nazionale Marciana, DRAMM 0915)

aber davon auszugehen, dass die im Barock übliche Bühnendekoration vorzufinden gewesen ist: Perspektivisch weit in die Tiefe der Bühne reichende reich ornamentierte barocke Palasträume, Tempelhallen oder Straßenzüge, allesamt Spiegel damals gegenwärtiger europäischer Architek-

---

16 Biblioteca Nazionale Marciana, DRAMM 0915.
17 Damit könnte das Frontispiz den ersten Auftritt der Semiramis in dieser Oper (I/3) illustrieren. Wendy Heller (2003, 229) hält die zweite weibliche Gestalt auf dem Frontispiz dagegen für eine beliebige weibliche Dienerin.
18 Dies deckt sind mit den generellen Tendenzen der Zeit, in der der Vordere Orient „lediglich ein künstlicher Schauplatz der Handlung, d. h. ohne wirklichen Bezug zum Orient" bleibt; Haas 2001, 1224.

tur, allenfalls gespickt mit Zitaten antiker Architektur, wie Säulen oder Obelisken.[19] Der Orient wird in der Barockoper auf der Bühne nicht visualisiert.[20]

Im *argomento* bietet Bisaccioni dem Publikum das notwendige Vorwissen, das das Verständnis der dramatischen Bühnenhandlung ermöglicht. Der Text sei hier zur Gänze wiedergegeben, die Schreibweise entspricht – wie auch bei allen folgenden *argomenti* – exakt der des Librettos:

> Morto Nino terzo Rè degli Assirij, restò di lui un'altro Nino fanciullo non anche habile al governo, & Semiramide di quelle Vedova, e di questo Tutrice. Costei avida del governo, e gloria militare, parendole, che il figlio (a cui moltissimo si assomigliava di effigie) inclinasse alle delitie, prese il nome di Nino fingendosi lui, e'l figlio diede à credere, che fosse Semiramide, e'l pose fra le donne; mà dubbiosa, che ne fosse scoperta la fraude, radunò potentissimo essercito, & uscita in campagna, si fece tributarij i Regi vicini avanzandosi infino all'India, di cui era Rè Staurobate. Questi armati anch'egli i suoi, mandò ad incontrarla al Gange, dove incontratisi i legni dell'una, e dell'altra parte, si commise una fiera battaglia con la Vittoria degli Assirij. Semiramide fugato l'inimico, pose piede à terra, venne à nuove conflitto, in cui fù il vantaggio degli Indiani.
>
> Questa Historia vera hà dato materia alla presente favola, dove si finge, che Staurobate d'età candente havesse dato l'essercito ad Arimeno suo figlio, ilquale valorosamente combattendo su'l Gange, andasse ad attaccar la Reale, e salitovi sopra, fosse soprafatto dalla calca de nimici, e fatto prigione, delle cui valorose bellezze invaghita Semiramide ne restasse anche innamorata; come il giovane veduto ivi Nino credendolo una giovinetta ne concepisse Amore. Ma poi ripigliate le forze, e vedutasi accostar di nuove la sua nave, fatta forza à chi lo custodiva si riponesse in libertà anche ferendo Semiramide, che volle opponersi per ritenerlo.
>
> Fingesi ancora, che nella battaglia terrestre Nino dubitando di esser fatto prigione, buttate le vesti feminili, so ponesse in una barchetta, che trovò alle rive del fiume, & in compagnia di un suo paggio passa all'altra riva.

> Nach dem Tod von Nino, dem dritten König der Assyrer, hinterließ er einen anderen Nino, ein noch nicht regierungsfähiges Kind und Semiramis, Witwe von jenem und Vormund von diesem. Da diese – begierig nach der Macht und nach militärischem Ruhm, meinte, dass der Sohn (dem sie im Aussehen sehr ähnelte) zum Genuss neigte, übernahm sie den Namen von Nino und täuschte vor dieser zu sein, während sie den Sohn glauben machte, Semiramis zu sein, und ihn unter die Frauen schickte; doch zweifelnd, ob der Betrug nicht aufgedeckt werden würde, rief sie ein übermächtiges Heer zusammen, und, ausgezogen in den Feldzug, machte sie die benachbarten Könige tributpflichtig und rückte bis nach Indien vor, wo Staurobate König war. Auch dieser bewaffnete die Seinen und schickte sie Semiramis zu treffen zum Ganges, wo, als sich die Schiffe der einen und der anderen Seite trafen, eine wilde Schlacht entbrannte mit dem Sieg der Assyrer. Nachdem Semiramis den

---

19　Tintelnot 1939; Hartmann 2017, 49–70.
20　Die konkretere Visualisierung antiker und/oder orientalischer Interieurs ist erst ein Phänomen des Historismus. Zwar besaß insbesondere die Republik Venedig spätestens seit den Türkenkriegen intensive Kontakte zum ‚Orient', genauer dem Osmanischen Reich. Haremsvorstellungen kamen aber erst mit Paul Rycauts *The Present State of the Ottoman Empire* von 1670 auf. Die Visualisierung des Harems erfolgte sogar erst mit den *Recueil de cent Estampes représentant différentes Nations du Levant* (1714/1715); vgl. Förschler 2010.

Feind in die Flucht geschlagen hatte, betrat sie das Land und es kam erneut zum Konflikt, wobei nun der Vorteil bei den Indern lag.

Diese wahre Geschichte hat das Material zur vorliegenden Fabel gegeben, worin ausgemalt wird, dass Staurobate im hohen Alter das Heer seinem Sohn Arimeno übergeben hat, der tapfer am Ganges gekämpft hat und nun daran anging, die Königin anzugreifen, und als er hinauf gestiegen war, von einem Gedränge an Feinden überwältigt war. Er wurde gefangengenommen und Semiramis verschaute sich in seine tapferen Schönheiten und verliebte sich in ihn, während der Jüngling, als er dort Nino sah, den er für eine junge Frau hielt, sich in diesen verliebte. Doch als er seine Kräfte erholt hatte und erneut sein Schiff sich nähern sah, überwältigte er die, die ihn bewachten, und befreite sich, indem er auch Semiramis verletzte, die ihn zurückzuhalten versucht hatte. Hier wird ebenso ausgemalt, dass in der Landschlacht, nachdem Nino die Zweifel gekommen waren, dass er etwa wie ein Gefangener gehalten werde und er die Frauenkleider weggeworfen hatte, sich in ein Boot setzte, das er am Flussufer fand und in Begleitung eines seiner Pagen auf das andere Ufer übersetzte. [Übers. d. Verf.in]

Bisaccioni differenziert hier deutlich zwischen dem, was er als „historia vera" klassifiziert und seinen eigenen Zugaben zur Opernhandlung. Diese Differenzierung zwischen ‚historia' und ‚fabula/favola' ist in den Libretti, insbesondere in den frühen Textbüchern des 17. Jh.s, häufig und wird i.d.R. durch stehende Wendungen (z.B. „dalle favole" und „si finge") kenntlich gemacht.[21] Die Librettisten verstanden ihre Aufgabe, wie Matteo Norris formuliert, wie folgt:

Chi compone sa, che la invenzione è'l primo scopo di chi compone (...).[22]

Und in Francesco Busenellos *argomento* zu seiner *Didone* hieß es nur wenige Jahre vor Semiramis' erstem Opernauftritt:

Qui non occorre rammemorare agl'huomini intendenti come i Poeti migliori habbiano rappresentate le cose à modo loro, sono aperti i Libri, & non è forastiera in questo Mondo la eruditione.[23]

‚Di quello, che si finge' war somit für die Librettisten des 17. Jh.s der wichtigere Teil ihres Librettos – das Libretto ist in ihrem Verständnis eine hybride Literaturform, der ihnen die Möglichkeit eröffnete, basierend auf allgemein bekanntem Material, auf Elementen aus dem Speichergedächtnis also, ihre Fantasie spielen zu lassen.

Bereits im Prolog der Oper wird – mit erkennbar werdendem Ton – auf die kriegerischen Ambitionen der Semiramide Bezug genommen, wenn es direkt im ersten Einsatz des Chores heißt:

Coro di Genij dell'Assiria:
Dovrà l'Assiria sempre dunque solo trattar usberghi, & haste?

---

21 Vgl. Gier 2012, 58–62 mit zahlreichen weiteren Beispielen. Dass ein Opernstoff völlig frei erfunden wurde, ist sehr ungewöhnlich; Gier 2012, 48 und 101.
22 *Il Greco in Troia* (UA 1689, Firenze; M.: Giovanni Maria Pagliardi).
23 UA 1641, Venezia (M.: Francesco Cavalli).

Die eigentliche Oper beginnt dann mit zwei Eingangsszenen im indischen Lager, in denen es primär um den Krieg geht (I/1 u. 2).[24] Der erste Akt zeigt die gegensätzlichen Welten, um die es Bisaccioni geht: Auf der einen Seite des Flusses befinden man sich im Kriegslager der Semiramide, die Befehle erteilt und durch und durch als Kriegsherrin geschildert wird,[25] und ihres Generals Argillante. Nur Argillante und Egilda, die einander lieben, kennen die wahre Identität der Königin. Argillante plant, Semiramide aus Machtgier zu hintergehen,[26] Egilda, zunächst unschlüssig, wem ihre Loyalität zu gelten habe, verspricht, Semiramide gegenüber zu schweigen. Danach wird uns am anderen Flussufer das süße Leben des geflüchteten Nino vorgeführt, der von seinem Pagen Serpillo begleitet wird.[27] Die Begegnung mit der schönen Schäferin Caristo weckt in Nino große Leidenschaft, für die er sofort bereit ist, seine königlichen Attribute abzulegen.[28] Der erste Akt endet mit dem Übersetzen Argillantes auf die andere Flussseite, wo er Nino für seine Sache gewinnen will.

Während sich im zweiten Akt einerseits die Liebesbeziehung zwischen Nino und Caristo intensiviert, zeigt uns Szene II/4 eine zerrissene Semiramide, die in einer pathetischen Arie ihr aufgewühltes Inneres offenlegt – einerseits quält sie ihre schwache Position als Herrscherin und die Frage nach ihrer Zukunft als solche, andererseits bereitet ihr unerfüllte Liebe große Qualen. Semiramide hat sich in den indischen Prinzen Arimeno verliebt – eine Liebe, die nur erfüllt werden könnte, wenn Semiramide ihre Männerkleidung ablegt und sich als Frau zu erkennen gibt. Damit würde sie aber den Thron aufgeben. Hier zeigt sich das für die Barockoper typische Dilemma der auf der Bühne agierenden Herrschenden – der innere Konflikt zwischen royaler Pflicht und eigenem Wollen, zwischen Macht und Liebe. Derweil versucht Serpillo, die ungezügelte Leidenschaft seines Herrn zu bändigen und dem Kopf über das Herz (bzw. den Körper) zum Sieg zu verhelfen – doch ohne Erfolg.[29] So stellt er letztlich gar verzweifelt die Frage nach Ninos geschlechtlicher Identität:[30]

Serpillo:
Sei tù donna? Sei maschio, ò hermafrodito?[31]

Der zweite Akt bringt im weiteren Verlauf eine Verschiebung der Geschlechterrollen hin – oder zurück – zu ihren ‚natürlichen'. Während Semiramide sich mehr und mehr weiblich gibt (II/4

---

24 Arimeno: „Venia superbo, & oroglioso Nino [i.e. die als Nino verkleidete Semiramis, Anm. der Verf.in] gravando il dorso al Gange con cento navi, e cento." (I/2).

25 Argillante: „Sospira adunque, e piange quel cor che osò guerriero dall'Eufrate, e dal Tigre il glorioso Impero Dell'Assiria portar all'Indo, e al Gage?" (I/3). // Semiramide: „Il mio voler sarai." (I/4).

26 Argillante: „Se saggia sei, seconda della mia stella il fato, che con piè fermo, e vero mi conduce all'Impero." (I/5).

27 Nino: „(…) in questo sito ameno par che l'alma respiri, e già il timido seno più non forma sospiri (…)" (I/6) // Caristo: „(…) se ride, se canta, se dorme, sempre hà d'Amor pensieri, oggetti, e forme." (I/6).

28 Nino: „Vita beata, e cara, se Amor vive con voi con i diletti suoi." // Nino: „Ite scettri e corone delle tumide menti portentosi tormenti, vi ricuso per sempre (…)" (I/7).

29 Zerpillo: „(…) ma dì per cortesia fosti un tempo Regina, hor sei pastore; Tale ti hà fatto Amore; Io, se mai amarò, femina diverrò?" (II/2).

30 Zwar ist die Besetzung des Nino nicht bekannt, dort sind in diesem Jahrzehnt Kastraten, insbesondere in führenden Rollen, noch die absolute Ausnahme auf den Opernbühnen. Es ist daher davon auszugehen, dass die Rolle von einem Tenor gesungen wurde. Zum Phänomen der Kastraten und der gegengeschlechtlichen Rollenbesetzungen in der Barockoper siehe unten unter Kapitel 4.3.

31 II/2.

u. II/5), entdeckt Nino, der durch eine potentielle Hochzeit seiner Mutter mit Arimeno seinen Thronanspruch wanken sieht,[32] angestachelt von Argillante seine männlichen Tugenden und verlässt Caristo, um um seinen Thron zu kämpfen (II/7–9). Als Caristo dies erfährt, sinnt sie wutentbrannt auf Rache, da Nino versprochen hatte, sie zu heiraten und sie sich von ihm verraten glaubt (II/8–10).[33]

Im dritten Akt wird das ‚wahre' Geschlecht von Semiramide und Nino enthüllt. Szene 2 zeigt, dass Ninos Befürchtungen höchst begründet sind, bietet hier doch Semiramide Arimeno den Thron an. In der folgenden Szene (III/3) treffen dann mit Semiramide und Caristo zwei als Männer verkleidete Frauen aufeinander – Caristo hält Semiramide für Nino, Semiramis Caristo für einen indischen Prinzen. Danach treffen Caristo und der echte Nino aufeinander und versöhnen sich, doch Caristo wird des Verrats beschuldigt, da Semiramide sie für einen Gesandten des Verräters Argillante hält, der sich unrechtmäßig in königliche Gewänder gekleidet hat. Das Drama nimmt dann die für die Barockoper charakteristische unerwartete Wendung, durch die sich alles zum Guten fügt: Arimeno eröffnet Caristo, dass Climene, den sie zeitlebens für ihren Vater gehalten hat, nicht ihr leiblicher Vater ist, sondern dass sie die verschollene Schwester Arimenos ist. Auch Caristo besitzt somit königliches Blut und kann Nino heiraten; Semiramide nimmt Arimeno zum Gemahl.[34] Alle kehren somit in ihre ‚natürlichen' Geschlechterrollen und an ihren ‚natürlichen' Platz innerhalb der Gesellschaft zurück.

4.1.1.3 Ideae et species Semiramidis

Quellenangaben machte Bisaccioni in seinem *argomento* nicht, doch wird sofort deutlich, dass er stark von der Darstellung Diodors inspiriert ist. Es ist denkbar, dass Bisaccioni direkt auf den seit 1472 in einer lateinischen Übersetzung durch den Humanisten Gianfrancesco Poggio Bracciolini vorliegenden Quellentext zugegriffen hat.[35] Bisaccioni interessierte sich ausschließlich für den berühmtesten Kriegszug der Semiramis an das ‚Ende der Welt' sowie für ihre männlichen Tugenden. Als ihr Gegenbild zeichnete er einen effeminierten Nino, über den Diodor selbst allerdings wenig zu berichten weiß.[36] Zusätzlich bediente er sich des Erinnerungsbausteins der Verkleidung der Semiramis. Ob er dies aus der Bemerkung Diodors zu Semiramis' Reisekleidung, aus Trogus/Iustin[37] oder aus Boccaccios *De mulieribus claris* entnommen hat, muss dabei offen bleiben. Zusätzlich kämen auch Muzio Manfredis *La Semiramis* und Cristóbal de Virués' *La gran Semiramis* für die Herkunft dieses Elementes in Frage.[38]

---

32 Nino: „Mà se in Assiria un giorno io vorrò far ritorno, salva, eresa mi fia la dignitade mia." Argillante: „La vita, è'l regno è uguale" (II/7).
33 Caristo: „Vendetta, Armor, vendetta. Un' amante infedele, un tiranno crudele, questa à tua lesa manestà si aspetta." (II/10).
34 Zwischen den Akten gab man Ballette, die aber mit der Opernhandlung in keinerlei Zusammenhang standen. Sie sind in einem Druck (Deutschen Historischen Institut, Rom: Rar. Libr. Ven. 40/42#40) von Hand eingetragen: *Gl'amori d'Apollo, e di Dafne* und *La Daidamia*.
35 Pinkepank 2007, 201–203.
36 Die Inspiration für die Ausgestaltung der Figur scheint vielmehr aus Beschreibungen des Sardanapal zu stammen, Diod. 2,23,1–3; s. auch Fink 2014; Monerie 2015.
37 Auch dieser Text lag seit längerem ediert vor. Als erste Edition hat wohl die 1470 in Venedig durch Nicolaus Jenson gedruckte Ausgabe zu gelten, s. Payne & Foss 1842, 381.
38 Zu beiden Stücken ausführlich oben unter Kapitel 2.5.6.

Inspiration für sein Libretto wird Bisaccioni neben der Lektüre der lateinischen Diodor-Ausgabe und anderer lateinischer Quellen auch aus humanistischen und frühneuzeitlichen Werken gezogen haben. Neben Pallavicinos *Scena retorica*[39] und anderen zeitgenössischen Abhandlungen ist hier v.a. an die Semiramisbilder bei Boccaccio und Petrarca, Manfredi, Gessi und de Virués zu denken, die allerdings alle nicht auf Semiramis' Indienzug rekurrieren. Bisaccionis Bild der Semiramis passt, wie gezeigt, zum einen sehr gut in den Zeitgeist der Barockoper als Ganzes, da es einen Herrscher im Konflikt zwischen Pflicht und Liebe präsentiert und mit Geschlechterrollen und Verkleidungen aller Art spielt. Zum anderen fügt sich die letztliche Herstellung der ‚natürlichen' Geschlechterordnung gut in den Diskurs über Frauen in Italien und insbesondere im Venedig des 17. Jh.s ein.[40] Wie Constance Jordan formuliert:

> In herself, of course, the virile woman tended to reaffirm patriachal values. Her excellence is seen in her masculinity that is, her rationality, courage, and physical strength.[41]

Und dennoch: Von den insgesamt 28 Szenen der Oper ist Semiramide nur in zehn vertreten – Nino dagegen ist in 13 Szenen auf der Bühne zu sehen.[42] Somit ist Wendy Heller zuzustimmen, wenn sie urteilt:

> (…) the opera celebrates the maturity of the son Nino, who boldly reclaims his power, manhood and kingdom (…)[43]

Zwar führt die Oper Semiramis im Titel, deren kriegerische Fähigkeiten und die Zerrissenheit zwischen Liebe und Pflicht eine wichtige Rolle einnehmen – doch letztlich dreht sie sich eben doch um Ninus und vor allem um die Wiederherstellung der ‚normalen' Geschlechterordnung[44] – ein Phänomen, das noch in einer Vielzahl von Semiramis-Opern begegnen wird.

Wie oben gezeigt, bildete die Beziehung von Semiramis zu Indien einen Kernbestandteil der griechischen Quellen sowie der antiken Alexanderhistoriographie. Dass eine Frau, eine Orientalin, als Kriegsherrin so etwas Unglaubliches wie einen Krieg gegen Indien am Ende der be-

---

39 So auch Lattario 2012, 2.
40 Vgl. auch Wiesner-Hanks ³2008, 297: „Disorder in the proper gender hierarchy was linked with other types of social upheaval. Groups and individuals intent on some alteration in political or social hierarchies were also charged with wanting to change the proper hierarchy of the sexes. (…) Women dominating men were connected with other ways in which the expected hierarchy might be overturned – the unlearned leading the learned, the young controlling the old – in both learned and popular literature and popular festivals. Carnival plays frequently portrayed domineering wives in pants and henpecked husbands washing diapers alongside professors in dunce caps and peasants riding princes."
41 Jordan 1990, 137.
42 Es wird für alle hier ausgewerteten Libretti davon ausgegangen, dass bereits die schiere Anwesenheit einer Person auf der Bühne vom Publikum wahrgenommen wird, unabhängig davon, ob und wie der entsprechende Charakter auch singend agiert. Es wird also der Grundannahme gefolgt, dass die Barockoper mindestens ebenso von der visuellen wie der auditiven Präsenz ihrer Charaktere lebt. Daher wurde auf eine Auszählung der Textzeilen verzichtet. Es wird davon ausgegangen, dass eine Auszählung der Gesangsanteile kein deutlich differenzierteres Bild über die Bedeutung einzelner Personen innerhalb des Librettos ermöglicht. Graphische Aufbereitungen der Szenenpräsenzen für die zentralen Rollen jeder hier besprochenen Oper finden sich im Anhang der Studie.
43 Heller 1993, 101.
44 Vgl. zu misogynen Tendenzen in der Oper auch Clément 1994, insb. 20 u.29.

wohnten Welt zu Wege gebracht haben soll, beflügelte und beeindruckte von der Antike bis in die Frühe Neuzeit viele Literaten. Auch wenn in den Quellen Uneinigkeit darüber bestand, ob Semiramis einen Feldzug gegen Indien lediglich geplant oder aber durchgeführt habe und ob ein solcher Feldzug erfolglos oder erfolgreich abgeschlossen wurde – die Verbindung von Semiramis und Indien setzte sich bis auf die Bühnen der Frühen Neuzeit fort. So tauchen Semiramis und der Inderkönig Stabrobates auch in Robert Greenes Drama *The Scottish History of James the Fourth* von 1594 auf.[45] Im kulturellen Gedächtnis der Renaissance ist fest verankert: Niemand außer Semiramis (und Alexander III.) war es gelungen, nach Indien einzufallen – die kriegerische Semiramis und Indien, das gehörte für das ‚westliche' kulturelle Gedächtnis zusammen.

Bisaccionis Libretto greift genau diesen Bestandteil des kulturellen Gedächtnisses auf und baut darüber hinaus das bereits bei Diodor angelegte Element der Verkleidung in besonderem Maße aus – seine mehrfachen Travestien und die daraus resultierenden (Liebes-)Verwirrungen bilden die besondere Innovation seiner Stoffvariante. Die Frage nach der Stellung der Geschlechter bewegte die humanistische Welt, v.a. in Italien, zu seiner Zeit stark.[46] Die Frage nach der Über- oder Unterlegenheit von Frauen war im gesamten 16. Jh. Thema einer ausufernden Traktatliteratur.[47] Die meist männlichen Verfasser dieser Traktate stammten zunächst vornehmlich aus höfischem Kontext oder aus dem Umfeld der Druckereiwerkstätten. Ab der Mitte des 16. Jh.s waren mehr und mehr Intellektuelle, also Mitglieder der verschiedenen italienischen Akademien unter den Autoren.[48] Daraus resultierte auch ein Reiz zum Geschlechtertausch auf der Bühne – Cross-Dressing ist eines der großen Themen der italienischen Barockoper.[49] Bereits 1636 verfasste Ferrante Pallavicino den heroischen Roman *La Taliclea*, welcher die Abenteuer von Zwillingen beschreibt, einem eher zarten Bruder und einer Schwester, die die Waffenkunst lernen will. Derselbe Autor schilderte wenige Jahre später in *Il Principe Hermafrodito* (1640) wie eine sizilianische Prinzessin als Junge erzogen wurde, um ihr die Thronfolge trotz des Salischen Gesetzes zu sichern, was zu einigen Geschlechterwirren führte.[50]

Einige literarische Zirkel und gerade auch die *Accademia degli Incogniti* in der sich Bisaccioni bewegte, taten sich im Diskurs um die Geschlechter als Sammelbecken für tendenziell eher misogyne Zeitgenossen hervor:

---

45   Interludium nach Akt I; R. Greene, The Scottish History of James the Fourth, The Dramatic and Poetical Works of Robert Greene and George Peele, hrsg. v. A. Dyce, London 1861.
46   Schon bei antiken Autoren wie Demokrit (frg. 111,Diels) und Aristoteles (z.B. gen. an. 1,20,728a17 f.; pol. 1260a13; metaph. 1058a29 ff.; vgl. Föllinger 1996, insb. 118–227) wird diese Frage mit unterschiedlichen Schwerpunkten ventiliert. Siehe zu den akademischen Diskursen im Rahmen der *querelle des femmes* ausführlicher oben unter Kapitel 2.5.3.
47   Vgl. oben unter Kapitel 2.5.3.
48   Chemello 1997, 243.
49   Das Thema wird dabei schon in Bühnenstücken des späten 15. und frühen 17. Jh.s aufgegriffen – s. Manfredis und de Virués' Semiramis-Stücke. Der Einfluss des italienischen und spanischen Theaters und seiner Spieltraditionen auf die Bühnen anderer Länder ist dabei beträchtlich. Verwechslungen und Verkleidungen gelangen so schnell auch auf deutsche Bühnen, wie z.B. in dem Lustspiel *Der Vermeinte Prinz* von Kaspar Stieler von 1665, das auf einer Novelle von Ferrante Pallavicino basiert und anlässlich der Hochzeit des Grafen Albert-Anton von Schwarzburg-Rudolstadt mit Aemilie Juliane von Barby-Mühlingen uraufgeführt wurde: Die Prinzessin Zelide wurde von ihrem Vater unter dem Namen Floridor als Sohn aufgezogen, um nicht von der Thronfolge ausgeschlossen zu werden. Diese Verkleidung erhält sie aufrecht – bis sie sich verliebt und damit ein großes Verwirrspiel in Gang setzt; s. Meid 2009, 449–451.
50   Zur Tradition von Bühnenstücken mit solchen Themen vgl. Giannetti 2009.

> (...) the Incogniti's espousal of the erotic betrays a predictable double standard: male sexuality was celebrated while that of women attracted a more complex response, mingling prurience, repulsion, fascination, and fear.[51]

Von besonderem Interesse im literarischen Schaffen vieler Mitglieder der venezianischen *Accademia degli Incogniti* war „the toxic mixture of sexuality and power"[52], die besonders gern an historischen Frauengestalten der Antike vorgeführt wurde – auch und gerade auf der Opernbühne. Vorläufer von Bisaccionis *Semiramide in India* sind dort vor allem Francesco Ponas *La Messalina* (1628), Federico Malipieros *La imperatrice ambiziosa* (1640) und Ferrante Pallavicinos *Le due Agrippine* (1642). Gerade in Venedig waren literarische Erzeugnisse, die sich mit herrschenden Frauen befassten; vielleicht auch weil die Republik Venedig dem Salischen Gesetz folgte und somit Frauen explizit von jeglicher Teilhabe an legitimer politischer Macht ausschloss.

Bisaccionis Libretto lieferte alles, was auf den Bühnen des 17. Jh.s gefragt war: exotische Schauplätze (die allerdings nicht visualisiert, sondern allenfalls vom Publikum imaginiert wurden), amouröse Verwicklungen und Intrigen, Verkleidungs- und Verwechslungsgeschichten, kriegerische Paraden und Travestie.[53] Und dennoch sind nach 1649 keine weiteren Aufführungen und keine weiteren Vertonungen des Libretto nachweisbar. Wiederaufnahmen des Stückes sind nicht bekannt, es scheint, als sei es nur in dieser Spielzeit und nur in diesem Theater zur Aufführung gebracht worden. Semiramis dient bei Bisaccioni – wie auch in den antiken und mittelalterlichen Quellentexte – letztlich v.a. als austauschbare Folie zur Demonstration der Unangemessenheit weiblicher Herrschaft.

4.1.2   Ippolito Bentivoglio – Nino il giusto (1662)

Nachdem Semiramis 1648 in Venedig erstmals die Opernbühne betreten hatte, wurde es für einige Jahre ruhig um ihre Gestalt. Erst 1662 entstand das nächste Opernlibretto, das sich mit ihrer Person auseinandersetzte – titelgebend ist allerdings nun nicht sie, sondern ihr Sohn, Nino.[54]

4.1.2.1 Umstände der Entstehung

Librettist der Oper *Nino il giusto* war der Marchese Ippolito Bentivoglio d'Aragone (1611–1685), der aus einer angesehenen Familie der lokalen Elite des oberitalischen Ferrara stammte.[55] Der Ferrareser Musikmäzen verfügte über exzellente Beziehungen zum Wiener Kaiserhof; seine Familie war es gewesen, die die *Accademia dello Spirito Santo* Ende des 16. Jh.s in Ferrara etabliert hatte.[56]

---

51   Cox 2008, 183.
52   Cox 2008, 183.
53   Questa 1989, 84.
54   Sartori 1990–1994, #16526.
55   Zur Vita vgl. de Caro 1966, 644–649. Handschriftlich ist auf dem Vorsatzblatt des in Rom aufbewahrten Librettodrucks (Biblioteca Nazionale Centrale Roma; Collocazion: 35.10.H.27.1, Inventario: 000031564) allerdings später der sonst unbekannte Francesco Rossetti vermerkt worden („Del nostro Francesco Rossetti"), der daher auch bei Antonelli 1834 als Verfasser geführt wird.
56   Ehrmann-Herfort 2009, 107.

In den Kontext dieser *Accademia* gehört auch Bentivoglios Schaffen als Librettist. Sein erstes Opernlibretto *Nino il giusto* war es, mit dem das Theater der *Accademia* in Ferrara, das nach der Kirche S. Stefano, an deren Rückseite es grenzte, benannt wurde, eröffnet wurde. Vertont wurde die Oper von Giovanni Legrenzi, der nach einigen Jahren in Bergamo zwischen 1656 und 1665 an den Hof des Marchese verpflichtet worden war.[57] Auf Basis der Texte seines Dienstherrn vertonte er hier drei Opern und ein Oratorium; offenbar erschien ihm Ferrara als ein stimulierenderes Umfeld für sein Schaffen als das im Vergleich eher etwas provinzielle Bergamo.[58] Fokus seiner Tätigkeit waren aber Sakralmusiken für die *Accademia dello Spirito Santo*.[59] Die ausführliche Korrespondenz zwischen Bentivoglio und Legrenzi zeigt ein gerade zu freundschaftliches Verhältnis, die Opern sind sicherlich in engem persönlichen Austausch miteinander entstanden.[60]

4.1.2.2 Argomento und Handlung

Die erhaltenen Librettodrucke[61] sind kleinformatig (12°), von geringer Qualität, das Papier ist dünn und billig, die Seiten vielfach beschnitten, so dass der Text z.T. schlecht lesbar ist. Der Personaggio umfasst die folgenden Rollen:

> Semiramide – Regina d'Assiria
> Nino – Rè d'Assiria figliuolo di Semiramide
> Alba – Principessa di Grecia sotto nome di Clorinda
> Ormondo – fratello sconosciuto d'Alba sotto nome Aspasio Generale di Semiramide
> Dalisa – prima Dama di Nino
> Gillo – buffone di Corte
> Adraspe – Capitano delle Guardie confidente d'Aspasio
> Ermante – Scudiero di Clorinda
> Ombra di Nino il Padre

Wieder sind nur die Namen Semiramide und Nino aus den antiken Quellen entnommen, alle anderen Gestalten entbehren einer entsprechenden Fundierung in antiken (oder späteren) Texten. Die Zahl der Rollen ist relativ groß, wobei es sich bei fünf der Rollen um kleinere Partien handelt. Über die Besetzung selbst ist allerdings nichts zu erfahren.[62] Auffallend ist, dass Semiramide als erste Rolle genannt ist, auch wenn sie nicht Namensgeberin dieser Oper ist.

Zum Schauplatz heißt es: „In Ninive Città principale dell'Assiria", Angaben zu den Szenenwechseln finden sich nicht im Paratext des Librettos, sondern nur zu Beginn der jeweiligen Szenen.[63] Die Szenenwechsel sind relativ selten (je zwei im ersten und dritten, drei im zweiten Akt)

---

57 Zur Vita Legrenzis Morelli 2005, 310–315.
58 Holden 2001, 483.
59 Swain 2013, 165.
60 Bossard 2007, 183–184, s.a. Emans ²2003, 1282–1284; s. zu den Briefen Monaldini 2000; vgl. Fabbri 2002.
61 Biblioteca comunale Ariostea, Ferrara (Collocazione MF 4.1, Inventario: 129636); Biblioteca Nazionale Centrale, Roma (Collocazion: 35.10.H.27.1, Inventario: 000031564); Modena Biblioteca Estense Universitaria (Collocazione: 83.A.22 [2]).
62 Auch Angaben zu eventuellen Balletten zwischen den Akten sind nicht enthalten.
63 I/1: Tragica; I/3: Boscareccia, e Palagio Reale in lontananza; I/6: Tragica; II/1: Tragica; II/13: Sala Reale; II/18: Tragica; III/1: Giardino; III/14: Tragica con Prigione.

und wenig spezifisch, was den Gegebenheiten der lokalen, eher kleinen Bühne geschuldet sein dürfte. Oft ist lediglich „Tragica" angegeben, also ein seit der Mitte des 16. Jh.s mehr oder weniger standardisiertes Bühnenbild für eine Tragödie (Scena tragica), das ein elegantes, einem adeligen Ambiente angemessenes Bild aus herrschaftlichen Gebäuden bieten soll.⁶⁴ Niniveh wird also auch hier nicht wirklich visuell präsent.

Das Libretto verfügt über einen *argomento*, in dem die – durchaus komplexe – Handlung für das Publikum dargelegt wird. Der Text lautet wie folgt:

> Morto Nino Rè dell'Assira resto Erede del Regno, e del Nome Nino secondo. Questo, vivente il Padre, fù promesso in isposo ad Alba Principessa Erediaria alla Grecia. La Madre di Nino, donna superba nel regnare, non assentendo, che il figliuolo dominasse, tacciatolo per inesperto all'Impero, le nozze d'Alba turbando, usurpossi le redini del governo del vasto Regno dell'Assiria, anzi con rigoroso decreto astrinse gli huomini del suo Regno à vestire la gonna, e per maggiormente effeminar il Figliuolo sotto habiti donneschi li fece condurre la vita nella lascivie immerso. Tanto somiglianti d'aspetto erano Semiramide, e Nino, che fu agevole con la mutazione degli habiti l'ingannare i sudditi stessi, à segno tale, che Vasalli Semiramide creduta Nino era venerata per Rege, e Nino stimato Semiramide veniva da popoli come Regina riverito. Alba infunghita per fama delle bellezze di Nino, e per un ritratto, che vivente Nino l'antico Rege le era alle mani, e per fuggire la morte, che dal zio Zelaimo le veniva minacciata, havuendo anche comandata quella del Nipote Ormondo, che preservato da chi ne doveva essere esecutore fù niente dimeno creduto morto, si mosse à cercare di Nino, e così sotto nome di Clorinda, presasi per iscorta un fedele Scudiere, abbandonò la Grecia; e provando varie disastrose fortune schiava gionse al lido di Ninive, ove da diversi accidenti combattuta per l'Amore dell' adorato Rege, dallo stesso insospettito di tradimento della Madre Semiramide di cui era Dama Clorinda, in compagnia di Semiramide viene condannata alle morte, e morte di velena; In ordine alla qual sentenza ad Ormono fratello di Alba, mà creduto Aspasio, viene imposta l'eßecuzione, & esso per essere amante di Semiramide, e per l'occulta ripugnanza, che pruovava di uccidere la Sorella ad esso incognita, in vece del veleno dà loro un Sonnifero, dal quali si riscuotono, per virtù di un particolare antidoto offertoli da Aspasio; per lo che eßendo non solo delle pretese Ree sincerato Nino, mà reso certo essere Clorinda quell'Alba, le di cui nozze il Padre Nino haveva intraprese, e conchiuse; con generale perdono, & allegrezza viene acclamata la Principessa di Grecia per Regina d'Assiria, & Ormondo Principe di Grecia creduta Aspasio diviene Marito à Semiramide.

> Nach dem Tod des Nino, König von Assyrien, blieb als Erbe der Herrschaft sowie des Namens Nino der zweite. Dieser war zu Lebzeiten des Vaters Alba, der Erbprinzessin Griechenlands, zur Ehe versprochen worden. Als Ninos Mutter, eine im Herrschen stolze Frau nicht zustimmte, dass der Sohn herrsche, indem sie ihn der Unerfahrenheit im Herrschen bezichtigte und die Hochzeit mit Alba störte, riß sie die Zügel der Herrschaft über das riesige Königreich Assyrien an sich; sie zwang die Männer ihres Reiches sogar per strengem Dekret einen Rock zu tragen und um den Sohn in Frauenkleidern noch stärker zu verweiblichen, ließ sie ihn ein Leben in Unzucht führen. So ähnlich im Aussehen waren

---

64 Serlio 1584, Bd. 2, 68–69, pointiert zusammengefasst bei Hennings et al. 2016, 17–20.

Semiramide und Nino, dass durch die Veränderung der Kleider das Täuschen selbst der Untertanen leicht war, ein Zeichen dafür ist, dass die Vasallen die für Nino gehaltene Semiramide als König verehrten, und Nino, für Semiramide gehalten, vom Volk als Königin verehrt wurde. Weil Alba den Schönheiten des Nino durch den Ruhm und durch ein Portrait, das sie von dem [damals] noch lebenden Nino, dem alten König, in die Hände bekommen hatte, verfallen war, und um dem Tod zu entfliehen, der ihr von ihrem Onkel Zelaimo drohte – hatte dieser auch jenen des Neffens Ormondo beauftragt, der zwar bewahrt worden war von dem, der, der der Vollstrecker hätte sein sollen, aber nichtsdestoweniger für tot gehalten wurde – machte sich auf, Nino zu suchen, und so verließ sie unter dem Namen Clorinda Griechenland, nachdem sie sich zum Geleit einen treuen Pagen genommen hatte; und verschiedene unheilvolle Erfahrungen machend, erreichte sie als Sklavin den Strand der Niniveh, wo sie durch verschiedene Ereignisse, der Liebe für den verehrten König erlegen, von demselben des Verrats an der Mutter Semiramide, deren Hofdame Clorinda war, verdächtigt, wurde sie in Anwesenheit von Semiramide zum Tode verurteilt, und zwar zum Tode durch Gift. In Bezug auf dieses Urteil wird Ormondo, dem Bruder der Alba, der aber für Aspasio gehalten wird, die Exekution aufgetragen, und dieser, weil er der Geliebte der Semiramide war und aufgrund einer verheimlichten Abscheu, die er gegenüber dem Töten der von ihm unerkannten Schwester empfand, gab ihnen statt des Giftes ein Schlafmittel, von welchem sie durch die Kraft eines besonsderen, von Aspasio gegebenen Gegenmittels wieder zu sich kommen. Von diesem wurde Nino nicht nur von seinen Königsansprüchen überzeugt, sondern er stellte auch sicher, dass Clorinda jene Alba sei, mit der der Vater Nino die Verheiratung eingerichtet hatte, und führte diese nun aus. Mit allgemeinem Verzeihen und Fröhlichkeit wird die Prinzessin von Griechenland zur Königin von Assyrien ausgerufen und Ormondo, Prinz von Griechenland, für Aspasio gehalten, wird der Ehemann der Semiramide. [Übers. d. Verf.in]

Nach dem Prolog, in dem Maledetta, Verità, Innocenza und Giove über die „ignoranza" der Semiramide und ihren Sturz, der das Glück für Assyrien bedeute, sinnieren,[65] bekommt das Publikum Semiramide direkt in der ersten Szene zu Gesicht. Auch wenn die ersten Worte der ersten Szene Aspasio zufallen, geht es doch direkt um sie: „Semiramide invitta" (I/1) heißt es hier. Selbst wenn Semiramide in dieser Oper nicht primär als Kriegerin dargestellt wird, steckt diese Eröffnung doch auch dieses Themenfeld ab, weckt die entsprechenden Assoziationen bei den Zuschauern, appelliert an deren Vorwissen – und trägt so zur Gestaltung des Semiramisbildes in dieser Oper bei. Das erste Wort der Königin ist direkt auch ihr erster Befehl, „Taci" gebietet sie dem Geliebten und General (I/1). Das Hierarchiegefälle wird von der ersten Minute der Oper an deutlich – Semiramide herrscht und befiehlt, im öffentlichen wie im privaten Bereich. Nur wenige Zeilen später macht Bentivoglio deutlich, dass der Königin selbst die Unrechtmäßigkeit ihrer Herrschaft sehr wohl bewusst ist,[66] aus der ihr aber Stärke und Wert erwachsen.[67] Gleichzeitig zeigt sich schon hier ihr innerer Konflikt – will sie die Maskerade aufrechterhalten, um an der Herrschaft zu bleiben, kann sie sich nicht offen zu ihrem Geliebten Aspasio bekennen.[68]

---

65 Giove: „Già l'empia e caduta" // Maledicenza, Verità, Giove: „La Fortuna gracie aduna per l'Assiria in questo di" (Prologo).
66 Semiramide: „Il diadema del figlio a mè le chiome." (I/1).
67 Semiramide: „E scacciando il timore Nasce in cor feminil forza, e valore." (I/1).
68 Semiramide: „L'esser Madre mi vieta esser Amante." (I/1).

Während Aspasio Semiramides wahre Identität kennt, verbirgt er seine wahre Abstammung vor ihr.[69] In der nächsten Szene des ersten Aktes begegnet das Publikum Alba/Clorinda und ihrem Diener Ermante (I/3). Die junge Frau, die aus der Heimat geflohen ist, wird gänzlich anders dargestellt als Semiramide. Durch die Machenschaften des Onkels ins Exil getrieben, strebt sie, entgegen Ermantes Vorschlag, nicht nach der Herrschaft, die sie für eine Frau nicht angemessen/umsetzbar hält:[70]

Ermante:
Perche lasciare il Regno? Doppo la tua caduta tù pur eri sostegnoe de Vassalli tuoi ferma colonna?

Alba/Clorinda:
Taci Ermante, non sai quanto puo l'ambizion' in cor di Donna.

Nino dagegen kann dem Gedanken an Herrschaft durchaus Schönes abgewinnen und hadert mit seinem Schicksal, dass der seiner „abborrita madre" (I/4) verdankt, der er sich aber unterordnet.[71] Beim Aufeinandertreffen des Nino (in Frauenkleidern) mit Alba/Clorina verlieben sich auch die Diener der beiden – Ermante und Dalisa – ineinander (I/5). Liebe und Herrschaft sind die zentralen Themen dieser Oper – allein auf der Bühne gewährt Semiramide in einer der nächsten Szenen Einblicke in ihre Seele – und in ihre Liebe zu ihrem Sohn, deren Unangemessenheit ihr voll bewusst ist:[72]

Semiramide:
Troppo impudica adoro, amo il mio Nino, de le viscere mie parte più cara. Troppo audace consiglio odio il nome di Madre, e quel di figlio. Perchè non sai, o sorte, che nel sen del mio figlio incontri morte. (…) se non era del sole, era di Nino!

Der zweite Akt wird von Semiramide und Aspasio eröffnet; dieser demonstriert in der ersten Szene nochmals seine tiefe Liebe zur Königin, die ihn zu ihrem Handlanger macht (II/1).[73] Gleichsam als Gegenstück zu Aspasios Liebesschwüren zeigt Szene 3 Nino, der über seine Liebe zu Clorinda sinniert, die ihn allerdings wegen seiner Frauenkleider bei ihrem ersten Aufeinandertreffen für die Königin Semiramide hält.[74] Überhaupt ist der zweite Akt von Liebe bzw. Liebesverwicklungen geprägt. Während in der 4. Szene Gillo und Ermante um Dalisa streiten, zeigt Szene 5 Semiramide, die wegen ihrer verbotenen Liebe für den Sohn mit dem Schicksal hadert, sich aber gleichzeitig ihrer Machtposition als König(in) enorm bewusst ist.[75] In der Folgeszene

---

69 Aspasio: „Io da real rampollo trassi i natali mei" (I/2).
70 I/3.
71 Nino: „Dolce penso è una Corona (…) L'impugnare scettro dorato e calcar purpureo soglio" (I/4).
72 I/7.
73 Aspasio: „Per te porrà la vita, pur che ti sia gradita." // Aspasio: „E Clorinda morrà, l'ucciderò?" Semiramide: „Gia scorgo Aspasio; il suo morir vicino, Semirami godrà se pinage Nino." (II/1).
74 Nino: „Mia adorata Clorinda, del mio sen, del mio cor'unica spene (…) che tu sapessi (oh Dio,) ch'io non son, qual tu pensi (…)" (II/3).
75 Semiramide: „E sará vero, ò Sorte, ch'io non scopra al mio figlio quell'ardor, chi mi guida in braccio à morte. (…) a'un Donna, che regge un Impero si vasto, tutto ciò, ch'ella sogna, è vera legge. (…) Farò, che al fin Clorinda cada per mano invitta e cosi in breve mestro figlio sarai, io madre afflitta." (II/5).

zeigt sich Clorindas Liebesleid, da ihre Liebe zu Nino, für den sie die verkleidete Semiramide ja hält, nicht erwidert wird (II/6). Nino, der in Frauenkleidern in II/7 zu ihr stößt und nach der Ursache ihres Kummers fragt, eröffnet ihr daraufhin, dass er in Wahrheit keine Frau, sondern der geliebte Nino sei. Semiramide wiederholt derweil ihren Auftrag an Aspasio zur Ermordung der Clorinda – nun aber begründet sie dies nicht mit ihrer Eifersucht, sondern damit, dass Clorinda ihre Herrschaft bedrohe:[76]

> *Semiramide:*
> Fà, che mora l'ardita che tentò di rapir con modo indegno la Corona al mio crine, il Rege al Regno.

Aspasio beauftragt wiederum Adraspe, den Mord am Abend im Palast auszuführen (II/11). Durch eine Verwechslung glaubt Semiramide allerdings, dass Adraspe ihr im Auftrag der Clorinda nach dem Leben trachte (II/15), dieser flieht zu Aspasio (II/20), während Semiramide Nino von Clorindas Verrat unterrichtet (II/16). Clorinda/Alba wird gefangen genommen, dennoch fühlt Semiramis sich nicht sicher[77], weswegen sich Aspasio erbietet, Clorinda zu töten.[78] Nino dagegen ist verzweifelt über die Gefangennahme der Geliebten und sehnt sich danach, gemeinsam mit Clorinda in den Tod zu gehen.[79] Die vierte Szene des dritten Aktes bringt eine echte Neuerung – begegnet uns hier doch erstmals auf der Opernbühne der der Schatten oder Geist des verstorbenen Königs: Ombra di Nino il Padre.[80] Dieser erscheint seinem schlafenden Sohn, um ihn an seine Pflichten zu erinnern:

> *Ombra di Nino il Padre:*
> Piange Assiria infelice, ch'al suo Rege non lice cinger l'usbergo, e fulminar la spada e geme oggi contrada in riminar estinto lo splendor, ch'io lasciai, destati figlio omai.

Seine Gattin Semiramide nennt er hier eine sowohl unkriegerische Frau – obwohl sie zu Beginn der ersten Szene des ersten Aktes ja als „invitta" bezeichnet wird – als auch eine laszive Mutter, was klar auf Inzest anspielt.[81] Nino legt daraufhin seine Frauenkleidung ab und beansprucht den Thron für sich:[82]

> *Nino:*
> Ch'io son Nino il tuo Rè, Semiramide non sono. Come mi crede il Mondo, calcar voglio quel trono, che di Regi infecondo incuruava il suo dorso d'una vil Donna al pondo.

---

76 I/9.
77 Semiramide: „Benche sia prigioniera, ancor no gode Semirami sicura." (III/1).
78 Adraspe: „Adorata Regina, Questo ferro è per tè, e questo core Che non conobbe mai ombra, o timore." Semiramide: „Mora dunque Clorinda." (III/1).
79 „Se la Morte è prescritta al mio ben, al mio core, parta da mè quel, che non è dolore. Non son più Rè, non sono." (III/3).
80 Erstmals war eine solche *ombra* in Muzio Manfredis *La Semiramide* aufgetaucht; vgl. oben unter Kapitel 2.5.6; zu *ombra*-Figuren in der Oper weiter unten unter Kapitel 4.1.2.3.
81 Ombra di Nino il padre: „(...) una Donna imbelle e una madre lasciva (...)" (III/4).
82 III/7.

Semiramide lässt er ins Gefängnis werfen, da er fälschlicherweise vermutet, diese habe ihn durch Aspasio ermorden lassen wollen.[83] Ermante eröffnet Nino die wahre Identität der Clorinda (III/17), der daraufhin bestürzt zum Gefängnis eilt. Dort erfährt er von Aspasio, dass dieser Clorindas Bruder sei (III/20). Damit ist für Nino klar, dass weder Clorinda Semiramide nach dem Leben trachtete, noch dass Aspasio ein gedungener Mörder sein kann, da ja beide königlicher Abstammung sind. In der finalen Szene der Oper kommt es so zum großen Verzeihen, der Freilassung der gefangenen Frauen, der Eröffnung aller wahren Identitäten und zur Ankündigung einer Doppelhochzeit: Nino ehelicht Clorinda und bestimmt Aspasio und Semiramide zu Eheleuten, wobei er die Wiederherstellung der natürlichen Geschlechterhierarchie durch diesen Akt explizit deutlich macht:[84]

Nino:
Semiramide sia tua serva, e tua consorte.

Aspasio:
O fortunato di.

Semiramide:
O gioia mia.

Wieder einmal zeigt sich also, dass Titel und Inhalt nicht unbedingt kongruent sein müssen – der Titelheld ist bei weitem nicht die dominierende Figur dieses Stückes, vielmehr steht Semiramis mindestens gleichberechtigt im Fokus. In sechs Szenen des ersten Aktes ist Semiramis auf der Bühne präsent, Nino dagegen nur in drei. Dieses Verhältnis setzt sich im zweiten Akt fort – Semiramide ist hier in fünf Szenen, Nino in vier Szenen auf der Bühne. Erst der dritte Akt bringt eine Wendung: Während hier die Königin in vier Szenen auf der Opernbühne zu sehen und zu hören ist, ist ihr Sohn in neun der 21 Szenen auf der Bühne.[85] Gemeinsam agieren die beiden dabei selten und erst in der zweiten Hälfte der Oper[86] – nur eine einziges Mal treten sie zu zweit ohne weitere Begleitpersonen in Erscheinung.[87] Die Zahl der Aufführungen ist völlig unklar, auch zur Größe des Theaters lässt sich nichts eruieren.

4.1.2.3 Ideae et species Semiramidis

Dem Libretto Bentivoglios war kein durchgreifender Erfolg beschert. Es wurde mit relativ großem zeitlichem Abstand lediglich an zwei Orten Italiens gespielt, 1672 allerdings durchaus während der Karnevals-Saison in einem bedeutenden Theaterhaus in Bologna. Wie die Oper aufgenommen wurde, lässt sich ebenso wenig eruieren wie die Besucherzahlen. Auf antiken Quellentexte wird im *argomento* keinerlei Bezug genommen, ja, es wird nicht einmal herausgestellt, dass die zur Aufführung gebrachte Geschichte überhaupt einen historischen Kern besitzt – dies scheint

---
83 Nino: „E la Madre darà morte ad un figlio?" (III/6).
84 III/21.
85 Insgesamt also ein fast ausgewogenes Verhältnis mit 15 Szenen mit Semiramide und 16 mit Nino.
86 II/16; III/6; III/7; III/21.
87 III/6.

dem Publikum, das ja primär aus Akademiemitgliedern bestanden haben dürfte, ohnehin hinlänglich bekannt gewesen zu sein. Die kriegerischen Kompetenzen der Semiramis spielen in Bentivoglios Version nur eine untergeordnete Rolle, primär geht es ihm um die Unrechtmäßigkeit weiblicher Herrschaft, die Wiederherstellung gängiger Geschlechter- und Herrschaftsrollen und um verschiedene Liebeswirrungen.

Die Idee des Kleidertausches stammt aus Iustin/Trogus, der Inzest bzw. der Wunsch nach einem solchen erscheint hier ebenfalls, während die positiven Eigenschaften und die Bewunderung, die insbesondere Diodor für Semiramis hegt, unerwähnt bleiben. Neu eingeführt wird die *Ombra di Nino*, die als moralische Instanz aus dem Grabe heraus zur Rache und damit letztlich zur Wiederherstellung der ‚normalen' Ordnung aufruft. Hier wird vermutlich Bezug genommen auf Muzio Manfredis tragische Theaterversion *La Semiramis* von 1593, wo dieser ‚Schatten aus dem Grab' – gemeinsam mit dem Ombra di Mennone – erstmals auf einer Bühne erscheint. Bei Manfredi führen die beiden ‚Schatten' im Prolog ein Zwiegespräch, in die eigentliche Theaterhandlung später sind sie dagegen (noch) nicht integriert.[88] Manfredis *La Semiramide* war in Bergamo zur Aufführung gekommen und dort auch gedruckt worden, sie war Bentivoglio sicherlich bekannt – vielleicht hat auch Legrenzi diese Idee aus Bergamo mit nach Ferrara gebracht. Dabei ist das Auftreten solcher Geister- oder Schattengestalten kein neuzeitliches Phänomen – schon bei Sophokles und Euripides erscheinen Geister der Toten in Prologen[89] und bei Seneca taucht der Geist des Apsyrtos auf und fordert Rache für seine Ermordung.[90] Sog. ‚Ombra-Szenen' als in sich geschlossene Szenen, in denen Gestalten aus dem Totenreich bzw. der Unterwelt auf die Bühne gebracht werden, waren in der Oper noch eine junge Entwicklung, gemeinhin sieht man in *Il Giasone* (UA 1649, Venezia) des Librettisten Giacinto Andrea Cicognini (vertont von Francesco Cavalli) das früheste Beispiel. Hier ruft Medea in der 14. Szene des ersten Aktes die Geister der Unterwelt an („Dall'antro magico").[91] Vor allem in der *opera seria* des 18. Jh.s entwickelte sie sich zu einem ausgesprochen beliebten szenischen Modell. Anders als bei Cicognini wird bei Bentivoglio aber der Geist des Nino nicht heraufbeschworen, er erscheint vielmehr ohne Aufforderung ganz von allein als eine transzendente Ordnungsmacht, die hilft, die ‚natürliche' Geschlechterordnung wiederherzustellen – denn genau dies ist letztlich das Ziel dieser Oper.

4.1.2.4 Überarbeitung

Zehn Jahre später, im Dezember 1672, wurde diese Oper ein weiteres Mal gespielt, nun am Teatro Formagliari in Bologna, das als eines der ältesten Theater der Stadt von 1636 bis 1802 bestand.[92]

---

88 Voltaires Version nimmt dieses Element 1748 wieder auf. In den Opernadaptionen des späten 18. Jh.s wird diese Figur weiter ausgebaut (z.B. in Glucks Ballettversion *Semiramis* von 1765 [Wien], wo eine Ombra di Nino Semiramis in sein Grab zieht oder in der Oper *La Vendetta di Nino* [UA 1786, Firenze] eines unbekannten Librettisten und auf diesem Libretto basierenden Adaptionen). Auch in der heute noch im Repertoire vieler Theater enthaltenen *Semiramide* von Gaetano Rossi und Gioacchino Rossini von 1823 ist sie prominent vertreten. Vgl. auch McCleland 2012 u. Riemann [12]1967, 653–654 (s.v. Ombraszene); vgl. auch Questa 1989, 77.
89 Eur. Hec., Prolog (Geist des Achilles) u. Soph. Polyx. (F 523 TrGT); vgl. zu letzterer Calder III 1966.
90 Sen. Med. 963–970.
91 Schröder 1998, 215; grundlegend zu Medea: Herr 2000 sowie MacDonald 2000.
92 Das Theater besaß drei reguläre Ränge, sowie einen weiteren für die Dienerschaft (Guidicini 1872, Bd. 4, 253). Schon MacDonald vermutet, es könnte sich um Legrenzis *Nino il Giusto* handeln. Gegen ihre Annah-

Wer hier für die Vertonung verantwortlich zeichnete, ist nicht zu ermitteln, die Eingriffe in den Librettotext legen aber nahe, dass jedenfalls nicht die Musik Legrenzis zu Gehör gebracht wurde.[93] Die Rollen werden leicht adaptiert, zwei Nebenfiguren kommen hinzu (Furbo und Tercilla) und die Reihenfolge im *personaggio* wird verändert, so dass dieser nun von Nino angeführt wird. In vielen Szenen wurde der Text der Ferrareser Version leicht gekürzt, etliche Szenen entstanden aber auch neu.[94] In der Titelrolle des Nino debütierte der junge Sopran-Kastrat Domenico Cecchi, der sich in der Folge zu einem gefeierten Sänger entwickeln sollte,[95] das Libretto enthält aber keine Besetzungsliste. Das Libretto erhielt einen neuen Titel – *Il Nino*[96] – und der *argomento* wurde gegenüber der Aufführung in Ferrara deutlich abgeändert, er lautet nun:

> Nino il Figlio, era così simile de sembianze à Semiramide sua Madre, che non si poteva conoscere chi di loro fossa la Madre, e chi il Figlio: Semiramide inventando certe ragioni Politiche, mostrò, che Nino ancor giovinetto, non era atto al governo del Regno Assirio, onde mutati gli habiti, fingendosi elle Nino, e da tutti essendo creduta tale, comandava, & era ubidita. Solo ad Apasio era noto il segreto; Questo serviva per Generale dell'Armi d'Assiria, inalzato da Semiramide ad ogni grado d'honore, e di confidenza; Sapeva egli d'esser Prencipe, mà viveva incognito in quelle Corte, & era amante di Semiramide. In tanto Alba Prencipessa di Grecia visto già il ritratto di Nino, se n'era innamorata, e sopravenendo la barbarie del Zio, che gli levò il Regno, si pose in mente di fuggirlene incognita, e cercare di Nino; Onde sotto nome di Clorinda, Accompagnata da un solo fidato servo, si pose in viaggio, mà da' Corsari fatta schiava, soffrì dura servitù; Occorsse he per tempesta di mare, ih suo legno fù portato alle spiagge dell'Assiria, in luogo apunto dove all'horasi trovava Nino per diporto.
>
> Qui comincia il Drama, e pigliando parte dall'Historia, e parte fingendone, si mostra, quanto può farsi per arte (che in simili casi di due volti simili, deve essere compatita) la somiglianza di Nino, e Semiramide.
>
> Che Semiramide sia occultamente innamorata del Figlio. Che Nino al prima incontro con Alba, se ne innamori, non conosciuta ancora Prencipessa.
>
> Che perciò Semiramide ne cocepisca Gelosia
>
> Che per diversi accidento Nino si scuopra Rè, e condanni alla morte la Madre, & Alba.
>
> Che Aspasio con stratagemi le salvi.
>
> Che à certi segni Reali, Alba si scuopra sorella di Aspasio, e l'uno, e l'altro Prencipi di Grecia; Onde si celebrano le nozza frà Nino, & Alba, e frà Semiramide, & Aspasio.

Nino, der Sohn, war seiner Mutter Semiramis dermaßen ähnlich, dass man nicht auseinanderhalten konnte, wer von ihnen die Mutter und wer der Sohn war: Semiramis ersann politische Argumente um zu zeigen, dass der noch junge Nino der Regierung des Assyrisches Reiches nicht gewachsen war, um mit vertauschten Kleidern sich als Nino auszugeben,

---

me, dass Legrenzis Musik zur Aufführung gekommen sein, sprechen eindeutig die Eingriffe in den Librettotext, insbesondere die Hinzufügung von Szenen; MacDonald 1967, 10. Bei Ricci (1888, 344) heißt es zur Aufführung „Nino d'incerto autore".

[93] Insbesondere wurden Szenen über alle Akte (leicht) gekürzt.
[94] So. z.B direkt die Eröffnungszene des ersten Aktes.
[95] Gentile 1979, 248–250; Kutsch & Riemens ⁴2003, 782. Zur Besetzung von Kastraten siehe unten unter Kapitel 4.3.
[96] Allacci 1755, 561; Sartori 1990–1994, #16517; Questa 1989, Sem673B.

und da sie von allen für diesen gehalten wurde, befahl sie und ihr wurde gehorcht. Nur dem Aspasio war das Geheimnis bekannt; Dieser diente als General der Waffen von Assyrien, und war von Semiramide zu allen Ehren und ins Vertrauen erhoben worden. Er wusste, dass er ein Prinz war, aber er lebte inkognito an diesem Hof, und war der Liebhaber der Semiramis. Inzwischen hatte Alba, Prinzessin von Griechenland, bereits Ninos Bildnis gesehen, sich in ihn verliebt, und als die Barbarei des Onkels aufkam, der ihr das Königreich wegnahm, setzte sie sich in den Kopf unerkannt zu fliehen und Nino zu suchen; So machte sie sich unter dem Namen Clorinda, von einem einzigen treuen Diener begleitet, auf die Reise, doch von Seeräubern zur Sklavin gemacht, erlitt sie harte Knechtschaft; Es geschah, dass durch einen Meeressturm ihr Schiff zu den Stränden von Assyrien gebracht wurde, an genau die Stelle, wo sich zu diesem Zeitpunkt Nino zum Vergnügen aufhielt. Hier beginnt das Drama, und, teils von der Geschichte genommen und teils ausgedacht, zeigt man, wie man aus der Ähnlichkeit zwischen Nino und Semiramide, Kunst machen kann (die in Fällen von solch ausgeprägter Ähnlichkeit entschuldigt werden muss): Dass Semiramis heimlich in den Sohn verliebt ist. Dass Nino sich beim ersten Treffen mit Alba, in sie, die noch nicht als Prinzessin erkannt ist, verliebt. Dass deshalb Semiramis Eifersucht verspürt. Dass Nino durch verschiedene Zufälle entdeckt, dass er König ist und seine Mutter und Alba zum Tode verurteilt. Dass Aspasio sie mit List rettet. Dass durch bestimmte königliche Zeichen, Alba erfährt, Aspasios Schwester zu sein, und der eine und die andere, dass sie Fürsten von Griechenland sind; um dann die Hochzeiten von Nino und Alba, und von Semiramide und Aspasio zu feiern. [Übers. d. Verf.in]

Auch mit der größeren Zahl an Rollen und den z.T. daraus resultierenden neuen Szenen, bleibt der Kern der Handlung unverändert: Semiramide weiß, dass in Wahrheit nicht ihr, sondern ihrem Sohn die Herrschaft zusteht (I/2), sie ist in ihn verliebt,[97] weswegen sie von Eifersucht auf Alba sehr gequält wird (I/17). Die Herrschaft übt große Faszination auf sie aus – um dies besonders hervorzuheben, fügt der unbekannte Bearbeiter dem Ursprungslibretto einige Textzeilen hinzu.[98] Durch eine Reihe von Verwechslungen kommt es zur Inhaftierung von Clorinda und Semiramis, letztlich wendet sich auch hier alles zum Guten und beide Paare finden sich, die Herrschaft bleibt in Ninos Händen.

Wie oft *Il Nino* in Bologna zu sehen bzw. zu hören war, ist unklar. Die Premiere fand am 28.12.1672 statt, im Librettodruck ist 1673 vermerkt, so dass das Stück sicher die ganze Karnevalssaison (d.h. bis zum 14.2.1673 und somit genau sieben Wochen) gespielt werden sollte – es ist somit von etwa 20–30 Spielabenden auszugehen, wobei offen bleiben muss, ob an diesem Theater wie üblich zwei oder nur eine Oper pro Karnevals-Saison gespielt wurde. Auch die Zahl der Sitzplätze im Teatro Formagliari ist unklar. Erneut steht dieses Theater im Kontext einer Akademie, nämlich der *Accademia di Riaccesi*. Für diese war bereits 1636 durch Giovanni Battista Santamaria ein Saal im Palazzo Formagliari angemietet worden, wo seither Komödien und Opern gegeben worden waren. Ab 1641 entstand dann ein eigener Theaterbau, eben das Teatro Formagliari, welcher sich schnell zu einem bevorzugten Ort für die Bologneser Obrigkeit und ausländische Gäste entwickelte.[99] Akademie-Theater bildete im 17. Jh. – insbesondere außerhalb Venedigs – die typi-

---

97 Semiramide: „Troppo impudica adoro: amo il mio Nino de le viscere mie parto più caro; (…) Ecco lungi veggio del bell'idolo mio l'amata luce (…)." (I/9).
98 Semiramide: „Dolce amor di regnar, sei pur gentile." (I/2).
99 Ricci 1888, 77–78 u. 85.

sche Organisationsform für Theaterhäuser abseits der Höfe. Sie bildeten quasi die Vorform echter kommerziell ausgerichteter und von Impresarii nach marktwirtschaftlichen Gesichtspunkten geführten Theaterhäusern, wie sie sich im späteren 18. Jh. immer stärker verbreiteten.[100] In den Theatern der Akademien ging es primär darum, kostendeckend zu wirtschaften, sie wurden nicht mit einer ausgeprägten Gewinnabsicht geführt.[101] Dennoch war nicht egal, was auf diesen Bühnen gezeigt wurde – im Gegenteil. Die Unterhaltung der Akademiemitglieder, sonstiger Förderer und Bürger und damit verbunden deren Anhäufung bzw. Ausbau von Sozialprestige standen im Fokus, was besondere Ansprüche an die präsentierten Stoffe mit sich brachte.

4.1.3 Giovanni Andrea Moniglia – La Semirami (1665/1667)

4.1.3.1 *Umstände der Entstehung*

Für die Hochzeit des Erzherzogs Siegismund Franz (1630–1665) mit Hedwig Augusta von Sulzbach (1650–1681) im Sommer 1665 war die Vertonung eines Librettos des Florentiner Dichters Giovanni Andrea Moniglia mit dem Titel *La Semirami* für den Innsbrucker Hof geplant.[102] Der 1625 geborene Moniglia gehörte nach seinem Studium der Philosophie und Medizin bald zum Dunstkreis der Medici, wo er zunächst als Leibarzt tätig war.[103] Er darf zu den bekanntesten und erfolgreichsten Florentiner Librettisten der zweiten Hälfte des 17. Jh.s gezählt werden, mit einem seiner Stücke (*Il potestà di Colognole*) war bereits 1647 das Teatro della Pergola in Florenz eingeweiht worden. Selbst wohl kein Mitglied einer der großen Akademien seiner Zeit, stand er mit diesen doch in engem Kontakt.[104] Die Musik für *La Semirami* sollte Pietro Antonio Cesti beisteuern, der ab 1652 als Kammerkapellmeister der Privatkapelle des vorherigen Tiroler Landesfürsten, Erzherzog Ferdinand Karl (1628–1662), vorgestanden hatte und dem Hof auch nach seinem Ausscheiden aus dieser Position noch immer verbunden war.[105] Ferdinand Karl hatte Gefallen an der italienischen, insbesondere der venezianischen, *opera seria* gefunden, so dass während seiner Regentschaft einige Opern am Innsbrucker Hof gespielt worden waren.[106] Die geplante Oper über Semiramis kam allerdings nicht zur Aufführung, da Erzherzog Siegismund Franz kurz vor der Hochzeit im Alter von nur 35 Jahren überraschend verstarb.[107] Cesti gab das Projekt aber nicht auf, und 1667 konnte er seine Vertonung von Moniglias Textbuch in Wien

---

100 Walter 2016, 68–69.
101 Piperno 1990, 28.
102 In Innsbruck war 1629 das erste gemauerte Theatergebäude außerhalb Italiens entstanden, als Erzherzog Leopold V. (1586–1632) und seine Gattin Claudia de'Medici (1604–1648) das Ballspielhaus am Rennweg entsprechend um- und ausbauen ließen; Koldau 2005, 104.
103 Zur Vita s. Catucci 2011, 685–691.
104 Mindestens 22 Opernlibretti aus dem Bereich der komischen Oper wie auch, später, der *opera seria*, gehen auf ihn zurück, z.T. im Auftrag der *Accademia degli Immobili*. Seine erste Oper, *L'Apollo*, entstand bereits im April 1651 und war Leopold di Medici gewidmet; Catucci 2011, 685–691.
105 Bianconi 1980, 281–297.
106 *Argia* (UA 1655, Innsbruck), *L'Orontea* (UA 1649, Venezia – Wiederaufnahme in Innsbruck 1656), *La Dori* (UA 1657, Innsbruck), *La magnanimità d'Alessandro* (UA 1662, Innsbruck).
107 Vgl. auch Riedmann ²1988, 141; Senn 1954, 292.

zum Geburtstag des Kaisers Leopold I. (1640–1705) zu Gehör bringen.[108] Initiiert wurde diese Aufführung – und damit wohl auch die Auswahl des Stoffes – von Leopolds Frau Margherita Theresa (1651–1673).[109] Cesti war zu dieser Zeit Hofkapellmeister am Wiener Hof, wo er insbesondere mit seiner Oper *Il pomo d'oro* anlässlich der Hochzeit des Kaiserpaares große Erfolge feierte (UA allerdings erst 1668).

4.1.3.2 Argomento und Handlung

Das Libretto der Wiener Uraufführung informiert uns über die vorgesehenen Rollen:[110]

> Semiramide – Regina degli Assiri, Madre di
> Nino – Re di Assiri
> Eliso – Aio di Nino
> Creonte – Re di Babilonia, Padre di
> Elvida – Sotto nome d'Iside
> Feraspe – Servo d'Elvida
> Arsace – Condottiero dell'Armi Babiloniche sotto Creonte
> Ireo – Condottiero dell'Armi Assire nell'Asia
> Clitarco – Servo d'Ireo
> Lucrino – Paggio nella Corte Assira

Wieder agiert eine große Zahl an Personen auf der Bühne, die, wie bei Bisaccioni und Bentivoglio, mit Ausnahme von Semiramide und Nino keinen Bezug zu den Quellentexten aufweisen. Während die Barockoper häufig mit sechs Figuren auskommt, erschafft Moniglia – wie schon Bisaccioni – hier gleich derer zehn und fügt außerdem noch zwei Chöre bei. Die große Anzahl an Sängern und Sängerinnen erklärt sich sicherlich auch aus dem festlichen Anlass der Aufführung – bei einer fürstlichen Hochzeit sollte das Publikum in besonderem Maße durch eine prunkvolle Oper beeindruckt werden. Dazu passt auch die exzeptionelle Zahl an Szenen und Umbauten – stolze 55 Szenen umfasst das Libretto,[111] 15 Mal werden neue Bühnenbilder benötigt.[112] Der

---

108 Nach Wien kehrte Semiramis im Juli 1697 als eine von sechs Herrschergestalten in *Le più ricche gemme, e le più belle pietre delle corone* in einem kammermusikalischen Libretto von Minato in einer Vertonung von Draghi zurück. Anlässlich des Geburtstages von Joseph, dem ältesten Sohn von Kaiser Leopold I., ließ Minato hier Artaxerxes, Philipp II. von Makedonien, Octavian, Semiramis, Nitokris und Irene auftreten, die alle je einen Edelstein ihrer herrscherlichen Kronen besonders rühmen und dem Kaiser als Geschenk darbringen wollen; Noe 2011, 289.
109 Martino 1994, 188.
110 Die Textversion, die in Moniglias *Gesammelten Schriften* enthalten ist, entspricht dem in Wien zur Aufführung gebrachten Libretto (Delle poesie dramatiche di Giovann' Andrea Moniglia accademico, Florenz 1690).
111 Die Szenen verteilen sich wie folgt auf die Akte: 24/17/14.
112 Mutazioni di Scene: Gabinetti Reali di Semiramide; Piazza Reale in Ninive; Armeria Reale; Sala Regia; Cortile Regio; Giardino Reale; Recinto di Muraglia con Archi, e Portici, assegnato per Appartamento alle Donzelle Schiave di Semiramide; Camera Regina; Città; Campagna tendata con la veduta alle Mura di Ninive atterrate; Torre orrida assegnata per Carcere a Semiramide; Spiaggia amenasul Fiume Tigri; Galleria Regiona; Boscaglia; Padiglione di Creonte con la veduta de i duoi Eserciti, l'uno di Creonte, l'altro di Nino, accampati a fronte.

Aufwand für eine solch enorme Zahl an Umbauten ist auf einer relativ kleinen höfischen Bühne (um die es sich in Innsbruck gehandelt hätte und auch in der Wiener Hofburg in dieser Zeit noch handelte) immens. Zwar verfügten spätere Opernhäuser im Barock zum Teil über unglaubliche Bühnenmaschinerien,[113] doch die höfischen Bühnen waren eingeschränkter in ihren Möglichkeiten. Auch für diese Oper waren ergänzende Ballette vorgesehen, die hier aber – und auch dies ist eher ungewöhnlich – in Zusammenhang mit dem Operngeschehen stehen.[114]

Im *argomento*, so wie es in der Gesamtausgabe der Schriften Moniglias von 1694 abgedruckt ist, erfährt das Publikum das Folgende:

> Semiramide fu antichissima Regina degli Assiri; Da quali l'arenti avesse l'origine sua, la lunghezza degli anni ha levato la memoria, eccetto quella, che favolosamente fu creduta, ch'ella foße Figliuola di Nettunno Dio del Mare; Questa fu maritata a Nino egregio Re degli Assiri, e da quello ebbe un solo Figliuolo, chiamato del nome Regio, e l'aterno Nino; Morto Nino il Consorte, riposando un giorno, secondo il costume delle Donne, disciolti i capelli, e facendosegli ridurre in trecce, venne la nuova, che la Babilonia s'era ribellata, ed eßendo ancor Giovenetta, ed il Figliuolo Garzone, stimando poco sicuro dar la briglia in mano ad un fanciullo di tenera età di così grande Imperio, e dell'Oriente, fu in guisa magnanima, che pigliò l'armi, e Condottiera di numerosissimo Esercito fece resistenza all'armi di Babilonia, ingannando, non soli i propri Soldati, ma eziandio qualunque altra persona più familiare con l'artifizio di farsi credere Nino suo Figliuolo, e Re dell'Assiria, imperocché era Semiramide di delineamenti di faccia similissima al Figliuolo, nè la voce era per l'età, benchè femmina, differente dalla puerile, e nella statura del corpo niente era dal Figlio dissimile; Laonde vestito Nino degli abiti suoi donneschi, ed ella ricopertasi di quegli di lui, lo lascio nelle stanze reali creduto Semiramide, ed ella andò alla testa dell'Esercito stimata Nino.
>
> Su questo istorico avvenimento si regge col favore degli Episodi la tessitura del presente Drama, il quale ebbe la sua nascita per servire alle Nozze del Serenissimo Arciduca SIGISMONDO, ma per la morte dell'A.S. prima di celebrare i Regni Sponsali, fu tolto ancor'esso dalla luce. Fu comandato all'Autore di comporlo dal Serenissimo Principe Leopoldo di Toscana, ed il Signor Cavaliere Antonio Cesti l'arricchì maravigliosamente col metterlo in Musica.

> Semiramide war vor langer Zeit Königin der Assyrer. Von welchen Eltern sie abstammt, daran gibt es keine Erinnerung mehr, außer, dass man wunderbarer Weise glaubte, sie sei die Tochter Neptuns, des Meeresgottes. Sie wurde verheiratet mit Nino, dem vortrefflichen König der Assyrer, und von diesem hatte sie einen einzigen Sohn, der nach dem König und Vater Nino benannt wurde. Nach dem Tod des Gatten Nino ruhte sie eines Tages aus, ganz wie es für Frauen Sitte war, die Haare gelöst, sich Zöpfe flechten lassend, erreichte sie die Neuigkeit, dass Babylonien revoltiere, und, weil sie noch jung und der Sohn noch ein Bursche war, und weil sie es nicht als sicher erachtete, die Zügel eines so großen Reiches

---

113 In der Uraufführung von Georg Friedrich Händels *Rinaldo* in London 1711 gab es neben lebendigen Vögeln auch einen Wasserfall zu bestaunen, vgl. die Uraufführungskritik von Joseph Addison in *The Spectator* (Nr. 5) vom 6. März 1711.
114 Ballo delle Fanciulle Schiave di Semiramide; Ballo di Pescatori, e Pescatrici su la Riva del Tigri und Ballo di Soldati, e Paggi di Creonte, e di Nino.

und des Orients in die Hand eines Knaben von so zartem Alter zu geben, war sie so großherzig, dass sie die Waffen nahm und als Kommandantin eines sehr umfangreichen Heeres in Babylon den Waffen Widerstand leistete, indem sie nicht nur die eigenen Soldaten täuschte, sondern auch jegliche andere näher stehende Person mit dem Kunstgriff sich als Nino, ihren Sohn und König von Assyrien, auszugeben, da Semiramide von den Gesichtszügen her dem Sohn sehr ähnlich war, auch ihre Stimme durch das Alter, obwohl weiblich, nicht verschieden von der kindlichen, und von ihrer körperlichen Statur war nichts dem Sohn unähnlich; Deshalb, nachdem sie Nino in ihre Frauengewänder gekleidet und sich mit den seinen bedeckt hatte, ließ sie ihn in den königlichen Gemächern – für Semiramide gehalten – zurück, und sie ging an der Spitze des Heeres – als Nino angesehen.

Auf diesem historischen Ereignis basiert mit der Gunst der Episoden das Gewebe des vorliegenden Dramas, das geschaffen wurde, um anlässlich der Vermählung Ihrer Durchlaucht, des Erzherzogs Sigismund zu dienen, aber der Tod Ihrer Durchlaucht des Erzherzoges noch bevor die die herrscherliche Hochzeit gefeiert wurde, entriss es aus dem Licht. Es wurde dem Autor befohlen, es für Ihre Durchlacht den Prinzen der Toscana Leopold zu arrangieren und der Herr Ordensträger Antonio Cesti bereicherte es wunderbar, indem er es in Musik setzte. [Übers. d. Verf.in]

Semiramide ist bei Moniglia explizit eine Assyrerin. Die Handlung spielt in Niniveh und Umgebung, wie sich aus den *mutazioni di scene* ergibt. Gleich zu Beginn der Opern tauschen Semiramide und Nino, die einander enorm ähneln, auf Initiative der Semiramide hin die Kleider, damit Semiramide an Ninos Stelle Krieg gegen das von König Creonte regierte Babylon führen kann. Nino dagegen bleibt in Frauenkleidung zurück. Natürlich fehlen auch die im Barock üblichen beiden Liebesgeschichten nicht – während Semiramide ihren Feldherrn Ireo liebt, hat sich Nino in die Sklavin Iside verliebt. Doch nicht nur Semiramide und Nino sind verkleidet, die Sklavenkleidung verschleiert auch die wahre Identität der Iside, die nämlich Elvida, die Tochter des Königs Creonte ist. Das Kriegsglück ist zunächst den Babyloniern hold und Semiramide gerät (noch immer als Nino verkleidet) in die Hände Creontes. Auch Iside/Elvida gelangt ins Lager Creontes. Die gefangene Semiramide hält diese allerdings für ihren eigenen Geliebten Nino und enttarnt so unabsichtlich die verkleidete Königin. Am Ende wendet sich, auch dies keine Überraschung, alles zum Guten: Zwar geht – wie in Bisaccionis Libretto – der Krieg letztlich für Semiramides Armee verloren, am Ende steht aber auch hier wieder eine Doppelhochzeit. Nach anfänglichem Zögern willigt Semiramide ein, Creonte zu heiraten, und auch die Kinder der beiden, Nino und Iside/Elvida, finden zueinander. So werden auf der Bühne die Königreiche Assyrien und Babylon (wieder) dauerhaft vereint – ein mehr als passendes Thema für die geplante Hochzeit im Hause Habsburg.[115]

Betrachtet man die einzelnen Szenen genauer, so zeigt sich, das Semiramide bei Moniglia durchaus nicht als kriegslüstern, sondern vielmehr als verantwortungsvolle, starke Herrsche-

---

115 Nino/Creonte: „Di due Regni Di due cori, Degli sdegni, Degli amori, Ad eternar la Pace, il bel figlio d'Urania [i.e. Hymenaios, Anm. d. Verf.in] arda la face." (III/14). Heller 1993 betont mehrfach, es handele sich beim ursprünglichen Anlass der Opernkomposition um eine „Habsburg-Medici wedding". Diese Formulierung ist missverständlich, fand die Vereinigung der Dynastien der Habsburger und der Medici doch bereits 1626 bei der Eheschließung Erzherzog Leopold V. mit Claudia de'Medici statt – eine Verbindung, die durch die Eheschließung von Erzherzog Ferdinand Karl mit Anna de'Medici 1646 weiter gefestigt wurde. Vgl. Weiss 2004.

rin gezeichnet wird, die ihren Sohn ehrlich liebt – nicht die Spur eines amourösen Verdachtes steht im Raum, selbst wenn sie ihn als „diletto figlio" oder als „spirito del viver mio" anspricht (I/2). Sie zieht nicht leichten Herzens und aus eigenem Antrieb in den Krieg, vielmehr wird sie in den Krieg getrieben, wie sich gleich in der ersten Szene der Oper zeigt: Semiramide, die von Dienerinnen umgeben, in ihren Gemächern ihre Frisur ordnet („Semiramide acconciandosi la testa") und sich mit Liguster schmückt („con l'intatte brine Di Ligustro innocente Torno il seno a infiorarmi")[116], eröffnet die Oper mit einem langem Rezitativ, ihr Page Lucrino, der allerdings nicht auf der Bühne zu sehen ist, wirft dazu lediglich kurze Passagen ein:[117]

> *Semiramide:*
> Pur sovra il nostro cielo spiega candido velo amica pace; per noi l'impeto audace frenò l'Indico Marte, e già festose di verdeggiante oliva del Tigri in su la riva cingon le chiome d'or l'Assire spose. Se con guardo inclemente Mirai le Babiloniche ruine, or con l'intatte brine di ligustro innocente torno il seno a infiorarmi.
>
> *Lucrino di dentro:*
> All'armi, all'armi. (...) Alla guerra, alla guerra.
>
> *Semiramide:*
> Chi porta guerra, dì? Asia forte non teme? Babilonia anco freme? Il Battriano orgoglio inferocì? Chi porta guerra, chi?
>
> *Lucrino:*
> Di guerra non so niente.
>
> *Semiramide:*
> E pur su i labri tuoi guerra risuona.
>
> *Lucrino:*
> Cantavo una canzona, che dice, all'armi, all'armi, alla guerra sì sì, sì sì mio core, alla guerra d'Amore.

Das kriegstreiberische Lied des Pagen („All'armi, all'armi"), das Semiramis immer wieder aus ihrem Sinnieren reißt, ist also zweideutig und eigentlich, so Lucrino, als Aufruf zu einer „guerra d'Amore", nicht zu einem Krieg gegen Creonte, gedacht. Hier zeigen sich – wiederum wie bei Bisaccioni – sofort beide untrennbar miteinander verwobene Hauptthemen der Oper: Liebe und Krieg. Dass das erstrebenswerte Ziel für Semiramis dabei stets der (innere wie äußere) Frieden ist, zeigt sich an verschiedenen Stellen von Moniglias Text.[118]

---

116 Wendy Hellers Deutung zu dieser Szene – „she (...) adorns her breast with ‚innocent blossoms'" (1993, 103) – ist m.E. durch den Librettotext nicht gedeckt.
117 I/1.
118 Semiramide: „Pur sovra il nostro Cielo Spiega candido velo amica pace (...)" (I/1); Semiramide: „(...) Obbedisci sagace, Spera trionfo, e pace." (I/2); Semiramide: „Fermate il passo Avventurosa gente, e di quest'armi non mai l'impeto audace Turbi la bella pace all'opere vostre (...)" (II/17).

4.1.3.3 *Ideae et species Semiramidis*

Auch Moniglia bietet eine Montage einzelner Elemente der Semiramis-Überlieferung und rekombiniert und erweitert sie den Erfordernissen der Barockoper entsprechend, so dass ein neues Narrativ entsteht. Das grundsätzliche Bild der Semiramis in Moniglias Libretto unterscheidet sich dabei nicht gravierend von dem Bisaccionis. Auch hier ist es die kriegerische Königin, die fasziniert – wenn auch hier nun nicht im Krieg gegen Indien, sondern in Babylon. Fast beiläufig nimmt dieser Bezug auch auf die Kriegszüge der letzten Jahre, Asia, Babilonia, Battria und Armenia nennt Semiramide, auch ein erfolgloser Zug gegen den Inderkönig klingt an.[119] Sie erscheint selbstbewusst und fähig, durch und durch eine mutige Herrscherin,[120] die aber von Fürsorge für Sohn und Volk sowie von Friedenssehnsucht angetrieben wird. Auch in diesem Fall endet die Oper nach einigen Wirren mit einer Doppelhochzeit, in der sich zwei Königreiche/Herrschaftsgebiete verbinden. Wiederum sind nur zwei Figuren – Semiramide und Nino – antiken Quellen entlehnt, die anderen Rollen haben keine Grundlage in der antiken Überlieferung.

Moniglia nennt, wie schon Bisaccioni, im *argomento* keine antiken Autoren mit Namen. Die ihm grundsätzlich zur Verfügung stehenden Quellen und Inspirationen unterscheiden sich kaum von denen Bisaccionis, lediglich Pedro Calderon de la Barcas *La hija del aire* war 1664 gedruckt erschienen, vermutlich aber in Österreich noch nicht rezipiert worden.[121] Der Erwähnung im *argomento*, Semiramis sei eine Tochter Neptuns gewesen, verweist dabei klar auf Boccaccio. Moniglia entschied sich, neben dem bereits bei Bisaccioni verarbeiteten Motiv der weiblichen Kriegerkönigin und der wechselseitigen Verkleidung von Mutter und Sohn für die Eröffnung seines Operntextes für eine bei Valerius Maximus überlieferte Episode.[122] Dieser Text lag schon seit 1470/1471 in der *editio princeps* vor, und auch volkssprachliche Übersetzungen kursierten zur Zeit Moniglias bereits seit längerem (Französisch 1476, Italienisch 1504)[123] – angesichts der profunden Ausbildung Moniglias ist zwar nicht davon auszugehen, dass er auf Übersetzungen angewiesen gewesen wäre, für sein Opernpublikum ist durch diese aber sicher eine größere Bekanntheit der Episode vorauszusetzen. Semiramis' Verlassen weiblicher Sinnhorizonte und das Spannungsfeld zwischen weiblichen und männlichen Sphären, das diese Episode in den Mittelpunkt stellt, bieten für Moniglia besondere Faszinosa.[124] Das Dilemma zwischen Liebe und Pflicht spielt daher wiederum eine große Rolle, ebenso wie die Verkleidung (Semiramide als Mann und Nino als Frau) und die Rahmenhandlung des Krieges. Andere Erinnerungselemte wie der Inzest oder der Bezug zu Indien werden – offenbar bewusst – ausgelassen, wohl da sie für die avisierten Imaginationsräume dieser Barockoper und/oder den Anlass der Aufführung unpassend erschienen.

Und dennoch zeigt sich, dass sich auch diese Oper nur scheinbar um Semiramis dreht. In keinem der drei Akte ist Semiramis die dominante Figur, nicht einmal im zweiten Akt, in dem Nino nur eine einzige Szene hat. Wie Iside ist sie hier viermal auf der Bühne zu sehen, allerdings

---

119   I/1 u. I/2.
120   Semiramide: „Gli Dei Mi diero animo forte, Dall'estinto Consorte Mi se la gloria ereditar trofei. (...) Io sola ad evitar l'altro periglio Fulminerò di Regia spada il lampo; Io di te in vece al campo Legge imponendo, al barbara Creonte Calcherò maestosa Sotto giogo servil l'altera fronte (...)" (I/2); Semiramide: „Io non perdei coraggio. (...) A chi mi dà tormento, Non porterò conforto (...)" (II/9).
121   Man erinnere sich, dass auch Calderon dem Motiv des Verlasses des Frisiertisches zur Niederschlagung des Aufstandes großen Raum zugesteht. Bei ihm wird dieser Aufstand angeführt von Lidor von Lydien.
122   9,3 ext. 3–4, vgl. auch Pettinato 1988, 194.
123   Pausch 2007.
124   Vgl. auch Emberger 2011, ins. 194.

haben auch Creonte, Arsace, Ireo und der Diener Clitarcho je vier Auftritte, und die Nebenrolle des Dieners Feraspe sogar stolze fünf. In insgesamt 15 der 55 Opernszenen ist die Königin auf der Bühne präsent (7/4/4), während Nino 17 Mal zu sehen ist (10/1/6). Und selbst die zweite große weibliche Rolle, die *seconda donna* Iside, ist in 14 Szenen auf der Bühne vertreten (4/4/6).

Vor allem aber zeigt Moniglias Libretto, wie schnell sich im 17. Jh. ein beliebter Opernstoff verbreitet und wie die *opera seria* als ‚Erinnerungsgattung' für unterschiedliche Rezipienten fungieren – und funktionieren – konnte. Entstanden für einen höfischen Rahmen, war dieses Stück ebenso auf den großen öffentlichen Opernbühnen der Zeit erfolgreich:[125] Matteo Noris unterzog das Libretto nur wenig später einer grundlegenden Überarbeitung und so wurde die Oper unter dem Titel *La Semiramide* im Karneval 1670/1671 in Venedig in einem öffentlichen Theater gegeben (musikalisch erweitert durch Pietro Andrea Ziani). Als *La schiava fortunata*, nun wieder näher an der Wiener Version und mit zusätzlicher Musik von Marc Antonio Ziani, wurde sie im Karneval 1673/1674 erneut in Venedig gespielt und im Spätherbst desselben Jahres unter diesem Titel außerdem in Modena gegeben. Als *Semiramide regina d'Assiria* wird sie in der Karnevalssaison 1677/1678 in Bergamo gespielt.[126] Unter dem Titel *La schiava fortunata* wird diese Oper später noch drei weitere Male aufgeführt – und zwar sowohl an höfischen/hofnahen als auch auf öffentlichen Bühnen. Zunächst kommt es im Mai 1680 am Teatro Pubblico in Bologna zu einer Wiederaufnahme.[127] Am Hof zu Braunschweig wird sie 1691 in einer Vertonung von Antonio Gianettini, die auf den Vorarbeiten von Cesti und Ziani basiert, gespielt.[128] Der Text dieses Librettos ist quasi identisch mit dem für die Aufführung im Teatro S. Moisè 1674, allerdings fehlt das *argomento*. Von dieser Umsetzung haben sich sogar Entwürfe der Bühnenbilder erhalten, die die übliche zeitgenössische Palast- und Gartenarchitektur zeigen und gänzlich ohne Orientbezüge auskommen.[129] Nur zwei Jahre später gelangt sie in einer musikalischen Bearbeitung von Antonio Giannettini nach Hamburg, wo ihr erstmals ein Untertitel und eine Übersetzung beigegeben werden: *La Schiava Fortunata ovvero La Rissembianza di Semiramide e Nino // Die Glückliche Sclavin oder Die Aehnlichkeit der Semiramis und des Ninus* – gegeben wird auch hier das italienische Original.[130] Unter dem Namen *La Semiramide* wird sie schließlich 1682 in Lucca gespielt. Zu all diesen Versionen nun im Detail.

---

125 Es sollte nicht unterwähnt bleiben, dass das Stück eigentlich bereits für die Karnevalssaison 1666 am venezianischen Teatro S. Cassiano vorgesehen war, die Entscheidung fiel letztlich dann doch zugunsten der Oper *Giasone* (L.: Giacinto Andrea Cicognini, M.: Francesco Cavalli) aus, der man größere Erfolgsaussichten beimaß; Bianconi 1980, 287.

126 Sartori 1755, #21531.

127 Sartori 1755, #699; Wotquenne 1901, 118; Ricci 1965, 351.

128 Thiel 1970, 1451. Auffällig ist, dass Semiramis wieder vor Nino in der Liste der Rollen erscheint (allerdings nach Bellona). Zum Schauplatz heißt es: „La scena si finge in Assiria". Zu Giannettis Vita Lamberini 2000, 449–450.

129 http://kulturerbe.niedersachsen.de/viewer/piresolver?id=isil_DE-MUS-026819_7624 (letzter Zugriff: 14.12.2018).

130 Schon 1689 war mit Lullys *Acis et Galathe* eine fremdsprachige Oper an die 1678 gegründete Hamburger Gänsemarktoper gelangt; vgl. Adler ²1930, 674–675, sowie Hamburger Musikalische Zeitung 3, 11. Oktober 1837, 10. Die Geschichte der Semiramis war in Hamburg bereits 1683 in einem Singspiel präsentiert (*Semiramis, die aller-erste regierende Königin*) und im Juni 1688 von der Theatertruppe von Johannes Velthen auf die Bühne gebracht worden (*Die große Königin Semiramis*, eine Bearbeitung von Calderons *La hija del aire*, basierend auf einer niederländischen Adaption von Isbrand Vincent von 1669); Martino 1997, 338.

4.1.3.4 Überarbeitungen

Für die *stagione di carnevale* 1670/1671 am venezinanischen Teatro SS. Giovanni e Paolo wurde das Libretto von dem erfahrenen Librettisten Matteo Noris[131] massiv überarbeitet und den Gegebenheiten einer öffentlichen Bühne und dem venezianischen Geschmack der Zeit angepasst.[132] Noris kürzt dabei die Zahl der Szenen leicht[133] und verringert die Zahl der auf der Bühne agierenden Rollen von 10 auf 9. Die Figur des Pagen Lucrino wird gestrichen, aus Feraspe, dem Diener der Elvida/Iside, wird eine Frauenrolle: Dircene. Die Umbauten werden auf drei pro Szene reduziert.[134] Weiterhin fällt auf, dass er die Reihung im *personaggio* verändert: Zwar beginnt die Liste immer noch mit Semiramis, gefolgt von Nino. Arsace beschließt die Aufzählung, doch die Rollen dazwischen werden in gänzlich anderer Reihenfolge präsentiert.[135] Auch bei der Bezeichnung des Ireo, des Geliebten der Semiramis, nimmt er eine Veränderung vor: So wird aus dem *Condottiero dell'armi Assire nell'Asia* nun der *Governator di Susa*. Die Änderung mag marginal erscheinen, doch gerade daher ist beachtenswert, dass sie dem Librettisten als notwendig für seine Fassung des Textbuches erschien. Andere Eingriffe in den Text sind weniger marginal, anders als vom Herausgeber, Nicolini, postuliert, betreffen sie eben nicht nur „qualche parte" des Librettos.[136] Auch der *argomento* ist vollständig verändert.

> Da Nino, e Semiramide Regi d'Assiria nacque il Figlio, che riportò il nome del Padre, & crebbe con sembianze tanto simili alla Genitrice, che solo potevano distinguerli ai Popoli, le vesti di Maschio, e Femina.
> Estinto il Rè sposo rimase alla drettione del Figlio, e del Regno Semiramide, tanto saggia, quanto guerriera. Questa, scorgendo il figlio inhabile al menggio dell'armi, cambiò seco le spoglie per opporsi nel Campo alle forze di Creonte Rè di Babilonia di già tributario, e d'hor ribelle al suo Scettro, che veniva con schiere immense per far prigioniera quella Semiramide, che ricusò di esserli moglie; per franger il giogo tributario à cui fuggiaceva, & in fine per vendicar la creduta morte della propria figlia Eivida (di cui Arsace era tacito Amante) quale rimase Schiava all'hora, che nella prima guerra venne dall'Asiria il suo Genitore, vagar facendo bugiarda fama della sua morte, cangiatosi; ne' molto in Ninive soggiorno ella, che di Nino invaghita, incontrava recipproco affetto.
> Con questi motivi Historici, & altri favoleggiato accidenti, si conduce a curioso fine il Drama presente della SEMIRAMIDE.

---

131 Badolato 2013.
132 Allacci 1755, 710; Wotquenne 1901, 119; Sonneck 1914, 998; Rosand 1991, 441; Glixon & Glixon 2006, 168. Wendy Heller (1993, 93–114) hat beide Librettoversionen miteinander verglichen.
133 Von 55 auf 51 (19/18/14 statt vormals 24/17/14).
134 Wobei im Libretto im ersten Akt nur der erste (Gabinetti Reali) und letzte Umbau (Palaggio Reale) markiert ist, welche Szenen in dem Villaggio suburbano vicino à Ninive spielen, ist nicht vermerkt. Vermutlich handelt es sich um Szene 8, in der mit Creonte und Arsace zwei Vertreter der babylonischen Seite auftreten, die man sich nur schwerlich im Palast der Semiramide vorstellen kann. Überhaupt legt Noris wenig wert auf die geforderte Einheit des Ortes und springt, anders als die Vorlage Moniglias, innerhalb eines Aktes zwischen verschiedenen Schauplätzen. Vgl. dazu auch Heller 1993, 102, Anm. 22.
135 Semiramide, Nino, Ireo, Eliso, Clitarco, Creonte, Elvida, Dircene, Arsace; vgl. den Katalog der Studie.
136 Librettodruck aus der venezianischen Biblioteca Marziana (DRAMM. 0937), S. 6.

Aus Nino und Semiramide, Könige von Assyrien, ging der Sohn hervor, der den Namen des Vaters trug und der mit so großen Ähnlichkeiten mit seiner Mutter heranwuchs, dass sie fürdas Volk nur durch ihre männlichen und weiblichen Geschlechtsteile unterscheidbar waren.

Als der König starb, blieb an der Führung des Sohnes und des Reiches Semiramide, so weise wie kriegerisch. Da sie den Sohn für unfähig in der Handhabe mit der Waffe erachtete, vertauschte sie die Kleider, um sich im Feld den Streitkräften des Creonte, König von Babylonien, vormals tributpflichtig, nun aufbegehrend gegen ihr Zepter, entgegenzustellen, der mit immensem Aufgebot kam, um Semiramis gefangen zunehmen, die ablehnte, ihm Frau zu sein; Um das Tributjoch, dem er unterlag, zu zerbrechen, und um den angenommenen Tod der eigenen Tochter Elvida (deren geheimer Geliebter Arsace war) zu rächen, die Sklavin geworden war, als ihr Vater im ersten Krieg von Afrika her kam, sich das falsche Gerücht ihres Todes verbreitete, den eigenen Namen Elvida in jenen der Iside umwandelte; nicht lange hielt sie sich in Ninive auf, als sie sich in Nino verliebte, und auf gegenseitige Zuneigung traf.

Mit diesen historischen Motiven und anderen fabelhaften Zufällen führt zu einem kuriosen Ende das vorliegende Drama der SEMIRAMIDE. [Übers. d. Verf.in]

Wie auch schon bei Bisaccioni gibt das Frontispiz einen guten Eindruck des Semiramisbildes, das der adaptierte Operntext vermittelt (Abb. 4): Semiramide ist in einer freizügigen Pose dargestellt, barbusig schmückt sie sich mit Rosen, während sie ihr Spiegelbild betrachtet. Doch auch ihre kriegerischen Züge klingen an, wie die soldatisch anmutenden hohen Sandalen zeigen. Ein großer, evtl. metallener Gürtel bildet den oberen Abschluss ihrer Kleidung.[137] Solche Gürtel sind in barocken Darstellungen von Amazonen und anderer kriegerischer Frauen üblich, gelegentlich dienen sie gleichzeitig als Gürtel und als Waffengurt für das Schwert – so zum Beispiel bei der Darstellung der Thalestris auf einem Ölgemälde des Südtiroler Malers Johann Georg Platzer (1701–1761).[138] Das Frontispiz ist offenbar als Illustration der Eröffnungsszene der Oper gedacht – Semiramide, noch ganz versunken in der weiblichen Sphäre, bevor plötzlich ihr Agieren als kriegerische Herrscherin gefragt ist.

Noris verwendet Moniglias Text bestenfalls steinbruchartig und konzipiert die meisten Szenen gänzlich neu. Ein gutes Beispiel ist die Eröffnungsszene – wieder wird Semiramide in den Palasträumen gezeigt und agiert allein auf der Bühne, und doch ist der erste Eindruck ihrer Person für das Publikum ein anderer.[139]

Semiramide:
Cinta la fronte di bianche bende la su nel Cielo ride la Pace; ma quel fanciullo, che l'arco tende mi fa gran guerra con la sua face. Sì sì lunge da Ireo dal Sol ch'adoro anco in grembo alla pace io peno, e moro. Ma, se ne suoi presaggi on è fallace 'l cor, già con l'abete appro-

---

137 Heller (1993, 93) spricht hier – fälschlicherweise – von „a metal shield that girds her chest".
138 56,9 × 82,4 cm, verkauft bei Christie's am 8.7.2008 (Lot 24). Für den Hinweis auf diese Darstellung danke ich Prof. Dr. Michael Yonan (University of California, Davis) herzlich. Das Motiv wird auch von anderen Malern des Barock verarbeitet (z.B. Antoine Pesne, *Die Amazonenkönigin*, 1721/1722, Berlin, Schloss Charlottenburg), doch findet sich hier kein solcher Gürtel.
139 Aus dem langen Rezitativ der Wiener Version von 1667 macht Noris hier nun zwei kurze Arien – auch dadurch entsteht bereits ein anderer Eindruck, nicht Handlung, sondern Affekt soll hier den Einstieg in die Oper bilden.

da al lido, e a consolar mie doglie, de l'albergo regal preme le soglie.

Semiramide và allo specchio, sotto il quale evvi un Tavolino con sopravi Coppa d'argento, che riene fiori.

Or infioratemi le chiome lucide Rose, che à Venere pungeste 'l piè. Poi con la cenere di mille amanti sian biancheggianti, qual porto candida nel sen la fè. Or infioratemi.

Nicht nur die Blumen, mit denen Semiramide ihr Haar für ihren Geliebten Ireo schmücken will, haben sich gegenüber der Wiener Version von Liguster zu Rosen verändert, auch der Krieg als zweites Hauptthema der Eröffnungsszene ist deutlich hinter das Motiv der liebenden Frau zurückgetreten.[140] Zu den Waffen wird sie hier erst in der folgenden Szene gerufen. Noris nimmt hier mit den „cenere di mille amanti" wohl Bezug auf Diodor oder Orosius, bei denen es heißt, dass Semiramis viele Liebhaber ermordet habe/habe ermorden lassen.[141] Dass die Asche derselben die roten Rosen wieder weiß färben soll, ist im Kontext der vorhergehenden Zeilen zu sehen, wie schon Wendy Heller ganz richtig bemerkt hat.[142] Das Motiv der von einer Rose gestochenen Venus ist im Barock als Allegorie für die Entjungfe-

Abb. 4: Frontispiz – G.A. Moniglia, La Semiramide, Venezia 1670/1671; (Biblioteca Nazionale Marciana, DRAMM. 0937)

rung zu verstehen – die weißen Rosen färben sich dabei vom Blut rot. Semiramide dreht in ihrer Eröffnungsarie dieses Motiv nun um – für Ireo will sie wieder zur Jungfrau werden.

In der zweiten Szene des zweiten Aktes, dem Gespräch zwischen Semiramide und Nino über das weitere Vorgehen, das Verkleiden und den Krieg, übernimmt Noris die ersten drei Zeilen des Nino aus Moniglias Wiener Textversion.[143] Mit Ausnahme dreier weiterer Zeilen[144] stammt der komplette Rest der Szene dann aber aus seiner eigenen Feder. Hier ist es nun Nino, der Semira-

---

140 Die Betonung von Semiramis' Haar findet sich in einigen Quellen, neben Valerius Maximus spielt dieses Element auch bei Polyainos (8,26) u. Ovid (am. 1,5,9–12) eine besondere Rolle.
141 Diod. 2,13,4; Oros. 1,4. So auch bei Synkellos unter Bezug auf Ktesias (Ecloga chronographia, p. 119 = FGrHist 688 F 1i). Die größte Zahl an Liebhabern findet sich außerdem später bei Petrarca (4,1), Boccaccio (Semiramis 13) u.ö.
142 Heller 1993, 104.
143 Nino: „Invitta Genitrice, Spira con pompa altera per le vicine piagge aura guerriera (...)" (II/2).
144 Nino: „Babilonia tromba" // „Sior il pie che gli strinse Del tuo gran genitor la destra ultrice!" (II/2).

mide zu den Waffen ruft[145], das lange Rezitativ der Semiramide wird gestrichen. Eliso, der in der 1667er Version in dieser Szene stumm ist, erhält dagegen einige Textzeilen. Wendy Heller hat beide Szenen ausführlich gegenübergestellt und die unterschiedlichen Charakterzeichnungen herausgearbeitet: Während in Moniglias Wiener Version der Kleidertausch von Mutter und Sohn durch Sorge um den ängstlichen Sohn und durch dessen jugendliches Alter motiviert ist[146] und Nino nach anfänglichem Protest zustimmt, zeichnet Noris ein gänzlich anderes Bild: Semiramide wird hier deutlich machthungriger bestaltet, sie ist nicht bereit, ihre Position aufzugeben und hält sich ohne Zweifel für eine geeignetere Herrscherin als Nino, der in ihren Augen einer solchen Aufgabe – im Gegensatz zu ihr – schlicht nicht gewachsen ist, da er zu weich ist.[147] Dass Nino nicht protestiert und eine Bewertung des Geschehens nicht durch ihn, sondern durch Eliso vorgenommen wird, unterstreicht das Machtgefälle zwischen starker Mutter und schwachem Sohn, das Noris hier zeichnen will, zusätzlich.[148] Ninos Schwachheit zeigt sich auch in seiner völligen Hingabe an Iside, wie Noris in einer neu geschriebenen Szene (I/4) verdeutlicht. Sein Nino gleicht darin dem Nino aus Bisaccionis *Semiramide in India*. Während dort der Page Serpillo immer wieder versucht, Nino zur Vernunft zu bringen und an seine Pflichten zu erinnern, übernimmt diese Rolle hier nun Eliso (I/17).[149] Während bei Moniglia die Beziehung zwischen Mutter und Sohn als innlich und fürsorglich geschildert wird, fokussiert Noris auf das Motiv der mütterlichen Dominanz, die auch auf das Liebesleben des Sohnes übergreift. Aus Eifersucht – Noris lässt hier bewusst den Vorwurf des Inzests unausgesprochen mitschwingen – befiel Semiramide ihrem Vertrauten Eliso, Ninos Geliebte, Iside, zu töten.[150] In der Liebe und in der Herrschaft, so singt sie in der diese Szene beschließenden Arie, kann es keine Gnade geben.[151] Eliso dagegen entscheidet sich, Iside („l'innocente") stattdessen zur Flucht zu verhelfen (II/13). Das Motiv des Mordes an der Geliebten des Sohnes könnte Noris bei Muzio Manfredis *La Semiramis* entlehnt haben, wo Ninos Gattin Dirce durch die eifersüchtige Semiramis ermordet wird. Auch die Namensgebung der von Noris neu geschaffenen Figur der Dircene lässt an Manfredis Dirce denken.

Im Ganzen zeigt Noris Ausgestaltung der Semiramis eine stärkere, härtere, mächtigere und skrupellosere Königin als bei Moniglia.[152] Nino wird dagegen bei ihm schwächer gezeichnet – ein

---

145 Nino: „A l'armi, o Madre." (II/2).
146 Semiramide: „In tua si verde etade Scorgo ben, si, che gelido timore al nativo valore la destinata reggia (…)" (II/2).
147 Semiramide: „Figlio non puo tenera mano frenar un campo. Io ch'a domar falangi ho alma avezza; a l'inimico audace rintuzzero l'orgoglio." (II/2). Heller übersetzt hier „tenera" mit „young" (1993, 105), es geht m.E. aber vielmehr um die Unterstellung seiner Zartheit und/oder Verweichlichung, wie wir ihr auch in Bisaccionis Libretto *Semiramide in India* begegnet sind und die ihren Ursprung vermutlich in den antiken Schilderungen Sardanapals hat.
148 Eliso: „Vanne. Qual fu ad Esperia il vigile Dragone, io qui rimango, Or, ch'a cingere tu vai spada, e cimiero, a custodirti'l figlio, anzi l'Impero (…)" (II/2).
149 Bei Heller 1993, 106 irrtümlich I/16.
150 Semiramide: „Tuo mio più fido, Eliso, entro la Reggia vittima de miei sdegni, perche Nino dia fine a suoi deliri, sotto i colpi d'un ferro, fà, che la schiava rea l'anima spiri." (II/12). Auch Nino hat Eliso ins Vertrauen gezogen und um einen Mord gebeten – und zwar am Geliebten der Semiramis, Ireo (II/5). Die gegenseitige Skepsis den Liebespartnern des jeweils anderen gegenüber zeigt sich in II/6: Semiramide: „Parto, Figlio, rimanti, havrai trofeo; mà d'Iside ti scorda." Nino: „E tu d'Ireo."
151 Semiramide: „D'Amor ne l'Impero non regna pietà. L'aligero arciero che vibra lo stral la piaga del seno fà sempre mortal: Spargendo veleno bendato sen và." (II/12).
152 So auch z.B. Semiramide: „Porto un anima, ch'invincibile sempre pugnò." (II/17, während ihrer Gefangennahme im babylonischen Lager).

Phänomen, das sich übrigens auch an der Gestalt des Ireo zeigen lässt.[153] Und dennoch ist Nino in deutlich mehr Szenen auf der Bühne zu sehen als Semiramis, wieder haben wir also eigentlich eine Oper über Nino vor uns.[154] Auch wenn das Ende der venezianischen Oper scheinbar dasselbe Resultat wie das der Wiener zeigt, lassen sich doch auffällige Unterschiede im Detail ausmachen. Die Doppelhochzeit (Semiramide – Creonte; Nino – Iside) bleibt bestehen, die ‚natürliche' Ordnung wird wieder hergestellt, doch tritt Semiramide nicht ganz freiwillig und auch nicht still und leise zurück an den ihr zugedachten Platz – „Io non ti voglio!" schleudert sie Creonte auf dessen Avancen hin entgegen (III/13), während es bei Monglia in gleicher Lage hieß „Se a Nino così piace, ti son serva, e consorte" (III/14). Während die Wiener Version mit einem Quartett endet (Semiramide, Creonte, Nino und Iside), endet *La Semiramide* von 1670/1671 – und dies ist ungewöhnlich – mit einer Arie, die zwar im Libretto Eliso zugeschrieben, wohl aber von Iside gesungen wird, da Eliso in der letzten Szene gar nicht auf der Bühne präsent ist.[155] Die letzte Zeile „Non conosce piacer chi non è amante" besitzt hier einen mehrdeutigen Ton – liebt doch Semiramide ihren neuen Gemahl Creonte eindeutig nicht. Zusammenfassend bleibt also festzuhalten: Noris bezieht sich in seiner Libretto-Version zwar auf das Vorbild Moniglias, schafft aber aus dessen Vorlage eigentlich ein neues Stück, das sich bei gleichem Grundgerüst der zentralen Handlung noch aus weiteren Motiven speist und das eine andere Semiramis entstehen lässt. Elemente werden übernommen, aber durch die Hinzufügung anderer Bestandteile in ihrer (Be-)Deutung verschoben, Noris nimmt hier eine Umdeutung vor. Wendy Heller subsummiert diesbezüglich:

> His libretto questions the very values that the original version sought to glorify: the nobility of the monarchy, the importance of royal marriage, and the inevitability of patriarchal rule. Moreover, his reluctance to suppress Semiramide's legendary strength and sexual danger focuses a cruel light on the consequences of matriarchal power. Ostensibly, Noris's more powerful, more lascivious Semiramide is less easily subjugated and more damaging to the men who surround her. Noris endows her with greater power, but he balances this strength by exaggerating her moral weaknesses and potential threat to men.[156]

La Semiramide hatte offenbar die gesamte Karnevalssaison hindurch am Teatro SS. Giovanni e Paolo gespielt werden sollen, denn die Librettodrucke datieren ausdrücklich auf 1671. Die venezianische Karnevalssaison dauerte 1670/1671 bis zum 22. Februar, also ca. zehn Wochen. Es scheint somit, die oben angestellten Überlegungen zu den Spielabenden zugrunde gelegt, legitim, von etwa 10–15 geplanten Aufführungen auszugehen. Ein großer Erfolg scheint die Oper allerdings keineswegs gewesen zu sein, wie u.a. der Schriftverkehr der gefeierten Sängerin Vincenza Giulia Masotti[157], mit der die Rolle der Iside besetzt worden war, nahelegt,[158] so dass sie bereits nach we-

---

153 Heller 1993, 107–109. Zu Ninos Erstarken vgl. auch sein Rezitativ in III/8: „Ma se da me ribelle rivolgi il tuo consiglio, ti saro re, non figlio."
154 Szenenauftritte nach Akten: Semiramide: 4/5/5; Nino: 9/4/5; vgl. auch den entsprechenden Abschnitt im Anhang der Studie.
155 Glixon 2011, die allerdings die Arie fälschlicherweise Eurillo zuschreibt, einem Charakter, der in Noris' Bearbeitung gar nicht vorkommt.
156 Heller 2003, 259.
157 Zu ihrer Person Monaldini 2008, 661–663; Glixon, 1995, 524–526 u. 2011.
158 „Invio a Vostra Eminenza il libretto dell'opera che giovedì sera [i.e. der Premierenabend des 11. Dezember 1760, Anm. d. Verf.in] per la prima volta fu rappresentata in questo teatro e se bene per se stessa non è cosa riguardevole non ho voluto mancare al mio debito accertandomi che la discretezza dell'Eminenza Vostra la

nigen Vorstellungen abgesetzt und durch eine Wiederaufnahme von Cestis *La Dori* ersetzt wurde.¹⁵⁹ Es ist also wohl für die Saison 1670/1671 mit nur 4–6 Aufführungen zu rechnen, so dass bei der Größe des Theaters (900 Plätze) theoretisch bis zu 5.400 Personen die Oper hätten besuchen können. Auch wenn das Stück sich offenbar nicht als Publikumsmagnet entpuppte und etliche Logeninhaber wohl mehr als eine Aufführung gesehen haben dürfen, so sind doch mehrere hundert, wenn nicht gar einige Tausend Personen mit diesem Semiramis-Bild konfrontiert worden. Der Misserfolg könnte – zumindest in Teilen – auch auf die durchschnittlichen Leistungen der Sopranistin Giulia Romana in der Titelrolle zurückzuführen zu sein.¹⁶⁰ Dass die Oper dennoch etwa zwei Wochen gespielt wurde, lag offenbar an den guten Leistungen einiger anderer Sängerinnen und Sänger,¹⁶¹ sowie der generellen Attraktivität des Stoffes – es lassen sich allerdings keinerlei Belege für eine spätere Über- oder Wiederaufnahme dieser Oper von Moniglia/Noris finden.

Inhaltlich interessant ist, dass in der Vorsaison am gleichen Theater eine Oper mit ganz ähnlicher Thematik gegeben wurde, nämlich *Ermengarda regina dei Longobardi* nach dem Libretto von Pietro Dolfin in einer Vertonung durch Antonio Sartorio.¹⁶² Auch die verwitwete Ermengarda besitzt den Ehrgeiz zu herrschen („mossa dall'ambizione di Regnare"¹⁶³), verweigert eine weitere Eheschließung und setzt ihre weiblichen Reize gekonnt ein. Der besondere Reiz einer herrschenden Frau für die venezianischen Opernbühnen der Zeit zeigt sich also auch hier.

Wenn auch Noris' Bearbeitung also offenbar keinen großen Anklang beim venezianischen Publikum fand – dass dem Stoff (und auch der Vertonung) durchaus das Potenzial zugeschrieben wurde, Publikum in ein Theater zu ziehen, zeigt die relativ zügige Wiederaufnahme 1674 am Teatro S. Moisè in Venedig, nun allerdings geschickt unter dem neuen Titel *La schiava fortunata*.¹⁶⁴ Das Grundgerüst der Handlung wurde dabei gegenüber der ursprünglichen Wiener Version von 1667 kaum verändert. Auch für das S. Moisè wurde die Zahl der Rollen ebenso wie die Zahl der Umbauten¹⁶⁵ reduziert – die venezianische Adaption kommt mit sieben Personen aus, Feraspe, Arsace und Clitarco kommen nun nicht mehr vor, Lucrino wird zu Eurillo (*Paggio di Corte*). So, wie Semiramis aus dem Titel der Oper verschwunden ist – mit der glücklichen Skla-

---

gradirà tale quale sarà."; Brief vom 13. Dezember 1670 (Archivio Chigi 33, fol. 584r.); s.a. Glixon & Glixon 2006, 168.
159 Selfridge-Field 2007, 102.
160 Francesco Maria Massi an Johann Friedrich, Herzog von Braunschweig-Lüneburg brieflich am 26. Dezember 1670 (Hannover, Staatsarchiv, vol. 4, no. 627, f. 224): „Nel Teatro di S. Zuanipolo è cascata la prima opera cioè è restata senza concorso; et ivi hanno rimessa insieme la Dori, quella bell'opera tanto applaudita, dove Giulia Romana faceva sentire meraviglie, quale riproduce quello stesso teatro con più zucchari, e con più Netare che non fece nelle prime scene (…)"; Rosand 1991, 441.
161 Massi an Johann Friedrich am 12. Dezember 1670 (Hannover, Staatsarchiv, vol. 4, no. 627, f. 217): „Si e principiato a recitar a S. Zuanipolo la Semiramide, opera non riuscita, e poco lodata, ancor che li musici siano esquisiti."; Rosand 1991, 440–441.
162 A. Sartorio, Ermengarda regina de'Longobardi, Libretto, Venezia 1670 (Library of Congress, ML48 [S9482]), https://www.loc.gov/item/2010666384/ (letzter Zugriff: 9.2.2019).
163 A. Sartorio, Ermengarda regina de'Longobardi Libretto, Venezia 1670, 9 (Library of Congress, ML48 [S9482]), https://www.loc.gov/item/2010666384/ (letzter Zugriff: 9.2.2019).
164 Sartori 1990–1994, #21199 u. 21200; Allacci 1755, 699; Wotquenne 1901, 118; Sonneck 1914, 971. Angesichts dieser Tatsache verwundert es, dass das Stück und seine Varianten bei Questa 1989 quasi völlig außen vorbleiben; s. zu dieser Oper insb. Heller 1993, 93–114 u. 2003, 229–262. Gewidmet ist die Oper nun Alessandro Contarini, einem der Prokuratoren von S. Marco.
165 Nun nur noch drei Umbauten pro Akt: Loggia fiorita con Gabinetti; Cortile; Armeria Regia // Mura esteriori; Padiglioni di Creonte; Prigioni in luogo deserto con lontananza de Fiume Tigri // Sala; Galleria; Piazza.

vin des neuen Titels ist natürlich Iside/Elvida gemeint – rückt sie auch aus der ersten Position im *Personaggio*; diese nimmt nun Nino ein.[166] Die 55 Szenen aus der Wiener Aufführung werden für das S. Moisè auf 46 Szenen zusammengestrichen (17/15/14), auch innerhalb der einzelnen Szenen kommt es z.T. zu gravierenden Kürzungen. Die veränderte Personenkonstellation der Nebenrollen macht weitere Adaptionen notwendig. Wie üblich wurden auch die *balli* ausgetauscht.[167] Wie der gesamte Operntext wurde auch das *argomento* stark gekürzt, es umfasst nun nur noch wenige Zeilen, die sich nur grob an die Vorversionen anlehnen:

> Morto Nino Rè dell'Assiria lascò Semiramide Tutrice di Nino suo Figliuolo nel Regno, il quale riportate dalla Natura le medesime sembianze della Madre, quallora cambiavano tra i loro le vesti, rendevano alla Corte, & à suoi Popoli un curioso, e bizzarro inganno. Mentre dunque Creonte Rè de Babilonia suo suddito si ribella all'Assiro Trono, consegna Semiramide le di lei Spoglie al Figlio, e coprendo quelle di Marte creduta Nino, si porta rintuzzar l'orgoglio dell'Inimico. Da questo Equivoco prendono tessitura gli Episodi, i quali danno principio al Drama intitolato la SCHIAVA FORTUNATA.

> Nach dem Tod hinterließ Nino, König Assyriens, Semiramis als Vormund für Nino, seinem Sohn, im Reich, der von Natur dasselbe Aussehen der Mutter trug, und wenn sie untereinander die Kleider vertauschten, bescherten sie dem Hof und seinem Volke eine kuriose und bizarre Täuschung. Während nun Creon, der König Babyloniens, als Untertan gegen den assyrischen Thron rebellierte, übergab Semiramis die ihrigen Kleider dem Sohn und, indem sie sich in jene von Mars hüllte und für Nino gehalten wurde, ging sie daran den Übermut des Feindes zurückzuschlagen. Aus dieser Verwechslung heraus entspinnen sich die Episoden, welche die Grundlage für das Drama mit dem Titel SCHIAVA FORTUNATA bilden. [Übers. d. Verf.in]

Gegenüber dem ursprünglichen *argomento* von 1667 fehlt der Hinweis auf die Episode des Valerius Maximus, auch hier sind aber keine antiken Quellen namentlich aufgeführt. Auch diese Adaption zeigt in der Eröffnungsszene Semiramis allein auf der Bühne, entfernt sich aber von der Episode bei Valerius Maximus und gestaltet die Szene um: Statt einer Königin am Frisiertisch findet der Zuschauer nun zurückgezogen in *Loggie fiorite con Gabinetti* eine schlafende Semiramide allein auf der Bühne vor – die allerdings wiederum von einer Stimme aus dem Off (hier nun Bellona) zum Krieg gerufen wird:

> *Bellona (in Macchina):*
> Mie pupille guerriere in quall'oggetto omai vibrati i guardi! L'Amazone d'Assiria, Semiramide inditta in dolce oblio sommersa! Ah che non pono vivere in pace nò la Guerra, e'l sonno; così mal cauto il mondo. Sù neghittose piume, sparso d'ozio letal'il labro immondo, beve ogni suo conforto, quando dorme chi regge il Regne è morto, risuegliati sù? La tromba rimbomba e sorda sei tù risuegliati sù? Ascolta odi i mie'Carmi già Bellona ti chiama ,A l'armi, a l'armi'.

---

166 Die beiden Chöre werden beibehalten, heißen nun aber Coro di Soldati bzw. Coro di Damigele.
167 Ballo di Guerrini nach dem ersten, Ballo di Naiadi, che escone dal Tigri nach dem zweiten Akt, eine weitere Tanzeinlage nach dem dritten Akt ist in öffentlichen Theatern gänzlich unüblich und wurde daher gestrichen.

Semiramide:
A l'armi! à l'armi! E quale rimbombo Marzial'il cor molesta! Qual si fiera tempesta senz'un lampo veder mie palme atterra!

Bellona:
A la guerra, à la guerra.

Semiramide:
A la guerra!, à la guerra! Chi porta guerra? Chi?

Bellona:
A la guerra sì sì.

Semiramide:
Chi porta guerra? Chi?

Davon abgesehen bleibt diese Adaption trotz der Kürzungen eng an der Wiener Version von 1667 und ignoriert mehrheitlich die Neuerungen von Noris aus dem Jahr 1670/1671. So fehlt z.B. die von Noris hinzugefügte Episode der geplanten Ermordung der Iside und des Ireo. Auch 1674 erscheint Semiramis als starke, selbstsichere und selbstbewusste Herrscherin, deren kriegerische Seite aber generell etwas stärker betont wird als in der Innsbrucker/Wiener Fassung.[168] Dagegen ist es v.a. Nino, der sich nach Frieden sehnt und unwillentlich in kriegerisches Geschehen verstrickt wird.[169]

Neu und durchaus aussagekräftig ist eine kleine Änderung gegenüber der Wiener Version von 1670 in III/12:

Semiramide:
Restiti anima forte, già che regnar non posso. Se al mio Rè così piace ti son serva, e consorte.

Im Ursprungstext heißt es dagegen:

Restiti anima forte, se al mio destino piace ti son serva, e consorte.

Während sich in der Wiener Version Semiramide also ihrem Schicksal („destino") fügt, beugt sie sich in der venezianischen Version von 1674 dem Willen ihres Königs („mio re"), also dem Willen des Nino. Auch wird hier nun ihr Anspruch zu herrschen nochmals formuliert.

Gegenüber der Ursprungsfassung erhöht sich Semiramides Bühnenpräsenz deutlich – genau wie Nino ist sie in 17 der 46 Szenen auf der Bühne zu sehen.[170] In allen drei Akten ist sie nun die Person, die am häufigsten auf der Bühne präsent ist (im 3. Akt gemeinsam mit Nino), die ande-

---

168 So z.B. Bellona: „L'Amazone d'Assiria" (I/1) oder Ireo: „tuo Real comando" / „E pur è l'Rè, che parla!" (II/3).
169 Nino: „Cerco pace, e trovo guerra (...)" (II/5); Nino: „Non piu guerra (...)" (III/1); vgl. auch: Nino: „Effeminato Rè mi sgrida il monde. (...) Son le Furie del core Sdegno, Vendetta, e Amore." (III/1), dagegen sein Erstarken gegen Ende der Oper: Nino: „Son Re." (III/3) // Nino: „Potrò d'Assiria stabilir la pace." (III/9).
170 Semiramide: 6/4/7; Nino: 7/3/7; vgl. auch den entsprechenden Abschnitt im Anhang der Studie.

ren Rollen fallen dagegen deutlich zurück.¹⁷¹ Auch wenn sich die Oper dem Titel nach ja eigentlich um Iside/Elvida dreht (vgl. Abb. 5), ist es hier nun auf einmal Semiramis, die das Bühnengeschehen dominiert. Diese Verschiebung ist insbesondere mit Blick auf das Publikum interessant – während auf der höfischen Bühne in Wien unter dem Titel *La Semirami* also letztlich eine Oper über Nino präsentiert wurde, verlangt das eher bürgerliche Publikum nun nach einer Oper über Semiramis, auch wenn die Titel und auch die Frontispize jeweils anderes vermuten lassen.

Im selben Jahr wurde *La Schiava Fortunata* in der Vertonung von Cesti auch in Modena am Teatro di Modena zu Ehren von Francesco II., dem Fürst von Modena, aufgeführt.¹⁷² Moniglias Libretto wurde hierfür von Giulio Cesare Corradi überarbeitet.¹⁷³ *Argomento* und *personaggio* sind dabei identisch mit der venezianischen Version vom Teatro S. Moisè von 1674. Die Szenenumbauten werden für das kleinere Theater in Modena weiter reduziert und sind nun deutlich allgemeiner gehalten.¹⁷⁴ Dafür wird der Zuschauer nun ausdrücklich auf den Schauplatz hingewiesen: „La Scena si finge nella Reggia d'Assiria." Corradi hält sich eng an die 1674er Version aus Venedig, die ersten – marginalen – textlichen Änderungen finden sich erst in der fünften Szene des ersten Aktes. Den Abschluss des zweiten Aktes verändert er allerdings völlig – statt der Flucht der Semiramide wird hier ein Zwiegespräch zwischen Amor und Zorn präsentiert (*Amore e Sdegno*).

Abb. 5: Frontispiz – G.A. Moniglia, La schiava fortunata, Venezia 1674 (Rom, Deutsches Historisches Institut, Rar. Libr. Ven. 144/147#144)

In der Schlussszene werden einige Zeilen am Ende gestrichen – die Oper endet nun nicht mit einem Quartett, sondern eine Arie des Nino beschließt das Stück:¹⁷⁵

---

171 Iside: 3/4/5; Creonte: 0/3/1; Ireo: 3/3/5; Eliso: 3/3/6; Eurillo: 4/3/3; vgl. auch den entsprechenden Abschnitt im Anhang der Studie.
172 Sartori 1990–1994, #21198; Allacci 1755, 699; Ritzu 1961, 301.
173 Zu Corradi vgl. Capucci 1983, 316–318.
174 Je zwei im ersten und dritten Akt, sowie drei im zweiten (Giardine; Cortile // Mura esteriori; Cortile; Padiglioni // Sala; Piazza); die Szenenzahl beträgt nun 17/14/13.
175 III/13.

Nino:
Dolce gioia, gradito piacere (...).

Zum ersten Mal wird auch die Besetzung der Rollen angegeben: Margarita Margotti singt die Semiramide, der Tenor Steffano Bussi den Nino.[176] Auch die übrigen Rollen sind entsprechend der darzustellenden Geschlechter besetzt: Angelica Marchetti[177] – Sopran (Bellona und Iside), Antonio Ferrari (Eliso), Carlo Andrea (Creonte), Vittorio Cirelini (Ireo) und Giacinto Zanichelli (Eurillo). Landläufig hat sich die Vorstellung verbreitet, die Barockoper sei von männlichen Sängern und insbesondere von Kastraten dominiert gewesen. Dies lässt sich für diese Oper nun gerade nicht nachweisen – die Rolle der Semiramide ist mit einer weiblichen Sopranistin besetzt, Steffano Bussi, der den Nino gibt, ist Tenor. Alle Rollen sind gemäß dem ‚natürlichen' Geschlecht der Personen besetzt, Kastraten sind nicht involviert.[178]

Mit einem gänzlich neuen Titel versehen – *Semiramide Regina d'Assiria* – kommt die Oper in der Karnevalssaison 1677/1678 am Teatro di Bergamo auf die Bühne. Der *argomento* wird dabei von *La Schiava fortunata* von 1674 am Teatro S. Moisè in Venedig übernommen, lediglich der letzte Satz wird auf Grund des geänderten Titels adaptiert.

Auf den Schauplatz wird hier nicht explizit hingewiesen. Wieder wird die Oper von Bellona (in macchina) eröffnet, die in Gabinetti Reali, welche mit Statuen und Brunnen ausgestattet sind, eine schlafende Semiramis zu den Waffen ruft. Die ersten sechs Szenen des ersten Aktes sind identisch mit dem Text aus *La Schiava fortunata* von 1674, Änderungen ergeben sich erst in Szene 7 bis 9 – zwei dieser Szenen stammen aus der ‚Urversion' des Textes von 1667[179], eine entsteht für Bergamo neu. Die folgenden Szenen 10–18 übernehmen die venezianischen Szenen 9–17 wortgetreu.[180] Überhaupt hält sich die Bergameser Version überaus eng an die venezianische Vorlage, auch in den Akten 2 und 3 kommen nur dort Abweichungen von der Textvorlage vor, wo Cliraco auf der Bühne agiert, wieder werden diese Szenen aus der Wiener Version von 1667 übernommen.[181] Die Karnevalssaison dauerte 1678 bis maximal zum 22. Februar – die Widmung im Libretto datiert auf den 30.12.1677. Es ergeben sich somit etwa 7 Wochen möglicher Spielzeit, d.h. etwa 10–15 Spielabende erscheinen realistisch.[182]

Sechs Jahre später (im Mai 1680) wird *La Schiava fortunata* in Bologna am Teatro del Pubblico auf die Bühne gebracht. Sowohl *argomento* als auch *personaggio* sind identisch mit der venezianischen Version von 1674, auch der Librettotext weist kaum Abweichungen gegenüber dieser Aufführung auf; es wurden lediglich zwei Szenen gestrichen[183] und einige Arien ausgetauscht[184]

---

176 Zu Steffano Bussi s. Emans 1982, 66.
177 Rice 2008, 302–303. Die Marchetti war auf tragische Heldinnen spezialisiert und trat auch in anderen Produktionen als Semiramis auf (vgl. den Katalog dieser Arbeit).
178 Vgl. dazu ausführlich unten unter Kapitel 4.3.
179 Nämlich I/16 und I/17 der Version von 1667, wobei die ersten beiden Zeilen aus I/17 (1667) ans Ende von I/7 (1677) angefügt werden.
180 Einzige Ausnahme ist hierbei I/14, die nur Passagen aus I/13 (1674) übernimmt, da hier statt Nino und Eurillo nun Nino und der in der venezianischen Version nicht vorkommende Clitarco agieren.
181 II/2, II/4, II/12, II/13 und III/9 stammen aus Moniglias Version für Wien, II/3 wird für Bergamo neu geschrieben, in III/7 werden für Eurillo 10 zusätzliche Textzeilen hinzugefügt und III/10 führt die Szenen III/9 und III/10 aus dem venezianischen Libretto von 1674 zusammen.
182 Neben dieser Oper wurde in besagter Karnevals-Saison *Elena rapita da Paride* gegeben, die 1677 in Venedig uraufgeführt worden war; Fantappiè 2010, 84 mit Anm. 94.
183 Szene I/17 und II/15 aus der Version aus Venedig von 1674 fehlen.
184 So z.B. III/5; III/6; III/8.

oder hinzugefügt.[185] Zum Schauplatz heißt es hier wie in Modena 1674 „La Scena si finge nella Reggia d'Assiria". Der Zeitpunkt der Aufführung im Mai fiel in die zweite Hälfte der *stagione di primavera* bzw. *stagione di ascessione*, d.h. das Stück wurde nur etwa für drei bis vier Wochen gespielt,[186] so dass von ca. 6–12 Aufführungen auszugehen ist.

1682 wurde Moniglias Libretto dann in Lucca aufgeführt; von wem die Musik stammt, ist unbekannt. Der Titel des Stückes war nun zwar wieder *La Semiramide*, inhaltlich und textlich entspricht es aber bis auf marginale Änderungen *La Schiava Fortunata* von 1674. Das Teatro di Lucca oder Teatro pubblico war 1675 eröffnet worden und machte Lucca so zu einer der ersten Städte abseits von Venedig und Rom, in denen Operndarbietungen einer breiten Öffentlichkeit zugänglich waren. Angesichts der Bedeutung, die die autonome Repubblica di Lucca zu dieser Zeit (noch) besaß, handelte es sich keinesfalls um ein ‚Provinztheater' – vor allem in der *stagione di carnevale*, aber auch in der stagione di autunno, zog die örtliche Oper die berühmtesten Sänger und Sängerinnen Italiens an und entwickelte sich so zum Publikumsmagneten.[187] Ob *La Semiramide* anlässlich des Karnevals oder erst im Herbst des Jahres 1682 gespielt wurde, muss allerdings offen bleiben. Das Theater besaß je 48 Logen auf drei Rängen, hinzu kommen Plätze in der Orchestra – insgesamt also etwa 1.300 Plätze.[188] Es wurden in beiden *stagioni* je zwei Opern zur Aufführung gebracht, und zwar an je vier Abenden pro Woche. Er ergäben sich so für die Karnevalssaison, die 1682 etwa 8 Wochen (bis zum 11. Februar) dauerte, 16 Spielabende für diese Oper, für die ungefähr 13 Wochen andauernde Herbstsaison 26. Zwischen 5.000 und 9.000 Personen könnten – wiederum berücksichtigend, dass Vorstellungen häufig mehrfach besucht wurden – so in Lucca Zeuge von Moniglias Ausdeutung der Gestalt der Semiramis geworden sein.

Am 1690 eingeweihten Opernhaus in Braunschweig wurde die Oper, wieder unter dem Titel *La schiava fortunata,* 1691 aufgeführt, die Musik Cestis ergänzte hier Antonio Gianettini. Die Braunschweiger Oper besaß Ende des 17. Jh.s eine bedeutende Stellung, ihre Gründung war maßgeblich von Herzog Anton Ulrich von Braunschweig-Lüneburg gefördert worden. Im Gegensatz zur Wolfenbütteler Hofoper, deren Neubau kurz zuvor ebenfalls von Herzog Anton Ulrich initiiert worden war, wurden hier auch deutsche Opern aufgenommen, italienische Libretti wurden schnell ins Deutsche übersetzt.[189] In der Spielzeit 1691 wurden fünf Opern aufgeführt, eine deutsche[190] und vier italienische[191], die allerdings alle in Originalsprache gezeigt wurden. Im Braunschweiger Libretto fehlen Vorreden und *argomento*, das Textbüchlein liefert nur eine Personenliste[192] sowie die zugehörigen *balli*.[193] Die Umbauten sind im Paratext nicht gelistet, sondern nur vor den jeweiligen Szenen aufgeführt. Als Schauplatz wird bezeichnet: La Scene si finge in Assiria, e ne suburbij di detta Città. Der Schauplatz der Eröffnungsszene wird nun explizit

---

185 Wie z.B. III/7; III/10.
186 Himmelfahrt lag im Jahr 1680 am 30. Mai.
187 Guaita 1994, 84–86; Lynn 2005, 176–179; http://www.comune.lucca.it/flex/cm/pages/ServeBLOB.php/L/IT/IDPagina/12954 (letzter Zugriff: 24.5.2018).
188 Für die Relation von Logen- und Parterreplätzen vgl. Bianconi & Walker 1984.
189 Die vier italienischen Opern, die 1699 gespielt wurden, waren alle ins Deutsche übersetzt worden.
190 *Cleopatra* (L.: Friedrich Christian Bressand, M.: Johann Sigismund Kusser).
191 Neben *La schiava fortunata* waren dies drei Opern des Librettisten Flaminio Parisetti, alle vertont von Giovanni Battista Alveri: *Il Rè Pastore overo il Basilio in Arcadia, Gl'Inganni di Cupido* und *L'Isione*; vgl. Smart 1992, 183–185.
192 Diese fällt, wohl auf Grund des fehlenden *argomento* etwas umfangreicher aus als üblich. So werden die jeweiligen Liebespaarungen angegeben (Semiramide, Regina d'Assiria Amante d'Ireo etc.).
193 Nun wieder drei: Ballo di Giardinieri, & Giardiniere; Ballo di Soldati, & Amazoni und Ballo di Arcieri.

als Appartamento di Semiramide bezeichnet. Der Text bleibt ganz eng an der Textversion von Venedig 1674, lediglich einige Szenen werden leicht gekürzt. Ein neues Duett von Nino und Semiramide beschließt die Braunschweiger Fassung.

Die letzte Station des Librettos ist Hamburg, wo 1693 die Braunschweiger Version, also die Vertonung von Antonio Cesti mit Ergänzungen von Antonio Giannettini, übernommen wurde.[194] Die Übernahme von auswärtigen Stücken bildete in dieser Zeit eine Ausnahme an der noch jungen Hamburger Oper, wo extra für diese Bühne konzipierte und komponierte Werke in deutscher Sprache dominierten.[195] So wurde hier 1693 zwar nach wie vor der italienische Text gesungen – und auch im Libretto abgedruckt –, die einzelnen Szenen aber mit einer deutschen Kurzzusammenfassung versehen. Die Vorsatztexte (*argomento, personaggio*) – die identisch mit der venezianischen Version von 1674 sind – wurden zweisprachig beigefügt. Die Szenenbeschreibungen lauten im Einzelnen:

I/1: Ein Zimmer mit einem Bette. Bellona in einer Maschine. Semiramis schlafend. (Bellona forderte Semiramis auff zum Kriege.)

I/2: Ninus berichtet seiner Mutter der Semiramis und dem Elisus, daß ihr Vasall der König Creon rebelliret, worauf sie entschliesset zu Felde zu gehen, mit ihm aber, als ihrem Sohn, der ihr am Gesichte ganz ähnlich, die Kleider zu wechseln.

I/3: Wie Elisus dem Prinzen Ninus seine Traurigkeit verspühret, entdecket ihm derselbe, daß es ihm schwer werde fallen, sich im verstellten Kleide seiner geliebten Isis zu verbergen, der ihm aber mit dem Befehl seiner Mutter, und der Wohlfahrt des Reiches einhält.

I/4: Sie [i.e. Isis, Anm. d. Verf.in] stellet ihr Verlangen nach dem Geliebten Ninus vor.

I/5: Eurillus, welcher in Isis verliebt ist, erzehlt ihr, daß der König Creon von Babylonien, sie, die Assyrer bekriegen wolle, welche darüber betrübet wird, daß ihr Vater das Reich ihre Geliebten beunruhiget.

I/6: Er [i.e. Eurillus, Anm. d. Verf.in] merket, daß die Isis verliebt, meinet, in den Ninus, als der nicht ihres Standes, könne es nicht seyn, weil er aber ein Knecht, und sie eine Sclavin, werde ihn ihre Liebe wol treffen.

I/7: Ireus fragt seinen Diener den Eurillum, ob er der Königin den Brief gegeben, dieser erzehlet ihm den verhandenen Krieg, und daß ers über den Lerm vergessen, Ireus befiehlet ihm, nichts destoweniger denselben zu überliefern.

---

194 Enthalten in: Neue vortreffliche Schau-Spiele So auff den Hamburgischen Schau-Platze sind praesentiret worden: Deren Nahme folgende sind: I. Der Siegreiche Alexander. II. Achilles und Polixena. III. Venus, oder die siegende Liebe. IV. Plejades, oder das Sieben-Gestirne. V. Erindo, oder die unsträffliche Liebe. VI. Hercules unter den Amazonen erster Theil. VII. Hercules unter den Amazonen anderer Theil. VIII. La Schiava Fortunata, oder die glückliche Sclavin. IX. La Gierusalemme Liberata, oder das befreyete Jerusalem, Hamburg 1694.

195 Adler ²1930, 675; Grout & Weigel Williams ⁴2003, 126; v.a. aber Wolff 1957.

I/8: Er [i. e. Ireus, Anm. d. Verf.in] wünschte, daß sein Brief der Königin seine Liebe recht entdecken und vorstellen möge, er unterdessen, wolle zwischen Furcht und Hoffnung bleiben.

I/9: Semiramis bestellt bey Elisus die Aufsicht über das Reich in ihrem Abwesen, und daß er mit Rath ihren Sohn soll vorstehen. Er wünschet Glück zu ihrem Vornehmen und verheisset alle Treu.

I/10: [Semiramis r]edet mit sich selbst von der Annehmlichkeit der Liebe, die sie zu dem Ireus träget, mit dem Entschluß zu leiden und zu hoffen.

I/11: Isis welche die Semiramis in ihrem Mannes-Kleide vor ihren geliebten Ninus hält, will von ihrer Liebe reden, Semiramis aber als der die Liebe einer Sclavin mit dem Königl. Prinzen sehr zuwiedern, giebet ihr harte Antwort. Wie Isis ihr Poutrait der Königin giebt, nimmt sie es zwar an, befiehlet aber dabey, niemahls von Liebe mehr zugedencken, weil die Liebe schon verloschen sey, worüber diese ihr Unglück und des vermeinten Prinzen Untreu beklaget.

I/12: Er [i. .e. Ninus in Frauen-Kleidern, Anm. d. Verf.in] beklaget, wie schwer es ihm fallen werde, seine Liebe in diesen Kleidern zuverhälen.

I/13: Eurillus gibt dem Ninus, welchen er vor die Semiramis hält, den Brief des Ireus, Ninus bestürzet über die heimliche Liebe seiner Mutter, befiehlet aber doch, daß der Ireus zu ihm kommen soll.

I/14: Er [i.e. Ninus, Anm. d. Verf.in] lieset den Brief, welcher lauter Liebes-Bezeugungen und Klagen über seine Entfernung (weil er zu Feld gehen müssen) in sich hält. Ninus redet darzwischen, und bezeuget auffs höchste sein Mißfallen darüber.

I/15: Ireus wil von seiner Liebe als mit der Semiramis reden. Ninus aber befiehlet ihm zu schweigen oder zu sterben, worüber er bestürzet, dieser aber sich stellet, als wann ihm ihre vorige Liebe leid wäre, worüber jener sich höchst beklaget.

I/16: Sie [i.e. Semiramis, Anm. d. Verf.in] rücket ihm [i.e. Ninus, Anm. d. Verf.in] die verkleinerliche Liebe der Isis als seiner Sclavin auff, er hält ihr hinwiderum die verächtliche Liebe des Ireus als ihres Unterthanen für, da sie ihm das Pourtrait der Isis, der ihr den Brief des Ireus weiset, sie versprechen zwar einander ihre Galanterien zu verlassen, bezeugen aber doch heimlich, daß es unmöglich.

I/17: [Mars w]elcher in einer Wolcken sitzet, die durch einen Donner-Strahl vom Himmel getroffen wird, darauff er der Semiramis und dem Ninus nachschreyet, ihre unzulässige Liebe auffrücket und zum Kriege gegen die Babylonier sie anmahnet. Welches ein Tanz von Kriegshelden beschließet.

II/1: [Elisus w]ünschet daß das Glück bey ihnen möge beständig seyn.

II/2: Elisus rühmet des Königs Tapferkeit, weil aber der König Creon sehr starck, müsse er gleichfalls seinen Muth sehen lassen, worauff Ireus beklaget, wie jener weg, daß er, weil er verliebet, zum Kriege nicht geschickt.

II/3: Semiramis redet von dem Ireus, als Ninus, da sie bey sich anstehet, ob sie sich entdecken wil, unterdeß ihm bald wegzugehen, bald zubleiben anbefiehlet, ihm die Liebe, die er zur Königin träget gut heisset, worüber sich dieser ganz bestürzet verwundert, wie sie nun eben sich entdecken, und vor die Semiramis zu erkennen geben wil, kommt ihr Sohn der Prinz Ninus darüber zu.

II/4: Ninus verweiset der Semiramis, als eine Mutter dem Sohn, daß er müssig sey, da die Feinde sie auffs äusserste bekriegen. Semiramis befiehlt dem Ireus, ihr zu folgen. Ninus aber befiehlt er soll bleiben, sie, er soll erdulden und lieben, er, er soll schweigen oder sterben, welches, als von denen unrechten Persohnen gesaget, den Ireus ganz verwirret machet wie sie weggehen, bleibet der Ninus heimlich stehen, und belauret des Ireus letzte Worte.

II/5: Er [i.e. Ninus, Anm. d. Verf.in] bleibet entschlossen, auff alle Möglichkeit die Liebe seiner Mutter zu verhindern. Wie er die Isis kommen siehet, will er sich ihr entdecken, bedencket sich aber und hält es für sicherer, wann er ja nicht schweigen könne, sie zu meiden.

II/6: [Isis w]ünschet weil sie unglücklich, die Sternen ihr mögen geneigt werden, oder den Todt zusenden.

II/7: Eurillus erzählet mit grosser Furcht, daß der König Creon ihr Volk geschlagen, der König gefangen, und auff die Stadt selbst loß gehe. Isis resolviret es koste was es wolle ihren Ninus zu erretten.

II/8: Er [i.e. Eurillus, Anm. d. Verf.in] schillt auf den Himmel und auff die Liebe, und weil ihn die Isis nun auch betrogen, indem sie ihn verlässet, hält er alles Frauen-Volck vor undanckbar.

II/9: Creon redet die Semiramis an, die er vor den Ninus hält, begehret mit seiner Mutter sich zu vermählen, welches sie verwägert, unterdeß entfällt ihr der Isis Pourtrait, wie solches der Creon siehet, kennet ers vor seiner verlohrenen Tochter Bild, fraget nach derselben, empfängt aber zu Antwort, daß sie todt, darauff tritt sei hervor, und gibt sich zu erkennen, begehrt daß der gefangene König, möge in ihrem Gewarsam gegeben werden, welches der König Creon ihr vergönnet.

II/10: Ninus will sich selber ins Gefängnis geben, ümb seine Mutter zu erlösen. Elius aber räth ihm ab, weil sonst ganz Assyrien verloren gienge, worauff er sich endlich überreden läßt, und wieder nach seinem Ort kehret.

II/11: Er [i. e. Eurillus, Anm. d. Verf.in] saget, daß er die halbe Welt umgelauffen, und seien Isis doch noch nicht gefunden weil sie vielleicht beim Könige ins Gefängniß gegangen.

Nun suche er die Königin, derselben Antwort zubringen, beklaget dabey welch ein übels Handwerck es sey, ein Page zu seyn.

II/12: Er [i. e. Creon, Anm. d. Verf.in] wil in dem Gesicht des gefangenen Königs von Assyrien, seine Mutter betrachten, läßt derowegen den Kercker eröffnen, wie solches geschehen, bestürzet er, weil er nicht den König, sondern seine Tochter darinn findet.

II/13: Isis entschuldiget sich, daß sie aus Liebe den König von Assyrien losgemachet, und sich an seine Stelle gesetzet, worüber der König Creon sehr zornig wird.

II/14: Auff das Anruffen der Isis, verheisset die Liebe, welche in einer Wolcken erscheinet, ihr allen Trost, mit Versicherung, ob Cupido gleich blind, sey er doch nicht taub. Der Zorn, welcher aus der Erden kommt, widerspricht solches, und wil die Liebe verachten, worauff Cupido mit einem Pfeile Zorn in den Abgrund schlägt.

III/1: Er [i.e. Ninus, Anm. d. Verf.in] beklaget das Unglück seines Reiches, das Gefängnis seiner Mutter, den Verlust seiner Isis, da ihn das erste zum Zorn, das Andere zur Rache, und das letzte zur Liebe treibe.

III/2: Ninus höret mit grosser Verwunderung von dem Elisus, daß die Isis, unter angenommenem Nahmen, die Prinzessin Elvida, des Königs Creons Tochter sey, und daß sie die Königin Semiramis aus ihrem Gefängnis erlöset.

III/3: Weil die Isis meinet, daß sie den König an Statt der Königin befreyet, gestehet sie daß solches aus Liebe geschehen, welches Ninus mit Gegen-Liebe erkennen, und sich entdecken wil, wird aber durch den Elisus allemahl verhindert, biß endlich die Königin Semiramis dazu kommt.

III/4: Semiramis als der verkleidete Ninus saget, daß die erwiesene Treu der Isis mit nichtes als dem Band der Ehe könne vergolten werden, wie Ninus sich hierüber erfreuet, endecket er Eliso die Verordnung des vorigen Königs seines Vatern, daß wann ein Assyrischer Prinz würde eine Babylonierin heyrathen, er würklich abgesetzet, und ein ander König erwehlet werden solte. Ninus wil sich daran nicht kehren, Semiramis dräuet, das ganze Reich gegen ihn auffzubringen.

III/5: Semiramis beklaget ihren verdrießlichen Zustand: Isis, daß aus ihrem Verlangen nur Marter entstehe: Elisus, die Verblendheit der Menschen, welche der Liebe folgen.

III/6: Er [i.e. Ireus, Anm. d. Verf.in] stellet vor, wie er von Liebe und Hoffnung verfolget werde, und nachdem die Liebe sich in Grausamkeit verkehrt, er an statt des Mitleidens den Tod finde.

III/7: Eurillus bringt dem Ireus Befehl vom Könige, stündlich sich wieder nach Asien zubegeben, worüber er die Unbeständigkeit der Semiramis beklaget, Eurillus ihn mit seinem eignen Unglück tröstet.

III/8: Sie beklagen beyde [i.e. Isis & Ireus, Anm. d. Verf.in] ihr Unglück, da sie erstlich geliebet gewesen, und nun hernacher verachtet werden, entschliessen deßwegen sich niemahls mehr der Liebe zuergeben.

III/9: Sie [i.e. Semiramis, Anm. d. Verf.in] will ihrem Sohn abrathen von der Liebe zu der Isis, er will sich aber dazu nicht verstehen, sondern räth ihr üm die Ruhe des Reiches so viel mehr zu befordern, den König Creon zu ehlichen, wo sie sich aber ferner wegere, wolle er weisen, daß er nicht ihr Sohn sondern ihr König sei.

III/10: Sie gehet in sich, und entschliesset die ungebührliche Liebe zum Ireus zuverlassen, und der rechtmässigen Liebe ihres Sohnes mit der Isis oder Prinzessin Elvida nicht mehr zu widerstehen.

III/11: Elisus fraget ob der Ireus noch nicht fort sey? Darauff der Eurillus antwortet, daß er so bald nicht verlassen könne was er liebet, er befiehlet ihm aber nochmahls bey Vermeidung des Todes ihm anzukündigen nach Asien zu gehen.

III/12: Ireus wil von der Semiramis, die er vor den Ninus hält, um Verzeihung bitten, die ihn aber tröstet, an statt daß er Zorn un Unwillen vermuthet.

III/13: Creon kommt und schläget vor Frieden oder Krieg, und daß er nichts als die Semiramis zur Ehe begehre, Ninus stehet fest darauff seine Isis nicht zu verlassen, worauff sie alle sich in solch Verbündniß ergeben, und das Stück mit Freuden schliessen.

Schon der Blick in die Szenenbeschreibungen zeigt, dass die Hamburger Fassung sehr eng an dem Libretto von 1674 aus Venedig orientiert ist, sie greift aber manchmal auch Spezifika anderer Textbuchversionen auf. So ist in I/16 am Ende die Arie „Gelosi pensieri" platziert, die für die Braunschweiger Version entstanden ist. Eine Arie aus dem Hamburger Libretto findet sich in II/4 („O tiranno Dio"). Aus Modena wurden die Schlussszenen des ersten und zweiten Aktes übernommen (Marte in Macchina bzw. Cupido & Sdegno, letztere auf Kosten der Fluchtszene [II/15] aus Venedig). Das Duett von Nino und Semiramide in der Schlussszene der Oper stammt aus dem venezianischen Libretto von 1674. Aber auch Neues entsteht für diese Fassung, so z.B. die Arie am Ende von III/5 („E gl'amanti").

Die Gänsemarkt-Oper mit ihren rund 2.000 Plätzen besaß in dieser Zeit einiges an kulturellem Gewicht, handelte es sich doch um das erste – und größte – öffentliche Opernhaus im deutschsprachigen Raum.[196] Die Zahl der Aufführungen und auch das genaue Datum sind nicht überliefert, so dass unklar bleiben muss, wie viele Personen die Oper gesehen haben könnten – einige Tausend waren es sicherlich.

***

Wohnten der Aufführung in Wien 1667 vielleicht einige Hundert zumeist adelige Personen und Angehörige der kirchliche Eliten bei, erreichte Moniglias erfolgreiches Libretto als Karnevalsoper

---

196 Walter 2016, 113; Wolff 1957.

an den venezianischen öffentlichen Theatern ebenso wie in Deutschland im Laufe der nächsten zweieinhalb Jahrzehnte mehrere Tausend Zuschauer und Zuhörer und breitere soziale Schichten. Als besonders erfolgreich erwiesen sich dabei die Versionen von Moniglias Libretto, die das positive Semiramisbild aus der Wiener Uraufführung aufgriffen. Die Überarbeitung durch Matteo Noris von 1670, in der Semiramis als besonders machthungrig dargestellt wird und Inzestgelüste zumindest angedeutet werden, fiel dagegen durch. Es setzte sich vielmehr Moniglias ursprüngliche Ausgestaltung von einer in ihre Rolle gedrängten Semiramis, als eine ihren Sohn liebende und beschützende, das Land klug führende Königin durch, die aber dennoch am Ende der Oper an ihren Platz in der ‚natürlichen' Geschlechterordnung zurückkehrt.

4.1.4 Anonymus – Semiramide (1671)

Dass der Stoff um Semiramis nicht nur auf den großen höfischen und öffentlichen Bühnen des 17. Jh.s erfolgreich war, zeigt die Bearbeitung eines unbekannten Textdichters für verschiedene italienische Collegi der Jesuiten. Gerade diesen Institutionen kommt in der Verbreitung von Erinnerungselementen zu Semiramis eine besondere Bedeutung zu.

Die Gattung der Oper hatte sich schnell als fester Bestandteil im Kanon auch der geistlichen Eliten etabliert, insbesondere, da diese mit den antiken Texten, die ja die Basis der meisten barocken Libretti bildeten, im besonderen Maße vertraut waren. Das Lehrangebot der Jesuiten, das in der *Ratio Studiorum* von 1599 festgelegt worden war, umfasste neben Philosophie und Theologie in den späteren Ausbildungsjahren der Schüler von Anfang an vor allem die lateinische und griechische Sprache sowie damit verbunden die Lektüre der antiken Texte.[197] Auch das Singen und Musizieren gehörte vielerorts bereits ganz selbstverständlich zum Jesuitenorden, häufig wurden eigene Musikseminar (*domus musicorum*) gegründet.[198] Schon um 1600 wurden in den Kollegien Passagen der jesuitischen Dramen in Musik gesetzt – eine Entwicklung, die nicht ohne Gegenstimmen auskam. Jeremias Drexel oder François Antoine Le Febvre sprachen sich mit aller Deutlichkeit gegen dramatischen Gesang und die neue Gattung der Oper aus.[199] Hintergrund dieser Kritik war nicht das Genre als solches, sondern vielmehr die Furcht, die liturgischen Gesänge könnten unter dem Einfluss der Oper ihre Ernsthaftigkeit einbüßen.[200] Die kritischen Stimmen konnten sich jedoch nicht durchsetzen – Opernaufführungen wurden zu einem festen Bestandteil der Jesuitenschulen. Diese Hinwendung zum neuen Genre der Oper kann sicherlich nicht losgelöst vom Jesuitentheater betrachtet werden, das seine Blüte von etwa 1550 bis 1650 erlebt hatte, insbesondere an den jesuitischen Schulen aber noch bis zur Aufhebung des Ordens 1773 weiterhin gepflegt wurde. Die lateinischen Dramen dienten dabei zum einen als Mittel der Erziehung innerhalb der Kollegien, zum andern auch als Instrument im Rahmen der gegenreformatorischen Aktivitäten der Jesuiten zur Wiedergewinnung von zweifelnden oder bereits zum Protestantismus übergetretenen Christen – charakteristisch sind daher Stücke

---

197 Viele Librettisten des 18. Jh., wie z.B. Da Ponte, hatten an einem Priesterseminar studiert. Zu den Jesuitenschulen vgl. Friedrich 2016, 293–306.
198 Friedrich 2016, 374; vgl. außerdem Kennedy 1988, 71–100.
199 Vgl. Körndle 2006, 489–490 u. Winnacker 2014.
200 Friedrich 2016, 375.

mit Bekehrungsthematiken, erst im 18. Jh. tauchen hier auch klassizistische Stoffe auf.[201] Stoffe auf Basis antiker Quellen haben offenbar schon früh Einzug in die Kollegien gehalten – aber eben nicht nur als Bestandteile der Lehrdramen, sondern v.a. im Rahmen einer Hinwendung zur Oper.[202] Da man bemüht war, möglichst viele der Schüler bzw. angehenden Priester in diese Aufführungen zu involvieren und die Lektüre der antiken Texte ja ohnehin im Fokus des Ausbildungskanons dieser Schulen stand, ist die Wirkmacht dieser Stücke aber dennoch sicherlich beachtlich gewesen, wenn sie sich hier auch nicht in Zahlen gießen lässt. Eine in Babylon angesiedelte Oper passte darüber hinaus gut in das jesuitische Konzept, mit fremden Ländern vertraut zu machen und so das Selbstverständnis einer Weltmission zu illustrieren.[203] Die präsentierten Stoffe und Vorstellungen sind um so bedeutender, bedenkt man, dass die insgesamt 750 jesuitischen Schulen eine Art „Monopol der höheren Schulbildung der männlichen Jugend" besaßen und Personen aus allen Bevölkerungsschichten anzogen, war doch hier über Stipendien auch für begabte Jungen abseits von Adel und Bürgerschaft eine Ausbildung möglich.[204] Wenn auch der Kreis der Zuschauer in diesen priesterlichen Kollegien sicherlich kleiner war als in öffentlichen oder fürstlichen Theatern, standen die Aufführungen in Prunk und szenischem Aufwand denen größerer Häuser in nichts nach.[205] Schon für die Jesuitendramen waren aufwendige Bühnen geschaffen worden, die über ein beeindruckendes Arsenal an technischen Ausstattungen verfügten – Flug- und Wolkenmaschinen waren ebenso gang und gäbe wie feuerspeiende Drachen.[206]

4.1.4.1 Umstände der Entstehung

Der Librettotext der 1671 am Collegio del B. Luigi Gonzaga in Bologna zu Gehör gebrachten Oper mit dem Titel *Semiramide* ist nicht erhalten, doch sind wird dank einer Vorankündigung (*scenario*) dennoch recht detailliert über das Stück informiert.[207]

Unter einem *scenario* (gelegentlich auch explizit als *argomento e scenario* bezeichnet) versteht man eine „scene-by-scene synopsis of the action that was printed not for commemorative reasons but, once again, for the practical purpose of helping the audience in the theatre to follow the performance."[208] Neben der genauen Inhaltsangabe, sowie der Akt- und Szeneneinteilung, werden in einem Scenario auch die enthaltenen Partien genannt (*dramatis personae*), wobei die Namen der Sänger und Sängerinnen oft ausgelassen werden.[209] Solche *scenarii* dienten einerseits

---

201 Auf die Bedeutung eines mehr oder minder festgelegten antiken Lektürekanons, über den ein paneuropäischer Fundus Wissen über Antike entstanden ist, der als Basis eines „gemeinsamen Wert- und Normhorizonts" der Eliten diente und der gerade vor dem Hintergrund zunehmender konfessioneller Spaltung als universelles „Fundamente einer Wertegemeinschaft" verstanden wurde, verweist auch Niggemann 2019, insb. 45–46, Zitate auf 46.
202 Allerdings griffen auch Jesuitendramen des 17. Jh.s antike Stoffe auf, so z.B. das 1657 in Wien anlässlich der Krönung von Leopold I. aufgeführte Drama *Pietas victrix*, das die Auseinandersetzung zwischen Konstantin I. und Maxentius an der Milvischen Brücke thematisiert (ed. Mundt & Seelbach 2002).
203 Dies zeigt sich auch an der Vielzahl von Dramen, die im asiatischen Raum angesiedelt sind; vgl. Wimmer 1995.
204 Hartmann 2001, 68–69, Zitat auf 68.
205 Kunold 1980, 11.
206 Kastner 1987, 351.
207 Sartori 1990–1994, #21142.
208 Rosand 1991, 22.
209 Gelegentlich wird das Stimmfach genannt.

als Werbung für die bevorstehende neue Oper, insbesondere in einer Zeit, in der die Rivalität zwischen den einzelnen Theatern eines Ortes zunahm. Außerdem umfassten sie weniger Seiten als ein Libretto und waren daher schneller und kostengünstiger zu produzieren – Orientierung in der verworrenen und verwirrenden Opernhandlung boten sie für das Publikum trotzdem. In der Regel wurden sie bereits vor der ersten Aufführung gedruckt („da rappresentarsi") – so auch in diesem Fall – und gegebenenfalls später, falls die Oper positiv aufgenommen und häufiger gespielt wurde, durch ein reguläres Libretto abgelöst.[210] Trotz ihrer Vorteile gegenüber einem Libretto wurde der Druck von *scenarii* um die Mitte des 17. Jh.s aber zugunsten der Librettodrucke quasi vollständig eingestellt.[211] Für das Collegio del B. Luigi Gonzaga in Bologna, den Aufführungsort der Oper *Semiramide*, sind allerdings auch aus der zweiten Hälfte des 17. Jh.s einige Scenarien erhalten, denen nie vollständige Libretti gefolgt zu sein scheinen[212] – offenbar wurden für diesen kleinen Vorführungsrahmen nicht extra teure Librettodrucke in Auftrag gegeben. Dies ist wohl auch als Indiz dafür zu werten, dass die jeweiligen Opern dort nur ein einziges Mal gespielt wurden.

4.1.4.2 Argomento und Handlung

Anders als in den bisherigen Semiramis-Opern ist die Handlung nun zu Lebzeiten des Königs Nino angesiedelt, die Eroberung Baktras ist soeben abgeschlossen. Die Geschehnisse der Oper, die in Babylon spielt („S'apre la Scena in Babilonia."), werden im *argomento* wie folgt umrissen:

> Semiramide di natione Sira, che fiorì l'anno 2200, prima della nascita di Christo, fù allevata nella casa di Sima gran Pastore, ed essendosi maritata con Memnone prode Guerriero, hebbe due figliuoli Idaspe, e Iapete. Questo lasciò ella in custodia di Sima, e seguì in varie guerre Memnone, che alla fine fatto gran Capitano da Nino Rè dell'Asia, andò all'assedio di Battra. Ivi Semiramide segnalossi nella generosità, poiche scorgendo la Rocca poco men che abbandonata da nemici, quasi che fosse inaccessibile, per balze, e dirupo colà portossi con alcune truppe, ed occupata la Rocca, hebbe subito in suo potere tutta Battra. Nino volendo riconoscere quest'impresa di Semeramide (sic), oltre i doni, che le fece, disegnava di prenderla per Isposa, e dare à Memnone Oronta sua Nipote; mà turbo il dissegno una lettera mandata con certe gemme, e veleno dal Rè di Battra ad una sua figliuola, detta pure Semiramide, che sotto habito, e nome di Dorilo suo fratello, stava per ostaggio prigione di Nino; Perche per

---

210 So ist beispielsweise das *scenario* von Busanellos und Monteverdis *L'incoronazione di Poppea* das einzige Dokument, das die Premiere dieser Oper 1643 belegt. Das vollständige Libretto wurde erst deutlich später gedruckt (nämlich 1657). Vgl. Rosand 1989, 340–341 m. Anm. 9.

211 Rosand 1991, 81–85. Dies gilt insbesondere für Venedig, wo nach 1655 keine Scenarien mehr nachzuweisen sind. Vgl. die Auflistung der wenigen erhaltenen venezianischen Scenarien bei Rosand 1989, 344–346. Da Scenarien vom Publikum weniger wertgeschätzt wurden als vollständige Libretti, sind sie deutlich seltener erhalten. Ihr Verschwinden wird aber auch Indiz für eine Konsolidierung des (venezianischen) Opernbetriebes um die Mitte des 17. Jh.s gedeutet; vgl. dazu auch Pirrotta 1969.

212 So beispielsweise *Scenario dell'Eugenia tragedia recitata in Bologna da' signori convittori del Collegio del B. Luigi Gonzaga nel corrente Carnevale dell'anno 1662* (Biblioteca dell'Archiginnasio, Collocazione A.V.G. VIII. 03 op. 28) oder *Argomento, e scenario dell'Elisabetta tragedia nuova da rappresentarsi da signori convittori del collegio del B. Luigi Gonzaga in Bologna nel presente carnevale 1679* (Biblioteca comunale dell'Archiginnasio, Bologna, fondo speciale Gozzadini, b. 33, fasc. 1, n. 43).

questa lettera à caso capitata à Nino, fù Semiramide incolpata di tradimento contro il Rè, e condannata a morir di veleno, dal quale però la campò Dorilo, dichiarandosi avanti al Rè, che era Semiramide figliuola del Rè di Battra: che à se era diretta la lettera con le gemme, & il veleno. Conosciuta l'innocenza di Semiramide, nino tentò di nouvo Memnone, per haverla in Isposa, e ritrovandolo sempre più restio alle sue dimande, gli propose l'eleggere una delle due, ò di cedergli Semiramide per Consorte, ò di cavarsi gli occi. A queste minaccie Memnone spinto dalla disperatione, e fatta fuggire Semiramide, da se medesimo s'uccise. Arbace subito sforza Eufemo Scudiero di Memnone ad incolpar Semiramide, ed Idaspe di tal uccisione; onde fù di nuovo condannata con Idaspe à morte, alle quale mentre s'incaminava, venne incontrata da Sima, e le furono fatti riconoscere i figliuoli. Per castigo poi del Cielo morto Arbace, Eufemo si disdisse, scoprendo l'innocenza di Semiramide, e d'Idaspe: che restò confermata da una lettera dallo stello Memnone scritta à Nino prima d'uccidersi. Così liberata Semiramide, e sciolta da Memnone, si maritò con Nino. Il fondamento historica di tutta questa Tragedia vedasi preso Diodoro Sicolo nel secondo Libro.

Die Syrerin Semiramide wuchs, als das Jahr 2200 vor der Geburt Christi blühte, im Haus von Sima, dem großen Hirten, auf, und wurde mit Memnone, einem tapferen Krieger, verheiratet. Sie hatte zwei kleine Kinder, Idaspe und Iapete. Sie ließ die Kinder in Simas Obhut zurück und folgte Memnone, der in verschiedenen Kriegen kämpfte. Er wurde sogar zum Hauptmann von Nino, dem König von Asien, ernannt und brach auf, um Baktra zu belagern. Dort zeigte Semiramide Einsatz, nämlich erblickten sie die Burg beinahe verlassen von den Feinden. Sie war aufgrund der Lage an Steilhängen fast unzugänglich, und der Abhang dort konnte mit wenigen Truppen gehalten werden. Die Burg wurde besetzt und sie hatte plötzlich ganz Baktra in ihrer Hand. Nino bewunderte den Plan der Semeramide (sic) und außerdem die Geschenke, die sie machte. Er hatte vor, sie zur Frau zu nehmen und Memnone seine Nichte Oronte zu geben. Aber diesen Plan störte ein Brief vom König von Baktrien an eine seiner Töchter, die auch Semiramide hieß und die unter dem Namen ihres Bruders Dorilo als Geißel eine Gefangene des Nino war. Der Brief war zusammen mit einigen Edelsteinen und Gift geschickt worden. Weil dieser Brief zufällig von Nino abgefangen wurde, wurde Semiramide des Verrates am König beschuldigt und zum Tod durch Gift verurteilt, vor dem sie jedoch Dorilo rettete, indem er dem König erklärte, dass er Semiramide, die Tochter des Königs von Baktrien, sei und dass der Brief mit den Edelsteinen und dem Gift an ihn adressiert war. Nachdem Nino von der Unschuld der Semiramide überzeugt war, beschuldigte er wieder Memnone, um Semiramide heiraten zu können, und bemerkte, dass dieser immer widerstrebender auf seine Fragen antwortete. Er befahl ihm, eins von beiden auszuwählen: entweder Semiramide zur Hochzeit freizugeben oder sich die Augen auszustechen. Durch diese Bedrohung eingeschüchtert ergriff Memnone die Verzweiflung, Semiramide verhalf ihm zur Flucht und er tötete sich selbst. Arbace überzeugte schnell Eufemo, Memnones Schildknappen, Semiramide und Idaspe dieses Mordes zu bezichtigen; sie wurde erneut zusammen mit Idaspe zum Tode verurteilt, und während sie sich auf den Weg machte, traf sie Sima und sie erkannte die Kinder wieder. Durch eine Strafe des Himmels starb nun Arbace, Eufemo zog seine Aussage zurück, als er erkannte, dass Semiramide und Idaspe unschuldig waren. Dies wurde durch einen Brief, den Memnone vor seinem Selbstmord an Nino geschrieben hatte, bestätigt. So wurde Semiramide befreit, von Memnone getrennt und mit Nino verheiratet. Die historische

Grundlage dieser Tragödie ist im 2. Buch von Diodorus Siculus zu finden. [Übers. d. Verf.in]

Auch über die Personenliste samt Besetzung wird informiert. Es handelt sich um folgende Rollen, die allesamt mit männlichen Sängern – nämlich Mitgliedern des Collegio – besetzt sind:

Nino – Rè de l'Asia
Semiramide – famosa Guerriera vincitrice di Battra
Memnone – Generale dell'Armo Regie, e Marito di Semiramide; che chiesto dal Rè à cederlo per Moglie Semiramide, ò cavarsi gli occhi, da se stesso s'uccide
Idaspe – figliuol maggiore di Semiramide, condotto sul fine da Sima à riconoscere la Madre, che trova già condannata à morte
Sima – Regio Prefetto da Pastori, à cui Semiramide andando alle guerre, consegnò ad allevare i figliuoli
Dorilo finto – cioè un'altra semiramide (sic) figliuola del Rè di Battra, data già con inganno sotto nome, e abito del fratello per staggio à Nino nella presa di Battra; creduta perciò da tutti il Prencipe Dorilo suo fratello
Alete – Messaggiero spedito secretamente (con raccomandatione ad Arcabe) dal Rè di Battra à la figliuola, con doni, e una lettera piena d'affetti pterni; qual letera per infedeltà d'Arcbace, pervenuta in mano di Nino, per l'equivoco dello stesso nome di Semiramide, pone Semiramide la guerriera in grave sospetto di secreta congiura contro Nino, e in pericolo di morte.
Farnabazzo – primo Satrapo del Regno favorevole à Semiramide
Osmano – secondo Satrapo del Regno contrario a Semiramide, e compagno al Traditore
Arbace – Emolo, e traditore di Semiramide
Gorbia & Coaspe – Senatori poco favorevoli a Semiramide, ma copertamente
Narbasso – prefetto dell'Armi nella Città, che mandato dal Rè, a guardar le strade; uccide per errore, in vece di Memnone, Arbace, che era andato per ordine del Rè à quietare il campo, vestito coll'Armi di Memnone
Eufemo – Scudiere di Memnone, che forzato con minaccie da Arbace, testifica falsamente gli uccisori di Memnone essere stati Semiramide, e Idaspe, & intesa la morte d'Arbace si disdice
Nuncio – che porta la nuova della sollevatione del campo per la morte di Memnone
Sigeo & Carillo – Scudieri di Semiramide
Amiraspe – Capitano delle guardie Regie

Stolze 17 Personen umfasst die Oper, hinzukommen noch verschiedene Pagen und Militärs als stumme Rollen sowie weitere Figuren für den Prolog. Außerdem sind sämtliche Mitwirkenden für alle vier Intermezzi sowie das abschließende Ballett aufgelistet – der *personaggio* umfasst vier volle Druckseiten! Auf den folgenden acht Seiten wird dann die Handlung der fünfaktigen Oper Szene für Szene wiedergegeben. Interessant ist hierbei die prominente Rolle, die einem Senat von Babylon zu geschrieben wird, der die Oper auch eröffnet: Die Eröffnungsszene wird mit den Worten „Si fa Senato" beschrieben (I/1). In Babylon wird ganz nach Vorbild des römischen Senates beraten und verhandelt. Der babylonische Senat soll darüber befinden, welcher Lohn Semiramide für ihre Verdienste bei der Eroberung der Stadt Baktra zukommen soll. Die Senatoren sind sich uneins – während die Fraktion um Farnabazzo und Idaspe sie der Herrschaft würdig erachtet, verurteilen Arbace und seine Anhänger ihr Vorgehen als waghalsig. Wieder geht es also um die Frage der Rechtmäßigkeit und Angemessenheit weiblicher Handlungsräume. Nino schließt sich Farnabazzo und Idaspe an. Die unterlegene Fraktion verschwört sich daraufhin gegen Semiramide (I/2). Semiramide hat ihren ersten Auftritt erst in der dritten Szene des ersten Aktes gemeinsam mit ihrem Vertrauten Idaspe, der als „giovane d'alto valore" geschildert wird. Sie äußert die Sehnsucht, ihre beiden Söhne wiederzusehen, die sie als kleine Kinder in der Obhut des Hirten, der auch sie aufzog, zurückgelassen hat und an die sie sich kaum mehr erinnert. Direkt hier wird also die Mutterrolle, die sie einerseits negiert hat, nach der sie sich andererseits sehnt, thematisiert. Gleichzeitig wird aber auch ihr planerisches Geschick und ihre Entschlossenheit bei der Durchsetzung ihrer eigenen Pläne demonstriert. Gewisse martialische Züge der Semiramide werden auch im weiteren Verlauf der Oper deutlich, so z.B. wenn es in II/3 heißt „(...) Semiramide si rallegra d'aver rintuzzata la maldicenza de suoi avversari col ferro (...)"[213]. Gleichzeitig wird aber auch immer wieder ihre Treue zu ihrem Gatten Memnone betont. Idaspe wiederum erinnert sich daran, als Kind im Wald ausgesetzt worden zu sein. Semiramis fordert Idaspe auf, ihre Gegner um Arbace und Osmano herauszufordern. In II/7 eröffnet Dorillo Semiramide seine wahre Identität und gibt sich als Semiramide (sic), die Tochter des Königs von Baktra, zu erkennen, die verkleidet als ihr Bruder Dorilo als Geisel an Ninos Hof weilt – sie stuft die Gattin Memnones als absolut vertrauenswürdig ein und berichtet ihr außerdem, dass sie einen Brief ihres Vaters erwarte. Um die beiden Semiramiden in der Folge unterscheidbar zu machen, werden die Bezeichnungen *Principessa Semiramide* und *Semiramide la guerriera* gewählt – wieder wird also der kriegerische Aspekt stark in den Vordergrund gerückt, ohne eine kriegerische Handlung zu zeigen. Die Vertrauenswürdigkeit und Treue der Semiramide zeigt sich nicht nur in ihrem Festhalten an Memnone, sondern auch darin, dass sie ihre als Mann verkleidete baktrische Namensvetterin nicht verrät, als man sie nach dem Eintreffen des Briefes und des darin enthaltenen Giftes eines Mordkomplottes gegen den König beschuldigt.[214] Ihre daraus resultierende Inhaftierung ist die dramatische Eröffnung des dritten Aktes. Memnone verwendet sich für sie (III/5), der Senat entscheidet aber „la condanno per convinta" (III/6). Erst Dorilo/Semiramide bringt die Wendung am Ende des dritten Aktes, als sie sich als Prinzessin von Baktra zu erkennen gibt und Semiramides Unschuld beweist (III/7). Hier wäre eigentlich ein geeigneter Schlusspunkt für die Handlung gewesen. Der unbekannte Librettist hat sich aber für die Abfassung zwei weiterer Akte entschieden – vermutlich nicht zuletzt um durch zwei weitere Interludien eine größere Zahl von Mitwirkenden an der Aufführung beteiligen zu können. Im vierten Akt nehmen die Gegner der Semiramide – Arbace, Osmano, Gorbia und Coaspe – ihre Ränke wieder auf, um die Ehe zwischen Nino und Semiramide zu verhindern (IV/1). Nach wie vor hält Memnone an ihr fest (IV/3 u. IV/5), worauf Nino ihm droht (IV/5). Dennoch bleibt Memnone auch seinem König treu und führt dessen Befehle gewissenhaft aus – wird er doch von Nino ausgesendet, einen angeblichen Aufruhr unter den Soldaten niederzuschlagen (IV/5). Selbst angesichts der Drohungen Ninos und der Bitte Semiramides, mit ihr gemeinsam zu fliehen, bleibt er „fedelissimo al sue Rè" (IV/7) und verweigert die Flucht. Semiramide hat inzwischen mit Hilfe von Idaspe die Freilassung von Dorilo erwirken können und möchte Nino ihre Dankbarkeit erweisen. Als dieser ihr daraufhin seine Pläne für eine gemein-

---

213 Ähnlich auch in V/5: „(...) sgrida i traditori."
214 „Dopo una scaltra insinuatione, Nino rinfaccia apertamente à Semiramide la sua perfidia, mostrandole la lettera del Rè di Battra. Semiramide leggendola s'accorge dell'errore; ma perche di sopra havea impegnata la sua fede a non iscoprire la Principessa i Battra, non si può pienamente giustificare (...)" (III/1).

same Zukunft eröffnet, bekennt sie sich zu Memnone (IV/6) und versucht dann, nachdem sie Memnone nicht überzeugen konnte, sie zu begleiten, gemeinsam mit Idaspe und Dorilo zu fliehen (IV/9). Im fünften Akt wird die Flucht durch Arbace verraten. Dieser sorgt außerdem dafür, dass Eufemo, der Schildknappe Memnones, fälschlicherweise Semiramide und Idaspe des Mordes an Memnone bezichtigt, welcher sich in Wahrheit aus Verzweiflung selbst das Leben genommen hat (V/1–2 u. 4). Erst das Erscheinen Simas wendet die Lage nach und nach zum Besseren, eröffnet er doch den Söhnen der Semiramide ihre wahre Identität (V/3 u. V/7).[215] Es kommt das Gerücht auf, die Soldaten hätten vom Tod Memnones erfahren und planten daher einen Aufstand; Nino befiehlt daraufhin Arbace mit Memnones Waffen und dessen Pferd zu den Truppen zu reiten. Im Finale berichtet Narbasso dem König, er habe Memnone auf der Flucht erschlagen, dabei hat er in Wahrheit den als Memnone verkleideten Arbace getötet. Eufemo zieht daraufhin seine Falschaussage gegen Semiramide und Idaspe zurück und auch ein Brief Memnones an Nino erweist die Unschuld der beiden. In der Folge nimmt Nino Semiramide zur Frau und macht sie zur Königin – die Formulierung lautet „non ricusa sposarsi con Nino" (V/8). Für Memnone wird auf Grund seiner steten Treue ein königliches Begräbnis angeordnet.[216] Die Treue, die hier als besonders tugendhaft herausgehoben wird, ist aber nicht die Treue seiner Frau Semiramis gegenüber, sondern seine Treue zu seinem König Nino.

Nino wird als grausamer, leicht beeinflussbarer und machthungriger Despot geschildert[217] – Semiramide erscheint dagegen eher als ein Spielball der Gegebenheiten im Zwiespalt zwischen ihrer Rolle als treue und vertrauensvolle, aber auch als militärisch kluge und sogar manchmal aufbrausende Frau. Sie wird sowohl als Mutter als auch als Kriegerin gezeichnet; beide Rollen finden aber zeitlich und räumlich getrennt voneinander statt. Ein eigener Handlungsspielraum wird ihr dabei kaum zugestanden, wie insbesondere im Finale der Oper deutlich wird: Sie wird zur Königin gemacht, nach ihrem eigenen Willen wird dabei nicht gefragt; dass sie sich nicht verweigert, muss als Zustimmung bzw. Ergebenheit in ihr Schicksal genügen. Das Element der Verkleidung spielt auch hier eine Rolle – doch ist es hier nicht auf Semiramide bezogen. Stattdessen erscheint die baktrische Prinzessin als ihr Bruder Dorilo und im fünften Akt dann (aber vermutlich nicht auf der Bühne sichtbar) Arbace verkleidet als Memnone. Beide Verkleidungen sind dabei so überzeugend, dass die wahre Identität der Personen für Außenstehende nicht erkennbar ist.

Erwähnenswert ist, dass das *argomento* explizit auf das zweite Buch von Diodors Weltgeschichte verweist, das ja in der Tat als einzige antike Quelle die Belagerung Baktras ausführlich beschreibt.

4.1.4.3 Ideae et species Semiramidis

Es scheint somit, als sei diese frühe Episode aus der Vita der Semiramis in den 70er Jahren des 17. Jh.s beliebter (Schul-)Stoff gewesen zu sein, in verschiedenen jesuitischen Collegi wird diese Oper in den folgenden Jahren aufgeführt. Die Lektüre Diodors (sei es im griechischen Original

---

215 Sima: „(...) l'infelice Madre abbraccioa gl'orfani figli su'loro della morte (...)" (V/7).
216 Nino: „(...) alla fedeltà di Memnone ucciso s'ordina un reale sepolcro" (V/8).
217 I/4: „(...) bramoso di provedere al Regno di Erede (...)" // V/6: „(...) improvera all'innocente la sua perfidia, e crudeltà (...)".

oder in lateinischer Übersetzung[218]) scheint sich in den Zirkeln der Collegi bestens etabliert zu haben – selbst wenn der Inhalt der *argomenti* immer weiter gekürzt wird, der Hinweis auf das 2. Buch Diodors am Ende bleibt immer erhalten. Die Schüler demonstrierten so ihre Vertrautheit mit den antiken Texten und hatten ganz offensichtlich auch gefallen an der Thematik, wie die Aufführung in Kollegien in unterschiedlichen Städten zeigt.

Das in den vorgestellten Libretti vermittelte Semiramisbild ist relativ eng an die Beschreibungen bei Diodor geknüpft. Im Zentrum steht hier gerade nicht Semiramide als alleinige Herrscherin eines Großreiches, sondern vielmehr Nino und Memnone sowie die Frage des Pflichtbewusstseins. Semiramide wird als pflichtbewusst dargestellt, wenn sie an ihrer Ehe mit Memnone festhält, noch heller aber strahlt die Pflichterfüllung Memnones, der den Befehlen seines Königs selbst dann noch gehorcht, als dieser ihn mit dem Tode bedroht, da er Semiramide nicht freigeben will. Die Macht, ihn gegen seinen Willen dazu zu zwingen, scheint Nino nicht zu besitzen – Memnone bleibt als Ausweg nur der Selbstmord. Insgesamt wird auch diese Oper durch die Männergestalten dominiert, Nino hat 17 Szenen, Arbace und Idaspe jeweils 14, Semiramide 15.[219] Wieder führt das Libretto zwar Semiramis im Titel, fokussiert aber eigentlich nicht auf ihre Person. Herausgestellt wird ihr militärisches Geschick bei der Einnahme von Baktra und die Sympathie, die die Soldaten offenbar für sie empfinden; letztlich ist der Kernpunkt der Oper aber die Frage, ob aus ihrem Kriegserfolg ein Anrecht auf Herrschaft resultiert. Nicht sie selbst formuliert dabei einen Herrschaftsanspruch und strebt nach Macht, sie ist vielmehr eine Art Schachfigur ohne realen eigenen Handlungswillen und -spielraum.

4.1.4.4 Überarbeitungen

Mit leicht gekürztem *argomento* und in den Nebenrollen leicht verändertem *personaggio*, in dem die Rollen nun z.T. in anderer Reihenfolge erscheinen und weniger detailliert beschrieben werden,[220] ist eine Oper auf dieser Librettogrundlage im folgenden Karneval im Seminario Romano in Rom aufgeführt worden.[221] Die Beschreibung der einzelnen Szenen fällt ebenfalls kürzer aus, alle Detailinformationen, die für das Verständnis der Handlung wichtig sind, bleiben aber erhalten.

Der *argomento* lautet hier:

> Semiramide di Natione Sira, fiorì l'anno 2200. prima della nascita di Christo, fù allevata nella casa di Simma gran Pastore, ed essendosi maritata con Mennone prode Guerriero, hebbe due figliuolo Idaspe, e Ipate. Questi lasciò ella in custodia di Simma, e seguì in varie guerre Mennone, con cui, fatto gran Capitano da Nino Rè dell'Asia, andò all' assedio di Battra. Ivi segnalassi Semiramide nella generosità, mentre occupata con poche forze la Rocca, hebbe subito in suo potere tuta Batra. Nino volle premiar quest' impresa, dichiarando

---

[218] Generell waren sicherlich lateinische Texte einflussreicher, da sie leichter zugänglich waren. Vgl. dazu auch Manuwald 2013, 16.

[219] Die Angaben beziehen sich auf das erste Libretto aus Bologna von 1671; vgl. Anhang.

[220] Aus Sigeo und Carillo, den beiden Scudieri der Semiramide, wird in diesem Libretto Rosillo. Auch Dorilo erhält mit Beroso nun einen Scudiero. Der namenlose Nuncio wird gestrichen, die Nachricht vom Tode Memnones überbringt nun Gorbia. Hinzu kommen noch zwei weitere Nebenrollen (Filindro und Leandro), während Amiraspe gestrichen wurde. Aus Memnone wird hier nun Mennone.

[221] Sartori #2526c; Franchi 1988, 444; Questa 1989, Sem672S.

Semiramide Regina dell' Asia, dando à Mennone per Isposa Oronta sua Nipote. Turbò il disegno una lettera mandata con certe gemme, e veleno dal Rè di Battra ad una sua figliuola, detta pur Semiramide, che sorro abito, e nome di Dorilo suo Fratello, stava per ostaggio prigione di Nino, per lo che creduta dal Rè la Guerriera rea di tradimento, fù condannata à morir di veleno, dal quale la campò Dorilo, dichiarandosi per Semiramide figliuola del Rè di Battra. Scoperta l'innocenza di Semiramide, tentò di nuovo Nino l'animo di Mennone per haverla in Isposa, al che mostrandosi questi restio, spinto dalla disperatione, e fatta fuggire la Consorte, da se medesimo s'uccise. Arbace incolpò Semiramide, & Idaspe autori di tal morte, onde furon di nuovo condannati. Sopragiunse trà tanto Simma, da cui furon fatti riconoscere à Semiramide i figliuolo, e da una lettera scritta dallo stesso Mennone à Nino prima d'uccidersi, restò palese l'innocenza di Semiramide. Così liberata questa, e sciolta da Mennon, fu sa Nino inalzata su'l Trono, e coronata Regina. Il fondamento Istorico di tutta questa Tragedia vedasi presso Diodoro Sicolo nel secondo libro.

Die Syrerin Semiramide wurde, als das Jahr 2200 vor der Geburt Christi blühte, im Haus von Simma, dem großen Hirten, aufgezogen und mit Mennone, einem tapferen Krieger, verheiratet. Sie hatte zwei kleine Kinder, Idaspe und Iapete. Diese ließ sie in Simmas Obhut zurück, um Mennone in verschiedene Kriege zu folgen. Mennone wurde von König Nino zum Hauptmann ernannt und Semiramis folgte ihm, um Baktra zu belagern. Dort zeigte Semiramide Einsatz, nachdem die Burg mit wenigen Truppen erobert worden war, hatten sie plötzlich ganz Baktra unter ihrem Befehl. Nino wollte sie für dieses Unternehmen belohnen und erklärte Semiramide zur Königin von Asien, während er Mennone seine Nichte Oronta gab. Ein Brief störte die Ausführung des Plans, mit beigelegten Edelsteinen und Gift vom König von Baktrien an eine seiner Töchter gesendet, wobei Semiramis namentlich genannt wurde, welche unter dem Namen ihres Bruders, Dorilo, als Geisel Gefangene des Nino war. Da sie des Verrats am König bezichtigt wurde, wurde sie zum Tod durch Gift verurteilt, vor dem sie Dorilo rettete, indem er erklärte, er sei die Tochter des Königs von Baktrien. Nachdem er die Unschuld der Semiramide erkannt hatte, versuchte Nino erneut den Mut des Mennone zu brechen, weil er sie heiraten wollte. Dieser zeigte sich widerwillig und die Gattin verhalf ihm zur Flucht. Von der Verzweiflung getrieben tötete er sich selbst. Arbace verdächtige Semiramide und Idaspe, diesen Mord begangen zu haben, daher wurden sie erneut verurteilt. Durch Simma, der ein Wiedererkennen zwischen Semiramide und ihren Kindern in die Wege leitete, und durch einen Brief, den Mennone an Nino geschrieben hatte, bevor er sich umgebracht hatte und der die Unschuld der Semiramide bewies, wurde sie befreit und von Mennone getrennt. Nino erhob sie auf den Thron und krönte sie zur Königin. Die historische Grundlage dieser Tragödie ist im 2. Buch von Diodorus Siculus zu finden. [Übers. d. Verf.in]

Wieder ist es ein von Jesuiten geführtes Collegio, das sich für den Stoff um Semiramis interessiert.[222] Zum Zeitpunkt der Aufführung dieser Oper war dieses bedeutende Priesterseminar im Palazzo Gabrielli-Borromeo auf dem antiken Marsfeld beheimatet.[223] Leider enthält das Scenario

---

222 Zur Bedeutung der Priesterseminare für die römische Oper des 17. Jh.s vgl. Leopold 2006, 68.
223 Das Seminar brachte insgesamt vier Päpste hervor: Gregor XV Ludovisi, Clemens IX Rospigliosi, Innocenz XII Pignatelli und Clemens XII Corsini (http://www.seminarioromano.it/storia/seminario/il-seminario [letzter Zugriff: 24.5.2018]).

keine Angaben zu Szenenausstattung bzw. Szenenwechseln, so dass sich nicht genau eruieren lässt, ob wir hier mit einer ähnlich opulenten Aufführung wie in Bologna zu rechnen haben. Wiederum ist die Zahl der (ausschließlich männlichen) Beteiligten enorm.

Das Libretto ist offenbar durchaus erfolgreich und verbreitet sich in weitere jesuitische Kollegien. So wird es 1674 am Collegio de Nobili Trevigi, wohl in Treviso, gespielt, wie ein erhaltener Druck des Scenarios zeigt.[224] Die Rollen sind bis auf wenige Details identisch mit denen in Bologna und Rom, der *argomento* aber abgeändert und gekürzt. Er lautet nun:

> Semiramide Sira di Natione, moglie di Memnone Generale di Nino, Madre di Idaspe, e di Iapete; lasciati i Figli alla cura di Sima, segui il Marito alla Guerra, vince l'inespugnabile Rocca di Battra, sacendovi per dirupi qua si inaccssibili, e perciò mal custoditi. Nino per riconoscere si gran valore la vuole in moglie; incontra sonime difficoltà in Memnone. L'amore di Nino resta intorbidato da un Messo con Lettera, Gioie, e Veleno, mandato dal Rè di Battra à sua Figlia chiamata anch'ella Semiramide, che sotto falso nome di Dorilo figlio dell'istesso Rè di Battra, era ostaggio di Nino. Scoperta l'innocenza di Semiramide dall'altra Semiramide, Nino con maggior instanza la chiede in Consorte. Ripugna di nuovo Memnone; à cui perciò vien intimato partito, ò di cauarsi gli occhi, ò di cedere Semiramide. Questi disperato s'uccide, Nino sposa Semiramide.

> Die Syrerin Semiramide, Frau des Memnone, des Generals Ninos, Mutter von Idaspe und Iapete. Sie lässt die Kinder in der Obhut Simas zurück und folgt dem Ehemann in den Krieg. Sie erobert die uneinnehmbare Festung Baktra, die sich über beinahe unzugängliche Felsen erhob und daher wenig bewacht war. Nino will sie aufgrund ihrer großen Tapferkeit zur Frau nehmen; allerdings hält er dies wegen Memnone für schwierig. Ninos Liebe wird getrübt durch einen Brief, zusammen mit Schmuck und Gift, gesendet vom König von Baktrien an seine Tochter, die ebenfalls Semiramide hieß und die unter dem falschen Namen Dorilo, Sohn desselben Königs von Baktrien, Ninos Geißel war. Als die Unschuld der Semiramis von der anderen Semiramis aufgedeckt wird, bittet Nino bei einem großen Antrag um ihre Hand. Erneut widersetzt sich Memnone; daher befiehlt Nino ihm abzureisen, oder sich die Augen auszustechen, oder Semiramide zu verlassen. Dieser tötet sich verzweifelt, Nino heiratet Semiramide. [Übers. d. Verf.in]

In den 44 Szenen der Oper agieren insgesamt 21 Personen, hinzu kommen etliche stumme Rollen und Tänzer sowie die Personen der Intermezzi.

In Bologna wird die Oper im Karneval 1677 in einem anderen Collegio, dem Collegio de' Nobili di Francesco, nochmals gespielt. Erneut ist nur ein Scenario erhalten, das einen wiederum leicht abgeänderten *argomento* bietet, dessen erste Hälfte mit dem aus Treviso von 1674 identisch ist, dann aber diesem gegenüber mehr Informationen bietet.

> Semiramide Sira di Natione, moglie di Memnone Generale di Nino, Madre di Idaspe, e di Iapete; lasciati i Figli alla cura di Sima, segui il Marito alla guerra, vince l'inespugnabile Rocca di Battra, sacendovi per dirupi qua si inaccssibili, e perciò mal custoditi. Nino per riconoscere si gran valore la vuole in moglie; incontra sonime difficoltà in Memnone. L'

---

224 Getty Research Institute, A4; irrtümlich dem Librettisten Ercole Bonacossi zugeschrieben, der ebenfalls für 1674 eine Semiramis-Oper schuf – allerdings für Ferrara (vgl. unten unter Kapitel 4.1.6).

amore di Nino resta intorbidato da un Messo con Lettera, Gioie, e Veleno, mandato dal Rè di Battra à sua Figlia chiamata anch' ella Semiramide, che sotto falso nome di Dorilo figlio dello stesso Rè di Battra era ostaggio di Nino. Scoperta l'innocenza di Semiramide dall'altra Semiramide, Nino con maggior instanza la chiede in Consorte. Ripugna di nuovo Memnone; à cui perciò vien intimato partito, ò di cavarsi gli occhi, ò di cedere Semiramide. Questi la fà fuggire, e disperata s'uccide. Arbace sforza Eufemo ad incolpare Semiramide, & Idaspe di tal uccisione, onde vien di nuovo condannata con Idaspe à morte: alla quale mentre s'incamina incontratasi in Sima riconosce i Figli. Per castigo poi del Cielo, morto Arbace, Eufemo si disdice, e scuopre l'innocenza di Semiramide, e di Idaspe, che resta confermata da una Lettera dallo stesso Memnone scritta à Nino prima d'uccidersi. Cosi libèrata Semiramide, e sciolta di Memnone si marita con Nino. Il fondamento Istorico dell'Attione vedasi presso Diodoro Sicolo nel libro 2.

Die Syrerin Semiramide, Frau des Memnone, des Generals Ninos, Mutter von Idaspe und Iapete. Sie ließ die Kinder in der Obhut Simas zurück und folgte dem Ehemann in den Krieg. Sie eroberte die uneinnehmbare Festung Baktra, die sich über beinahe unzugängliche Felsen erhob und daher wenig bewacht wurde. Nino wollte sie aufgrund ihrer großen Tapferkeit zur Frau nehmen; allerdings hielt er dies wegen Memnone für schwierig. Ninos Liebe wurde getrübt durch einen Brief, zusammen mit Schmuck und Gift, gesendet vom König von Baktrien an seine Tochter, die ebenfalls Semiramis hieß und die unter dem falschen Namen Dorilo, Sohn desselben Königs von Baktrien, Ninos Geißel war. Als die Unschuld der Semiramide von der anderen Semiramide aufgedeckt worden war, bat Nino bei einem großen Antrag um ihre Hand. Erneut widersetzte sich Memnone; daher befahl Nino ihm abzureisen, oder sich die Augen auszustechen, oder Semiramide zu verlassen. Semiramide half ihm bei der Flucht und verzweifelt tötete er sich selbst. Arbace überzeugte Eufemo, Semiramide und Idaspe dieses Mords zu bezichtigen, deswegen wurde sie wieder zusammen mit Idaspe zum Tode verurteilt. Während sie sich auf den Weg machte, erkannte sie bei Sima die Kinder wieder. Durch eine Strafe des Himmels starb Arbace. Eufemo zog seine Aussage zurück und bezeugte die Unschuld von Semiramide und Idaspe, die bestätigt wurde durch einen Brief, den Memnone vor seinem Selbstmord an Nino geschrieben hatte. So wurde Semiramide befreit, von Memnone getrennt und mit Nino verheiratet. Die historische Grundlage dieser Handlung ist im 2. Buch von Diodorus Siculus zu finden. [Übers. d. Verf.in]

Wie auch in 1671, 1672 und 1674 war offenbar auch hier quasi das gesamte Collegio an der Aufführung beteiligt, das Scenario listet 22 Rollen für die Oper selbst[225] sowie drei weitere Spalten mit Protagonisten für die Intermedien und den Ball am Ende der Aufführung. Dieses Mal sind die Angaben zu den jeweiligen Schauplätzen erhalten, es handelt sich um Sala Regia con Camere, Cittadina, Cortil Regio, Padiglioni, Camere, Camera à letto sowie Bosco' Mausolei. Insgesamt wird die Bühne 22mal umgebaut.[226]

---

[225] Wieder sind es nur die Nebenrollen, die verändert werden; es entstehen gegenüber dem Libretto von 1671 neue Rollen.
[226] Vier Umbauten im ersten, drei im dritten, sowie je fünf im zweiten, vierten und fünften Akt. Wie üblich nehmen die Beschreibungen keinerlei Bezug auf den Schauplatz der Oper im ‚Orient'.

Auch wenn die Zahl der Szenen deutlich erhöht wurde,[227] bleiben doch die Grundzüge der Handlung unverändert. Im Finale kommt es nun aber nicht nur zu einer Vermählung, sondern gleich zu dreien: Nino und Semiramide, Idaspe und Dorilo/Semiramide sowie Iapete und Oronta (die im *personaggio* gar nicht auftauchende Nichte Ninos).[228] Gänzlich neu ist aber die Abschlussszene (V/10), von der es im Scenario heißt:

> L'innocenza sopra cocchio in aria tirato da due agnelli, canta il trionfo à Semiramide.

Worin genau der Triumph der Semiramide, die ihren ersten Mann verloren hat, jahrelang von ihren Kindern getrennt war und nun ohne gefragt zu werden erneut verheiratet wird, besteht, bleibt offen, allenfalls kann ihr Besteigen des Thrones vom Publikum als ein solcher gewertet worden sein.

Am *Collegio dei Nobili* in Padova scheint es 1680 zu einer erneuten Aufführung gekommen zu sein. Leider ist es nicht gelungen, den einzigen erhaltenen Librettodruck dieser Aufführung einzusehen, doch aus den in der Sekundärliteratur verzeichneten Angaben zu den enthaltenen Rollen lässt sich mit großer Sicherheit schließen, dass die Oper auf derselben Textgrundlage basiert.[229]

***

Durch ihr Vordringen auf die jesuitischen Bühnen hat die Gestalt der Semiramis ohne Zweifel einen großen (ausschließlich männlichen) Personenkreis erreicht; das hier präsentierte Bild hat zusammen mit der in den jesuitischen Bildungsanstalten vermittelten intensiven Lektüre der antiken Texte sicher maßgeblich zu ihrem Bekanntheitsgrad beigetragen. Sie wird so Bestandteil eines Bildungskanons, nicht mehr nur der höfischen und geistlichen Eliten, sondern auch einfacherer, aber dennoch gut gebildeter Personen. Die jesuitischen Collegi dürften also als institutionelle Multiplikatoren für bestimmte Vorstellungen über Semiramis gewirkt haben. Bemerkenswert ist, dass hier Verkleidungen keinerlei Rolle spielen und dass, basierend auf Diodor, ein grundsätzlich positives Semiramisbild ausgestaltet wird, das ihr aber wenig eigenen Handlungsspielraum zugesteht.

4.1.5 Anonymus – La Semiramide (1673)

4.1.5.1 *Umstände der Entstehung*

Am 22. Dezember 1673 kam in Wien zwar keine *opera seria*, aber ein kleiner *Trattimento musico* zur Aufführung, der sich mit der Gestalt der Semiramis befasst. Das Stück trägt den Titel *La Semiramide* und wurde anlässlich des Geburtstages von Anna von Österreich (am 23.12.) im Palais des spanischen Botschafters Don Paolo Spinola zu Gehör gebracht.[230] Der Verfasser des

---

227 56 gegenüber 41 (1671) bzw. 46 (1672).
228 „Il Rè sposa Semiramide; Idaspe con Semiramide di Battra, Iapete con Oronta s'accopiano." (V/9).
229 Sartori 1990–1994, #21143.
230 Sartori 1990–1994, #21479.

Librettos ist unbekannt, die Musik steuerte Antonio Draghi bei, der Vizekapellmeister und ab 1673 *Intendente delle Musiche teatrali* am Hof von Leopold I. von Habsburg in Wien war.[231] Da Semiramis eng mit Anna von Österreich verbunden ist und auch von dieser selbst als historische Referenzfigur verwendet wurde, wird diese musikalische Darbietung in der vorliegenden Studie mit aufgenommen.[232]

4.1.5.2 Handlung

In dem kurzen Singspiel treten die Allegorie der Istoria, die Figur der Semiramide und eines Boten auf, weiterhin gibt es einen gemischten und einen Frauenchor. Berichtet wird eine Vertonung der aus Valerius Maximus (und Polyainos) bekannten Episode am Frisiertisch. Der italienische Text des Singspiels sei hier in Gänze – auf Grund der Länge des Textes der besseren Übersicht halber im metrischen Schema – wiedergegeben:

> *Istoria*
> Nuovo incendio di Guerra
> Da le ceneri infide
> Di mal' estinto fuoco
> Contro il Pupillo Rè l'Assiria accese,
> Mà serpeggiando lentamente, al soglio
> Del sincero Regnante
> Giunto non era ancor l'occulto orgoglio,
> Che se ben già gran tempo
> Si raccoglie a de' veterani il fiore,
> E al mal contento humore
> Si stuzziccavan l'ire,
> E a' disperati ingegni
> Porgeansi di speranze argentei pegni,
> Non mancava raggiri
> Da inorpellar gli aguati,
> Finche scoppio la machina, che sparse
> Da Nino imbelle à i danni
> Facelle da per tutto, e un mondo n'arse.
> Pure in destrier volante
> Anelante Corrier comparve al fine
> A la Madre Reìna,
> E con flebil favella,
> Cosi spiego la torbida novella.
>
> *Corriero*
> Semiramide saggia
> Il tuo vedevo scettro, e'l Rè fanciullo

---

231 Meloncelli 1992, 630–637.
232 Vgl. dazu Baumgärtel 1995, 152 u. Schlumbohm 1981, 119–121 sowie oben unter Kapitel 2.6.

Dal Medo involator dell' altrui Regni
Ormai preso è à trastullo.
Già vien nemica Armata,
Nel vuol teco la guerra,
Ma hor hor (sic) vedrai le sponde
De l'Eufrate tremar, rosteggiar l'onde,
E più che d'esser tinte
Anche di civil sangue
Arrossir del baleno in che son vinte.
Al gran torrente,
Chi non corre al riparo
Con argine possente,
In darno poi sen duole, in van sen pente.

Canzonetta
1. Ulivo,
Giulivo,
che cingi
La tempia de i Rè,
Se tallor,
Con valor
In pace non t'accingi
A sposarti con gli Allor,
Vuoi durar ben poco affè.
Un Marte à tempo audace
De la Pace è sol Campion,
Sdegno è bravo guerrier de la ragion.
Sin ne Regno d'Amore
E ristoro d'amor saggio furore.

2. Amanti,
Costanti,
Che ardete,
Che siete
So pronti à morir,
Se tallor
Fra l'amor
Un Sdegno non s'accende,
Come un Lampo di rigor,
Corre rischio di languir,
Tale è d'Amor la face,
Che la sveglia aura di Zel
Sdegno mantice proprio le diè in Ciel.
Son d'amor le vicende,
Se contrasta tallor viè più s'accende.

Istoria
Giunse appunto in quellhore il rio messaggio
Quando l'eccelsa Donna
Trà le care Donzelle
Stretta in succinta gonna,
Raccogliea la sua chioma
Al suo Real decoro
Regolando il bell'oro.
Già la metà stringea semplice nastro
L'altra licentiosa in sen cadea,
E al primiero accento
Sorse qual lampo, ò vento,
E Preso il bianco bisso,
Coprì con torvo ciglio
Del sen la neve, e l'animato Giglio.
Cosi Cintia in nero Ciel
Se la copre un bianco vel,
A sue ninfe e nume, e guida
Delle selve i mostri sfida.
Poi die segno à la Tromba,
A la Tromba, che cento
Ne sveglia in un momento.
E gia l'attende intorno
Innumerabil Stuol di Cavalieri
Che non altri cimieri
Adorator l'inchina,
Dando viva guerrieri
A la sua forte, e martial Reina,
Quando ella in voce maestosa, e ardita,
Tutti cosi l'invita.

Semiramide
Prodi guerrier
Corona mia, Corona di mio Figlio
Col Medo il Trace
Sotto una Pace,
Come hà costume
Il Real fiume
Tutto sconvolge, e pone in iscompiglio,
Et hà preso per segno
D'un barbara furor, l'Assirio Regno.
Ormai scoperta è l'arte,
Voi mi seguite
L'armi brandite,
Giusta difesa

Non sia ripresa,
Eccomi pronta anch'io,
Combatteran per noi gli huomini e Dio.

Canzonetta alle Dame
Ite in guerra ò belle Dame,
Aguerrite il vostro amore,
In ordir guerriere trame
Vincerete ogni gran core,
Troppo bello è in voi l'horrore
Per ferir l'humane brame.
Ite in guerra ò belle Dame.
Belle armate il petto, e'l tergo
Parli pugne il labro altero
Di rigor sia il ciglio albergo,
Le pupille un lampo nero.
S'ama in voi quanto di fiero,
D'auree maglie hà un lungo stame.
Ite in guerra ò belle Dame.
Delle marchie, e de'squadroni
Siate voi le condottiere,
Disponete alti Canoni
Sopra i fianchi, e le bandiere.
Se correte à le frontiere,
Forza è ben ch'ognun più v'ame,
Ite in guerra ò belle Dame.

Istoria
Ed ecco appena uscita
Da le superba mura
E ginta à la pianura,
Dove schierò i squadroni,
Ne vidde un nuovo in la sinistra riva
D'Aquile genersoe
Far volante vanguardia à la sua gente.
(O prodigio inaudito)
E sbaragliar più volte
L'hoste nemica, e al fin riddurla à un niente,
Come in vago giardin nera tempesta.
Le Rose, e i Gigli in un balen calpesta.

Coro
Semiramide innocente,
Che MARIANNA d'Austira hoggi festeggi
D'Oriente à l'Occidente

Parelleli impresta i freggi,
L'una, e l'altra acconci il crine.
A portar frondi divine,
E ciascun si disinganni,
Che ritornano i casi, se non gli anni.
Vivali, vivali, sempre felici
Col suo Rè CARLO l'Hispana Reina,
Rendino, rendino à candidi auspici
Stelle benigne la fede indivina,
Ed inghirlandin sempre
Di quelle Maestà le due grand'Alme
Fioriti Ulivi, e trionfanti Palme.

Besonders interessant ist, dass Semiramis hier als „saggia" und „innocente" bezeichnet wird. Ihre kriegerischen Fähigkeiten und ihre Kompetenzen als Regentin anstelle ihres noch jungen Sohnes stehen im Vordergrund („forte, e martial Reina"), sie ist somit ganz als Vorbild für Maria Anna gestaltet, die ja – darauf nimmt der Text am Ende Bezug – zum Zeitpunkt der Aufführung als Regentin für ihren minderjährigen Sohn Karl agierte.

4.1.5.3 *Ideae et species Semiramidis*

Der Zuhörerkreis dieser einmaligen Aufführung dürfte nicht allzu groß gewesen sein und sich ausschließlich aus den höfischen und hofnahen Eliten Wiens rekrutiert haben. Das Palais Castiglioni, wo der spanische Botschafter residierte und wo häufiger Dramen und musikalische Stücke zur Aufführung kamen[233], lag in der Vorderen Schenkenstraße und war Teil eines aufgegebenen Klosters, dessen ehemaliges Refektorium als Theatersaal genutzt wurde – es verfügte also nur über eine begrenzte Zahl an Sitzplätzen und vermutlich auch nur beschränkte technische Möglichkeiten.[234] Zwischen den spanischen und österreichischen Habsburgern bestanden exzellente Beziehungen, die auch den kulturellen Austausch beförderten.[235] So wurden beispielsweise vielfach Stücke von Calderon in Wien gegeben. Seine *Hija del aire*, uraufgeführt 1653 in Madrid, war sicherlich bei Hofe bekannt – und dennoch wurde für den Geburtstag Annas ein gänzlich anderes Semiramisbild ausgewählt. Ausschlaggebend war dabei sicherlich, dass es auf Grund der bestehenden Elemente im Speichergedächtnis zu Semiramis möglich war, deren Vita mit der von Anna von Österreich zu parallelisieren, die ja einige Zeit stellvertretend für ihren Sohn die Herrschaft ausübte, so wie Semiramis für den jüngeren Ninus. Dass anlässlich des Geburtstages von Anna von Österreich eine starke Frau gefeiert werden sollte, die Schönheit und männliche *virtus* vereinigt, überrascht wenig.[236] Wie bereits durch andere weibliche Regentinnen

---

233 So z.B. 1671 *Fineza conta fineza* von Calderon. Auch 1671 war der Geburtstag der Königin auch am Hof des spanischen Botschafters „herrlich begangen" worden; Diarum Europaei 25, Frankfurt a.M. 1672, 505.
234 Neumeister 1996, 316 m. Anm. 12.
235 Vgl. beispielsweise Selles-Ferrando 2004, 430–433.
236 Etwa zeitgleich (1647) hatte ihr PierreLe Moyne seine *Galerie des femmes fortes* gewidmet, wo allerdings Semiramis nicht enthalten ist; Schrodi-Grimm 2009, 250 u. 257 m. Anm. 142.

der Frühen Neuzeit (wie beispielsweise Caterina de'Medici oder Maria de'Medici) wird auch hier eine historische Legitimationsstrategie verfolgt.[237]

Erstmals wird in diesem *trattimento* von 1673 der Orient in diesem Stück verbalisiert und das Gegensatzpaar Orient – Okzident genannt:

> Semiramide innocente, che Marianna d'Austira hoggi festeggi d'Oriente à l'Occidente.

So wird die allumfassende Freude über den Ehrentag Annas ausgedrückt – selbst die berühmte orientalische Königin entbietet ihre Glückwünsche. Bereits für die Ausgestaltung von Annas Räumen im Schloss Richelieu mit Bildern starker Frauen hatte man auch eine Darstellung der Semiramis gewählt. Anna führte damit eine Traditionslinie fort, da bereits bei der Umgestaltung der Villa Poggio Imperiale durch Maria Magdalena von Österreich zu ihrem Witwensitz Semiramis Eingang in das neue, ganz weiblich ausgerichtete ikonographische Programm gefunden hatte – nämlich als eines von vier großformatigen Frauenporträts.[238]

4.1.6 Ercole Pinamonte Bonacossi – La Semiramide (1674)

4.1.6.1 Umstände der Entstehung

Zu einem unbekannten Zeitpunkt des Jahres 1674 wurde in Ferrara eine Semiramis-Oper aufgeführt.[239] Das Libretto stammt von Ercole Pinamonte Bonacossi, über dessen Vita wenig zu eruieren ist. Bereits 10 Jahre zuvor war dieser, ebenfalls in Ferrara, als Librettist in Erscheinung getreten, und zwar als Verfasser von *La Filli di Tracia*, einer Oper über den Thrakerkönig Demofoonte und seinen Sohn, die, vertont von Andrea Mattioli, im Teatro Bonacossi aufgeführt worden war. Dieses 1662 errichtete Theater war eines der bedeutendsten in Ferrara und verfügte über 19 Logen und einen relativ kleinen Zuschauerraum[240] – ob hier auch die Aufführung von *La Semiramide* stattfand, ist allerdings nicht sicher zu eruieren. Alternativ könnte die Oper im Teatro di S. Lorenzo gespielt worden sein, wobei angesichts des Librettisten eine Aufführung in Opernhaus der Familie Bonacossi wahrscheinlicher scheint. Bonacossi war durchaus ein begabter Poet, neben *La Filli di Tracia* und dieser Oper lieferte er auch die Textvorlage für eine weitere,

---

237 Zu den Legitimationsstrategien dieser Regentinnen in der Kunst s. Gaehtgens 2005, 64–78 u. Schlumbohm 1978, 77–99. Einen guten Überblick üer das Phänomen liefert auch Richard-Jamet 2003. Wie Schrodi-Grimm (2009, 236) subsummiert: „Die Hängungen [i.e. der Gemälde einer Galerie, Anm. d. Verf.in] in fürstlichen Galerien sind aufschlussreich, weil reflektierte Bildprogramme und Hängungen im Bereich der ,Schwatz- und Spaziersäle' kulturelles Selbstverständnis, Herrscherwürde und Machtansprüche der Auftraggeber zum Ausdruck brachten."
238 Schrodi-Grimm 2009, 247–249. Der Raum demonstrierte somit gleichermaßen Selbstverständnis und Selbstbewusstsein der Regentin, an die sich Anna von Österreich anlehnte; dazu Hoppe 2004, 233–234.
239 Sartori 1990–1994, #21481; Allacci 1755, 710.
240 Vgl. Fabbri 2002 sowie den Grundriss von Giulio Tosi (Pianta del vecchio e del nuovo teatro Bonacossi a Ferrara, raffrontate per sovrapposizione, Ferrara 1849, Archivio di Stato).

ebenfalls mit antiker Thematik, nun aber aus der römischen Geschichte: *Massinissa*, wohl 1674 oder 1675 aufgeführt.[241]

4.1.6.2 Argomento und Handlung

Wie üblich beschreibt der *argomento* die Handlung der Oper:

> Semiramide fu Donna bellissima, e valorosa, nominata non meno nelle Favole, che nelle Storie, e però di lei si racconta, che nata di Dicreta Dea, e di Padre incerto appresso la Città d'Ascalona, fosse esposta in luoghi sassosi, e diserti, & ivi nodrita da gli Uccelli; che ritrovata poi da Pastori del Paese, e donata a Simma loro Prencipe, che non havendo Figlioli ritenendola appresso di sè, l'addotasse per Figlia; Cresciuta in età da Marito, e mandato Mennone nella Siria dal Rè Nino per interessi del Regno, che invaghitosi di lei la prendesse per Moglie, e la conducesse à Ninive, dove Nino in vederla, preso dal di lei Amore, procurasse con Mennone, che volesse cederli la medema Donna, offerendoli in cambio Sosane sua Figlia il che ricusando Mennone di fare e morto di dolore, fu da Nino sposata, come tutto vien narrato da Diodoro Siculo al Lib. 3 (sic). Si racconta pure, che Semiramide havendo addimandato al Rè di regnare sola alcuni giorni, che essendole concesso, facesse porre prigione il Rè, e che di lui più non si parlasse; che Farno Rè di Media fosse prigione di Nino, e che Staurobate Rè dell'India restasse vittorioso di Semiramide, si raccoglie non meno dalle Storie; sopra de quali successi, servendosi del verisimile, e del Anaforismo si è composta l'Opera seguente.

> Semiramide war eine sehr schöne, und mutige Frau, die häufig in den Fabeln und in den Geschichten erwähnt wird, und dennoch erzählt man von ihr, dass sie, von der Göttin Dicreta und von einem ungewissen Vater in der Nähe von der Stadt Askalon geboren, an steinigen und verlassenen Orten ausgesetzt, und dort von den Vögeln ernährt worden sei; dass sie dann von den Hirten des Dorfes gefunden wurde, und an Simma, ihren Obersten, der außer ihr keine Kinder hatte, gegeben, sodass er sie bei sich behielt und sie als Tochter adoptierte; nachdem sie ins heiratsfähige Alter herangewachsen, und Mennone vom König Nino wegen der Belange des Königreichs nach Syrien geschickt worden war, verliebte er sich in sie, nahm sie zur Frau und führte sie nach Ninive, wo Nino ihr bei ihrem Anblick sofort verfiel, und mit Menonne aushandelte, dass der ihm diese Frau abtreten solle, und bot ihn im Gegenzug Sosane, seine Tochter, an, was Menonne verweigerte und sich aus Schmerz tötete, sodass sie von Nino geheiratet wurde, so wie alles von Diodorus Siculus im 3. Buch erzählt wird. Es wird auch gesagt, dass Semiramide den König gebeten habe, für einige Tage allein zu herrschen und, als es ihr gewährt wurde, den König zum Gefangenen machte, sodass man von ihm nicht mehr sprach; dass Farno, König von Medien, ein Gefangener Nino gewesen sei, und dass Staurobate, König von Indien, siegreich über Semiramis blieb, dies alles und nicht weniger erfährt man aus den Geschichten; über diese Ereignisse, unter Verwendung des Wahrscheinlichen, und der Anaphorik, wurde das folgende Werk verfasst. [Übers. d. Verf.in]

---

241 Sartori 1990–1994, #15102; Allacci 1755, 516; Ughi 1804, 75. Auch hier wird im *argomento* explizit Bezug auf antike Quellen, nämlich Livius und Appian genommen; Pietropaolo & Parker 2011, 92–93.

Der *personaggio* umfasst 16 Rollen, von denen vier eine Basis in den Quellen haben – neben Nino und Semiramide sind dies Mennone sowie der Inderkönig Staurobate. Das Libretto arbeitet also mit Anachronismen, da Mennone und Staurobate parallel auftreten, während beide Personen und die Ereignisse, in die sie eingebunden sind, bei Diodor viele Jahre trennen.

> Nino – Rè dell'Assiria
> Semiramide – Moglie di Mennone dessiderata da Nino
> Mennone – Prencipe
> Sosane – Figlia di Nino Amante di Farno
> Farno – Rè di Media Prigione, Amante di Sosane
> Staurobate – Rè dell'India
> Adrasto – Generale di Nino
> Gige – Consigliero
> Altea Vecchia – Dama di Corte
> Lisa – Dama di Semiramide
> Cherilo – Paggio
> Filoteta – Guardiano delle Prigioni
> Arconte – Sacerdote
> Alceste – Nuntio di Staurobate
> Pastore di Soria
> Musico, che canta

Die Oper kommt mit nur drei Schauplätzen aus, was für eine bescheidene Bühne spricht.[242] Aus den Angaben zur Kulisse lässt sich der Schauplatz der Oper entnehmen, nämlich Ninive.

Eröffnet wird die Oper von Nino gemeinsam mit seiner Vertrauten Aleta, die sich um ihn sorgt. Die alte Frau preist die Verdienste des Königs, dem die ganze Welt von Arabien über Ligurien bis zum Ganges Untertan sei. Nino schüttet ihr sein Herz aus und erzählt ihr von Semiramide, die Mennone mitgebracht hat und die schöner als alle anderen Frauen, sogar schöner als die Sterne sei, und eher einer Göttin, als einer Frau gleiche.[243] Altea stimmt zu, Semiramide sei eines Königs würdig, doch werde Mennone sie nicht so leicht hergeben. Nino verrät ihr seinen Plan: Mennone soll im Tausch Ninos Tochter Sosane erhalten.

Eben diese Sosane bekommt das Publikum in der folgenden Szene vorgestellt (I/2). Dort preist Gige Sosanes Schönheit und ihre Entschlossenheit, sie solle Königin werden, anstatt sich mit der Jagd zu befassen. Sosane belächelt ihn, sie will ihre Freiheit bewahren und sich nicht von ihrem Vater zur Ehe zwingen lassen.[244] Gige bedauert dies, denn Assyrien brauche dringend einen Thronfolger. Der Grund für Sosanes Weigerung, eine Ehe nach Wunsch des Vaters einzugehen, offenbart sich in der nächsten Szene: Sosane ist heimlich in Farno, den König von Medien, verliebt, der sich als Gefangener an Ninos Hof befindet, aber von ihren Gefühlen nichts weiß (I/3). Erst in der vierten Szene der Oper tritt Semiramide auf – und zwar gemeinsam mit ihrem Gatten Mennone. Beide besingen ihre innige Liebe und schwören sich ewige Treue (I/4). Wenig später folgt die erste Begegnung von Nino und Semiramide (I/7): Nino lobt ihre einzigartige

---
242 Tragica, Città di Ninive; Cortile con Prigrioni; Appartamenti di Semiramide.
243 Nino: „(...) non so, se Donna, o Dea, certo fra l'altra Donne assai piú bella, come Cintia è nel' Ciel piú d'ogni stella (...)" (I/1).
244 Sosane: „(...) La libertà di padre al cinto virginal non può fa forza (...)" (I/2).

Schönheit, der ganze Kosmos sei in ihrer Erscheinung vereint. Doch Semiramis weist ihn zurück: Sie sei nicht schön und auch wenn sie es wäre, sie gehöre allein Mennone und wolle eher sterben als sich von Ninos Reden einlullen zu lassen.[245]

Dann wendet sich der erste Akt dem anderen (potenziellen) Liebespaar zu: Farno und Sosane (I/8 u. I/9). Der gefangenen Farno klagt über sein Schicksaal, Sosane lauscht seinem Lamento und hört so, dass nicht nur seine Gefangennahme, sondern auch unerfüllte Liebe ihn quälen. Als Farno sie bemerkt – aber nicht sehen kann – gibt sie sich eine andere Identität. Sie sei Rusila, eine Zofe Sosanes. Farno fleht sie daraufhin an, sich bei Sosane für ihr zu verwenden – sie zu sehen, begehrt er noch mehr als seine Freiheit. Auch den Einwand, dass Sosane eine sehr freiheitsliebende Frau sei, die sich lieber mit Tieren als mit Menschen umgebe, lässt ihn von seinem Wunsch nicht abrücken.

Inzwischen klagt Nino Altea sein Leid über die Rückweisung durch Semiramide. Altea rät, den Kampf nicht gleich verloren zu geben. Nino fasst neuen Mut, niemand könne sich schließlich seinem königlichen Willen widersetzen, er könne Mennone wie Sosane zwingen:

> *Nino:*
> Io son suo Rege. (...) Io le son Padre.[246]

Er werde sich um Sosane, Altea solle sich um Mennone kümmern. Altea informiert Mennone, dass Nino schon seit Langem nach einem passenden Gatten für Sosane gesucht habe und schließlich ihn auserkoren habe. Menonne ist schockiert und spricht von seiner Liebe zu Semiramide, von der nur der Tod ihn trennen könne, auch wenn Ninos sein König sei:

> *Menonne:*
> Ho datto a Semiramide la fede (...) in me viv'ella, & io sol vivo in lei.[247]

Altea gibt zu bedenken, dass beide Frauen sehr schön seien, Sosane aber außerdem über eine reiche Mitgift verfüge, ein Argument das Menonne nicht umstimmen kann. Sosane und Nino kommen hinzu (I/12) – auch Sosane ist von Ninos Plänen wenig begeistert. Höflich, aber bestimmt weist Mennone das Ansinnen des Königs zurück und nimmt dessen Zorn in Kauf. Die Ankündigung der Ankunft des Königs von Indien, Staurobate, unterbricht den Disput (I/13 u. 14). Nino beschließt, die Hochzeit zwischen Sosane und Mennone bis zum Eintreffen Staurobates' aufzuschieben, beide lässt er bewachen.

Der zweite Akt wird von Semiramide und Altea eröffnet – letztere berichtet von der bevorstehenden Hochzeit von Sosane und Mennone und behauptet, Mennone blicke dieser vorfreudig entgegen und schreite mit stolzgeschwellter Brust durch den Palast.[248] Semiramide ist verzweifelt und schwört Mennone Rache (II/2). Inzwischen treffen Sosane, wieder verkleidet als die Zofe Rosila, und der gefangene Farno wieder aufeinander (II/3). In der folgenden Szene berichtet Nino, dass Semiramide der Ehe nun doch zugestimmt habe, unter der Bedingung, dass er sie zuvor einen Tag regieren lässt:

---

245 Nino: „Oro al Crin', perle a denti, avorio al seno" // Semiramide: „Sappi, che al tuo morire io sarò, non che l'duol', tua regicida" (I/7).
246 I/10.
247 I/11.
248 Altea: „(...) e tutto allegro, È ne vá molti pettoruto (...)" (II/1).

Nino:
D'esser mia quando un giorno a lei di dar le Leggi a miei Popoli lasci (...).[249]

Einwände und Bedenken wischt er beiseite.

Es folgt die zentrale Szene des zweiten Aktes (II/5): Nino führt seine Braut Semiramide seinen Vertrauten vor. Mennone ist verzweifelt. Semiramide hält eine Rede, in der sie betont, dass sie im Sinne des Reiches handeln und regieren wolle. Auch solle sich niemand wundern, dass eine Frau nun auf dem Thron sitze, sie verspricht für den einen Tag, den Nino ihr gewährt hat, gerecht und ehrlich zu herrschen. Sie vergibt sogleich einige wichtige Ämter: Adrasto wird oberster Befehlshaber der Truppen; Altea Hofdame, Gige, der seine Ergebenheit Semiramide gegenüber nur vortäuscht, oberster Befehlshaber in Gesetzesfragen.[250] Auf Ninos Erstaunen über all diese Umwälzungen reagiert sie pikiert. Den im Abseits stehenden Mennone lässt sie verhaften, worin Nino einen Beweis ihrer Treue ihm gegenüber sieht.

Ein Bote kündigt an, dass der Inderkönig Staurobate vor den Toren stehe – Semiramide zerreißt seinen Brief und droht mit Krieg (II/9).[251] Nino bereut seine Entscheidung, ihr zeitweilig die Herrschaft überlassen zu haben zutiefst (II/10), Altea macht ihm Mut (II/11 u. 12). Semiramide, die Mitleid mit Mennone hat und ihn noch immer liebt, will diesem heimlich zur Flucht verhelfen (II/13).

Zu Beginn des dritten Aktes liegt Krieg in der Luft. Semiramide ist verärgert, dass Staurobate noch nicht abgerückt ist und will ihre Wehrhaftigkeit beweisen[252] – so erteilt die Adrasto den Befehl zum Angriff. Mennone lässt sie heimlich einen Brief und den Kerkerschlüssel zukommen (III/3 u. 4). Zwar glaubt sie noch immer, dass er Sosane gern geheiratet hätte, wegen ihrer Liebe zu ihm will sie ihm aber dennoch die Flucht ermöglichen. In dem Brief schreibt sie auch von ihrem Hass gegenüber Nino, was Mennone entsetzt – gegen den König kann und will er sich nicht wenden. Den Schlüssel übergibt er Sosane, die damit Farno befreit (III/5). Derweil lässt sich Semiramide frisieren, ist aber mit dem Ergebnis unzufrieden – so könne sie Staurobate nicht entgegentreten (III/6 u. 7).[253] In der Zwischenzeit hat Sosane auch Nino befreit. Farno kommt hinzu, sie tut so, als träfe sie ihn das erste Mal und beide gestehen einander ihre Liebe (III/8). Semiramide wird von Staurobate besiegt, dieser weist sie in ihre Schranken und setzt sie gefangen (III/9). Semiramides Wut darüber setzt Nino erneut in Flammen – je mehr sie ihn verachtet, desto begehrenswerter scheint sie ihm. Der Priester Arconte erscheint und erinnert Nino an einen Traum: Darin habe er ein ausgesetztes Mädchen gesehen, das von Tauben genährt und dann von einem Hirten aufgenommen wurde Dieses solle nach Willen der Götter einst seine Frau werden. Er mahnt, von Semiramide abzulassen und die ihm von den Göttern bestimmte Frau zu suchen (III/10). Sogleich erscheint ein Hirte, der erzählt, er habe ein wunderschönes Mädchen in der Wildnis gefunden, es aufgezogen und ihm den Namen Semiramide gegeben. Mennone habe sich später in die junge Frau verliebt und habe sie mit sich nach Niniveh genommen, wo der Hirte sie nun besuchen wolle. Nino ist begeistert, dass Semiramide die für ihn auserwählte Braut ist, Semiramide entsetzt, sie will Mennone treu bleiben. Im Finale des Aktes erfahren wir, dass Mennone inzwischen vor Schmerz im Gefängnis gestorben ist – Semiramide willigt daher nun ein, Ninos

---

249 II/4.
250 Semiramide: „Sarà ne la tua mano la bilancia, e la spada" (II/7).
251 Semiramide: „Da Ninive si scosti, o Guerra aspetti" (II/9).
252 Semiramide: „Più che l'Ago a trattare, a l'armi ho pronta la mano" (III/1).
253 Semiramide: „Pria di non raccorciar le Chiome sparte che nel barbaro rege mia vendetta non vegga" (III/7).

Frau zu werden. Sosane eröffnet dem Vater ihre Liebe zu Farno, der ihrer Verbindung zustimmt und Farno das Mederreich zurückgibt.

4.1.6.3 Ideae et species Semiramidis

Bonacossi entscheidet sich für ein positives Semiramisbild, bei dessen Ausgestaltung die Liebe und die Einhaltung des einmal gegebenen ehelichen Gelübdes eine zentrale Rolle einnehmen. Neben Diodor verarbeitet er die Episode vom Frisiertisch, die Valerius Maximus/Polyainos – aber auch Petrarca und Boccaccio – berichten, kehrt sie aber dahin gehend um, dass die korrekte Gestaltung der Frisur einen großen Stellenwert einnimmt – schlecht frisiert kann seine Semiramide nicht in den Krieg ziehen. Auch in diesem Libretto ist die Verbindung von Semiramis und Indien, nun gänzlich aus dem Kontext der antiken Texte gerissen und umgestaltet, von Bedeutung. Daneben spielt für dieses Libretto sicherlich v.a. Calderons *La hija del aire* eine Rolle. Ein Hinweis auf diese Vorlage könnte sich im ersten Satz des Prologs verbergen, wo Bonacossi darauf hinweist, er habe Semiramide bereits viele Male gesehen.[254] Da eine Oper mit dieser Thematik aber in Ferrara vorher nur ein einziges Mal gezeigt worden ist (*Nino, il giusto*, 1662) und diese Oper außerdem ein deutlich negativeres Semiramisbild präsentierte, könnte er ihrer Gestalt (auch) auf der Theaterbühne begegnet sein.

Interessant ist, dass Bonacossi, wie auch die Libretti aus jesuitischen Kontexten, explizit im *argomento* auf Diodor verweist, aber hier das falsche Buch angibt („Lib. 3") – genau wie auch im Lexikon von Moréri, wo allerdings alle ausschließlich bei Diodor überlieferten Details fehlen. Man wird dies vielleicht als Indiz verstehen dürfen, dass Bonacossi die antike Vorlage nicht direkt konsultierte, aber die Belesenheit des Librettisten demonstriert und durch den Verweis auf antike Quellen die Glaubwürdigkeit des präsentierten Geschehens erhöht werden sollte. Andererseits spricht aber der Hinweis auf einen Brief des Staurobate – ein Detail, das sich auch in Diodors Schilderung findet – eher für die Lektüre der *Bibliotheke*.

Semiramide wird in dieser Oper mit geradezu emanzipatorisch anmutenden Passagen ausgestattet, mehrmals betont sie, dass sie, trotz ihres Geschlechts, in der Lage sein wird zu herrschen oder zu kämpfen. Sie beharrt auf der Ausweitung ihres Handlungsraumes und auf ihrer Fähigkeit zur Herrschaft. Doch ihr Bild enthält auch Schattenseiten: Negativ behaftet ist eine gewisse Überheblichkeit, die sie überkommt, sobald sie an der Macht ist. Staurobate erklärt sie quasi grundlos den Krieg und bringt damit die ganze Stadt, ja das ganze Reich in Gefahr. Ihre Rache richtet sich einerseits wegen dessen (vermeintlicher) Untreue gegen Mennone, zum anderen aber v.a. gegen Nino, der sie zwingen will, ihren Treueschwur zu brechen. Treue ist also auch hier, wie schon bei den jesuitischen Libretti um ihre Gestalt und zuvor in der dramatischen Umsetzung von Greene und Gilbert, ein zentraler Aspekt. Im Finale ist Semiramide – erneut – letztlich ein Spielball der Mächte des Schicksals, der Vorbestimmung und der herrschenden Geschlechterverhältnisse. Ihre stoische Ergebenheit dem Schicksal gegenüber scheint für Bonacossi zu ihren zentralen Tugenden zu gehören; es ist letztlich das Eingeständnis der Unabwendbarkeit des Vorherbestimmten. Auch hierin besteht eine Parallele zum anonymen Libretto von 1671.

Großen Anklang hat Bonacossis Semiramis-Libretto offenbar nicht erfahren, was angesichts der ausgesprochenen Beliebtheit der in ihm neu verwobenen Vorlagen überrascht. Es lässt sich

---

254 „La virtù, e valore di SEMIRAMIDE, che's ha per fede di grandi Auttori in diversi libri, e'l haver io veduto più volte (...)".

4.1.7 Hinrich Hinsch – Semiramis, die aller-erste regierende Königin (1683)

4.1.7.1 Umstände der Entstehung

1683 betritt Semiramis die Bühne der Hamburger Gänsemarkt-Oper – nun erstmals in einem Singspiel in deutscher Sprache.[255] Obwohl die italienische *opera seria* nicht direkt Pate gestanden hat, wird dieses Stück hier mit aufgenommen – einerseits, weil es einen ganz neuen Stoff präsentiert, andererseits, weil es die erste originäre Bühnenbearbeitung dieser Thematik in deutscher Sprache ist. Im Gegensatz zur *opera seria* enthält ein Singspiel anstelle der Rezitative gesprochenen Text und ist oft eher komödiantisch angelegt. Es ist in dieser Form explizit für dieses Haus entstanden und handelt sich also nicht um eine Übertragung eines bereits in Italien oder Frankreich gespielten Librettos, worauf im umfangreichen *argomento* explizit hingewiesen wird, wo es heißt:

> Und diese Staats-Geschicht (als welche mit gedichteten Umbständen fürs Gemeine Wesen etwas nachdenckliches hier vorstellet) ist vielleicht auff solche Art sonst nirgendswo zu finden; Zumahlen dieselbe (so viel man etwa Nachricht deßfalls eingeholet) weder in Italien noch Franckreich jemals präsentieret worden.

Der Operntext stammt mit einiger Wahrscheinlichkeit von H(e)inrich Hinsch, einem der produktivsten Librettisten der noch jungen Hamburger Oper, die Musik steuerte Nicolaus Adam Strungk bei.[256]

Die Hamburger Oper, die 1678 gegründet worden war, nahm in der Gesellschaft ihrer Zeit eine Art Zwischenstellung ein. Zwar handelte es sich, wie auch in der Forschung immer wieder betont[257], der Form nach um ein bürgerliches Theater, da die Besitzer des Grundstückes, auf dem sie errichtet worden war, ebenso wie die überwiegende Mehrzahl der Pächter Bürgerliche waren. Gleichzeitig zeigt die inhaltlich-musikalische Ausrichtung, die sich in der Analyse der rund 320 Libretti aus den ersten 70 Jahren ihres Bestehens offenbart, dass sie sich dennoch (auch) stark an ein adeliges Publikum richtete. Bei Reinhart Meyer heißt es:

---

[255] Zehn Jahre später sollte hier *Die glückliche Sklavin, oder die Aehnlichkeit der Semiramis und des Ninus | La Schiava Fortunata ovvero La Rissemblanza di Semiramide e Nino* auf Basis des Textbuches von Moniglia von 1665/1667 gegeben werden.

[256] Gelegentlich wird auch Johann Martin Köhler als Librettist geführt, so beispielsweise bei Marx & Schröder 1995. Griffel (²2018, 442) nennt als Komponisten Johann Wolfgang Franck. Dieser Angabe wird hier nicht gefolgt, da auch Griffels weitere Angaben zur Oper fehlerhaft sind. So wird diese Oper unverständlicherweise bezeichnet als „after the text of Giovanni Moniglia, set by Pietro Andrea Ziani as Semiramide (1670, Venice)" und die Handlung völlig falsch umrissen. Die beiden Libretti sind aber ganz klar voneinander völlig unabhängig und weisen weder in Personen, Setting oder Handlung Gemeinsamkeiten auf.

[257] So z.B. Jürgens 1988, 13–40.

> Sozialpsychologisch gesehen stellt sich die Hamburger Oper in vielen ihren Stücken eindeutig als feudaladliges, patrizisch-galantes Institut dar (...)[258]

Zweifelsohne bereicherte die neue Oper das Hamburger Kulturleben nachhaltig, war doch die Oper im Heiligen Römischen Reich deutscher Nation Ende des 17. Jh.s noch nicht allzu fest etabliert und häufig auf Adelshöfe beschränkt, wo man das neue musikalische Genre aus Italien zur eigenen Herrschaftsentfaltung und zur Demonstration der Finanzkraft des eigenen Hofes nutzte. Hamburg dagegen verfügte über keinen Hof, sondern ist Freie Reichsstadt, die sich auf den Rat und Bürger stützte. Sie war dank des Hafens ein Tor zur Welt, in dem die Musik hochgehalten wird – vor allem die Orgelkunst blüht hier. „Ein nicht geringes Ornamentum und Zierat dieser Stadt", so beschreibt der Rat schon 1615 die Rolle der Musik im Leben Hamburgs.[259] An der Entstehung des Opernhauses war mit dem musikliebenden Herzog Christian Albrecht von Schleswig-Gottorf (1641–1694), der als Exilant in Hamburg lebte, weil der dänische König seinen Besitz okkupiert hatet, beteiligt – auch hier zeigt sich also, dass der Adel nicht nur ideell, sondern auch materiell maßgeblich an der Schaffung dieser Oper beteiligt war. In den ersten Jahren hatte der Opernbetrieb vielfach mit Anfeindungen von kirchlicher Seite zu kämpfen, die hier einen Sündenpfuhl vermutete. Schließlich konnte sich die Oper aber durchsetzen und als wichtiger Bestandteil der Hamburger Kulturlandschaft etablieren. Die Hamburger Oper am Gänsemarkt präsentierte vielfach Libretti, die nach französischen oder italienischen Vorlagen übersetzt und gelegentlich mit plattdeutsch sprechenden Figuren ergänzt wurden.[260] Daher wird wohl im Vorbericht betont, dass dieser Stoff so noch nirgendwo sonst zu hören gewesen sei.

Anders als in den italienischen Häuser oder den deutschen Fürsten-Theatern wurde in Hamburg das ganze Jahr über Oper gespielt. Drei Mal pro Woche, montags, mittwochs und donnerstags, konnten die Zuhörer auf ihren Plätzen in den vier Rängen oder im Parkett einer Oper lauschen – an etwa 90 Abenden im Jahr![261] Das Haus fasste insgesamt etwa 2000 Besucher, war aber offenbar v.a. zu Beginn des 18. Jh.s häufig nicht gut ausgelastet. Leider ist nicht zu eruieren, wann im Jahr und über welchen Zeitraum diese Oper gespielt wurde, so dass Vermutungen über den Kreis ihrer Rezipienten unterbleiben müssen. Ihr Erfolg scheint aber durchaus überschaubar gewesen sein, zu einer Wiederaufnahme kam es nicht. Diese Vermutung ist aber mit einer Einschränkung zu versehen, gab es für eine deutschsprachige Oper doch nicht nur keine Vorbilder, sondern auch erst ab der Gründung der Hage-Markt Oper in Braunschweig einen Nachahmer. Alle anderen Opernhäuser der Zeit orientierten sich an den Hofopern von Dresden, München oder Wien, wo Stücke in italienischer Sprache gegeben wurden.[262] Dennoch bleibt festzuhalten: Die hier präsentierte Verquickung von jüdischen und griechisch-römischen Episoden über die Gestalt der Semiramis bleibt ein singuläres Phänomen auf der Opernbühne.

---

258 Meyer 1984, Bd. 4, 80.
259 Krüger 1933, 6.
260 Walter 2016, 113.; vgl. Marx & Schröder 1995. Für die Geschichte der Gänsemarkt-Oper s. Wenzel 1978.
261 Walter 2016, 112.
262 Walter 2016, 114.

4.1.7.2 Argomento und Handlung

Die Oper spielt in Babylon und bietet etwas vorher noch nie Dagewesenes – sie verschmilzt die jüdische und die orientalische Welt, indem sie Semiramis gemeinsam mit Abraham und dessen Frau Sara auf die Bühne bringt! Der *argomento*, hier „Vorbericht" überschrieben, liefert eine sehr ausführliche Beschreibung – über drei Druckseiten hinweg wird das Publikum in die Handlung, v.a. aber in deren historischen Hintergrund eingeführt. Dabei schöpft Hinsch aus dem Vollen – namentlich taucht allerdings nur Aristoteles auf. Hinsch bezieht sich ausführlich auf die Darstellung bei Diodor und Orosius, kennt auch die Alexanderhistoriker und die Episode aus Valerius Maximus/Polyainos und weist auch auf die *Gesta Treverorum* und die Gründung Triers durch einen Stiefsohn der Semiramis hin. Seine Verbindungen zu biblischen Texten werden nicht nur durch Abraham und Sara deutlich, Ninus ist bei ihm der Sohn des Nimrod. Die Gleichsetzung von Nimrod und Ninus hat eine lange Tradition, wird doch im Alten Testament das Reich Nimrods als das erste Weltreich verstanden (Gen 10,10).[263]

> Nimrod, der erste Babylonische Monarch, aus dem Stamme Ham von Noah, hat anfänglich den wilden Thieren mit List nachgestellt, folgendes aber die Menschen mit Gewalt unter seine Botmässigkeit gebracht; Davor er in der H. Schrifft ein gewaltiger Jäger für den Herren geheißssen wird. Dessen Sohn Ninus (daselbst doch Assur genannt) Ist im Jahr nach Erschaffung der Welt 1997 seinem großmütigen Vater im Reich nachgefolgt; hat darauff das Assyrische, mit kurzen Gräntzen umbschrenckte, und allernechst gelegene Reich zum Babylonischen gebracht, uach am Fluß Tyfre die grosse Stadt Ninive, zum Zeichen seines grossen Glücks erbauet, und die Stadt samt dem Reich nach seinem zwiefachen Nahmen gennenet. Daran aber hat er sich noch nicht genügenlassen, sondern in die 17 Jahr lang (biß dahin der Nahme des Krieges noch unerhört war) gantz Asien und Egypten siegreich durchzogen, nach dem auff dieser Seiten die Furcht, und auff jener die Hoffnung gestanden. Umb dieselbe Zeit hat sein Uhr-Anherr Noah die Welt verlassen, und ist mit dessen Tode der Götzendienst eingerissen, in dem der hochmüthige Ninus, als welcher noch in seinem Leben sich für einen Gott nicht auffwerffen durffte, dennoch das Rechte ergriffen, und denen Riesen weiß gemacht, daß er von einem Gott gezeuget sey. Hat deowegen seines Vaters Thaten hoch erhoben, dessen Bildnis aufgestellet, und demselben Göttliche Ehre angethan, auch seine Unterthanen zur Nachfolge angetrieben, und also durch thörichte Freygebigkeit einen Andern gegeben, was er selber nicht gehabt, damit nach seinem Tode ihm auch so viel oder noch ein Mehrers wiederführe. Und dieser Nimrod ist eben derjenige, welcher bey denen Geschichtschreibern (die hierinnen doch gegen einander sind) unter dem Nahmen Belus hochberühmt, bey denen Heyden nach seinem Zunahmen Saturnus, und bey denen Juden Baal geheissen.
> Als aber Ninus im 48ten Jahre seiner Regierung wieder Zoroaster den König von Bactra (welcher der erste Schwarztkünstler gewesen und vom Teuffel hinauff an das Firmament sol geführet seyn) einen hochpreißlichen Krieg geführt, unter andern auch seinen Syrischen Statthalter Menones hierzu gebraucht; hat dieser Held aus Verdruß, wegen langwieriger Abwesenheit, seine Gemahlin Semiramis aus Syrien nach Bactra zu sich berufen: Welche zwar von geringer Ankunfft, doch aber schön und zarter Leibes-Gestalt, auch von

---

[263] Ios. ant. Iud. 4,1–3 macht ihn zum Erbauer Babylons. Vgl. Frahm 2000, 950 sowie Herbert 1828, Bd. 1, 374; s.a. bereits J. Bodin, Les six livres de la République 4,1, Paris 1576.

hohem Verstande und wohlerzogen war, bey der Stadt Ascalon in Syrien von Hirten gefunden, und wegen ihrer Schönheit dem Königlichen Stallmeister Simma verehret; der sie dann, weil er ohne Kinder gewesen, an Kindes Statt angenommen, und hernach an ermeldten Menoes vermählet hat. Deßwegen sie diese Längst erwünschte Gelegenheit freudig ergriffen, umb ihre Person und Geschicklichkeit vor der Welt sehen zulassen, hat auch zur Reyse sich dergestalt ausgekleidet, daß man ihr nicht ansehen können, ob sie männ- oder weiblichen Geschlechts gewesen: Und dieser zweifelhafften Kleidung haben hernach die Amazonen zu Felde sich bedient. Als nun Semiramis im Bactrainischen Lager angekommen, hat sie alles daselbst genau beobachtet, und darauff durch eine sonderbare Kriegs-List gezeiget, wie Zoroasters Schloß, welches hoch auff einem Felsen gelegen, füglich könnte erobert werden: Nach dessen glücklichen ausgang hat Ninus über ihren Verstand sich verwundert, und dieselbe herrliche regaliret, auch bald hernach in der Schönheit sich vergafft, und ihren Mann bereden wollen, daß er diese seine Frau ihm überlassen möchte; Dahingegen sich erboten, seine Tochster Sosana ihm zuvermählen. Als aber Menones solche Königliche Offerten ausgeschlage, hat Ninus ihm gedreuet die Augen auszureissen, im Fall er hierzu sich nicht beqveine würde: worüber Menones gleichsam rasend worden, und aus schmertzlicher Liebe sich selbst entleibet: Dadurch denn Ninus seinen Zweck erreichet, und die Semiramis getranet, auch mit ihr einen Sohn den Nynias gezeuget, und im vierten Jahre hernach das Leben abgeleget, da er die höchste Gewalt 52. Jahr geführet. Er hat den Zunahmen Jupiter bekommen, und wegen seiner grossen Siege im Tode mehr göttliche Ehre als sein Vater Saturnus erlanget, so das Semiramis mitten in der Stadt Babylon, dem Jupiter zu Ehren, einen herrlichen Tempel zu erst gebauet. Nach der Zeit aber hat auch ein König in Creta, Saturnus, und dessen ältester Sohn, Jupiter geheissen, welcher den Vater vom Reich vertrieben: Da dann die fabulirende Antiquität vorgegeben, ob habe Jupiter den Himmel gestürmet, auch den regierenden Saturnus auff die Erde gestützet, und sey also der oberste Abgott worden. Gleich wie nun dem Deucaleon (Könige in Thessalia) als ein Fabelwerck zugeeignet wird, was mit der Sündflut unter Noah sich gebeben: Also haben Nimrod und Ninus zur Fabel herleihen müssen, was die beyde letztere Saturnus und Jupiter in Creta, sollen gethan haben.

Weil auch der Königliche Prinz Nynias dazumal noch in seiner ersten Kindheit war, hat die Kluge Mutter, als eine heroische junge Wittwe, die Regierung des Babylon- und Assyrischen Reiches sich angemasset, dero Behuff ihren Stieffsohn Trebeta (welcher sich nach Teutschland an die Mosel soll begeben, und die Stadt Trier, besage eines alten daselbst vorhandenen monumenti, erbauet haben) daraus vertrieben, hergegen ihre Stiefftochter Sosana bey sich behalten: Die allererste Dame, so die Häußliche mit der Reichs-Verwaltung verwechselt, das Gebietden Gehorsam ihres Geschlechts vorgezogen, und die Schwachheit der weiblichen Nautr mit männlichem Gemüthe ersetzt, gestaltsam dieselbe mit herrlichen so wohl inn- als eusserlichen Kriegen, alle vorher gewesene Helden weit übertroffen. In eusserlichen Kriegen hat Semiramis Meden, Egyten, Lybien, unter ihre Hände gebracht, darneben auch (worüber nachgehendes Alexander Magnus sich verwundert) Indien überzogen: Und wie dieselbe das Feld schon zweymal erhalten, also hätte sie auch zum drittenmal wieder gesieget, im Fall ihre Cameele des Feindes Elephanten weren gleich gewesen. Einen innerlichen Krieg hat Semiramis (in welchem Sie selbst mit einem Pfeil blessiret worden) wieder ihren rebellierenden Statthalter in Babylon geführet: Von dessen Abfall Sie die Zeitung bekommen, als Sie eben ihre Haupthahre einflechten lassen, und die Helffte noch ungeflochten gewesen; woselbst Sie mit sothanen halb zerstreuten Hahren von ihrem Sitz auffgesprungen, aus hitziger Rachgier alsofort Anstalt zum Feldzug gemacht, auch in dieser Hitze ihrer halb fliegenden Hahre vergessen, und dieselbe nicht auffbinden lassen, ehe und bevor Sie der Chaldeischen Hauptstadt sich wieder bemächtiget gehabt. Deswegen auch ihre Bildnis hernach mit halben zu Felde geschlagenen Hahren, sonder Kopfflege gemacht worden. Und solche herische Thaten hat Semiramis nicht alleine gegen die Menschen, sondern auch wieder die grausamste Thiere verübet, in Betrachtung dieselbe zum öftern auff die Jagt gezogen, und allda gefährlich sich gewaget, auch einsmals mit der Lantze einen Löwen gefället.

Hiernechst hat Semiramis durch köstliche Gebäude in Friedens-Zeiten sich groß gemacht, in dem Sie die Königliche Residentz Babylon, welche Nimrod zu bauen angefange, gewaltig erweitert, daß sie mehr einer Provintz (wie Aristoteles sie nenet) als einer Stadt ähnlich gewesen, hernach mit tieffen Graben un unvergleichlichen Mauern umgeben, auch den wunderschönen Garten daselbst zur allerherrlichsten Vollkommenheit gebracht, als welcher samt dem angefügten Luftwalde auff lauterhangenden Schwibbogen gestanden, und zwar über den grossen Fluß Euphrat (der mitten durch Babylon geflossen) aus dem Grunde des fliessenden Wassers herauff geführet; dahero dieser Garte folgends unter die selben Wunderwercke der Welt gezehlet worden. Daß also Semiramis an Babel das Ziel alleine erlanget, wornach gleichsam alle Menschen vor der Sprachen Verwirrung umbsonst gezielet. Ander denckwürdige Wercke in Ihr zugeschweigen.

Bey so hohen Gaben war diese Beherrscherin auch gleichwohl eine Schlavin im Liebes-Kriege, und sonderlich der Veränderung ergeben: in welchem Joch Sie dann tyrannisch dienete, so daß Sie ihre wohlversuchte Cavalliers heimlich aus dem Wege räumen, und der Leichen mit Zusammen geführten Hügeln bedecken ließ, die verübte Grausamkeit umb so viel ansehnlicher zu machen; mit welcher Ehre nur die hohen im Felde gebliebenen Officiers angethan wurden. Zuletzt aber ist die Ursach ihres Todes der Lebens-Lauff nicht ungleich gefallen, so daß Sie bey Erhaltung des Reichs ihr Leben selbst verlohren: Denn als Nynias ihr Sohn das männliche Alter ereichet hatte, deßwegen nach und nach den Scepter auch verlangete, und doch bey der Mutter Leben sich dessen nicht geströsten konnte, hat er sich der Gelegenheit bedienet, da Semiramis (wie er nachgehends mit solchem Vorwand sich entschuldiget) ihm Blutschande zugemuthet, daß er dieselbe grausamlich ermordet, nachdem sie dem Reich 42. Jahr mit Verwunderung vorgestanden.

Bey Semiramis Lebzeiten (und zwar 10 Jahr vor ihrer angetretenen Regierung) ist zu Ur in Chaldea Abraham gebohren, aus dem Stamme Sem des Sohnes Noah, und ist zugleich mit Sara (die im ersten Jahre ietztgedachter Regierung zur Welt gekommen) der Semiramis Landes-Kind und Unterthan gewesen; hernach aus Gottes Antrieb, durch seinen Vater Tharah, von Ur aus Chaldea, nach Haran in Mesopotamien geführet worden; haben aber damals noch Abram und Sarai geheissen. So wird nun Semiramis dergestalt hier vorgestellet, wie dieselbe nach oberwehnten innerlichen Kriege über den erlegten Haupt-Rebellen zu Babylon triumphiret, die verübte Meuterey daselbst untersuchet, darauff die Helffers-Helffer abstraffet, deroselben Güter ordentlich einziehen, zu Erhaltung innerlicher Ruhe Anstalt machet, und also in vorigen Stand sich wieder setzet. Worben denn Abraham und Sara als noch junge Eheleute (die sich aber für Bruder und Schwester ausgeben) unter diesen ihren letzteren Nahmen mit eingeführet werden in dem sie ebendazumal von Ur nach Babylon (so etwa 15 Teutsche Meilen von einander gelegen) gereyset waren. Und bey solcher Gelegenheit verliebet sich Belotes in Sara, als welche er wahrhafftig für Abrahams Schwester hält; wird aber wenig von Ihr geachtet: Hergegen hält die Prinzeßin Sosana desto mehr von demselben, un geneusst doch nur kaltsinnige Gegenliebe. Immittelst wirfft auch Semiramis ihre Augen auff Belotes, und erhöhet ihn dabey; lesst aber plötzlich eine Mißhelligkeit sich mercken: Darüber wird Belotes melancholisch, und wil gar bezweiffeln: gelanget aber auch plötzlich wieder zu voriger Gnade. Gleichwohl heget er seine Liebes-Gedancken nach wie vor gegen Sara; darumb entdecket sie endlich selbst, da sie Abrahams Ehefrau sey. Hierauff wird Sosana an Belotes vermählet, und also der Krieges-Sieg mit dem Liebes-Sieg beschlossen; Dessen sich die Königliche Hoffstatt freiet Und diese Staats-Geschicht (als welche mit gedichteten Umbständen fürs Gemeine Wesen etwas nachdenckliches hier vorstellet) ist vielleicht auff solche Art sonst nirgendswo zufinden; Zumahlen dieselbe (so viel man etwa Nachricht deßfalls eingeholet) weder in Italien noch Franckreich jemals präsentieret worden.

Die Oper verfügt über 12 Rollen:

> Semiramis – Königin
> Sosana – Königliche Princeßin, der Semiramis Stieff-Tochter
> Belotes – Statthalter in Assyrien, nunmehr General-Gouverneur
> Tyrellus – Chaldeischer Heerführer
> Darista – Assyrischer General
> Colandes – Hoff-Cantzler
> Abraham & Sara – Junge Eheleute
> Leuca – Alte Hoff-Dame und Schwartzkünsterlin
> Clathes – Hoffverwalter
> Milo – Tafel-Rath
> Tinnas – Keller-Meister mit 2 Faßbinder-Gesellen

Eröffnet wird die Oper mit dem siegreichen Einzug der Semiramis nach Babylon. Mit halb geflochtenen Haaren und am Arm verwundet erreicht sie die Stadt mit ihren Truppen, der Chor jubelt ihr zu („Semiramis lebe und Babel sey froh!" [I/1]). Belotes trägt die Haut des ermordeten Rädelsführers, er hat offenbar großen Anteil an der Niederschlagung des Aufstandes. Auch Tyrellus, Colades und Darista loben Semiramis' Mut.[264]

Doch Semiramis, Colandes und Clathes klagen auch über die Bias von Herrschaft und Sorge (I/3). Abraham und Sara treten zu Clathes und fragen, ob sie den Garten betreten dürfen. Sie halten sich an den Händen und demonstrieren ihre Verliebtheit und ihre Verbundenheit zur Natur (I/4). Belotes kommt hinzu und ist von Saras Schönheit beeindruckt. Sie gibt sich als Abrahams Schwester aus[265] und weist Belotes' Angebot, ihr den Garten zu zeigen, zurück (I/5).

Sosana ist heimlich in Belotes verliebt und macht ihm (erfolglos) Avancen (I/7 u. 8); Tyrellus und Darista, die beide um sie werben, weist sie zurück (I/11 u. 12). Milo macht sich über Sosanas Verliebtheit lustig (I/9). Semiramis ernennt derweil Belotes wegen seiner Verdienste zum General Statthalter (I/10). Danach begegnet sie am ‚Wunder-Garten' Abraham und Sara und befragt

---

264 „Die Heldin acht des Pfeiles Biß, als hätte sie ein Floh gestochen (...)" (I/2). Evtl. eine Anspielung auf den Tod des älteren Ninus durch einen Pfeil; Oros. 1,4,3 u. Boccaccio (Semiramis 1).
265 Die Parallele zu Isaak, der seine Ehefrau Rebekka als seine Schwester ausgibt, drängt sich auf (Gen 26,7–11).

sie über ihre Herkunft. Beide begegnen ihr demütig, sie schenkt ihnen Wein (I/13). Sara äußert Bewunderung für Semiramis.[266] Abraham weist aber auch auf den Platz hin, der ihr als Frau eigentlich zustünde.[267]

Auch der zweite Akt wird von Semiramis eröffnet. Sie und ihre Vertrauten sprechen im Gefängnis über die besiegten Aufständischen, von denen offenbar unter Folter Geständnisse erpresst wurden (II/1). Milo und Clathes beklagen sich über Semiramis.[268] Dagegen zeigt Semiramis ihre Gottesfürchtigkeit Jupiter gegenüber (I/5). Abraham und Sara rufen ihren Ahnherrn Noah an und klagen über die falschen Götter, die man in Babylon verehre (I/7). Belotes bemüht sich derweil weiterhin ohne Erfolg um Sara (II/11), während Sosana sich nach ihm verzehrt (I/8–10). Semiramis hat inzwischen ihre Gunst Tyrellus zugewandt, Belotes wird nicht mehr vorgelassen und beklagt sein Los (I/12–14).[269] Colandes und Clathes tauschen sich über die Königin aus, ihr Urteil ist nicht sehr günstig.[270] Auch Abrahams Urteil fällt bestenfalls ambivalent aus.[271] Der dritte Akt bringt nur wenig Handlungsfortschritt. In III/6 berichtet Colandes Semiramis, dass nun alle Rebellen hingerichtet seien, das Konfiszieren der Güter wird vorbereitet. Semiramis wendet ihre Gunst wieder Belotes zu (III/12), Tyrellus gaukelt daraufhin Sosane Liebe vor (III/14). Als diese sich von ihm betrogen sieht, wendet sie ihr Herz wieder Belontes zu (I/20), der aber immer noch in Sara verliebt ist. Erst als diese ihm offenbart, dass sie nicht Abrahams Schwester, sondern dessen Frau ist (I/22), steht einer Hochzeit von Sosana und Belotes im Finale der Oper nichts mehr im Wege.

4.1.7.3 *Ideae et species Semiramidis*

Dass 1683 ein orientalisches Thema auf der Hamburger Bühne präsentiert wird, ist nicht ohne aktuelle politische Bezüge. Die Belagerung Wiens durch die Türken ist erst wenige Jahre her – die Wahl des Opernstoffes reflektiert somit nicht nur Tagespolitik, sondern reproduziert auch gängige ideologische Klischees und Gegensätze zwischen der ‚westlichen' und ‚orientalischen' Welt. Noch deutlicher als an *Semiramis* lässt sich das nur wenig später an der außerordentlich beliebten Oper *Der glückliche/unglückliche Groß-Vezier Cara Mustapha* von Johann Wolfgang Franck aus dem Jahre 1686 festmachen, wo der ‚Orientale' Mustapha, die Hauptfigur der Oper, als triebgesteuerter Wüstling, der jedem Rock hinterherläuft, dargestellt wird.

Aber nicht nur der Orient als solcher fasziniert im Hamburg der Zeit. Auch die *querelle des femmes*, die aus Frankreich und Italien kommend auch in Deutschland ventiliert wurde, findet hier ihren Niederschlag auf der Opernbühne. Dennoch besteht offenbar weiterhin ein Konsens,

---

266 Sara: „Semiramis ist gleichwohl nur, ein zartes Weibchen von Natur; und hat mit schwacher Frauen-Stärck erbaut das größte Wunderwerk." (I/14).
267 Abraham: „Sie solte Haus-Regentin seyn; und sie regiert das Reich allein (...)" (I/14).
268 „Semiramis ist sonder Zweiffel noch schlimmer als der Teuffel. (...) Sie kann in solchen Fällen sich meisterlich verstellen." (I/3).
269 Clathes: „Der Potentaten Gnade ist ähnlich einem Rade (...)." (I/13).
270 Colandes: „Die Königin spricht klüglich (...) Semiramis wil lieber gefürchtet als geliebet seyn." Clathes: „Sie meide bösen Schein, und nehme sich in auch mit der That in acht, auff daß sie nicht Gewalt und Macht in Tyranney verkehre, und so die Ruhe selbst verstöre." (I/16).
271 Abraham: „Die Königin ist preislich am Stand und am Verstand; ihr hoher Geist regiert weislich, Erhält und mehrt das Land (...). (...) der Thron, darauff die Tugend-Cron' im höchsten Preise sitzet, ist leider auch beschmutzet mit zweyer Laster Koth!" (I/18).

„dass Ehefrauen ihren primären Arbeitsauftrag im Hause zu erfüllen hatten und mit ihren kulturellen und wissenschaftlichen Fertigkeiten nicht in der Öffentlichkeit Lob und Ehre suchen sollten. Trotz aller Wertschätzung der Frauenbildung, die auch als Indikator für einen Wettstreit der Nationen im Hinblick auf Kultiviertheit galt, wurde keine fundamentale Änderung der sozialen Position und Funktionen der Frauen angestrebt, trotz Annäherungen adelig-bürgerlicher Milieus und Einflüsse der Querelle des Femmes."[272]

Und so werden auch in dieser Oper wieder vor allem weibliche Herrschaft und adäquates weibliches Verhalten thematisiert. Die seit den Kirchenvätern manifestierte chronologische Parallelisierung von Abraham und Semiramis findet hier erstmals ihren Niederschlag; es ist ein Motiv, das sich allerdings nicht durchsetzen sollte. Neu ist ebenfalls die im Vorwort kurz erwähnt Episode der Löwenjagd: Dass Semiramis Löwen, Leoparden und sogar Löwinnen erlegt habe, findet sich in Aelian (var. 12,39), dessen *editio princeps* seit 1545 vorlag und Hinsch somit bekannt gewesen sein könnte.[273]

Das Bild der Semiramis ist in diesem Singspiel höchst ambivalent, es changiert zwischen Bewunderung (v.a. für ihre Bauten und ihre Klugheit) und Lasterhaftigkeit. Dem Genre entsprechend, das sich an die französische Opéra comique anlehnt, wird auf die Unterhaltung des Publikums abgezielt, es ist weniger ein Stück mit edukativem Charakter noch ist es als Fürstenspiegel zu lesen. Es ist vielmehr Ausdruck eines erstarkenden bürgerlichen Selbstbewusstseins, das ländliche Mileus und bürgerliche, nicht royale Protagonisten, in das Zentrum seiner Handlung stellt.[274] Semiramis' Position wird aber offenbar klar als unangemessen empfunden und weibliche Herrschaft kritisiert.

4.1.8 Francesco Maria Paglia – La Semiramide (1701)

4.1.8.1 Umstände der Entstehung

Nach einer gewissen Bühnenabsenz wird für den neapolitanischen Hof 1701 ein neues Semiramis-Libretto mit dem Titel *La Semiramide* verfasst.[275] Es ist das erste Mal, dass eine Oper mit einem Semiramis-Stoff im Königreich Neapel aufgeführt wird. Der Textdichter war Francesco Maria Paglia, die musikalische Umsetzung übernahm Giuseppe Antonio Vincenzo Aldrovandini.[276] Die beiden setzten mit diesem Projekt ihre Zusammenarbeit fort, hatten sie doch bereits zwei Jahre zuvor mit *Cesare in Alessandria* eine Oper für Neapel kreiert.[277] Abbate Francesco Maria Paglia, der aus Rom stammte, war Mitglied mehrerer Akademien, so der *Accademia degli Infeconi* in Rom

---

272 Kiupel 2010, 319.
273 Seit 1587 auch in lateinischer Übersetzung; Landfester 2007b, 6. Diese Episode hat auch Athanasius Kircher in *Turris Babel sive Archontologia* (Amsterdam 1679) ins Bild gesetzt – allerdings fälschlicherweise mit Verweis auf Herodot und Diodor.
274 Koch 1974, 28.
275 Sartori 1990–1994, #21481; Allacci 1755, #710.
276 Zu Paglia s. Dugoni 2014, 288–291; zu Aldrovandini s. Tagliavini 1960, 124–125.
277 Sartori 1990–1994, #5393; Wotquenne 1901, #40. Diese wurde allerdings nicht auf der Hofbühne, sondern offenbar direkt im Teatro S. Bartolomeo aufgeführt.

(seit 1686) und der *Accademia disuniti* (vermutlich etwas später).[278] Im Gefolge von Luis Francesco de la Cerda war er 1696 nach Neapel gelangt, nachdem dieser zum neapolitanischen Vizekönig ernannt worden war.[279] Aufgeführt wurde die Oper *La Semiramide* im Palazzo Reale anlässlich des Geburtstags des spanischen Königs Filippo V. di Borbone (Philipp V. von Anjou, 1683–1746) am 19. Dezember, der zugleich von 1701 bis 1713 auch König von Sardinien sowie von Sizilien und Neapel war. Gewidmet ist das Libretto der erst 13jährigen Ehefrau des Königs, Maria Luisa Gabrielle von Savoyen (1688–1714), mit der sich Philipp im Juni desselben Jahres vermählt hatte. Sie wohnte der Aufführung im Dezember allerdings nicht bei, da sie als Regentin in Spanien weilte, während ihr Mann an Feldzügen im Zuge des Spanischen Erbfolgekrieges in Italien teilnahm.

Von der Krönung Karls IV. (1500–1558) zum spanischen König 1516 (als Carlos I.) bis zur Anerkennung des französischen Thronprätendenten Philipp V. von Anjou (1683–1746) als neuem spanischen König 1700 war Neapel Teil des spanischen Imperiums und besaß den Status eines Vizekönigreiches. Als 1705 österreichische Truppen in Neapel einmarschierten, geriet Neapel aus der Einflusssphäre der spanischen in die der österreichischen Habsburger. Die spanisch-habsburgische Herrschaft wurde auch im kulturellen Leben der Stadt spürbar, die Oper war schon seit 1650 fester kultureller Bestandteil des höfischen wie auch des öffentlichen Lebens, wobei sie von den Vize-Königen in unterschiedlichem Ausmaße als politisches Instrument genutzt wurde.[280] Zwar gab kein eigentliches höfisches Theater, sondern mit dem Teatro S. Bartolomeo ein öffentliches, von einem Impressario geführtes Opernhaus, dessen sich der Hof aber bei Bedarf bediente – und das er auch finanziell unterstützte. So kommt es zu der Besonderheit, dass in Neapel eine Oper normalerweise zunächst in einem Saal des Palazzo Reale gezeigt, dann aber öffentlich am Teatro S. Bartolomeo gespielt wurde, denn:

> Der Vizekönig behielt sich das Recht vor, die Oper als erster zu sehen.[281]

Dies ändert sich unter dem neuen Vizekönig Luis Francesco de la Cerda (1696–1702). Dieser lässt das öffentliche Theater massiv ausbauen und so finden nun häufiger auch die Premieren in diesem Haus statt. Auch hinsichtlich der Spielzeiten geht Neapel einen gewissen Sonderweg. Selbstredend ist auch hier die *stagione di carnevale* die zentrale Opernspielzeit, die aber mit dynastischen Ereignissen kombiniert wurde. Maßgeblich war hier der Geburtstag Karls II. (1661–1700) am 6. November sowie der Geburtstag der Königinmutter Maria Anna von Österreich (1634–1696) am 21. Dezember (und damit nur fünf Tage vor dem traditionellen Beginn der Karnevalssaison).[282]

---

278 Dubowy 2009, 121; Strohm 1987, 129 hält ihn allerdings für einen Neapolitaner. Zu den *Disuniti* vgl. Maylender 1927, 213.
279 Dubowy 2009, 122.
280 Grundlegend Prota-Giurleo 1952, 17–77 sowie Bianconi 1975, 13–116. Interessant ist, dass am Hof der Anjou / Savoyen eine Semiramis-Oper gegeben wird – nur zwei Jahre später wird also die Gegenseite im Spanischen Erbfolgestreit die Figuren der Semiramis und des Nino in *La monarchia stabilita* für sich vereinnahmen. Ein weiteres Beispiel für die Wandelbarkeit und Omnipräsenz ihrer Gestalt.
281 Dubowy 2009, 476.
282 Die Geburts- und Namenstage wurden nicht durch Opern, sondern durch Serenaten begangen; Dubowy 2009, 470. Hier sei an die Serenata *Semiramide* erinnert, die im Palais des spanischen Botschafters anlässlich des Geburtstags der Königinmutter Maria Anna 1673 in Wien gegeben worden war (s. oben Kapitel 4.1.5).

4.1.8.2 Handlung

Das Libretto kommt ohne *argomento* aus, welches offenbar als unnötig angesehen wird, da die Geschichten um Semiramis als allgemein bekannt vorausgesetzt werden. So ist stattdessen nur ein knappes Vorwort beigegeben („L'autore a chi legge"), dessen Text wie folgt lautet:

> Amico Lettore: In questo Drama non aspettare Argomento, ma solo richiama alla memoria il genio virile, e predominante di Semiramide, secondo la notizia che ne abbiamo dall'Historie, poiche à mio credere, dove non si suppone Antefatto veruno, il migliore Argomento del Drama sarà il benigno compatimento di chi lo legge, ò la cortese attenzione di chi l'ascolta, e lo vede rappresentare. Dunque leggi, compatisci, e stà sano.

> Lieber Leser: Erwarte in diesem Drama kein Argomento, sondern rufe dir nur den männlichen und überlegenen Genius von Semiramis in Erinnerung, gemäß der Nachricht, die wir aus der Geschichte haben, denn nach meinem Dafürhalten, wo man keine Vorgeschichte annimmt, da wird das beste Argomento des Dramas das wohlgesinnte Mitfühlen desjenigen sein, der es liest, oder die höfliche Aufmerksamkeit desjenigen, der es hört und es dargestellt sieht, sein. Also, lies, fühle mit und bleib wohlauf. [Übers. d. Verf.in]

Bedenkt man, dass die Vita der Semiramis offenbar seit den spätestens 1670 fester Bestandteil der Ausbildung an den *colleghi* Italiens war, verwundert die im Vorwort getroffene Aussage wenig – Semiramis ist bereits eine allgemein bekannte Gestalt, ihre Vita und all deren Episoden stehen dem Publikum offenbar auch ohne ausführliche Erklärungen deutlich vor Augen. Dennoch wird auf den Schauplatz – Babylon – explizit hingewiesen („La Scene in Babilonia."), die Szenenumbauten präzisieren, dass wir uns in Niniveh befinden.

Die Oper umfasst die neun folgenden Rollen:

> Semiramide – Regina d'Assiria
> Berenice & Nino – suoi Figli
> Celidoro – Prencipe di Media
> Mandane – sua Sorella
> Araspe – Prencipe di Libia
> Alete – Generale di Semiramide
> Eurilla – Cameriera di Berenice
> Nesso – Servo di Celidoro

Bereits auf den ersten Blick ergibt sich, dass hier gegenüber den gängigen Geschichten um Semiramis etliche Änderungen vorgenommen wurden – vielleicht hätte sich das Publikum angesichts derselben doch ganz gern mit Hilfe des *argomento* über die Handlung und die Zusammenhänge der Personen informiert.

Die gezeigte Episode spielt nach dem Tod des älteren Nino. Semiramide hat in dieser Oper zwei Kinder, einen Sohn und eine Tochter. Mit diesen gemeinsam eröffnet sie die erste Szene, die ersten Worte der Oper sind die ihren und formulieren ihren alleinigen Machtanspruch:

De l'Assiro Diadema Sol'io cingo la fronte. (…) é giusto ciò ch'io dispongo, e quando il mio voler fosse tiranno (…).

Deutlich zeigt sich in den nächsten Zeilen, dass die Kinder diesbezüglich unterschiedliche Positionen einnehmen: Nino kritisiert die Mutter offen, Berenice gebietet ihm, zu schweigen.[283] Der Herrschaftsanspruch der Semiramide zeigt sich auch in ihren Plänen zur dynastischen, friedenssichernden Doppelhochzeit zwischen ihren Kindern und dem medischen Geschwisterpaar Celidoro und Mandane, die sie in I/3 anordnet. In derselben Szene verlangt sie, Kleidung und Namen mit Nino zu tauschen und bedauert, dass sie nicht gleichermaßen ihr Geschlecht wechseln kann.

Semiramide:
Anzi mi spiace che un dì non sia permesso al mio genio virile cangiar il sesso.[284]

Hintergrund ist, dass sie dadurch Celidoro und Mandane täuschen und so prüfen will.[285] Auch die folgenden Liebeswirren zeichnen sich klar ab, sind Mandane und Berenice doch bereits anderweitig vergeben – die eine an Alete, die andere an Araspe. Auch Nino ist mit dem Plan alles andere als einverstanden, beugt sich aber – zunächst – der Autorität der Mutter:

Nino:
Ah che pur troppo Semiramide eccede l'autorità di Madre. (…) E una Tiranna, io son l'Erede di Babilonia, e de l'Assirio Impero, naqui a lo Scetto, e imbelle non mi fecer le stelle, Pur con la gonna inutile, de deluso son condennato a la conocchia, al fuso.

Das negative Bild, das von Semiramide gezeichnet wird, setzt sich fort, so nennt auch Berenice, die im Gewissenskonflikt zwischen ihrer Liebe zu Araspe und der Sicherung des Friedens ist, sie „crudel Genitrice" (I/4). Dennoch werden auch ihre Verdienste nicht verschwiegen, so wird in I/5 Bezug genommen auf die Befestigung Babylons durch Semiramide. In der Folge tauscht Celidoro die Rolle mit Nesso, seinem Sklaven – er will seinerseits in Verkleidung die Babylonier prüfen (I/6 u. I/7). In ihrer jeweiligen Verkleidung treffen Semiramide, vorgeblich Nino, und der angebliche Celidoro, in Wahrheit Nesso, aufeinander. Auch der wahre Celidoro wohnt dem Treffen in seiner Verkleidung als Sklave bei (I/11). Um die Verwirrung komplett zu machen, kommt in der Schlussszene des ersten Aktes auch noch der als Semiramide verkleidete Nino zusammen mit Berenice und Mandane hinzu und der als sein Herr verkleidete Nesso verliebt sich in die Dienerin Eurilla, während Semiramide Gefühle für den als Nesso verkleideten Celidoro entwickelt.[286] Somit ist nun für jedes der (angedachten) Liebespaare eine der beiden Seiten verkleidet – das Publikum musste ohne Zweifel der Aufführung sehr aufmerksam folgen, um nicht den Überblick zu verlieren.

---

283 Nino: „E ver, ma deve ancor chi altrivi da legge darla à se stesso (…) lice non obedir." (I/1).
284 I/3.
285 Semiramide: „Io fingendomi Nino potrò di Celidoro. Meglio scoprir il genio, e se à mia figlia vedrò che non inclina, à me non piace vittima Berenice à la mia pace. (…) E Nino intanto scorgerà di Mandane ‚meglio i costumi, al fine se nun si stringe il nodo su le Mede campagne io vuò che torni l'Assirio Marte à feminar ruine." (I/3).
286 Die Namensgebung Nesso ist klanglich nicht weit vom italienischen fesso – dt. Dummkopf/Trottel – entfernt. Ich danke Mag.ª Adina Guarnieri (Bozen), die mich darauf aufmerksam gemacht hat.

Semiramide eröffnet auch den zweiten Akt. Sie ist verzweifelt, eine Königin fühlt sich zu einem Diener, zum vermeintlichen Nesso, hingezogen[287] und vertraut sich Eurilla an und schickt diese mit einer Nachricht zu ihm. Auf dem Weg begegnet sie dem als Celidoro verkleideten Nesso, der sich gleich in sie verliebt und das Versteckspiel bereut, da er sich ihr nicht offenbaren kann (II/2). Eurilla überbringt dem als Nesso verkleideten Celidoro die Nachricht, dass eine bedeutende Frau sich nach ihm verzehre, gesteht ihm dann aber schließlich auch ihre eigenen Gefühle (II/3). Mandane ist als einzige mit der neuen Lage relativ zufrieden, sie wird bald Königin sein (II/4 u. II/5) und ihr gefällt Nino sehr, doch sie ist sich seiner Gefühle nicht sicher (II/8). Berenice und Araspe bekräftigen ihre Gefühle und wollen Semiramide um ihren Segen für eine Ehe bitten, auch wenn Berenice sich vor ihr fürchtet (II/6 u. II/7). Schließlich eröffnet der zurückgewiesene Alete Mandane die Wahrheit über die Verkleidungsscharade von Nino und Semiramide. Mandane ist bestürzt, Celidoro geht auf, dass die bedeutende Person, die ihm in seiner Verkleidung als Nesso ihre Liebe bezeugen ließ, Semiramide ist und ist zufrieden (II/11 u. II/12). Auch Nesso offenbart in seiner Liebesnot Eurilla seine wahre Identität – Semiramide im Versteck erfährt so auch von den Verkleidungen auf medischer Seite und ist überglücklich, dass ihre Gefühle nur dem falschen Namen, aber nicht der falschen Person gegolten haben.[288] In ihrer Verkleidung als Nino zeigt sie sich Nesso und verbietet ihm, jemandem zu verraten, dass sie sein und Celidoros Geheimnis kenne. So wissen nun beide Seiten zwar über die Verkleidungen der jeweils anderen Bescheid, geben aber weder ihr Wissen preis noch sich selbst zu erkennen. In der folgenden Szene sichert Semiramide Nino die Hand Mandanes zu, der überglücklich ist, Berenike verspricht sie ihre Zustimmung zur Ehe mit Araspe. Noch immer als Nino verkleidet, tritt Semiramide in der Schlussszene des zweiten Aktes auf den ebenfalls nach wie vor als Nesso verkleideten Celidoro, dem sie verspricht, ihn reich zu beschenken und teuer zu kleiden. Erst im dritten Akt spielen alle mit offenen Karten und zeigen sich in ihren wahren Identitäten – Nino und Mandane gestehen einander ihre Liebe und verzeihen den Betrug (III/2), Berenike sieht es als ihre Pflicht Araspe zu entsagen und Celidoro zu heiraten (III/3), Nesso offenbart Eurilla seine Liebe, die ihm nur dann gehören will, wenn er ein Duell gegen einen maskierten Fremden – angeblich ihr voriger Liebhaber – gewinnt (III/5). In Wahrheit verkleidet sie selbst sich als solcher, um ihn zu foppen (III/12). Semiramide, nun in Frauenkleidern ‚enttarnt' Celidoro, der seine Identität zugibt. Sie aber tut so, als sei sie in Wahrheit Nino, der sich als Frau verkleidet habe – das täte er hin und wieder gern, um seine Untertanen und Diener ein bisschen zu täuschen („Bene spesso mi'cangio"). Celidoro veröffnet dem vermeintlichen Nino, dass er Semiramide liebe und bitte ihn, sich für ihn bei ihr zu verwenden (III/6). Das Versteckspiel endet in III/9 endgültig – Semiramide erklärt Celidoro zu ihrem Bräutigam. Im Finale präsentiert sie ihn dem Volk als neuen König[289] und überreicht ihm das Szepter (III/13–14); Nino erhält Mandane, Berenice Araspe, Nesso die sich noch etwas sträubende Eurilla.

Die Uraufführung im Palazzo Reale war kein Erfolg, wie sich einem Brief von Giovanni Battista Salomoni, dem toskanischen Diplomaten in Neapel an Luca Casimiro degli Abizzi entnehmen lässt, der auf den auf die Aufführung folgenden Tag datiert. Daher wurde das Stück auch nicht sofort im Teatro S. Bartolomeo übernommen. Erst ab dem 7. Januar des Folgejahres wurde die Oper auch in S. Bartolomeo gespielt, allerdings in veränderter Form mit acht neuen Arien, die von Alessandro Scarlatti beigesteuert wurden, der seit 1684 *maestro di capella reale* – Kapell-

---

287 Semiramide: „(…) un alma reale è serva di un servo" (II/1).
288 Semiramide: „Se di lui, che t'affanna, il nome sol, ma non l'oggetto inganna" (II/13).
289 Semiramide: „Queste è il nostro Monarca, questo è l'idolo mio (…) Lo scettro in pugno, la corona di fronte" (III/13).

meister der vizeköniglichen Hofkapelle – war.[290] Ob die Arien dabei nur musikalisch oder auch textlich verändert wurden, ist allerdings nicht zu eruieren, da die erhaltenen Drucke alle aus den Aufführungen am öffentlichen Theaterhaus und nicht aus der Premiere im Palast des Vize-Königs stammen. In diesen Drucken wird explizit darauf hingewiesen, dass der Prolog der Oper exklusiv für den Hof bestimmt war:

> Prologo da cantarsi nel Palazzo Reale dove si rappresenta l'Opera la prima volta in applauso del giorno natalizio di S.M. Cattolica.

Dies ist nicht ungewöhnlich, waren doch Prologe im ausgehenden 17. Jh. fast ausschließlich bei Aufführungen im höfischen Bereich anzutreffen, während sie in der öffentlichen Oper zu diesem Zeitpunkt bereits quasi verschwunden waren. Vermutlich wurde die Musik des Prologs von der restlichen Partitur der Oper nach der ersten Aufführung getrennt, der Prologtext, dessen Verfasser mit einiger Sicherheit der jeweilige Hochdichter, hier also Alessandro Scarlatti, gewesen sein dürfte, wurde aber dennoch weiterhin abgedruckt.[291]

Auch am Teatro S. Bartolomeo fiel die Oper offenbar durch und wurde relativ zügig, nämlich bereits Ende Januar, wieder abgesetzt, wie zwei weiteren Briefen des toskanischen Gesandten in Neapel, Giovanni Battista Salomonis, zu entnehmen ist.[292] Sie wurde ersetzt durch eine andere Oper mit antikem Sujet, *Tito Sempronio Gracco*, eine Oper auf Basis eines Librettos von Silvio Stampiglia, vertont vom neapolitanischen *maestro di capella*, Alessandro Scarlatti.[293] In den drei Wochen, in denen Paglias *La Semiramide* am Teatro S. Bartolomeo gespielt wurde, dürfte es zu maximal 6–10 Aufführungen gekommen sein, die Zuschauerschaft ist also nicht allzu groß. Da andere Opern Aldrovandinis und vor allem Scarlattis in dieser Zeit durchaus erfolgreich waren,[294] dürfte der relative Misserfolg weniger im musikalischen als im stofflichen Bereich zu suchen sein. Das hier präsentierte Bild der Semiramis scheint den Publikumsgeschmack zumindest in Neapel nicht getroffen zu haben – zu verwirrend dürfte außerdem die Vielzahl der Verkleidungen gewesen sein.

4.1.8.3 *Ideae et species Semiramidis*

Paglias Libretto zeichnet sich durch eine selbst für die Barockoper ungewöhnlich große Zahl an Verkleidungen und Identitätstäuschungen aus. Seine Semiramide ist eine entschlossene, machtbewusste Regentin, die letztlich aber durch die Liebe an ihren natürlichen Platz zurückgeführt wird und ihre Herrschaft an ihren neuen Ehegatten abgibt. Bewunderung für diese Gestalt bringt er bereits im Prolog des Libretto zum Ausdruck, wo er sie „una Regina di tanto merito" nennt. Auch wenn Indien in dieser Oper keinerlei Rolle spielt und nie erwähnt wird, nutzt Paglia dennoch den vorhandenen Wissenskanon seiner Zeit über den berühmten Feldzug gegen Stabrobates – in I/11 (Neapel) lässt er den als Celidoro verkleideten Nesso die Bühne auf dem Rücken

---

290 Vgl. d'Alessandro 1984, 421–422.
291 Dubowy 2004, 472–473.
292 Holmes 1987, 371–373.
293 Sartori 1990–1994, #23266. Diese Oper war sehr erfolgreich und wurde auch von anderen Bühnen übernommen, so 1720 am Teatro Capranica in Rom; Strohm 1997, 35.
294 So z.B. *Gl'inganni amorosi scoperti in villa* (UA 1707, Bologna), Sartori 1990–1994, #13115.

eines Elefanten betreten. Auch Medien als Reich, gegen das Semiramide in den Krieg gezogen ist und das nun zu ihrem Reich gehört, stammt wohl mittelbar aus Diodor.[295] Das Element der Verkleidung wird hier fast überstrapaziert, bis auf Berenice, Mandane und Eurilla sind alle Protagonisten/innen dieser Oper verkleidet und täuschen falsche Identitäten vor. Für den Zuschauer muss dies enorm verwirrend gewesen sein, zumal ja wie bereits oben ausgeführt, in Neapel ein *argomento* als Handreichung fehlt und auch der *personaggio* nicht sehr detailliert ausfällt. Zum diesem Verwirrspiel kommt die Besetzung der Rollen bei der ersten Aufführung in Neapel – alle Rollen bis auf die des Alete und des Nesso, den beiden unbedeutendsten Rollen also, waren hier mit Frauen besetzt![296] Dass die Oper dennoch wieder aufgenommen wird, überrascht. Tagespolitische Geschehnisse im Rahmen des Spanischen Erbfolgekrieges, in dem sich die Gruppierungen um Philipp V. bereits mehrfach auf Semiramis bezogen hatten, lassen eine Wiederaufführung 1703 wenige Monate nach der Schlacht von Luzzara offenbar wieder opportun erscheinen.

Anders als in der Mehrzahl der vorausgegangenen Opernadaptionen ist Semiramide bei Paglia unangefochten die zentrale Person. Sie dominiert die ersten beiden Akte vor Berenice, welche allerdings im letzten Akt häufiger auf der Bühne zu sehen ist, als Semiramide. Die männlichen Rollen fallen dagegen deutlich zurück. Während Semiramide und Berenice in je 20 von 41 Szenen auf der Bühne zu sehen und zu hören sind, sind es bei Nino lediglich 12, bei Celidoro 15.[297] Diese Oper macht Semiramis also wirklich zum Dreh- und Angelpunkt. Wieder endet mit dem Schlusston der Oper auch ihre Herrschaft über Babylon – an ihrer Stelle herrscht nun ihr neuer Ehemann.

4.1.8.4 Überarbeitungen

Angesichts des geringen Erfolgs dieser Oper in Neapel ist es überraschend, dass sie an zwei weiteren Theatern quasi unverändert wiederaufgenommen wurde. Sicher ist dies für die erste Station der Oper, 1701 in Genua.[298] Über diese Aufführung in Genua ist allerdings weiter nichts bekannt, hier hat sich offenbar kein Librettodruck, sondern lediglich die Partitur erhalten.[299] 1703 kommt es dann zu einer weiteren Aufführung in Mantua, wo einige der Sängerinnen und Sänger der neapolitanischen Aufführung in Diensten standen.

Für die Aufführung in Mantua wird dem Operntext nun ein ausführliches *argomento* vorangestellt:

> Per meglio stabilire la pace, contratta dopo lunghe guerre tra i Regni degli Assirj, e de'Medi, il Monarca di questi ultimi propose, come un più stretto vincolo della medesima il matrimonio di Celidoro, e Mandane suoi Figli con Berenice, e Nino Figli di Semiramide Regina de'primi; anzi spedilli immantinente col dovuto Equipaggio verso Babilonia, ad oggetto di dare una pronta esecuzione al trattato. Ma bramoso Celidoro di vedere con libertà, e consi-

---

295 Orosius und Boccaccio nennen Medien jedenfalls nicht.
296 Keine der Frauen steht dabei erkennbar in den Diensten des neapolitanischen Hofes, alle gastieren dort offenbar nur.
297 Die Zahlen beziehen sich auf die Aufführung in Neapel, die Relationen sind aber in Genua und Mantua ganz ähnlich.
298 Die Datierung ist nicht gesichert, auch der Zeitpunkt innerhalb des Jahres unklar.
299 Paris, Bibliotheque Nationale, VM4-14.

derare minutamente tutte le qualità della Sposa, con pensiero di non volerla, quando non se ne trovasse contento, cangiò nome, & abito, fingendosi Nesso, ch'era un suo Servo semplice, a cui commise il rappresentare, e sostenere la sua figura, e Persona. Praticò in quest'occasione una frode uguale la Regina Semiramide, la quale portata dal solito suo genio bizarro volle, che Nino in abito feminile passasse appresso i Principi di Media per Semiramide, assumendo ella all'incontro con le vesti da Uomo il Personaggio di Nino. Successe l'incontro con tale reciproco inganno, da cui però non poterono così bene celarsi le sembianze Reali di Celidoro, che non si conoscesse anche tra i panni servili la maestà della sua nascita, onde invaghissene Semiramide, e risaputo poi da Nesso innamorato d'Eurilla Damigella di Corte il vero essere di lui, risolvette di prenderlo per sè, concedendo Berenice ad Araspe Principe di Lidia, che era già amante corrisposto della medesima. Ed in, fatti seguì, come ella aveva pensato, poiche avendo in questo tempo Alete Capitano degli Assirj svelato l'inganno di Nino a Mandane, con speranza di obbligarsela, e di ottenere corrispondenza all'amore, che aveva concepito per lei in occasione che fù alla Corte di Media, Celidoro, il quale non si era mai compiacciuto di Berenice, sentendo dalla Sorella, che il finto Nino, da cui riceveva tante cortesie, e dimostrazioni d'affetto, era la vera Semiramide, diedesi tutto all'amore di questa, & uniformandosi alle di lei intenzioni acconsentì molto volontieri a sposarla, unendo le sue con le Nozze di Nino, e Mandane, che se ne sovarono mutuamente contenti. Da questi supposti parte veri, e parte verisimili viene composto il presente Drama, intitolato la Semiramide, che uscendo alla luce per la prima volta avrà, se non altro, il pregio almeno della novità.

Um den Frieden besser zu besiegeln, erreicht nach langen Kriegen zwischen den Reichen der Assyrier und der Meder, schlug der König der Letzteren vor, als einen engeren Bund des selben [Friedens, Anm. d. Verf.in] die Hochzeit von Celidoro, und Mandane, seinen Kindern, mit Berenike, und Nino, den Kindern von Semiramide, der Königin der Ersteren; besser noch sie unmittelbar mit einem angemessenen Gefolge nach Babylon zu schicken, um diese Vereinbarung schnell zu vollziehen. Aber Celidoro war begierig darauf, mit Ungezwungenheit zu sehen und alle Qualitäten der Braut genauestens zu beurteilen, mit dem Hintergedanken, sie abzulehnen, wenn er mit ihr nicht zufrieden sein sollte, er änderte seinen Namen und sein Gewand, gab sich als Nesso aus, der sein einfacher Diener war, dem er auftrug seine Figur und Person darzustellen und aufrechtzuerhalten. Es betrieb bei dieser Gelegenheit die gleiche Täuschung die Königin Semiramide, die, von ihrem üblichen bizarren Geist geleitet, wollte, dass Nino in Frauenkleidern bei den Prinzen der Meder als Semiramide durchging, während sie beim Treffen im Männergewand die Person von Nino annahm. Das Treffen fand mit dieser gegenseitigen Täuschung statt, von der jedoch die königlichen Züge von Celidoro doch noch so gut verbergen konnten , dass seine adelige Geburt nicht auch in des Dieners Kleidern erkannt wurde, so dass sich Semiramide in ihn verliebte, und als sie dann von Nesso, der verliebt war in die Hofzofe Eurilla, sein wahrens Sein erfuhr, beschloss sie, ihn [i.e. Celidoro, Anm. d. Verf.in] für sich zu nehmen, indem sie Berenike Araspe, den Prinzen von Lydien, zugestand, der schon ein erwiderter Geliebter derselben war. Und dementsprechend geschah, so wie sie es geplant hatte, und weil in der Zwischenzeit Alete, der Hauptmann der Assyrer, die Täuschung des Nino dem Mandane verraten hatte, in der Hoffnung sie sich ihm zu verpflichten, und Erwiderung seines Liebe zu erhalten, die er für sie empfand, als er am Hof von Medien gewesen war, gab sich Celidoro, der an Berenike nie Gefallen hat finden können, als er von der Schwester hörte, dass der falsche Nino, von dem er so viele Freundlichkeiten und Beweise für seine Zuneigung erhalten hatte, die wahre Semiramide war, ganz deren Liebe hin, & sich an ihre Absichten anpassend, willigte er sehr gerne ein, sie zu heiraten, indem sie seine Hochzeit mit jener von Nino und Mandane vereinten, die gegenseitig zufrieden waren. Aus diesen vermeintlich wahren Teilen und wahrscheinlichen Teilen setzt sich das vorliegende Drama zusammen, das La Semiramide heißt, das, da eszum ersten Mal ans Licht tritt, haben wird, wenn nichts anderes, den Vorzug der Neuheit. [Übers. d. Verf.in]

Gegeben wird die Oper in Mantua nicht in der Karnevalssaison, sondern im März des Jahres, und zwar am Teatro Fontanelli.[300] Dieses Theater war bereits 1685 gegründet worden. Verändert wurde der Operntext gegenüber der neapolitanischen Fassung bestenfalls marginal, es ist somit davon auszugehen, dass in Mantua auch wiederum die Musik Aldovandinis zu Gehör gebracht wurde. Die im *argomento* postulierte „novità" des Stückes ist allerdings nicht gegeben, es erschient wohl angebracht, diesen Zusatz beizufügen, um das Publikum in Mantua gewogen zu stimmen und zu suggerieren, das Stück sei exklusiv für dieses Haus entstanden. Ein Blick auf Titelblatt und Widmung legt den tagespolitischen Hintergrund offen, in den die Aufführung in Mantua gehören dürfte, wird hier doch betont, dass die Auffführung auch für Angehörige des Militärs geeignet sei („Occhi Guerriero"), da die Taten vergangener Großen, die als gutes oder schlechtes Beispiel dienen könnten, vorgeführt werden („le gesta famose de'Grandi de'Secoli trasandati, hanno quindi gli Eroi viventi tal'or, che imitare, tal'or, che fuggiere"). Dediziert wird die Oper Luigi Duca di Vandomo, also Herzog Louis II. Joseph de Bourbon (1654–1712), einem hohen französischen Militär, der im Spanischen Erbfolgekrieg den Befehl über die italischen Truppen führte. Im August 1702 hatte er gemeinsam mit Philipp V. von Anjou (1683–1746) nahe bei Modena in der Schlacht von Luzzara gegen die Truppen des Habsburgerreiches gekämpft – eine Schlacht, nach der beide Seiten sich als Sieger gerierten.[301] Wieder einmal ist es also die französisch-spanische Allianz um Philipp V., die den Stoff um Semiramis für sich vereinnahmt.

4.1.9 Giorgio Maria Rapparini (?) – La monarchia stabilita (1703)

4.1.9.1 Umstände der Entstehung

Zu Beginn des 18. Jh.s kehrt der Stoff um Semiramis zurück an die deutschen Hofbühnen, wo ja bereits 1691 *La Schiava Fortunata* präsentiert worden war. Unter dem Titel *La monarchia stabilita* wird die neue Oper am 18. und 21. Oktober 1703[302] zunächst in Düsseldorf und 1709[303] dann in ei-

---

300 Tardini 1899.
301 Vgl. zur Schlacht Rati 2002.
302 Sartori 1990–1994, #15837. Zum Aufführungstermin vgl. Seifert 2014, 731. Gelegentlich ist auch von einer Düsseldorfer Aufführung 1705 die Rede (z.B. Croll & Hintermaier 1980, 231). Konkrete Hinweise auf eine weitere Aufführung 1705 an der kurfürstlichen Hofoper zu Düsseldorf lassen sich nicht ausmachen, die Annahme einer weiteren Aufführung basiert ausschließlich auf einer handschriftlichen Notiz auf dem Libretto zur Aufführung von 1703 (Reiss-Engelhorn-Museen Mannheim, Theatersammlung 379775174; vgl. Steffen 1960, 45 mit Verweis auf Walter 1898, 66 u. 335).
303 Sartori 1990–1994, #16524.

ner gekürzten Version in Braunschweig gespielt. Der Verfasser des Librettos ist nicht genannt – in Frage kämen Giorgio Maria Rapparini und Stefano Pallavicini, die beide zur fraglichen Zeit als Librettisten für den kurfürstlichen Hof in Erscheinung getreten sind,[304] wobei die musikwissenschaftliche Forschung Rapparini den Vorzug gibt.[305] Für die musikalische Umsetzung zeichnete Johann Hugo Wilderer verantwortlich, der im selben Jahr zum kurfürstlichen Hofkapellmeister ernannt worden war. Zuvor war er als kurfürstlicher Hofkomponist und Vizekapellmeister am Düsseldorfer Hof tätig gewesen.[306] Eine vollständige handschriftliche Partitur der Oper ist erhalten und liegt in der Wiener Nationalbibliothek.[307] Wilderer bietet dabei, in relativ enger Anlehnung an die Usancen der venezianischen Oper des letzten Viertels des 17. Jh.s und insbesondere an die Werke Scarlattis, wenig Überraschendes: Wie alle seine Opern enthält auch diese drei Akte mit einer relativ großen Anzahl kleiner Arien (im Schnitt drei pro Szene, welche die Szene eröffnen oder beschließen, aber auch in der Szenenmitte platziert werden können).[308] Die Vorbereitungen für diese Oper begannen offenbar im Juli desselben Jahres, wie sich aus Rechnungsunterlagen entnehmen lässt.[309]

In Düsseldorf war nur wenige Jahre zuvor, 1696, die Kurfürstliche Hofoper an der Mühlenstraße eröffnet worden – es war das erste Opernhaus der Residenzstadt.[310] Musik gehörte zu den großen Leidenschaften des Kurfürsten Johann Wilhelm II., genannt Jan Wellem (1658–1716), der seinen Hof zu einem der kulturellen Zentren Mitteleuropas ausbaute. Seine Hofoper fasste allerdings nur wenige Zuschauer, wohl 150 bis 350. Besucher der Aufführungen waren nur der engste Kreis des kurfürstlichen Hofes; gespielt wurde ausschließlich in der Karnevals-Saison oder anlässlich von Festtagen wie beispielsweise den fürstlichen Geburts- oder Namenstagen.[311]

Anlass der Aufführung von *La monarchia stabilita* war der Besuch des jungen Erzherzogs Karl (III.) von Spanien (des späteren römisch-deutschen Kaisers Karl VI., 1685–1740) in Düsseldorf; diesem ist das Libretto auch gewidmet. Karl, ein Neffe des Kurfürsten Johann Wilhelm II., war soeben zum König von Spanien proklamiert worden und machte in Düsseldorf auf dem Weg nach Den Haag Station, von wo er nach Portugal eingeschifft werden sollte.[312] Dem hohen Gast zu Ehren wurde eine besonders prunkvolle Inszenierung gewählt, welche die umfangreiche und ausgeklügelte Bühnenmaschinerie des Theaters voll einsetzte: In den insgesamt 49 Szenen der Oper finden 22 Szenenwechsel statt. Dargestellt werden musste das Erscheinen von Geistern und Ungeheuern, fliegende Eroten und auch Schlachtengetümmel sowie in der Schlussszene das

---

304 Pallavicini war sehr vertraut mit den antiken Texten und offenbar auch des Griechischen mächtig, legte er doch eine viel beachtete Übersetzung der *Hekuba* des Euripides vor (enthalten in: Opere del Signore Steffano Benedetto Pallavicini, Bd. 3 Venezia 1744 – enthalten ist hier weiterhin eine Übersetzung von Vergils *Aeneis*). Diese Stück wird durch die *ombra di Polidoro* eröffnet – es könnte als Inspiration für die Schattengestalten in *La monarchia stabilita* gedient haben.
305 So z.B. Pernerstorfer 2014, 1052 (Index).
306 Riemenschneider 1972, 49.
307 Cod. 17.709 u. 17.903.
308 Steffen 1960, 121.
309 Steffen 1960, 42.
310 Die Kurfürstin schreibt aus diesem Anlass: „Für Karneval wird ein hübsches Theater vorbereitet; wo man früher spielte, war es ein Elend." (zitiert nach Kuhn-Steinhausen 1938, 192). Vgl. zur Düsseldorfer Oper Riemenschneider 1972.
311 Vgl. die Übersicht der musiktheatralischen Werke mit dem Zeitpunkt ihrer Aufführung in Düsseldorf bei Riemenschneider 1972, 50.
312 Braubach 1977, 211–218; zum Ablauf des Besuches in allen Einzelheiten: Lünig 1719, 234.

Erscheinen der Giustizia als *dea ex macchina* aus einer Wolke mit einer Statue Karls.[313] Die Oper wurde vom durch sie Geehrten sehr positiv aufgenommen, gefiel aber auch Jan Wellem ausnehmend gut, so dass er sie direkt am 21. Oktober ein weiteres Mal spielen ließ.[314]

Die Aufführung war hochkarätig besetzt – der junge Soprankastrat Benedetto Baldassari, den später auch Georg Friedrich Händel wegen seiner besonders hohen Stimmlage sehr schätzte, wurde dafür verpflichtet.[315] An seiner Seite wirkte der bereits länger im Dienst des Kurfürsten stehende Bass Bartolomeo Antonio Ansalone, den Jan Wellem anlässlich dieser Aufführung von seiner Schwester Eleonore (1655–1720), der Gattin Leopolds I. (1640–1705), zurückforderte, an die er den Sänger verliehen hatte.[316]

Die Akte wurden wie üblich von thematisch nicht unmittelbar zum sonstigen Bühnengeschehen in Verbindung stehenden Balletten beschlossen, darunter ein Tanz der Hirten und Liebesgötter, ein Geistertanz und abschließend ein großes Huldigungsballett – der Kurfürst schöpfte aus dem Vollen und setzte offenbar alles daran, Karl zu beeindrucken.

4.1.9.2 Argomento und Handlung

Der *personaggio* umfasst, neben einigen Chören und stummen Rollen, neun Personen – Semiramide erscheint dabei erst an dritter Position, verkleidet als Mann unter dem Namen Orgonte. Warum sie unter anderem Namen agiert, bleibt offen, der Name Semiramis/Semiramide fällt im Librettotext überhaupt erst in der zweiten Szene des dritten Aktes. Erstmals ist hier auch die Person des baktrischen Königs Zoroastro enthalten. Die dargestellte Episode spielt während der Regentschaft des Nino.

  Nino – Rè degl'Aßirii
  Arico – Principe degl' Arabi
  Semiramide – sotto nome di Orgonte Amante di Nino
  Eudemo – Pastore
  Zoroastro – Rè dei Battriani
  Arsinda – sua figlia
  Adraste – Principe dei Medi, Generale dell'armi di Zoroastro
  Nicea – Balia d'Arsinda
  Targone – servo d'Arsinda

Der *argomento* fällt sehr ausführlich aus; der Librettist ist bestrebt, die von ihm erfundene Handlung in den Quellenfundus einzubetten und so seine Belesenheit und Qualifikation herauszustellen. Zum ersten Mal wird hier auf Ktesias namentlich Bezug genommen, der als Ge-

---

313 „In quel tempo che il choro canta viene la Giustizia a volo, e posa sù la Base la Statua di CARLO Terzo; Viene appresso il valore, e lo corona: e dietro alla Statua di CARLO Terzo. Comparisono distesi in lunga serie gli di lui successori alla Monarchia di Spagna, che vanno a perdersi tra le Nuvole." Die einzelnen notwendigen Maschinerien sind im Librettodruck extra aufgeführt.
314 Seifert 2014, 731.
315 Baldassaris Auftritt überzeugte offenbar und so wurde er von 1708 bis 1714 vom Kurfürst als Kammersänger verpflichtet; Kutsch & Riemens ⁴2003, 219 (s.v. Baldassari).
316 Riemenschneider 1972, 33 u. Zobeley 1926, 145. Zu Ansalone vgl. Kutsch & Riemens ⁴2003, 119 (s.v. Ansalone).

währsmann für die Truppenstärke des assyrischen Heeres genannt wird, auch Plinius wird als Referenz angeführt. Allzu genau nimmt der Librettist es aber mit den bei Diodor überlieferten Details nicht – Simma und Memnon verschmelzen bei ihm zu einer Figur, die er, der künstlerischen Freiheit wegen, in seinem Operntext außerdem in Eudemo umbenennt.

Nino fù il prima, che dilatando con le armi i confini del suo Regno diede principio alla Monarchia degl' Assiri, la quale fù la prima, che si vedesse nel Mondo. Questi doppo aver soggiogata la maggior parte dell'Asia, e distesi gli termini del suo Imero fino alla Libia: mosse guerra a Zoroastri Rè dei Battriani; contro di cui con tutto che conducesse un Esercito, nel quale secondo le relazioni di Ctesias Scrittore antico si numeravano un millione e settecento mila Pedoni, dugento mila Cavallo, e press a dieci mila seicento Carri falcati, niente di meno si vide in pericolo di vedere sotto le Mura di Battria Capitale del Regno, Città per il sito, e per l'arte munitissima, arrestato il corso delle sue Vittorie; se l'ardire di Semiramide con uno Strattagemma non più pratticato, non gle ne avesse facilitato l'Acquisto, Avvertita questa da Menone, che dalla parta del Monte, dove per l'asprezza del sito credevasi inaccessibile, era la Città tutt' affitto sproveduta di Difensori, scelti alcuni degli più arditi, & assuefatti a salire per i luoghi aspi, e sassosi, fattasi scala dell'Asprezza di quelle Rupi penetrò nella Rocca, e con questo aperse a Nino la strada di soggiogar la Città. Restò dall' ardire no meno, che dalla bellezza di sì gran Donna preso cuore di Nino, e giudicandola degna di esser anteposta ad ogn'altra, la sollevò da quella di serva al condizione di Moglio. Nino fù figliolo di Belo, e fù tanta la venerazione, che ebbe per il Padre, che fattali fabricare una Statua, comandò, che a quella si rendessero gli stessi onori, che si rendevano agli Dei: e che fossero assoluti da ogni delitto tutti quelli che avevano ricorso alla Statua del Padre: dando con ciò principia alle Idolatria, che fù da quel tempo in poi sì familiare a quei Popoli. Di Semiramide sono del pari occulte la condizione, e la Nascita: Solo si sa, che fù Ascalonia. Alcuni scrivono, che bambina fosse nudrita dagl' uccelli, e di qui vogliono, che prendesse il Nome di Semiramide, che in Lingua Siriaca significa Uccello. Altri dicono, che trovata esposta in un Bosco da Menone Pastore, che da noi si chiama Eudemo, fosse da lui raccolta, e nudrita qual figlia.
Di Zoroastro si legge, che quando si vide vinto, e superato da Nino chiedesse in Grazia di esser incenerito dal fuoco, e che subito cadesse un fulmine dal Cielo, e lo riducesse in Cenere. Fù Zoroastro secondo il sentimento di Plinio il prima Inventore dell'Arti Magiche; alla quale opinione, aderendo, si finge che usasse questi in propria difesa insieme con l'Armi gl' Incanti.
Di Arico altro non si legge, se non che fosse un Principe Arabo seguace di Nino.
A questi fatti Istorici per maggior vaghezza del Dramma si aggiungono quelli di Arsinda, di Adraste e di Eurilla.
Di questi due ultimi deve supporre il cortese Lettore, che fossero figli del Rè de' Medi, e che per opera di alcuno si salvessero da una terribil congiura, nella quale peritono il Padre, e gl' altri Regii Fratello. Che cresciuto Adraste venisse in Battria, dove invaghito d'Arsinda, e da lei corrisposto si trattenesse, al servizio di Zoroastro in qualità di suo Generale : E che Eurilla bambina salvata da Idraspe fosse data in cura ad Eudemo.

Nino war der erste, der mit Waffengewalt die Grenzen seines Reiches ausdehnte, und er gründete dann die Monarchie der Assyrer, die die erste der Welt war. Nachdem ein Großteil Asiens unterworfen worden war, dehnte er das Reich seines Begehrens bis Libyen aus: er führte Krieg gegen Zoroastro, den König von Baktrien, gegen den er mit seinem ganzen Heer zog, für welches der antike Schriftsteller Ktesias 1.700.000 Fußkämpfer, 200.000 berittene Krieger und 10.600 Sichelwagen anführte, nicht weniger konnte man unter den Mauern der baktrischen Hauptstadt erblicken, bekannt für die günstige Lage und die extrem ausgeschmückte Kunst; der Lauf der Siege unterbrochen, wenn das Wagnis der Semiramide mit einer List, die nicht mehr praktiziert wird, die Eroberung nicht erleichtert hätte; sie wurde von Menon benachrichtigt, dass von einem Teil des Berges, wo sie sich aufgrund der Lage für unerreichbar hielten, die Verteidiger der Stadt komplett unvorbereitet waren, sie wählten einige aus, die sehr mutig waren und gewöhnt, auf raue, steinige, Erhebungen zu klettern, und auf harte Felsen zu gelangen und Klippen zu bewältigen, und dadurch eröffnete sich für Nino die Möglichkeit, die Stadt zu unterwerfen. Er blieb nicht weniger für das Wagnis, als für die Schönheit der großartigen Frau, welche Ninos Herz erobert hatte, und befand, dass sie es würdig war, allen anderen Frauen vorangestellt zu werden, und erhob sie in den Status von einer, die diente, in den einer Ehefrau. Nino war der Sohn des Belo, und er verehrte den Vater sehr, er ließ ihm eine Statue errichten und befahl, dieser dieselbe Ehre zukommen zu lassen wie den Göttern: und, dass alle, die die Statue verehrten, von allen Vergehen befreit werden würden: Er begründete damit die Verehrung von Göttern, welche von dieser Zeit an bei diesen Völkern vollzogen wurde.

Von Semiramide sind die Lebensbedingungen und die Geburt ebenso verborgen: Man weiß nur, dass sie aus Ascalon stammte. Manche schreiben, dass sie als Kind von den Vögeln ernährt wurde, und daher erhielt sie den Namen Semiramide, der auf syrisch Vogel bedeutet. Andere sagen, dass sie vom Hirten Menone in einem Wald gefunden wurde, der bei uns Eudemo heißt, sie wurde von ihm aufgenommen und ernährt wie eine Tochter. Über Zoroastro liest man, dass, als er von Nino überwältigt wurde, er darum bat, verbrannt zu werden, und sofort zuckte ein Blitz vom Himmel und verwandelte ihn in Asche. Zoroastro war laut Plinius der Erfinder der magischen Künste; seiner Meinung nach benutzte Zoroastro Zaubersprüche gemeinsam mit Waffen, um sich zu verteidigen.

Von Arico las man nichts, außer dass er ein arabischer Prinz und ein Anhänger Ninos war. Zu diesen historischen Begebenheiten, fügt man, für den Liebreiz des Dramas, die von Arsinda, Adraste und Eurilla hinzu. Von diesen beiden Letzteren darf der werte Leser annehmen, dass sie Kinder des Mederkönigs waren, und dass sie von einer furchtbaren Verschwörung gerettet wurden, in der der Vater ums Leben kam, und der Bruder der anderen Königreiche. Als er erwachsen war, kam Adraste nach Baktrien, wo er sich in Arsinda verliebte, was sie erwiderte, und blieb in den Diensten des Zoroaster, als sein General: Und Eurilla wurde als Kind von Idraspe gerettet und Eudemo übergeben. [Übers. d. Verf.in]

Eröffnet wird die Oper von Zoroastro, der als Zauberer inmitten von magischen Instrumenten und Ungeheuern dargestellt wird und die Götter um Hilfe gegen Nino anfleht (I/1). Zoroastro entwickelt sich zu einer beliebten Gestalt auf den Opernbühnen des Barock, erscheint dabei aber fast immer im Kontext mit Ninus.[317] Die beiden werden in all diesen Opern als Gegenspieler

---

317 So in Roys *Sémiramis* (UA 1718, Paris) oder Silvanis *Semiramide* (in der Version Napoli 1730). Erst in Händels *Orlando* (UA 1733, London) ‚emanzipiert' sich die Gestalt und wird in einen neuen Kontext gesetzt. Hier steht Zoroaster nun für Vernunft und den Sieg des Guten; vgl. Strohm 1985, 263–265.

ausgestaltet, wobei Zoroastro in diesen Auseinandersetzungen stets seine magischen Fähigkeiten einsetzt.[318] Überhaupt nimmt das Magische in dieser Oper eine besondere Rolle ein.[319]

Nach der Eröffnung der Oper mit Zoroastros Magie zeigt die Folgeszene den siegreichen Nino inmitten seiner Heerführer, zu denen auch Orgonte, verkleidet als Mann, zählt, die in den König verliebt ist – doch dieser weist Liebe weit von sich und sieht sich allein als Krieger.[320] Zoroastro will sich der schönen Arsinda bedienen, um Nino zu besiegen – sie soll ihn in sich verliebt machen. Arsinda fügt sich widerstrebend (I/4), Adraste, der in sie verliebt ist, reagiert eifersüchtig (I/5). Zoroastro gelingt es, den sich von Arsinda betrogen glaubenden Adraste mit seinen Truppen zum Angriff gegen Nino zu bewegen (II/2). Nino dagegen wendet sich dem Gott (und Vater) Belo zu und erbittet dessen Schutz und Rat, worauf unter dem Bildnis des Gottes eine Schrift erscheint, die vor den Augen der Liebe warnt.[321] Dennoch gelingt es Arsinda, ihn zu einem Friedensschluss mit ihrem Vater zu bewegen. Die Mahnerin Semiramide, in der Verkleidung als Orgonte, bleibt ungehört, hält aber an ihrer Liebe zu Nino fest:[322]

> *Orgonte:*
> (...) e del mio seno farò scudo al tuo seno; (...) Felice morirò, se per tè moro. Sè nel morir potrò dirti t'adoro.

Eudemo, dem sie sich anvertraut, verspricht ihr Hilfe (II/5). Eurilla gesteht derweil Arico ihre Liebe, die dieser nicht erwidern kann, da er sein Herz schon einer anderen, nämlich ebenfalls Arsinda, geschenkt hat (II/6). Zum Ende des zweiten Aktes locken Arsinda und Tragone die verliebten Nino und Arico an einem Zauberort fern der Stadt, während die baktrischen Truppen angreifen. Die sich anschließende Schlacht und die Flucht der Assyrer wird als Eröffnungsszene des dritten Aktes – ganz ohne Text – gezeigt. Arsinda versichert Adraste, der die siegreichen baktrischen Truppen geführt hat, ihre Liebe (III/5).[323] Tragone wird gefangen genommen, seine Machenschaften bei der Entführung des Nino an den Zauberort aufgedeckt, die Möglichkeit, den Zauber zu lösen wird in den magischen Büchern des Tragone entdeckt (III/7). Zunächst aber greift Orgonte/Semiramide auf Anraten des Eudemus die unbewachte baktrische Stadt (Baktra) an und nimmt sie ein (III/8–11). Sie besiegt Adraste im Zweikampf, doch Arsinda bittet für sein Leben und beide werden gefangen genommen (III/12 u. III/13). Zoroastro geht darauf in den Tod, wie von ihm erbeten sendet Zeus einen Blitz, der ihn verbrennt (III/14). Orgonte/Semiramide dringt an den Zauberort zu Nino und Arico vor und löst sie mit einem Gegenzauber aus dem Buch des Tragone. Sie eröffnet Nino, dass während seiner Abwesenheit eine Frau an seiner statt Baktra erobert und ihm den baktrischen Thron gewonnen habe (III/15). Die Szene endet wie folgt:

---

318 Die Gestalt Semiramis ist oft, aber nicht immer Bestandteil dieser Opern. So fehlt sie beispielsweise in *Zoroastre* von 1749 (L.: Louis de Cahusac, M.: Jean-Philippe Rameau).
319 Hervorzuheben ist insbesondere die Gestalt des Magiers Targone, der im zweiten Akte (II/15) mit Hilfe eines Zauberbuches den Teufel beschwört („[...] vieni, corri presto, Belzebù [...]") und von einem Vogel davongetragen wird („[...] viene un uccello, e porta via Targone."); vgl. Buch 2008, 157–158.
320 Nino: „Parlamit da guerriero: E lassa ai molli effeminati petti scherzar con questi affetti." (I/2).
321 „Amore in due begl'occhia a tè fa guerra" (II/3).
322 II/4.
323 Arsinda: „Vivi ch'ei vive in me fido, e constante: Che se Nino d'Arsinda non divienne di Nino Arsinda amante." (III/5).

Orgonte:
E chi mi tolse a questo incanto indegno; chi difese l'onore dì mè delle mie armi parte aurà nel mio cuore, e nel mio regno.

Das Ende der Oper bietet eine Auflösung der übrigen Liebesverwicklungen: Eurilla gewinnt Aricos Liebe, die Verliebten Arsinda und Adraste sind bereit, miteinander in den Tod zu gehen, werden dann aber von Nino auf Fürbitten von Orgonte/Semiramide freigelassen.[324]

4.1.9.3 Ideae et species Semiramidis

Auch wenn der Operntext auf den ersten Blick keine enge Bindung an die antike Überlieferung bietet, wird bei genauerem Hinsehen deutlich, dass auch dieser sich aus dem bekannten Kanon an Elementen des Speichergedächtnisses bedient und diese wie Mosaiksteine neu zusammenfügt. So wird die bei Diodor ausführlich geschilderte Belagerung und siegreiche Einnahme von Baktra in dieser Oper umgedeutet und in einen neuen Handlungszusammenhang gestellt. Der Ruhm des Sieges fällt immer noch Semiramide zu, die hier aber als Mann verkleidet und unter falschem Namen als Militär (und eben nicht als Ehefrau eines Militärs) agiert. Weder der Plan zum Angriff noch dessen taktische Ausrichtung geht im Libretto auf sie zurück, Ideengeber und Initiator ist hier ihr (Zieh-)Vater Eudemo. Dieser ist es auch, der als Einziger ihren waren Namen ausspricht (1703, III/3). Nicht einmal als Nino in Orgonte eine kriegerische Frau erkennt, wird ihr wahrer Name genannt. Interessant ist weiterhin, dass ihre Schönheit hervorgehoben wird (1703, III/15), die ja auch bei Diodor von immenser Bedeutung ist. Außerdem wird darauf angespielt, dass es Semiramide ist, die nun eigentlich das Reich führt (1703, III/21), sie herrscht durch Nino, der ihren Wünschen gehorcht. Auch angesichts der Assoziation von Nino mit Karl III. fällt die Gestalt des babylonischen Herrschers durchaus ambivalent aus. Zum einen erliegt er dem Zauber der Arsinda, zum anderen macht er eine Frau zur ‚Herrscherin seines Herzens'. Am Ende überwiegt aber vor allem anderen die Festigung und Rechtmäßigkeit seiner Herrschaft, die alle vorhergegangenen Ereignisse überstrahlt und göttlichen Segen erfährt.

Dass kurz nach dem Ausbruch des Spanischen Erfolgekrieges bzw. nach einem entscheidenen russischen Sieg über Schweden eine Oper gezeigt wurde, die eine gefestigte Herrschaft zeigt und lobt, ist sicher nicht zufällig. In der Uraufführung von 1703 können der Magier Zoroastro und sein Handlanger Tragone als Allegorien der Bourbonen, also Louis' XIV. und seines Enkels Philipp V. von Anjou, gelesen werden, während auf der siegreichen Gegenseite die Gleichsetzung Nino = Karl III. lautet. Einige Szenen, so z.B. I/2, nehmen deutlich Bezug auf das tagespolitische Geschehen. Hier singt Nino – es sind die ersten Zeilen der Szene:

Nino:
Ohnati meco à ristorare i danni della terra divisa in tanti, e tanti piccoli regni: e le diserse genti tutte ridurre a un sol governo, a un Regno. Quanti gravi perigli, oh quanti affanni ancor vi resta oltre i sofferti: e quanti nemici a superar crudi, e possenti, pria, che dar fine

---

324 Nino: „Quando vuoi bella, vogl'io; su l'Impero hai del mio core." (V/21).

all'intrapreso impegno. Ma se grande è il disgno, grande convien che sia la pena ancora che a lui conduce, e sî bell fine onora.[325]

Und sein Verbündeter Arico erwidert etwas später in derselben Szene:

Arico:
Signor, dove tu sei; dove tu regni non v'alberga timor: non v'è periglio che non sia lieve, ove d'usart' ingegni il vigorel tuo braccio, il tuo consiglio, servi pur l'alta impresa. Degna di tè; come di lei tù degno: Né mai posar, fin, che non abbia resa serva la terra, in sol Monarca, un Regno. Se nel cielo uno è, che regna regni un solo ancor quaggiù regni quel, chi almo più degna chiude in petto: e quel sei tù.

Seinen Willen zur Herrschaft formuliert Nino in dieser Oper eindeutig[326], gleichzeitig wird er von seinem Gegner Zoroastro als hochmütig und tyrannisch bezeichnet und für so schwach gehalten, dass Arsinda ihn durch den Einsatz ihrer weiblichen Reize zu ihrem Sklaven machen kann.[327] Semiramide/Orgonte, ist eindeutig die zentrale Figur diese Oper. Sie ist in 15 der 49 Szenen auf der Bühne zu sehen bzw. zu hören. Nino hat dagegen nur elf Szenen (genau wie Adraste), Zoroastro lediglich sieben.

Rapparinis Oper dürfte zur weiteren Verbreitung eines bestimmten Semiramisbildes wenig beigetragen haben. Dies liegt zum einen an der eher kleinen Zuschauerzahl, zum anderen an der geringen Reichweite des Librettos, das insgesamt nur zweimal (1703 und 1709) gespielt wurde.[328] Dennoch zeigt sich deutlich, dass der Stoff sich im deutschsprachigen Raum bereits etabliert hatte und dass er für – z.T. herausragende – Feierlichkeiten ausgewählt wurde. Dabei wird auf Basis einzelner den Quellen entnommenen ‚Bausteinen' eine gänzlich neue Semiramis-Geschichte erzählt, in der alle zentralen Elemente enthalten sind, die aber oft in neue Kontexte gesetzt werden: Die Verkleidung als Mann (wobei deren Grund gänzlich im Dunkeln bleibt), die Einnahme Baktras (wobei die militärische Strategie sich nicht ihr verdankt), ihre Schönheit und der ihr gänzlich verfallene König.

---

325 Ähnlich auch in II/4: „(...) ma sol desio dè Regno. Quella ragion che vuole che regni il più possente, e regni un solo come su'l alto polo un solo è quel che regna un solo è il sole."
326 Nino: „Oh quanto all'ambizioso desio di dominar, che in sen mi serve." (I/2).
327 I/4 (Zoroastro: „Vanne nel campo nemico; e tutto impiega quanto per alettare amore insegna. Piangi, lusinga, e prega; or prometti cortese, e orti sdgena.") und I/10 (Zoroastro: „Grande Armor, che tutto puoi con quel arco incontrastabile, l'inimico formidabile doma tù coi dardi tuoi. Rendi tú quel cor protervo d'un bel volto amante, e servo. Vendica tù l'onore d'un offeso regnante. Punici tù l'ardore d'un tiranno arrogante."). In dieselbe Richtung deutet die Verwendung des Wortes „himeros" im *argomento* – Ἵμερος als unkontrollierbares Verlangen – eben auch in sexueller Hinsicht. Über das letztliche Scheitern des Planes wird das Publikum nicht lange im Unklaren gelassen. So hört man vom eifersüchtigen Adraste: „Sia pur barbaro Nino, e non amarla." (II/1).
328 Die Oper dürfte allerdings als Vorlage für die Oper *Ninus und Semiramis* gedient haben, die Georg Caspar Schürmann 1730 für die Laurentius-Messe in Braunschweig vertonte; so auch Steffen 1960, 43 Anm. 59; vgl. unten unter Kapitel 4.1.10.4. Die auftretenden Personen weisen große Übereinstimmungen auf, sind aber nicht identisch; auch das Vorwort ist sehr ähnlich, Abweichungen existieren aber. Die Übersetzung ins Deutsche ist an den italienischen Text zumindest grob angelehnt.

4.1.9.4 Überarbeitung

Für die Bühne in Braunschweig wurde im August 1709 eine Bearbeitung des Librettos vorgenommen, auch hier erklang die Musik Wilderers. Während das Libretto von 1703 ausschließlich mit italienischen Texten operiert, ist das Braunschweiger Libretto nun zweisprachig – es ist das zweite Mal, dass eine Semiramis-Oper, die außerhalb Italiens gespielt wird, zusätzlich mit einem landessprachlichen Text versehen wird – im Jahr zuvor war am gleichen Theater bereits Matteo Noris' Semiramisoper *La Regina creduta Re* gezeigt worden. Auch der Titel der Oper, hier nun *Nino overó La monarchia stabilita*, wird zusätzlich eingedeutscht: *Nino oder Die befestigte Monarchie*. Der *argomento* wird sogar ausschließlich auf Deutsch beigefügt – es handelt sich um eine direkte Übersetzung des italienischen *argomento*-Textes aus Düsseldorf:

> Ninus nachdem er seine Waffen durch den größten Teil von Asien ausgebreitet, die Gräntzen seines Reiches biß an Liebien erweitert, und dadurch den Anfang zu der Assirischen als ersten Monarchie gemacht, finge mit dem Zoroastro Könige der Baktrianer einen Krieg an, welchen er mit einem Kriegs-Heer überzogen, so nach des Ctesiae eines alten Scribenten Bericht, in einer Million und siebenmahl hundert tausend Mann Infanterie, zwey mahl hundert tausend Mann Cavallerie, und zehen tausend 600 Streit-Wagen bestunde, um durch eine so ansetzliche Machen, dem Kriege mit dem Zoroastri so eher ein Ende zu machen. Diesen allen aber ohngeachtet, fande er mehr Wiederstand als es vermuhtet und stunde in nicht weniger Gefahr vor der Stadt Babylon, welches die Haupt-Stadt des Königreichs, und mit starcken Mauren (sic) und Befestigungs-Werken fast unüberwindlich gemacht ware, sein ganzes Heer zu ruinieren, wann nicht die Kühnheit der Semiramis vermittelt einer sonst niemahls gebrauchte Kriegs-List, ihn die Eroberung der Stadt erleichtert hatte. Es war derselben die geheime Nachricht zukommen, daß die Stadt an der Seite des Berges, allwo man sie wegen der Klippen inaccesible hielte, mit keiner Mannschaft besetzt wäre: Diesemnach erwehlte sie einige behertze Soldaten, welche abgerichtet waren dergleichen rauhe Felsen zu besteigen, und kletterte mit denen nicht ohne grosse Mühe und äusserste Leibes-Gefahr, über besagte Klippen biß an ein Bollwerck, da es ihr dann folgendes unschwer fiele vermittelst Oeffnung deiner Pforte, dem Nino einen Weg in die Stadt zu machen. Welches kühne Unternehmen wie auch die Schönheit dieser Semiramis, den Ninum dermassen entzündete, daß er sie würdig achtete vor allen andern sie zu seiner Gemahlin um erwehlen.
>
> Ninus war des Belus Sohn und war keine kindliche Ehrerbietung gegen seinen erblichen Vatter so groß, daß er essen Bild-Säule in dem heiligen Walde aufrichten ließ, mit Befehl daß man selbiger die Ehre die man denen Göttern anthäte erweisen auch daß alle Missthäter pardon haben sollten die zu dieser Säule ihre Zuflucht nehmen würden und hiedurch wurde er der Urheber der Abgötterey welche von der Zeit an diesem Volcke gemeinsam gewesen. Der Semiramis Stand und Herkommen ist verborgen, nur dieses weiß man, daß sie eine Ascalonitin gewesen, und wollen einige daß sie in ihrer Kindheit von denen Vögeln ernehret worden, dahero sie den Nahmen Semiramis bekommen, andere aber daß sie in einem Walte von dem Hirten Menone welchen man in diesem Singe-Spiele Eudemus nennet, gefunden, aufgenommen, und als eine Tochter erzogen worden.
>
> Von dem Zoroastro ist aus dem Plinio bekannt, daß er der erste Zauberer gewesen, und daß er solche Kunst so wohl als die Waffen zu seiner Verthädigung gebraucht, nachdem

er aber gesehen, daß ihm alles dieses gegen den Ninus nicht schützen können, sagt man, er habe sich von dem Blitz verzehrt zu werden ausgebeten, so auch geschehen.

Dieses Schau-Spiel anmuthiger zu machen, hat man die Begebenheit der Arsinda, Adraste und Eurilla hinzu gesetzet, von welchen zwey letztern der geneigte Leser sich fürstellen wolle, daß selbiges des Königs in Meden Kinder gewesen, und daß sie durch Hülfe anderer aus einer grossen Verrätherey errettet worden, in welcher so wohl der Vatter als übrige Königliche Brüder umkommen, daß der Adraste nachdem er erwachsen, wieder sey in Bactrien kommen, daselbst des Zoroasters General, und der Arsinda Liebster worden.

Die Zahl der Szenenumbauten wurde auf 16 reduziert, die Oper auch nicht mehr durch Zoroastro eröffnet. Die erste Szene zeigt vielmehr Nino mit seinen Beratern (darunter Semiramide/Orgonte) und Soldaten, der im Begriff ist, Krieg gegen Zoroastro zu führen. Alle Akte werden gegenüber der Düsseldorfer Version gekürzt, dabei entfallen vollständige Szenen, während die übernommenen gelegentlich um einige Zeilen gekürzt und in der Besetzung minimal verändert werden[329]. Insbesondere Szenen, die den Magier Tragone in den Vordergrund rücken, wurden entfernt, so auch die Beschwörungsszene am Ende des zweiten Aktes. Tragone ist nun noch an sechs Szenen beteiligt. Semiramide/Orgonte ist in 14 der 41 Szenen zu sehen, ihre Bühnenpräsenz erhöht sich also. Auf diese Weise wird ihre Rolle etwas ausgebaut, während die ‚magischen' Elemente des Librettos reduziert werden. Der Text der Schlussszene ist gänzlich neu, muss hier doch eine Alternative zur Lobpreisung Karls III. gefunden werden.

Dediziert ist die Oper nun der jungen Charlotte Christine Sophie (1694–1715), einer Tochter des Herzogs Ludwig Rudolf von Braunschweig-Wolfenbüttel, deren Eheschließung mit dem Zarewitsch Alexei Petrowitsch (1690–1718) 1707 beschlossen worden war. Durch die Vermählung 1711 wurde die Prinzessin von Braunschweig-Wolfenbüttel Zarewna von Russland. Ihr künftiger Schwiegervater, Zar Peter I. (1672–1725), befand sich zum Zeitpunkt der Aufführung dieser Oper im Krieg gegen Karl XII. von Schweden (1682–1718), der im September 1707 in Russland eingefallen war. Nach mehreren verlustreichen Niederlagen war es in der Schlacht bei Poltawa endlich gelungen, die schwedischen Truppen vernichtend zu schlagen – ein Wendepunkt war erreicht, die russische Position gefestigt, wenn auch der Krieg als solches noch einige Jahre andauern sollte. Vor dem Hintergrund der politischen Zeitläufte erscheint eine Oper um eine ‚befestigte Monarchie' zu Ehren der präsumtiven Schwiegertochter des Zaren erneut sehr passend.

Bemerkenswert ist für diese politische Instrumentalisierung dieser Oper auch, dass die ältere Tochter von Herzog Ludwig Rudolf von Braunschweig, Elisabeth Christine (1691–1750), inzwischen die Ehefrau Karls VI. geworden war, dessen Besuch den Anlass für die erste Aufführung dieser Oper geboten hatte.[330]

---

329 Die Figur der Nicea erscheint nicht mehr im *personaggio*, irrtümlich sind aber zwei Zeilen ihres Textes aus der Düsseldorfer Textversion – versehen mit ihrem Namen – im Braunschweiger Libretto stehen geblieben (Beginn III/13 = Düsseldorf III/15). An anderer Stelle wird ein Text der Nicea (II/15, 1703) von Tragone übernommen (II/13, 1709).

330 Die Ehe war 1704 vereinbart und im April 1708 geschlossen worden; vgl. Hamann ³1988, 88.

4.1.10 Matteo Noris – La regina creduta re (1706)

4.1.10.1 Umstände der Entstehung

Mit dem Venezianer Matteo Noris wandte sich 1706 einer der erfolgreichsten Librettisten des Barock zum zweiten Mal der Gestalt der Semiramis zu.[331] Nachdem er bereits 1670/1671 eine deutliche Überarbeitung von Andrea Monigilas *La Semirami* für das Teatro SS. Giovanni e Paolo in Venedig geliefert hatte, wurde nun sein Libretto *La regina creduta re* in der Karnevalssaison 1705/1706 am Teatro S. Angelo in Venedig aufgeführt. Die Premiere fand am 9. Januar 1706 in einer Vertonung von Giovanni Battista Bononcini statt. Zum Zeitpunkt der Abfassung von *La regina creduta re* war Noris schon 40 Jahre als Librettist tätig, sein Debüt war *La Zenobia* im Januar 1666 am venezianischen Teatro S. Cassiano gewesen. Auf Noris gehen fast fünfzig Libretti zurück, die er für verschiedene Theater Venedigs verfasste und von denen etliche später mehrfach von unterschiedlichen Komponisten und für unterschiedliche Bühnen bearbeitet wurden.

4.1.10.2 Argomento und Handlung

Dem Libretto wird ungewöhnlicherweise kein *argomento* vorangestellt. Somit wird hier das Vorwort des Librettisten, in dem er sich an „cortese lettore" wendet, wiedergegen, da sich hier neben üblichen Floskeln auch einige Sätze zu Inhalt und Quellen finden lassen:

> Tale e l'impegno della mia penna colla costanza del tuo genio alle Sceniche fantasie d'esta, che le conviene; non traicurando qualunq; occasione le viene portata dalla fatalità; in ogni modo, e luogo farti vedere, (non dico leggere) le tue inventioni, e l'arte di condurle. Questo Dramma del quale ogni parola è necessaria, e che opera, strettissimo ne i fatti, hà un non so che di nuovo, per la forza dell'equivocho, dalle prime Scene fino all'ultimo periodo dell'ultima, camina gagliardo, che mi lusingha possa trattenere con diletto la tua curiosità. Ti prego ad'essa donare pochi liberi momenti d'applicatione; e riuscirà facile al tuo lucido inteletto, al quale nulla è d'oscuro ne difficile. A me piace viaggiare à Parnaso per mezzo de i Laberinti. La Storia poi te la diranno i Grechi Scrittrori; mà tu haurai già letto, che Semiramide Regina dell'Assiria, per desiderio d'estere sola al Regno, uccise di Notte tempo Nino il Rè suo Marito, e tanto tenne celata la morte, che vestitasi di un Manto Reale, studiato dalla sua mente, fù creduta il Re ucciso; e che tenesse lungo tempo Nino il Figlio fanciullo, lontano dalla Corte, perche à i Popoli fu predetto dagl'Oracoli; che sarebbe stato al Regno lascivo, e Tiranno. Voglimi bene, e corrispondi all'Amore, che ti prosesto, per genio, e per debito.

> So geht die Beschäftigung meiner Feder mit der Beständigkeit deines Geistes mit diesen fantasievollen Szenen einher, die überzeugend sind. Nichts wird ausgelassen; die Schicksalshaftigkeit bringt die Gelegenheit; auf jede Art und überall lass dich sehen (ich sage nicht lesen), deine Erfindungen und die Kunst, sie herbeizuführen. Dieses Drama, von dem jedes Wort notwendig ist, und die Oper, die sehr dicht ist in der Handlung, hat etwas Neues, aber

---

[331] Zur Vita s. Badolato 2013, 747–751.

ich weiß nicht was. Durch die Macht eines Missverständnisses verläuft sie kühn von der ersten Szene bis zur letzten Handlung der letzten Szene, so dass ich hoffe, dass es mit Vergnügen deine Neugierde zurückhalten kann. Ich bitte dich, der Anwendung wenige freie Momente zu schenken; du wirst [alles] mit deinem glänzenden Verstand leicht verstehen, dem nichts im Verborgenen bleibt oder schwicrig erscheint. Mir gefällt es, nach Parnaso zu reisen, in die Mitte der Labyrinthe. Die Geschichte werden dir die griechischen Autoren erzählen. Aber du wirst schon gelesen haben, dass Semiramide, die Königin Assyriens, ihren Mann Nino, den König, bei Nacht tötete, weil sie die Alleinherrschaft wollte. Dann verheimlichte sie den Tod und kleidete sich selbst in den königlichen Mantel und weil sie sein Verhalten kannte, wurde sie für den ermordeten König gehalten; Nino, der kleine Sohn, war lange Zeit vom Hof ferngehalten worden, denn dem Volk wurde vom Orakel vorhergesagt, dass er ein unzüchtiger und tyrannischer Herrscher sein würde. Behalte mich im Herzen und erwidere die Liebe, die ich für dich empfinde aufgrund deines Geistes, und auch als Pflicht. [Übers. d. Verf.in]

Seine Quellen nennt er nicht näher („i Grechi Scrittori"), er rekurriert vielmehr auf einen zu seiner Zeit bereits allgemein bekannten Kanon an Semiramis-Geschichten und legt nur knapp offen, welche Episode er daraus für seine Oper gewählt hat – Semiramide als Gattenmörderin und illegitim in männlicher Verkleidung herrschende Königin, die eine Doppelrolle spielt – sie tritt nämlich durchaus auch in Frauenkleidern als Semiramide auf. Etliche dieser Elemente finden sich aber gerade nicht in den griechischen, sondern lateinischen Texten. Die Handlung ist überaus verworren, es scheint fraglich, ob das Publikum dem Geschehen auf der Bühne ohne einleitende Erläuterungen überhaupt folgen konnte.

Es treten die folgenden Personen auf, wobei deren nähere Beschreibungen recht vage bleiben und dem Publikum nur eine sehr grobe Orientierung bieten:

    Semiramide – Regina de l'Assiria
    Nino – suo Figlio
    Aribarzane – suo Generale
    Narsete – suo primo Ministro
    Laodicea – Moglie di Aribarzane
    Arsinoe – figlia di Narsete
    Siloe – confidente della Regina
    Bleso – Servo di Aribarzane
    Lisa – Vecchia nutrice di Nino

Über die Besetzung ist nichts bekannt.

Die Oper beginnt am Ufer des Tigris, in der ersten Szene agieren Aribarzane, der assyrische General, und seine Geliebte Laodicea, deren Gesicht er mit Pech geschwärzt hat, damit sie für eine Ägypterin gehalten werden kann. Laodicea ist in Wahrheit die Tochter des Königs Cosroe von Niniveh, dessen Stadt von Aribarzane und seinen Truppen zerstört wurde (I/2). Aribarzane hat Laodicea vor einer Vergewaltigung durch einen Soldaten bewahrt, seither sind sie ein Paar (I/3). Aribarzane hofft, dass Nino/Semiramide ihm Laodicea schenken wird, wenn sie sich nicht als Königstochter zu erkennen gibt (I/1). Semiramis trifft, in ihrer Verkleidung als Nino, erst in Szene I/4 auf, wo ihr durch Narsete Bittgesuche überbracht werden. Dieser meldet auch die siegreiche Rückkehr des Aribarzane und bittet Semiramide/Nino, diesem gegenüber Gerechtigkeit walten zu lassen. Da Aribarzane, den Semiramide heimlich liebt, den Sohn des Narsetes getötet hatte, fürchtet Semiramide, dass Narsete nun Aribazanes Tod von ihr verlangen wird. Doch dieser will vielmehr um Gnade für Aribarzane bitten, denn dieser soll nun sein Schwiegersohn werden und seine Tochter Arsinoe heiraten, die bei Semiramis als Zofe dient. Die Heiratspläne wecken sofort Semiramides Zorn und Eifersucht, sie stimmt der Hochzeit – zum Schein – aber dennoch zu und verspricht, das Brautgemach persönlich mit Rosen zu schmücken (I/5).[332] Die folgende Szene zeigt, dass Arsinoe selbst von dieser Hochzeit wenig angetan ist, sie würde lieber den Bruder rächen als seinen Mörder zu ehelichen (I/6), ist sie doch in den jungen Nino verliebt (I/7). Dieser lernt gerade den Palast kennen (I/8), um dort ausgebildet zu werden (I/10). Semiramide/Nino lobt den siegreichen Aribarzane, der mit Gefangenen in Ketten in den Palast kommt. Die scheinbar dunkelhäutige Laodicea fällt ihr unter den Gefangenen auf und erregt auch die Aufmerksamkeit des jungen Nino (I/10). Semiramide, als Nino verkleidet, ordnet an Laodicea zu beobachten (I/11). In der folgenden Szene wird dem Publikum eine Prophezeihung der assyrischen Sterndeuter offenbart, die besagt dass jemand durch den Wahnsinn der Liebe zum Schaden aller den assyrischen Thron als Tyrann übernehmen werde – weswegen Semiramide auch die Observierung des Nino durch Siloe anordnet (I/12). In Szene I/13[333] treffen Semiramide und Aribarzane aufeinander, Nino und Laodicea kommen hinzu. Semiramide fragt Laodicea, die Nino ausnehmend gut gefällt, wo sie gefangen genommen worden sei – diese antwortet wahrheitsgemäß in Niniveh. Um ihre königliche Herkunft zu verbergen, behauptet Aribarzane, ihr Name sei Nicea. Semiramide lässt sie zu ihrer Zofe Arsinoe bringen und verspricht Aribarzane, sie werde glücklich sein. In I/14 versucht Semiramide, den geliebten Aribarzane in eine Ehe mit ihr zu zwingen. Sie tut dies, indem sie ihm einen Brief – angeblich von seiner Hand – vorlegt, in welchem steht, dass er sie heiraten werde. Arizabarzanes Einwände, Semiramide sei ja schließlich bereits mit König Nino verheiratet, wischt sie mit der Behauptung, dieser hätte schriftlich sein Einverständnis gegeben, vom Tisch. Arizbarzane zögert dennoch, was sie verärgert. Er will Laodicea nicht betrügen und ist ratlos, was zu tun sei (I/15). Der Akt endet mit einem Gespräch zwischen Laodicea und Arsione, in welchem letztere eröffnet, sie werde, entgegen den Willen ihres Vaters, Aribarzane nicht ehelichen (I/16).

Zu Beginn des zweiten Aktes zieht Aribarzane Siloe ins Vertrauen und offenbart ihm die wahre Identität der Nicea/Laodicea (II/1). In der folgenden Szene offenbart diese dem Publikum, , dass sie schwanger sei (II/2). Nino kommt hinzu und wird Nicea gegenüber zudringlich. Als Siloe ihn zurechtweist, antwortet, ein König dürfe alles (II/3).[334] Semiramide kommt hinzu, erfährt von Siloe von Ninos Fehlverhalten und verspricht, ihn zu bestrafen. In derselben Szene offenbart Siloe Semiramide seine Liebe. Sie verbietet ihm, diese Liebe öffentlich zu machen, denn dann würde sie ihn entweder heiraten oder aber ihn brüskieren müssen (II/4). Laodicea versucht von Semiramide zu erfahren, wen Aribarzane nun heiraten werde, erhellt aber eine ausweichende Antwort, worauf die verzweifelte Laodicea in Ohnmacht fällt. Als die Zofen ihr helfen und sie entkleiden, wird ihre falsche Identität erkannt, ist doch ihre Brust nicht so dunkel

---

332 Rosen werden auch auf dem Frontispiz zu Matteo Noris' Überarbeitung von Giovanni Andrea Monigliaş Libretto *La Semirami* und im *Trattomento musico* von 1673 mit Semiramis verbunden; vgl. oben unter Kapitel 4.1.3.4 bzw. 4.1.5.

333 Ab hier sind die Szenen des erste Aktes im Librettodruck falsch nummeriert, auf I/12 folgt direkt I/14. Es wird hier aber an der korrekten Zählung festgehalten.

334 Ab hier ist die Zählung im Librettodruck erneut inkorrekt, auf II/2 folgt unmittelbar II/4.

wie ihr Gesicht (I/5). Ninos unsittliches Verhalten erzürnt Aribarzane (II/8) und auch Semiramide, die ihn scharf rügt, als sie ihn bei dem Versuch ertappt, in Niceas/Laodiceas Zimmer einzudringen – für einen König von Assyrien, der sich tyrannisch und obszön benimmt, warten Ketten und der Kerker (II/12). Gleichzeitig ist Semiramide aber selbst wahnsinnig vor Liebe zu Aribarzane. Von Bleso erfährt sie schließlich alles über Laodiceas Vergangenheit und auch, dass diese Aribarzane bereits in Niniveh geheiratete hat (II/13). Daraufhin versucht sie, Aribarzane zu verführen, dieser weist sie aber zurück, was sie erzürnt und auf Rache sinnen lässt. Mittel dazu soll ein Brief werden, den sie bei Aribarzane findet (II/14). Danach lässt sie Laodicea in den Garten einbestellen (II/16). Laodicea fürchtet, die Königin wolle sie töten, noch mehr aber fürchtet sie, dass Aribarzane eine andere Frau heiraten werde. Beim Warten auf die Königin schläft sie ein (III/2). Semiramide, als Nino verkleidet, lässt ihr durch Arsinoe schläfrig machende Blumen um die Schläfen winden (III/3). Darauf gebietet sie Aribarzane ein Monster, das sie ängstige, zu töten, was dieser verspricht. Sie führt ihn zur schlafenden Laodicea und sagt, diese sei das Monster, welches er für sie töten solle. Aribarzane ist schockiert und weigert sich, den Befehl der Königin auszuführen. Diese nennt ihn einen Verräter und schickt ihn wütend weg (III/5). In III/6 kommt Nino in den Garten und sieht die schlafende Laodicea, die er nicht erkennt, da ihr im Schlaf das Gesicht weiß gewaschen wurde. Er will sie küssen, doch dann erwacht sie. Er fragt nach ihrem Namen und sie antwortet, sie heiße Nicea. Er wundert sich und fragt, warum sie weiß sei. Sie wusste nicht, dass sie im Schlaf abgewaschen wurde und erzählt ihm, sie hätte bei der Eroberung Ninivehs beschlossen, sich schwarz zu bemalen, da sie dem Spott der Feinde entgehen wollte. Daher hätte sie sich als Ägypterin ausgegeben. Er glaubt ihr, schenkt ihr einen Diamantring und sagt, er werde sie heiraten. Derweil zeigt Semiramide Narsete den Brief, den sie bei Aribarzane entwendet hat, in welchem steht, dieser sei mit der schwangeren Laodicea verheiratet, die in Wahrheit königlicher Abstammung sei, und befiehlt Narsete, Laodicea zu töten. Doch Narsete hält die Königin für grausam und will nicht zum Mörder werden (III/8). Auch Siloe versucht Semiramide für ihre Pläne zu instrumentalisieren: Sie behauptet, Aribarzane habe sie vergewaltigen wollen und verspricht, Siloes Frau zu werden, wenn dieser Aribarzane töte (III/9), was Siloe seinem Freund Aribarzane gegenüber in einen Gewissenskonflikt bringt (III/10). Als dieser ihn um Hilfe bittet – die Königin und der Hof haben sich gegen ihn verschworen und er wisse nicht, was tun – schlägt Siloe sich auf Aribarzanes Seite (III/11). Semiramide erfährt, dass ihre Mordaufträge beide nicht ausgeführt wurden und dass darüber hinaus Nino der Nicea/Laodicea die Ehe versprochen hat – sie ordnet an, dass diese Eheschließung stattzufinden habe (III/12). Aribarzane und Laodicea werden in den Kerker geworfen und zum Tode verurteilt (III/14). Vor der Hinrichtung beschimpft das Volk die als Nino verkleidete Semiramide als Tyrann und fordert, dass Aribarzane der neue König werden solle. Narsete offenbart daraufhin die Verkleidung der Semiramide. Siloe legt seine Liebe zu Semiramide offen, Aribarzane gibt sie ihm in der Folge zur Frau. Arsinoe soll den Nino heiraten und Aribarzane will mit Nicea/Laodicea an seiner Seite als neuer König den Frieden wiederherstellen (III/16).

Diese Oper scheint dem Publikum durchaus gefallen zu haben. Es ist im Übrigen die erste venezianische Oper, zu der komische Intermezzi gegeben wurden.[335] Die Zahl der Aufführungen ist unklar. Das Teatro S. Angelo gehörte aber zu den kleineren Häusern Venedigs mit 136 Logen, also etwa 1.100 Zuschauerplätze.[336]

---

335 Selfridge-Field 2007, 270.
336 Hier war bereits 1685 eine Oper von Noris, *Giugurta, ovvero il Demone amante*, gezeigt worden.

4.1.10.3 Ideae et species Semiramis

Für Noris' *Semiramide* ist keine klare Vorlage erkennbar. Vielmehr fügte auch er die unterschiedlichsten Erinnerungselemente aus dem Speichergedächtnis zusammen, berief sich vage auf griechische Quellen – die allerdings keine der ausgewählten Episoden tradieren. Wieder besitzen nur Semiramide und Nino antike Vorbilder, alle anderen Figuren sind eine Zutat von Noris. Semiramide ist zwar die titelgebende Figur, doch dreht sich das Drama mindestens ebenso um Aribarzane, der letztlich als würdiger neuer Herrscher aus der verwickelten Handlung hervorgeht. Die Unwürdigkeit der Semiramide wie auch des Ninos zur Herrschaft wird deutlich herausgestellt: Beide stellen ihre persönlichen Begierden und Gefühle über moralische Vorgaben oder das Wohl anderer. So ist nur konsequent, dass es bei Noris Aribarzane ist, der die Oper eröffnet und beschließt. Ihm sind insgesamt 20 Szenen zugedacht, während Semiramide in 19, Nino in neun auf der Bühne präsent sind.[337]

Auf den ersten Blick zeigt sich, dass wir es hier mit einer in besonderem Maße verworrenen Opernhandlung zu tun haben, in der Verkleidungen und falsche Identitäten eine große Rolle spielen. Wie schon bei Bentivoglio, Moniglia und Paglia endet die Oper in einer Doppelhochzeit – doch bleibt Semiramide weder selbst Königin noch wird ihr Gatte der neue König, vielmehr wird sie mit einem ihrer Untergebenen vermählt. Die Königswürde geht nicht an ihren Sohn, sie geht an ihren General, der als einziger ein moralisch tadelloses Verhalten gezeigt hat. Ganz eindeutig werden sowohl Semiramide als auch ihr Sohn in düsteren Farben geschickert – tyrannisch, unbeherrscht, sexuell lüstern, intrigant und vor Mord nicht zurückschreckend. Die geschilderte Prophezeiung, von der Semiramide fürchtete, sie beziehe sich auf ihren Sohn, ist offenbar auf sie selbst bezogen. Gute Eigenschaften sind an der Herrscherin in dieser nicht zu erkennen. Es ist das erste Mal, dass sie in der Oper als ein negatives Exemplum durch und durch ausgestaltet wird. Die griechischen Autoren, die Noris im Vorwort als Gewährsleute nennt, liefern zwar ein gewisses Grundmaterial für ein solches Bild, viel stärker wird es aber bei den späteren Texten, v.a. den christlich geprägten, gezeichnet. Dennoch wird nur bei Hygin, Aelian und Plutarch sowie auf der Theaterbühnen auf das Motiv der Gattenmörderin rekurriert[338] und selbst dort wird ihre Herrschaft zwar höchst negativ gewertet, aber der genealogische Fortbestand derselben nicht in Frage gestellt.

4.1.10.4 Überarbeitung

Dennoch scheint der erste Erfolg dem Libretto keine weitreichende Karriere ermöglicht zu haben – ein ähnliches Schicksal also, das auch Noris ältere Überarbeitung des Stoffes 1670/1671 ereilt hatte. Es ist lediglich ein weiteres Mal zur Aufführung gebracht worden, und zwar 1708 in Braunschweig. Der gesungene Text bleibt sehr eng an der venezianischen Version, nur sporadisch werden einige Arien ausgetauscht und marginale Kürzungen vorgenommen. Das Libretto wird mit einem deutschen Titel versehen – *Die vor König gehaltene Königin Semiramis* –, der Opern-

---

337 Die Zahlen beziehen sich auf die venezianische Version von 1706. Die Braunschweiger Überarbeitung weicht aber nur marginal ab; vgl. die Aufstellung im Anhang der Studie.
338 Hyg. fab. 240; Ail. var. 7,1 (= Deinon, FGrHist 690 F 7); Plut. mor. 753D–E (amatorius); vgl. auch den Motivkatalog im Anhang dieser Studie.

text durchgehend zweisprachig abgedruckt. Der Vorsatztext (*cortese lettore*) ist ersatzlos entfallen, das Braunschweiger Publikum muss also die Handlung gänzlich ohne Hilfestellung erfassen.

Noris war in Deutschland kein Unbekannter, seine Libretti waren zuvor bereits mehrfach auf deutschen Bühnen gespielt worden. Die Hamburger Oper am Gänsemarkt hatte seit 1682 mehrere Opern auf seinen Textgrundlagen gezeigt.[339] Zum Anlass der Braunschweiger Aufführung ist nichts bekannt, auch die Namen der Sängerinnen und Sänger sind nicht zu eruieren. Es ist die erste Oper, die sich um die Gestalt der Semiramis rankt, die in Braunschweig gezeigt wird. Im folgenden Jahr sollte ihr direkt eine weitere Semiramis-Oper, allerdings auf gänzlich anderer Textbasis, folgen.[340]

4.1.11 Francesco Silvani – Semiramide (1713)

4.1.11.1 *Umstände der Entstehung*

In der Karnevalssaison 1713/1714 wurde in Venedig erneut eine Semiramis-Oper gezeigt.[341] Es war nach den oben besprochenen Libretti von Maiolino Bisaccioni, Giovanni Andrea Moniglia und Matteo Noris die vierte Version des Semiramis-Stoffes, die in der Lagunenstadt zu sehen war. Carlo Francesco Pollarolo erarbeitete die musikalische Umsetzung,[342] der Operntext stammte von Francesco Silvani. Silvani war ein sehr aktiver Textlieferant für die venezianischen Opernhäuser, über sein Leben ist allerdings nur wenig bekannt.[343] Insgesamt gehen über 40 Libretti auf ihn zurück, mehrheitlich mit historischen Grundlagen, aber rein fiktionalen Handlungen. Zwischen 1708 und 1714 war er ausschließlich für das Teatro S. Giovanni Grisostomo tätig. Seine Libretti fanden Anklang und wurden allesamt mehrfach vertont und auch außerhalb von Venedig zu Gehör gebracht.[344] Dies gilt auch für seine *Semiramide*, für die sich insgesamt neun Vertonungen in der Zeit von 1713 bis 1746 nachweisen lassen.

Es ist das erste Mal, dass Semiramis die Bühne des Teatro S. Giovanni Grisostomo betritt. Der Bau, für die Familie Grimani konzipiert und 1678 eröffnet, war eines der bedeutendsten Opernhäuser Venedigs und besaß die größte Bühne der Lagunenstadt. Sein Zuschauerraum verfügte über fünf Etagen mit Logen sowie zusätzlich zehn Bühnenlogen, auch das Parterre bot Platz für eine große Zahl an Besuchern.[345] Es existiert ein Kupferstich von Vincenzo Coronelli aus dem Jahr 1709, der den Innenraum des Theaters – allerdings nur teilweise – zeigt.[346] Zu sehen sind hier insgesamt 90 Logen, genauere Angaben zur Zahl der potenziellen Besucher pro Vorstellung sind nicht möglich. Auch über die Zahl der Aufführungen in der Karnevalssaison 1713/1714 sind nur Mutmaßungen möglich. Dass das Datum in dem im Deutschen Historischen Institut in Rom befindlichen Librettodruck händisch von 1713 auf 1714 korrigiert wurde, deutet klar darauf hin,

---

339 Beispielsweise 1682 *Diocletianus und Attila* oder später *L'amore verso la patria – Die Liebe gegen das Vaterland oder der sterbende Cato* (UA 1715); vgl. Marx & Schröder 1995.
340 *La monarchia stabilita* (UA 1703, Düsseldorf); siehe dazu ausführlich oben unter Kapitel 4.1.9.
341 Sartori 1990–1994, #21485 u. #21486; Questa 1989, Sem714V; Sonneck 1914, 987; Allacci 1755, 709.
342 Termini 1980, 46.
343 Urbani 2018, 612–615.
344 Manuwald 2013, 133.
345 Lynn 2005, 102; Johnson 2018, 224–226.
346 „Interno del Teatro Grimani", Museo Correr Venedig; Inv. P.D. 3503.

dass die Oper die gesamte Karnevalssaison hindurch gespielt werden sollte und hier vermutlich die erste von zwei Opern war.[347] Die betreffende *stagione di carnevale* umfasste den Zeitraum vom 26.12.1713 bis 13.02.1714; in diesen sieben Wochen dürfte die Oper zwischen 10 und 15 Aufführungen erfahren haben. Dass sie in rascher Folge auch in anderen Opernhäusern gezeigt wurde, spricht jedenfalls für ihren großen Erfolg beim Publikum, wozu auch die durchaus hochkarätige Besetzung in Venedig beigetragen haben dürfte. Die Sopranistin Santa Stella (eigentlich Santa Stella Scarabelli), die die Partie der Semiramide übernahm, gehörte zu den bedeutendsten Primadonnen ihrer Zeit.[348] In der Karnevals-Saison 1709/1710 hatte sie im gleichen Theater die Rolle der Poppea in der Uraufführung von Georg Friedrich Händels *Agrippina* gestaltet und war dafür frenetisch gefeiert worden.[349] Ihr zur Seite stand der junge Kastrat Francesco Bernardi, genannt Senesino. Dieser war 1704 erstmals öffentlich aufgetreten[350] und hatte 1707 in Venedig in einer Vertonung eines anderen Librettos von Silvani debütiert.[351] Nur wenig später sollte er in London zu den gefeierten Stars der Londoner Royal Academy of Music gehören.

4.1.11.2 *Argomento und Handlung*

Silvani wählte aus dem Kanon der Semiramis-Motive eine bislang auf der Opernbühne zuvor erst einmal gezeigte Variante:[352] Bei ihm ist sie für einen Tag Königin – wohl ein Zugeständnis an die Aristoteles unterstellte dramentheoretische Forderung nach der Einheit der Zeit, die einen Sonnenumlauf nicht überschreiten soll.[353] Im *argomento* führt Silvani aus:

> Semiramide, di cui quanto è nota, varia altrettanto è l'Istoria, fassi quest'anno vedere su le più famose Scene dell'Adria; in quelle fa ella l'Ingresso come Vincitrice d'un Regno, vale a dire con la pompa più studiata dall'Idea d'un fasto superbo. Accompagnano il lei trionfo Due i maggiori Monarchi dell'Asia ridotti ambi in schiavitù dall'illustre Eroina con armi però ineguali, mentre col senno, e col val ore l'eccelsa Donna pose in catene Zoroastro Rè di Battra, qual vinto fù costretto umigliare la Reale Cervice ad adorare la Maestà della Vincitrice, e col vezzo, e con la beltà trionfò di Nino Re d'Assiria, quale divenuto Amante il più affascinato per rendere più gloriosi i propri amori collocò l'Idolo amato sul Trono depositandoli in mano lo Scettro, ed in fronte il Diadema Assiro. La cieca, e fatale cession dell'Impero fatta dall'incauto Regnante fù ristretta al breve termine d'un giorno solo. Ciò, che fù oprato dal gran Core di Semiramide in tale memorabile giro di Sole si vedrà rappresentato nel presente Dramma, in cui faranno gli Episodi tutti armonici al vero, ed al verisimile.

> Semiramide, von der die Geschichte so viel bekannt wie vielseitig ist, zeigt sich dieses Jahr auf den berühmtesten Bühnen der Adria; auf diesen hält sie Einzug als Siegerin eines Rei-

---

347 Deutsches Historisches Institut, Rom, Rar. Libr. Ven. 481/485.
348 Kutsch & Riemens ⁴2003, 4163 (s.v. Scarabelli).
349 Ebd.
350 *Amor vince fortuna* (UA 1794, Volterra; L.: Carlo Sigismondo Capece, M.: Filippo Colonnese).
351 *Armida abbandonata* (UA 1707, Venezia; L.: Francesco Silvani, M.: Giovanni Maria Ruggeri).
352 Nämlich im Libretto Bonacossis; vgl. dazu ausführlich oben unter Kapitel 4.1.6.
353 5,1449b9-16, insb. 1449b13. Aristoteles' *Poetik* war schon um 16. Jh. in Italien auf Grundlage der lateinischen Übersetzung des Textes durch Alessandro Pazzi 1536 viel diskutiert worden; vgl. auch Flashar ²2009, 25–26.

ches, das heißt mit einem höchst durchdachten Festzug nach der Idee eines prächtigen Prunks. Es begleiten ihren Triumphzug die zwei höchsten Monarchen Asiens, beide in die Sklaverei genötigt von der herausragenden Heldin, aber mit ungleichen Waffen; während mit Verstand und Größe die erhabene Frau Zoroastro, König von Baktrien, in Ketten gelegt hat, der, als er besiegt war, gezwungen worden ist den königlichen Hals zu beugen, um die Majestät der Siegerin zu verehren; und mit Reizen und mit Schönheit überwand sie Nino, König von Assyrien, der nachdem zu einem verführten Liebhaber geworden ist, um seine Liebe glorreicher zu gestalten, die geliebte Angebetete auf den Thron gesetzt hat, ihr in die Hand das Zepter legend, und auf die Stirn das assyrische Diadem. Die blinde und fatale Übergabe des Reiches durch den unvorsichtigen Herrscher war beschränkt auf die kurze Dauer von einem Tag allein. Das, was vom großen Herzen der Semiramide an dieser denkwürdigen Umdrehung der Sonne unternommen wurde, wird man in diesem Drama dargestellt sehen, in dem die Geschichten alle harmonisch nach der Wahrheit, und nach dem Wahrscheinlichen gemacht sein werden. [Übers. d. Verf.in]

Die Oper umfasst die folgenden Personen:

> Semiramide – Moglie di Mennone
> Nino – Re dell'Assiria, amante di Semiramide
> Zoroastro – Re di Battra
> Aspasia – Sorella di Nino, amante d'Oronte
> Oronte – Re degli Arabi
> Memnone – Marito di Semiramide
> Plistene – Ambasciatore del Re di Media

Die Oper spielt in Baktrien, die Handlung setzt unmittelbar nach Semiramides Sieg über Zoroastro ein. In der ersten Szene lobt Nino ihre Klugheit und Stärke im Kampf, der sich sogar Fortuna beugen müsse. Semiramide betritt die Bühne in der zweiten Szene auf einem Pferdegespann, Zoroastro sitzt gefesselt zu ihren Füßen; ihr triumphaler Einzug in Baktra gerät zu einer militärischen Machtdemonstration. Per Dekret entbindet Nino Semiramide von ihrem Ehegelübde mit Memnone und erklärt sie zu seiner künftigen Ehefrau und zur Herrscherin über Asien. Dem entrüsteten Memnone bietet Nino als Ausgleich seine Schwester Aspasia – gegen den Willen des Oronte – zur Frau. Semiramis willigt ein:

> *Semiramide:*
> E quando Nino il voglia, Semiramide il vuol. (...) Sovra d'un Re di mia vittoria il dono m'innalza, e quale in campo Guerriera fui, farò Regina in trono.[354]

Die dritte Szene, in der Semiramide gekrönt wird, gibt einen deutlichen Einblick in die Ausgestaltung der Charaktere durch Silvani. Nach der Krönung verlangt sie auch von Nino die Unterwerfung unter ihre Herrschaft, der dieser Forderung auch nachkommt).[355] Orontes Ausruf „E troppo effemminato Re" ist durchaus doppeldeutig – kann er sich doch gleichermaßen auf

---

[354] I/2.
[355] Semiramide „In questo dì lìgia sua fede impegni, e un Re, che serve, ad ubbidire infegni (...)." Nino: „Sovra l'augusta, e bella destra di Semiramide d'Assiria Reina, e dea per tutto questo (...)." (I/3).

Semiramide und auf Nino beziehen. Memnone dagegen schwört Rache (I/3) und versucht, Semiramide von der Eheschließung mit Nino abzuhalten (I/5). Seine Bemühungen sind aber nicht von Erfolg gekrönt, auch wenn Semiramide ihn noch immer liebt – ihr Drang nach Macht scheint stärker, sie verfolgt einen anderen Plan.[356] Nino ignoriert alle Warnungen, für Semiramis wäre er auch zu einem Krieg gegen die zurückgewiesenen Memnone und Oronte, den Geliebten der Aspasia, bereit (I/7). Semiramis weist entrüstet darauf hin, dass nur ihr allein als Herrscherin die Entscheidung über Krieg und Frieden obliege, befürwortet die Ehe zwischen Oronte und Aspasia und stößt Nino so gleich zweifach vor den Kopf. Da Nino die Ehe zwischen Aspasia und Memnone aber noch vor der Krönung der Semiramide beschlossen hatte, sieht er sich berechtigt, deren morgige Hochzeit abzusagen. Semiramide entgegnet ihm – wie schon in I/4: „dimani e ancor lunge e oggi io regno" (I/8). Ihm kommen Zweifel an ihrer Treue (I/9). Dem ihr ebenfalls zürnenden Memnone versichert sie:

Semiramide:
Tutto al fin cede al sublime desio di mia grandezza (…).[357]

Das Schicksal des gefangenen Zoroastro entscheidet sich in der folgenden Schlüsselszene (I/12), in der über ihn zu Gericht gesessen wird: Der Mederkönig bittet brieflich um die Rückgabe von fünf Städten, die Zoroastro dem Mederreich abgerungen hatte und die mittlerweile von Semiramide erobert worden sind. Zoroastro redet auf Semiramide ein, denn diese fünf Städte wären die Hälfte seines Reichs. Semiramide lässt Zoroastro die Fesseln abnehmen, da ihm die Gefangenschaft nicht sein herrschaftliches Blut genommen hat, er darf sich auf einen Stuhl setzten und seine Argumente vorbringen. Nino droht ihm mit dem Tod, aber Semiramis macht ihre Herrschaftsansprüche geltend.[358] Zoroastro berichtet, dass diese Städte einst seiner Dynastie gehörten und sie nur durch eine feige Revolte seiner Untertanen an die Meder gefallen sind. Später habe er die Städte zurückerobert und erfolgreich verteidigt. Semiramide gibt daraufhin Zoroastro seine Freiheit und sein Reich wieder. Während Zoroastro ihr die Treue schwört, bezichtigt Nino sie des Verrats, woraufhin Semiramide ihm für seine Respektlosigkeit den Tod androht.[359] Nino erhebt das Schwert gegen sie, Zoroastro springt Semiramide bei. Zunächst will Semiramide Nino zum Tode verurteilen, lässt aber dann doch davon ab. Der Bote der Meder droht mit Krieg. Allein mit Zoroastro, der ihren Großmut lobt, beteuert sie: „Un solo giorno basta per opre grandi a un gran core" (I/13) und beschließt ihr letztes Rezitativ dieses Aktes mit den Worten „o regni, o mori" (I/14). Der zweite Akt wird durch die Hochzeit zwischen Oronte und Aspasia eröffnet (II/1). Die Zeremonie wird durch den Auftritt des Nino unterbrochen, der Aspasia zwingen will, Memnone zum Mann zu nehmen und darauf besteht, der einzig wahre Herrscher Assyriens zu sein.[360] Alle widersprechen ihm, sogar Memnone verteidigt Semiramis. Semiramis droht Nino mit Enthauptung, falls er auf sein verlorenes Recht auf die Krone besteht; Nino nennt sie eine „furia" und kündigt an, dass er ihr noch vor Sonnenuntergang das Zepter aus der Hand schlagen

---

356 Semiramide: „Io regno, e regnerò. Tu servi quale deve un Vasallo. (…) Allor, che Semiramide vedrai, e tua Regina ma t'ama ancora." (I/5); vgl. auch Memnone: „Così crudel irena (…) son tradito" (I/6).
357 I/10.
358 Semiramide: „(…) un re, che serve, ad ubbidire insegni" und erneut „(…) dimani e ancor lunge e oggi io regno" (I/12).
359 Semiramide: „Semiramide io sono, guardami, e trema" (I/12).
360 Semiramide: „D'Assiria il Re, d'Assiria il Nume io sono" (II/2).

werde. Die Hochzeitszeremonie wird nicht beendet (II/3). Semiramide fragt Memnone, ob er sie noch liebe. Er aber ist gefangen in einem Konflikt zwischen seiner Liebe zu ihr und der Treue zu seinem eigentlichen König Nino (II/3: „e Monarca Dell Assiria, e mio"), welche, zu Semiramides großem Bedauern, letztlich obsiegt. Sie klagt:

> *Semiramide:*
> Ah, ch'il dolce mio Sposo, Vede in Nino il suo Re, non il tiranno.[361]

Er verweigert ihr die Hilfe bei ihrem Plan, Ninos neuerliche Regentschaft zu verhindern. Derweil verbündet sich Nino mit den Medern gegen Semiramide (II/5), Semiramide gelingt es aber, in einer emotionalen Ansprache an die assyrischen und medischen Truppen einen Krieg zu verhindern, die Meder legen ihre Waffen nieder (II/6). Ein weiteres Mal entscheidet Semiramide sich gegen ein Todesurteil für Nino und legt ihren Plan offen:

> *Semiramide:*
> Chiesi il regno per punirti, non tel chiesi per amarti.[362]

Zum Ende des Aktes ergeht sich Nino in Selbstzweifeln:

> *Nino:*
> Son Re? Son Nino? O sono un'ombra E di Nino, e di Re?[363]

Der dritte und letzte Akt bringt die Entscheidung über das Schicksal des Nino. Während Aspasia um sein Leben fleht, weist Oronte auf dessen Falschheit und Niedertracht – Aspasia weigert sich dennoch, seine Frau zu werden, sollte Oronte ihren Bruder töten (III/1). Semiramide legt das Urteil über Nino in Zoroastros Hände (III/2). Während Semiramide und Oronte seine vielfältigen Verfehlungen aufzählen, weigert Nino sich, sich vor einem ehemaligen Sklaven, einer aufrührerischen Frau und einem zurückgewiesenen Liebhaber[364] zu verteidigen, so dass Memnone schließlich als sein Verteidiger auftritt und die Anschuldigungen zurückweist. Er habe aus blinder Liebe zu Semiramis gehandelt, die seine Großzügigkeit perfide ausgenutzt habe. Zoroastro verurteilt Nino zum Tode. Memnone bezeichnet Semiramide als Monster (III/3), Semiramide aber zeigt Verständnis für seine Haltung (III/4), stellt aber die Macht letztlich über die Liebe:

> *Semiramide:*
> (...) m'è caro il dolce sposo, ma più caro m'è il regnar (...)[365]

Memnone, dessen Treue der inzwischen reuige Nino lobt (III/7), verhindert die Hinrichtung (III/8). Er weist Semiramide und Zoroastro auf ein baktrisches Gesetz hin, nach dem ein zum Tode Verurteilter, der seinen Kopf bereitwillig dem Henker hinstreckt, wie Nino es getan hat,

---

361 II/3.
362 II/6.
363 II/10.
364 Nino: „(...) d'un mio schiavo superbo, e contro le accuse d'una femina ribelle, e d'un'amante assassinato (...)" (III/2).
365 III/4.

begnadigt werden müsse. Er ist bereit, sich anstelle des Nino töten zu lassen. Semiramide kann geltendes Recht nicht ignorieren und legt die Herrschaft nieder, da sie Memnone nicht töten lassen, sondern lieber mit ihm gemeinsam in den Tod gehen will. Nino aber weist den Thron von sich – er sieht nicht nur seine Fehler ein, sondern erkennt in Semiramide auch die bessere Herrscherin und überlässt ihr das Reich (III/9). Memnone und Semiramide sowie Oronte und Aspasia sind glückliche Liebespaare, ein Bote soll den Medern ein Friedensangebot überbringen. Semiramide bleibt Königin, Memnone herrscht nicht jeder mit ihr gemeinsam:

> *Semiramide:*
> Vivi, o sposo adorato, e poiche Nino della corona il peso rigetta, io regnerò; tu non del solio ma compagno del talamo sarai (...)
>
> *Nino:*
> (...) regna ò Regina (...).[366]

Nino bezeichnet sich als König seiner selbst, der allen anderen als Beispiel dienen will. Der Chor beschließt die Oper mit der Gewissheit, dass sich ganz Asien vor Semiramide verbeugen werde.[367]

4.1.11.3 Ideae et species Semiramidis

Auch wenn Semiramide in den ersten Szenen als sehr machthungrig geschildert wird, so entwickelt sie sich vor den Augen (und Ohren) des Publikums doch zu einer positiven Gestalt. Ihr Verzicht auf Memnone zugunsten des Thrones folgt, wie all ihr Handeln, letztlich einem großen, übergeordneten Plan, in dem es darum geht, das Volk von Assyrien von einem Tyrannen zu befreien. Zwar ist Semiramide auch hier Kriegerin – hat sie doch mit Waffengewalt Zoroaster besiegt –, doch gelingt ihr die ‚Bezwingung‘ des Nino nicht mit militärischem Geschick, sondern durch eher weibliche Qualitäten. Neben ihrer kriegerischen Kompetenzen und ihrer Schönheit werden besonders Semiramides Gerechtigkeitssinn und ihr Verständnis betont. Diese zeigen sich gegenüber allen Gestalten der Oper – Zoroastro, Memnone, Aspasia und Nino. Ihr Streben nach Gerechtigkeit zieht sich wie ein roter Faden durch das Libretto. Am Ende belohnt sie das Schicksal – als sie ihren Plan in der Extremsituation des drohenden Todes des geliebten Memnone aufgibt – in Form von Ninos Reue und Thronverzicht. Beachtenswert ist auch, dass sie die Herrschaft über Assyrien allein in ihrer Hand behält und nicht etwa mit Memnone teilt oder diesem als ihrem Ehemann gar ganz überlässt. Auch dies ist eine neue Entwicklung auf der Opernbühne, die vermutlich den aktuellen politischen Gegebenheiten geschuldet sein dürfte: Man denke nur an Königin Mary auf dem englischen Thron nach der *glorious revolution* von 1688, den *act of settlement* von 1701 und die Pragmatische Sanktion Karls VI. vom April 1713, welche die Unteilbarkeit der habsburgisch regierten Länder festlegte und durch eine Abkehr von der *Lex Salica* und vom *Pactum mutuae successionis* von 1703 die legitime Herrschaft von Frauen ermöglichen sollte.[368] Konsequenterweise verzichtet Silvani auf jede Art von Verkleidung, Semiramide agiert nicht als Mann verkleidet, sondern übt ihre militärische sowie später ihre politische Macht offen als Frau aus.

---

366 III/10.
367 Vielleicht eine Bezugnahme auf Trogus/Iustin, wo gerade das Gegenteil behauptet wird (1,2,1).
368 Strohm 2008, Bd. 2, 509. Vgl. zur Pragmatischen Sanktion Brauneder 1988, 51–84.

Für einige von Silvanis Libretti lassen sich Vorbilder aus dem italienischen und französischen Theater nachweisen. So bildete beispielsweise Pierre Corneilles *Héraclius, empereur d'Orient* von 1647 die Grundlage für Silvanis Libretto *I veri amici*, das in der Karnevalssaison 1712/1713 am Teatro S. Cassiano in Venedig Premiere feierte,[369] und Torquato Tassos *Gerusalemme liberata* lieferte den Stoff für gleich zwei Libretti Silvanis, *Armida abandonata* (UA 1707, Venezia) sowie *Armida al campo* (UA 1708, Venezia), die beide am venezianischen Teatro S. Angelo uraufgeführt wurden. Reinhard Strohm vermutet daher auch für Silvanis Semiramis-Libretto ein Vorbild aus diesem Bereich und sieht in Desfontaines *La veritable Semiramis* von 1647 den Ursprung seiner *Semiramide*.[370] In der Tat finden sich hier einige Anklänge – die Ehe mit Nino gegen ihren Willen, die Überlassung der Herrschaft auf Zeit.[371] Doch hier enden m.E. auch bereits die Gemeinsamkeiten. Während Sémiramis bei Desfontaines als machthungrig und getrieben von dem Wunsch der Rache geschildert wird, die Eliten Babylons nur durch Einschüchterung auf ihre Seite ziehen kann, Ninus tatsächlich ermorden lässt und das Stück außerdem noch der inzestuösen Episode mit dem Sohn viel Raum gewährt, gestaltet Silvani die Königin ganz anders aus – sein negatives *exemplum* ist nicht sie, sondern vielmehr Nino. Semiramides Gerechtigkeitssinn, ihr Festhalten an der Liebe zu Memnone stehen bei Silvani im Vordergrund und machen sie zu einer würdigen Herrscherin. Eher könnte aber Gabriel Gilberts Tragödie *Sémiramis* als Vorbild gedient haben, die ebenfalls 1647 erscheinen ist. Hier wird das Verhältnis von Memnone und Sémiramis deutlich in den Vordergrund gerückt, auch spielen Rachepläne der Sémiramis eine Rolle, wieder erhält sie die Herrschaft auf Zeit und regiert am Ende des Stückes – auf Bitten des Volkes – als alleinige Herrscherin. Bei Gilbert ist Sémiramis, ähnlich wie Semiramide bei Silvani, eine positive Gestalt, eine Heldin, die die Ehre ihres Mannes rächt, indem sie denjenigen tötet, der seinen Selbstmord verursacht hat, während sie bei Desfontaines ihre königliche Macht missbraucht, um einen Mann (ihren Sohn) zur Ehe zu zwingen,, obwohl dieser eine andere liebt, und nicht zögert, eine Unschuldige zu töten, um ihre Ziele zu erreichen. Silvanis positive Semiramis ist damit deutlich näher an Gilberts Vorlage als an der dessen Konkurrenten Defontaines. Zentral ist die Ausgestaltung als findige, v.a. mental starke Frau, die sich gegen ihre männlichen Gegenspieler durchsetzt und diesen überlegen ist.

4.1.11.4 Überarbeitungen

Nur etwa ein Jahr später wurde die Oper, nun unter dem Titel *Nino*, am Teatro di S. Cecilia in Palermo gegeben. Der Anlass der Aufführung sowie der Komponist sind unbekannt. Das Libretto wurde mit einem neuen *argomento* versehen, die Rollen wurden um drei Nebenrollen (Plistene – vormals als namenloser Bote der Meder Bestandteil des Librettos, sowie Pimpinone und Rosetta) erweitert.[372]

---

369 Das Libretto wird gelegentlich auch Domenico Lalli oder beiden Librettisten gemeinsam zugeschrieben; Strohm 2009a, 104.
370 Strohm 2009a, 99; seiner Ansicht nach – wenn auch ohne Begründung – zieht Silvani seine Inspiration nicht aus dem Stück von Crebillon (ebd., 96).
371 Bei Desfontaines allerdings für drei Tage.
372 Cesare Questa (1989, 43 Anm. 10) behauptet allerdings fälschlicherweise: „Il testo e identico a Sem714V".

Semiramide Moglia di Mennone (sic) doppo che hebbe gran parte nelle Vittorie di Battra, il di cui Rè Zoroastro si vide astretto à sostrire i'incarco di più carene per man di lei, richiesta d'amore da Nino, impetrò per rincompensa di quello, che le fosse ceduta per un sol giorno la Corona, ed il comando del Regno (covando però nell'animo una inalterabile fede al suo Consorte Mennone, ed una superba avidità d'impadronirsi della Corona, con ischernire quel Rè lascivo già di lei innamorato.) Ortiene da Nino quanto desidera, ed egli stesso si porta il prima d'ogn'altro à piedi di Semiramide à giurarle fedeltà di Vassallo per tutto il corso d'un giorno, le seguono i Capi dell'Assiria, senza ne pure esserne esentato Mennone istesso, che già credea infedele la Moglie; Mà per far men cruda la piaga di costui, havea risolto Nino di darlo in cambio Aspasia sua Sorella, che già da gran tempo innanzi era stata promessa ad Oronte, il quale vedendosi così deluso, asseconda i disegni di Semiramide, che ad onta dei decreti di Nino promette à quel Prencipe Aspasia. Giunge in tanto Plistene come Ambasciatore di Orcane Rè di Media, che in virtù d'una già preceduta alleanza, pretende la restituzione di cinque Città, di cui s'era impadronito Zoroastro, cadute in quell'ultima Vittoria sotto il poter degli Assiri, trova Semiramide in Soglio, e resta spettatore di più accidenti, come appunto so vedranno nel decorso del Drama.

Si avverte, che la necessità del Teatro hà fatto mutare, ed aggiungere alcune Arie, le quali sono state accommodate su la Musica più scelta per confarsi alle voci di coloro, che parresentano.

Nachdem Semiramide, Gattin des Mennone, den Großteil der Siege in Baktrien errungen, dessen König Zoroastro sich gezwungen sah, die Inhaftierung seiner Liebsten durch ihre Hand zu erdulden, und begehrt von Nino, erbat sie als Belohnung für dies, dass ihr für einen einzigen Tag die Krone gegeben werde und die Führung des Reiches (während sie aber im Herzen eine unumstößliche Treue ihrem Ehemann Mnenone gegenüber und eine hochmütige Gier sich die Krone einzuverleiben hegt, um jenen unanständigen König zu verhöhnen, der schon in sie verliebt ist.) Sie erhält von Nino was sie gewünscht, und er selbst begibt sich vor allen anderen zu den Füßen von Semiramide, um ihr für die ganze Dauer eines Tages die Treue eines Dieners zu schwören, es folgen ihm die Oberhäupter Assyriens, Mennone selbst nicht ausgenommen, der schon seine Frau für untreu hielt. Aber um seine Wunde zu lindern hatte Nino beschlossen, ihm zum Tausch Aspasia, seine Schwester, zu geben, die schon lange Zeit vorher dem Oronte versprochen worden war, der sich so enttäuscht wiederfand; dies begünstigt die Absichten der Semiramide, die trotz der Entscheidungen von Nino Aspasia jenem Prinzen verspricht. In der Zwischenzeit kommt Plistene als Bote von Orcane, König von Medien, an, der sich auf ein vorheriges Bündnis beziehend, die Rückgabe von fünf Städten verlangt die sich Zoroastro zu eigen gemacht hatte und bei jenem letzten Sieg unter die Macht der Assyrer gefallen sind; er findet Semiramide auf dem Thron und wird Zeuge mehrerer Vorfälle, wie man sie eben im Verlauf des Dramas sehen wird.

Es wird darauf hingewiesen, dass die Bedürfnisse des Theaters zur Veränderung, und zum Hinzufügen einiger Arien geführt haben, welche so zur am häufigsten gewählten Musik arrangiert wurden, um sich an die Stimmen jener, die sie daran teilnehmen, anzupassen.
[Übers. d. Verf.in]

Semiramide pre-mestastasiana – Eine Vielfalt von ‚Semiramiden'

Abb. 6: Frontispiz – F. Silvani, Nino, Palermo 1715;
(Palermo, Biblioteca Comunale
Leonardo Sciascia, CXXXVI A 85 4)

Der Kern der Handlung bleibt von den Veränderungen unberührt, im Wesentlichen werden Arien ausgetauscht und – auf Grund der erweiterten Personenkonstellation – Szenen verändert oder hinzugefügt (z.B. I/7, eine Szene zwischen Rosetta und Pimpinone); dass Musik aus Venedig wiederverwendet wurde, ist daher mehr als unwahrscheinlich. Auch in dieser Adaption regiert Semiramide am Ende als Alleinherrscherin über Assyrien und bleibt die Frau des Mennone, der geläuterte Nino überlässt ihr als der würdigeren die Herrschaft.

Dem Librettodruck wurde ein Vorsatzblatt mit einem Kupferstich vorangestellt (Abb. 6). Zu sehen sind die Stadtmauern von Baktra, im Hintergrund nähert die eine gepanzerte und bewaffnete Semiramide in einer Biga. Im Vordergrund wird der Wagen von drei ebenfalls gerüsteten männlichen Gestalten zu Pferde erwartet – wohl Nino, gerahmt von Mennone und Oronte. Das Frontispiz illustriert somit die ersten beiden Szenen der Oper.

Das Teatro S. Caecilia war 1693 eröffnet worden; es war das bedeutendste Theater Palermos. Es verfügte über 66 Logen sowie weitere 336 Sitzplätze auf 33 Holzbänken im Parterre – somit 732 Plätze in toto.[373] Es gehörte zu den wenigen Theatern Italiens, die ganzjährig bespielt wurden.[374] Da für das 17. Jh. bekannt ist, dass in Palermo, ähnlich wie in Neapel, die neuen Opern zunächst im Palazzo reale und erst danach im öffentlichen Theater gespielt wurden, wäre es denkbar, dass auch *Nino* zunächst für einen kleineren, erlesenen Zuschauerkreis geboten worden war.[375] An wie vielen Abenden das Stück gezeigt wurde, ist aufgrund der fehlenden Informationen zu Spielzeit und Anlass allerdings nicht zu extrapolieren.

Nach einer kurzen Pause wurde die Oper dann in der Karnevals-Saison 1719/1720 am Teatro della Fenice in Ancona gegeben; nun wieder als *Semiramide*. Erneut wurde das Libretto leicht

---

373 Zum Theater s. Tedesco 1992, 87–99.
374 Gerhard & Schweikert 2001, 715.
375 Dubowy 2004, 471. Da der erhaltene Librettodruck keinen Prolog enthält, ist er aber sicherlich ausschließlich für die Aufführung im Teatro di S. Caecilia vorgesehen gewesen.

verändert und ein neuer *argomento* vorangestellt, der aber nun wieder sehr eng an den aus Venedig 1713 angelehnt ist:

> Semiramide, di cui quanto è nota, varia altretanto è l'Istoria, fassi quest'Anno vedere in sul Teatro della Fenice; In questo fà ella l'Ingresso come Vincitrice d'un Regno; Accompagnano il lei Trionfo Due i maggiori Monarchi dell'Asia ridott ambi in Schiavitù dall'Illustre Eroina on armi però ineguali, mentre col senno, e col valore l'eccelsa Dona pose in Catene Zoroastro Rè di Battra, qual vinto fù costretto umiliare la Reale Cervice ad adorare la Maestrà della Vincitrice, e col vezzo, e con la beltà trionfò di Nino Rè d'Assiria, quale divenuto Amante il più affascinato per rendere più gloriosi i proprii amori collocò l'Idolo amato sil Trono depositandoli in mano lo Scettri, ed in fronte il Diadema Assiro. La cieca, e fatale cession dell'Imperio fatta dall'Incauto Regnante fù ristretta al breve termine d'un giorno solo. Ciò, che fù operato dal grand Cuore di Semiramide in tale memorabile giro di Sole si vedrà rappresentato nel presente Drama, in cui saranno gli Episodi tutti armonici al vero, & al versimile.

> Semiramide, von der die Geschichte so viel bekannt wie vielseitig ist, zeigt sich dieses Jahr am Teatro della Fenice; hier hält sie Einzug als Siegerin eines Reiches. Es begleiten ihren Triumphzug die zwei höchsten Monarchen Asiens, beide in die Sklaverei genötigt von der herausragenden Heldin, aber mit ungleichen Waffen; während mit Verstand und Größe die erhabene Frau Zoroastro, König von Baktrien, in Ketten gelegt hat, der, als er besiegt war, gezwungen worden ist den königlichen Hals zu beugen, um die Majestät der Siegerin zu verehren; und mit Reizen und mit Schönheit überwand sie Nino, König von Assyrien, der nachdem zu einem verführten Liebhaber geworden ist, um seine Liebe glorreicher zu gestalten, die geliebte Angebetete auf den Thron gesetzt hat, ihr in die Hand das Zepter legend, und auf die Stirn das assyrische Diadem. Die blinde und fatale Übergabe des Reiches durch den unvorsichtigen Herrscher war beschränkt auf die kurze Dauer von einem Tag allein. Das, was vom großen Herzen der Semiramide an dieser denkwürdigen Umdrehung der Sonne unternommen wurde, wird man in diesem Drama dargestellt sehen, in dem die Geschichten alle harmonisch nach der Wahrheit, und nach dem Wahrscheinlichen gemacht sein werden. [Übers. d. Verf.in]

Die Personenzahl wird wieder reduziert, allerdings wird der Name Plistene für den medischen Abgesandten aus der Version aus Palermo übernommen – diese ist den Bearbeitern also zweifelsohne bekannt gewesen. Die Veränderungen bestehen überwiegend im Austausch von Arien, die Handlung ist auch hier gegenüber der venetianischen Urversion unverändert.

Zur Zahl der Aufführungen ist nichts zu eruieren, Rückschlüsse auf die Größe des Publikums sind daher höchst hypothetisch. Das Theater verfügte über 99 Logen, also knapp 600 Plätze in diesem Bereich, hinzu kamen ca. 200 Plätze im Parkett.[376] Aufgenommen wurde die Aufführung offenbar wohlwollend, in der Gazetta di Ancona heißt es:[377]

> Ieri sera per la prima volta andò in scena in questo Teatro della Fenice il secondo Dramma intitolato la Semiramide, che incontra l'applauso ed agradimento universale.

---

376 Salvarani 2000, 114.
377 Gazetta di Ancona 4 (1720).

Es handelt sich also um die zweite Oper, die in dieser Karnevalssaison, die bis zum 14. Februar dauerte, an diesem Haus gegeben wurde[378] – bei einer ersten Aufführung am 24. Januar ergeben sich somit drei Wochen mit vermutlich insgesamt 6–10 Aufführungen für dieses Stück. Zwischen 2.000 und 3.500 Zuschauer erscheinen hier also möglich.

Zehn Jahre später, am 2. Februar 1730, eine weitere Aufführung in Neapel am Teatro di S. Bartolomeo, dem Vorgänger des Teatro S. Carlo, stattgefunden, für die Leonardo Leo die Musik beisteuerte[379] – ein Druck dieses Librettos konnte allerdings nicht beschafft werden. Die Rollen entsprechen exakt dem Libretto aus Venedig, der medische Bote ist hier nun wieder namenlos. Hier begegnet Vittoria Tesi Tramonitini in der Rolle der Semiramide – eine herausragende Sängerin, für die Pietro Metastasio die Titelrolle in seiner *Semiramide riconosciuta* ein Jahr zuvor eigens konzipiert hatte[380] und die auch einige Jahre zuvor beträchtlich zum Erfolg von Georg Friedrich Händels *Rodrigo* (UA 1707, Firenze) und seiner *Agrippina* (UA 1709, Venezia) beigetragen hatte.[381]

Die Karnevals-Saison dauerte 1730 bis zum 21. Februar, es ergeben sich somit etwa 10 potenzielle Spielabende für diese Oper. Das Teatro di S. Bartolomeo verfügte über 184 Logen, hinzu kamen die Plätze im Parkett, so dass von ca. 1.600 Plätzen auszugehen ist. Trägt man den häufigeren Besuchen gerade der Logeninhaber pro Spielzeit Rechnung, könnten ca. 5.000 Personen Silvanis *Semiramide* in Neapel gelauscht haben.

1731 eröffnete diese Oper dann in Mantua am Teatro Archiducale die Karnevals-Saison; vertont wurde das Libretto hierfür durch Antonio Vivaldi, der dort zuvor für einige Jahre als *maestro di capella* tätig gewesen war.[382] Dediziert ist es Prinz Joseph von Hessen-Darmstadt (1699–1768), dem Sohn des Landgrafen Philipp. Auch hier entstand ein neuer, noch einmal kürzerer *argomento*, während aber die Handlung der Oper auch bei dieser Aufführung im Kern unverändert blieb:

> Semiramide, di cui famosa, e nota è l'Istoria, fa ella il suo Ingresso, come Vincitrice d'un Regno, vale a dire con la pompa più studiata dall'Idéa d'un fasto Superbo. Accompagnano il suo Trionfo i due de'Maggiori Monarchi dell'Asia, ridotti amendue in Schiavitù dall'illustre Eroina. Col valore pose in Catena Zoroastro Rè di Battra; E con il vezzo, e beltà trionfò di Nino Re d'Assiria, quale divenuto amante affascinato, per rendere più gloriosi i proprj amori collocò l'idolo amato sul Trono per un sol giorno. Ma la cieca, e fatale cession dell'Imperio fatta dall'incauto Regnante, sul sua rovina, perchè vedrassi rappresentato in questo Drama, quanto fu oprato dal gran cuore di Semiramide in un tale memorabile giro di Sole.

> Semiramide, von der die Geschichte so viel berühmt wie bekannt ist, hält Einzug als Siegerin eines Reiches, das heißt mit einem höchst durchdachten Festzug nach der Idee eines prächtigen Prunks. Es begleiten ihren Triumphzug die zwei höchsten Monarchen Asiens, beide in die Sklaverei genötigt von der berühmte Heldin. Mit Tapferkeit hat sie Zoroastro, König von Baktra, in Ketten gelegt; und mit Reiz und Schönheit besiegte sie Nino, König von Assyrien, der nachdem zu einem verführten Liebhaber geworden ist, um seine Liebe

---

378 Zunächst war *Alessandro Severo* (L.: Apostolo Zeno, M.: Antonio Lotti & Carlo Francesco Pollarolo; Sartori 1990–1994, #861) gespielt worden.
379 Sartori 1990–1994, #21491.
380 Wie schon zuvor die Titelrolle in *Didone abbandonata*.
381 Volbach ²1906, 30–31.
382 RV 733; vermutlich war er in diese Saison *impressario* an diesem Theater. Strohm 2008, Bd. 2, 506; Cataldi 1985, 98.

glorreicher zu gestalten, die geliebte Angebetete für einen Tag auf den Thron gesetzt hat. Aber die blinde und fatale Übergabe des Reiches durch den unvorsichtigen Herrscher war sein Verhängnis, denn man wird sehen, was vom großen Herzen der Semiramis in solch einer denkwürdigen Umdrehung der Sonne unternommen wurde. [Übers. d. Verf.in]

Die Rollen entsprechen exakt dem Libretto aus Palermo, der medische Bote ist wieder Plistene. Mit Anna Girò, die mit bürgerlichem Namen Anna Maddalena Tessieri hieß, gewann Vivaldi eine seiner liebsten Altistinnen als *prima donna* für das Projekt. Die Girò stammte aus Mantua und hatte bereits 1726 in *Dorilla in Tempe* für Vivaldi gesungen. Etwas ungewöhnlich ist die Besetzung der Rolle des Nino, also des *primo uomo*, mit einer Contraltistin, Maria Maddalena Pieri, mit der Vivaldi auch bereits zuvor zusammengearbeitet hatte.[383]

Für diese Oper ergeben sich etwa 10–15 Spielabende, da die Karnevals-Saison bis 26. Februar dauerte und neben *Semiramide* auch Vivaldis *Farnace* an diesem Theater gezeigt wurde.[384] Wie viele Personen das Theater fasste, ist nicht zu eruieren, so dass auch Überlegungen zur potenziellen Zuschauerzahlen dieser Aufführung nicht angestellt werden können.

Ebenfalls in höfischem Kontext wurde die Oper im Karneval 1733 in Mailand gegeben. Am Regio Ducal Teatro, nun in einer Vertonung von Giovanni Porta, war erneut Vittoria Tesi Tramontini als Semiramide zu hören. Ihr zur Seite stand als Nino mit Gaetano Majorano detto Caffarelli einer der berühmtesten Kastraten seiner Zeit. Auch hier erhielt die Oper einen neuen *argomento*:

> Semiramide, di cui quanto è nota, varia altretanto è l'Istoria, fassi quest'anno vedere in questo famoso Teatro, in cui fà l'ingresso come Vincitrice d'un Regno. Accompagnano il lei trionfo i due maggiori Monarchi dell'Asia, ridotti ambi in schiavitù dall'Illustre Eroina, con armi però ineguali, mentre co'l senno, e co'l valore l'eccelsa Donna pose in catene Zoroastro Rè di Battra, e co'l vezzo, e con la beltà trionfò di Nino Rè d'Assiria, quale divenuto Amante il più affascinato, per rendere più gloriosi i propri amori, collocò l'Idolo amato su'l Trono depositandoli in mano lo Scettro, ed in fronte il Diadema Assiro. La cieca, e fatale cession dell'Impero fatta dall'incauto Regnante, fù ristretta al breve termi ne d'un giorno solo. Ciò, che oprato dal gran core di Semiramide in tale memorabile giorno si vedrà rappresentato nel presente Dramma, gl'Episodi adattati tutti al verisimile.

> Semiramide, von der die Geschichte so viel bekannt wie vielseitig ist, zeigt sich dieses Jahr in diesem berühmten Theater; wo sie Einzug hält als Siegerin eines Reiches. Es begleiten ihren Triumphzug die zwei höchsten Monarchen Asiens, beide in die Sklaverei genötigt von der berühmten Heldin, aber mit ungleichen Waffen; während mit Verstand und Tapferkeit die erhabene Frau Zoroastro, König von Baktrien, in Ketten gelegt hat, besiegte sie mit Schönheit Nino, König von Assyrien, der nachdem zu einem in höchstem Maße verführten Liebhaber geworden ist, um seine Liebe glorreicher zu gestalten, die geliebte Angebetete auf den Thron gesetzt hat, ihr in die Hand das Zepter legend, und auf die Stirn das assyrische Diadem. Die blinde und fatale Übergabe des Reiches durch den unvorsichtigen Herrscher war beschränkt auf die kurze Dauer von einem Tag allein. Das, was vom großen Herzen der Semiramide an diesem denkwürdigen Tag unternommen wurde,

---

383 In *Dorilla in Tempe* (1726, Venezia) und *Farnace* (1727, Venezia).
384 Gallico 2016, 75.

wird man in diesem Drama dargestellt sehen, dessen Episoden alle an das Wahrscheinliche angepasst wurden. [Übers. d. Verf.in]

Die Rollen entsprechen den Textbüchern Venezia 1713/1714 und Napoli 1730. Der Operntext entfernt sich allerdings, verglichen mit den vorigen Bearbeitungen, weiter von Silvanis Ursprungsversion aus Venedig. Nach wie vor bleibt aber die Handlung unangetastet, die Alleinherrschaft der Königin wird im Finale bestätigt, die Wiedervereinigung mit Mennone, ihre Treue und ihr Gerechtigkeitssinn und die Wandlung des reuigen Nino bleiben Kern des Stoffes, auch wenn keine einzige Szene unverändert übernommen wird und relativ viele neue Szenen – insbesondere zu Beginn des zweiten Aktes – hinzugefügt werden. Die Dauer der Karnevalssaison ermöglichte etwa 8–12 Spielabende, die Größe des Theaters ist allerdings nicht eruierbar.

Die skizzierte Entwicklung setzte sich in den späteren Vertonungen fort. Ein weiteres Mal wurde die Oper zwei Jahre später erneut in Venedig gespielt; der Spielort war wieder das Teatro S. Giovanni Grisostomo, wo sie die *stagione di carnevale* eröffnete. Auch hier entstanden – unter der Ägide des Komponisten Niccolò Jommelli – erneut viele neue Szenen sowie ein neuer *argomento*, in welchem nun erstmals auf Diodor (2,3ff.) als Quelle hingewiesen wurde:

Nella guerra mossa da Nino Re degli Assiri a Zoroastro Re de'Battriani particolamente segnalossi il valore di Memnone Capitano di Nino, e la prudenza di Semiramide moglie di Memnone, poichè ad un consiglio da questa dato al marito rimase Nino debitore presa di Battra. Risaputosi da questo il merito della Donna, volle vederla, ed invaghitosene, bramò averla per moglie, ed offerse a Memnone in cambio una delle proprie figliuole. Non bastando le offerte a vincer il core di Memnone, passò Nino alla minaccie, che ridussero il Capitano a darsi disperatamente la morte. Divenuta così Semiramide moglie di Nino, nè divenne anche arbitra a segno di fasri cedere la regina autorità per cinque giorni, nel primo de'quali fece privar di vita l'incauto Monarca. Questo è il vero dell'argomento, se crediamo a gli Storici antichi, e specialmente a Diodoro Siculo lib. 2, capp. 3, e segg. Il restante è verisimile introdotto per dar più vaghezza, e maggior movimento al Dramma.

In dem Krieg, geführt von Nino, König der Assyrer, gegen Zoroastro, König der Baktrier, hat man besonders den Verdienst von Memnone, Hauptmann des Nino, hervorgehoben, und die Besonnenheit von Semiramide, der Gattin des Memnone, weil aufgrund eines Ratschlags den diese ihrem Mann gab, Nino Schuldner blieb für die Eroberung von Baktrien. Als diesem der Verdienst der Frau zu Ohren kam, wollte er sie sehen, und als er sich in sie verliebte, begehrte er sie zur Frau und bot Memnone zum Tausch eine seiner eigenen Töchter. Da die Angebote nicht genügten, um das Herz Memnones zu erobern, ging Nino zu Drohungen über, die den Hauptmann dazu trieben, sich verzweifelt zu töten. So wurde Semiramide die Gattin des Nino und nahm sich auch die Freiheit, sich die königliche Autorität für fünf Tage übergeben zu lassen, an deren erstem sie dem unvorsichtigen Monarchen das Leben nehmen ließ. Dies ist das Wahre des argomento, wenn wir den antiken Historikern und besonders Diodoro Siculo Buch 2, Kap. 3ff. glauben. Der Rest wurde als Wahrscheinliches einzugefügt, um dem Drama mehr Unterhaltung und mehr Gefühlsregung zu verleihen. [Übers. d. Verf.in]

Der Hinweis auf die exakte Passage bei Diodor scheint nicht zuletzt einem Streben nach Autorität durch Bezugnahme auf antike Quellen geschuldet zu sein – beeinflusst hat er das Libretto sicherlich neben der Episode um Nino und der Herrschaftsübernahme für fünf Tage wohl auch dadurch, indem er den Grundstein zu einem positiv ausdeutbaren Semiramisbild legte.

Im Juni 1745 wurde das Libretto für die Messe (*fiera*) in Padua durch Giovanni Battista Lampugnani vertont und am Teatro Obizzi aufgeführt.[385] Dabei wurden zwei Umbenennungen vorgenommen, die allerdings nicht erläutert wurden – aus Aspasia wird Erlinda, aus Memnone wird Sibari. Im Folgejahr gelangte sie, in einer deutlich gekürzten Version, sogar an das Wiener Hoftheater. Anlass und Zahl der Aufführungen müssen allerdings für beide Bearbeitungen ungeklärt bleiben. Der *argomento* beider Aufführungen ist identisch, der Hinweis auf Diodor als Gewährsmann ist wieder verschwunden:

> Semiramide, facendo l'ingresso, come Vincitrice d'un Regno, accompagnano il di lei Trionfo i due Maggiori Monarchi dell'Asia, ridotti ambi in Schiavitù dall' illustre Eroina, con Armi però ineguali, mentre col senno, e col valore l'Eccelsa Donna pose in Catene Zoroastro Rè di Battra, e col vezzo, e con la beltà trionfo di Nino Re d'Assiria, il quale divenuto amante il piu affascinato, per rendere piu gloriosi i propri amori colloco l'Idolo amato sul Trono, depositandoli in mona la Scettro, e in fronte i diadema Assiro. La cieca, e fatale cession dell'Impero, fatta dall'incauto Regnante, fu ristretta al breve termine d'un giorno solo. Ciò che fu oprato dal gran Core di Semiramide in tale memorabile giorno, si vedrà rappresentati nel presente Dramma. Gli Episodi sono adattati tutti al versimile.

> Semiramide zieht ein als Siegerin eines Reiches; ihren Triumphzug begleiten die zwei höchsten Monarchen Asiens, beide genötigt in die Sklaverei von der herausragenden Heldin, aber mit ungleichen Waffen; während mit Verstand und Tapferkeit die erhabene Frau Zoroastro, König von Baktrien, in Ketten gelegt hat, besiegte sie mit Schönheit Nino, König von Assyrien, der nachdem zu einem in höchstem Maße verführten Liebhaber geworden ist, um seine Liebe glorreicher zu gestalten, die geliebte Angebetete auf den Thron gesetzt hat, ihr in die Hand das Zepter legend, und auf die Stirn das assyrische Diadem. Die blinde und fatale Übergabe des Reiches durch den unvorsichtigen Herrscher war beschränkt auf die kurze Dauer von einem Tag allein. Das, was vom großen Herzen der Semiramide an diesem denkwürdigen Tag unternommen wurde, wird man in diesem Drama dargestellt sehen, dessen Episoden alle an das Wahrscheinliche angepasst wurden. [Übers. d. Verf.in]

Dass diese Oper in den 40er Jahren des 18. Jh.s wieder gespielt wurde, dürfte, neben einer allgemeinen Beliebtheit der Gestalt der Semiramis auf der Opernbühne dieser Zeit auch an den politischen Gegebenheiten liegen, wurde doch nach dem Tode Karls VI. (1685–1740) die Nachfolge seiner Tochter Maria Theresia (1717–1780), wenn auch durch die Pragmatische Sanktion legitimiert, von verschiedenen Seiten angegriffen. Mitten im Österreichischen Erbfolgekrieg besaß eine Oper, in der eine Frau als alleinige Herrscherin, militärisch erfolgreich, strategisch agierend, mit großem Gerechtigkeitssinn ausgestattet, präsentiert wurde, natürlich eine besondere Rele-

---

385 Interessanterweise fehlt diese Oper in den gängigen Werkverzeichnissen Lampugnanis; so auch z.B. Rostagno 2004, 275–276. Er wird aber im Librettodruck zweifelsfrei genannt.

vanz. Gerade die Aufführung 1745 in Wien dürfte in diesem Kontext zu verstehen sein.[386] Bemerkenswert ist in jedem Fall, dass Silvanis Libretto das neben dem unten noch zu besprechenden von Zanelli einzige ist, das nach Entstehen von Pietro Metastasios *Semiramide riconosciuta* 1729 noch mehrfach gespielt wurde.

***

Es bleibt somit festzuhalten: Francesco Silvanis *Semiramide* zeichnet ein höchst positives Bild der Königin. Ohne dass er auf seine Vorlagen verweist, dürfte die Inspiration für das Libretto v.a. aus dem französischen und spanischen Drama kommen, auch aktuelles politisches Geschehen dürfte ihn beeinflusst und zum Erfolg des Librettos beigetragen haben. Der Stoff scheint in höfischen wie öffentlichen Theatern großen Anklang gefunden zu haben, wurde er doch über mehr als 30 Jahre hinweg in unterschiedlichen Städten gespielt und war auch in den 40er Jahren des 18. Jh.s noch so prominent, dass er zur Eröffnung der zentralen Theater-Saison eingesetzt wurde. Etliche Aufführungen sind mit herausragenden Sängerinnen und Sängern besetzt, was den Erfolg zusätzlich befördert haben dürfte. Ungewöhnlich ist zum einen die Alleinherrschaft der Semiramide am Ende der Oper, an der trotz allen Kürzungen und Neuerungen in jeder der Versionen festgehalten wird, sowie der völlige Verzicht auf Cross-Dressing und sonstiger Verkleidungen, die sonst in der Oper der Zeit eine so gewichtige Rolle spielen. Semiramis agiert in diesem Libretto durch und durch als Frau, ihr ‚natürliches' Geschlecht wird an keiner Stelle verborgen oder in Frage gestellt. Es spielt in der Frage nach ihrer Legitimation und der Herrscherwürde keinerlei Rolle – eine Entwicklung, die vielleicht vor dem Hintergrund der Abkehr von der *Lex Salica* im Habsburgerreich verständlich werden kann. Die Herrschaft einer Frau ist bei Silvani gerade <u>nicht</u> das zentrale Thema der Oper, sie wird nicht als widernatürlich thematisiert; es geht vielmehr um geschlechterübergreifende herrscherliche Tugenden wie Gerechtigkeit, Treue und Güte. Trotz der teilweise massiven Eingriffe in den Operntext bleibt diese Grundintention stets erhalten. Was sich allerdings durchaus verändert, ist der Raum, der den einzelnen Protagonistinnen und Protagonisten im Rahmen der einzelnen Bearbeitungen gewährt wird. Semiramide dominiert das Geschehen; nur in zwei Versionen ist sie nicht die Person mit der größten Bühnenpräsenz: 1715 und 1746 muss sie diese eine Stellung an Memnone abtreten, 1745 sind beide gleich häufig auf der Bühne zu sehen. Immer ist sie aber in mehr als der Hälfte aller Szenen beteiligt – Silvanis Oper führt Semiramis nicht nur im Namen, es ist wirklich Oper über diese Gestalt, eine Oper, die Semiramis' Geschichte erzählen will.

Auffällig ist, dass für jede der Textvarianten stets auch ein neuer *argomento* abgefasst wird, der im Laufe der Jahre immer stärker verdichtet wird – die Handlung als solche scheint zunehmend weniger erklärungsbedürftig, was wohl als weiterer Indikator für die Verbreitung und den Erfolg der Oper zu werten ist. Silvanis Libretto, das nach dem Operntext von Andrea Moniglia von 1665/1667 zu diesem Zeitpunkt die mit Abstand erfolgreichste Semiramis-Oper ist, setzte offenbar Maßstäbe. Es erreichte einen großen Personenkreis, wurde in prominenten Theatern gespielt und besaß auch geographisch betrachtet eine beachtliche Reichweite.

---

[386] Zu denken wäre hier auch an die Aufführung einer Oper um die Gestalt der Semiramis anlässlich der Krönung Maria Theresias zur Königin von Böhmen 1743 – damals allerdings auf Basis des Librettos von Pietro Metastasio, für die – ebenso wie für die Umsetzung des Silvani-Librettos –, kein Komponist auszumachen ist; s. dazu unten unter Kapitel 4.2.4.

Tab. 1: Szenenpräsenzen in den einzelnen Vertonungen[387]

	Semiramide	Nino	Zoroastro	Memnone (*Sibari)	Gesamt-szenen
1713	21 (62%)	19 (58%)	13 (38%)	18 (53%)	34
1715	19 (53%)	17 (47%)	10 (28%)	20 (56%)	36
1720	21 (64%)	19 (58%)	12 (36%)	18 (55%)	33
1731	20 (61%)	19 (58%)	12 (36%)	17 (52%)	33
1733	25 (68%)	17 (46%)	14 (38%)	21 (57%)	37
1743	24 (67%)	17 (47%)	13 (36%)	20 (56%)	36
1745	21 (64%)	20 (61%)	12 (36%)	21* (64%)	33
1746	16 (59%)	16 (59%)	7 (26%)	18* (67%)	27

4.1.12 Pierre-Charles Roy – Sémiramis (1718)

4.1.12.1 Umstände der Entstehung

Außerhalb des eigentlichen Fokus' dieser Arbeit liegt eine im November 1718 an der Académie Royale Musique in Paris aufgeführte Oper – sie wird hier dennoch aufgenommen, da sie dem Motivkanon neue Elemente hinzufügt bzw. die bekannten Motive zu einem neuen Ganzen zusammenfügt. Mit *Sémiramis* von Pierre-Charles Roy, vertont durch André Destouches, wurde hier keine *opera seria*, sondern eine *Tragédie en musique* zu Gehör gebracht. Diese Gattung der französischen Oper, als deren Begründer Jean-Baptiste Lully gilt, weist signifikante Unterschiede zur italienischen *opera seria* auf, welche in Frankreich nie recht Fuß fassen konnte.[388] Die *Tragédie en musique* besteht charakteristischer Weise aus einem Prolog, der ein mythologisch verpacktes Herrscherlob enthält,[389] gefolgt von fünf Akten. Die Ballette zwischen den Akten nehmen hier eine bedeutend gewichtigere Rolle ein als in der *opera seria*; in der Regel haben sie, wie der Prolog, mythologische Themen.[390] Viel stärker als die italienische Oper des 17. und 18. Jh.s ist ihre französische ‚Schwester' auf die Glorifizierung des Monarchen fokussiert; Arien als Ort der reinen Affektdarstellung spielen in der französischen Oper eine untergeordnete Rolle.

Roy, der sich später zu einem Intimfeind Voltaires entwickeln sollte, hatte bereits einige Libretti für die Pariser Oper verfasst, die alle starke Frauenfiguren ins Zentrum stellten und meist

---

387 Es fehlt die Inszenierung von 1730, da der Librettotext nicht beschafft werden konnte.
388 Abbate & Parker 2013, 94–95.
389 In diesem Fall die Erziehung des Herkules.
390 Gelegentlich tanzte sogar der König bei den Ballettnummern mit; Abbate & Parker 2013, 95.

auf Stoffen der griechischen Antike basierten.[391] Auch wenn Roys Libretto nur sehr kurz nach den französischen Bühnenstücken von Gomez und Crébillon entstand, scheint Roy von diesen unabhängig und entschied sich für eine erneute Rekonfiguration von Erinnerungsbausteinen um die Gestalt der babylonischen Königin.[392]

4.1.12.2 Argomento und Handlung

Wie in der *opera seria* wird aber auch hier die Opernhandlung durch ein Vorwort – *avertissement* – umrissen. Dieses lautet hier:

> Il est peu de noms plus célèbres que celui de Semiramis. Tous les auteurs ont parlé de son ambition, de sa magnificence et de sa mort. Elle perit par la main de son fils pour qui elle avait conçu une passion criminelle. C'est cet événement qu'on met sur scène. On a cherché pour l'amener, les moyens les moins odieux et les plus intéressants.
> On feint que le ciel est irrité des crimes de Semiramis, qui menacée d'être tuée par son fils l'avait fait exposer au moment de sa naissance. Maîtresse du trône elle y veut placer Arsane jeune inconnu qu'elle aime, et en éloigner Amestris sa nièce, héritière de l'empire. Elle l'oblige à se consacrer au culte des Dieux, et se sert du prétexte de les apaiser par le choix d'une prêtresse du sang royal. Le ciel n'y consent pas; il veut une victime. L'ambiguité des oracles, si conforme aux détours par lesquels il conduit ses vengeances, fait tomber l'apparence du péril sur Amestris. C'est pour la délivrer qu'Arsane son amant fait des efforts qui aboutissent malgré lui à la mort de Semiramis. Outre le soin qu'on a pris de cacher au fils et à la mère ce qu'ils font l'un à l'autre, on a rejeté une partie de l'action sur Zoroastre Roi de la Bactriane, inventeur de la Magie, contemporain de Semiramis et trahi par elle. Il rend Arsane furieux et le désespoir de l'un et le trouble de l'autre, servent à exécuter l'arrêt du ciel contre la reine.
> Le remords dont elle combat sa passion, ceux qu'elle témoigne en reconnaissant son fils et en mourant, sont les secours par lesquels le Théâtre concilie la pitié aux personnages les plus coupables.
> A l'égard d'Amestris sa consécration n'est pas une idée contraire à la vraisemblance, puisque tant d'Auteurs Sacrés e Profanes assurent que longtemps avant les vestales de Rome l'idolâtrie avait dévoué des vierges au service des autels. On a choisi les circonstances dans lesquelles la princesse se dévoue. Sortie d'une longue captivité, liée par un serment et par la nécessité du bonheur public, elle sacrifie ses droits à la couronne, et une passion légitime. Enfin ses malheurs sont réparés et sa vertu récompensé.

> Es gibt kaum Namen, die berühmter sind als der von Semiramis. Alle Autoren haben von ihrem Ehrgeiz gesprochen, von ihrer Magnifizenz und von ihrem Tod. Sie starb durch die Hand ihres Sohnes, dem sie eine kriminelle Leidenschaft geweiht hatte. Vor diesem Hintergrund ist es zu der Inszenierung gekommen. Es wurden dabei die am wenigsten niederträchtigen und die interessantesten Mittel verwendet.

---

391 *Bradamante* (UA 1707), *Hippodamie* (UA 1708), *Callirhoé* (UA 1712), *Ariane et Thésee* (UA 1717). Zur Person Roys und insb. seiner Rivalität mit Voltaire vgl. Caplan 1999, 43–46.
392 Vgl. dazu auch Questa 1989, 100–104.

Man spiegelt vor, der Himmel sei über die kriminellen Handlungen von Semiramis verärgert, die ihren Sohn nach der Geburt wegen der Gefahr, von ihm umgebracht zu werden, hat aussetzen lassen. Sie ist Thronherrscherin und will die Herrschaft auf Arsane, einen jungen Unbekannten übertragen, den sie liebt, und ihre Nichte Amestris, Erbin des Reiches, von ihm fernhalten. Sie zwingt selbige, sich dem Dienst der Götter zu ergeben und behauptet, diese durch die Wahl einer Priesterin mit königlichem Blut beruhigen zu können. Der Himmel ist damit nicht einverstanden; er will ein Opfer. Die Mehrdeutigkeit der Orakel stimmt stark mit den Schlichen überein, die er zur Vergeltung nutzt, so dass die Gefahr auf Amestris übergeht. Arsane, ihr Geliebter, setzt alles daran, sie zu befreien, was aber ungewollt zum Tod von Semiramis führt. Abgesehen von dem Bestreben, dem Sohn und der Mutter zu verbergen, was sie sich gegenseitig antun, hat man einen Teil der Handlung auf Zoroastre, König von Baktrien und Erfinder der Magie, Zeitgenosse von Semiramis, die ihn betrogen hat, abgewälzt. Er versetzt Arsane in Wut, so dass die Verzweiflung des einen und die Verwirrung des anderen schließlich zu der Ausführung des himmlischen Urteils gegen die Königin führen.

Die Zeichen der Reue, mit der sie gegen ihre Leidenschaft kämpft und die mit der Anerkennung ihres Sohnes und mit ihrem Sterben zum Ausdruck kommen, sind vom Theater verwendete Hilfsmittel zur Erzeugung von Mitleid mit den hauptschuldigen Figuren. Hinsichtlich Amestris ist zu sagen, dass ihre Konsekration nicht im Widerspruch zur Wahrscheinlichkeit steht, da sehr viele sakrale und profane Autoren behaupten, die Idolatrie sei bereits lange Zeit vor den römischen Vestalinnen dem Tempeldienst durch Jungfrauen gewidmet gewesen. Man hat eine Situation gewählt, in der die Prinzessin sich opferte. Nach langer Gefangenschaft und an einen Eid und an die Notwendigkeit einer glücklichen Öffentlichkeit gebunden, verzichtet sie auf ihre Ansprüche auf die Krone und auf eine legitime Leidenschaft. Endlich ist all ihr Unglück repariert und ihre Tugend belohnt. [Übers. d. Verf.in]

Die Oper umfasst nur vier benannte Rollen, von denen drei einen Bezug zu antiken Quellen haben:

> Semiramis – Reine de Babylone
> Amestris – princesse du Sang Royal
> Arsane ou Ninus – Fils de Semiramis, Amant d'Amestris
> Zoroastre – Roi de la Bactriane, Amant de Semiramis

Hinzukommen fünf kleine namenlose Rollen – *un Babylonien, une Babylonienne, un Genie, une Prêtresse de Jupiter* sowie *l'Ordonateur des jeux funebre* –, ergänzt durch eine Vielzahl von Chören.

Die erste Szene der Oper zeigt Semiramis am Vortag der geplanten Hochzeit mit Arsane. Sie ist bereit ihre Macht mit einem Unbekannte (nämlich Arsane) zu teilen, auch wenn es, wie sie bedauert, ihren eigenen Rum schmälert:

> *Semiramis:*
> Avec un inconnu, j'en partage l'éclat, je la mets à ses pieds. Ma gloire s'en offense.[393]

---

[393] I/1.

Vor allem aber quält sie ihr Gewissen und das gleich in mehrfacher Hinsicht.[394] Zum einen denkt sie an ihren einst ausgesetzten Sohn und dessen Schicksal,[395] zum anderen hat sie Amestris gegenüber Schuldgefühle, die sie gegen deren Willen in den Dienst der Götter zwingen will, um sie von Arsane zu trennen. Ihr Herz, so fürchtet sie, werde sie verraten.[396] Amestris ist bereit, ihr Schicksal zu erfüllen und Priesterin zu werden (I/2). Semiramis bestärkt sie und betont die Wichtigkeit dieses Weges, um die Götter günstig zu stimmen, äußert jedoch auch ihr Bedauern darüber, dass sie selbst durch die Ehe mit Arsane ihre Herrschaft verlieren wird:

Semiramis:
Aux loix d'un inconnu je vais être asservie, Arsane en ce moment va devenir mon Roi.[397]

Als die Liebenden Amestris und Arsane aufeinandertreffen sind sie zwar untröstlich über ihre Trennung, doch Amestris lässt sich nicht beirren, dem Befehl der Königin muss sie gehorchen.[398] In der Mitte des ersten Aktes soll die Eheschließung von Semiramis und Arsane sowie dessen Krönung erfolgen.[399] Arsane ist voller Zweifel, ob dies wirklich sein Schicksal ist,[400] doch Semiramis und mit ihr elegische Chöre bestärken ihn, als plötzlich ein Donnerschlag den Altar zerbricht – „L'Autel est brisé par le Tonnerre".

Zu Beginn des zweiten Aktes versucht Arsane erneut Amestris umzustimmen, damit sie sich für ihre Liebe statt für ein Leben als Priesterin scheidet – doch er scheitert.[401] Arsace ist untröstlich und versucht daraufhin, zu erwirken, dass Semiramis von ihrem Entschluss, Amestris zur Priesterin zu machen, ablässt. Doch diese erklärt:

Semiramis:
J'ai fait périr mon fils pour conserver l'Empire. Les Dieux me menaçaient de périr par ion bras. Amestris est d'un sang qu'il est tems de proscrire.[402]

Arsane gebietet sie, alles für die Verteidigung gegen einen Angriff Zoroastres vorzubereiten (II/2). Zoroastre und Semiramis treffen in der nächsten Szene aufeinander, er schmeichelt ihr und lockt sie mit Liebesschwüren, doch sie weist ihn zurück.[403] Zoroastre ist erbost (II/4 bis III/2) und eifersüchtig auf Arsane, doch Semiramis bietet ihm die Stirn.[404] Gleichzeitig bringt sie erneut auch

---

394 „Quels combats! quels remords!" (I/1).
395 Vgl. Oros. 1,4,7.
396 Semiramis: „Triste Semiramis, faut-il que ton cœur te trahisse?" (I/1).
397 I/2.
398 Amestris: „Adieu, Seigneur, oubliez Amestris [...] d'autres destins m'apellent [...], je vais suivre la Reine." (I/4).
399 Semiramide: „Enfin voici l'instant si cher à mes souhaits. Venez jeune Heros, venez, que mes sujets Vous placent fur le Trône, où vous auriez dû naître, Et dans leur défenseur reconnoissent leur Maître." (I/6).
400 „Peut-être les Dieux me punissent d'usurper des honneurs que j'ai peu méritez." (I/6).
401 Amestris: „Par des nœuds éternels, je vais m'unir aux Dieux. (...) Craignés ces Dieux, tremblés et ne me forcés pas d'implorer contre vous leur terrible vangeance." (II/1).
402 II/2.
403 Zoroastre: „Que Venus sur ce rivage fixé sa brillante Cour." (...) Semiramis: „Seigneur, il n'est pas tems d'accomplir vos projets (...)" (II/3).
404 Zoroastre „Ingrate, il est donc vrai que vous ne m'aimez plus. Tant de soins, tant d'amour, tant de persévérance, mon espoir, mon bonheur sont pour jamais perdus. Que ne puis-je étouffer l'ardeur qui me dévore! Que ne puis-je à mon tour oublier vos attraits, ces perfides attraits, que malgré moi j'adore. Faut-il, quand

ihr Bedauern über die anstehende Eheschließung mit Arsane zum Ausdruck.[405] Dennoch grollt Zoroastre weiter und droht, Arsane werde untergehen und beschwört in einem magischen Palast Götter und Dämonen (III/3). In einer Vision erkennt er in Arsane den totgeglaubten Sohn der Semiramis.[406] Zu Beginn des vierten Aktes ist alles für Amestris' Weihe zur Priesterin des Belus vorbereitet. Arsane versucht, dies zu verhindern, Semiramis nennt ihn wutentbrannt Verräter und der Herrschaft unwürdig.[407] Amestris ruft Arsane zur Ordnung, er solle sich dem Willen der Götter und ihrem Wunsch beugen:

> *Amestris:*
> Arsane, respectez Amestris et les Dieux. Quels sont vos droits sur moi, pourquoi troubler mes vœux? De mes jours à nos Dieux, je fais un libre hommage. J'ai calmé les transports d'un Peuple audacieux. Laissez à ma vertu consommer son ouvrage.[408]

Sie ist bereit, die Rituale zu vollziehen und eine Priesterin zu werden – während sie am Altar steht, beginnt die Götterstatue zu sprechen und fordert einen Blutzoll. Amestris ist bereit, dem Wunsch des Gottes zu entsprechen und zu sterben (IV/4).[409] Arsane bittet sie, mit ihm zu fliehen, doch für Amestris ist der Wille der Götter stärker als ihr Lebenswille und ihre Liebe zu Arsane (IV/5). Der fünfte Akt spielt vor dem Grab des Ninus, wo Amestris geopfert werden soll. Zoroastre bittet Semiramis, Amestris zu retten, doch diese beruft sich auf den Willen der Götter. Er klagt:

> *Zoroastre:*
> Si vos yeux s'ouvroient aux malheurs que je crains. Je devrois vous haïr, malgré – moi je vous plains. Voici le moment redoutable. Le destin d'Amestris attendrit tous les coeurs.[410]

In derselben Szene eröffnet er der Königin:

> *Zoroastre:*
> Arsane est votre Fils.
>
> *Semiramis:*
> Mon Fils... Et j'ai brûlé d'une flâme si noire! Qui vous l'a révélé?...
>
> *Zoroastre:*
> Les Enfers.

---

votre cœur m'abandonne à jamais, que vos regards me retiennent encore?" (...) Semiramis: „Semiramis ne connoît point de Maître, le Ciel est sèul juge des Rois. (...) Un penchant inconnu m'entraîne, plus puissant mille fois, et moins doux que l'amour." (III/2).
405 Semiramis: „C'est malgré moi que je couronne Arsane..." (III/2).
406 Zoroastre: „Tremble! de tes fureurs que le Destin condamne ton Fils est échappé, je le vois, c'est Arsane.... Mais! quel spectacle affreux trouble encor mes esprits!" (III/4).
407 Semiramis: „Cœur indigne du Trône, et fait pour l'esclavage. J'y vois la trahison (...)" (IV/2).
408 IV/3.
409 Amestris: „J'obéirai, grands Dieux, je vais vous satisfaire: Je reçois une mort qui finit mes tourments." (IV/4).
410 V/1.

Semiramis:
Lui mon Fils! Non, barbare, je vois ce que tu t'es promis: tu le souhaites trop pour me le faire croire.

Arsane versucht das Ritual, das aus Amestris eine Priesterin machen wird, mit Waffengewalt zu stören (V/5 bis V/7) und tötet schließlich Semiramis (V/8), um Amestris vor ihrem Schicksal zu retten. Zoroastre enthüllt, dass die sterbende Semiramis Arsanes Mutter sei; Arsane ist über seine Tat darauf hin völlig erschüttert – eine Königin zu töten sei das eine, die eigene Mutter etwas ganz anderes:

Arsane:
La Reine par mon bras a perdu la lumière!

Zoroastre:
Ton sort est plus affreux, Arsane, c'est ta Mère.

Semiramis:
Vous mon Fils! quoi je meurs par la main de mon Fils! Dieux inhumains vous me l'aviez promis. Ce jour termine enfin mes malheurs et mes crimes.

Arsane:
Terre pour m'engloutir ouvre-moi tes abîmes.

Semiramis:
Amestris calmez ses fureurs. Je vous laisse en mourant la suprême puissance le Soleil déformais luira fur l'innocence. De l'éternelle nuit j'entrevois les horreurs. Ninus approchez-vous... je m'affaiblis... je meurs.

4.1.12.3. Ideae et species Semiramidis

Antike Quellen werden im Vorwort des Operntextes nicht spezifiziert, Roy rekurriert lediglich auf ‚alle Autoren' („Tous les auteurs"). Der Verweis auf den Ehrgeiz („ambition") der Semiramis könnte evtl. ein Reflex aus Diodors Beurteilung ihres Indienzuges sein. Ob Roy aber die antiken Texte direkt konsultierte, bleibt fraglich, denn seine Ausgestaltung enthält etliche Elemente, die sich in dem relativ kurz zuvor erschienenen *Le grand dictionnaire historique* von Louis Moréri finden[411] – darunter die Ermordung durch den Sohn, die hier zum ersten Mal auf der Opernbühne begegnet. Dieses Motiv wird in den antiken Quellen mehrfach referiert und wurde auf den Theaterbühnen der Frühen Neuzeit bereits von Manfredi und de Virués gezeigt; auch bei Boccaccio, dessen Werk sich ja bereits für die italienische *opera seria* als wichtiger Motivfundus erwiesen hat, wird es erwähnt. Roy nimmt es nicht nur in seine Handlung auf, sondern zeigt den Tod auch auf der Bühne – die letzten Worte des Librettos sind die der Semiramis: „je meurs".[412]

---
411 Vgl. dazu oben unter Kapitel 2.5.6.6.
412 Auch hierin zeigt sich der Unterschied zwischen italienischer *opera seria* und der französischen *Grand opéra*. Grundlegend zur französichen Oper: Fulcher 1988 u. Charlton 2003.

Auch in dieser Oper wird die Schönheit der Semiramis thematisiert.[413] Die Gärten der Semiramis spielen hier erstmals explizit eine Rolle, wenn sie auch bereits in H(e)inrich Hinschs Singspiel am Rande vorgekommen sind (dort aber nicht so benannt wurden):

> *Zoroastre:*
> Les Jardins de Semiramis paroissent suspendus en l'air.[414]

Als besonders positiv erscheint bei Roy die Gestalt der Amestris – entgegen ihrer eigenen Wünsche, sieht sie sich stets an die Befehle ihrer Königin gebunden. Die Bedeutung des vorbestimmten Schicksals spielt bei Roy, wie auch schon in Manfredis *La Semiramide boscareccia*, in *La hija del aire* von Cristóbal de Virués oder im Libretto von Andrea Moniglia[415], eine große Rolle. Das im Vorwort thematisierte Mitleid, das die Zuschauer mit der Figur der Semiramis empfinden sollen, zeigt sich später auch in der Tragödie Voltaires.

Roys Oper wurde schlecht aufgenommen,[416] Wiederaufnahmen sind nicht nachzuweisen. Ob dies an der musikalischen Ausgestaltung oder der präsentierten Handlung lag, ist letztlich nicht zu entscheiden. Auffällig ist aber, dass sich damit eine Tendenz fortsetzt, die sich auch schon bei den Theateradaptionen herauskristallisierte: Auf den Bühnen sind die Rezeptionsvarianten, die ein besonders negatives Bild der antiken Herrscherin zeigen, weniger erfolgreich als diejenigen, die auf positive(re) Erinnerungsbausteine fokussieren. Gleiches ließ sich auch schon bei den Überarbeitungen von Andrea Moniglias *La Semirami* beobachten – die von Matteo Noris 1670/1671 vorgenommenen Änderungen gegenüber dem Ursprungslibretto, die Semiramide als machthungrige Königin und skrupellose Mörderin erscheinen lassen, treffen den Geschmack des Publikums nicht.

4.1.13 Ippolito Zanelli – Nino (1720)

4.1.13.1 *Umstände der Entstehung*

Im Mai 1720 wurde im Rahmen der *fiera* (Messe) zu Ehren des Herzogs von Modena, Rinaldo d'Este (1655–1737), in Reggio eine neue Semiramis-Oper aufgeführt. Die Aufführung stand im Kontext der Eheschließung von Rinaldos Sohn Francesco (1698–1780) mit Charlotte Aglaé d'Orléans (1700–1761), einer Tochter des Herzogs von Orleans und Enkelin Ludwigs XIV., im Juni 1720, wie in der Widmung ausgeführt wird.

Verfasser des Librettos war Rinaldos Hofdichter Ippolito Zanelli – es war sein erstes Opernlibretto, das sich als ausgesprochen erfolgreich erweisen sollte:[417] Es ist nach *Semiramide riconosciuta* von Pietro Metastatio das am häufigsten vertonte Libretto, das sich mit der Gestalt der Semiramis befasst. Für die musikalische Ausgestaltung zeichneten gleich drei Komponisten ver-

---

413 So z.B. in II/3, Zoroastre: „Belle Semiramis (...)".
414 II/3.
415 Semiramide: „(...) se al mio destino piace (...)" (III/12).
416 Questa 1989, 42.
417 Noe 2018, IX. Zur Vita Zanellis s. Calapaj 1975, 112–113.

antwortlich, von denen jeder einen Akt übernahm: Giovanni Maria Capelli, Francesco Gasparini und Antonio Bononcini.[418]

Das Teatro pubblico in Reggio nell'Emilia war ein eher kleines Haus. Wie viele Zuschauer es genau fasste, muss offen bleiben – es brannte im März 1740 ab. Der Folgebau besaß fünf Ränge und eine Bühne von etwa 40 × 20 Ellen.[419]

In Reggio nell'Emilia waren herausragende Sänger und Sängerinnen besetzt, allen voran die junge Mezzosopranistin Faustina Bordoni, die 1716 in Venedig als Ginvera/Guinivere in der Oper *Ariodante* ihr umjubeltes Debüt gefeiert hatte.[420] Später sollte sie intensiv mit Georg Friedrich Händel zusammenarbeiten und Johann Adolf Hasse ehelichen.[421] Ihr zur Seite stand mit Carlo Scalzi als Idaspe ein aufstrebender Sopankastrat, der 1720 aber noch am Beginn seiner Karriere stand. Mit dem Altisten Gaetano Orsini konnte für die Rolle des Nino einer der meist beschäftigten Sänger der Wiener Hofkapelle gewonnen werden. Auch Diana Vico, die als Semiramide besetzt war, gehörte zu den gefragten Sängerinnen ihrer Zeit.

4.1.13.2 Argomento und Handlung

Die Oper spielt zur Zeit der zweiten Ehe der Königin am Hof von Babylon. Der *personaggio* umfasst folgenden Rollen:

> Zomira – Regina de'Battriani, Figlia di Zoroastro, Re de'Battriani, ucciso da Atalo
> Semiramide – Regina de gli Assiri
> Nino – suo Figliuolo
> Atalo – Re de gli Assiri
> Idaspe – Principe de'Medi, confederate co'Battriani, e Amante de Zomira
> Arbace – Generale de gli Assiri

Nur drei dieser Rollen, nämlich die der Semiramide sowie ihres Sohnes und – unter anderem Namen – ihres zweiten Ehemannes, fußen auf antiker Überlieferung. Die Handlung wird für das Publikum in einem relativ ausführlichen *argomento* umrissen, das, wie der gesamte Operntext, sowohl auf Italienisch als auch auf Französisch abgedruckt ist – eine Reminiszenz an Charlotte d'Orleans und ihr Gefolge. Im Folgenden wird nur auf den italienischen Text Bezug genommen:[422]

> Nino Re dell'Assiria dopo aver fatto dar morte a Mennone suo Generale, e Marito di Semiramide, costrinse questa ad esser sua Sposa, e n'ebbe un Figlio, cui diede pure il Nome di Nino. Accesasi poscia la Guerra tra gl'Assiri, e i Battriani, Zoroastro Re di questi ultimi fu ucciso dal Re Nino, ed egli all'incontro restò prigioniera in un sanguinoso Fatto d'Armi,

---

418 Zu Capelli s. Origo 1975, 487–489; zu Gasparini s. Iesuè 1999, 476–478; zu Bononcini s. Frajese 1971, 346–348.
419 Tiraboschi 1786, Bd. 6/1, 403; vgl. auch Lynn 2005, 234.
420 UA 1716, Venezia (L.: Antonio Salvi, M.: Carlo Francesco Pollarolo).
421 Fortan trat sie unter dem Namen Faustina Hasse oder Faustina Bordoni Hasse auf. Zu ihrer Vita vgl. umfassend Woyke 2010.
422 Der französische Text des *argomento* ist im Katalogteil der vorliegenden Studie abgedruckt.

succeduto sotto le Mura di Babilonia. Giuntane a Semiramide la nuova, lasciò al Figliuolo la custodia della Città, e sorprendendo di notte i Nemici, fe'prigioniera Zomira Figlia di Zoroastro, e Idaspe Prencipe de Medi confederato co'Battriani, e riportando la Vittoria, liberò il Re suo Marito. A questo, che le aveva decretato un pubblico Trionfo, domandò Semiramide di regnare un sol giorno, e di esser Ella sola l'arbitra Sovrana di tutto l'Impero Assiro; ancorchè in quel tempo non si permettesse ne pure alle Mogli de'Regnanti di sedere sul Trono. La compiacque il Re; e spogliatosi di tutta la suprema Autorità, la trasferi in Lei per l'amore, che la portava, e per gratitudine d'averlo liberato dalle Catene, Fatta Reina Semiramide, che aveva sempre pensato a vendicar la morte del prima suo Sposo, fe'tosto porre in prigione lo stesso Re, con pensiero di più non rendergli il Trono. Da questa così stravagante risoluzione, in cui Semiramide vien confermata da Zomira, e da Idaspe, all'una, e all'altro de'quali il Re Nino aveva ucciso il Padre, da gli amori di Zomira con Idaspe, con Nino il Figliuolo, e da ciò, che il Figliuolo medesimo amato teneramente dalle Madre operò a favore del Padre, si forma tutto l'intreccio del Dramma: il di cui fondamento è tratto da Diodoro Siculo, da Giustino, e da molti Autori Greci.

I Giardini di Babilonia colle Fontane, gli onori dovuti al Re, che Semiramide volle esigere da' Grandi del Regno, la Figlia, che il Re Nino aveva avuta dalla prima sua Moglie, son tutte notizie Istoriche, non Invenzioni Poetiche.

Al Re Nino, il di cui Figliuolo aveva lo stesso Nome, si è dato per maggior chiarezza quello d'Atalo, che pure è stato un nome d'altri Re dell'Assiria.

Nachdem Nino, König von Assyrien, Mennon, seinen General und Semiramides Ehemann, hatte töten lassen, zwang er diese, seine Ehefrau zu werden und hatte mit ihr einen Sohn, dem er ebenfalls den Namen Nino gab. Als sich dann der Krieg zwischen den Assyrern und den Baktriern entzündete, wurde Zoroastro, der König dieser letztgenannten, von König Nino umgebracht, dieser [i.e. Nino, Anm. d. Verf.in] wurde bei diesem Aufeinandertreffen in einem blutigen unter der Stadtmauer von Babylon ausgetragenem Waffengefecht gefangengenommen. Als diese Nachricht Semiramide erreichte, übergab sie dem Sohn die Aufsicht über die Stadt und, indem sie die Feinde nachts überraschte, machte sie Zomira, Tochter von Zoroastro, und Idaspe, Prinz der Meder und Verbündeter der Baktrier, zu Gefangenen und, den Sieg erreichend, befreite sie den König, ihren Ehemann. Diesen, der ihr einen öffentlichen Triumph zugestanden hatte, bat Semiramide nur einen einzigen Tag zu regieren und die alleinige eigenmächtige Souveränin des gesamten Assyrerreiches zu sein; obgleich man zu jener Zeit nicht einmal den Ehefrauen der Herrschenden erlaubte auf dem Thron zu sitzen. Der König war ihr gefällig, und sich der ganzen höchsten Autorität entkleidet, übergab er sie ihr aus Liebe, die er empfand, und aus Dankbarkeit, da sie ihn aus den Ketten befreit hatte. Semiramide, zur Königin gemacht, die immer daran gedacht hatte den Tod ihres ersten Gatten zu rächen, ließ sofort denselben König gefangen nehmen mit dem Vorhaben, ihm den Thron nicht mehr zurückzugeben. Aus diesem so extravaganten Entschluss, in welchem Semiramide von Zomira und von Idaspe bekräftigt wird, der einen und der anderen hatte der König Nino den Vater getötet, und aus dem, was der von der Mutter zärtlich geliebte Sohn zugunsten des Vaters unternahm, bildet sich das Geflecht des Dramas: dessen Fundament aus Diodor Siculus, aus Justinus und vielen griechischen Autoren entnommen ist.

> Die Gärten von Babylon mit den Brunnenanlagen, die dem König geschuldeten Ehren, die Semiramide von den Großen des Reiches einfordern wollte, die Tochter, die der König Nino von seiner ersten Ehefrau hatte, sind allesamt historische Tatsachen, nicht poetische Erfindungen.
> Dem König Nino, dessen Sohn denselben Namen trug, hat man zum besseren Verständnis den Namen Atalo gegeben, der auch der Name von anderen Königen von Assyrien war. [Übers. d. Verf.in]

Die Eröffnungsszene der Oper präsentiert allerdings weder die *prima donna* Zomira noch den titelgebenden Nino, sondern Semiramide in kriegerischer Gewandung gemeinsam mit Atalo auf einem verwüsteten Schlachtfeld vor den Toren Babylons. Semiramide hat die Schlacht gewonnen, ihren Gatten aus der Hand der Baktrier befreit und im Gegenzug Zomira und Idaspe als Gefangene genommen:

> *Semiramide:*
> Forti Eroi, già nostro è il campo: Di mia spada al chiaro lampo la Vittoria ritonò. (...) Già Semira trionfò.[423]

Atalo eröffnet Zomira, die den Tod nicht fürchtet,[424] dass er ihrem Vater, König Zoroastro, versprochen habe, er werde sich um sie kümmern und sie mit seinem Sohn Nino verheiraten. Zomira weigert sich, den Sohn des Mörders ihres Vaters zu heiraten, zumal sie Idaspe liebt.[425] Sie hegt Rachepläne gegen Atalo, den „barbaro Regnante" (I/2). Auch Semiramide ist gegen die Verbindung, doch Atalo besteht auf einer Hochzeit, die noch am selben Tag stattfinden und den Sieg der Semiramide über die Baktrier feiern soll. Schließlich habe sie Assyrien die Freiheit und Größe wiedergegeben, die es verdiene (I/3). Nino, der in der Schlacht nicht mitgekämpft, sondern dieselbe nur beobachtet hat, freut sich über den Sieg und den daraus resultierenden Frieden, ihm werden die Gefangenen Zomira und Idaspe übergeben (I/4 u. I/5).[426] Er bewundert die Schönheit Zomiras, verliebt sich sofort in sie und bietet dieser zur Befriedigung ihrer Rachegelüste sein eigenes Leben an. Auch Zomira fühlt sich zu ihm hingezogen, Idaspe ist eifersüchtig, doch Zomira beschwichtigt ihn – sie werde an ihren Racheplänen festhalten (I/6 u. I/7). In Wahrheit ist sie zerrissen zwischen ihrer Zuneigung zu Nino und ihrer Pflicht zur Rache für den Tod des Vaters (I/8). Auch Semiramide wird von Rachegedanken angetrieben – sie spricht zu dem Schatten des Mennone, ihres ersten Mannes, den Atalo töten ließ, und schwört, sie werde seinen Tod rächen, da ihre Liebe zu ihm über den Tod hinaus dauere.[427] Atalo spielt sie Liebe und Ergebenheit dagegen nur vor. Diese Täuschung gelingt perfekt – Atalo bietet ihr den Thron an; doch statt die Macht dauerhaft miteinander zu teilen, bittet sie ihn um die alleinige Herrschaft für nur einen Tag, damit er danach wieder allein und in voller Macht herrschen könne. Atalo willigt ein und ist erfreut über ihre Bescheidenheit (I/10). Die Krönung der Semiramide zur Regentin für einen Tag bildet den Abschluss des ersten Aktes (I/12). Atalo lobt ihre kriegerischen Tugenden, auch

---
423 I/1.
424 Zomira: „(...) pietà non chiede chi vuol morir, segue la Figlia il Padre." (I/1).
425 Zomira: „Dopo la morte sua [i.e. Zoroasto, Anm. d. Verf.in] non v'é salvezza, non v'è sposo per me." (I/1).
426 Nino: „O bella pace (...),rieda la pace a far tranquillo il Regno." (I/4).
427 Semiramide: „O Del mio amazo Mennone, che fosti il primo, e dirò ancora il sol mio Sposo, Ombra cara, che giri a me d'intorno (...)." (I/10).

das Volk ist einverstanden. Nach der Krönung soll die Hochzeit zwischen Nino und Zomira stattfinden, doch Semiramis verhindert diese unter Verweis auf ihre alleinige Machtstellung und lässt Atalo durch ihren Getreuen Arbace gefangen nehmen. Sie lässt Schmuck, Gold und Silber an die Bevölkerung verteilen, die Kriegsbeute soll unter den Soldaten aufgeteilt werden, um diese zu belohnen. Auf Atalos Toben reagiert sie gelassen, sie werde sich erst morgen seinetwegen sorgen, heute aber herrschen.[428] Sie verspricht, dass sie für Nino eine andere Frau finden werde und ruft die Soldaten zusammen. Hier zeigt sich, dass die neue Machtfülle sie geradezu berauscht, sie allein entscheidet nun über Krieg und Frieden, Tod oder Leben. Ein einziges Reich erscheint ihr nicht genug, sie will die ganze Welt erobern:

> *Semiramide:*
> Ma poco è un sol'Impero al mio pensiero altero. Io tutta l'ampia terra vorrei sotto al mio piè.[429]

Zu Beginn des zweiten Aktes erhält der Zuschauer tiefere Einblicke in Semiramides Pläne: Sie schließt mit den Baktriern einen Waffenstillstand und entlässt Idaspe in die Freiheit. Dieser kann sein Glück nicht fassen und schwört Semiramide die Treue. Sie weiht ihn in ihren Plan ein: Am morgigen Tag werde das assyrische Volk verlangen, dass sie Atalo den Thron zurückgebe. Um das zu verhindern, brauche sie Idaspes Hilfe. Dieser versichert ihr die Unterstützung seines Heeres. Semiramide zeigt sich erkenntlich und verspricht, dass er dann Zomira heiraten werde. Sie will Atalo frei lassen, aber nur wenn er auf ewig auf den Thron verzichte. Von Nino verlangt sie, dass er Atalo zum dauerhaften Thronverzicht zu ihren Gunsten überrede, dann werde sie Atalo frei und am Leben lassen. Sie will die Macht nicht wieder abgeben, koste es, was es wolle.[430] Ninos Einwände und seine Fürsprache für Atalo lässt sie angesichts ihrer neuen Machtposition nicht gelten.[431] Doch Atalo will lieber sterben als Semiramide das Reich zu überlassen, daher hat er das Wasser des Sonnenbrunnens, aus dem Semiramide täglich trinkt, vergiften lassen. Nino ist entsetzt, doch Atalo besteht darauf. Semiramide sei eine grausame Verräterin, der man zuvor kommen müsse.[432] Nun ist auch Nino in einem Dilemma, kann er doch nicht beide Elternteile retten (II/5). Arbace, der von Semiramides Skrupellosigkeit erschreckt ist, wechselt die Seiten und unterwirft sich Atalo (II/6). Zomira ist nach wie vor zwischen ihren widersprüchlichen Gefühlen hin und her gerissen, Nino beteuert erneut, er sei bereit, sich von ihr töten zu lassen, wenn sie dies besänftigen könne (II/7 u. II/8). Idaspe berichtet Zomira, er habe auf Geheiß der Semiramide die baktrischen Truppen versammelt, um Rache an Atalo zu nehmen; auch Nino will er töten, worauf Zomira ihm ihre Liebe zu eben diesem gesteht (II/9). Nino versucht derweil, zwischen den Eltern zu vermitteln. Atalo hege keine Rache gegen Semiramide, er sei nicht in der Lage, ihr ein Leid zufügen (II/11). Schließlich treffen Semiramide und Atalo aufeinander. Semiramide tritt als Königin auf[433] und verhöhnt Atalo, der sie innerlich verflucht, aber stumm bleibt. Semiramide will aus dem Sonnenbrunnen trinken, doch Nino verhindert dies. Atalo ist erzürnt und enttäuscht von seinem Sohn und will daher selbst das vergiftete Wasser trinken – Semira-

---

428 Semiramide: „il temerò dimani, in oggi io regno" (I/12).
429 I/12.
430 Semiramide: „(...) su'l crine ho già il diadema, non vò deporlo: egli me'l ceda, o il tema (...)".
431 Semiramide: „Son Regnante, e regnar volgio (...)" (II/2).
432 Atalo: „(...) crudel perversa Moglie (...)" (II/4).
433 Semiramide: „(...) io son più bella, or che regnante io sono (...)" (II/12).

mide reicht ihm den Becher. Atalo betont, dass er Mennone nur aus Liebe zu ihr getötet habe, sie dagegen töte ihn nun aus purem Machtstreben. Der verzweifelte Nino geht dazwischen und will sich in sein Schwert stürzen. Die entsetzte Semiramide schlägt Atalo den Becher aus der Hand, sie will ihren Sohn nicht verlieren. Atalo bleibt in Gefangenschaft. So endet der zweite Akt.

Semiramide plant, die Baktrier in die Stadt zu lassen, damit diese unter Zomiras Führung Atalo töten – alles ist entsprechend vorbereitet. Ihr Plan sieht vor, dass der Zorn ihres eigenen Volkes und auch der des Nino sich gegen Zomira als letztes Mitglied der baktrischen Herrscherfamilie richten werde (III/1 u. III/2). Dagegen verspricht sie dieser, sie werde ihr nach Atalos Tod Baktrien zurückgeben (III/3). Nino versucht nochmals, Gnade für Atalo zu erwirken, Zomira ist enttäuscht, dass für ihn das Leben des Vaters schwerer wiegt als die Zuneigung zu ihr (III/4 u. III/5). Atalo beklagt sein Schicksal, will aber wenigstens als tapferer Mann, wenn schon nicht als König sterben.[434] Doch Nino befreit ihn aus dem Gefängnis und bleibt an seiner Stelle dort zurück. Für Semiramide bittet er um Gnade – Atalo lobt sein großes Herz, das eine Herzlose retten wolle (III/9). Zomira dringt mit ihren Getreuen in das Gefängnis ein und will den vermeintlichen Atalo töten. Als sie Nino erkennt, lässt sie den Dolch fallen, ist bereit Atalo zu verschonen und gesteht Nino ihre Liebe, dieser kann sein Glück kaum fassen (III/11 u. III/12). Im prunkvollen Thronsaal erwartet Semiramide die Huldigung ihrer Untertanen, doch Arbace begehrt auf, da einer „Eintagesherrscherin" keine Ehre gebühre und zieht sein Schwert:

> *Arbace:*
> A chi regna un sol giorno non si deve tanto onor: l'abbia de noi chi nacque per regnar, non chi per frode, e per dar morte a un Re si se'Reina.[435]

Idaspe kommt hinzu und behauptet, Zomira hätte soeben Atalo getötet, wodurch Semiramide die alleinige und dauerhafte Herrscherin sei – Semiramide fordert vehement Gehorsam und Unterwerfung:

> *Semiramide:*
> Prostratevi al mio soglio, vostra Reina io son.[436]

Der befreite Atalo erscheint und weist Semiramide in die Schranken, sie sei jetzt keine Königin mehr und auch nicht länger seine Ehefrau. Doch da die Sonne noch nicht aufgegangen ist, besteht Semiramide darauf, noch immer ein Recht auf den Thron zu haben. Atalo solle sie ruhig töten, aber sie will auf dem Thron und als Königin sterben.[437] Atalo beschließt, zuerst Nino zu befreien (III/15). Zomira erscheint und berichtet, sie habe im Gefängnis statt Atalo Nino angetroffen, weswegen Semiramide glaubt, Zomira habe dort Nino getötet. In ihrer Verzweiflung über den vermeintlichen Tod des Nino will sie Zomira töten (III/16). Nino kommt hinzu und die erleichterte Semiramide erkennt, dass der Hass sie blind gemacht hat.[438] Sie gibt Nino und Zomira ihren Segen. Idaspe ist entsetzt und will nun seinerseits Atalo töten, um Semiramide die Macht und sich die Hand Zomiras zu erhalten. Doch er unterliegt und wird gefangen genommen. Semi-

---

434 Atalo: „Re non posso morir, morrò da forte." (III/8).
435 III/13.
436 III/14.
437 Semiramide: „Reina vo'morir (...)" (III/14).
438 Semiramide: „Bella Zomira, or veggio Tutto l'orror dell'odio mio (...)" (III/17).

ramide gibt Atalo den Thron zurück und erwartet ihre Strafe. Nino bittet erneut für sie – Atalo verschont sie. Diese großzüge Geste ändert Semiramides Gefühle ihm gegenüber:

> *Semiramide:*
> Hai vinto, hai vinto: Io comicio ad amarti: è l'odio estinto.[439]

Des Weiteren will Atalo Idaspe das Mederreich zurückgeben, das er einst seinem Vater genommen hatte. Nino lobt Atalos Großzügigkeit und bietet Idaspe Rosane, seine Schwester, als Ehefrau; Idaspe stimmt zu. Atalo führt dann Zomira zum Thron, denn sie sei die Königin der Baktrier und verdiene diese Anerkennung. Zomira will aber in erster Linie Ehefrau sein und ihrem Herzen folgen, sie besteigt den Thron zwar, aber nur um ihn dann an Nino abzutreten. Der Chor verspricht Zomira eine strahlende Zukunft als Herrscherin, doch sie will nur die Herrscherin in Ninos Herzen sein:

> *Semiramide:*
> Ma poco del soglio m'allettano i Rai, del Sposo sol voglio regnare nel Cor.[440]

4.1.13.3 Ideae et species Semiramidis

Semiramis ist nicht die Hauptfigur dieser Oper, in der es vielmehr um Ninos Dilemma und seinen Zwiespalt, sowie die gerechte Rache der Zomira geht. Diese ist die strahlende Lichtgestalt des Librettos, die von töchterliche Liebe und Pflichtgefühl zur Rache angetrieben, schließlich doch der Liebe nachgibt, die Herrschaft zurückweist und als Ehefrau des neuen Königs ihre Rolle und Erfüllung findet. Ein *lieto fine*, das als gutes Omen für die Hochzeit von Francesco und Charlotte gedacht ist. Atalo dagegen wird als schwache Figur ausgestaltet. So richten sich auch seine ersten Worte an Semiramide und charakterisieren das Machtverhältnis der beiden.[441]

Auch Zanelli präsentiert die Königin als vielschichtige Persönlichkeit. Seine Semiramide enthält durchaus grausame Züge, doch wird sie angetrieben von einem unerschütterlichen Verlangen nach Rache für den Tod des geliebten Mennone und ist voller Groll gegen den König, der sie sich mit Gewalt zu eigen gemacht hat – es ist eine Semiramide, die die Gelegenheit ergreift von einem machtlosen Objekt zu einem handelnden Subjekt zu werden. Zeitweilig korrumpiert sie diese Machtfülle und macht sie zu einem Opfer ihres eigenen Größenwahns und Machthungers. Ihre anfänglich gerechte und maßvolle Rache (so will sie Atalo eigentlich ‚nur' den Thron rauben und ihn nicht töten) entgleitet ihr, sie verliert sich in ihr und damit jedes rechte Maß. Darüber hinaus spielt sie mit den Gefühlen ihres Sohnes für Zomira und belügt Zomira wie Idaspe, um ihren Willen durchzusetzen – Zanelli zeigt sie so als manipulativ und berechnend. Doch im Angesicht des drohenden Todes ihres Sohnes legt sie die Waffen nieder, Mutterliebe überwindet hier letztlich das Bedürfnis nach Rache und führt zur Reue über ihre Taten – so wird sie doch

---

439 III/18.
440 III/18.
441 Atalo: „O mia consorte, o mia gloria, e salvezza." (I/1). Ähnlich später: Atalo: „Vieni a goder de'tuoi vanti mia dolce sposa (...)" (I/10).

noch zu einer positiv besetzten Heldin. All ihre Aktionen führt sie dabei als Frau aus, das Element der Verkleidung als Mann spielt hier keinerlei Rolle.[442]

Zanellis *argomento* enthält neben dem vagen Hinweis auf „molti autori Greci" zwei konkrete Quellenhinweise, nämlich den auf Diodor und Iustin. Sicherlich waren beide Texte für Zanelli zugänglich, deutlich stärker als von diesen antiken Vorlagen scheint sein Libretto aber von dem Libretto von Silvani (1713/1714) beinflusst worden zu sein. Die grundsätzliche Handlung der Opern ähnelt einander – zentraler Gedanke ist einerseits das Rachemotiv, das Zanelli Silvani gegenüber ausbaut und zum Motor für Semiramide als auch für Zomira macht. Andererseits spielt die Entwicklung der Semiramide eine wichtige Rolle, insbesondere mit Blick auf ihren Umgang mit der ihr temporär zugestandenen Macht. In beiden Opern übt die Aussicht auf Macht eine Faszination auf die Protagonistin aus, beide Male führt die Ermächtigung zu Gewaltbereitschaft und Machtmissbrauch für eigene Agenden. Doch sowohl bei Silvani als auch bei Zanelli hat die Macht letztlich nicht zu einem vollständigen Empathieverlust geführt – der drohende Tod des Mennone bei Silvani und der drohende Tod des Nino bei Zanelli bilden entscheidende Wendepunkte für die Handlung. In Zanellis Libretto liegt die Herrschaft am Ende – anders als bei Silvani – aber nicht mehr in Semiramides Händen. Sie tritt hier in den Rahmen einer ‚natürlichen' Geschlechterordnung zurück: Atalo erhält seinen Thron zurück, Semiramide entdeckt ihre Liebe zu ihm. Nicht Semiramide erweist sich hier als würdigste Herrscherin über Babylon, wie bei Silvani, sondern vielmehr Zomira. Doch diese will nicht über ein Reich, sondern im Herzen des Geliebten herrschen. Zomira will die weibliche Sphäre also nicht verlassen, Macht reizt sie nicht. Zanelli kontrastiert hier zwei Frauengestalten, indem, ausgehend vom selben Beweggrund – Rache –, einer durch Macht korrumpierten Frau, die erst am Ende durch die Liebe zum Sohn aufgerüttelt wird und sich auf ihre Rolle als Ehefrau besinnt, eine Frau gegenübergestellt wird, die an Macht kein Interesse zeigt und deren größter Wunsch es ist, ihre Rolle als Ehefrau einzunehmen. Gleichzeitig sind auch die beiden Männergestalten als Gegensatzpaare gestaltet: Gemeinsam ist ihnen die Liebe zu einer Frau – Atalo zu Semiramide, Nino zu Zomira. Doch während Atalo durch diese Liebe blind und manipulierbar wird, so sein eigenes Leben in Gefahr bringt und auch vor Mord nicht zurückschreckt, ist Ninos Liebe zu Zomira von anderer Art. Auch steht seine Zerrissenheit, welchem Elternteil er sich anschließen solle und seine Unfähigkeit, den jeweils anderen fallen zu lassen bzw. zu töten, im Gegensatz zur Skrupellosigkeit, die Atalo (und auch Semiramide) an den Tag legen.

Zanellis Libretto stieß offenbar auf große Zustimmung. Auch wenn in den zahlreichen Überarbeitungen weitreichende Veränderungen vorgenommen wurden, änderte sich die zentrale Handlung ebensowenig wie die in ihr vorgestellten Charakterbilder. Lediglich die Gewichtung einzelner Rollen verschob sich, was sich sowohl in wechselnden Operntiteln, Veränderungen in der Reihenfolge der Rollen im *personaggio* sowie den Szenenpräsenzen zeigt. Es ist weiterhin die erste hier besprochene Oper, bei der einige Sänger und Sängerinnen über die Jahre mehrfach auftraten – erstmals wurde hier also eine Verbindung zwischen einer bestimmten Rolle und einer diese auf der Bühne verkörpernden Person hergestellt.

---

442 Und doch schwingt es latent mit, so in Idaspes Vorwurf in I/1: „Non perdere il costume de la tua crudeltà (...)."

4.1.13.4 Überarbeitungen

Zanellis Libretto wurde noch zehn weitere Male vertont und über einen Zeitraum von 12 Jahren in verschiedenen Städten gespielt. Im Januar 1722 war sie die zweite Oper der *stagione di carnevale* am Teatro Capranica in Rom, wo bereits seit 1679 *drammi per musica* präsentiert worden waren.[443] 1694 war es als öffentliches Theater durch Federico und Pompeo Capranica eröffnet worden.[444] Zwischen 1711 und 1724 wurden hier zur Karnevals-Saison je zwei Opern gegeben. Das Theater war inbesondere den Mitgliedern der *Accademia dell'Arcadia* verbunden. Gewidmet war diese Bearbeitung, zu der Giuseppe Maria Orlandini[445] die Musik beisteuerte, dem portugiesischen Gesandten, Kardinal Nuno de Cunha.[446] Reinhard Strohm vermutet, dass der Vorname des Kardinals vielleicht für die Wahl der Oper ausschlaggebend gewesen sein könnte.[447] Bis auf Marginalia bleibt der *argomento* unverändert, die Reihenfolge im *personaggio* wird aber adaptiert: Nun führt Atalo die Liste an – was angesichts der neuen Widmung an einen Mann und der Herauslösung der Oper aus dem Kontext von Hochzeitsfeierlichkeiten nur konsequent ist. Alle Rollen sind hier mit männlichen Sängern besetzt, da in Rom das öffentliche Auftreten von Frauen zwischen 1588 und der Mitte des 18. Jh.s durch einen päpstlichen Erlass untersagt war.[448] Besonders prominent besetzt war die Rolle der Semiramide, für die der Soprankastrat Giacinto Gasparini, genannt Farfallino, gewonnen werden konnte. Auch Carlo Scalzi war erneut zu hören, er übernahm, wie schon in Reggio zwei Jahre zuvor, die Rolle des Idaspe.[449]

Orlandini, der als Komponist von Opern, aber auch von geistlicher Musik großes Ansehen genoss, gelang es, dem Libretto endgültig zum Durchbruch zu verhelfen.[450] Die Musik zu dieser Oper ist nicht erhalten, doch zeigen andere seiner Opernvertonungen, dass Orlandini – wie auch Antonio Vivaldi, der nur wenige Jahre später Silvanis *Semiramide* vertonen sollte[451] – zu den besonders innovativen Komponisten seiner Zeit zählte.[452] Seine Vertonung des *Nerone* hatte in der venezianischen Karnevalssaison des Vorjahres Furore gemacht.[453] Ausgestattet mit Orlandinis Musik, gelangte die Oper an verschiedene andere Theater in Italien. Orlandini arrangierte die Szenen leicht um und fügte etliche neue Arien hinzu – der Kern der Handlung sowie die Charakterzeichnungen wurden davon allerdings kaum berührt. Nach wie vor eröffnet Semiramide die Oper mit denselben Worten wie in Reggio, betont ihre militärische Kompetenz und feiert den Sieg über Zoroastro und seine Truppen. Die Szene wurde nun aber in zwei aufgeteilt – dies gab Raum für eine zusätzliche Arie am Ende der Szene.[454] Die neuen Arien unterstrichen die schon in

---

443 Holmes 1993, 62.
444 Zum Theater umfassend Strohm 1997, 33–57.
445 Romagnoli 2004, 1421–1422.
446 Wie auch die zweite Oper dieser Saison, eine Wiederaufnahme von *Arminio* (UA 1703, Venezia; L.: Pratolino Salvi, M.: Alessandro Scarlatti).
447 Strohm 1997, 57.
448 Vgl. dazu unten unter Kapitel 4.3.
449 In der ersten Aufführung von Pietro Metastasios *Semiramide riconosciuta* in Rom 1729 übernahm er die Rolle der Mirteo; ein Jahr später sang er in einer Vertonung dieses Librettos in Mailand den Scitalce. Als Mirteo besetzte ihn Händel für seine Vertonung von Metastasios Operntext 1733 in London.
450 Aus seiner Feder stammen rund 40 Opernlibretti; vgl. Romagnoli 2004, 1421–1422.
451 1731 am Teatro Arciducale in Mantova.
452 Strohm 1997, 57.
453 UA 1721, Venezia (L.: Agostino Piovene).
454 Auch die von Orlandini neu hinzugefügte Szene I/3 erfüllte letztlich nur diesen Zweck. Die herausragenden Sänger und Sängerinnen, v.a. Andrea Pacini und Carlo Scalzi (letzterer wie in Reggio als Idaspe),

der Version aus Reggio angelegten Züge von Atalo und Semiramide und hoben insbesondere auf die Bedeutung ehelicher Treue ab, was dem Anlass der Aufführung ja in besonderem Maße entsprach.[455] Auch im weiteren Verlauf der Oper beschränkten sich die Eingriffe primär auf die Arien – hier bot sich Orlandini die Gelegenheit, sein musikalisches Können zu entfalten, während die Rezitative mit ihrer Basso Continuo-Begleitung ja keine Möglichkeiten zur kompositischen Beteiligung boten. Lediglich in die finale Szene des dritten Aktes griff er umfassender ein und veränderte die Handlung dahingehend, dass die Oper nun nicht mehr von Zomira und deren Wunsch, lediglich über Ninos Herz zu herrschen, beschlossen wird. Statt dem Machtverzicht Zomiras steht nun am Ende ein Lobeschor, der den Sieg der Liebe über den Zorn sowie Atalo als „gran Regnante" besingt:

Coro:
Vinta già da Amor lo Sdegno goda il Regno pace stabile, e soave e risuoni in ogni riva: Dell'Assiria il gran Regnante regni, e viva.[456]

In dieser Form wurde die Oper mit Orlandinis Musik wenige Wochen später in Turin wieder aufgenommen. Anlass war erneut eine Hochzeit, nämlich die von Karl Emanuel III. (1701–1773), Herzog von Savoyen, mit Anna Christine Luise von Pfalz-Sulzbach (1704–1723). Der *argomento* blieb erneut unverändert, die Reihenfolge im *personaggio* wurde dagegen wieder abgewandelt – nun steht Semiramide als erste Rolle in der Liste, sie ist nun auch Namensgeberin der Oper. Das Textbuch wurde quasi unverändert aus Rom übernommen.

Ein weiteres Mal erklang die Oper, nun wieder unter dem Titel *Nino*, mit Orlandinis Musik zur Eröffnung einer Karnevalssaison im Dezember desselben Jahres, am Teatro Pubblico in Pesaro. Auch hier wurde der *personaggio* – im Gegensatz zum nach wie vor unveränderten *argomento* – umgestellt, nun ist die erste genannte Rolle die des Atalo. Statt in drei wurde die Handlung hier in fünf Akte aufgeteilt. Der Text wurde gegenüber dem der Aufführung in Rom nur marginal verändert.

Im Frühjahr 1724 war diese Oper, die nun mit dem Titel *Semiramide regina dell'Assiria* versehen wurde, wieder zu hören.[457] Die Musik stammte nun allerdings von Nicola Porpora; die Aufführung fand am Teatro S. Bartolomeo in Neapel statt. Während sich Porpora, der zu den bedeutendsten Komponisten seiner Zeit gehörte, in den ersten beiden Akten noch der Vorlage des originalen Librettos aus Reggio sowie der Bearbeitung für Orlandini bediente[458], ließ er den kompletten dritten Akt mit neuen Texten versehen. Der *argomento* blieb dagegen nach wie vor unangetastet.[459] In dieser Adaption ist nun Semiramide bereit, Atalo die Freiheit zurückzugeben, wenn er auf den Thron verzichte (III/5) – doch dieser weigert sich, da er das Wasser des Sonnen-

---

brauchten v.a. Arien, um ihr Können zu präsentieren; s. Holmes 1993, 62–63.
455   Atalo: „Ho sempre in amarti la fede di sposo (...)" (I/1) – Diese Arie des Nino bildete in Reggio den Abschluss der Szene I/3, die Orlandini ansonsten gestrichen hat. // Semiramide: „(...) al mesto Regno reca pace, e libertà." (II/2) // Atalo: „Barbara donna, il tuo crudel desio. Corri a svenarmi ò perfida, e nel mio sangue fazia la fete tua crudel... ." (III/8).
456   III/18.
457   Gelegentlich wird das zugehörige Textbuch fälschlicherweise Francesco Silvani zugeschrieben, so z.B. bei Mayeda 1967, 24.
458   Selbst die Arientexte sind z.T. identisch mit denen Orlandinis, so z.B. I/1, I/3 und I/4.
459   Nur fünf Jahre später sollte Porpora für die Vertonung von Pietro Metastasios *Semiramide riconosciuta* im römischen Karneval 1729 verantwortlich zeichnen.

brunnens vergiftet hat und sich seines Sieges sicher ist. Als in der finalen Szene der befreite Atalo sowie Zomira und Nino erscheinen, glaubt Semiramide, nun sterben zu müssen – doch Atalo verzeiht ihr, reicht ihr die Hand und führt sie erneut zum Thron:

> *Semiramide:*
> Io già son pronta [di morire, Anm. d. Verf.in].
>
> *Atalo:*
> Ma tu non sai qual pena, più crudel ch'esserpossa, io da te voglio.
>
> *Semiramide:*
> Non la sò, e non la temo.
>
> *Atalo:*
> Eccola indegna.
>
> *Scende dal Trono, e prende Semiramide per la mano, e la conduce al Trono.*
>
> Dolce, e amata mia sposa tu Reina ancor sei: torna al mio soglio.

Anders als im Ursprungslibretto behält Semiramide in diesr Variante also am Ende – gemeinsam mit Atalo – den Thron, der zu Beginn der Oper herrschende Ausgangszustand wird wieder hergestellt. Diese Textversion vermag sich aber nicht durchzusetzen.

Auch Porpora konnte über eine hervorragende Besetzung verfügen – allen voran verdient der Soprankastrat Carlo Broschi, detto Frainelli, hier Erwähnung, der die Partie des Nino übernahm.[460] Als *prima donna* trat erneut erneut Diana Vico als Semiramide auf.

Auch in der Karnevalssaison 1724/1725 gab Diana Vico ein weiteres Mal die Semiramide, die sich zu einer ihrer Paraderollen entwickelt hatte. Aufgeführt wurde die Oper im Teatro di Falcone in Genua. Ihr Titel ist nun wieder *Nino* – dieser führt das *personaggio* auch an. Der *argomento* wurde unverändert aus dem Ursprungslibretto übernommen. Der Komponist dieser Variante ist unbekannt, wahrscheinlich ist es nicht Orlandini, da die Mehrzahl der Arien gegenüber Roma 1722 ausgetauscht wurde.

Im Karneval 1727 wurde die Oper in Jesi aufgeführt. Wie in Rom 1722 war auch hier die Besetzung rein männlich; erneut wurde die Musik Orlandinis zu Gehör gebracht und das Libretto blieb gegenüber der Aufführung im römischen Karneval 1722 unverändert.

Als *La Semiramide* eröffnete die Oper 1727/1728 die Karnevals-Saison am Teatro S. Sebastiano in Livorno. Hier wurde – eine Besonderheit – die Rolle des Nino von einer weiblichen Altistin übernommen.[461] Die Partie der Semiramide wurde von Maddalena Pieri (Contralto) gestaltet, die bei der Aufführung in Genua noch als Idaspe zu hören gewesen war. Die Arientexte sind in großen Teilen mit denen Orlandinis von 1722 identisch, so dass davon auszugehen ist, dass in Livorno dessen Musik erklang.[462] Der *argomento* wurde ohne Änderungen erneut abgedruckt.

---

460 1729 besetze Porpora ihn auch in seiner Adaption von Metastasios *Semiramide riconosciuta* – nun in einer kleineren Rolle als Mirteo.
461 Zur sog. ‚gegengeschlechtlichen Besetzungspraxis' vgl. unten unter Kapitel 4.3.
462 So auch Holmes 1993, 196 Anm. 25.

Fünf Jahre später gelangte die Oper unter dem Titel *Nino* auch nach Venedig und zwar ans Teatro S. Angelo, einen Bau mit 136 Logen und über 1.000 Plätzen.[463] Für Venedig wurde Zanellis Libretto durch Francesco Courcelle neu vertont; nach wie vor blieb aber das Ursprungs-*argomento* erhalten. Anna Peruzzi übernahm die Rolle der Zomira.[464] Der Librettotext wurde leicht verändert, orientierte sich aber deutlich am Ursprungslibretto und ließ die unter Porporas Ägide vorgenommenen textlichen Veränderungen aus. Wie zuvor schon Orlandini verwendete Courcelle vor allem neue Arien, zusätzlich straffte er den Text der Rezitative etwas – die Handlung blieb unverändert.[465]

Im Karneval 1734/1735 am florentinischen Teatro della Pergola lautete der Titel der Oper wieder *La Semiramide*. Seit 1718 wurde dieser bereits 1657 eröffnete Bau auch als öffentliches Theater genutzt. Es fasste etwa 1.000 Personen; üblicherweise wurden hier drei oder vier Opern pro *stagione* gegeben.[466] Orlandini war hier seit 1722 als *impresario* tätig. Dennoch ist offensichtlich nicht seine Komposition von 1722 verwendet worden, viele Arien sind gegenüber seiner Bearbeitung für den römischen Karneval ausgetauscht – ob Orlandini für die neuen Arien verantwortlich zeichnete, muss offen bleiben, ist aber wahrscheinlich.[467] Dediziert wurde die Oper Gian Gastone de'Medici, dem Großherzog (*grand duca*) der Toskana.

Die letzte Station dieser Oper ist Prag, wo sie vermutlich 1738 zu Aufführung kam. Hier wurden der Operntext sowie alle zugehörigen Paratexte sowohl auf Italienisch als auch auf Deutsch angedruckt – der *argomento* wurde erneut aus Reggio nell'Emilia übernommen. Die Oper wurde für die Prager Büne massiv überarbeitet, etliche neue Szenen entstanden, die Gesamtzahl der Szenen wurde drastisch gekürzt – von den 44 Szenen der Uraufführung in Reggio blieben hier nur noch 26. Aufführungsort war das Teatro detto del Conte Sporck, das als erstes öffentliches Theater Prags 1724 im einem der Palazzi Franz Anton von Sporcks entstanden war. Daniel Freeman nennt es eine „colony of the Venetian operatic world"[468], an der normalerweise sechs Opern pro Jahr gegeben wurden – je zwei im Karneval, im Frühjahr und im Herbst. In welcher *stagione* *Semiramide* gegeben wurde, ist allerdings nicht zu eruieren. Das Prager Publikum war weniger anspurchsvoll als das in Italien, so ist wohl üblicherweise nicht einmal aufgefallen „how stylistically old-fashioned most of the works presented in the Sporck theatre were",[469] die meist aus verschiedenen Versatzstücken zusammengestellt waren. So heißt es auch hier im Paratext „La musica è di varij autori" – trotz etlicher Veränderungen blieb die Handlung unverändert. Geehrt wurde mit der Aufführung Graf Johann Anton von Schaffgotsch (1675–1742), Landeshauptmann des Fürstentums Schweidnitz-Jauer.

***

---

463 Am selben Theater war im Januar 1706 bereits eine Semiramis-Oper gegeben worden und zwar auf Basis des Librettos von Matteo Noris; vgl. unter Kapitel 4.1.10.
464 Im Folgejahr wird sie als Ninos Schwester Aspasia in Silvanis *Semiramide* in Mailand auftreten.
465 Sogar der Text von Orlandinis Schlusschor bleibt erhalten. Von den 32 Arien, die 1722 in Rom erklangen, werden zehn ausgetauscht und acht gestrichen; Holmes 1993, 67–68.
466 Lynn 2005, 160–161.
467 So auch mit Blick auf schriftliche Korrespondenz im Kontext der Vorbereitungen dieser Oper Holmes 1993, 68. Aus einer der früheren Vertonungen anderer Komponisten stammen sie jedenfalls nicht.
468 Freeman 1995, 117.
469 Freeman 1995, 119.

Zanellis Libretto erweist sich also als ausgesprochen erfolgreich. Wechselnde Geehrte führten zwar zu Veränderungen im Titel der Oper und in der Reihung des *personaggio*, doch blieb die Handlung davon stets unberührt, wobei die Szenenpräsenzen durchaus Abweichungen aufweisen (Tab. 2). Zwar überwiegen die Libretti, in denen Semiramide die Figur ist, die am häufigsten auf der Bühne agiert – allein nimmt sie diese Position allerdings nur viermal ein (davon dreimal in den späten Vertonungen der 1730er Jahre). Fünf Mal teilt sie diese Position mit Zomira und/ oder Nino, in je einer Aufführung sind Nino bzw. Zomira in den meisten Szenen auf der Bühne.

Tab. 2: Szenenpräsenzen in den einzelnen Vertonungen

	Semiramide	Zomira	Atalo	Nino	Gesamtszenen
1720	21 (48%)	19 (43%)	13 (30%)	19 (43%)	44
1722 Roma	21 (47%)	18 (40%)	12 (27%)	21 (47%)	45
1722 Turino	22 (52%)	22 (52%)	13 (31%)	19 (45%)	42
1722 Pesaro	22 (49%)	20 (44%)	14 (31%)	22 (49%)	45
1724 Napoli	15 (43%)	14 (40%)	12 (34%)	16 (46%)	35
1724 Genova	21 (49%)	21 (49%)	13 (28%)	21 (49%)	43
1727 Jesi	22 (52%)	20 (44%)	13 (31%)	22 (52%)	45
1727 Livorno	21 (47%)	22 (52%)	13 (31%)	21 (47%)	45
1732	22 (52%)	18 (43%)	14 (33%)	19 (45%)	42
1734	22 (55%)	19 (48%)	13 (33%)	20 (50%)	40
1738	15 (58%)	13 (50%)	9 (35%)	13 (26%)	26

Sowohl an kleinen adeligen wie an großen öffentlichen Theatern wurde die Oper erfolgreich gespielt, der Stoff erreichte in dieser Variante einen großen Personenkreis. Hervorzuheben ist außerdem: Erstmals in der Geschichte der Semiramis-Libretti wurden hier bestimmte Sänger und Sängerinnen mehrfach besetzt – von Zanelli geschaffene Charaktere wurden so von einem großen Publikum in verschiedenen Städten mit konkreten Gesichtern und Stimmen verknüpft. Seine Semiramis enthält durchaus grausame und berechnende Züge, doch wird sie angetrieben von einem unerschütterlichen Verlangen nach Rache für den Tod des geliebten Mennone und ist voller Groll gegen den König, der sie sich mit Gewalt zu eigen gemacht hat – es ist eine Semiramis, die die Gelegenheit ergreift, statt machtloses Objekt zu sein, handelndes Subjekt zu werden. Erst im Angesicht des drohenden Todes ihres Sohnes legt sie die Waffen nieder, ihre Mutterliebe überwindet ihren Durst nach Rache.

4.1.14 Apostolo Zeno – Semiramide in Ascalona (1725)

4.1.14.1 Umstände der Entstehung

Anlässlich des 34. Geburtstags von Elisabeth Christine (1691–1750), der Gattin Karls VI. (1685–1740), im August 1725 entstand am Habsburgerhof eine neue Semiramisoper, deren Libretto von Apostolo Zeno verfasst wurde.[470] Zeno war seit 1715 als *poeta cesareo* in Wien tätig; er gehörte ohne Zweifel zu den herausragenden Librettisten seiner Zeit. Die Musik zur Oper stammte von Antonio Caldara; aufgeführt wurde sie unter freiem Himmel, im Gartentheater der Neuen Favorita bei Wien. Wie viele Personen der Opernaufführung am Hofe zu Wien beiwohnten, ist nicht zu ermitteln. In jedem Fall handelt es sich um eine singuläre Aufführung mit einem höfischen Publikum mit Adligen und hohen kirchlichen Würdenträgern.

Apostolo Zeno, der einem venezianischen Adelsgeschlecht entstammte, eine exzellente Ausbildung genossen hatte und 1701 Mitbegründer der *Accademia degli Animosi* gewesen war, entschied sich für seine Semiramis-Oper nun für einen ganz anderen Stoff als Ippolio Zanelli fünf Jahre zuvor – nämlich eine Episode aus den Jugendjahren der Semiramis. *Semiramide in Ascalona* erzählt die Dreiecks-Geschichte von Semiramide, Nino und Mennone. Diese Geschichte war schon mehrfach auf die Opernbühne gebracht worden, doch Zeno veränderte sie erneut und fügte neue Elemente hinzu, wie unten noch zu zeigen sein wird. Sein Hauptaugenmerk lag auf moralischen Erwägungen, was gut zu seinem Engagement in der *Accademia degli Animosi*[471] passt, und sich als grundsätzliche Tendenz auch in seinen übrigen Opernlibretti zeigen lässt.[472] Zeno wird als erster Reformator der *opera seria* gesehen, der in seinen Libretti auf jegliche komischen Elemente verzichtete und sich strikt gegen eine Vermischung von ‚erhabenem' und ‚gemeinem' wandte.[473] Diese Reformbewegungen werden später von Pietro Metastasio weitergeführt.

Die Aufführung von Opern hatte in Wien bereits eine rund 200jährige Tradition. Quasi von Geburt der Gattung an, wurden auch am Wiener Kaiserhof Opern zu festlichen Anlässen wie Hochzeiten, Krönungen, Namens- und Geburtstagen gegeben.[474] Semiramis betrat mit Zenos Version das dritte Mal eine Bühne am Wiener Habsburgerhof, die letzten Aufführungen lagen

---

470 Vgl. auch Questa 1989, 91–93.
471 1698 hatte sich Zeno entschlossen, diese *Accademia*, der er als Vizepräsident vorstand, an die 1692 neu entstandene *Accademia degli Arcadi* anzuschließen, der nur wenig später auch Pietro Metastasio angehören sollte. Zentrales Anliegen beider Akademien waren, mit Blick auf die Oper, die Eliminierung der komischen Figuren sowie die Ausweitung der Arien. Ziel war es, die Mischung von literarischen bzw. dramatischen Gattungen zu verwerfen und die Reinheit der jeweiligen Gattung zu forcieren; Verweyen 2002, 30; Maylender 1926, 205–208 sowie 255–257.
472 Zeno war bereits seit 1696 mit *Gli inganni felici* als Librettist in Erscheinung getreten.
473 Fehr 1912; Freeman 1968, insb. 326; Finscher 1973/1974, 25.
474 Prawy 1969, 25–39.

aber inzwischen gut 50 Jahre zurück,[475] so dass bezweifelt werden darf, dass beim Publikum noch konkrete Erinnerungen an die Handlungen dieser musikalischen Umsetzungen vorhanden gewesen sind, als Zeno seine Oper zur Aufführung brachte.

4.1.14.2 Argomento und Handlung

Schauplatz der Oper ist die Gegend um Ascalon, wo sich der Tempel der Venus Urania befindet. Der *argomento* erläutert:

> Semiramide, che fu moglie di Nino, e regnò su gli Assirj dopo la morte di lui, fu nativa di Ascalona, città antica e nobile della Siria: il che non solo da più scrittori viene afferito, ma confermato ancora da molte medaglie quivi battute in tempo degl'Imperadori Romani, nelle quali ella si vede scolpita. Fu creduta, che suo padre fosse un certo Simma, pastore di quel contorno, al quali io do il nome finto di Simmandio, scoprendolo poi per Oropaste, già Principe di Ascalona, donde in sua giovanezza era stato cacciato da Nino suo vincitore. Semiramide fu prima amante, e anche veramente moglie di Mennone, che era Governatore della Siria, e uno de'Satrapi principali, e favoriti di Nino. Passò ella dipoi, vivente Mennone, e in tempo che la guerra facea si contra i Battriani, alle seconde notte con Nino, il quale per racconsolarlo di tal perdita, gli [i.e. Mennone] offerse in moglie una propria figliuola, che però nel Dramma si finge esser sorella di Nino: ma Mennone spinto dalla disperazione, e dalla gelosia, s'impiccò con un laccio. Questo argomento, tratto in parta da Diodoro (Lib. II.) da Giustino, e da altri, è il principale fondamento del Dramma, dove si frappongono, ad arricchirne il viluppo, gli amori di Belesa, di Arbace, e di Aliso.

> Semiramide, die die Frau des Nino war, und nach seinem Tod die Assyrer regierte, stammte aus Ascalon, einer alten und edlen Stadt in Syrien. Nicht nur viele Schriftsteller, sondern auch Medaillons, geschlagen in der Zeit der römischen Kaiser, die ihr Abbild zeigen, zeugen von ihr. Man hat geglaubt, dass ihr Vater ein gewisser Simma sei, ein Hirte, dem ich hier den falschen Namen Simmandio gebe, der sich später als Oropaste entpuppte, Prinz von Ascalon, der in seiner Jugend von Nino, seinem Bezwinger, gejagt worden war. Semiramide war zuerst die Geliebte und dann wirklich die Frau des Mennone, dem Statthalter von Syrien und einem der wichtigsten Haupt-Satrapen und Favoriten des Nino. Während Mennone lebte, verließ sie ihn und ging in der Zeit zu der der Krieges mit Baktrien stattfand, eine zweite Ehe mit Nino ein, welcher um ihn [i.e. Mennone, Anm. d. Verf.in] über den Verlust zu trösten, ihm seine eigene Tochter als Ehefrau anbot, die sich jedoch im Drama vorgab, die Schwester des Nino zu sein. Doch Mennone, von Verzweiflung und Eifersucht getrieben, hängte sich mit einem Seil auf. Dieses argomento, welches teilweise aus Diodor (Buch 2) und Justin und von anderen stammt, ist die Grundlage des Dramas, wo sich, um ein Durcheinander zu erschaffen, die Liebesgeschichten von Belesa, Arbace und Aliso hinzufügen. [Übers. d. Verf.in]

---

475 Es waren dies die Version von Moniglia 1665/1667 sowie das annonyme *trattimento musico* von 1673. Eine Vertonung von Zanellis Libretto von 1720 wurde erst 1745 in Wien gegeben.

Die Oper umfasst folgenden *personaggio*:

> Nino – Re d'Assiria, amante di Semiramide
> Semiramide – figliuola di Simmandio, sposa promessa di Mennone ma amante di Nino
> Belesa – sorella di Nino, amante d'Arbace
> Simmandio – pastor d'Ascalona, padre di Semiramide, ma che alla fine si scopre per Oropaste già principe di quella città
> Mennone – generale e favorito di Nino, sposo promesso di Semiramide, ma amante di Belesa
> Arbace – Principe de'Medi, amante di Belesa
> Aliso – capo de'pastori d'Ascalana, amante di Semiramide

Im *argomento* verweist Zeno explizit auf die zu Grunde liegenden Quellen – Diodor, Buch 2, sowie Iustin und andere, aus diesen übernimmt er die Namen und Funktionen von vier Protagonisten.[476] Weiterhin bezieht es sich auf römische Medaillons, die Semiramis' Bild trügen. Dieser Zusatz ist nicht uninteressant, verfügte Zeno doch über eine umfangreiche numismatische Sammlung, die er leidenschaftlich pflegte.[477] Der Verweis auf die römischen *medaglie* könnte also ein Versuch sein, der Gestalt der Semiramis auch in der römischen Kaiserzeit einiges an Gewicht und damit an Bedeutung für Zenos Gegenwart zu verleihen, war doch gerade die römische Antike hier ein beliebtes und vielfach genutztes Model in Politik, Gesellschaft und Kunst.[478] Gleichwohl könnte Zeno aber auch schlicht der Fehlinterpretation eines Münzbildes aufgesessen sein. Bereits 1543 war in Siebenbürgern an den Ufern der Strei ein größerer römischer Münzschatz zu Tage gekommen, der auch zwei goldene Medaillons enthielt, die als Darstellungen von Ninus und Semiramis gedeutet und an Karl V. (1500–1558) geschickt wurden.[479] Vielleicht befanden sich diese Medaillons auch 180 Jahre später noch in habsburgischem Besitz.

Eröffnet wird die Oper durch Nino, der die siegreiche Semiramide erwartet und diesen Tag preist.[480] Auch betont er die königliche Pflicht, für Gerechtigkeit zu sorgen („[...] Correggerà le ingiurie di fortuna."). Auf die Frage Belesas, warum er zögere, Semiramide zur Frau zu nehmen, verweist er auf deren bestehende Verlobung mit Mennone und sein schlechtes Gewissen, dem verdienten Getreuen die Frau zu nehmen:

> *Nino:*
> Amore e fede a Mennone la unisce; e di sue nozze arderien già le faci, se l'invito guerrier, cui tanta parte deggio de l'Asia soggiogata, e vinta, non tenester fra l'armi i Battri infidi.[481]

---

476 Zur Oper auch Questa 1989, 91–92.
477 Vgl. Fehr 1912, 46.
478 Niggemann & Ruffing 2013.
479 Vgl. dazu Deppert-Lippitz (2010, 9–27), die einen Brief von Giovanni Battista Castaldo zitiert, in dem es heißt, der Fund enthalte „(...) due medaglie d'oro, una del Re Nino, e l'altra della Reinma Semiramis ch'ambe si mandarono a donare a Carlo Quinto (...)"; ebd. 20.
480 Nino: „A le venture età sia questo giorno memorabile, e sacro (...)" (I/1).
481 I/2.

Belesa schlägt vor, Mennone zu entschädigen, doch Nino ist überzeugt:

> *Nino:*
> (...) nel vasto mio impero io non houn bene, che equivaglia a Semira.[482]

Belesa, die selbst in Mennone verliebt ist, beschließt mit Hilfe von Arbace dafür zu sorgen, dass Nino Semiramis ehelicht, so dass Mennone frei wird (I/3). Arbace sagt seine Hilfe zu, ist aber, da er selbst in Belesa verliebt ist, gleichzeitig sehr eifersüchtig auf Mennone (I/4). Semiramide trifft indessen auf ihren ehemaligen Liebsten, den Hirten Aliso. Sie betont, wie gern sie bei ihm geblieben wäre, doch hätte das Schicksal anders entschieden:

> *Semiramide:*
> Aliso, in verun tempo obblio non coprirà le chiare fiamme, he primo in me accedesti. Saresti mio: ma il fato si oppone.[483]

Simmandio drängt seine Tochter, Nino zu erhören, doch sie fühlt sich Mennone und ihrem Eheversprechen verbunden.[484] Simmanio lobt einerseits ihre Tugendhaftigkeit, betont aber auch, sie sei „destinata a regnar" (I/7).

Der zweite Akt wird von Aliso und Mennone eröffnet. Mennone ist über die Forderung des Königs, ihm Semiramide zu überlassen, wütend, er fürchtet, Semiramide könne ihr Eheversprechen brechen. Aliso schlägt ihm vor, Belesa als Entschädigung von Nino zu fordern (II/1). Auch Simmandio verfolgt seine Pläne, Semiramide zu Ninos Frau zu machen – er schlägt Mennone vor, wieder in den Krieg zu ziehen, Semiramide erhalte er aber erst nach seiner erfolgreichen Rückkehr zur Frau (II/2). Mennone beklagt sein Schicksal und besingt seine Furcht über den Verlust der Semiramide (II/3). Semiramide beteuert ihre Treue, doch Mennone vertraut ihr nicht.[485] Dennoch bittet Semiramide bei Nino um Gnade für Mennone, dieser will nur dann einwilligen, wenn sie ihn heiratet – doch damit müsste sie ihr Eheversprechen brechen. Semiramide verweigert sich Ninos Wunsch, auch wenn Arbace einwirft, dass die Macht des Königs über allem stehe (II/5).

Die ersten Worte des dritten Aktes werden von Semiramide ausgesprochen – gemeinsam mit Aliso malt sie sich aus, wie schön und friedlich ihr gemeinsames Leben in der ländlichen Idylle hätte sein können. Als Aliso sagt, er beneide Mennone und hoffe, Semiramide sei glücklich, eröffnet sie, dass sie mit Mennone niemals glücklich sein könne, da sie ihn nicht liebe:

> *Semiramide:*
> Con lui mi vuole sempre misera il fato.[486]

Mennone wirft ihr Hinterhältigkeit und Falschheit vor, sie verspricht unter Tränen, sie werde ihn wie versprochen heiraten und appelliert an Mennone, ebenso tugendhaft und pflichtbewusst zu sein wie sie:

---

482 I/2.
483 I/5.
484 Nino: „L'amor di un Re scioglie ogni patto (...)." Semiramide: „Mennone ha la mia fede, a lui giurata con l'assenso paterno." (I/6).
485 Semiramide: „Vengo a Mennone sposa; e quella fede (...)." Mennone: „Il tuo core anch'egli di donna, instabile, superbo, e menzognero. (...) Un Re amante, che fa grazie a beltà, n'esigge affetti." (II/4).
486 III/1.

Semiramide:
Da me le prime ripulse ci n'ebbe. Va. Segui il mio esempio.[487]

Nino bietet nun Mennone Belesa zur Frau und die Herrschaft über Syrien an, wenn er Semiramide freigibt – Mennone willigt ein, Arbace brennt vor Eifersucht (III/3).

Zu Beginn des vierten Aktes versucht Simmandio erneut, Semiramide von der Ehe mit Nino zu überzeugen. Doch Semiramide weigert sich, sie wolle nicht Königin sein, sondern tugendhaft zu ihrem Wort stehen. Außerdem habe Simmandio selbst die Ehe mit Mennone in die Wege geleitet. Dieser hat nun aber andere Pläne mit Semiramide – Tugend sei eine private Angelenheit, wer herrschen wolle, müsse sich anpassen:

Simmandio:
Costanza è un virtù d'alme private. Per chi nacque a lo scettro l'utile ne sia norma.[488]

Belesa und Arbace berichten Semiramide, dass Mennone sie betrüge und eine andere liebe. Sie ist schockiert, will diese Vorwürfe aber nicht unbesehen glauben (IV/2). Mennone eröffnet Belesa und Arbace, dass er Semiramide nicht liebe, sondern nur aus verletztem Stolz mit Nino um sie streite. Sein Herz gehöre Belesa. Diese weist ihn aber zurück und eröffnet ihm, sie liebe Arbace (IV/4). Mennone wird von Semiramide, die von seiner Untreue weiß, scharf angegriffen. Sie wirft ihm den Ring, den er ihr schenkte, vor die Füße (IV/5). Mennone sinnt auf Rache an Belesa und Semiramide. Aliso willigt ein, ihm zu helfen, einen Keil zwischen Semiramide und Nino zu treiben (IV/6).

Zu Beginn des fünften Aktes wirbt Nino erneut um Semiramide. Diese verweist auf ihre niedere Herkunft, die dazu führen könnte, dass das Volk sie nicht akzeptiere (V/1 u. V/3). Sie ist schließlich bereit, den Thron zu besteigen, glaubt aber, dass sie im friedvollen Wald glücklicher geworden wäre.[489] Mennone kommt hinzu und redet wirres Zeug. Er hat Drachenblut, welches Semiramis trinken soll. Außerdem solle sie Nino und ganz Assyrien vergiften (V/5). Ihm ist nun bewusst, dass er Semiramide betrogen hat, während sie ihm treu gewesen ist. Er beschließt, Assyrien zu verlassen (V/6). In der Schlussszene offenbart Simmandio, dass er in Wahrheit Oropaste, der einstige Herrscher Ascalons sei – somit ist Semiramide nicht niedriger Abstammung. Diese willigt daraufhin ein, Nino zu heiraten, welcher überglücklich ist. Auch Belesa und Arbace können heiraten. Nino will Aliso Syrien übergeben, doch dieser lehnt ab und will lieber in Semiramides Nähe bleiben.

4.1.14.3 Ideae et species Semiramidis

Die Oper Apostolo Zenos ist – ähnlich der Libretti Bonacossis und aus den jesuitischen *collegi* – als Pamphlet für moralische Werte und Charakterstärke zu lesen. Seine Semiramide wird als durch und durch treu geschildert, sie verfolgt keinerlei machtpolitische Pläne, der Thron Assyriens ist nicht das Ziel ihres Strebens. Vielmehr ist sie eher verhandeltes Objekt denn handeln-

---
[487] III/2.
[488] IV/1.
[489] Semiramide: „Vi abbandono, selve amate, e vado al trono. La godrò più di grandezza ma non so se più di pace (...)" (V/4).

des Subjekt – ihre eigenen Wünsche und Bestrebungen werden nicht thematisiert bzw. berücksichtigt. Es geht stattdessen um die Frage, welchen Wert ein Eheversprechen besitzt und welche Opfer wahre Liebe verlangt. Semiramis, deren militärische Fähigkeiten sie auch hier überhaupt erst, gemeinsam mit ihrer Schönheit, in den Fokus des Königs Nino gelangen lassen, hält sich an die mit Mennone geschlossene Vereinbarung, obwohl sie ihn nicht liebt und sich nach ihrer Zeit als Hirtenmädchen in der ländlichen Idylle zurücksehnt. Der Hirte Aliso, der sie aufrichtig liebt, aber keinerlei Ansprüche ihr gegenüber geltend machen kann und will, gibt am Ende sein bisheriges Leben auf, um in ihrer Nähe bleiben zu können. Gegen die Reinheit und moralische Integrität dieser beiden steht die Trias aus Mennone, Nino und Simmandio, die ihre Ränke schmieden, nur ihr eigenes Wohl im Blick haben und moralisch durchaus zweifelhaft handeln. Dies gilt insbesondere für Simmandio, der Semiramide mehrfach zum Bruch ihres Eheversprechens drängt, weil es ihn selbst (zurück) zur Macht hinzieht. Das Ende der Oper zeigt, dass der bzw. die Einzelne sich nicht gegen das Schicksal stellen kann – die von königlichem Geblüt abstammende Semiramide kann weder ein Hirtenmädchen noch die Frau eines Generals sein, ihr Platz ist einzig und allein auf dem Thron. Ihre eigenen Wünsche für ihr Leben sind irrelevant, die Macht des Schicksals ist übermächtig. Diese Grundidee einer Semiramis, die zum Spielball der Mächtigen bzw. des Schicksals wird, stammt vielleicht von Calderon de la Barca, der Semiramis auch als machtlos gegenüber dem Schicksal, hier in Form der Prophezeiung der Venus, gezeichnet hatte. Die moralische Semiramis, die an ihrem Versprechen Mennone gegenüber festhält, obwohl sie ihn nicht liebt, ist allerdings ein neues Motiv. Ähnliches war bislang im Kontext mit Semiramis nur von Pierre-Charles Roy verwendet worden – hier aber nicht mit Blick auf Semiramis, sondern auf die *seconda donna*, Amestris. Zwar war das Festhalten der Semiramis an ihrem ersten Ehemann bereits mehrfach auf europäischen Theaterbühnen thematisiert worden, doch fand bisher dieses Festhalten, neben einer allgemeinen Tugendhaftigkeit der Semiramis, seine Begründung in der Liebe der Eheleute. Auch Zeno unterstreicht mit dem Festhalten an ihrem Versprechen Mennone gegenüber ihre weibliche Tugendhaftigkeit und zeichnet sie als Person ohne eigenen Willen zur Macht – doch wiegt dies alles noch viel schwerer, da Semiramis Mennone nicht liebt und ein anderes Leben, nämlich mit Aliso, vorziehen würde – eine gänzlich neue motivische Zutat. Und dennoch hält sie unerschütterlich an dem einmal gegebenen Versprechen fest. Die Betonung weiblicher Tugendhaftigkeit und Treue findet sich bereits in zahlreichen bei Boccaccio kompilierten Frauenviten – eheliche Loyalität wird hier vielfach als vorbildhaftes Verhalten gepriesen, wie beispielsweise bei Penelope oder Dido – eheliche Treue war auch einer der zentralen Rezeptionsstränge für die Verargumentierung der Semiramis auf der frühneuzeitlichen Theaterbühne – vor Zeno haben bereits Manfredi, de Virués, Gilbert, Gomez und de Crébillon sie so ausgestaltet.[490] Bei Zeno wird dieser Tugenddiskurs also keineswegs erstmals auf die Gestalt der Semiramis übertragen, die sonst ja meist wegen der Unterstellung eines unkeuschen Lebenswandels gescholten und stigmatisiert wird, wohl aber um nochmals überhöht.[491]

Insgesamt ist ihr Handlungsspielraum in diesem Libretto klein – er besteht eigentlich nur darin, dass sie die moralische Verpflichtung, bei Mennone zu bleiben, über ihre eigenen Wünsche stellt. Davon abgesehen ist sie eher Objekt als selbständig agierendes Subjekt. Doch obwohl ihre Handlungsmöglichkeiten so begrenzt sind, ist sie dennoch die zentrale Person dieser Oper. Alles dreht sich um sie, sie ist omnipräsent – inhaltlich wie visuell. Im Gegensatz zu Nino und Mennone ist sie in allen fünf Akten auf der Bühne zu sehen und hat mehr Szenen als die beiden

---

490 Zu all diesen Stücken s. oben unter Kapitel 2.5.6.
491 Vgl. auch Domanski 2007, insb. 21–23.

männlichen Protagonisten. Obwohl Zeno also im Libretto explizit auf Diodors zweites Buch verweist, sich im Umkreis der Akademien bewegt und eine hervorragende klassische Ausbildung genossen hatte, wirken auf seine Gestaltung der Semiramis weniger die antike Überlieferung als intertextuelle Einflüsse von den Theaterbühnen der Zeit.[492]

Auf zwei interessante Details sei noch hingewiesen: Im fünften Akt der Oper wird der Tempel der Venus durch Rosen und Myrte geschmückt – mit Rosen schmückt Semiramis in Noris' Überarbeitung des Librettos von Moniglia von 1670 ihr Haar und sie erscheinen auch im *trattimento musico* von 1673 im Kontext mit Semiramis. Darüber hinaus sind sie in *La regina creduta re* von Matteo Noris (UA 1706) enthalten, als Semiramis persönlich das Brautzimmer für Aribarzane und Arsinoe mit Rosen schmücken will. Die Verbindung zwischen Semiramis und der Rose taucht also in verschiedenen musikalischen Behandlungen ihrer Person auf. Die Rose, im Barock v.a. mit Venus verbunden, scheint als Sinnbild ihrer Schönheit geradezu universell zu sein – auch dann, wenn eine Oper ein eher negatives Semiramisbild propagiert. Die Myrte, die Zeno nun zusätzlich anfügt, wird in der Antike zwar ebenso mit Aphrodite/Venus verknüpft, entwickelt sich dann aber zu einem Symbol für Jungfräulichkeit.[493] Auch hier in kleinen Details also einerseits eine Betonung ihrer Tugendhaftigkeit sowie eine weitere Demonstration von Zenos enormer Vertrautheit mit den antiken Texten.

Als zweites sei noch darauf hingewiesen, dass Semiramide in Zenos Libretto offenbar ihr Leben lang glaubte, ägyptischer Abstammung zu sein:

Semiramide:
Non fu l'Egitto, ove le prime aure spirai di vita?[494]

Diese Zutat wird in Pietro Metastasios Libretto von 1729 wieder begegnen; auch in Berlingero Gessis Tragödie *Il Nino figlio* von 1649 und im Libretto von Matteo Noris von 1706 gab es bereits Bezüge zu Ägypten.

4.1.14.4 Überarbeitung

Elf Jahre später wird diese Oper ein weiteres Mal gespielt und zwar anlässlich der Sommer-Messe am Braunschweiger Theater. Die Verbindung von Wien nach Braunschweig ist augenfällig, war doch Elisabeth Christine, zu deren Geburtstag das Libretto ja ursprünglich verfasst wurde, eine gebürtige Prinzessin von Braunschweig-Wolfenbüttel. Sie war die älteste Tochter des Herzogs Ludwig Rudolf (1671–1735), der 1731–1735 als regierender Fürst dem Haus Braunschweig-Wolfenbüttel vorstand. Ihm folgte, da er keinen männlichen Erben besaß, zunächst sein Vetter Ferdinand Albrecht II. (1680–1735), ab September 1735 dann dessen Sohn Karl I. (1713–1780). Dieser war eng mit dem Preußischen König Friedrich Wilhelm I. verbunden, eine Verbindung, die unter anderem in der Eheschließung zwischen dem preußischen Kronprinzen und Karls jüngerer

---

492 Zu den Einflüssen des französischen Theaters auf Zeno s. Pietzsch 1907, der allerdings keinen der französischen Dramatiker, die sich mit Semiramis befassten, als mögliche Inspirationsquelle für Zeno behandelt.
493 Vgl. beispielsweise Siedes 2013, 378–389.
494 V/7.

Schwester Elisabeth Christine im Juni 1733 ihren Ausdruck fand. Das Haus Braunschweig war also in dieser Zeit auf Engste mit dem preußischen Hof verbunden.[495]

Die Braunschweiger Version enthält keine Widmung, der Libretto-Text ist vollständig ins Deutsche übertragen worden. Gesungen wurde auf Italienisch, aller Wahrscheinlichkeit nach erneut die Vertonung von Antonio Caldara, die schon in Wien erklungen war. Das Libretto scheint quasi unverändert – lediglich eine Szene im dritten Akt ist weggefallen, nämlich die Szene zwischen Semiramide und Aliso, die in Wien noch diesen Akt eröffnete.

In Braunschweig wurde die Oper vermutlich mehrfach gespielt, die genaue Zahl der Aufführungen ist aber ebenso wenig zu ermitteln wie Zahl der Sitzplätze im Braunschweiger Theater. Es zeigt sich allerdings, dass der Stoff durchaus Verbreitung fand, diese Verbreitung aber primär durch eine dynastische Vernetzung von Wien nach Braunschweig erklärt werden muss und nicht unbedingt durch eine enorme Beliebtheit dieser Oper.

4.2 Semiramide metastasiana – *e pluribus una*[496]

4.2.1 Umstände der Entstehung

Im Jahr 1729 begann ein neues Kapitel in der Operngeschichte der Semiramis. Mit Pietro Antonio Domenico Trapasse, besser bekannt unter der gräzisierten Version seines Familiennames als Pietro Metastasio, nahm sich der einflussreichste Opernlibrettist des 18. Jh.s ihrer an.

Der gesamten *opera seria* hat Metastasio seinen Stempel aufgedrückt, die mehr oder minder kanonisch gewordene Form der italienischen *opera seria* geht maßgeblich auf ihn und die von ihm verfassten Libretti zurück.[497] Die Bedeutung seiner knapp 30 Opernlibretti für die gesamteuropäische Literatur-, Musik- und Theatergeschichte ist einzigartig. Metastasios Libretti wurden enorm häufig rezipiert – für sein Gesamtwerk ist von fast 4.500 Textdrucken bzw. Vertonungen durch knapp 1.600 Komponisten auszugehen, die in 1.500 europäischen Städten zur Aufführung kamen. Rechnet man zusätzlich die Übersetzungen seiner Libretti aus dem Italienischen ins Deutsche, Französische, Englische, Tschechische, Ungarische, Dänische, Schwedische, Spanische, Portugiesische, Russische und Polnische mit ein, ist sogar von über 5.200 Textdrucken bzw. Neuvertonungen auszugehen.[498] Wie Reinhart Meyer bewundernd feststellt:

---

495 Etwa 20 Jahre später wurde am preußischen Hof ebenfalls eine Semiramis-Oper gegeben, nun allerdings auf Basis der Tragödie von Voltaire, mit dem der musikbegeisterte Friedrich II. in brieflichem Austausch stand (UA 1754, Berlin; L.: Giampietro Tagliazucchi, gemeinsam mit Friedrich II. & Francesco Algarotti, M.: Carl Heinrich Graun). Die friedrizianische Oper ist dabei als Gegenmodell zu den am Habsburger Hof favorisierten metastasianischen Opern zu verstehen; vgl. Henzel 2007, 61 u. 65–66 sowie Strohm 1997, 26. Friedrich hatte sich an der Textgestaltung der Oper – wie schon zuvor bei den Opern *Coriolano*, *Montezuma* und *Silla* – intensiv selbst beteiligt; Schleuning 1997, 493–518; Ridgeway 1986, 133–134; Voss 2016, 71–88; zu Friedrich II. als Musiker und Musikförderer umfassend Henze-Döring 2012. Friedrichs Schwester, Markgräfin Wilhelmine von Bayreuth (1709–1758), hatte sich bereits ein Jahr zuvor an die Abfassung eines Librettos auf Basis von Voltaires *Sémiramis* gemacht; vgl. Müller-Lindenberg 2005, 142–155.
496 Hor. epist. 2,2,212.
497 S. dazu oben unter Kapitel 3.3.
498 Meyer 2000, 339.

(…) es dürfte bis in die Gegenwart keinen nur annähernd ähnlich erfolgreichen Librettisten gegeben haben. (…) Es hat bis in die Gegenwart nie wieder einen Librettisten gegeben, dessen Texte von so vielen Komponisten und über einen derart langen Zeitraum vertont worden wären.[499]

Metastasio wurde 1698 in Rom geboren.[500] Schon in jungen Jahren nahm ihn Giovanni Vincenzo Gravina unter seine Fittiche, ein italienischer Dichter und Mitbegründer der berühmten *Accademia dell'Arcadia* und später der *Accademia dei Quirini*. Diese literarischen Zirkel hatten sich die Reform der italienischen Dichtung zum Ziel gesetzt, die als zu artifiziell und extravagant angesehen wurde. Die Mitglieder sahen sich in der Tradition der antiken Bukolik und setzten sich vehement für eine einfache, klare und elegante Sprache ein. Insbesondere Metastasios Förderer Gravina sah in den Schriften Homers und Dantes große literarische Vorbilder, denen es nachzueifern galt – ein Umstand, der zweifelsohne auch seinen Schützling Metastasio beeinflusste, der eine hervorragende Bildung genossen hatte und mit den antiken Texten bestens vertraut war. Eines der zentralen Themen seiner Libretti war für Metastasio in Anlehnung an Aristoteles die *katharsis*, also die Läuterung seiner Zuschauer und Zuhörer durch die Musik beziehungsweise die Reinigung der Seele von Affekten.[501]

Seine *Semiramide riconosciuta* ist für die römische Karnevalssaison 1729, also in einer frühen Schaffensphase, entstanden. Es war dies die Zeit, in der Metastasio noch nicht als Hoflibrettist (*poeta cesareo*) am Wiener Hof für Karl VI. (und nach dessen Tod für dessen Nachfolgerin und Tochter Maria Theresia) tätig war,[502] sondern gewissermaßen als ‚freischaffender Künstler' agierte. Vor seiner Anstellung in Wien war Metastasio also in besonderem Maße gezwungen, den Geschmack eines breiteren Publikums zu treffen, um nach einer erfolgreichen Vertonung seines Textes Folgeaufträge zu erhalten, die sein finanzielles Auskommen sicherten. Mit *Semiramide riconosciuta* gelang es ihm, an die Erfolge seines ersten eigenständigen Librettos, *Didone abbandonata* von 1727, anzuknüpfen.

Die Uraufführung seiner *Semiramide riconosciuta* in einer Vertonung durch Leonardo Vinci, mit dem er bereits für *Didone abbandonata* erfolgreich zusammengearbeitet hatte, im römischen Teatro delle Dame geriet zu einem grandiosen Erfolg. Es war nach *Ezio*, für deren Text ebenfalls Metastasio verantwortlich zeichnete, die zweite Oper der *stagione di carnevale* an diesem Theater.[503] Das Teatro delle Dame war 1718 als Teatro Alibert eingeweiht worden – damals war es das größte römische Opernhaus mit 224 Logen auf insgesamt sieben Rängen, bot also Raum für ca.

---

499 Meyer 2000, 340 u. 341.
500 Einen guten Überblick zu Metastasio liefern Leopold ²2004a, 86–98 sowie Neville ²2001, 510–520.
501 Aristot. poet. 6, 1449b24–b28; vgl. Dilcher 2007.
502 Zur Wiener Hofoper 1659–1740 und darüber hinaus Seebald 2009, 42–44 sowie Seifert 1985. In Wien traf Metastasio – zumindest bis zum Tode Karls VI. 1740 – auf eine blühende Kultur der prunkvollen Hofoper mit einem exklusiv höfischen Publikum. Maria Theresia schränkte den höfischen Theaterbetrieb zwar deutlich ein – sei es aus finanziellen Schwierigkeiten durch die kostenintensiven Kriege zu Beginn ihrer Regierung oder aber aus persönlichen Präferenzen für andere musikalische Formen – dennoch finden auch nach 1740 noch Opernaufführungen am Wiener Hof statt, nur sind sie nun weniger häufig: „Spectacle müssen seyn, ohnedem kan man nicht hier in einer solchen großen residenz bleiben", schrieb Maria Theresia am 9. Juni 1759 an ihren Hoftheaterdirektor Graf Giacomo Durazzo (zitiert nach: Tanzer 1992, 15).
503 UA 2.1.1729 (oder 26.12.1728); M.: Pietro Auletta. Der noch relativ unbekannte Auletta war als Komponist vermutlich eher zweite Wahl; seine Musik hat offenbar wenig Anklang gefunden; vgl. Markstrom 2007, 260.

2.200 Zuschauer pro Vorstellung.[504] Nur wenig später wurde es umgebaut und nochmals vergrößert; seit 1726 firmierte es dann unter dem Namen Teatro delle Dame und stand unter der Ägide des Malteser-Ordens.[505]

Die Besetzung der Oper ist erlesen, wie in Rom zu dieser Zeit üblich, waren alle Rollen mit Männern besetzt.[506] Der Kastrat Giacinto Fontana, genannt Farfallino, gestaltete die Partie der Semiramide.[507] Er war bereits 1722 in Rom in dieser Rolle aufgetreten, als Zanellis Libretto am Teatro Capricciana umgesetzt worden war. Im Rom der 20er Jahre gehörte er zu den meist besetzten hohen Männerstimmen und feierte in Frauenrollen beachtliche Erfolge. Auch mit Metastasio und Vinci hatte er bereits zusammengearbeitet und die Titelrolle in deren gefeierten *Didone abbandonata* sowie die Marzia in der gemischt aufgenommenen Oper *Catone in Utica* gegeben.[508] Als Scitalce war Antonio Barbieri zu hören. Wie Fontana besaß auch Carlo Scalzi, der als Mirteo besetzt war, bereits aus einer Aufführung von Zanellis Libretto (Reggio 1720) Erfahrungen mit dem Themenkreis um Semiramis.[509]

Die erste Aufführung dieses Librettos in Rom wurde durch die Gegenwart von James Edward Stuart (1688–1766), den durch den *Act of Settlement* von 1701 von der Thronfolge ausgeschlossenen Thronprätendenten, zusätzlich aufgewertet. Dieser war am selben Tag aus Bologna nach Rom zurückgekehrt.[510] Gewidmet ist das Libretto allerdings nicht ihm, sondern ‚alle dame'. Kurt Markstrom vermutet diesbezüglich:

> The management apparently thought that convincing the ladies to return to their palchi would boost the attendance at the theatre (a strategy now regularly used in the clubs).[511]

Metastasios Libretto wurde innerhalb kurzer Zeit und in allen großen italienischen Opernmetropolen in Vertonungen unterschiedlichster Komponisten zur Aufführung gebracht und über mehr als fünf Jahrzehnte intensiv auf Bühnen in ganz Europa – und darüber hinaus – in Szene gesetzt.[512] Insgesamt ist es im Rahmen dieser Studie gelungen, bis zum Tode Johann Adolf Hasses, der hier als Endpunkt des Barock aufgefasst wird, 85 Vertonungen dieses Librettos auszumachen, so dass hier nur eine Auswahl im Detail besprochen werden kann. *Semiramide rico-*

---

504   Lynn 2005, 241.
505   Zur Geschichte des Theaters vgl. de Angelis 1951. In Italien war bis zur Eröffnung der Mailänder Scala (1778) nur das Teatro S. Carlo in Neapel größer. Lynn (2005, 243) nennt zwar das Teatro di Torre Argentina das größte römische Theater, doch besaß dieses sechs Ränge mit je 31 Logen und somit fast 40 Logen weniger als das Teatro delle Dame.
506   Zum Auftrittsverbot für Laien durch Papst Sixtus V. vgl. Herr 2013, 47–50 sowie unten unter Kapitel 4.3.
507   Wie Carlo Scalzi war auch Fontana bereits in der ersten Oper der Spielzeit am Teatro delle Dame zu hören gewesen, wo er die Partie der Fulvia übernahm.
508   Zu *Didone* s. Markstrom 2007, 146–156, zu *Catone* ebd. 220–231.
509   Kurt Sven Markstrom (2007, 260) nennt, vielleicht weil Scalzi u.a. in *Siroe re de Persia* (UA 1727, Napoli; L.: Pietro Metastasio, M.: Domenico Sarro) bereits eine größere Partie als *primo uomo* übernommen hatte und auch in der ersten Oper in der Karnevalsspielzeit am Teatro delle Dame diese Position bekleidete (*Ezio*; L.: Pietro Metastasio, M.: Pietro Auletta), den Mirteo der römischen Premiere *primo uomo*. Weder die Position im *personaggio* noch die Zahl der Arien legt dies aber nahe, *primo uomo* ist vielmehr Scitalce.
510   Markstrom 2007, 261; 94–95.
511   Markstrom 2007, 261. Edward Corp (2011, 95) geht davon aus, dass die Oper nicht James gewidmet wurde, da sich der Stuart-Hof 1729 noch in Bologna befand.
512   Selbst danach reißt die Traditionslinie nicht ab – als Letzter setzte Giacomo Meyerbeer 1819 Metastasios Libretto um, vgl. ausführlich dazu Schuster 2003 u. Droß-Krüpe 2020b, 41–54.

nosciuta ist damit das mit weitem Abstand am häufigsten aufgeführte Semiramis-Libretto. Es wurde für die zahlreichen Vertonungen z.T. durch Metastasio selbst überarbeitet.[513] Ausgangspunkt der Betrachtung soll allerdings zunächst das ursprüngliche Libretto sein, also der Text der Uraufführung in der Karnevalssaison 1729 im Teatro delle Dame in Rom.

4.2.2 Argomento und Handlung

Wie üblich wendet sich der Librettist im *argomento* an die Opernbesucher und legt den Inhalt des Stückes sowie dessen Besonderheiten dar. Im Libretto zur ersten Vertonung des Textbuches durch Vinci heißt es hier:

> È noto per l'istorie che Semiramide ascalonita, di cui fu creduta madre una ninfa d'un fonte e nudrici le colombe, giunse ad esser consorte di Nino re degli Assiri, che dopo la morte di lui regnò in abito virile facendosi credere il picciolo Nino suo figliuolo, aiutata alla finzione dalla similitudine del volto e dalla strettezza colla quale vivevano non vedute le donne dell'Asia, e che alfine riconosciuta per donna fu confermata nel regno dai sudditi che ne avevano esperimentata la prudenza ed il valore.
>
> L'azione principale del drama è questo riconoscimento di Semiramide, al quale per dare occasione e per togliere nel tempo istesso l'inverisimilitudine della favolosa origine di lei, si finge che fosse figlia di Vessore re di Egitto, che avesse un fratello chiamato Mirteo educato da bambino nella corte di Zoroastro re de'Battriani, che s'invaghisse di Scitalce principe d'una parte dell'Indie, il quale capitò nella corte di Vessore col finto nome d'Idreno, che non avendolo potuto ottenere in isposo dal padre fuggisse seco, che questi nella notte istessa della fuga la ferisse e gettasse nel Nilo per una violenta gelosia fattagli concepire per tradimento da Sibari suo finto amico, e non creduto rivale, e che indi, sopravivendo ella a questa sventura, peregrinasse sconosciuta e che poi le avvenisse quanto d'istorico si è accennato di sopra.
>
> Il luogo in cui si rappresenta l'azione è Babilonia, dove concorrono diversi principi pretendenti al matrimonio di Tamiri principessa ereditaria de'Battriani, tributaria di Semiramide creduta Nino.
>
> Il tempo è il giorno destinato da Tamiri alla scelta del suo sposo, quale scelta chiamando in Babilonia il concorso di molti principi stranieri, altri curiosi della pompa, altri desiderosi dell'acquisto, somministra una verisimile occasione di ritrovarsi Semiramide nel luogo istesso e nell'istesso giorno col fratello Mirteo, coll'amante Scitalce e col traditore Sibari, e che da tale incontro nasca la necessità del di lei scoprimento.

> Es ist aus der Geschichte bekannt, dass Semiramis von Askalon, von der man glaubt, dass ihre Mutter eine Brunnennymphe und ihre Ernährerinnen Tauben gewesen seien, von König Ninos, König der Assyrer, erwählt wurde seine Gemahlin zu sein; dass sie nach dessen Tode in Männerkleidung herrschte, indem sie sich, mit Hilfe der Ähnlichkeit ihres

---

513 Wiesend 1983, 255–275. So verzeichnet beispielsweise das progetto Metastasio ingesamt „141 redazioni licenziate o promosse dall'autore" für alle Opern Metastasios (http://www.progettometastasio.it/public/pagine/presentazione, letzter Zugriff: 30.4.2019).

Gesichtes und ihrer Gestalt mit der ihres Sohnes, und weil die Frauen in Asien selten zu sehen sind, für ihren kleinen Sohn den Ninos ausgab; und dass sie schließlich, als sie als Frau erkannt worden war, von den Untertanen in der Herrschaft bestätigt wurde, die ihre Besonnenheit und Tapferkeit erfahren hatten.

Die Haupthandlung dieses Dramas ist die Entdeckung der Semiramis, zu der man der Gelegenheit halber und um gleichzeitig die Unwahrscheinlichkeit ihrer fabelartigen Herkunft zu entfernen, hinzuerfunden hat, dass sie die Tochter des Vessore, König von Ägypten sei, dass sie einen Bruder namens Mirteo habe, der von Kindheit an am Hof des Zoroastro, König der Baktrier, erzogen worden sei, dass sie sich in Scitalce, den Prinzen eines Teiles von Indien, verliebt habe, der unter dem falschen Namen Idreno an den Hof des Vessore gekommen sei, dass sie mit diesem, da sie ihn vom Vater nicht als Gemahl erhalten konnte, geflohen sei, dass sie in dieser Nacht eben dieser Flucht von diesem wegen heftiger Eifersucht, die dessen falscher Freund und heimlicher Rivale Sibari sich des Betrugs wegen ausgedacht hatte, verwundet und in den Nil geworfen worden sei und dass sie, nachdem sie dieses Unglück überlebt hatte, unerkannt herumgewandert sei und dass sich dann die Geschichte ereignet habe, die oben erwähnt wurde.

Der Ort, an dem die Handlung spielt, ist Babylon, wo verschiedene Prinzen zusammengekommen sind als Ehekandidaten der Tamiri, einer Erbprinzesse der Baktrier und Tributpflichtige der Semiramis, welche für Nino gehalten wird.

Die Zeit der Handlung ist der von Tamiri zur Wahl ihres Bräutigams festgesetzte Tag; diese Wahl, weil sie in Babylonien einen Wettbewerb zwischen vielen fremden Prinzen, einige neugierig auf die Pracht, andere den Gewinn ersehnend, herbeirief, bietet eine wahrscheinliche Gelegenheit für das Aufeinandertreffen an diesem Ort und diesem Tag von Semiramide mit ihrem Bruder Mirteo, mit ihrem Geliebten Scitalce und mit dem Betrüger Sibari, und dass aus diesem Aufeinandertreffen die Notwendigkeit zur ihrer Enttarnung entsteht. [Übers. d. Verf.in]

Metastasios Angabe zu seinen Quellen sind hier für seine Verhältnisse ungewöhnlich vage. Die Episode um Onnes bleibt ebenso unerwähnt wie die Umstände des Todes des Nino.

Da dieses Libretto zu den bekanntesten und in der Forschung extrem häufig behandelten barocken Textbüchern gehört, wird im Folgenden die Handlung nur knapp umrissen und nicht jede Szene einzeln besprochen.

Semiramide regiert in Männerkleidung unter dem Namen Nino in Babylon, ihre wahre Identität ist nur dem Ägypter Sibari bekannt, der seit langem heimlich in sie verliebt ist, ihr aber verspricht, ihr Geheimnis zu wahren. Am Hof der Semiramide befindet sich die baktrische Prinzessin Tamiri, die einen geeigneten Ehegatten sucht. Um ihre Hand – und den baktrischen Thron – werben der Ägypter Mirteo, der wilde Skythe Ircano und der Inder Scitalce. Sofort erkennt Semiramide in Scitalce ihren früheren Geliebter Idreno, auch dieser erkennt Semiramide trotz ihrer Verkleidung sofort. Beide lassen sich aber nichts anmerken. Tamiri findet Gefallen an Scitalce, Semiramide gibt zu bedenken, dass sie ihn für einen Betrüger halte. Auf wen die Wahl Tamiris gefallen ist, soll am Abend verkündet werden. Scitalce ist durch die unerwartete Begegnung mit Semiramide verwirrt, Tamiris Frage, ob seine Werbung wirklich ernst gemeint sei, lässt er offen. Die verletzte Tamiri trifft in der folgenden Szene auf Ircano, der ihre Schönheit lobt, doch sich dabei so ungeschickt ausdrückt, dass sie sich verspottet glaubt. Dennoch prahlt Ircano Mirteo gegenüber, er habe Tamiris Herz gewonnen. Scitalce zieht Sibari ins Vertrauen.

Er legt offen, dass er Semiramide erkannt habe und berichtet Sibari von den Erlebnissen rund um die Flucht aus Ägypten. Er glaubt nach wie vor, Semiramide habe ihn damals betrogen und trägt als Beweis für ihre Untreue noch immer den Brief, den er damals von seinem Nebenbuhler erhalten hatte, bei sich. Dass Sibari diesen Brief verfasste, weiß Scitalce nicht. Sibari verspricht, Stillschweigen zu wahren.

Scitalce bittet Semiramide, ihm dabei zu helfen, Tamiri für sich zu gewinnen. Sie geht zum Schein darauf ein, versucht aber Tamiri von Scitalces Unwürdigkeit zu überzeugen. Scitalce, der das Gespräch heimlich mit anhört, gesteht Tamiri daraufhin in überschwänglichen Worten seine Liebe. Tamiri bleibt verwirrt zurück. Semiramide versucht, die Ehe zwischen Tamiri und Scitalce auf anderem Wege zu verhindern. Sie fordert Ircano und Mirteo auf, sich stärker um Tamiri zu bemühen, da diese ihnen momentan Scitalce vorziehe. Ircano plant daraufhin die Ermordung Scitalces, Mirteo will sich dazu aber nicht hergeben. In Sibari, der Scitalce ebenfalls tot sehen will, findet Ircano aber einen Verbündeten. Sie planen, das Getränk, das Tamiri dem Auserwählten reichen wird, zu vergiften. Als Tamiri Scitalce den Becher reicht, zögert dieser und bittet Tamiri schließlich, sich einen würdigeren Gatten zu wählen. Tamiri wählt daraufhin Ircano und reicht diesem den Becher, der ihn allerdings – um den vergifteten Inhalt wissend – zu Boden wirft. Tamiri ist erzürnt und fordert den Tod Scitalces. Semiramide lässt diesen daraufhin gefangen nehmen und überantwortet ihn Sibari. Sie schöpft Hoffnung, dass Scitalce sie noch liebt.

Ircano und Sibari planen unterdessen die Entführung der Tamiri. Mirteo, der Tamiri nochmals seine Liebe bekräftigt, wird erneut von ihr abgewiesen. Auch Semiramides Versuch der Aussöhnung mit Scitalce schlägt fehl. In der Zwischenzeit greifen Ircanos Gefolgsleute an, um die Entführung Tamiris zu unterstützen. Mirteo kämpft dabei auf der Seite der Babylonier und kann Ircano überwältigen. Die Skythen werden in die Flucht geschlagen, Ircano gefangen gesetzt. Semiramide beschließt, ihn zu verbannen. Sibari hat indessen Mirteo die wahre Identität Scitalces offenbart, in der Hoffnung, dass dieser sich dann an Scitalce für die Entführung seiner Schwester aus Ägypten rächen werde.

Erneut versucht Semiramide eine Versöhnung mit Scitalce und bittet ihn, sie zu heiraten. Doch Scitalce lehnt abermals ab. Als sie ihn dennoch frei lässt, kommen ihm erstmals Zweifel an ihrer Treulosigkeit. Dennoch bittet er Tamiri um Verzeihung für sein Verhalten und beteuert seine Liebe. Mirteo kommt hinzu und will mit Scitalce um Tamiri kämpfen, Tamiri erklärt aber, sie habe sich für Scitalce entschieden.

Ircano offenbart nun Semiramide die Machenschaften des Sibari – den Giftanschlag und die versuchte Entführung. Sibari leugnet, doch in Anwesenheit aller Beteiligten werden nun alle Identitäten enttarnt, alle Taten offengelegt. Scitalce gibt sich als Idreno zu erkennen, der mit Semiramide aus Ägypten geflohen sei und auf der Flucht versuchte habe, sie zu töten, da er sich von ihr betrogen glaubte. Zum Beweis zeigt er den Brief des Nebenbuhlers. Sibari erklärt, heimlich in Semiramide verliebt gewesen zu sein und den Brief geschrieben zu haben, um sich seines Konkurrenten Idreno zu entledigen. Doch er sei nicht der Einzige, der alle getäuscht habe, denn der König Nino sei in Wahrheit eine Frau. So enttarnt, erzählt Semiramide ihre Geschichte. Sollte ihr Volk trotz ihrer Verdienste nicht bereit sein, von einer Frau regiert zu werden, werde sie die Herrschaft an ihren Sohn übergeben. Das Volk bestätigt jedoch ihren Herrschaftsanspruch. Tamiri nimmt Mirteo zum Mann, Semiramide Scitalce. Ircano würde Sibari gerne töten, aber Semiramide besteht auf allgemeiner Vergebung. Zum Abschluss der Oper preist der Chor die Königin Semiramide.

4.2.3 Ideae et species Semiramidis

Pietro Metastasio war als Mitglied verschiedener Akademien sicherlich gut vertraut mit den antiken Quellentexten. Auch wenn er für dieses Stück keine Autoren namentlich benennt, ist der Einfluss Diodors klar erkennbar – ob er diesen direkt heranzog (und wenn ja, auf Griechisch oder auf Latein) ist nicht zu klären, da seine Erzählungen über Geburt und Jugend der Semiramis im frühen 18. Jh. durch verschiedene Rezeptionsketten ins kulturelle Gedächtnis übergegangen waren, ohne dass zwingend die Lektüre der antiken Quellen vorauszusetzen ist. So könnte Metastasio seine Kenntnisse auch aus Boccaccio und auf diesen zurückgehende Traditionen gewonnen haben. Für seine *Olimpiade* und *La clemenzia di Tito* hat er jedenfalls dessen *Decamerone* (genauer die 8. Novelle des 10. Tages) herangezogen.[514]

Dass außerdem andere Opernlibretti Metastasios Ausgestaltung in den Details beeinflussten, zeigt die Verwendung eines vergifteten Getränkes wie bereits bei Zanelli 1720, die drei um Tamiri werbenden Prinzen dürften dagegen von dem Libretto *Partenope* von Silvio Stampiglia inspiriert sein.[515] Diese Oper war im Karneval 1723/1734 am römischen Teatro della Pace in einer Vertonung von Domenico Sarro gezeigt worden, dürfte Metastasio also mit großer Sicherheit bekannt gewesen sein. Anders als in Stampiglias Libretto gilt deren Werbung aber bei Metastasio nicht der Titelheldin und Königin, sondern der *seconda donna*, Tamiri.

Metastasio kannte ohne Zweifel auf Grund seiner Ausbildung und seines Umfeldes die unterschiedlichen antiken Überlieferungen zu Semiramis ebenso wie die Texte von Dante, Petrarca und Boccaccio. Für andere Libretti zog er durchaus Exzerpte des Ktesias heran, auch Herodot, Trogus/Iustin und Valerius Maximus nennt er in anderen Werken als seine Quellengrundlage.[516] Es ging ihm in seiner Adaption der Semiramis-Thematik also explizit darum, auf die auch von Diodor herausgestellten Tugenden der Semiramis – Schönheit[517], Tapferkeit, Wagemut und Klugheit[518] – zu fokussieren. Wollust, Blutdurst oder inzestuöse Episoden haben hier keinen Platz. Metastasios Semiramis ist eine besonnene, kluge Herrscherin, eine mutige und geschickte Feldherrin, die sich in vielerlei Gefahren bewährt hat – deswegen gewinnt sie die Gunst des Volkes und behält auch nach ihrer Demaskierung den assyrischen Thron. Wie etliche ihrer Vorgängerinnen formuliert auch Metastasios Königin dabei ihren Herrschaftsanspruch sehr deutlich:

> *Semiramide:*
> Così comando: il Re son'io![519]

---

514 Gier 1998, 79.
515 UA 1699, Napoli (M.: Luigi Mancia); vgl. Markstrom 2007, 265.
516 Ktesias: *Ciro riconosciuto* (UA 1738, Wien); Herodot: *L'Issipile* (UA 1732, Wien); *L'Olimpiade* (UA 1732, Wien); *Ciro riconosciuto*; Trogus/Iustin: *Artaserse* (UA 1730, Roma); *Antigono* (UA 1743, Hubertusburg); *Il re pastore* (UA 1751, Wien); Valerius Maximus: *Ciro riconosciuto* (UA 1736, Wien).
517 Diod. 2,4,5 u.ö.
518 Diod. 2,5,2; 2,6,2 u.ö.
519 II/3.

Sie ist allerdings bei ihm nicht nur beherzt[520], sondern dabei barmherzig, und nicht etwa grausam:

Semiramide:
Conoscerai fra poco, che son pietosa, e non crudel.[521]

Als sie sich im Finale ihrem Volk als Frau zu erkennen gibt, nennt sie selbstbewusst ihre zahlreichen Verdienste:

Semiramide:
(…) io vi difesi dal nemico furor; d'eccelse mura Babilonia adornai. Coll'armi io dilatai i regni dell'Assiria. Assiria istessa dica per me se mi provò finora sotto spoglia fallace ardita in guerra e moderata in pace (…).[522]

Das assyrische Volk (in Form des Chores) bestätigt daraufhin jubelnd ihre Herrschaft:

Coro:
Donna illustre il ciel destina a te regni, imperi a te. Viva lieta e sia reina chi finor fu nostro re.[523]

Auch hierin liegt eine echte Innovation Metastasios: Zwar geht Semiramide auch hier am Ende eine Ehe ein, dennoch behält sie im Finale der Oper die Herrschaft über Assyrien – und zwar allein. In allen vorherigen Ausgestaltungen, sei es für die Theater- oder die Opernbühne war mit dem Schließen einer neuen Ehe auch immer ein Herrschaftswechsel verbunden. Herrscht Semiramis zu Beginn eines Theaterstückes oder eines Librettos allein über Babylon/Assyrien, behielt sie diese Herrschaft bisher nur dann auch am Ende der Oper, wenn sie keine (weitere) Ehe einging.[524] Hinzu kommt, dass vor Metastasios Libretto in den Bühnenadaptionen, in denen Semiramis am Ende Alleinherrscherin bleibt, sie ihre Herrschaft von Beginn an offen als Frau ausgeübt hat, das Element der Verkleidung also bisher dort keinen Platz hatte.

Diese Besonderheiten bleiben in allen späteren Überarbeitungen des Librettos erhalten. Metastasio kanonisiert also eine Erzählung um Semiramis, die – abgesehen von den im *argomento* genannten Erinnerungsbausteinen – reich an Innovationen ist. Einzig die schon für die literarischen Texte der frühen Neuzeit als universell identifizierten Elemente – Herrschaft über Babylon und kriegerische Kompetenz – werden verwendet, ebenso wie das Verkleidungsmotiv,[525] aber alles

---

520 III/14.
521 II/4.
522 III/14.
523 III/14.
524 So bei Gilbert (1646/1647) und bei Silvani (1713/1714). Außerhalb der *opera seria* außerdem im Libretto von Hinsch (1683).
525 Kurt Markstrom (2007, 263) sieht allerdings in dem Festhalten des Scitalce an der Untreue der Semiramide eine Anspielung auf die ihr zugeschriebene Promiskuität. Die Befürchtung, die oder der Geliebte sei nicht treu gewesen, gehört allerdings zu den gängigsten Motiven der Oper des Barock (und auch späterer Epochen – man denke nur an *Così fan tutte* [UA 1790, Wien; L.: Lorenzo Da Ponte, M.: Wolfgang Amadeus Mozart]). So ist die befürchtete Untreue des Eumene eines der zentralen Elemente der Oper *Candaule* (UA 1679, Venezia; L.: Adriano Morselli, M.: Pietro Andrea Ziani) und auch in *Serse* soll ein Brief Arsamenes angebliche Untreue beweisen (UA 1738, London; L.: ?, M.: Georg Friedrich Händel).

wird in einen neuen Kontext gesetzt und nimmt einen neuen Handlungsverlauf. Semiramis wird mit ihm zur verdienstvollen Herrscherin, der die Offenlegung ihres wahren Geschlechtes nichts anhaben kann. Gleichzeitig ist sie eine treu und hingebungsvoll Liebende – hier verschmelzen gewissermaßen zwei Traditionsstränge zu einem durch und durch positiven Bild einer Herrscherin.

Ein Reflex des in den Quellen so unterschiedlich beurteilten Indienzuges der Semiramis findet sich vermutlich in der Gestalt des indischen Prinzen Scitalce. Semiramide, darauf weist Metastasio in seinem *argomento* explizit hin, ist bei ihm eine Ägypterin, die nach langen Wirren nach Assyrien gekommen sei, wo sich König Nino in sie verliebt und sie geheiratet habe. Bezüge zwischen dem Themenkreis um Semiramis und Ägypten waren schon seit Mitte des 17. Jh.s hergestellt worden – so nimmt Gessis Tragödie *Il Nino figlio* auf das Orakel des Ammon Bezug, von dessen Besuch durch Semiramis schon Diodor berichtet. Im Libretto von Matteo Noris von 1706 gibt sich Laodicea/Nicea als Ägypterin aus; und auch das nur kurz vor *Semiramide riconosciuta* abgefasste Libretto *Semiramide in Ascalona* von Apostolo Zeno greift dieses Element auf – hier zeigt das Ende der Oper (V/7), dass Semiramide stets glaubt, Ägypterin zu sein. Auch in Semiramides Befürchtung, dass sich das Volk trotz ihrer Verdienste vielleicht nicht von einer Frau regieren lassen wolle, zeigt sich Metastasios Literaturkenntnis, kommt dieses Element doch auch in Calderons *La hija del aire* von 1653 vor.

Als Letztes hervorzuheben ist noch, dass sich insbesondere bei den Vertonungen des metastasianischen Librettos zunehmend Verknüpfungen zwischen einzelnen Rollen und ihren Sängerinnen und Sängernbeobachten lassen.

> Als Semiramide:
> Lucia Facchinelli (3×: 1729, Venezia; 1730, Milano; 1731, Napoli)
> Cecilia Bellisani Buini (3×: 1735, Perugia; 1737, Genova; 1756, Genova)
> Vittoria Tesi Tramontini[526] (3×: 1739, Napoli; 1744, Venezia; 1748, Wien)
>
> Als Scitalce:
> Nicola Grimaldi als Scitalce (2×: 1729, Venezia; 1731, Napoli)
>
> Als Mirteo:
> Carlo Scalzi als Mirteo (2×: 1729, Roma; 1733, London)
>
> Als Tamiri:
> Anna Peruzzi[527] (2×: 1733, Pistoia; 1739, Napoli)

Auch dies hat sicherlich nochmals zu einer Kanonisierung und Verfestigung ‚einer' Semiramis, nämlich der metastasianischen, und ihrer Geschichte beigetragen.

---

[526] Sie hatte auch 1730 in Neapel schon die Titelpartie in Leonardo Leos Vertonung von Francesco Silvanis *La Semiramide* gestaltet, ebenso 1735 in Mailand, nun in einer Vertonung von Giovanni Porta basierend auf demselben Textbuch und 1742 in Venedig zur Musik von Niccolò Jommelli.

[527] Die auch 1733 schon in Mailand in einer Semiramis-Oper auf Basis von Silvanis Libretto aufgetreten war, damals als Aspasia. 1738 gestaltete sie in Venedig die Partie der Zomira in einer Vertonung von Zanellis Textbuch.

4.2.4 Überarbeitungen (Auswahl)

Nur wenige Tage nach der Uraufführung in Rom wurde eine im Text leicht abweichende Variante in Venedig (Teatro S. Giovanni Grisostomo) mit Musik von Nicola Porpora zu Gehör gebracht.[528] Das venezianische Libretto unterscheidet sich vom römischen durch mehrere Kürzungen und einige veränderte Passagen in den Rezitativen, durch sechs abweichende Arientexte und dadurch, dass vier weitere Arien fehlen. Die Überarbeitungen hat mit großer Wahrscheinlichkeit Metastasio selbst vorgenommen oder doch zumindest gebilligt.[529]

Insgesamt war es möglich, 85 Vertonungen des Textes zu eruieren – und damit deutlich mehr als in der Forschungsliteratur üblicherweise angegeben. Bevor es am Ende des 18. Jh.s durch Libretti auf der Basis von Voltaires Tragödie *Sémiramis* von 1748 abgelöst wurde, war *Semiramide riconosciuta* also maßgeblich für die Verbreitung eines bestimmten Semiramisbildes auf den Opernbühnen Europas verantwortlich. Über 50 Jahre lang wurden Opern auf dieser Textbasis mit großem Erfolg an vielen Orten gespielt. Wie ein dezidierter Vergleich der Librettotexte offenbart, fielen die textuellen Anpassungen an Metastasios Oper dabei deutlich geringer aus als bei den vorhergehenden Opern.[530] Der metastasianische Text wurde vergleichsweise behutsam an die Gegebenheiten der einzelnen Theater, die stimmlichen Fähigkeiten der beteiligten Sängerinnen und Sänger oder die Möglichkeiten der jeweiligen Bühnen angepasst – die inhaltlichen Intentionen wurden dabei stets gewahrt, der Handlungsrahmen nicht verändert. Es überwiegen v.a. in den ersten Jahrzehnten marginale Überarbeitungen sowie Bearbeitungen, die lediglich Arien streichen bzw. austauschen und die Rezitative des Originals leicht straffen.[531] Größere inhaltliche Überarbeitungen bilden die Ausnahme, es dauert Jahrzehnte, bis erstmals neue Textzeilen in den Librettotext aufgenommen werden.

Auf Grund der Fülle der Bearbeitungen ist es hier nicht möglich, auf jede Aufführung im Detail einzugehen. Herausgegriffen seien daher nur wenige, charakteristische Adaptionen, die verdeutlichen können, dass das Stück auch in politischen Kontexten an Relevanz besaß und mit Bedacht zur Aufführung gebracht wurde. Schon für andere Semiramis-Opern zeigte sich ja die Relevanz des Stoffes im Zusammenhang mit der Pragmatischen Sanktion und des Spanischen Erbfolgekrieges. Wie bei Rapparini und Silvani wird auch Metastasios *Semiramide riconosciuta* als politisches Instrument verwendet. Erwähnung verdienen hier insbesondere die Opern am Habsburger Hof, vor allem die Bearbeitungen im Kontext mit Maria Theresia, für die 1743 und 1748 diese Oper gespielt wurde. Gerade am Habsburger Hof sind die Thematiken der Opern und anderer Musikdarbietungen nicht zufällig,[532] Oper ist vielmehr ein Herrschaftsinstrument, wie folgendes Beispiel veranschaulichen mag: Kurz bevor Karl VI. (1685–1740) und Elisabeth Christine (1691–1750) im September 1723 im Prager Veitsdom zu König und Königin von Böhmen gekrönt werden, wird in Prag in einem eigens errichteten Freilufttheater als Festoper (eigentlich eine *festa theatrale*) *Constanza e Fortezza* gegeben.[533] Das Libretto hatte Karls Hofdichter Pietro Pariati geliefert, die Vertonung der Hofkapellmeister Johann Josef Fux übernommen. Der Stoff

---

528 Schmidt-Hensel 2009, 705.
529 Vgl. Wiesend 1983, 255–275.
530 Vgl. dazu die entsprechenden Tabellen im Anhang der Arbeit.
531 Werden Arien ausgetauscht, stammen diese meist aus anderen Opern Metastasios; Lühning 1983, 42–44.
532 Vgl. Rode-Breymann 2011, insb. 261–262.
533 Anlass der Aufführung ist neben der bevorstehenden Krönung der Geburtstag der Kaiserin am 28. August; Strohm 2002, 77.

stammt aus Livius' *ab urbe condita*[534] und erzählt die Geschichte um die Belagerung Roms durch die Etrusker unter Porsenna und dessen Gegenspieler, den römischen Konsul Publius Valerius Publicola. Die Handlung spiegelt tagespolitisches Geschehen und wird vom Publikum auch genau so aufgefasst – der Kampf zwischen Römern und Etruskern ist eine Analogie des Spanischen Erbfolgekriegs, Wien wird als *nova Roma*, Valerius als Karl VI., die tapfere Cloelia als Elisabeth Christine und Porsenna als Ludwig XIV. verstanden.[535]

Auch anlässlich der Krönung von Maria Theresia zur Königin von Böhmen 1743 wird über den Stoff der Festoper Herrschaftsglorifizierung und Herrschaftslegitimation betrieben. Anders als bei ihrem Vater Karl VI. wird aber nun nicht auf die römischen Antike Bezug genommen. Dies ist zunächst überraschend, verstanden sich die Habsburger doch als Kaiser des Heiligen Römischen Reiches Deutscher Nation als legitime Nachfolger der römischen *principes* – ein Herrschaftsanspruch, der sich seit Leopold I. (1640–1705) in unterschiedlichen Kunst- und Repräsentationsformen, v.a. in der Funktionalisierung von Gestalten der römischen Mythologie und Geschichte, manifestierte.[536] Im Falle der Maria Theresia als erster – und einziger – weiblichen Monarchin auf dem böhmischen Thron, liegt das Hauptaugenmerk nicht auf dem Rückbezug auf die Größe Roms, sondern auf einem *exemplum* weiblicher Herrschaft. Hatte die Pragmatische Sanktion, die 1724 für alle Länder des Habsburgerreiches „zum Staatsgrundgesetz erklärt"[537] wurde, die weibliche Erbfolge innerhalb des Hauses Österreich ermöglicht und Maria Theresia als leiblicher Tochter Karls VI. der Vorrang vor den Töchtern seines verstorbenen Bruders Joseph I. (1678–1711) eingeräumt, so galt es nach dem Tode Karls VI. 1740, diesen Anspruch auch durchzusetzen und wirkmächtig zu kommunizieren – insbesondere gegenüber den Ehemännern ihrer Cousinen, dem sächsischen und dem bayerischen Kurprinzen. In diesem Kontext fiel die Entscheidung für die Präsentation eines didaktischen historischen *exemplums* zur Betonung der Rechtmäßigkeit und des Erfolges weiblicher Herrschaft – nämlich Semiramis. Ungewöhnlich für eine Krönungsoper ist dabei, dass im Libretto weder Komponist noch Librettist namentlich genannt werden. Auch scheint die Oper keine enorme Resonanz erfahren zu haben; die zeitgenössischen Quellen geben keinen Aufschluss über Details, so dass sogar die Identifikation der Krönungsoper von 1743 erst im Jahr 1932 gelang.[538] Die gesamten Krönungsfeierlichkeiten wurden wohl vergleichsweise kurzfristig vorbereitet, da Maria Theresia die Prager Krönung möglichst schnell abhalten lassen wollte.[539] So fielen die Feierlichkeiten auch deutlich bescheidener aus als bei der Krönung von Karl VI. 1723; es wurde auch kein neuer Theaterbau errichtet, sondern lediglich das etwa 200–300 Personen fassende Theater auf der Prager Burg, das 1680 für den Besuch Leopolds I. errichtet worden war, wieder hergerichtet.[540]

Gelegentlich wurde vermutet, der Komponist dieser Vertonung sei Johann Adolf Hasse gewesen, der sicher 1744 und 1746 Vertonungen dieses Librettos vorlegte.[541] Milada Jonásová konnte allerdings zeigen, dass Hasse als Komponist auszuschließen ist, auch keiner der Zeit um 1743 belegten Hofkomponisten – Giuseppe Porsile, Georg Reutter d.J., Giuseppe Benno oder Georg

---

534 2,9–13.
535 Vgl. ausführlich zu diesem Stück Strohm 2002, 77–91, insb. 82–84.
536 Seebald 2009, 45 m. Anm. 173.
537 Vierhaus 1984, 250.
538 Port 1932, 83.
539 Vgl. Beelina et al. 2001, 26.
540 Jonásová 2009, 63–67.
541 Volek 1977, 46 oder Croll 1994, VII Anm. 7.

Christoph Wagenseil – kommt als Komponist der Krönungsoper in Frage.⁵⁴² Jonásová kommt daher zu dem Ergebnis, dass es sich bei der Prager Krönungsoper von 1743 um ein eilig kompiliertes Pasticcio gehandelt habe, „das heißt um eine Oper, die ad hoc aus Arien anderer erfolgreicher Opern zusammengestellt wurde. Im Fall einer Krönungsoper ist eine solche Vorgehensweise absolut einzigartig. Pasticcios waren zwar im Opernbetrieb des 18. Jh.s gängig, aber stets nur als Ergänzung eines den Standards entsprechenden Autorenrepertoirs."⁵⁴³ Es scheint sich also nicht um ein groß angelegtes und gesellschaftlich repräsentatives Theaterfest gehandelt zu haben, wie man es für einen derartig zentralen Krönungsakt erwarten würde – und dennoch hatte man offenbar bei der thematischen Auswahl des Stückes besondere Sorgfalt walten lassen. Auch wenn der Kreis der Zuhörer sicherlich begrenzt und das Theater nicht eben opulent ausgestattet war, fungierte die Krönungsoper als zentraler und offenbar als notwendig empfundener Bestandteil des zeremoniellen Rahmens des Krönungsaktes. Selbst wenn die Krönungsoper nur als „eine schnell erledigte Pflichtaufgabe"⁵⁴⁴ aufgefasst worden sein sollte, so war doch mit der Wahl des metastasianischen Librettos und des Stoffes um Semiramis eine deutliche politische und legitimatorische Aussage getroffen worden.⁵⁴⁵ Hinzukommt die Mehrdeutigkeit des italienischen Verbes ‚riconoscere', das eben nicht nur ‚wiedererkennen', sondern eben auch ‚anerkennen' bedeuten kann.

Dass dieses Thema bei aller (relativen) Bescheidenheit und Eile der Umsetzung durchaus entsprechend verstanden wurde, zeigt nicht zuletzt der im Frühjahr 1748 an Willibald Gluck ergangene Kompositionsauftrag für eine weitere Vertonung genau diesen Librettos durch Maria Theresia. Die Oper wurde anlässlich des 31. Geburtstages Maria Theresias in Auftrag gegeben und einen Tag nach dem Geburtstag, am 14. Mai, aufgeführt – in der Endphase des Österreichischen Erbfolgekrieges und nur wenige Tage dem Beginn der Friedensverhandlungen in Aachen am 24. April und der Kapitulation von Maastricht am 7. Mai. Ganz offensichtlich hatte im Mai 1748 Metastasios Version der als König Nino erfolgreich über Babylon herrschenden Semiramide hochaktuelle Bezüge zur gegenwärtigen politischen Lage. Nicht nur am Verhandlungstisch in Aachen, auch auf der Opernbühne in Wien wurden die Ansprüche Maria Theresias als legitime Nachfolgerin Karls VI. also deutlich propagiert. Wieder ist die Doppelbedeutung des Wortes *riconosciuta* im Titel der Oper vom Publikum sicher verstanden worden.⁵⁴⁶

Im Mai 1748 lässt sich noch eine weitere Vertonung dieses Librettos mit Maria Theresia in Verbindung bringen. Nur wenige Tage vor der Aufführung von Glucks Vertonung in Wien, am 7. Mai 1748, brachte Johann Adolf Hasse eine stark bearbeitete Version dieses Textbuches auf die Bühne des Londoner King's Theater. Die italienische *opera seria* hatte im London des 18. Jh.s einen relativ schweren Stand und war vielfachen Anfeindungen ausgesetzt⁵⁴⁷ – Semiramis er-

---

542 Jonásová 2009, 72–79.
543 Jonásová 2009, 82.
544 Jonásová 2009, 83.
545 So auch Susanne Rode-Breymann (2011, 261): „Die Oper wurde am Habsburger Kaiserhof des 17. und beginnenden 18. Jahrhunderts als ‚instrumentum regni' in den Dienst der Herrschaftslegitimation genommen."
546 Rode-Breymann 2011, 261–262. Auch am Hof in St. Petersburg war diese Oper gegeben worden, allerdings nicht unter der Ägide der Kaiserinnen Elisabeth I. oder Katharina II., sondern bereits unter Anna Iwanowa (1693–1740) im Januar 1737, vertont von Francesco Araja – leider ist es nicht gelungen, Einsicht in das Libretto zu nehmen, dessen einziges Exemplar sich in St. Petersburg befindet.
547 Erwähnung verdient hier sicherlich John Dennis' *An Essay on the Opera's After the Italian Manner* von 1706. Erstmals war eine italienische Oper im April des Vorjahres dieser Publikation in London aufgeführt worden, es handelte sich um Jacob Grebers *The loves of Ergasto*, das an fünf Abenden gespielt wurde. Ab 1710 wurden bis zum Ende der Ära Georg Friedrich Händels am Haymarket alle Opern auf Italienisch

scheint überhaupt auf der Londoner Bühne nur dreimal (1733, 1748 und 1771). Die Aufführung von 1748 lässt sich im politischen Kontext der Zeit verstehen, denn der englische König, George II. (1683–1760), war im Österreichischen Erbfolgekrieg mit Maria Theresia verbündet. Die Londoner Aufführung fiel zum einen fast exakt auf den 5. Jahrestag der Krönung Maria Theresias zur Königin von Böhmen, zum anderen aber auch fast gleichzeitig zur erneuten Aufführung des Stoffes am Wiener Hof. Man könnte also postulieren: London feierte mit dieser Oper, dass es der Verbündeten gelungen war, sich trotz der starken Bedrohung durch Frankreich, Preußen und Spanien als rechtmäßige Thronerbin Karls VI. zu behaupten.[548]

Erwähnung verdient eine Überarbeitung des Librettos durch Metastasio selbst, die dieser auf Anraten seines Freundes Carlo Broschi, genannt Farinello, gemeinsam mit Überarbeitungen von *Didone abbandonata*, *Adriano in Siria* und *Alessandro nell'Indie* zwischen Ende 1750 und Ende 1752 vornahm. Diese Textversion, mit der Metastasio offenbar außerordentlich zufrieden war, ist es dann auch, die Eingang in die Gesamtausgabe seiner Werke gefunden hat.[549] Kurt Markstrohm vermutet als einen der Gründe für Überarbeitung der Librettos dessen starke Verhaftung in den Traditionen des 17. Jh.s.[550] In der Tat fallen die Eingriffe hier größer aus – nur für die Londoner Fassung von 1748 waren bisher derartig massive Kürzungen vorgenommen worden, um die Oper an den Geschmack des Londoner Publikums anzupassen.[551] Die Überarbeitungen Metastasios bestehen v.a. aus Kürzungen – da die Bedeutung der Arien, in denen die Sänger und Sängerinnen ebenso wie die Komponisten ihr Können vor dem Publikum ausbreiten konnten, zugenommen hatte, die Gesamtlänge einer Opernaufführung aber nicht beliebig verlängert werden konnte, mussten „Teile des Textes zugunsten der Musik geopfert" werden.[552] Dies betraf sowohl die Rezitative als auch Arien – um längere Arien unterbringen zu können, wurden einige Arien gestrichen, v.a. solche, die auch in vorhergehenden Versionen häufig Streichungen zum Opfer gefallen waren.[553] Reinhard Wiesend geht zwar davon aus, dass die Kürzungen auch „Folgen für die dramatische Struktur der Stücke" nach sich gezogen hätten – ein genauer Blick in die Texte zeigt aber, dass die Handlung von den Rezitativkürzungen nicht tangiert wird, insbesondere da der *argomen-*

---

gesungen; Knapp 1984, 92–104. Vgl. zur italienischen Oper in England auch Woodfield 2001 oder Smith Atkins 2006, 1–21. Ganz anders gestaltete sich die englische Oper im 19. Jh.; vgl. dazu Zechner 2017.

548 In der Folge wechselte George II. allerdings die Seiten – im Siebenjährigen Krieg (1756–1763) schloss er sich Preußen an und kämpfte nun gegen die Habsburger unter Maria Theresia. Dass unter seiner Regierung auf den Londoner Opernbühnen keine weitere Semiramis-Oper aufgeführt wurde, da das Erinnern an eine glorreiche weibliche Herrscherfigur nun nicht mehr opportun war, überrascht daher wenig. Erst im Februar 1771, unter George III. (1738–1820), wurde wieder eine Oper auf Basis von Metastasios *Semiramide riconosciuta*, nun vertont durch Gioacchino Cocchi, in London gegeben.

549 Metastasio 1781, Bd. 1. Metastasio schreibt im Dezember 1752: „Ho ridotto la Didone e la Semiramide in forma di cui sono molto piu contento che di quella con la quale hanno corso i teatri d'Europa finora." (Brief vom 20.12.1752, enthalten in Metastasio 1781, Bd. 3, 775).

550 Markstrom 2007, 265: „This complex seicento quality in Semiramide may be one of the reasons for Metastasio's massive revision and abbreviation of the libretto in 1752." Ähnlich bereits Wiesend 1983, 262–264.

551 Deutlich gekürzt wurde das Libretto auch bereits für andere Aufführungen, die Kürzungen wurden aber nicht derartig systematisch und über alle Akte hinweg vorgenommen wie in der Revision für Madrid; vgl. Szenenvergleich im Anhang dieser Studie.

552 Wiesend 1983, 264.

553 Die erste Fassung des Librettos für Rom bzw. Venedig 1729 enthielt rund 30 Soloarien, was dem Geschmack der zweiten Hälfte des 18. Jh.s, in dem zunehmend auch Duette und Ensemblenummern gefragt waren, nicht mehr entsprach.

to durchgehend unverändert bleibt und der Stoff nach fast 25 Jahren steter Aufführung der Oper ohnehin eine immense Bekanntheit erreicht haben dürfte. So werden die Änderungen v.a. die Arbeit der Komponisten dahingehen erleichtert haben, dass sie ihnen erlaubten, ihre Fähigkeiten zu präsentieren. Die zunehmende Bedeutung der Arien macht diese mehr und mehr zur Substanz der Aufführung – eine Entwicklung, die sich im Spätbarock und v.a. im italienischen Belcanto, aber auch in der Wiener Klassik fortsetzen sollte. Im Extremfall diente die Handlung in den Rezitativen später mehr oder minder als Vorwand für die Präsentation von kunstvollen Arien.[554]

Dass Metastasios Überarbeitungen das Verschwinden seiner Stücke von den Opernbühnen nur aufhalten, aber nicht verhindern konnte, zeigt auch, dass sich in der Folge Stücke zum Themenkreis Semiramis durchsetzen konnten, die eine andere textliche Basis zum Ausgangspunkt machten – nämlich das Drama Voltaires von 1747. Immerhin noch etwa 30 Varianten sind nach der massiven Überarbeitung durch Metastasio zur Aufführung gekommen – dabei zeigt der Szenenvergleich aber, dass nicht alle späteren Adaptionen sich der revidierten Fassung bedienten. Parallel dazu wurden auch noch Opern auf Basis des Ursprungslibrettos gegeben, so beispielsweise in Venedig 1756, Stuttgart 1762 oder Rom 1764. So verehrt wie Metastasio in der ersten Hälfte des 18. Jh.s ist, so heftig fällt die Kritik an seinem Schaffen in der zweiten Hälfte des 18. Jh.s aus, die alle Kernpunkte seiner Texte betrifft: Schematismus von Aufbau und Form, stereotype Handlung, eindimensionale Charaktere und pathetische Sprache.[555]

Aufgeführt worden ist das von Metastasio revidierte Libretto wohl erstmals in Madrid, wo Carlo Broschi seit 1737 an der Oper am spanischen Hof wirkte und 1753 die Leitung der Hofoper übernommen hatte.[556]

Ohne hier im Detail auf die Vielzahl der Vertonungen dieses Librettos zwischen 1729 und 1782 einzugehen, sei darauf hingewiesen, dass die metastasianische Semiramide als vorbehaltlos positive Herrscherin, große Kriegerin und große Liebende sich für Aufführung zu den unterschiedlichsten Anlässen eignete – sowohl anlässlich der *stagione di carnevale* (und andere *stagioni*) als von Geburtstagen (weiblicher wie männlicher Eliten[557]), Hochzeiten[558] und sogar einer Krönung[559] wird sie gespielt. Es gibt nahezu keinen der großen Komponisten des Barock, der nicht eine Vertonung dieses Librettos vorgelegt hat – manche, wie beispielsweise Hasse, haben gleich mehrere Male unterschiedliche Musiken zu diesem Text verfasst. Auch der geographische Radius, den diese Oper erreicht, ist gewaltig und übersteigt den aller vorangegangenen Semiramis-Opern. Von Lissabon bis St. Petersburg, von Kopenhagen bis Palermo war Metastasios *Semiramide riconosciuta* auf der Opernbühne zu bewundern. Auch wenn einige der vorherigen Semiramis-Libretti auch noch 1729 noch aufgeführt wurden,[560] so zeigt sich doch eine eindeutige Tendenz – mit Metastasio ist aus den vielen Semiramiden der barocken Opernbühne eine geworden.

---

554 Wiesend 1983, 268.
555 Lühning 1983, 1–8.
556 McGeary 1998, 383–421.
557 Beispielsweise 1733 in London (George II. von England), 1753 in Madrid (Ferdinand VI. von Spanien) oder 1776 in Neapel (Maria Karolina von Neapel-Sizilien).
558 1747 in Dresden (Louis Ferdinand de Bourbon, Dauphin von Frankreich ∞ Maria Josepha von Sachsen).
559 1743 in Prag.
560 Im Einzelnen sind dies: Silvanis Libretto noch 6× (1730, Napoli; 1731, Mantova; 1733, Milano; 1742, Venezia; 1745, Padova; 1746, Wien) und Zanellis Libretto noch 3× (1732, Venezia; 1734, Firenze; 1738 Praga).

4.3 Exkurs: Cross-Dressing und Cross-Gender – Kastraten- oder Hosenrollen?

Wie oben bereits ausgeführt, gehört die Lust am Verkleiden zu den zentralen Charakteristika der Barockoper. Auch wenn sich zeigen ließ, dass das Anlegen männlicher Kleidung eine spätere Zutat zum Motivkanon um Semiramis ist, erweist sich doch gerade dieses Element als besonders wirkmächtig. In über der Hälfte der im Rahmen der Studie behandelten *opere serie* erscheint sie verkleidet als Mann. Machte vielleicht gerade dieses Element diese Figur für die Opernbühnen des 17 und 18. Jh.s in besonderem Maße attraktiv?

Der Kleidertausch und damit verbunden der Rollentausch als Abweichung von Geschlechternormen ist ein geradezu zeitloses Thema. Das Verbot des Kleidertausches findet sich in einer Vielzahl kirchlicher Dekrete und städtischer Kleiderordnungen des Mittelalters, so dass hier nun zu dem Verstoß gegen soziale und moralische Leitsätze auch ein Verstoß gegen religiöse und rechtliche Normen tritt.[561] Basis ist dabei das Alte Testament (Dt 22,5[562]), wo für beiderlei Geschlechter das Vertauschen von Kleidung verboten wird. Noch im Prozess gegen Jeanne d'Arc 1431 wurde das Tragen von Männerkleidung zu einem der zentralen Anklagepunkte erhoben.[563] Und dennoch scheint das Tragen von Kleidung des jeweils anderen Geschlechtes mehrfach in den mittelalterlichen wie auch frühneuzeitlichen Texten auf. Der ‚Kampf um die Hose' ist spätestens im 15. Jh. geradezu sprichwörtlich geworden und wird in zahlreichen Darstellungen der Zeit parodiert. So zeigt ein satirischer Kupferstich von der Hand Israhel van Meckenem des Jüngeren vom Ende des 15. Jh. eine Frau, die sich offensichtlich eine gerade eroberte Hose überstreift, während sie gleichzeitig mit dem Spinnrocken auf ihren Mann einprügelt.[564] Interessant ist die Beobachtung, dass der Rollentausch je nach Geschlecht, Motivation und auch Kontext durch die Zeitläufte hinweg unterschiedlichen Wertungen unterliegt. Insbesondere für als Frauen verkleidete Männer zeigt sich ein vielschichtiges Wertungsspektrum – man denke nur an Achilles, dessen zeitweiser Verkleidung als Mädchen/Frau sowohl in den antiken Texten als auch in den späteren Rezeptionen keinerlei Makel anhaftet und sein kriegerisches Agieren ebenso wenig tangiert wie seine sexuellen Aktivitäten. Ganz anders dagegen beispielsweise die Schilderungen des Herakles, der gezwungenermaßen mit Omphale die Kleidung tauscht[565] – in den antiken Quellen wie auch in späteren Adaptionen und Transformationen dieser Episode ist stets der groteske und auch demütigende Charakter dieses Kleidertausches im Vordergrund. Anders ist dies bei Frauen in Männerkleidung, wie Semiramis. Hier ist das Interpretationsmuster eindimensionaler und eindeutiger – nämlich negativ. Kristina Domanski kann dies an den bildlichen Darstellungen des 15. Jh. exemplarisch eindrucksvoll aufzeigen – betonen die Bilder dadurch, dass sie die Frauen auch in ihrer Männerkleidung stets als Frauen erkennbar lassen, die Vergeblichkeit des Unterfangens, durch Männerkleidung zum Mann zu werden. Die den Diskurs dominierende Asymmetrie in der Behandlung von Kleidungs- und damit Geschlechternormen sieht sie letztlich als Bestä-

---

561 Domanski 2004, 37. Beispielsweise untersagt die Kleiderordnung der Stadt Speyer von 1356 Frauen explizit das Tragen von Männerkleidung: „Es sol ouch deheine vrouwe oder jungvrouwe deheinen mannes mantel dragen, noch deheinen zersnitzelten kugelhuot dragen", s. Mone 1856, 58–61. Vgl. außerdem Eisenbart 1962 u. Hotchkiss 1996, v.a. 11–12.

562 פ: לֹא־יִהְיֶה כְלִי־גֶבֶר עַל־אִשָּׁה וְלֹא־יִלְבַּשׁ גֶּבֶר שִׂמְלַת אִשָּׁה כִּי תוֹעֲבַת יְהוָֹה אֱלֹהֶיךָ כָּל־עֹשֵׂה אֵלֶּה; *non induetur mulier veste virili nec vir utetur veste feminea abominabilis enim apud Deum est qui facit haec.*

563 Vgl. Opitz 1990, 169–196 u. 222–226; Hotchkiss 1996, 49–68.

564 Abgebildet bei Domanski 2004, 71 mit Verweis auf T. Falk (Hrsg.), Hollstein's German Engravings, Etchings and Woodcuts, ca. 1400–1700, Bd. 24, Blaricum 1986; vgl. weiters Metken 1996 sowie Jaritz 1992.

565 Zum Beispiel Soph. Trach., Ov. fast. 2,303ff. oder Apollod. 2,6,2–3; vgl. Schauenburg 1960.

tigung der ‚normalen' Geschlechterordnung.⁵⁶⁶ Diese Bestätigung der Geschlechterordnungen konnte auch für die überwiegende Mehrzahl der Semiramis-Opern des Barock gezeigt werden, wobei diese Geschlechterordnung in besonderem Maße mit dem Eingehen einer Ehe, aber eben auch mit dem An- bzw. Ablegen der Kleidung des jeweils anderen Geschlechtes verbunden ist.

Dass eine Figur auf der Opernbühne durch Verkleidung eine andere Geschlechterrolle annimmt, die sie dann in Konflikt zu ihrer eigentlichen geschlechtlichen Identität bringt, ist zentraler Bestandteil vieler Semiramis-Opern.⁵⁶⁷ Gelegentlich treten außerdem Verkleidungen hinzu, die sich nicht auf den Wechsel der Geschlechterrolle, sondern der sozialen Rolle beziehen. Das Aufdecken der Verkleidung(en) bringt der Handlung die entscheidende Auflösung und gleichzeitig ein komödiantisches Element.⁵⁶⁸ Das bedeutet aber auch, dass ein und dieselbe Person auf der Bühne eine Frau und einen Mann darstellen kann, ohne dass dies vom Publikum als unlogisch empfunden wird und/oder auf Ablehnung stößt.⁵⁶⁹ Gelegentlich wird postuliert, dass die Besetzung der entsprechenden Rollen mit einem Kastraten die Travestie noch unterstütze bzw. sie perfektioniere.⁵⁷⁰ Diese These scheint auf den ersten Blick einleuchtend, ist die italienische Barockoper doch auch als Blüte der Kastratenstimmen oder Falsettisten bekannt.⁵⁷¹ Ein genauerer Blick erscheint allerdings lohnend.

In der Tat gehörten Kastraten von der Geburtsstunde der Oper an zu diesem musikalischen Genre. Bereits in Claudio Monteverdis *Orfeo* von 1607 war eine Kastratenpartie erhalten – es handelte sich allerdings hier um die Rolle der Euridice und nicht um die Titelpartie des Orpheus, welche mit einem Tenor besetzt war. Als Besetzung für eine männliche Hauptrolle tauchte ein Kastrat erst 1632 auf und zwar im Bereich der sakralen Musik. Der Sänger und seine Kollegen stammten aus der päpstlichen Kapelle und wurden vom Papst für die Aufführung von Stefano Landis *Il S. Alessio* an seinen Neffen Francesco Barberini ausgeliehen.⁵⁷² In der päpstlichen Kapelle, dem Ort der privaten *devotio* des jeweiligen Papstes, nahm der Gesang eine besondere Rolle ein, dienten die Musik und insbesondere der Gesang doch gleichermaßen der Überhöhung des Pontifex' wie dem Gotteslob. Anders als in den übrigen Kirchen- und Hofkapellen der Zeit wurden hier keine Diskantstimmen von Knaben eingesetzt, sondern ausschließlich erwachsene Sänger beschäftigt.⁵⁷³ Diese waren meist Priester; der Zölibat war für alle in der päpstlichen Kapelle agierenden Personen Voraussetzung. Zunächst dominierten Falsettisten, die meist aus Spanien stammten, nach und nach nahmen aber italienische Kastraten ihren Platz ein.⁵⁷⁴ Dies war nicht unproblematisch, stand das Priesteramt doch eigentlich nur körperlich Unversehrten

---

566 Domansiki 2004, 82–83.
567 Cross-Dressing, Verkleidung und Travestie haben in den letzten Jahrzehnten vermehrt Eingang in die musikwissenschaftliche Forschungsliteratur gefunden. Einen knappen, aber guten ersten guten Einblick gibt Knaus 2011, 7–28, insb. die Literatur in ihrer Anm. 1.
568 Lühning 1983, 134.
569 So auch Keyser 1988, 47.
570 So z.B. Schulze 2004, 189 mit Bezug auf die Gestalt des Achille in Francesco Sacratis *La finta pazza* (UA 1641, Venezia).
571 Der Einsatz von Kastraten war dagegen in England und auch in Frankreich eher unüblich, wo andere auditive Präferenzen durch den Einsatz von male alto bzw. Haute-contre (hohe Tenöre oder Falsettisten) befriedigt wurden; Herr ²2013, 230–239, 355–357 u. 444 sowie de Ponte 2013, 75–79.
572 Herr ²2013, 108.
573 Herr ²2013, 25–26.
574 Falsettisten erreichen durchaus dieselben Tonhöhen wie Kastraten, es entsteht aber ein anderer Klangeindruck, denn sie bedienen sich dazu aber statt einer operativen Manipulation einer bestimmten Gesangstechnik, bei der unter Verwendung der Kopfstimme die normale männliche Stimme um eine Oktave erhöht

offen – gleichzeitig hielt man aber nur hohe Sopranstimmen für fähig, das wahre Gotteslob zu singen. Weibliche Sängerinnen waren aber auf Grund des paulinischen Verbotes für Frauen, in der Kirche das Wort zu ergreifen, nicht denkbar. Bereits 1588 hatte Sixtus V. ein allgemeines Auftrittsverbot für alle Laien in Rom erlassen, das automatisch ein Auftrittsverbot für alle Frauen einschloss. Erst Benedikt XIV. (1740–1758) wandte sich öffentlich gegen die Kastration, sprach sich aber gleichzeitig dafür aus, die bereits in der päpstlichen Kapelle beschäftigen Kastraten weiter zu beschäftigen.[575] Zwischen 1588 und der Mitte des 18. Jh. war also für die römischen Bühnen – und nur hier – das Auftreten von Frauen streng genommen untersagt (auch wenn sich vereinzelt Übertretungen des päpstlichen Ediktes festmachen lassen). Frauenrollen können in dieser Zeit in Rom nur von Männern, allerdings nicht zwingend von Kastraten, übernommen werden.[576] Dennoch eroberten Kastraten in dieser Zeit auch außerhalb Roms des Öfteren Rollen, häufig sogar als *primo uomo*, wie beispielsweise in der Partie des Nerone in Claudio Monteverdis *La incoronazione di Poppea* im venezianischen Karneval 1642/1643. Das Kastratentum verbreitete sich relativ schnell; auch über die italienischen Grenzen hinaus wurden bereits ab 1673 mehrere italienische Kastraten am markgräflichen Hof von Bayreuth eingestellt.[577] Schnell erwiesen sich die Auftritte von Kastraten neben denen der jungen Sopranistinnen als Hauptanreiz für die Bühnen der Zeit. Während sie im 17. Jh. noch eher Randerscheinungen waren, die das Operngeschehen keinesfalls dominierten, besetzten ab 1700 hoch virtuose männliche Soprane wie Giocchino Conti, genannt Gizziello, oder Carlo Boschi, genannt Farinelli, deren Stimmen bis in die dreigestrichene Oktave singen konnten, die männlichen Heroenrollen auf den italienischen Bühnen und darüber hinaus.[578] Ihre Gagen bildeten ebenso wie die der gefeierten jungen Sopranistinnen die finanzielle Hauptlast einer Operninszenierung und überstiegen die Salärs von Librettisten, Komponisten oder Orchestermusikern um ein Vielfaches.[579] Im weiteren Verlauf des 18. Jh.s, als sich die Anzahl der Opernbühnen deutlich vergrößert hatte, nahmen die Gagen schwindelerregende Höhen an, da die begrenzte Zahl der herausragenden Sängerinnen und Kastraten die Nachfrage nicht bedienen konnte. Insbesondere in der Karnevalssaison entstand ein enormer Wettbewerb um die besten Sängerinnen und Sänger zwischen den höfischen/hofnahen wie öffentlichen Bühnen.[580] Dabei gab es durchaus nicht nur begeisterte Stimmen, schnell wurde auch Kritik am Kastratentum laut. Diese Kritik bezog sich dabei sowohl auf die Stimme als auch auf den Körper der Kastraten; die katholische Kirche, die ja maßgeblich zu Entstehung des Kastratenwesens beigetragen hatte, äußerte sich im 18. Jh. zunehmend kritisch und betonte die extremen sexuellen Triebe der Kastraten.[581]

---

wird. Diese Gesangstechnik wird heute sowohl in der klassischen Musik von Countertenören als auch in der modernen Unterhaltungsmusik (so z.B. Brian Wilson, the Bee Gees oder Bruce Dickinson) eingesetzt.

575   Herr ²2013, 47–50.
576   Überhaupt zeigt sich ein enger Zusammenhang zwischen Konfession und dem Einsatz von Kastraten. Während in Italien für das 16. Jh. bereits mehrfach Kastraten bezeugt sind, sperren sich die protestantischen Höfe relativ lange gegen diese Sänger; Herr ²2013, 25–26.
577   Hegen 2018, 8. Insbesondere Wilhelmine von Bayreuth (1709–1758) tat sich bei ihrem Ausbau der markgräflichen Hofkapelle zu einem operntauglichen Ensemble mit eigenem Opernhaus als Förderin der Kastratenstimmen hervor; vgl. Hegen 2018, 31.
578   Herr ²2013, 215.
579   Piperno 1990, 35.
580   Piperno 1990, 44.
581   Herr ²2013, 362–363, 372 u. 375; vgl. auch Gruber 1982.

Da, wie bereits erwähnt, ein Großteil der Partituren der barocken Opern nicht erhalten ist, ist es häufig schwierig zu entscheiden, ob eine Rolle für einen Tenor, eine Sopranistin oder einen Kastraten konzipiert wurde. Hinzu kommt, dass allein auf Grund der Tonhöhe keine sichere Aussage darüber möglich ist, ob Kastraten oder Falsettisten zum Einsatz gekommen sind, da sich lediglich die auditiven Eindrücke, nicht aber die Tonumfänge maßgeblich unterscheiden.[582] Wichtig ist aber zu betonen, dass die immer wieder verbreitete Ansicht, während des Barock hätten Kastraten in der gesamten *opera seria* die Frauenstimmen verdrängt, nicht den Tatsachen entspricht. Kastraten waren vielmehr ein zeitlich wie räumlich begrenztes Phänomen, das seinen Ursprung im Kirchenstaat hatte und von dort, v.a. durch die enorme Kunstfertigkeit der entsprechenden Sänger, eine gewisse Ausbreitung innerhalb Italiens und auch darüber hinaus erlangte. Es lässt sich einerseits ein klarer Zusammenhang zwischen Konfession und dem Einsatz von Kastraten ausmachen, andererseits auch konstatieren, dass bestimmte gesangsästhetische Präferenzen die Ausbreitung des Kastratentums einschränkten.[583]

Auch wenn Kastraten in besonderem Maße die Geschlechterdichotomie aufzubrechen scheinen, standen sie damit nicht allein – neben den Kastraten gehörten auch Frauen in sogenannten ‚Hosenrollen' zu den Charakteristika der *opera seria*; ein Phänomen, das erst mit Richard Strauss' Operette *Der Rosenkavalier* im frühen 20. Jh. sein Ende fand.[584] Wohl ausgehend vom spanischen Theater des späten 16. Jh.s (Juan de Timoneda, später Calderon de la Barca) etablierten sich in der italienischen *commedia dell'arte* schnell Frauen in Männerrollen.[585] Auch auf den wiedereröffneten Bühnen Englands waren nun Frauen zu sehen – in elisabethanischer Zeit waren dagegen die Rollen noch vollständig von Männern und Knaben übernommen worden.[586] So schlüpften Frauen nun also auch zunehmend in Männerrollen – und damit in Männerkleidung. Das zumindest zeitweise Verbergen der eigenen geschlechtlichen Identität wird zunehmend zum Motor der Handlung in Schauspiel und Oper[587] – und zwar für beide Geschlechter. So begegnet beispielsweise 1727 in Antonio Vivaldis Vertonung des Librettos *Siroe, rè di Persia* von Pietro Metastasio die Titelpartie des jungen Siroe, der sich zwischenzeitlich als Frau verkleidet, als Kastratenrolle in hoher Stimmlage.[588]

Bestimmte Gegebenheiten konnten eine Umbesetzung einer Rolle notwendig machen – so wurde in der Uraufführung der Oper *Didone abbandonata* von Pietro Metastasio, vertont von Domenico Sarro, in Neapel 1724 die Titelpartie von der Sopranistin Marianna Benti Bulgarelli (detta La Romanina) übernommen, während die Rolle des Enea mit dem Kastraten Nicoló Grimaldi (detto Nicolino) besetzt wurde. In gleicher Besetzung wurde die Oper auch in der folgenden Karnevalssaison in Venedig und wenig später in Reggio gegeben.[589] Die Rolle als jugendlicher Heros ist also ohne Probleme mit einem Kastraten zu besetzen, wie auch viele weitere Beispiele zeigen. Für die Aufführung in Rom, nun vertont von Leonardo Vinci, wird die Rolle der Dido allerdings überarbeitet, so dass sie nun von einem Kastraten gesungen werden kann. Christoph Willibald Gluck konzipierte in seiner ersten Vertonung von Ranieri de'Calzabigis *Or-*

---

582 Vgl. Herr ²2013, 13; s. a. Knaus 2012, 200.
583 Vgl. auch Grünnagel 2015, insb. 56–60.
584 Die Blüte der Hosenrollenprimadonnen ist dabei der Belcanto, insbesondere die Werke von Rossini, Bellini und Donizetti; vgl. de Ponte 2013, 108–110.
585 De Ponte 2013, 34 mit weiterer Literatur; vgl. auch Knaus 2011, insb. 15.
586 De Ponte 2013, 63–65.
587 De Ponte 2013, 45–46. Ausführlich zu diesem Phänomen Knaus 2011 u. 2012.
588 Vgl. auch Knaus 2011, insb. 97–102.
589 UA 1724, Napoli; danach 1724, Venezia (M.: Tomaso Albioni) und 1725, Reggio (M.: Nicola Porpora).

feo ed Euridice 1762 in Wien die Titelpartie für einen Altkastraten (Gaetano Guardani), schrieb sie 1769 für einen Soprankastraten um und veränderte sie 1774 nochmals für die Pariser Bühne, wo sie von einem Haute-contre übernommen wurde.[590] Es zeigt sich somit, dass die Rollenbesetzungen nicht statisch zu denken sind, sondern in großem Maße an den lokalen Publikumsgeschmack[591], die Verfügbarkeit von Sängern und Sängerinnen und auch an eine sich allmählich wandelnde Gesangsästhetik angepasst werden konnten.[592] Besetzungen erfolgten somit letztlich unabhängig vom Geschlecht. Dies gilt insbesondere für die Partien der *prima donna* bzw. des *primo uomo*, also die hohen Lagen. Diese Flexibilität bietet natürlich erweiterte Möglichkeiten für eine Inszenierung.[593] Die Figur des Kastraten wird gern vereinnahmt, um entweder eine Absenz von Sexualität oder aber gar eine „Doppelcodiertheit von gender" zu postulieren.[594] Daran schließt die Frage an, ob in der Perspektive des 16. und 17. Jh.s Kastraten als Männer wahrgenommen wurden bzw. wahrgenommen werden konnten – eine Frage, die in der musikwissenschaftlichen Forschung seit Jahrzehnten höchst kontrovers diskutiert wird und durch die Etablierung von Gender und Queer Studies neuen Auftrieb erfahren hat. Mal werden die Kastraten in der Forschung als Hermaphroditen aufgefasst[595], mal als Trinität aus Mann, Frau und Kind[596], mal als bis auf ihre Zeugungsfähigkeit gänzlich vollwertige Männer gedeutet.[597] Selten wurde dabei, wie Saskia M. Woyke zu recht bemängelt, die zeitgenössische Wahrnehmung von Körper wie Stimme der Kastraten und Sopranistinnen dieser Zeit zusammengeführt und mit den erhaltenen Stimmbeschreibungen abgeglichen. Ihre umfassenden statistischen Analysen, die auf Claudio Sartori, *I libretti italiani a stampa dalle origini al 1800* (Cuneo 1990–1994) basieren, widerlegen eindeutig die oftmals postulierte absolute Dominanz der Kastraten im Barock. Von 464 Sängerinnen und Sängern, die ihre Karriere zwischen 1698 und 1735 in Italien begonnen haben und die in mindestens 10 verschiedenen Librettodrucken aufgeführt sind, sind 239 männlich und 225 weiblich. Ein ähnlich ausgeglichenes Geschlechterverhältnis ergibt sich aus weiteren dokumentarischen Quellen über den Opernbetrieb des Barock, wie z.B. Verträge oder briefliche Korrespondenzen.[598] Weiterhin kann sie für die Opernmetropole Venedig zeigen, dass nur 38% der hier dokumentierten männlichen Sänger jemals im Leben in einer Frauenrolle besetzt wurden, während gleichzeitig 75% der Sängerinnen auch mindestens einmal eine Männerrolle übernahmen.[599] Sie kommt zu dem Schluss:[600]

---

590   UA 1762, Wien; danach 1769, Parma und 1774, Paris.
591   So sind beispielsweise für Jarmeritz keine Kastraten nachweisbar, während ungewöhnlich häufig die Hauptrollen von Tenören oder gar Bässen besetzt wurden; Perutkova 2015, 412.
592   Wechselnde Musikästhetiken trugen auch zum Verschwinden der Kastraten an der Wende vom 18. zum 19. Jh. auf. So sind nach 1798, als das kirchliche Verbot für Sängerinnen im Zuge der französischen Besatzung Roms aufgehoben wurde, in Rom keine Kastraten mehr in Frauenrollen nachweisbar, nur wenig später sind sie als musikalisches Phänomen ganz verschwunden; Knaus 2012, 200.
593   Herr ²2013, 217.
594   Ebd.; vgl. auch Charton 2012.
595   Ortkemper 1995, 85; Sole 2008, 26–27.
596   Barbier 1998, 129–131 u. 136.
597   Knaus 2011, 149.
598   Woyke 2012, 5. Damit sind Aussagen über die Omnipräsenz von Kastraten wie beispielsweise von Bouquet 1976, 102 (mit Bezug auf Turin) oder Tarling 2015, 52–53 zu korrigieren oder zumindest deutlich zu relativieren.
599   Woyke 2012, 6–7.
600   Woyke 2012, 7. Anders, allerdings ohne empirische Basis, Herr ²2013, 222: „Italienische Sängerinnen, die regelmäßig als Primo uomo auftreten, sind Ausnahmen (...)".

Die Mehrheit jener Sänger, darunter vor allem Kastraten, genau 62%, die auch in Venedig tätig waren und die eine beachtliche Karriere im angegebenen, für die *opera seria* wichtigsten Zeitraum machten, sang nie eine Frauenrolle. Umgekehrt sangen nur 25% der Frauen gleicher Kriterien in ihrer Karriere nie eine Männerrolle. Weit mehr Sängerinnen versahen demnach Männerrollen als Sänger Frauenrollen. Dies bedeutet, dass die „gegengeschlechtliche" Besetzungspraxis im untersuchten Zeitraum vor allem eine Frage der Frauen, die Männerrollen versahen, war. (...) speziell auf Venedig bezogen wurden Frauen vorwiegend in Frauenrollen und Männer vorwiegend in Männerrollen engagiert.

Dieses Bild lässt sich am Bespiel der Semiramis-Opern ergänzen. Für die Semiramisopern zeigt sich sehr klar, dass die Besetzung der Titelpartie mit einem Kastraten die Ausnahme bildete. Insgesamt ließen sich die Besetzungen für 107 Vertonungen ermitteln. Davon sind in 92 Fällen Frauen, in 15 Fällen Männer als Semiramide besetzt worden. Ein genauerer Blick auf diese 15 gegengeschlechtlichen Besetzungen zeigt, dass sechs der Aufführungen in jesuitischen *collegi* und vier weitere in römischen Theater stattfanden – in diesen Fällen war die Übernahme der Rolle durch einen männlichen Sänger also alternativlos. Es bleiben somit lediglich fünf Vertonungen, für die bewusst für die Besetzung der Semiramide mit einem Mann optiert wurde:

1720, Ancona (L.: Silvani, M.: ?) – Castoro Castori
1727, Jesi (L.: Zanelli, M.: Orlandini) – Biagio Pucci
1742, Fermo (L.: Metastasio, M.: Pampani) – Niccola Conti
1744, Napoli (L.: Metastasio, M.: Hasse oder Vinci) – Gaetoano Majorani, detto Caffarelli
1771, Salvaterra (L.: Metastasio, M.: Jommelli) – Giambattista Vasques

Kastraten als Semiramide kommen in drei verschiedenen Librettogruppen vor, die durchaus unterschiedliche Semiramisbilder präsentieren.[601] Nie wird dabei in Venedig ein Kastrat als Semiramide besetzt, was Wendy Hellers Beobachtung, dass dort Kastraten nur in Männerrollen auftauchen, bestätigt.[602] Zum Einsatz kamen ebenso ausgesprochen bekannte Kastraten wie (noch) eher unbekannte Sänger: Für den etwa 20jährigen Castoro Castori (eigentlich Castore Antonio Castori) war die Semiramide erst seine zweite Hauptrolle[603], während Giacinto Gasparini (detto Farfallino) bereits ein gefeierter Star und immerhin bereits 30 Jahre alt war, als er die Königin verkörperte. Teilweise konnten dieselben Kastraten, im Laufe ihrer Karrieren als Semiramide wie als Nino besetzt werden (so etwa Gaetano Majorano detto Caffarelli)!

Im Gegenzug zeigt sich bei der Besetzung des Nino, der ja gelegentlich effeminiert bzw. als weiblich dominiert gezeichnet wird, ein anderes Bild. Zwar ist die Gesamtzahl an Opern mit seiner Gestalt viel geringer, da er ja in der metastasianischen Version nicht vorkommt, doch lassen sich immerhin 32 Mal Aussagen zu Besetzung der Rolle machen – 26 Mal fällt die Entscheidung zugunsten eines Mannes, sechs Mal zugunsten einer Frau aus:

1701, Napoli (L.: Paglia, M.: Aldrovanidi) – Lucia Nannini
1722, Torino (L.: Zanelli, M.: Orlandini) – Rosa Cruce

---

601 Zu den Libretti ausführlich oben unter Kapitel 4.1 bzw. 4.2.
602 Heller 1993, 106 Anm. 29.
603 Nach der Rolle der Giulia Mammea in *Alessandro Severo* (L.: Apostolo Zeno, M.: Antonio Lotti), der ersten Oper derselben Karnevalssaison in Ancona.

1722, Pesaro (L.: Zanelli, M.: Orlandini) – Maria Antonia Tozzi
1727, Livorno (L.: Zanelli, M.: ?) – Francesca Bertolli
1731, Mantova, (L.: Silvani, M.: Vivaldi) – Maria Maddalena Pieri
1734, Firenze (L.: Zanelli, M.: ?) – Giovanna Guaetta

Die Besetzungen mit Frauen fallen dabei alle in den von Knaus als Blütezeit des Versehens von Männerrollen durch Sängerinnen identifizierten Jahre zwischen 1690 und 1750.[604] Die als Nino besetzten Männer sind nicht ausschließlich Kastraten, auch Tenöre tauchen in dieser Rolle auf – diese allerdings nur selten und ausschließlich bei der Besetzung des älteren Nino. Kastraten dagegen können sowohl die Gestalt des assyrischen Königs als auch die des jüngeren Nino darstellen.[605] Besonders interessant sind hierbei Besetzungswechsel im Geschlecht der Singenden in derselben Librettogruppe. So ist es für das von Zanelli konstruierte Bild des Nino also offenbar unerheblich, ob die Rolle durch eine Frau oder einen Kastraten verkörpert wird, für Silvanis Bild ist als dritte Option auch noch die Besetzung durch einen Tenor möglich – es geht also ganz offenbar weniger um das Geschlecht der singenden Person als um Stimmlage, Stimmfarbe und andere musikästhetische Erwägungen. Gerade die Stimme des Kastraten Farinello, der 1724 in Neapel den Nino gab, wurde als ausgesprochen kräftig und männlich wahrgenommen – seine Stimme ist sogar in der Lage eine Trompete zu ‚besiegen'.[606] Darüber hinaus spricht die verbreitete Praxis des Barock, v.a. junge Kastraten generell gern in heroischen Rollen zu besetzen, dafür, dass sie keinesfalls als unmännlich wahrgenommen wurden – es faszinierte offenbar v.a. ihre stimmliche Fertigkeit.[607]

Dagegen zeigt sich bei der Besetzung des Mennone, also des ersten Gatten der Semiramis, ein gänzlich anderes Bild. In allen eruierbaren Fällen wird hier die Partie von Männern übernommen – und zwar sowohl von Bässen und Tenören, aber auch einmal von einem Altkastraten. Wieder erweist sich Silvanis Vorlage als am wandelbarsten.

Die jeweiligen Komponisten passen ihre Opernadaptionen also dem zur Verfügung stehenden Ensemble an – nicht nur mit Blick auf die individuellen Fertigkeiten einer Stimme, sondern auch mit Blick auf die Lagen. Die Besetzungspraktiken, die sich für Semiramide, Nino und Mennone hier aufzeigen lassen, spiegeln somit in unterschiedlichem Maße Rollen- und Geschlechterbilder der Textvorlage wieder. Zentral ist offenbar, dass Semiramide und Nino unbedingt mit hohen Stimmen zu besetzen sind – hohe Stimmen charakterisieren in der Barockoper Jugend und hohen sozialen Stand.[608] Für die Besetzung der Rolle des Mennone herrschen offenbar größere Freiheiten – diese erklären sich schon dadurch, dass sie nie als *primo uomo* angelegt ist.

Es stellt sich somit die Frage nach dem Zusammenhang von Rollenprofilen und Geschlechterbildern – wenn neuere Forschungen zeigen, dass die Besetzung von Frauen in Frauenrollen und Männern in Männerrollen dominierende Praxis in der Barockoper war, lässt sich mutmaßen, dass die überwiegende Besetzung der Rolle der Semiramide mit einer Sängerin als Indiz dafür zu lesen ist, dass ihre Gestalt als weiblich wahrgenommen wurde – dass das Anlegen von Männer-

---

604 Knaus 2011, 82–83 u. 119.
605 Vgl. die tabellarischen Aufstellungen im Anhang dieser Studie.
606 Herr ²2013, 221. Dass Kastratenstimmen keinesfalls als effeminiert wahrgenommen wurden, zeigen mehrere Quellen aus der Zeit, so z.B. in einer Schrift des Abbé Ragouenet von 1702. Vgl. dazu Grünnagel 2015, insb. 53–57 sowie zur Auswertung zeitgenössischer Stimmenbeschreibungen Woyke 2015, insb. 69–79.
607 So kommt auch bereits Barbier (1998) zu dem Schluss, Kastraten seien von den Zeitgenossen keineswegs als unmännlich wahrgenommen worden.
608 Seedorf 2016, 16; Knaus 2011, 119.

kleidung und die damit verbundene Geschlechtertransgression also eben nicht vollendet wurde, sondern das ‚natürliche' Geschlecht bestenfalls zeitweise verschleiert. Kastraten werden dabei erst ab 1720 in der Rolle der Semiramis besetzt[609] und das nur in einem Fall in einem Libretto, in denen Gendertransgression in Form von dem eigenen Geschlecht nicht entsprechender Kleidung thematisiert wird (Mestastasio 1729). Die enorme Bedeutung der Sänger und Sängerinnen als Vermittler der konkreten Inhalte der Oper bringt es also mit sich, dass Semiramis auf der Opernbühne eine z.T. „abstoßend-anziehende Weiblichkeit"[610] nur in den seltensten Fällen abgesprochen wird – aller Verkleidung zum Trotz bleibt sie Frau.[611] Dies gilt insbesondere für die venezianischen Aufführungen, für die Heller ein besonderes Vergnügen an „plots involving transvestism" feststellen konnte – gerade hier wird sie ausschließlich durch Frauen besetzt. Somit scheint mir Hellers zweite These eines „contemporary questioning about gender" zumindest für die Gestalt der Semiramide mehr als fraglich.[612] Ob man eine solche Infragestellung von Gender und Geschlecht für die Gestalt des Nino postulieren kann, hängt stark von der Sichtweise auf die Kastraten ab, die, wie oben angerissen, in der Forschung ja höchst divergent ausfällt.[613] Da aber Kastratenstimmen als ausgesprochen maskulin wahrgenommen werden konnten, häufig für die Figur des Helden ausgewählt wurden und in der *opera buffa* keinerlei Bedeutung besaßen[614] – also auf ernste Rollen festgelegt waren –, so scheinen Kastraten während des Barock als musikalische Repräsentanten von Männlichkeitsidealen fungieren zu können.[615] Im Sinne des von Connell entwickelten und v.a. in den Sozialwissenschaften stark rezipierten Konzeptes von hegemonialer Männlichkeit können die Kastraten somit als Verkörperung eines übergeordneten Männlichkeitsideals der Eliten einer patriarchalisch dominierten frühneuzeitlichen Gesellschaft verstanden werden – als ‚Heldensoprane', die den Inbegriff einer aristokratisch geprägten Kultur bildeten.[616] Somit scheint mit der Besetzung einer Rolle durch einen Kastraten keine Effeminierung oder ein Aufweichen von Geschlechter- oder Gendergrenzen einhergegangen zu sein – vielmehr spielen die Kunstfertigkeit der Sänger, die Klangfarbe ihrer Stimmen sowie die Jugend und Zugehörigkeit zur Elite entscheidende Rollen für ihren Einsatz.[617] Dies wird auch durch die Besetzung von Tenören, deren Stimmlage unterhalb der Kastraten anzusiedeln ist, ausschließlich für die Rolle des älteren, nie aber für die des jüngeren Nino verdeutlicht.

Die große Attraktivität der Gestalt der Semiramis für die barocke Opernbühne speist sich also nicht primär durch gegengeschlechtliche Besetzungspraktiken, sondern ist vielmehr von den in den vorangegangenen Kapiteln dieser Studie vielfachen Möglichkeiten von Sinnzuschreibungen an sie und den Stellenwert antiker Stoffe als wirkmächtige *exempla* (auch) in der Oper begründet.

---

609 In der Rolle des jüngeren Nino allerdings schon 1672 in Bologna (L.: Bentivoglio), nur zwei Jahre später wird die Rolle mit einem Tenor besetzt – beide Male agiert Nino zeitweise verkleidet als Frau; vgl. Tabellen im Anhang der Studie.
610 Benz 2015, 349.
611 Auch auf der Opernbühne gilt also die Verschmelzung von Babylon und Weiblichkeit; vgl. Scheil 2016, 26. Zur Rolle der Sänger und Sängerinnen s. Esch 1994, 343.
612 Heller 1993, 106 Anm. 29.
613 Vgl. dazu auch McClary 1991, 181 Anm. 31.
614 Vgl. Grünnagel 2015, 52.
615 Unser 2009, 42 u. 54, ebenso Leopold 2000, 240.
616 Connell ²2005, 76–81; vgl. auch Grünnagel 2016, 17.
617 So auch Grotjahn 2005, 41.

4.4 *Haec placuit semel, haec deciens repetita placebit?*[618] Entwicklungslinien der Semiramis-Rezeption in der *opera seria*

Horaz' Urteil in seiner *ars poetica*, in dem er ein literarisches Werk mit einem Gemälde vergleicht, gilt auch für die Ausgestaltungen der Semiramis auf der Opernbühne des Barock: Manches gefällt (nur) beim ersten Mal – und selbst da nicht immer –, manches wird auch (noch) bei zehnfacher Wiederkehr auf positive Resonanz stoßen.[619] In diesem Kapitel sollen nach der ausführlichen Vorstellung der Semiramis-Libretti, die zwischen 1648 und 1729 entstanden sind, und ihrer Aufführungskontexte nochmals die für diese Operntexte zentralen Motive und Erinnerungselemente subsummiert sowie ein Blick auf die Konjunkturen derselben geworfen werden. Ziel ist es, herauszudestillieren, wie auf der barocken Opernbühne an die antike Gestalt der Semiramis erinnert wurde und was davon dem Publikum gefallen hat.

Bei der Entscheidung, wie genau die Figur der Semiramis und die sich um sie rankende Opernhandlung gestaltet werden sollte, lagen den meist exzellent ausgebildeten Librettisten alle Quellentexte, die von ihr berichten, als Editionen vor, manchmal existierten sogar bereits Übersetzungen in die Nationalsprachen. Auch in das sich ausbildende Genre der Lexika war Semiramis bereits vorgedrungen – Informationen zu Erinnerungsbausteinen und unterschiedlichen Narrativen zur schönen Königin von Babylon waren somit für Opernschaffende wie Publikum relativ leicht zugänglich.

Auf der Opernbühne ist Semiramis eine mehr oder minder frei transformierbare Figur, deren Ausgestaltung sowohl stark intra- wie intertextuell inspiriert ist (das einzige Element, das ausnahmslos allen Opern gemeinsam ist, ist ihre Verbindung zu Babylon). In den *argomenti* wird dabei durch die Librettisten stets zwischen ‚historia' und ‚favola' differenziert – die Libretti bilden somit eine hybride Kunstform aus (gedachter) ‚Wahrheit' und im Kontext zu dieser denkbaren ‚Fiktion'. Die ‚historia' der Libretti hat ihre Basis dabei v.a. in Ktesias/Diodor, aber auch Trogus/Iustin, Orosius und Boccaccio. Die ‚favola' dagegen entspringt der Fantasie der Textdichter und spiegelt oft Aufführungsanlässe oder generelle Diskurse der Zeit wider. Wie jedoch bereits in den in Kapitel 2 umrissenen Semiramisbildern, zeigen sich gerade hier grundsätzliche Tendenzen sowie Konjunkturen. Tagespolitische Ereignisse wie Eheschließungen, aber insbesondere politische Großereignisse wie die Pragmatische Sanktion, der Spanische Erbfolgekrieg, die Krönung Maria Theresias u.Ä. beeinflussten die Spielpläne der Opernbühnen und die Ausgestaltung der Semiramis auf diesen – und eben auch Publikumsgeschmack und Publikumsresonanz sowie daraus resultierend die weitere Verbreitung des Librettos.

Nur wenigen der barocken Semiramis-Libretti war es dabei beschieden, zehnfach auf unterschiedlichen Bühnen wiederzukehren. Etliche Opern, die sich um die Gestalt der Semiramis ranken, sind nur ein oder zwei Mal aufgeführt worden. Insgesamt erweisen sich für die Zeit des Barock gerade die Libretti, die ein vergleichsweise negatives Semiramisbild zeichnen und mehr oder minder offen auf Inzest rekurrieren, als weniger erfolgreich: Bentivoglios herrschsüchtige und von Inzestgelüsten getriebene Semiramis, die am Ende an ihren ‚natürlichen' Platz zurückgedrängt wird, wird nur zweimal aufgeführt, Matteo Noris' Überarbeitung von Andrea Moniglias Libretto fällt in Venedig durch, Francesco Paglias Version einer machtgierigen und skrupellosen Semiramis wird sogar abgesetzt – erst tagespolitische Ereignisse im Zuge des Spanischen

---

618 Hor. ars 365.
619 Horaz' Ausführungen beziehen sich dabei auf die qualitativen Unterschiede sowie die Mängel von literarischen Erzeugnissen.

Erbfolgekrieges ermöglichen eine Wiederaufnahme – und auch Noris' Libretto von 1706 trifft den Geschmack des Publikums offenbar nicht. Auf deutlich größere Resonanz stießen dagegen Libretti mit positiveren Semiramisbildern.

Positive Semiramisbilder wurden insbesondere durch den Rückgriff auf die Weltgeschichte Diodors möglich – die lateinische Übersetzung der ersten Bücher Diodors (und – wenn auch vermutlich in einem geringen Maße – die griechische Edition seines Textes) veränderten das bis ins 15. Jh. gängige Narrativ über Semiramis nachhaltig.[620] Mit Diodor wird eine positive Ausdeutung ihrer Gestalt möglich, die sie von den sexuellen Diffamierungen vor allem der augusteischen Propaganda und der christlichen Texte loslöst. Durch die Einbeziehung von Diodor und seines mehrheitlich positiven Semiramisbildes wurde ihr so letztlich der Weg auf die barocke Opernbühne geebnet, die sich einerseits dem Herrscherlob, andererseits dem Vorführen von *exempla* verschrieben hat. In der Barockoper spielen fast ausschließlich Episoden eine Rolle, die in Diodors Text enthalten sind. Die Bedeutung Diodors für die Ausgestaltung der Semiramis auf der barocken Opernbühne lässt sich exemplarisch an zwei Themenfeldern besonders gut aufzeigen – es sind dies zum einen die Darstellung der Semiramis als treue Ehefrau des Onnes/Mennone und zum anderen ein Bezug auf aus Sicht der frühneuzeitlichen Gesellschaft Europas ,fremde Welten' und ferne Kulturkreise.

Bereits in den Umsetzungen des Stoffes für die frühneuzeitlichen Theaterbühnen zeigte sich die Bedeutung der Verbreitung von Diodors Text (nicht zuletzt durch die jesuitischen Schulen mit ihrer Fokussierung auf beide alte Sprachen – Latein und Griechisch). Erst ab diesem Zeitpunkt rücken Episoden aus Semiramis' erster Ehe mit Onnes/Mennone wieder ins Funktionsgedächtnis. So stellen etliche Opernlibretti Semiramis in diesem Kontext als vorbildliche Ehefrau bzw. Verlobte dar, die an ihrer Verbindung zu Onnes/Mennone festhält, auch wenn ihr der König von Assyrien Ehe (und Thron) anbietet (so in den jesuitischen Libretti ab 1671, bei Bonacossi 1674 und bei Zeno 1726).[621] Ihre Treue zu Onnes/Mennone kann aber auch als Motor für eine gegen Nino gerichtete Racheaktion ihrerseits fungieren (Bonacossi 1674 und Zanelli 1720) – unterschiedlich ausgedeutet wird in diesem Kontext der Stellenwert der eigenen Bedürfnisse und Wünsche der Semiramis: Während sie bei Zeno (1726) ihren eigenen dem väterlichen Willen und dem vorbestimmten Schicksal vollständig unterordnet, stellt sie bei Zanelli (1720) zwischenzeitlich das eigene Bedürfnis nach Rache über das Wohl des eigenen Sohnes und über das Wohl ihres Reiches.[622] Am Ende obsiegen aber Pflichtgefühl und Liebe. Zanellis Charakterzeichnung, die

---

620 Auch David Kimbell (1991, 36) postuliert, dass für die barocke Oper die Quellentexte in griechischer Sprache im Gegensatz zu den lateinischen nicht direkt konsultiert worden sein: „In bringing opera to birth a largely bookish knowledge of the Greek repertory was far more significant than a wide practical knowledge of the Latin." Die Bedeutung Diodors für eine Erweiterung der Deutungs- und Verargumentierungsmöglichkeiten der Semiramis in der Frühen Neuzeit zeigte sich auch schon auf der Theaterbühne, vgl. oben unter Kapitel 2.5.6; s. weiterhin Kapitel 2.6.

621 Der Aspekt ehelicher Treue war für die Gesellschaften der Frühen Neuzeit von enormer Relevanz. Dies greift dabei im 16. Jh. ausgeprägte Tendenzen auf, die gesteigerte Ansprüche an die „moralische Festigkeit des einzelnen Menschen" (Schmidt-Voges 2015, 48) stellten. Zu frühneuzeitlichen Ehenormen vgl. Schmidt-Voges 2011, 100–123, zu Ehebruch und Untreue im 18. Jh. ebd., 151–152; für die Weiterentwicklung bürgerlicher Rollenbilder innerhalb der Ehe am Übergang vom 18. zum 19. Jh. in Deutschland Trepp 1996 u. 1998.

622 Bei Zanelli wird außerdem Zomira von gerechter Rache angetrieben: Die Rache für den Tod des Vaters stellt diese über ihre eigenen Gefühle. Rache ist in den frühneuzeitlichen Semiramis-Libretti v.a. Frauen vorbehalten, sie spielt auch bei Bonacossi eine Rolle, wo Semiramis Rache für die (vermutete) Untreue des Mennone üben will. Das Motiv einer weiblichen Rächerin ist dabei keineswegs frühneuzeitlich, sondern bereits in einer Vielzahl antiker Texte so angelegt, man denke nur an Klytemnestra, Medea oder die Erinyen/

von einer zunächst von gerechter Rache angetriebenen, dann von ihrer Machtfülle zwischenzeitlich korrumpierten, schließlich hin zu einer reuigen und geläuterten Semiramis führt – also ein komplexes Individuum kreiert, das mehrfach entscheidende Wandlungen durchläuft –, sollte sich als besonders erfolgreich erweisen. Dieser Erfolg ist dabei nicht an einzelne Aufführungsorte gebunden – ausgesprochene Hochburgen der Semiramis-Rezeption lassen sich nicht ausmachen. Sie tritt vielmehr dort verstärkt auf, wo generell eine große Zahl an Opern gezeigt wird. Die Zentren der *opera seria* sind auch die Zentren der Semiramis-Libretti.[623]

Zu der Bedeutung des Treuemotivs auf der einen und der des diodorischen Narrativs auf der anderen Seite passt außerdem, dass das Entstehungsumfeld der Semiramis-Libretti primär die zahlreichen Akademien der Zeit sind, in denen sich die Gelehrten mit weltlichem, aber auch geistlichem Hintergrund versammelten – die meisten der im Rahmen dieser Studie untersuchten Libretti stehen mit diesen im Kontext. Hier waren zuvor und auch noch gleichzeitig mit der Entstehung des Genres Oper Debatten über die Stellung von Frauen im Zusammenhang der *querelle des femmes* geführt worden. Vor diesem Hintergrund verwundert es nicht, dass eine Vielzahl der barocken Semiramis-Libretti um die Wiederherstellung einer ‚natürlichen' Geschlechterordnung kreist – mit Merry Wisener-Hanks lässt sich postulieren:[624]

> Of all the ways in which society was hierarchically arranged – class, age, rank, ethnicity, occupation – gender was regarded as the most "natural" and therefore the most important to defend.

So geht Semiramis am Ende von zwei Dritteln der hier behandelten Libretti eine Ehe ein – betrachtet man ausschließlich die Libretti der italienischen *opera seria*, erhöht sich der Anteil sogar auf 83%. Nur in drei Operntexten ist Semiramis im Finale der Oper (weiterhin) alleinige Herrscherin – davon einmal in Hinschs Singspiel, also außerhalb des eigentlichen Fokus dieser Studie. Nur bei Silvani (1713/1714) und Pietro Metastasio (1729) herrscht sie auch beim Schlussakkord noch über Assyrien – und das bei Metastasio sogar, obwohl sie eine neue Ehe (mit Scitalce) eingeht, während bei Silvani die bestehende Ehe zu Mennone bestätigt wird. Die Bedeutung der Ehe und der Treue wird in den barocken Semiramis-Opern unterstrichen.

Neben der Möglichkeit eines positiven Frauenbildes sowie einer positiven Wertung weiblicher Herrschaft erhalten auch Bezüge zu exotischen Orte Relevanz – Semiramis als Orientalin spielt dagegen in der barocken Oper eine untergeordnete Rolle. Der ‚Orient' wird in keiner *opera seria* explizit verbalisiert, nie enthalten Szenenbeschreibungen konkrete Hinweise auf den Vorderen Orient. Dennoch waren es offenbar insbesondere Themenkreise, die in ‚fremden Welten' angesiedelt sind – seien es geographische und/oder chronologische –, an denen das Publikum des

---

Furien; vgl. Hall 2018, 33–57. Dabei ist sowohl die gerechte Rache wie auch die Rache als hochemotionale, irrationale Übersprungshandlung mit dem weiblichen Geschlecht verbunden. Lesel Dawson (2018, 7) formuliert in diesem Kontext: „Although revenge is typically imagined as a quintessentially masculine activity, it is paradoxically gendered female and assumed to be aligned with the female psyche." Erwähnung verdient außerdem, dass auch bei Silvani (1720ff.) die Bedürfnisse der Semiramis untergeordnet werden – hier ist das übergeordnete Ziel der Sturz des tyrannischen Nino, also das Wohl des assyrischen Volkes. Auch dieses Libretto enthält charakterliche Entwicklungen und wird wiederum besonders positiv aufgenommen.

623 Vgl. dazu das Kartenmaterial sowie die entsprechenden Zeitstrahlen im Anhang dieser Studie.
624 Wiesner-Hanks ³2008, 298.

Barock großen Gefallen fand. So formuliert der Modeneser Giuseppe Riva in einem Brief an den Modeneser Hofbibliothekar Ludovico Antonio Muratori aus dem Jahr 1725:[625]

> Il soggetto dev'essere semplice, tenero, eroico, Romano, Greco o Persiano ancora, non mai Gotico o Longobardo.

Zwar bezieht sich seine Aussage auf die Londoner Bühne seiner Zeit, auf der die italienische Oper grundsätzlich einen schweren Stand hatte, solche Tendenzen lassen sich aber auf den Opernbühnen ganz Europas beobachten.[626] Opern an weit von der eigenen Lebenswirklichkeit entfernten Orten dienten als Stimulanz für die Fantasie der Theaterbesucher, um sie ihrer eigenen Gegenwart zu entrücken und ihnen so unter dem Deckmantel ‚ferner Welten' einen Spiegel vorzuhalten, sie zu unterhalten und zu belehren. Direkt in solche ‚ferne Welten' führt das erste Libretto, das sich mit ihrer Gestalt befasst und eine Episode und einen Schauplatz präsentiert, die in späteren Opern so nie wieder aufgegriffen werden sollten – Semiramis' Kriegszug in Indien. Bisaccionis Libretto von 1648 bringt Semiramis schon kurz nach der Entstehung des neuen Genres Oper in einer der absoluten Metropolen dieser Kunstform auf die Bühne – auch wenn Venedig sich erst in der zweiten Hälfte des 17. Jh.s zur unangefochtenen Königin unter den Opern-Städten entwickeln sollte, ist die Stadt bereits zu Bisaccionis Zeit ein wichtiger Ort, an dem das junge Musiktheater sowohl entscheidend geprägt und weiterentwickelt als auch für einen breiteren, allerdings immer noch primär elitären, Publikumskreis geöffnet wurde.

Die Verbindung von Semiramis mit Indien wird auch von späteren Librettisten immer wieder thematisiert, auch ohne dass ihre Opern am Ganges spielen: Monglias Libretto *La Semirami* von 1665/1667 enthält in einer Zeile der ersten Opernszene einen Bezug auf einen gescheiterten Indienfeldzug.[627] In Pietro Metastasios Libretto *Semiramide riconosciuta* von 1729 spiegelt sich der Indien-Bezug in der Figur des Scitalce, eines indischen Prinzen, der zunächst am Hof der Semiramis in Babylon, wo der Schauplatz der Oper angesiedelt ist, um die Hand der baktrischen Prinzessin Tamiri wirbt, letztlich aber als Gemahl an die Seite seiner ehemaligen Geliebten Semiramis zurückkehrt.[628] Auch über die Zeit des Barock hinaus behält dieses Element Relevanz. Noch das anonyme Libretto *La Vendetta di Nino*, zuerst vertont durch Alessio Prati und im Karneval 1786 in Florenz im Regio Teatro di Via della Pergola uraufgeführt, nimmt Bezug auf Indien, und zwar in einer Arie der Azema im ersten Akt (I/7), in der sie erwähnt, dass allein Indien noch nicht von Semiramis erobert sei:[629]

> Il mondo e vinto alfin. Il Gange e l'ultimo oriente sol ti resto a domar.

Auch in Gaetano Rossis Bearbeitung von Pietro Metastasios Libretto für Giacomo Meyerbeers *Semiramide* (1819) wird am indischen König Scitalce festgehalten, außerdem ist von *Grandi dell'India* die Rede.[630] Ein indischer Prinz bzw. König, nun mit Namen Idreno und in einer Nebenrolle, findet sich auch in der 1823 im Gran Teatro La Fenice uraufgeführten *La Semira-*

---

625 Zitiert nach Degrada 1967, 117.
626 Vgl. Strohm 2009b, 44.
627 Semiramide: „(...) frenò l'Indico Marte (...)" (I/1).
628 Enthalten in Metastasio 1781.
629 Sonneck 1914, 1123; Questa 1989, 152–162.
630 Schuster 2003, 60–103.

mide von Gaetano Rossi und Gioacchino Rossini.[631] Das Erreichen des äußersten Randes der bewohnten Welt, eine Großtat, die außer Semiramis nur Osiris, Dionysos, Herkules, Sesostris und Alexander III. zugeschrieben wird, und das Oxymoron der ‚mannhaften Frau' durchziehen die Opernlibretti und bilden lange Zeit einen zentralen Bestandteil des dort präsentierten Bildes der Semiramis – selbst dort, wo andere Aspekte ihrer Darstellung überwiegen.

Ähnlich verhält es sich mit Bezügen zu Ägypten als einem weiteren ‚exotischen' Ort, die immer wieder in die Operntexte eingestreut werden. Ägypten war vielfach Gegenstand des Musiktheaters. Obwohl gemeinhin der Beginn der europäischen Begeisterung für das Land am Nil mit der ägyptischen Expedition Napoléon Bonapartes (1798) in Verbindung gebracht wird, gehörte Ägypten auch im späten 17. und im 18. Jh. zu den Themenfeldern der Oper.[632] Am bekanntesten ist sicherlich Georg Friedrich Händels *Giulio Cesare in Egitto* nach dem Libretto von Nicola Francesco Haym (UA 1724, London).[633] Kleopatra VII. erscheint ebenfalls sehr prominent in Johann Adolf Hasses *Marc Antonio e Cleopatra* von 1725; 1742 vertonte Carl Heinrich Graun nach einem Libretto von Giovanni Gualberto Bottarelli *Cleopatra e Cesare*.[634] Schon früher hatte Apostolo Zeno als Hofdichter in Wien eine andere ägyptische Königin auf die Opernbühne gebracht – 1722 gelangte die Oper *Nitocri, regina dell'Egitto* zur Aufführung in Wien, für die Antonio Caldara die Musik lieferte.[635] Doch Ägypten war auch abseits großer Herrschergestalten interessant: Bereits 1697 hatte Nicolò Minato ein Libretto mit dem Titel *Le piramidi d'Egitto* verfasst, das von Antonio Draghi in Musik gesetzt und anlässlich des Geburtstags der Kaiserin Leonora in Wien im Rahmen einer kleinen privaten Auffführung in den Hofräumen der Kaiser gegeben wurde – dafür wurde extra ein Librettodruck in deutscher Sprache angefertigt[636] – und Jean Baptiste Lemoynes Tragödie *Néphé* von 1789 spielt im Tal der Könige. Mythologische Themen wie die Erzählungen um Isis und Osiris fanden v.a. in der zweiten Hälfte des 18. Jh.s Interesse: Jean-Philippe Rameau verfasste eine ‚Ballet allégorique' mit dem Titel *La Naissance d'Osiris ou la Fête Pamilie*; anlässlich der Hochzeit des späteren Königs Anton I. von Sachsen (1755–1836) mit Maria Caroline (1764–1782) im Jahr 1781 wurde in Dresden die Oper *Osiride* von Johann Gottlieb Naumann aufgeführt. Ägypten ist also bei weitem nicht erst mit Napoléon für Musikschaffende interessant geworden, und so verwundert es nicht, dass sich immer wieder in den Semiramis-Libretti Bezugnahmen auf Ägypten finden. Am augenfälligsten ist dabei sicherlich Metastasios Textbuch, das Semiramis zur Ägypterin macht. Bereits im Libretto von Apostolo Zeno wenige

---

631 Questa 1989, 259–329.
632 Im Februar 1802 veranlasste Napoléon die Veröffentlichung der umfangreichen wissenschaftlichen Ergebnisse seines Expedition in der *Description de l'Égypte ou recueil des observations et des recherches qui ont été faites en Égypte pendant l'expedition de l'Armée Française publié par les ordres de Sa Majesté l'empereur Napoléon le Grand*. Im Kontext mit Erzählungen aus der Bibel war Ägypten darüber hinaus schon lange musikalisch aufgearbeitet worden – man denke nur an Georg Friedrich Händels Oratorium *Joseph und seine Brüder* (UA 1744, London), Antonio Caldaras Oratorium *Giuseppe* (UA 1722, Wien) oder Oratorien mit dem Titel *Mosé in Egitto* von Antonio Maria Mazzoni (UA 1761, Pieve di Cento) und Giovanni Paisiello (UA 1768, Napoli). Zu Ägypten im Musiktheater vgl. Grimm-Stadelmann & Grimm 2009.
633 Dessen Textbuch ist allerdings eine Adaption eines Librettos von Giacomo Francesco Bussanis *Giulio Cesare in Egitto*, das bereits 1677 mit Musik von Antonio Sartori in Venedig gespielt worden war.
634 1704 kam in Hamburg das Singspiel *Die betrogene Staatsliebe oder Die unglückselige Kleopatra, Königin von Ägypten* zur Aufführung, für das Johann Mattheson die Musik und Friedrich Christian Feustking den Text geliefert hatten.
635 Das Libretto wurde mehrfach neu vertont, so z.B. für die Karnevalssaison 1732/1733 am venezianischen Teatro S. Giovanni Grisostomo durch Giuseppe Sellitto.
636 Die Handlung nimmt Bezug auf Hdt. 2,122, vgl. dazu ausführlich Staehelin 2016, 141–158.

Jahre zuvor hält sie sich, fälschlicherweise, bis zur Aufdeckung ihrer wahren Identität für eine Ägypterin. Ägypten erscheint aber auch im Libretto von Matteo Noris von 1703, wo Laodicea/Nicea sich als Ägypterin ausgibt. Und in der Überarbeitung des Librettotextes von Ippolito Zanelli für die Aufführung in Prag 1738 wird aus Semiramis im *personaggio* plötzlich die „regina d'Egitto"! Die Verbindung zu Ägypten ist dabei nicht nur einem gewissen barocken Zeitgeist geschuldet, vielmehr lässt sich auch in den antiken Quellentexten ein Bezug zwischen Semiramis und Ägypten herstellen, berichtet doch Diodor, sie habe – wie später Alexander III. – das Orakel des Ammon in der ägyptischen Wüste aufgesucht. Bezeichnenderweise hat ein Konnex mit Ägypten in der mittelalterlichen und frühneuzeitlichen Rezeption der Semiramis vor der Edition von Diodors Weltgeschichte 1472 (Latein) bzw. 1539 (Griechisch) keinerlei Rolle gespielt.

Was Gesine Manuwald für die Figur des Nero in der Oper noch vermutet hat, lässt sich für die Gestalt der Semiramis deutlich zeigen:[637]

> Librettists probably assume that audiences know the general historical background, so that this does not need to be explained and rather constitutes a shared frame of reference; a range of variations within this broad context make it possible to give the familiar subject matter individual profiles.

In der Tat bedienten sich die Librettisten der italienischen *opera seria* aus dem reichlich bestückten Baukasten allgemein bekannter Erinnerungsbausteine um Semiramis auf unterschiedliche Weisen und fügten je nach Aufführungsanlass, zentralen Diskursen oder aktuellen politischen Entwicklungen neue Elemente hinzu.[638] Die Erinnerungsbausteine, auf deren Kenntnis beim Publikum sie vertrauen konnten, bildeten die ‚historia', die Innovationen dagegen die ‚favola' ihrer Libretti. Im Zuge dieses Prozesses verschwanden einige Erinnerungselemente vollständig: Sodomie, Selbstmord, Kastration oder eine mögliche Herkunft als Sklavin oder Dienerin spielen für die barocken Librettisten keine Rolle. Es ist dabei kein Zufall, dass gerade diese extrem negativen Elemente aus der Erinnerung an Semiramis auf der Opernbühne nicht präsent sind – bei allem ‚wohligen Schauder', der sich durch die Andeutung von Mord und/oder Inzest auslösen lässt, überschreiten die genannten Motive z.T. die Grenzen des auf der Opernbühne dieser Zeit Sag- und Zeigbaren bzw. sind offenbar für die barocke Gegenwart – zumindest im Kontext der Person Semiramis – nicht sinnstiftend.[639]

---

637 Manuwald 2013, 353.
638 Vgl. Fuhrmann 1973, 449–452. Neue Elemente sind beispielsweise Magie (Rapparini 1703ff.), Reue (Zanelli 1720), Semiramis' Verkleidung als Soldat im assyrischen Heer (Rapparini 1703), die Existenz eines Sohnes und einer Tochter (Paglia 1701) oder Semiramis' Herkunft aus Ägypten (Metastasio 1729). Auch die Bedeutung eines unabänderlichen Schicksals, die ja bereits bei Munzio Manfredi (*Semiramide boscareccia*, 1593) oder Gerlingero Gessi (1648) für das Theater thematisiert wurde, wird von einigen Librettisten wieder aufgegriffen (so z.B. Bonacossi 1674).
639 Anders übrigens als bei der Figur des römischen *princeps* Nero, der in allen Opernadaptionen „evil and corrupt" sowie „miserable rather than pitiable" gezeichnet wird (Manuwald 2013, 355). Der zentrale Unterschied dürfte, abgesehen vielleicht vom Geschlecht der Hauptfigur, wohl darin liegen, dass es für Nero keine positiven Rezeptionsstränge gibt, auf die man rekurrieren könnte. Der Kanon an zur Verfügung stehenden Erinnerungsbausteinen ist im Falle des Nero hinsichtlich der Wertung seiner Person also deutlich homogener. Dass er dennoch eine große Präsenz auf der Opernbühne besitzt, ist durchaus bemerkenswert, denn hier war v.a. im Barock eine gewisse Ambivalenz eines Charakters besonders gefragt, die es den Komponisten ermöglichte, ihr Können durch ein hohes Maß musikalischer Vielfalt und Ausgestaltung unterschiedlichster Affekte auszubreiten; vgl. Schulze 2004, 399–404.

Neben Diodor sind es aber auch die aktuellen politischen Zeitläufte des späten 17. und v.a. der ersten Hälfte des 18. Jh.s, die Semiramis als politisches *role model* immer wieder auf die Opernbühnen bringen. In einer Gegenwart, die die weibliche Herrschaft in Kontinentaleuropa nicht nur mehr oder minder kurze Intermezzi, sondern dauerhafte, legitime Erscheinungen werden lässt, eignet sich Semiramis hervorragend als antikes *esempio di ben*.[640] In dem Maße, wie Frauen als eigenständige, kriegerische und politische Personen sichtbar (und damit alltäglicher) werden, geht in den Semiramis-Libretti das Erinnerungselement des Cross-Dressing, das ja gemeinhin als eines der zentralen Elemente der Barockoper gilt, zurück. Nur bei etwa der Hälfte der Libretti um Semiramis spielt dieser Aspekt eine Rolle – hier lösen sich die Barockopern also zunehmend von einem vor allem im Mittelalter stark verbreiteten Erinnerungselement.[641] So Semiramis auf der barocken Opernbühne als Herrscherin über Babylon gezeigt wird, übt sie diese Herrschaft in der Hälfte der Fälle offen als Frau aus, insbesondere nach der Pragmatischen Sanktion verschwindet eine als Mann verkleidete Semiramis für einige Zeit völlig von den Opernbühnen. Erst Pietro Metastasio bringt die Verkleidung auf diese zurück, die vier Opern, die zwischen der Pragmatischen Sanktion und seiner *Semiramide riconosciuta* entstanden, elidieren dagegen dieses Erinnerungselement. Ein in Frauenkleidern auftretender jüngerer Ninus ist im 18. Jh. überhaupt nicht mehr auf den Opernbühnen zu finden. Eine Verschleierung ‚natürlicher' Geschlechter findet auch auf der Besetzungsebene in den Semiramis-Opern kaum statt. Ein verstärkter Einsatz von männlichen Stimmen, seien es Kastraten- oder andere hohen Männerstimmen, in der Rolle der Semiramis ist nicht nachzuweisen, sondern bildet vielmehr eine Ausnahmeerscheinung. Nur für einige wenige Vertonungen der Libretti von Silvani (1713/1714), Zanelli (1720) und Metastasio (1729) sind Kastraten als Semiramis besetzt worden; eine Kombination aus dem Verkleidungsmotiv als Mann und der Besetzung der Rolle mit einem männlichen Sänger taucht lediglich in einer Handvoll Vertonungen von Metastasios *Semiramide riconosciuta* auf. Gendertransgression bzw. gar eine „Doppelcodiertheit von Gender"[642] sind offenbar in den Semiramis-Opern des Barock nicht von entscheidender Relevanz.

Aus der Vielzahl der für die barocke Opernbühne denkbaren Semiramiden kommt es mit dem Libretto von Pietro Metastasio zu einer gewissen Kanonisierung eines bestimmten – nämlich eines positiven – Semiramisbildes, das einen besonderen Fokus auf die Dualität als liebende Frau und besonnene Herrscherin legt. Diese Kanonisierung ist ein Resultat aus einem Zusammenspiel verschiedener Faktoren: Neben der herausragenden Sprache des metastasianischen Librettos sind dies eben auch die skizzierten politischen Entwicklungen des frühen 18. Jh.s, die dieses Libretto zu einem absoluten Publikumsmagneten machen. Erst Metastasio, bei dem weder Mennone oder Nino als Ehepartner noch Ninyas als Sohn der Semiramis die Handlung mitbestimmen,[643] thematisiert und definiert sie in keiner Weise in Relation zu einem Mann, Semiramis steht hier für sich selbst – als zu Beginn und am Ende der Oper unangefochten Herrschende, die aber auch

---

640 Neben ihr dienen weiterhin andere Rollen als herausragende *esempi di ben* dieser Opern – allen voran Mennone. Mennone als derjenige, der ‚fedelissimo al suo Ré' (IV/7) bleibt und diese Treue gegen seinen König über seine Liebe zu Semiramis stellt, steht insbesondere auf den Bühnen der jesuitischen Lehranstalten (1671), aber auch bei Bonacossi (1674) und Silvani (1713/1714) im Fokus.
641 Vgl. Beringer 2016, 55: „Cross-dressing is a frequently encountered motif on the Semiramis material of the Middle Ages. Her wearing of clothing that is gendered male – an act explicitly connected to her assumption of maintenance of political power – is a concrete instantation of the metaphor of public image (...)."
642 Herr ²2013, 217.
643 Lediglich im Finale der Oper, als Semiramis ihre Verdienste um Assyrien benennt, formulierte sie – ohne Nennung eines Namens: „(...) del figlio invece regnai finor ma per giovarvi." (III/14).

zur Liebe fähig ist und der weder die ‚Entdeckung' ihres ‚natürlichen' Geschlechtes noch das Eingehen einer Ehe die Herrschaft über Assyrien nehmen kann. Kurz also, die perfekte frühneuzeitliche *femme forte*. Dieses Bild sollte über Jahrzehnte auf den Bühnen ganz Europas präsent sein und so das weitere Erinnern an Semiramis nachhaltig prägen.[644] Erst durch Veränderungen des Genres Oper und des Publikumsgeschmacks wurde sein Semiramisbild Ende des 18. Jh.s von dem durch Voltaire ausgestalteten Narrativ einer von ihrem Gewissen gepeinigten Mörderin, die in ihrem Tod Strafe für ihre Taten und auch Erlösung findet, überlagert.[645]

---

[644] Der Text und die auf ihm basierenden Opern sind sogar so bekannt, dass Parodien darauf entstehen. So z.B. *Il cacciator deluso ovvero La Semiramide in Berneso* (UA 1767, Tübingen; L.: Gaetano Martinelli, M.: Niccolò Jommelli) und *La Semiramide in villa* (UA 1772, Roma; L.: Gaetano Martinelli, M.: Giovanni Paisiello).

[645] Zwar basieren bereits die beiden Semiramis-Opern, die 1753 und 1754 an den Höfen von Bayreuth und Berlin entstanden, auf Voltaires *Sémiramis* (vgl. zu diesen Opern Müller-Lindenberg 2005, 142–155 u. Voss 2016, 71–88), eine wirkliche Massenwirkung erreichten Opern auf dieser Textgrundlage aber erst in den letzten Jahren des 18. Jh.s: *La vendetta di Nino* (UA 1786, Firenze), *La morte di Semiramide* (UA 1791, Milano) oder *Semiramide* (UA 1823, Venezia).

5. Fazit: Semiramide riconosciuta, ma poi obliata?

Wie kaum eine andere antike Gestalt zeigt sich Semiramis als zeitlose und wandelbare Erinnerungsfigur aus einer selbst für die griechischen Historiographen fernen Vergangenheit, die in unterschiedlichen Aneignungskontexten als *esempio di ben* wie auch als *esempio di mal* herangezogen werden konnte. Über mehr als zwei Jahrtausende fanden mehr oder minder ungebrochen Sinnzuschreibungen an diese antike Herrscherin statt, in deren vielfältigen Figurationen sich exemplarisch die Spannbreite von Antikenrezeption widerspiegelt.[1] An ihrer Person wurden zu unterschiedlichsten Zeiten und mit unterschiedlichsten Intentionen Diskurse über weibliche Herrschaft, Tugend (bzw. die Absenz derselben) und historische Größe verhandelt.[2] Das Erinnern an sie kann je nach Kontext eine bewundernswerte Kriegerin, eine Sodomitin, eine treue Ehefrau, eine Schönheit mit übermäßiger Libido, eine machthungrige Mörderin, eine Frau mit inzestuösen Begierden oder in der Verkleidung als Mann zeigen.

Dabei wurde deutlich, dass zahlreiche Elemente ihres Narrativs schon früh so fest im kulturellen Gedächtnis verankert waren, so dass allein die Nennung ihres Namens genügte, um entsprechende Assoziationen hervorzurufen. Diese Elemente waren in ihrer inhaltlichen wie moralischen Semantisierung bereits Gemeingut geworden, so dass auf ihrer Basis immer neue ‚Umbesetzungen' möglich wurden.[3] Auf diesen Kanon gemeinsamer Erinnerungselemente rekurrieren auch die Librettisten der barocken *opera seria*, wenn es in ihren *argomenti* gelegentlich lapidar heißt „si raccoglie non meno dalle Storie" (Bonacossi 1674), „[l]a Storia poi te la diranno i Grechi Scrittori" (Noris 1706) oder „è noto per historie" (Metastasio 1729).

Zu allen Zeiten ist es besonders rollenunkonformes und grenzüberschreitendes Verhalten, das die Faszination der Erinnerungsfigur Semiramis bestimmt.[4] Mit diesem devianten Verhalten geht dabei auch – vor allem für die männliche Welt – das Gefühl einer gewissen Bedrohung bestehender Ordnungen einher. Vor diesem Hintergrund kommt es einerseits zu Diffamierungen, andererseits dient die Eheschließung der Semiramis am Ende vieler Umsetzungen ihres Narrativs für Theater und Oper einer Rückkehr zur imaginierten Normalität der Geschlechter. Es ist ein ‚in die Schranken weisen', eine Bändigung der Semiramis. Mit William Edmiston gesprochen:[5]

> Marriage „cures" divergence from the norm and reaffirms the social order (...)

Semiramis' Überschreiten von Geschlechtergrenzen und damit einhergehend den Geschlechtern zugeschriebenen Verhaltensnormen und sozialer Ordnungen kann durch Cross-Dressing sichtbar

---

[1] Ähnliches beobachtet für Nero auch Hess 2011, 782.
[2] Orientdiskurse spielen dagegen eine untergeordnete Rolle. Vielmehr geht es eher darum, das an ihrer Gestalt Verhandelte außerhalb der jeweils eigenen Lebensrealitäten anzusiedeln.
[3] Fuhrmann 1973, 449–452.
[4] Ähnlich wie die Frauen in Aristophanes' *Thesmophoriazusen* oder *Ekklesiazusen* durchbricht Semiramis bereits in den Texten der griechischen Antike ein traditionelles Rollenverständnis der Geschlechter und eignet sich männliche Verhaltensmuster an; vgl. Kleinecke 2011, 71–86, insb. 79 u. zu Aristophanes und den Frauen Lubitz 2014, 41–56.
[5] Edmiston 2000, 472.

gemacht werden. Angelegt ist es bereits in den antiken Quellen – wobei weder bei Diodor noch bei Trogus/Iustin explizit formuliert wird, sie lege Männerkleidung an. Bei Diodor wird die Kleidung vielmehr als genderneutral geschildert, bei Trogus/Iustin geht es um ein Verbergen ihrer Weiblichkeit – um als Mann zu erscheinen, bedeckt sie Arme und Unterschenkel. Erst mit Orosius erreicht dieses Erinnerungselement neue Virulenz, wird hier doch formuliert, sie lege die Kleidung ihres Sohnes an. Mit Orosius also wird Cross-Dressing zu einem der zentralen Motive innerhalb der Semiramis-Narrative, das vor allem im Mittelalter allgegenwärtig ist.[6] Gerade in dieser Epoche überwiegt eine negative, sexualisierte Sichtweise auf Semiramis, die ebenfalls maßgeblich auf Orosius zurückgeht. Ein positiverer Blick auf Semiramis wurde insbesondere durch die lateinische Übersetzung der ersten fünf Bücher von Diodors Weltgeschichte 1472 ermöglicht. Mit dem Zugriff auf diesen Text wird es nun (wieder) denkbar, Semiramis von einem *esempio di mal* zu einem *esempio di ben* umzugestalten.

Als wandelbare „Leerform"[7] diente Semiramis somit einerseits als Folie für herrscherlichen Erfolg, der dem großer männlicher Könige in nichts nachsteht (oder ihn sogar übertrifft), sowie für weibliche Tugendhaftigkeit, sie konnte aber andererseits auch als lüsternes, (Männer) mordendes und verderbtes Exemplar ihres Geschlechtes ausgestaltet werden, das Angst und Schrecken verbreitet. Diese Bias durchzieht das Erinnern an sie von der griechischen Historiographie des 5. Jh.s v.Chr. bis auf die Opernbühnen des frühen 18. Jh.s, wo ambivalente Charaktere in besonderem Maße Konjunktur haben.[8] Die Geschichte der (antiken wie modernen) Rezeption der Semiramis ist also letztlich die Geschichte einer Unschärfeformel, die auf Zuweisungen, Erwartungen und Erfahrungen verweist.[9] Es ist eine Rezeption ohne stringentes Telos, sondern voll von Ambivalenzen, Gegenläufigkeiten und Varianten.

Präsentiert wird in den antiken Quellentexten stets eine männliche Perspektive, geschrieben wird für ein primär männliches Publikum – erst im Verlauf der Frühen Neuzeit werden vereinzelt weibliche Stimmen laut, die aber offenbar auf weniger Gehör stoßen. Durch die Jahrhunderte wird Semiramis häufig, beginnend mit den Alexanderhistorikern und besonders deutlich dann in augusteischer Zeit, als Instrumentarium verwendet, um Aussagen über Männer zu treffen – ein Schicksal, das sie mit anderen Frauengestalten wie Dido oder Kleopatra VII. teilt.[10] Auch auf der Opernbühne wird sie zunächst in diesem Sinne verwendet – erst Pietro Metastasio, dessen herausragend erfolgreiche *Semiramide riconosciuta* ab 1729 zu einer gewissen Kanonisierung eines positiven Semiramisbildes als große Liebende und fähige und würdige Herrscherin führt, erzählt ihre Geschichte unter Auslassung der sie dominierenden Männergestalten; sein Libretto ist dabei bei der ersten Aufführung explizit „den Frauen" dediziert. Neben den neuen Deutungsmöglichkeiten durch die breite Zugänglichkeit von Diodors Narrativ sind es auch realpolitische Konnexe wie die Pragmatische Sanktion, die eine veränderte Aneignungssituation determinieren und Aus-

---

6 Beringer 2016, 55.
7 So Rutishauser 1989, 107.
8 Schulze 2004, 399–404.
9 Die Parteilichkeit der Quellentexte stellt dabei eine große Herausforderung dar, zumal sie häufig nicht direkt erkennbar wird, sondern sich erst aus dem Kontext von Autor, Werk, Abfassungszeitraum und Zielgruppe begründet vermuten lässt. Hinzu kommen Überstrahlungseffekte wie der sog. Halo-Effekt, die die Beurteilung eines als dominant wahrgenommenen Merkmals auf andere Merkmale übertragen. So determinierten (und determinieren) Vorwissen und Vorannahmen zur Gestalt der Semiramis die Sicht auf ihre Figur. Dies beeinflusste nicht nur die antiken Autoren, sondern die Personen, die deren Texte lasen, übersetzten oder refigurierten.
10 Vgl. dazu Thurn 2018; vgl. auch Rutishauser 1989, 107.

sagen über weibliche Herrschaft unter einem veränderten Blickwinkel opportun werden lassen. Metastasio prägte somit das Semiramisbild einer Epoche, mit ihm wurde aus einer Vielzahl von Semiramiden zumindest für eine gewisse Zeit letztlich eine. Diese eine, seine, Semiramis eroberte die Opernbühnen ganz Europas und wurde zu einer der meist gezeigten Antikenfiguren überhaupt. Die Opernbühnen sind es vor allem, die ihrer Figur enorme Bekanntheit verschafften und durch das intermediale Zusammenspiel von Libretto, Musik und Bühnenbild dafür sorgten, dass das Erinnern an sie sich nicht nur in kleinen Gelehrtenkreisen und hochadeligen Zirkeln vollzog, sondern dass sie zu einer Erinnerungsfigur auch größerer Personenkreise werden konnte – von 1648 bis 1782 dürften mehrere Hunderttausend Menschen von Italien bis Dänemark, von Spanien bis Russland, Semiramis auf der Opernbühne gesehen und gehört haben. Die mit Abstand größte Reichweite besitzen dabei Opern mit einem durchgehend positiven oder sich zum Positiven wandelnden Semiramisbild. Metastasios *Semiramide riconosciuta* (1729) etabliert schließlich ein neues, positives Bild der Semiramis, in dem alle negativen Aspekte elidiert werden.

Erst mit einer ästhetischen Verschiebung in den Opern des Belcanto, der Romantik und der Wiener Klassik verschwindet Metastasios Semiramis und wird von Opern abgelöst, die auf andere Vorbilder rekurrieren und nicht mehr auf das Herrscherlob, sondern auf „the extremes of passion, horror and violence"[11] abheben: Opern auf Basis von Voltaires *Sémiramis*, in denen die Titelheldin, von ihrem Geliebten Assur angestiftet, ihren Ehemann getötet hat, um an seiner Stelle über Assyrien zu herrschen, aber wegen ihrer Tat von ihrem Gewissen geplagt wird. Unwissentlich in den eigenen Sohn, Arsace, verliebt, wird sie letztlich von diesem getötet, den der Geist des Ninus (in der Konzeption ganz ähnlich wie in Hamlet oder Don Juan)[12] zur Rache für seinen Tod aufgefordert hat.[13] Mit den nachbarocken Opern beginnt nicht nur inhaltlich etwas Neues, das gesagte bzw. gesungene Wort verliert hier deutlich an Bedeutung. Die sich bereits Mitte des 18. Jh.s abzeichnende Entwicklung der immer größeren Stellenwert der Arien und damit der Komponisten führte dazu, dass die Musik nun zentraler war als der Librettotext. Dies zeigt sich auch darin, dass die Librettisten immer mehr in den Hintergrund treten, ja teilweise gänzlich unbekannt sind, und die Libretti nicht mehr mit *argomenti* versehen werden, in denen auf Quellen rekurriert, ‚historia' von ‚favola' getrennt oder die Handlung umrissen würde. Die späteren Opern, die Semiramis als eine von ihrem Gewissen gepeinigte Mörderin zeigen, die in ihrem Tod Strafe für ihre Taten und auch Erlösung findet, werden allein von Affekten getragen. Hinzu kommt, dass nun die ‚fremden Welten', die der Barock nur imaginiert hat, in Bühnenbild und Kostümen plötzlich sichtbar werden.[14] Nicht die Person mit ihrem Kontext, sondern Seelengemälde, die tiefe psychologische Konflikte und berührende Emotionen wiedergeben, sind der

---

11 Tomlinson 1986, 55.
12 Vgl. Questa 1989, 115 m. Anm. 23.
13 Bereits die Semiramis-Opern, die an den Höfen von Bayreuth und von Berlin entstehen, basieren auf Voltaire. Eine wirkliche Massenwirkung erreichten Opern auf dieser Textgrundlage aber erst in den letzten Jahren des 18. Jh.s – vorher dominiert das Libretto von Pietro Metastasio: *La vendetta di Nino* (UA 1786, Firenze), *La Morte di Semiramide* (UA 1791, Milano) oder *Semiramide* (UA 1823, Venezia). Die letztgenannte Oper, vertont von Rossini, gelangte dann auch über den Atlantik und wurde als erste Semiramis-Oper in New York gespielt (1825/1826). Dort wurde in der Folge auch Manuel Garcìas Oper *La Figlia dell'Aria* gegeben. Garcìas *Semiramis*, auf Basis des Librettos von Gaetano Rossi, erreichte dann 1828 sogar das Teatro de los Gallos in Mexico City.
14 Der visuelle Eindruck der Bühnen dieser Opern ist also ein gänzlich anderer als im Barock; vgl. dazu auch Hartmann 2019.

Kern der Opern des späteren 18. und 19. Jh.s – ob dabei auf der Bühne Semiramis zur Musik von Rossini oder Norma zur Musik von Bellini ihre Schuldgefühle besingt, ist letztlich unerheblich.

Im Laufe des 20. Jh.s fiel Semiramis dann mehr und mehr dem Vergessen anheim. Dies dürfte zu einem guten Teil daran gelegen haben, dass die Oper vom Film als einflussreichstes und populäres Medium für breitere Bevölkerungskreise abgelöst wurde. Und das neue Medium Film interessierte sich kaum für die babylonische Königin – als Paradigma für eine antike Königin wurde hier vielmehr Kleopatra VII. ausgestaltet.[15] Zwar gibt es eine Vielzahl an Filmen, die Babylon thematisieren, Semiramis ist aber kaum Bestandteil dieser Filme, die i.d.R. in biblischen Settings angesiedelt sind. Dabei sind starke Unterschiede zwischen dem frühen europäischen Film der 1910er Jahre und den Produktionen der US-amerikanischen Filmindustrie zu beobachten. 1910 wurde Semiramis in einem in Frankreich produzierten Stummfilm thematisiert. Ihr erstes Auftreten auf der Leinwand fällt also in eine Zeit, in welcher der Film bereits zu einem einflussreichen Massenmedium geworden war.[16] Der opulent ausgestattete Film *Sémiramis* besaß eine Länge von acht Minuten:[17] Der König von Babylon trifft im Wald auf ein schönes Mädchen und macht dieses zu seiner Frau. Als Königin zettelt sie eine Verschwörung an und lässt ihren Mann töten, um selbst zu herrschen. Als alleinige Herrscherin führt sie erfolgreich Krieg. Nach ihrem Tode wird sie auf ihrem Totenbett von Tauben in den Himmel getragen. Die italienische Produktion *La Regina di Babilonia* von 1911 dagegen handelt – anders, als der Titel vermuten lässt – nicht von Semiramis, sondern einer fiktiven Königin namens Tamiri.[18]

Im Tonfilm der 20er bis 40er Jahre spielte Semiramis keine Rolle und auch nach Einführung des Farbfilmes wurde sie im Rahmen der europäischen Antikenfilme der 50er und 60er Jahre nur sehr selten aufgegriffen. Lediglich der italienische Monumentalfilm widmete ihr zwei Produktionen, nämlich 1955 *La Cortigiana di Babilonia* und 1962 *Io Semiramide*. Der erstgenannte Film kommt dabei fast gänzlich ohne die im Rahmen dieser Studie im Kontext zu Semiramis herausgearbeiteten Erinnerungselemente aus, sondern nutzt lediglich den Namen der Königin zur Präsentation verschiedenster Orienttopoi – Luxus, Grausamkeit, Dekadenz und Freizügigkeit. Auch Regina Heilmann urteilt zu *La Cortigiana di Babilonia*:[19]

> Inhaltlich hat die Filmhandlung nicht mehr mit den antiken Legenden von Semiramis (...) gemeinsam als der Umstand, dass diese als Frau den Thron besteigt und der historischen Tatsache, dass Babylonien tatsächlich von den Assyrern erobert worden ist.

Semiramis ist hier eine Tänzerin der Göttin Ištar, in die sich der König Assur verliebt und sie gegen ihren Willen zu seiner Frau macht. Ihre Liebe gehört aber eigentlich dem Chaldäer Amal, an dessen Seite sie am Ende des Filmes nach etlichen Kämpfen und Intrigen über Babylon herrscht.[20] *Io Semiramide* dagegen orientiert sich in etlichen Aspekten an Diodors Narrativ[21] – Semiramis ist nun eine schöne Kurtisane des Königs von Babylon, Ninurte, welche aus Machtgier verschiedene

---

15 Vgl. dazu Wenzel 2005 u. Krippner 2014, 101–103.
16 Heilmann 2004, 47. Dies unterscheidet sich von ihrem sehr frühen Erscheinen auf der Opernbühne.
17 Zum Film Heilmann 2004, 55–58.
18 Die Namensgebung lässt sofort an die Figur der Tamiri aus Pietro Metastasios *Semiramide riconosciuta* (1729) denken.
19 Heilmann 2004, 242; zum Film ebd., 240–243.
20 Auch in dieser filmischen Umsetzung ist mit dem Königsmörder Sibari eine weitere Figur enthalten, die einen Namen aus Pietro Metastasios Libretto führt.
21 Zum Film Heilmann 2004, 243–251.

Intrigen anzettelt (u.a. mit ihrem ehemaligen Geliebten Onnes), die sie auf den Thron bringen sollen. Nachdem ihr dies gelungen ist, fungiert sie als Regentin ihres kleinen Sohnes Adad und hat eine Affäre mit Kir, dem König der Dardanier, den Ninurte einst versklavt hatte. Nachdem sie Kir getötet hat, weil sie sich von ihm hintergangen wähnt und ihre Herrschaft in Gefahr glaubt, wird sie von den dardanischen Soldaten getötet.[22] Hier endet Semiramis' Filmkarriere, die nie über Europa hinausreichte. In Hollywood wurden Sujets um Semiramis zu keinem Zeitpunkt in Form von Eigenproduktionen aufgegriffen.[23] Selbst im amerikanischen Monumentalfilm der 50er und 60er Jahre hat sie keinen Platz – hier wird v.a. auf biblische sowie auf die römische, insbesondere spätrepublikanische, Geschichte(n) rekurriert.[24] Diese Leerstelle wird vielleicht im Kontext der Amerikanischen Revolution verständlich, während der das britische Mutterland, von dessen Joch man sich löste, als „das dekadente und korrupte Imperium Romanum präsentiert"[25] wurde. Dagegen diente die Römische Republik als Vorbild für die junge amerikanische Republik. Hinzu kommt, ebenfalls ein Relikt des amerikanischen Unabhängigkeitskampfes, das stete Bestreben der USA, eben gerade nicht als Imperium/Empire gesehen zu werden, auf das Daniel Immerwahr jüngst überzeugend hingewiesen hat[26] – eine Anknüpfung an Semiramis und Ninus als Begründer des ersten Weltreiches war also auch vor diesem Hintergrund wenig erstrebenswert. Mit dem Desinteresse Hollywoods verschwand Semiramis während der letzten Jahrzehnte mehr und mehr aus dem westlichen Funktionsgedächtnis.[27]

***

---

22 Ihr Tod durch einen Pfeil erinnert an den bei Orosius (1,4,3) überlieferten Tod des Ninus durch einen feindlichen Pfeil.
23 Hollywood im Süden Kaliforniens war relativ weit entfernt von Opernhäusern. Die LA Opera gehört zwar heute zu den bedeutendsten Opernhäusern auf dem amerikanischen Kontinent, wurde aber erst 1986 gegründet. Auch ihr Vorgänger, die LA Civic Grand Opera, entstand erst Mitte des 20. Jh.s. Vorher waren Opern auf großen Bühnen in Kalifornien nur in San Francisco zu erleben gewesen – und das auch erst ab 1923. Es gab also wenig Berührungspunkte zwischen Hollywood und der Oper als Genre im Allgemeinen und mit Semiramis-Opern im Besonderen. Die erste italienische Oper auf dem nordamerikanischen Kontinent wurde erst 1825 in New York gespielt (*Il Barbiere di Siviglia*, M.: Gioacchino Rossini). Zur Geschichte der Oper in den USA vgl. Dizikes 1993.
24 Vgl. Niggemann & Ruffing 2013: „Dabei fungierte das Imperium Romanum (…) als ein Anti-Modell, wurden doch Vertreter Großbritanniens als dem Wahn verfallene römische Kaiser dargestellt, während man die britische Herrschaft mit der Tyrannei assoziierte, die man Rom gegenüber seinen Provinzen unterstellte. In inneramerikanischen Diskursen dienten das Imperium Romanum und sein Verfall zunehmend als Folie für Untergangsszenarien, die vor allem einer immer weiter um sich greifenden Missachtung des christlichen Glaubens und einer damit einhergehenden Dekadenz angelastet wurden."
25 Niggemann & Ruffing 2013.
26 Immerwahr 2019. Für den Hinweis auf diese Arbeit bin ich Dr. Matthias Bode (Marburg) zu Dank verpflichtet.
27 So erklärt sich vielleicht auch ihr Fehlen in der 2013 durch das ZDF produzierten sechsteiligen Dokumentationsreihe *Frauen, die Geschichte machten*. Hier wird statt ihrer – wie auf der Kinoleinwand – Kleopatra VII. als Beispiel einer antiken Herrscherin herangezogen. Im Pressematerial zur Reihe heißt es: „Sie waren mächtig und ohnmächtig, populär und angefeindet, entschlossen und verzweifelt, kämpferisch und ergeben – und sie schrieben Geschichte: Kleopatra, Jeanne d'Arc, Elisabeth I., Katharina die Große, Luise von Preußen und Sophie Scholl – sie alle ragten auf besondere Weise aus ihrer Zeit heraus." (https://www.zdf.de/dokumentation/terra-x/frauen-die-geschichte-machten-kleopatra-jeanne-darc-100.html [letzter Zugriff: 12.8.2019]).

Die im Rahmen dieser Studie vorgestellten, stark divergierenden Texte um Semiramis verzahnen sich genre- und epochenübergreifend untereinander und bilden aus den in ihnen enthaltenen Erinnerungselementen abhängig von der jeweils erinnernden Gegenwart immer neue Rezeptionsketten. Sie alle gemeinsam formen also „une mosaïque avec des pièces de la légende (...)"[28], das verschiedenen Deutungsstrategien folgt. Der Barockoper als besonders wirkmächtiger Erinnerungsgattung kommt für das Erinnern an die antike Gestalt der Semiramis dabei eine zentrale Bedeutung zu. Die zahlreichen Varianten der Legenden um Semiramis, die auf den Opernbühnen des Barock präsentiert wurden, wurden für weite Teile des 18. Jh.s auf ein Bild – das Metastasios – reduziert. Diese (zeitweise) Kanonisierung fällt in die Zeit, in der auch die ersten zaghaften Anfänge einer kritischen Geschichtswissenschaft und der Alten Geschichte als Disziplin zu verorten sind.[29] Der neapolitanische Geschichtsphilosoph Giambattista Vico verfasste 1725 seine wirkmächtige *Scienza nuova seconda*, der ein zyklisches Geschichtsverständnis zu Grunde liegt und in der er postuliert, dass der Mensch lediglich die geschichtliche Welt erkennen könne, da nur diese von ihm geschaffen worden sei.[30] 1734 veröffentlichte Montesquieu seine *Considérations sur les causes de la grandeur des Romains et de leur décadence*, in England wurden 1769 bzw. 1774 Oliver Goldsmiths *Roman History* sowie seine *Grecian History* (in der Babylon im Kontext mit Alexander III. vorkommt) gedruckt, der erste Band von Edward Gibbons wegweisendem Opus *The History of the Decline and Fall of the Roman Empire* erschien 1776. Hier findet auch Semiramis Erwähnung, von der es heißt:[31]

> In the more early ages of the world, whilst the forest that covered Europe afforded a retreat to a few wandering savages, the inhabitants of Asia were already collected into populous cities, and reduced under extensive empires, the seat of the arts, of luxury and of despotism. The Assyrians reigned over the East, till the sceptre of Ninus and Semiramis dropt from the hands of their enervated successors.

Johann Gottfried von Herder spricht von „der Theaterkönigin Semiramis"[32] und erwähnt sie – und nicht Ninus – in seinen Ideen zur Philosophie der Geschichte der Menschheit.[33] Zwar ist das Gebiet an Euphrat und Tigris für ihn eine Despotie, doch von persönlichen Verfehlungen der Semiramis, von Inzest, Verkleidung und Mord hören wir nichts. Bei Henry Home, Lord Kames, findet sich in seinen 1774 erstmals erschienenen und mehrfach wieder aufgelegten *Sketches of the History of Man* zwar nicht der Name Semiramis, aber eine deutliche Relativierung gängiger Negativdarstellungen Babylons zu denen v.a. die Schilderungen des Orosius maßgeblich beitragen haben dürften. Hier heißt es:[34]

> Babylon is arraigned by Greek writers for luxury, sensuality, and profligacy. But Babylon represents the capital of every opulent kingdom, ancient and modern: the manners of all are the same (...)

---

28 Blanco 2015.
29 Vgl. einführend Gehrke & Schneider ⁴2013, 8–19.
30 Das Prinzip *verum ipsum factum* hatte er bereits 1710 in seiner Schrift *De antiquissima Italorum sapientia, ex linguae latinae originibus eruenda* entwickelt; vgl. zu Werk und Vita Burke 2001.
31 Gibbon 1776, Bd. 1, 200–201.
32 Herder 1773, 100.
33 Hegel ³1848, 224.
34 Kames 1774, 272.

Und noch in Georg Wilhelm Friedrich Hegels postum 1837 veröffentlichen *Vorlesungen über die Philosophie der Geschichte* werden nur Verdienste, nicht aber eventuelle Verfehlungen der Semiramis benannt:

> Bactra wurde sehr lange belagert, und die Eroberung desselben wird der Semiramis zugeschrieben, die mit einer muthigen Schar den steilen Abhang eines Berges erstiegen haben soll. Die Person der Semiramis schwankt überhaupt zwischen mythologischen und historischen Vorstellungen; ihr wird auch der Turmbau Babels zugeschrieben, von dem wir in der Bibel eine der ältesten Sagen haben.

Angesichts der Bedeutung der Oper als Massenmedium des 18. Jh.s darf man vielleicht mutmaßen, dass sich die oben umrissenen Bilder der Erinnerungsfigur Semiramis nicht gänzlich aus hervorragender Quellenkenntnis, sondern auch aus Eindrücken speisten, die Opernbesuche hinterlassen haben.

Für die Altertumswissenschaften ist es zweifelsohne von Relevanz, wie antike Texte und die in ihnen immer wieder neu refigurierten Charaktere in späteren Epochen und insbesondere auf der Opernbühne präsentiert werden, formte doch dieses Medium bis zur Entstehung des Films auf eine einzigartige und durch seine medienübergreifende Aufarbeitung außerordentlich einprägsame Weise Erinnerungsprozesse an Antike. Und Erinnerung ist eine zentrale Voraussetzung für Geschichte[35] – oder mit dem venezianischen Humanisten Francesco Patrizi gesprochen: „la historia è memoria delle cose umane"[36] – und vice versa.

---

35 Ähnlich auch Kreutziger-Herr & Unseld 2005, XI und Landwehr 2016, 233–234.
36 Francesco Patrizi, Della historia. Dieci dialoghi, Venedig 1560, 18.

6. Bibliographie

6.1 Editionen antiker Texte[1]

Alexanderroman
- Leben und Taten Alexanders von Makedonien. Der griechische Alexanderroman nach der Handschrift L, hrsg. u. übers. v. H. van Thiel, Darmstadt 1983.

Arrian
- Der Alexanderzug – Indische Geschichte, hrsg. u. übers. v. G. Wirth & O. v. Hinüber, München – Zürich 1985.

Augustinus
- Vom Gottesstaat (De civitate dei), Buch 11 bis 22, übers. v. W. Thimme, München 1978.

Celsus
- Die medizinische Wissenschaft, eing., übers. u. komm. v. T. Lederer, Darmstadt 2016.

Claudianus
- In Eutropium, übers. v. M. Platnauer, Cambridge, Mass. 1922 (Loeb Classical Library 135).

Curtius Rufus
- Geschichte Alexanders des Großen, übers. v. J. Siebelis, Darmstadt 2007.

Diodor
- Griechische Weltgeschichte, Buch I–X, Erster Teil, übers. v. G. Wirth u. O. Veh, eing. u. komm. v. T. Nothers, Stuttgart 1992.
- Bibliothèque historique – Livre II, übers. v. B. Eck, Paris 2003.
- Diodore de Sicile. Bibliothèque historique. Fragments, Tome I. Livres VI–X, hrsg., übers. u. komm. v. A. Cohen-Skalli, Paris 2012.

Euseb
- Eusebius Werke, Fünfter Band: Die Chronik, hrsg. v. J. Karst, Leipzig 1911.

Gesta Treverorum
- Ab initiis usque ad MCXXXII annum. Geschichte der Treverer. Von den Anfängen bis zum Jahr 1132, übers. u. komm. v. P. Dräger, Trier 2017 (Publikationen aus dem Stadtarchiv Trier 2).

---

[1] Wurden mehrere Editionen verwendet, erscheinen sie in chronologischer Folge. Quellenkommentare wurden unter Sekundärliteratur eingereiht.

Hieronymus
- Die Chronik des Hieronymus, hrsg. u. übers. v. R. Helm, Berlin 1950.

Horaz
- Sämtlich Werke, hrsg. v. B. Kytzler, Stuttgart 2018.

Hygin
- Fabulae, hrsg. v. P.K. Marshall, Stuttgart – Leipzig 1993.
- Fables, hrsg. u. übers. v. J.-Y. Boriaud, Paris 1997.

Isidor von Sevilla
- Isidori Hispalensis episcopi Etymologiarum sive Originum libri 20, hrsg. v. W.M. Lindsay, Oxford 1911 [ND 1971 u. 1989].
- The Etymologies of Isidore of Seville, hrsg. v. St.A. Barney et al., Cambridge 2006.
- Die Enzyklopädie des Isidor von Sevilla, übers. u. komm. v. L. Möller, Wiesbaden 2008.

Jordanes
- De la succession des royaumes et des temps, übers. v. A. Savagner, Paris 1842.

Ktesias
- The Fragments of the Persica of Ktesias, hrsg. v. J. Gilmore, London 1888.
- La Perse. L'Inde. Autres Fragments, hrsg. und übers. v. D. Lenfant, Paris 2004.
- Ctesias' Persian History. Introduction, Text, and Translation, hrsg. und übers. v. J. Stronk, Düsseldorf 2010.

Martial
- Epigramme: Lateinisch-deutsch, hrsg. u. übers. v. P. Barié & W. Schindler, Berlin 2013 (Sammlung Tusculum).

Orosius
- Historias. Obra completa, Madrid 1982.
- Die antike Weltgeschichte in christlicher Sicht, Bd. 1, Buch I–IV, über. u. erl. v. A. Lippold, Zürich 1985.
- Seven books of History agains the Pagans, übers. u. komm. A.T. Fear, Liverpool 2010.
- The Old English History of the World. An Anglo-Saxon Rewriting of Orosius, übers. v. M. R. Godden, Cambridge, Mass. – London 2016.

Ovid
- Amores, hrsg. u. übers. v. N. Holzberg, Düsseldorf – Zürich 1999.

Plinius Maior
- Naturkunde, Buch VIII, hrsg. u. übers. v. R. König, München 1976.

Plutarch
- Moralia in Fifteen Volumes, übers. v. F.C. Babbitt, Cambridge, Mass. 1960ff.

Pomponius Mela
- Kreuzfahrt durch die alte Welt, übers. v. K. Brodersen, Darmstadt 1994.

Properz
- Elegien, hrsg. u. übers. v. D. Flach, Darmstadt 2011.

Tacitus
- Agricola – Germania, hrsg. übers. u. erl. V. A. Städele, Düsseldorf – Zürich ²2001.

Tatian
- Oratio ad Graecos – Rede an die Griechen, hrsg. u. übers. v. J. Trelenberg, Tübingen 2012.

Trogus/Iustin
- Iustin, Cornelius Nepos; and Eutropius, übers. v. J. Selby Watson, London 1853.
- M. Iuniani Iustini epitoma historiarum Philippicarum Pompei Trogi, hrsg. v. F. Rühl, Leipzig 1886.
- Pompei Trogi Fragmenta, hrsg. v. O. Seel, Leipzig 1956.
- M. Iuniani Iustini epitoma historiarum Philippicarum Pompei Trogi, accedunt prologi in Pompeium Trogum, hrsg. u. übers. v. O. Seel, Stuttgart ²1972.
- Epitome of the Philippic History of Pompeius Trogus, Volume I. Books 11–12: Alexander the Great, übers. v. J.C. Yardley, komm. v. W. Heckel, Oxford 1997.
- Römische Weltgeschichte, 2 Bde. übers. u. komm. v. P. Emberger, Darmstadt 2015.

Valerius Maximus
- Memorable Deeds and Sayings, Book 1, übers. u. komm. v. D. Wardle, Oxford 1998.
- Memorable Doings and Sayings, hrsg. u. übers. v. D.R. Shackleton Bailey, Cambridge 2000.

6.2 Editionen mittelalterlicher und frühneuzeitlicher Texte

Agrippa, H.C., Declamation on the Nobility and Preeminence of the Female Sex, übers. und komm. v. A. Rabil Jr., Chicago – London 1993.

Avancini, N., Pietas victrix. Der Sieg der Pietas, hrsg. u. übers. v. L. Mundt & U. Seelbach, Berlin 2002.

Boccaccio, G., De claris mulieribus, übers. von H. Steinhöwel, hrsg. von K. Drescher, Stuttgart 1895.

Boccaccio, G., Opere, Bd. 1, hrsg. v. P.G. Ricci, Neapel 1965.

Boccaccio, G., De mulieribus claris, hrsg. v. V. Zaccaria, Mailand ²1970 (Tutte le opere di Giovanni Boccaccio 10).

Boccaccio, G., De mulieribus claris / Die großen Frauen, Lat. / Dt., übers. u. komm. v. I. Erfen & P. Schmitt, Stuttgart 1995.

Boccaccio, G., hrsg. u. übers. v. V. Brown, Cambridge, Mass. – London 2003 (I Tatti Renaissance Library 1).

Boccaccio, G., Teseida delle Nozze d'Emilia, hrsg. v. E. Agostinelli & W. Coleman, Florenz 2015.

Brinner, W.H., Prophets and Patriachs, New York 1986 (The History of al-Tabari. An Annotated Translation 2).
Crébillon, P.J., Œuvres de Crébillon, Bd. 2, Paris 1821.
Dante Alighieri, 1. Inferno = Hölle, übers. u. komm. v. H. Köhler, Stuttgart 2010.
Deschamps, E., Anthologie, hrsg. v. C. Dauphant, Paris 2014.
Erasmus von Rotterdam, Adagiorum chilias quarta (pars prior), hrsg. v. R. Hoven, Leiden 1997.
Foresti, J.F., De plurimis claris selectisque mulieribus, Ferrara 1497.
Œuvres de Froissart, Chroniques, Bd. 2: 1322–1339, hrsg. v. K. de Lettenhove, Brüssel 1867.
Frutolfs und Ekkehards Chroniken und die anonyme Kaiserchronik, übers. v. F.-J. Schmale & I. Schmale-Ott, Darmstadt 1972.
Gibbon, E., The History of the Decline and Fall of the Roman Empire, Bd. 1, London 1776.
Greene, R., The Honorable Historie of Frier Bacon and Frier Bongay, hrsg. v. G.B. Harrison, London 1927 (The Fortune Play Books).
Greene, R., The Scottish History of James the Fourth, The Dramatic and Poetical Works of Robert Greene and George Peele, hrsg. v. A. Dyce, London 1861.
Greene, R., The Second Discourse of Follie – The Tale of Cosimo, London 1617 (http://www.oxford-shakespeare.com/Greene/Greenes_Farewell.pdf; letzter Zugriff: 28.5.2019).
Hegel, G.W.F., Vorlesungen über die Philosophie der Geschichte, postum hrsg. v. E. Gans, Berlin ³1848.
Herder, G.F., Von deutscher Art und Kunst. Einige fliegende Blätter, Hamburg 1773.
Hugo van Fleury, Historia Ecclesiastica, edition alters – kritische teksteditie, hrsg. v. L.M. de Ruiter, Groningen 2016.
Kames, H.H., Sketches of the History of Man, Bd. 1, Edinburgh 1774.
Kempten, Chr. (Hrsg.), Das ander Buch. Sehr Herrliche, Schöne und Warhaffte mancherley Art gebundne Gedicht als Tragödi, Comödi, Spiel, Gespräch, Spruch und Fabeln, Augsburg 1613.
Koch, J. (Hrsg.), Geoffrey Chaucers Kleinere Dichtungen nebst Einleitung, Lesarten, Anmerkungen und einem Wörterverzeichnis, Heidelberg 1928.
Les Lamentations de Matheolus et le Livre de Leësce de Jehan Le Fèvre de Resson, hrsg. v. A.G. van Hameln, 2 Bde., Paris 1892/1905.
Lydgate's Fall of Princes, hrsg. v. H. Bergen, Part 1, Oxford et al. 1924.
Machiavelli, N., Discorsi sopra la prima deca di Tito Livio, hrsg. u. komm. v. G. Inglese, Milano 1984.
Mamerot, S., Le Traictié des neuf preues, hrsg. u. komm. v. A. Salamon, Genf 2016 (Textes Littéraires Français).
Œuvres de Guillaume de Machaut, 3 Bde., hrsg. v. E. Hoepffner, Paris 1908–1921.
Marino, G., La Galeria. Zweisprachige Auswahl, übers. von Chr. Kruse & R. Stillers, Mainz 2009.
Marlowe, Chr., The Complete Plays, hrsg. v. M. Thornton Burnett, London 1999.
Metastasio, P., Opere, Bd. 7, Paris 1781.
Otto von Freising, Chronik oder die Geschichte der zwei Staaten, übers. v. A. Schmidt, hrsg. v. W. Lammers, Darmstadt ⁴1980 (Ausgewählte Quellen zur deutschen Geschichte des Mittelalters 16).
Otto von Freising, Chronica sive historia de duabus civitatibus. Chronik oder die Geschichte der zwei Staaten, hrsg. v. W. Lammers, Darmstadt 2011.

Peter Idley's Instructions to His Son, hrsg. von C. D'Evelyn, Boston 1935 (The Modern Language Association of America Monograph Series 6).
Petraca, Le „De viris illustribus" de Pétrarque: notice sur les manuscrits originaux, suivie de fragments inédits, hrsg. v. P. De Nolhac, Paris 1890.
Petrarca, Canzoniere, Trionfi, Rime varie, hrsg. v. C. Muscetta & D. Ponchiroli, Turin 1958.
Petrarca, F., Familiaria. Bücher der Vertraulichkeiten, Bd. 2, hrsg. v. B. Widmer, Berlin et al. 2009.
Pizan, Chr. de, Das Buch von der Stadt der Frauen, übers. u. komm v. M. Zimmermann, München 1990.
Pona, F., La galeria delle donne celebri, Verona 1632.
Roville, G., Prima pars Promptuarii iconum insigniorum à seculo hominum, subiectis eorum vitis, per compendium ex probatissimis autoribus desumptis, Lyon 1553.
Shakespeare, W., The Taming of the Shrew, hrsg. v. H.J. Oliver, Oxford 1984.
Shakespeare, W., Titus Andronicus. Deutsche Prosafassung, komm. v. M. Marti, Tübingen 2008.
Spenser, E., The Faerie Queene, hrsg. v. A.C. Hamilton, London & New York 1977.
Voltaire, Œuvres historique de Voltaire, hrsg. v. R. Pomeau, Paris 1962.
Vega, L. de, Edicion critica des las rimas de Lope de Vega, Bd. 1, hrsg. v. F.B. Pedraza Jiménez, Cuenca 1993.
Viruéz, Chr. de, La gran Semíramis – Elisa Dido, hrsg. v. A. Hermengildo, Madrid 2003.

6.3 Sekundärliteratur

Abbate & Parker 2013 = Abbate, C. & Parker, R., Eine Geschichte der Oper. Die letzten 400 Jahre, München 2013.
Abbate 1993 = Abbate, C., Opera or, the Envoicing of Women, in: R.A. Solie (Hrsg.), Musicology and Difference. Gender and Sexuality in Music Scholarship, Berkeley et al. 1993, 225–258.
Abe 2010 = Abe, T., Ctesias' Persica. Persian Decadence in Greek Historiography, in: Y. Nakai & P. Carafa (Hrsg.), Memory of the Past and Its Utility. Nation, State, Society and Identity, Rom 2010, 35–53.
Adler ²1930 = Adler, G., Handbuch zur Musikgeschichte, Bd. 2, Berlin ²1930 [ND 2013].
Agostinelli 1985/1986 = Agostinelli, E., A Catalogue of Manuscripts of Il Teseida, Studi sul Boccaccio 15 (1985/1986), 1–83.
Albrecht 1991 = Albrecht, S., Die große Zeit des Opernhauses, in: Österreichisches Theatermuseum (Hrsg.), Teatro. Eine Reise zu den oberitalischen Theatern des 16. bis 19. Jahrhunderts, Marburg 1991, 89–99.
Allacci 1755 = Allacci, L., Drammaturgia di Lione Allacci accresciuta e continuata fina all'anno 1755, Venezia 1755.
Alonso-Núñez 1992 = Alonso-Núñez, J.-M., La Historia universal de Pompeyo Trogo, Madrid 1992.
—. 1993 = Alonso-Núñez, J.-M., Die Auslegung der Geschichte bei Paulus Orosius. Die Abfolge der Weltreiche, die Idee der Roma Aeterna und die Goten, WSt 106 (1993), 197–213.

Altmann 2006 = Altmann, H., Francesco Petrarca im Briefwechsel mit Kaiserin Anna von Schweidnitz, in: W. Gugat (Hrsg.), Aachen und Prag – Krönungsstädte Europas, Prag 2006, 47–53.

Ameling 1993 = Ameling, W., Karthago. Studien zu Militär, Staat und Gesellschaft, München 1993.

Amelung 1965 = Amelung, W., Dante Alighieri, 1265–1321. Handschriften, Bildnisse und Drucke des 14. bis 16. Jahrhunderts vornehmlich aus den Schätzen der Württembergischen Landesbibliothek, Stuttgart 1965.

Anderson 1988 = Anderson, D., Before the Knight's Tale. Imitations of Classical Epics in Boccaccio's Teseida, Philadelphia 1988.

Antonelli 1834 = Antonelli, G., Indicem operum ferrariensium scriptorum, Ferrara 1834.

Aparicio Maydeu 2003 = Aparicio Maydeu, J., Calderón de la Barca, in: J. Huerta Calvo (Hrsg.), Historia del teatro español, Bd. 1: De la edad media a los siglos de oro, Madrid 2003, 1097–1147.

Apel & Kopetzki ²2003 = Apel, F. & Kopetzki, A., Literarische Übersetzung, Stuttgart ²2003.

Appuhn 1981 = Appuhn, H., Heilsspiegel. Die Bilder des mittelalterlichen Erbauungsbuches Speculum humanae salvationis, Dortmund 1981.

Arber 1875–1894 = Arber, E. (Hrsg.), A Transcript of the Registers of the Company of Stationers of London 1554–1640 AD, 5 Bde., London 1875–1894.

Archibald 2001 = Archibald, E., Incest in Medieval Imagination, Oxford 2001.

Armstrong 2014 = Armstrong, L., Romulus and Caesar in Late Medieval Manuscripts of Francesco Petrarca's De viris illustribus, Notes in the History of Art 33/3-4 (2014), 57–66.

Asher-Greve 2006 = Asher-Greve, J.M., From ‚Semiramis of Babylon‘ to ‚Semiramis of Hammersmith‘, in: S.W. Holloway (Hrsg.), Orientalism, Assyriology and the Bible, Sheffield 2006 (Hebrew Bible Monography 10), 322–373.

Assmann 1995 = Assmann, A., Funktionsgedächtnis und Speichergedächtnis. Zwei Modi der Erinnerung, in: K. Platt & M. Dabag (Hrsg.), Generation und Gedächtnis. Erinnerungen und kollektive Identitäten, Opladen 1995, 169–185.

—. 2002 = Assmann, A., Gedächtnis als Leitbegriff der Kulturwissenschaften, in: L. Musner & G. Wunberg (Hrsg.), Kulturwissenschaften. Forschung – Praxis – Positionen, Wien 2002, 27–45.

—. ⁴2009 = Assmann, A., Erinnerungsräume. Formen und Wandlungen des kulturellen Gedächtnisses, München ⁴2009.

Assmann 1988 = Assmann, J., Kollektives Gedächtnis und kulturelle Identität, in: J. Assmann & T. Hölscher (Hrsg.), Kultur und Gedächtnis, Frankfurt a.M. 1988, 9–19.

—. 1998 = Assmann, J., Moses der Ägypter, Entzifferung einer Gedächtnisspur, München – Wien 1998.

—. 1999 = Assmann, J., Kollektives und kulturelles Gedächtnis. Zur Phänomenologie und Funktion von Gegen-Erinnerung, in: U. Borsdorf & H.Th. Grütter (Hrsg.), Orte der Erinnerung. Denkmal, Gedenkstätte, Museum, Frankfurt a.M. – New York 1999, 13–32.

—. 2005a = Assmann, J., Die Zauberflöte. Oper und Mysterium, München 2005.

—. 2005b = Assmann, J., Das kollektive Gedächtnis zwischen Körper und Schrift. Zur Gedächtnistheorie von Maurice Halbwachs, in: H. Krapoth & D. Laborde (Hrsg.), Erinnerung und Gesellschaft – Mémoire et société. Hommage à Maurice Halbwachs (1877–1945), Wiesbaden 2005 (Jahrbuch für Soziologiegeschichte), 65–83.

—. ⁸2013 = Assmann, J., Das kulturelle Gedächtnis. Schrift, Erinnerung und politische Identität in frühen Hochkulturen, München ⁸2013.

—. 2018 = Assmann, J., Die Zauberflöte. Eine Oper mit zwei Gesichtern, Wien 2018.

Assmann & Assmann 1994 = Assmann, A. & Assmann, J., Das Gestern im Heute. Medien und soziales Gedächtnis, in: K. Merten et al. (Hrsg.), Die Wirklichkeit der Medien. Eine Einführung in die Kommunikationswissenschaft, Opladen 1994, 114–140.

Auberger 1993 = Auberger, J., Ctésias et les femmes, Dialogues d'histoire ancienne 19 (1993), 253–272.

—. 1995 = Auberger, J., Ctésias et l'Orient. Une original doué de raison, Topoi 5/2 (1995), 337–352.

Aubet 1993 = Aubet, M.E., The Phoenicians and the West. Politics, Colonies and Trade, Cambridge 1993.

Augstein 1987 = Augstein, R. (Hrsg.), „Historikerstreit". Die Dokumentation der Kontroverse um die Einzigartigkeit der nationalsozialistischen Judenvernichtung, München et al. 1987.

Aust ^{4}2006 = Aust, H., Novelle, Stuttgart ^{4}2006.

Auzzas 1966 = Auzzas, G., L'inventario della ‚parva libraria' di Santo Spirito e la biblioteca del Boccaccio, Italia Medioevale e Humanistica 9 (1966), 1–74.

Badolato 2013 = Badolato, N., s.v. Noris, Matteo, Dizionario Biografico degli Italiani 78 (2013), 747–751.

Baethgen 1966 = Baethgen, Fr., Die Entstehungszeit von Dantes De Monarchia, München 1966.

Barbier 1998 = Barbier, P., Über die Männlichkeit der Kastraten, in: M. Dinges (Hrsg.), Hausväter, Priester, Kastraten. Zur Konstruktion von Männlichkeit in Spätmittelalter und Früher Neuzeit, Göttingen 1998, 123–152.

Barney et al. 2006 = Barney, St.A., et al., Introduction, in: St.A. Barney et al. (Hrsg.), The Etymologies of Isidore of Seville, Cambridge 2006, 10–13.

Barton & Fletcher 2000 = Barton, S. & Fletcher, R. (Hrsg.), The World of El Cid. Chronicles of the Spanish Reconquest, Manchester 2000.

Bately & Ross 1961 = Bately, J. & Ross, A., A Check List of Orosius Historiarum adversus paganos libri septem, Scriptorium 15 (1961), 329–334.

Bates 1994 = Bates, J., Shakespeare and Ovid, Oxford 1994.

Baumgärtel 1995 = Baumgärtel, B., Die Tugendheldin als Symbol kirchlicher und staatlicher Macht. Über die Galerie der Starken Frauen in Ausstattungsprogrammen und als Buchillustrationen, in: B. Baumgärtel & S. Neysters (Hrsg.), Die Galerie der Starken Frauen. Die Heldin in der französischen und italienischen Kunst des 17. Jahrhunderts, München 1995, 140–157.

—. 2003 = Baumgärtner, I., Biblische, mythische und fremde Frauen. Zur Konstruktion von Weiblichkeit in Text und Bild mittelalterlicher Weltkarten, in: X. v. Ertzdroff & G. Giesemann (Hrsg.), Erkundung und Beschreibung der Welt. Zur Poetik der Reise- und Länderberichte. Vorträge eines interdisziplinären Symposiums vom 19. bis 24. Juni 2000 an der Justus-Liebig-Universität Gießen, Amsterdam 2003 (Chloe. Beihefte zum Daphnis 34), 31–86.

—. 2010 = Baumgärtner, I., Amazonen in mittelalterlichen Weltkarten, in: K. Koch et al. (Hrsg.), Amazonen. Geheimnisvolle Kriegerinnen. Begleitbuch zur Ausstellung im Historischen Museum der Pfalz Speyer, München 2010, 194–203.

Bayles 1697 = Bayles, P., Dictionaire historique et critique 1697.

Beck et al. 2014 = Beck, U. et al., The Invention of Trousers and its Likely Affiliation with Horseback Riding and Mobility. A Case Study of Late 2nd Millennium BC Finds from Turfan in Eastern Central Asia, Quaternary International 348 (2014), 224–235.

Beelina et al. 2001 = Beelina, P. et al., Velké dějiny zemí Koruny české, Bd. 10: 1740–1792, Prag – Litomyšl 2001.

Bees 2011 = Bees, R., Zenons Politeia, Leiden – Boston 2011 (Studies on the Interaction of Art, Thought and Power 4).
Beghelli & Talmelli 2011 = Beghelli, M. & Talmelli, R., Ermafrodite armoniche. In controalto nell'Ottocento, Varese 2011.
Beghelli 2008 = Beghelli, M., Aria col da capo. Istanze esecutive ieri e oggi, Musica e Storia 16/3 (2008), 761–773.
Bell 1999 = Bell, R.M., How to do it. Guides to Good Living for Renaissance Italians, Chicago – London 1999.
Bellemore 1989 = Bellemore, J., When did Valerius Maximus write the Dicta et facta memorabilia?, Antichthon 23 (1989), 67–80.
Bellinger 1940 = Bellinger, A., The Syrian Tetradrachms of Caracalla and Macrinus, New York 1940 (Numismatik Studies 3).
Benz 2015 = Benz, M., Semiramis, Zeitschrift für deutsche Philologie 134 (2015), 347–367.
Berek 2009 = Berek, M., Kollektives Gedächtnis und die gesellschaftliche Konstruktion der Wirklichkeit. Eine Theorie der Erinnerungskulturen, Wiesbaden 2009.
Bergel 1973 = Bergel, L., Semiramis in the Italian and Spanish Baroque, Forum Italicum 7 (1973), 227–249.
Beringer 2016 = Beringer, A.L., The Sight of Semiramis. Medieval and Early Modern Narratives of the Babylonian Queen, Tempe, Ariz. 2016.
Bermbach 1997 = Bermbach, U., Wo Macht ganz auf Verbrechen ruht. Politik und Gesellschaft in der Oper, Hamburg 1997.
Bernhardt 2003 = Bernhardt, R., Luxuskritik und Aufwandsbeschränkungen in der griechischen Welt, Stuttgart 2003 (Historia Einzelschriften 168).
—. 2009 = Bernhardt, R., Sardanapal. Urbild des lasterhaften Despoten, Tyche 24 (2009), 1–25.
Berns 1984 = Berns, J., Die Festkultur der deutschen Höfe zwischen 1580 und 1730. Eine Problemskizze in typologischer Absicht, Germanisch-Romanische Monatsschrift 34 (1984), 295–311.
Berto 2010 = Berto, L.A., s.v. Martin da Canal, in: G. Dunphy (Hrsg.), Encyclopedia of the Medieval Chronicle, Bd. 2, Leiden – Boston 2010, 1084.
Biale 1979 = Biale, D., Gershom Scholem. Kabbala and Counterhistory, Cambridge, Mass. 1979.
Bianconi 1975 = Bianconi, L., Funktionen des Operntheaters in Neapel bis 1700 und die Rolle Alexandri Scarlattis, in: W. Osthoff & J. Ruile-Dronke (Hrsg.), Colloquium Alessandro Scarlatti Würzburg 1975, Tutzing 1979, 13–116.
—. 1980 = Bianconi, L., s.v. Cesti, Pietro (in religione Antonio), Dizionario Biografico degli Italiani 24 (1980), 281–297.
Bianconi & Walker 1984 = Bianconi, L. & Walker, Th., Production, Consumption and Political Function of Seventeenth-Century Opera, Early Music History 4 (1984), 209–296.
Bichler 1983 = Bichler, R., ‚Hellenismus'. Geschichte und Problematik eines Epochenbegriffs, Darmstadt 1983.
—. 1991 = Bichler, R., Zur Rolle der Frau im Frühchristentum, in: A. Niederstätter & W. Scheffknecht (Hrsg.), Hexe oder Hausfrau, Sigmaringendorf 1991, 9–25.
—. 2000 = Bichler, R., Herodots Frauenbild und seine Vorstellung über die Sexualsitten der Völker, in: R. Rollinger & Chr. Ulf (Hrsg.), Geschlechterrollen und Frauenbild in der Perspektive antiker Autoren, Innsbruck et al. 2000, 13–56.

—. 2004 = Bichler, R., Ktesias „korrigiert" Herodot. Zur literarischen Einschätzung der Persika, in G. Heftner (Hrsg.), Ad fontes! Festschrift G. Dobesch zum 65. Geburtstag am 15. September 2004, Wien 2004, 105–116.

—. 2006 = Bichler, R., Der Lyder Inaros. Über die ägyptische Revolte des Ktesias von Knidos, in: R. Rollinger & B. Truschnegg (Hrsg.), Altertum und Mittelmeerraum. Die antike Welt diesseits und jenseits der Levante, Festschrift für Peter W. Haider zum 60. Geburtstag, Stuttgart 2006, 445–459.

—. 2007 = Bichler, R., Der „Orient" im Wechselspiel von Imagination und Erfahrung. Zum Typus der „orientalischen Despotie", in: R. Rollinger et al. (Hrsg.), Getrennte Wege? Kommunikation, Raum und Wahrnehmung in der Alten Welt, Frankfurt a.M. 2007 (Oikumene. Studien zur antiken Weltgeschichte 2), 475–500.

—. 2009 = Bichler, R., Probleme und Grenzen der Rekonstruktion von Ereignissen am Beispiel antiker Schlachtenbeschreibungen. Zur Fragestellung im Rahmen des Generalthemas der Tagung, in: M. Fitzenreiter (Hrsg.), Das Ereignis. Geschichtsschreibung zwischen Vorfall und Befund, London 2009 (IBAES 10), 17–34.

—. 2010 = Bichler, R., Herodots Welt. Der Aufbau der Historie am Bild der fremden Länder und Völker, ihrer Zivilisation und ihrer Geschichte, Berlin 2010.

—. 2011 = Bichler, R., Ktesias spielt mit Herodot, in: J. Wiesehöfer et al. (Hrsg.), Ktesias Welt – Ctesias' World, Wiesbaden 2011 (CleO 1), 21–52.

—. 2014 = Bichler, R., Semiramis and her Rivals. An Essay, in: S. Gaspa et al. (Hrsg.), From Source to History. Studies on Ancient Near Eastern Worlds and Beyond. Dedicated to Giovanni Battista Lanfranchi on the Occasion of his 65th Birthday on June 23, 2014, Münster 2014 (AOAT 412), 55–71.

—. 2017 = Bichler, R., On the Traces of Onesicritus. Some Historiographical Aspects of Alexander's Indian Campaign, in: R. Rollinger (Hrsg.), Die Sicht auf die Welt zwischen Ost und West (750 v. Chr.–550 n.Chr.) – Looking at the World from the East and the West (750 BCE–550 CE), Wiesbaden 2017 (CleO 12), 51–69.

Bichler & Rollinger 2005 = Bichler, R. & Rollinger, R., Die Hängenden Gärten zu Niniveh. Die Lösung eines Rätsels?, in: R. Rollinger (Hrsg.), Von Sumer bis Homer. Festschrift für Manfred Schretter zu seinem 60. Geburtstag am 25. Februar 2004, Münster 2005 (AOAT 325), 153–218.

—. ⁴2014 = Bichler, R. & Rollinger, R., Herodot, Hildesheim et al. ⁴2014.

—. 2017 = Bichler, R. & Rollinger, R., Universale Weltherrschaft und die Monumente an ihren Grenzen. Die Idee unbegrenzter Herrschaft und deren Brechung im diskursiven Wechselspiel (Vom Alten Orient bis zum Imperium Romanum), in: R. Rollinger (Hrsg.), Die Sicht auf die Welt zwischen Ost und West (750 v.Chr.–550 n.Chr.) – Looking at the World from the East and the West (750 BCE–550 CE), Wiesbaden 2017 (CleO 12), 1–30.

Bierbach 1996 = Bierbach, Chr., Todos maestros, todos discípulos. Spanische Akademien von 1700, in: K. Garber & H. Wismann (Hrsg.), Europäische Sozietätsbewegung und demokratische Tradition. Die europäischen Akademien der Frühen Neuzeit zwischen Frührenaissance und Aufklärung, Bd. 1, Tübingen 1996, 513–553.

Bigwood 1978 = Bigwood, J.M., Ctesias' Description of Babylon, American Journal of Ancient History 3 (1978), 32–52.

—. 1980 = Bigwood, J.M., Diodorus and Ctesias, Phoenix 24 (1980), 195–207.

Binder 2011 = Binder, C., Plutarch und Ktesias. Beobachtungen zu den Quellen der Artaxerxes-Vita, in: J. Wiesehöfer et al. (Hrsg.), Ktesias' Welt – Ctesias' World, Wiesbaden 2011 (CleO 1), 53–68.
Bischoff 1961 = Bischoff, B., Die europäische Verbreitung der Werke Isidors von Sevilla, in: M.C. Díaz y Díaz (Hrsg.), Isidoriana. Estudios sobre San Isidoro de Sevilla en el XIV centenario de su nacimiento, León 1961, 317–344.
Blanco 2015 = Blanco, M., La gran Semíramis de Cristóbal de Virués. Un méditation humaniste de l'histoire, e-Spania 21 (2015), unpaginiert (http://journals.openedition.org/e-spania/24641; letzter Zugriff: 22.3.2019).
Bleckmann 2007 = Bleckmann, B., Ktesias von Knidos und die Perserkriege. Historische Varianten zu Herodot, in: B. Bleckmann (Hrsg.), Herodot und die Epoche der Perserkriege. Realitäten und Fiktionen, Kolloquium zum 80. Geburtstag von Dietmar Kienast, Köln et al. 2007, 137–150.
Bloomer 1992 = Bloomer, W.M., Valerius Maximus and the Rhetoric of the New Nobility, Chapel Hill 1992.
Blümner 1875 = Blümner, H., Technologie und Terminologie der Gewerbe und Künste bei Griechen und Römern, Bd. 1, Leipzig 1875.
Bock 2005 = Bock, G., Frauen in der europäischen Geschichte. Vom Mittelalter bis zur Gegenwart, München 2005.
Bock & Zimmermann 1997 = Bock, G. & Zimmermann, M., Die Querelles des Femmes in Europa. Eine begriffs- und forschungsgeschichtliche Einführung, in: G. Bock & M. Zimmermann (Hrsg.), Die Europäische Querelle des Femmes. Geschlechterdebatten seit dem 15. Jahrhundert, Stuttgart – Weimar 1997 (Querelles – Jahrbuch für Frauenforschung 2), 9–38.
Boitani 1977 = Boitani, P., Chaucer and Boccaccio, Oxford 1977.
Boncquet 1987 = Boncquet, J., Diodorus Siculus (II, 1–34) over Mesopotamië. Een historische komentaar, Brüssel 1987.
Boni 2016 = Boni, F., Il personaggio femminile nella narrativa di Francesco Pona. Sullo sfondo della polemica misogina in Italia, Ariccia 2016 (Le Sibille 5).
Borchmeyer et al. ²1996 = Borchmeyer, D., et al., s.v. Libretto, MGG Sachteil 5 (²1996), 1116–1259.
Borgna 2014 = Borgna, A., Uno sguardo orientale intorno a Roma, La Biblioteca di CC I (2014), 52–77.
Borzelli 1927 = Borzelli, A., Storia della vita e delle opere di G. Marino, Neapel 1927.
Bossard 2007 = Bossard, R., „... prendendo quasi ogni sera il divertimento delle opere in Musica ...". Streiflichter auf die Opernstagione des Winters 1682/83 in Venedig, Schweizer Jahrbuch für Musikwissenschaft NF 27 (2007), 165–238.
Bouquet 1976 = Bouquet, M.-Th., Il teatro di corte dalle origini al 1788, Torino 1976 (Storia del Teatro Regio di Torino 1).
Bourdieu 2005 = Bourdieu, P., Die männliche Herrschaft, Frankfurt a.M. 2005.
Bourgain 1991 = Bourgain, P., H. v. Fleury, LexMA 5 (1991), 171.
Boussiou 2008 = Boussiou, S., (Une) absence d'équivalence. De l',aria col da capo' à l'air dans l'opéra baroque français à l'époque de Rameau, Musica e Storia 16/3 (2008), 637–649.
Bowie 2002 = Bowie, M.K., The Narrative of Konon, München – Leipzig 2002, 47–52.
Boyer 2004 = Boyer, Ph., Cléopâtre ou les vertus de l'infortune, in: C. Ritschard & A. Morehead (Hrsg.), Cléopâtre dans le miroir de l'art occidental, Genf 2004, 25–34.

Brachert 1989 = Brachert, F. (Hrsg.), Giovanni Boccaccio, Von Minne, Kampf und Leidenschaft. Die Bilder der Wiener Théséide; Faksimile Ausgabe aller 17 Miniaturseiten aus Codex 2617 der Österreichischen Nationalbibliothek in Wien, Graz 1989.

Bragaglia 1970 = Bragaglia, L., Storia di libretto nel teatro in musica come testo o pretesto drammatico, Roma 1970.

Branca 1977 = Branca, V., Giovanni Boccaccio. Profilo biografico, Firenze 1977.

Brander 2008 = Brander, L., Nackte Verführung und enthaltsame Jungfrau. Funktion und Instrumentalisierung von Nacktheit im Umfeld von Brautwerbung, Beilager und Hochzeitsnacht, in: St. Bießenecker (Hrsg.), Und sie erkannten, dass sie nackt waren, Bamberg 2008 (Bamberger Interdisziplinäre Mittelalterstudien 1), 289–319.

Brandt 2009 = Brandt, H., Historia magistra vitae? Orosius und die spätantike Historiographie, in: A. Glotz (Hrsg.), Jenseits er Grenzen. Beiträge zur spätantiken und frühmittelalterlichen Geschichtsschreibung, Berlin et al. 2009 (Millennium Studien 25), 121–133.

Bratu 2016 = Bratu, C., Chroniken im mittelalterlichen Italien. Ein Überblick, in: G. Wolf & N.H. Ott (Hrsg.), Handbuch Chroniken des Mittelalters, Boston – Berlin 2016, 707–742.

Braubach 1977 = Braubach, M., s.v. Karl VI., Neue Deutsche Biographie 11 (1977), 211–218.

Brauneder 1988 = Brauneder, W., Die Pragmatische Sanktion als Grundgesetz der Monarchia Austriaca von 1713 bis 1918, in: H. Valentinitsch (Hrsg.), Recht und Geschichte. Festschrift Hermann Baltl zum 70. Geburtstag, Graz 1988, 51–84.

Briant 1984 = Briant, P., L'Asie centrale et les royaumes proche-orientaux du premier millénaire (c. VIIIe–IVe siècle avant notre ère), Paris 1984.

—. 1999 = Briant, P., The Achaemenid Empire, in: K. Raaflaub & N. Rosenstein (Hrsg.), War and Society in the Ancient and Medieval Worlds. Asia, the Mediterranean, Europe, and Mesoamerica, Cambridge – London 1999, 105–128.

Brinkmann 2007 = Brinkmann, B. (Hrsg.), Hexenlust und Sündenfall. Die seltsamen Phantasien des Hans Baldung Grien, Petersberg 2007.

Brodersen 2010 = Brodersen, K., Mannhafte Frauen bei Polyainos und beim Anonymus de mulieribus, in: K. Brodersen (Hrsg.), Polyainos. Neue Studien – Polyaenus. New Studies, Berlin 2010, 149–159.

Brøns 2017 = Brøns, C., Gods & Garments. Textiles in Greek Sanctuaries in the 7th to the 1st Centuries BC, Oxford 2017 (Ancient Textiles Series 28).

Brosche 2012 = Brosche, G., Semiramis. Ein gescheitertes Opernprojekt von Richard Strauss, Richard Strauss-Jahrbuch 2012, 255–267.

Brosius 1996 = Brosius, M., Women in Ancient Persia, 559–331 BC, Oxford 1996.

Browe 1936 = Browe, P., Zur Geschichte der Entmannung. Eine religions- und rechtsgeschichtliche Studie, Breslau 1936.

Brown 1997 = Brown, Ph.R., Louise Labe and Semiramis. A Feminist Reading, Women in French Studies 5 (1997), 107–122.

Brown 1955 = Brown, T., The Reliability of Megasthenes, AJPh 76 (1955), 18–33.

Brumble 1988 = Brumble, H.D., Classical Myths and Legends in the Middle Ages and Renaissance. A Dictionary of Allegorical Meanings, London 1988.

Brunner 1975 = Brunner, H., Die alten Meister. Studien zu Überlieferung und Rezeption der mittelhochdeutschen Sangspruchdichter im Spätmittelalter und in der frühen Neuzeit, München 1975 (Münchener Texte und Untersuchungen zur deutschen Literatur des Mittelalters 54).

—. 1986 = Brunner, H. (Hrsg.), Repertorium der Sangsprüche und Meisterlieder des 12. bis 18. Jahrhunderts – Bd. 9: Katalog der Texte, jüngerer Teil, Hans Sachs Nr. 1 – 1700, Tübingen 1986.
Brunt 1980 = Brunt, P.A., On Historical Fragments and Epitomes, ClQ 30 (1980), 477–494.
Buccheri 2014 = Buccheri, A., The Spectacle of Clouds, 1439–1650. Italian Art and Theatre, Farnham 2014 (Visual Culture in Early Modernity).
Buch 2008 = Buch, D.J., Magic Flutes and Enchanted Forests. The Supernatural in Eighteenth-Century Musical Theatre, Chicago – London 2008.
Budden 1992 = Budden, J., s.v. Literaturoper, NGroveD 2 (1992), 1290.
Burke 1989 = Burke, P., History as Social Memory, in: Th. Butler (Hrsg.), Memory. History, Culture and the Mind, New York 1989, 97–113 (dt.: Geschichte als soziales Gedächtnis, in: A. Assmann & D. Harth [Hrsg.], Mnemosyne. Formen und Funktionen der kulturellen Erinnerung, Frankfurt a.M. 1991, 289–304).
—. 1996 = Burke, P., Die Renaissance, Frankfurt a.M. 1996.
—. 2001 = Burke, P., Vico. Philosoph, Historiker, Denker einer neuen Wissenschaft, Berlin 2001.
Burrichter 2016 = Burrichter, B., Die französische Geschichtsschreibung, in: G. Wolf & N.H. Ott (Hrsg.), Handbuch Chroniken des Mittelalters, Boston – Berlin 2016, 663–706.
Buschinger 1985 = Buschinger, D., Das Inzest-Motiv in der mittelalterlichen Literatur, in: J. Kühnel et al. (Hrsg.), Psychologie in der Mediävistik. Gesammelte Beiträge des Steinheimer Symposiums, Göppingen 1985 (Göppinger Arbeiten zur Germanistik 431), 107–141.
Calapaj 1975 = Calapaj, A.B. (Hrsg.), Edizione nazionale del carteggio die L.A. Muratori, Bd. 46, Florenz 1975.
Calder III 1966 = Calder III, W., A Reconstruction of Sophocles' Polyxena, Roman and Byzantine Studies 7 (1966), 31–56.
Calmet 1722 = Calmet, A., Dictionnaire historique, critique, chronologique, géographique et littéral de la Bible, Paris 1722.
Cameron 2004 = Cameron, A., Greek Mythography in the Roman World, Oxford 2004.
Caplan 1999 = Caplan, J., In the King's Wake. Post-Absolutist Culture in France, Chicago – London 1999.
Capomacchia 1986 = Capomacchia, A.M.G., Semiramis una femminilità ribaltata, Rom 1986 (Storia delle religioni 4).
Capucci 1983 = Capucci, M., s.v. Corradi, Guilo Cesare, Dizionario biografico degli Italiani 29 (1983), 316–318.
Cardelle de Hartmann 2009 = Cardelle de Hartmann, C., Exzerpte als Rezeptionszeugnisse. Isidors Etymologiae in Handschriften aus dem Kloster St. Emmeram, Das Mittelalter 14/2 (2009), 29–41.
—. 2012 = Cardelle de Hartmann, C., Die Rezeption der Etymologien des Isidor von Sevilla. Vortrag im Audimax der Theologischen Fakultät Fulda, 15.11.2012 (https://kidoks.bsz-bw.de/files/68/CardelledeHartmann.pdf; letzter Zugriff: 11.12.2017).
Cardini 1989a = Cardini, F., s.v. Ghibellinen, LexMA 4 (1989), 1436–1438.
—. 1989b = Cardini, F., s.v. Guelfen, LexMA 4 (1989), 1763–1765.
Carlà & Berti 2015 = Carlà, F. & Berti, I., Magic and the Supernatural from the Ancient World. An introduction, in: F. Carlà & I. Berti (Hrsg.), Ancient Magic and the Supernatural in the Modern Visual and Performing Arts, London – New York 2015 (Bloomsbury Studies in Classical Reception), 1–16.

Carruesco & Reig 2018 = Carruesco, J. & Reig, M., Ancient Seas in Modern Opera. Sea Images and Mediterraenan Myths in Rihm's Dionysos, in: R. Rovira Guardiola (Hrsg.), The Ancient Mediterranean Sea in Modern Visual and Performing Arts. Sailing in Troubled Waters, London – New York 2018, 147–164.

Casadei & Santagata 2007 = Casadei, A. & Santagata, M., Manuale di letteratura italiana medievale e moderna, Bari 2007.

Casewitz 1985 = Casewitz, M., La femme dans l'œuvre de Diodore de Sicile, in: A.-M. Vérilhac (Hrsg.), La femme dans le monde méditerranéen. I. Antiquité, Lyon 1985 (Travaux de la Maison de l'Orient 10), 113–135.

Cassell 2004 = Cassell, A.K., The Monarchia Controvercy. An Historical Study with Accompanying Translations of Dante Alighieri's Monachia, Guido Vernani's Refutation of the Monarchia Composed by Dante, and Pope John XXII's Bull Si fratrum, Washington D.C. 2004.

Castillo Pascual 2008 = Castillo Pascual, M.J., La Antigüedad Clásica de los poetas cesáreos premetastasianos, in: M.J. Pascual Castillo et al. (Hrsg.), Imagines. La antigüedad en las artes escénicas y visuales, Logroño 2008, 119–143.

—. 2015 = Castillo Pascual, M.J., Circe diva. The Reception of Circe in the Baroque Opera (17th Century), in: F. Carlà & I. Berti (Hrsg.), Ancient Magic and the Supernatural in the Modern Visual and Performing Arts, London – New York 2015 (Bloomsbury Studies in Classical Reception), 79–91.

Castronovo 1968 = Castronovo, V., s.v. Bisaccioni, Maiolino, Dizionario Biografico degli Italiani 10 (1968), 639–643.

Cataldi 1985 = Cataldi, L., I rapporti di Vivaldi con il „Teatro detto il Comico" di Mantova, Informazioni e studi vivaldiani, 6 (1985), 88–109.

Catucci 2011 = Catucci, M., s.v. Moniglia, Giovanni Andrea, Dizionario Biografico degli Italiani 75 (2011), 685–691.

Charlton 2003 = Charlton, D., The Cambridge Guide to Grand Opera, Cambridge 2003.

Charton 2012 = Charton, A., Prima donna, primo uomo, musico – Körper und Stimme. Geschlechterbilder in der Oper, Leipzig 2012.

Chemello 1997 = Chemello, A., Weibliche Freiheit und venezianische Freiheit Moderata Fonte und die Traktatliteratur über Frauen im 16. Jahrhundert, in: G. Bock & M. Zimmermann (Hrsg.), Querelles. Jahrbuch für Frauenforschung 1997, Bd. 2: Die europäische Querelle de Femmes. Geschlechterdebatten seit dem 15. Jahrhundert, Stuttgart et al. 1997, 239–268.

Cheneva 1995 = Cheneva, F., Die Rezeption der Monarchia Dantes bis zur Editio princeps im Jahre 1559. Metamorphosen eines philosophischen Werkes, München 1995 (Humanistische Bibliothek, Reihe 1: Abh. 47).

Chibnall 1999 = Chibnall, M., The Empress Matilda and her Sons, in: J.C. Chamri (Hrsg.), Medieval Mothering, New York et al. 1999, 279–293.

Clément 1979 = Clément, C., L'opéra ou la défaite des femmes, Paris 1979.

—. 1994 = Clément, C., Die Frau in der Oper, besiegt, verraten und verkauft, München 1994.

Codoñer 2005 = Codoñer, C., Isidorus Hispalensis ep. Etymologiae, in: P. Chiesa & L. Castaldi (Hrsg.), La trasmissione dei testi latini del Medioevo, Florenz 2005 (Medieval Latin Texts and their Transmission 2), 274–299.

Cogan 2001 = Cogan, M., I Kings. A New Translation with Introduction and Commentary, New York 2001 (The Anchor Bible 10).

Colberg 1990 = Colberg, K., s.v. Meisterlin, Sigmund, Neue Deutsche Biographie 16 (1990), 73.

Collignon 1924 = Collignon, A., Les Voeux du Paon de Jacques de Longuyon, Annales de l'Est 38 (1924), 1–82.
Comploi 2000 = Comploi, S., Die Darstellung der Semiramis bei Diodorus Siculus, in: R. Rollinger & Chr. Ulf (Hrsg.), Geschlechterrollen und Frauenbild in der Perspektive antiker Autoren, Innsbruck et al. 2000, 223–244.
—. 2002 = Comploi, S., Frauendarstellungen bei Fremdvölkern in den „Historiae Philippicae" des Pompeius Trogus/Justin, in: R. Rollinger & Chr. Ulf (Hrsg.), Geschlechter – Frauen – Fremde Ethnien. In der antiken Ethnographie, Theorie und Realität, Innsbruck 2002, 331–359.
Connell ²2005 = Connell, R.W., Masculinities, Berkley – Los Angeles ²2005.
Conroy 2016 = Conroy, D., Ruling Women, Bd. 2: Configuring the Female Prince in Seventeenth-Century French Drama, New York 2016.
Cooper 1989 = Cooper, H., Oxford Guides to Chaucer – The Canterbury Tales, Oxford 1989.
Cooper 1578 = Cooper, Th., Thesaurus linguae romanae et britannicae, London 1578.
Corp 2011 = Corp, E., The Stuarts in Italy, 1719–1766. A Royal Court in Permanent Exile, Cambridge 2011.
Coumert 2007 = Coumert, M., Origines des peuples. Les récits du Haut Moyen Âge occidental (550–850), Paris 2007.
Cox 2008 = Cox, V., Women's Writing in Italy 1400–1650, Baltimore 2008.
Crab & De Keyser 2013 = Crab, M. & De Keyser, J., Il commento di Guarino a Valerio Massimo, Aevum 87 (2013), 667–684.
Croft-Murray 1956 = Croft-Murray, E., Lambert Barnard. An English Early Renaissance Painter, Archaeological Journal 113 (1956), 108–125.
Croll 1994 = Croll, G., Vorwort zu Christoph Willibald Gluck, in: G. Croll & Th. Hauschka (Hrsg.), Christoph Willibald Gluck, La Semiramide riconosciuta, Kassel et al. 1994.
Croll & Hintermaier 1980 = Croll, G. & Hintermaier, E., s.v. Kraft, Georg Andreas, The New Grove 10 (1980), 231.
Csobádi 1999 = Csobádi, P. (Hrsg.), Antike Mythen im Musiktheater des 20. Jahrhunderts. Gesammelte Vorträge des Salzburger Symposions 1989. Symposion ‚Antike Mythen im Musiktheater des 20. Jahrhunderts', Salzburg 1999 (Wort und Musik 7).
Curtius ¹⁰1984 = Curtius, E.R., Europäische Literatur und lateinisches Mittelalter, Bern ¹⁰1984.
d'Alessandro 1984 = d'Alessandro, D.A., s.v. Aldrovandini, MGG 1. Personenteil (1984), 421–425.
Daenens 1983 = Daenens, F., Superiore perché inferiore. Il paradosso della superiorità della donna in alcuni trattati italiani del Cinquecento, in: V. Gentili (Hrsg.), Transgressione tragica e norma domestica. Esemplari di tipologie femminili dalla letteratura europea, Rom 1983, 11–50.
Daffinà 1990 = Daffinà, P., Semiramide in India, in: P. Daffinà (Hrsg.), Indo – Sino – Tibetica. Studi in onore di Luciani Petech, Rom 1990, 91–101.
Dahm 1931 = Dahm, G., Das Strafrecht Italiens im ausgehenden Mittelalter. Untersuchungen über die Beziehungen zwischen Theorie und Praxis im Strafrecht des Spätmittelalters, namentlich des 14. Jahrhunderts, Berlin – Leipzig 1931.
Dalley 2005 = Dalley, St., Semiramis in History and Legend. A Case Study in Interpretation of an Assyrian Historical Tradition, with Observations on Archetypes in Ancient Historiography, on Euheroerism before Euhemerus, and on the so-called Greek Ethnographic Style, in: E.S. Gruen (Hrsg.), Cultural Borrowings and Ethnic Appropriations in Antiquity, Stuttgart 2005 (Oriens et Occidens 8), 12–22.

—. 2013 = Dalley, St., The Greek Novel Ninus and Semiramis. Its Background in Assyrian and Seleucid History and Monuments, in: T. Whitmarsh & S. Thomson (Hrsg.), The Romance Between East and West, Cambridge 2013, 117–126.

Daniel 1995 = Daniel, U., Hoftheater. Zur Geschichte des Theaters und der Höfe im 18. und 19. Jahrhundert, Stuttgart 1995.

Daolmi 1998 = Daolmi, D., Le origini dell'opera a Milano (1598–1649), Turnhout 1998 (Studi sulla storia della musica in Lombardia 2).

Dardano 1554 = Dardano, L., La bella e dotta. Difesa delle donne in verso e prosa contra gli accusatori del sesso loro, con un breve trattato di ammaestrare li figliuoli, Venedig 1554.

Dawson 2018 = Dawson, L., Introduction. Female Fury and the Masculine Spirit of Vengeance, in: L. Dawson & F. McHardy (Hrsg.), Revenge and Gender in Classical, Medieval, and Renaissance Literature, Edinburgh 2018, 1–30.

de Angelis 1951 = de Angelis, A., Il teatro Alibert o delle dame (1717–1863), Tivoli 1951.

de Breucker 2013 = de Breucker, G., Berossos. His Life and His Work, in: J. Haubold et al. (Hrsg.), The World of Berossos. Proceedings of the 4th International Colloquium on „The Ancient Near East Between Classical and Ancient Oriental Traditions", Hatfield College, Durham 7th–9th July 2010, Wiesbaden 2013 (CleO 5), 15–28.

de Callataÿ 2015 = de Callataÿ, F., Cléopâtre, usages et mésusages de son image, Brüssel 2015.

de Callataÿ et al. 2019 = de Callataÿ, F., et al., Culture populaire et Antiquité. De Cléopâtre à Katy Perry, in: F. Bièvre-Perrin & É. Pampanay (Hrsg.), Antiquipop: La référence à l'Antiquité dans la culture populaire contemporaine, Lyon 2019, 329–346.

de Caro 1966 = de Caro, G., s.v. Bentivoglio d'Aragona, Marco Cornelio, Dizionario biografico degli Italiani 8 (1966), 644–649.

de Nolhac 1907 = de Nolhac, P., Pétrarque et l'humanisme, 2 Bde., Paris 1907.

de Ponte 2013 = de Ponte, S., Ein Bild von einem Mann – gespielt von einer Frau. Die wechselvolle Geschichte der Hosenrolle auf dem Theater. München 2013 (Kataloge zum Bestand des Deutschen Theatermuseums 2).

de Romilly 1979 = de Romilly, J., La douceur dans le pensée grecque, Paris 1979.

de Rosa 2000 = de Rosa, R., s.v. Gessi, Berlingero junior, Dizionario Biografico degli Italiani 53 (2000), 477–479.

de Vouvion 1842 = de Vouvion, V., Reise von Gothenburg nach Stockholm, Zeitschrift für vergleichende Erdkunde 1 (1842), 412–441.

de Vries 1985 = de Vries, S.J., 1 Kings. Word Biblical Commentary, Waco, Texas 1985.

Degrada 1967 = Degrada, F., Giuseppe Riva e il suo „Avviso ai compositori ed ai cantante", Analecta Musicologica 4 (1967), 112–132.

Demandt 1965 = Demandt, A., Zeitkritik und Geschichtsbild im Werk Ammianus Marcellinus, Bonn 1965.

—. 2009 = Demandt, A., Alexander der Große, München 2009.

Deppert-Lippitz 2010 = Deppert-Lippitz, B., Thesauro monachi – Der große dakische Goldfund aus dem Strei (1543), Annales Universitatis Apulensis, Series Historica 14/1 (2010), 9–27.

Dessì 2011 = Dessì, R.M., Guelfi e Ghibellini, prima e dopo la battaglia di Montaperti (1246–1358), Siena 2011.

Deutinger 2016 = Deutinger, R., Lateinische Weltchronistik des Hochmittelalters, in: G. Wolf & N.H. Ott (Hrsg.), Handbuch Chroniken des Mittelalters, Berlin – Boston 2016, 77–103.

Dewald 1980 = Dewald, C., Biology and Politics. Women in Herodotus' Histories, Pacific Coast Philology 15 (1980), 11–18.

Dibelius 1919 = Dibelius, M.F., Formgeschichte des Evangeliums, Tübingen 1919.

Dicke ²1995 = Dicke, G., s.v. Steinhöwel, Heinrich, Die deutsche Literatur des Mittelalters. Verfasserlexikon 9 (²1995), 258–278.

Dietrich 2017 = Dietrich, J., Der Tod von eigener Hand. Studien zum Suizid im Alten Testament, Alten Ägypten und Alten Orient, Tübingen 2017 (Oriental Religions in Antiquity 19).

Dilcher 2007 = Dilcher, R., Zu Problem und Begriff der Katharsis bei Aristoteles, in: M. Vöhler & B. Seidensticker, Katharsiskonzeptionen vor Aristoteles. Zum kulturellen Hintergrund des Tragödiensatzes, Berlin – New York 2007, 245–259.

Dillery 2013 = Dillery, J., Berossos' Narrative of Nabolopassar and Nebuchadnezzar II from Josephus, in: J. Haubold et al. (Hrsg.), The World of Berossos. Proceedings of the 4th International Colloquium on „The ancient Near East between classical and ancient oriental traditions", Hatfield College, Durham 7th–9th July 2010, Wiesbaden 2013 (CleO 5), 75–96.

Dizikes 1993 = Dizikes, J., Opera in America. A Cultural History, New Haven 1993.

Dolan 1999 = Dolan, F.E., Whores of Babylon. Catholicism, Gender, and Seventeenth-Century Print Culture, Ithaka – London 1999.

Domanski 2004 = Domanski, K., Verwirrung der Geschlechter. Zum Rollentausch als Bildthema im 15. Jahrhundert, in: A.-M. Bonnet & B. Schellewald (Hrsg.), Frauen in der Frühen Neuzeit. Lebensentwürfe in Kunst und Literatur, Köln 2004, 37–84.

—. 2007 = Domanski, K., Lesarten des Ruhms. Johann Zainers Holzschnittillustrationen zu Giovanni Boccaccios ‚De mulieribus claris', Köln – Weimar 2007 (ATLAS. Bonner Beiträge zur Kunstgeschichte NF 2).

Dorati 1995 = Dorati, M., Ctesia falsario?, Quaderni di storia 41 (1995), 33–52.

—. 2011 = Dorati, M., Lo storico nel suo testo. Ctesia e la sua ‚biografia', in: J. Wiesehöfer et al. (Hrsg.), Ktesias Welt – Ctesias' World, Wiesbaden 2011 (CleO 1), 81–109.

Dover 1974 = Dover, K. J., Greek Popular Morality in the Time of Plato and Aristotle, Berkeley 1974.

Drabble ⁶2000 = Drabble, M., The Oxford Companion to English Literature, Oxford ⁶2000.

Drews 1973 = Drews, R., The Greek Accounts of Eastern History, Cambridge, MA 1973.

Dronke ²1986 = Dronke, P., Poetic Individuality in the Middle Ages. New Departures in Poetry 1000–1500, London ²1986 (Westfield Publications in Medieval and Renaissance Studies 1).

Droß-Krüpe 2011 = Droß-Krüpe, K., Wolle – Weber – Wirtschaft. Die Textilproduktion der römischen Kaiserzeit im Spiegel der papyrologischen Überlieferung, Wiesbaden 2011 (Philippika 46).

—. 2017 = Droß-Krüpe, K., Great Woman on Stage, in: K. Droß-Krüpe (Hrsg.), Great Women on Stage. The Reception of Women Monarchs from Antiquity to Baroque Opera, Wiesbaden 2017, 9–16.

—. 2019 = Droß-Krüpe, K., Überlegungen zu Produktion und Zirkulation von Textilien im römischen Ägypten – eine konsumentengesteuerte ökonomische Branche, in: B. Wagner-Hasel & M.-L. Nosch (Hrsg.), Gaben, Waren und Tribute. Stoffkreisläufe und antike Textilökonomie, Stuttgart 2019, 277–295.

—. 2020a = Droß-Krüpe, K., Semiramide in India – The Reception of an Ancient Oriental Warrior Queen in Baroque Opera, in: F. Carlà-Uhink & A. Wieber (Hrsg.), Orientalism and

the Reception of Powerful Women from the Ancient World, London et al. 2020, 17–30 u. 222–228.
—. 2020b = Droß-Krüpe, K., Semiramis as an ‚Anchor' of European Identity?, in: S. Ponchia & M. Krebernik (Hrsg.), Der Alte Orient und die Grundlagen Europas, Münster 2020, 41–54.
Droß-Krüpe & Paetz gen. Schieck 2015 = Droß-Krüpe, K. & Paetz gen. Schieck, A., Unravelling the Tangled Threads of Ancient Embroidery. A Compilation of Written Sources and Archaeologically Preserved Textiles, in: M. Harlow & M.-L. Nosch (Hrsg.), Greek and Roman Textiles and Dress. An Interdisciplinary Anthology, Oxford 2015 (Ancient Textiles Series 19), 207–235.
Droysen ⁷1937 = Droysen, J.G., Historik. Vorlesungen über Enzyklopädie und Methodologie der Geschichte, München ⁷1937 [ND Darmstadt 1974].
Dubois-Reymond & Augustyn 2010 = Dubois-Reymond, I. & Augustyn, W., s.v. Frauen, berühmte, RDK X (2010), 641–656.
Dubowy 2004 = Dubowy, N., Opernpraxis im Königreich Neapel am Ende des 17. Jahrhunderts, in: P. Béhar & H. Schneider (Hrsg.), Der Fürst und sein Volk. Herrscherlob und Herrscherkritik in den habsburgischen Ländern der frühen Neuzeit, Kolloquium Saarbrücken 2002, St. Ingbert 2004 (Annales Universitatis Saraviensis, Philosophische Fakultät 23), 465–480.
—. 2009 = Dubowy, N., Al tavolino medesimo del Compositor della Musica. Notes on Text and Context in Alessandro Scarlatti's cantate da camera, in: M. Talbot et al. (Hrsg.), Aspects of the Secular cantata in Late Baroque Italy, Aldershot 2009, 111–134.
Dugoni 2014 = Dugoni, R., s.v. Paglia, Francesco, Dizionario biografico degli Italiani 80 (2014), 288–291.
Dunsch 2013 = Dunsch, B., Et apud patrem historiae sunt innumerabiles fabulae. Herodot bei Cicero, in: B. Dunsch & K. Ruffing (Hrsg.), Herodots Quellen – Die Quellen Herodots, Wiesbaden 2013 (CleO 6), 153–199.
Earenfight 2013 = Earenfight, Th., Queenship in Medieval Europe, New York 2013.
Ebert 1986 = Ebert, J., Das Literaten-Epigramm aus Halikarnass, Philologus 130 (1986), 37–43.
Edmiston 2000 = Edmiston, W.F., Plots, Patterns, and Challenges to Gender Ideology in Gomez and Sade, French Review 73/3 (2000), 463–474.
Edwards 1966 = Edwards, G., Calderón's „La hija del aire" in the Light of his Sources, Bulletin of Hispanic Studies 43 (1966), 183.
—. 1978 = Edwards, G., The Prison and the Labyrinth. Studies in Caleronian Tragedy, Cardiff 1978.
Ehlers 1966 = Ehlers, B., Eine vorplatonische Deutung des sokratischen Eros. Der Dialog der Aspasia des Sokratikers Aischines, München 1966 (Zemata 41).
Ehlers 2013 = Ehlers, J., Otto von Freising – ein Intellektueller im Mittelalter. Eine Biographie, München 2013.
Ehrman 2006 = Ehrman, B.D., Peter, Paul, and Mary Magdalen. The Followers of Jesus in History and Legend, Oxford 2006.
Ehrmann-Herfort 2009 = Ehrmann-Herfort, S., Rom und Wien. Bernardo Pasquinis Oratorium Santa Agnese am Wiener Kaiserhof, in: J. Bungardt et al. (Hrsg.), Wiener Musikgeschichte. Annäherungen – Analysen – Ausblicke: Festschrift für Hartmut Krones, Wien – Köln – Weimar 2009, 87–110.
Eichert 1882 = Eichert, O., Vollständiges Wörterbuch zur Philippischen Geschichte, Hannover 1882.

Eichler 1904 = Eichler, F., Das Nachleben des Hans Sachs vom XVI. bis ins XIX. Jahrhundert, Leipzig 1904.

Eilers 1971 = Eilers, W., Semiramis. Entstehung und Nachhall einer altorientalischen Sage, Wien 1971 (Sitzungsberichte der Österreichischen Akademie der Wissenschaften, Phil.-hist. Klass. 274,2).

Eisenbart 1962 = Eisenbart, L.C., Kleiderordnung deutscher Städte zwischen 1350 und 1700, Göttingen 1962.

Emans 1982 = Emans, R., Die Musiker des Markusdoms in Venedig 1650–1708, Kirchenmusikalisches Jahrbuch 65 (1982), 45–81.

—. ²2003 = Emans, R., s.v. Legrenzi, Giovanni, MGG, Personenteil 10 (²2003), 1282–1284.

Emberger 2011 = Emberger, P., Virtus feminarum. Antike Herrscherinnen im Krieg, in: J. Esther & U. Rambuscheck (Hrsg.), Von wirtschaftlicher Macht und militärischer Stärke. Beiträge zur archäologischen Geschlechterforschung. Beiträge zur archäologischen Geschlechterforschung – Bericht der 4. Sitzung der AG Geschlechterforschung auf der 79. Jahrestagung des Nordwestdeutschen Verbandes für Altertumsforschung e.V. in Detmold 2009, Münster 2011 (Frauen – Forschung – Archäologie 9), 187–198.

Emery ³1991 = Emery, T., Goldoni as Librettist. Theatrical Reform and the Drammi Giocosi per Musica, New York ³1991.

Engels 1999 = Engels, J., Augusteische Oikumenegeographie und Universalhistorie im Werk Strabons von Amaseia, Stuttgart 1999 (Geographica Historica 12).

Engster 2011 = Engster, D., Das weibliche Frauenideal und die Vorstellung von weiblichen Kämpfern, in: J.E. Fries & U. Rambuschneck (Hrsg.), Von wirtschaftlicher Macht und militärischer Stärke. Beiträge zur archäologischen Geschlechterforschung, Münster 2011 (Frauen – Forschung – Archäologie 9), 199–225.

Erbse 1992 = Erbse, H., Studien zum Verständnis Herodots, Berlin 1992.

Erkens 1991 = Erkens, F.-R., Die Frau als Herrscherin in ottonisch-salischer Zeit, in: A. v. Euw & P. Schreiber (Hrsg.), Kaiserin Theophanu. Begegnung des Ostens und des Westens um die Wende des ersten Jahrtausends, Köln 1991, 245–259.

Erll 2003 = Erll, A., Gedächtnisroman. Literatur über den Ersten Weltkrieg als Medium englischer und deutscher Erinnerungskulturen in den 1920er Jahren, Trier 2003.

—. 2004 = Erll, A., Medium des kollektiven Gedächtnisses. Ein (erinnerungs-)kulturwissenschaftlicher Kompaktbegriff, in: A. Erll & A. Nünning (Hrsg.), Medien des kollektiven Gedächtnisses. Konstruktivität – Historizität – Kulturspezifität, Berlin – New York 2004, 3–22.

—. ³2017 = Erll, A., Kollektives Gedächtnis und Erinnerungskulturen. Eine Einführung, Stuttgart – Weimar ³2017.

Erll & Nünning 2004 = Erll, A. & Nünning, A. (Hrsg.), Medien des kollektiven Gedächtnisses. Konstruktivität – Historizität – Kulturspezifität, Berlin – New York 2004 (Media and Cultural Memory / Medien und kulturelle Erinnerung 1).

Ernst 2015 = Ernst, U., Rhetorische Literatur, in: R. Zymer (Hrsg.), Handbuch literarische Rhetorik, Berlin – Boston 2015 (Handbücher Rhetorik 5), 21–94.

Esch 1994 = Esch, Chr., Lucio Silla. Vier Opera-Seria-Vertonungen aus der Zeit zwischen 1770 und 1780, 2 Bde., Baden-Baden 1994.

Estevez 1985 = Esteves, C.C., The Dramatic Portrayal of Semiramis in Virues, Calderon and Voltaire, Ann Arbor 1985.

Fabbri 2002 = Fabbri, P., I teatri di Ferrara. Commedia, opera e ballo nel Sei- e Settecento, 2 Bde., Lucca 2002.

Fantappiè 2010 = Fantappiè, F., Per teatri non è Bergamo sito. La società bergamasca e l'organizzazione dei teatri pubblici tra '600 e '700, Bergamo 2010.

Farrington 1947 = Farrington, B., Diodorus Siculus. Universal Historian, in: B. Farrington, Head and Hand in Ancient Greece, London 1947, 55–87.

Fassini 1940 = Fassini, S., Il melodramma italiano a Londra nella prima metà del settecento, Turin 1940.

Faverzani 2012 = Faverzani, C., L'Opéra ou le Triomphe des Reines, Tragédie et Opéra, Paris 2012 (Université Paris 8) (https://hal.archives-ouvertes.fr/hal-00745557; letzter Zugriff: 5.2.2018).

Fehling 1971 = Fehling, D., Die Quellenangaben bei Herodot. Studien zur Erzählkunst Herodots, Berlin – New York 1971.

Fehr 1912 = Fehr, M., Apostolo Zeno und seine Reform des Operntextes. Ein Beitrag zur Geschichte des Librettos, Zürich 1912.

Feldmann 2007 = Feldmann, M., Opera and Sovereignty, Transforming Myths in Eighteenth-Century Italy, Chicago 2007.

Fink 2013 = Fink, S., Oswald Spengler und der Streitwagen. Ein Plädoyer für Universalgeschichte, Studia Antiqua et Archaeologica 19 (2013), 261–296.

—. 2014 = Fink, S., Sardanapal – Ein Hedonist aus Mesopotamien?, in: S. Gaspa et al. (Hrsg.), From Source to History. Studies on Ancient Near Eastern Worlds and Beyond. Dedicated to Giovanni Battista Lanfranchi on the Occasion of his 65th Birthday on June 23, 2014, Münster 2014 (AOAT 412), 239–250.

Finscher 1973/1974 = Finscher, L., Die Opera Seria, Mozart Jahrbuch 1973/1974, 21–32.

Flach 2011 = Flach, D., Properz – Elegien. Kommentar, Darmstadt 2011.

Flahiff 1940 = Flahiff, G.B., Ralph Niger. An Introduction to his Life and Works, Medieval Studies 2 (1940), 104–126.

Flashar ²2009 = Flashar, H., Inszenierung der Antike. Das griechische Drama auf der Bühne von der frühen Neuzeit bis zur Gegenwart, München ²2009.

Fleming 1960 = Fleming, M.A., Witney Grammar School 1660–1960, Oxford 1960.

Foakes 2003 = Foakes, R.A. (Hrsg.) William Shakespeare – A Midsummer Night's Dream. The New Cambridge Shakespeare, Cambridge 2003.

Foley 1975 = Foley, H., Sex and State in Ancient Greece, Diacritics 5/4 (1975), 31–36.

Föllinger 1996 = Föllinger, S., Differenz und Gleichheit. Das Geschlechterverhältnis in der Sicht griechischer Philosophen des 4. bis 1. Jahrhunderts v. Chr., Stuttgart 1996 (Hermes Einzelschriften 74).

Fontaine ²1983 = Fontaine, J., Isidore de Séville et la culture classique dans l'Espagne wisigothique, Paris ²1983.

Fontano Schiavone 2008 = Fontano Schiavone, A.P., Lecturas románticas de un mito antiguo. Medea, in: M.J. Pascual Castillo et al. (Hrsg.), Imagines. La antigüedad en las artes escénicas y visuales, Logroño 2008, 165–180.

Forni & Bertonelli 1982 = Forni, G. & Bertonelli, M.G., Pompeo Trogo come fonte di storia, ANRW 2,30,2, Berlin – New York 1982, 1298–1358.

Forni 1958 = Forni, G., Valore storico e fonti di Pompeio Trogo, Urbino 1958, 50–140.

Förschler 2010 = Förschler, S., Neue Einsichten. Über den Wandel der Darstellungen des Harems in Konstantinopel vom Reisebericht Paul Rycauts (1670) zu den Stichen des Recueil Ferriol (1714), in: B. Agai & Z. Ágota Pataki (Hrsg.), Orientalische Reisende in Europa – europäische Reisende im Nahen Osten. Bilder vom Selbst und Imaginationen des Anderen, Berlin 2010 (Bonner Islamstudien 19), 203–236.

Fowler 1995 = Fowler, D.P., Martial and the Book, Ramus 24 (1995), 31–58.

Frahm 2000 = Frahm, E., s.v. Nimrod, DNP 8 (2000), 950–951.

—. 2017 = Frahm, E., Of Doves, Fish, and Goddesses. Reflections on the Literary, Religious, and Historical Background of the Book of Jonah, in: J. Baden et al. (Hrsg.), Sibyls, Scriptures, and Scrolls. John Collins at Seventy, Leiden – Boston 2017, 432–450.

Frajese 1971 = Frajese, C., s.v. Bononcini, Antonio Maria, Dizionario Biografico degli Italiani 12 (1971), 346–348.

Franchi 1988 = Franchi, S., Drammaturgia Romana. Repertorio bibliografico cronologico dei testi drammatici pubblicati a Roma e nel Lazio, Bd. 1, Rom 1988.

—. 1997 = Franchi, S., Drammaturgia Romana. Repertorio bibliografico cronologico dei testi drammatici pubblicati a Roma e nel Lazio, Bd. 2, Rom 1997.

Frank 1972 = Frank, Jr., R.W., Chaucer and The Legend of Good Women, Cambridge 1972.

Franklyn 2006. Franklyn, M.A., Boccaccio's Heroines. Power and Virtue in Renaissance Society, Aldershot 2006.

Freeman 1995 = Freeman, D.E., Antonio Vivaldi and the Sporck Theater in Prague, in: M. Beckerman & G. Bauer (Hrsg.), Janáček and Czeck Music. Proceedings of the International Conference (Sain Louis, 1988), Stuyvesant, NY 1995, 117–140.

—. 1996 = Freeman, D.E., ‚La guerriera amante'. Representations of Amazons and Warrior Queens in Venetian Baroque Opera, The Musical Quarterly 80 (1996), 431–460.

Freeman 1968 = Freeman, R., Apostolo Zeno's Reform, Journal of the American Musicological Society 21/3 (1968), 321–341.

Frenzel ⁹1998 = Frenzel, E., Stoffe der Weltliteratur. Ein Lexikon dichtungsgeschichtlicher Längsschnitte, Stuttgart ⁹1998 (Körners Taschenausgabe 300).

Frevert 1995 = Frevert, U., „Mann und Weib, und Weib und Mann". Geschlechter-Differenzen in der Moderne, München 1995.

Friedrich 2016 = Friedrich, M., Die Jesuiten. Aufstieg, Niedergang, Neubeginn, München 2016.

Fritz 1996 = Fritz, V., Das erste Buch der Könige, Zürich 1996 (ZBK 10/1).

Fritze 2016 = Fritze, R.H., Egyptomania. A History of Fascination, Obsession and Fantasy, London 2016.

Froldi 2003 = Froldi, R., La gran comedia de La hija del aire, in: M. Tietz (Hrsg.), Teatro Calderoniano sobre el tablado. Calderón y su puesta en escena a través de los siglos. XIII Coloquio Anglogermano sobre Calderón, Florencia, 10–14 de julio de 2002, Stuttgart 2003, 145–161.

Frye 1993 = Frye, S., Elizabeth I. The Competition for Representation, New York – Oxford 1993.

Fuhrmann 1973 = Fuhrmann, M., Das Exemplum in der antiken Rhetorik, in: R. Koselleck & W. Stempel (Hrsg.), Geschichte. Ereignis und Erzählung, München 1973 (Poetik und Hermeneutik 5), 449–452.

—. 2005 = Fuhrmann, M., Geschichte der römischen Literatur, Stuttgart 2005.

Fulcher 1987 = Fulcher, J.F., The Nation's Image. French Grand Opera as Politics and Politicized Art, Cambridge 1987.

—. 1988 = Fulcher, J.F., Le grand opéra en France. Un art politique 1820–1870, Paris – Berlin 1988.

—. 2007 = Fulcher, J.F., Romanticism, Technology, and the Masses. Honegger and the Aesthetic Allure of French Fascism, in: J. Brown (Hrsg.), Western Music and Race, Cambridge 2007, 201–215.

Fürstauer & Mika 2009 = Fürstauer, J. & Mika, A., Oper sinnlich. Die Opernwelten des Nikolaus Harnoncourt. Das Musiktheater des Nikolaus Harnoncourt, von Monteverdi bis Strawinski. Ein Leben im Spiegel der Oper, Salzburg 2009.

Fürstenwald 1973 = Fürstenwald, M. (Hrsg.), Trauerreden des Barock, Wiesbaden 1973 (Beiträge zur Literatur des XV. bis XVIII. Jahrhunderts 4).

Gadamer 1986 = Gadamer, H.-G., Vom Zirkel des Verstehens, in: H.-G. Gadamer, Gesammelte Werke, Bd. 2: Hermeneutik. Wahrheit und Methode, Tübingen 1986, 57–65.

Gaehtgens 2005 = Gaehtgens, B., Macht-Wechsel oder die Übergabe der Regentschaft, in: B. Baumgärtel & S. Neysters (Hrsg.), Die Galerie der Starken Frauen, Düsseldorf 2005, 64–78.

Gandini 1873 = Gandini, A., Cronistoria dei teatri di Modena dal 1539 al 1871, Modena 1873.

Galdi 1922 = Galdi, M., L'epitome nella letteratura latina, Neapel 1922.

Gallico 2016 = Gallico, C., Vivaldi daglio archivi di Mantova, in: M. Talbot (Hrsg.), Vivaldi, London – New York 2016, 69–80 (zuerst in: F. Degrada [Hrsg.], Vivaldi veneziano europeo, Quaderni vivaldiania 1 [1980], 77–88).

Gärnter & Plate 1998 = Gärtner, K. & Plate, G. (Hrsg.), Die Christherre-Chronik. V. 7161–12450 der in den ‚Deutschen Texten des Mittelalters' erscheinenden Ausgabe nach der Göttinger Handschrift Cod. 2° Philol. 188/10, Trier 1998 (http://dtm.bbaw.de/bilder/christherrechronik-teilausgabe.pdf; letzter Zugriff: 16.6.2019).

Gärtner et al. 1994 = Gärtner, K. et al., Zur Ausgabe der ‚Christherre-Chronik' nach der Göttinger Handschrift SuUB, Cod. 20 Philol. 188/10, in: A. Schwob (Hrsg.), Editionsberichte zur mittelalterlichen deutschen Literatur, Göppingen 1994 (Göppinger Beiträge zur Textgeschichte 117), 43–56.

Gathercole 1955 = Gathercole, P.M., The Manuscripts of Laurent de Premierfait's Du Cas des Nobles (Boccaccio's De Casibus Virorum Illustrium), Italica 32/1 (1955), 14–21.

Gauthier 2011 = Gauthier, L., Der paradoxe Status der Oper im 17. Jahrhundert. Eine ‚neue' antik fundierte Kunst, in: U. Heinen (Hrsg.), Welche Antike? Konkurrierende Rezeptionen des Altertums im Barock, Wiesbaden 2011 (Wolfenbütteler Arbeiten zur Barockforschung 47), 1007–1021.

Gehrke 2005 = Gehrke, H.-J., Die Bedeutung der (antiken) Historiographie für die Entwicklung des Geschichtsbewußtseins, in: E.-M. Becker (Hrsg.), Die antike Historiographie und die Anfänge der christlichen Geschichtsschreibung, Berlin – New York 2005, 29–51.

Gehrke & Schneider ⁴2013 = Gehrke, H.-J. & Schneider, H., Einleitung, in: H.-J. Gehrke & H. Schneider (Hrsg.), Geschichte der Antike. Ein Studienbuch, Stuttgart – Weimar ⁴2013, 1–34.

Gentile 1979 = Gentile, E., s.v. Cecchi, Domenico, Dizionario biografico degli Italiani 23 (1979), 248–250.

Gera 1997 = Gera, D., Warrior Women. The Anonymous Tractatus De Mulieribus, Leiden et al. 1997 (Mnemosyne 162).

Gerbino 2009 = Gerbino, G., Music and the Myth of Arcadia in Renaissance Italy. New Perspectives in Music History and Criticism, Cambridge – New York 2009.

Gerhard & Schweikert 2001 = Gerhard, A. & Schweikert, U. (Hrsg.), s.v. Stagione, Verdi-Handbuch, Stuttgart 2001, 715.

Gerhard 1992 = Gerhard, A., Die Verstädterung der Oper. Paris und das Musiktheater des 19. Jahrhunderts, Stuttgart – Weimar 1992.

—. 1994 = Gerhard, A., Republikanische Zustände – Der tragico fine in den Dramen Metastasios, in: J. Maehder & J. Stenzl (Hrsg.), Zwischen Opera buffa und Melodramma, Italienische Oper im 18. und 19. Jh., Berlin et al. 1994 (Perspektiven der Opernforschung 1), 27–64.

—. 1998a = Gerhard, A., Die Rolle der Musik in den enzyklopädischen Wörterbüchern des 18. Jahrhunderts, Das achtzehnte Jahrhundert. Zeitschrift der Deutschen Gesellschaft für die Erforschung des achtzehnten Jahrhunderts 22 (1998), 40–51.

—. 1998b = Gerhard, A., The Urbanization of Opera. Music Theater in Paris in the Nineteenth Century, Chicago – London 1998.

—. 2000 = Gerhard, A., Von der politischen Bedeutung der Oper. Politische Untertöne in der französischen und italienischen Oper der ersten Hälfte des 19. Jahrhunderts, Studi pucciniani 2 (2000), 21–36.

Gess 2009 = Gess, N., Oper des Monströsen – Monströse Oper. Zu Metapher des Monströsen in der französischen Opernästhetik des 18. Jahrhunderts, in: A. Geisenhanslüke & G. Mein (Hrsg.), Monströse Ordnungen und Schwellenfiguren, Bielefeld 2009, 655–667.

Giannetti 2009 = Giannetti, L., Leila's Kiss. Imagining Gender, Sex, and Marriage in Italian Renaissance Comedy, Toronto 2009.

Gier 1998 = Gier, A., Das Libretto. Theorie und Geschichte einer musikoliterarischen Gattung, Darmstadt 1998.

—. 2012 = Gier, A., Werkstattberichte. Theorie und Typologie des Argomento im italienischen Opernlibretto des Barock, Bamberg 2012 (Romanische Literaturen und Kulturen 6).

Giordano Gramegna 1990 = Giordano Gramegna, A., Il sentimento tragico nella Semiramis di Muzio Manfredi e nella Gran Semíramis di Cristóbal de Virués. Técnica teatrale, in: M. Chiabó (Hrsg.), Nascita dell tragedia di poesia nei paesi europei, Rom 1990, 301–321.

Giuchard 1978 = Guichard, L., La librettistca francese, in: G. Barblan & A. Basso (Hrsg.), Storia dell'opera, Turin 1978.

Glassner 1993 = Glassner, J.-J. (Hrsg.), Chroniques Mésopotamiennes, Paris 1993 (Les Belles Lettres).

Glixon 1995 = Glixon, J.E., Private Lives of Public Women. Prima Donnas in Mid-Seventeenth-Century Venice, Music & Letters, 76/4 (1995), 509–531.

Glixon 2011 = Glixon, B.L., Giulia Masotti, Venice, and the Rise of the Prima Donna, Journal of 17th Century Music 17/1 (2011) (https://sscm-jscm.org/jscm-issues/volume-17-no-1/giulia-masotti-venice-and-the-rise-of-the-prima-donna/; letzter Zugriff: 31.10.2018).

Glixon & Glixon 2006 = Glixon, B.L. & Glixon, J.E., Inventing the Business of Opera. The Impresario and His World in Seventeenth Century Venice, Oxford 2006.

Göddertz 2007 = Göddertz, T.S., „Che farò senza Euridice?". Orpheus von Poliziano bis Badini, Aachen 2007 (Berichte aus der Literaturwissenschaft).

Goebel & Reichmann 2001 = s.v. ³bruch, U. Goebel & O. Reichmann (Hrsg.), Frühneuhochdeutsches Wörterbuch 4 (2001), 1233–1234.

Goetz 1980 = Goetz, H.-W., Die Geschichtstheologie des Orosius, Darmstadt 1980.

—. 1984 = Goetz, H.-W., Das Geschichtsbild Ottos von Freising. Ein Beitrag zur historischen Vorstellungswelt und zur Geschichte des 12. Jahrhunderts, Köln – Wien 1984.

—. ²2008 = Goetz, H.-W., Geschichtsschreibung und Geschichtsbewußtsein im hohen Mittelalter, Berlin ²2008.

—. 2014 = Goetz, H.-W., Zur Funktion von Anwendung von Volks-, Reich und Nationsbegriffen in der nordalpinen Geschichtsschreibung des 9. bis 11. Jahrhunderts in: F. Hentschel & M. Winkelmüller (Hrsg.), Nationes, Gentes und die Musik im Mittelalter, Berlin 2014, 1–32.

Goff 2011 = Goff, J., A la recherche du temps sacré. Jacques de Voragine et la Légende dorée, Paris 2011.

Goffart 1998 = Goffart, W., The Narrators of Barbarian History (AD 550–800). Jordanes, Gregory of Tours, Bede, and Paul Deacon, Princeton 1988.

Goldhill 2011 = Goldhill, S., Victorian Culture and Classical Antiquity. Art, Opera, Fiction, and the Proclamation of Modernity, Princeton, N.J. 2011 (Martin Classical Lectures).

Gon 2009 = Gon, F., All'ombra di ‚Semiramide'. ‚La Figlia dell'aria' di Ferdinando Paini, Musicologia e storia della musica (2009), 211–240.

Görgemanns ²2011 = Görgemanns, H., Einführung, in: Plutarch – Dialog über die Liebe, eingel., übers. u. komm. v. H. Görgemanns et al., Tübingen ²2011 (SAPERE 10), 3–43.

Gorman & Gorman 2014 = Gorman, R.J. & Gorman, V., Corrupting Luxury in Ancient Greek Literature, Ann Arbor 2014.

Green 2009 = Green, I.M., Humanism and Protestantism in Early Modern English Education, Ashgate 2009 (St. Andrew's Studies in Reformation History).

Greene 1985 = Greene, D.M., Greene's Biographical Encyclopedia of Composers, London 1985.

Grewe 2010 = Grewe, K., Zwei frühe Wasserbauten in Anatolien, Kölner Jahrbuch 43 (2010), 281–287.

Griffel ²2018 = Griffel, M.R., Operas in German. A Dictiorany, Lanham et al. ²2018.

Griffiths 1987 = Griffiths, A., Democedes of Croton. A Greek Doctor at the Court of Darius, in: H. Sancisi-Weerdenburg & A. Kuhrt (Hrsg.), Achaemenid History, Bd. 2, Leiden 1987, 37–51.

Grimal 1981 = Grimal, P., Properce et les Exploits de Semiramis. RPh 4 (1981), 21–23.

Grimm 2006 = Grimm, G., Kleopatra – eine königliche Hure? in: B. Andreae & O. Westheider (Hrsg.), Kleopatra und die Caesaren, München 2006, 176–183.

Grimm-Stadelmann & Grimm 2009 = Grimm-Stadelmann, I. & Grimm, A., O Isis und Osiris – welche Wonne! Alt-Ägypten im Musiktheater, München 2009.

Grogan 2014 = Grogan, J., The Persian Empire in English Renaissance Writing, 1549–1622, New York 2014.

Große-Kracht 1996 = Große-Kracht, K., Gedächtnis und Geschichte. Maurice Halbwachs – Pierre Nora, GWU 47 (1996), 21–31.

Grosley 1769 = Grosley, J.-P., Nouveaux mémoires, ou Observations sur l'Italie et sur les Italiens, Bd. 3, London 1769.

Grotjahn 2005 = Grotjahn, R., „Die Singstimmen scheiden sich ihrer Natur nach in zwei große Kategorien". Die Konstruktion des Stimmgeschlechts als historischer Prozess, in: S. Meine & K. Hottmann (Hrsg.), Puppen, Huren, Roboter. Körper der Moderne in der Musik zwischen 1900 und 1930, Schliengen 2005, 34–57.

Grout & Weigel Williams ⁴2003 = Grout, D.J. & Weigel Williams, H., A Short History of Opera, New York ⁴2003.

Gruber 1982 = Gruber, G.W., Der Niedergang des Kastratentums. Eine Untersuchung zur bürgerlichen Kritik an der höfischen Musikkultur im 18. Jahrhundert, Wien 1982.

Grünnagel 2010 = Grünnagel, Chr., Klassik und Barock – Pegasus und Chimäre Französische und spanische Literatur des 17. Jahrhunderts im Dialog, Heidelberg 2010 (Studia Romanica 157).

—. 2015 = Grünnagel, Chr., „L'horreur des dames, & la risée des hommes". Zur Wahrnehmung des musico im Frankreich der Frühen Neuzeit, in: M. Imhof & A. Grutschus (Hrsg.), Von Teufeln, Tänzen und Kastraten. Die Oper als mediales Spektakel, Bielefeld 2015, 41–66.

—. 2016 = Grünnagel, Chr., Der Held der italienischen Barockoper als Opfer. Die Männlichkeit des „primo uomo" in Leonardo Vincis „Artaserse" (1730), in: U. Fenske et al. (Hrsg.), Geschichte(n) von Macht und Ohnmacht. Narrative von Männlichkeit und Gewalt, Bielefeld 2016, 131–146.

Guaita 1994 = Guaita, O., I teatri storici in Italia, Milano 1994.

Guichard 1978 = Guichard, L., La librettistca francese, in: G. Barblan & A. Basso (Hrsg.), Storia dell'opera, Turin 1978.

Guidicini 1872 = Guidicini, G., Cose notabili della città di Bologna ossia Storia cronologica de'suoi stabili sacri, pubblici e privati, Bd. 4, Bologna 1872.

Gulrich 1993 = Gulrich, R., Exotismus in der Oper und seine szenische Realisation (1850–1910) unter besonderer Berücksichtigung der Münchner Oper, Salzburg 1993 (Wort und Musik 17).

Gunkel 1913 = Gunkel, H., Die Grundprobleme der israelitischen Literaturgeschichte, in: H. Gunkel, Reden und Aufsätze, Göttingen 1913, 29–38.

Günther 2006 = Günther, R., Sexuelle Diffamierung und politische Interigen in der Republik. P. Clodius Pulcher und Clodia, in: Th. Späth & B. Wagner-Hasel (Hrsg.), Frauenwelten in der Antike. Geschlechterordnungen und weibliche Lebenspraxis, Stuttgart 2006, 227–241.

—. 2007 = Günther, R., Der Krieg – Sache der Männer? in: E. Hartmann et al. (Hrsg.), Geschlechterdefinitionen und Geschlechtergrenzen in der Antike, Stuttgart 2007, 87–98.

Guyot 1980 = Guyot, P., Eunuchen als Sklaven und Freigelassene in der griechisch-römischen Antike, Stuttgart 1980 (Stuttgarter Beiträge zu Geschichte und Politik 14).

Haag 1999 = Haag, Chr., Das Ideal der männlichen Frau in der Literatur des Mittelalters und seine theoretischen Grundlagen, in: I. Bennewitz et al. (Hrsg.), Manlîchiu wîp, wîplîch man. Zur Konstruktion der Kategorien „Körper" und „Geschlecht" in der deutschen Literatur des Mittelalters, Berlin 1999 (Beihefte zur Zeitschrift für deutsche Philologie 9), 228–248.

Haari-Oberg 1994 = Haari-Oberg, I., Die Wirkungsgeschichte der Trierer Gründungssage vom 10. bis 15. Jahrhundert, Bern et al. 1994 (Europäische Hochschulschriften [Reihe 3] 607).

Haas 1999 = Haas, V., Die literarische Rezeption Babylons von der Antike bis zur Gegenwart, in: J. Renger (Hrsg.), Babylon. Focus Mesopotamischer Geschichte – Wiege früher Gelehrsamkeit – Mythos in der Moderne, Saarbrücken 1999 (Colloquien der Deutschen Orient-Gesellschaft 2), 523–552.

—. 2001. Haas, V., s.v. Orient-Rezeption III. Vorderasien/Literatur, DNP 15/1 (2001), 1223–1233.

Haase o.J. = Haase, T., s.v. Neumann, Angelo, in: Institut für Sächsische Geschichte und Volkskunde e.V. (Hrsg.), Sächsische Biografie – online-Ausgabe (http://saebi.isgv.de/biografie/Angelo_Neumann_(1838–1910); letzter Zugriff: 3.4.2019).

Habermas 1990 = Habermas, J., Strukturwandel der Öffentlichkeit. Untersuchungen zu einer Kategorie der bürgerlichen Gesellschaft, Frankfurt a.M. 1990.

Habermas 2000 = Habermas, R., Frauen und Männer des Bürgertums. Eine Familiengeschichte (1750–1850), Göttingen 2000 (Bürgertum. Beiträge zur europäischen Gesellschaftsgeschichte 14).

Hafner 2002 = Hafner, G., Cassiodor. Ein Leben für kommende Zeiten, Stuttgart 2002.

Halbwachs ²1985a = Halbwachs, M., Das kollektive Gedächtnis, Frankfurt a.M. ²1985.

—. ²1985b = Halbwachs, M., Das Gedächtnis und seine sozialen Bedingungen, Frankfurt a.M. ²1985.

Hall 2018 = Hall, E., Why are the Erinyes Female? or, What is so Feminine about Revenge?, in: L. Dawson & F. McHardy (Hrsg.), Revenge and Gender in Classical, Medieval, and Renaissance Literature, Edinburgh 2018, 33–57.

Hamann ³1988 = Hamann, B., Die Habsburger. Ein biographisches Lexikon, München – Zürich ³1988.

Hamilton et al. 1990 = Hamilton, A.Ch. et al. (Hrsg.), The Spencer Enclyclodedia, Toronto et al. 1990.

Hansell ²2001 = Hansell, S., s.v. Hasse [3]. Johann Adolf (Adolph) Hasse, The New Grove Dictionary of Music and Musicians 11 (²2001), 96–117.

Hardin 2006 = Hardin, R.F., Apocalypse Then. Tamburlaine and the Pleasures of Religious Fear, Baylor Journal of Theatre and Performance 3/2 (2006), 31–42.

Hartmann 2007 = Hartmann, E., Frauen in der Antike, München 2007 (Beck'sche Reihe 1735).

Hartmann 2013 = Hartmann, M., Admiratio und Imitatio. Frühmittelalterliche Königinnen und die Kaiserinnen in Byzanz, in: Chr. Kunst (Hrsg.), Matronage. Handlungsstrategien und soziale Netzwerke antiker Herrscherfrauen, Beiträge eines Kolloquiums an der Universität Osnabrück vom 22. bis 24. März 2012, Rahden/Westf. 2013 (Osnabrücker Forschungen zu Altertum und Antike-Rezeption 20), 137–144.

Hartmann 2001 = Hartmann, P.C., Die Jesuiten, München 2001.

Hartmann 2017 = Hartmann, V., Cleopatra in Baroque Opera. The Stage Design Between Depiction of Power and Adoption of Antiquity, in: K. Droß-Krüpe (Hrsg.), Great Women on Stage. The Reception of Women Monarchs from Antiquity in Baroque Opera, Wiesbaden 2017, 49–70.

—. 2019 = Hartmann, V., Der Traum von der Fremde – Persische Vorstellungswelten im Bühnenbild der opera seria des 18. und 19. Jahrhunderts, in: R. Rollinger et al. (Hrsg.), Das Weltreich der Perser Rezeption – Aneignung – Verargumentierung, Wiesbaden 2019 (CleO 23), 107–140.

Haubold 2013 = Haubold, J., The World of Berossos. Introduction, in: J. Haubold et al. (Hrsg.), The World of Berossos. Proceedings of the 4th International Colloquium on „The Ancient Near East Between Classical and Ancient Oriental Traditions", Hatfield College, Durham 7th–9th July 2010, Wiesbaden 2013 (CleO 5), 3–8.

Haun 1949 = Haun, H., Semiramis in den romanischen Literaturen, Wien 1949.

Havely 1980 = Havely, N.R., Chaucer's Boccaccio. Sources of Troilus and the Knight's and Franklin's Tales, Cambridge 1980 (Chaucer Studies 3).

Hederich 1770 = Hederich, B., Gründliches mythologisches Lexikon, Leipzig 1770.

Hegen 2018 = Hegen, I., Die Markgräfliche Kapelle zu Bayreuth (1661–1769), in: S. Leopold & B. Pelker, Süddeutsche Hofkapellen im 18. Jahrhundert. Eine Bestandsaufnahme, Heidelberg 2018 (Schriften zur Südwestdeutschen Hofmusik 1), 1–54.

Heilmann 2004 = Heilmann, R., Paradigma Babylon. Rezeption und Visualisierung des Alten Orients im Spielfilm, Mainz 2004 (http://publications.ub.uni-mainz.de/theses/volltexte/2009/1881/pdf/1881.pdf; letzter Zugriff: 11.8.2019).

Heinen 2011 = Heinen, U., Einleitung, in: U. Heinen (Hrsg.), Welche Antike? Konkurrierende Rezeptionen des Altertums im Barock, Wiesbaden 2011 (Wolfenbütteler Arbeiten zur Barockforschung 47), 11–28.

Heinsch et al. 2011 = Heinsch, S. et al., Von Herodot zur angeblichen Verödung babylonischer Stadtviertel in achaimenidischer Zeit. Kritische Bemerkungen zum archäologischen Befund auf dem Merkes sowie zur vermeintlichen Zerstörung des Tempels der Ištar von Akkade durch

Xerxes im Jahre 484 v.Chr., in: R. Rollinger et al. (Hrsg.), Herodot und das persische Weltreich, Wiesbaden 2011 (CleO 3), 471–498.

Heller 1993 = Heller, W., The Queen as King. Refashioning „Semiramide" for Seicento Venice, Cambridge Opera Journal 5/2 (1993), 93–114.

—. 2003 = Heller, W., Emblems of Eloquence. Opera and Women's Voices in Seventeenth-Century Venice, Berkeley et al. 2003.

Heller 2010 = Heller, A., Das Babylon der Spätzeit (7.–4. Jh.) in den klassischen und keilschriftlichen Quellen, Berlin 2010 (Oikumene – Studien zur Weltgeschichte 7).

Hennings, Horst & Kramer 2016 = Hennings, W. – Horst, U. – Kramer, J., Einleitung, in: W. Hennings et al. (Hrsg.), Die Stadt als Bühne. Macht und Herrschaft im öffentlichen Raum von Rom, Paris und London im 17. Jahrhundert, Bielefeld 2016, 7–46.

Hentschel-Wegener 1997 = Hentschel-Wegener, B., s.v. Sünde/Sündenfall, II – Frühhumanismus, LexMA 8 (1997), 319–320.

Henze-Döring 2012 = Henze-Döhring, S., Friedrich der Große. Musiker und Monarch, München 2012.

Henzel 2007 = Henzel, Chr., „Puoi veder, se madre io sono, dall'acerbo mio dolor." Mütterrollen in der friderizianischen Oper, in: M. Bucciarelli et al. (Hrsg.), Italian Opera in Central Europe. Opera Subjects and European Relationships, 59–72.

Herbert 1828 = Herbert, B.A., Nimrod. A Discourse on Certain Passages of History and Fable, Bd. 1, London 1828.

Herde 1976 = Herde, P., Dante als florentiner Politiker, Wiesbaden 1976 (Frankfurter historische Vorträge 3).

Hermenegildo 1973 = Hermenegildo, A., La tragedia en el Renacimiento español, Barcelona 1973.

—. 1983 = Hermengildo, A., La responsibilidad del tirano. Virués y Calderón frente a la leyenda de Semíramis, in: L. García Lorenzo (Hrsg.), Calderón. Actas del congreso internacional, Madrid 1983, 897–911.

—.1994 = Hermengildo, A., El teatro del siglo XVI, in: R. de la Fuente (Hrsg.), Historia de la literatura española, Madrid 1994.

—. 2003 = Hermengildo, A., Cristóbal de Virués y la figura de Felipe II, Criticón 87–89 (2003), 395–406.

Hernández-Archaico 1982 = Hernández-Archaico, S., Menón y el determinismo trágico en La hija de aire, in: M.D. McGaha (Hrsg.), Approaches to the Theater of Calderón, Landham et al. 1982, 105–117.

Herr 2000 = Herr, C., Medeas Zorn. Eine „starke Frau" in Opern des 17. und 18. Jahrhunderts, Herbolzheim 2000 (Beiträge zur Kultur- und Sozialgeschichte der Musik 2).

—. ²2013 = Herr, C., Gesang gegen die „Ordnung der Natur"? Kastraten und Falsettisten in der Musikgeschichte, Kassel et al. ²2013.

Herreros 2008 = Herreros, C., El Sila de Gamerra, in: M.J. Pascual Castillo et al. (Hrsg.), Imagines. La antigüedad en las artes escénicas y visuales, Logroño 2008, 145–158.

Herrick 1965 = Herrick, M.T., Italian Tragedy in the Renaissance, Urbana 1965.

Herschend 2017 = Herschend, F., Semiramis. An Early 11th c. Norman Text with Anglo-Danish Connotations Reviewed as a Dramatic Script, Collegium Medievale 30 (2017), 85–121.

Hess 2011 = Hess, G., Figurationen der Person Neros im Barock, in: U. Heinen (Hrsg.), Welche Antike? Konkurrierende Rezeptionen des Altertums im Barock, Wiesbaden 2011 (Wolfenbütteler Arbeiten zur Barockforschung 47), 769–782.

Heyden 2005 = Heyden, K., Der Jenaer Autograph der Chronik des Frutolf von Bamberg mit der Fortsetzung des Ekkehard von Aura, in: M. Wallraff (Hrsg.), Welt-Zeit. Christliche Weltchronistik aus zwei Jahrtausenden in Beständen der Thüringer Universitäts- und Landesbibliothek Jena, Berlin – New York 2005, 81–89.

Hicks 2007 = Hicks, C. The Bayeux Tapestry. The Life Story of a Masterpiece, London 2007.

Hickson 2016 = Hickson, S., Muzio Manfredi and Ippolita Benigni della Penna Manfredi. Paradigms for social networking patterns via the Italian academies, in: P.T. Grandi & A. Mortari (Hrsg.), Dall'Accademia degli Invaghiti, nel 450° anniversario dell' istituzione, all'Accademia nazionale virgiliana di scienze, lettere e arti in Mantova, Convegno internazionale di studi, 29–30 novembre 2012, Mantova, Mantua 2016, 117–124.

Highet 1949 = Highet, G., Greek and Roman Influences on Western Literature, Oxford 1949.

Hiller 1786 = Hiller, J.A., Ueber Metastasio und seine Werke. Nebst einigen Uebersetzungen aus denselben, Leipzig 1786.

Hiller von Gärtringen 1941 = Hiller von Gärtringen, F., Ein Gedicht aus Halikarnassos, Hermes 76 (1941), 220–222.

Hirschi 2009 = Hirschi, C., Transformationen von Antikentransformationen. Ein abschließender Überblick unter Einbeziehung des Leitkonzeptes von SFB 644, in: J. Helmrath et al. (Hrsg.), Medien und Sprachen humanistischer Geschichtsschreibung, Berlin – New York 2009 (Transformationen der Antike 11), 251–270.

Hirschmann 2005 = Hirschmann, V.-E., Horrenda Secta. Untersuchungen zum frühchristlichen Montanismus und seinen Verbindungen zur paganen Religion Phrygiens, Stuttgart 2005.

Hoffmeister 1997 = Hoffmeister, G., Petrarca, Stuttgart – Weimar 1997 (Sammlung Metzler 301).

Hoffner 1973 = Hoffner, H.A. Jr., Incest, Sodomy and Bestiality in the Ancient Near East, in: H.A. Hoffner Jr. (Hrsg.), Orient and Occident. Essays Presented to Cyrus H. Gordon on the Occasion of His Sixty-Fifth, Neukirchen-Vluyn 1973, 81–90.

Hofmann 2018 = Hofmann, D., Griechische Weltgeschichte auf Latein. Iustins Epitoma historiarum Pompei Trogi und die Geschichtskonzeption des Pompeius Trogus, Stuttgart 2018 (Hermes Einzelschriften 114).

Hofmann 1997 = Hofmann, H., s.v. Claudianus [3], DNP 3 (1997), 3–6.

Holden 2001 = Holden, A., The New Penguin Opera Guide, London 2001.

Holmes 1987 = Holmes, W.C., Lettere indice su Alessandro Scarlatti, in: D. d'Alessandro & A. Ziino (Hrsg.), La musica a Napoli durante il Seicento, Rom 1987, 371–373.

—. 1993 = Holmes, W.C., Opera Observed. Views on a Florentine Impressario in the Early Eighteenth Century, Chicago – London 1993.

Holzberg & Pirckheimer 1981 = Holzberg, N. & Pirckheimer, W., Griechischer Humanismus in Deutschland, München 1981.

Holzberg ²2002 = Holzberg, N., Martial und das antike Epigramm. Eine Einführung, Darmstadt ²2002.

Hommel 1921 = Hommel, F., Zu Semiramis. Ishtar, Klio 17 (1921), 286.

Honigmann 1952 = Honigmann, E.A.J., Shakespeare's Plutarch, Shakespeare Quarterly 10 (1959), 25–33.

Honstetter 1977 = Honstetter, R., Exemplum zwischen Rhetorik und Literatur, Konstanz 1977.

Hopkins 2020 = Hopkins, L., Greeks and Trojans in the Early Modern English Stage, Boston – Berlin 2020.

Hoppe 2004 = Hoppe, I., Räume von und für Frauen? Die Gemächer der Maria Magdalena von Österreich in der Villa Poggio Imperiale bei Florenz, in: A.-M. Bonnet & B. Schellewald (Hrsg.), Frauen in der Frühen Neuzeit, Lebensentwürfe in Kunst und Literatur, Köln et al. 2004, 213–234.

Hörmann 1865 = Hörmann, A., Ablaß- und Jubiläumspredigten – Zweites Bändchen, Regensburg 1865.

Hosley 1964 = Hosley, R., Sources and Analogues of The Taming of the Shrew, Huntington Library Quarterly 27/3 (1964), 289–308.

Hotchkiss 1996 = Hotchkiss, V., Clothes Make the Man. Female Cross Dressing in Medieval Europe, New York – London, 1996.

Howard-Johnston 2010 = Howard-Johnston, J., Witnesses to a World Crises. Historians and Histories of the Middle East in the Seventh Century, Oxford 2010.

Hurschmann 2000 = Hurschmann, R., s.v. Perservase, DNP 9 (2000), 611.

Huß 1985 = Huß, W., Geschichte der Karthager, München 1985 (HdAW III/8).

Iesuè 1999 = Iesuè, A., s.v. Gasparini, Francesco, Dizionario Biografico degli Italiani 52 (1999), 476–479.

Ikas 2001 = Ikas, W.-V., Martinus Polonus' Chronicle of the Popes and Emperors. A Medieval Best-seller and its Neglected Influence on English Medieval Chroniclers, The English Historical Review 116 (2001), 327–341.

—. 2002 = Ikas, W.-V., Martin von Troppau (Martinus Polonus), O.P. († 1278) in England. Überlieferungs- und wirkungsgeschichtliche Studien zu dessen Papst- und Kaiserchronik, Wiesbaden 2002 (Wissensliteratur im Mittelalter 40).

Imhof & Grutschus 2015 = Imhof, M. & Grutschus, A., Medienkombination Oper. Zur Einführung, in: M. Imhof & A. Grutschus (Hrsg.), Von Teufeln, Tänzern und Kastraten. Die Oper als transmediales Spektakel, Bielefeld 2015, 9–27.

Immerwahr 2019 = Immerwahr, D., How to Hide an Empire. A History of the Greater United States, New York 2019.

Irwin 2016 = Irwin, E., Just who put Croesus on the Pyre, and why?, in: C. Binder et al. (Hrsg.), Diwan. Studies in the History and Culture of the Ancient Near East and the Eastern Mediterranean – Untersuchungen zu Geschichte und Kultur des Nahen Ostens und des östlichen Mittelmeerraumes im Altertum. Festschrift für Josef Wiesehöfer zum 65. Geburtstag, Duisburg 2016, 107–126.

Jacobs 2011 = Jacobs, B., Ktesias und die Architektur Babylons, in: J. Wiesehöfer et al. (Hrsg.), Ktesias' Welt – Ctesias' World, Stuttgart 2011 (CleO 1), 141–158.

Jacoby 1875 = Jacoby, C., Ktesias und Diodor, Museum für Philologie 30 (1875), 555–615.

Jacoby 1921 = Jacoby, F., s.v. Kleitarchos [2], RE 11/1 (1921), 622–654.

—. 1922. Jacoby, F., s.v. Ktesias, RE 11/2 (1922), 2032–2073.

Jacoff ^{2}2007 = Jacoff, R., The Cambridge Companion to Dante, Cambridge ^{2}2007.

Jal 1987 = Jal, P., A propos des Histoires Philippiques. Quelques remarques, REL 65 (1987), 194–209.

Jarausch & Sabrow 2002 = Jarausch, K.H. & Sabrow, M., „Meistererzählung" – zur Karriere eines Begriffs, in: K.H. Jarausch & M. Sabrow (Hrsg.), Die historische Meistererzählung. Deutungslinien der deutschen Nationalgeschichte nach 1945, Göttingen 2002, 9–32.

Jaritz 1992 = Jaritz, G., Die Bruoch, in: G. Blaschitz (Hrsg.), Symbole des Alltags, Alltag der Symbole. Festschrift für Harry Kühnel zum 65. Geburtstag, Graz 1992, 395–416.

Jeffreys 1990 = Jeffreys, E., Malalas' Sources, in: E. Jeffreys et al. (Hrsg.), Studies in John Malalas, Sydney 1990 (Byzantina Australiensia 6), 167–216.

Johnson 2018 = Johnson, E.J., Inventing the Opera House. Theater Architecture in Renaissance and Baroque Italy, New York 2018.

Johnson 1995 = Johnson, J.H., Listening in Paris. A Cultural History, Berkeley 1995.

Johnson 2007 = Johnson, V. (Hrsg.), Opera and Society in Italy and France from Monteverdi to Bourdieu, Cambridge 2007.

Jonásová 2009 = Jonásová, M., Semiramide riconosciuta. Eine Oper zur Prager Krönung Maria Theresias 1743, Studien zur Musikwissenschaft 55 (2009), 89–120.

Jordan 1990 = Jordan, C., Renaissance Feminism. Literary Texts and Political Models, Ithaca 1990.

Jung 1996 = Jung, M.-R., Le legende de Troie en France au moyen age. Analyse de versions françaises et bibliographie raisonée des manuscrits, Basel – Tübingen 1996 (Romanica Helvetica 114).

Jürgens 1988 = Jürgens, U., Barockoper in Hamburg 1678–1738, in: M.W. Busch & P. Dannenberg (Hrsg.), Die Hamburgische Staatsoper 1: 1678–1945. Bürgeroper – Stadt-Theater – Staatsoper, Zürich 1988, 13–40.

Jursa 2011 = Jursa, M., ‚Höflinge' (ša rēši, ša rēš šarri, ustarbaru) in babylonischen Quellen des ersten Jahrtausends, in: J. Wiesehöfer et al. (Hrsg.), Ktesias Welt – Ctesias' World, Wiesbaden 2011 (CleO 1), 159–173.

Kahnemann 2012 = Kahnemann, D., Schnelles Denken – Langsames Denken, München 2012.

Kandale & Rugenstein ³2017 = Kandale, M. & Rugenstein, K. (Hrsg.), Das Repertorium, Berlin ³2017.

Kansteiner 2004 = Kansteiner, W., Postmoderner Historismus. Das kollektive Gedächtnis als neues Paradigma der Kulturwissenschaften, in: F. Jaeger & J. Straub (Hrsg.), Handbuch der Kulturwissenschaften, Bd. 2: Paradigmen und Disziplinen, Stuttgart 2004, 119–139.

Kapp et al. 1994 = Kapp, V., et al., Seicento, in: V. Kapp et al. (Hrsg.), Italienische Literaturgeschichte, Stuttgart 1994, 174–212.

Karttunen 1997 = Karttunen, K., Ctesias in Transmission and Tradition, Topoi 7 (1997), 635–646.

Kastner 1987 = Kastner, J., Geistige Rüstkammer. Gedanken zur geistigen Struktur der Jesuitenbibliothek, in: Gymnasium Leopoldinum (Hrsg.), Die Jesuiten in Passau. Schule und Bibliothek 1612–1773, Passau 1987, 229–424.

Kelso 1956 = Kelso, R., Doctrine for the Lady of the Renaissance, Urbana 1956.

Kennedy 1988 = Kennedy, T.F., Jesuits and Music. Reconsidering the Early Years, Studi musicali 17 (1988), 71–100.

Kesting 2017 = Kesting, H., Bis der reitende Bote des Königs erscheint. Über Oper und Literatur, Göttingen 2017.

Ketterer 2003 = Ketterer, R., Why Early Opera Is Roman and Not Greek, Cambridge Opera Journal 15/1 (2003), 1–14.

Ketterer 2009 = Ketterer, R.C., Ancient Rome in Early Opera, Urbana – Chicago 2009.

Keynes 2004 = Keynes, S., Emma [Ælfgifu], Oxford Dictionary of National Biography (2004) (https://doi.org/10.1093/ref:odnb/8794).

Keyser 1988 = Keyser, D., Cross-sexual Casting in Baroque Opera. Musical and Theatrical Conventions, The Opera Quarterly 4/4 (1988), 46–57.

Kienberger 2008 = Kienberger, A., Die Inszenierung der kastilischen Landschaft als Erlebnis- und Verhandlungsraum der spanischen Identität. Erinnerungspolitik bei Azorín, Antonio Machado und Miguel de Unamuno, Regensburg 2008 (https://epub.uni-regensburg.de/12346/1/AKienberger_DissertationOPUS_Online-veroeffentlichung2009.pdf; letzter Zugriff: 10.4.2019).

Kimbell 1991 = Kimbell, D., Italian Opera, Cambridge 1991.

Kirchhoff 2002 = Kirchhoff, K., Untersuchungen zu Bearbeitungen des Päpstin-Johanna-Stoffes unter besonderer Berücksichtigung der englischsprachigen Literaturen und Autorinnen, Konstanz 2002 (http://nbn-resolving.de/urn:nbn:de:bsz:352-138951; letzter Zugriff: 6.7.2017).

Kiupel 2010 = Kiupel, B., Zwischen Krieg, Liebe und Ehe. Studien zur Konstruktion von Geschlecht und Liebe in den Libretti der Hamburger Gänsemarkt-Oper (1687–1738), Freiburg 2010.

Klaniczay et al. 2011 = Klaniczay, G. et al. (Hrsg.), Multiple Antiquities – Multiple Modernities. Ancient History in Nineteenth Century European Cultures, Frankfurt a.M. – New York 2011.

Kleijwegt 1998 = Kleijwegt, M., Rez. zu Skidmore, C., Practical Ethics for Roman Gentlemen. The Work of Valerius Maximus, Mnemosyne 51 (1998), 105–110.

Kleinecke 2011 = Kleinecke, S., „Den Weibern, rat' ich, müssen wir den Staat ganz überlassen". Politik und ihr Einfluss auf die Darstellung alter und junger Frauen bei Aristophanes, in: H. Brandt et al. (Hrsg.), Genus & generatio. Rollenerwartungen und Rollenerfüllungen im Spannungsfeld der Geschlechter und Generationen in Antike und Mittelalter, Bamberg 2011 (Bamberger Historische Studien 6), 71–86.

Klotz 1913 = Klotz, A., Die Epitoma des Livius, Hermes 48 (1913), 542–557.

Knapp 1984 = Knapp, J.M., Eigtheenth-Century Opera in London Before Handel, 1705–1710, in: S. Sturm Kenny (Hrsg.), British Theatre and the Other Arts, 1660–1800, Washington et al. 1984, 92–104.

Knaus 2011 = Knaus, K., Männer als Ammen – Frauen als Liebhaber. Cross-gender Casting in der Oper 1600 bis 1800, Stuttgart 2011.

—. 2012 = Knaus, K., Von Ammen, Müttern, Schwester und Göttinnen. Der Einsatz hoher Männerstimmen für weibliche Bühnencharaktere in der Oper, in: C. Herr et al. (Hrsg.), Der Countertenor. Die männliche Falsettstimme vom Mittelalter zur Gegenwart, Mainz 2012, 199–213.

Koch 1974 = Koch, H.-A., Das Deutsche Singspiel, Stuttgart 1974.

Koch 1928 = Koch, J. (Hrsg.), Geoffrey Chaucers Kleinere Dichtungen nebst Einleitung, Lesarten, Anmerkungen und einem Wörterverzeichnis, Heidelberg 1928.

Kocher 2006 = Kocher, U., ‚Interpres rerum tuarum'. Boccaccio und Petraca, eine ungleiche Freundschaft, in: K.A.E. Enenkel & J. Papy (Hrsg.), Petrarch and his Readers in the Renaissance, Leiden – Boston 2006, 53–71.

Koestenbaum 1993 = Koestenbaum, W., The Queen's Throat. Opera, Homosexuality, and the Mystery of Desire, New York 1993.

Koldau 2005 = Koldau, L.M., Frauen – Macht – Kultur. Ein Handbuch zum deutschen Sprachgebiet der Frühen Neuzeit, Köln 2005.

Kolsky 2003 = Kolsky, S.D., The Genealogy of Women. Studies in Boccaccio's De mulieribus claris, New York 2003.

—. 2005 = Kolsky, S.D., The Ghost of Boccaccio. Writings of Famous Women in the Italian Renaissance, Turnhout 2005 (Late Medieval and Early Modern Studies 7).

Kost 2004 = Kost, K., Das tragico fine auf venezianischen Opernbühnen des späten 18. Jh.s, Heidelberg 2004 (http://archiv.ub.uni-heidelberg.de/volltextserver/6611/1/Dissertation_KKost.pdf; letzter Zugriff: 22.11.2016).

König 1960 = König, B., Boccaccio vor dem Decameron. Ein Forschungsbericht, Romanistisches Jahrbuch 11 (1960), 108–142.

König 2010 = König, G., Geschlechtsmoral und Gleichgeschlechtlichkeit im Zoroastrismus, Wiesbaden 2010 (Iranica 18).

Körndle 2006 = Körndle, F., Between Stage and Divine Service. Jesuits and Theatrical Music, in: J.W. O'Malley et al. (Hrsg.), The Jesuits II. Cultures, Sciences, and the Arts, 1540–1773, Toronto 2006, 479–497.

Krämer 2008 = Krämer, J., Text und Paratext im Musiktheater, in: H. Vögel (Hrsg.), Die Pluralisierung des Paratextes in der Frühen Neuzeit. Theorien, Formen, Funktionen, Münster 2008, 45–78.

Krämer 1998 = Krämer, S., Was haben Medien, der Computer und die Realität miteinander zu tun?, in: S. Krämer (Hrsg.), Medien, Computer, Realität. Wirklichkeitsvorstellungen und Neue Medien, Frankfurt a.M. 1998, 9–26.

Krause 1985 = Krause, H. (Hrsg.), Radulfus Niger, Chronica. Eine englische Weltchronik des 12. Jahrhunderts, Frankfurt am Main et al. 1985.

Kreidt 1987 = Kreidt, D., Exotische Figuren und Motive im europäischen Theater (Ausstellung des Instituts für Auslandsbeziehungen in Kultur unterm Turm, 2. September–11. Oktober 1987), Stuttgart – Bad Cannstatt 1987.

Kreutziger-Herr 2008 = Kreutziger-Herr, A., Post-koloniale Theorie in der Praxis. Edward Said geht in die Oper, in: D. Quintern & V.C. Paulus (Hrsg.), Entführung in den Serail. Interdisziplinäre Beiträge zum Orientalismus, Berlin 2008, 123–146.

Kreutziger-Herr & Unseld 2005 = Kreutziger-Herr, A. & Unseld, M., Vorwort der Herausgeberinnen. Erinnern – Geschichte – Lebensgeschichten, in: R. Müller-Lindenberg (Hrsg.), Wilhelmine von Bayreuth. Die Hofoper als Bühne des Lebens, Köln et al. 2005, IX–XI.

Krippner 2014 = Krippner, F., „Schwach mag die Nachwelt mich – doch nicht unedel nennen!" Zur Beziehung von ‚Geschlecht' und ‚Altertum' in literarischen Kleopatra-Transformationen von der Antike bis um 1800, in: A. Heinze & F. Krippner (Hrsg.), Das Geschlecht der Antike. Zur Interdependenz von Antike- und Geschlechterkonstruktionen von 1700 bis zur Gegenwart, München 2014, 101–119.

Krueger 2013 = Krueger, R., Towards Feminism. Christine de Pizan, Female Advocacy, and Women's Textual Communities in the Late Middle Ages and Beyond, in: J. Bennett & R. Karras, The Oxford Handbook of Women and Gender in Medieval Europe, Oxford 2013, 590–606.

Kruft ⁴1995 = Kruft, H.-W., Geschichte der Architekturtheorie. Von der Antike bis zur Gegenwart, München ⁴1995.

Krüger 1933 = Krüger, L., Die Hamburgische Musikorganisation im 17. Jahrhundert, Leipzig et al. 1933 (Sammlung musikwissenschaftlicher Abhandlungen 12).

Krüger & Kraus 1613 = Krüger, J. & Kraus, C. (Hrsg.), Das ander Buch. Sehr herrliche, schöne und warhaffte, mancherley Art gebundne Gedicht, als Tragödi, Comödi, Spiel, Gespräch, Sprüch und Fabel durch den weitberühmbten Hans Sachsen zusamen getragen, Augsburg 1613.

Krumbholz 1886 = Krumbholz, P., Diodors Assyrische Geschichte, Museum für Philologie 41 (1886), 321–341.

Kuhn-Steinhausen 1938 = Kuhn-Steinhausen, H., Der Briefwechsel der Kurfürstin Anna Maria Luise von der Pfalz. Düsseldorfer Jahrbuch 40 (1938), 15–256.

Kuhrt 1987 = Kuhrt, A., Berossus' Babyloniaka and Seleucid Rule in Babylonia, in: A. Kuhrt & S. Sherwin-White (Hrsg.), Hellenism in the East. Interaction of Greek and non-Greek Civilizations after Alexander's Conquest, Berkeley 1987.

Kunold 1980 = Kunold, W., Deutsche Oper – einst und jetzt. Überlegungen und Untersuchungen zu Geschichte und Gegenwart des deutschen Musiktheaters, Kassel et al. 1980.

Kuntner & Heinsch 2013 = Kuntner, W. & Heinsch, S., Die babylonischen Tempel in der Zeit nach den Chaldäern. in: K. Kaniut et al. (Hrsg.), Tempel im Alten Orient. 7. Internationales Kolloquium der Deutschen Orient-Gesellschaft 2009 in München, Wiesbaden 2013 (Colloquien der Deutschen Orient Gesellschaft 7), 219–262.

Kunz 1935 = Kunz, M., Zur Beurteilung der Prooemien in Diodors historischer Bibliothek, Zürich 1935.

Kunze 1987 = Kunze, St., Die Antike in der Musik des 20. Jahrhunderts, Bamberg 1987 (Thyssen-Vorträge 6).

Künzel 1912 = Künzel, C. (Hrsg.), Die Briefe der Liselotte von der Pfalz, Herzogin von Orleans, München 1912.

Kutsch & Riemens ⁴2003 = Kutsch, K.-J. & Riemens, L., Großes Sängerlexikon, München ⁴2003.

Lamberini 2000 = Lamberini, D., s.v. Giannetti, Antonio, detto Antonio del Mucione, Dizionario biografico degli Italiani 54 (2000), 449–450.

Lammert 1952 = Lammert, F., s.v. Polyainos [8], RE 21/2 (1952), 1432–1436.

Lancaster 1932 = Lancaster, H.C., A History of French Dramatic Literature in the Seventeenth Century, Teil 2, Baltimore 1932.

Landfester 2007a = Landfester, M., Die Entdeckung der griechischen Literatur in der Neuzeit, Gießener Universitätsblätter 40 (2007), 11–19.

—. 2007b = Landfester, M., s.v. Ailianos [2], Klaudios, DNP Suppl. 2 (2007), 5–7.

Lanfranchi 2011 = Lanfranchi, G.B., Gli ASSYRIAKÀ di Ctesia e la documentazione assira, in: J. Wiesehöfer et al. (Hrsg.), Ktesias' Welt – Ctesias' World, Wiesbaden 2011 (CleO 1), 175–223.

—. 2013 = Lanfranchi, G.B., Babyloniaca, Book 3. Assyrians, Babylonians and Persians, in: J. Haubold et al. (Hrsg.), The World of Berossos. Proceedings of the 4th International Colloquium on „The Ancient Near East Between Classical and Ancient Oriental Traditions", Hatfield College, Durham 7th–9th July 2010, Wiesbaden 2013 (CleO 5), 61–74.

Langlands 2008 = Langlands, R., Reading for the Moral in Valerius Maximus. The Case of severitas, CCJ 54 (2008), 160–187.

Laqueur 1958 = Laqueur, R., Diodorea, Hermes 86 (1958), 258–290.

Lattario 2012 = Lattario, J.-F., Sémiramis ou la confusion des sexes. À propos de la Semiramide in India de Maiolino Bisaccioni (1648), Cahiers du CELEC 3 (2012), 1–11 (http://cahiersducelec.univ-st-etienne.fr/files/Documents/cahiers_du_celec_3/cahiers_du_celec_3/07.%20J.F.%20Lattarico.pdf; letzter Zugriff: 29.1.2016).

Landwehr 2016 = Landwehr, A., Die anwesende Abwesenheit der Vergangenheit. Essay zur Geschichtstheorie, Frankfurt a.M. 2016.

Lautenschläger 2008 = Lautenschläger, Ph., Konzepte der Leidenschaft. Phädra-Vertonungen im 18. Jahrhundert und das Gattungssystem der tragischen Oper, Schliengen im Markgräferland 2008 (Forum Musikwissenschaft 3).

Lawrence 2006 = Lawrence, S.J., Inside out. The Depiction of Externality in Valerius Maximus, Sydney 2006.

Lawrence 2013 = Lawrence, T.Chr., s.v. Orosius, EAH 9 (2013), 4942.

Leberl 2004 = Leberl, J. Domitian und die Dichter. Poesie als Medium der Herrschaftsdarstellung, Göttingen 2004.

Lehmann-Haupt 1900/1901 = Lehmann-Haupt, C.F., Die historische Semiramis und Herodot, Klio 1 (1900/1901), 256–281.

—. 1910 = Lehmann-Haupt, C.F., Die historische Semiramis und ihre Zeit, Tübingen 1910.

—. 1918 = Lehmann-Haupt, C.F., Semiramis und Sammuramat, Klio 15 (1918), 243–255.

—. 1926 = Lehmann-Haupt, C.F., Armenien einst und jetzt, Bd. 2, Berlin 1926 [ND Hildesheim et al. 1988].

—. 1965 = Lehmann-Haupt, F., s.v. Semiramis, in: W.H. Roscher (Hrsg.), Ausführliches Lexikon der griechischen und römischen Mythologie 4 (1965), 678–702.

Leibniz 1996 = Leibniz, G. W., Kleine Schriften zu Metaphysik, Frankfurt a.M. 1996.

Leisch-Kiesl 1993 = Leisch-Kiesl, M., „Es ist immer Eva, vor der wir uns in jeder Frau hüten müssen." Überlegungen zum Frauenbild des Augustinus, in: R. Jost & U. Kubera (Hrsg.), Wie Theologen Frauen sehen – von der Macht der Bilder, Freiburg 1993, 22–36.

Lenfant 1999 = Lenfant, D., Peut-on se fier aux „fragments" d'historiens? L'exemple des citations d'Hérodote, Ktema 24 (1999), 103–121.

—. 2009 = Lenfant, D., Les Histoires Perses de Dinon et d'Héraclide. Fragments édités, traduits et commentés, Paris 2009.

Lenschau 1940 = Lenschau, Th., s.v. Semiramis, RE Suppl. 7 (1940), 1204–1212.

Leopold 1998 = Leopold, S., Herrin der Geister – tragische Heroine. Medea in der Geschichte der Oper, in: A. Kämmerer (Hrsg.), Medeas Wandlungen. Studien zu einem Mythos in Kunst und Wissenschaft, Heidelberg 1998 (Heidelberger Frauenstudien 5), 129–142.

—. 2000 = Leopold, S., Not Sex But Pitch. Kastraten als Liebhaber – einmal über der Gürtellinie betrachtet, in: H.-M. Linde & R. Rapp (Hrsg.), Provokation und Tradition. Erfahrungen mit der Alten Musik (Festschrift Klaus L. Neumann), Stuttgart 2000, 219–240.

—. ²2004a = Leopold, S., s.v. Mestastasio, MGG, Personenteil 12 (²2004), 86–98.

—. 2004b = Leopold, S., Die Oper im 17. Jahrhundert, Laaber 2004.

—. 2006 = Leopold, S., Geschichte der Oper, Bd. 1: Die Oper im 17. Jahrhundert, Laaber 2006.

—. ²2009 = Leopold, S., Händel. Die Opern, Kassel ²2009.

Leppin 1996 = Leppin, H., Von Constantin dem Grossen zu Theodosius II. Das christliche Kaisertum bei den Kirchenhistorikern Socrates, Sozomenus und Theodoret, Göttingen 1996 (Hypomnemata 110).

Lewy 1952 = Lewy, H., Nitokris-Naqî'a, JNES 11 (1952), 264–286.

Lipps et al. 2013 = Lipps, J. et al. (Hrsg.), The Sack of Rome in 410 AD. The Event, its Context, and its Impact, Wiesbaden 2013.

Llewellyn-Jones & Robson 2010 = Llewellyn-Jones, L. & Robson, J., Ctesias' History of Persia. Tales of the Orient, London 2010.

Logié Philippe 2002 = Logié Philippe, Ph. et al., Le Roman de Thèbes, Neuilly 2002.

Lorente 2015 = Lorente, M.M., Semiramis. La influencia de la tragedia del horror en el teatro des siglo XVII, Leioa 2015 (http://hdl.handle.net/10810/21418; letzter Zugriff: 18.10.2018).

Lorenz 2002 = Lorenz, S., Erotik und Panegyrik. Martials epigrammatische Kaiser, Tübingen 2002.

Lowes 1916/1917 = Lowes, J.L., Chaucer and Dante, MP 14 (1916/1917), 705–735.

Lubitz 2014 = Lubitz, K., Aristophanes und die Frauen. Antike und moderne Frauenbilder in deutschen Übersetzungsvorreden des 19. Jahrhunderts, in: A. Heinze & F. Krippner (Hrsg.),

Das Geschlecht der Antike. Zur Interdependenz von Antike- und Geschlechterkonstruktionen von 1700 bis zur Gegenwart, München 2014, 41–56.

Lüderssen 2012 = Lüderssen, C., Der wiedergewonnen Text. Ästhetische Konzepte des Librettos im italienischen Musiktheater nach 1960, Tübingen 2012.

Ludwig 1990 = Ludwig, K.-H., Spinnen im Mittelalter unter besonderer Berücksichtigung der Arbeiten ‚cum rota', Technikgeschichte 57 (1990), 77–89.

—. 1995 = Ludwig, K.-H., s.v. Spinnen, Spinnrad, LexMA 7 (1995), 2119–2120.

Lumpe 1966 = Lumpe, A., s.v. exemplum, RAC 6 (1966), 1230–1239.

Lühning 1983 = Lühning, H., Titus-Vertonungen im 18. Jahrhundert. Untersuchungen zur Tradition der Opera seria von Hasse bis Mozart, Laaber 1983 (Analecta musicologica 20).

Lühr 1980 = Lühr, F.F., Nova imperii cupidate. Zum ersten Kapitel der Weltgeschichte des Pompeius Trogus, Grazer Beiträge 9 (1980), 133–154.

Lünig 1719 = Lünig, J.C., Theatrum ceremoniale historico-politicum, oder historisch-politischer Schauplatz aller Ceremonien, Bd. 1, Leipzig 1719.

Lynn 2005 = Lynn, K.C., Italian Opera Houses and Festivals, Lanham, MD 2005.

MacDonald 1967 = MacDonald, J.A., The Sacred Vocal Music of Giovanni Legrenzi, masch. Diss. Ann Arbor, Mich. 1967.

MacDonald 2000 = MacDonald, M., Medea è mobile. The Many Faces of Medea in opera, in: E. Hall et al. (Hrsg.), Medea in Perfomance 1500–2000, Oxford 2000, 100–118.

MacGinnis 1988 = MacGinnis, J., Ctesias and the Fall of Nineveh, Illinois Classical Studies 13/1 (1988), 37–43.

Macnutt ²1996 = Macnutt, R., s.v. Libretto C. Textbuch, II. Italien, MGG, Sachteil 5 (²1996), 1240–1243.

Madreiter 2011 = Madreiter, I., Ktesias und Babylonien. Über eine nicht existierende Größe in den Persika, in: J. Wiesehöfer et al. (Hrsg.), Ktesias' Welt – Ctesias' World, Stuttgart 2011 (CleO 1), 247–278.

Maggiore 2016 = Maggiore, M., Scripto sopra Theseu Re. Il commento salentino al Teseida di Boccaccio (Ugento/Nardò, ante 1487), 2 Bde., Berlin – Boston 2016.

Maître 1999 = Maître, M., Les précieuses. Naissance des femmes de letters en France au XVIIe siècle, Paris 1999.

Mallick 2016 = Mallick, O., „Spiritus intus agit" – Die Patronagepolitik der Anna von Österreich 1643–1666. Inszinierungsstrategie, Hofhaltungspraxis, Freundschaftsrhetorik, Berlin – Boston 2016.

Mamczarz 1972 = Mamczarz, I., Les intermèdes comiques italiens au XVIIᵉ siècle en France et en Italie, Paris 1972.

Manuwald 2013 = Manuwald, G., Nero in opera. Librettos as Transformations of Ancient Sources, Berlin – Boston 2013 (Transformationen der Antike 24).

—. 2018 = Manuwald, G., Reviving Cicero in Drama. From the Ancient World to the Modern Stage, London – New York 2018.

Margolis 2011 = Margolis, N., An Introduction to Christine de Pizan, Gainesville 2011.

Marincola 1997 = Marincola, J., Authority and Tradition in Ancient Historiography, Cambridge 1997.

Marinelli Roscioni 1987 = Marinelli Roscioni, C., Il teatro di San Carlo. La cronologia 1737–1987, Neapel 1987.

Markert-Wizisla 1997 = Markert-Wizisla, Chr., Elisabeth Malo. Anfänge feministischer Theologie im wilhelminischen Deutschland, Pfaffenweiler 1997.

Markstrom 2007 = Markstrom, K.S. The Operas of Leonardo Vinci, New York et al. 2007.

Martino 1994 = Martino, A., Die italienische Literatur im deutschen Sprachraum. Ergänzungen und Berichtigungen zu Frank-Rutger Hausmanns Bibliographie, Amsterdam – Atlanta 1994 (Chloe. Beihefte zum Dahnis 17).

—. 1997 = Martino, A., Von den Wegen und Umwegen der Verbreitung spanischer Literatur im Deutschen Sprachraum (1550–1750), in: H. Feger (Hrsg.), Studien zur Literatur des 17. Jahrhunderts. Gedenkschrift für Gerhard Spellerberg (1937–1996), Amsterdam 1997, 285–344.

Marx & Schröder 1995 = Marx, H.J. & Schröder, D., Die Hamburger Gänsemarkt-Oper. Katalog der Textbücher (1678–1748), Laaber 1995.

Marx 2009 = Marx, B., Die Gesetze der Natur und die Macht des Wortes. Die Academia degli Incogniti in Venedig (1626–1661), in: B. Marx & Chr. Mayer (Hrsg.), Akademie und/oder Autonomie. Akademische Diskurse vom 16. bis 18. Jahrhundert, Frankfurt a.M. et al. 2009, 61–100.

Mathieu-Castellani 1979 = Mathieu-Castellani, G. (Hrsg.), La Métamorphose dans la poésie baroque française et anglaise. Variations et resurgences, Actes du Colloque international de Valenciennes 1979, Tübingen 1980 (Études littéraires françaises 7).

Maurer 1959 = Maurer, K., Die Selbstmörder in Dantes Divina Commedia, Zeitschrift für Romanische Philologie 75 (1959), 306–321.

Mayeda 1967 = Mayeda, A., Nicola Antonio Porpora als Instrumentalkomponist, Wien 1967.

Maylender 1926 = Maylender, M., Storia delle accademie d'Italia – Bd. 1, Bologna 1926.

—. 1927 = Maylender, M., Storia delle accademie d'Italia – Bd. 2, Bologna 1927.

McCarthy 2018 = McCarthy, Th.J.H., The Continuations of Frutolf of Michelsberg's Chronicle, Wiesbaden 2018 (Schriften der Monumenta Germaniae Historica 74).

McClary 1991 = McClary, S., Female Endings. Music, Gender, and Sexuality, Minneapolis 1991.

McCleland 2012 = McCleland, C., Ombra. Supernatural Music in the Eighteenth Century. Context, Style and Signification, Lanham, MD 2012.

McDonald 2001 = McDonald, M., Sing Sorrow. Classics, History and Heroines in Opera, Westport – London 2001 (Contributions to the Study of Music and Dance 62).

McGeary 1998 = McGeary, Th., Farinelli in Madrid. Opera, Politics, and the War of Jenkins' Ear, The Musical Quarterly 82/2 (1998), 383–421.

McLuhan 1994 = McLuhan, M., Understanding Media. The Extension of Man, Cambridge 1994.

Meid 2009 = Meid, V., Die Deutsche Literatur im Zeitalter des Barock. Vom Späthumanismus zur Frühaufklärung 1570–1740 München 2009 (Geschichte der deutschen Literatur 5).

—. 2015 = Meid, V., Barock-Themen. Eine Einführung in die deutsche Literatur des 17. Jahrhunderts, Stuttgart 2015 (Reclams Universal-Bibliothek).

Meier 2011 = Meier, M., Alarich – Die Tragödien Roms und des Eroberers. Überlegungen zu den Historien des Orosius, in: H. Carl & H.-J. Bömelburg (Hrsg.), Lohn der Gewalt. Beutepraktiken von der Antike bis zur Neuzeit, Paderborn et al. 2011, 73–101.

—. 2015 = Meier, M., Xyngráphein – Historiographie und das Problem der Zeit. Überlegungen zum Muster der ‚Verdichtung' in der europäischen Historiographie, HZ 2015, 297–340.

Mele 1990 = Mele, D., L'accademia dello Spirito Santo. Un'istituzione musicale ferrarese del sec. XVII, Ferrara 1990.

Meletinskij 2014 = Meletinskij, E., Poetica storica della novella, Macerata 2014.

Melfi 2008 = Melfi, M., Excavating Opera. Composers and Archaeologists in 19th Century Italy, in: M.J. Pascual Castillo et al. (Hrsg.), Imagines. La antigüedad en las artes escénicas y visuales, Logroño 2008, 159–164.

Melnikoff & Gieskes 2008 = Melnikoff, K. & Gieskes, E., Introduction. Re-imagining Robert Greene, in: K. Melnikoff & E. Gieskes (Hrsg.), Writing Robert Greene. Essays on England's First Notorious Professional Writer, Ashgate 2008, 1–24.

Meloncelli 1992 = Meloncelli, R., s.v. Draghi, Antonio, Dizionario biografico degli Italiani 41 (1992), 630–637.

Metken 1996= Metken, S., Der Kampf um die Hose. Geschlechterstreit und die Macht im Haus – Die Geschichte eines Symbols, Frankfurt a.M. – New York 1996.

Meyer 1984 = Meyer, R., Die Hamburger Oper 1678–1730, Bd. 4, Millwood, N.Y. 1984.

—. 2000 = Meyer, R., Die Rezeption der Opernlibretti Metastasios, in: A. Sommer-Mathis & E.Th. Hilscher (Hrsg.), Pietro Metastasio – uomo universale (1698–1782), Festgabe der Österreichischen Akademie der Wissenschaften zum 300. Geburtstag von Pietro Metastasio, Wien 2000, 311–352.

—. 2012a = Meyer, R., Die exotischen Handlungsräume im Drama des ausgehenden 18. Jahrhunderts, in: R. Meyer, Schriften zur Theater- und Kulturgeschichte des 18. Jahrhunderts, hrsg. v. Matthias Johannes Pernerstorfer, Wien 2012 (Summa summarum 1), 67–96.

—. 2012b = Meyer, R., Limitierte Aufklärung. Untersuchungen zum bürgerlichen Kulturbewußtsein im ausgehenden 18. und beginnenden 19. Jahrhundert, in: R. Meyer, Schriften zur Theater- und Kulturgeschichte des 18. Jahrhunderts, hrsg. v. M. Pernerstorfer, Wien 2012 (Summa summarum 1), 639–698.

Meyer-Zwiffelhoffer 2007 = Meyer-Zwiffelhoffer, E., Orientalismus? Die Rolle des Alten Orients in der deutschen Altertumswissenschaft und Altertumsgeschichte des 19. Jahrhunderts (ca. 1785–1910), in: R. Rollinger et al. (Hrsg.), Getrennte Wege? Kommunikation, Raum und Wahrnehmung in der Alten Welt, Frankfurt a.M. 2007 (Oikumene. Studien zur antiken Weltgeschichte 2), 501–594.

Miato 1998 = Miato, M., L'accademia degli incogniti di Giovan Francesco Leredan, Venezia (1630–1661), Firenze 1998 (Accademia toscana di scienze e lettere ‚La Colombaria'. Serie Studi 172).

Michalski 2003 = Michalski, S., Venus as Semiramis. A New Interpretation of the Central Figure of Botticelli's „Primavera", Artibus et Historiae 48 (2003), 213–222.

Migliorini 1963 = Migliorini, B., Storia della lingua italiana, Florenz 1963.

Miller 1981 = Miller, A., Louis Moréri's Grand Dictionnaire historique, in: F.A. Kafker (Hrsg.), Notable Encyclopedias of the Seventeenth and Eighteenth Centuries. Nine Predecessors of the Encyclopédie, Oxford 1981, 13–52.

Mina 2012 = Mina, A.D., Dante's Dido. A Study of Extended Simile in Vergil's Aeneid and Dante's Commedia, Ph.D. thesis, Emory University 2012 (http://holden.library.emory.edu/ark:/25593/bq9k2; letzter Zugriff: 25.3.2016).

Modonutti 2012 = Modonutti, R., La fortuna di un amico del Petrarca. La vita e le opere di fra Giovanni Colonna di Gallicano dal XV al XX secolo, Filologia e critica 37 (2012), 30–63.

Möller 2008 = Möller, L., Einleitung, in: Die Enzyklopädie des Isidor von Sevilla, übers. u. komm. v. L. Möller, Wiesbaden 2008, 9–18.

Momigliano 1931 = Momigliano, A., Tradizione e invenzione in Ctesia, Atene & Roma 12 (1931), 15–44.

Monaldini 2000 = Monaldini, S., L'orto dell'Esperidi. Musici, attori e artisti nel patrocinio della famiglia Bentivolo (1646–1685), Lucca 2000.

—. 2008 = Monaldini, S., s.v. Masotti, Vincenza Giulia, Dizionario biografico degli italiani 71 (2008), 661–663.

Mone 1856 = Mone, F.J., Sittenpolizei zu Speier, Straßburg und Konstanz, Zeitschrift für die Geschichte des Oberrheins (1856), 58–61.

Monerie 2015 = Monerie, J., De Šamaš-šum-ukin à Sardanapale. Histoire d'un mythe de la décadence, Topoi 20 (2015), 167–185.

Monterosso-Vacchelli 1977 = Monterosso-Vacchelli, A. M., L'opera veneziana nella prima meta del Seicento, in: A. Basso (Hrsg.), Storia dell'opera I/1, Turin 1977, 55–88.

Moos 1988 = Moos, P. v., Geschichte als Topik. Das rhetorische Exemplum von der Antike zur Neuzeit und die historiae im ‚Policraticus' Johanns von Salisbury, Hildesheim et al. 1988.

Morelli 1994 = Morelli, A., Legrenzi e i suoi rapporti con Ippolito Bentivoglio e l'ambiente ferrarese. Nuovi documenti, in: F. Passadore & F. Rossi (Hrsg.), Giovanni Legrenzi e la capella ducale di San Marco. Atti dei convegni internazionali di studi, Venezia, 24–26 maggio 1990, Clusone, 14–16 settembre 1990, Firenze 1994, 47–86.

—. 2005 = Morelli, A., s.v. Legrenzi, Giovanni, Dizionario biografico degli Italiani 64 (2005), 310–315.

Morelli 1989 = Morelli, G., Rez. zu D. Porte, Roma Diva ou comment Verdi, Debussy [...] se sont inspirés de l'histoire de César, Spartacus [...], (Nouveaux confluents, 2) / C. Questa, Semiramide redenta, (Letteratura e antropologia, 2), Rivista Italiana di Musicologia 24/2 (1989), 429–442.

Moréri ^{10}1718 = Moréri, L., Le grand dictionnaire historique, ou mélange curieux de l'histoire sacrée et profane, qui contient en abregé, les vies et les actions remarquables des Patriarches, des Juges, des Rois des Juifs, Amsterdam et al. ^{10}1718.

Mortimer 2005 = Mortimer, N., John Lydgate's Fall of Princes. Narrative Tragedy in its Literary and Political Contexts, Oxford 2005.

Mommsen 1859 = Mommsen, Th., Die römische Chronologie bis auf Caesar, Berlin 1859.

Mratschek 2007 = Mratschek, S., „Männliche" Frauen. Außenseiterinnen in Philosophenmantel und Melote, in: E. Hartmann et al. (Hrsg), Geschlechterdefinitionen und Geschlechtergrenzen in der Antike, Stuttgart 2007, 211–227.

Mücke 2005 = Mücke, P., „... man erzählt sich Wunderdinge von ihr". Oper und representatio maiestatis im 18. Jahrhundert, in: B. Marx (Hrsg.), Kunst und Repräsentation am Dresdner Hof, München – Berlin 2005, 217–227.

Müller 1996–2002 = Müller, Chr., s.v. Femina, Augustinus-Lexikon (1996–2002), 1266–1281.

Müller 1917 = Müller, E.H., Angelo und Pietro Mingotti. Ein Beitrag zur Geschichte der Oper im 18. Jahrhundert, Dresden 1917.

Müller 1992 = Müller, R., Ein Frauenbuch des frühen Humanismus. Untersuchungen zu Boccaccios De mulieribus claris, Stuttgart 1992.

Müller 2016 = Müller, S., Die Argeaden, München 2016.

Müller 2008 = Müller, S.O. (Hrsg.), Bühnen der Politik. Die Oper in europäischen Gesellschaften im 19. und 20. Jahrhundert, Wien et al. 2008 (Die Gesellschaft der Oper 2).

—. 2010 = Müller, S.O. (Hrsg.), Die Oper im Wandel der Gesellschaft. Kulturtransfers und Netzwerke des Musiktheaters im modernen Europa, Wien et al. 2010 (Die Gesellschaft der Oper. Musikkultur europäischer Metropolen im 19. und 20. Jahrhundert 5).

Müller et al. 2013 = Müller, M. et al. (Hrsg.), Das Thema Kleidung in den Etymologien Isidors von Sevilla und im Summarium Heinrici 1, Berlin 2013 (Ergänzungsbände zum Reallexikon der Germanischen Altertumskunde 80).

Müller-Lindenberg 2005 = Müller-Lindenberg, R., Wilhelmine von Bayreuth. Die Hofoper als Bühne des Lebens, Köln et al. 2005.

Muntz 2018 = Muntz, C.E., Diodoros, Mythology, and, Historiography, in: L.I. Hau et al. (Hrsg.), Diodoros of Sicily. Historiographical Theory and Practice in the Bibliotheke, Leiden 2018, 365–388.

Murray 2016 = Murray, J., Valerius Maximus on Vice. A Commentary on Facta et Dicta Memorabilia 9.1–11, Cape Town 2016 (https://open.uct.ac.za/bitstream/handle/11427/22968/thesis_hum_2016_murray_jeffrey.pdf; letzter Zugriff: 5.3.2019).

Nachod & Stern 1931 = Nachod, H. & Stern, P., Briefe des Francesco Petrarca. Eine Auswahl, Berlin 1931.

Nagel 2012 = Nagel, F., Die Weltchronik des Otto von Freising und die Bildkultur des Hochmittelalters, Marburg 2012.

Nagel 1982 = Nagel, W., Ninus und Semiramis in Sage und Geschichte. Iranische Staaten und Reiternomaden vor Darius, Berlin 1982 (Berliner Beiträge zur Vor- und Frühgeschichte NF 2).

Napp 2017 = Napp, A., Sesostris, eine kulturelle Hieroglyphe, Aegyptiaca – Journal of the History of Reception of Ancient Egypt 1 (2017), 75–99.

Nebelin 2011 = Nebelin, M., Kleopatras antike Rezeptionsgeschichte. Spaltung – Verknappung – Vereinseitigung, in: J. Göbel & T. Zech (Hrsg.), Exportschlager – Kultureller Austausch, wirtschaftliche Beziehungen und transnationale Entwicklungen in der antiken Welt, München 2011 (Quellen und Forschungen zur antiken Welt 57), 26–54.

Nestrick 1973 = Nestrick, W., Robert Greene, in: T.P. Logan & S.D. Smith (Hrsg.), The Predecessors of Shakespeare. A Survey and Bibliography of Recent Studies in English Renaissance Drama, Lincoln, NE, 1973, 56–92.

Neumann 2003 = Neumann, B., Literatur als Medium kollektiver Erinnerungen und Identäten in: A. Erll et al. (Hrsg.), Literatur – Erinnerung – Identität. Theoriekonzeptionen und Fallstudien, Trier 2003 (Studies in English Literary and Cultural History 11), 49–77.

Neumann & Nünning 2006 = Neumann, B. & Nünning, A., Kulturelles Wissen und Intertextualität. Grundbegriffe und Forschungsansätze zur Kontextualisierung von Literatur, in: M. Gymnich et al. (Hrsg.), Kulturelles Wissen und Intertextualität. Theoriekonzeptionen und Fallstudien zur Kontextualisierung von Literatur, Trier 2006 (Studies in English Literary and Cultural History 22), 3–28.

Neumeister 1996 = Neumeister, S., Calderòn in Wien. Fineza contra fineza (1671), in: F. Baasner (Hrsg.), Spanische Literatur – Literatur Europas. Festschrift für Wido Hempel, Tübingen 1996, 313–323.

Neuschäfer & Neumeister ³2006 = Neuschäfer, H.-J. & Neumeister, S. (Hrsg.), Spanische Literaturgeschichte, Stuttgart et al. ³2006, 161–164.

Neville 1995 = Neville, D., „Semiramide" in Vienna. Beyond Metastasian Metastasis, Studien zur Musikwissenschaft 44 (1995), 113–129.

—. 1998 = Neville, D., Opera or Oratorio? Metastasio's Sacred ‚opere serie', Early Music 26 (1998), 596–607.

—. ²2001 = Neville, D., s.v. Metastasio, NGroveD 16 (²2001), 510–520.

Nichols & Hansell ²2001 = Nichols, D. J. & Hansell, S., s.v. Hasse, The New Grove Dictonary of Music and Musicians 11 (²2001), 95–117.

Nider 2017 = Nider, V., From Italy to Europe. Seventeenth Century Collections of Orationes Fictae, in: J.C. Iglesias-Zoido & V. Pineda (Hrsg.), Anthologies of Historiographical Speeches from Antiquity to Early Modern Times. Rearranging the Tesserae, Leiden 2017 (International Studies in the History of Rhetoric 7), 378–399.

Niebrzydowski 2006 = Niebrzydowski, S., Bonoure and Buxum. A Study of Wives in Late Medieval English Literature, Frankfurt a.M. et al. 2006.

Niesner 1995 = Niesner, M., Das Speculum humanae salvationis der Stiftsbibliothek Kremsmünster. Edition der mittelhochdeutschen Versübersetzung und Studien zum Verständnis von Bild und Text, Köln et al. 1995 (Pictura et poesis 8).

Nieto 2009 = Nieto, F.J.F., Die Geschichtsschreiber Alexanders des Großen. Römer und Griechen, in: A. Wieczorek et al. (Hrsg.), Alexander der Große und die Öffnung der Welt. Asiens Kulturen im Wandel, Regensburg 2009, 33–38.

Niggemann 2019 = Niggemann, U., Neuere Forschungen zur Antikenrezeption. Beobachtungen und Perspektiven für die Kulturgeschichte der Frühen Neuzeit, Mitteilungen 25 (2019), 37–58.

Niggemann & Ruffing 2011 = Niggemann, U. & Ruffing, K., Einführung, in: U. Niggemann & K. Ruffing (Hrsg.), Antike als Modell in Nordamerika. Konstruktion und Verargumentierung 1763–1809, München 2011 (Historische Zeitschrift Beiheft 55), 5–22.

—. 2013 = Niggemann, U. & Ruffing, K., Modell Antike, in: Leibniz-Institut für Europäische Geschichte (Hrsg.), Europäische Geschichte Online (EGO), Mainz 2013-06-04 (http://www.ieg-ego.eu/niggemannu-ruffingk-2013-de; letzter Zugriff: 23.1.2016).

Noe 2011 = Noe, A., Die italienische Literatur in Österreich, Teil 1: Von den Anfängen bis 1797, Wien et al. 2011 (Geschichte der italienischen Literatur in Österreich 1).

—. 2018 = Noe, A., Literarhistorische Einleitung, in: Institut für kunst- und musikhistorische Forschungen an der Österreichischen Akademie der Wissenschaften (Hrsg.), Johann Josef Fux. Werke – Giunone placata, Fux WV II.2.19 (K 316), Wien 2018, XI–XIV.

Nora 1984–1992 = Nora, P., Les lieux de mémoire, 7 Bde., Paris 1984–1992.

Novokhatko 2009 = Novokhatko, A., The Invectives of Sallust and Cicero. Critical Edition with Introduction, Translation, and Commentary, Berlin 2009.

Novotny 2012 = Novotny, J., Sammuramat, in: H. Baker (Hrsg.), The Prosopography of the Neo-Assyrian Empire 3/1, Helsinki 2012, 1083–1084.

Nutz & Stadtler 2015 = Nutz, B. & Stadler, H., Gebrauchsgegenstand und Symbol. Die Unterhose (Bruoch) aus der Gewölbezwickelfüllung von Schloss Lengberg, Osttirol, in: J. Keupp (Hrsg.), Neue alte Sachlichkeit. Studienbuch Materialität des Mittelalters, Ostfildern 2015, 221–250.

Obermayer 1998 = Obermayer, H.P., Martial und der Diskurs über männliche ‚Homosexualität' in der Literatur der frühen Kaiserzeit, Tübingen 1998.

Oelsner 1992 = Oelsner, J., Griechen in Babylonien und die einheimischen Tempel in hellenistischer Zeit, in: D. Charpin & F. Joannès (Hrsg.), La circulation des biens, des personnes et des idées dans la Proche-Orient Ancient, Paris 1992 (Actes de la XXXVIIe Rencontre Assyriologique Internationale. CRRAI 38), 341–347.

—. 1996 = Oelsner, J., s.v. Abydenos, DNP 1 (1996), 45.

Opitz 1990 = Opitz, C., Ehre oder Schande für das weibliche Geschlecht? Die „Jungfrau von Orleans" und ihre Männerkleider vor Gericht, in: C. Opitz (Hrsg.), Evatochter und Braute Christi. Weiblicher Lebenszusammenhang und Frauenkultur im Mittelalter, Weinheim 1990, 169–196.

Origo 1975 = Origo, B., s.v. Capelli, Giovanni Maria, Dizionario Biografico degli Italiani 18 (1975), 487–489.

Ortkemper 1995 = Ortkemper, H., Engel wider Willen. Die Welt der Kastraten, Berlin 1995.

Oswald 2008 = Oswald, M., s.v. Pyramos und Thisbe, DNP Suppl. 5 (2008), 641–664.

Ott 2001 = Ott, N.H., Von der Handschrift zum Druck und retour. Sigismund Meisterlins Chronik der Stadt Augsburg in der Handschriften- und Druck-Illustration, in: J.R. Paas (Hrsg.), Augsburg, die Bilderfabrik Europas. Essays zur Augsburger Druckgraphik der frühen Neuzeit, Augsburg 2001, 21–29.

Over ²1999 = Over, B., s.v. Bertoni, Ferdinando (Gasparo), MGG Personenteil 2 (²1999), 1473–1478.

Overbeck 2011 = Overbeck, A., Italienisch im Opernlibretto. Quantitative und qualitative Studien zu Lexik, Syntax und Stil, Berlin 2011 (Beihefte zur Zeitschrift für romanische Philologie 364).

Palisca 1972 = Palisca, C.V., The ‚Camerata Fiorentina'. A Reappraisal, Studi musicali 1 (1972), 203–236.

—. 1989 = Palisca, C.V., The Florentine Camerata. Documentary Studies and Translations (Music Theory Translation Series), New Haven – London 1989.

Palmer 2009 = Palmer, N.F., ‚Turning many to righteousness'. Religious Didacticism in the Speculum humanae salvatoris and the Similitude of the Oak Tree, in: H. Lähnemann & S. Linden (Hrsg.), Dichtung und Didaxe. Lehrfaktes Sprechen in der deutschen Literatur des Mittelalters, Berlin 2009, 345–366.

Parker 2014 = Parker, G., Imprudent King. A New Life of Philip II., New Haven – London 2014.

Parr 1970 = Parr, J., Chaucer's Semiramis, Chaucer Review 5 (1970), 57–61.

Paschoud 1989 = Paschoud, F., „Se non è vero, è ben trovato". Tradition littéraire et vérité historique chez Ammien Marcellin, Chiron 19 (1989), 37–54.

Patrici 1586 = Patrici, F., Della poetica, Ferrara 1586.

Patzig 1901 = Patzig, E., Rez. zu Bourier, H., Über die Quellen der ersten vierzehn Bücher des Johannes Malalas, Bd. I–II, Augsburg 1899 und 1900, ByzZ 10 (1901), 255–262 u. 598–611.

Pausch 2007 = Pausch, D., s.v. Valerius [III 5] Maximus, DNP Suppl. 2 (2007), 625–626.

Pawlitzki 2009 = Pawlitzki, B., Antik wird Mode. Antike im bürgerlichen Alltag des 18. und 19. Jahrhunderts, Ruhpolding et al. 2009.

Payne & Foss 1842 = Payne, J. Th. & Foss, H. (Hrsg.), Bibliotheca Grenvilliana or Bibliographical Notices of Rare and Curious Books, Forming Part of the Library of the Right Hon. Thomas Grenville, Teil 1, London 1842.

Peek 1941 = Peek, W., Zum Epigramm aus Halikarnass, Hermes 76 (1941), 222–223.

Peka 2015 = Peka, C., Die antiken Exempla in Hans Vintlers „Plumen der Tugent", Wien 2015 (http://othes.univie.ac.at/38288/1/2015-07-20_0702351.pdf; letzter Zugriff: 1.9.2017).

Pellet 1931 = Pellet, E.J., A Forgotten French Dramatist. Gabriel Gilbert (1620?–1680?), Baltimore MD 1930.

Pelling et al. 2000 = Pelling, Chr.B.R. et al., s.v. Plutarchos, DNP 9 (2000), 1159–1175.

Perdrizet 1932 = Perdrizet, P., Légendes babyloniennes dans les Métamorphoses d'Ovide, Revue de l'histoire des religions 105 (1932), 193–228.

Pernerstorfer 2014 = Pernerstorfer, M.J. (Hrsg.), Herbert Seifert – Texte zur Musikdramatik im 17. und 18. Jahrhundert, Wien 2014 (Summa Summarum 2).

Pernoud 1982 = Pernoud, R., Christine de Pizan, Paris 1982.

Pertusi 1964 = Pertusi, A., Leonzio Pilato fra Petrarca e Boccaccio. Le sue versioni omeriche negli autografi de Venezia e la cultura graca del prima Umanesimo, Venedig – Rom 1964.

Perutkova 2015 = Perutkova, J., Der glorreiche Nahmen Adami. Johann Adam Graf von Questenberg (1678–1752) als Förderer der italienischen Oper in Mähren, Wien 2015 (Specula Spectacula 4).

Peters 1989 = Peters, U., Die Oper des 17. und frühen 18. Jahrhunderts auf der modernen Opernbühne. Eine Untersuchung zur Aufführungspraxis von Barockopern im deutschsprachigen Theaterraum zwischen 1975 und 1986, München 1989.

Pethes & Ruchatz 2001 = Pethes, N. & Ruchatz, J. (Hrsg.), Gedächtnis und Erinnerung. Ein interdisziplinäres Lexikon, Reinbek b. Hamburg 2001.

Petoletti 2015 = Petoletti, M., La storia del testo di Giustino. Punti di arrivo, prospettive di ricerca, in: C. Bearzot & F. Landucci (Hrsg.), Studi sull'epitome di Giustino, I. Dagli Assiri a Filippo II di Macedonia, Mailand 2015 (Contributi di Storia Antica 12), 3–25.

Pettinato 1988 = Pettinato, G., Semiramis. Herrin über Assur und Babylon – Biographie, Zürich 1988.

Pfisterer et al. 2005 = Pfisterer, U. et al., s.v. Barock, Enzyklopädie der Neuzeit 1 (2005), 976–997.

Philipps 1964 = Philipps, M., The Adages of Erasmus. A Study with Translations, Cambridge 1964.

Piemontese 2014 = Piemontese, A.M., La Persia istoriata in Roma, Città del Vaticano 2014 (Studi e testi 480).

Pietropaolo & Parker 2011 = Pietropaolo, D. & Parker, M.A., The Baroque Libretto. Italian Operas and Oratorios in the Thomas Fisher Library at the University of Toronto, Toronto 2011 (Toronto Italian Studies).

Pietzsch 1907 = Pietzsch, W., Apostolo Zeno in seiner Abhängigkeit von der französischen Tragödie, Leipzig 1907.

Pignatti 2007 = Pignatti, F., s.v. Manfredi, Muzio, Dizionario Biographicodegli Italiani 68 (2007), 720–725.

Pinkepank 2007 = Pinkepank, A., s.v. Diodorus [18] Siculus (Diodor), DNP Suppl. 2 (2007), 201–203.

Pinnock 2006 = Pinnock, F., Semiramis e sue sorelle. Immagini di donne nell'antica Mesopotamia, Mailand 2006.

Piperno 1990 = Piperno, F., Das Produktionssystem bis 1780, in: L. Bianconi & G. Pestelli (Hrsg.), Geschichte der italienischen Oper, Bd. 4, Laaber 1990, 15–79.

Pirngruber 2011 = Pirngruber, R., Eunuchen am Königshof. Ktesias und die altorientalische Evidenz, in: J. Wiesehöfer et al. (Hrsg.), Ktesias' Welt – Ctesias' World, Wiesbaden 2011 (CleO 1), 279–312.

Pirrotta 1954 = Pirrotta, N., s.v. camerata fiorentina, Enciclopedia dello Spettacolo 2 (1954), 1563–1568.

—. 1969 = Pirrotta, N., Early Venetian libretti at Los Angeles, in: G. Reese et al. (Hrsg.), Essays in Musicology in Honor of Dragan Plamenac on his 70th Birthday, Pittsburgh 1969, 233–243.

Plassmann 2006 = Plassmann, A., Origo gentis. Identitäts- und Legitimitätsstiftung in früh- und hochmittelalterlichen Herkunftserzählungen, Berlin 2006 (Orbis mediaevalis 7).

Plume 1996 = Plume, C., Heroinen in der Geschlechterordnung. Wirklichkeitsprojektionen bei Daniel Casper von Lohenstein und die Querelles des Femmes, Stuttgart et al. 1996.

Pöhlmann 1969 = Pöhlmann, E., Antikenverständnis und Antikenmißverständnis in der Operntheorie der Florentiner Camerata, Die Musikforschung 22 (1969), 5–13.
Porcelli 1986 = Porcelli, B., Il Teseida del Boccaccio fra la Tebaide e The Kinght's Tale, Studi e probleme di critica testuale 32 (1986), 57–80.
Port 1932 = Port, J., Divadelní vytvarníci stare Prahy, in: A. Rektorys (Hrsg.), Kniba o Prate, Prag 1932, 70–120.
Pöschel 1959 = Pöschel, V., Kephalos und Prokris in Ovids Metamorphosen, Hermes 87/3 (1959), 328–343.
Prato 1971 = Prato, G., I teatri pubblici di Venezia (secoli XVII–XVIII), Venedig 1971.
Prawy 1969 = Prawy, M., Die Wiener Oper. Geschichte und Geschichten, Wien 1969.
Preston 2017 = Preston, K.K., Opera for the People. English-Language Opera and Women Managers in Late 19th-Century America, Oxford 2017 (AMS Studies in Music).
Priesener 1990 = Priesener, L., s.v. Gründungssage, Enzyklopädie des Märchens 6 (1990), 264–276.
Prieur & Prieur 2000 = Prieur, M. & Prieur, K., The Syro-Phoenician Tetradrachms and Their Fractions From 57 BC to AD 253, Lancaster 2000.
Prinzbach 2003 = Prinzbach, C. (Hrsg.), Gehorsame Tochter der Musik. Das Libretto – Dichter und Dichtung der Oper, München 2003.
Prota-Giurleo 1952 = Prota-Giurleo, U., Breve storia del teatro di corte e della musica a Napoli nei sec. XVII–XVIII, in: F. de Filippis & U. Prota Giurleo (Hrsg.), Il Teatro di corte del Palazzo reale di Napoli, Neapel 1952, 17–77.
Quantz 1752 = Quantz, J.J., Versuch einer Anweisung die Flöte traversiere zu spielen, Berlin 1752 [ND Leipzig 1983].
Questa 1989 = Questa, C., Semiramide redenta. Archetipi, fonti classiche, censure antropologiche nel melodramma, Urbino 1989 (Letteratura e antropologia 2).
Quientero 2001 = Quientero, M. C., Gender, Tyranny and the Performance of Power in La Hija del Aire, Bulletin of the Commediantes 53/1 (2001), 155–178.
Quinto 1993 = Quinto, R., s.v. Petrus Comestor, LexMA 6 (1993), 1967–1968.
Rädle 1997 = Rädle, F., s.v. Argumentum 2, Reallexikon der Deutschen Literaturwissenschaft. Neubearbeitung des Reallexikons der deutschen Literaturgeschichte 1 (1997), 132–133.
Rank ^{2}1926 = Rank, O., Das Inzest-Motiv in Sage und Dichtung. Grundzüge einer Psychologie des dichterischen Schaffens, Leipzig – Wien ^{2}1926.
Ranke 1824. Ranke, L. v., Geschichten der romanischen und germanischen Völker von 1494 bis 1514, Leipzig – Berlin 1824 [ND Paderborn 2012].
Rathmann 2014 = Rathmann, M., Diodor und seine Quellen. Zur Kompilationstechnik des Historiographen, in: H. Hauben & A. Meeus (Hrsg.), The Age of the Successors and the Creation of the Hellenistic Kingdoms (323–276 B.C.), Leuven 2014, 49–113.
—. 2016 = Rathmann, M., Diodor und seine „Bibliotheke". Weltgeschichte aus der Provinz, Berlin 2016 (Klio Beihefte NF 27).
Rati 2002 = Rati, A., La Battaglia di Luzzara, Mantua 2002.
Raveggi 2009 = Raveggi, S., L'Italia dei Guelfi e Ghibellini, Mailand 2009.
Rebenich 2009 = Rebenich, St., Christian Asceticis and Barbarian Incursion. The Making of a Christian Catastrophe, Journal of Late Antiquity 2 (2009), 49–59.
Reig & Carruesco 2013 = Reig, M. & Carruesco, J., Myth and Tragedy in Opera Staging in the 21st Century, in: S. Knippschild & M. Garcia Morcillo (Hrsg.), Seduction and Power. Antiquity in the Visual and Performing Arts, London – New York 2013, 109–120.

—. 2015 = Reig, M. & Carruesco, J., Medea, a Greek Sorceress in Modern Opera and Ballet. From Barber to Reimann, in: F. Carlà & I. Berti (Hrsg.), Ancient Magic and the Supernatural in the Modern Visual and Performing Arts, London – New York 2015 (Bloomsbury Studies in Classical Reception), 93–102.

Reinle 2000 = Reinle, Chr., Exempla weiblicher Stärke? Zu den Ausprägungen des mittelalterlichen Amazonenbildes, HZ 270/1 (2000), 1–38.

Ricci 1888 = Ricci, C., I teatri di Bologna nei secoli XVII e XVIII, Bologna 1888 [ND 1965].

Ricci 1965 = Ricci, P.G., Giovanni Boccaccio – Opere, Bd. 1, Neapel 1965.

Ricci 2005 = Ricci, C., Orosius' Geschichte gegen die Heiden und ihre Überlieferung, in: M. Wallraff (Hrsg.), Welt-Zeit. Christliche Weltchronistik aus zwei Jahrtausenden in Beständen der Thüringer Universitäts- und Landesbibliothek Jena, Berlin et al. 2005, 68–74.

Ricciardi 1976 = Ricciardi, R., s.v. Capra, Galezzano, Dizionario Biografico degli Italiani 19 (1976), 123–126.

Rice 2008 = Rice, J.A., s.v. Marchetti Fantozzi [née Marchetti], Maria, in: L. Macy (Hrsg.), The Groove Book of Opera Singers, Oxford 2008, 302–303.

Richard-Jamet 2003 = Richard-Jamet, C.C.J., Les galeries de ‚femmes fortes' dans les arts en Europe au XVIe et au XVIIe siècles. Une étude iconographique comparative, Bordeaux 2003.

Ridgeway 1986 = Ridgeway, R.S., Voltairian bel canto. Operatic Adaptions of Voltaires Tragedies, Studies on Voltaire and the Eighteenth Century 241 (1986), 125–155.

Riedmann ^{2}1988 = Riedmann, J., Geschichte Tirols, Wien ^{2}1988.

Riemenschneider 1972 = Riemenschneider, H., Tanz und Hofoper in der Residenz Düsseldorf, Köln 1972.

Ritzu 1961 = Ritzu, F., Bibliografia della collana palatina di drammi, Studi secenteschi 2 (1961), 293–320.

Roccatagliati 1995 = Roccatagliati, A., Libretti. Autonomous or Functional Texts?, The Opera Quarterly 11 (1995), 111–115.

Roddewig 1984 = Roddewig, M., Dante Alighieri, Die göttliche Komödie. Vergleichende Bestandsaufnahme der Commedia-Handschriften, Stuttgart 1984 (Hiersemanns bibliographische Handbücher 4).

Rode-Breymann 2011 = Rode-Breymann, S., Lebensbilder hervorragender Tüchtigkeit. Plutarch-Rezeption in Opern am Habsburger Kaiserhof – Ein Versuch, in: U. Heinen (Hrsg.), Welche Antike? Konkurrierende Rezeptionen des Altertums im Barock. Wiesbaden 2011 (Wolfenbütteler Arbeiten zur Barockforschung, 47/2), 261–276.

Rogge 2015 = Rogge, J., Mächtige Frauen? Königinnen und Fürstinnen im europäischen Mittelalter (11.–14. Jahrhundert) – Zusammenfassung, in: C. Zey (Hrsg.), Mächtige Frauen? Königinnen und Fürstinnen im europäischen Mittelalter, Ostfildern 2015 (Vorträge und Forschungen 81), 437–457.

Rohrbacher 2007 = Rohrbacher, D., The Historians of Late Antiquity, London – New York 2007.

Rollinger 1998 = Rollinger, R., Überlegungen zu Herodot, Xerxes und dessen angeblicher Zerstörung Babylons, Altorientalische Forschungen 25/2 (1998), 339–373.

—. 1999 = Rollinger, R., s.v. Babylon, DNP 13 (1999), 371–382.

—. 2010a = Rollinger, R., s.v. Semiramis, Reallexikon der Assyriologe und Vorderasiatischen Archäologie 12 (2010), 383–387.

—. 2010b = Rollinger, R., Extreme Gewalt und Strafgericht. Ktesias und Herodot als Zeugnisse für den Achaimenidenhof, in: B. Jacobs & R. Rollinger (Hrsg.), Der achaimenidische Hof – The Achaemenid Court (CleO 2), Wiesbaden 2010, 559–666.

—. 2011 = Rollinger, R., Assur, Assyrien und die klassische Überlieferung. Nachwirken, Deutungsmuster und historische Reflexion, in: J. Renger (Hrsg.), Assur. Gott, Stadt und Land, Wiesbaden 2011 (CDOG 5), 311–345.

—. 2013 = Rollinger, R., Berossos and the Monuments. City Walls, Sanctuaries, Palaces and the Hanging Garden, in: J. Haubold et al. (Hrsg.), The World of Berossos. Proceedings of the 4th International Colloquium on „The ancient Near East Between Classical and Ancient Oriental Traditions", Hatfield College, Durham 7th–9th July 2010, Wiesbaden 2013 (CleO 5), 142–155.

—. 2017 = Rollinger, R., Assyria in Classical Sources, in: E. Frahm (Hrsg.), A Companion to Assyria, Malden 2017 (Blackwell Companions to the Ancient World), 570–582.

Romagnoli ²2004 = Romagnoli, A., s.v. Orlandini, Giuseppe Maria, MGG, Personenteil 12 (²2004), 1421–1422.

Rosand 1980 = Rosand, E., In Defense of the Venetian Libretto, Studi musicali 9 (1980), 271–285.

—. 1989 = Rosand, E., The opera scenario, 1638–1655. A Preliminary Survey, in: F. della Seta & N. Piperno (Hrsg.), In canto et in sermone. For Nino Pirrotta on his 80th Birthday, Florenz 1989, 335–346.

—. 1991 = Rosand, E., Opera in Seventeenth-Century Venice. The Creation of a Genre, Berkeley 1991.

Rosen 1996 = Rosen, K., s.v. Ammianus Marcellinus, DNP 1 (1996), 596–598.

Rösener 2000 = Rösener, W., Einleitung, in: W. Rösener (Hrsg.), Adelige und bürgerliche Erinnerungskulturen des Spätmittelalters und der Frühen Neuzeit, Göttingen 2000 (Formen der Erinnerung 8), 9–20.

Ross 1970 = Ross, B., Giovanni Colonna, Historian at Avignon, Speculum 45 (1970), 533–563.

Rosselli 1984. Rosselli, J., The Opera Industry in Italy from Cimarosa to Verdi. The Role of the Impresario, Cambridge 1984.

—. 1992. Rosselli, J., Singers of Italian Opera. The History of a Profession, Cambridge 1992.

—. 1994 = Rosselli, J., Opera as a Social Event, in: R. Parker (Hrsg.), The Oxford Illustrated Handbook of Opera, Oxford 1994, 304–321.

Rost 1939 = Rost, H., Die Bibel im Mittelalter, Augsburg 1939.

Rostagno 2004 = Rostagno, A., s.v. Lampugnani, Giovanni Battista, Dizionario Biografico degli Italiani 63 (2004), 275–278.

Roth 2018 = Roth, A., Troja in Nürnberg. Ordnungsvorstellungen des Stadtbürgers Hans Sachs in seinen Meisterliedern zum trojanischen Sagenkreis, Würzburg 2018.

Rotmil 2000 = Rotmil, L.-A., The Artistic Patronage of Anne of Austria (1601–1666). Image-Making at the French Court, New York 2000.

Ruano de la Haza & Allen 1994 = Ruano de la Haza, J.M. & Allen, J.J., Los teatros comerciales del siglo XVII, Madrid 1994.

Rubow & Rump 2001 = Rubow, M. & Rump, S., Das wandelnde Bayreuth. Das Richard Wagner-Theater Angelo Neumanns, in: K. Hortschansky & B. Warnecke (Hrsg.), Der Ring des Nibelungen in Münster, Münster 2001, 191–205.

Rühl 1871 = F. Rühl, Die Verbreitung des Iustinus im Mittelalter, Leipzig 1871.

Ruffing 2002 = Ruffing, K., Einige Überlegungen zum Bild der indischen Frau in der antiken Literatur, in: Ch. Ulf & R. Rollinger (Hrsg.), Geschlechter – Frauen – fremde Ethnien in antiker Ethnographie, Theorie und Realität, Innsbruck et al. 2002, 253–268.

—. 2008 = Ruffing, K., Die berufliche Spezialisierung in Handel und Handwerk. Untersuchungen zu ihrer Entwicklung und zu ihren Bedingungen in der römischen Kaiserzeit im östlichen Mittelmeerraum auf der Grundlage der griechischen Inschriften und Papyri, 2 Bde., Rahden/Westf. 2008 (Pharos 24).

—. 2009 = Ruffing, K., Die ‚Satrapienliste' des Dareios. Herodoteisches Konstrukt oder Realität?, AMIT 41 (2009), 323–339.

—. 2011 = Ruffing, K., Ktesias' Indienbilder, in: J. Wiesehöfer et al. (Hrsg.), Ktesias' Welt – Ctesias' World, Wiesbaden 2011 (CleO 1), 351–366.

—. 2013 = Ruffing, K., Einführung, in: B. Dunsch & R. Ruffing, Herodots Quellen – Die Quellen Herodots, Wiesbaden 2013 (CleO 6), 1–6.

—. [im Druck] = Ruffing, K., Carthage and the Ancient Discourse on Empire, in: M. Gehler & R. Rollinger (Hrsg.), Empires to be Remembered, Wien [im Druck].

Ruiz Ramón 1998 = Ruiz Ramón, R., Introducción, in: Calderón de la Barca, La hija del aire, hrsg. v. R. Riuz Ramón, Madrid 1998, 9–55.

Rutishauser 1989 = Rutishauser, H., Semiramis, die Verruchte. Zur Montage einer assyrischen Herrscherinnengestalt, Feministische Studien 1 (1986), 106–123.

Ruud 2008 = Ruud, J., Critical Companion to Dante. A Literary Reference to His Life and Word, New York 2008.

Ryholt 2013 = Ryholt, K., Imitatio Alexandri in Egyptian Literary Tradition, in: T. Whitmarsh & S. Thomson (Hrsg.), The Romance Between Greece and the East, Cambridge 2013, 59–78.

Sacks 1990 = Sacks, K.S., Diodorus Siculus and the First Century, Princeton 1990.

Sadgarski 2010 = Sadgarski, D., Andrea Bernasconi und die Oper am Münchener Kurfürstenhof 1753–1772, München 2010.

Said 1978 = Said, E., Orientalism. Western Conceptions of the Orient, New York 1978.

—. 1993 = Said, E., Culture and Imperialism, New York 1993.

Sals 2004 = Sals, U., Die Biographie der „Hure Babylon". Studien zur Intertextualität der Babylon-Texte in der Bibel, Tübingen 2004 (Forschungen zum Alten Testament 2/6).

Salvarinai 2000 = Salvarani, M., Il teatro La Fenice di Ancona. Cenni storici e cronologia dei drammi in musica e balli (1712–1818), Rom 2000.

Sampson 2006 = Sampson, L., Pastoral Drama in Early Modern Italy. The Making of a New Genre, London 2006 (Italian Perspectives 15).

Samuel 1943 = Samuel, I., Semiramis in the Middle Ages. The History of a Legend, Medievalia et humanistica 2 (1943), 32–44.

Sancisi-Weerdenburg 1985 = Sancisi-Weerdenburg, H., The Death of Cyrus. Xenophon's Cyropaedia as a Source for Iranian History, Acta Iranica 25 (1985), 459–471.

—. 1987 = Sancisi-Weerdenburg, H., Decadence in the Empire of Decadence in the Sources, in: H. Sancisi-Weerdenburg (Hrsg.), Achaemenid History. Sources, Structures and Synthesis, Leiden 1987, 33–45.

Sandl 2005 = Sandl, M., Historizität der Erinnerung / Reflexivität des Historischen. Die Herausforderung der Geschichtswissenschaft durch die kulturelle Gedächtnisforschung, in: G. Oesterle (Hrsg.), Erinnerung, Gedächtnis, Wissen. Studien zur kulturwissenschaftlichen Gedächtnisforschung, Göttingen 2005, 89–120.

Sandys 1908 = Sandys, J.E., A History of Classical Scholarship, Bd. 2, Cambridge 1908.

Sano 2016 = Sano, K., Die Eroberungen von Ägypten durch Asarhaddon und Aššurbanipal, UF 47 (2016), 251–263.

Sargent 1930 = Sargent, C.V., The Dramatic Works of Cristóbal de Virués, New York 1930.

Sartori 1990–1994 = Sartori, C., I libretti italiani a stampa dalle origini al 1800, 7 Bde., Cueno 1990–1994.

—. 1984 = Sartori, M., Storia „utopia" e mito nei primi libri della bibliotheca historica di Diodoro Siculo, Athenaeum 72 (1984), 492–536.

Sassa 2015 = Sasse, B., „… den bösen Weybern zu einer besserung und warnung". Die Frauenschelte in den Dramen des Hans Sachs und ihre Vorbilder in Boccaccios lateinischen Mustersammlungen, in: I. Bennewitz (Hrsg.), Giovanni Boccaccio. Italienisch-deutscher Kulturtransfer von der Frühen Neuzeit bis zur Gegenwart, Bamberg 2015 (Bamberger interdisziplinäre Mittelalterstudien 9), 137–154.

Saurma-Jeltzsch 2002 = Saurma-Jeltzsch, L., Profan oder sakral? Zur Interpretation mittelalterlicher Wandmalerei im städtischen Kontext, in: E.C. Lutz et al. (Hrsg.), Literatur und Wandmalerei, Bd. 1: Erscheinungsformen höfischer Kultur und ihrer Träger im Mittelalter, Tübingen 2002, 283–328.

Savj-Lopez 1900 = Savj-Lopez, P., Sulle fonti della ‚Teseide', GSLI 36 (1900), 76–77.

Schade 1984 = Schade, S., Zur Genese des voyeuristischen Blicks. Das Erotische in den Hexenbildern Hans Baldung Griens, in: C. Bischoff et al. (Hrsg.), Frauen – Kunst – Geschichte. Zur Korrektur des herrschenden Blicks, Gießen 1984, 98–110.

Schäfer 2006 = Schäfer, Chr., Kleopatra, Darmstadt 2006.

Schaps 1982 = Schaps, D., The Women of Greece in Wartime, Classical Philology 77/3 (1982), 193–213.

Schauenburg 1960 = Schauenburg, K., Herakles und Omphale, RhM 103 (1960), 57–76.

Scheffczyk 1997 = Scheffczyk, L., s.v. Sünde/Sündenfall, I – Scholastik, LexMA 8 (1997), 315–319.

Scheil 2016 = Scheil, A.P., Babylon under Western Eyes. A Study of Allusion and Myth, Toronto et al. 2016.

Schettino 1998 = Schettino, M.T., Introduzione a Polieno, Pisa 1998.

Schiesari 1989 = Schiesari, J., In Praise of Virtuous Women? For a Geneology of Gender Morals in Renaissance Italy, Annali d'Italianistica 7 (1989), 66–87.

Schildgen 2002 = Schildgen, B.D., Dante and the Orient, Urbana – Chicago 2002.

Schilling 1675 = Schilling, Pater Don F. Sonntaegliche Predigten oder Penuarium quadragesimale, Nürnberg 1675.

Schindler 1973 = Schindler, F., Die Überlieferung der Strategemata des Polyainos, Wien 1973 (Sitzungsberichte der Österreichischen Akademie der Wissenschaften, Phil.-Hist. Klasse 284/1).

Schippan 2009 = Schippan, M., Eine historisch Große. Katharina II. von Russland, in: M. Kaiser & J. Luh (Hrsg.), Friedrich und die historische Größe. Beiträge des dritten Colloquiums in der Reihe „Friedrich300" vom 25./26. September 2009 (Friedrich300 Colloquien 3), unpaginert (https://www.perspectivia.net/publikationen/friedrich300-colloquien/friedrich-groesse/schippan_katharina; letzter Zugriff: 26.7.2019).

Schivelbusch 1983 = Schivelbusch, W., Lichtblicke. Zur Geschichte der künstlichen Helligkeit im 19. Jahrhundert, Frankfurt a.M. 1983.

Schlaffer 1993 = Schlaffer, H., Poetik der Novelle, Stuttgart – Weimar 1993.

Schleuning 1997 = Schleuning, P., „Ich habe den Namen gefunden, nämlich Montezuma". Die Berliner Hofopern Coriolano und Montezuma, entworfen von Friedrich II. von Preußen, komponiert von Carl Heinrich Graun, in: K. Hortschansky (Hrsg.), Traditionen – Neuansätze. Festschrift für Anna Amalie Abert (1906–1996), Tutzing 1997, 493–518.

Schlumbohm 1978 = Schlumbohm, Chr., Der Typus der Amazone und das Frauenideal im 17. Jahrhundert. Zur Selbstdarstellung der Grande Mademoiselle, Romanistisches Jahrbuch 29 (1978), 77–99.

—. 1981 = Schlumbohm, Chr., Die Glorifizierung der Barockfürstin als ‚Femme Forte', in: A. Buck et al. (Hrsg.), Europäische Hofkultur im 16. und 17. Jahrhundert, Bd. 2, Hamburg 1981 (Wolfenbütteler Arbeiten zur Barockforschung 9), 113–122.

Schmal 2007 = Schmal, St., Ares und Aphrodite, Kämpfende Frauen in der antiken Ethnographie und Geschichtsschreibung, in: E. Hartmann et al. (Hrsg.), Geschlechterdefinitionen und Geschlechtergrenzen in der Antike, Stuttgart 2007, 99–116.

Schmale & Schmale-Ott 1972 = Schmale, F.-J. & Schmale-Ott, I., Einleitung, in: Frutolfs und Ekkehards Chroniken und die anonyme Kaiserchronik, übers. v. F.-J. Schmale & I. Schmale-Ott, Darmstadt 1972, 1–43.

Schmied 1990 = Schmied, G., Die literarische Gestaltung der Factorum et Dirctorum memorabilium Libri Novem des Valerius Maximus, Wien 1990.

Schmidt 2014 = Schmidt, D., Die Liebe der Danae – Capriccio. „Schwanengesänge" in Zeiten des Krieges?, in: W. Werbeck (Hrsg.), Richard Strauss, Handbuch, Stuttgart 2014, 276–312.

Schmidt 1979 = Schmidt, P.L., s.v. Justinus, KlP 3 (1979), 23.

Schmidt ^{5}1995 = Schmidt, W.H., Einführung in das Alte Testament, Berlin – New York ^{5}1995.

Schmidt-Hensel 2009 = Schmidt-Hensel, R.D., „La musica è del Signor Hasse detto il Sassone …". Johann Adolph Hasses ‚Opere serie' der Jahre 1730–1745. Quellen, Fassungen, Aufführungen, Göttingen 2009.

Schmidt-Voges 2011 = Schmidt-Voges, I., „Weil der Ehe-Stand ein ungestümmes Meer ist …" – Bestands- und Krisenphasen in ehelichen Beziehungen in der Frühen Neuzeit, in: S. Westphal et al. (Hrsg.), Venus und Vulkanus. Ehen und ihre Konflikte in der Frühen Neuzeit, München 2011 (bibliothek altes Reich 6), 89–162.

—. 2015 = Schmidt-Voges, I., Mikropolitiken des Friedens. Semantiken und Praktiken des Hausfriedens im 18. Jahrhundert, Berlin 2015 (bibliothek altes Reich 18).

Schmitt 1988 = Schmitt, A., Der Exotismus in der deutschen Oper zwischen Mozart und Spohr, Hamburg 1988 (Hamburger Beiträge zur Musikwissenschaft 36).

Schmitt 2012 = Schmitt, R., s.v. Zarinaia, Encyclopædia Iranica, online edition, 2012 (http://www.iranicaonline.org/articles/zarinaia; letzter Zugriff: 3.4.2018).

Schmitt-von Mühlenfels 1972 = Schmitt-von Mühlenfels, F., Pyramus und Thisbe. Rezeptionstypen eines Ovidischen Stoffes in Literatur, Kunst und Musik, Heidelberg 1972.

Schmugge 2008 = Schmugge, L., Ehen vor Gericht. Paare der Renaissance vor dem Papst, Berlin 2008.

Schnegg 2013 = Schnegg, K., Geschlechter-Transgressionen in der römischen Antike. Erzählungen von Eunuchenpriestern, in: E. Appelt et al. (Hrsg.), Interdisziplinäre Perspektiven der Geschlechterforschung. Innsbrucker Gender Lectures II, Innsbruck 2013, 103–116.

—. 2016= Schnegg, K., Der transformierte Körper in De Dea Syria. Eine historisch unorthodoxe Lesart, begutachtet.at 2016, 1–10 (http://epub.jku.at/urn:nbn:at:at-ubl:3-11; letzter Zugriff: 9.5.2019).

Schneider 2003 = Schneider, U., Le donne fanno gruppo? Zum Problem literarischer Autorität im ‚weiblichen Petrarkismus', in: M. Föcking & B. Huss (Hrsg.), Varietas und Ordo. Zur Dialektik von Vielfalt und Einheit in Renaissance und Barock, Stuttgart 2003, 75–90.

Schneider [im Druck] = Schneider, H., Der Tod Messalinas. Folge sexueller Libertinage oder Machtkalkül?, in: K. Droß-Krüpe & S. Fink (Hrsg.), Perception and (Self)Presentation of Powerful Women in the Ancient World. Proceedings of the 8th Melammu Workshop, Kassel, 30 January – 1 February 2019, Münster [im Druck].

Schneider 2006 = Schneider, W.Chr., Das Ende der antiken Leiblichkeit. Begehren und Enthaltsamkeit bei Ambrosius, Augustin und Maximian, in: Th. Späth & B. Wagner-Hasel (Hrsg.), Frauenwelten in der Antike. Geschlechterordnungen und weibliche Lebenspraxis, Stuttgart 2006, 412–426.

Schneider-Seidel 2002 = Schneider-Seidel, K.-M., Antike Sujets und moderne Musik. Untersuchungen zur französischen Musik um 1900, Stuttgart 2002.

Scholten 1995 = Scholten, H., Der Eunuch in Kaisernähe, Zur politischen und sozialen Bedeutung des praepositus sacri cubiculi im 4. und 5. Jahrhundert n. Chr., Frankfurt a.M. et al. 1995.

Schorn 2013 = Schorn, St., Die Pythagoreer im zehnten Buch der Bibliothek Diodors. Zitate, Traditionen-und Manipulationen, in: M. Berti & V. Costa (Hrsg.), Ritorno ad Alessandria. Storiografia antica e cultura bibliotecaria: tracce di una relazione perduta, Atti del Convegno Internazionale Università di Roma Tor Vergata, 28–29 Novembre 2012, Tivoli 2013, 179–259.

—. 2014 = Schorn, St., Historiographie, Biographie und Enkomion. Theorie der Biographie und Historiographie bei Diodor und Polybios, Rivista Storica dell'Antichità 44 (2014), 135–162.

Schöffel 2002 = Schöffel, Ch., Martial, Buch 8. Einleitung, Text, Übersetzung, Kommentar, Stuttgart 2002 (Palingenesia 77).

Schöning 2003 = Schöning, U., Der ‚Trojaroman' des Benoît de Sainte-Maure. Zur Funktionalisierung von Geschichte im Mittelalter, in: H.-J. Behr et al. (Hrsg.), Troia – Traum und Wirklichkeit. Ein Mythos in Geschichte und Rezeption, Braunschweig 2003, 198–205.

Schramm 1972 = Schramm, W., War Semiramis assyrische Regentin?, Historia 21 (1972), 513–521.

Schraten 2011 = Schraten, J., Zur Aktualität von Jan Assmann. Einleitung in sein Werk, Wiesbaden 2011.

Schreiber 1988 = Schreiber, U., Opernführer für Fortgeschrittene. Eine Geschichte des Musiktheaters – Bd. 1: Von den Anfängen bis zur Französischen Revolution, Kassel – Basel 1988.

Schrodi-Grimm 2009 = Schrodi-Grimm, R., Die Selbstmörderin als Tugendheldin. Ein frühneuzeitliches Bildmotiv und seine Rezeptionsgeschichte, Göttingen 2009 (http://hdl.handle.net/11858/00-1735-0000-0006-B4A2-B; letzter Zugriff: 27.9.2017).

Schroeder 1971 = Schroeder, H., Der Topos der Nine Worthies in Literatur und bildenden Kunst, Göttingen 1971.

Schubert 1998 = Schubert, W. (Hrsg.), Ovid, Werk und Wirkung. Festgabe für Michael von Albrecht zum 65. Geburtstag, 2 Bde., Frankfurt a.M. et al. 1998 (Studien zur klassischen Philologie 100).

Schullian 1937 = Schullian, D.M., The Anthology of Valerius Maximus and A. Gellius, Classical Philology 32 (1937), 70–72.

—. 1940 = Schullian, D.M., Valerius Maximus in Certain Excerpts of the Twelfth Century, AJP 61 (1940), 202–206.

—. 1960 = Schullian, D.M., A Preliminary List of Manuscripts of Valerius Maximus, in: L.B. Lawler et al. (Hrsg.), Studies in Honour of B.L. Ulmann, St. Louis 1960, 81–95.

—. 1981 = Schullian, D.M., A Revised List of Manuscripts of Valerius Maximus, Miscellanea Augusto Campena 1 (1981), 695–728.
—. 1984 = Schullian, D.M., s.v. Valerius Maximus, CTC 5 (1984), 287–403.
Schulze 2004 = Schulze, H., Odysseus in Venedig. Sujetwahl und Rollenkonzeption in den venezianischen Opern des 17. Jahrhunderts, Frankfurt a.M. 2004.
Schürer 2016 = Schürer, M., Der Herrscher als zweiter Salomon. Zum Bild König Roberts von Anjou in der Renaissance, in: P. Baker et al. (Hrsg.), Portraying the Prince in the Renaissance. The Humanist Depiction of Rulers in Historiographical and Biographical Texts, Berlin et al. 2016 (Transformationen der Antike 44), 217–236.
Schürmann 1987 = Schürman, B., Die Rezeption der Werke Otto von Freisings im 15. und frühen 16. Jahrhundert, Stuttgart 1987 (Historische Forschungen 112).
Schuster 2003 = Schuster, A., Die italienischen Opern Giacomo Meyerbeers, Bd. 2: Von „Romilda d Costanza" bis „L'esule di Granata", Marburg 2003.
Sebillotte Cuchet 2012 = Sebillotte Cuchet, V., Régimes de genre et Antiquité grecque classique (V^e–IVe siècles av. J.-C.), Annales. Histoire, Sciences Sociales 67/3 (2012), 573–603.
Sedlacek 1997 = Sedlacek, I., Die Neuf Preuses. Heldinnen des Spätmittelalters, Marburg 1997 (Studien zur Kunst- und Kulturgeschichte 14).
Seebald 2009 = Seebald, Chr., Libretti vom Mittelalter. Entdeckungen von Historie in der (nord)deutschen und europäischen Oper um 1700, Berlin 2009.
Seedorf 2016 = Seedorf, Th., Heldensoprane. Die Stimmen der eroi in der italienischen Oper von Monteverdi bis Bellini, Göttingen 2016.
Seel 1972 = Seel, O., Eine römische Weltgeschichte. Studien zum Text der Epitome des Iustinus und zur Historik des Pompeius Trogus, Nürnberg 1972.
Segal 1971 = Segal, Ch., Croesus on the Pyre. Herodotus and Bacchylides, WS 5 (1971), 39–51.
Segler-Meßner 2004 = Segler-Meßner, S., Von der Selbstbestimmung zur Diskussion über die Stellung der Frau. Der Wandel der Geschlechterbeziehungen in der Renaissance, in: A.-M. Bonnet & B. Schellewald (Hrsg.), Frauen in der Frühen Neuzeit. Lebensentwürfe in Kunst und Literatur, Köln et al. 2004, 7–36.
Seifert 1985 = Seifert, H., Die Oper am Wiener Kaiserhof im 17. Jahrhundert, Tutzing 1985 (Wiener Veröffentlichungen zur Musikwissenschaft).
—. 2014 = Seifert, H., Die Beziehungen zwischen den Häusern Pfalz-Neuburg und Habsburg auf dem Gebiet des Musikdramas vor und um 1700, in: M.J. Pernerstorfer (Hrsg.), Herbert Seifert – Texte zur Musikdramatik im 17. und 18. Jahrhundert, Wien 2014 (Summa Summarum 2), 723–736.
Selfridge-Field 2007 = Selfridge-Field, E., A New Chronology of Venetian Opera and Related Genres, Stanford, Calif. 2007.
Selles-Ferrando 2004 = Selles-Ferrando, X., Spanisches Österreich, Wien 2004.
Senn 1954 = Senn, W., Musik und Theater am Hof zu Innsbruck. Geschichte der Hofkapelle vom 15. Jahrhundert bis zu deren Auflösung im Jahre 1748, Innsbruck 1954.
Serlio 1584 = Serlio, S., Tutte l'opere d'architettura di Sebastiano Serlio, 7 Bde., Venezia 1584.
Seymour 2014 = Seymour, M., Babylon. Legend, History and the Ancient City, London – New York 2014.
Shapiro 1975 = Shapiro, M., Semiramis in Inferno V, Romance Notes 16 (1975), 455–456.
Sidéris 2000 = Sidéris, G., La comédie des castrats. Ammien Marcellin et les eunuques, entre eunucophobie et admiration, Revue Belge de Philologie et d'Histoire 78 (2000), 681–717.

Siedes 2013 = Siedes, M., s.v. Myrte, RAC 25 (2013), 378–389.

Simonetti Agostinetti 1991 = Simonetti Agostinetti, A., Presenze femminili nei libri XVIII–XX della Biblioteca storica di Diodoro Siculo, in: E. Galvagno & C. Molè Ventura (Hrsg.), Mito storia traditione. Diodoro Siculo e la storiografia classica, Catania 1991, 77–87.

Siranossian & Yevadian 2014 = Siranossian, A. & Yevadian, M.K., Les métamorphoses de Tigrane. L'épopée arménienne dans le théâtre classique et l'art lyrique, 2 Bde., Lyon 2014.

Skidmore 1996 = Skidmore, C., Practical Ethics for Roman Gentleman. The Works of Valerius Maximus, Exeter 1996.

Smart 1992 = Smart, S., Die Oper und die Arie um 1700. Zu den Aufgaben des Librettisten und zur Form der Arie am Beispiel der Braunschweiger und Hamburger Oper, in: G. Busch & A.J. Harper (Hrsg.), Studien zum deutschen und westlichen Kunstlied des 17. und 18. Jahrhunderts, Amsterdam – Atlanta 1992, 183–212.

Smith Atkins 2006 = Smith Atkins, M., The Beggar's Children. How John Gay Changed the Course of England's Musical Theatre, Cambridge 2006.

Sole 2008 = Sole, G., Castrati e cicisbei. Ideologia e moda nel Settecento italiano, Rubbettino 2008.

Sommer 2017 = Sommer, M., The Eternal Persian. Persianism in Ammianus Marcellinus, in: R. Strootman & M.J. Versluys (Hrsg.), Persianism in Antiquity, Stuttgart 2017, 345–354.

Sonneck 1914 = Sonneck, O.G.Th., Catalogue of Opera Librettos Printed before 1800, 2 Bde., Washington 1914.

Sonnleitner 2014 = Sonnleitner, K., Frauen aus Bibel und Antike als Fundamente in Christine de Pizans Stadt der Frauen, in: I. Fischer (Hrsg.), Bibel und Antikenrezeption. Eine interdisziplinäre Annäherung, Münster 2014, 130–166.

Sorum 1982 = Sorum, C.E., Family in Sophokles' Antigone and Elektra, CW 75/4 (1982), 201–211.

Southward Singleton 1990 = Southward Singleton, Ch., The Divine Commedy – Inferno. Commentary, Bd. 1/2, Princeton 1990.

Späth 2014 = Späth, Th., Performanz, Geschlecht – und die Antike, in: A. Heinze & F. Krippner (Hrsg.), Das Geschlecht der Antike. Zur Interdependenz von Antike- und Geschlechterkonstruktionen von 1700 bis zur Gegenwart, München 2014, 19–40.

Spengler 1972 = Spengler, O., Der Untergang des Abendlands, München 1972.

Spickermann 2009 = Spickermann, W., Lukian von Samosata und die fremden Götter, Archiv für Religionsgeschichte 11 (2009), 229–281.

Stachel 2010 = Stachel, P., Eine „vaterländische" Oper für die Habsburgermonarchie oder eine „jüdische Nationaloper"? Carl Goldmarks Königin von Saba in Wien, in: S.O. Müller (Hrsg.), Die Oper im Wandel der Gesellschaft. Kulturtransfers und Netzwerke des Musiktheaters im modernen Europa, Wien et al. 2010 (Die Gesellschaft der Oper. Musikkultur europäischer Metropolen im 19. und 20. Jahrhundert 5), 197–218.

Stadter 1965 = Stadter, P.A., Plutarch's Historical Methods. An Analysis of the Mulierum virtutes, Cambridge 1965.

Staehelin 2016 = Staehelin, M., Von den Pyramiden zum Tugendlob. Eine barocke Aegypten-Deutung des späten 17. Jahrhunderts, Wolfenbütteler Barock-Nachrichten 43 (2016), 141–158.

Stager & Schloen 2008 = Stager, L.E. & Schloen, J.D., Introduction. Ashkelon and Its Inhabitants, in: L.E. Stager et al. (Hrsg.), Ashkelon 1. Introduction and Overview (1985–2006), Winona Lake, Indiana 2008, 3–10.

Stallknecht 2001 = Stallknecht, F.A., Dramenmodell und ideologische Entwicklung der italienischen Oper im frühen Ottocento. Stuttgart et al. 2001.
Steele 1917 = Steele, R.B., Tompeius Trogus and Justinus, AJP 38 (1917), 19–41.
Steffen 1960 = Steffen, G., Johann Hugo von Wilderer (1670 bis 1724). Kapellmeister am kurpfälzischen Hofe zu Düsseldorf und Mannheim, Köln 1960 (Beiträge zur Rheinischen Musikgeschichte 40).
Steinbeck 2010 = Steinbeck, W., „In armonia favellare". Antikenrezeption und Oper um 1600, in: D. Boschung & E. Kleinschmidt, Lesbarkeiten. Antikenrezeption zwischen Barock und Aufklärung, Würzburg 2010 (Forum. Studien zur Moderneforschung 6), 197–206.
Steinmetzer 2001/2002 = Steinmetzer, Chr., „Hortus Conclusus", das Janusgesicht des Gartens im Mittelalter, Salzburg 2001/2002 (http://www.uni-salzburg.at/fileadmin/oracle_file_imports/544731.pdf; letzter Zugriff: 5.7.2019).
Stephens & Winkler 1995 = Stephens, S. & Winkler, J., Ancient Greek Novels, The Fragments, Princeton 1995.
Sternfeld 1993 = Sternfeld, F.W., The Birth of Opera, Oxford 1993.
Stevenson 1997 = Stevenson, R.B., Persica, Edinburgh 1997.
Stiehrle 1996 = Stiehrle, K., Werk und Intertextualität, in: D. Kimmich & R.G. Renner (Hrsg.), Texte zur Literaturtheorie der Gegenwart, Stuttgart 1996, 349–359.
Stierle 2003 = Stierle, K.-H., Francesco Petrarca. Ein Intellektueller im Europa des 14. Jahrhunderts, München & Wien 2003, 9–13.
—. 2008 = Stierle, K.-H., Das große Meer des Sinns. Hermeneutische Erkundungen in Dantes Commedia, München 2008.
—. 2014 = Stierle, K.-H., Dante Alighieri – Dichter im Exil, Dichter der Welt, München 2014.
Stobel 1976 = Stobel, A., Der spätbronzezeitliche Seevölkersturm. Ein Forschungsüberblick mit Folgerungen zur biblischen Exodusthematik, Berlin – New York 1976 (Beihefte zur Zeitschrift für die alttestamentliche Wissenschaft 145), 209–217.
Stok 1998 = Stok, F., Le traduzioni latine die Moralia di Plutarco, Fontes. Rivista di Filologia, Iconografia e Storia della Tradizione Classica 1 (1998), 117–136.
Strachan 2004 = Strachan, I., Emma, the Twice-crowned Queen. England in the Viking Age, London 2004.
Strohm 1979 = Strohm, R., Die italienische Oper im 18. Jahrhundert, Wilhelmshaven 1979 (Taschenbücher zur Musikwissenschaft 5).
—. 1985 = Strohm, R., Comic Traditions in Handel's Orlando, in: R. Strohm (Hrsg.), Essays on Handel and Italian Opera, Cambridge 1985, 249–267.
—. 1987 = Strohm, R., Scarlattiana at Yale in: N. Pirrotta & A. Ziino (Hrsg.), Händel e gli Scarlatti a Roma, Florenz 1987, 113–152.
—. 1990 = Strohm, R., Tragédie into Dramma per musica, (Part three), Informazioni e studi vivaldiani 11 (1990), 11–26.
—. 1997 = Strohm, R., Dramma per musica. Italian opera seria of the Eighteenth Century, New Haven – London 1997.
—. 2002 = Strohm, R., Costanza e fortezza. Investigation of the Baroque Ideology, in: D. Gallingani (Hrsg.), I Bibiena. Una famiglia in scena – da Bologna all'Europa, Florenz 2002, 77–91.
—. 2008 = Strohm, R., The Operas of Antonio Vivaldi, Bd. 2, Florenz 2008 (Studi di musica veneta. Quaderni vivaldiani 13).

—. 2009a = Strohm, R., La tragedia in maschera. French dramas and Vivaldi's operas, in: D. Colas & A. Di Profio (Hrsg.), D'une scène à l'autre. L'opéra italien en Europe, Bd. 2, Wavre 2009, 91–107.

—. 2009b = Strohm, R., Händels Opern in europäischem Zusammenhang, in: H. Schneider & R. Wiesend (Hrsg.), Die Oper im 18. Jahrhundert, Bd. 1, Laaber 2009, 37–45.

Stronk 2007 = Stronk, J.P., Ctesias of Cnidus. A Repraisal, Mnemosyne 60 (2007), 25–58.

—. 2017 = Stronk, J.P., Semiramis' Legacy. The History of Persia According to Diodorus of Sicily, Edinburgh 2017 (Edinburgh Studies in Ancient Persia).

Sulimani 2005 = Sulimani, I., Myth or Reality A Geographical Examination of Semiramis' Journey in Diodorus, Scripta Classica Israelica 24 (2005), 45–64.

Sullian 1991 = Sullivan, J.P., Martial, the Unexpected Classic. A Literary and Historical Study, Cambridge 1991.

Suntrup 1999 = Suntrup, R., Typologische Heilsgeschichts-Konzepte in mittelalterlicher geistlicher Literatur, in: V. Honemann & T. Tomasek (Hrsg.), Germanische Mediävistik, Münster et al. 1999 (Münsteraner Einführungen – Germanistik 4), 277–308.

Svärd 2016 = Svärd, S., Neo-Assyrian Elite Women, in: S.L. Budin & J. MacIntosh Turfa (Hrsg.), Women in Antiquity. Real Women Across the Ancient World, London – New York 2016, 126–137.

Swain 2013 = Swain, J.P., s.v. Legrenzi, Giovanni, Historical Dictionary of Baroque Music, Scarecrow 2013, 164–165.

Syme 1988 = Syme, R., The Date of Justin and the Discovery of Trogus, Historia 37 (1988), 358–371.

Szalc 2014 = Szalc, A., Semiramis and Alexander in the Diodorus Siculus' Account (II 4–20), in: R. Rollinger & E. van Dongen (Hrsg.), Mesopotamia in the Ancient World. Impact, Continuities, Parallels, Münster 2014 (Melammu Symposia 7), 495–508.

Szarota 1987 = Szarota, E.M., Stärke, dein Name sei Weib! Bühnenfiguren des 17. Jahrhunderts, Berlin 1987.

Szidat 1977 = Szidat, J., Historischer Kommentar zu Ammianus Marcellinus 20–21, Teil I. Die Erhebung Julians, Wiesbaden 1977.

Tagliavini 1960 = Tagliavini, L.F., s.v. Aldrovandini, Giuseppe Antonio Vincenco, Dizionario biografico degli Italiani 2 (1960), 124–125.

Tamm 2013 = Tamm, M., Beyond History and Memory. New Perspectives in Memory Studies, History Compass 11/6 (2013), 458–473.

Tanzer 1992 = Tanzer, G., „Spetacle müssen seyn". Die Freizeit der Wiener im 18. Jahrhundert, Wien et al. 1992.

Taplin 2007 = Taplin, O., Pots and Plays. Interactions between Tragedy and Greek Vase-painting of the Fourth Century B.C., Los Angeles 2007.

Tardini 1899 = Tardini, V., I teatri di Modena, 3 Bde., Modena 1899.

Tarling 2015 = Tarling, N., Orientalism and the Operatic World, Lanham, MD 2015.

Taylor 2000 = Taylor, A.B. (Hrsg.), Shakespeare's Ovid. The Metamorphoses in the Plays and Poems, Cambridge 2000.

Taylor 2006 = Taylor, C.D., The Salic Law, French Queenship and the Defence of Women in the Late Middle Ages, French Historical Studies 29 (2006), 543–564.

Tedesco 1992 = Tedesco, A., Il Teatro Sante Cecilia e il seicento musicale palermitano, Palermo 1992, 87–99.

Termini 1980 = Termini, O., Pollarolo Carlo Francesco, NGroveD 15 (1980), 46.

Themann-Steinke 2008 = Themann-Steinke, A., Valerius Maximus. Ein Kommentar zum Zweiten Buch der Facta et Dicta memorabilia, Trier 2008 (Bochumer Altertumswissenschaftliches Colloquium 77).

Ther 2006 = Ther, P., In der Mitte der Gesellschaft. Operntheater in Zentraleuropa 1815–1914, Wien – München 2006 (Musikkulturen europäischer Metropolen im 19. und 20. Jahrhundert 1).

—. 2010a = Ther, P., Einleitung. Das Musiktheater als Zugang zu einer Gesellschafts- und Kulturgeschichte Europas, in: S.O. Müller (Hrsg.), Die Oper im Wandel der Gesellschaft. Kulturtransfers und Netzwerke des Musiktheaters im modernen Europa, Wien et al. 2010 (Die Gesellschaft der Oper. Musikkultur europäischer Metropolen im 19. und 20. Jahrhundert 5), 9–24.

—. 2010b = Ther, P., Die Oper als Quelle der Geschichte, in: S.O. Müller (Hrsg.), Die Oper im Wandel der Gesellschaft. Kulturtransfers und Netzwerke des Musiktheaters im modernen Europa, Wien et al. 2010 (Die Gesellschaft der Oper. Musikkultur europäischer Metropolen im 19. und 20. Jahrhundert 5), 175–177.

Thiel 1970 = Thiel, E., Katalogo der Herzog August Bibliothek Wolfenbüttel. Die neue Reihe. Libretti. Verzeichnis der bis 1800 erschienenen Textbücher, Frankfurt a.M. 1970.

Thomas 2018 = Thomas, L.D., „Cursed be the one who invented the gold for the human race". Ktesias und die ‚Zwangsfeminisierung' des Parsondes, in: K. Ruffing & K. Droß-Krüpe (Hrsg.), Emas non quod opus est, sed quod necesse est. Festschrift für Hans-Joachim Drexhage zum 70. Geburtstag, Wiesbaden 2018 (Philippika 125), 399–410.

Thompson 2006 = Thompson, A.E., Revival, Revision, Rebirth. Handel Opera in Germany 1920–1930, Chapel Hill 2006 (https://cdr.lib.unc.edu/indexablecontent/uuid:14a1082a-591d-49ef-91c2-f856c711c0b5; letzter Zugriff: 18.4.2017).

Thurn 2018 = Thurn, A., Rufmord in der späten römischen Republik. Charakterbezogene Diffamierungsstrategien in Ciceros Reden und Briefen, Berlin – Boston 2018 (Philologus Suppl. 11).

Tietz 1999 = Tietz, U., Hans Georg Gadamer. Eine Einführung, Hamburg 1999.

Timpe 1989 = Timpe, D., Was ist Kirchengeschichte? Zum Gattungscharakter der Historia Ecclesiastica des Eusebius, in: W. Dahlheim et al. (Hrsg.), Festschrift für R. Werner, Konstanz 1989, (Xenia 22), 171–204.

Tintelnot 1939 = Tintelnot, H., Barocktheater und Barocke Kunst. Die Entwicklungsgeschichte der Fest- und Theater-Dekoration in ihrem Verhältnis zur barocken Kunst, Berlin 1939.

Tintori & Schito 1998 = Tintori, G. & Schito, M.M. (Hrsg.), Il Regio Ducal Teatro di Milano (1717–1778), Cuneo 1998.

Tiraboschi 1786 = Tiraboschi, G., Biblioteca Modenese o notizie della vita e delle opera degli scrittori nati degli stati del serenissimo signor duca di Modena, Bd. 6/1, Modena 1786.

Tomlinson 1986 = Tomlinson, G., Italian Romanticism and Italian Opera. An Essay in Their Affinities, 19th-Century Music 10/1, (1986), 43–60.

Torretta 1902 = Torretta, L, Il Liber de claris mulieribus di Giovanni Boccaccio. Parte IV – I plagiari, gli imitatori, i continuartori del Liber de claris mulierbus, Giornale storico della letteratura italiana 40 (1902), 252–292.

Tougher 1999 = Tougher, S., Ammianus and the Eunuchs, in: J.W. Drijvers & D. Hunt (Hrsg.), The Late Roman World and its Historian. Interpreting Ammianus Marcellinus, London – New York 1999, 64–73.

—. 2008 = Tougher, S., The Eunuch in Byzantine History and Society, London 2008.

Trattner 2011 = Trattner, A., „Böser Krieg" aus christlicher Sicht. Darstellungen exzessiver Gewalt im Geschichtswerk des P. Orosius, in: M. Linder & S. Tausend (Hrsg.), „Böser Krieg". Exzessive Gewalt in der antiken Kriegsführung und Strategien und deren Verbreitung; Vorträge gehalten im Rahmen der 6. Grazer Althistorischen Adventgespräche am 21. Dezember 2006, Graz 2011, 207–225.

Treadgold 2007 = Treadgold, W., The Early Byzantine Historians, New York 2007.

Treadwell 1998 = Treadwell, N., Female Operatic Cross-Dressing. Bernardo Saddumene's Libretto for Leonardo Vinci's Li ziti 'n galera (1722), Cambridge Opera Journal 10 (1998), 131–156.

Trepp 1996 = Trepp, A.-Ch., Sanfte Männlichkeit und selbständige Weiblichkeit. Frauen und Männer im Hamburger Bürgertum zwischen 1770 und 1840, Göttingen 1996 (Veröffentlichungen des Max-Planck-Instituts für Geschichte 123).

—. 1998 = Trepp, A.-Ch., Balanceakte. Bürgerliche Paarbeziehungen zwischen Partnerschaft, Verschiedenheit und Ungleichheit der Geschlechter (1770–1830), Historische Mitteilungen 12 (1998), 169–194.

—. 2002 = Trepp, A.-Ch., Diskurswandel und soziale Praxis. Zur These von der Polarisierung der Geschlechter seit dem 18. Jahrhundert, in: R. Grotjahn & F. Hoffmann (Hrsg.), Geschlechterpolaritäten in der Musikgeschichte des 18. und 20. Jahrhunderts, Herbolzheim 2002, 7–17.

Truschnegg 2002 = Truschnegg, B., Das Frauenbild in der Exempla-Litratur am Beispiel des Valerius Maximus, in: Chr. Ulf & R. Rollinger (Hrsg.), Geschlechter – Frauen – Fremde Ethnien. In antiker Ethnographie, Theorie und Realität, Innsbruck 2002, 360–397.

—. 2011 = Truschnegg, B., Geschlechteraspekte in den Schriften des Ktesias, in: J. Wiesehöfer et al. (Hrsg.), Ktesias' Welt – Ctesias' World, Wiesbaden 2011 (CleO 1), 403–447.

Tuor-Kurth 2010 = Tuor-Kurth, C., Kindesaussetzung und Moral in der Antike. Jüdische und christliche Kritik am Nichtaufziehen und Töten neugeborener Kinder, Göttingen 2010 (Forschungen zur Kirchen- und Dogmengeschichte 101).

Tuplin 2004 = Tuplin, Chr., Doctoring the Persians. Ctesias of Cnidus, Physician and Historian, Klio 86 (2004), 305–347.

Turner 1974 = Turner, V., Liminal to Liminoid in Play, Flow, and Ritual. An Essay in Comparative Symbology, Rice University Studies 60 (1974), 53–92.

Tversky & Kahnemann 1974 = Tversky, A. & Kahneman, D., Judgement under Uncertainty. Heuristics and Biases, Science, New Series 185/4157 (1974), 1124–1131.

Ubl 2008 = Ubl, K., Inzestverbot und Gesetzgebung. Die Konstruktion eines Verbrechens (300–1100), Berlin 2008 (Millennium-Studien 20).

Ughi 1804 = Ughi, L. (Hrsg.), s.v. Bonacossi, Dizionario storico degli uomini illustri ferraresi nella pietà 1 (1804), 74–75.

Unger 1928 = Unger, E. s.v. Babylon, RLA 1 (1928), 339–342.

Unser 2009 = Unser, S., Der Kastrat und seine Männlichkeit. Gesangskastraten im 17. und 18. Jahrhundert, Hamburg 2009.

Urbani 2018 = Urbani, S., s.v. Silvani, Franceso, Dizionario Biografico degli Italiani 92 (2018), 612–615.

Valesio 1745 = Valesio, F., Diario di Roma 1700–1742, 6 Bde., Rom 1745 [ND Mailand 1977–1979].

Valls-Russell 2011 = Valls-Russell, J., „As she had some good, so had she many bad parts" – Semiramis' Transgressive Personas, Caliban. French Journal of English Studies 29 (2011), 103–118.

van den Abeele 2008 = van den Abeele, B., La tradition manuscrite des Étymologies d'Isidore de Séville. Pour une reprise en main du dossier, Cahiers de Recherches Médiévales 16 (2008), 195–205.

van der Poel 1997 = van der Poel, M., Cornelius Agrippa, The Humanist Theologian and His Declamations, Leiden – Boston 1997.

van der Spek 2008 = van den Spek, R., Berossus as a Babylonian Chronicler and Greek Historian in: R.J. van der Spek et al. (Hrsg.), Studies in Ancient Near Eastern World View and Society Presented to Marten Stol on the Occasion of his 65th Birthday, 10 November 2005, and his Retirement from the Vrije Universiteit Amsterdam, Bethesda, MD 2008, 277–318.

van Houts 1992 = van Houts, E.M.C., A Note on Jezebel and Semiramis, Two Latin Norman Poems from the Early Eleventh Century, Journal of Medieval Latin 2 (1992), 18–24.

—. 2013 = van Houts, E.M.C., Medieval memories, in: E.M.C. van Houts (Hrsg.), Medieval Memories. Men, Women and the Past 700–1300, New York 2013, 1–16.

van Nufflen 2012 = van Nufflen, P., Orosius and the Rhetoric of History, Oxford 2012.

—. 2017 = van Nufflen, P., Malalas and the Chronographic Tradition, in: L. Carrara et al. (Hrsg.), Die Weltchronik des Johannes Malalas. Quellenfragen, Stuttgart 2017 (Malalas Studien 2), 261–273.

van Wickevoort Crommelin 1993 = van Wickevoort Crommelin, B.P., Die Universalgeschichte des Pompeius Trogus, Hagen 1993.

Velli 1979 = Velli, G., Petraca e Boccaccio. Tradizione, memoria, scrittura (Studi sul Petraca 7), Padova 1979.

Verbrugghe & Wickersham 2001 = Verbrugghe, G.P. & Wickersham, J.M., Berossos and Manetho, Introduced and Translated, Ann Arbor 2001 (Native Traditions in Ancient Mesopotamia and Egypt 1).

Verweyen 2002 = Verweyen, Th., Metastasio in Wien. Stellung und Aufgaben eines kaiserlichen Hofpoeten, in: L. Lüttken & G. Splitt (Hrsg.), Metastasio im Deutschland der Aufklärung. Bericht über das Symposion Potsdam 1999, Tübingen 2002 (Wolfenbütteler Studien zur Aufklärung 28), 15–58.

Vicari 2001 = Vicari, F., Produzione e commercio dei tessuti nell'Occidente romano, Oxford 2001 (BAR International Series 916).

Vilella 2000 = Vilella, J., Biografia critica de Orosio, Jahrbuch für Antike und Christentum 43 (2000), 94–121.

Vierhaus 1984 = Vierhaus, R., Staaten und Stände. Vom Westfälischen Frieden bis zum Hubertusburger Frieden, 1648 bis 1763, Berlin 1984.

Vignolo Munson 1988 = Vignolo Munson, R., Artemisia in Herodotus, Classical Antiquity 7 (1988), 91–106.

Villarama 2015 = Villarama, J., Die Amazone. Geschlecht und Herrschaft in deutschsprachigen Romanen, Opernlibretti und Sprechdramen (1670–1766), Frankfurt a.M. 2015 (Medien – Literaturen – Sprachen in Anglistik/Amerikanistik, Germanistik und Romanistik 19).

Volbach ^{2}1906 = Volbach, F., Händel, Berlin ^{2}1906 [ND Hamburg 2013].

Volek 1977 = Volek, T. Dějiny české hudby v obrasech. Od nejstarších památek do vybudovámí Národního divadla, Prag 1977.

—. 1992 = Volek, T., Italská opera a další druhy zpívaného divadla, in: F. Černý (Hrsg.), Divadlo v Kotcich. Nejstarší pražské městské divadlo 1739–1783, Prag 1992, 43–56.

von den Brincken 1957 = von den Brincken, A.-D., Studien zur lateinischen Weltchronistik bis in das Zeitalter Ottos von Freising, Düsseldorf 1957.

von Fritz 1967 = von Fritz, K., Die griechische Geschichtsschreibung. I 1 Text. Von den Anfängen bis Thukydides, Berlin 1967.

Voss 2016 = Voss, St., Voltaire – Wilhelmine – Tagliazucchi. Zur Genese des Librettos von Carl Heinrich Grauns Dramma per musica Semiramide (Berlin 1754), in: Th. Betzwieser (Hrsg.), Opernkonzeption zwischen Berlin und Bayreuth. Das musikalische Theater der Markgräfin Wilhelmine, Würzburg 2016 (Thurnauer Schriften zum Musiktheater 31), 71–88.

Voßkamp 1977 = Voßkamp, W., Gattungen als literarisch-soziale Institutionen. Zu Problemen sozial- und funktionsgeschichtlich orientierter Gattungstheorie und -historie, in: W. Hinck (Hrsg.), Textsortenlehre – Gattungsgeschichte, Heidelberg 1977 (Medium Literatur 4), 27–44.

Waetzoldt 1980–1983 = Waetzoldt, H., s.v. Kopfbedeckung A. Philologisch, RlA 6 (1980–1983), 197–203.

Wagner-Hasel 2006 = Wagner-Hasel, B., Das Diktum der Philosophen. Der Ausschluss der Frauen aus der Politik und die Furcht vor der Frauenherrschaft, in: Th. Späth & B. Wagner-Hasel (Hrsg.), Frauenwelten in der Antike. Geschlechterordnungen und weibliche Lebenspraxis, Stuttgart 2006, 198–217.

Wallace 1985 = Wallace, D., Chaucer and the Early Writings of Boccaccio, Woodbridge et al. 1985 (Chaucer Studies 12).

Walliczek 1992 = Walliczek, W., s.v. Rudolf von Ems, Die deutsche Literatur des Mittelalters. Verfasserlexikon 8 (1992), 332–345.

Wallmann 1989 = Wallmann, P., Triumviri rei publicae constituendae. Untersuchungen zur politischen Propaganda im zweiten Triumvirat (43–30 v. Chr.), Frankfurt a.M. 1989.

Wallraff 2005a = Wallraff, M., Die Chronik des Hieronymus und ihre frühen Drucke, in: M. Wallraff (Hrsg.), Welt-Zeit. Christliche Weltchronistik aus zwei Jahrtausenden in Beständen der Thüringer Universitäts- und Landesbibliothek Jena, Berlin – New York 2005, 63–67.

—. 2005b = Wallraff, M., Von der antiken Historie zur mittelalterlichen Chronik. Die Entstehung christlicher Universalgeschichtsschreibung, in: M. Wallraff (Hrsg.), Welt-Zeit. Christliche Weltchronistik aus zwei Jahrtausenden in Beständen der Thüringer Universitäts- und Landesbibliothek Jena, Berlin – New York 2005, 1–19.

Walter 1898 = Walter, F., Geschichte des Theaters und der Musik am kurpfälzischen Hofe, Leipzig 1898 (Forschungen zur Geschichte Mannheims und der Pfalz 1).

Walter 2000 = Walter, M., Oper im Dritten Reich, in: U. Bermbach (Hrsg.), Oper im 20. Jahrhundert. Entwicklungstendenzen und Komponisten, Stuttgart et al. 2000, 155–182.

—. 2016 = Walter, M., Oper, Geschichte einer Institution, Stuttgart – Kassel 2016.

Walter 1995 = Walter, W., Hitler in der Oper. Deutsches Musikleben 1919–1945, Stuttgart 1995.

—. 1997 = Walter, W., Die Oper ist ein Irrenhaus. Sozialgeschichte der Oper im 19. Jahrhundert, Stuttgart 1997.

—. 2014 = Walter, W., Biblische Sujets in der Oper, in: I. Fischer (Hrsg.), Bibel- und Antikenrezeption. Eine interdisziplinäre Annäherung, Münster 2014, 198–229.

Walthaus 2008 = Walthaus, R., The Female Ruler on the Early Modern Spanish Stage, in: Chr. Meier et al. (Hrsg.), Akteure und Aktionen. Figuren und Handlungstypen im Drama der Frühen Neuzeit, Münster 2008, 321–339.

Walther 2010 = Walther, G., s.v. Renaissance, Enzyklopädie der Neuzeit 11 (2010), 1–18.

—. 2011 = Walther, G., Barocke Antike und barocke Politik. Ein Überblick, in: U. Heinen (Hrsg.), Welche Antike? Konkurrierende Rezeptionen des Altertums im Barock, Bd. 1, Wiesbaden 2011 (Wolfenbütteler Arbeiten zur Barockforschung 47), 79–115.

Warburg 1932 = Warburg, A., Italienische Kunst und internationale Astrologie im Palazzo Schifanoja zu Ferrara, in: A. Warburg, Die Erinnerung der heidnischen Antike. Kulturwissenschaftliche Beiträge zur Geschichte der europäischen Renaissance, 2 Bde., Leipzig – Berlin 1932 [ND Hamburg 2011], 459–481.

Watanabe-O'Kelly 2009 = H. Watanabe-O'Kelly, Wearing the Trousers. The Woman Warrior as Cross-dresser in German Literature, in: S. Colvin & H. Watanabe-O'Kelly (Hrsg.), Women and Death 2. Warlike Women in the German Literary and Cultural Imagination since 1500, Rochster –New York 2009, 28–44.

Waters 2017 = Waters, M., Ctesias' Persica in its Eastern Context, Madison, Wisconsin 2017.

Watson & Watson 2010 = Watson, P. & Watson, L., s.v. Martial (Marcus Valerius Martialis), Epigrammata, DNP Suppl. 7 (2010), 523–536.

Weiand 2015 = Weiand, K., Herrscherbilder und politische Normbildung. Die Darstellung Elisabeths I. im England des 17. Jahrhunderts, Göttingen 2015 (Veröffentlichungen des Instituts für Europäische Geschichte Mainz 236).

—. 2017 = Weiand, K., The Polyvalence of Antiquity. Remarks on the Reception of Classical Antiquity in Early Modern Europe, in: K. Droß-Krüpe (Hrsg.), Great Women on Stage. The Reception of Women Monarchs from Antiquity to Baroque Opera, Wiesbaden 2017, 17–25.

Weiger 1978 = Weiger, J.G., Cristóbal de Virués, Boston 1978.

Weinfeld 1991 = Weinfeld, M., Semiramis. Her Name and Her Origin, in: M. Cogan & I. Eph'al (Hrsg.), Ah, Assyria ... Studies in Assyrian History and Ancient Near Eastern Historiography Presented to Hayim Tadmor, Jerusalem 1991, 99–103.

Weiss 1923 = Weiss, E.J., Andrea Bernasconi als Opernkomponist, München 1923.

Weiss 2004 = Weiss, S., Claudia de'Medici. Eine italienische Prinzessin als Landesfürstin von Tirol (1604–1648), Innsbruck – Wien 2004.

Weißbach 1920 = Weißbach, E., s.v. Sardanapal, RE IA 2 (1920), 2436–2475.

Welles 1970 = Welles, C.B., Alexander and the Hellenistic World, Toronto 1970.

Wenzel 2005 = Wenzel, D., Kleopatra im Film. Eine Königin als Sinnbild für orientalische Kultur, Remscheid 2005 (Filmstudien 33).

Wenzel 1978 = Wenzel, J.E., Geschichte der Hamburger Oper. Chronologie der Hamburger Oper von 1678 bis 1978, Hamburg 1978.

Wenzel 2001 = Wenzel, M., Heldinnengalerie – Schönheitengalerie. Studien zu Genese und Funktion weiblicher Bildnisgalerien 1470–1715, Heidelberg 2001.

Werr 2011 = Werr, S., Gegenwart als Fortsetzung der Antike. Zur Formung von Herrscherbildern in und durch Münchener Opern des späten 17. Jahrhunderts, in: U. Heinen (Hrsg.), Welche Antike? Konkurrierende Rezeptionen des Altertums im Barock, Bd. 1, Wiesbaden 2011 (Wolfenbütteler Arbeiten zur Barockforschung 47), 277–289.

West 2003 = West, St., Croesus' Second Reprieve and Other Tales of the Persian Court, ClQ 53 (2003), 416–437.

Westrem 2001 = Westrem, S.D., The Hereford Map, Turnhout 2001 (Terrarum Orbis 1).

White 1973 = White, H., Metahistory. The Historical Imagination in Nineteenth-Century Europe, Baltimore – London 1973.

—. 1978 = White, H., Tropics of Discourse. Essays in Cultural Criticism, Baltimore 1978.

—. 1990 = White H., Die Bedeutung der Form, Frankfurt a.M. 1990.
—. ²1991 = White, H., Der historische Text als literarisches Kunstwerk, in: H. White, Auch Klio dichtet oder die Fiktion des Faktischen. Studien zur Tropologie des historischen Diskurses. Stuttgart ²1991, 101–122.
Wieber-Scariot 1999 = Wieber-Scariot, A., Zwischen Polemik und Panegyrik. Frauen des Kaiserhauses und Herrscherinnen des Ostens in den Res gestae des Ammianus Marcellinus, Trier 1999.
Wiemer 2005 = Wiemer, H.-U., Alexander der Große, München 2005.
Wiesehöfer 2013a = Wiesehöfer, J., Ctesias and the History of the Greek Novel, in: T. Whitmarsh & S. Thomson (Hrsg.), The Romance Between Greece and the East, Cambridge 2013, 127–141.
—. 2013b = Wiesehöfer, J., Polybios und die Entstehung des römischen Weltreicheschemas, in: V. Grieb & C. Koehn (Hrsg.), Polybios und seine Historien, Stuttgart 2013, 59–70.
—. 2017 = Wiesehöfer, J., Herodotus and Xerxes' hierosylia, in: R. Rollinger (Hrsg.), Die Sicht auf die Welt zwischen Ost und West (750 v. Chr.–550 n.Chr.) – Looking at the World from the East and the West (750 BCE–550 CE), Wiesbaden 2017 (CleO 12), 211–220.
Wiesehöfer et al. 2011 = Wiesehöfer, J., et al., Ktesias, die Ktesiasforschung und die internationale Tagung in Salzau (17. bis 20. Mai 2006). Eine Einführung, in: J. Wiesehöfer et al. (Hrsg.), Ktesias' Welt – Ctesias' World, Wiesbaden 2011 (CleO 1), 7–12.
—. 2016 = Wiesehöfer, J., et al. (Hrsg.), Megsthenes und seine Zeit, Wiesbaden 2016 (CleO 8).
Wiesehöfer & Rollinger 2012 = Wiesehöfer, J. & & Rollinger, R., Periodisierung und Epochenbewusstsein in achaimenidischer Zeit, in: Th. Krüger & J. Wiesehöfer (Hrsg.), Periodisierung und Epochenbewusstsein im Alten Testament und in seinem Umfeld, Stuttgart 2012 (Oriens et Occidens 20), 57–85.
Wiesend 1983 = Wiesend, R., Metastasios Revisionen eigener Dramen und die Situation der Opernmusik in den 1750er Jahren, Archiv für Musikwissenschaft 40 (1983), 255–275.
Wiesner-Hanks ³2008 = Wiesner-Hanks, M.E., Women and Gender in Early Modern Europe, Cambride ³2008.
Wiggins & Richardson 2013 = Wiggins, M. & Richardson, C., British Drama 1533–1642. A Catalogue; Bd. 3: 1590–1597, Oxford 2013.
Wilke 2001 = Wilke, J., Die Ebstorfer Weltkarte, Bielefeld 2001 (Veröffentlichungen des Instituts für Historische Landesforschung der Universität Göttingen 39).
Willers 1981 = Willers, J.K.W., Hans Sachs und die Meistersinger in ihrer Zeit. Eine Ausstellung des Germanischen Nationalmuseums im Neuen Rathaus in Bayreuth, Nürnberg 1981.
Wilson & Wilson 1984 = Wilson, A. & Wilson, J.L., A Medieval Mirror. Speculum humanae salvationis, Berkley et al. 1984.
Wimmer 1995 = Wimmer, R., Die Bühne als Kanzel. Das Jesuitentheater des 16. Jahrhunderts, in: H. Kuester (Hrsg.), Das 16. Jahrhundert. Europäische Renaissance, Regensburg 1995, 149–166.
Winkler 2015 = Winkler, A., Petrarcas De viris illustribus und Boccaccios De casibus als Versuche einer biographischen Universalgeschichte, in: K. Enenkel et al. (Hrsg.), Iohannes de Certaldo. Beiträge zu Boccaccios lateinischen Werken und ihrer Wirkung, Hildesheim et al. 2015 (Noctes Neolatinae 24), 51–69.
Winnacker 2014 = Winnacker, J., Populärmusik oder Kunstmusik? Franciscus Antonius Le Febvres Lehrgedicht Musica (1704), Neulateinisches Jahrbuch 16 (2014), 291–308.
Wittschler 2009 = Wittschler, H.-W., Dantes Convivio. Einführung und Handbuch, Frankfurt a.M. 2009.

Wolff 1957 = Wolff, H.Chr., Die Barockoper in Hamburg (1678–1738), 2 Bde., Wolfenbüttel 1957.
—. 1964 = Wolff, H.Chr., Das Opernpublikum der Barockzeit, in: H. Heussner (Hrsg.), Festschrift Hans Engel zum siebzigsten Geburtstag, Kassel et al. 1964, 442–452.
Wolfthal 2012 = Wolfthal, D., The Sexuality of the Medieval Comb, in: E. Gertsman & J. Stevenson (Hrsg.), Thresholds of Medieval Visual Culture. Liminal Spaces, Woodbridge 2012, 176–194.
Woodcock 2004 = Woodcock, M., Fairy in The Faerie Queene. Renaissance Elf-Fashioning and Elizabethan Myth-Making, Aldershot 2004.
Woodfield 2001 = Woodfield, I., Opera and Drama in Eighteenth-Century London. The King's Theatre, Garrick and the Business of Performance, Cambridge 2001.
Wotquenne 1901 = Wotquenne, A., Catalogue de la Bibliothèque du Conservatoire Royal de Musique de Bruxelles, Brüssel et al. 1901.
Wokye 2010 = Woyke, S.M., Faustina Bordoni. Biographie – Vokalprofil – Rezeption, Frankfurt a.M. 2010.
—. 2012 = Woyke, S.M., Zur sogenannten gegengeschlechtlichen Besetzungspraxis. Nebst einer Besprechung von Kordula Knaus, Männer als Ammen – Frauen als Liebhaber. Cross-gender casting in der Oper 1600 bis 1800, Stuttgart 2011 und Marco Beghelli und Raffaele Talmelli, Ermafrodite armoniche. Il contralto nell'Ottocento, Varese 2011, iACT – Zeitschrift für Musik & Performance 3/3 (2012), 1–26.
—. 2015 = Woyke, S.M., Kastraten und Sängerinnen der italienischen Oper des 17. und frühen 18. Jahrhunderts. Überlegungen zur Medialität von (hoher) Stimme, Körper und Gebärdenkunst, in: M. Imhof & A. Grutschus (Hrsg.), Von Teufeln, Tänzen und Kastraten. Die Oper als mediales Spektakel, Bielefeld 2015, 67–82.
Wyke 1994 = Wyke, M., An Illusion of the Night. Women in Ancient Societies, London 1994.
Wyn Jones 2016 = Wyn Jones, D., Music in Vienna. 1700, 1800, 1900, Woodbridge 2016.
Xuan 2004 = Xuan, J., Der König im Kontext. Subersion, Dialogizität und Ambivalenz im weltlichen Theater Calderón de la Barcas, Heidelberg 2004.
Yardley 2010 = Yardley, J., What is Justin Doing with Trogus, in: M. Horster & Ch. Reitz (Hrsg.), Condensing Texts – Condensed Texts, Stuttgart 2010 (Palingensia 98), 469–490.
Yarrow 2006 = Yarrow, L.M, Historiography at the End of the Republic. Provincial Perspectives on Roman Rule, Oxford 2006.
Yenal 1982 = Yenal, E., Christin de Pisan. A Bibliography of Writings by her and about her, London 1982.
Zaccaria 1967 = Zaccaria, V. (Hrsg.), Tutte le opere di Giovanni Boccaccio, Bd. 10: De mulieribus claris, Mailand 1967.
Zalfen 2011 = Zalfen, S., Staats-Opern? Der Wandel von Staatlichkeit und die Opernkrisen in Berlin, London und Paris am Ende des 20. Jahrhunderts, Wien 2011 (Die Gesellschaft der Oper. Musikkultur europäischer Metropolen im 19. und 20. Jahrhundert 7).
Zancan 1986 = Zancan, M., La donna, in: A. Asor Rosa (Hrsg.), Letteratura italiana, Bd. 5, Torino 1986, 765–827.
Zechner 2017 = Zechner, I., Das englische Geschäft mit der Nachtigall. Die italienische Oper im London des 19. Jahrhunderts, Wien et al. 2017.
Zey 2015 = Zey, C. (Hrsg.), Mächtige Frauen? Königinnen und Fürstinnen im europäischen Mittelalter (11.–14. Jahrhundert), Konstanz 2015 (Vorträge und Forschungen 81).

Zimmermann 1995 = Zimmermann, M., Christine de Pizan und die Feminismus-Debatten des frühen XX. Jahrhunderts, in: R. Kroll et al. (Hrsg.), Feministische Literaturwissenschaft in der Romanistik. Theoretische Grundlagen – Forschungsstand – Neuinterpretationen, Weimar 1995, 156–185.

Zobeley 1926 = Zobeley, F., Die Musik am Hofe des Kurfürsten Johann Wilhelm von der Pfalz, Neues Archiv für die Geschichte der Stadt Heidelberg und der Kurpfalz 13 (1926), 133–164.

Zühlke 1961 = Zühlke, B., Euripides' Stheneboia, Philologus 105/1–2 (1961), 198–225.

Zwierlein 1974 = Zwierlein, O., Cäsar und Kleopatra bei Lucan und in späterer Dichtung, A&A 20 (1974), 54–73.

7. Anhang

7.1 Katalog der nachweisbaren barocken Semiramis-Opern[1]

1. Maiolino Bisaccioni – Semiramide in India

#	Sartori 1990–1994, #21529; Allacci 1755, 710; Sonneck 1914, 988; Thiel 1970, 1474; Questa 1989, Sem648V
Zugrunde liegender Druck	Venedig, Biblioteca Nazionale Marciana, DRAMM 0915
Datum der UA	4. Januar 1649
Ort der UA	Venezia
Spielort der UA	Teatro S. Cassiano ?
Komponist	Francesco Paolo Sacrati
Anlass	Stagione di Carnevale
Geehrte(r)	Giovanni Battista Cornaro dalla Piscopia
Akte (Szenen)	3 (28; 8/10/10)
Schauplatz	Ufer des Ganges
Personaggio / Besetzung	Semiramide (♀), *regina degli Assiri* Nino (♂), *suo figlio* Serpillo (♂), *paggio di Nino* Argillante (♂), *capitan generale di Semiramide* Capt'tan della guardia di Semiramide (♂) Egilda (♀), *principessa del sangue*

---

[1] Systematisch durchgesehen wurden Sartori 1990–1994, http://corago.unibo.it (letzter Zugriff: 6.10.2019), Tintori & Schito 1998, Franchi 1988 & 1997, Marinelli Roscioni 1987 sowie die Kataloge der Library of Congress, der Bibliotheca Nazionale, sowie der Karlsruher Virtuelle Katalog (KVK). Unter der Rubrik # wird stets zuerst Sartori 1990–1994, so vorhanden, geführt, die übrigen Angaben folgen in chronologischer Reihenfolge. Komparsenrollens und Chöre werden im Rahmen dieses Katalogs in den Besetzungslisten nicht genommen. Wo kein Druck eingesehen werden konnte, stammen die Angaben im Katalog, so nicht anders vermerkt, aus Sartori 1990–1994. Die Stimmlagen der Sängerinnen und Sänger stammen aus Kutsch & Riemens ⁴2003, Walter 2016 sowie von http://corago.unibo.it und http://www.quellusignolo.fr/index.html (letzter Zugriff: 6.10.2019). Nicht immer sind hier allerdings für die Sänger und Sängerinnen auch deren Stimmlagen verzeichnet, dies gilt v.a. für die kleineren Partien und liegt darin begründet, dass die handschriftlichen Partituren, aus denen sich der Tonumfang einer Rolle entnehmen ließe, häufig nicht erhalten sind. Weiterhin sind die Zuordnungen der Stimmfarben gelegentlich nicht präzise. Bei den hohen Männerstimmen wird häufig nur erwähnt, es handele sich um Kastraten, ohne dass zwischen Sopran- und Altkastraten differenziert würde – in solchen Fällen wurde keine Stimmlage in den Katalog eingetragen. Falsche oder uneinheitliche Schreibweisen der Namen wurden für den Katalgo angepasst, fehlende Angaben soweit möglich ergänzt. Für die Libretti, deren Abfassung nicht mehr in den Untersuchungszeitraum fällt, wurden lediglich die Uraufführungen in den Katalog aufgenommen, nicht aber die Bearbeitungen/Wiederaufnahmen.

#	Sartori 1990–1994, #21529; Allacci 1755, 710; Sonneck 1914, 988; Thiel 1970, 1474; Questa 1989, Sem648V
Personaggio / Besetzung (Fortsetzung)	Arimeno (♂), *principe degli India* Euroneo (♂), *suo consigliero* Caristo (♂), *pastorella* Climene (♂), *suo padre putativo*
Argomento	Morto Nino terzo Rè degli Assirij, restò di lui un'altro Nino fanciullo non anche habile al governo, & Semiramide di quelle Vedova, e di questo Tutrice. Costei avida del governo, e gloria militare, parendole, che il figlio (a cui moltissimo si assomigliava di effigie) inclinasse alle delitie, prese il nome di Nino fingendosi lui, e'l figlio diede à credere, che fosse Semiramide, e'l pose fra le donne; mà dubbiosa, che ne fosse scoperta la fraude, radunò potentissimo essercito, & uscita in campagna, si fece tributarij i Regi vicini avanrdosi infino all'India, di cui era Rè Staurobate. Questi armati anch'egli i suoi, mandò ad incontrarla al Gange, dove incontratisi i legni dell'una, e dell'altra parte, si commise una fiera battaglia con la Vittoria degli Assirij. Semiramide fugato l'inimico, pose piede à terra, venne à nuove conflitto, in cui fù il vantaggio degli Indiani. Questa Historia vera hà dato materia alla presente favola, dove si finge, che Staurobate d'età candente havesse dato l'essercito ad Arimeno suo figlio, ilquale valorosamente combattendo su'l Gange, andasse ad attaccar la Reale, e salitovi sopra, fosse sopraffatto dalla calca de nimici, e fatto prigione, delle cui valorose bellezze invaghita Semiramide ne restasse anche innamorata; come il giovane veduto ivi Nino credendolo una giovinetta ne concepisse Amore. Ma poi ripigliate le forze, e vedutasi accostar di nuove la sua nave, fatta forza à chi lo custodiva si riponesse in libertà anche ferendo Semiramide, che volle opponersi per ritenerlo. Fingesi ancora, che nella battaglia terrestre Nino dubitando di esser fatto prigione, buttate le vesti feminili, so ponesse in una barchetta, che trovò alle rive del fiume, & in compagnia di un suo paggio passa all'altra riva.

2. Ippolito Bentivoglio – Nino il giusto

#	Sartori 1990–1994, #16526
Zugrunde liegender Druck	Modena, Biblioteca Estense Universitaria, 83.A.22 (2)
Datum der UA	1662
Ort der UA	Ferrara
Spielort der UA	Teatro di S. Stefano
Komponist	Giovanni Legrenzi
Anlass	–
Geehrte(r)	–
Akte (Szenen)	3 (59; 17/21/21)
Schauplatz	Niniveh
Personaggio / Besetzung	Semiramide (♀), *regina d'Assiria* Nino (♂), *rè d'Assiria figliuolo di Semiramide* Alba (♀), *principessa di Grecia sotto nome di Clorinda*

#	**Sartori 1990–1994, #16526**
Personaggio / Besetzung (Fortsetzung)	Ormondo (♂), *fratello sconosciuto d'Alba sotto nome Aspasio Generale di Semiramide* Dalisa (♀), *prima Dama di Nino* Gillo (♂), *buffone di Corte* Adraspe (♂), *capitano delle Guardie confidente d'Aspasio* Ermante (♂), *scudiero di Clorinda* Ombra di Nino il Padre (♂)
Argomento	Morto Nino Rè dell'Assira resto Erede del Regno, e del Nome Nino secondo. Questo, vivente il Padre, fù promesso in isposo ad Alba Principessa Erediaria alla Grecia. La Madre di Nino, donna superba nel regnare, non assentendo, che il figliuolo dominasse, tacciatolo per inesperto all'Impero, le nozze d'Alba turbando, usurpossi le redini del governo del vasto Regno dell'Assiria, anzi con rigoroso decreto astrinse gli huomini del suo Regno à vestire la gonna, e per maggiormente effeminar il Figliuolo sotto habiti donneschi li fece condurre la vita nella lascivie immerso. Tanto somiglianti d'aspetto erano Semiramide, e Nino, che fu agevole con la mutazione degli habiti l'ingannare i sudditi stessi, à segno tale, che Vasalli Semiramide creduta Nino era venerata per Rege, e Nino stimato Semiramide veniva da popoli come Regina riverito. Alba infunghita per fama delle bellezze di Nino, e per un ritratto, che vivente Nino l'antico Rege le era alle mani, e per fuggire la morte, che dal zio Zelaimo le veniva minacciata, havuendo anche comandata quella del Nipote Ormondo, che preservato da chi ne doveva essere esecutore fù nien dimeno creduto morto, si mosse à cercare di Nino, e così sotto nome di Clorinda, presasi per iscorta un fedele Scudiere, abbandonò la Grecia; e provando varie disastrose fortune schiava gionse al lido di Ninive, ove da diversi accidenti combattuta per l'Amore dell'adorato Rege, dallo stesso insospettito di tradimento della Madre Semiramide di cui era Dama Clorinda, in compagnia di Semiramide viene condannata alle morte, e morte di velena; In ordine alla qual sentenza ad Ormono fratello di Alba, mà creduto Aspasio, viene imposta l'eßecuzione, & esso per essere amante di Semiramide, e per l'occulta ripugnanza, che pruovava di uccidere la Sorella ad esso incognita, in vece del veleno dà loro un Sonnifero, dal quali si riscuotono, per virtù di un particolare antidoto offertoli da Aspasio; per lo che eßendo non solo delle pretese Ree sincerato Nino, mà reso certo essere Clorinda quell'Alba, le di cui nozze il Padre Nino haveva intraprese, e conchiuse; con generale perdono, & allegrezza viene acclamata la Principessa di Grecia per Regina d'Assiria, & Ormondo Principe di Grecia creduta Aspasio diviene Marito à Semiramide

2.1 Bearbeitungen

2.1.1 *Il Nino*

#	**Sartori 1990–1994, #16517; Allacci 1755, 561; Questa 1989, Sem673B**
Zugrunde liegender Druck	Mailand, Biblioteca Nazionale Braidense, RACC. DRAMM. 242
Datum der UA	28. Dezember 1672
Ort der UA	Bologna
Spielort der UA	Teatro Formagliari
Komponist	unbekannt
Anlass	Stagione di Carnevale

#	Sartori 1990–1994, #16517; Allacci 1755, 561; Questa 1989, Sem673B
Geehrte(r)	Cardinale Lazaro Pallavicini
Akte (Szenen)	3 (68; 22/24/22)
Schauplatz	Niniveh
Personaggio / Besetzung	Nino (♂), *re dell'Assiria* — Domenico Cecchi (♂, Sopran) Semiramide (♀), *sua madre* Aspasio (♂), *generale dell'armi d'Assiria* Alba (♀), *sotto nome di Clorinda, principessa di Grecia* Ermante (♂), *suo servo* Adraspe (♂), *capitano, confidente d'Aspasio* Dalisa (♀), *donna di corte* Tercilla (♀), *madre di Dalisa* Gillo (♂), *servo di corte* Furbo (♂), *vestito alla levantina, finto capo di birbanti* Ombra di Nino il Padre (♂)
Argomento	Nino il Figlio, era così simile de sembianze à Semiramide sua Madre, che non si poteva conoscere chi di loro fossa la Madre, e chi il Figlio: Semiramide inventando certe ragioni Politiche, mostrò, che Nino ancor giovinetto, non era atto al governo del Regno Assirio, onde mutati gli habiti, fingendosi elle Nino, e da tutti essendo creduta tale, comandava, & era ubidita. Solo ad Apasio era noto il segreto; Questo serviva per Generale dell'Armi d'Assiria, inalzato da Semiramide ad ogni grado d'honore, e di confidenza; Sapeva egli d'esser Prencipe, mà viveva incognito in quelle Corte, & era amante di Semiramide. In tanto Alba Prencipessa di Grecia visto già il ritratto di Nino, se n'era innamorata, e sopravenendo la barbarie del Zio, che gli levò il Regno, si pose in mente di fuggirlene incognita, e cercare di Nino; Onde sotto nome di Clorinda, Accompagnata da un solo fidato servo, si pose in viaggio, mà da'Corsari fatta schiava, soffri dura servitù; Occorse he per tempesta di mare, ih suo legno fù portato alle spiagge dell'Assiria, in luogo apunto dove all'horasi trovava Nino per diporto. Qui comincia il Drama, e pigliando parte dall'Historia, e parte fingendone, si mostra, quanto può farsi per arte (che in simili casi di due volti simili, deve essere compatita) la somiglianza di Nino, e Semiramide. Che Semiramide sia occultamente innamorata del Figlio. Che Nino al prima incontro con Alba, se ne innamori, non conosciuta ancora Prencipessa. Che perciò Semiramide ne cocepisca Gelosia Che per diversi accidento Nino si scuopra Rè, e condanni alla morte la Madre, & Alba. Che Aspasio con stratagemi le salvi. Che à certi segni Reali, Alba si scuopra sorella di Aspasio, e l'uno, e l'altro Prencipi di Grecia; Onde si celebrano le nozza frà Nino, & Alba, e frà Semiramide, & Aspasio.

3. Giovanni Andrea Moniglia – La Semirami

#	–
Zugrunde liegender Druck	–
Datum der UA	Juli 1665 (geplant)
Ort der UA	Innsbruck

Spielort der UA	–
Komponist	Pietro Antonio Cesti
Anlass	Hochzeit von Erzherzog Siegmund Franz mit Hedwig Augusta
Geehrte(r)	–
Akte (Szenen)	–
Schauplatz	–
Personaggio / Besetzung	–	–
Argomento	–

3.1 Bearbeitungen

3.1.1 *La Semirami*

#	**Sartori 1990–1994, #21477; Martino 1994, 188**
Zugrunde liegender Druck	Delle poesie dramatiche di Giovannandrea Moniglia Accademico della Crusca, parte prima – al serenissimo principe di Toscana, Bd. 2, Firenze 1698
Datum der UA	9. Juni 1667
Ort der UA	Wien
Spielort der UA	Hoftheater
Komponist	Pietro Antonio Cesti
Anlass	Geburtstag von Kaiser Leopold I
Geehrte(r)	–
Akte (Szenen)	3 (55; 24/17/14)
Schauplatz	Niniveh
Personaggio / Besetzung	Semiramide (♀), *regina degli Assiri, Madre di* Nino (♂), *re di Assiri* Eliso (♂), *aio di Nino* Creonte (♂), *re di Babilonia, Padre di* Elvida (♀), *sotto nome d'Iside* Feraspe (♂), *servo d'Elvida* Arsace (♂), *condottiero dell'Armi Babiloniche sotto Creonte* Ireo (♂), *condottiero dell'Armi Assire nell'Asia* Clitarco (♂), *servo d'Ireo* Lucrino (♂), *paggio nella Corte Assira*
Argomento	Semiramide fu antichissima Regina degli Assiri; Da quali l'arenti avesse l'origine sua, la lunghezza degli anni ha levato la memoria, eccetto quella, che favolosamente fu creduta, Morto Nino il Consorte, riposando un giorno, secondo il costume delle Donne, disciolti i capelli, e facendosegli ridurre in trecce, venne la nuova, che la Babilonia s'era ribellata, ed eßendo ancor Giovenetta, ed il Figliuolo Garzone, stimando poco sicuro dar la briglia

#	Sartori 1990–1994, #21477; Martino 1994, 188
Argomento (Fortsetzung)	in mano ad un fanciullo di tenera età di così grande Imperio, e dell'Oriente, fu in guisa magnanima, che pigliò l'armi, e Condottiera di numerosissimo Esercito fece resistenza all'armi di Babilonia, ingannando, non soli i propri Soldati, ma eziandio qualunque altra persona più familiare con l'artifizio di farsi credere Nino suo Figliuolo, e Re dell'Assiria, imperocché era Semiramide di delineamenti di faccia similissima al Figliuolo, nè la voce era per l'età, benchè femmina, differente dalla puerile, e nella statura del corpo niente era dal Figlio dissimile; Laonde vestito Nino degli abiti suoi donneschi, ed ella ricopertasi di quegli di lui, lo lascio nelle stanze reali creduto Semiramide, ed ella andò alla testa dell'Esercito stimata Nino. Su questo istorico avvenimento si regge col favore degli Episodi la tessitura del presente Drama, il quale ebbe la sua nascita per servire alle Nozze del Serenissimo Arciduca SIGISMONDO, ma per la morte dell'A.S. prima di celebrare i Regni Sponsali, fu tolto ancor'esso dalla luce. Fu comandato all'Autore di comporlo dal Serenissimo Principe Leopoldo di Toscana, ed il Signor Cavaliere Antonio Cesti l'arricchì maravigliosamente col metterlo in Musica.

3.1.2 La Semiramide

#	Sartori 1990–1994, #21478; Allacci 1755, 710; Wotquenne 1901, 119; Sonneck 1914, 998; Questa 1989, Sem671V
Zugrunde liegender Druck	Venedig, Biblioteca Nazionale Marciana, DRAMM. 0937
Datum der UA	11. Dezember 1670
Ort der UA	Venezia
Spielort der UA	Teatro SS. Giovanni e Paolo (= Teatro Grimano)
Komponist(en)	Pietro Antonio Cesti & Pietro Andrea Ziani
Anlass	Stagione di Autunno
Geehrte(r)	Giovanni Carlo Grimani & Vicenzo Grimani
Akte (Szenen)	3 (49; 18/17/14)
Schauplatz	Niniveh
Personaggio / Besetzung	Semiramide (♀), *Regina degl'Asiri* Nino (♂), *suo figlio* Ireo (♂), *Governator di Susa nell'Asia* Eliso (♂), *aio di Nino* Clitarco (♂), *servo d'Ireo* Creonte (♂), *Rè di Babilonia* Elvida (♀), *sua figlia in habito di Schiava col nome d'Iside* Dircene (♀), *sua Nutrice* Arsace (♂), *General dell'Armi di Creonte*
Argomento	Da Nino, e Semiramide Regi d'Assiria nacque il Figlio, che riportò il nome del Padre, & crebbe con sembianze tanto simili alla Genitrice, che solo potevano distinguerli ai Popoli, le vesti di Maschio, e Femina. Estinto il Rè sposo rimase alla drettione del Figlio, e del Regno Semiramide, tanto saggia, quanto guerriera. Questa, scorgendo il figlio inhabile al menggio dell'armi, cambiò seco le spoglie per opporsi nel Campo alle forze di Creonte Rè di Babilonia di già tributario, e d'hor ribelle al suo Scettro, che veniva con schiere immense per far prigioniera quella

#	Sartori 1990–1994, #21478; Allacci 1755, 710; Wotquenne 1901, 119; Sonneck 1914, 998; Questa 1989, Sem671V
Argomento (Fortsetzung)	Semiramide, che ricusò di esserli moglie; per franger il giogo tributario à cui fuggiaceva, & in fine per vendicar la creduta morte della propria figlia Eivida (di cui Arsace era tacito Amante) quale rimase Schiava all'hora, che nella prima guerra venne dall'Asiria il suo Genitore, vagar facendo bugiarda fama della sua morte, cangiatosi; ne'molto in Ninive soggiorno ella, che di Nino invaghita, incontrava reciproco affetto. Con questi motivi Historici, & altri favoleggiato accidenti, si conduce a curioso fine il Drama presente della SEMIRAMIDE.

3.1.3 La Schiava Fortunata

#	Sartori 1990–1994, #21199 & 21200; Allacci 1755, 699; Wotquenne 1901, 118; Sonneck 1914, 971
Zugrunde liegender Druck	Rom, Deutsches Historisches Institut, Rar. Libr. Ven. 144/147
Datum der UA	1. Januar 1674
Ort der UA	Venezia
Spielort der UA	Teatro S. Moisè
Komponist	Pietro Antonio Cesti & Marco Antonio Ziani
Anlass	Stagione di Carnevale
Geehrte(r)	Alessandro Contarini, procuartor di S. Marco
Akte (Szenen)	3 (46; 17/15/14)
Schauplatz	–
Personaggio / Besetzung	Nino (♂), *Rè dell'Assiria* Semiramide (♀), *sua Madre* Creonte (♂), *Rè di Babilonia Ribelle* Elvida (♀), *sua Figlia schiava, & Amante di Nino sotto nome d'Iside* Ireo (♂), *General di Semiramide* Eliso (♂), *Aio di Nino* Eurillo (♂), *Paggio di Corte*
Argomento	Morto Nino Rè dell'Assiria lascio Semiramide Tutrice di Nino suo Figliuolo nel Regno, il quale riportata dalla Natura le medesime sembianze della Madre, quallora cambiavano tra i loro le vesti, rendevano alla Corte, & à suoi Popoli un curioso, e bizzarro inganno. Mentre dunque Creonte Rè de Babilonia suo suddito si ribella all'Assiro Trono, consegna Semiramide le di lei Spoglie al Figlio, e coprendo quelle di Marte creduta Nino, si porta rintuzzar l'orgoglio dell'Inimico. Da questo Equivoco prendono tessitura gli Episodi, i quali danno principio al Drama intitolato la SCHIAVA FORTUNATA.

3.1.4 La Schiava Fortunata

#	Sartori 1990–1994, #21198; Allacci 1755, 699; Ritzu 1961, 301
Zugrunde liegender Druck	Mailand, Bibliotheca Nazionale Braidense, RACC DRAMM 1513

#	Sartori 1990–1994, #21198; Allacci 1755, 699; Ritzu 1961, 301
Datum der UA	20. November 1674
Ort der UA	Modena
Spielort der UA	Teatro di Modena
Komponist	Pietro Antonio Cesti & Pietro Andrea Ziani
Anlass	–
Geehrte(r)	Francesco II duca di Modena
Akte (Szenen)	3 (49; 17/15/14)
Schauplatz	Regia d'Assiria
Personaggio / Besetzung	Nino (♂), *Rè dell'Assiria* — Steffano Bussi (♂, Tenor) Semiramide (♀), *sua Madre* — Margarita Margotti (♀) Creonte (♂), *Rè di Babilonia Ribelle* — Carlo Andrea Clerici (♂, Tenor) Elvida (♀), *sua Figlia schiava, & Amante di Nino sotto nome d'Iside* — Angelica Marchetti (♀, Sopran) Ireo (♂), *General di Semiramide* — Vittorio Cirelini (♂) Eliso (♂), *Aio di Nino* — Antonio Ferrari (♂) Eurillo (♂), *Paggio di Corte* — Giacinto Zanichelli (♂)
Argomento	Morto Nino Rè dell'Assiria lascio Semiramide Tutrice di Nino suo Figliuolo nel Regno, il quale riportata dalla Natura le medesime sembianze della Madre, quallora cambiavano tra i loro le vesti, rendevano alla Corte, & à suoi Popoli un curioso, e bizzarro inganno. Mentre dunque Creonte Rè de Babilonia suo suddito si ribella all'Assiro Trono, consegna Semiramide le di lei Spoglie al Figlio, e coprendo quelle di Marte creduta Nino, si porta rintuzzar l'orgoglio dell'Inimico. Da questo Equivoco prendono tessitura gli Episodi, i quali danno principio al Drama intitolato la SCHIAVA FORTUNATA.

3.1.5 Semiramide, Regina d'Assiria

#	Sartori 1990–1994, #21531
Zugrunde liegender Druck	Bergamo, Biblioteca Civica A. Mai, 51/967
Datum der UA	30. Dezember 1677
Ort der UA	Bergamo
Spielort der UA	Teatro di Bergamo
Komponist	Pietro Antonio Cesti & Marco Antonio Ziani ?
Anlass	Stagione di Carnevale
Geehrte(r)	Conte Trussardo di Caleppio & Grandilia Martinenga Iugali
Akte (Szenen)	3 (48; 18/16/14)
Schauplatz	–
Personaggio / Besetzung	Nino (♂), *Rè dell'Assiria* Semiramide (♀), *sua Madre* Creonte (♂), *Rè di Babilonia ribelle* Elvida (♀), *sua figlia Schiava, & Amante di Nino sotto nome d'Iside*

#	Sartori 1990–1994, #21531
Personaggio / Besetzung (Fortsetzung)	Ireo (♂), *Generale di Semiramide* Eliso (♂), *Aio di Nino* Eurillo (♂), *Paggio di Corte* *Clitarco (♂), Servo d'Ireo* Bellona sù carro volante (♀) Marte in macchina (♂)
Argomento	Morto Nino Rè dell'Assiria lascio Semiramide Tutrice di Nino suo Figliuolo nel Regno, il quale riportata dalla Natura le medesime sembianze della Madre, quallora cambiavano tra i loro le vesti, rendevano alla Corte, & à suoi Popoli un curioso, e bizzarro inganno. Mentre dunque Creonte Rè de Babilonia suo suddito si ribella all'Assiro Trono, consegna Semiramide le di lei Spoglie al Figlio, e coprendo quelle di Marte creduta Nino, si porta rintuzzar l'orgoglio dell'Inimico. Da questo equivoco prendono tessitura gl'Epissodi, i quali danno principio al Drama intitolato la Semiramide Regina d'Assiria.

3.1.6 La Schiava Fortunata

#	Sartori 1990–1994, #21201; Allacci 1755, 699; Wotquenne 1901, 118; Ricci 1965, 351
Zugrunde liegender Druck	Bologna, Museo Internazionale e Biblioteca della Musica, Lo. 7099
Datum der UA	28. Mai 1680
Ort der UA	Bologna
Spielort der UA	Teatro del Pubblico
Komponist	Pietro Antonio Cesti & Marco Antonio Ziani
Anlass	Stagione di Primavera bzw. Stagione di Ascessione
Geehrte(r)	Giuseppe Archinto protonotario apostolico
Akte (Szenen)	3 (46; 17/15/14)
Schauplatz	Reggia d'Assiria
Personaggio / Besetzung	Nino (♂), *Rè dell'Assiria* Semiramide (♀), *sua Madre* Creonte (♂), *Rè di Babilonia Ribelle* Elvida (♀), *sua Figlia schiava, & Amante di Nino sotto nome d'Iside* Ireo (♂), *General di Semiramide* Eliso (♂), *Aio di Nino* Eurillo (♂), *Paggio di Corte*
Argomento	Morto Nino Rè dell'Assiria lascio Semiramide Tutrice di Nino suo Figliuolo nel Regno, il quale riportata dalla Natura le medesime sembianze della Madre, quallora cambiavano tra i loro le vesti, rendevano alla Corte, & à suoi Popoli un curioso, e bizzarro inganno. Mentre dunque Creonte Rè de Babilonia suo suddito si ribella all'Assiro Trono, consegna Semiramide le di lei Spoglie al Figlio, e coprendo quelle di Marte creduta Nino, si porta rintuzzar l'orgoglio dell'Inimico. Da questo Equivoco prendono tessitura gli Episodi, i quali danno principio al Drama intitolato la SCHIAVA FORTUNATA.

3.1.7 La Semiramide

#	Sartori 1990–1994, #21480
Zugrunde liegender Druck	Modena, Biblioteca Estense, 70E13
Datum der UA	1682
Ort der UA	Lucca
Spielort der UA	Teatro di Lucca (= Teatro pubblico)
Komponist	Pietro Antonio Cesti & Marco Antonio Ziani ?
Anlass	–
Geehrte(r)	–
Akte (Szenen)	3 (45; 16/15/14)
Schauplatz	–
Personaggio / Besetzung	Semiramide (♀), *Regina d'Assiria* Nino (♂), *suo figlio* Creonte (♂), *Rè di Babilonia* Elvida (♀), *sua figlia schiava, & Amante di Nino sotto nome d'Iside* Ireo (♂), *General di Semiramide* Eliso (♂), *Aio di Nino* Eurillo (♂), *Paggio di Corte* Bellona sù Carro volante (♀)
Argomento	Morto Nino Rè dell'Assiria lascio Semiramide Tutrice di Nino suo Figliuolo nel Regno, il quale riportata dalla Natura le medesime sembianze della Madre, quallora cambiavano tra i loro le vesti, rendevano alla Corte, & à suoi Popoli un curioso, e bizzarro inganno. Mentre dunque Creonte Rè de Babilonia suo suddito si ribella all'Assiro Trono, consegna Semiramide le di lei Spoglie al Figlio, e coprendo quelle di Marte creduta Nino, si porta rintuzzar l'orgoglio dell'Inimico. Da questo Equivoco prendon tessitura gli Episodi, i quali danno principio al Drama intitolato SEMIRAMIDE.

3.1.8 La Schiava Fortunata

#	Sartori 1990–1994, #21202; Thiel 1970, 1451
Zugrunde liegender Druck	Wolfenbüttel, Herzog August Bibliothek, Textbücher 392
Datum der UA	1691
Ort der UA	Braunschweig
Spielort der UA	Teatro di Braunsveic
Komponist	Pietro Antonio Cesti, Marco Antonio Ziani & Antonio Giannettini
Anlass	–
Geehrte(r)	–
Akte (Szenen)	3 (41; 16/12/13)
Schauplatz	Assiria

#	Sartori 1990–1994, #21202; Thiel 1970, 1451
Personaggio / Besetzung	Bellona (♀), *Nel Prologo* Semiramide (♀), *Regina d'Assiria Amante d'Ireo* Nino (♂), *Suo figlio amante d'Elvida* Elvdia (♀), *Sotto nome d'Isida schiava di Semiramie figlia di Creonte Rè di Babilonia* Ireo (♂), *Generale dell'Armi di Semiramide, amante della sudetta* Eliso (♂), *Aio di Nino* Creonte (♂), *Re di Babilonia* Eurillo (♂), *Servo di Semiramide amante di Elvida*
Argomento	–

3.1.9 Die glückliche Sklavin, oder die Aehnlichkeit der Semiramis und des Ninus | La Schiava Fortunata ovvero La Rissemblanza di Semiramide e Nino

#	Sartori 1990–1994, #21206; Marx & Schröder 1995, 137
Zugrunde liegender Druck	Göttingen, Niedersächsische Staats- und Universitätsbibliothek, 8 P DRAM I, 2020
Datum der UA	1693
Ort der UA	Hamburg
Spielort der UA	Teatro d'Hamburgo (= Oper am Gänsemarkt)
Komponist	Pietro Antonio Cesti, Marco Antonio Ziani & Antonio Giannettini
Anlass	–
Geehrte(r)	–
Akte (Szenen)	3 (43; 17/13/13)
Schauplatz	–
Personaggio / Besetzung	Ninus (♂), *König von Assyrien* Semiramis (♀), *seine Mutter* Creon (♂), *König von Babylon, Auffrührer* Elvida (♀), *seine Tochter, eine Sclavin, verliebt in den Ninus, unter dem Namen Isis* Ireus (♂), *der Semiramis General* Elisus (♂), *des Ninus Hofe-Meister* Eurillus (♂), *Hoff-Page* *In Machinen* Bellona (♀) Mars (♂) Cupido (♂) der Zorn (♂) Nino, *Rè dell'Assiria* Semiramide, *sua Madre* Creonte, *Rè di Babilonia, Ribelle*

#	Sartori 1990–1994, #21206; Marx & Schröder 1995, 137
Personaggio / Besetzung (Fortsetzung)	Elvida, *sua figlia schiava & Amante di Nino, sotto nome d'Iside* Ireo, *Generale di Semiramide* Eliso, *Aio di Nino* Eurillo, *Paggio di Corte* *In Machine* Bellona Marte Cupido Sdegno
Argomento	Wie Ninus König von Assyrien verstorben, und Semiramis zur Vormünderin seines Sohnes Ninus des Jüngeren hinterlassen, und dieser der Mutter von Gesicht ganz ähnlich, haben sie offt aus Lust dem Hofe und ihrem Volck einen angenehmen Betrug zu spielen die Kleider miteinander verwechselt. Nun begiebt es sich, daß Creon König von Babylon, ihr Vasall, gegen das Assyrische Reich rebellirt, worauff die Mutter des Sohnes Kleider anziehet, und zu Felde dem Feind entgegen gehet, da sie zwar gefangen, von der Isis aber des Königs Creon Tochter, als die sie vor den Ninus hält, in welchen sie verliebet, wieder um befreyet wird. Aus dieser Verwirrung ist entsprungen gegenwärtiges Schau-Spiel die glückliche Sklavin / oder die Aehnlichkeit der SEMIRAMIS und des NINUS. Morto Nino Rè dell'Assiria lascio Semiramide Tutrice di Nino suo Figliuolo nel Regno, il quale riportata dalla Natura le medesime sembianze della Madre, quallora cambiavano tra i loro le vesti, rendevano alla Corte, & à suoi Popoli un curioso, e bizzarro inganno. Mentre dunque Creonte Rè de Babilonia suo suddito si ribella all'Assiro Trono, consegna Semiramide le di lei Spoglie al Figlio, e coprendo quelle di Marte creduta Nino, si porta rintuzzar l'orgoglio dell'Inimico. Da questo Equivoco prendon tessitura gli Episodi, i quali danno principio al Drama intitolato la SCHIAVA FORTUNATA, overo la RISEMBIANZA di SEMIRAMIDE e NINO.

4. Anonymus – Semiramide

#	Sartori 1990–1994, #21142	
Zugrunde liegender Druck	Bologna, Biblioteca Comunitativa, UBOE129174	
Datum der UA	1671	
Ort der UA	Bologna	
Spielort der UA	Collegio del B. Luigi Gonzaga	
Komponist	?	
Anlass	Stagione di Carnevale	
Geehrte(r)	–	
Akte (Szenen)	5 (41; 7/9/7/10/8)	
Schauplatz	Babilonia	
Personaggio / Besetzung	Nino (♂), *Rè de l'Asia* Semiramide (♀), *famosa Guerriera vincitrice di Battra*	Pellegrino Barbieri (♂) Giovanni Battista Guarnieri (♂)

#	Sartori 1990–1994, #21142	
Personaggio / Besetzung (Fortsetzung)	Memnone (♂), *Generale dell'Armo Regie, e Marito di Semiramide; che chiesto dal Rè à cederlo per Moglie Semiramide, ò cavarsi gli occhi, da se stesso s'uccide*	Gaetano Foresti (♂)
	Idaspe (♂), *figliuol maggiore di Semiramide, condotto sul fine da Sima à riconoscere la Madre, che trova già condannata à morte*	Alberto Spelta (♂)
	Sima (♂), *Regio Prefetto da Pastori, à cui Semiramide andando alle guerre, consegnò ad allevare i figliuoli*	Domenico Felice Bernardoni (♂)
	Dorilo finto (♀), *cioè un'altra semiramide (sic) figliuola del Rè di Battra, data già con inganno sotto nome, e abito del fratello per staggio à Nino nella presa di Battra; creduta perciò da tutti il Prencipe Dorilo suo fratello*	Pietro Durli (♂)
	Alete (♂), *Messaggiero spedito secretamente (con raccomandatione ad Arcabe) dal RÈ di Battra à la figliuola, con doni, e una lettera piena d'affetti pterni; qual letera per infedeltà d'Arbace, pervenuta in mano di Nino, per l'equivoco dello stesso nome di Semiramide, pone Semiramide la guerriera in grave sospetto di secreta congiura contro Nino, e in pericolo di morte*	Sebastiano Ansoisio (♂)
	Farnabazzo (♂), *primo Satrapo del Regno favorevole à Semiramide*	Lodovico Castellani (♂)
	Osmano (♂), *secondo Satrapo del Regno contrario a Semiramide, e compagno al Traditore*	Antonio Comostella (♂)
	Arbace (♂), *Emolo, e traditore di Semiramide*	Giovanni Battista Zabelli (♂)
	Gorbia (♂) & Coaspe (♂), *Senatori poco favorevoli a Semiramide, ma copertamente*	Omenico Gioseppe Venturi (♂) & Francesco Antonio Bagni (♂)
	Narbasso (♂), *prefetto dell'Armi nella Città, che mandato dal Rè, a guardar le strade; uccide per errore, in vece di Memnone, Arbace, che era andato per ordine del Rè à quietare il cmapo, vestito coll'Armi di Memnone*	Ottavio Bottoni (♂)
	Eufemo (♂), *Scudiere di Memnone, che forzato con minaccie da Arbace, testifica falsamente gli uccisori di Memnone essere stati Semiramide, e Idaspe, & intesa la morte d'Arbace si disdice*	Antonio Maria Bertolazzi (♂)
	Nuncio (♂), *che porta la nuova della sollevatione del campo per la morte di Memnone*	Cesare Azzani (♂)
	Sigeo (♂) & Carillo (♂), *Scudieri di Semiramide*	Lodovico Bonetti (♂) & Giovanni Maria Castellani (♂)
	Amiraspe (♂), *Captiano delle guardie Regie*	Pietro Fransceso Bernardoni (♂)

#	Sartori 1990–1994, #21142
Argomento	Semiramide di natione Sira, che fiorì l'anno 2200, prima della nascita di Christo, fù allevata nella casa di Sima gran Pastore, ed essendosi maritata con Memnone prode Guerriero, hebbe due figliuoli Idaspe, e Iapete. Questo lasciò ella in custodia di Sima, e seguì in varie guerre Memnone, che alla fine fatto gran Capitano da Nino Rè dell'Asia, andò all'assedio di Battra. Ivi Semiramide segnalossi nella generosità, poiche scorgendo la Rocca poco men che abbandonata da nemici, quasi che fosse inaccessibile, per balze, e dirupo colà portossi con alcune truppe, ed occupata la Rocca, hebbe subito in suo potere tutta Battra. Nino volendo riconoscere quest'impresa di Semeramide (sic), oltre i doni, che le fece, dissegnava di prenderla per Isposa, e dare à Memnone Oronta sua Nipote; mà turbò il dissegno una lettera mandata con certe gemme, e veleno dal Rè di Battra ad una sua figliuola, detta pure Semiramide, che sotto habito, e nome di Dorilo suo fratello, stava per ostaggio prigione di Nino; Perche per questa lettera à caso capitata à Nino, fù Semiramide incolpata di tradimento contro il Rè, e condannata a morir di veleno, dal quale però la campò Dorilo, dichiarandosi avanti al Rè, che era Semiramide figliuola del Rè di Battra: che À se era diretta la lettera con le gemme, & il veleno. Conosciuta l'innocenza di Semiramide, Nino tentò di nouvo Memnone, per haverla in Isposa, e ritrovandolo sempre più restio alle sue dimande, gli propose l'eleggere una delle due, ò di cedergli Semiramide per Consorte, ò di cavarsi gli occi. A queste minaccie Memnone spinto dalla disperatione, e fatta fuggire Semiramide, da se medesimo s'uccise. Arbace subito sforza Eufemo Scudiero di Memnone ad incolpar Semiramide, ed Idaspe di tal uccisione; onde fù di nuovo condannata con Idaspe à morte, alle quali mentre s'incaminava, venne incontrata da Sima, e le furono fatti riconoscere i figliuoli. Per castigo poi del Cielo morto Arbace, Eufemo si disdisse, scoprendo l'innocenza di Semiramide, e d'Idaspe: che restò confermata da una lettera dallo stello Memnone scritta à Nino prima d'uccidersi. Così liberata Semiramide, e sciolta da Memnone, si maritò con Nino. Il fondamento historica di tutta questa Tragedia vedasi preso Diodoro Sicolo nel secondo Libro.

4.1 Bearbeitungen

4.1.1 *Semiramide*

#	Sartori 1990–1994, #2526c; Franchi 1988, 444; Questa 1989, Sem672S
Zugrunde liegender Druck	Rom, Biblioteca Casanatense, Vol. Misc. 1135/18
Datum der UA	1672
Ort der UA	Roma
Spielort der UA	Seminario Romano
Komponist	?
Anlass	Stagione di Carnevale
Geehrte(r)	–
Akte (Szenen)	5 (46; 8/11/7/12/8)
Schauplatz	Babilonia
Personaggio / Besetzung	Nino (♂), *Rè dell'Asia* Semiramide (♀), *famosa Guerriera* Dorilo finto (♀), *cioè altra Semiramide figlia del Rè di Battra*	Gabriel Perla (♂) Adriani Acquaviva (♂) Lorenzo Felice Rospigliosi (♂)

#	Sartori 1990–1994, #2526c; Franchi 1988, 444; Questa 1989, Sem672S	
Personaggio / Besetzung (Fortsetzung)	Mennone (♂), *Generale dell'armi, e Marito di Semiramide*	Francesco Cellesi (♂)
	Idaspe (♂), *Figliuol maggiore di Semiramide*	Camillo Celesi (♂)
	Spate (sic; ♂), *Figliuol minore di Semiramide*	Giacinto Capranica (♂)
	Farnabazo (♂), *Primo Satrapo del Regno*	Marcellino Albergotti (♂)
	Leandro (♂), *secondo Satrapo del Regno*	Conte Agostino Caimo (♂)
	Arbace (♂), *Maggiordomo del Rè*	Ambrogio Fiorenza Teves (♂)
	Osmani (♂), *favorito del Rè*	Filippo Domenico Antinori (♂)
	Narbasso (♂), *Capitan delle Guardie*	Gasparo Fiorenza Teves (♂)
	Gorbia (♂), *Prefetto dell'armi*	Abbate Antonio Giannini (♂)
	Eufemo (♂), *Familiare di Mennone*	Paolo Spinola (♂)
	Alete (♂), *Gentiluomo del Rè di Battra*	Bartolomeo Medici (♂)
	Simma (♂), *Regio Pastore*	Filippi Maria Scarlatti (♂)
	Filindro (♂), *confidente d'Arbace*	Tomasi Capeci (♂)
	Rosillo (♂), *Scudiero di Semiramide*	Bernardo Medici (♂)
	Beroso (♂), *Scudiero di Dorilo*	Giuseppe Pandolfelli (♂)
Argomento	Semiramide di Natione Sira, fiorì l'anno 2200. prima della nascita di Christo, fù allevata nella casa di Simma gran Pastore, ed essendosi maritata con Mennone prode Guerriero, hebbe due figliuolo Idaspe, e Ipate. Questi lasciò ella in custodia di Simma, e seguì in varie guerre Mennone, con cui, fatto gran Capitano da Nino Rè dell'Asia, andò all'assedio di Battra. Ivi segnalassi Semiramide nella generosità, mentre occupata con poche forze la Rocca, hebbe subito in suo potere tuta Batra. Nino volle premiar quest'impresa, dichiarando Semiramide Regina dell'Asia, dando à Mennone per Isposa Oronta sua Nipote. Turbò il disegno una lettera mandata con certe gemme, e veleno dal Rè di Battra ad una sua figliuola, detta pur Semiramide, che sorro abito, e nome di Dorilo suo Fratello, stava per ostaggio prigione di Nino, per lo che creduta dal Rè la Guerriera rea di tradimento, fù condannata à morir di veleno, dal quale la campò Dorilo, dichiarandosi per Semiramide figliuola del Rè di Battra. Scoperta l'innocenza di Semiramide, tentò di nuovo Nino l'animo di Mennone per haverla in Isposa, al che mostrandosi questi restio, spinto dalla disperatione, e fatta fuggire la Consorte, da se medesimo s'uccise. Arbace incolpò Semiramide, & Idaspe autori di tal morte, onde furon di nuovo condannati. Sopragiunse trà tanto Simma, da cui furon fatti riconoscere à Semiramide i figliuolo, e da una lettera scritta dallo stesso Mennone à Nino prima d'uccidersi, restò palese l'innocenza di Semiramide. Così liberata questa, e sciolta da Mennon, fu sa Nino inalzata su'l Trono, e coronata Regina. Il fondamento Istorico di tutta questa Tragedia vedasi presso Diodoro Sicolo nel secondo libro.	

4.1.2 *Semiramide*

#	–
Zugrunde liegender Druck	Los Angeles, Getty Research Institute, ML40.T74
Datum der UA	1674
Ort der UA	Treviso
Spielort der UA	Collegio de Nobili di Trevigi
Komponist	?

#	–
Anlass	Stagione di Carnevale
Geehrte(r)	–
Akte (Szenen)	5 (44; 9/10/7/10/8)
Schauplatz	Babilonia
Personaggio / Besetzung	Nino (♂), *Rè dell'Asia* — Giovanni Bragadino (♂) Semiramide (♀), *famosa guerriera vincitrice di Battra* — Marco Antonius Donini (♂) Memnone (♂), *Generalissimo del Campo, e marito di Semiramide* — Giacomo Gradenigo (♂) Idaspe (♂), *figlio maggiore di Semiramide* — Agostino Correggio (♂) Iapete (♂), *figlio minore di Semiramide* — Pietro Mresini (♂) Farnabazzo (♂), *primo Satrapo del Regno favorevole di Semiramide* — Florio Poli (♂) Arbace (♂), *secondo Satrapo del Regno, Emolo di Semiramide* — Andrea Bernardi (♂) Osmano (♂), Gobira (♂) & Coaspe (♂), *Senatori contrarij à Semiramide* — Lodovico Thiene (♂), Giovanni Rustica (♂) & Pietro Giustiniano (♂) Narbasso (♂), *Prefetto dell'Armi nella Città* — Andrea Toscani (♂) Armiraspe (♂), *Generale dell'Armi Regie* — Pietro Ant. Di Maniago (♂) Araspe (♂), *Capitano della Guardie Regie* — Michiel Metaxa (♂) Dorilo finto (♀), *cioè un'altra Semiramide figlia del Rè di Battra* — Paolo Antonio Falieri (♂) Sima (♂), *Regio Prefetto de Pastori* — Antonio Maria Manfredini (♂) Sigeo (♂) & Carillo (♂), *Scudieri di Semiramide* — Pietro Corregio (♂) & Carlo Alvise Maria Boselli (♂) Eufemo (♂) & Ermete (♂), *Cavalieri di Memnone* — Francesco Cavalli (♂) & Augusto Rinaldi (♂) Alete (♂), *Messagiere di Battra* — Giacomo Vitturi (♂) Stenone (♂), *Captiano* — Renaldo Renaldi (♂)
Argomento	Semiramide Sira di Natione, moglie di Memnone Generale di Nino, Madre di Idafpe, e di Iapete; lafciati i Figli alla cura di Sima, segui il Marito alla Guerra, vince l'inespugnabile Rocca di Battra, sacendovi per dirupi qua si inaccssibili, e perciò mal custoditi. Nino per riconoscere si gran valore la vuole in moglie; incontra sonime difficoltà in Memnone. L'amore di Nino resta intorbidato da un Messo con Lettera, Gioie, e Veleno, mandato dal Rè di Battra à sua Figlia chiamata anch'ella Semiramide, che sotto falso nome di Dorilo figlio dell'istesso Rè di Battra, era ostaggio di Nino. Scoperta i'innocenza di Semiramide dall'altra Semiramide, Nino con maggior instanza la chiede in Consorte. Ripugna di nuovo Memnone; à cui perciò vien intimato partito, ò di cauarsi gli occhi, ò di cedere Semiramide. Questi disperato s'uccide, Nino sposa Semiramide.

4.1.3 *Semiramide*

#	Sartori 1990–1994, #21482
Zugrunde liegender Druck	Bologna, Biblioteca Comunale dell'Archiginnasio, UM1E030870; 1²
Datum der UA	1677
Ort der UA	Bologna
Spielort der UA	Collegio de'Nobili di S. Francesco Saverio

#	**Sartori 1990–1994, #21482**	
Komponist	?	
Anlass	Stagione di Carnevale	
Geehrte(r)	–	
Akte (Szenen)	5 (48; 7/11/8/12/10)	
Schauplatz	Babilonia	
Personaggio / Besetzung	Nino (♂), *Rè dell'Asia*	Camillo Spreti (♂)
	Semiramide (♀), *famosa Guerriera vincitrice di Battra*	Marchese Pier Francesco Trecchi (♂)
	Memnone (♂), *Generale dell'Armi Regie, e Marito di Semiramide*	Giuseppe Bernardini (♂)
	Idaspe (♂), *Figlio maggiore di Semiramide*	Dondidio Bianchi (♂)
	Iapete (♂), *Figlio minore di Semiramide*	Marchese Antonio Aldegati (♂)
	Farnabazzo (♂), *primo Satrapo del Regno favorevole a Semiramide*	March. Sforza Palladichio (♂)
	Orcane (♂), *Figlio di Farnabazzo*	Marchese Carlo Gonzaga (♂)
	Arbace (♂), *Secondo Satraop del Regno Emolo di Semiramide*	Giovanni Bonomo (♂)
	Osmano (♂), Gobira (♂) & Coaspe (♂), *Senatori contrarij à Semiramide*	Pieto Manna (♂), Francesco Maria Spinola (♂) & Aurelio Contrarino (♂)
	Narbasso (♂), *Prefetto dell'armi dell Città*	Ippolito Magnocavalli (♂)
	Armiraspe (♂), *Castellano*	Fernando Pezzoli (♂)
	Araspe (♂), *Capitano della Guardia Reale*	Alvise Foscari (♂)
	Dorli finto (♀), *cioè un'altra Semiramide Figlia del Rè di Battra*	Giacinto Ferreri (♂)
	Alete (♂), *Cavaliere spedito dal Rè di Battra à Dorilo*	Giuseppe Contarino (♂)
	Sima (♂), *Regio Prefetto de'Pastori*	Pietro Paolo Costa (♂)
	Sigeo (♂) & Carillo (♂), *Cavalieri di Semiramide*	Antonio Aldegati (♂) & Gian Battista Saluzzi (♂)
	Eufemo (♂), Ermete (♂) & Stenone (♂), *Cavalieri di Memnone*	Antonio Canonici (♂), Pirro Arrigoni (♂) & Gian Antonio Riva (♂)
Argomento	Semiramide Sira di Natione, moglie di Memnone Generale di Nino, Madre di Idafpe, e di Iapete; lafciati i Figli alla cura di Sima, segui il Marito alla guerra, vince l'inespugnabile Rocca di Battra, sacendovi per dirupi qua si inaccessibili, e perciò mal custoditi. Nino per riconoscere si gran valore la vuole in moglie; incontra sonime difficoltà in Memnone. L'amore di Nino resta intorbidato da un Messo con Lettera, Gioie, e Veleno, mandato dal Rè di Battra à sua Figlia chiamata anch'ella Semiramide, che sotto falso nome di Dorilo figlio dello stesso Rè di Battra era ostaggio di Nino. Scoperta l'innocenza di Semiramide dall'altra Semiramide, Nino con maggior instanza la chiede in Consorte. Ripugna di nuovo Memnone; à cui perciò vien intimato partito, ò di cauarsi gli occhi, ò di cedere Semiramide. Questi la fà fuggire, e disperata s'uccide. Arbace sforza Eufemo ad incolpare Semiramide, & Idafpe di tal uccisione, onde vien di nuovo condannata con Idaspe à morte: alla quale mentre s'incamina incontratasi in Sima riconosce i Figli. Per castigo poi del Cielo, morto Arbace, Eufemo si disdice, e scuopre l'innocenza di Semiramide, e di Idaspe, che resta confermata da una Lettera dallo stesso Memnone scritta à Nino prima d'uccidersi. Cosi libèrata Semiramide, e sciolta di Memnone si marita con Nino. Il fondamento Istorico dell'Attione vedasi presso Diodoro Sicolo nel libro 2.	

4.1.4 *Semiramide*

#	Sartori 1990–1994, #21143
Zugrunde liegender Druck	Libretto in der besitzenden Bibliothek (Rom, Biblioteca del Conservatorio di Musica) nicht auffindbar[2]
Datum der UA	1680
Ort der UA	Padova
Spielort der UA	Collegio de'Nobili di Padova
Komponist	?
Anlass	Stagione di Carnevale
Geehrte(r)	–
Akte (Szenen)	?
Schauplatz	?
Personaggio / Besetzung	Nino (♂) Andrea Loredano (♂) Semiramide (♀) Lodovico Sale (♂) Memnone (♂) Leonardo Dolfin (♂) Idaspe (♂) Giovanni Piazzoni (♂) Iapete (♂) Giovanni Loredano (♂) Arbace (♂) Alfonso Oddi (♂) Farnabazzo (♂) Bernardo Lazzara (♂) Osmano (♂) Pietro Manzoni (♂) Gorbia (♂) Eurico Papafava (♂) Coaspe (♂) Giuseppe Chiatteri (♂) Narbarso (♂) Giovanni Battista Porto (♂) Adiraspe (♂) Alfonso Porto (♂) Pima (sic; ♂) Alfonso Porto (♂) Araspe (♂) Alfonso Porto (♂) Eufemo (♂) Paolo Piazzoni (♂) Nicandro (♂) Paolo Piazzoni (♂) Sergio (♂) Spiro Carandino (♂) Nuntio (♂) Spiro Carandino (♂) Ariabarzane (♂) Tullio Maffei (♂) Arnoldo (♂) Tullio Maffei (♂) Alete (♂) Tullio Maffei (♂) Antigono (♂) Marco Rubino (♂)
Argomento	?

5. Anonymus – La Semiramide

#	Sartori 1990–1994, #21479
Zugrunde liegender Druck	Venedig, Biblioteca Nazionale Marciana, VEA1222453; π2 A4
Datum der UA	22. Dezember 1673
Ort der UA	Wien

---

[2] Alle Angaben zum Libretto stammen aus Sartori 1990–1994.

#	Sartori 1990–1994, #21479
Spielort der UA	Palais des spanischen Botschafters
Komponist	Antonio Draghi
Anlass	Geburtstag Maria Anna von Österreich, Gattin von Philipp IV.
Geehrte(r)	Maria Anna von Österreich
Akte (Szenen)	–
Schauplatz	–
Personaggio / Besetzung	Istoria (♀) Semiramide (♀) Corriero (♂)
Argomento	–

6. Ercole Pinamonte Bonacossi – La Semiramide

#	Sartori 1990–1994, #21481; Allacci 1755, 710
Zugrunde liegender Druck	Modena, Biblioteca Estense Universitaria, 70.e.13.8
Datum der UA	1674
Ort der UA	Ferrara
Spielort der UA	Teatro Bonacossi ?
Komponist	?
Anlass	?
Geehrte(r)	–
Akte (Szenen)	3 (39; 14/13/12)
Schauplatz	Niniveh
Personaggio / Besetzung	Nino (♂), *Rè dell'Assiria* Semiramide (♀), *Moglie di Mennone desiderata da Nino* Mennone (♂), *Prencipe* Sosane (♀), *Figlia di Nino Amante di Farno* Farno (♂), *Rè di Media Prigione, Amante di Sosane* Staurobate (♂), *Rè dell'India* Adrasto (♂), *Generale di Nino* Gige (♂), *Consigliero* Altea Vecchia (♀), *Dama di Corte* Lisa (♀), *Dama di Semiramide* Cherilo (♂), *Paggio* Filoteta (♂), *Guardiano delle Prigioni* Arconte (♂), *Sacerdote* Alceste (♂), *Nuntio di Staurobate* Pastore di Soria (♂) Musico, che canta (♂)

#	Sartori 1990–1994, #21481; Allacci 1755, 710
Argomento	Semiramide fu Donna bellissima, e valorosa, nominata non meno nelle Favole, che nelle Storie, e però di lei si racconta, che nata di Dicerta Dea, e di Padre incerto appresso la Città d'Ascolana, fosse esposta in luoghi sassosi, e disserti, & ivi nodrita da gli Uccelli, che ritrovata poi da Pastori del Paese, e donata a Simma loro Prencipe, che non havendo Figlioli ritenendola appresso di se, l'addotasse per Figlia; Cresciuta in età da Marito, e mandato Mennone nella Siria dal Rè Nino per interessi del Regno, che invaghitosi di tei le prendesse per Moglie, e la conducesse à Ninive, dove Nino in vederla, preso dal di lei Amore, procurasse con Mennone, che volesse cederli la medema Donna, offerendoli in cambio Sosane sua Figlia il che ricusando Mennone di fare e morti di dolore, fu da Nino sposata, come tutto vien narrata di Diodoro Sicula al Lib. 3 (sic). Si racconta pure, che Semiramide havendo addimandato al Rè di Regnare sola alcuni giorni, che essendole concesso, facesse porre prigione il Rè, e che di lui più non si parlasse; che Farno Rè di Media fosse prigione di Nino, e che Staurobate Rè dell'India restasse vittorio di Semiramide, si raccoglie non meno dalle Storie; sopra de quali successi, servendosi del verisimile, e del Anachrorismo si è composta l'Opera seguente.

7. Hinrich Hinsch – Semiramis, die aller-erste regierende Königin[3] (Singspiel)

#	Marx & Schröder 1995, 340; Griffel ²2018, 442
Zugrunde liegender Druck	Wien, Österreichische Nationalbibliothek, 625399-B THE MAG
Datum der UA	1683
Ort der UA	Hamburg
Spielort der UA	Oper am Gänsemarkt
Komponist	Nicolaus Adam Strungk[4]
Anlass	–
Geehrte(r)	–
Akte (Szenen)	3 (60; 15/21/24)
Schauplatz	Babylon
Personaggio / Besetzung	Semiramis (♀), *Königin* Sosana (♀), *Königliche Princeßin, der Semiramis Stieff-Tochter* Belotes (♂), *Statthalter in Assyrien, nunmehr General-Gouverneur* Tyrellus (♂), *Chaldeischer Heerführer* Darista (♂), *Assyrischer General* Colandes (♂), *Hoff-Cantzler* Abraham (♂) & Sara (♀), *Junge Eheleute*

---

3 Es handelt sich nicht um eine *opera seria*, sondern um ein Singspiel, das gelegentlich auch Johann Martin Köhler zugeschrieben wird, so z.B. bei Marx & Schröder 1995.

4 Evtl. auch von Johann Wolfgang Franck; so Griffel ²2018, 442. Dort wird diese Oper unverständlicherweise bezeichnet als „after the text of Giovanni Moniglia, set by Pietro Andrea Ziani as Semiramide (1670, Venice)" und die Handlung völlig falsch umrissen. Die beiden Libretti sind ganz klar voneinander völlig unabhängig und weisen weder in Personen, Setting oder Handlung Gemeinsamkeiten auf.

	Marx & Schröder 1995, 340; Griffel ²2018, 442
Personaggio / Besetzung (Fortsetzung)	Leuca, *Alte Hoff-Dame und Schwartzkünstlerin* Clathes (♂), *Hoffverwalter* Milo (♂), *Tafel-Rath* Tinnas (♂), *Keller-Meister mit 2 Faßbinder-Gesellen*
Argomento	Nimrod, der erste Babylonische Monarch, aus dem Stamme Ham von Noah, hat anfänglich den wilden Thieren mit List nachgestellet, folgendes aber die Menschen mit Gewalt unter seine Botmässigkeit gebracht; Davor er in der H. Schrifft ein gewaltiger Jäger für den Herren (sic) geheißsen wird. Dessen Sohn Ninus (daselbst doch Assur genannt) Ist im Jahr nach Erschaffung der Welt 1997 seinem großmüthigen Vater im Reich nachgefolget; hat darauff das Assyrische, mit kurzen Gräntzen umbschrenckte, und allernechst gelegene Reich zum Babylonischen gebracht, uach am Fluß Tyfre die grosse Stadt Ninive, zum Zeichen seines grossen Glücks erbauet, und die Stadt samt dem Reich nach seinem zwiefachen Nahmen genennet. Daran aber hat er sich noch nicht genügenlassen, sondern in die 17 Jahr lang (biß dahin der Nahme des Krieges noch unerhört war) gantz Asien und Egypten siegreich durchzogen, nach dem auff dieser Seiten die Furcht, und auff jener die Hoffnung gestanden. Umb dieselbe Zeit hat sein Uhr-Anherr Noah die Welt verlassen, und ist mit dessen Tode der Götzendienst eingerissen, in dem der hochmüthige Ninus, als welcher noch in seinem Leben sich für einen Gott nicht auffwerffen durffte, dennoch das Rechte ergriffen, und denen Riesen weiß gemacht, daß er von einem Gott gezeuget sey. Hat deowegen seines Vaters Thaten hoch erhoben, dessen Bildnis aufgestellet, und demselben Göttliche Ehre angethan, auch seine Unterthanen zur Nachfolge angetrieben, und also durch thörichte Freygebigkeit einen Andern gegeben, was er selber nicht gehabt, damit nach seinem Tode ihm auch so viel oder noch ein Mehrers wiederführe. Und dieser Nimrod ist eben derjenige, welcher bey denen Geschichtschreibern (die hierinnen doch gegen einander sind) unter dem Nahmen Belus hochberühmt, bey den Heyden nach seinem Zunahmen Saturnus, und bey denen Juden Baal geheissen. Als aber Ninus im 48ten Jahre seiner Regierung wieder Zoroaster den König von Bactra (welcher der erste Schwarzkünstler gewesen und vom Teuffel hinauff an das Firmament sol geführt seyn) einen hochpreißlichen Krieg geführt, unter andern auch seinen Syrischen Statthalter Menones hierzu gebraucht; hat dieser Held aus Verdruß, wegen langwieriger Abwesenheit, seine Gemahlin Semiramis aus Syrien nach Bctra zu sich berufen: Welche zwar von geringer Ankunfft, doch aber schön und zwarter Leibes-Gestalt, auch von hohem Verstande und wohlerzogen war, bey der Stadt Ascalon in Syrien von Hirten gefunden, und wegen ihrer Schönheit dem Königlichen Stallmeister Simma verehret; der sie dann, weil er ohne Kinder gewesen, an Kindes Statt angenommen, und hernach an ermeldten Menoes vermählet hat. Deßwegen sie diese Längst erwünschte Gelegenheit freudig ergriffen, umb ihre Person und Geschicklichkeit vor der Welt sehen zulassen, hat auch zur Reyse sich dergestalt ausgekleidet, daß man ihr nicht ansehen können, ob sie männ- oder weiblichen Geschlechts gewesen: Und dieser zweifelhafften Kleidung haben hernach die Amazonen zu Felde sich bedient. Als nun Semiramis im Bactrainischen Lager angekommen, hat sie alles daselbst genau beobachtet, und darauff durch eien sonderbahre Kriegs-List gezeiget, wie Zoroasters Schloß, welches hoch auff einem Felsen gelegen, füglich könnte erobert werden: Nach dessen glücklichen ausgang hat Ninus über ihren Verstand sich verwundert, und dieselbe herrliche regaliret, auch bald hernach in der Schönheit sich vergafft, und ihren Mann bereden wollen, daß er diese seine Frau ihm überlassen möchte; Dahingegen sich erboten, seine Tochster Sosana ihm zuvermählen. Als aber Menones solche Königliche Offerten ausgeschlage, hat Ninus ihm gedreuet die Augen auszureissen, im Fall er hierzu sich nicht bequveine würde: worüber Menones gleichsam rasend worden, und aus schmertzlicher Liebe sich selbst entleibet: Dadurch denn Ninus seinen Zweck erreichet, und die Semiramis getranet, auch mit ihr einen Sohn den Nynias gezeuget, und im vierten Jahre hernach das Leben abgeleget, da er die

#	Marx & Schröder 1995, 340; Griffel ²2018, 442
Argomento (Fortsetzung)	höchste Gewalt 52. Jahr geführet. Er hat den Zunahmen Jupiter bekommen, und wegen seiner grossen Siege im Tode mehr göttliche Ehre als sein Vater Saturnus erlanget, so das Semiramis mitten in der Stadt Babylon, dem Jupiter zu Ehren, einen herrlichen Tempel zu erst gebauet. Nach der Zeit aber hat auch ein König in Creta, Saturnus, und dessen ältester Sohn, Jupiter geheissen, welcher den Vater vom Reich vertrieben: Da dann die fabulirende Antiquität vorgegeben, ob habe Jupiter den Himmel gestürmet, auch den regierenden Saturnus auff die Erde gestützet, und sey also der oberste Abgott worden. Gleich wie nun dem Deucaleon (Könige in Thessalia) als ein Fabelwerck zugeeignet wird, was mit der Sündflut unter Noah sich gebeben: Also haben Nimrod und Ninus zur Fabel herleihen müssen, was die beyde letztere Saturnus und Jupiter in Creta, sollen gethan haben. Weil auch der Königliche Prinz Nynias dazumal noch in seiner ersten Kindheit war, hat die Kluge Mutter, als eine deroische junge Wittwe, die Regierung des Babylon- und Assyrischen Reiches sich angemasset, dero Behuff ihren Stieffsohn Trebeta (welcher sich nach Teutschland an die Mosel soll begeben, und die Stadt Trier, besage eines alten daselbst vorhandenen monumenti, erbauet haben) daraus vertrieben, hergegen ihre Stiefftochter Sosana bey sich behalten: Die allererste Dame, so die Häußliche mit der Reichs-Verwaltung verwechselt, das Gebietden Gehorsam ihres Geschlechts vorgezogen, und die Schwachheit der weiblichen Nautr mit männlichem Gemüthe ersetzt, gestaltsam dieseben mit herrlichen so wohl inn- als eusserlichen Kriegen, alle vorher gewesene Helden weit übertroffen. In eusserlichen Kriegen hat Semiramis Meden, Egyten, Lybien, unter ihre Hände gebracht, darneben auch (worüber nachgehendes Alexander Magnus sich verwundert) Indien überzogen: Und wie dieselbe das Feld schon zweymal erhalten, also hätte sie auch zum drittenmal wieder gesieget, im Fall ihre Cameele des Feindes Elephanten weren gleich gewesen. Einen innerlichen Krieg hat Semiramis (in welchem Sie selbst mit einem Pfeil blessiret worden) wieder ihren rebellierenden Statthalter in Babylon geführet: Von dessen Abfall Sie die Zeitung bekommen, als Sie eben ihre Haupthahre einflechten lassen, und die Helffte noch ungeflochten gewesen; woselbst Sie mit sothanen halb zerstreuten Hahren von ihrem Sitz auffgesprungen, aus hitziger Rachbier alsofort Anstalt zum Feldzug gemacht, auch in dieser Hitze ihrer halb fliegenden Hahre vergessen, und dieselbe nicht auffbinden lassen, ehe und bevor Sie der Chaldeischen Hauptstadt sich wieder bemächtiget gehabt. Deswegen auch ihr Bildnis hernach mit halben zu Felde geschlagenen Hahren, sonder Kopffflege gemacht worden. Und solche herische Thaten hat Semiramis nicht alleine gegen die Menschen, sondern auch wieder die grausamste Thiere verübet, in Betrachtung dieselbe zum öftern auff die Jagt gezogen, und allda gefährlich sich gewaget, auch einsmals mit der Lantze einen Löwen gefället. Hiernechst hat Semiramis durch köstliche Gebäue in Friedens-Zeiten sich groß gemacht, in dem Sie die Königliche Residentz Babylon, welche Nimrod zu bauen angefange, gewaltig erweitert, daß sie mehr einer Provintz (wie Aristoteles sie nenet) als einer Stadt ähnlich gewesen, hernach mit tieffen Graben un unvergleichlichen Mauern umgeben, auch den wunderschönen Garten daselbst zur allerherrlichsten Vollkommenheit gebracht, als welcher samt dem angefügten Luftwalde auff lauterhangenden Schwibbogen gestanden, und zwar über den grossen Fluß Euphrat (der mitten durch Babylon geflossen) aus dem Grunde des fliessenden Wassers herauff geführet; dahero folgends unter die selben Wunderwercke der Welt gezehlet worden. Daß also Semiramis an Babel das Ziel alleine erlanget, wornach gleichsam alle Menschen vor der Sprachen Verwirrung umbsonst gezielet. Ander denckwürdige Wercke in Ihr zugeschweigen. Bey so hohen Gaben war diese Beherrscherin auch gleichwohl eine Schlavin im Liebes-Kriege, und sonderlich der Veränderung ergeben: in welchem Joch Sie dann tyrannisch dienete, so daß Sie ihre wohlversuchte Cavalliers heimlich aus dem Wege räumen, und der Leichen mit Zusammen geführten Hügeln bedecken ließ, die verübte Grausamkeit umb so viel ansehnlicher zu machen; mit welcher Ehre nur die hohen im Felde gebliebenen Officiers angethan wurden. Zuletzt aber ist die Ursach ihres Todes der Lebens-Lauff nicht ungleich gefallen, so daß Sie bey Erhaltung des Reichs ihr Leben selbst verlohren: Denn als Nynias ihr Sohn das männliche Alter ereichet hatte, deßwegen nach und nach

#	Marx & Schröder 1995, 340; Griffel ²2018, 442
Argomento (Fortsetzung)	den Scepter auch verlangete, und doch bey der Mutter Leben sich dessen nicht getrösten konnte, hat er sich der Gelegenheit bedienet, da Semiramis (wie er nachgehends mit solchem Vorwand sich entschuldiget) ihm Blutschande zugemuthet, daß er dieselbe grausamlich ermordet, nachdem Sie dem Reich 42. Jahr mit Verwunderung vorgestanden. Bey Semiramis Lebzeiten (und zwar 10 Jahr vor ihrer angetretenen Regierung) ist zu Ur in Chaldea Abraham gebohren, aus dem Stamme Sem des Sohnes Noah, und ist zugleich mit Sara (die im ersten Jahre ietztgedachter Regierung zur Welt gekommen) der Semiramis Landes-Kind und Unterthan gewesen; hernach aus Gottes Antrieb, durch seinen Vater Tharah, von Ur aus Chaldea, nach Haran in Mesopotamien geführet worden; haben aber damals noch Abram und Sarai geheissen. So wird nun Semiramis dergestalt hier vorgestellet, wie dieselbe nach oberwehnten innerlichen Kriege über den erlegten Haupt-Rebellen zu Babylon triumphiret, die verübte Meuterey daselbst untersuchet, darauff die Helffers-Helffer abstraffet, deroselben Güter ordentlich einziehen, zu Erhaltung innerlicher Ruhe Anstalt machet, und also in vorigen Stand sich wieder setzet. Worben denn Abraham und Sara als noch junge Eheleute (die sich aber für Bruder und Schwester ausgeben) unter diesen ihren letzteren Nahmen mit eingeführet werden in dem sie ebendazumal von Ur nach Babylon (so etwa 15 Teutsche Meilen von einander gelegen) gereyset waren. Und bey solcher Gelegenheit verliebt sich Belotes in Sara, als welche er wahrhafftig für Abrahams Schwester hält; wird aber wenig von Ihr geachtet: Hergegen hält die Prinzeßin Sosana desto mehr von demselben, un geneusst doch nur kaltsinnige Gegenliebe. Immittelst wirfft auch Semiramis ihre Augen auff Belotes, und erhöhet ihn dabey; lesst aber plötzlich eine Mißhelligkeit sich mercken: Darüber wird Belotes melancholisch, und wil gar bezweiffeln: gelanget aber auch plötzlich wieder zu voriger Gnade. Gleichwohl heget er seine Liebes-Gedancken nach wie vor gegen Sara; darumb entdecket sie endlich selbst, da sie Abrahams Ehefrau sey. Hierauff wird Sosana an Belotes vermühlet, und also der Krieges-Sieg mit dem Liebes-Sieg beschlossen; Dessen sich die Königliche Hoffstatt freiet Und diese Staats-Geschicht (als welche mit gedichteten Umbständen fürs Gemeine Wesen etwas nachdenckliches hier vorstellet) ist vielleicht auff solche Art sonst nirgendswo zufinden; Zumahlen dieselbe (so viel man etwa Nachricht deßfalls eingeholet) weder in Italien noch Franckreich jemals präsentiret worden.

8. Francesco Maria Paglia – La Semiramide

#	–
Zugrunde liegender Druck	Rom, Biblioteca Nazionale Centrale, 35. 5.G.27.1 & Bologna, Biblioteca Universitaria, A.V.Tab.I.E.III.23a.6[5]
Datum der UA	19. Dezember 1701
Ort der UA	Napoli
Spielort der UA	Palazzo Reale
Komponist	Giuseppe Antonio Vincenzo Aldrovandini
Anlass	Stagione di Carnevale
Geehrte(r)	Maria Luisa Gabrielle von Savoyen
Akte (Szenen)	3 (41; 12/15/14)
Schauplatz	Babilonia

---

5 Beide Drucke sind bis auf unterschiedliche Jahreszahlen auf dem Titelblatt identisch (1701 bzw. 1702).

#	–	
Personaggio / Besetzung	Semiramide (♀), *Regina d'Assiria* Berenice (♀) & Nino (♂), *suoi Figli* Celidoro (♂), *Prencipe di Media* Mandane (♀), *sua Sorella* Araspe (♂), *Prencipe di Libia* Alete (♂), *Generale di Semiramide* Eurilla (♀), *Cameriera di Berenice* Nesso (♂), *Servo di Celidoro*	Maria Madalena Musi (♀, Sopran) Maria Magdalena Manfredi (♀, Sopran) & Lucia Nannini (♀, Sopran) Giulio Cavalletti (♂, Sopran) Rosa Gentile (♀) Lucia Bonetti (♀, Sopran) Antonio Lauri (♂) Livia Nannini (♀, Sopran) Giovanni Battista Cavana (♂, Bass)
Argomento	–	

8.1 Bearbeitungen

8.1.1 La Semiramide

#	–
Zugrunde liegender Druck	Paris, Bibliotheque Nationale, VM4-14 (nur Partitur erhalten)
Datum der UA	1701 ?
Ort der UA	Genova
Spielort der UA	Teatro del Falcone
Komponist	Giuseppe Antonio Vincenzo Aldrovandini
Anlass	Stagione di Carnevale
Geehrte(r)	
Akte (Szenen)	3
Schauplatz	Babilonia
Personaggio / Besetzung	Semiramide (♀), *Regina d'Assiria* Berenice (♀) & Nino (♂), *suoi Figli* Celidoro (♂), *Prencipe di Media* Mandane (♀), *sua Sorella* Araspe (♂), *Prencipe di Libia* Alete (♂), *Generale di Semiramide* Eurilla (♀), *Cameriera di Berenice* Nesso (♂), *Servo di Celidoro*
Argomento	–

8.1.2 La Semiramide (1703)

#	Sartori 1990–1994, #21484
Zugrunde liegender Druck	Rom, Biblioteca Nazionale Centrale, 35.7.C.4.2

#	**Sartori 1990–1994, #21484**
Datum der UA	1. März 1703
Ort der UA	Modena
Spielort der UA	Teatro Fontanelli
Komponist	Antonio Cottini?[6]
Anlass	–
Geehrte(r)	Luigi duca di Vandomo
Akte (Szenen)	3 (38; 12/15/11)
Schauplatz	Babilonia
Personaggio / Besetzung	Semiramide (♀), *Regina degli Assirj* Berenice, (♀) *sua Figlia* Mandane (♀), *Principessa di Media* Eurilla (♀), *Damigella di Berenice* Nino (♂), *Principe d'Affiria, Figlio di Semiramide* Celidoro (♂), *Principe di Media* Arape (♂), *Principe di Lidia* Alete (♂), *Capitano de gli Assirj* Nesso (♂), *Servo di Celidoro*
Argomento	Per meglio stabilire la pace, contratta dopo lunghe guerre tra i Regni degli Assirj, e de'Medi, il Monarca di questi ultimi propose, come un più stretto vincolo della medesima il matrimonio di Celidoro, e Mandane suoi Figli con Berenice, e Nino Figli di Semiramide Regina de'primi; anzi spedilli immantinente col dovuto Equipaggio verso Babilonia, ad oggetto di dare una pronta esecuzione al trattato. Ma bramoso Celidoro di vedere con libertà, e considerare minutamente tutte le qualità della Sposa, con pensiero di non volerla, quando non se ne trovasse contento, cangiò nome, & abito, fingendosi Nesso, ch' era un suo Servo semplice, a cui commise il rappresentare, e sostenere la sua figura, e Persona. Praticò in quest'occasione una frode uguale la Regina Semiramide, la quale portata dal solito suo genio bizzarro volle, che Nino in abito feminile passasse appresso i Principi di Media per Semiramide, assumendo ella all'incontro con le vesti da Uomo il Personaggio di Nino. Successe l'incontro con tale reciproco inganno, da cui però non poterono così bene celarsi le sembianze Reali di Celidoro, che non si conoscesse anche tra i panni servili la maestà della sua nascita, onde invaghissene Semiramide, e risaputo poi da Nesso innamorato D'Eurilla Damigella di Corte il vero essere di lui, risolvette di prenderlo per sè, concedendo Berenice ad Araspe Principe di Lidia, che era già amante corrisposto della medesima. Ed in, fatti seguì, come ella aveva pensato, poiche avendo in questo tempo Alete Capitano degli Assirj svelato l'inganno di Nino a Mandane, con speranza di obbligarsela, e di ottenere corrispondenza all'amore, che aveva concepito per lei in occasione che fù alla Corte di Media, Celidoro, il quale non si era mai compiacciuto di Berenice, sentendo dalla Sorella, che il finto Nino, da cui riceveva tante cortesie, e dimostrazioni d'affetto, era la vera Semiramide, diedesi tutto all'amore di questa, & uniformandosi alle di lei intenzioni acconsentì molto volontieri a sposarla, unendo le sue con le Nozze di Nino, e Mandane, che se ne sovarono mutuamente contenti. Da questi supposti parte veri, e parte verisimili viene composto il presente Drama, intitolato la Semiramide, che uscendo alla luce per la prima volta avrà, se non altro, il pregio almeno della novità.

---

6 Gandini 1873, 86.

9. Giorgio Maria Rapparini (?) – La monarchia stabilita[7]

#	Sartori 1990–1994, #15837	
Zugrunde liegender Druck	Mannheim, Reiss-Engelhorn-Museen, Theatersammlung 379775174	
Datum der UA	18. Oktober 1703	
Ort der UA	Düsseldorf	
Spielort der UA	Hoftheater	
Komponist	Johann Hugo Wilderer	
Anlass	Besuch Karls III. von Spanien	
Geehrte(r)	Karl III. (später VI.) von Spanien	
Akte (Szenen)	3 (49; 12/15/22)	
Schauplatz	–	
Personaggio / Besetzung	Nino (♂), *Rè degl'Aßirii* Arico (♂), *Principe degl'Arabi* Semiramide (♀), *sotto nome die Orgonte Amante di Nino* Eudemo (♂), *Pastore* Eurilla (♀), *creduta sua figlia* Zoroastro (♂), *Rè dei Battriani* Arsinda (♀), *sua figlia* Adraste (♂), *Principe dei Medi, Generale dell'armi di Zoroastro* Nicea (♀), *Balia d'Arsinda* Targone (♂), *servo d'Arsinda*	Benedetto Baldassari (♂, Sopran)[8] Bartolomeo Antonio Ansalone (♂, Bass)[9]
Argomento	Nino fù il primo, che dilatando con le armi i confini del suo Regno diede principio alla Monarchia degl'Assiri, la quale fù la prima, che si vedesse nel Mondo. Questi doppo aver soggiogata la maggior parte dell'Asia, e distesi gli termini del suo Imero fino alla Libia: mosse guerra a Zoroastri Rè dei Battriani; contro di cui con tutto che conducesse un Esercito, nel quale secondo le relazioni di Ctesias Scrittore antico si numeravano un milione e settecento mila Pedoni, dugento mila Cavallo, e press a dieci mila seicento Carri falcati, niente di meno si vide in pericolo di vedere sotto le Mura di Battria Capitale del Regno, Città per il sito, e per l'arte munitissima, arrestato il corso delle sue Vittorie; se l'ardire di Semiramide con uno Strattagemma non più pratticato, non gle ne avesse facilitato l'Acquisto, Avvertita questa da Menone, che dalla parta del Monte, dove per l'asprezza del sito credevasi inaccessibile, era la Città tutt'affitto sproveduta di Difensori, scelti alcuni degli più arditi, & assuefatti a salire per i luoghi aspi, e sassosi, fattasi scala dell'Asprezza di quelle Rupi penetrò nella Rocca, e con questo aperse a Nino la strada di soggiogar la Città. Restò dall'ardire no meno, che dalla bellezza di sì gran Donna preso cuore di Nino, e giudicandola degna di esser anteposta ad ogn'altra, la sollevò da quella di serva al condizione di Moglio. Nino fù figliolo di Belo, e fù tanta la venerazione, che ebbe per il Padre, che fattali fabricare una Statua, comandò, che a quella si rendessero gli stessi onori, che si rendevano agli Dei: e che fossero assoluti da ogni delitto tutti quelli che avevano ricorso	

---

7 Dt. Text von Johann Ulrich König. Gelegentlich wird auch eine Aufführung 1705 postuliert, für die sich aber kein Libretto eruieren lässt. Basis dieser Vermutung ist ein entsprechender handschriftlicher Eintrag im Libretto von 1703.
8 Rollenzuweisung unsicher.
9 Rollenzuweisung unsicher.

#	Sartori 1990–1994, #15837
Argomento (Fortsetzung)	alla Statua del Padre: dando con ciò principia alle Idolatria, che fù da quel tempo in poi sì familiare a quei Popoli. Di Semiramide sono del pari occulte la condizione, e la Nascita: Solo si sa, che fù Ascalonia. Alcuni scrivono, che bambina fosse nudrita dagl'uccelli, e di qui vogliono, che prendesse il Nome di Semiramide, che in Lingua Siriaca significa Uccello. Altri dicono, che trovata esposta in un Bosco da Menone Pastore, che da noi si chiama Eudemo, fosse da lui raccolta, e nudrita qual figlia. Di Zoroastro si legge, che quando si vide vinto, e superato da Nino chiedesse in Grazia di esser incenerito dal fuoco, e che subito cadesse un fulmine dal Cielo, e lo riducesse in Cenere. Fù Zoroastro secondo il sentimento di Plinio il prima Inventor dell'Arti Magiche; alla quale opinione, aderendo, si finge che usasse questi in propria difesa insieme con l'Armi gl'Incanti. Di Arico altro non si legge, se non che fosse un Principe Arabo seguace di Nino. A questi fatti Istorici per maggior vaghezza del Dramma si aggiungono quelli di Arsinda, di Adraste e di Eurilla. Di questi due ultimi deve supporre il cortese Lettore, che fossero figli del Rè de'Medi, e che per opera di alcuno si salvessero da una terribil congiura, nella quale periton il Padre, e gl'altri Regii Fratello. Che cresciuto Adraste venisse in Battria, dove invaghito d'Arsinda, e da lei corrisposto si trattenesse, al servizio di Zoroastro in qualità di suo Generale : E che Eurilla bambina salvata da Idraspe fosse data in cura ad Eudemo.

9.1 Bearbeitungen

9.1.1 *Nino ovvero La monarchia stabilita* | *Nino oder Die befestigte Monarchie*

#	Sartori 1990–1994, #16524; Thiel 1970, 1142
Zugrunde liegender Druck	Wolfenbüttel, Herzog August Bibliothek, Textbücher 706
Datum der UA	29. August 1709
Ort der UA	Braunschweig
Spielort der UA	Teatro di Bronsvig
Komponist	Johann Hugo Wilderer
Anlass	–
Geehrte(r)	Charlotta Christina Sophia Herzogin zu Braunschweig und Lüneburg
Akte (Szenen)	3 (41; 8/13/20)
Schauplatz	–
Personaggio / Besetzung	Nino (♂), *Rè degl'Assirii* Arico (♂), *Prencipe degl'Arabi* Semiramide (♀), *Sotto Nome di Orgonte Amante di Nino* Eudemo (♂), *Pastore* Eurilla (♀), *creduta sua Figlia* Zoroastro (♂), *Rè dei Battriani* Arsinda (♀), *sua figlia*

#	**Sartori 1990–1994, #16524; Thiel 1970, 1142**
Personaggio / Besetzung (Fortsetzung)	Adraste (♂), *prencipe dei Medi, Generale dell'Armi di Zoroastro* Targone (♂), *servo d'Arsinda* Ninus, *König der Assirier* Aricus, *ein Arabischer Prinz* Semiramis, *unter dem Nahmen Orgonte Geliebte des Ninus* Eudemus, *ein Schäffer* Zoroaster, *König von Baktrien* Arsinda, *seine Tochter* Adraste, *ein Medischer Prinz und des Zoroasters General* Tragone, *der Arsinda Diener*
Argomento	Ninus nachdem er seine Waffen durch den größten Teil von Asien ausgebreitet, die Gräntzen seines Reiches biß an Liebien erweitert, und dadurch den Anfang zu der Assirischen als ersten Monarchie gemacht, finge mit dem Zoroastro Könige der Baktrianer einen Krieg an, welchen er mit einem Kriegs-Heer überzogen, so nach des Ctesiae eines alten Scribenten Bericht, in einer Million und siebenmahl hundert tausend Mann Infanterie, zwey mahl hundert tausend Mann Cavallerie, und zehen tausend 600 Streit-Wagen bestunde, um durch eine so ansetzliche Machen, dem Kriege mit dem Zoroastri so eher ein Ende zu machen. Diesen allen aber ohngeachtet, fande er mehr Wiederstand als es vermuhtet und stunde in nicht weniger Gefahr vor der Stadt Babylon, welches die Haupt-Stadt des Königreichs, und mit starcken Mauren (sic) und Befestigungs-Wercken fast unüberwindlich gemacht ware, sein ganzes Heer zu ruinieren, wann nicht die Kühnheit der Semiramis vermittelst einer sonst niemahls gebrauchte Kriegs-List, ihn die Eroberung der St. erleichtert hatte. Es war derselben die geheime Nachricht zukommen, daß die Stadt an der Seite des Berges, allwo man sie wegen der Klippen inaccessible hielte, mit keiner Mannschaft besetzt wäre: Diesemnach erwehlte sie einige behertzte Soldaten, welche abgerichtet waren dergleichen rauhe Felsen zu besteigen, und kletterte mit denen nicht ohne grosse Mühe und äusserste Leibes-Gefahr, über besagte Klippen biß an ein Bollwerck, da es ihr dann folgendes unschwer fiele vermittelst Oeffnung deiner Pforte, dem Nino einen Weg in die Stadt zu machen. Welches Kühne Unternehmen wie auch die Schönheit dieser Semiramis, den Ninum dermassen entzündete, daß er sie würdig achtete vor allen andern sie zu seiner Gemahlin um erwehlen. Ninus war des Belus Sohn und war keine Kindliche Ehrerbietung gegen seinen erblichenen Vatter so groß, daß er essen Bild-Säule in dem heiligen Walde aufrichten ließ, mit Befehl daß man selbiger die Ehre die man denen Göttern anthäte erweisen auch daß alle Missthäter pardon haben sollten die zu dieser Säule ihre Zuflucht nehmen würden und hiedurch wurde er der Urheber der Abgötterey welche von der Zeit an diesem Volcke gemeinsam gewesen. Der Semiramis Stand und Herkommen ist verborgen, nur dieses weiß man, daß sie eine Ascalonitin gewesen, und wollen einige daß sie in ihrer Kindheit von denen Vögeln ernehret worden, dahero sie den Nahmen Semiramis bekommen, andere aber daß sie in einem Walte von dem Hirten Menone welchen man in diesem Singe-Spiele Eudemus nennet, gefunden, aufgenommen, und als eine Tochter erzogen worden. Von dem Zoroastro ist aus dem Plinio bekannt, daß er der erste Zauberer gewesen, und daß er solche Kunst so wohl als die Waffen zu seiner Verthädigung gebrauchet, nachdem er aber gesehen, daß ihm alles dieses gegen den Ninus nicht schützen können, sagt man, er habe sich von dem Blitz verzehrt zu werden ausgebeten, so auch geschehen. Dieses Schau-Spiel anmuthiger zu machen, hat man die Begebenheit der Arsinda, Adraste und Eurilla hinzu gesetzet, von welchen zwey letztern der geneigte Leser sich fürstellen wolle, daß selbiges des Königs in Meden Kinder gewesen, und daß sie durch Hülfe anderer aus einer grossen Verrähterey errettet worden, in welcher so wohl der Vatter als übrige

#	Sartori 1990–1994, #16524; Thiel 1970, 1142
Argomento (Fortsetzung)	Königliche Brüder umkommen, daß der Adraste nachdem er erwachsen, wieder sey in Bactrien kommen, daselbst des Zoroasters General, und der Arsinda Liebster worden.

9.1.2   *Ninus und Semiramis*

#	–
Zugrunde liegender Druck	München, Bayerische Staatsbibliothek, Slg. Her. 2753
Datum der UA	10. August 1730
Ort der UA	Braunschweig
Spielort der UA	Großes Theater von Braunschweig
Komponist	Georg Caspar Schürmann
Anlass	Laurentii Messe (= 10. August)
Geehrte(r)	–
Akte (Szenen)	3 (30; 7/7/16)
Schauplatz	–
Personaggio / Besetzung	Ninus (♂), *König von Assyrien* Aricus (♂), *ein Arabischer Prinz* Zoroaster (♂), *König der Bactraner* Adrastes (♂), *Prinz von Meden, des Zoroasters General* Eudemus (♂), *ein Schäfer* Semiramis (♀), *unter dem Nahmen Orgontes, in Mans-Tracht, in den Ninus verliebt* Arsinda (♀), *Königliche Prinzessin, des Zoroasters Tochter* Dorimenta (♀), *der Arsinden Kammer-Jungfer* Tuberone (♂), *des Zoroasters Zauber-Knecht*
Argomento	Ninus war der erste, der durch die Waffen die Gräntzen seines Reichs erweiterte und den Anfang zu der Assyrischen Monarchie machte, die die erste in der Welt war. Er bezwang den grösten Theil Asiens, und breitete sein Reich aus bis in Lybien: gekriegte den Zoroaster, den König der Bactraner, gegen den er ein Her führete, das wie der alte Historicus Clesias (sic) schreibt, aus einer Million und sechsmal hundert tausend Fusknechten aus zweymahl hundert tausend Reutern, und aus zehen tausend sechs hundert mit Sensen versehen Wagens bestund: Nichts destoweniger war er in Gefahr vor der Haupt-Stadt Bactriens, die so wol durch Kunst als wegen ihrer Lage so fest war, daß man sie für unüberwindlich hielte, alle Siege zu verlieren, wenn nicht die Tapferkeit der Semiramis durch eine nie erhörte Kriegs-List ihm die Eroberung der Stadt erleichtert hätte. Diese erfuhr von dem Memnon daß die Stadt von der Seite des Felsens, den man für unersteiglich hielte, von aller Gegenwehr entblösset war, suchte demnach unter den behertzesten, und die die Felsen zu ersteigen gewohnet waren, eine Anzahl Soldaten aus, womit sie den Felsen übersteig, in die Stadt drung, dem Ninus ein Thor öffnete und ihm half die Stadt z bezwingen. Des Ninus Hertz wurde durch ihre Tapferkeit und Schönheit so eingenommen, daß er sie vor würdig hielte sie zur Gemahlin zu nehmen. Ninus ein Sohn des Belus und hielt das Angedencken seines Vaters in so grosser Verehrung, daß er dessen Bild-Seule

#	–
Argomento (Fortsetzung)	aufrichten ließ, und befahl ihm Göttliche Ehre zu erweisen; Verordnete auch eine Freystäte dabey, day alle die dahin flüchteten, sie möchten begangen haben was sie wollten, von aller Straffe frey seyn sollten, und machte also dadurch den Anfang zu dem Heydnischen Götzendienst d er hernach so gemein wurde. Die Geburt der Semiramis ist nicht bekandt, so viel weiß man daß sie von Ascalon bürtig gewesen. Einige schreiben daß sie von den Vöglen sey erhalten zund ernehret worden, und das daher, weil Semiramis in Syrischer Sprache ein Vogel heißt. Andre schreiben, daß sie von dem Schäffer Memnon, den man hier Eudemus genannt, in einem Walde sey gefunden, und er sie als seine Tochter erziehen lassen. Von dem Zoroaster lieset man, daß er als von Ninus überwunden, er die Götter gebeten ihn durch einen Feuerstrahl vom Himmel zu verbrennen, und daß plötzlich ein Donnerstrahl ihn in Asche gewandelt. Zoroaster war, wie Plinius schreibet, er erste Erfinder der Zauberkunst, hat man ihn also eingeführet, daß er zu seiner Beschützung solche mit gebrauchet. Von dem Aricus finden man nichts als daß er ein Arabischer Prinz gewesen der dem Ninus beygestanden. Den Adrastes führet man ein als einen Medischen Prinzen, der nach dem sein Vater und Bruder in einer Einpörung umbkommen gerettet worden und sich nach Bakktrien begeben, alwo er in die Arsinda sich verliebet, und ihrem Vater dem Zoroaster als General dienet. Das übrige wird der geehrte Leser in Durchlesung der Opera finden.

10. Matteo Noris – La regina creduta re

#	–
Zugrunde liegender Druck	Rom, Deutsches Historisches Institut, Rar. Libr. Ven. 408/414
Datum der UA	9. Januar 1706
Ort der UA	Venezia
Spielort der UA	Teatro Sant'Angelo
Komponist	Giovanni Battista Bononcini
Anlass	Stagione di Carnevale
Geehrte(r)	–
Akte (Szenen)	3 (49; 16/17/16)[10]
Schauplatz	–
Personaggio / Besetzung	Semiramide (♀), *Regina de l'Assiria* Nino (♂), *suo Figlio* Aribarzane (♂), *suo Generale* Narsete (♂), *suo primo Ministro* Laodicea (♀), *Moglie di Aribarzane* Arsinoe (♀), *figlia di Narsete* Siloe (♂), *confidente della Regina*

---

10 In allen Akten sind die Szenen fehlerhaft nummeriert.

#	–
Personaggio / Besetzung (Fortsetzung)	Bleso (♂), *Servo di Aribarzane* Lisa (♀), *Vecchia nutrice di Nino*
Cortese lettore	Tale e l'impegno della mia penna colla costanza del tuo genio alle Sceniche fantasie d'esta, che le conviene; non tratcurando qualunq; occasione le viene portata dalla fatalità; in ogni modo, e luogo farti vedere, (non dico leggere) le tue inventioni, e l'arte di condurle. Questo Dramma del quale ogni parola è necessaria, e che opera, strettissimo ne i fatti, hà un non sò che di nuovo, per la forza dell'equivocho, dalle prime Scene fino all'ultimo periodo dell'ultima, camina gagliardo, che mi lusingha possa trattenere con diletto la tua curiosità. Ti prego ad'essa donare pochi liberi momenti d'applicatione; e riuscirà facile al tuo lucido inteletto, al quale nulla è d'oscuro ne difficile. A me piace viaggiare à Parnaso per mezzo de i Laberinti. La Storia poi te la diranno i Grechi Scrittrori; mà tu haurai già letto, che Semiramide Regina dell'Assiria, per desiderio d'estere sola al Regno, uccise di Notte tempo Nino il Rè suo Marito, e tanto tenne celata la morte, che vestitasi di un Manto Reale, studiato dalla sua mente, fù creduta il Re ucciso; e che tenesse lungo tempo Nino il Figlio fanciullo, lontano dalla Corte, perche à i Popoli fu predetto dagl'Oracoli; che sarebbe stato al Regno lascivo, e Tiranno. Voglimi bene, e corrispondi all'Amore, che ti profesto, per genio, e per debito.

10.1 Bearbeitungen

10.1.1 Semiramide o vero La regina creduda re / Semiramis oder dier vor König gehaltene Königin

#	**Sartori 1990–1994, #21526**
Zugrunde liegender Druck	Wolfenbüttel, Herzog August Bibliothek, Textbücher 737
Datum der UA	1708
Ort der UA	Braunschweig
Spielort der UA	Teatro di Braunsveig
Komponist	Giovanni Battista Bononcini
Anlass	?
Geehrte(r)	–
Akte (Szenen)	3 (49; 15/17/17)
Schauplatz	–
Personaggio / Besetzung	Semiramide (♀), *Reina dell'Assiria* Nino (♂), *suo figlio* Aribarzane (♂), *suo Generale* Narsete (♂), *suo primo ministro* Siloe (♂), *Confidente della Regina* Laodicea (♂), *Moglie d'Aribarzane* Arsinoe (♀), *figlia di Narsete* Bleso (♂), *Servo di Aribarzane* Lisa (♀), *vecchia nutrice di Nino*

#	Sartori 1990–1994, #21526
Personaggio / Besetzung (Fortsetzung)	Semiramis, *Königin von Assirien* Ninus, *ihr Sohn* Aribaranes, *der General* Narsetes, *premier minister* Siloes, *der Königin Vertrauter* Laodicea, *des Aribarzanes Gemahlin* Arsinoe, *des Narsetes Tochter* Blesus, *des Aribarzanes Diener* Lisa, *des Ninus alte Amme*
Argomento	–

11. Francesco Silvani – Semiramide

#	Sartori 1990–1994, #21485 & 21486; Allacci 1755, 709; Sonneck 1914, 987; Questa 1989, Sem714V
Zugrunde liegender Druck	Rom, Deutsches Historisches Institut, Rar. Libr. Ven. 481/485
Datum der UA	1713 (im Druck händisch korrigiert auf 1714)
Ort der UA	Venezia
Spielort der UA	Teatro San Giovanni Grisostomo
Komponist	Carlo Francesco Pollarolo
Anlass	Stagione di Carnevale
Geehrte(r)	Carlo Caraffa duca di Maddaloni
Akte (Szenen)	3 (34; 14/10/10)
Schauplatz	Battra
Personaggio / Besetzung	Semiramide (♀), *Moglie di Mennone* — Santa Stella (♀, Sopran) Nino (♂), *Re dell'Assiria, amante di Semiramide* — Francesco Bernardi (♂, Mezzosopran) Zoroastro (♂), *Re di Battra* — Giovanni Paita (♂, Tenor) Aspasia (♀), *Sorella di Nino, amante d'Oronte* — Barbara Spada (♀) Oronte (♂), *Re degli Arabi* — Bartolomeo Bartoli (♂, Sopran) Memnone (♂), *Marito di Semiramide* — Giuseppe Maria Boschi (♂, Bass) Plistene (♂), *Ambasciatore del Re di Media* — Gaetano Mossi (♂, Tenor)
Argomento	Semiramide, di cui quanto è nota, varia altrettanto è l'Istoria, fassi quest'anno vedere su le più famose Scene dell'Adria; in quelle fa ella l'Ingresso come Vincitrice d'un Regno, vale a dire con la pompa più studiata dall'Idea d'un fasto superbo. Accompagnano il lei trionfo Due i maggiori Monarchi dell'Asia ridotti ambi in schiavitù dall'illustre Eroina con armi però ineguali, mentre col senno, e col valore l'eccelsa Donna pose in catene Zoroastro Rè di Battra, qual vinto fù costretto umiliare la Reale Cervice ad adorare la Maestà della Vincitrice, e col vezzo, e con la beltà trionfò di Nino Re d'Assiria, quale divenuto Amante il più affascinato per rendere più gloriosi i propri amori collocò l'Idolo amato sul Trono depositandoli in mano lo Scettro, ed in fronte il Diadema Assiro. La cieca, e fatale cession dell'Impero fatta dall'incauto Regnante fù ristretta al breve termine d'un giorno solo.

#	**Sartori 1990–1994, #21485 & 21486; Allacci 1755, 709; Sonneck 1914, 987; Questa 1989, Sem714V**
Argomento (Fortsetzung)	Ciò, che fù oprato dal gran Core di Semiramide in tale memorabile giro di Sole si vedrà rappresentato nel presente Dramma, in cui faranno gli Episodi tutti armonici al vero, ed al verisimile.

II.1 Bearbeitungen

II.1.1 *Il Nino*

#	Sartori 1990–1994, #16518
Zugrunde liegender Druck	Palermo, Biblioteca Comunale Leonardo Sciascia, CXXXVI A 85 4
Datum der UA	1715
Ort der UA	Palermo
Spielort der UA	Teatro di S. Cecilia
Komponist	?
Anlass	–
Geehrte(r)	Conte D. Annibale Maffei
Akte (Szenen)	3 (36; 15/11/10)
Schauplatz	Baktra
Personaggio / Besetzung	Nino (♂), *Rè d'Assiria, Amante di Semiramide* — Antonio Lauri (♂) Semiramide (♀), *Moglie di Mennone, Donna guerriera, e superbi* — Silvia Lodi (♀) Mennone (♂), *Generale dell'armi Assirie* — Giovanni Chiringhelli (♂) Aspasia (♀), *Sorella di Nino destinata in sposa ad Oronte* — Camilla Zoboli (♀, Sopran) Oronte (♂), *Principe d'Arabia allegato prima con Nino poi con Semiramide* — Catarina Martori (♀) Zoroastro (♂) — Antonio Baldi (♂, Alt) Plistene (♂), *Ambasciatore di Orcane Rè di Media* — Catarina Pascucci (♀) Pimpinone (♂) — Pietro Mozzi (♂, Bass) Rosetta (♀) — Catarina Cantelli (♀)
Argomento	Semiramide Moglia di Menone doppo che hebbe gran parte nelle Vittorie di Battra, il di cui Rè Zoroastro si vide astretto à sostrire i'incarco di più carene per man di lei, richiesta d'amore da Nino, impetrò per rincompenza di quello, che le fosse ceduta per un sol giorno la Corona, ed il comando del Regno (covando però nell'animo una inalterabile fede al suo Consorte Mennone, ed una superba avidità d'impadronirsi della Corona, con ischernire quel Rè lascivo già di lei innamorato.) Ortiene da Nino quanto desidera, ed egli stesso si porta il prima d'ogn'altro à piedi di Semiramide à giurarle fedeltà di Vassallo per tutto il corso d'un giorno, le seguono i Capi dell'Assiria, senza ne pure esserne esentato Mennone istesso, che già credea infedele la Moglie; Mà per far men cruda la piaga di costui, havea risolto Nino di darlo in cambio Aspasia sua Sorella, che già da gran tempo innanzi era stata promessa ad Oronte, il quale vedendosi così deluso, asseconda i disegni di Semiramide, che ad onta dei decreti di Nino promette à quel Prencipe Aspasia. Giunge in tanto Plistene

#	Sartori 1990–1994, #16518
Argomento (Fortsetzung)	come Ambasciatore di Orcane Rè di Media, che in virtù d'una già preceduta alleanza, pretende la restituzione di cinque Città, di cui s'era impadronito Zoroastro, cadute in quell'ultima Vittoria sotto il poter degli Assiri, trova Semiramide in Soglio, e resta spettatore di più accidenti, come appunto so vedranno nel decorso del Drama. Si avverte, che la necessità del Teatro hà fatto mutare, ed aggiungere alcune Arie, le quali sono state accommodate su la Musica più scelta per confarsi alle voci di coloro, che parresentatno.

II.1.2 *Semiramide*

#	Sartori 1990–1994, #21487; Questa 1989, Sem720A
Zugrunde liegender Druck	Rom, Deutsches Historisches Institut, Rar. Libr. Op. 18. Jh. 143
Datum der UA	23. oder 24. Januar 1720
Ort der UA	Ancona
Spielort der UA	Teatro della Fenice
Komponist	varii celebri autori
Anlass	Stagione di Carnevale
Geehrte(r)	Contessa Francesca Ferretti & Conte Pietro Paolo Marcolini
Akte (Szenen)	3 (33; 13/10/10)
Schauplatz	Baktra
Personaggio / Besetzung	Semiramide (♀), *Moglie di Memnone* — Castoro Castori (♂, Sopran) Nino (♂), *Rè dell'Assiria, amante di Semiramide* — Francesco Braganti (♂, Contralto) Zoroastro (♂), *Rè di Battra* — Pietro Micheli (♂) Aspasia (♀), *Sorella di Nino, amante d'Oronte* — Giovanni Battista Perugini (♂) Oronte (♂), *Rè degl'Arabi* — Antonio Rossi (♂, Bass) Memnone (♂), *Marito di Semiramide* — Antonio Rossini (♂) Plistene (♂), *Ambasciatore del Rè di Medi* — Giovanni Micheli (♂)
Argomento	Semiramide, di cui quanto è nota, varia altrettanto è l'Istoria, fassi quest'Anno vedere in sul Teatro della Fenice; In questo fà ella l'Ingresso come Vincitrice d'un Regno; Accompagnano lei Trionfo Due i maggiori Monarchi dell'Asia ridotti ambi in Schiavitù dall'Illustre Eroina on armi però ineguali, mentre col senno, e col valore l'eccelsa Dona pose in Catene Zoroastro Rè di Battra, qual vinto fù costretto umiliare la Reale Cervice ad adorare la MAestrà della Vincitrice, e col vezzo, e con la beltà trionfò di Nino Rè d'Assiria, quale divenuto Amante il più affascinato per rendere più gloriosi i propri amori collocò l'Idolo amato sil Trono depositandoli in mano lo Scettri, ed in fronte il Diadema Assiro. La cieca, e fatale cession dell'Imperio fatta dall'Incauto Regnante fù ristretta al breve termine d'un giorno solo. Ciò, che fù operato dal grand Cuore di Semiramide in tale memorabile giro di Sole si vedrà rappresentato nel presente Drama, in cui saranno gli Episodi tutti armonici al vero, & al versimile.

11.1.3 Semiramide

#	**Sartori 1990–1994, #21491**
Zugrunde liegender Druck	in der besitzenden Bibiothek (New York, Public Library) nicht auffindbar
Datum der UA	2. Februar 1730
Ort der UA	Napoli
Spielort der UA	Teatro di S. Bartolomeo
Komponist	Leonardo Leo
Anlass	Stagione di Carnevale
Geehrte(r)	Luiggi Tommaso Raimondo conte di Harrach
Akte (Szenen)	?
Schauplatz	?
Personaggio / Besetzung	Semiramide (♀) — Vittoria Tesi (♂, Contralto) Memnone (♂) — Giovanni Battista Minelli (♂, Alt) Nino (♂) — Antonio Barbieri (♂, Sopran) Aspasia (♀) — Teresa Pieri (♀, Sopran) Zoroastro (♂) — Livia Bassi (♀) Oronte (♂) — Anna Maria Mazzoni (♀, Contralto)
Argomento	?

11.1.4 Semiramide[11]

#	–
Zugrunde liegender Druck	Mailand, Biblioteca Nazionale Braidense, RACC. DRAMM. 3473
Datum der UA	26. Dezember 1731
Ort der UA	Mantova
Spielort der UA	Teatro Arciducale (detto il Comico)
Komponist	Antonio Vivaldi
Anlass	Stagione di Carnevale
Geehrte(r)	Landgraf Philipp zu Hessen Darmstadt
Akte (Szenen)	3 (33; 13/10/10)
Schauplatz	Baktra
Personaggio / Besetzung	Semiramide (♀), *Moglie di Mennone* — Anna Girò (♀, Alt) Nino (♂), *Rè dell'Assiria, amantie di Semiramide* — Maria Maddalena Pieri (♀, Contralto) Oronte (♂), *Re degli Arabi* — Mariano Nicolini (♂, Sopran) Aspasia (♀), *Sorella di Nino, amante d'Oronte* — Angela Romani (♀, Alt) Zoroastro (♂), *Re di Battra* — Teresa Zanardi Gavazzi (♀, Sopran)

---

11 Strohm 2008, 505–510.

#	–
Personaggio / Besetzung (Fortsetzung)	Memnone (♂), *Marito di Semiramide* Plistene (♂), *Ambasciadore del Re di Media* — Giuseppe Alberti (♂, Tenor) Francesco Sacchi (♂)
Argomento	Semiramide, di cui famosa, e nota È l'Istoria, fa ella il suo Ingresso, come Vincitrice d'un Regno, vale a dire con la pompa più studiata dall'Idéa d'un fasto Superbo. Accompagnano il suo Trionfo i due de'Maggiori Monarchi dell'Asia, ridotti amendue in Schiavitù dall'illustre Eroina. Col valore pose in Catena Zoroastro Rè di Battra; E con il vezzo, e beltà trionfò di Nino Re d'Assiria, quale divenuto amante affascinato, per rendere più gloriosi i proprj amori collocò l'idolo amato sul Trono per un sol giorno. Ma la cieca, e fatale cession dell'Imperio fatta dall'incauto Regnante, ful sua rovina, perchè vedrassi rappresentato in questo Drama, quanto fu oprato dal gran cuore di Semiramide in un tale memorabile giro di Sole.

II.1.5 Semiramide

#	**Sartori 1990–1994, #21492**
Zugrunde liegender Druck	Rom, Biblioteca Nazionale, 40. 9.C.4.5
Datum der UA	1733
Ort der UA	Milano
Spielort der UA	Regio Ducal Teatro
Komponist	Giovanni Porta
Anlass	Stagione di Carnevale
Geehrte(r)	Wirico Filippo Lorenzo conte di Daun
Akte (Szenen)	3 (37; 12/14/11)
Schauplatz	Baktra
Personaggio / Besetzung	Semiramide (♀), *Moglie di Mennone* — Vittoria Tesi Tramontini (♀, Contralto) Nino (♂), *Rè dell'Assiria* — Gaetano Majorano detto Caffarelli (♂, Sopran) Aspasia (♀), *Sorella di Nino* — Anna Peruzzi (♀, Contralto) Memnone (♂), *Generale degli Esercitit di Nino* — Francesco Bilancioni (♂) Zoroastro (♂), *Rè di Battra* — Angiolo Amorevoli (♂, Tenor) Oronte (♂), *Rè di Arabia, e promesso Sposo ad Aspasia* — Steffenao Pasi (♂)
Argomento	Semiramide, di cui quanto è nota, varia altrettanto è l'Istoria, fassi quest'anno vedere in questo famoso Teatro, in cui fà l'ingresso come Vincitrice d'un Regno. Accompagnano il lei trionfo i due maggiori Monarchi dell'Asia, ridotti ambi in schiavitù dall'Illustre Eroina, con armi però ineguali, mentre co'l senno, e co'l valore l'eccelsa Donna pose in catene Zoroastro Rè di Battra, e co'l vezzo, e con la beltà trionfò di Nino Rè d'Assiria, quale divenuto Amante il più affascinato, per rendere più gloriosi i propri amori, collocò l'Idolo amato su'l Trono depositandoli in mano lo Scettro, ed in fronte il Diadema Assiro. La cieca, e fatale cession dell'Impero fatta dall'incauto Regnante, fù ristretta al breve termi ne d'un giorno solo. Ciò, che oprato dal gran core di Semiramide in tale memorabile giorno si vedrà rappresentato nel presente Dramma, gl'Episodi adattati tutti al verisimile.

11.1.6 Semiramide

#	**Sartori 1990–1994, #21496**
Zugrunde liegender Druck	Mailand, Biblioteca Nazionale Braidense, RACC. DRAMM. 3218
Datum der UA	26. Dezember 1742[12]
Ort der UA	Venezia
Spielort der UA	Teatro San Giovanni Grisostomo
Komponist	Niccolò Jommelli
Anlass	Stagione di Carnevale
Geehrte(r)	Die Damen
Akte (Szenen)	3 (36; 12/14/10)
Schauplatz	Baktra
Personaggio / Besetzung	Semiramide (♀), *moglie di* Memnone (♂), *Generale dell'armi di* Nino (♂), *Rè di Assiria amante di Semiramide, e Fratello di* Aspasia (♀), *amante di Oronte* Oronte (♂), *Rè degli Arabi* Zoroastro (♂), *Rè di Battra*	Vittoria Tesi Tramontini (♀, Contralto) Giacomo Zignini (♂) Giovanni Batista Pinacci (♂, Tenor) Giustina Turcotti (♂, Mezzosopran) Domenico Bucella (♂) Alessandro Veroni (♂)
Argomento	Nella guerra mossa da Nino Re degli Assiri a Zoroastro Re de'Battriani particolamente segnalossi il valore di Memnone Capitano di Nino, e la prudenza di Semiramide moglie di Memnone, poicchè ad un consiglio da questa dato al marito rimase Nino debitore presa di Battra. Risaputosi da questo il merito della Donna, volle vederla, ed invaghitosene, bramò averla per moglie, ed offerse a Memnone in cambio una delle proprie figliuole. Non bastando le offerte a vincer il core di Memnone, passò Nino alla minaccie, che ridussero il Capitano a darsi disperatamente la morte. Divenuta così Semiramide moglie di Nino, nè divenne anche arbitra a segno di fasri cedere la regina autorità per cinque giorni, nel primo de'quali fece privar di vita l'incauto Monarca. Questo è il vero dell'argomento, se crediamo a gli Storici antichi, e specialmente a Diodoro Siculo lib. 2, capp. 3, e segg. Il restante è verisimile introdotto per dar più vaghezza, e maggior movimento al Dramma.

11.1.7 Semiramide

#	**Sartori 1990–1994, #21497**
Zugrunde liegender Druck	Mailand, Biblioteca Nazionale Braidense, RACC. DRAMM. 4583
Datum der UA	Juni 1745
Ort der UA	Padova
Spielort der UA	Teatro Obizzi
Komponist	Giovanni Battista Lampugnani
Anlass	Messe

---

12 Selfridge-Field 2007, 1742/8.

#	**Sartori 1990–1994, #21497**	
Geehrte(r)	Antonio Calderari	
Akte (Szenen)	3 (33; 11/12/10)	
Schauplatz	Baktra	
Personaggio / Besetzung	Semiramide (♀) Nino (♂), *Re di Siria Amante di Semiramide* Zoroastro (♂), *Re di Battra* Erlinda (♀), *Sorella di Nino, amante d'Oronte* Sibari (♂), *Generale degli Eserciti di Nino* Oronte (♂), *Re d'Arabia, e promesso Sposo ad Erlinda*	Caterina Aschieri (♀, Sopran) Marianino Nicolini (♂, Sopran) Gregorio Babbi (♂, Tenor) Caterina Testoris (♀) Giuseppe Gallieni (♂) Francesco Rolfi (♂)
Argomento	Semiramide, facendo l'ingresso, come Vincitrice d'un Regno, accompagnano il di lei Trionfo i due Maggiori Monarchi dell'Asia, ridotti ambi in Schiavitù dall' illustre Eroina, con Armi però ineguali, mentre col senno, e col valore l'Eccelsa Donna pose in Catene Zoroastro Rè di Battra, e col vezzo, e con la beltà trionfo di Nino Re d'Assiria, il quale divenuto amante il piu affascinato, per rendere piu gloriosi i propri amori colloco l'Idolo amato sul Trono, depositandoli in mona la Scettro, e in fronte i diadema Assiro. La cieca, e fatale cession dell'Impero, fatta dall'incauto Regnante, fu ristretta al breve termine d'un giorno solo. Ciò che fu oprato dal gran Core di Semiramide in tale memorabile giorno, si vedrà rappresentati nel presente Dramma. Gli Episodi sono adattati tutti al versimile.	

II.1.8 *Semiramide*

#	**Sartori 1990–1994, #21498**
Zugrunde liegender Druck	Wien, Österreichische Nationalbibliothek, 4922-A[13]
Datum der UA	1746
Ort der UA	Wien
Spielort der UA	Hoftheater
Komponist	?
Anlass	–
Geehrte(r)	–
Akte (Szenen)	3 (27; 7/10/10)
Schauplatz	Baktra
Personaggio / Besetzung	Semiramide (♀) Nino (♂), *Re di Siria, Amante di Semiramide* Zoroastro (♂), *Re di Battra* Aspasia (♀), *Sorella di Nino, Amante d'Oronte* Sibari (♂), *Generale degli Eserciti di Nino*

---

13 Einzusehen unter: http://data.onb.ac.at/ABO/%2BZ254452405 (letzter Zugriff: 6.10.2019).

#	Sartori 1990–1994, #21498	
Personaggio / Besetzung (Fortsetzung)	Oronte (♂), *Re d'Arabia, e promesso Sposo d'Aspasia*	
Argomento	Semiramide, facendo l'ingresso, come Vincitrice d'un Regno, accompagnano il di lei Trionfo i due Maggiori Monarchi dell'Asia, ridotti ambi in schiavitù dall'illustre Eroina, con armi però ineguali, mentre col senno, e col valore l'Eccelsa Donna pose in Catene Zoroastro, Re di Battra, e col vezzo, e con la beltà trionfò di Nino, Re d'Assiria, il quale divenuto amante il più affascinato, per rendere più gloriosi i propri amori collocò l'Idolo amato sul Trono, depositandoli in mona lo Scettro, e in fronte i Diadema Assiro. La cieca, e fatale cession dell'Impero, fatta dall'incauto Regnante, fu ristretta al breve termine d'un giorno solo. Ciò che fu oprato dal gran Core di Semiramide in tale memorabile giorno, si vedrà rappresentato nel presente Dramma. Gli Episodi sono adattati tutti al versimile.	

12. Pierre-Charles Roy – Sémiramis

#	Sonneck 1914, 990; Guichard 1978, 345; Questa 1989, Sem718P	
Zugrunde liegender Druck	Lyon, Bibliothèque Municipale, A507810[14]	
Datum der UA	29. November 1718	
Ort der UA	Paris	
Spielort der UA	Académie Royale Musique	
Komponist	André Destouches	
Anlass	–	
Geehrte(r)	–	
Akte (Szenen)	5 (29; 6/4/4/7/8) + Prolog	
Schauplatz	–	
Personaggio / Besetzung	Semiramis (♀), *Reine de Babylone* Amestris (♀), *princesse du Sang Royal* Arsane ou Ninus (♂), *Fils de Semiramis, Amant d'Amestris* Zoroastre (♂), *Roi de la Bactriane, Amant de Semiramis*	Marie Antier (♀, Sopran) Françoise Journet (♀, Sopran) Jacques Cochereau (♂, Tenor) Gabriel Thévenard (♂, Bariton)
Argomento	Il est peu de noms plus célèbres que celui de Semiramis. Tous les auteurs ont parlé de son ambition, de sa magnificence et de sa mort. Elle perit par la main de son fils pour qui elle avait conçu une passion criminelle. C'est cet événement qu'on met sur scène. On a cherché pour l'amener, les moyens les moins odieux et les plus intéressants. On feint que le ciel est irrité des crimes de Semiramis, qui menacée d'être tuée par son fils l'avait fait exposer au moment de sa naissance. Maîtresse du trône elle y veut placer Arsane jeune inconnu qu'elle aime, et en éloigner Amestris sa nièce, héritière de l'empire. Elle l'oblige à se consacrer au culte des Dieux, et se sert du prétexte de les apaiser par le choix d'une prêtresse du sang royal. Le ciel n'y consent pas; il veut une victime.	

---

14 Außerdem: Bibliothèque nationale de France, département Musique, VM2-270 (dieser Druck datiert allerdings auf den 4. Dezember 1718).

#	**Sonneck 1914, 990; Guichard 1978, 345; Questa 1989, Sem718P**
Argomento (Fortsetzung)	L'ambiguité des oracles, si conforme aux détours par lesquels il conduit ses vengeances, fait tomber l'apparence du péril sur Amestris. C'est pour la délivrer qu'Arsane son amant fait des efforts qui aboutissent malgré lui à la mort de Semiramis. Outre le soin qu'on a pris de cacher au fils et à la mère ce qu'ils font l'un à l'autre, on a rejeté une partie de l'action sur Zoroastre Roi de la Bactriane, inventeur de la Magie, contemporain de Semiramis et trahi par elle. Il rend Arsane furieux et le désespoir de l'un et le trouble de l'autre, servent à exécuter l'arrêt du ciel contre la reine. Le remords dont elle combat sa passion, ceux qu'elle témoigne en reconnaissant son fils et en mourant, sont les secours par lesquels le Théâtre concilie la pitié aux personnages les plus coupables. A l'égard d'Amestris sa consécration n'est pas une idée contraire à la vraisemblance, puis que tant d'Auteurs Sacrés e Profanes assurent que longtemps avant les vestales de Rome l'idolâtrie avait dévoué des vierges au service des autels. On a choisi les circonstances dans lesquelles la princesse se dévoue. Sortie d'une longue captivité, liée par un serment et par la nécessité du bonheur public, elle sacrifie ses droits à la couronne, et une passion légitime. Enfin ses malheurs sont réparés et sa vertu récompensé.

13. Ippolito Zanelli – Nino

#	**Sartori 1990–1994, #16519 & 16520; Allacci 1755, 560**	
Zugrunde liegender Druck	Bologna, Museo Internazionale e Biblioteca della Musica, Lo.00769	
Datum der UA	29. Mai 1720	
Ort der UA	Reggio	
Spielort der UA	Teatro dell'illustrissimo Pubblico	
Komponist	Giovanni Maria Capelli, Francesco Gasparini & Antonio Bononcini	
Anlass	Fiera	
Geehrte(r)	Rinaldo I, duca di Modena	
Akte (Szenen)	3 (44; 12/14/18)	
Schauplatz	Babilonia	
Personaggio / Besetzung	Zomira (♀), *Regina de'Battriani, Figlia di Zoroastro, Re de'Battriani, ucciso da Atalo* Semiramide (♀), *Regina de gli Assiri* Nino (♂), *suo Figliuolo* Atalo (♂), *Re de gli Assiri* Idaspe (♂), *Principe de'Medi, confederato co'Battriani, e Amante de Zomira* Arbace (♂), *Generale de gli Assiri* Zomire, *Reine des Bactirens, Fille de Zoroastre, Roy de la Bactriane* Semiramis, *Reine des Assyriens* Ninus, *son Fils* Attale, *Roy des Assyriens* Idaspe, *Prince des Medi, lingué avec les Bactriens, Amant de Zomire* Arbace, *General des Assiriens*	Faustina Bordoni (♀, Sopran) Diana Vico (♀, Alt) Gaetano Orsini (♂, Alt) Francesco Borosini (♂, Tenor) Carlo Scalzi (♂, Sopran) Antonio Barbieri (♂, Sopran)

#	**Sartori 1990–1994, #16519 & 16520; Allacci 1755, 560**
Argomento	Nino Re dell'Assiria dopo aver fatto dar morte a Mennone suo Generale, e Marito di Semiramide, costrinse questa ad esser sua Sposa, e n'ebbe un Figlio, cui diede pure il Nome di Nino. Accesasi poscia la Guerra tra gl'Assiri, e i Battriani, Zoroastro Re di questi ultimi fu ucciso dal Re Nino, ed egli all'incontro restò prigioniera in un sanguinoso Fattod'Armi, succeduto sotto le Mura di Babilonia. Giuntane a Semiramide la nuova, lasciò al Figliuolo la custodia della Città, e sorprendendo di notte i Nemici, fe'prigioniera Zomira Figlia di Zoroastro, e Idaspe Prencipe de Medi confederato co'Battriani, e riportando la Vittoria, liberò il Re suo Marito. A questo, che le aveva decretato un pubblico Trionfo, domandò Semiramide di regnare un sol giorno, e di esser Ella sola l'arbitra Sovrana di tutto l'Impero Assiro; ancorchè in quel tempo non si permettesse ne pure alle Mogli de'Regnanti di sedere sul Trono. La compiacque il Re; e spogliatosi di tutta la suprema Autorità, la trasferì in Lei per l'amore, che la portava, e per gratitudine d'averlo liberato dalle Catene, Fatta Reina Semiramide, che aveva sempre pensato a vendicar la morte del prima suo Sposo, fe'tosto porre in prigione lo stesso Re, con pensiero di più non rendergli il Trono. Da questa così stravagante risoluzione, in cui Semiramide vien confermata da Zomira, e da Idaspe, all'una, e all'altro de'quali il Re Nino aveva ucciso il Padre, da gli amori di Zomira con Idaspe, con Nino il Figliuolo, e da ciò, che il Figliuolo medesimo amato teneramente dalle Madre operò a favore del Padre, si forma tutto l'intreccio del Dramma: il di cui fondamento è tratto da Diodoro Siculo, da Giustino, e da molti Autori Greci. I Giardini di Babilonia colle Fontane, gli onori dovuti a i Re, che Semiramide volle esigere da'Grandi del Regno, la Figlia, che il Re Nino aveva avuta dalla prima sua Moglie, son tutte notizie Istoriche, non Invenzioni Poetiche. Al Re Nino, il di cui Figliuolo aveva lo stesso Nome, si è dato per maggior chiarezza quello d'Atalo, che pure è stato un nome d'altri Re dell'Assiria. Ninus, Roy d'Assyrie après avoir oster la vie à Memnon son General, & Mari de Semiramis, oblige a cette Femme à l'espouser, & en eut un Fils, qu'il nomma aussi Ninus. S'estant allumée depuis uni cruelle Guerre entre les Assyriens, & les Bactriens, les deux Armées en vinrent aux mains prés des Remparts de Babylone, & Ninus, qui avoit tué da sa main Zoroastre Roy de ces derniers, fut fait prisonnier. Le different ne fut pourtant pas ainsi vuidé: à peine Semiramis en receut Elle la Nouvelle, qu'abandonnant aux soins de son Fils la Ville, elle marcha pour surprendre pendant la Nuit les Ennemis. Ce dessein luy réüssit fort heureusement, car Elle mie en deroute les Bactriens, & fit plusieurs prisonniers, parmi les quels il y avoit Zomire Fille de Zoroastre, & Idaspe Prince des Medes ligué avec le Roy de la Bactriane: Enfin elle remport a uni Victoire complete en delivrant le Roy son Espoux. Cet evenement remplit ce Prince de tant de reconnoissance pour sa Femme, qu'il se creut obligè de luy decerner les bonneurs du Triomphe, & comme que Semiramis s'advisa de luy demander l'authorité royale pour un seul jour, il n'eut garde de la luy refuser en recompense de ce, qu'elle venoit de faire pour luy, quoy qu il n'y eust pas encore de coustume establie, qui permist aux Reines de prendre place au Throne auprès des Rois. Dés que cette Reine se vit maistresse absoluë de la Monarchie Assyrienne, elle entreprit de venger son premier Espoux, ainsi qu'elle l'avoit tousjours medité, & fit emprisonner le Roy, s'imaginant de ne plus luy restituer la Couronne: Zomire, & Idaspe, qui baïssoinet à mort Ninus, parcequ'il les avoit tous deux privez de leur Pere, la confirmerent dans cet extravagant projet. La Catastrophe de cette Piece-Dramatique depend de cette mesme resolution de la Reine, des amours de Zomire avec Idaspe, & Avec Ninus le Fils, & de tout ce, que ce Prince, qui estoit fort-cheris par sa Mere, fit pour Elle, & pour son Pere. L'Histoire a esté tirée de Diodore de Sicile, de Justin, & de plusieurs Autheurs Grecs. Les Jardins des Fontaines, les honneurs deus aux Rois Assyrìens, & pretendus de Semiramis, & uni Fille, que le Roy Ninus eut du premier lit, ne sont point des fictions imaginées du Poëte pour trausner son Ouvrage à la fin, qu'il s'Estoit proposée, mais des veritables notions historiques. Au reste, croyant, qu'on devoit changer le nom de Ninus le Pere afin d'eviter toute equivoque, on l'a appellé Attale, nom, que d'autres Rois de l'Assyrie ont porté.

13.1 Bearbeitungen

13.1.1 *Nino*

#	Sartori 1990–1994, #16521
Zugrunde liegender Druck	Bologna, Museo Internazionale e Biblioteca della Musica, Lo. 03583
Datum der UA	7. Januar 1722
Ort der UA	Roma
Spielort der UA	Teatro Capranica
Komponist	Giuseppe Maria Orlandini
Anlass	Stagione di Carnevale
Geehrte(r)	Kardinal Nuno de Cunha
Akte (Szenen)	3 (45; 13/14/18)
Schauplatz	Babylon
Personaggio / Besetzung	Atalo (♂), *Rè degl'Assiri, Padre di Nino* — Andrea Pacini (♂, Alt) Semiramide (♀), *Regina degl'Assiri* — Giacinto Gasparini detto Farfallino (♂, Sopran) Nino (♂), *Figlio di Semiramide* — Bartolomeo Bartoli (♂, Sopran) Idaspe (♂), *Principe de Medi conderato co'Battriani, e Amante di Zomira* — Carlo Scalzi (♂, Sopran) Zomira (♀), *Regina de'Battriani, figlia di Zoroastro Rè de'Battriani, ucciso da Atalo* — Giacomo Raggi (♂) Arbace (♂), *Generale degli Assiri* — Giovanni Battista Pinacci (♂, Tenor)
Argomento	Nino Rè dell'Assiria, dopo haver fatto dar morte à Mennone suo Generale, e Marito di Semiramide, costrinse questa ad esser sua Sposa, e n'ebbe un Figlio, cui diede pure il Nome di Nino. Accesasi poscia la guerra tra gl'Assiri, e i Battriani, Zoroastro Rè di questi ultimi fù ucciso dal Rè Nino; ed egli all'incontro restò prigioniera in un sanguinoso fatto d'armi, succeduto sotto le Mura di Babilonia. Giuntane a Semiramide la nuova, lasciò al Figliuolo la custodia della Città, e sorprendendo di notte i Nemici, fè prigioniera Zomira Figlia di Zoroastro, e Idaspe Prencipe de Medi, confederato co'Battriani, e riportando la Vittoria, liberò il Rè suo Marito. A questo, che le aveva decretato un publico trionfo, domandò Semiramide di regnare un sol giorno, e di esser ella sola l'arbitra Sovrana di tutto l'Impero Assiro; ancorche in quel tempo non si permettesse ne pure alle Mogli de Regnanti federe sul Trono. La compiacque il Rè; e spogliatosi di tutta la suprema autorità, la trasferì in lei per l'amore, che la portava, e per gratitudine d'averlo liberato dalle catene, Fatta Reina Semiramide, che aveva sempre pensato a vendicar la morte del prima suo Sposo, sé tosto porre in prigione lo stesso Rè, con pensiero di più non rendergli il Regno. Da questa così stravagante risoluzione, in cui Semiramide vien confermata da Zomira, e da Idaspe, all'una, e all'altro de'quali il Rè Nino aveva ucciso il Padre, dagli amori di Zomira con Idaspe, con Nino il Figliuolo, e da ciò, che il Figliuolo medesimo, amate teneramente dalle Madre operò a favore del Padre, so forma tutto l'intreccio del Drama: il di cui fondamento è nato da Diodoro Siculo, da Giustino e da molti Autori. I Giardini di Babilonia colle Fontane: gl'onori dovuti a i Re, che Semiramide volle esiggere da i Grandi del Regno la Figlia, che il Re Nino aveva avuta dalla sua prima Moglie, son tutto notizie Istoriche, non invenzioni Poetiche. Al Rè Nino, il di cui Figliuolo aveva lo stesso nome, si è dato per maggior chiarezza quello d'Atalo, che pure è stato un nome d'altri Rè dell'Assiria.

13.1.2 Semiramide[15]

#	**Sartori 1990–1994, #21488**	
Zugrunde liegender Druck	Mailand, Biblioteca Nazionale Braidense, RACC. DRAMM. 2721	
Datum der UA	März 1722	
Ort der UA	Torino	
Spielort der UA	Teatro Carignano	
Komponist	Giuseppe Maria Orlandini	
Anlass	Hochzeit von Karl Emanuel III. (Savoyen) mit Anna Christine Luise von Pfalz-Sulzbach	
Geehrte(r)	–	
Akte (Szenen)	3 (42; 13/14/15)	
Schauplatz	–	
Personaggio / Besetzung	Semiramide (♀), *Regina degli Assiri, Moglie di Atalo e Madre di Nino*	Margarita Gualandi (♀)
	Atalo (♂), *Re degli Assiri, Padre di Nino*	Giovanni Battista Minelli (♂, Alt)
	Nino (♂), *Figlio di Semiramide, e di Atalo*	Rosa Cruce (♀)
	Zomira (♀), *Regina de'Battriani Figlia di Zoroastro, Rè de'Batriani ussico di Atalo*	Maria Laurento (♀)
	Idaspe (♂), *Principe de'Medi confederato co'Battriani, e Amante di Zomira*	Angiola Zanuchi (♀, Mezzosopran)
	Arbace (♂), *Generale degli Assiri*	Antonio Dencio (♂, Tenor)
Argomento	Nino, Rè dell'Assiria dopo haver fatto dar morte a Mennone suo Generale, e Marito di Semiramide, costrinse questa ad esser sua Sposa, e n'ebbe un Figlio, cui diede pure il Nome di Nino. Accesasi poscia la guerra tra gli Assiri, ed i Battriani, Zoroastro Rè di Questa ultimi fù ucciso dal Re Nino; ed egli all'incontro restò prigioniero in un sanguinoso fatto d'armi, succeduto sotto le Mura di Babilonia. Giuntane a Semiramide la nuova, lasciò al Figliuolo la custodia della Città, e sorprendendo di notte i Nemici, fece prigioniera Zomira Figlia di Zoroastro, et Idaspe Principe de Medi, confederato co'Battriani, e riportando la Vittoria, liberò il Rè suo Marito. A questo, che le aveva decretato un publico Trionfo, domandò Semiramide di Regnare un sol giorno, e di essere ella sola l'arbitra Sovrana di tutto l'Impero Assiro; ancorchè in quel tempo non si permettesse neppure alle Moglio de'Regnanti sedere sul Trono. La compiacque il Rè; e spogliatosi di tutta la suprema autorità, la trasferì in lei per l'amore, che le portava, e per gratitudine d'averlo liberato dalle catene. Fatta Reina Semiramide, che aveva sempre pensato a vendicar la morte del primo suo Sposo, fece tosto porre in prigione lo stesso Re, con pensiero di più non renderli il Regno. Da questa così stravagante risoluzione, in cui Semiramide vien confermata da Zomira, e da Idaspe all'una, e all'altro de'quali il Rè Nino aveva ucciso il Padre, dagli amori di Zomira con Idaspe, con Nino il Figliuolo, e da cio, che il Figlio medesimo, amato teneramente dalla Madre operò a favore del Padre, si forma l'intreccio del Drama: il di cui fondamento è nato da Diodoro Siculo, da Giustino, e da molti Autori. I Giardini di Babilonia colle Fontante: gli onori dovuti a i Rè, che Semiramide volle esigere da i Grandi del Regno; la Figlio, che il Rè Nino aveva avuta dalla sua prima Moglie, son tutte notizie istoriche, non invenzioni Poetiche. Al Rè Nino, il di cui Figliuolo aveva lo stesso nome, si è dato per maggior chiarezza quello d'Atalo, che pure è state un nome di altri Rè dell'Assiria	

---

15 Bouquet 1976, 99.

13.1.3 Nino

#	Sartori 1990–1994, #16522
Zugrunde liegender Druck	Mailand, Biblioteca Nazionale Braidense, RACC. DRAMM. 2677
Datum der UA	28. Dezember 1722
Ort der UA	Pesaro
Spielort der UA	Pubblico Teatro
Komponist	Giuseppe Maria Orlandini
Anlass	Stagione di Carnevale
Geehrte(r)	Alamanno Salviati
Akte (Szenen)	5 (45; 9/6/8/11/11)
Schauplatz	Babilonia
Personaggio / Besetzung	Atalo (♂), *Rè degl'Assiri, Padre di Nino* — Gaetano Borghi (♂, Tenor) Semiramide (♀), *Regina degl'Assiri* — Antonia Pelizzari (♀) Nino (♂), *Figlio di Semiramide* — Maria Antonia Tozzi (♀) Idaspe (♂), *Principe de Medi confederato co'Battriani, e Amante di Zomira* — C.r Antonio Gaspari (♂) Zomira (♀), *Regina de'Battriani, figlia di Zoroastro, Rè de'Battriani, ucciso da Atalo* — Maria Teresia Pieri (♀, Sopran) Arbace (♂), *Generale degl'Assiri* — Giuseppe Cassani (♂, Alt)
Argomento	Nino Rè dell'Assiria, dopo haver fatto dar morte à Mennone suo Generale, e Marito di Semiramide, costrinse questa ad esser sua Sposa, e n'ebbe un Figlio, cui diede pure il Nome di Nino. Accesasi poscia la guerra tra gl'Assiri, e i Battriani, Zoroastro Rè di questi ultimi fù ucciso dal Rè Nino; ed egli all'incontro restò prigioniero in un sanguinoso fatto d'armi, succeduto sotto le Mura di Babilonia. Giuntane a Semiramide la nuova, lasciò al Figliuolo la custodia della Città, e sorprendendo di notte i Nemici, fè prigioniera Zomira Figlia di Zoroastro, e Idaspe Prencipe de Medi, confederato co'Battriani, e riportando la Vittoria, liberò il Rè suo Marito. A questo, che le aveva decretato un publico trionfo, domandò Semiramide di regnare un sol giorno, e di esser ella sola l'arbitra Sovrana di tutto l'Impero Assiro; ancorche in quel tempo non si permettesse ne pure alle Mogli de Regnanti federe sul Trono. La compiacque il Rè; e spogliatosi di tutta la suprema autorità, la trasferì in lei per l'amore, che la portava, e per gratitudine d'averlo liberato dalle catene, Fatta Reina Semiramide, che aveva sempre pensato a vendicar la morte del prima suo Sposo, sé tosto porre in prigione lo stesso Rè, con pensiero di più non rendergli il Regno. Da questa così stravagante risoluzione, in cui Semiramide vien confermata da Zomira, e da Idaspe, all'una, e all'altro de'Quali il Rè Nino aveva ucciso il Padre, dagli amori di Zomira con Nino il Figlivolo, e da ciò, che il Figlivolo medesimo, amate teneramente dalle Madre operò a favore del Padre, so forma tutto l'intreccio del Drama: il di cui fondamento è nato da Diodoro Siculo, da Giustino e da molti Autori. I Giardini di Babilonia colle Fontane: gl'onori dovuti a i Re, che Semiramide volle esiggere da i Grandi del Regno la Figlia, che il Re Nino aveva avuta dalla sua invenzioni Poetiche. Al Rè Nino, il di cui Figlivolo aveva lo stesso nome, si è dato per maggior chiarezza quello d'Atalo, che pure è stato un nome d'altri Rè dell'Assiria.

13.1.4 *Semiramide regina dell'Assiria*

#	**Sartori 1990–1994, #21532; Questa 1989, Sem724N**
Zugrunde liegender Druck	Rom, Deutsches Historisches Institut, Rar. Libr. Op. 18. Jh. 153
Datum der UA	1724
Ort der UA	Napoli
Spielort der UA	Teatro di S. Bartolomeo
Komponist	Nicola Antonio Porpora
Anlass	Stagione di Primavera
Geehrte(r)	Vizekönig Michele-Federico d'Althann
Akte (Szenen)	3 (35; 11/11/13)
Schauplatz	Babilonia
Personaggio / Besetzung	Semiramide (♀), *Regina degli Assiri* — Diana Vico (♀) Atalo (♂), *Rè degli Assiri* — Francesco Guicciardi (♂, Tenor) Nino (♂), *Figlio di Semiramide, e d'Atalo* — Carlo Broschi detto Farinello (♂, Sopran) Zomira (♀), *Regina de'Battriani, figlia di Zoroastro, Rè de'Battriani, ucciso da Atalo* — Anna Maria Strada (♀, Sopran) Idaspe (♂), *Principe de'Medi confederato co'Battriani, e Amante di Zomira* — Anna Guglielmini (♀) Arbace (♂), *Generale degli Assiri* — Catarina Leri (♀)
Argomento	Nino Rè dell'Assiria, dopo haver fatto dar morte a Mennone suo Generale, e Marito di Semiramide, costrinse questa ad esser sua Sposa, e n'ebbe un Figlio, cui diede pure il Nome di Nino. Accesasi poscia la guerra tra gl'Assiri, e i Battriani, Zoroastro Rè di questi ultimi fù ucciso dal Rè Nino; ed egli all'incontro restò prigioniero in un sanguinoso fatto d'armi, succeduto sotto le Mura di Babilonia. Giuntane a Semiramide la nuova, lasciò al Figliuolo la custodia della Città, e sorprendendo di notte i Nemici, fè prigioniera Zomira figlia di Zoroastro, e Idaspe Prencipe de Medi, confederato co'Battriani, e riportando la Vittoria, liberò il Rè suo Marito. A questo, che le aveva decretato un publico trionfo, domandò Semiramide di regnare un sol giorno, e di esser ella sola l'arbitra Sovrana di tutto l'Impero Assiro; ancorche in quel tempo non si permettesse ne pure alle Mogli de Regnanti federe sul Trono. La compiacque il Rè; e spogliatosi di tutta la suprema autorità, la trasferì in lei per l'amore, che la portava, e per gratitudine d'averlo liberato dalle catene, Fatta Reina Semiramide, che aveva sempre pensato a vendicar la morte del prima suo sposo, sé tosto porre in prigione lo stesso Rè, con pensiero di più non rendergli il Regno. Da questa così stravagante risoluzione, in cui Semiramide vien confermata da Zomira, e da Idaspe, all'una, e all'altro de'quali il Rè Nino aveva ucciso il Padre, dagli amori di Zomira con Idaspe, con Nino il Figliuolo, e da ciò, che il Figliuolo medesimo, amate teneramente dalle Madre operò a favore del Padre, si forma tutto l'intreccio del Drama: il di cui fondamento è nato da Diodoro Siculo, da Giustino e da molti Autori Al Rè Nino, il di cui Figliuolo aveva lo stesso nome, si è dato per maggior chiarezza quello d'Atalo, che pure è stato un nome d'altri Rè dell'Assiria.

13.1.5 *Nino*

#	–
Zugrunde liegender Druck	Chapel Hill, University of North Carolina, IOLC-00126

#	–
Datum der UA	1724
Ort der UA	Genova
Spielort der UA	Teatro di Falcone
Komponist	Giuseppe Maria Orlandini ?
Anlass	Stagione di Carnevale
Geehrte(r)	Battina Raggi
Akte (Szenen)	3 (43; 12/15/16)
Schauplatz	–
Personaggio / Besetzung	Nino (♂), *Figliuolo di Attalo, e di Semiramide, Amante e poi Sposo di Zomira* — Antonio Pasi (♂, Sopran) Semiramide (♀), *Regina degli Assiri* — Diana Vico (♀) Idaspe (♂), *Principe de Medi, confederato co'Battriani, e Amante di Zomira* — Maddalena Pieri (♀, Contralto) Zomira (♀), *Regina de Battriani, Figliuola di Zoroastro, ucciso da Attalo* — Maddalena Salvaj (♀, Sopran) Attalo (♂), *Rè degli Assiri* — Giuliano Albertini (♂, Alt) Arbace (♂), *Generale dell'Esercito degli Assiri* — Giuseppe Restorini (♂)
Argomento	Nino Re della Assiria, dopo aver fatto dar morte à Mennone suo Generale, e Marito di Semiramide, costrinse Questa ad esser sua Sposa, e n'ebbe un Figlio, cui diede pure il nome di Nino. Accesasi poscia la Guerra tragli Assiri, e i Battriani, Zoroastro Re di questi ultimi fu ucciso dal Re Nino; ed egli all'incontro resto Prigioniero in un sanguinoso fatto d'Armi, succeduto sotto le Mura di Babilonia. Giuntane a Semiramide la nuova, lasciò al Figliuolo la custodia della Città, e sorprendendo di notte i Nemici, fe prigioniera Zomira Figlia di Zoroastro, e Idaspe Principe de'Medi, confederato co'Battriani, e riportando la Vittoria, liberò il Re suo Marito. A questo, che le aveva decretato un publico trionfo, domandò Semiramide di regnare un sol giorno, e di esser Ella sola l'Arbitra Sovrana di tutto l'Impero Assiro; ancorchè in quel tempo non si permettesse nè pure a Mogli de Regnanti federe sul Trono. La compiacque il Re; e spogliatosi di tutta la suprema autorità, la trasferì in lei per l'amore, che la portava, e per gratitudine di averlo liberato dalle Catene. Fatta Reina Semiramide, che aveva sempre pensato a vendicar la morte del prima suo Sposo, fè tosto porre in prigione lo stesso Re, con pensiero di più non rendergli il Regno. Da questa così stravagante risoluzione, in cui Semiramide vien confermata da Zomira, e da Idaspe, all'una, e all'altro de'quali il Re Nino aveva ucciso il Padre, dagli amori di Zomira con Idaspe, con Nino il Figliuolo, e da ciò, che il Figliuolo medesimo, amate teneramente dalle Madre operò a favore del Padre, si forma tutto l'intreccio del Dramma: di cui fondamento è nato da Diodoro Siculo, da Giustino e da molti Autori Greci. Al Re Nino, il di cui Figliuolo aveva lo stesso nome, si è dato per maggior chiarezza quello d'Attalo, che pure è stato un nome d'altri Rè dell'Assiria.

13.1.6 Nino

#	–
Zugrunde liegender Druck	Jesi, Biblioteca Communale, 12.C.20/32
Datum der UA	1727

#	–
Ort der UA	Jesi
Spielort der UA	Sala dell'illustrissimo magistrato
Komponist	Giuseppe Maria Orlandini
Anlass	Stagione di Carnevale
Geehrte(r)	Monsignor Petroni
Akte (Szenen)	3 (45; 13/14/18)
Schauplatz	–
Personaggio / Besetzung	Atalo (♂), *Rè degli Assiri, Padre di Nino* — Sebastiano Costanzi (♂) Semiramide (♀), *Regina degl'Assiri* — Biagio Pucci (♂) Nino (♂), *Figlio di Semiramide* — Giuseppe Broccoletti (♂) Idaspe (♂), *Prencipe de Medi confederato co'Battriani, e Amante di Zomira* — Annibale Imperadori (♂, Bass) Zomira (♀), *Regina de'Battriani, figlia di Zoroastro, Rè de'Battriani, ucciso da Atalo* — Pietro Morici (♂, Sopran) Arbace (♂), *Generale degl'Assiri* — Alessandro d'Alessandri (♂)
Argoomento	Nino Rè dell'Assiria, dopo haver fatto dar morte à Mennone suo Generale, e Marito di Semiramide, costrinse questa ad esser sua Sposa, e n'ebbe un Figlio, cui diede pure il Nome di Nino. Accesasi poscia la guerra tra gl'Assiri, e i Battriani, Zoroastro Rè di questi ultimi fù ucciso dal Rè Nino; ed egli all'incontro restò prigioniero in un sanguinoso fatto d'armi, succeduto sotto le Mura di Babilonia. Giuntane a Semiramide la nuova, lasciò al Figliuolo la custodia della Città, e sorprendendo di notte i Nemici, fè prigioniera Zomira Figlia di Zoroastro, e Idaspe Prencipe de Medi, confederato co'Battriani, e riportando la Vittoria, liberò il Rè suo Marito. A questo, che le aveva decretato un publico trionfo, domandò Semiramide di regnare un sol giorno, e di esser ella sola l'arbitra Sovrana di tutto l'Impero Assiro; ancorche in quel tempo non si permettesse ne pure alle Mogli de Regnanti federe sul Trono. La compiacque il Rè; e spogliatosi di tutta la suprema autorità la trasferì in lei per l'amore, che la portava, e per gratitudine d'averlo liberato dalle catene,, Fatta Reina Semiramide, che aveva sempre pensato a vendicar la morte del prima suo Sposo, sé tosto porre in prigione lo stesso Rè, con pensiero di più non rendergli il Regno. Da questa così stravagante risoluzione, in cui Semiramide vien confermata da Zomira, e da Idaspe, all'una, e all'altro de'quali il Rè Nino aveva ucciso il Padre, dagli amori di Zomira con Idaspe, con Nino il Figliuolo, e da ciò, che il Figlivolo medesimo, amate teneramente dalle Madre operò a favore del Padre, si forma tutto l'intreccio del Drama: il di cui fondamento è nato da Diodoro Siculo, da Giustino e da molti Autori. I Giardini di Babilonia colle Fontane: gl'onori dovuti a i Re, che Semiramide volle esigere da i Grandi del Regno la Figlia, che il Re Nino aveva avuta dalla sua invenzioni Poetiche. Al Rè Nino, il di cui Figliuolo aveva lo stesso nome, si è dato per maggior chiarezza quello d'Atalo, che pure è stato un nome d'altri Rè dell'Assiria.

13.1.7 *La Semiramide*

#	**Sartori 1990–1994, #21489**
Zugrunde liegender Druck	Mailand, Biblioteca Nazionale Braidense, RACC. DRAMM. 2705
Datum der UA	26. Dezember 1727
Ort der UA	Livorno

#	**Sartori 1990–1994, #21489**	
Spielort der UA	Teatro di S. Sebastiano	
Komponist	?	
Anlass	Stagione di Carnevale	
Geehrte(r)	Giovanni Gastone I	
Akte (Szenen)	3 (45; 13/15/17)	
Schauplatz	Babylon	
Personaggio / Besetzung	Semiramide (♀), *Regina degli Assirj*	Maria Maddalena Pieri (♀, Contralto)
	Attalo (♂), *Rè degli Assiri*	Giuliano Albertini (♂, Alt)
	Nino (♂), *Figliuolo di Attalo e di Semiramide, Amante, e poi Sposo di Zomira*	Francesca Bertolli (♀, Alt)
	Zomira (♀), *Regina de' Battriani, Figliuola di Zoroastro, ucciso da Atalo*	Margherita Staggi (♀)
	Idaspe (♂), *Principe de' Medj, Confederato co i Battriani, e Amante di Zomira*	Anna Maria Mazzoni (♀, Contralto)
	Arbace (♂), *Generale dell'Esercito degli Assiri*	Felice Novelli (♂, Tenor)
Argomento	Nino Re della Assiria, dopo aver fatto dar morte a Mennone suo Generale, e Marito di Semiramide, costrinse Questa ad esser sua Sposa, e n'ebbe un Figlio, cui diede pure il nome di Nino. Accesasi poscia la Guerra tragli Assiri, e i Battriani, Zoroastro Re di questi ultimi fu ucciso dal Re Nino; ed egli all'incontro resto Prigioniero in un sanguinoso fatto d'Armi, succeduto sotto le Mura di Babilonia. Giuntane a Semiramide la nuova, lasciò al Figliuolo la custodia della Città, e sorprendendo di notte i Nemici, fe prigioniera Zomira Figlia di Zoroastro, e Idaspe Principe de' Medi, confederato co'Battriani, e riportando la Vittoria, liberò il Re suo Marito. A questo, che le aveva decretato un publico trionfo, domandò Semiramide di regnare un sol giorno, e di esser Ella sola l'Arbitra Sovrana di tutto l'Impero Assiro; ancorchè in quel tempo non si permettesse nè pure alle Mogli de Regnanti federe sul Trono. La compiacque il Re; e spogliatosi di tutta la suprema autorità, la trasferì in lei per l'amore, che la portava, e per gratitudine di averlo liberato dalle Catene. Fatta Reina Semiramide, che aveva sempre pensato a vendicar la morte del prima suo Sposo, fè tosto porre in prigione lo stesso Re, con pensiero di più non rendergli il Regno. Da questa così stravagante risoluzione, in cui Semiramide vien confermata da Zomira, e da Idaspe, all'una, e all'altro de'quali il Re Nino aveva ucciso il Padre, dagli amori di Zomira con Idaspe, con Nino il Figliuolo, e da ciò, che il Figliuolo medesimo, amate teneramente dalle Madre operò a favore del Padre, si forma tutto l'intreccio del Dramma: di cui fondamento è nato da Diodoro Siculo, da Giustino e da molti Autori Greci. Al Re Nino, il di cui Figliuolo aveva lo stesso nome, si è dato per maggior chiarezza quello d'Attalo, che pure è stato un nome di altri Re dell'Assiria.	

13.1.8 *Nino*

#	**Sartori 1990–1994, #16523; Allacci 1755, 560; Sonneck 1914, 796**
Zugrunde liegender Druck	Rom, Biblioteca Nazionale, 35. 5.H.5.7
Datum der UA	1732
Ort der UA	Venezia
Spielort der UA	Teatro di S. Angelo

#	**Sartori 1990–1994, #16523; Allacci 1755, 560; Sonneck 1914, 796**	
Komponist	Francesco Courcelle	
Anlass	Stagione di Carnevale	
Geehrte(r)	Pietro de Bordes de Bercheres	
Akte (Szenen)	3 (42; 14/12/16)	
Schauplatz	Babylon	
Personaggio / Besetzung	Atalo (♂), *Re degli Assirj, Padre di Nino* Semiramide (♀), *Reina degli Assirj* Nino (♂), *suo Figliuolo* Zomira (♀), *Reina de Battriani, Figlia di Zoroastro, Rè de Battriani, ucciso da Atalo* Idaspe (♂), *Prencipe de Medi, confederato co Battriani, e Amante di Zomira* Arbace (♂), *Generale degli Assirj*	Angelo Zanoni (♂, Bass) Giustina Turcotti (♀, Mezzosopran) Gaetano Valleta (♂) Anna Peruzzi (♀, Contralto) Filippo Finazzi (♂, Sopran) Rosa Cardina (♀)
Argomento	Nino Rè dell'Assiria, dopo aver fatto dar morte à Mennone suo Generale, e marito di Semiramide, costrinse questa ad esser sua Sposa, e n'ebbe un Figlio, cui diede pure il nome di Nino. Accesasi poscia la Guerra trà gli Assiri, e i Battriani, Zoroastro Rè di questi ultimi fu ucciso dal Rè Nino; ed egli all'incontro restò prigioniero in un sanguinoso fatto d'armi, succeduto sotto le mura di Babilonia. Giuntane a Semiramide la nuova, lasciò al Figliuolo la custodia della Città, e sorprendendo di notte i Nemici, fè prigioniera Zomira Figlia di Zoroastro, e Idaspe Prencipe de'Medi, confederato co'Battriani, e riportando la Vittoria, liberò il Rè suo Marito. A questo, che le aveva decretato un pubblico Trionfo, dimandò Semiramide di regnare un sol giorno, e di esser ella sola l'Arbitra Sovrana di tutto l'Imperò Assiro; ancorchè in quel tempo non si permettesse nè pure alle mogli de'Regnanti di sedere sul Trono. La compiacque il Rè; e spogliatosi di tutta la suprema autorità, la trasferì in lei per l'amore, che la portava, e per gratitudine d'averlo liberato dalle catene. Fatta Reina Semiramide, che aveva sempre pensato a vendicar la morte del prima suo Sposo, fé tosto porre in prigione lo stesso Rè, con pensiero di più non rendergli'l Regno. Da questa così stravagante risoluzione, in cui Semiramide vien confermata da Zomira, e da Idaspe, all'una, e all'altro de'quali il Rè Nino aveva ucciso il Padre, dagli amori di Zomira con Idaspe, con Nino il Figliuolo, e da ciò, che il Figliuolo medesimo, amato teneramente dalle Madre operò a favore del Padre, si forma tutto l'intreccio del Dramma: il di cui fondamento è nato da Diodoro Siculo, da Giustino e da molti Autori Greci. Li Giardini di Babilonia colle Fontane, gli onori dovuti a i Re, che Semiramide volle esigere da i Grandi del Regno, la Figlia, che il Re Nino aveva avuta dalla sua prima Moglie, sono tutto notizie Istoriche, non invenzioni Poetiche. Al Re Nino, il di cui Figliuolo aveva lo stesso nome, si è dato per maggior chiarezza quello d'Atalo, che pure è stato un nome d'altri Rè dell'Assiria.	

13.1.9 *La Semiramide*

#	**Sartori 1990–1994, #21493**
Zugrunde liegender Druck	Mailand, Biblioteca Nazionale Braidense, RACC. DRAMM. 1435
Datum der UA	1734
Ort der UA	Firenze
Spielort der UA	Teatro de Via della Pergona
Komponist	?

#	**Sartori 1990–1994, #21493**
Anlass	Stagione di Carnevale
Geehrte(r)	Giovanni Gastone I
Akte (Szenen)	3 (40; 12/12/16)
Schauplatz	Babylon
Personaggio / Besetzung	Semiramide (♀), *Regina degli Assirj, Moglie di Atalo, e Madre di Nino* — Rosaura Mazzanti (♀, Mezzosopran) Atalo (♂), *Re degli Assirj* — Gaetano Berenstadt (♂, Alt) Nino (♂), *Figlio d'Atalo, e di Semiramide* — Giovanna Guaetta (♀, Sopran) Zomira (♀), *Regina de'Battriani* — Maria Maddalena Molarini (♀) Arbace (♂), *Generale degli Assirj* — Luigi Antinori (♂, Tenor) Idaspe (♂), *Principe de'Medi, confederato co'Battriani, e Amante di Zomira* — Giovanni Batista Mancini (♂, Sopran)
Argomento	Nino Rè dell'Assiria, dopo haver fatto dar morte à Mennone suo Generale, e Marito di Semiramide, costrinse questa ad esser sua Sposa, e n'ebbe un Figlio, cui diede pure il nome di Nino. Accesasi poscia la guerra trà gli Assiri, e i Battriani, Zoroastro Rè di questi ultimi fù ucciso dal Re Nino; ed egli all'incontro restò prigioniero in un sanguinoso fatto d'armi, succeduto sotto le Mura di Babilonia. Giuntane a Semiramide la nuova, lasciò al Figliuolo la custodia della Città, e sorprendendo di notte i Nemici, fece prigioniera Zomira Figlia di Zoroastro, e Idaspe Principe de Medi, confederato co'Battriani, e riportando la Vittoria, liberò il Rè suo Marito. A questo, che le aveva decretato un publico Trionfo, domandò Semiramide di Regnare un sol giorno, e di esser ella sola l'arbitra Sovrana di tutto l'Impero Assiro; ancorchè in quel tempo non si permettesse nè pure alle Moglie de'Regnanti sedere sul Trono. La compiacque il Rè; e spogliatosi di tutta la suprema autorità, la trasferì in lei per l'amore, che la portava, e per gratitudine d'averlo liberato dalle catene. Fatta Reina Semiramide, che aveva sempre pensato a vendicar la morte del prima suo Sposo, fece tosto porre in prigione lo stesso Re, con pensiero di più non rendergli il Regno. Da questa così stravagante risoluzione, in cui Semiramide vien confermata da Zomira, e da Idaspe, all'una, e all'altro de'quali il Rè Nino aveva ucciso il Padre, dagli amori di Zomira con Idaspe, con Nino il Figliuolo, e da ciò, che il Figliuolo medesimo, amato teneramente dalle Madre operò a favore del Padre, si forma tutto l'intreccio del Drama: il di cui fondamento è nato da Diodoro Siculo, da Giustino e da molti Autori. I Giardini di Babilonia colle Fontane: gli onori dovuti a i Rè, che Semiramide volle esigere da i Grandi del Regno, la Figlia, che il Rè Nino aveva avuta dalla sua prima Moglie, sono tutto notizie Istoriche, non invenzioni Poetiche. Al Rè Nino, il di cui Figliuolo aveva lo stesso nome, si è dato per maggior chiarezza quello d'Atalo, che pure è stato un nome d'altri Rè dell'Aßiria.

13.1.10 *La Semiramide*

#	**Sartori 1990–1994, #21495**
Zugrunde liegender Druck	Prag, Národní Muzeum, 57.C.20
Datum der UA	1738 ?
Ort der UA	Praha
Spielort der UA	Teatro detto del Conte Sporck
Komponist	Vari autori

#	Sartori 1990–1994, #21495
Anlass	–
Geehrte(r)	Conte Giovanni Ernesto Antonio Schaffgotsch
Akte (Szenen)	3 (26; 7/7/12)
Schauplatz	Babylon
Personaggio / Besetzung	Semiramide (♀), *Regina d'Egitto* — Giovanna Gasparini (♀, Sopran) Atalo (♂), *Rè d'Egitto, marito di Semiramide* — Giuseppe Mazzioli (♂) Nino (♂), *figlio d'Atalo, Amante di Zomira* — Domenico Tasselli (♂) Zomira, *Principessa de Battri, amante di Nino, e poi Sposa d'Idaspe* — Catterina Danese (♀) Idaspe (♂), *Prinicpe Reale dè Medi, Amante e Sposo di Zomira* — Veneranda Danese (♀) Arbace (♂), *Capitano confidente di Semiramide, mà parziale d'Attalo* — Teresa Gerardini (♀) Semiramis, *Königin zu Ægypten* Attalus, *König in Ægypten, und Semiramidis Ehe-Herr* Ninus, *Attali Sohn, und Liebhaber Zomiræ* Zomira, *eine Baktrianische Prinzessin, die Liebhaberin Nini, nachmals Hidaspes Braut* Hidaspes, *Königlicher Prinz der Medier, Liebhaber und Bräutigam Zomiræ* Arbaces, *ein Hauptmann, und Vertrauter der Semiramis, aber des Attali Parthey haltender*
Argomento	–

14. Apostolo Zeno – Semiramide in Ascalona

#	Sartori 1990–1994, #21527; Allacci 1755, 710; Thiel 1970, 1473; Questa 1989, Sem725Z
Zugrunde liegender Druck	München, Bayerische Staatsbibliothek, Bavar. 4015-13,1/4
Datum der UA	28. August 1725
Ort der UA	bei Wien
Spielort der UA	Gartentheater der Neuen Favorita
Komponist	Antonio Caldara
Anlass	Geburtstag Elisabeth Christine von Braunschweig-Wolfenbüttel, Erzherzogin von Österreich, Deutsche Königin, Kaiserin des Heiligen Römischen Reiches Deutscher Nation, Gattin Karls VI.
Geehrte(r)	Elisabetta Christina
Akte (Szenen)	5 (33; 7/7/5/6/8)
Schauplatz	Ascalon

#	Sartori 1990–1994, #21527; Allacci 1755, 710; Thiel 1970, 1473; Questa 1989, Sem725Z	
Personaggio / Besetzung	Nino (♂), *Re d'Assiria, amante di Semiramide* Semiramide (♀), *figliuola di Simmandio, sposa promessa di Mennone ma amante di Nino* Belesa (♀), *sorella di Nino, amante d'Arbace* Simmandio (♂), *Pastor d'Ascalona, padre di Semiramide, ma che alla fine si scopre per Oropaste già principe di quella città* Mennone (♂), *generale e favorito di Nino, sposo promesso di Semiramide, ma amante di Belesa* Arbace (♂), *Principe de' Medi, amante di Belesa* Aliso (♂), *capo de' pastori d'Ascalona, amante di Semiramide*	Faustina Bordoni (♀, Sopran)
Argomento	Semiramide, che fu moglie die Nino, e regnò su gli Assirj dopo la morte di lui, fu nativa di Ascalona, città antica e nobile della Siria: il che non solo da più scrittori viene afferito, ma confermato ancora da molte medaglie quivi battute in tempo degl'Imperadori Romani, nelle quali ella si vede scolpita. Fu creduta, che suo padre fosse un certo Simma, pastore di quel contorno, al quali io do il nome finto di Simmandio, scoprendolo poi per Oropaste, già Principe di Ascalona, donde in sua giovanezza era stato cacciato da Nino suo vincitore. Semiramide fu prima amante, e anche veramente moglie di Mennone, che era Governatore della Siria, e uno de' Satrapi principali, e favoriti di Nino. Passò ella dipoi, vivente Mennone, e in tempo che la guerra faceasi contra i Battriani, alle seconde notte con Nino, il quale per racconsolarlo di tal perdita, gli offerse in moglie una propria figliuola, che però nel Dramma si finge esser sorella di Nino: ma Mennone spinto dalla disperazione, e dalla gelosia, s'impiccò con un laccio. Questo argomento, tratto in parta da Diodoro (Lib. II.) da Giustino, e da altri, è il principale fondamento del Dramma, dove si frappongono, ad arricchirne il viluppo, gli amori di Belesa, di Arbace, e di Aliso.	

14.1 Bearbeitungen

14.1.1 *Semiramis in Ascalon*

#	Sartori 1990–1994, #21528; Thiel 1970, 1475
Zugrunde liegender Druck	Wolfenbüttel, Herzog August Bibliothek, Textbücher 736
Datum der UA	August 1736
Ort der UA	Braunschweig
Spielort der UA	Großes Theater von Braunschweig
Komponist	Antonio Caldara
Anlass	Sommer-Messe
Geehrte(r)	–
Akte (Szenen)	6 (32; 7/7/4/6/8)
Schauplatz	Ascalon

#	Sartori 1990–1994, #21528; Thiel 1970, 1475
Personaggio / Besetzung	Ninus (♂), *König in Assyrien, verliebt in Semiramis* Semiramis (♀), *Tochter des Simmandio, versprochene Braut des Memnons* Belesa (♀), *des Ninus Schwester, des Arbaces Geliebte* Simmandio (♂), *ein Schäfer in Ascalon, und der Semiramis Vater, der hernach als Oropstes ehemahliger König von Ascalon erkandt wird* Memmnon (♂), *des Ninus General und favorite, mit Semiramis verlobt, aber in Belesa verliebt* Arbaces (♂), *Prinz der Meder, in Belesen verliebt* Aliso (♂), *der oberste Schäfer in Ascalon, der Semiramis Liebhaber*
Argomento	Semiramis, Gemahlin des Ninus, nach dessen Tode sie noch viele Jahre in Assyrien als Königin regieret, war in Ascalon, einer alten und berühmten Stadt in Syrien, gebohren: welches nicht allein von vielen glaubwürdigen Scribenten, sondern auch von vielen alten Medaillen, auf welchen ihr Bildniß gepräget, bekräftigt wird. Man glaubt, daß ihr Vater ein gewisser Simma, und ein Hirte in selbiger Gegend gewesen, dem man in dieser Opera den Namen Simmandio gegeben, der hernach vor Oropstes erkannt worden und ehemals Fürst in Ascalon gewesen, davon er von seinem Besieger Nino vertrieben worden. Semiramis war zuerst die Geliebte des Memnons und hernach würcklich seine Gemahlin, welcher Gouverneur von Syrien und einer von den vornehmsten Satrapen, und des Ninus favorite war. Sie wurde darnach noch bey Lebzeiten des Memnons und als selbiger im Felde wider die Baktrianer war, zum zweytenmal mit dem Ninus vermählt, welcher um den Momnon wegen seines Verlusts zu trösten, ihm seine Tochter zur Gemahlin anbot, die man doch in dieser Opera als des Ninus Schwester aufführt; aber Memnon wurde so sehr von Eufersucht und Verzweiflung getrieben, daß er sich an einem Strick erhing. Diese Geschichte die theils aus dem zweyten Buch des Diodorus, theils aus dem Justino, und andern Scribenten genommen, sind der Inhalt dieser Opera, welchen man, um die Verwirrungen desto besser auszuführen, die Liebe des Belesa, des Arbaces und des Aliso hinzugefüget hat.

15. Pietro Metastasio – Semiramide riconosciuta

#	Sartori 1990–1994, #21534; Sonneck 1914, 990; Questa 1989, Sem729M
Zugrunde liegender Druck	Bologna, Museo Internazionale e Biblioteca della Musica, Lo. 05516
Datum der UA	6. Februar 1729
Ort der UA	Roma
Spielort der UA	Teatro delle Dame
Komponist	Leonardo Vinci
Anlass	Stagione di Carnevale
Geehrte(r)	–

#	Sartori 1990–1994, #21534; Sonneck 1914, 990; Questa 1989, Sem729M	
Akte (Szenen)	3 (42; 15/13/14)	
Schauplatz	Babilonia	
Personaggio / Besetzung	Semiramide (♀), *in abito virile sotto nome di Nino re degli Assiri, amante di Scitalce, conosciuto ed amato da lei antecedentemente nella corte d'Egitto come Idreno*	Giacinto Fontana detto Farfallino (♂, Sopran)
	Mirteo (♂), *principe reale d'Egitto, fratello di Semiramide da lui non conosciuta e amante di Tamiri*	Carlo Scalzi (♂, Sopran)
	Ircano (♂), *principe scita amante di Tamiri*	Gaetano Berenstadt (♂, Alt)
	Scitale (♂), *principe reale d'una parte dell'Indie creduto Idreno da Semiramide, pretensore di Tamiri ed amante di Semiramide*	Antonio Barbieri (♂, Sopran)
	Tamiri (♀), *principessa reale de'Battriani amante di Scitalce*	Pietro Morici (♂, Sopran)
	Sibari (♂), *confidente e amante occulto di Semiramide*	Giovanni Ossi (♂, Tenor)
Argomento	È noto per l'istorie che Semiramide ascalonita, di cui fu creduta madre una ninfa d'un fonte e nutrici le colombe, giunse ad esser consorte di Nino re degli Assiri, che dopo la morte di lui regnò in abito virile facendosi credere il picciolo Nino suo figliuolo, aiutata alla finzione dalla similitudine del volto e dalla strettezza colla quale vivevano non vedute le donne dell'Asia, e che alfine riconosciuta per donna fu confermata nel regno dai sudditi che ne avevano esperimentata la prudenza ed il valore. L'azione principale del dramma è questo riconoscimento di Semiramide, al quale per dare occasione e per togliere nel tempo istesso l'inverisimilitudine della favolosa origine di lei, si finge che fosse figlia di Vessore re di Egitto, che avesse un fratello chiamato Mirteo educato da bambino nella corte di Zoroastro re de'Battriani, che s'invaghisse di Scitalce principe d'una parte dell'Indie, il quale capitò nella corte di Vessore col finto nome d'Idreno, che non avendolo potuto ottenere in isposo dal padre fuggisse seco, che questi nella notte istessa della fuga la ferisse e gettasse nel Nilo per una violenta gelosia fattagli concepire per tradimento da Sibari suo finto amico, e non creduto rivale, e che indi, sopravvivendo ella a questa sventura, peregrinasse sconosciuta e che poi le avvenisse quanto d'istorico si è accennato di sopra. Il luogo in cui si rappresenta l'azione è Babilonia, dove concorrono diversi principi pretendenti al matrimonio di Tamiri principessa ereditaria de'Battriani, tributaria di Semiramide creduta Nino. Il tempo è il giorno destinato da Tamiri alla scelta del suo sposo, quale scelta chiamando in Babilonia il concorso di molti principi stranieri, altri curiosi della pompa, altri desiderosi dell'acquisto, somministra una verisimile occasione di ritrovarsi Semiramide nel luogo istesso e nell'istesso giorno col fratello Mirteo, coll'amante Scitalce e col traditore Sibari, e che da tale incontro nasca la necessità del di lei scoprimento.	

15.1 Bearbeitungen

15.1.1 *Semiramide riconosciuta*

#	Sartori 1990–1994, #21535 & 21536; Allacci 1755, 710; Sonneck 1914, 990
Zugrunde liegender Druck	Bologna, Museo Internazionale e Biblioteca della Musica, Lo. 04330

#	**Sartori 1990–1994, #21535 & 21536; Allacci 1755, 710; Sonneck 1914, 990**	
Datum der UA	12. Februar 1729	
Ort der UA	Venezia	
Spielort der UA	Teatro San Giovanni Grisostomo	
Komponist	Nicola Antonio Porpora	
Anlass	Stagione di Carnevale	
Geehrte(r)	Domenico Lalli	
Akte (Szenen)	3 (42; 15/13/14)	
Schauplatz	Babilonia	
Personaggio / Besetzung	Semiramide (♀), *sotto nome di Nino re degli Assiri amante di Scitalce, conosciuto ed amato da lei antecedentemente nella corte di Egitto come Idreno*	Lucia Facchinelli (♀, Sopran)
	Tamiri (♀), *principessa reale de'Battriani amante di Scitalce*	Antonia Negri (♀, Sopran)
	Scitalce (♂), *principe reale d'una parte dell'Indie creduto Idreno da Semiramide, amante di Tamiri e poi di Semiramide*	Nicola Grimaldi (♂, Sopran)
	Mirteo (♂), *principe reale d'Egitto, fratello di Semiramide da lui non conosciuta ed amante di Tamiri*	Carlo Broschi detto Farinello (♂, Sopran)
	Sibari (♂), *confidente ed amante di Semiramide*	Domenico Gizzi (♂, Sopran)
	Ircano (♂), *principe scita amante di Tamiri*	Giuseppe Maria Boschi (♂, Bass)
Argomento	identisch mit Roma 1729	

15.1.2 *Semiramide riconosciuta*

#	**Sartori 1990–1994, #21537**
Zugrunde liegender Druck	Rom, Biblioteca Nazionale Centrale, 40.9.E.23.4
Datum der UA	19. Januar 1730
Ort der UA	Milano
Spielort der UA	Regio Ducal Teatro
Komponist	Geminiano Giacomelli
Anlass	Stagione di Carnevale
Geehrte(r)	Maria Barbora contessa di Daun (…) moglie di (…) Wirico Filippo Lorenzo conte di Daun
Akte (Szenen)	3 (42; 15/13/14)
Schauplatz	Babilonia

Personaggio / Besetzung	Semiramide (♀), *sotto nome di Nino Rè degli Assirii amante di Scitalce, conosciuto, ed amato da lei antecedentemente nella Corte d'Egitto, come Idreno*	Lucia Facchinelli (♀, Sopran)

#	**Sartori 1990–1994, #21537**	
Personaggio / Besetzung (Fortsetzung)	Tamiri (♀), *Principessa Reale de Battriani amante di Scitalce*	Anna Girò (♀, Alt)
	Scitalce (♂), *Principe Reale d'una parte dell'Indie, creduto Idreno da Semiramide, amante di Tamiri, e poi di Semiramide*	Carlo Scalzi (♂, Sopran)
	Mirteo (♂), *Principe Reale d'Egitto, Fratello di Semiramide da lui non conosciuta, ed amante di Tamiri*	Anna Bagnolesi (♀, Alt?)
	Ircano (♂), *Principe Scita amante di Tamiri*	Pietro Baratta (♂, Tenor)
	Sibari (♂), *confidente, ed amante occulto di Semiramide*	Elisabetta Moro (♀, Contraalt)
Argomento	identisch mit Roma 1729	

15.1.3   Semiramide riconosciuta

#	**Sartori 1990–1994, #21538**	
Zugrunde liegender Druck	Prag, Národní knihovna Ceské republiky, Signatur unbekannt	
Datum der UA	1. Oktober 1731	
Ort der UA	Napoli	
Spielort der UA	Teatro di S. Bartolomeo	
Komponist	Francesco Araja	
Anlass	Geburtstag dell'augustissimo imperadore regnante	
Geehrte(r)	Luiggi Tommaso Raimondo, Conte di Haarrach	
Akte (Szenen)	3 (42; 15/13/14)	
Schauplatz	Babilonia	
Personaggio / Besetzung	Semiramide (♀), *in abito virile sotto nome di Nino Re degl'Assiri Amante di Scitalce conosciuto, ed amato da lei antecedentemente nella Corte d'Egitto come Idreno*	Lucia Facchinelli (♀, Sopran)
	Mirteo (♂), *Principe Reale d'Egitto Fratello di Semiramide da lui non conosciuta, e Amante di Tamiri*	Angiola Zanuchi (♀, Mezzosopran)
	Ircano (♂), *Principe Scita Amate di Tamiri*	Francesco Talve (♂)
	Scitalce (♂), *Principe Reale d'una parte dell'Indie creduto Idreno da Semiramide, pretensore di Tamiri, ed Amante di Semiramide*	Nicola Grimaldi (♂, Sopran)
	Tamiri (♀), *Principessa Reale de'Battriani Amante di Scitalce*	Teresa Cotti (♀)
	Sibari (♂), *Confidente, e Amante occulto di Semiramide*	Anna Mazzoni (♀, Contraalt)
Argomento	identisch mit Roma 1729	

15.1.4 *Semiramide riconosciuta*

#	**Sartori 1990–1994, #21539**
Zugrunde liegender Druck	Mailand, Biblioteca Nazionale Braidense, RACC. DRAMM. 2540
Datum der UA	1732
Ort der UA	Rimini
Spielort der UA	Teatro Arcadico
Komponist	Geminiano Giacomelli
Anlass	Stagione di Estate
Geehrte(r)	Maria Barbara Pignatti
Akte (Szenen)	3 (42; 15/13/14)
Schauplatz	Babilonia
Personaggio / Besetzung	Semiramide (♀), *sotto nome di Nino Re degli Assirj amante di Scitalce, conosciuto ed amato da lei antecedentemente nella Corte di Egitto come Idreno* Tamiri (♀), *Principessa Reale de'Battriani amante di Scitalce* Scitalce (♂), *Principe Reale di una parte dell'Indie, creduto Idreno da Semiramide, amante di Tamiri, e poi di Semiramide* Mirteo (♂), *Principe Reale di Egitto, Fratello di Semiramide da lui non conosciuta, ed amante di Tamiri* Ircano (♂), *Principe Scita amate di Tamiri* Sibari (♂), *confidente, ed amante di Semiramide*
Argomento	identisch mir Roma 1729

15.1.5 *Semiramide riconosciuta*

#	**Sartori 1990–1994, #21541**
Zugrunde liegender Druck	Bologna, Museo Internazionale e Biblioteca della Musica, L0.07119
Datum der UA	1733
Ort der UA	Pistoia
Spielort der UA	Teatro della nobilissima Accademia de'Risvegliati
Komponist	?
Anlass	Stagione di Estate
Geehrte(r)	–
Akte (Szenen)	3 (42; 15/13/14)
Schauplatz	Babilonia

#	Sartori 1990–1994, #21541	
Personaggio / Besetzung	Semiramide (♀), *in abito virile sotto nome di Nino Rè degli Assirj amante di Scitalce conosciuto, ed amato da lei antecedentemente nella Corte d'Egitto come Idreno*	Antonia Merighi (♀, Alt)
	Tamiri (♀), *Principessa Reale de Battriani amante di Scitalce*	Anna Peruzzi (♀, Contralto)
	Scitalce (♂), *Principe Reale d'una parte dell'Indie creduto Idreno da Semiramide pretensore di Tamiri ed amante di Semiramide*	Antonio Bernacchi (♂, Alt)
	Ircano (♂), *Principe Scita amante di Tamiri*	Giovanni Battista Minelli (♂, Alt)
	Mirteo (♂), *Principe Reale d'Egitto fratello di Semiramide da lui non conosciuta, e amante di Tamiri*	Agostino Fontana (♂, Tenor)
	Sibari (♂), *Confidente, e amante occulto di Semiramide*	Pietro Baratti (♂, Tenor)
Argomento	identisch mit Roma 1729	

15.1.6 *Semiramis riconosciuta*

#	Sartori 1990–1994, #21540; Fassini 1940, 101	
Zugrunde liegender Druck	London, The British Library, 639.d.21.(3.)	
Datum der UA	30. Oktober 1733	
Ort der UA	London	
Spielort der UA	King's Theatre	
Komponist	Georg Friedrich Händel, Leonardo Vinci et al. (Pasticcio)	
Anlass	Geburtstag König George	
Geehrte(r)	–	
Akte (Szenen)	3 (40; 15/12/13)	
Schauplatz	–	
Personaggio / Besetzung	Semiramis (♀), *in Man's Apparel, under the Name of Ninus, King of Assyria, in Love with the known Scitalche, and beloved by him before in the Court of Egypt as Idrenus*	Margherita Durastante (♀, Mezzosopran)
	Thamyris (♀), *Princess of Bactria, in Love with Scitalche*	Anna Strada (♀, Sopran)
	Scitalche (♂), *an Indian Prince, believed Idrenus by Semiramis, Pretender to Thamyris, and in Love with Semiramis*	Giovanni Carestini (♂, Sopran)
	Myrteus, *a Prince of Egypt, Brother to Semiramis, not known to him, and in Love with Thamyris*	Carlo Scalzi (♂, Sopran)
	Ircanus (♂), *a Scythian Prince, in Love with Thamyris*	Maria Caterina Negri (♀, Contralto)

#	Sartori 1990–1994, #21540; Fassini 1940, 101	
Personaggio / Besetzung (Forstsetzung)	Sibaris (♂), *Confident to, and secretly in Love with Semiramis, and false Friend to Scitalche*	Maria Rosa Negri (♀, Mezzosopran)
Argomento	History informs us, that Semiramis of Ascalon, whose Mother was thought to be a Nymph of a Fountain, and one who fed Pidgeons, came to be the Wife of Ninus, King of Assyria; and, after his Death, she reign'd in Man's Apparel, feigning herself to be the little Ninus, her Son, assisted by the near Resemblance of Face, and by the Strictness with which they live, not seeing even the Woman of Asia; and that after being known to be a Woman, she was confirmed in her Reign by her Subjects, who had been Witnesses of her Prudence and Valour. This Recognition of Semiramis is the principal Action of the Drama. To which to give Occasion, and to remove at the same time all likelihood oft hat fabulous Origin of her, it is feign'd she was the Daughter of Vessor, King of Egypt, and had a Brother called Myrteus, brought up from a Child in the Court of Zoroaster, King of Bactria; that she fell in Love with Scialche, an Indian Prince, then under the feigned Name of Idrenus, which came to a Height in the Court of Vessor; but not being able to obtain him in Marriage of her Father, she fled with him: That he, in the same Night of their Flight, wounded her, and threw her into the Nile, by a fatal violent Jealousy he conceiv'd by the Treachery of Sibaris, his feign'd Friend, and unknown Rival; and that she surviving that Misfortune, wandered unknown, and that there afterwards happend these Incidents here represented.	

15.1.7 *Semiramide riconosciuta*

#	Sartori 1990–1994, #21542	
Zugrunde liegender Druck	Palazzolo sull'Oglio, Biblioteca Comunale G.U. Lanfranchi, E. IV. 84	
Datum der UA	1735	
Ort der UA	Brescia	
Spielort der UA	Teatro dell'illustrissima Accademia	
Komponist	?	
Anlass	Stagione di Carnevale	
Geehrte(r)	Zaccaria kav. Canal capitanio grande e vice podestà di Brescia	
Akte (Szenen)	3 (42; 15/13/14)	
Schauplatz	Babilonia	
Personaggio / Besetzung	Semiramide (♀), *sotto nome die Nino Rè degli Assiri Amante die Scitalce, conosciuto, ed amato da Lei antecedentemente nella Corte d'Egitto, come Idreno*	Giacoma Ferrari (♀)
	Tamiri (♀), *Principessa Reale de Battriani Amante die Scitalce*	Teresa Baratti (♀, Sopran)
	Scitalce (♂), *Principe Reale d'una parte dell'Indie, creduta Idreno da Semiramide, Amante di Tamiri, e poi di Semiramide*	Pietro Baratti (♂, Tenor)
	Mirteo (♂), *Principe Reale d'Egitto, Fratello di Semiramide daa Lui non conosciuta, ed Amante di Tamiri*	Francesco Grisi (♂)

#	Sartori 1990–1994, #21542	
Personaggio / Besetzung (Forstsetzung)	Ircano (♂), *Principe Scita Amante di Tamiri* Sibari (♂), *Confidente, ed Amante di Semiramide*	Elisabetta d'Aflisio (♀) Alessandro Veroni (♂)
Argomento	identisch mit Roma 1729	

15.1.8 Semiramide riconosciuta

#	Sartori 1990–1994, #21543	
Zugrunde liegender Druck	Venedig, Biblioteca della Fondazione Giorgio Cini, ROL0751.12 (nicht vollständig digitalisierbar)	
Datum der UA	1735	
Ort der UA	Perugia	
Spielort der UA	Teatro de'Nobili detto del Pavone	
Komponist	?	
Anlass	Stagione di Carnevale	
Geehrte(r)	Die Damen	
Akte (Szenen)	3 (?/?/14)	
Schauplatz	Babilonia	
Personaggio / Besetzung	Semiramide (♀), *in abito virile sotto nome die Nino Rè degli Assiri amante die Scitalce conosciuto, ed amato da lei antecedentemente nella Corte d'Egitto come Idreno* Mirteo (♂), *Principe Reale d'Egitto fratello di Semiramide da lui non conosciuta, e amante di Tamiri* Ircano (♂), *Principe Scita amante di Tamiri* Scitalce (♂), *Principe Reale d'una parte dell'Indie creduto Idreno da Semiramide, pretensore di Tamiri, ed amante di Semiramide* Tamiri (♀), *Principessa Reale de'Battriani amante di Scitalce* Sibari (♂), *Confidente, e amante occulto di Semiramide*	Cecilia Bellisani Buini (♀, Soprano) Giovanni Battista Mancini (♂, Sopran) Casimiro Pignotti (♂, Alt) Cesare Grandi (♂) Maddalena Medici (♀) Bernardino Niccolini (♂)
Argomento	identisch mit Roma 1729	

15.1.9 Il finto Nino overo La Semiramide riconosciuta

#	–
Zugrunde liegender Druck	St. Petersburg, Rossiyskaya Natsional'naya Biblioteka, 6.19.3.90 (Druck nicht eingesehen)
Datum der UA	29. Januar 1737

#	–
Ort der UA	St. Petersburg
Spielort der UA	Neues Hoftheater
Komponist	Francesco Araja
Anlass	Stagione di Carnevale
Geehrte(r)	?
Akte (Szenen)	?
Schauplatz	?
Personaggio / Besetzung	?
Argomento	?

15.1.10 *Semiramide riconosciuta*

#	**Sartori 1990–1994, #21544**	
Zugrunde liegender Druck	Parma, Biblioteca Palatina, BB XI.25664 (Druck nicht eingesehen)	
Datum der UA	22. Oktober 1737	
Ort der UA	Genova	
Spielort der UA	Teatro di S. Agostino	
Komponist	Giuseppe Maria Buini	
Anlass	Stagione di Autunno	
Geehrte(r)	Die Damen	
Akte (Szenen)		
Schauplatz		
Personaggio / Besetzung	Semiramide (♀) Tamiri (♀) Scitalce (♂) Mirteo (♂) Ircano (♂) Sibari (♂)	Cecilia Bellisani Buini (♀, Sopran) Teresa Baratto (♀, Contralto) Angelo Maria Monticelli (♂, Sopran) Francesca Barlocci (♀, Soprano) Pietro Baratti (♂, Tenor) Giovanna Falconetti (♀)
Argomento		

15.1.11 *Semiramide*

#	**Sartori 1990–1994, #21494**
Zugrunde liegender Druck	Lissabon, Biblioteca Nacional de Portugal, RES. 975/11 P
Datum der UA	1738
Ort der UA	Lisboa

#	Sartori 1990–1994, #21494
Spielort der UA	Sala dell'Academia alla Piazza della Trinità
Komponist	?
Anlass	–
Geehrte(r)	Nobilità di Portogallo
Akte (Szenen)	3 (41; 15/12/14)
Schauplatz	–
Personaggio / Besetzung	Semiramide (♀), *in abito virile sotto nome di Nino Rè degli Assiri, amante di Scitalce conosciuto, ed amato da lei antecedentemente nella Corte d'Egitto com Idreno*	Elena Paghetti (♀)
	Tamiri (♀), *Principessa Reale de Battriani, amante di Scitalce*	Angiola Adriana Paghetti (♀, Sopran)
	Scitalce (♂), *Principe Reale d'una parte dell'India creduto Idreno da Semiramide, pretensore di Tamiri, ed amante di Semiramide*	Francesco Grisi (♂, Sopran)
	Mirteo (♂), *Principe Reale di Egitto Fratello di Semiramide da lui non conosciuta, e amante di Tamiri*	Giacoma Ferrari (♀)
	Ircano (♂), *Principe Scita, amante di Tamiri*	Felice Checcacci (♀, Sopran)
	Sibari (♂), *Confidente, ed Amante occulto di Semiramide*	Teresa Zanadri Gavazzi (♀, Sopran)
	Semiramis, *em trage de homem com o nome de Nino Rey dos Assirios, amante de Scitalce, conhecido, e della amado antecedentemente na Corte do Egypto como Idreno*	
	Tamiri, *Princeza Real dos Bactrianos, amante de Scitalce*	
	Scitalce, *Principe Real de huma parte da India, havido por Idreno por Semiramis pertensor de Tamiri, e amante de Semiramis*	
	Mirteo, *Principe Real do Egypto, Irmaõ e Semiramis, delle naõ conhecida, e amante de Tamiri*	
	Ircano, *Principe Scita, amante de Tamiri*	
	Sibari, *Confidente, e amante occulto de Semiramide*	
Argomento	–

15.1.12 *La Mesamiride riconosciuta* | *Die erkannte Mesamiris*

#	Sartori 1990–1994, #15570
Zugrunde liegender Druck	Mailand, Biblioteca Nazionale Braidense, RACC. DRAMM. 1467
Datum der UA	Februar 1738

#	Sartori 1990–1994, #15570
Ort der UA	Wien
Spielort der UA	Hoftheater
Komponist	?
Anlass	?
Geehrte(r)	–
Akte (Szenen)	keine Einteilung in Akte
Schauplatz	–
Personaggio / Besetzung	Mesamiride (♀), *in abito virile sotto nome di Gianguir, amante di Tascide conosciuto, ed amato da lei antecedentemente nella corte del Padre* Tascide (♂), *Prencipe Reale d'una parte dell'Indie, creduto Irdeno da Mesamiride, Pretentore d'Eglea, ed amante di Mesamiride* Icanor (♂), *Principe Scita amante d'Eglea* Eglea (♀), *Principessa Reale del Japone amante di Tascide* Teomir (♂), *Principe Reale di Bittinia fratello di Mesamiride, da lui non conosciuta, e amante d'Eglea* Aribis (♂), *Confidente, ed amante occulta di Mesamiride* Mesamiris, *in männlicher Kleidung, unter dem Name Gianguir, verliebt in Tascide, dem sie schon vorhin an dem Hof seines Vaters gekennet, und geliebet hatte* Tascides, *Königlicher Prinz über einen Theil von Indien welchen Mesamiris für Irdeno hielte, und ich einen Braut-Werber der Eglea zu seyn glaubete, verliebt in Mesamiris* Icanor, *ein Scytischer Prinz, verliebt in Eglea* Eglea, *eine Königliche Japonis. Prinzessin, verliebet in Tascide* Teomir, *Königlicher Prinz aus Bithynien, der Mesamiris von ihr nicht gekenneter Bruder, verliebt in Eglea* Aribis, *ein Vertrauter, und heimlicher Liebhaber der Mesamiris*
Argomento	Mesamiride Ascolonita, di cui fu creduta Madre una Ninfa d'un fonte, le nudrici le colombe, giunse ad esser consorte del monarca dell'Asia, e dopo la morte di lui regnò in abito virile facendosi credere Gianguir suo Figliuolo, alla finizione aiutata dalla similitudine del volto, e dalla stretezza, colla quale vivevano non vedute le Donne dell'Asia: e alla fine riconosciuta per Donna, fu confermata nel Regno dai sudditi, che ne avevano esperimentata la prudenza, ed il valore. L'azione principale del Drama è questo riconoscimento di Mesamiride, al quale per dare occasione, e per togliere nel tempo istesso l'inverisimilitudine alle favolosa origine di lei, si finge: Che fosse Figlia di Esservoe Re di Bittinia: Che avesse un Fratello chiamato

#	Sartori 1990–1994, #15570
Argomento (Fortsetzung)	Teomir educato da bambino nella corte di Zoroastro Re di Battriani; Che s'invaghisce di Tascide Principe d'una parte d'Indie, il quale capitá nella corta del Padre col finto nome d'Irdeno: Che non avendolo potuto ottenere in isposo dal Padre, fugiste seco: Che questo nella notte istessa della fuga la ferisse, e gettasse nell'inde per una violenta gelosia fattagli concepire per tradimento di Aribis suo finto amico, e non creduta rivale, che indi sopravivendo ella a questa sventura, peregrinasse sconosciuta, e che poi le avvenisse quanto d'Istorica si è accennato di sopra. Il luogo, in cui si rappresenta l'azione, è la Regia del Japone, dove concorrono diversi Prencipi pretendenti al matrimonio d'Eglea Principessa Ereditaria del Japone tributa di Mesamiride creduta Gianguir. Nachdeme Mesamiris von Ascalon, ders Mutter eine Brunnen-Nymphe und Ernährerinnen die Tauben gewesen zu seyn geglaubt worden von dem Monarchen von Asien zur Ehe genommen wurde und dieser sodann verstarbe regierte sie in männlicher Kleidung und gabe sich für ihrem Sohm Gianguir aus welche Verstellung ih rum so leichter angienge als sie ernannt ihrem Sohne ganz gleich sahe auch sonsten der Asiatischen Gewohnheit nach gleich andern Weibs-Bildern nicht oft von dem Volk gesehen wurde; als man aber dannoch zu letzt ihr Geschlecht in Erfahrenheit brachte wurde sie von ihren Unterthanen in der Regierung bestättiget weilen sie vorhin genugsame Proben ihrer Klug- und Tapferkeit an den Tag gelegt hatte. Die Haupt-Vorstellung dieses Werkes ist ihre Erkanntnüß und hat man um das unwahrscheinliche ihres Fabelgahften Ursprungs weg zu thun und zugleich zu verschiedenen Verwirrungen Gelegenheit zu geben darzu gedichtet daß sie eine Tochter des Königs von Bithynien see und einen Bruder namens Teomir, welcher von Kindheit auf an den Hof des Königs deren Bactrianern aufgezogen wurde habe dass sich in Tascides einen Prinzen eines Theils von Indien welcher unter dem verstellten Irdeno an dem Väterlichen Hof ankame verliebte daß die selben von dem Vatter zu ihrem Gemahl nicht erlangen könte und demnach mit ihme die Flacht nahme, daß dieser sie in der nemlichen Nacht als sie miteinandern entwichen aus einer durch die Verrätheren des Aribis (welchen er für seinen Freund hielte da er doch sein Mit-Buhler wer) in ihm erweckten Eifersucht verwundete und in das Wasser warffe woraus sie aber mit dem Leben entkame und nach verschiedener verstellten Herwanderung ihr endlich was die Geschicht bringet und oben gemeldet worden ist wieder fuhre. Der Ort wo die Aktion vorgestellet wird ist der Hof von Japonien alwo verschiedene Prinzen so nach der Vermählung mit der Japonischen Erb-Prinzessin Eglea streben zusammen kommen, zumalen JApon der Mesamiris als geglabuten Gianguir untergeben.

15.1.13 *La Semiramide riconosciuta*

#	Sartori 1990–1994, #21545
Zugrunde liegender Druck	Neapel, Biblioteca Nazionale, Signatur unbekannt (nicht vollständig eingesehen)
Datum der UA	20. Januar 1739[16]
Ort der UA	Napoli
Spielort der UA	Teatro di S. Carlo
Komponist	Nicola Antonio Porpora
Anlass	Geburtstag Karl III.. von Spanien

---

16 12 Aufführungen lt. Marinelli Roscioni 21988, 6.

#	**Sartori 1990–1994, #21545**	
Geehrte(r)	Karl III. von Spanien	
Akte (Szenen)	3 (?/?/?)	
Schauplatz	Babilonia	
Personaggio / Besetzung	Semiramide (♀), *in abito virile sotto nome di Nino Re degli Assirj, amante di Scitalce, conosciuto, ed amato da lei antecedentemente nella Corte d'Egitto come Idreno*	Vittoria Tesi Tramontini (♀, Contralto)
	Scitalce (♂), *Principe Reale d'una parte dell'Indie, creduto Idreno da Semiramide, pretensore di Tamiri, ed amante di Semiramide*	Gaetano Majorano detto Caffarelli (♂, Sopran)
	Tamiri (♀), *Principessa Reale de'Battriani, amante di Scitalce*	Anna Maria Peruzzi (♀, Contralto)
	Mirteo (♂), *Principe Reale di Egitto, fratello di Semiramide, da lui non conosciuta, Amante di Tamiri*	Majorano Nicolini (♂)
	Ircano (♂), *Principe Scita, amante di Tamiri*	Angelo Amorevoli (♂, Tenor)
	Sibari (♂), *Confidente, ed amante occulto di Semiramide*	Agata Elmi (♀, Alt)
Argomento	È noto per le Istorie, che Semiramide Ascalonita, di cui fu creduta Madre una Ninfa d'un fonte e nutrici le Colombe, giungese ad esser moglie di Nino Re degli Assirj, e che dopo la morte di lui regnò in abito virile, facendosi credere il picciolo Nino suo figliuolo, ajutata alla finzione dalla similitudine del volto e dalla strettezza colla quale vivevano non vedute le Donne dell'Asia: E che al fine riconosciuta per Donna fu confermata nel Regno da'Sudditi, che ne avevano sperimentata la prudenza, e il valore. Su du questa verità istorica, s'intrecciano varj verisimili, che si leggono nel Drama.	

15.1.14 *Semiramide riconosciuta*

#	–
Zugrunde liegender Druck	Wien, Gesellschaft der Musikfreunde in Wien, Archiv, Textb. 6762
Datum der UA	April (?)[17] 1740
Ort der UA	Jaroměřice
Spielort der UA	Teatro del castello conte di Questenberg
Komponist	Leonardo Vinci
Anlass	Stagione di Estate
Geehrte(r)	Johann Adam Graf von Questenberg
Akte (Szenen)	3 (42; 15/13/14)
Schauplatz	Babilonia

---

17 Perutková 2015, 554.

#	–
Personaggio / Besetzung[18]	Semiramide (♀), *inabito* (sic) *virile sotto Nome di Nino Rè degl'Assiri Amante di Scitalce conosciuto, ed amato da lei antecedentemente nella Corte d'Egitto come Idreno* — Veronika Mitscha (♀)
	Mirteo (♂), *Principe Reale d'Egitto Fratello di Semiramide da lui non conosciuta, e Amante di Tamiri* — Rosina Mitscha (♀)
	Ircano (♂), *Principe Scita Amante di Tamiri* — Elisabetha Hawlin (♀, Sopran oder Alt[19])
	Scitalce (♂), *Principe Reale d'una Parte dell'Indiec reduto Idreno da Semiramide, Pretensore di Tamiri, ed Amante di Semiramide* — Theresia Ober (♀, Sopran)
	Tamiri (♀), *Principessa Reale de'Battriani Amante di Scitalce* — Paulina Cartullus (♀, Sopran)
	Sibari (♂), *Confidente, e Amante occulto di Semiramide* — Francesca Gravani-Rusischka (♀, Alt)
Argomento	identisch mit Roma 1729

15.1.15 *Semiramide riconosciuta*

#	Sartori 1990–1994, #21546
Zugrunde liegender Druck	Bologna, Museo Internazionale e Biblioteca della Musica, Lo. 7121
Datum der UA	Februar 1740
Ort der UA	Firenze
Spielort der UA	Teatro di Via del Cocomero
Komponist	?
Anlass	Stagione di Carnevale
Geehrte(r)	–
Akte (Szenen)	3 (42; 15/13/14)
Schauplatz	Babilonia
Personaggio / Besetzung	Semiramide (♀), *in abito virile sotto nome di Nino Re degli Assirj amante di Scitalce conosciuto, ed amato da lei intercedentemente nella Corte d'Egitto come Idreno* — Maria Natalizia Bisagi (♀)
	Sibari (♂), *Confidente, e amante occulto di Semiramide* — Maria Fabiani (♀)
	Tamiri (♀), *Principessa Reale de Battriani amante di Scitalce* — Maria Giuditta Fabiani (♀, Contralto)

---

18 Reihenfolge im *personaggio* unklar.
19 Perutková 2015, 337.

#	Sartori 1990–1994, #21546	
Personaggio / Besetzung (Fortsetzung)	Scitalce (♂), *Principe Reale d'una parte dell'Indie, creduto Idreno da Semiramide, pretensore di Tamiri, ed amante di Semiramide*	Prudenza Sani (♀, Sopran)
	Ircano (♂), *Principe Scita amante di Tamiri*	Filippo Laschi (♂, Tenor)
	Mirteo (♂), *Principe Reale d'Egitto fratello di Semiramide da lui non conosciuta, e amante di Tamiri*	Giovanni Domenico Ciardini (♂, Sopran)
Argomento	identisch mit Roma 1729	

15.1.16 Semiramide riconosciuta

#	Sartori 1990–1994, #21547	
Zugrunde liegender Druck	München, Bayerische Staatsbibliothek, Bavar. 4015-18,1/3	
Datum der UA	1740	
Ort der UA	München	
Spielort der UA	Hoftheater	
Komponist	Bernardo Aliprandi	
Anlass	Stagione di Carnevale	
Geehrte(r)	–	
Akte (Szenen)	3 (42; 15/13/14)	
Schauplatz	Babilonia	
Personaggio / Besetzung	Semiramide (♀), *in abito virile sotto nome di Nino Re degli Assiri, amante di Scitalce conosciuto, ed amato da lei antecedentemente nella Corte d'Egitto come Idreno*	Antonia Merighi (♀, Alt)
	Tamiri (♀), *Principessa Reale de'Battriani amante di Scitalce* (sic)	Rosa Pasquali (♀, Sopran)
	Scitalce (♂), *Principe Reale d'una parte dell'Indie creduto Idreno da Semiramide, pretensore di Tamiri, ed amante di Semiramide*	Agostino Galli (♂, Sopran)
	Ircano (♂), *Principe Scita amante di Tamiri*	Bartolomeo Strapparapa (♂)
	Mirteo (♂), *Principe Reale d'Egitto fratello di Semiramide da lui non conosciuta, e amante di Tamiri*	Cristoforo Raparini (♂, Sopran)
	Sibari (♂), *Confidente, e amante occulto di Semiramide*	Giovanni Perprich (♂, Tenor)
Argomento	identisch mit Rom 1729	

15.1.17 Semiramide riconosciuta[20]

#	Sartori 1990–1994, #21548; Sonneck 1914, 990
Zugrunde liegender Druck	Chapel Hill, University of North Carolina, IOLC-00217
Datum der UA	Januar oder Februar 1741[21]
Ort der UA	Roma
Spielort der UA	Teatro delle Dame
Komponist	Giovanni Battista Lampugnani
Anlass	Stagione di Carnevale
Geehrte(r)	Enrico duca di York
Akte (Szenen)	3 (34; 14/10/10)
Schauplatz	Babilonia
Personaggio / Besetzung	Semiramide (♀), *in abito virile sotto nome di Nino Re degl'Assiri amante di Scitalce, conosciuto, & amato da lei antecedentemente nella Corte d'Egitto, come Idreno* — Lorenzo Gherardi (♂, Sopran)
	Mirteo (♂), *Prencipe Reale d'Egitto, Fratello di Semiramide da lui non conosciuta, & amante di Tamiri* — Gioacchino Conti (♂, Sopran)
	Ircano (♂), *Principe di Scita amante di Tamiri* — Casimiro Pignotti (♂, Alt)
	Scitalce (♂), *Prencipe Reale d'una parte dell'Indie, creduto Idreno da Semiramide, pretensore di Tamiri, ed Amante di Semiramide* — Gregorio Babbi (♂, Tenor)
	Tamiri (♀), *Prencipessa Reale de' Battriani, Amante di Scitalce* — Giuseppe Bracceschi (♂)
	Sibari (♂), *Confidente, ed Amante occulto di Semiramide* — Michele Caselli (♂, Tenor)
Argomento	identisch mit Rom 1729

15.1.18 Semiramide riconosciuta

#	Sartori 1990–1994, #21547a
Zugrunde liegender Druck	Femo, Biblioteca Municipale, I-Ferc Muse. vecchia 10406
Datum der UA	7. Januar 1742
Ort der UA	Fermo
Spielort der UA	Teatro di Fermo
Komponist	Antonio Gaetano Pampani

---

20 Valesio 1977–1979, Bd. 6, 429: „non ha molto sodisfatto i spettatori".
21 Als zweite Oper der dortigen Karnevalssaison. Erste Oper war ab dem 2.1.1741 Metastasios *Demofoonte* (Sartori 1990–1994, #7484) in der Vertonung von Andrea Bernasconi; Franchi 1997, 306.

#	Sartori 1990–1994, #21547a	
Anlass	Stagione di Carnevale	
Geehrte(r)	Alessandro Borgia	
Akte (Szenen)	3 (41; 15/13/13)	
Schauplatz	Babilonia	
Personaggio / Besetzung	Semiramide (♀), *in abito virile, sotto nome di Nino Re degl'Assiri amante di Scitalce conosciuto, ed amato da lei antecedentemente nella Corte d'Egitto come Idreno*	Niccola Conti (♂)
	Mirteo (♂), *Principe Reale d'Egitto fratello di Semiramide da lui non conosciuta, e amante di Tamiri*	Romualdo Grassi (♂)
	Ircano (♂), *Principe Scita amante di Tamiri*	Francesco Capanna (♂)
	Scitalce (♂), *Principe Reale d'una parte dell'Indie creduto Idreno da Semiramide, pretensore di Tamiri, ed amante di Semiramide*	Giuseppe Broccoletti (♂)
	Tamiri (♀), *Principessa Reale de' Battriani amante di Scitalce*	Pietro Serafini (♂)
	Sibari (♂), *Confidente, e amante occulto di Semiramide*	Giuselle Galassi (♀)
Argomento	identisch mit Roma 1729	

15.1.19 *Semiramide riconosciuta*

#	Sartori 1990–1994, #21549	
Zugrunde liegender Druck	Venedig, Biblioteca della Fondazione Giorgio Cini, ROL.0393.07 (Zustand des Druckes erlaubt keine vollständige Digitalisierung)	
Datum der UA	20. Januar 1742	
Ort der UA	Torino	
Spielort der UA	Hoftheater	
Komponist	Niccolò Jommelli	
Anlass	Stagione di Carnevale	
Geehrte(r)	–	
Akte (Szenen)	3 (?/?/?)	
Schauplatz	Babilonia	
Personaggio / Besetzung	Semiramide (♀)	Francesca Barlocci (♀, Sopran)
	Mirteo (♂)	Santi Barbieri (♀, Contralto/Tenor)
	Ircano (♂)	Ottavio Albuzio (♂, Tenor)
	Scitalce (♂)	Felice Salimbeni (♂, Sopran)
	Tamiri (♀)	Lucrezia Venturini Mariani (♀)
	Sibari (♂)	Carolina Valvasoni (♀)
Argomento	identisch mit Roma 1729	

15.1.20 La Semiramide riconosciuta

#	Sartori 1990–1994, #21550
Zugrunde liegender Druck	Wien, Österreichische Nationalbibliothek, 4.157-A
Datum der UA	1743
Ort der UA	Graz
Spielort der UA	Theater am Tummelplatz
Komponist	Paolo Scalabrini et al.
Anlass	Stagione di Carnevale
Geehrte(r)	Cavallieri & Padroni nelle Città di Graz
Akte (Szenen)	3 (35; 12/12/11)
Schauplatz	Babilonia
Personaggio / Besetzung	Semiramide (♀), *in abito virile sotto nome di Nino Re degl'Assirj, amante di Scitalce conosciuto, ed amato da lei antecedentemente nella Corte d'Egitto come Idreno*	Madalena Gerardini (♀)
	Scitalce (♂), *Principe Reale d'una parte dell'Indie, creduto Idreno da Semiramide, pretensore di Tamiri, ed amante di Semiramide*	Giuliano Terdocci (♀)
	Ircano (♂), *Principe scita amante di Tamiri*	Francesco Arigoni (♂)
	Tamiri (♀), *Principessa Reale de Battriani amante di Scitalce*	Rosa Costa (♀, Sopran)
	Mirteo (♂), *Principe Reale d'Egitto, fratello di Semiramide da lui non conosciuta, e amante di Tamiri*	Giovanna della Stella (♀)
	Sibari (♂), *Confidente, ed amante occulto di Semiramide*	Angela Romani (♀, Alt)
	Semiramis, *in männlicher Kleidung unter dem Namen des Ninus, Königs v. Assyrien, Liebhaberin des Scitalces, welchen sie vormahls gekennet, und geliebet am Egyptischen Hof als Hydrenus*	
	Scytalces, *Königl. Prinz von einem Theil aus Indien, der von Semiramis für Hydrenus angesehen worden, sich zur Vermählung der Tamyris ausspruchig machet, und ein Liebhaber der Semiramis ist*	
	Hyrranus (sic), *Königl. Prinzessin deren Pactrianern, Liebhaberin des Scytalces*	
	Myrtæus, *Königl. Prinz aus Egypten, Bruder der Semiramis, die von ihm nicht erkannt wird, und Liebhaber der Tamyris*	
	Sybaris, *Vertrauter, und verborgener Liebhaber der Semiramis*	

#	Sartori 1990–1994, #21550
Argomento	italienischer Text identisch mit Roma 1729

Aus denen Geschichten ist bekannt, daß Semiramis, die Ascaloniterin, dessen Mutter eine Wasser-Nymphe, und von denen Tauben ernähret worden zu seyn, geglaubet wird zur Gemahlin des Ninus, Königs von Assyrien erhoben wurde, und nach seinem Todt in männlicher Kleidung sich für den jungen Ninus, ihrem Sohn ausgebend, regiert habe, zu welcher Verstellung ihr verhülflich ware die Aehnlichkeit ihres Angesichts mit dem seinigen, wie auch die Strengheit, in welcher die Weibs-Bilder von Asien ungesehen zu werden, lebeten, und daß sie endlich als Weibs-Bild erkannt, von denen Unterthanen, welche ihren Verstand, und tapferen Muth erfahren hatten, zur Beherrschung bestättiget worden seye. Vornehmlich aber diese Erkantnuß der Semiramis durch gegenwärtiges Schau-Spil vorzustellen, und dessen unwahrscheinlich-fabelhaften Ursprung zu entheben, wird erdichtet, daß selbe eine Tochter des Vexor, Königs aus Egypten gewesen, daß sie einen Bruder mit Namen Myrtæus gehabt, welcher von Kindheit an bey Hof des Zoroaster, Königs deren Pactrianern auferzogen worden, daß sie sich in Scytalces, den Prinzen von einem Theil aus Indien verliebet habe, welcher bey Hof des Vexor mit dem verstellten Namen als Hydrenus angekommen, und da sie von dem Vatter solchen zu ihrem Bräutigam nicht erhalten können, mit ihm entflohen seye; wie auch, daß dieser in eben selbiger Nacht, als sie beyde die Flucht ergriffen, diejenige verwundet, und in den Fluß Nilus geworffen habe, aus Ursach einer gewaltigen Eyfersucht, die ihme Sybaris sein verstellter Freund, und nicht vermeiner Mit-Buhler schöpfen gemacht, und daß sie nachmals dises Unglück überlebend unerkannt herumgewandert seye, bis ihr endlich das jenige zugetroffen, was oben Geschicht-halber gemeldet worden. Das Ort, in welchem die Vorstellung gehalten wird, ist Babylon, alwo unterschidliche Prinzen zusammen kommen, die einen Anspruch suchen zur Vermählung der Tamyris, Erb-Prinzessin deren Pactrianern, und zinnsbare der Semiramis, als vermeintem Ninus.

Die Zeit ist der von Tamyris bestimmte Tag zur Erwählung ihres Bräutigams, welche Wahl den Zulauf viller ausländischen Prinzen nacher Babylon verursachet, deren einige fürwitzig seynd den Pracht zu sehen, einige begierig die Braut zu erhalten, wordurch auch die wahrscheinliche Gelegenheit angezeiget wird, daß sich Semiramis in eben demselben Ort, und eigenem Tag bey dem Bruder Myrtæus, bey dem Liebhaber Scytalces, und dem Verräther Sybaris befinde, und daß aus solchem Zufall die Nothwendigkeit sich zu entdecken, entstehe. |

15.1.21 *La Semiramide riconosciuta*

#	Sartori 1990–1994, #21551
Zugrunde liegender Druck	Mailand, Biblioteca Nazionale Braidense, RACC. DRAMM. 4336
Datum der UA	2. Februar 1743
Ort der UA	Mantova
Spielort der UA	Hoftheater
Komponist	Nicola Antonio Porpora
Anlass	Stagione di Carnevale
Geehrte(r)	Giovanni Luca Pallavicini
Akte (Szenen)	3 (42; 15/13/14)
Schauplatz	Babilonia

#	Sartori 1990–1994, #21551	
Personaggio / Besetzung	Semiramide (♀), *in abito virile, sotto nome di Nino Re degli Assirj, Amante di Scitalce, conosciuto, ed amato da lei antecedentemente nella Corte d'Egitto come Idreno*	Margherita Alessandri (♀, Contralto)
	Mirteo (♂), *Principe Reale d'Egitto, Fratello di Semiramide, da lui non conosciuta, e Amante di Tamiri*	Pasquale Bruscolino (♂, Contralto)
	Ircano (♂), *Principe Scita, Amante di Tamiri*	Michele Caselli (♂, Tenor)
	Scitalce (♂), *Principe Reale d'una parte dell'Indie, creduto Idreno da Semiramide, pretensore di Tamiri, ed Amante di Semiramide*	Giromala Tearelli (♂)
	Tamiri (♀), *Principessa Reale de'Battriani, Amante di Scitalce*	Giudetta Gabbiani (♀)
	Sibari (♂), *Confidente, ed Amante occulto di Semiramide*	Giuseppe Paganelli (♂)
Argomento	identisch mit Roma 1729	

15.1.22 *La Semiramide riconosciuta*

#	Sartori 1990–1994, #21552
Zugrunde liegender Druck	Prag, Národní knihovna České republiky, 9.K.3158
Datum der UA	12. Mai 1743[22]
Ort der UA	Praha
Spielort der UA	Comedihaus der Prager Burg[23]
Komponist	?
Anlass	Krönung Maria Theresias zur Königin von Ungarn und Böhmen
Geehrte(r)	–
Akte (Szenen)	3 (36; 14/9/13)
Schauplatz	Babilonia
Personaggio / Besetzung	Semiramide (♀), *in abito virile, sotto nome di Nino Re degli Assiri, amante di Scitalce, conosciuto, ed amato da lei antecedentemente nella Corte di Egitto come Idreno* Scitalce (♂), *Principe Reale d'una parte dell'Indie, creduto Idreno da Semiramide, pretensore di Tamiri, ed amante di Semiramide* Ircano (♂), *Principe Scita, amante di Tamiri*

---

22 Volek 1992, 46.
23 Jonásová 2009, 65.

#	Sartori 1990–1994, #21552
Personaggio / Besetzung (Fortsetzung)	Tamiri (♀), *Principessa Reale de'Battriani amante di Scitalce* Mirteo (♂), *Principe Reale d'Egitto, Fratello di Semiramide da lui non conosciuta, ed amante di Tamiri* Sibari (♂), *confidente, ed amante occulto di Semiramide*
Argomento	identisch mit Roma 1729

15.1.23 Semiramide riconosciuta[24]

#	–
Zugrunde liegender Druck	kein Druck auszumachen
Datum der UA	4. November 1744
Ort der UA	Napoli
Spielort der UA	Teatro S. Carlo
Komponist	Johann Adolf Hasse oder Leonardo Vinci[25]
Anlass	
Geehrte(r)	
Akte (Szenen)	
Schauplatz	
Personaggio / Besetzung	Semiramide (♀) Mirteo (♂) Ircano (♂) Scitalce (♂) Tamiri (♀) Sibari (♂)	Gaetano Majorano detto Caffarelli (♂, Sopran) Francesco Boschi (♂, Tenor) Carlo Carlani (♂, Sopran) Giovanna Astura (♀, Sopran) Antonia Colassanti (♀) N.N.
Argomento	

15.1.24 Semiramide riconosciuta

#	Sartori 1990–1994, #21554; Sonneck 1914, 989
Zugrunde liegender Druck	Mailand, Biblioteca Nazionale Braidense, RACC. DRAMM. 2601

---

24 Für diese Aufführung ist kein Librettodruck auszumachen. Über die Existenz dieser Bearbeitung informiert http://corago.unibo.it/opera/0000297637 (letzter Zugriff: 6.10.2019), basierend auf Marinelli Roscioni 1987 sowie Hansell ²2001, 96–117 u. Nichols & Hansell ²2001, 95–117.
25 Vinci wird bei Marinelli Roscioni 1987, 12 als Komponist geführt.

#	**Sartori 1990–1994, #21554; Sonneck 1914, 989**
Datum der UA	26. Dezember 1744[26]
Ort der UA	Venezia
Spielort der UA	Teatro San Giovanni Grisostomo
Komponist	Johann Adolf Hasse
Anlass	Stagione di Carnevale
Geehrte(r)	Roberto conte di Holdernesse
Akte (Szenen)	3 (42; 15/13/14)
Schauplatz	Babilonia
Personaggio / Besetzung	Semiramide (♀), *sotto nome di Nino Re degli Assirj amante di Scitalce, conosciuto, ed amato da lei antecedentemente nella Corte di Egitto, come Idreno*	Vittoria Tesi Tramontini (♀, Contralto)
	Scitalce (♂), *Principe Reale d'una parte dell'Indie, creduto Idreno da Semiramide, pretensore di Tamiri, ed amante di Semiramide*	Giovanni Carestini (♂, Sopran)
	Mirteo (♂), *Principe Reale d'Egitto, fratello di Semiramide da lui non conosciuta, e amante di Tamiri*	Lorenzo Ghirardi (♂, Sopran)
	Tamiri (♀), *Principessa Reale de'Battriani, amante di Scitalce*	Girolama Giacometti (♀, Sopran)
	Ircano (♂), *Principe Scita, amante di Tamiri*	Ottavio Albuzzi (♂, Tenor)
	Sibari (♂), *Confidente, ed amante occulto di Semiramide*	Giuseppe Perini (♂, Alt)
Argomento	identisch mit Roma 1729	

15.1.25 La Semiramide riconosciuta | *Die erkannte Semiramis*

#	**Sartori 1990–1994, #21553**
Zugrunde liegender Druck	Leipzig, Städtische Bibliotheken, Musikbibliothek, I.A.83
Datum der UA	9. Februar 1745[27]
Ort der UA	Hamburg
Spielort der UA	Oper am Gänsemarkt
Komponist	Paolo Scalabrini et al.
Anlass	–
Geehrte(r)	–
Akte (Szenen)	3 (33; 11/10/12)

---

26 Selfridge-Field 2007, 1744/13.
27 Außerdem am 11. und 12. Februar desselben Jahres; Müller 1917, 35.

#	**Sartori 1990–1994, #21553**	
Schauplatz	Babilonia	
Personaggio / Besetzung	Semiramide (♀), *in abito virile sotto nome di Nino Re degl'Assiri, amante di Scitalce conosciuto, ed amato da lei antecedentemente nella Corte d'Egitto come Idreno*	Giovanna della Stella (♀)
	Scitalce (♂), *Principe Reale d'una parte dell'Indie, creduto Idreno da Semiramide, pretensore di Tamiri, ed amante di Semiramide*	Filippo Finazzi (♂, Sopran)
	Ircano (♂), *Principe scita amante di Tamiri*	Francesco Arigoni (♂)
	Tamiri (♀), *Principessa Reale de Battriani amante di Scitalce*	Regina Valentini (♀, Sopran)
	Mirteo (♂), *Principe Reale d'Egitto fratello di Semiramide da lui non conosciuta, ed amante di Tamiri*	Catarina Bäräth (♀)
	Sibari (♂), *Confidente, ed amante occulto di Semiramide*	Angela Romani (♀, Alt)
	Semiramis, *in männlicher Kleidung unter dem Namen des Ninus, Königs von Assrien, Liebhaberin des Scytalces, welchen sie vormahls gekennet und geliebet am Egyptischen Hof als Hydrenus*	
	Scytalces, *Königl. Prinz von einem Theil aus Indien, der von Semiramis für Hydrenus angesehen worden, sich zur Vermählung des Tamyris anspürchig machet, und ein Liebhaber der Semiramis ist*	
	Hyrcanus, *Scytischer Prinz, Liebhaber der Tamyris*	
	Tamyris, *Königl. Prinzeßin deren Pactrianiern, Liebhaberin des Scytalces*	
	Myrtäus, *Königl. Prinz aus Egypten, Bruder der Semiramis, die von ihm nicht erkannt wird, und Liebhaber der Tamyris*	
	Sybaris, *Vertrauter und verborgener Liebhaber der Semiramis*	
Argomento	italienischer Text identisch mit Roma 1729	
	Aus denen Geschichten ist bekannt, daß Semiramis, die Ascaloniterin, dessen Mutter eine Wasser-Nympfe, und von denen Tauben ernähret worden zu seyn, geglaubet wird, zur Gemahlin des Ninus, Königs von Assyrien erhoben wurde, und nach seinem Todt in männlicher Kleidung sich für den jungen Ninus, ihrem Sohn ausgebend, regiert habe, zu welcher Verstellung ihr behülflich war die Aehnlichkeit ihres Angesichts mit dem seinigen, wie auch die Strengheit, in welcher die Weibs-Bilder von Asien angesehen zu werden, lebten, und daß sie endlich als Weibs-Bild erkannt, von denen Unterthanen, welche ihren Verstand, und tapferen Muth erfahren hatten, zur Beherrschung bestättiget worden sey. Vornehmlich aber diese Erkäntnis der Semiramis durch gegenwärtiges Schau-Spiel vorzustellen, und dessen unwahrscheinlich-fabelhaften Ursprung zu entheben, wird erdichtet, daß selbige eine Tochter des Vexor, Königs aus Egypten gewesen, daß sie einen Bruder mit Namen Myrtäus gehabt, welcher von Kindheit an bey Hof des Zoroaster, Königs deren Pactrianern aufgezogen worden, daß sie sich in Scytalces, den Prinzen von einem Theil aus	

#	Sartori 1990–1994, #21553
Argomento (Fortsetzung)	Indien verliebet habe, welcher bey Hof des Vexor mit dem verstellten Nahmen als Hydrenus angekommen, und da sie von dem Vatter solchen zu ihrem Bräutigam nicht erhalten können, mit ihm entflohen sey; wie auch, daß dieser in eben selbiger Nacht, als sie beyde die Flucht ergriffen, diejene verwundet, und in den Fluß Nilus geworffen haben, aus Ursach einer gewaltigen Eyfersucht, die ihme Sybarias (sic) sein verstellter Freund, und nicht vermeynter Mit-Buhler erwecket hatte, und daß sie nachmahls dieses Unglück überlebend unerkannt herumwandert sey, bis ihr endlich das enige zugetroffen, was oben Geschichthalber gemeldet worden. Der Ort, in welchem die Vorstellung gehalten wird, ist Babylon, allwo unterschidliche Prinzen zusammen kommen, die einen Anspruch suchen zur Vermahlung des Tamyris, Erb-Prinzeßin deren Pactrianern, und zinsbahre der Semiramis, als vermeintem Ninus. Die Zeit ist der von Tamiris bestimmte Tag zur Erwählung ihres Bräutigams, welche Wahl den Zulauf vieler ausländischen Prinzen nacher Babylon verursachet, deren einige fürwitzig seyn die Pracht zu sehen, einige begierig die Braut zu erhalten, wordurch auch die wahrscheinliche Gelegenheit angezeiget wird, daß sich Semiramis in eben demselben Ort, und eigenem Tag bey dem Bruder Myrtäus, bey dem Liebhaber Scytalces, und dem Verräther Sybaris befinde, und daß aus solchem Zufall die Nothwendigkeit sich zu entdecken, entstehe.

15.1.26 *Semiramide riconosciuta*

#	Sartori 1990–1994, #21553a
Zugrunde liegender Druck	Mailand, Archivio Ricordi, Signatur unbekannt (nicht vollständig eingesehen)
Datum der UA	September 1745
Ort der UA	Bologna
Spielort der UA	Teatro de'Signori Accedemici Candidi Uniti
Komponist	Johann Adolf Hasse
Anlass	–
Geehrte(r)	–
Akte (Szenen)	3 (?/?/?)
Schauplatz	Babilonia
Personaggio / Besetzung	Semiramide (♀), *sotto nome di Nino Re degli Assiri, Amante di Scitalce, conosciuto, ed amato da lei antecedentemente nella Corte d'Egitto come Idreno* — Anna Medici (♀, Soprano) Tamiri (♀), *Principessa Reale de'Battriani, Amante di Scitalce* — Anna Maria Querzoli Laschi (♀, Sopran) Scitalce (♂), *Principe Reale di una parte dell'Indie, creduto Idreno da Semiramide, Amante di Tamiri, e poi di Semiramide* — Brigida Uttini (♀, Sopran) Mirteo (♂), *Principe Reale d'Egitto, Fratello di Semiramide da lui non conosciuta, ed Amante di Tamiri* — Anna Bastiglia (♀) Ircano (♂), *Principe Scita, Amante di Tamiri* — Filippo Laschi (♂, Tenor)

#	Sartori 1990–1994, #21553a	
Personaggio / Besetzung (Fortsetzung)	Sibari (♂), *confidente, ed Amante di Semiramide*	Anna Narici (♀)
Argomento	identisch mit Roma 1729	

15.1.27 Semiramide riconosciuta

#	Sartori 1990–1994, #21555a	
Zugrunde liegender Druck	Gorizia, Biblioteca Statale Isontina, 1366	
Datum der UA	1746	
Ort der UA	Gorizia	
Spielort der UA	Teatro nuovo di Gorizia (= Teatro Bandeu)	
Komponist	?	
Anlass	Stagione di Carnevale	
Geehrte(r)	Giovanni Filippo della Torre e Valsassina	
Akte (Szenen)	3 (34; 11/11/12)	
Schauplatz	Babilonia	
Personaggio / Besetzung	Semiramide (♀) Mirteo (♂) Ircano (♂) Tamiri (♀) Scitalce (♂) Sibari (♂)	Virginia Monticelli (♀) Catterina Baratti (♀) Antonio Marschi (♂, Tenor) Anna Cosimi (♀, Sopran) Giuseppe Poma (♂, Sopran/Alt) Giustina Bolognese (♀)
Argomento	identisch mit Roma 1729	

15.1.28 La Semiramide riconosciuta

#	Sartori 1990–1994, #21556
Zugrunde liegender Druck	Graz, Steiermärkische Landesbibliothek, CI 8046
Datum der UA	1746
Ort der UA	Graz
Spielort der UA	Theater am Tummel-Platz
Komponist	Johann Adolf Hasse
Anlass	Stagione di Carnevale
Geehrte(r)	Die Damen
Akte (Szenen)	3 (40; 14/12/14)
Schauplatz	Babilonia

#	Sartori 1990–1994, #21556	
Personaggio / Besetzung	Semiramide (♀), *sotto nome di Nino Re degl'Assiri, amante di Scitalce, conosciuto, ed amato da lei antecedentemente nella Corte d'Egitto come Idreno*	Anna Mazzoni (♀, Contralto)
	Scitalce (♂), *Principe Reale d'una parte dell'Indie, creduto Idreno da Semiramide, pretensore di Tamiri, ed amante di Semiramide*	Margherita Giacomazzi (♀, Sopran)
	Mirteo (♂), *Principe Reale d'Egitto fratello di Semiramide da lui non conosciuta, e amante di Tamiri*	Pasquale Negri (♂)
	Tamiri (♀), *Principessa Reale de' Battriani, amante di Scitalce*	Adelaide Segalini (♀, Sopran)
	Ircano (♂), *Principe Scita, amante di Tamiri*	Settimo Canini (♂)
	Sibari (♂), *Confidente, ed amante occulto di Semiramide*	Giuseppe Perini (♂, Alt)
Argomento	identisch mit Roma 1729	

15.1.29 La Semiramide riconosciuta

#	Sartori 1990–1994, #21555	
Zugrunde liegender Druck	Bologna, Museo Internazionale e Biblioteca della Musica, Lo. 5298	
Datum der UA	2. Januar 1746	
Ort der UA	Firenze	
Spielort der UA	Teatro di Via della Pergola	
Komponist	Domingo Terradellas	
Anlass	Stagione di Carnevale	
Geehrte(r)	Anna Margherita, Principessa di Craon	
Akte (Szenen)	3 (42; 15/13/14)	
Schauplatz	Babilonia	
Personaggio / Besetzung	Semiramide (♀), *in abito virile sotto, nome di Nino Re degli Assirj, amante di Scitalce, conosciuto ed amato da lei antecedentemente nella Corte d'Egitto come Idreno*	Isabelle Gandini (♀)
	Tamiri (♀), *Principessa Reale de' Battriani amante di Scitalce*	Artemisia Landi (♀)
	Scitalce (♂), *Principe Reale d'una parte dell'Indie, creduto Idreno da Semiramide, pretensore di Tamiri, ed amante di Semiramide*	Giovanni Triulzi (♀, Sopran)
	Ircano (♂), *Principe Scita, amante di Tamiri*	Gaetano Pompeo Basteris (♂, Tenor)

#	**Sartori 1990–1994, #21555**	
Personaggio / Besetzung (Fortsetzung)	Mirteo (♂), *Principe Reale d'Egitto, Fratello di Semiramide, da lui non conosciuta, e amante di Tamiri*	Giacomo Catilini (♂)
	Sibari (♂), *Confidente, e amante occulto di Semiramide*	Nonziata Garrani (♀)
Argomento	identisch mit Roma 1729	

15.1.30 La Semiramide riconosciuta

#	**Sartori 1990–1994, #21557**	
Zugrunde liegender Druck	Prag, Národní Muzeum – České muzeum hudby, hudebne-historické oddelení, 57.C.21	
Datum der UA	1746	
Ort der UA	Praha	
Spielort der UA	Nuovo Teatro	
Komponist	Johann Adolf Hasse	
Anlass	Stagione di Estate	
Geehrte(r)	Francesco Gioseppe conte Pachta & Carlo Felice conte Weschowetz	
Akte (Szenen)	3 (40; 14/12/14)	
Schauplatz	Babilonia	
Personaggio / Besetzung	Semiramide (♀)	Anna Mazzoni (♀, Contralto)
	Scitalce (♂)	Margherita Giacomazzi (♀, Sopran)
	Mirteo (♂)	Pasquale Negri (♂)
	Tamiri (♀)	Adelaide Segalini (♀, Sopran)
	Ircano (♂)	Settimo Canini (♂)
	Sibari (♂)	Giuseppe Pereni (♂)
Argomento	identisch mit Roma 1729	

15.1.31 Semiramide riconosciuta[28]

#	–
Zugrunde liegender Druck	Dresden, Sächsische Landesbibliothek (Druck verloren)
Datum der UA	Mai 1746
Ort der UA	Leipzig
Spielort der UA	Teatro alla Cavallerizza
Komponist	Johann Adolf Hasse

---

28 Müller 1917, cxliv, der auf einen Druck in der Königlichen Bibliothek. Dresden (Lit. Ital. D 382) verweist. Dieser gehört allerdings nach Auskunft des Referatsleiters der Musikabteilung, Referat Musikalien und Musikliteratur, Karl Wilhelm Geck, vom 10.8.2018 zu den Kriegsverlusten der Dresdener Bibliotheken.

#	–
Anlass	Jubilate-Messe
Geehrte(r)	?
Akte (Szenen)	?
Schauplatz	?
Personaggio / Besetzung	Semiramide (♀) Scitalce (♂) Mirteo (♂) Tamiri (♀) Ircano (♂) Sibari (♂) — Anna Mazzoni (♀, Contralto) Margherita Giacomazzi (♀, Sopran) Pasquale Negri (♂) Adelaide Segalini (♀, Sopran) Settimo Canini (♂) Giuseppe Pereni (♂)
Argomento	?

15.1.32 La Semiramide riconosciuta | *Die entdeckte Semiramis*

#	**Sartori 1990–1994, #21558; Sonneck 1914, 989**
Zugrunde liegender Druck	Washington, Library of Congress, ML 48 S 4560
Datum der UA	11. Januar 1747
Ort der UA	Dresden
Spielort der UA	Hoftheater
Komponist	Johann Adolf Hasse
Anlass	Hochzeit Louis Ferdinand de Bourbon, Dauphin von Frankreich, mit Maria Josepha von Sachsen (9. Februar 1747)
Geehrte(r)	–
Akte (Szenen)	3 (42; 15/13/14)
Schauplatz	Babilonia
Personaggio / Besetzung	Semiramide (♀), *in abito virile sotto nome di Nino Re degli Assirj, Amante di Scitalce, conosciuto, ed amato da lei antecedentemente nella Corte d'Egitto come Idreno* Mirteo (♂), *Principe Reale d'Egitto fratello di Semiramide, da lui non conosciuta, e Amante di Tamiri* Ircano (♂), *Principe Scita amante di Tamiri* Scitalce (♂), *Principe Reale d'una parte dell'Indie, creduto Idreno da Semiramide, pretensore di Tamiri, ed Amante di Semiramide* Tamiri (♀), *Principessa Reale de'Battriani amante di Scitalce* Sibari (♂), *Confidente, ed Amante occulto di Semiramide*

#	**Sartori 1990–1994, #21558; Sonneck 1914, 989**
Personaggio / Besetzung (Fortsetzung)	Semiramis, *in männl. Kleidung, unter dem Nahmen Ninus, des Aßyrischen Königs, eingenommen von Scitalces, von dem sie gekannt wird, als er vorhero in Egypten unter dem Nahmen Hydren von ihr geliebet worden* Mirteo, *königlicher Prinz, aus Egypten, Bruder der Semiramis, welche aber von ihm nicht gekannt wird, ein Liebhaber der Tamiris* Scitalces, *königlicher Indianischer Prinz, welchen Semiramis für den Hydren hält, ein Liebhaber derselben wecher aber doch um die Tamiris Anwerbung thut* Tamiris, *königl. Prinzeßin der Bactrianer, vom Scitalces eingenommen* Sibaris, *Vertrauter, und heimlicher Liebhaber der Semiramis*
Argomento	italienischer Text identisch mit Roma 1729 Es ist aus den Geschichten bekannt, welchergestalt Semiramis von Ascalon, von der man glaubte, ihre Mutter sey eine Brunnen-Nymfe gewesen, und Tauben hätten sie genehret, so weit gekommen, daß sie des Ninus, Königs in Aßyrien Gemahlin geworden, und nach dessen Tode in Manns-Kleidern regiert hat, indem sie sich für den kleinen Ninus ihren Sohn ausgegeben, bey welcher Verstellung ihr so wohl die Gleichheit des Gesichts zu statten gekommen, als die Einsamkeit, worinne das Asiatische Frauenzimmer, so sich nicht sehen ließ, lebte: und daß, als man ihr Geschlecht entdecket, sie von den Unterthanen in der regierung bestätigt worden, weil sie vin ihrer Klugheit und Tapferkeit überzeugende Proben hatten. Das Haupt-Werck, bey diesem Drama bestehet darinne, daß die Semiramis erkannt wird, worauf zu kommen, und zu gleicher Zeit die Unwahrscheinlichkeit ihres fabelhaften Ursprunges zu vermeiden, man die Erfindung voraus setzt: Sie sey des Vassors, Königs in Egypten Tochter gewesen, und habe einen Bruder mit Nahmen Mirteo gehabt, der von Kindheit an am Hofe des Zoroasters, Königs der Bactrianer auferzogen worden: darauf habe sie sich in den Scitalces, einen Prinzen über ein Theil von Indien, verliebt, welcher an des Vassors Hofe unter dem erdichteten Nahmen Hydren angekommen, und weil sie ihn vom Vater nicht zum Gemahl bekommen können, habe sie die Flucht mit ihm ergriffen: Dieser habe sie in der Nacht nur angeregter Flucht verwundet, und in den Nil geworfen, bloß aus einer hefftigen Eifersucht, die ihm sein verstellter Freund Sibaris, von dem er nicht glaubte, daß er sein Nebenbuhler wäre, in Kopf gesetzt hatte; und nach der Zeit habe sie dieses Unglück überlebt, und sey ihr, nachdem sie unerkannt herumgereiset, dasjenige begegnet, was von ihrer Lebens-Geschichte oben angeführet worden. Der Ort, wo dieses alle vorgehen, ist Babel, wo verschiedene Prinze zusammen kommen, und um die Tamiris, Erbin des Bactrianischen Reiches, das der Semiramis, oder dem verstellten Ninus mit Tribut zugethan war, Anwerbung thun. Die Zeit ist derjenige Tag, welcher von der Tamiris zur Wahl eines Bräutigams angesetzet worden, welche Wahl viel fremde Prinzen nach Babel gezogen, indem einige neugierig waren, die Pracht mit anzusehen, einige Verlangen trugen, die Braut zu heben, welches eine wahrscheinliche Gelegenheit an die Hand giebt, daß sich Semiramis selbst an dem Orte befinden kann, und zwar an einem Tage mit dem Mirtei, ihrem Bruder, und dem Scitalces ihrem Liebhaber, und dem Verräther Sibaris, von welcher Begebenheit dann die Nothwendigkeit ihrer Entdeckung entstehet.

15.1.33 La Semiramide riconosciuta

#	Sartori 1990–1994, #21559	
Zugrunde liegender Druck	Venedig, Biblioteca Casa Goldini, LIB 1577	
Datum der UA	1748	
Ort der UA	Brescia	
Spielort der UA	Nuovo Teatro degli Erranti	
Komponist	Johann Adolf Hasse	
Anlass	–	
Geehrte(r)	Luigi Almoro Pisani III	
Akte (Szenen)	3 (42; 15/13/14)	
Schauplatz	Babilonia	
Personaggio / Besetzung	Semiramide (♀), *in abito virile sotto nome di Nino Re degli Assirj. Amante di Scitalce, conosciuto, ed amato da lei antecedentemente nella Corte d'Egitto come Idreno*	Teresa Baratti (♀, Sopran)
	Mirteo (♂), *Principe Reale d'Egitto fratello di Semiramide da lui non conosciuta, e Amante di Tamiri*	Angelo Rotigni (♂)
	Ircano (♂), *Principe Scita amante di Tamiri*	Domenico Bonifacio (♂, Tenor)
	Scitalce (♂), *Principe Reale d'una parte dell'Indie, creduto Idreno da Semiramide, pretensore di Tamiri, ed Amante di Semiramide*	Pietro Morigi (♂, Sopran)
	Tamiri (♀), *Principessa Reale dè Battriani amante di Scitalce*	Giovanna Rossi (♀)
	Sibari (♂), *Confidente, ed Amante occulto di Semiramide*	Ottavia Barberini (♀)
Argomento	È noto per l'Istorie, che Semiramide Ascalonita, di cui fu creduta madre una Ninfa d'un fonte e nutrici le colombe, giunse ad esser consorte di Nino Re degli Assirj, che dopo la morte di lui regnò in abito virile facendosi credere il picciolo Nino suo figliuolo, ajutata alla finzione dalla similitudine del volto, e dalla strettezza, colla quale vivevano non vedute le donne dell'Asia, e che al fine riconosciuta per Donna fu confermata nel Regno dai Sudditi che ne avevano esperimentata la prudenza ed il valore. L'azione principale del Dramma è questo riconoscimento di Semiramide. Il luogo in cui si rappresenta l'azione è Babilonia, dove concorrono diversi principi pretendenti al matrimonio di Tamiri principessa ereditaria de'Battriani, tributaria di Semiramide creduta Nino.	

15.1.34 La Semiramide riconosciuta

#	Sartori 1990–1994, #21560
Zugrunde liegender Druck	London, The British Library, 907.i.6(4)
Datum der UA	7. Mai 1748
Ort der UA	London

#	**Sartori 1990–1994, #21560**	
Spielort der UA	King's Theatre	
Komponist	Johann Adolf Hasse	
Anlass	–	
Geehrte(r)	Die Damen	
Akte (Szenen)	2 (23; 9/14)	
Schauplatz	Babylon	
Personaggio / Besetzung	Semiramide (♀), *in abito virile sotto nome di Nino re degli Assiri, amante di Scitalce, conosciuto ed amato da lei antecedentemente nella corte d'Egitto come Idreno*	Domenica Casarini (♀, Sopran)
	Scitalce (♂), *principe reale d'una parte dell'Indie, creduto Idreno da Semiramide, pretensore di Tamiri, ed amante di Semiramide*	Niccolò Reginella (♂, Contralto)
	Tamiri (♀), *principessa reale de' Battriani amante di Scitalce*	Giulia Frassi (♀, Sopran)
	Ircano (♂), *principe Scita, amante di Tamiri*	Caterina Galli (♀, Sopran)
	Berenice, *Sorella di Sibari, amante ti Scitalce*	Marianne Pirker (♀, Sopran)
	Mirteo (♂), *principe reale d'Egitto fratello di Semiramide, da lui non conosciuta, e amante di Tamiri*	Giuseppe Ciacchi (♂, Tenor)
	Sibari (♂), *confidente, ed amante occulto di Semiramide*	Signora Sibilla (♀, Mezzosopran)
	Semiramis, *in man's habit under the name of Ninus King of Assyria, in love with Scitalces known as such, and formerly in love with him in the court of Ægypt as Idrenus*	
	Scitalce, *a prince of India, supposed Idrenus by Semiramis, a suitor to Tamyris, but in love with Semiramis*	
	Tamyris, *a royal princess oft he Bactrians, in love with Scitalces Berenice, Sister of Sibaris, in love with Scitalces*	
	Hircanus, *a Scythian prince, in love with Tamyris*	
	Mirteo, *Prince of Ægypt, brother of Semiramis unknown to him, and in love with Tamyris*	
	Sibaris, *confident to, and secretly in love with Semiramis*	
Argomento	We are told in history, that Semiramis of Ascalon, whose supposed mother was of a nymph of a fountain, and bred pidgeons, became the wife of Ninus king of Assyria; and that, after his death, she reigned in man's habit, making herself believed tob e the young Ninus her son, assisted in this fiction by similitude of features, and by the infinement with which the Asiatick women live, being seldom tob e seen; and that at last, when she was discovered tob e a woman, she was confirmed in her reign by hier subjects, who had had experience both of her prudence and valour.	

#	Sartori 1990–1994, #21560
Argomento (Fortsetzung)	The principal action of the drama, is this discovery of Semiramis. To bring about which, and at the same time to remove the improbability of her fabulous origin, it is feigned, that she was daughter of Vessor king of Ægypt; that she had a brother called Miræus, brought up from a child in the court of Zoroaster king oft he Bactrians; that she fell in love with Scitalces, prince of a part oft he Indies, who was at the court of Vessor, under the assumed name of Idrenus; that on her Father's refusing him for her husband, she fled away with him; that he, in the vry night of her flight, wounded her, and threw her into the Nile on a violent jealousy he had conceived of her, by means oft he treachery of Sibaris, his feigned firend, and not supposed rival; and that thereupon, this misfortune happening to her, she wandered unknown, and the befell her to before-mentioned historical fact.

15.1.35 Semiramide riconosciuta

#	Wotquenne 1901, 13	
Zugrunde liegender Druck	Wien, Österreichische Nationalbibliothek, 641432-A.24,8 Mus	
Datum der UA	14. Mai 1748	
Ort der UA	Wien	
Spielort der UA	Hoftheater (= Burgtheater)	
Komponist	Christoph Willibald Gluck	
Anlass	Geburtstag Maria Theresia	
Geehrte(r)	–	
Akte (Szenen)	3 (41; 14/13/14)	
Schauplatz	Babilonia	
Personaggio / Besetzung	Semiramide (♀), *in abito virile, sotto nome di Nino re degli Assiri, amante di Scitalce, conosciuto ed amato da lei antecedentemente nella corte d'Egitto come Idreno*	Vittoria Tesi Tramontini (♀, Contralto)
	Mirteo (♂), *Principe Reale d'Egitto, Fratello di Semiramide, da lui non conosciuta, e amante di Tamiri*	Angelo Amorevoli (♂, Tenor)
	Ircano (♂), *Principe Scita, amante di Tamiri*	Ventura Rocchetti (♂, Sopran)
	Scitalce (♂), *Principe Reale d'una parte dell'Indie, creduto Idreno da Semiramide, pretensore di Tamiri, ed amante di Semiramide*	Angelo Monticelli (♂, Sopran)
	Tamiri (♀), *Principessa Reale de' Battriani, Amante di Scitalce*	Girolama Giacometti (♂, Sopran)
	Sibari (♂), *Confidente, ed amante occulto di Semiramide*	Marianna Galeotti (♀, Sopran)
Argomento	identisch mit Roma 1729	

15.1.36 La Semiramide riconosciuta[29]

#	**Sartori 1990–1994, #21562; Sonneck 1914, 989**	
Zugrunde liegender Druck	Bologna, Museo Internazionale e Biblioteca della Musica, Lo. 01841	
Datum der UA	27. Januar 1749[30]	
Ort der UA	Milano	
Spielort der UA	Hoftheater	
Komponist	Baldassare Galuppi	
Anlass	Stagione di Carnevale	
Geehrte(r)	Rosa di Harrach	
Akte (Szenen)	3 (40; 14/12/14)	
Schauplatz	Babilonia	
Personaggio / Besetzung	Semiramide (♀), *in abito virile, sotto nome di Nino Re degli Assiri, amante di Scitalce, conosciuto, ed amato da lei antecedentemente nella Corte d'Egitto come Idreno*	Domenica Casserini (♀)
	Tamiri (♀), *Principessa Reale de'Battriani, Amante di Scitalce*	Giuditta Fabiani Sciabrà (♀, Contralto)
	Scitalce (♂), *Principe Reale d'una parte dell'Indie, creduto Idreno da Semiramide, pretensore di Tamiri, ed amante di Semiramide*	Giovanni Manzoli (♂, Sopran)
	Ircano (♂), *Principe Scita, amante di Tamiri*	Angelo Amorevoli (♂, Tenor)
	Mirteo (♂), *Principe Reale d'Egitto, Fratello di Semiramide, da lui non conosciuta, e amante di Tamiri*	Maddalena Caselli (♀)
	Sibari (♂), *Confidente, ed amante occulto di Semiramide*	Giuseppa Ghiringhella (♀, Sopran)
Argomento	identisch mit Roma 1729	

15.1.37 Semiramide riconosciuta

#	**Sartori 1990–1994, #21563**
Zugrunde liegender Druck	Mailand, Biblioteca Nazionale Braidense, RACC. DRAMM. 2600
Datum der UA	8. Februar 1749
Ort der UA	Roma
Spielort der UA	Teatro delle Dame
Komponist	Davide Pérez
Anlass	Stagione di Carnevale

---

29 Vgl. Gazzetta di Milano vom 29. Januar 1749, V.
30 Tintori & Schito 1998, 106.

#	Sartori 1990–1994, #21563
Geehrte(r)	Nobilità
Akte (Szenen)	3 (40; 15/13/12)
Schauplatz	Babilonia

Personaggio / Besetzung		
	Semiramide (♀), *in abito virile sotto nome di Nino Re degli Assirj, amante di Scitalce conosciuto, ed amato da lei antecedentemente nella Corte d'Egitto come Idreno*	Giuseppe Poma (♂, Sopran/Alt)
	Scitalce (♂), *Principe Reale d'una parte dell'Indie, creduto Idreno da Semiramide, pretensore di Tamiri, ed amante di Semiramide*	Gaetano Majorano detto Caffarelli (♂, Sopran)
	Mirteo (♂), *Principe Reale d'Egitto fratello di Semiramide da lui non conosciuto, e amante di Tamiri*	Giuseppe Santarelli (♂)
	Ircano (♂), *Principe Scita amante di Tamiri*	Andrea Masnò (♂, Tenor)
	Tamiri (♀), *Principessa Reale de' Battriani, amante di Scitalce*	Nicola Gori (♂)
	Sibari (♂), *Confidente, ed amante occulto di Semiramide*	Carlo Martinengo (♂)

Argomento	identisch mit Roma 1729

15.1.38 La Semiramide riconosciuta | *Die erkannte Semiramis*

#	Sartori 1990–1994, #21561
Zugrunde liegender Druck	Kopenhagen, Det Kongelige Bibliotek, DA 1.,2. S 56 4°
Datum der UA	9. Oktober 1749[31]
Ort der UA	København
Spielort der UA	?
Komponist	Paolo Scalabrini
Anlass	–
Geehrte(r)	–
Akte (Szenen)	3 (34; 11/11/12)
Schauplatz	Babilonia

Personaggio / Besetzung		
	Semiramide (♀), *in abito virile sotto nome di Nino Re degl'Assiri, amante di Scitalce conosciuto, ed amato da lei antecedentemente nella Corte d'Egitto come Idreno*	Marianna Pirker (♀, Sopran)
	Scitalce (♂), *Principe Reale d'una parte dell'Indie creduto Idreno da Simiramide* (sic), *pretensore di Tamiri, ed amante di Semiramide*	Giuseppe Jozzi (♂, Sopran)

---

31 Müller 1917, 99.

#	Sartori 1990–1994, #21561	
Personaggio / Besetzung (Fortsetzung)	Ircano (♂), *Principe scita amante di Tamiri*	Lodovico Cornelio (♂, Tenor)
	Tamiri (♀), *Principessa Reale de Battriani amante di Scitalce*	Rosa Costa (♀, Sopran)
	Mirteo (♂), *Principe Reale d'Egitto, fratello di Semiramide da lei non conosciuta, e amante di Tamiri*	Antonio Casati (♂, Tenor)
	Sibari (♂), *Confidente, ed amante occulto di Semiramide*	Angela Romani (♀, Alt)
	Semiramis, *in männlicher Kleidung unter dem Nahmen des Ninus, Königs von Assyrien, Liebhaberin des Scytalces, welchen sie vormahls gekennet und geliebet am Egyptischen Hof als Hydrenus*	
	Scytalces, *Königl. Prinz von einem Theil aus Indien, der von Semiramis für Hydrenus angesehen worden, sich zur Vermählung des Tamyris ansprüchig machet, und ein Liebhaber der Semiramis ist*	
	Tamyris, *Königl. Prinzeßin deren Bactrianern, Liebhaberin des Scytalces*	
	Myrtäus, *Königl. Prinz aus Egypten, Bruder der Semiramis, die von ohm nicht erkannt wird, und Liebhaber der Tamyris*	
	Sybaris, *Vertrauter und verborgener Liebhaber der Semiramis*	
Argomento	italienischer Text identisch mit Roma 1729	
	Aus denen Geschichten ist bekannt, daß Semiramis, die Ascaloniterin, dessen Mutter eine Wasser-Nymphe, und von denen Tauben ernähret worden zu seyn, geglaubet wird, zur Gemahlin des Ninus, Königs von Assyrien erhoben wurde, und nach seinem Todt in männlicher Kleidung sich für den jungen Ninus, ihrem Sohn ausgebend, regieret habe, zu welcher Verstellung ihr behülflich war die Aehnlichkeit ihres Angesichts mit dem seinigen, wie auch die Strengheit, in welcher die Weibs-Bilder von Asien angesehen zu werden, lebeten, und daß sie endlich als Weibs-Bild erkannt, von denen Unterthanen, welche ihren Verstand, und tapferen Muth erfahren hatten, zur Beherrschung bestättiget worden sey. Vornehmlich aber diese Erkäntnis der Semiramis durch gegenwärtiges Schau-Spiel vorzustellen, und dessen unwahrscheinlich-fabelhaften Ursprung zu entheben, wird erdichtet, daß selbe eine Tochter des Vexor, Königs aus Egypten gewesen, daß sie einen Bruder mit Nahmen Myrtäus gehabt, welcher von Kindheit an beym Hof des Zoroaster, Königs deren Bactrianern auferzogen worden, daß sie sich in Scytalces, den Prinzen von einem Theil aus Indien verliebet habe, welcher bey Hof des Vexor mit dem verstellten Nahmen als Hydrenus angekommen, und da sie von dem Vater solchen zu ihrem Bräutigam nicht erhalten können, mit ihm entflohen sey; wie auch, daß dieser in eben selbiger Nacht, als sie beyde die Flucht ergriffen, diejenige verwundet, und in den Fluß Nilus geworffen haben, aus Ursach einer gewaltigen Eyfersucht, die ihme Sybaris sein verstellter Freund, und nicht vermeynter Mit-Buhler erwecket hatte, und daß sie nachmals dieses Unglück überlebend unerkannt herum gewandert sey, bis ihr endlich dasjenige zugetroffen, was oben Geschicht-halber gemeldet worden. Der Ort, in welchem die Vorstellung gehalten wird, ist Babylon, allwo unterschiedliche Prinzen zusammen kommen, die einen Anspruch	

#	Sartori 1990–1994, #21561
Argomento (Fortsetzung)	suchen zur Vermählung des Tamyris, Erb-Prinzeßin deren Bactrianern, und zinsbahre der Semiramis, als vermeintem Ninus. Die Zeit ist der von Tamiris bestimmte Tag zur Erwählung ihres Bräutigams, welche Wahl den Zulauf vieler ausländischen Prinzen nacher Babylon verursachet, deren einige fürwitzig seyn die Pracht zu sehen, einige begierig die Braut zu erhalten, wordurch auch die wahrscheinliche Gelegenheit angezeiget wird, daß sich Semiramis in eben demselben Ort, und eigenem Tag bey dem Bruder Myrtæus, bey dem Liebhaber Scytalces, und dem Verräther Sybaris befinde, und daß aus solchem Zufall die Nothwendigkeit sich zu entdecken, entstehe.

15.1.39 *Semiramide riconosciuta*

#	Sartori 1990–1994, #21564	
Zugrunde liegender Druck	Mailand, Biblioteca Nazionale Braidense, RACC. DRAMM. 2541	
Datum der UA	1749	
Ort der UA	Vicenza	
Spielort der UA	Teatro delle Grazie	
Komponist	verschiedene	
Anlass	Stagione di Autunno	
Geehrte(r)	Lugrezia Cornaro Pisani	
Akte (Szenen)	3 (35; 13/11/11)	
Schauplatz	Babilonia	
Personaggio / Besetzung	Semiramide (♀), *in abito virile sotto nome di Nino Rè degl'Assirj, amante di Scitalce, conosciuto, ed amato da lei antecedentemente nella Corte d'Egitto come Idreno*	Giovanna Casati (♀)
	Mirteo (♂), *Principe Reale d'Egitto fratello di Semiramide, da lui non conosciuta, ed amante di Tamiri*	Giuseppe Gallieni (♀, Sopran)
	Ircano (♂), *Principe Scita amante di Tamiri*	Francesco Boschi (♂, Tenor)
	Scitalce (♂), *Principe Reale d'una parte dell'Indie, creduto Idreno da Semiramide, pretensore di Tamiri, ed amante di Semiramide*	Pietro Moriggi (♂, Contralto)
	Tamiri (♀), *Principessa Reale de' Battriani amante di Scitalce*	Margarita Alessandri (♀, Contralto)
	Sibari (♂), *Confidente, ed amante occulto di Semiramide*	Cattarina Baratti (♀)
Argomento	identisch mit Roma 1729	

15.1.40 *Semiramide riconosciuta*

#	**Sartori 1990–1994, #21566**	
Zugrunde liegender Druck	Paris, Bibliothèque Nationale, Th. 50715	
Datum der UA	26. Dezember 1750	
Ort der UA	Livorno	
Spielort der UA	Teatro da S. Sebastiano	
Komponist	Giuseppe Scarlatti	
Anlass	Stagione di Carnevale	
Geehrte(r)	Maria Armano Bonfigli	
Akte (Szenen)	3 (42; 15/13/14)	
Schauplatz	Babilonia	
Personaggio / Besetzung	Semiramide (♀), *in abito virile, sotto nome di Nino Re degl'Assirj, amante di Scitalce, conosciuto, ed amato da lei antecedentemente nella Corte d'Egitto come Idreno*	Barbara Stabili Scarlatti (♀, Sopran)
	Tamiri (♀), *Principessa Reale de'Battriani amante di Scitalce*	Rosa Tartaglini (♀, Sopran)
	Scitalce (♂), *Principe Reale d'una parte dell'Indie, creduto Idreno da Semiramide, pretensore di Tamiri, ed amante di Semiramide*	Domenico Luciani (♂)
	Ircano (♂), *Principe Scita, amante di Tamiri*	Domenico Pignotti (♂, Tenor)
	Mirteo (♂), *Principe Reale d'Egitto, Fratello di Semiramide, da lui non conosciuta, e amante di Tamiri*	Maria Anna Galeotti (♀, Sopran)
	Sibari (♂), *Confidente, e amante occulto di Semiramide*	Agata Masi (♀, Sopran)
Argomento	identisch mit Roma 1729	

15.1.41 *La Semiramide riconosciuta*

#	**Sartori 1990–1994, #21567; Sonneck 1914, 990**
Zugrunde liegender Druck	Washington, Library of Congress, Music Division, ML48 S 5864
Datum der UA	20. Januar 1751
Ort der UA	Napoli
Spielort der UA	Teatro S. Carlo
Komponist	Giuseppe di Majo
Anlass	Geburtstag König
Geehrte(r)	Königin
Akte (Szenen)	3 (38; 14/11/13)

#	**Sartori 1990–1994, #21567; Sonneck 1914, 990**	
Schauplatz	Babilonia	
Personaggio / Besetzung	Semiramide (♀), *in abito virile sotto nome di Nino Re degli Assirj, Amante di Scitalce, conosciuto ed amato da lei antecedentemente nella Corte d'Egitto come Idreno*	Regina Mingotti (♀, Sopran)
	Scitalce (♂), *Principe Reale d'una parte dell'Indie creduto Idreno da Semiramide, pretensore di Tamiri, ed amante di Semiramide*	Angelo Maria Monticelli (♂, Alt)
	Ircano (♂), *Principe Scita amante di Tamiri*	Gregorio Babbi (♂, Tenor)
	Tamiri (♀), *Principessa Reale de'Battriani, Amante di Scitalce*	Giovanna Guaetti Babbi (♀, Contralto)
	Mirteo (♂), *Principe Reale d'Egitto fratello di Semiramide, da lui non conosciuta, e amante di Tamiri*	Giuseppe Sidoti (♂)
	Sibari (♂), *Confidente, ed amante occulto di Semiramide*	Niccolò Gori (♂, Sopran)
Argomento	identisch mit Roma 1729	

15.1.42 Semiramide riconosciuta

#	**Sartori 1990–1994, #21565**	
Zugrunde liegender Druck	Bologna, Museo Internazionale e Biblioteca della Musica, Lo. 01842	
Datum der UA	30. Januar 1751	
Ort der UA	Bologna	
Spielort der UA	Teatro Formagliari	
Komponist	Baldassare Galuppi	
Anlass	Stagione di Carnevale	
Geehrte(r)	Maria Locatelli Ercolani	
Akte (Szenen)	3 (38; 14/12/12)	
Schauplatz	Babilonia	
Personaggio / Besetzung	Semiramide (♀), *sotto nome di Nino Re degli Assirj, Amante di Scitalce, conosciuto, ed amato da lei antecedentemente nella Corte d'Egitto, come Idreno*	Anna Medici (♀, Soprano)
	Tamiri (♀), *Principessa Reale de Battriani Amante di Scitalce*	Monaca Bonani (♀)
	Scitalce (♂), *Principe Reale d'una parte dell'Indie, creduto Idreno da Semiramide, Amante di Tamiri, e poi di Semiramide*	Orsola Strambi (♀)
	Mirteo (♂), *Principe Reale di Egitto, Fratello di Semiramide da lui non conosciuta, ed Amante di Tamiri*	Cecilia Belvederi (♀)
	Ircano (♂), *Principe Scita Amante di Tamiri*	Giuseppe Baratti (♂)

#	**Sartori 1990–1994, #21565**	
Personaggio / Besetzung (Fortsetzung)	Sibari (♂), *Confidente, ed Amante di Semiramide*	Giulio Latanzi (♂)
Argomento	identisch mit Roma 1729	

15.1.43 *Semiramide*

#	**Sartori 1990–1994, #21499; Sonneck 1914, 985**	
Zugrunde liegender Druck	Washington, Library of Congress, ML 48 S 11362	
Datum der UA	29. August 1751	
Ort der UA	Lucca	
Spielort der UA	Teatro di Lucca	
Komponist	?	
Anlass	Stagione di Autunno	
Geehrte(r)	–	
Akte (Szenen)	3 (41; 14/13/14)	
Schauplatz	Babilonia	
Personaggio / Besetzung	Semiramide (♀), *in abito virile, sotto nome di Nino Re degli Assirj, Amante di Scitalce, conosciuto, ed amato da lei antecedentemente nella Corte d'Egitto come Idreno*	Maria Venturini (♀)
	Mirteo (♂), *Principe Reale d'Egitto Fratello di Semiramide da lui non conosciuta, ed Amante di Tamiri*	Mariano Nicolini (♂, Sopran)
	Ircano (♂), *Principe Scita, Amante di Tamiri*	Ottavio Albuzio (♂, Tenor)
	Scitalce (♂), *Principe Reale d'una parte dell'Indie, creduto Idreno da Semiramide, pretensore di Tamiri, ed Amante di Semiramide*	Antonio Donnini (♂, Tenor)
	Tamiri (♀), *Principessa Reale de' Battriani, Amante di Scitalce*	Caterina Pilaja (♀, Sopran)
	Sibari (♂), *Confidente, e Amante occulto di Semiramide*	Laura Brascagli (♀, Sopran)
Argomento	identisch mit Roma 1729	

15.1.44 *Semiramide riconosciuta*

#	**Sartori 1990–1994, #21568**
Zugrunde liegender Druck	Bologna, Museo Internazionale e Biblioteca della Musica, Lo. 7122
Datum der UA	24. Januar 1752

#	**Sartori 1990–1994, #21568**	
Ort der UA	Firenze	
Spielort der UA	Teatro di Via della Pergola	
Komponist	Michele Fini?	
Anlass	Stagione di Carnevale	
Geehrte(r)	–	
Akte (Szenen)	3 (42; 15/13/14)	
Schauplatz	Babilonia	
Personaggio / Besetzung	Semiramide (♀), *in abito virile, sotto nome di Nino Re degli Assirj, amante di Scitalce, conosciuto ed amato da lei antecedentemente nella Corte d'Egitto come Idreno*	Natalizia Bisagi Fini (♀)
	Tamiri (♀), *Principessa Reale de' Battriani amante di Scitalce*	Agata Colizzi (♀, Sopran)
	Scitalce (♂), *Principe Reale d'una parte dell'Indie, creduto Idreno da Semiramide, pretensore di Tamiri, ed amante di Semiramide*	Antonio Donnini (♂)
	Mirteo (♂), *Principe Reale d'Egitto, Fratello di Semiramide, da lui non conosciuta, e amante di Tamiri*	Anna Galeotti (♀, Sopran)
	Ircano (♂), *Principe Scita, amante di Tamiri*	Orazio Mannotti (♂)
	Sibari (♂), *Confidente, e amante occulto di Semiramide*	Teresa Migliorini (♀)
Argomento	identisch mit Roma 1729	

15.1.45 *Semiramide riconosciuta*

#	**Sartori 1990–1994, #21569**	
Zugrunde liegender Druck	in der besitzenden Bibliothek (Štátny okresný archív Žiar nad Hronom) nicht auffindbar	
Datum der UA	1752	
Ort der UA	Praha	
Spielort der UA	Nuovo Teatro	
Komponist	Giovanni Marco Rutini	
Anlass	Stagione di Autunno	
Geehrte(r)	Nobilità	
Akte (Szenen)	?	
Schauplatz	?	
Personaggio / Besetzung	?	
Argomento	?	

15.1.46 Semiramide riconosciuta

#	**Sartori 1990–1994, #21570**	
Zugrunde liegender Druck	Mailand, Biblioteca Nazionale Braidense, RACC. DRAMM. 1434	
Datum der UA	Dezember 1752	
Ort der UA	Cremona	
Spielort der UA	Nuovo Teatro	
Komponist	Baldesarre Galuppi	
Anlass	Stagione di Carnevale	
Geehrte(r)	Clara Camilla de Rossi di San Secondi	
Akte (Szenen)	3 (41; 14/13/14)	
Schauplatz	Babilonia	
Personaggio / Besetzung	Semiramide (♀), *in abito virile, sotto nome di Nino, Re degl'Assiri, Amante di Scitalce, conosciuto, ed amato da lei antecedentemente, nella Corte d'Egitto come Idreno*	Isabella Gandini (♀, Sopran)
	Tamiri (♀), *Principessa Reale de'Battriani, Amante di Scitalce*	Margherita Parisini (♀, Sopran)
	Scitalce (♂), *Principe Reale d'una parte dell'Indie, creduto Idreno da Semiramide, pretensore di Tamiri, ed Amante di Semiramide*	Giovanni Triulzi (♂)
	Ircano (♂), *Principe Scita, Amante di Tamiri*	Giacomo Raynoldi (♂)
	Mirteo (♂), *Principe Reale d'Egitto, Fratello di Semiramide, da lui non conosciuta, ed Amante di Tamiri*	Filippo Saporosi (♂)
	Sibari (♂), *Confidente, ed Amante occulto di Semiramide*	Giuseppe Cicognani (♂, Alt)
Argomento	identisch mit Roma 1729	

15.1.47 La Semiramide

#	**Sartori 1990–1994, #21501**
Zugrunde liegender Druck	London, Warburg Institute, DBH 1490
Datum der UA	3. Februar 1753
Ort der UA	Ferrara
Spielort der UA	Teatro Bonacossi da S. Stefano
Komponist	diversi
Anlass	Stagione di Carnevale
Geehrte(r)	Francesco Caraffa
Akte (Szenen)	3 (42; 15/13/14)
Schauplatz	Babilonia

#	Sartori 1990–1994, #21501	
Personaggio / Besetzung	Semiramide (♀), *in abito virile sotto nome di Nino Re degl'Assirj, Amante di Scitalce, conosciuto, ed amato da lei antecedentemente nella Corte d'Egitto come Idreno*	Domenica Taus (♀, Sopran)
	Scitalce (♂), *Principe Reale d'una parte dell'Indie, creduto Idreno da Semiramide, Pretensore di Tamiri, ed Amante di Semiramide*	Carlo Dardocci (♂, Bass)
	Mirteo (♂), *Principe Reale d'Egitto fratello di Semiramide da lui non conosciuta, ed Amante di Tamiri*	Giovann Battista Bianchi (♂)
	Ircano (♂), *Principe Scita amante di Tamiri*	Giacomo Mellani (♂)
	Sibari (♂), *Confidente, ed Amante occulto di Semiramide*	Umiltà Bartoli (♂)
	Tamiri (♀), *Principessa Reale de Battriani Amante di Scitalce*	N.N.
Argomento	identisch mit Roma 1729	

15.1.48 *Semiramide riconosciuta*

#	Sartori 1990–1994, #21572; Sonneck 1914, 989	
Zugrunde liegender Druck	Washington, Library of Congress, ML 48 S 2045	
Datum der UA	3. Februar 1753	
Ort der UA	Venezia	
Spielort der UA	Teatro S. Cassiano	
Komponist	Gioachino Cocchi	
Anlass	Stagione di Carnevale	
Geehrte(r)	Cristiano Federico ereditario di Anspach	
Akte (Szenen)	3 (41; 14/13/14)	
Schauplatz	Babilonia	
Personaggio / Besetzung	Semiramide (♀), *sotto nome di Nino Re degl'Assirj amante di Scitalce, conosciuto, ed amato da lei antecedentemente nella Corte d'Egitto come Idreno*	Domenica Casarini Latilla (♀, Sopran)
	Scitalce (♂), *Principe Reale d'una parte dell'Indie, creduto Idreno da Semiramide, pretensore di Tamiri, ed amante di Semiramide*	Mariano Nicolini (♂, Sopran)
	Mirteo (♂), *Principe Reale d'Egitto, fratello di Semiramide da lui non conosciuta, e amante di Tamiri*	Rosa Tartaglini (♀, Sopran)
	Tamiri (♀), *Principessa Reale de' Battriani, amante di Scitalce*	Maria Giuseppa Perbrich (♀)

#	Sartori 1990–1994, #21572; Sonneck 1914, 989	
Personaggio / Besetzung (Fortsetzung)	Ircano (♂), *Principe Scita, amante di Tamiri*	Domenico Pignotti (♂, Tenor)
	Sibari (♂), *Confidente, ed amante occulto di Semiramide*	Francesco Amboni (♂)
Argomento	identisch mit Roma 1729	

15.1.49 *Semiramide*

#	Sartori 1990–1994, #21502	
Zugrunde liegender Druck	Mailand, Biblioteca Nazionale Braidense, RACC. DRAMM. 4338	
Datum der UA	April 1753	
Ort der UA	Piacenza	
Spielort der UA	Hoftheater	
Komponist	Niccolò Jommelli	
Anlass	Messe	
Geehrte(r)	Madama Infanta Ducessa di Piacenza	
Akte (Szenen)	3 (39; 15/10/14)	
Schauplatz	Babilonia	
Personaggio / Besetzung	Semiramide (♀), *in abito virile sotto nome di Nino Re degli Assiri*	Maria Colomba Mattei (♀, Sopran)
	Scitalce (♂), *Principe Reale d'una parte dell'Indie, creduto Idreno da Semiramide*	Filippo Elisi (♂, Sopran)
	Mirteo (♂), *Principe Reale d'Egitto Fratello di Semiramide, e Amante di Tamiri*	Pietro Serafini (♂)
	Ircano (♂), *Principe Scita Amante di Tamiri*	Ottavio Albuzio (♂, Tenor)
	Tamiri (♀), *Principessa Reale de'Battriani, Amante di Scitalce*	Cammilla Mattei (♀, Sopran)
	Sibari (♂), *Confidente, ed Amante occulto di Semiramide*	Marianna Bianchi (♀, Sopran)
Argomento	identisch mit 1729	

15.1.50 *Semiramide riconosciuta*

#	Sartori 1990–1994, #21571
Zugrunde liegender Druck	in der besitzenden Bibliothek (New York, Public Library) nicht auffindbar
Datum der UA	1753
Ort der UA	Genova
Spielort der UA	Teatro Delle Vigne
Komponist	Giovanni Battista Lampugnani

#	**Sartori 1990–1994, #21571**	
Anlass	Stagione di Estate	
Geehrte(r)	–	
Akte (Szenen)	?	
Schauplatz	?	
Personaggio / Besetzung	Semiramide (♀)	Artemisia Landi (♀)
	Scitalce (♂)	Carlo Ambrogio Garndati (♂)
	Tamiri (♀)	Ippolita Mondini (♀)
	Mirteo (♂)	Margherita Landi (♀)
	Ircano (♂)	Giacomo Mellani (♂)
	Sibari (♂)	Teresa Scotti (♀, Sopran)
Argomento	?	

15.1.51 *Semiramide riconosciuta* | *Semiramis conocida*

#	–	
Zugrunde liegender Druck	Toronto, University of Toronto, lib 00070	
Datum der UA	23. September 1753	
Ort der UA	Madrid	
Spielort der UA	Real coliseo Buen Retiro	
Komponist	Niccolò Jommelli	
Anlass	Geburtstag Ferdinando VI.	
Geehrte(r)	–	
Akte (Szenen)	3 (34; 14/10/10)	
Schauplatz	Babilonia	
Personaggio / Besetzung	Semiramide (♀), *in abito virile sotto nome di Nino Re degli Assirj, Amante di Scitalce, conosciuto, ed amato da lei antecedentemente nella Corte d'Egitto come Idreno*	Regina Mignotti (♀, Sopran)
	Tamiri (♀), *Principessa Reale de' Battriani Amante di Scitalce*	Teresa Castellini (♀, Sopran)
	Scitalce (♂), *Principe Reale d'una parte dell'Indie, creduto Idreno da Semiramide, Pretensore di Tamiri, ed Amante di Semiramide*	Filippo Elisi (♂, Sopran)
	Mirteo (♂), *Principe Reale d'Egitto Fratello di Semiramide da lui non conosciuta, ed Amante di Tamiri*	Emanuele Cornacchia (♂, Sopran)
	Ircano (♂), *Principe Scita, Amante di Tamiri*	Domenico Panzacchi (♂, Tenor)
	Sibari (♂), *confidente, ed Amante occulto di Semiramide*	Giacomo Veroli (♂, Sopran)

#	—
Personaggio / Besetzung (Fortsetzung)	Semiramis, *en trage de nombre con el nombre de Nino, Rey de los Assirios, Amante de Scitalce, que como à Idreno le conocio, y amò antecedentemente en la Corte de Egypto* Tamiri, *Princesa de los Batrianos, Amante de Scitalce* Scitalce, *Principe Real de una parte de las Indias, tenido por Idreno de Semiramis, Pretensor de Tamiri, y Amante de Semiramis* Mirteo, *Principe Real de Egypto Hermano de Semiramis, no conocida de èl, y Amante de Tamiris* Ircano, *Principe Scyta, Amante de Tamiris* Sibari, *confidente, y Amante oculto de Semiramis*
Argomento	italienischer Text identisch mit Roma 1729 Es notorio en las Historias, que Semiramis Ascalonita fuesse hija de una de las Ninga de una Fiente, que la criassen las Palomas, y llegò à ser Consorte de Nino Rey de los Assirios, al qual muerto le succediò en el Trono vestida de hombre, fingiendo ser su hijo Nino, por serle muy parecida en el semblante, y ayudada de la estrechez en que vivian las mugeres de la Asia, sin ser vistas de nadie. Y que finalmente conocida por hembra, la confirmaron sus Vassallos en el Reyno, haviendo experimentado su prudencia, y valor. La Accion principal del Drama es este reconocimiento de Semiramis, que se finge, para dàr motivo, y quitar al mismo tiempo al inverosimilitud de su fabuloso origen: Que fuesse hija de Bessor Rey de Egypto; y tuviesse un hermano llamado Mirteo, educado desde Niño en la Corte de Zoroastro Rey de los Batrianos; Que se enamorasse de Scitalce Principe de una parte de las Indias, el qual llegò à la Corte de Bessor con el fingido nombre de Idreno: Y no haviendo ella conseguido el consentimiento de su Padre para hacerle su Esposo, se huyò con èl: Que èste en la misma noche de la fuga la hiriesse, y la echasse en el Nilo por una violenta passion de zelos, que le hizo concebir por traicion su fingido amigo Sibari, que le era competidor diffimulado: Y que ella sobreviviendo à esta desgracia, peregrinasse desconocida, y despues le acaeciesse todo do que arriba se ha dicho de la Historia. La Accion se representa en Babilonia, donde concurren diferentes Principes pretendientes al matrimonio de Tamiris Princesa Hereditaria de los Batrianos, Tributaria de Semiramis, tenida por Nino. El Tiempo es el dia destinando de Tamiris para la eleccion de su Esposo, cuya eleccion llamando à Babylonia el concurso de muchos Principes estrangeros, unos curiosos de la pompa, otros deseosos del logro, subministra una verosimil ocasion de hallarse Semiramis en el mismo parage, y en el mismo dia con Mirteo su Hermano, con Scitalce su Amante, y con el Traydor Sibari: y que de tales accidentes nazca la necessidad de su descubrimiento.

15.1.52 *La Semiramide* | *La Semiramis*

#	**Sartori 1990–1994, #21503**
Zugrunde liegender Druck	Bologna, Museo Internazionale e Biblioteca della Musica, Lo. 7123
Datum der UA	19. Mai 1754

#	**Sartori 1990–1994, #21503**	
Ort der UA	Barcelona	
Spielort der UA	Teatro della molto illustre città di Barcellona	
Komponist	?	
Anlass	Namenstag Ferdinando VI.	
Geehrte(r)	Pietro Stroft	
Akte (Szenen)	3 (41; 14/13/14)	
Schauplatz	Babilonia	
Personaggio / Besetzung	Semiramide (♀), *in abito virile, sotto nome di Nino, amante di Scitalce, conosciuto ed amato da lei antecedentemente nella Corte d'Egitto come Idreno*	Angelica Saix (♀)
	Ircano (♂), *Principe Scita, amante di Tamiri*	Giuseppe Baratti (♂)
	Tamiri (♀); *Principessa Reale de' Battriani, amante di Scitalce*	Rosa Tartaglini (♀, Sopran)
	Scitalce (♂), *Principe Reale d'una parte dell'Indie, creduto Idreno da Semiramide pretenzore di Tamiri, ed amante di Semiramide*	Giuseppe Tibaldi (♂, Tenor)
	Mirteo (♂), *Principe Reale d'Egitto, fratello di Semiramide, da lui non conosciuta, ed amante di Tamiri*	Agata Ferretti (♀)
	Sibari (♂), *confidente, ed amante occulto di Semiramide*	Marianna Ferrentti (♀)
	Semiramis, *baxo el nombre de Nino, en trage varonil, amante de Scitalce, conocido, y amado de ella, anteriormente en la Corte de Egypto, como Idreno*	
	Ircano, *Prinice Scitra, y amante de Tamiris*	
	Tamiri, *Principessa Real de los Battrianos, y amante de Scitalce*	
	Scitalce, *Principe Real de una parte de la India, pretensor de Tamiris, y amante de Semiramis, tenido por Idreno*	
	Mirteo, *Prinicpe de Egypto, hermano de Semiramis; (à èl no conocida,) y amante de Tamiris*	
	Sibari, *confidente, y amante oculto de Semiramis*	
Argomento	italienischer Text identisch mit Roma 1729	
	Es notorio en las Historias, que Semiramis, Ascalonita fuesse hija de una de las Nayades, que la criassen las Palomas, y llegò à ser Consorte de Nino Rey de los Assirios, al qual muerto le succediò en el Trono vestida de hombre, fingiendo ser su hijo Nino, por serle muy parecida en el semblante, y ayudada de la estrechez en que vivian las mugeres de la Asia, sin ser vistas de nadie. Y que finalmente conocida por hembra, la confirmaron sus Vassallos en el Reyno, haviendo experimentado su prudencia, y valor. La accion principal del Dramma es este reconocimiento de Semiramis, que se finge, para dàr motivo, y quitar al mismo tiempo al inverosimilitud de su fabuloso origen: Que fuésse	

#	Sartori 1990–1994, #21503
Argomento (Fortsetzung)	hija de Bessor Rey de Egypto; y tuviesse un hermano llamando Mirteo, educado desde niño en la Corte de Zoroastro Rey de los Batrianos; Que se enamorasse de Scitalce Principe de una parte de las Indias, el qual llegò à la Corte de Bessor con el fingido nombre de Idreno: Y no haviendo ella conseguido el consentimiento de su Padre para hacerle su esposo, se huyò con èl: Que èste en la misma noche de la fuga la hiriesse, y la echasse en el Nilo por una violenta passion de zelos, que le hizo concebir por traìcion su fingido amigo Sibari, que le era competidor diffimulado: Y que ella sobreviviendo à esta desgracia, peregrinasse desconocida, y despues le acaeciesse todo do que arriba se ha dicho de la Historia. La accion se representa en Babilonia, donde concurren diferentes Principes pretendientes al matrimonio de Tamiris Princesa hereditaria de los Batrianos, tributaria de Semiramis, tenida por Nino. El tiempo es el dia destinando de Tamiris para la eleccion de su esposo, cuya eleccion llamando à Babilonia el concurso de muchos Principes estrangeros, unos curiosos de la pompa, otros deseosos del logro, subministra una verosimil ocasion de hallarse Semiramis en el mismo parage, y en el mismo dia con Mirteo su hermano, con Scitalce su amante, y con el traydor Sibari: y que de tales accidentes nazca la necessidad de su descubrimiento.

15.1.53 *Semiramide riconosciuta*

#	Sartori 1990–1994, #21574; Sonneck 1914, 989
Zugrunde liegender Druck	Bologna, Museo Internazionale e Biblioteca della Musica, Lo. 07124
Datum der UA	14. Februar 1756
Ort der UA	Venezia
Spielort der UA	Teatro Novissimo di San Benedetto
Komponist	Francesco Brusa
Anlass	Stagione di Carnevale
Geehrte(r)	—
Akte (Szenen)	3 (41; 14/13/14)
Schauplatz	Babilonia
Personaggio / Besetzung	Semiramide (♀), *sotto nome di Nino Re degli Assirj amante di Scitalce, conosciuto, ed amato da lei antecedentemente nella Corte d'Egitto come Idreno* — Domenica Casarini Latilla (♀, Sopran) Scitalce (♂), *Principe Reale d'una parte dell'Indie, creduto Idreno da Semiramide, pretensore di Tamiri, ed amante di Semiramide* — Domenico Ciardini (♂) Mirteo (♂), *Principe Reale d'Egitto, fratello di Semiramide da lui non conosciuta, e amante di Tamiri* — Carlo Martinengo (♂) Tamiri (♀), *Principessa Reale de'Battriani, amante di Scitalce* — Anna Gori (♀) Ircano (♂), *Principe Scita, amante di Tamiri* — Ottavio Albuzzi (♂, Tenor) Sibari (♂), *Confidente, ed amante occulto di Semiramide* — Laura Rosa (♀)

#	Sartori 1990–1994, #21574; Sonneck 1914, 989
Argomento	identisch mit Roma 1729

15.1.54 *Semiramide riconosciuta*

#	Sartori 1990–1994, #21573
Zugrunde liegender Druck	Venedig, Biblioteca della Fondazione Giorgio Cini (Zustand des Druckes erlaubt keine Digitalisierung)
Datum der UA	1756
Ort der UA	Genova
Spielort der UA	Teatro da S. Agostino
Komponist	Giuseppe Maria Buini
Anlass	Stagione di Autunno
Geehrte(r)	Die Damen
Akte (Szenen)	?
Schauplatz	?
Personaggio / Besetzung	Semiramide (♀) Tamiri (♀) Scitalce (♂) Mirteo (♂) Ircano (♂) Sibari (♂)	Cecilia Bellisani Buini (♀, Sopran) Teresa Baratti (♀, Sopran) Angelo Maria Monticelli (♂, Sopran) Francesca Barlocci (♀, Sopran) Pietro Baratti (♂, Tenor) Giovanna Falconetti (♀)
Argomento	?

15.1.55 *Semiramide*

#	Sartori 1990–1994, #21505; Sonneck 1914, 986
Zugrunde liegender Druck	München, Bayerische Staatsbibliothek, L. eleg. m. 3896
Datum der UA	Juni 1759
Ort der UA	Padova
Spielort der UA	Nuovo Teatro
Komponist	Domenico Fischietti
Anlass	Messe
Geehrte(r)	Annibale Gambara
Akte (Szenen)	3 (35; 14/11/10)
Schauplatz	Babilonia

#	Sartori 1990–1994, #21505; Sonneck 1914, 986	
Personaggio / Besetzung	Semiramide (♀), *in abito virile, sotto nome di Nino Re degli Assirj, Amante di Scitalce, conosciuto, ed amato da lei antecedentemente nella Corte d'Egitto come Idreno*	Camilla Mattei (♀, Sopran)
	Scitalce (♂), *Principe Reale d'una parte dell'Indie, creduto Idreno da Semiramide, pretensore di Tamiri, ed Amante di Semiramide*	Giovanni Manzoli (♂, Sopran)
	Tamiri (♀), *Principessa Reale de' Battriani amante di Scitalce*	Constanza Romani (♀)
	Mirteo (♂), *Principe Reale d'Egitto, fratello di Semiramide da lui non conosciuta, e Amante di Tamiri*	Antonio Priora (♂)
	Ircano (♂), *Principe Scita Amante di Tamiri*	Ercole Ciprandi (♂, Tenor)
	Sibari (♂), *Confidente, ed Amante occulto di Semiramide*	Angelo Monani (♂)
Argomento	identisch mit Roma 1729	

15.1.56 La Semiramide riconosciuta

#	Sartori 1990–1994, #21575	
Zugrunde liegender Druck	Bologna, Museo Internazionale e Biblioteca della Musica, Lo. 07125	
Datum der UA	1760	
Ort der UA	Firenze	
Spielort der UA	Teatro di Via della Pergola	
Komponist	?	
Anlass	Stagione di Carnevale	
Geehrte(r)	–	
Akte (Szenen)	3 (43; 17/12/14)	
Schauplatz	Babilonia	
Personaggio / Besetzung	Semiramide (♀), *in abito virile, sotto nome di Nino Re degli Assirj, amante di Scitalce, conosciuto ed amato da lei antecedentemente nella Corte d'Egitto come Idreno*	Angiola Sartori Benucci (♂, Contralto)
	Scitalce (♂), *Principe Reale d'una parte dell'Indie, creduto Idreno da Semiramide, pretensore di Tamiri, ed amante di Semiramide*	Domenico Luciani (♂)
	Ircano (♂), *Principe Scita, amante di Tamiri*	Tommaso Lucchi (♂, Sopran)
	Tamiri (♀), *Principessa Reale de' Battriani amante di Scitalce*	Cecilia Corsani (♀)

#	Sartori 1990–1994, #21575	
Personaggio / Besetzung (Fortsetzung)	Mirteo (♂), *Principe Reale d'Egitto, Fratello di Semiramide, da lui non conosciuta, e amante di Tamiri*	Lisabetta Falugi (♀)
	Sibari (♂), *Confidente, e amante occulto di Semiramide*	Gaspera Cellini (♂)
	Eumene (♂), *Capitano delle Guardie di Semiramide, ed amico di Sibari*	Pasquale Cozzini (♂)
Argomento	identisch mit Roma 1729	

15.1.57 La Semiramide riconosciuta

#	Sartori 1990–1994, #21576	
Zugrunde liegender Druck	Göttingen, Niedersächsische Staats- und Universitätsbibliothek, 8 P Dram I, 6788 (1)	
Datum der UA	1760	
Ort der UA	Oranienbaum	
Spielort der UA	Hoftheater (= Novissimo Teatro)	
Komponist	Vicenzo Manfredini	
Anlass	Stagione di Estate	
Geehrte(r)	–	
Akte (Szenen)	3 (35; 11/10/14)	
Schauplatz	Babilonia	
Personaggio / Besetzung	Semiramide (♀), *in abito virile sotto nome di Nino Re degl'Assiri, amante di Scitalce conosciuto ed amato da lei antecedentemente alla Corte d'Egitto come Idreno*	Maria Camati Branbilla (♀, Sopran)
	Mirteo (♂), *Principe Reale d'Egitto fratello di Semiramide da lui non conosciuta, e amante di Tamiri*	Giuseppe Millico (♂, Sopran)
	Ircano (♂), *Principe Scita amante di Tamiri*	Maxim Beresefki (♂)
	Scitalce (♂), *Prinicipe Reale di uni parte dell'Indie creduto Idreno da Semiramide, pretensore di Tamiri*	Nunziata Garani (♀, Sopran)
	Tamiri (♀), *Principessa Reala de Battriani, amante di Scitalce*	Maria Monari (♀, Sopran)
	Sibari (♂), *Confidente, ed amante occulto di Semiramide*	Caterina Brigonzi (♀)
	СЕМИРАМИДА въ мускомъ одѣянии подъ именемъ Нина Короля Ассирїйскаго, любовница Шишалькова, котораго она знала и полюбила прежде подъ именемъ Идрена бывшаго при дворѣ Египетскомъ.	

#	**Sartori 1990–1994, #21576**	
Personaggio / Besetzung (Fortsetzung)	МИРТЕЙ Князь Египетской, братъ Семирамиды, которой онъ не знаетъ, и любовникъ Тамиры. ИРКАНЪ Князь Скиѳский, любовникъ Тамиры. ШИТАЛЬКЪ нѣкоей части Индіи владетель почитаемой Семирамидою Идреномъ, любовникъ Тамиры. ТАМИРА наслѣдная княжна бактріанская любовница Шиталькова. СИБАРЪ наперстникъ Семирамиды, и любовникъ ей неизвѣстный.	
Argomento	italienischer Text identisch mit Roma 1729 Извѣстно изъ Исторіи, что Семирамида. Аскалонитская, которой приписываютъ отъ нѣкоей Наіады рождение, а отъ голубей воспитание, была супругою Нина короля Ассирійскаго, и послѣ его смерти владѣла въ мускомъ одѣяніи подъ именемъ малолѣтнаго сына своего Нина. Сему обману способствовало сходство лица ихъ, и уединеніе, въ которомъ жили всѣ женщины въ Азіи, и что она по открытіи сего обмана, была утверждена на престолѣ отъ подданныхъ, которые разумъ и храбростъ ея не однократно испытали. Главное дѣйствіе сей драммы состоитъ въ узнаніи Семирамиды, а для изобрѣтенія случая къ оному узнанію потребно было, уничтожа ея баснословное происхожденіе перемѣнитъ въ иное: будто она дочъ Весора, короля Египетскаго; и имѣла брата именемъ Миртея, воспитаннаго съ младенчества при дворѣ Зороастра, короля Бактріанскаго; будто она влюбясь въ Шиталька владетеля нѣкоей части Индіи, прибывшаго ко двору Весорову подъ ложнымъ именемъ Идрена, и не могши испроситъ ево себѣ въ супруги у отца своего, ушла съ нимъ изъ града; будто Шитальк по измѣнническому наговору Сибара, мнимаго его прятеля, которой былъ самъ влюбленъ въ Семирамиду и любовь свою скрывалъ, получа къ ней жесточайшую ревность, хотѣлъ ее заколоть въ перьвую ночь своего съ нею побѣга, но только ранилъ и въ Нилѣ бросилъ; и будто она, послѣ сего приключения, странствовала въ безъизвѣстіи, и наконецъ уже то случилося съ нею что о ней исторія повѣствуетъ. Дѣйствіе въ Вавилонѣ, куда съѣхались изъ разныхъ мѣстъ Принцы, желающія получитъ въ супружество Тамиру наслѣдную Принцесу бактріанскую, которая жила подъ покровителъствомъ Семирамиды, почитаемой за Нина День назначенный для избранія супруга Тамирѣ былъ причиною тому, что многія Принцы и знатныя люди изъ разныхъ мѣстъ въ Вавилонѣ съѣхались, иныя изъ любопытства, чтобъ видѣтъ великолѣпіе торжества сего, другія съ намѣреніемъ, чтобъ получитъ Принцесу Тамиру въ супружество, и такъ вѣроятнымъ образомъ день сей подалъ случай Семирамидѣ и въ одномъ мѣстѣ и въ одно время увидѣться съ братомъ ея Миртеемъ, съ любовникомъ Шиталъкомъ и съ измѣнникомъ Сибаромъ , а изъ ея свиданія съ ними слѣдовало необходимо и открытіе ея.	

15.1.58 *Semiramide riconosciuta*

#	**Sartori 1990–1994, #21577**
Zugrunde liegender Druck	Libretto in der besitzenden Bibliothek (Kremnica, Statny Okresny Archiv Ziar nad Hronom) nicht auffindbar
Datum der UA	1760

#	Sartori 1990–1994, #21577
Ort der UA	Praha
Spielort der UA	Nuovo Teatro
Komponist	Johann Adolf Hasse
Anlass	?
Geehrte(r)	Francesco Giuseppe conte Pachta
Akte (Szenen)	?
Schauplatz	?
Personaggio / Besetzung	?
Argomento	?

15.1.59 *Semiramide riconosciuta*

#	Sartori 1990–1994, #21578
Zugrunde liegender Druck	Prag, Národní knihovna České republiky, 000142457
Datum der UA	7. Oktober 1760
Ort der UA	Warszawa
Spielort der UA	Hoftheater
Komponist	Johann Adolf Hasse
Anlass	Geburtstag Augusto III., König von Polen
Geehrte(r)	–
Akte (Szenen)	3 (42; 15/13/14)
Schauplatz	Babilonia
Personaggio / Besetzung	Semiramide (♀), *in abito virile sotto nome di Nino Re degli Assirj, Amante di Scitalce, conosciuto ed amato da lei antecedentemente nella Corte d'Egitto come Idreno* Mirteo (♂), *Principe Reale d'Egitto, fratello di Semiramide da lui non conosciuta, ed Amante di Tamiri* Ircano (♂), *Principe Scita, amante di Tamiri* Scitalce (♂), *Principe Reale d'una parte dell'Indie, creduto Idreno da Semiramide, pretensore di Tamiri, ed Amante di Semiramide* Tamiri (♀), *Principessa Reale de'Battriani, amante di Scitalce* Sibari (♂), *Confidente, ed Amante occulto di Semiramide*

#	Sartori 1990–1994, #21578
Argomento	identisch mit Roma 1729

15.1.60 Semiramide riconosciuta

#	Sartori 1990–1994, #21579	
Zugrunde liegender Druck	Bologna, Museo Internazionale e Biblioteca della Musica, Lo. 02615	
Datum der UA	Dezember 1761	
Ort der UA	Milano	
Spielort der UA	Hoftheater	
Komponist	Giovanni Battista Lampugnani	
Anlass	Stagione di Carnevale	
Geehrte(r)	Duca di Modena, Reggio, Mirandola, ec. ec. il Amministratore e capitano generale della Lombardia Augustiaca ec. ec.	
Akte (Szenen)	3 (34; 14/10/10)	
Schauplatz	Babilonia	
Personaggio / Besetzung	Semiramide (♀), *in abito virile, sotto nome di Nino Re degli Assiri, amante di Scitalce, conosciuto ed amato da lei antecedentemente nella Corte d'Egitto come Idreno*	Camilla Mattei (♀, Sopran)
	Scitalce (♂), *Principe Reale d'una parte dell'Indie, creduto Idreno da Semiramide, pretensore di Tamiri, ed Amante di Semiramide*	Giovanni Manzoli (♂, Sopran)
	Tamiri (♀), *Principessa Reale de'Battriani, Amante di Scitalce*	Giovanna Garmignani (♀)
	Mirteo (♂), *Principe Reale d'Egitto, Fratello di Semiramide, da lui non conosciuta, ed Amante di Tamiri*	Pietro Sorbellini (♂)
	Ircano (♂), *Principe Scita, Amante di Tamiri*	Ercole Ciprandi (♂, Tenor)
	Sibari (♂), *Confidente, ed Amante occulto di Semiramide*	Fiodistilde Vicini (♂)
Argomento	identisch mit Roma 1729	

15.1.61 Semiramide | Semiramis

#	Sartori 1990–1994, #21507; Sonneck 1914, 987
Zugrunde liegender Druck	Washington, Library of Congress, ML 48 S 4878
Datum der UA	11. Februar 1762
Ort der UA	Stuttgart
Spielort der UA	Hoftheater

#	**Sartori 1990–1994, #21507; Sonneck 1914, 987**	
Komponist	Nicolò Jommelli	
Anlass	Geburtstag Carl Herzog zu Würtember und Teck	
Geehrte(r)	–	
Akte (Szenen)	3 (31; 12/9/10)	
Schauplatz	Babilonia	
Personaggio / Besetzung	Semiramide (♀), *in abito virile sotto nome di Nino Re degli Assirj, amante di Scitalce conosciuto, ed amato da lei antecedentemente nella corte di Egitto come Idreno*	Maria Masi Giura (♀, Sopran)
	Tamiri (♀), *Principessa reale de'Battriani amante di Scitalce*	Gaetano Guadagni (♂, Contralto)
	Sibari (♂), *confidente, ed amante occulto di Semiramide*	Monaca Buonanai (♀, Sopran)
	Scitalce (♂), *Principe reale d'una parte dell'Indie, creduto Idreno da Semiramide, pretensore di Tamiri, ed amante di Semiramide*	Antonio Pini (♂, Tenor)
	Ircano (♂), *Principe Scita amante di Tamiri*	Francesco Guerrieri (♂, Sopran)
	Mirteo (♂), *Principe reale d'Egitto fratello di Semiramide da lui non conosciuta, ed amante di Tamiri*	Francesco Ciaccheri (♂, Sopran)
	Semiramis, *in männlicher Kleidung unter dem Namen Ninus, Königs in Assyrien, verliebt in den Scitalces, welcher ihr schon vormals an dem Egyptischen Hofe unter dem Namen Idränus bekannt ware*	
	Thamyris, *königl. Prinzeßin aus Bactiren, verliebt in den Scitalces*	
	Sibairs, *vertrauter und heimlicher Liebhaber der Semiramis*	
	Scitalces, *königlicher Prinz eines Theils von Indien, den die Semiramis für den Idränus hält, ein Freyer der Thamyris, und Liebhaber der Semiramis*	
	Ircanus, *Prinz aus Scythien, verliebt in die Thamiris*	
	Myrtheus, *königl. Prinz aus Egypten, Bruder der Semiramis, die er aber nicht kennet, ein Liebhaber der Thamyris*	
Argomento	italienischer Text identisch mit Roma 1729	
	Es ist aus der Historie bekannt, daß die Semiramis von Ascalon, welche nach der Erdichtung von einem Brunnen-Nymphe gezeuget und von Tauben erzogen worden seyn solle, eine Gemahlin des Königs Ninus von Assyrien gewesen, und nach seinem Tode in männlicher Kleidung unter dem Namen und in der Person des jungen Ninus, ihres Sohnes, regiert habe, und daß, nachdeme die Gleichheit der Gesichtsbildung, und die gewöhnliche eingezogene Lebensart des Asiatischen Frauenzimmers ihr Unternehmen eine Zeitlang begünstiget, sie endlich erkannt, von ihren Unterthanen hingegen, um der erprobten Klugheit und Tapferkeit willen, in der Regierung aufs neue bestätiget worden.	

#	Sartori 1990–1994, #21507; Sonneck 1914, 987
Argomento (Fortsetzung)	Die Abhandlung des Singspiels bestehet hauptsächlich in eben dieser Entdeckung der Semiramis. Damit man aber mit Beyseitsetzung jener fabelhaften Erzählung ihrer Herkunft eine wahrscheinliche Gelegenheit dazu haben möge: so wird die Semiramis als eine Tochter des Königs Vessors in Egypten vorgestellt. Diese hatte einen Bruder Myrtheus, welcher in seiner Kindheit an dem Hofe des Königs Zoroasters in Bactrien erzogen worden. Sie verliebte sich in den Scitacles, Fürsten eines Theils von Indien, welcher unter dem Namen Idränus an den Hof des Königs Vessors kame. Weilen sie aber denselben von ihrem Vater nicht zum Bräutigam erhalten konnte, so entflohe sie mit ihme. Dieser aus Eifersucht, worzu ihne sein verstellter Freund und heimlicher Mitbuhler Sybaris durch Untreue und Verrätherey verleitet hatte, verwundete sie in eben derselbigen Nacht, als er sich mit ihr in die Flucht begeben, und warfe sie in den Fluß Nilus. Sie wurde aber aus dieser Gefahr errettet, und reisete lange unerkannt herum. Das übrige, so derselben hier auf weiter begenget, ist oben aus der Historie angeführ worden. Der Ort, den die Schaubühne vorstellet, ist Babylon, allwo zuschiedene Prinzen zusammen kommen, welche um die Thamyris, eine Erbin von Bactrien, und der Semiramis, als des vermeynten Ninus Königs von Assyrien zinnsbare Prinzeßin, sich bewerben. Die Zeit der Abhandlung ist der Tag, welchen die Thamyris zur Wahl eines Bräutigams bestimmt hat; und da sich bey diesem Vorgang unter andern auswärtigen Prinzen aller Wahrschienlichkeit nach auch der Semiramis Bruder Myrtheus, ihr Liebhaber Scitalches, und der Verräther Sybaris zu gleicher Zeit in Babylon eingefunden, so hat hiebey nothwendiger Weise ihre Standes-Entdeckung erfolgen müssen.

15.1.62 *Semiramide* | *Semiramis*

#	Sartori 1990–1994, #21506; Sonneck 1914, 987	
Zugrunde liegender Druck	Kopenhagen, Det Kongelige Bibliothek, DA 1.-2 S 56 8°	
Datum der UA	1762	
Ort der UA	København	
Spielort der UA	Hoftheater (= Kongens Nytorv)	
Komponist	Giuseppe Sarti	
Anlass	Stagione di Autunno	
Geehrte(r)	–	
Akte (Szenen)	3 (34; 13/11/10)	
Schauplatz	Babilonia	
Personaggio / Besetzung	Semiramide (♀), *in abito virile sotto nome di Nino Re degli Assirj, amante di Scitalce conosciuto, ed amato da lei antecedentemente nella corte d'Egitto come Idreno*	Marianna Galeotti (♀, Sopran)
	Scitalce (♂), *Principe reale d'una parte dell'Indie, creduto Idreno da Semiramide, pretensore di Tamiri, ed amante di Semiramide*	Domenico Scogli (♂)
	Tamiri (♀), *Principessa reale de'Battriani, amante di Scitalce*	Vittoria Galeotti (♀, Sopran)

	Sartori 1990–1994, #21506; Sonneck 1914, 987	
Personaggio / Besetzung (Fortsetzung)	Ircano (♂), *Principe Scita, amante di Tamiri*	Giuseppe Secchioni (♂)
	Mirteo (♂), *Principe Reale d'Egitto, fratello di Semiramide da lui non conosciuta, e amante di Tamiri*	Antonio Boscoli (♂, Tenor)
	Sibari (♂), *confidente ed amante occulto di Semiramide*	Giano Musted (♂, Bass)
	Semiramis, *i Mands Klæder under Navn af Ninus Konge i Assyrien, forelket i Scytalces, som hun tilforn har kiendt of elket ved det Egyptiske Hof som Hydreus*	
	Scytalces, *Kongelig Prins af en Deel i Indien, som af Semiramis er anseet for Hydrenus, som paastaaer Formæling med Tamyris, of Semiramidis Liebhaber*	
	Tamyris, *en Kongelig Prinsesse fra Bactria forelsket i Scytalces*	
	Hyrcanus, *en Scytisk Prins, Tamyris Liebhaber*	
	Myrteus, *Kongelig Prins af Egypten, Broder til Semiramis, som han ikke kiender, og Tamyris Liebhaber*	
	Sybaris, *Semiramidis Fortroelige, og hendes hemmelige Liebhaber*	
Argomento	italienischer Text identisch mit Roma 1729	
	Det er af Historien bekiendt, at de Ascolanitiske Semiramis, som man troede at være født af en Havfrue, og opfostret af Duer, blev ophøyet til at være Gemahlinde for Ninus Konge i Assyrien: At hun efter hans Død regierede i Mands Klæder, givende sig ud for hendes Søn den unge Ninus. Til dette Paafund hialp hendes Ansigtes Liighed med hendes Søns, og den Tvang, under hvilken de Asiatiske Fruentimmer levede, uden at komme for Folkes Øyne: Og at hun omsider blev kiendt som Fruentimmer, og bekræftet i Riget af Undersaatterne, hvilke havde erfaret hendes Forstand og Tapperhed.	
	Den fornemmeste Handlung af dette Syngespil er denne Semiramidis Opdagelse, hvortil for at give Leylighed, og for at borttage paa samme Tid den Urimelighed af hendes fabelagtige Herkomst, bliver digter: at hun var den Datter af Veror Konge i Egypten: at hun havde en Broder ved Navn Myrteus, der fra Barndommen var opdraget ved Zoroasters, de Bacrianers Konges Hof: At hun forselskede sig i Scytalces Fyrste over endeel af Indien, hvilken ankom til Verors Hof, under det forstilte Navn Hydrenus: At da hun ikke havde kundet erholde ham til Gemahl, flygtede med ham: At han, paa samme Nat da de flygtede, saarede hende, og kastede hende i Nil-Strømen, formedelst en heftig Mistanke som han havde fattet ved Forræderie af hans forstilte Den og ikke formeent Medbeyler Sybaris; Og at hun derefter, da hun overlevede denne Ulykke, vandrede ubekiendt omkring, og hendtes siden hvad Historien forhen har meldet.	
	Steder hvor Handlungen forestilles er Babylon, hvor adskillige Fyrster kommer tilsammen, som anholder om at blive formælet med Tamyris, de Bactrianers Arve-Prinsesse, of Semiramidis som formeent Nini, hendes Skatskyldige.	
	Tiden er den Dag som Tamyris har bestemt til al vælge hendes Gemahl, hvilket Val foraarsagede et Tilløb af mange fremmede Fyrster til Babylon, nogle af Nysgierrighed efter at see den Praagt, andre af Begierlighed til at erholde Bruden, og forskaffede en sandsynlig Leylighed for Semiramis at indfinde sig paa samme Sted, og paa samme Dag med hendes	

#	Sartori 1990–1994, #21506; Sonneck 1914, 987
Argomento (Fortsetzung)	Liebhaber Scytalces, og Forræderen Sybaris: Saa at af saadant Møde maatte flyde den Fornødenhed af hendes Opdagelse.

15.1.63 *Semiramide riconosciuta*

#	Sartori 1990–1994, #21580	
Zugrunde liegender Druck	Bologna, Museo Internazionale e Biblioteca della Musica, Lo. 04919	
Datum der UA	7. Januar 1764	
Ort der UA	Roma	
Spielort der UA	Teatro di Torre Argentina	
Komponist	Antonio Sacchini	
Anlass	Stagione di Carnevale	
Geehrte(r)	Die Damen	
Akte (Szenen)	3 (41; 15/12/14)	
Schauplatz	Babilonia	
Personaggio / Besetzung	Semiramide (♀), *in abito virile sotto nome di Nino Re degli Assirj amante di Scitalce conosciuto, ed amato da lei antecedentemente nella Corte d'Egitto come Idreno*	Gaspare Savoj (♂, Sopran)
	Mirteo (♂), *Principe reale d'Egitto, Fratello di Semiramide da lui non conosciuto, ed amante di Tamiri*	Carlo Niccolini (♂)
	Ircano (♂), *Principe Scita amante di Tamiri*	Pietro Tibaldi (♂, Tenor)
	Scitalce (♂), *Principe reale d'una parte dell'Indie, creduto Idreno da Semiramide, pretensore di Tamiri, ed Amante di Semiramide*	Filippo Elisi (♂, Sopran)
	Tamiri (♀), *Principessa reale de'Battriani, Amante di Scitalce*	Vincenzo Pasquinucci (♂, Contralto)
	Sibari (♂), *Confidente, ed Amante occulto di Semiramide*	Marcello Pompilj (♂)
Argomento	identisch mit Roma 1729	

15.1.64 *Semiramide riconosciuta*

#	Sartori 1990–1994, #21510; Sonneck 1914, 988
Zugrunde liegender Druck	Mailand, Biblioteca Nazionale Braidense, RACC. DRAMM. 4417
Datum der UA	1765
Ort der UA	Venezia
Spielort der UA	Teatro S. Cassiano
Komponist	Tommaso Luca Traetta

#	**Sartori 1990–1994, #21510; Sonneck 1914, 988**	
Anlass	Stagione di Carnevale	
Geehrte(r)	Ernestina Durazzo	
Akte (Szenen)	3 (35; 14/11/10)	
Schauplatz	Babilonia	
Personaggio / Besetzung	Semiramide (♀), *in abito virile, sotto nome di Nino Re degli Assiri, amante di Scitalce, conosciuto, ed amato da lei antecedentemente nella Corte d'Egitto come Idreno*	Angiola Calori (♂, Sopran)
	Mirteo (♂), *Principe reale d'Egitto, fratello di Semiramide, da lui non conosciuta, e amante di Tamiri*	Giovanni Toschi (♂, Sopran)
	Ircano (♂), *Principe Scita amante di Tamiri*	Salvador Passaglia (♂)
	Scitalce (♂), *Principe reale d'una parte dell'Indie, creduto Idreno da Semiramide, pretensore di Tamiri, ed amante di Semiramide*	Antonio Gotti (♂, Sopran)
	Tamiri (♀), *Principessa reale de'Battriani, amante di Scitalce*	Cecilia Grassi (♀, Sopran)
	Sibari (♂), *confidente, ed amante occulto di Semiramide*	Giuseppe Colonna (♂)
Argomento	identisch mit Roma 1729	

15.1.65 Semiramide | Semiramis

#	**Sartori 1990–1994, #21509; Sonneck 1914, 985**
Zugrunde liegender Druck	München, Bayerische Staatsbibliothek, Slg. Her 2189
Datum der UA	7. Januar 1765[32]
Ort der UA	München
Spielort der UA	Neues Hoftheater (= Residenztheater)
Komponist	Andrea Bernasconi
Anlass	Hochzeit König Joseph II. mit Josepha Maria zu Bayern
Geehrte(r)	–
Akte (Szenen)	3 (33; 13/10/10)
Schauplatz	Babilonia
Personaggio / Besetzung	Semiramide (♀), *iu abito Virile, sotto nome di Nino Re degli Assiri, amante di Scitalce conosciuto, ed amato da lei antecedentemente nella corte d'Egitto come Idreno*	Caterina Mignotti (♀, Soprano)

---

32 Außerdem am 16. Januar desselben Jahres; Weiss 1923, 58.

#	**Sartori 1990–1994, #21509; Sonneck 1914, 985**	
Personaggio / Besetzung (Fortsetzung)	Mirteo (♂), *Principe reale d'Egitto fratello di Semiramide da lui non Conosciuta, e amante di Tamiri*	Gaetano Ravanni (♂, Contralto)
	Ircano (♂), *Principe Scita amante di Tamiri*	Domenico Panzachi (♂, Tenor)
	Scitalce (♂), *Principe reale d'una parte dell'Indie, creduto Idreno da Semiramide, pretensore di Tamiri, ed amante di Semiramide*	Carlo Concialini (♂, Sopran)
	Tamiri (♀), *Principessa reale de'Battriani amante di Scitalce*	Signora N.N. (♀)
	Sibari (♂), *Confidente, ed amante occulto di Semiramide*	Antonio Solari (♂, Tenor/Bass)
	La Fama (♀)	Walburga Woldizcka (♀)
	Semiramis, *in männlichen Kleidern unter dem Nahmen deß Assirischen Königs Nini, verliebt in Scitalces, welchen sie vorhero an dem Egyptischen Hof unter dem Nahmen Hidreni gekannt, und geliebet*	
	Mirtheus, *ein königlicher Egyptischer Prinz, und Bruder der Semiramis von ihr nicht erkannt, verliebt in Tamiris*	
	Hircanus, *ein Scytischer Prinz, verliebt in Tamiris*	
	Scitalces, *ein königlicher Prinz eines Theils von Indien, vin Semiramis geglaubter Hydrenus, ein Anwerber der Tamiris, und verliebt in Semiramis*	
	Tamiris, *eine königliche Prinzeßin deren Bactrianiern, verliebt in Scitacles*	
	Sibaris, *ein vertrauter und heimlicher Liebhaber der Semiramis*	
	Fama	
Argometo	italienischer Text identisch mit Roma 1729	
	Es ist aus der Geschichte bekannt, daß Semiramis von Ascalon, deren Mutter eine Brunn-Nimphe, ihre Ernährerinnen aber, Tauben gewesen seyn sollen von Nino dem König von Aßirien zur Gemahlin erwählet worden, daß sie nach dessen Tod in männlichen Kleidern geherrschet indeme sie, mit Beyhülfe der Aehnlichkeit ihrer beyder seitigen Gestalt, und weilen das Frauenzimmer in Asia gar wenig, gesehen wird, für ihren jungen Sohn Ninum außgabe, und daß, da sie eine Frau zu seyn erkannt wurde, ihre Unterthanen wegen ihre schon ehrfahrenen Klugheit, und Taferkeit halber, sie auf dem Thron bestättiget haben. Die Haupt-Vorstellung dieses Schau-Spiels ist die Erkanntnuß der Semiramis darzu man der Gelegenheit halber, und zugleich, umb die Unwahrscheinlichkeit ihres Fabelhafften Ursprungs zu heben, gedichtet, daß sie eine Tochter des Königs in Egypten Vesoris, und eine Schwester deß von Kindheit auf an dem Hof des Bactrianischen Königs Zoroasters, Mirteus zugleich aber in Scitalces einen Prinzen von einem Theil Indiens, welcher unter dem verstellten Nahmen Hidreni an dem Hof des Vesoris ankame, verliebt wäre, da sei, solchen nicht von ihren Vater erhalten, mit ihme die Flucht genommen; daß dieser in der nämlichen Nacht, da sie mit einander entwichen, sie aus einer heftigen Eyfersucht (welche sein verstellter Freund, und nicht geglaubter Mit-Buhler Sibaris durch Verrätherey in ihm erwecket, sei in den Nilfluß geowrffen; daß so dann sie dieser Gefahr dennoch entronnen	

#	Sartori 1990–1994, #21509; Sonneck 1914, 985
Argomento (Fortsetzung)	und nachdeme sie als unbekannt gerum gereiset mit ihr die Hieroben angeführte, völlige Geschicht vorgefallen seye. Der Schauplatz der Vorstellung ist Babylon, allwo verschiedene Prinzen, um die Tamiris, eine der Semiramis unterworffene Erb-Prinzeßin des Bactrianischen Throns zur Braut auzubegehren, zusammen kommen, diese Semiramis aber den Ninum vorstellet. Die Zeit ist der von Tamiris zur Benennung ihres Gemahls bestmmte Tag, welches (weilen eben am solchen viele auswärtige Prinzen, theils um sie zu erhalten, theils, den Pracht zu sehen, sich allda einfinden,) die wahrscheinliche Gelegenheit an die Hand giet, daß auch Semiramis an gedachten Orth, und Tag mit ihren Bruder Mirteus ihrem geliebten Scitalces und dem Verräther Sibaris zusammen treffen, und daß eben aus sothaner Zusammenkunfft die Nothwenigkeit ihrer Entdeckung entstehe.

15.1.66 *La Semiramide riconosciuta* | *La Semiramis reconhecida*

#	Sartori 1990–1994, #21581; Sonneck 1914, 990	
Zugrunde liegender Druck	Washington, Library of Congress, ML 48 S 7875	
Datum der UA	1765	
Ort der UA	Lisboa	
Spielort der UA	Teatro do Bairro Alto	
Komponist	Davide Pérez	
Anlass	Stagione di Autunno	
Geehrte(r)	–	
Akte (Szenen)	3 (40; 15/13/12)	
Schauplatz	Babilonia	
Personaggio / Besetzung	Semiramide (♀), *in abito virile, sotto nome di Nino Re degl'Assiri, amante di Scitalce, conosciuto, ed amato da lei antecedentemente nella Corte d'Egitto come Idreno*	Angiola Sartori (♂, Contralto)
	Mirteo (♂), *Principe Reale d'Egitto fratello di Semiramide da lui non conosciuta, ed amante di Tamiri*	Giuseppe Giustinelli (♂, Sopran)
	Scitalce (♂), *Principe Reale d'una parte dell'Indie, creduto Idreno da Semiramide, pretensore di Tamiri, ed amante di Semiramide*	Antonio Mazziotti (♂, Bass)
	Ircano (♂), *Principe Scita amante di Tamiri*	Gaetano Quilici (♂, Tenor oder Bass)
	Tamiri (♀), *Principessa Reale de Battriani amante di Scitalce*	Maddalena Tagnoni Berardi (♀)
	Sibari (♂), *Confidente, ed amante occulto di Semiramide*	Leopoldo Micheli (♂, Bass)
	Semiramis, *em trage de homem, com o nome de Nino Rey dos Assirios, amante de Sitalce, della conhecido, e amado antecedentemente na Corte do Egipto como Idreno*	

#	Sartori 1990–1994, #21581; Sonneck 1914, 990
Personaggio / Besetzung (Fortsetzung)	Mirteo, *Principe Real do Egipto, Irmaõ de Semiramis, delle nao conhecida, e amante de Tamire* Scitalce, *Principe Real de hum aparte da India, reputado Idreno por Semiramis, pretendente de Tamire, e amante de Semiramis* Ircano, *Prinicpe da Scythia, amante de Tamire* Tamire, *Princeza Real dos Bactros, amante de Sitalce*
Argomento	italienischer Text identisch mit Roma 1729 He notorio pelas Historias que Semiramis Ascalonita, de quem se créo ser Máy huma Ninfa de huma fonte, e criada pelas Pombas, chegou a ser espoza de Nino Rey dos Assirios; e que morto este, reinou em trage de bomem, fazendo-se crer o pequeno Nino seu filho, ajudando-se para o fingimento da semelbança do rosto, e do aperto com que viviaó recolhidas as mulheres da Asia; e que finalmente reconhecida por mulher, foi confirmada no Reyno pelos seus vassalos, que a tinhaõ experimentado na prudencia, e no valor. A prinicpal acçaó do Dramma he a reconhecimento de Semiramis, ao qual para lhe dar motivo, e ao mesmo tempo desvanecer a inverisimilidade da sua fabuloza prigem, se finge ser filba de Vessore Rey do Egipto; que tivera bumirmaõ chamado Mirteom criado desde menino na Corte di Zoroastri Rey dos Bactros; que se ennamorára de Sitalce Principe de huma parte da India, o qual entrou na Corte de Vessore com o fingido nome de Idreno; que naõ podendo conseguir permissaõ de seu Pay para ser sua espoza, fugira com elle; que este na mesma noyte da fuga a ferira, e lançára no Nilo, por huns violentos zallos, de que foi origem o traidor Sibare, seu fingido amigo, e oculto rival; e que depois sobrevivendo ella àquella, desventura, perigrinàra desconhecida, e lhe sucedera tudo quanto de bistorico se dice acima. O Lugar, em que se reprezenta a acçaó, he Babilonia, aonde concorremvarios Principes pertendentes aos desposorios de Tamire Princeza Hereditaria dos Bactros, tributaria de Semiramis acreditada Nino. O tempo, he o dia destinado por Tamire para a elleiçaõ do seu Esposo; a qual fazendo concorrer a Babilonia muitos Principes Estrageiros, huns curioso da pompa, outros dezejezos de conseguilla Esposa, subministra huma verisimil occasiaõ de acharse Semiramis no mesmo lugar, e no mesmo dia, com sei irmaó Mirteo, com o amante Sitalce, e com o traido Sibare, e que de ttal encontro nasça a necessidade do seu descobrimento.

15.1.67 *Semiramide*

#	Sartori 1990–1994, #21508
Zugrunde liegender Druck	Bergamo, Biblioteca Civica, Signatur unbekannt
Datum der UA	August/September 1766
Ort der UA	Bergamo
Spielort der UA	Teatro di Fiera
Komponist	Giuseppe Mysliveček
Anlass	Messe
Geehrte(r)	Catterina Martinengo

#	Sartori 1990–1994, #21508	
Akte (Szenen)	3 (34; 14/11/9)	
Schauplatz	Babilonia	
Personaggio / Besetzung	Semiramide (♀), *in abito virile, sotto nome di Nino Re degli Assiri, amante di Scitalce, conosciuto, ed amato da lei antecedentemente nella Corte d'Egitto come Idreno*	Catterina Galli (♀, Sopran)
	Scitalce (♂), *Principe Reale d'una parte dell'Indie, creduto Idreno da Semiramide, pretensore di Tamiri, ed amante di Semiramide*	Carlo Nicolini (♂, Sopran)
	Tamiri (♀), *Principessa Reale de' Battriani, amante di Scitalce*	Marianna Bucinelli (♀, Sopran)
	Mirteo (♂), *Principe Reale d'Egitto, fratello di Semiramide, da lui non conosciuta, ed amante di Tamiri*	Adam Solzi (♂, Sopran)
	Ircano (♂), *Principe Scita, amante di Tamiri*	Antonio Pini (♂, Sopran)
	Sibari (♂), *confidente, ed amante occulto di Semiramide*	Rosa Polidora (♀, Alt)
Argomento	identisch mit Roma 1729	

15.1.68 *Semiramide riconosciuta*

#	Sartori 1990–1994, #21582	
Zugrunde liegender Druck	Venedig, Biblioteca Nazionale Marciana, Signatur unbekannt (nicht vollständig eingesehen)	
Datum der UA	Oktober 1766	
Ort der UA	Alessandria	
Spielort der UA	Teatro Soleria	
Komponist	Giuseppe Mysliveček	
Anlass	Messe	
Geehrte(r)	Giani Bellegarde	
Akte (Szenen)	3	
Schauplatz	Babilonia	
Personaggio / Besetzung	Semiramide (♀)	Caterina Galli (♀, Sopran)
	Scitalce (♂)	Antonio Perelini (♂)
	Tamiri (♀)	Marianna Bucinelli (♀, Sopran)
	Mirteo (♂)	Adamo Solzi (♂, Sopran)
	Ircano (♂)	Antonio Pini (♂, Sopran)
	Sibari (♂)	Domenico Bicht (♂)
Argomento	identisch mit Roma 1729	

15.1.69 *Semiramide riconosciuta*

#	**Sartori 1990–1994, #21583**	
Zugrunde liegender Druck	Florenz, Biblioteca Marucelliana, 8.E.III.4 (n.5) (nicht vollständig eingesehen)	
Datum der UA	26. Dezember 1766	
Ort der UA	Firenze	
Spielort der UA	Teatro di Via della Pergola	
Komponist	?	
Anlass	Stagione di Carnevale	
Geehrte(r)	Pietro Leopoldo (später Leopold II.), Großherzog der Toskana	
Akte (Szenen)	3	
Schauplatz	Babilonia	
Personaggio / Besetzung	Semiramide (♀), *in abito virile, sotto nome di Nino Re degli Assirj, amante di Scitalce, conosciuto, ed amato da lei antecedentemente nella Corte d'Egitto come Idreno*	Giovanna Carmignani (♀, Sopran)
	Scitalce (♂), *Principe Reale d'una parte dell'Indie, creduto Idreno da Semiramide, pretensore di Tamiri, ed amante di Semiramide*	Giacomo Veroli (♂, Sopran)
	Ircano (♂), *Principe Scita, amante di Tamiri*	Giuseppe Vichi (♂)
	Mirteo (♂), *Principe Reale d'Egitto, fratello di Semiramide, da lui non conosciuta, e amante di Tamiri*	Cosimo Bianchi (♂, Sopran)
	Tamiri (♀), *Principessa Reale de' Battriani, amante di Scitalce*	Anna Boselli (♀, Sopran oder Mezzosopran)
	Sibari (♂), *confidente, e amante occulto di Semiramide*	Niccolò Caffarelli (♂)
Argomento	identisch mit Roma 1729	

15.1.70 *Semiramide*[33]

#	–
Zugrunde liegender Druck	kein Druck eruierbar
Datum der UA	30. Mai 1767
Ort der UA	Napoli
Spielort der UA	Teatro S. Carlo
Komponist	Ferdinando A. Bertoni
Anlass	?

---

33 Over 21999, 1473–1478.

#	–
Geehrte(r)	?
Akte (Szenen)	?
Schauplatz	?
Personaggio / Besetzung	Semiramide (♀) Scitalce (♂) Tamiri (♀) Mirteo (♂) Ircano (♂) Sibari (♂)	Clementina Baldetti (♀, Sopran) Gerlando Speciali (♂, Sopran) Antonia Maria Girelli Aguilar (♀, Sopran) Carlo Reina (♂, Tenor) Ercole Cipranidi (♂) Giuseppe Compagnucci (♂, Sopran)
Argomento	?

15.1.71 Semiramide

#	Sartori 1990–1994, #21511; Sonneck 1914, 988
Zugrunde liegender Druck	Mailand, Biblioteca Nazionale Braidense, RACC. DRAMM. 5205
Datum der UA	Mai 1768
Ort der UA	Venezia
Spielort der UA	Teatro Vendramino di S. Salvatore
Komponist	Giuseppe Sarti
Anlass	Himmelfahrts-Messe
Geehrte(r)	–
Akte (Szenen)	3 (27?; 11?/8/8)
Schauplatz	Babilonia
Personaggio / Besetzung	Semiramide (♀), *in Abito virile* Mirteo (♂), *Principe Reale d'Egitto* Ircano (♂), *Principe Scita* Scitale (♂), *Principe Reale d'una parte di Indie* Tamiri (♀), *Principessa Reale de' Battriani* Sibari (♂), *Confidente di Semiramide*	Catterina Flavis (♀, Sopran) Antonio Solari (♂, Tenor oder Bass) Fernando Pasini (♂) Carlo Reina (♂, Sopran) Luigia Fabris (♂, Sopran) Vincenzo Prevato (♂)
Argomento	identisch mit Roma 1729

15.1.72 Semiramide riconosciuta | Die erkannte Semiramis

#	Sartori 1990–1994, #21584
Zugrunde liegender Druck	Prag, Národní knihovna Ceské republiky, 000139928
Datum der UA	1768
Ort der UA	Praha

Katalog der nachweisbaren barocken Semiramis-Opern 533

#	Sartori 1990–1994, #21584	
Spielort der UA	Hoftheater	
Komponist	Giuseppe Mysliveček	
Anlass	Stagione di Autunno	
Geehrte(r)	–	
Akte (Szenen)	3 (34; 14/11/9)	
Schauplatz	Babilonia	
Personaggio / Besetzung	Semiramide (♀), *in abito Virile, sotto il nome di Nino Re delli Assiri Amante di scitalce* (sic) *conosciuto, ed amato da lei antecedentemente Nella Corte d'egitto come Idreno*	Angela Calori (♀, Sopran)
	Scitalce (♂), *Principe Reale d'una parte dell'indie, Creduto Idreno da Semiramide Pretensore di Tamiri, e amante di Semiramide*	Giovanni Priori (♂)
	Tamiri (♀), *Principessa Reale de Battriani amante di scitalce* (sic)	Barbara Girelli (♀, Sopran)
	Mirteo (♂), *Principe Reale d'egitto Fratello di Semiramide da lui non conosciuta, e amante di Tamiri*	Francesco Bossio (♂)
	Ircano (♂), *Principe scita e Amante di Tamiri*	Giovanni Ansani (♂, Tenor)
	Sibari (♂), *Confidente e Amante occulto di Semiramide*	Signora N.N. (♀)
	Semiramis, *in Maunskleidern* (sic) *unter dem Namen Ninus König aus Aßyrien, Liebhaberin des erkannten Scitalce, der zu vor von ihr geliebet wurde, da er sich in Egypten am Hofe ihres Vaters als der vermeinte Idrenus aufhielte*	
	Scitalce, *ein königlicher Prinz eines Theils des Morgenlandes von Semiramis vermeinter Idrenus erwählter Bräutigam der Tamiris und Liebhaber der Semiramis*	
	Tamiris, *Königliche Prinzeßin des Bactrianischen Reichs Liebhaberin des Scitalce*	
	Mirteus, *Ein Königlicher Prinz von Egypten Bruder der Semiramis der von ihr nicht erkennet ist, Liebhaber der Tamiris*	
	Hiran (sic), *ein Scythischer Fürst, und der Tamiris Liebhaber*	
	Sibaris, *Ein vertrauter und geheimer Liebhaber der Semiramis*	
Argomento	italienischer Text identisch mit Roma 1729	
	Semiramis soll nach einiger Geschicht-Steller Erzehlung der vermeinten Syrschen Göttin Dekreto oder Atergatis Tochter gewesen seyn, die die Tauben ernähret sollen haben. Man	

#	Sartori 1990–1994, #21584
Argomento (Fortsetzung)	kann also nicht läugnen, daß ihre Geschichte ziemlich Fabelhafft sey; doch ist erweißlich, daß sie viele erhabene und männliche Thaten geübt, wodurch sie Ninus kennen lernte und sie zur Gemahlin nahm. Man sagt sie habe nach seinem Tod in männlicher Kleidung geherschet, sich vor ihren Sohn Nunus ausgegeben, wozu ihr die Aenlichkeit ihrer Gestalt und die Strenge der Asiatischen Gesäzen (Krafft welcher die Frauen allen anderen unsichtbar und unbekannt waren) behülfflich war. Schlüßlich aber da man sie erkannte, wurde sie von ihren Unterthanen ihrer Vernunft, Geschiklichkeit und Tapferkeit wegen, das Reich zu beherschen bestättiget. Der Grundsaz dieses Singspils ist die Offenbarung der Semiramide zu solcher bessere Gelegenheit zu haben und das Unwahrscheinliche ihres Fabelhaften Ursprungs zu tilgen, wird dedichtet, als ware sie des Vessornes König in Egypten Tochter und des Mirtenes Schwester, und am Hoffe des Zoroaster König der Bactrianer erzogen wo sie sich in Scitalce dem Fürsten eines Theils von Morgenland, der sich au (sic) Vesorne Hoffe unter dem Namen Idrenus aufhielt, verliebte. Da nun dieser solche von dem Vater nicht erhalten kunte, entflohe er zu Nachts mit ihr, und eben in dieser Nacht verwunete er sie und warf sie aus allzu heftiger Eyfersucht, in welche ihn die Verrätherey des Sibaris eines vermeinten Freundes und heimlichen Nebenbuhlers sezte, in den Fluß Nilus, sie entronne aber solcher Gefahr, und nachdem sie auf verschiedene Art herum irrte, begab sich eines wo von für kurzen in ihre Geschichte gemeldet worden. Der Ort, in welchem diese Handlung vorgestellt wird, ist die Stadt Babylon, in welche verschiedene Fürsten anlangen zu dme Beylager der Bactrianischen Fürstin Tamiris, die die einige Erbin dieses Reichs und der Semiramis oder des vermeinten Ninus Lehnträgerin ist. Der bestimmte Tag an welchem Tamiris ihren Gemahl wählen sollte, und die Ankunfft so vieler fremden Fürsten giebt Gelegenheit daß Semiramis mit ihrem Bruder Mirteus, wie auch mit ihrem Liebhaber Scitalce und dem Verräther Sibaris die mit denen andern Fürsten zur Wahl nach Babylon kamen, zusammen komme und von solchen unumgänglich erkennet und offenbahret wird. Ein mehreres ist in Herod., Strabo., Plin. Curt. und andern Geschichtschreibern zu finden.

15.1.73 *Semiramide riconosciuta*

#	Sartori 1990–1994, #21585	
Zugrunde liegender Druck	Bologna, Museo Internazionale e Biblioteca della Musica, Lo. 7126	
Datum der UA	31. Januar 1770	
Ort der UA	Firenze	
Spielort der UA	Teatro di Via della Pergola	
Komponist	Giuseppe Mysliveček?	
Anlass	Stagione di Carnevale	
Geehrte(r)	–	
Akte (Szenen)	3 (38; 13/12/13)	
Schauplatz	Babilonia	
Personaggio / Besetzung	Semiramide (♀), *in abito virile, sotto nome di Nino Re degli Assirj, amante di Scitalce, conosciuto, ed amato da lei antecedentemente nella Corte d'Egitto come Idreno*	Marianna Bianchi Tozzi (♀, Sopran)

#	Sartori 1990–1994, #21585	
Personaggio / Besetzung (Fortsetzung)	Scitalce (♂), *Principe Reale d'una parte dell'Indie, creduto Idreno da Semiramide, pretensore di Tamiri, ed amante di Semiramide*	Carlo Niccolini (♂)
	Ircano (♂), *Principe Scita, amante di Tamiri*	Pietro de Mezzo (♂, Tenor)
	Mirteo (♂), *Principe Reale d'Egitto, fratello di Semiramide, da lui non conosciuta, e amante di Tamiri*	Giuseppe Meisner (♂)
	Tamiri (♀), *Principessa Reale de'Battriani, amante di Scitalce*	Maria Bozzio (♀, Sopran)
	Sibari (♂), *confidente, e amante occulto di Semiramide*	Bernardina Bozzio (♀, Sopran)
Argomento	identisch mit Roma 1729	

15.1.74 La Semiramide riconosciuta | La Semiramis reconocida

#	Sartori 1990–1994, #21586	
Zugrunde liegender Druck	Stockholm, Musik- och teaterbiblioteket, Dram. utl. Rar Metastasio	
Datum der UA	1. Juli 1770	
Ort der UA	Jerez de la Frontera	
Spielort der UA	Teatro Italiano	
Komponist	Baldassarre Galuppi	
Anlass	–	
Geehrte(r)	Gioacchino Maria Xaverio	
Akte (Szenen)	3 (36; 14/11/11)	
Schauplatz	Babilonia	
Personaggio / Besetzung	Semiramide (♀), *in abito virile, sotto nome di Nino Rè degli Assiri, Amante di Scitalce, conosciuto, ed amato da lei antecedentemente nella Corte d'Egitto come Idreno*	Rosa Nicolini (♀)
	Tamiri (♀), *Principessa Reale de Battriani, Amante di Scitalce*	Anna Loreti Raimondi (♀)
	Scitalce (♂), *Principe Reale d'una parte dell'Indie, creduto Idreno da Semiramide, pretensore di Tamiri, ed Amante di Semiramide*	Antonio Tedeschi (♂)
	Ircano (♂), *Principe Scita, Amante di Tamiri*	Gasparo Francesconi (♂, Sopran)
	Mirteo (♂), *Principe Reale d'Egitto, Fratello di Semiramide, da lui non conosciuta, ed Amante di Tamiri*	Giovanni Locarini (♂)
	Sibari (♂), *Confidente, ed Amante occulto di Semiramide*	Antonio Pesci (♂, Bass)

#	**Sartori 1990–1994, #21586**
Personaggio / Besetzung (Fortsetzung)	Semiramis, *en trage de nombre, baxo el Nombre de Nino, Rey de los Assirios, Amante de Scitalce, conocido, y querido de ella antecedentemente en la Corte de Egypto, como Idreno* Tamiri, *Princesa de los Batrianos, Amante de Scitalce* Scitalce, *Principe Real de una parte de la India, creido de Semiramis por Idreno, retendiente de Tamiri, y Amante de Semiramis* Ircano, *Principe Scita, Amante de Tamiri* Mirteo, *Principe de Egypto, Hermano de Semiramis, no conocida de el, y Amante de Tamiri* Sibari, *Confidente, y oculto Amante de Semiramis*
Argomento	italienischer Text identisch mit Roma 1729 Por las Historias se sabe, que Semiramis Ascalonita, de quien fué creida Madre da Ninfa de una Fuente, fuè Consorte de Nino, Rey de los Asirios, y que por su muerte reyno, disfrazada en habito de hombre, haciendo creer era el pequeño Nino, su Hijo, ayudada de la similitud de su semblante, y que al fin descubierto su sexo, la confirmaron por Reyna sus Vasallos, por la experiencia, que tenian da su valor, y prudencia. El principal assunto de esta Opera, es el descubrimiento de Semiramis, à lo que por quitar la inverosimilitud de su Origen fabuloso se finge, que fuesse Hija de Vesor Rey de Egypto, cuyo Hermano era Mirtèo, educade decde du infancia en la Corte de Yoroastro, Rey de los Batrianos Perdas: Que la dicha se enamoro de Scitalce, Principa de una parte de la India, el que llego à la Corte del referido Vesor, con el fingido nombre de Idreno: Que no haviendo podido conseguir del Padre, se lo diesse por Esposo, se huyo con el, y que en la misma noche la hirio, y arrojo en el Rio Nilo, por unos zelos, que le huzo creer su fingido Amigo Sibari, que no tenìa por contrario, que saliendo de esta aventura peregrino, y que despues le sucedió quanto la Historia dice. El sitio donde se representa haver sucedido la Historia, es Babylonia, donde concurren diversos Principes pretendientes de Tamiri, Princesa hereditaria de los Battrianos, tributaria de Semiramis, tenida por Nino. El tiempo es el dia en que Tamiris elege su Esposo, cuya eleccion, ocasionando la concurrencia de muchos Principes Estrangeros, motiva el encontrarse en el mismo sitio, y dia Semiramis con su Hermano Mirtéo, con su querido Scitalce, y con el traydor Sibari, y que de este enuentro resulte la precision de su descubrimiento.

15.1.75 *Semiramide riconosciuta or Semiramis discovered*

#	**Sartori 1990–1994, #21587**
Zugrunde liegender Druck	London, The British Library, 907.i.13.(6.)
Datum der UA	9. Februar 1771
Ort der UA	London
Spielort der UA	King's Theatre
Komponist	Gioacchino Cocchi

#	Sartori 1990–1994, #21587
Anlass	–
Geehrte(r)	–
Akte (Szenen)	3 (14; 4/4/6)
Schauplatz	Babylon
Personaggio / Besetzung	Semiramis (♀), *in Man's Apparel, under the Name of Ninus, King of Assyria, in Love with the known Scitalche, and beloved by hin before in the Court of Egypt as Idrenus* — Cecilia Grassi (♀, Sopran) Thamyris (♀), *Princess of Bactria, in Love with Scitalche* — Angela Romani (♀, Alt) Scitalche (♂), *an Indian Prince, believed Idrenus by Semiramis, Pretender to Thamyris, and in Love with Semiramis* — Giusto Ferdinando Tenducci (♂, Sopran) Myrteus (♀), *a Prince of Egpyt, brother to Semiramis, not known to him, and in Love with Thamyris* — Signor Ristorini (♂) Ircanus (♂), *a Scythian Prince, in Love with Thamyris* — Signor Savoi (♂) Sibaris (♂), *Confiden to, and secretly in Love with Semiramis, and false Friend to Scitalche* — Signor Morigi (♂)
Argomento	History informs us, that Semiramis of Ascalon, whose mother was thought to be a Nymph of the fountain, and one who fed pidgeons, came to be the wife of Ninus, King of Assyria; and, after his death, she reigned in man's apparel, feigning herself to be the little Ninus, her son, assisted by the near resemblance of face, and by the strictness with which they live, not seelung even the woman of Asia; and that after being known tob e a woman, she was confirmed in her reign by her subjects, who had been witnesses of her prudence and valour. This recognition of Semiramis is the principal action of the drama To which to give occasion, and to remove at the same time all likelihood oft hat fabulous origin of her, it is feigned she was the daughter of Vessor, King of Egypt, and had a brother called Myrteus, brought up from a child in the court of Zoroaster, King of Bactria; that she fell in love with Scialche, and Indian prince, then under the feigned name of Idrenus, which came to a height in the court of Vessor; but not being able to obtain him in marriage of her father, she fled with him; that he, in the same night of their flight, wounded her, and threw her into the Nile, by a fatal violent jealousy he conceived by the treachery of Sibaris, his feigned firend, and unknown rival; and that she, surviving that misfortune, wandered unknown, and that there afterwards happend these incidents here represented.

15.1.76 *Semiramide*

#	Sartori 1990–1994, #21513
Zugrunde liegender Druck	Modena, Biblioteca Estense Universitaria, MD.L.02.09
Datum der UA	1771
Ort der UA	Modena
Spielort der UA	Hoftheater
Komponist	Tommaso Luca Traetta et al.

#	Sartori 1990–1994, #21513
Anlass	Stagione di Carnevale
Geehrte(r)	Principe ereditario di Modena
Akte (Szenen)	3 (35; 14/11/10)
Schauplatz	Babilonia
Personaggio / Besetzung	Semiramide (♀), *in abito virile, sotto nome di Nino Re degli Assiri, amante di Scitalce, conosciuto, ed amato da lei antecedentemente nella Corte d'Egitto come Idreno* — Geltrude Allegretti (♀, Sopran) Mirteo (♂), *Principe reale d'Egitto, fratello di Semiramide, da lui non conosciuta, e amante di Tamiri* — Francesco Fariselli (♂, Alt) Ircano (♂), *Principe Scita amante di Tamiri* — Gaetano Scovelli (♂, Tenor) Scitalce (♂), *Principe Reale d'una parte dell'Indie, creduto Idreno da Semiramide, pretensore di Tamiri, ed amante di Semiramide* — Antonio Goti (♂) Tamiri (♀), *Principessa reale de'Battriani, amante di Scitalce* — Anna Boselli (♀, Sopran/Mezzosopran) Sibari (♂), *confidente, ed amante occulto di Semiramide* — Matteo Babini (♂, Tenor)
Argomento	identisch mit Roma 1729

15.1.77 *Semiramide*

#	Sartori 1990–1994, #21512; Sonneck 1914, 987
Zugrunde liegender Druck	Rio de Janeiro, Biblioteca Nacional, A-XV,S471,1771
Datum der UA	1771
Ort der UA	Salvaterra
Spielort der UA	Hoftheater
Komponist	Niccolò Jommelli
Anlass	Stagione di Carnevale
Geehrte(r)	–
Akte (Szenen)	Operntext nicht enthalten
Schauplatz	Babilonia
Personaggio / Besetzung	Semiramide (♀), *in abito virile, sotto nome di Nino Re degl'Assirj, amante di Scitalce conosciuto, ed amato da lei antecedentemente nella corte d'Egitto come Idreno* — Giambattista Vasques (♂, Sopran) Mirteo (♂), *Principe Reale d'Egitto fratello di Semiramide, da lui non conosciuta, e amante di Tamiri* — Giovanni Ripa (♂, Sopran) Ircano (♂), *Principe Scita amante di Tamiri* — Luigi Torriani (♂, Bass)

#	**Sartori 1990–1994, #21512; Sonneck 1914, 987**	
Personaggio / Besetzung (Fortsetzung)	Scitalce (♂), *Principe Reale d'una parte dell'Indie, creduto Idreno da Semiramide, pretensore di Tamiri, ed amante di Semiramide*	Carlo Reyna (♂, Sopran)
	Tamiri (♀), *Principessa reale de'Battriani, amante di Scitalce*	Giuseppe Orti (♂)
	Sibari (♂), *confidente, ed amante occulto di Semiramide*	Giuseppe Romanini (♂)
Argomento	identisch mit Roma 1729	

15.1.78 Semiramide riconosciuta

#	–
Zugrunde liegender Druck	Barcelona, Biblioteca de Catalunya, C400/26
Datum der UA	1772
Ort der UA	Barcelona
Spielort der UA	Teatro di Barcelona
Komponist	?
Anlass	–
Geehrte(r)	Das Publikum
Akte (Szenen)	3 (35; 15/13/7)
Schauplatz	Babilonia
Personaggio / Besetzung	Semiramide (♀), *in abito virile, sotto nome di Nino, amante di Scitalce, conosciuto, ed amato da lei anticamente* (sic) *alla Corte d'Egitto come Idreno* Ircano (♂), *Principe Scita, amante* Tamiri (♀), *Principessa Reale de'Battriani, amante di* Scitalce (♂), *Principe Reale d'una parte dell'Indie, creduto Idreno da Semiramide, pretensore di Tamiri, ed amante di Semiramide* Mirteo (♂), *Principe d'Egitto, fratello di Semiramide, da lui conosciuta* (sic), *ed amante di Tamiri* Sibari (♂), *confidente, ed amante occulto di Semiramide*
Argomento	italienischer Text identisch mit Roma 1729 Es notorio en las Historias, que Semiramis Ascalonita fuesse hija de una de las Nayades, que la criassen las Palomas, y llegase à ser Consorte de Nino Rey de los Assirios, al qual muerto le succediò en el Trono vestida de hombre, fingiendo ser su hijo Nino, por serle mui parecida en el semblante, y ayudada de la estrechez en que vivian las mugeres de la Asia, sin ser vistas de nadie. Y que finalmente conocida por hembra, la confirmaron sus Vassallos en el Reyno, haviendo experimentado su prudencia, y valor.

#	–
Argomento (Fortsetzung)	La accion principal del Drama es este reconocimiento de Semiramis, y se finge, para dar motivo, y quitar al mismo tiempo al inverosimilitud de su fabuloso origen, que fuesse hija de Vessor Rey de Egypto, y tuviesse un hermano llamado Mirteo, educado desde niño en la Corte de Soroastro Rey de los Batrianos; Que se enamorasse de Scitalce Principe de una parte de las Indias, el qual llegò à la Corte de Vessor con el fingido nombre de Idreno: Que no haviendo podido conseguir de su Padre el consentimiento para hacerle su esposo, se huyò con èl: Que èste en la misma noche de la fuga la hiriesse, y la echasse en el Nilo, por una violenta passion de zelos, que le hizo concebir por traícion su fingido amigo Sibari, que le era competidor diffimulado: Y que ella, sobreviviendo à esta desgracia, peregrinasse desconocida, y despues le acaeciesse todo do que arriba se ha dicho de la Historia. La accion se representa en Babilonia, donde concurren diferentes Principes pretendientes al matrimonio de Tamiris Princesa hereditaria de los Batrianos, tributaria de Semiramis, tenida por Nino. El tiempo es el dia destinando de Tamiris para la eleccion de su esposo, cuya eleccion llamando à Babilonia el concurso de muchos Principes estrangeros, unos curiosos de la pompa, otros deseosos del logro, subministra una verosimil ocasion de hallarse Semiramis en el mismo parage, y en el mismo dia con Mirteo su hermano, con Scitalce su amante, y con el traidor Sibari: y que de tales accidentes nazca la necessidad de su descubrimiento.

15.1.79 *Semiramide riconosciuta*

#	**Sartori 1990–1994, #21588**
Zugrunde liegender Druck	kein Druck eruierbar
Datum der UA	1773
Ort der UA	Praha
Spielort der UA	Hoftheater
Komponist	Giuseppe Sarti
Anlass	Stagione di Carnevale
Geehrte(r)	?
Akte (Szenen)	?
Schauplatz	?
Personaggio / Besetzung	?	
Argomento	?

15.1.80 *Semiramide riconosciuta*

#	**Sartori 1990–1994, #21589**
Zugrunde liegender Druck	Bologna, Museo Internazionale e Biblioteca della Musica, Lo. 02326
Datum der UA	13. August 1776
Ort der UA	Napoli

#	Sartori 1990–1994, #21589
Spielort der UA	Teatro S. Carlo
Komponist	Pietro Alessandro Guglièlmi oder G. M. Rutini[34]
Anlass	Geburtstag di Sua Maestà la regina
Geehrte(r)	Ferdinando IV
Akte (Szenen)	3 (29; 9/12/8)
Schauplatz	Babilonia
Personaggio / Besetzung	Semiramide (♀), *in abito virile, sotto nome di Nino Re degli Assirj, Amante di Scitalce, conosciuto ed amato da lei antecedentemente alla Corte d'Egitto come Idreno* — Elisabetta Teuber (♀, Sopran) Scitalce (♂), *Principe Reale d'una parte dell'Indie, creduto Idreno da Semiramide, pretensore di Tamiri, ed Amante di Semiramide* — Giovanni Rubinelli (♂, Alt) Ircano (♂), *Principe Scita amante di Tamiri* — Arcangelo Cortoni (♂, Tenor) Tamiri (♀), *Principessa Reale de'Battriani amante di Scitalce* — Elisabetta Ranieri (♀, Sopran) Mirteo (♂), *Principe Reale di Egitto fratello di Semiramide da lui non conosciuta, ed Amante di Tamiri* — Giuseppe Benedetti (♂, Sopran) Sibari (♂), *Confidente, ed Amante occulto di Semiramide* — Nicola Lancellotti (♂, Bass)
Argomento	identisch mit Roma 1729

15.1.81 *La Semiramide riconosciuta* | *La Semiramis reconocida*

#	–
Zugrunde liegender Druck	Barcelona, Biblioteca de Catalunya, Seccíon de Música, 1-I-84/3
Datum der UA	14. August 1774
Ort der UA	Valencia
Spielort der UA	Teatro di Valenzia
Komponist	Baldassare Galuppi
Anlass	–
Geehrte(r)	Contensa de Villagonzalo
Akte (Szenen)	3 (35; 14/11/10)
Schauplatz	Babilonia
Personaggio / Besetzung	Semiramide (♀), *in abito virile, sotto nome di Nino Rè degli Assiri, Amante di Scitalce, conosciuto, ed amato da lei antecedentemente nella Corte d'Egitto, come Idreno* — Teresa Taveggia (♀)

---

34 Rutini wird bei Marinelli Roscioni 1987, 69 als Komponist genannt.

	#	–	
Personaggio / Besetzung (Fortsetzung)		Tamiri (♀), *Principessa Reale de Battriani, Amante di Scitalce*	Ermenegilda Raimondi (♀)
		Scitalce (♂), *Principe Reale d'una parte dell'Indie, creduto Idreno da Samiramide (sic), pretensore di Tamiri, ed Amante di Semiramide*	Pietro Canovai (♂)
		Ircano (♂), *Principe Scita, Amante di Tamiri*	Gasparo Francesconi (♂)
		Mirteo (♂), *Principe Reale d'Egitto, Fratello di Semiramide, da lui non conosciuta, ed Amante di Tamiri*	Antonio Cataneo (♂)
		Sibari (♂), *Confidente, ed Amante occulto di Semiramide*	Signor N.N. (♂)
		Semiramis, *en trage de nombre baxo el Nombre de Nino, Rey de los Assirios, Amante de Scitalce, conocido, y querido de ella antecedentemente en la Corte de Egypto, como Idreno*	
		Tamiri, *Princesa de los Batrianos, Amante de Scitalce*	
		Scitalce, *Principe Real de una parte de la India, creido de Semiramis por Idreno, pretendiente de Tamiri, y Amante de Semiramis*	
		Ircano, *Principe Scita, Amante de Tamiri*	
		Mirteo, *Principe de Egypto, Hermano de Semiramis, no conocida de el, y Amante de Tamiri*	
		Sibari, *Confidente, y oculto Amante de Semiramis*	
Argomento		italienischer Text identisch mit Roma 1729	
		Por las Historias se sabe, que Semiramis Ascalonita, de quien fue creida Madre la Ninfa de una Fuente, fue Consorte de Nino, Rey de los Assirios, y que por su muerte reyno, disfrazada en habito de hombre, haciendo creer era el pequeño Nino, su Hijo, ayudada de la similitud de su semblante, y que al fin descubierto su sexo, la confirmaron por Reyna sus Vassallos, por la experiencia, que tenian da su valor, y prudencia. El principal assunto de esta Opera, es el descubrimiento de Semiramis, à lo que por quitar la inverosimilitud de su Origen fabuloso, se finge, que fuesse Hija de Vesor Rey de Egypto, cuyo Hermano era Mirtèo, educade decde su infancia en la Corte de Zoroastro, Rey de los Batrianos Persas: Que la dicha se enamorò de Scitalce, Principa de una parte de la India, el que llego à la Corte del referido Vesor, con el fingido nombre de Idreno: Que no haviendo podido conseguir del Padre, se lo diesse por Esposo, se huyo con el, y que en la misma noche la hirio, y arrojò en el Rio Nilo, por unos zelos, que le huzo creer su fingido Amigo Sibari, que no tenìa por contrario, que saliendo de esta aventura peregrino, y que despues le sucedió quanto la Historia dice. El sitio donde se representa haver sucedido la Historia, es Babylonia, donde concurren diversos Principes pretendientes de Tamiri, Princesa hereditaria de los Battrianos, tributaria de Semiramis, tenida por Nino. El tiempo es el dia en que Tamiris elege su Esposo, cuya eleccion, ocasionando la concurrencia de muchos Principes Estrangeros, motiva el encontrarse en el mismo sitio, y dia Semiramis con su Hermano Mirtéo, con su querido Scitalce, y con el traydor Sibari, y que de este enuentro resulte la precision de su descubrimiento.	

15.1.82 *Semiramide riconosciuta*

#	–
Zugrunde liegender Druck	nur Partitur (handschriftlich) erhalten (Dresden, Staats- und Universitätsbibliothek, Mus.3329-F-1: V 6, orch, b)
Datum der UA	1780
Ort der UA	Dresden
Spielort der UA	Hoftheater
Komponist	Giovanni Marco Rutini
Anlass	?
Geehrte(r)	?
Akte (Szenen)	?
Schauplatz	?
Personaggio / Besetzung	?
Argomento	?

15.1.83 *Semiramide | Semiramis*

#	**Sartori 1990–1994, #21515; Sonneck 1914, 987**	
Zugrunde liegender Druck	München, Bayerische Staatsbibliothek, Slg. Her. 1610	
Datum der UA	Januar 1782	
Ort der UA	München	
Spielort der UA	Neues Hoftheater (= Residenztheater)	
Komponist	Antonio Salieri	
Anlass	Stagione di Carnevale	
Geehrte(r)	–	
Akte (Szenen)	3 (34; 14/10/10)	
Schauplatz	Babilonia	
Personaggio / Besetzung	Semiramide (♀), *in abito virile, sotto nome di Nino Re degli Assiri, amante di Scitalce, conosciuto, ed amato da lei antecedentemente nella Corte d'Egitto come Idreno*	Elisabetta Wendling (♀, Sopran)
	Mirteo (♂), *Principe reale d'Egitto fratello di Semiramide da lui non conosciuta, ed amante di Tamiri*	Vincento dal Prato (♂, Sopran)
	Ircano (♂), *Principe Scita, amante di Tamiri*	Giovanni Battista Zoncha (♂, Bass)
	Scitalce (♂), *Principe reale d'una parte dell'Indie, creduto Idreno da Semiramide, pretensore di Tamiri, ed amante di Semiramide*	Giovanni Tajanna (♂)

#	Sartori 1990–1994, #21515; Sonneck 1914, 987	
Personaggio / Besetzung (Fortsetzung)	Tamiri (♀), *Principessa reale de'Battriani, amante di Scitalce* Sibari (♂), *Confidente, ed amante occulto di Semiramide* Semiramis, *in Mannskleidern, unter dem Name Ninus, Königs in Assrien, verliebt in Scitalces, den sie schon vorher am ägyptischen Hofe unter dem Name Hidrenus gekannt, und geliebt hatte* Mirthäus, *ein königlcher Prinz aus Aegypten, Bruder der Semiramis, von ihr aber noch ungekannt, und verliebt in die Tamiris* Hircanus, *ein Scythischer Prinz, verliebt in Tamiris* Scitales, *ein königl. Prinz eines Theils von Indien, den Semiramis für den Hidrenus hielt; Werber um Tamiris, und verliebt in Semiramis* Tamiris, *königl. Prinzesse der Baktrianer, verliebt in Scitalces* Sibari, *Vertrauter, und heimlicher Liebhaber der Semiramis*	Barbara Schirlinger (♀) Franz Hartig (♂, Tenor)
Argomento	italienischer Text identisch mit Roma 1729 Die Geschichte erzählet, das Semiramis von Askalon, deren Mutter eine Brunnennymphe, und deren Ernährerinnen Dauben geesen sein sollen, die Gemahlin des Ninus Königs von Assyrien war; das sie nach dessen Tode in Mannskleidern herrschte, indem sie sich für ihren kleinen Sohn den Ninus ausgab, wozu ihr die Aehnlichkeit ihres Angesichtes mit dem ihres Sohnes, und die Gewohnheit des asiatischen Frauenzimmers, sich dem Volke höchst selten zu zeigen, und also sehr unbekannt zu bleiben, trefflich zu statten kam; - und das sie endlich, als man ihres Geschlechtes gewahr worden war, von den Unterthanen wegen ihrer bereits erprobten Klugheit und Tapferkeit auf dem Throne bestätiget wurde. Die Haupthandllung dises Schauspieles ist die Entdekung der Semiramis. Der Dichter hat, um das Unwahrscheinliche ihrer fabelhaften Herkunft wegzuheben, angenommen, das sie eine Tochter des Verores Königs in Aegypten war, und einen gewissen Mirthäus, der von Kindheit auf an dem Hofe des Baktrianischen Königs Zoroaster erzogen worden war, zum Bruder hatte; das sie sich nachher in Scitalces einen Prinzen eines theils von Indien, der unter dem Name Hidrenus an den Hof des Verores gekommen war, verliebte; und mit disem, weil sie ihn von seinem Vater zum Gemahle nicht erhalten könnte, in die Flucht gieng; das sie aber von selbem aus Ursache einer heftigen Eifersucht, die dessen heimlicher Nebenbuhler Sibairs unter dem Dekmantel der Freundschaft verätherischer Weise angesponnen hatte, verwundet, und in den Nilfluss geworfen wurde, woraus sie zwar glüklich entkam; aber eine lange Zeit hierauf unbekannt umherirrte: wonach sich denn die ganze oben berührte Geschichte mit ihr eräugnete. Der Ort der Handlung ist Babylon, wo verschidene Prinzen sich versammelt hatten, um die Tamiris, eine Erbprinzesse des baktrainischen Thrones, und Vasallin der Semiramis, welche ihren Sohn Ninus noch immer vorstellte, zur Braut zu begehren. Die Zeit der Handlung ist der von Tamiris zur Benamsung ihres Bräutigams festgesetzte Tag, bei welcher Gelegenheit also ein grosser Zulauf von fremden Prinzen, theils um die Tamiris zur Braut zu erhalten, theils auch um die Pracht des Tages mitanzusehen veranlasset, und der Stoff an die Hand gegeben werden muste, die Semiramis nebst ihrem Bruder	

#	Sartori 1990–1994, #21515; Sonneck 1914, 987
Argomento (Fortsetzung)	Mirthäus, ihrem gelibten Scitalces, und dem Verräther Sibaris zugleich dahin zu versezen, und ihre Widererkennung nothwenig zu machen.

15.1.84 *Semiramide riconosciuta*

#	Sartori 1990–1994, #21590	
Zugrunde liegender Druck	Bologna, Museo Internazionale e Biblioteca della Musica, Lo. 7127	
Datum der UA	1782	
Ort der UA	Firenze	
Spielort der UA	Regio Teatro di Via della Pergola	
Komponist	diverse	
Anlass	Stagione di Autunno	
Geehrte(r)	–	
Akte (Szenen)	3 (36; 16/12/8)	
Schauplatz	Babilonia	
Personaggio / Besetzung	Semiramide (♀), *in abito virile, sotto nome di Nino Rè, degli Assiri, amante di Scitalce, conosciuto, ed amato da lei antecedentemente nella Corte d'Egitto come Idreno*	Anna Morichelli (♀, Sopran oder Alt)
	Scitalce (♂), *Principe Reale d'una parte dell'Indie, creduto Idreno da Semiramide, pretensore di Tamiri, ed amante di Semiramide*	Francesco Porri (♂, Alt)
	Ircano (♂), *Principe Scita, amante di Tamiri*	Matteo Babini (♂, Tenor)
	Mirteo (♂), *Principe Reale d'Egitto, fratello di Semiramide da lui non conosciuta, e amante di Tamiri*	Tommaso Folcarelli (♂, Tenor)
	Tamiri (♀), *Principessa Reale de'Battriani, amante di Scitalce*	Rosa Rota (♀, Sopran)
	Sibari (♂), *confidente, e amante occulto di Semiramide*	Francesco Casini Papi (♂, Tenor)
Argomento	identisch mit Roma 1729	

***

Für die folgenden Opern, die außerhalb des Betrachtungszeitraums dieser Studie liegen, wurde lediglich die erste Aufführung, darüber aber hinaus keine evtl. vorhandenen Überarbeitungen mehr in den Katalog aufgenommen.

16. Markgräfin Wilhelmine von Bayreuth – Semiramide | Semiramis

#	Sartori 1990–1994, #21500; Müller-Lindenberg 2005, 96
Zugrunde liegender Druck	Mailand, Biblioteca Nazionale Braidense, RACC. DRAMM. 5707
Datum der UA	24. Januar 1753
Ort der UA	Bayreuth
Spielort der UA	Hoftheater
Komponist	?
Anlass	Stagione di Carnevale
Geehrte(r)	–
Akte (Szenen)	3 (29; 10/9/10)
Schauplatz	Babylon
Personaggio / Besetzung	Semiramide (♀), *Reggina d'Assiria* Ninia (♂), *figlio di Nino, e di Semiramide, creduto Arsace, figlio di Fradate, Amante di Azema* Aussuro (♂), *Principe del sangue Reale, amante di Azema* Azema (♀), *Principessa del Sangue Reale* Osroa (♂), *gran Sacerdote del Tempio* Mitrane (♂), *Capitano delle Guardie di Semiramide* Ombra di Nino (♂) Semiramis, *Königin in Aßirien* Ninias, *ein Sohn der Semiramide, unter dem Namen Arsaces, ein vermeinter Sohn des Phradates* Assur, *ein Königl. Stadthalter, vom Königl. Geblüte* Azema, *eine Prinzeßin aus dem Königl. Geblüte des Ninus* Osros (sic), *der Hohepriester* Mithranes, *Hauptmann über der Semiramis Trabanten*
Argomento	Semiramide, Reggina d'Assiria, ottenne da Nino suo Sposo, pa permissione di regnare per il spatio di tre giorni. Questa Reggina ambitiosa, abusando del Potere suprema che gl'era stato concesso, fece morire il suo Sposo. Assuro fù complice del delitto, aspirando il medèmo al Trono; aveleno Ninia, Figlio di Nino e di Semiramide, sensa consaputa di questa Principessa. Fradate salvò la Vita del Giovane Principe, dando al medemo un contro Veleno. Ninia fù allevato come Figlio di Fradate, sotto nome d'Arsace. Tutte le altre circostanze sono l'Effetto de L'Imaginatione del Famoso Poëta Francese, Autore di questo Dramma. Semiramis, die Königin in Aßirien, erhielte vom Ninus, ihrem Gemahl, die Erlaubnuß drei Tage lang regieren zu dörfen. Da aber diese ehrgeizige Königin die Obergewalt, die

#	Sartori 1990–1994, #21500; Müller-Lindenberg 2005, 96
Argomento (Fortsetzung)	ihre gestattet worden, mißbrauchte; liesse sie ihren Gemahl umbringen. Assur wurd ein Mitschuldiger dieses Verbrechens. Dieweil dieser Prinz nach dem Throne trachtete, so vergiftet er den Ninias, einen Sohn des Ninus und der Semiramis, wider Wissen und Willen die Königin. Phradates rettete aber das Leben des jungen Prinzens, indem er ihm ein Gegengift gab, und erzog ihn als seinen Sohn unter den Namen Arsaces. Die andern Umstände sind Erfindungen des berühmten französischen Poeten, als der Autor dieses Werks.

17. Anonymus – La Semiramide in villa[35]

#	Sartori 1990–1994, #21530, Mamczarz 1972, 461; Questa 1989, Sem772R	
Zugrunde liegender Druck	Bologna, Museo Internazionale e Biblioteca della Musica, Lo. 03779	
Datum der UA	1772	
Ort der UA	Roma	
Spielort der UA	Teatro Capranica	
Komponist	Giovanni Paisiello	
Anlass	Stagione di Carnevale	
Geehrte(r)	–	
Akte (Szenen)	2 (8/10)	
Schauplatz	un casino promisso ad una spiaggia	
Personaggio / Besetzung (Fortsetzung)	Madama Tenerina (♀), *Cantatrice, che poi fa la parte di Semiramide*	Fedele Venturi (♀, Sopran)
	Garofalo (♂), *Virtuoso di Musica, che poi fa la parte di Scitalce*	Antonio Pullini (♂, Tenor)
	Madama Placida (♀), *Cantatrice, che poi fa la parte di Tamiri*	Giuseppe Gelli (♂, Sopran)
	Monsieur Panbianco (♂), *Capo di Compagnia, che poi fa la parte d'Ircano*	Teodoro Bertocci (♂, Bass)
Argomento	–	

18. Ferdinando Moretti – Semiramide

#	Sartori 1990–1994, #21516; Sonneck 1914, 987; Questa 1989, Sem784M
Zugrunde liegender Druck	Washington, Library of Congress, Music Division, ML 48 S 6692
Datum der UA	26. Dezember 1784
Ort der UA	Milano
Spielort der UA	Teatro alla Scala
Komponist	Michele Mortellari

---

35 Parodie auf Pietro Metastasios *Semiramide riconosciuta* von 1729.

#	Sartori 1990–1994, #21516; Sonneck 1914, 987; Questa 1989, Sem784M
Anlass	Stagione di Carnevale
Geehrte(r)	Ferdinando und Maria Ricciarda Beatrice d'Esta
Akte (Szenen)	3 (27; 9/12/6)
Schauplatz	Babilonia
Personaggio / Besetzung	Semiramide (♀), *Regina di Babilonia* — Clementina Chiavacci (♀, Sopran) Arsace (♂), *creduto figlio di Fradate, Generale dell'armi Assire, ed amante die Tomiri* — Domenico Bruni (♂, Sopran) Oroe (♂), *Semmo Sacerdote di Belo* — Antonio Prati (♂, Tenor) Otane (♂), *prima Satrapo del regno, discendente anch'esso dal sangue reale* — Tommaso Catena (♂, Sopran) Barsene (♀), *Confidente di Semiramide* — Francesca Sansoni (♀) Mennone (♂), *Capitano delle guardie reali* — Giuseppe Desirò (♂, Tenor) Tomiri (♀), *Principessa del sangue reale, amante d'Arsace* — Anna Morichelli Bosello (♀, Sopran)
Argomento	Il presente Dramma non ha bisogno di esposizione. Ricavandosi della lettura del medesimo tutti i fatti preceduti all' azione, sarebbe superfluo il quì volerli accennare. La nota Tragedia del Sig. De Voltaire, che prota lo stesso titolo del Dramma sudetto, ne ha somministrato interamente il soggetto, ed in parte l'intreccio. Sarà agevol cosa il riscontrare ciò che si è tolto dal prelodato Autore, e dove sia stato necessario scostarsene per adattarlo alla musica, e per evitarne il tragico fine. Questo drammatico componimento esce alla luce non quale fu da prima scritto. Alcune circostanze, alle quali è stato necessario di assoggettarsi non ha permesso a chi l'ha composto du condurlo con quell' esattezza, che bramava, e che avrebbe per avventura potuto renderlo più compatibile.

19 Umsetzungen des Stoffes mit unklaren/unvollständigen Angaben

19.1 Semiramide

#	Griffel ²2018, 442
Zugrunde liegender Druck	weder im Stadtarchiv Würzburg noch in der dortigen Universitätsbibliothek auffindbar
Datum der UA	1777
Ort der UA	Würzburg
Spielort der UA	Hochfürstliches Theater
Komponist	Johann Josef Emmert
Anlass	?
Geehrte(r)	?
Akte (Szenen)	?
Schauplatz	?
Personaggio / Besetzung	?
Argomento	?

19.2 Semiramide

#	Greene 1985, 430–431; Griffel ²2018, 442
Zugrunde liegender Druck	verloren[36]
Datum der UA	1791 oder 1792[37]
Ort der UA	London
Spielort der UA	Pantheon Theatre
Komponist	Vojtěch Matyáš Jírovec (dt. Adalbert Gyrowetz)
Anlass	Stagione di Carnevale
Geehrte(r)	?
Akte (Szenen)	?
Schauplatz	?
Personaggio / Besetzung	?
Argomento	?

---

36 Nur die Ouvertüre ist erhalten, der Rest der Oper wurde beim Brand des Pantheon Theatre am 14. Januar 1792 zerstört, ein Librettodruck ist nicht auffindbar.

37 Auch wenn als Aufführungsdatum gewöhnlich 1791 verzeichnet ist, spicht m.E. die Tatsache, dass kein Druck erhalten ist, eher dafür dass die Aufführung dieser Oper erst für die zweite Hälfte der *stagione* im Januar 1792 geplant war, zu der es durch den Brand dann nicht mehr kam.

7.2 Verbreitungskarten der nachweisbaren barocken Semiramis-Opern[38]

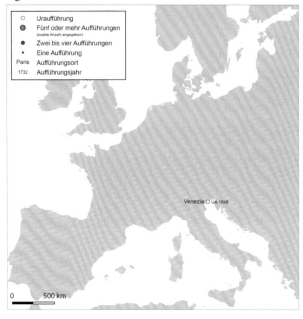

Karte 1: Bisaccioni – *Semiramide in India* (1648)

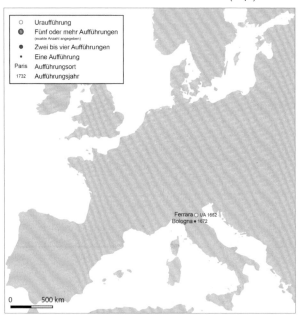

Karte 2: Bentivoglio – *Nino il giusto* (1662)

---

38 Angegeben sind für die Karten 1–15 stets nur Librettist sowie Titel und Jahr der ersten Aufführung eines Librettos; weitere Details sind den Karten selbst sowie dem Katalogteil der Arbeit zu entnehmen.

Verbreitungskarten der nachweisbaren barocken Semiramis-Opern

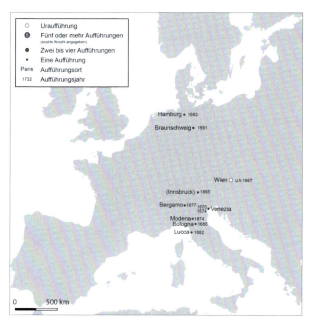

Karte 3: Moniglia – *La Semirami* (1665/1667)

Karte 4: Anonymus – *Semiramide* (1671)

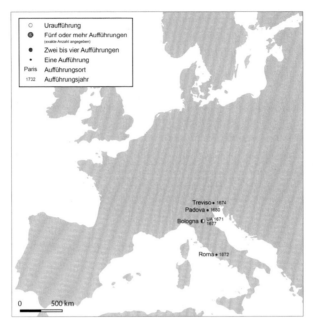

Karte 5: Anonymus – *La Semiramide* (1673)

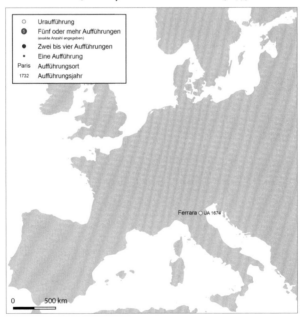

Karte 6: Bonacossi – *La Semiramide* (1674)

Verbreitungskarten der nachweisbaren barocken Semiramis-Opern

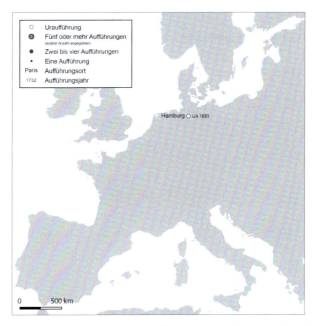

Karte 7: Hinsch – *Semiramis, die aller-erste regierende Königin* (1683)

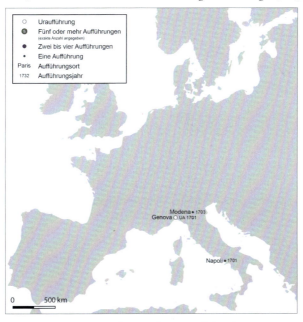

Karte 8: Paglia – *La Semiramide* (1701)

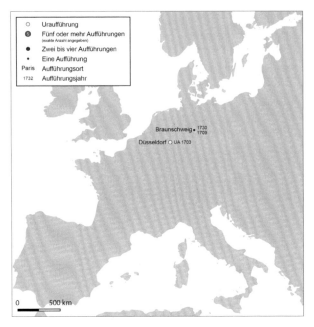

Karte 9: Rapparini – *La monarchia stabilita* (1703)

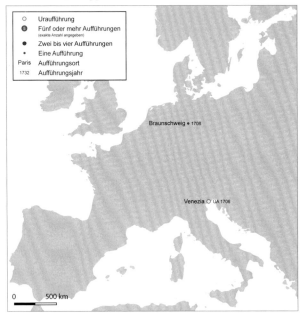

Karte 10: Noris – *La regina creduta re* (1706)

Verbreitungskarten der nachweisbaren barocken Semiramis-Opern

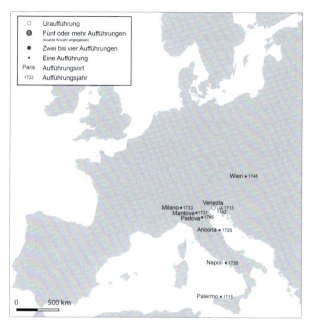

Karte 11: Silvani – *Semiramide* (1713/1714)

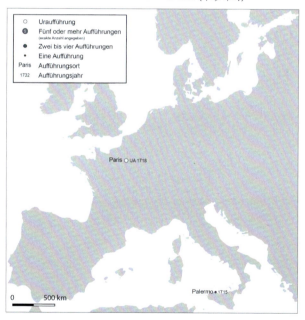

Karte 12: Roy – *Sémiramis* (1718)

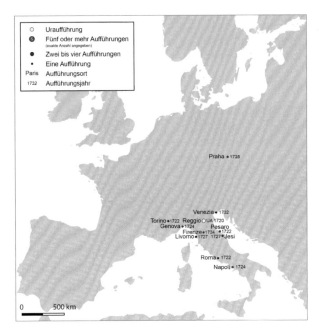

Karte 13: Zanelli – *Nino* (1720)

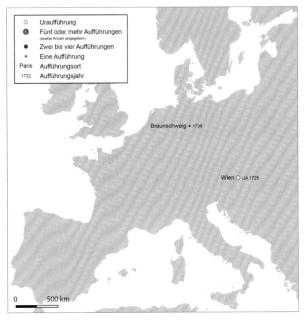

Karte 14: Zeno – *Semiramide in Ascalona* (1725)

Karte 15: Metastasio – *Semiramide riconosciuta* (1729)

Karte 16: Aufführungen von Semiramis-Opern bis zur UA von *Semiramide riconosciuta* (1729)

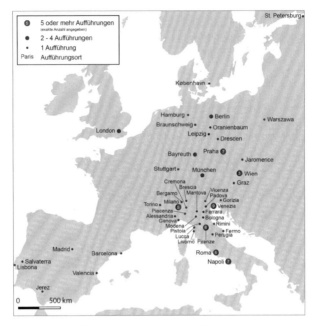

Karte 17: Aufführungen von Semiramis-Opern ab der UA von
Semiramide riconosciuta (1729)

Karte 18: Gesamtkarte aller Aufführungen auf Basis
der Libretti 1–15

7.3 Zeitstrahlen zu den nachweisbaren barocken Semiramis-Opern[39]

Zeitstrahl 1: Bisaccioni – *La Semirami* (1665/1667)

Zeitstrahl 2: Anonymus – *Semiramide* (1671)

Zeitstrahl 3: Paglia – *La Semiramide* (1701)

Zeitstrahl 4: Rapparini – *La monarchia stabilita* (1703)

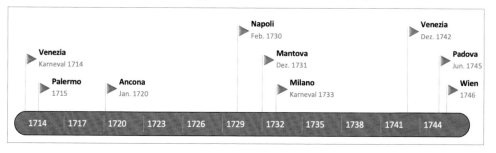

Zeitstrahl 5: Silvani – *Semiramide* (1713/1714)

---

39 Erstellt wurden nur Zeitstrahlen für Opern, die mehr als zwei Aufführungen erfahren haben.

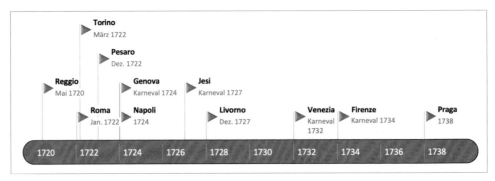

Zeitstrahl 6: Zanelli – *Nino* (1720)

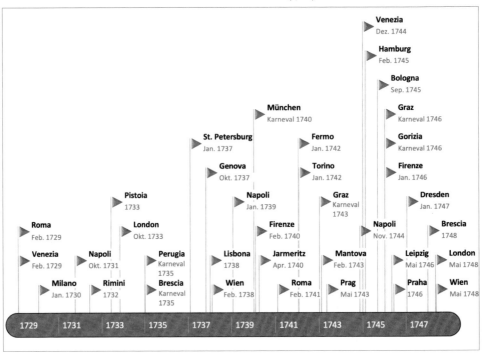

Zeitstrahl 7a: Metastasio – *Semiramide riconosciuta* (1729); Aufführungen 1729–1748

Szenenpräsenzen der nachweisbaren barocken Semiramis-Opern

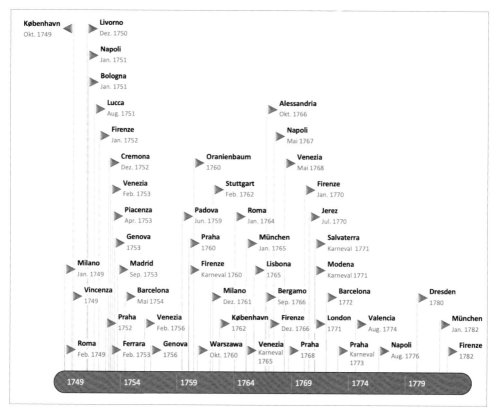

Zeitstrahl 7b: Metastasio – *Semiramide riconosciuta* (1729); Aufführungen 1749–1782

7.4 Szenenpräsenzen der nachweisbaren barocken Semiramis-Opern

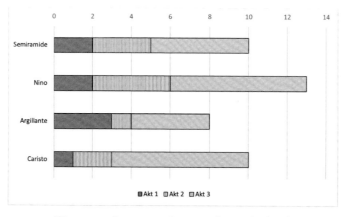

Diagramm 1: Bisaccioni – *Semiramide in India* (1648)

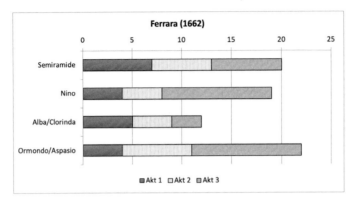

Diagramm 2a: Bentivoglio – *Nino il giusto* (1662)

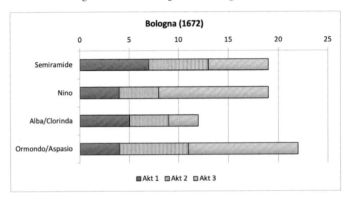

Diagramm 2b: Bentivoglio – *Nino il giusto* (1662)

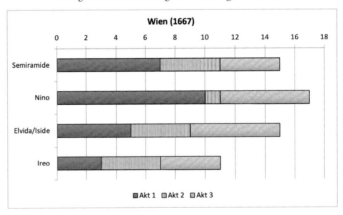

Diagramm 3a: Moniglia – *La Semirami* (1665/1667)

Szenenpräsenzen der nachweisbaren barocken Semiramis-Opern 563

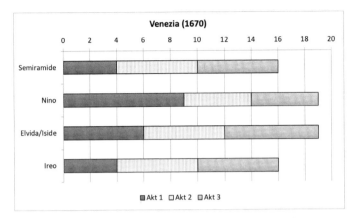

Diagramm 3b: Moniglia – *La Semirami* (1665/1667)

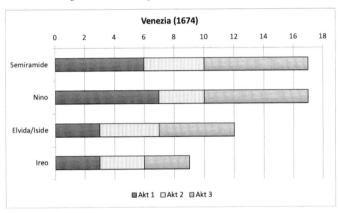

Diagramm 3c: Moniglia – *La Semirami* (1665/1667)

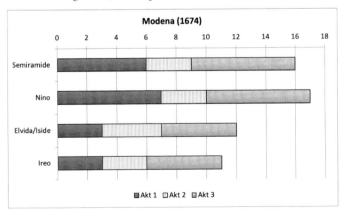

Diagramm 3d: Moniglia – *La Semirami* (1665/1667)

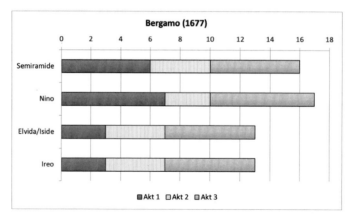

Diagramm 3e: Moniglia – *La Semirami* (1665/1667)

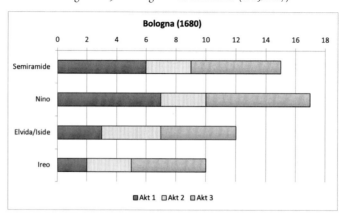

Diagramm 3f: Moniglia – *La Semirami* (1665/1667)

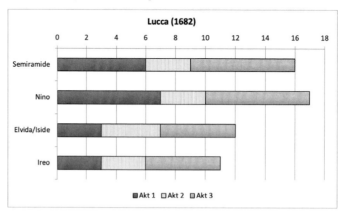

Diagramm 3g: Moniglia – *La Semirami* (1665/1667)

Szenenpräsenzen der nachweisbaren barocken Semiramis-Opern 565

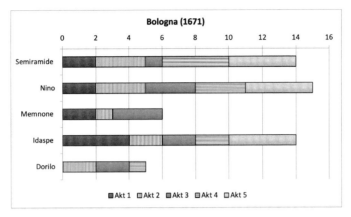

Diagramm 3h: Moniglia – *La Semirami* (1665/1667)

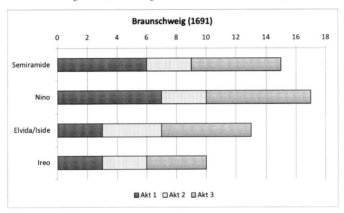

Diagramm 3i: Moniglia – *La Semirami* (1665/1667)

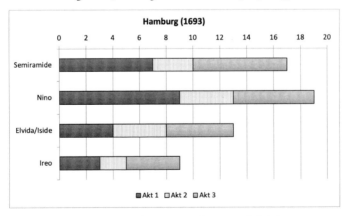

Diagramm 4a: Anonymus – *Semiramide* (1671)

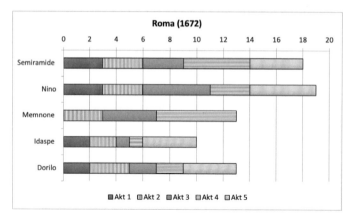

Diagramm 4b: Anonymus – *Semiramide* (1671)

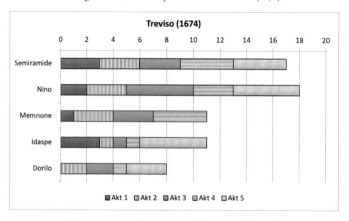

Diagramm 4c: Anonymus – *Semiramide* (1671))

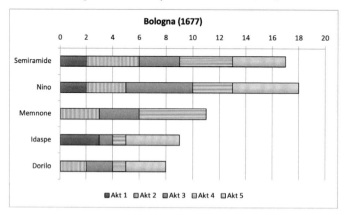

Diagramm 4d: Anonymus – *Semiramide* (1671)

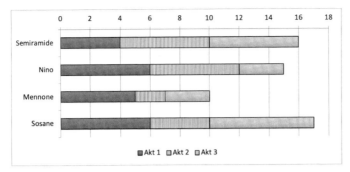

Diagramm 5: Bonacossi – *La Semiramide* (1674)

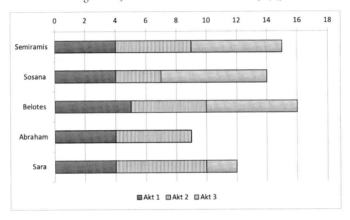

Diagramm 6: Hinsch – *Semiramis, die aller-erste regierende Königin* (1683)

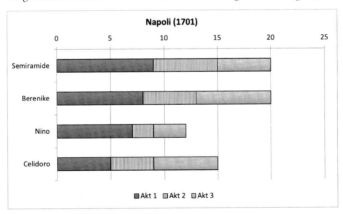

Diagramm 7a: Paglia – *La Semiramide* (1701)

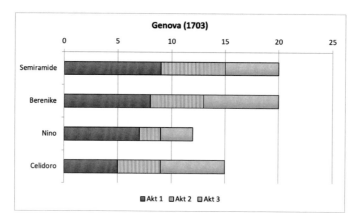

Diagramm 7b: Paglia – *La Semiramide* (1701)

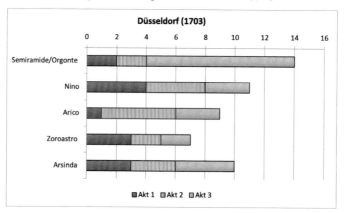

Diagramm 8a: Rapparini – *La monarchia stabilita* (1703)

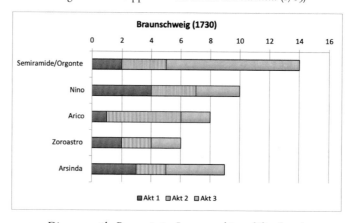

Diagramm 8b: Rapparini – *La monarchia stabilita* (1703)

Szenenpräsenzen der nachweisbaren barocken Semiramis-Opern

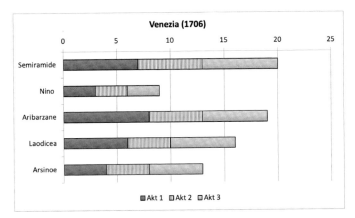

Diagramm 9a: Noris – *La regina creduta re* (1706)

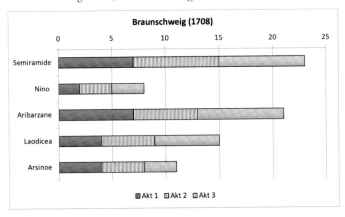

Diagramm 9b: Noris – *La regina creduta re* (1706)

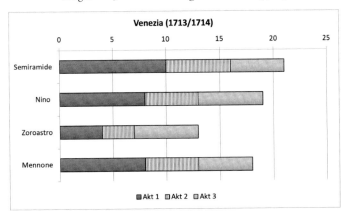

Diagramm 10a: Silvani – *Semiramide* (1713/1714)

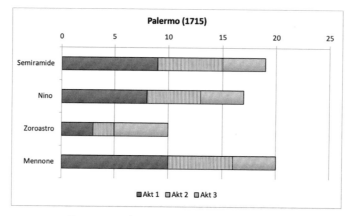

Diagramm 10b: Silvani – *Semiramide* (1713/1714)

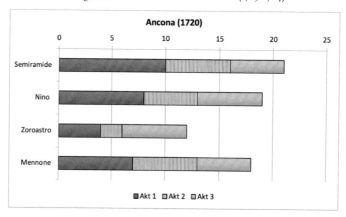

Diagramm 10c: Silvani – *Semiramide* (1713/1714)

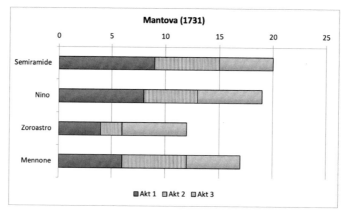

Diagramm 10d: Silvani – *Semiramide* (1713/1714)

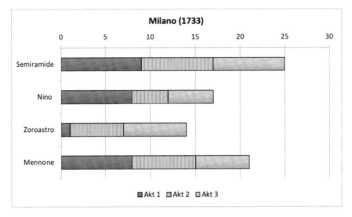

Diagramm 10e: Silvani – *Semiramide* (1713/1714)

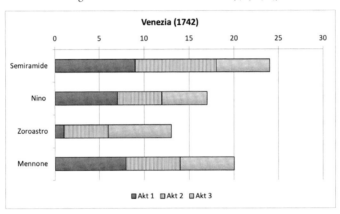

Diagramm 10f: Silvani – *Semiramide* (1713/1714)

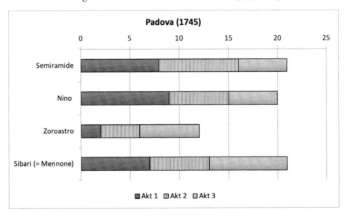

Diagramm 10g: Silvani – *Semiramide* (1713/1714)

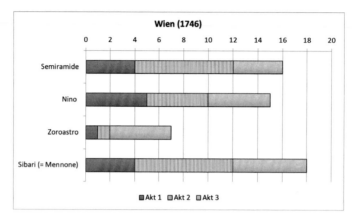

Diagramm 10h: Silvani – *Semiramide* (1713/1714)

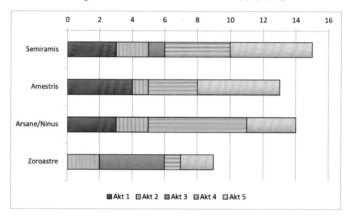

Diagramm 11: Roy – *Sémiramis* (1718)

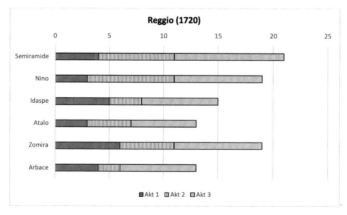

Diagramm 12a: Zanelli – *Nino* (1720)

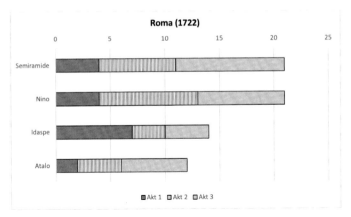

Diagramm 12b: Zanelli – *Nino* (1720)

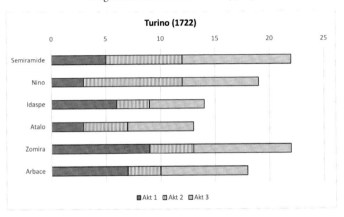

Diagramm 12c: Zanelli – *Nino* (1720)

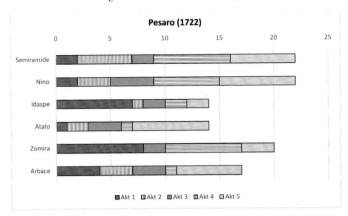

Diagramm 12d: Zanelli – *Nino* (1720)

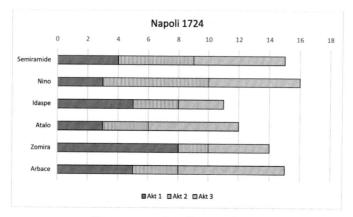

Diagramm 12e: Zanelli – *Nino* (1720)

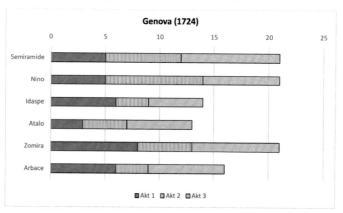

Diagramm 12f: Zanelli – *Nino* (1720)

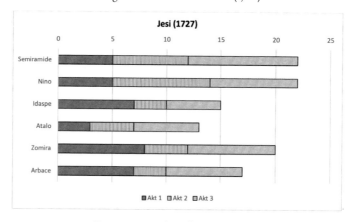

Diagramm 12g: Zanelli – *Nino* (1720)

Szenenpräsenzen der nachweisbaren barocken Semiramis-Opern 575

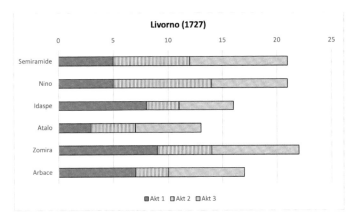

Diagramm 12h: Zanelli – *Nino* (1720)

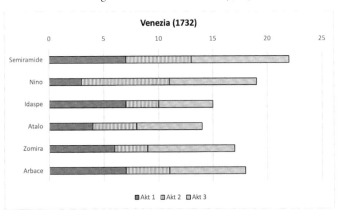

Diagramm 12i: Zanelli – *Nino* (1720)

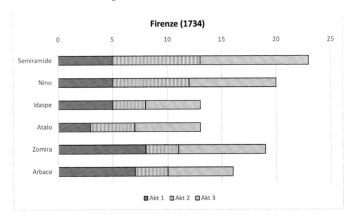

Diagramm 12j: Zanelli – *Nino* (1720)

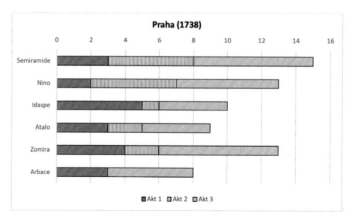

Diagramm 12k: Zanelli – *Nino* (1720)

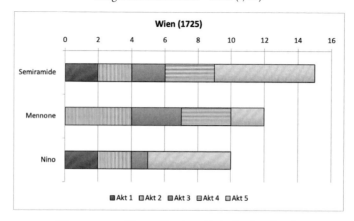

Diagramm 13a: Zeno – *Semiramide in Ascalona* (1725)

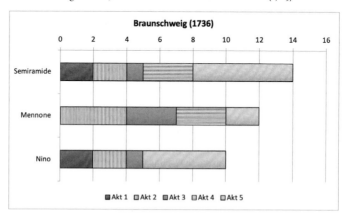

Diagramm 13b: Zeno – *Semiramide in Ascalona* (1725)

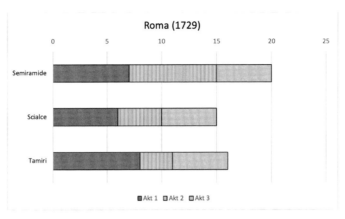

Diagramm 14: Metastasio – *Semiramide riconosciuta* (1729)

7.5 Szenenabgleiche der nachweisbaren barocken Semiramis-Opern[40]

Folgender Farbcode gilt für alle Szenenabgleiche:

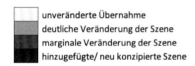
unveränderte Übernahme
deutliche Veränderung der Szene
marginale Veränderung der Szene
hinzugefügte/ neu konzipierte Szene

	I/1	I/2	I/3	I/4	I/5	I/6	I/7	I/8	I/9	I/10	I/11	I/12	I/13	I/14	I/15	I/16	I/17	I/18	I/19	I/20	I/21	I/22
Ferrara 1662	I/1	I/2	I/3	I/4	I/5	I/6	I/7	I/8	I/9	I/10	I/11	I/12	I/13	I/14	I/15	I/16	I/17					
Bologna 1672	I/1	I/2	I/3	I/4	I/5	I/6		I/7	I/8	I/9	I/10	I/11	I/12	I/13	I/14	I/15	I/16	I/17				

	II/1	II/2	II/3	II/4	II/5	II/6	II/7	II/8	II/9	II/10	II/11	II/12	II/13	II/14	II/15	II/16	II/17	II/18	II/19	II/20	II/21	II/22	II/23	II/24
Ferrara 1662	II/1	II/2	II/3	II/4	II/5	II/6	II/7	II/8	II/9	II/10	II/11	II/12	II/13	II/14	II/15	II/16	II/17	II/18	II/19	II/20	II/21			
Bologna 1672					II/5	II/6	II/7	II/8	II/9	II/10	II/11	II/12		II/14	II/15	II/16	II/17	II/18	II/19	II/20				

	III/1	III/2	III/3	III/4	III/5	III/6	III/7	III/8	III/9	III/10	III/11	III/12	III/13	III/14	III/15	III/16	III/17	III/18	III/19	III/20	III/21	III/22
Ferrara 1662	III/1	III/2	III/3	III/4	III/5	III/6	III/7	III/8	III/9	III/10	III/11	III/12	III/13	III/14	III/15	III/16	III/17	III/18	III/19	III/20	III/21	
Bologna 1672			III/3			III/6	III/7	III/8		III/9	III/10	III/11	III/12	III/13	III/14	III/15	III/17	III/18	III/19	III/20	III/21'	III/21''

Abgleich 1: Bentivoglio – *Nino il giusto* (1662)

---

40 Mit Zahlenangaben kenntlich gemacht sind Szenen, die in späteren Aufführungen an anderer Stelle als im Ursprungslibretto verwendet wurden. Mit ' bzw. " wird dabei der erste bzw. zweite Teil einer Szene markiert. Erstellt wurden Abgleiche für alle Opern mit mehr als einer Aufführung, außer für diejenigen, für die anstelle des vollständigen Librettotextes nur ein *scenario* vorliegt. Aufgenommen wurden dabei nur die Aufführungen, für die die Librettodrucke vollständig eingesehen werden konnten. Leerstellen ergeben sich aus dem Vergleich mit dem Katalog.

Abgleich 2: Moniglia – *La Semirami* (1665/1667)

	I/1	I/2	I/3	I/4	I/5	I/6	I/7	I/8	I/9	I/10	I/11	I/12	I/13	I/14	I/15	I/16	I/17	I/18	I/19	I/20	I/21	I/22	I/23	I/24
Wien 1667	I/1	I/2	I/3	I/4	I/5	I/6	I/7	I/8	I/9	I/10	I/11	I/12	I/13	I/14	I/15	I/16	I/17	I/18	I/19	I/20	I/21	I/22	I/23	I/24
Venedig 1670				I/4	I/5			I/8	I/9	I/10	I/11	I/12			I/15		I/17							
Venedig 1674							I/7	I/8	I/9				I/13	I/14	I/15						I/21	I/23		
Modena 1674							I/7	I/8	I/9				I/13	I/14	I/15						I/21	I/23		
Bergamo 1677						I/16	I/17		I/7	I/8	I/9										I/21	I/23		
Bologna 1680							I/7	I/8	I/9				I/13	I/14	I/15						I/21	I/23		
Lucca 1682							I/7	I/8	I/9				I/13	I/14	I/15						I/21	I/23		
Braunsch. 1691							I/7	I/8	I/9				I/13	I/14	I/15						I/21	I/23		
Hamburg 1693									I/9				I/13	I/14	I/15						I/21	I/23		

	II/1	II/2	II/3	II/4	II/5	II/6	II/7	II/8	II/9	II/10	II/11	II/12	II/13	II/14	II/15	II/16	II/17
Wien 1667	II/1	II/2	II/3	II/4	II/5	II/6	II/7	II/8	II/9	II/10	II/11	II/12	II/13	II/14	II/15	II/16	II/17
Venedig 1670		I/21	I/22	I/23													
Venedig 1674				II/5								II/2	II/13				
Modena 1674				II/5								II/2	II/13				
Bergamo 1677						II/6			II/9			II/2	II/13				
Bologna 1680				II/5								II/2	II/13				
Lucca 1682				II/5								II/2	II/13				
Braunsch. 1691				II/5	II/6	II/7		II/9			II/2	II/13					
Hamburg 1693				II/5	II/6	II/7		II/9			II/2	II/13					

	III/1	III/2	III/3	III/4	III/5	III/6	III/7	III/8	III/9	III/10	III/11	III/12	III/13	III/14
Wien 1667	III/1	III/2	III/3	III/4	III/5	III/6	III/7	III/8	III/9	III/10	III/11	III/12	III/13	III/14
Venedig 1670														
Venedig 1674		III/2	III/3	III/4	III/5				III/10	III/9				
Modena 1674		III/2	III/3	III/4	III/5				III/10	III/9				
Bergamo 1677		III/2	III/3	III/4	III/5				III/10	III/11				
Bologna 1680		III/2	III/3	III/4	III/5				III/10	III/9				
Lucca 1682		III/2	III/3	III/4	III/5				III/10	III/9				
Braunsch. 1691		III/2	III/3	III/4	III/5				III/10				III/14	
Hamburg 1693		III/2	III/3	III/4	III/5				III/10				III/14	

Abgleich 3: Paglia – *La Semiramide* (1701)

	I/1	I/2	I/3	I/4	I/5	I/6	I/7	I/8	I/9	I/10	I/11	I/12
Napoli 1701	I/1	I/2	I/3	I/4	I/5	I/6	I/7	I/8	I/9	I/10	I/11	I/12
Genova 1701												
Modena 1703						I/6'	I/6'&7					

	II/1	II/2	II/3	II/4	II/5	II/6	II/7	II/8	II/9	II/10	II/11	II/12	II/13	II/14	II/15
Napoli 1701	II/1	II/2	II/3	II/4	II/5	II/6	II/7	II/8	II/9	II/10	II/11	II/12	II/13	II/14	II/15
Genova 1701									II/9&10	II/11	II/12	II/13	II/14	II/15	
Modena 1703															

	III/1	III/2	III/3	III/4	III/5	III/6	III/7	III/8	III/9	III/10	III/11	III/12	III/13	III/14
Napoli 1701	III/1	III/2	III/3	III/4	III/5	III/6	III/7	III/8	III/9	III/10	III/11	III/12	III/13	III/14
Genova 1701													III/12-14	
Modena 1703												III/12	III/13&14	

Abgleich 4: Rapparini – *La monarchia stabilita* (1703)

	I/1	I/2	I/3	I/4	I/5	I/6	I/7	I/8	I/9	I/10	I/11	I/12
Düsseldorf 1703	I/1	I/2	I/3	I/4	I/5	I/6	I/7	I/8	I/9	I/10	I/11	I/12
Braunschweig 1709	I/2	I/3	I/4	I/5	I/9	I/10	I/11	I/12				
Braunschweig 1730**					I/9	I/11						

	II/1	II/2	II/3	II/4	II/5	II/6	II/7	II/8	II/9	II/10	II/11	II/12	II/13	II/14	II/15
Düsseldorf 1703	II/1	II/2	II/3	II/4	II/5	II/6	II/7	II/8	II/9	II/10	II/11	II/12	II/13	II/14	II/15
Braunschweig 1709	II/1	II/2	II/3	II/4	II/5	II/6	II/7	II/9	II/10	II/11	II/12	II/13	II/14		
Braunschweig 1730	II/1&2	II/3	II/4	II/5	II/11	II/12	II/13&14								

	III/1	III/2	III/3	III/4	III/5	III/6	III/7	III/8	III/9	III/10	III/11	III/12	III/13	III/14	III/15	III/16	III/17	III/18	III/19	III/20	III/21	III/22
Düsseldorf 1703	III/1	III/2	III/3	III/4	III/5	III/6	III/7	III/8	III/9	III/10	III/11	III/12	III/13	III/14	III/15	III/16	III/17	III/18	III/19	III/20	III/21	III/22
Braunschweig 1709				III/4	III/5	III/6	III/7	III/8	III/9	III/10	III/11	III/12	III/13	III/14	III/15	III/16	III/17	III/18	III/19	III/20	III/21	
Braunschweig 1730					III/5	III/6	III/7	III/8	III/10		III/11	III/12	III/13	III/14	III/15	III/18		III/17		III/20	III/21	III/22

Szenenabgleiche der nachweisbaren barocken Semiramis-Opern

	I/1	I/2	I/3	I/4	I/5	I/6	I/7	I/8	I/9	I/10	I/11	I/12	I/13	I/14	I/15	I/16
Venezia 1706	I/1	I/2	I/3	I/4	I/5	I/6	I/7	I/8	I/9	I/10	I/11	I/12	I/13	I/14	I/15	I/16
Braunschweig 1708																

	II/1	II/2	II/3	II/4	II/5	II/6	II/7	II/8	II/9	II/10	II/11	II/12	II/13	II/14	II/15	II/16	II/17
Venezia 1706	II/1	II/2	II/3	II/4	II/5	II/6	II/7	II/8	II/9	II/10	II/11	II/12	II/13	II/14	II/15	II/16	II/17
Braunschweig 1708																	

	III/1	III/2	III/3	III/4	III/5	III/6	III/7	III/8	III/9	III/10	III/11	III/12	III/13	III/14	III/15	III/16	III/17
Venezia 1706	III/1	III/2	III/3	III/4	III/5	III/6	III/7	III/8	III/9	III/10	III/11	III/12	III/13	III/14	III/15	III/16	
Braunschweig 1708																III/16'	III/16"

Abgleich 5: Noris – *La regina creduta re* (1706)

	I/1	I/2	I/3	I/4	I/5	I/6	I/7	I/8	I/9	I/10	I/11	I/12	I/13	I/14	I/15
Venezia 1713/1714	I/1	I/2	I/3	I/4	I/5	I/6	I/7	I/8	I/9	I/10	I/11	I/12	I/13	I/14	
Palermo 1715							I/7	I/8	I/9	I/10					
Ancona 1720							I/7	I/8	I/9	I/10	I/11	I/12	II/13	I/14	
Mantova 1731											I/11	I/12	I/13	I/14	
Milano 1733									I/9	I/10					
Venezia 1743									I/9	I/10					
Padova 1745															
Wien 1746				I/5	I/6	I/7	I/8								

	II/1	II/2	II/3	II/4	II/5	II/6	II/7	II/8	II/9	II/10	II/11	II/12	II/13	II/14
Venezia 1713/1714	II/1	II/2	II/3	II/4	II/5	II/6	II/7	II/8	II/9	II/10				
Palermo 1715							II/7	II/8	II/9	II/10				
Ancona 1720														
Mantova 1731														
Milano 1733						II/1	II/2				II/5	II/6	II/7	II/8
Venezia 1743							II/1	II/2	II/3	II/4	II/5	II/6	II/8	
Padova 1745	I/12	I/13		II/1	II/2	II/3	II/4	II/5	II/6	II/7	II/8	II/8		
Wien 1746						II/6		II/8'	II/8"					

	III/1	III/2	III/3	III/4	III/5	III/6	III/7	III/8	III/9	III/10	III/11
Venezia 1713/1714	III/1	III/2	III/3	III/4	III/5	III/6	III/7	III/8	III/9	III/10	
Palermo 1715			III/2	III/3	III/4	III/5		III/6	III/7	III/8	III/9&10
Ancona 1720											
Mantova 1731											
Milano 1733						III/4					
Venezia 1743					III/4						
Padova 1745											
Wien 1746								III/8			

Abgleich 6: Silvani – *Semiramide* (1713/1714)

Abgleich 7: Zanelli – *Nino* (1720)

	I/1	I/2	I/3	I/4	I/5	I/6	I/7	I/8	I/9	I/10	I/11	I/12	I/13	I/14
Reggio 1720	I/1	I/2	I/3	I/4	I/5	I/6	I/7	I/8	I/9	I/10	I/11	I/12		
Roma 1722	I/1'	I/1"		I/2	I/4	I/5	I/6	I/7	I/8	I/9	I/10	I/12		
Torino 1722	I/1'	I/1"		I/2	I/4	I/5	I/6	I/7	I/8	I/9	I/10	I/12		
Pesaro 1722/23	I/1'	I/1"		I/2	I/4	I/5	I/6	I/7	I/8					
Genova 1724	I/1'	I/1"	I/2											
Napoli 1724	I/1'	I/1"		I/2	I/4		I/6	I/7	I/10		I/12			
Jesi 1727	I/1'		I/2	I/4	I/5	I/6	I/7	I/8	I/9	I/10	I/12			
Livorno 1727/28	I/1'	I/1"		I/2	I/4	I/5	I/6	I/7	I/8	I/9	I/10	I/12		
Venezia 1732	I/1'	I/1"		I/2		I/6		I/7				I/12'	I/12"	
Firenze 1734	I/1'	I/1"	I/2											
Praha 1738	I/1			I/6	I/7&8		I/12'	I/12"						

	II/1	II/2	II/3	II/4	II/5	II/6	II/7	II/8	II/9	II/10	II/11	II/12	II/13	II/14	II/15
Reggio 1720	II/1	II/2	II/3	II/4	II/5	II/6	II/7	II/8	II/9	II/10	II/11	II/12	II/13	II/14	
Roma 1722															
Torino 1722															
Pesaro 1722/23	I/9	I/10		I/12	II/1	II/2									
Genova 1724								II/8	II/9	II/10	II/11	II/12	II/13	II/14	
Napoli 1724			II/4	II/5			II/9		II/11						
Jesi 1727															
Livorno 1727/28								II/8	II/9	II/10	II/11	II/12	II/13	II/14	
Venezia 1732		II/1	II/2				II/9	II/11	II/12	II/13	II/14				
Firenze 1734	II/2	II/3	II/4	II/5	II/6		II/9	II/10	II/11	II/12	II/13	II/14			
Praha 1738			II/4	II/11	II/12	II/8									

	III/1	III/2	III/3	III/4	III/5	III/6	III/7	III/8	III/9	III/10	III/11	III/12	III/13	III/14	III/15	III/16	III/17	III/18
Reggio 1720	III/1	III/2	III/3	III/4	III/5	III/6	III/7	III/8	III/9	III/10	III/11	III/12	III/13	III/14	III/15	III/16	III/17	III/18
Roma 1722																		
Torino 1722		III/3	III/4	III/5	III/6			III/9	III/11				III/13	III/14	III/15	III/16	III/17	III/18
Pesaro 1722/23	II/3	II/4	II/5	II/6		II/8	II/9	II/10										
Genova 1724		III/3	III/4	III/5	III/6			III/9	III/10		III/11	III/13	III/14	III/15	III/16	III/17	III/18	
Napoli 1724																		
Jesi 1727																		
Livorno 1727/28													III/13	III/14	III/15	III/16	III/17	III/18
Venezia 1732		II/2	II/3	II/4	II/5	II/6			II/9	III/10	III/11		III/13	III/14	III/15	III/16	III/17	III/18
Firenze 1734		III/3	III/4	III/5	III/6			III/9	III/10		III/11	III/13	III/14	III/15	III/16	III/17	III/18	
Praha 1738		III/3	III/4	III/5	III/6		III/9	III/11			III/13&14	III/15			III/18			

	IV/1	IV/2	IV/3	IV/4	IV/5	IV/6	IV/7	IV/8	IV/9	IV/10	IV/11
Pesaro 1722/23	II/11	II/12	II/13	II/14	III/1	III/2	III/3	III/4	III/5	III/6	III/7

	V/1	V/2	V/3	V/4	V/5	V/6	V/7	V/8	V/9	IV/10	V/11
Pesaro 1722/23		III/9	III/10	III/11		III/13	III/14	III/15	III/16	III/17	III/18

Abgleich 8: Zeno – *Semiramide in Ascalona* (1725)

	I/1	I/2	I/3	I/4	I/5	I/6	I/7
Wien 1725	I/1	I/2	I/3	I/4	I/5	I/6	I/7
Braunschweig 1736**							

	II/1	II/2	II/3	II/4	II/5	II/6	II/7
Wien 1725	II/1	II/2	II/3	II/4	II/5	II/6	II/7
Braunschweig 1736							

	III/1	III/2	III/3	III/4	III/5
Wien 1725	III/1	III/2	III/3	III/4	III/5
Braunschweig 1736	III/2'	III/2"	III/4	III/5	

	IV/1	IV/2	IV/3	IV/4	IV/5	IV/6
Wien 1725	IV/1	IV/2	IV/3	IV/4	IV/5	IV/6
Braunschweig 1736						

	V/1	V/2	V/3	V/4	V/5	V/6	V/7	V/8
Wien 1725	V/1	V/2	V/3	V/4	V/5	V/6	V/7	V/8
Braunschweig 1736								

Szenenabgleiche der nachweisbaren barocken Semiramis-Opern

	I/1	I/2	I/3	I/4	I/5	I/6	I/7	I/8	I/9	I/10	I/11	I/12	I/13	I/14	I/15	I/16	I/17
Roma 1729	I/1	I/2	I/3	I/4	I/5	I/6	I/7	I/8	I/9	I/10	I/11	I/12	I/13	I/14	I/15	I/16	I/17
Venezia 1729																	
Milano 1730																	
Napoli 1731																	
Rimini 1732																	
Pistoia 1733																	
London 1733																	
Brescia 1735																	
Lisbona 1738																	
Wien 1738					I/5&6		I/7		I/9	I/10	I/11&I/5						
Firenze 1740																	
Jarmeritz 1740																	
München 1740																	
Roma 1741																	
Fermo 1742																	
Graz 1743				I/4&5	I/6		I/8	I/9	I/10	I/11	I/12	I/13	I/14&15				
Mantova 1743																	
Praha 1743									I/9	I/10	I/11	I/12	I/13	I/14	I/15		
Venezia 1744																	
Hamburg 1745				I/4&5	I/6		I/9	I/10	I/11	I/12	I/13	I/14&15					
Gorizia 1746				I/4&5	I/6		I/9	I/10	I/11	I/12	I/13	I/14&15					
Graz 1746																	
Firenze 1746															I/14		
Praha 1746																	
Dresden 1747																	
Brescia 1748																	
London 1748	I/2	I/3	I/5	I/6		I/9	I/10	I/11	I/12	I/13	I/14	I/15					
Wien 1748																	
Milano 1749																	
Roma 1749																	
København 1749				I/4&5	I/6		I/9	I/10	I/11	I/12	I/13	I/14&15					
Vincenza 1749																	
Livorno 1750															I/14"		
Napoli 1751																	
Bologna 1751																	
Lucca 1751																	
Firenze 1752															I/14"		
Cremona 1752																	
Ferrara 1753																	
Venezia 1753																	
Piacenza 1753																	
Madrid 1753									I/9&10	I/11	I/12	I/13	I/14	I/14"			
Barcelona 1754																	
Venezia 1756																	
Padova 1759									I/9&10	I/11	I/12	I/13	I/14	I/14"			
Firenze 1760	I/1	I/2	I/3	I/4	I/5	I/6	I/7	I/8	I/9	I/10	I/11	I/12	I/13	I/14	I/14"		
Oranienbaum 1760										I/13	I/13"						
Warszawa 1760																	
Milano 1761									I/9&10	I/11	I/12	I/13	I/14	I/14"			
Stuttgart 1762																	
København 1762							I/8	I/9&10	I/11	I/12	I/13	I/14	I/14"				
Roma 1764																	
Venezia 1765									I/9&10	I/11	I/12	I/13	I/14	I/15			
München 1765									I/9&10	I/11	I/12	I/13	I/14	I/14"			
Lisbona 1765																	
Bergamo 1766									I/9&10	I/11	I/12	I/13	I/14				
Venezia 1768									I/9&10	I/14							
Praha 1768									I/9&10	I/11	I/12	I/13	I/14	I/14"			
Firenze 1770																	
Jerez 1770																	
London 1771	I/1-7	I/10&1	I/12	I/13&1													
Modena 1771									I/9&10	I/11	I/12	I/13	I/14	I/15			
Salvaterra 1771									I/9&10	I/11	I/12	I/13					
Barcelona 1772														I/14"			
Napoli 1776					I/14	I/15			I/9&10								
Valencia 1774																	
München 1782									I/9&10					I/14"			
Firenze 1782										I/10"	I/11	I/12	I/13	I/14			

Abgleich 9a: Metastasio – *Semiramide riconosciuta* (1729); Akt I

	II/1	II/2	II/3	II/4	II/5	II/6	II/7	II/8	II/9	II/10	II/11	II/12	II/13
Roma 1729	II/1	II/2	II/3	II/4	II/5	II/6	II/7	II/8	II/9	II/10	II/11	II/12	II/13
Venezia 1729													
Milano 1730													
Napoli 1731													
Rimini 1732													
Pistoia 1733													
London 1733							II/7	II/8	II/9	II/10	II/11	II/12	II/13
Brescia 1735													
Lisbona 1738													
Wien 1738			II/3,4,5,12	II/13	II/7	II/8							
Firenze 1740													
Jarmeritz 1740													
München 1740													
Roma 1741													
Fermo 1742													
Graz 1743								II/8&9	II/10	II/11	II/12	II/13	
Mantova 1743													
Praha 1743				II/7	II/8	II/9	II/10	II/11	II/12				
Venezia 1744													
Hamburg 1745										II/10	II/11	II/12	
Gorizia 1746										II/10	II/11	II/12	II/13
Graz 1746						II/6&I15		II/9	II/10	II/11	II/12	II/13	
Firenze 1746													
Praha 1746						II/6&I15		II/9	II/10	II/11	II/12	II/13	
Dresden 1747													
Brescia 1748													
London 1748										II/10	II/11	II/12	II/13
Wien 1748													
Milano 1749													
Roma 1749													
København 1749								II/10	II/11	II/12	II/13		
Vincenza 1749										II/10	II/11	II/12	
Livorno 1750													
Napoli 1751								II/10	II/11	II/12	II/13		
Bologna 1751													
Lucca 1751													
Firenze 1752													
Cremona 1752													
Ferrara 1753													
Venezia 1753													
Piacenza 1753							II/7		II/10	II/11	II/12	II/13	
Madrid 1753								II/8&9			II/12		
Barcelona 1754													
Venezia 1756													
Padova 1759									II/9		II/12	II/13	
Firenze 1760													
Oranienbaum 1760						II/5"				II/12	II/13		
Warzawa 1760													
Milano 1761								II/8&9			II/12		
Stuttgart 1762													
København 1762											II/12	II/13	
Roma 1764								II/8&9					
Venezia 1765										I/10	II/11	II/12	
München 1765								II/8&9			II/12		
Lisbona 1765								II/8'	II/8"&9				
Bergamo 1766										II/10	II/11	II/12	
Venezia 1768								II/12					
Praha 1768								II/8&9	II/10	II/11	II/12		
Firenze 1770													
Jerez 1770					II/6	II/7	II/8	II/9	II/10	II/11	II/12		
London 1771	II/1-6	II/7	II/8-9	II/12									
Modena 1771								II/8&9	I/10	II/11	II/12		
Salvaterra 1771										II/12			
Barcelona 1772													
Napoli 1776											II/12	II/13	
Valencia 1774					II/6	II/7	II/8	II/9	II/10	II/11	II/12		
München 1782									II/9		II/12		
Firenze 1782													

Abgleich 9b: Metastasio – *Semiramide riconosciuta* (1729); Akt II

Szenenabgleiche der nachweisbaren barocken Semiramis-Opern

	III/1	III/2	III/3	III/4	III/5	III/6	III/7	III/8	III/9	III/10	III/11	III/12	III/13	III/14
Roma 1729	III/1	III/2	III/3	III/4	III/5	III/6	III/7	III/8	III/9	III/10	III/11	III/12	III/13	III/14
Venezia 1729														
Milano 1730														
Napoli 1731														
Rimini 1732														
Pistoia 1733														
London 1733												III/12	III/13	III/14
Brescia 1735														
Lisbona 1738														
Wien 1738		III/2	III/3	III/4		III/7		III/8	III/9		III/10	III/12&13	III/13&14	
Firenze 1740														
Jarmeritz 1740														
München 1740														
Roma 1741														
Fermo 1742												II/12	II/13	II/14
Graz 1743						III/6&7	III/8	III/9		III/10	III/11	III/12&13	III/14	
Mantova 1743														
Praha 1743						III/6&7	III/8	III/9		III/10	III/11	II/12	III/13	II/14
Venezia 1744														
Hamburg 1745						III/6&7	III/8	III/9		III/10	III/11	III/12&13	III/14	
Gorizia 1746						III/6&7	III/8	III/9		III/10	III/11	III/12&13	III/14	
Graz 1746														
Firenze 1746														
Praha 1746														
Dresden 1747														
Brescia 1748														
London 1748		III/2	III/3	III/4		III/6	III/7	III/8		III/9	III/10	III/11	III/13	III/14
Wien 1748														
Milano 1749														
Roma 1749		III/2	III/3	III/4		III/6	III/7	III/8	III/9	III/10	III/11	III/12	III/13	II/14
København 1749						III/6&7	III/8	III/9		III/10	III/11	III/12&13	III/14	
Vincenza 1749			III/3	III/4	III/6	III/7	III/8	III/9&10		III/13	III/14			
Livorno 1750														
Napoli 1751							III/7	III/8	III/9	III/10	III/11	III/12	III/13	III/14
Bologna 1751	III/1&2	III/3	III/4	III/5	III/6	III/7	III/8	III/9		III/10				
Lucca 1751														
Firenze 1752														
Cremona 1752														
Ferrara 1753														
Venezia 1753														
Piacenza 1753														
Madrid 1753			III/3		III/4	III/5	III/6&7	III/8	III/9		III/10	III/11	III/12	III/13&14
Barcelona 1754														
Venezia 1756														
Padova 1759			III/3	III/4	III/5	III/6&7	III/8	III/9		III/10	III/11	III/12	III/13&14	
Firenze 1760														
Oranienbaum 1760														
Warzawa 1760														
Milano 1761			III/3	III/4	III/5	III/6&7	III/8	III/9		III/10	III/11	III/12	III/13&14	
Stuttgart 1762														
København 1762			III/3	III/4	III/5	III/6&7	III/8	III/9		III/10	III/11	III/12	III/13&14	
Roma 1764														
Venezia 1765			III/3	III/4	III/5	III/6&7	III/8	III/9		III/10	III/12	III/13&14		
München 1765			III/3	III/4	III/5	III/6&7	III/8	III/9		III/10	III/11	III/12	III/13&14	
Lisbona 1765		III/2	III/3	III/4	III/6	III/7	III/8	III/9	III/10		III/11	III/12	III/13	II/14
Bergamo 1766			III/3	III/4	III/5	III/6&7	III/8	III/9		III/10	III/12	III/13&14		
Venezia 1768			III/3	III/4	III/5	III/6&7	III/8	III/9		III/10	III/12	III/13&14		
Praha 1768			III/3	III/4	III/5	III/6&7	III/8	III/9		III/10	III/12	III/13&14		
Firenze 1770												III/12	III/13	III/14
Jerez 1770						III/6	III/7	III/8	III/9	III/10	III/12	III/14		
London 1771		III/3	III/4&5		III/8	III/10&11	III/12-14							
Modena 1771			III/3	III/4	III/5	III/6&7	III/8	III/9		III/10	III/12	III/13&14		
Salvaterra 1771			III/3	III/4	III/5	III/6&7	III/8	III/9		III/10	III/11	III/12	III/13&14	
Barcelona 1772					III/6&7	III/8	III/9	III/12	III/13	III/14				
Napoli 1776			III/3	III/4	III/6&7	III/8	III/9		III/10	III/12	III/13&14			
Valencia 1774							III/7	III/8	III/9	III/10	III/12	III/14		
München 1782			III/3	III/4	III/5	III/6&7	III/8	III/9		III/10	III/11	III/12	III/14	
Firenze 1782			III/3	III/4	III/5	III/7				III/14				

Abgleich 9c: Metastasio – *Semiramide riconosciuta* (1729); Akt III

7.6 ‚Gegengeschlechtliche' Rollenbesetzungen[41]

Karte I: ‚Gegengeschlechtliche' Besetzungen der Rolle der Semiramide
(ohne Rom / Jesuitenschulen)

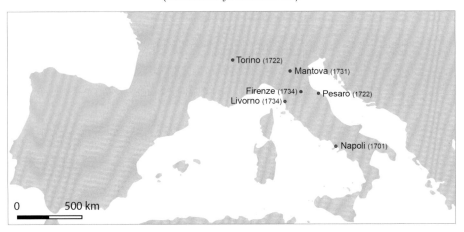

Karte II: ‚Gegengeschlechtliche' Besetzungen der Rolle des jüngeren Nino

---

41 Aufgenommen wurden in allen Karten und Tabellen nur die Personen, bei denen das Stimmfach sicher zuweisbar ist.

Tabelle 1: Kastraten (und andere hohe Männerstimmen, ohne Tenöre) in der Rolle der Semiramide

Jahr	Ort	Libretto	Musik	Katalog	Sänger
1720	Ancona	Silvani	?	#11	Castoro Castori
1722	Roma	Zanelli	Orlandini	#13.1.1	Giacinto Gasparini detto Farfallino
1727	Jesi	Zanelli	Orlandini	#11.1	Biagio Pucci
1729	Roma	Metastasio	Vinci	#15	Giacinto Fontana detto Farfallino
1742	Fermo	Metastasio	Pampani	#15.1	Niccola Conti
1744	Napoli	Metastasio	Hasse oder Vinci	#15.1	Gaetano Majorano detto Caffarelli
1749	Roma	Metastasio	Pérez	#15.1.37	Giuseppe Poma
1764	Roma	Metastasio	Sacchini	#15.1.63	Gaspare Savoj
1771	Salvaterra	Metastasio	Jommelli	#15.1	Giambattista Vasques

Tabelle 2: Frauen in der Rolle des Nino

Jahr	Ort	Libretto	Musik	Katalog	Sängerin	Rolle
1701	Napoli	Paglia	Aldrovandini	#8	Lucia Nannini	Nino figlio
1731	Mantova	Silvani	Vivaldi	#11.1.5	Maria Maddalena Pieri	Nino padre
1722	Torino	Zanelli	Orlandini	#13.1.2	Rosa Cruce	Nino figlio
1722	Pesaro	Zanelli	Orlandini	#13.1.3	Maria Antonia Tozzi	Nino figlio
1727	Livorno	Zanelli	?	#13.1.7	Franesca Bertolli	Nino figlio
1734	Firenze	Zanelli	?	#13.1.9	Giovanna Guaetta	Nino figlio

Tabelle 3: Kastraten (und andere hohe Männerstimmen, ohne Tenöre) in der Rolle des Nino

Jahr	Ort	Libretto	Musik	Katalog	Sängerin	Rolle
1672	Bologna	Bentivoglio	?	#2.1.1	Domenico Cecchi	Nino figlio
1703	Düsseldorf	Rapparini	Wilderer	#9	Benedetto Baldassari	Nino padre
1713	Venezia	Silvani	Pollarolo	#11	Benedetto Baldassari	Nino padre
1715	Palermo	Silvani	?	#11.1.1	Antonio Lauri	Nino padre
1720	Ancona	Silvani	Ferretti & Marcolini	#11.1.2	Francesco Braganti	Nino padre
1720	Reggio	Zanelli	Capelli, Gasparini & Bononcini	#13	Gaetano Orsini	Nino figlio
1722	Roma	Zanelli	Orlandini	#13.1.1	Bartolomeo Bartoli	Nino figlio
1724	Napoli	Zanelli	Porpora	#13.1.4	Carlo Boschi detto Farinello	Nino figlio
1724	Genova	Zanelli	Orlandini?	#13.1.5	Antonio Pasi	Nino figlio
1730	Napoli	Silvani	Leo	#11.1.3	Antonio Barbieri	Nino padre
1733	Milano	Silvani	Porta	#11.1.4	Gaetano Majorano detto Caffarelli	Nino padre
1745	Padova	Silvani	Lampugnani	#11.1.7	Marianino Nicolini	Nino padre

Tabelle 4: Tenöre in der Rolle des Nino

Jahr	Ort	Libretto	Musik	Katalog	Sängerin	Rolle
1674	Modena	Moniglia	Cesti & Ziani	#3.1.4	Steffano Bussi	Nino padre
1742	Venezia	Silvani	Jommelli	#11.1.6	Giovanni Batista Pinacci	Nino padre

Tabelle 5: Männer in der Rolle des Mennone

Jahr	Ort	Libretto	Musik	Katalog	Sängerin	Rolle
1713	Roma	Silvani	Pollarolo	#11	Giuseppe Maria Boschi	Bass
1730	Napoli	Silvani	Leo	#11.1.3	Giovanni Battista Minelli	Alt (Kastrat)
1731	Mantova	Silvani	Vivaldi	#11.1.4	Giuseppe Alberti	Tenor

7.7 Motivkataloge

7.7.1 Antike[42]

Autor	Werk	Datierung	Sprache	Editionen – editio princeps	Editionen – 1. Übersetzung	Kind einer Göttin	andere Herkunft	Onnes	gründet Babylon	ummauert Babylon	herrscht in Babylon	Bauherrin	Männerkleidung	nach Ninus' Tod	für x Tage	Gattenmord	Kriegerin	Indienfeldzug erwähnt	Indienfeldzug erfolglos	Indienfeldzug geplant
Herodot	Historiai	2. H. 5. Jh. v.	G	1502 (Aldina)	1474 (L)						x	(x)								
Ktesias	Persika	2. H. 5. Jh. v.	G	1557 (Paris)	1566 (L)						x (Diodor et al.)								x (Diodor)	
Aristobulos		Ende 4. Jh. v.	G																x (Arrian)	
Nearchos		4. Jh. v.	G																x (Strabo)	
D(e)inon		Mitte 4. Jh. v.	G											x	x (Aelian)	x (Aelian)				
Megathenes	Indika	um 300 v.	G						nein											
Berossos	Babyloniaka	295–261 v.	G	1530 (Basel)				x		x (Vitruv)	x	x		x						
anonymus	Tractatus de mulieribus claris in bello	2. Jh. v.–1. Jh. n.	G									x (Plinius)					(x)			
Poseidonios	Historia he meta Polybion	1. Jh. v.	G	1810 (Leiden)																
Isidor von Charax	Stathmoi parthikoi	1. Jh. v.	G																	
Diodor	Bibliotheke historike	Mitte 1. Jh. v.	G	1539 (Basel)	1472 (1–5; L)	x	x	x	x	x	x	x	(x)	x	x		x			
Cicero	De provinciis consularibus	56 v.	L	1498 (Mailand)															x	

---

42 Ohne reine Namensnennungen; bei fragmentarischen Werken steht der zitierende Autor in Klammern.

Motivkataloge

Autor	Werk	Datierung	Sprache	Editionen: editio princeps	Editionen: 1. Übersetzung	Kind einer Göttin	andere Herkunft	Onnes	gründet Babylon	ummauert Babylon	herrscht in Babylon	Bauherrin	Männerkleidung	Herrschaft: nach Ninus' Tod	Herrschaft: für x Tage	Gattenmord	Kriegerin	Indienfeldzug: erwähnt	Indienfeldzug: erfolglos	Indienfeldzug: geplant
Propertius	Cynthia	2. H. 1. Jh. v.	L	1472 (Venedig)	1730 (D)															
Juba II. v. Mauretanien		1. Jh. v.–1. Jh. n.	G																	
Vitruv	De architectura	ca. 33–14 v.	L	1486/87 (Rom)	1521 (I)					x										
Pompeius Trogus	Historiae Philippicae	augusteisch	L						x (Iustin)	x (Iustin)	x (Iustin)		(x) (Iustin)				x (Iustin)	x (Iustin)		
Hyginus	Fabulae	augusteisch	L	1535 (Basel)					x							x				
Strabon	Geographika	7 v.–23 n.	G	1516 (Aldina)	1469 (L)				x		(x)	x								
Ovid	Metamorphoses	1–10 n.	L	1492 (Venedig)	um 1210 (D)	x														
Ovid	Amores	1–10 n.	L	1471 (Rom)	um 1597 (E)															
Nikolaos v. Damaskus	Historiai	ca. 10 n.	G															x		
Valerius Maximus	Facta et dicta memorabilia	tiberisch	L	1470 (Straßburg)	1476 (F)						x						x			
Velleius Paterculus	Historia Romana	29/30	L	1520/21 (Basel)	1610 (F)				mit Ninus		x									
Pomponius Mela	Chronographia	43/44	L	1471 (Mailand)	1500 (P)				x			x								
Martial	Epigrammaton libri duodecim	2. H. 1. Jh.	L	um 1470 (Rom)	1546 (D)					x									x	

Autor	Werk	Datierung	Sprache	Editionen		Erinnerungsbausteine														
				editio princeps	1. Übersetzung	Kind einer Göttin	andere Herkunft	Onnes	gründet Babylon	ummauert Babylon	herrscht in Babylon	Bauherrin	Männerkleidung	nach Ninus' Tod	für x Tage	Gattenmord	Kriegerin	erwähnt	erfolglos	geplant
Plinius maior	Naturalis Historia	1. Jh.	L	1469 (Venedig)	1476 (I)							x								
Curtius Rufus	Historiae Alexandri Magni …	1. Jh.	L	1470 (Venedig)	1478 (I)				x											
Conon	Diegeseis	1. Jh.	G														(x)			
Dion Chrysostomos	Orationes	101 oder 105	G	1551 (Venedig)	1555 (L)				mit Ninus											
Kephalion	Pantodapai Historiai	trajanisch	G	1509 (Venedig)	1514 (L)					x (Euseb)	x (Euseb)			x (Euseb)			x (Euseb)		x (Euseb)	
Plutarch	Moralia	ca. 120	G	1470 (Rom)	1539 (I)															
Sueton	Iulius Caesar	ca. 120	L	1815 (Mailand)	1824 (E)															
Fronto	Epistulae	ca. 134–166	L	1549 (Basel)	1589 (G)												x			
Polyainos	Strategemata	ca. 162	G	1535 (Venedig)	1508 (L)								x				(x)			
Arrian	Anabasis Alexandrou	2. Jh.	L	1470 (Rom)					x	x	x			x			(x)	x	x (Nearchos)	x (Megasthenes)
Iustin	Epitoma historiarum Philippicarum	2. Jh.	G	1506						x	x	x						x		
Lukian v. Samosata	Peri tes Syries theou	Mitte 2. Jh.	G			x														

Motivkataloge

Autor	Werk	Datierung	Sprache	editio princeps	1. Übersetzung	Kind einer Göttin	andere Herkunft	Onnes	gründet Babylon	ummauert Babylon	herrscht in Babylon	Bauherrin	Männerkleidung	nach Ninus' Tod	für x Tage	Gattenmord	Kriegerin	erwähnt	erfolglos	geplant
Aelian	Poikile historia	ca. 200–220	G	1545 (Rom)	1548 (L)										x	x				
Iulius Africanus	Chronographiai	221	G																	
Ampelius	Liber memorialis	3.–6. Jh.	L	1638		x			x											
Euseb	Chronica	Anfang 4. Jh.	A																	
Eutrop	Breviarium...	ca. 370	L	1471 (Rom)	1790 (D)					x		x		x					x	
Hieronymus	Chronicon	ca. 380	L	1693–1706 (Paris)	1872–1874 (D)															
Ammianus Marcellinus	Res gestae	ca. 390	L	1474 (Rom)	1555 (L)					x				x						
Vibius Sequester	De fluminibus fontibus...	4.-/5. Jh.	L	1615 (Toulouse)						x				x						
Augustinus	De civitate dei	413–426	L	1467 (Rom)	1486/1487 (F)						(x)									
Orosius	Historiae adversum paganos	418	L	1471 (Augsburg)	1539 (D)				x	x	x		x	x		x	x		x	
Cassiodor	Chronica	ca. 520	L	1472 (Augsburg)	1529 (D)					x	x									
Jordanes	Historia romana	552	L	1531 (Basel)						x	x		x			x	x	x		
Isidor v. Sevilla	Etymologicae	ca. 620	L	1483 (Venedig)						x	x						x	x		

Autor	Werk	Datierung	Sprache	Editionen		Erinnerungselemente															
				editio princeps	1. Übersetzung	gelöstes Haar	Inzest angedacht	Inzest ausgeführt	Inzest Gesetz	Ehe mit Sohn	Sodomie	Klugheit	Mut	Luxussucht	Schönheit	erfindet Textiles Tiara	erfindet Textiles Hose	erfindet Textiles Stickerei	in Taube verwandelt	Selbstmord	Ermordung Ninus d.J.	Ermordung Onnes' Söhne
Herodot	Historiai	2. H. 5. Jh. v.	G	1502 (Aldina)	1474 (L)																	
Ktesias	Persika	2. H. 5. Jh. v.	G	1557 (Paris)	1566 (L)									x (Athenaios)							x (Kephalion)	geplant (Nikolaos)
Aristobulos		Ende 4. Jh. v.	G																			
Nearchos		4. Jh. v.	G																			
D(e)inon		Mitte 4. Jh. v.	G																			
Megathenes	Indika		G																			
Berossos	Babyloniaka	295–261 v.	G	1530 (Basel)																		
anonymus	Tractatus de mulieribus claris in bello	2. Jh. v.–1. Jh. n.	G									(x)										x
Poseidonios	Historia he meta Polybion	1. Jh. v.	G	1810 (Leiden)																		
Isidor von Charax	Stathmoi parthikoi	1. Jh. v.	G	–																		
Diodor	Bibliotheke historike	Mitte 1. Jh. v.	G	1539 (Basel)	1472 (1–5; L)							x	x	x	x						(x)	
Cicero	De provinciis consularibus	56 v.	L	1498 (Mailand)															x		versucht	
Propertius	Cynthia	2. H. 1. Jh. v.	L	1472 (Venedig)	1730 (D)																	

Motivkataloge 593

Autor	Werk	Datierung	Sprache	Editionen		Erinnerungselemente															Ermordung durch	
				editio princeps	1. Übersetzung	gelöstes Haar	Inzest angedacht	Inzest ausgeführt	Inzest Gesetz	Ehe mit Sohn	Sodomie	Klugheit	Mut	Luxussucht	Schönheit	Tiara	Hose	Stickerei	in Taube verwandelt	Selbstmord	Ninus d.J.	Onnes' Söhne
Juba II. v. Mauretanien		1. Jh. v.–1. Jh. n.	G								x (Plinius)											
Vitruv	De architectura	ca. 33–14 v.	L	1486 (Rom)	1521 (I)																	
Pompeius Trogus	Historiae Philippicae	augusteisch	L				x (Iustin)					x (Iustin)	x (Iustin)									
Hyginus	Fabulae	augusteisch	L	1535 (Basel)							x									x		
Strabon	Geographika	7 v.–23 n.	G	1516 (Aldina)	1469 (L)														x			
Ovid	Metamorphoses	1–10 n.	L	1492 (Venedig)	um 1210 (D)										(x)							
Ovid	Amores	1–10 n.	L	1471 (Rom)	um 1597 (E)	x																
Nikolaos v. Damaskus	Historiai	ca. 10 n.	G										(x)									
Valerius Maximus	Facta et dicta memorabilia	tiberisch	L	1470 (Straßburg)	1476 (F)	x																
Velleius Paterculus	Historia Romana	29/30	L	1520/21 (Basel)	1610 (F)																	
Pomponius Mela	Chronographia	43/44	L	1471 (Mailand)	1500 (P)																	x
Martial	Epigrammaton libri duodecim	2. H. 1. Jh.	L	um 1470 (Rom)	1546 (D)													x				

Autor	Werk	Datierung	Sprache	Editionen		Erinnerungselemente														
				editio princeps	1. Übersetzung	gelöstes Haar	Inzest angedacht	Inzest ausgeführt	Inzest Gesetz	Ehe mit Sohn	Sodomie	Klugheit	Mut	Luxsucht	Schönheit	Tiara	Hose	Stickerei	in Taube verwandelt	Selbstmord	Ermordung durch Ninus d.J.	Ermordung durch Onnes' Söhne
Plinius maior	Naturalis Historia	1. Jh.	L	1469 (Venedig)	1476 (I)																	
Curtius Rufus	Historiae Alexandri Magni…	1. Jh.	L	1470 (Venedig)	1478 (I)								(x)									
Conon	Diegeseis	1. Jh.	G					x (Photius)	x (Photius)	x (Photius)												
Dion Chrysostomos	Orationes	101 oder 105	G	1551 (Venedig)	1555 (L)																	
Kephalion	Pantodapai Historiai	trajanisch	G					x (Euseb)													x (Euseb)	
Plutarch	Moralia	ca. 120	G	1509 (Venedig)	1514 (L)	x																
Sueton	Iulius Caesar	ca. 120	L	1470 (Rom)	1539 (I)																	
Fronto	Epistulae	ca. 134–166	L	1815 (Mailand)	1824 (E)																	
Polyainos	Strategemata	ca. 162	L	1549 (Basel)	1589 (G)		x															
Arrian	Anabasis Alexandrou	2. Jh.	G	1535 (Venedig)	1508 (L)							(x)	(x)									
Iustin	Epitoma historiarum Philippicarum	2. Jh.	L	1470 (Rom)													(x)				x	

Motivkataloge

Autor	Werk	Datierung	Sprache	Editionen: editio princeps	Editionen: 1. Übersetzung	gelöstes Haar	Inzest: angedacht	Inzest: ausgeführt	Inzest: Gesetz	Ehe mit Sohn	Sodomie	Klugheit	Mut	Luxussucht	Schönheit	Tiara	Hose	Stickerei	in Taube verwandelt	Selbstmord	Ninus d.J.	Onnes' Söhne
Lukian v. Samosata	Peri tes Syries theou	Mitte 2. Jh.	G	1506															x			
Aelian	Poikile historia	ca. 200–220	G	1545 (Rom)	1548 (L)																	
Iulius Africanus	Chronographiai	221	G																			
Ampelius	Liber memorialis	3.–6. Jh.	L	1638																		
Euseb	Chronica	Anfang 4. Jh.	A																		x	
Eutrop	Breviarium...	ca. 370	L	1471 (Rom)	1790 (D)																	
Hieronymus	Chronicon	ca. 380	L	1693–1706 (Paris)	1872–1874 (D)																	
Ammianus Marcellinus	Res gestae	ca. 390	L	1474 (Rom)	1555 (L)																	
Vibius Sequester	De fluminibus fontibus...	4./5. Jh.	L	1615 (Toulouse)																		
Augustinus	De civitate dei	413–426	L	1467 (Rom)	1486 (F)			x														
Orosius	Historiae adversum paganos	418	L	1471 (Augsburg)	1539 (D)			x	x													

Autor	Werk	Datierung	Sprache	Editionen		Erinnerungselemente																
				editio princeps	1. Übersetzung	gelöstes Haar	Inzest angedacht	Inzest ausgeführt	Inzest Gesetz	Ehe mit Sohn	Sodomie	Klugheit	Mut	Luxussucht	Schönheit	erfindet Textiles Tiara	erfindet Textiles Hose	erfindet Textiles Stickerei	in Taube verwandelt	Selbstmord	Ermordung durch Ninus d.J.	Ermordung durch Onnes' Söhne
Cassiodor	Chronica	ca. 520	L	1472 (Augsburg)	1529 (D)																	
Jordanes	Historia romana	552	L	1531 (Basel)																		
Isidor v. Sevilla	Etymologicae	ca. 620	L	1483 (Venedig)												x		x				

7.7.2 Theater

	Personen (mit antikem Hintergrund)						
	Semiramis	Ninus d.Ä.	Ninus d.J.	Memnon	Simma	Zoroaster	Staurobates
M. Manfredi (1583/1593)	x	x					
M. Manfredi (1593)	x			x	x		
C. de Virués (vor 1604)	x	x	x	x			
G. Gilbert (1646/1647)	x	x		x		(x)	
N. Desfontaines (1647)	x	x	x				
G. Belsensi = B. Gessi (1649)	x			x	x	x	
P. Calderon de la Barca (1653)	x	x	x	x	x (Tiresias)		
M.-A. Poisson Gomez (1716)	x	x		x	x	(x)	
P. Jolyot de Crébillon (1717)	x		x				

Italien / England / Spanien / Frankreich

	Motive/Erinnerungsbausteine									
	S. in Männerkleidung	S. ist Königin	Ninus d.J. in Frauenkleidern	S. als Kriegerin	S. geht eine Ehe ein	S. bleibt Alleinherrscherin	S. verantwortet Tod Ninus' d.Ä.	S. begehrt Ninus d.J.	S. begeht Selbstmord	S. wird ermordet
M. Manfredi (1583/1593)	x	zunächst 3 Tage		x			x	x		von Ninus d.J.
M. Manfredi (1593)					mit Memnon					
C. de Virués (vor 1604)	x	zunächst 5 Tage	x	x	mit Ninus d.Ä.		x	x		von Ninus d.J.
G. Gilbert (1646/1647)		für 5 Tage		x		x	x			
N. Desfontaines (1647)		zunächst 3 Tage		x			x	unwissentlich	x	
G. Belsensi = B. Gessi (1649)		x		x			x	unwissentlich		von ihren Soldaten
P. Calderon de la Barca (1653)	im 2. Teil	zunächst 6 Tage		x	mit Ninus d.Ä.		x			in der Schlacht
M.-A. Poisson Gomez (1716)					mit Ninus d.Ä.					
P. Jolyot de Crébillon (1717)				x			x	unwissentlich	x	

7.7.3 Oper

	Bearbeitungen	Semiramis	Ninus d.Ä.	Ninus d.J.	Memnon	Simma	Zoroaster	Staurobates
				Personen (mit antikem Hintergrund)				
Bisaccioni (1648)	1	x		x				(x)
Bentivoglio (1662)	2	x	Ombra	x				
Moniglia (1665/1667)	10	x		x				
Anonymus (1671)	5	x	x		x	x		
Anonymus (1673)	1	x						
Bonacossi (1674)	1	x	x		x	ohne Namen		x
Hinsch (1683)	1	x						
Paglia (1701)	2	x		x				
Rapparini (1703)	2	x	x				x	
Noris (1706)	2	x		x				
Silvani (1713/1714)	9	x	x		x		x	
Roy (1718)	1	x		x			x	
Zanelli (1720)	10	x	Attalo	x				
Zeno (1726)	2	x	x		x	Simmandio		
Metastasio (1729)	85	x						

Motivkataloge 599

	S. in Männerkleidern	S. ist Königin	Ninus d.J. in Frauenkleidern	S. als Kriegerin	S. geht eine Ehe ein	S. bleibt Alleinherrscherin	S. verantwortet Tod Ninus' d.Ä.	S. begehrt Ninus d.J.	S. begeht Selbstmord	S. wird ermordet
Bisaccioni (1648)	x	x	x	x	mit Arimeno					
Bentivoglio (1662)	x	x	x	x	mit Ormondo/ Aspasio					
Moniglia (1665/1667)	x	x	x	x	mit Creonte					
Anonymus (1671)		x		x	mit Ninus d.Ä.					
Anonymus (1673)				x	mit Ninus d.Ä.					
Bonacossi (1674)		für 1 Tag				x				
Hinsch (1685)		x		x						
Paglia (1701)	x	x	x	x	mit Celidoro					
Rappartini (1703)	x			x	mit Ninus d.Ä.					
Noris (1706)	x	x		x	mit Siloe		x			
Silvani (1713/1714)		für 1 Tag		x						
Roy (1718)		x		x				unwissentlich		versehentlich
Zanelli (1720)		für 1 Tag		x		x				
Zeno (1726)				x	mit Ninus d.Ä.					
Metastasio (1729)	x	x		x	mit Scitalce	x				

Motive/Erinnerungsbausteine

7.8 Zeitstahl der Theaterstücke und Opern[43]

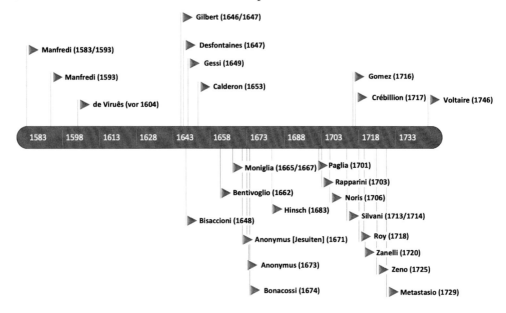

---

43 Oberhalb der Jahreszahlen sind die Bühnenstücke, unterhalb die in dieser Studie behandelten Opern – geordnet nach dem Jahr der Uraufführung des jeweiligen Librettotextes – eingetragen.

8. Indizes[1]

8.1 Stellen

8.1.1 Antike Autoren

Augustinus
civ. 18,1–2 | *53, 55, 60*
civ. 18,2 | *55, 88*
conf. 4,2 | *56*
conf. 6,21 | *56*
De bono coniugali 1 | *56*
De bono coniugali 6 | *56*
De continentia 23 | *56*
De gratia Christi 2,42 | *56*

Euseb
chron. 1,4 | *63*
chron. 2,16–18 | *55*
chron. 7,20a–b | *53*
chron. 12,17–13,9 | *41*
chron. 20,13–26 | *106*
chron. 29,3–10 | *36*

Gregor von Nazianz
or. 21,21 | *80*

Ammianus Marcellinus
14,113 | *80*
14,6,17 | 47, *80*
16,7,3 | *80*
18,4,3 | *80*

21,16,16 | *80*
23,6,22 | *80, 90*
23,6,23 | 29
28,4,9 | *58, 78, 80*

Aelian
var. 7,1 | *78, 87, 159, 276*
var. 12,39 | *254*

Aischylos
Choeph. 1054 | 36
Pers. 661 | 72

Alexanderroman
2,14,6 | *70*
3,18,1 | *45*

Apollodor
2,6,2–3 | *332*
3,13 | *102*
epit. 6,25 | 36

Apuleius
flor. 9,13 | *71*

Aristoteles
hist. an. 3,22,523a | *37*

---

1 Verweise auf den Haupttext sind recte, auf den Anmerkungsapparat kursiv gesetzt. Erscheint ein Lemma auf einer Seite sowohl im Haupttext als auch in den Anmerkungen, ist der Eintrag im Index recte. Die Namen der Mitglieder von frühneuzeitlichen Fürstenhäusern sowie von geistlichen Würdenträgern sind entsprechend der Regularien der Regeln für die alphabetische Katalogisierung in wissenschaftlichen Bibliotheken (²2016; https://files.dnb.de/pdf/rak_wb_netz.pdf [letzter Zugriff: 30.10.2020]) verzettelt. Nicht erfasst wurden Sängerinnen und Sänger sowie Rollennamen.

pol. 1260a13 | *190*
pol. 1269b12–14 u. 19–26 | *39*
pol. 1269b19–26 | *39*
poet. 1449b28–30 | *171*
gen. an. 1,20,728a17 f. | *190*
gen. an. 2,3,737a | *120*
metaph. 1058a29 ff. | *190*

Arrian
an. 1,23,2 | *84*
an. 4,18,4–19,5 | *28*
an. 6,24 | *33, 45, 85*

Athenaois
12,529d | *76*
12,538ef | *36*

Athenagoras
Legatio pro christianis 30 | *36, 87*

Aurelius Victor
epit. 42,19 | *80*

Bakchylides
3,29–37 | *76*
3,47–62 | *76*

Berossos
BNJ 680 F 5 | *41*
BNJ 680 F 7d | *77*
BNJ 680 F 8a | *41*
BNJ 680 F 9a | *41*

Cassius Dio
79,23 | *84*

Cassiodor
12 | *61*

Celsus
3,6 | *49*

Cicero
de orat. 2,36 | *57*
leg. 1,1,5 | *23*

Mil. 21,55 | *79*
Phil. 6,7 | *79*
prov. 9,3 | *44*
Tusc. 5,61 | *71*
Tusc. 5,78 | *77*

Claudius Claudianus
In Eutropium 1,338–342 | *47, 81*

Curtius
5,1,24 | *33, 85*
7,11 | *28*
9,1,29 | *49*
9,6,23 | *29*

Demokrit
frg. 111 | *190*

D(e)inon
FGrHist 690 F 7 | *78, 87, 159, 276*

Diodor
1,2,2 | *57*
1,4–15 | *35*
1,15,6–7 | *34*
1,53,1 | *33, 85*
1,55,3 | *33*
1,55,4 | *33*
1,56,2 | *34*
1,57,1 | *34*
1,57,2 | *34*
2,1–28 | *25, 26*
2,4–20 | *27*
2,4,1 | *27*
2,4,5 | *31*
2,4,6 | *28*
2,5,1 | *28, 31*
2,5,2 | *31*
2,5,4 | *27, 35*
2,6,5 | *31*
2,6,6 | *28*
2,6,7–6,10 | *29*
2,6,9 | *31*
2,7,1 | *27, 35*
2,7,2 | *29, 31, 147*

2,7,3 | *27, 35*
2,7,4 | *27, 35*
2,8,5 | *27, 35*
2,9,1–3 | *44*
2,9,4 | *34*
2,10,1 | *29*
2,11,1 | *29*
2,13,1–2 | *30, 51*
2,13,4 | *32, 210*
2,13,5 | *31*
2,13,6–8 | *30*
2,14,1 | *30, 34*
2,14,3 | *33, 143*
2,16 | *30, 31, 32, 33*
2,17,1 | *27, 35*
2,18,1 | *58*
2,20,1 | *31, 80*
2,20,3 | *26, 27, 35*
2,20,3–5 | *31, 69, 87*
2,23–27 | *76*
2,23,1–2 | *80*
2,27,2 | *76*
2,27,5 | *76*
2,32–34 | *25*
2,38,3 | *35*
2,39,1 | *35*
3,3,1 | *30*
3,7,2–3 | *36*
16,36–45 | *102*
17,40,2 | *33*
17,49,1–2 | *33*
17,49,2–51,4 | *30*
17,52,7 | *33*
17,86 | *33*
17,89,5 | *35*
19,33,2–4 | *77*
25,19 | *33*

Diogenes von Sinope
TrGF 88 T2 S | *47*

Dion Chrysostomos
2,37 | *45*
6,37 | *45*
64,2 | *52, 86*
64,22 | *90*

Dionysios von Halikarnassos
ant. 4,25,3–4 | *29*
Per. 1000 | *90*

Euripides
Andr. 364–365 | *84*
El. 1207–1223 | *106*
El. 1545 | *106*
Hec., Prolog | *198*
Hipp. 638–644 | *84*
Med. 292ff. | *84*
Or. 1204–1205 | *84*
Suppl. 293–294 | *84*
Suppl. 984–1031 | *86*

Flavius Josephus
ant. Iud. 4,1–3 | *249*
c. Ap. 1,139–142 | *41*
c. Ap. 1,146, 150 u. 152 | *41*

Hellanikos
FGrHist 687a F 7c | *80*

Herodot
1,5,3 | *76*
1,6,2 | *76*
1,8–13 | *24*
1,86–87 | *76*
1,87,2 | *76*
1,155 | *46*
1,183 | *29*
1,184 | *23*
1,184–186 | *23*
1,187 | *125*
1,206–214 | *24*
2,102–103 | *33*
2,106–110 | *33*
3,4 | *80*
3,30,3 | *24*
3,77 | *80*
3,155 | *23*
7,14 | *53*
7,99,1 | *24, 38*

7,107 | *76*
7,165–167 | *76*
9,108–113 | *29*

Hieronymus
chron. 1,6 | *144*
chron. 16,32–33 | *63*

Homer
Il. 6,160 | *117*
Il. 6,492–493 | *53*
Od. 18,490–498 | *38*

Horaz
ars 365 | *340*
carm. 1,37 | *60, 79*
epist. 9,11–14 | *44*

Hygin
fab. 58 | *102*
fab. 70 | *108*
fab. 96 | *102*
fab. 223 | *44, 78*
fab. 240 | *44, 69, 78, 86, 159, 276*
fab. 243 | *44, 86, 95*
fab. 275 | *44, 78*

Iustin
1,2,1 | *86*
1,2,5 | *46*
1,2,9 | *105*
2,1,3 | *47, 48, 72, 90, 106*
14,6,1 | *50*

Iuvenal
2,82 | *86*
2,108–109 | *86*
3,66 | *79*
6,373A–373B | *80*

Jordanes
1,14 | *61*
15 | *144, 147*

Julian
or. 3 | *90*

Kephalion
FGrHist 93 F 1b | *36*

Kodex Hammurabi
§ 157 | *48*

Ktesias
FGrHist 688 F 1b | *25, 26, 38, 39*
FGrHist 688 F 1c | *36*
FGrHist 688 F 1eα (Stronk) | *36*
FGrHist 688 F 1eγ (Stronk) | *36*
FGrHist 688 F 1g | *36, 84*
FGrHist 688 F 1i | *84, 210*
FGrHist 688 F *1lδ | *36, 86*
FGrHist 688 F 1m | *36, 84, 87*
FGrHist 688 F 1n | *36, 84*
FGrHist 688 F 5 | *25, 38*
FGrHist 688 F 9 | *38*
FGrHist 688 F 44 | *47*
FGrHist 688 F 48a | *37*
FGrHist 688 T 3b | *39*
FGrHist 688 T 7a | *39*
FGrHist 688 T 8 | *23, 38*

Libanios
or. 11,59 | *90*

Livius
1,4,7 | *79*

Lucius Ampelius
Liber Memorialis 11,3 | *106*

Lukrez
2,34–36 | *71*

Lukian
Pharsalia 10,1–171 | *86, 96*
Philops. 2 | *23*
Syr. dea 14 | *27, 29, 90*
Syr. dea 31–33 | *125*
Syr. dea 51–52 | *80*

Martial
8,28,17–18 | *70*
9,5–7 | *80*
9,75 | *90*

Megasthenes
FGrHist 715 F 1a | *47*

Nabonid-Chronik
2,15–18 | *76*

Nikolaos von Damaskos
FGrHist 90 F 1 | *86*

Orosius
prol. 9–10 | *57*
1,1,4 | *60*
1,1,6 | *60*
1,2,3 | *59*
1,4 | *82, 88, 210*
1,4,1 | *57*
1,4,1–8 | *87*
1,4,3 | *57, 106, 119, 135, 148, 252, 353*
1,4,4 | *57, 88, 95, 98*
1,4,5 | *57, 58, 63, 105, 144*
1,4,6 | *58*
1,4,7 | *30, 58, 78, 106, 129, 295*
1,4,7–8 | *88, 95*
1,4,8 | *58*
2,1,4–6 | *56*
2,2,5 | *60*
2,3,1 | *97*
2,6,13 | *60*
2,10,9 | *60*
7,1–4 | *56*
7,2,1–12 | *56*
7,2,4 | *56*
7,43,19 | *56*

Ovid
am. 1,5 | *44*
epist. 4 | *44*
epist. 9,6 | *109*
epist. 9,131–145 | *109*
fast. 2,303ff. | *332*

met. 2,401–507 | *108*
met. 4,44–48 | *44*
met. 4,57–58 | *92*
met. 4,58 | *97*
met. 4,88 | *97*
met. 6,23 | *71*
met. 7,690–862 | *102*
met. 8,425–427 | *108*
met. 9,298ff. | *44*
met. 9,450–665 | *102*
met. 9,454ff. | *44*
met. 10,560–704 | *108*

Petronius
119,19–27 | *80*
109,20–27 | *80*

Philostrat
imag. 2,5 | *52*

Platon
polit. 3,400a | *171*

Plautus
Stich. 378 | *71*

Plinius maior
6,3,1 | *29*
6,8 | *90*
6,18,1 | *54*
6,92 | *29, 90*
6,145 | *29, 90*
7,123 | *41*
8,64 | *77, 86*
8,196 | *70, 71, 74*
19,19,1 | *128*
33,63 | *74*
35,36,7 | *69*

Plutarch
mor. 242E–263C (de mul. virt.) | *42*
mor. 243C (de mul. virt.) | *34, 42, 86*
mor. 328C (de Alex. fort.) | *47*
mor. 329B (de Alex. fort.) | *47*
mor. 336C (de Alex. fort.) | *86*

mor. 360C (de Iside et Osiride) | *34*
mor. 753D–E (amatorius) | *69, 78, 159, 276*
mor. 870A (Her. Malign.) | *38*

Polyainos
8,26 | *44, 52, 53*

Pomponius Mela
1,63 | *44*

Prokop
HA 1,9 | *90*

Properz
3,11,21–26 | *44*
3,11,39–46 | *44*
3,13,15–24 | *77*

Pseudo-Aristoteles
probl. 19,48 | *80*

Quintilian
inst. 5,11,1–6 | *5*

Seneca
epist. 6,5 | *5*
Med. 963–970 | *198*

Scriptores Historiae Augustae
trig. tyr. 27 | *90*

Statius
Theb. 5,240–295 | *117*
Theb. 5,468–485 | *117*

Strabo
2,1,26 | *90*
11,13,9 | *28*
11,14,8 | *90*
12,3,37 | *34*
14,2,17 | *102*
15,1,5–6 | *33*
15,2,5 | *33*
16,1,2 | *34, 90*
16,1,5 | *29*

Sueton
Caes. 2 | *44*
Caes. 22 | *44*

Tacitus
ann. 1,4,5 | *81*
ann. 6,34 | *71*
ann. 14,45,1 | *81*
Germ. 17 | *74*

Tatian
32 | *90*

Tractatus de mulieribus claris in bello
8 | *42, 43*

Valerius Maximus
praef. 6 | *51*
2,6,8 | *51*
4,1 ext. 7 | *128*
9,3, ext. 4 | *51, 53, 86, 106, 110, 134, 147, 206*
9,11 ext. 4 | *51*

Velleius Paterculus
1,6,1 | *44*

Vergil
Aen. 4,261–267 | *45*
Aen. 4,494–508 | *77*
Aen. 9,582 | *71*
Aen. 11,777 | *71*

Vitruv
8,3,8 | *90*

Vopiscus
Prob. 8,2 | *49*

Xanthus
FGrHist 765 F 31 | *47*

Xenophon
Kyr. 8,3,13 | *72*

Zenon
SVF 1,256 | *47*
SVF 2,1072 | *47*

8.1.2 Bibelstellen und Apokryphen

1 Kön 15–19 | *75*
2 Sam 11 | *29*
Dt 22,5 | *332*
Ex 28,42 | *74*
Ex. 2,1–10 | *28*
Ez 44,18 | *74*
Gen. 10,10 | *133, 249*
Jer 25, 50–51 |
Jes 13–14,21 | *59*
Jes 47 | *59*
Joh 12,3 | *59*
Lev 8,7–9 | *74*
Lk 7,37–38 | *59*
Offb 17–19 | *59*
Protoevangelium des Jakobus 5–8 | *128*
Richter 11,30–39 | *128*
Sach 5,5–11 | *59*
Vulg. Matt. 10,10 | *49*

8.1.3 Mittelalterliche und frühhumanistische Autoren

aṭ-Ṭabarī
253 | *359*

Benzo von Alba
MGH.SS 11,600 | *66*

Boccaccio
Teseida 7,62 | *108, 102*
De casibus virorum illustrium 9,24 | *103*
De mulieribus claris, ded. 9 | *107*
De mulieribus claris, pr. 3 | *104*
De mulieribus claris, pr. 11 | *107*
De mulieribus claris, Semiramis 1 | *98, 99, 105, 106, 119, 135, 148, 252*
De mulieribus claris, Semiramis 3 | *99, 105*
De mulieribus claris, Semiramis 4 | *99, 105*
De mulieribus claris, Semiramis 5 | *105*
De mulieribus claris, Semiramis 7 | *105*
De mulieribus claris, Semiramis 8 | *105*
De mulieribus claris, Semiramis 10 | *105*
De mulieribus claris, Semiramis 13 | *106, 210*
De mulieribus claris, Semiramis 14 | *106*
De mulieribus claris, Semiramis 15 | *73*
De mulieribus claris, Semiramis 16 | *106*
De mulieribus claris, Semiramis 17 | *106*
Epist. 10, 4–5 | *103*

Christherre-Chronik
Zeilen 4569–4576 | *68*

Dante
De Mon. 2,2,1 | *96*
De Mon. 2,8,3–4 | *96, 97*
Div. Com. Inf. 5,38 | *94*
Div. Com. Inf. 5,63 | *97*
Div. Com. Inf. 30,34–48 | *102*
Div. Com. Par. 6,76–78 | *96*

Dēnkard
3,80 | *47*

Frutolf von Michelsberg
MGH.SS 6,33,15–16 | *63*
MGH.SS 6,33,59–62 | *62*
MGH.SS 6,33,63–72 | *62*

Gesta Treverorum
1,1 | *82*
1,4 | *82*
1,8 | *82*
1–2 | *82*

Gregor I.
CCL 141, 288–298 | *59*

Gregor von Tours
Franc. 7,9 | *49*

Hugo von Fleury
1,1–31 | *67*
1,11 | *49*
1,36–37 | *67*

Hystoria Treverorum
2,3 | *82*

Isidor
1,2 | *90*
15,1,4 | *72*
19,30,3 | *72, 99*

Jean Froissart
Prologue, 10 | *67*

Johannes Tzetzes
Biblos historion 12,56/452 | *87*

Martin von Troppau
MGH.SS 22,398 | *66*

Otto von Freising
Chron. 1,4 | *64*
Chron. 1,5 | *64*
Chron. 1,6 | *64*
Chron. 1,7 | *64*
Chron. 1,8 | *64, 65, 82*
Chron. 1,20 | *64*

Petrarca
Epist. 97*/ Fam. 21,8 | *101*
De viris illustribus, Semiramis 1,1 | *98*
De viris illustribus, Semiramis 1,3 | *99*
De viris illustribus, Semiramis 1,4 | *99*
De viris illustribus, Semiramis 1,5 | *99*
De viris illustribus, Semiramis 2,2 | *99*
De viris illustribus, Semiramis 3 | *99*
De viris illustribus, Semiramis 4 | *99*
De viris illustribus, Semiramis 5 | *98, 99, 122*

Photius
44b17 | *25*

Radulfus Niger
1,1,150 | *66*

Synkellos
Ecloga chronographia, p. 119 | *36*

8.1.4 Inschriften und Papyri

IG XII 1,145 | *24*
P.Köln 6/248 | *30*
P.Oxy. 62/4306 | *77*
SEG XXVIII (1978), 842 | *24*
YCB 11633 | *8*

8.1.5 Rechtstexte

Cod. Just. 4,5,19 | *47*
Dig. 48,5,38 | *47*

8.2 Personen

Abraham   53, 54, 55, 60, *61*, 63, 64, 66, 67, 68, 82, 88, 129, 249, 254
Abydenos   54
Acciaiuoli, Andrea   104
Acciaiuoli, Niccolò   104
Achilles   *31*, 95, 96, 102, 112, *198*, 332
Adela <Blois, Gräfin>   *89*
Æthelred <England, König, II.>   79
Agrippina   *163*
Albioni, Tomaso   335
Aldrovandini, Giuseppe Antonio Vincenzo   254, 259
Alexander III.   *30*, 33, 34, 35, *42*, 46, 47, *52*, 58, 68, 83, 85, 90, 98, *105*, 114, 125, 130, *146*, 190, 344, 345, 354
Algarotti, Francesco   *318*
Alveri, Giovanni Battista   218
Amilkas   76

Ammon   30, 31, *33*, *143*, 144, 326, 345
Amorges   38
Amyot, Jacques   70
Anna <Österreich, Erzherzogin>   122, 134, 153, 156, 162, 235, 236, 240, *241*, 255
Anna Christine Luise < Pfalz-Sulzbach, Pfalzgräfin>   307
Anne <England, Königin>   118
Antiochos I. Soter   41
Anton <Sachsen, König, I.>   344
Anton Ulrich < Braunschweig-Lüneburg, Herzog>   218
Aphrodite   *38*, 317
Araja, Francesco   329
Arbakes   76
Argeia   *43*
Ariadne   *112*
Artaxerxes   25, 26, *39*, *202*
Artemisia   23, *24*, 38, *43*, 50, *53*, 84, 101, 102, 122, *124*, 161
Assurbanipal   77
Atalante   108
Athalja   *133*
Athena   *163*
Atossa   22, *43*, 47, *80*
Attalus III.   74
Augustinus   53, 54, 55, 56, 57, 60, 63, 64, 71, 88, 99, 103
Augustus   35, *44*, *60*, *75*, *79*, 86, *98*, 100
Auletta, Pietro   *319*, 320
Barbara   *124*
Barberini, Francesco   *333*
Bardare, Leone Emmanuele   21
Bathseba   *29*, 122
Bayle, Pierre   *157*
Beda Venerabilis   61, 73
Bee Gees   334
Belus   66, 114
Benedikt <Papst, XIV.>   334
Benigni della Penna Manfredi, Ippolita   137
Benno, Giuseppe   328
Benoît de Sainte-Maure   96, 107, 108
Bentivoglio, Ippolito   191
Bernhard von Clairvaux   *161*
Bianchi, Francesco   *173*
Biblis   101, *133*
Bisaccioni, Maiolino   *126*, 182, 277
Boccaccio   5, 42, 48, 73, 74, *81*, 82, 83, 91, 92, 94, 98, 100, 102, 103, 104, 105, 106, 107, 108, 109, 110, 111, 112, 113, 115, 116, 118, 119, 120, 122, 124, 125, 131, 132, 135, 139, *147*, 148, 152, 161, 163, *164*, 188, 189, 206, *210*, 246, *260*, 297, 316, 324, 340
Boethius   73
Boges   76
Boito, Arrigo   *176*
Bonacossi, Ercole   70, *152*, 233, 241, 246, *278*, 315, 341, *345*, *346*, 349
Bonifatius <Papst, VIII.>   93
Bononcini, Antonio   299
Bononcini, Giovanni Battista   272
Bottarelli, Giovanni Gualberto   344
Bracciolini, Gianfrancesco Poggio   139, 188
Braun, Georg   135
Bressand, Friedrich Christian   218
Brigitta <Heilige>   *133*
Busanello, Giovanni Francesco   *171*, *226*
Busenello, Francesco   186
Bussani, Giacomo Francesco   1, *344*
Byblis   *44*, 102, 109, *111*
Caesar   27, 35, 40, 44, *94*, 98, 130
Caetani, Onorato   137
Caldara, Antonio   311, 318, 344
Calderon de la Barca, Pedro   5, 149, 150, 152, *164*, 206, *207*, 240, 246, 316, 326, 335
Calmet, Augustin   157
Calzabigi, Ranieri de'   335
Cammarano, Salvatore   21
Capece, Carlo Sigismondo   *278*
Capelli, Giovanni Maria   299
Capra, Galeazzo Flavio   121
Caracalla   *125*
Castor, Agrippa   54
Cavalli, Francesco   186, 198, *207*
Cecchi, Domenico   199
Ceré, Alessandro   5
Ceres   105
Cesti, Pietro Antonio   201, 202, 203, 204, 207, 213, 216, 218, 219
Charlotte Aglaé <Modena, Herzogin>   298

Charlotte Christine Sophie <Braunschweig-Wolfenbüttel, Prinzessin> 271
Charlotte Christine Sophie <Russland, Zarewa> s.v. Charlotte Christine Sophie <Braunschweig-Wolfenbüttel, Prinzessin> 271
Charondas 121
Châtillon-Laval, Louis de 131
Chaucer, Geoffrey *81*, 110, 111, *112*, 132
Christian Albrecht <Schleswig-Holstein-Gottorf, Herzog> 248
Christina <Schweden, Königin> 162
Cicognini, Giacinto Andrea 198, *207*
Claudia de' Medici <Österreich-Tirol, Erzherzogin> *201, 204*
Cloelia 100, 328
Colonnese, Filippo *278*
Constantius II. 80
Cooper, Thomas 116, 163
Cornaro, Giovanni Battista 183
Corneille, Pierre 283
Corradi, Giulio Cesare 216
Da Ponte, Lorenzo *176, 224, 325*
Dalila *133*
Daphne 171
Dardano, Luigi 121, 122, 127
Dareios 23, 34, 125
de Cahusac, Louis *267*
Deidamia 101, 102
Deipyle 130
Demofoonte 241
Dennis, John *329*
Derketo 27, *29*, 43, 44, *58*, 124
Deschamps, Eustache *130*
Desfontaines, Nicolas-Marc *119*, 155, 156, 283
Destouches, André 292
Diana 108, 150
Dickinson, Bruce *334*
Dido *45*, 77, 95, 96, 104, 112, 122, *135*, *163*, 171, *178*, 316, 350
Dionysos 35
Dolfin, Pietro 213
Domenichi, Lodovico 121
Dorothea <Lothringen, Prinzessin> 139
Draghi, Antonio 202, 236, *344*

Drexel, Jeremias 224
Durazzo, Giacomo Francesco 319
Elektra *84, 94*
Eleonore <Aquitanien, Herzogin> *89*, 162
Eleonore <Österreich-Tirol, Erzherzogin> *83*
Elisabeth <England, Königin, I.> 116, 117, *118*, 162, *353*
Elisabeth <Heilige> s.v. Elisabeth <Thüringen, Landgräfin>
Elisabeth <Russland, Zarin, I.> *329*
Elisabeth <Thüringen, Landgräfin> *124*, *133*
Elisabeth <Ungarn, Prinzessin> s.v. Elisabeth <Thüringen, Landgräfin>
Elisabeth Christine <Braunschweig-Wolfenbüttel, Prinzessin> 271
Elisabeth Christine <Heiliges Römisches Reiches, Kaiserin> s.v. Elisabeth Christine <Braunschweig-Wolfenbüttel, Prinzessin>
Emma <England, Königin> 79, *162*
Erasmus von Rotterdam 92
Erechtheus 102
Esther *122, 133*
Europa 78
Ferdinand <León, König, I.> 73
Ferdinand <Spanien, König, VI.> 331
Ferdinand Albrecht <Braunschweig-Wolfenbüttel, Fürst, II.> 317
Ferdinand Karl <Österreich-Tirol, Erzherzog> *201, 204*
Ferne, John 132
Ferrari, Benedetto *169*
Feustking, Friedrich Christian *344*
Francesco <Modena, Herzog, II.> 216
Francesco Sforza <Mailand, Herzog> 121
Franck, Johann Wolfgang 247, *253*
Friedrich <Preußen, König, I.> 65
Friedrich <Preußen, König, II.> *318*
Friedrich Wilhelm <Preußen, König, I.> 317
Fux, Johann Josef 327
Gadamer, Hans Georg 17
García, Manuel *351*

Gasparini, Francesco *173*, 299
George <Großbritannien und Irland, König, II.> 330, *331*
George <Großbritannien und Irland, König, III.> *330*
Gessi junior, Berlingero 141, 317
Gian Gastone de'Medici <Toskana, Großherzog> 309
Gianettini, Antonio 207, 218
Gibbon, Edward 354
Gilbert, Gabriel 153, 154, 155, 156, 159, 164, 246, 283, 316, *325*
Giovannini, Pietro *173*
Giraldi, Giambattista *137*
Goldsmith, Oliver 354
Gomez, Madeleine-Angelique de 156, 157
Gonzaga, Guglielmo 139
Gordian III. *80*
Graun, Carl Heinrich *318*, 344
Gravina, Giovanni Vincenzo 319
Greber, Jacob 329
Greene, Robert 114, 116, 190
Gregor <Papst, I.> *59*, *94*
Gregor, Joseph *5*
Groto, Luigi *139*
Halbwachs, Maurice *1*, 12, 16
Hamel, Peter *5*
Händel, Georg Friedrich 1, 166, *203*, 264, 278, 287, 299, *306*, *325*, *330*, 344
Hannibal 33, *52*, 98
Hasse, Johann Adolf *5*, *165*, 299, 320, 328, 329, 331, 337, 344
Haym, Nicola Francesco *1*, 344
Hedwig Augusta <Österreich-Tirol, Erzherzogin> 201
Hedwig Augusta <Sulzbach, Pfalzgräfin> s.v. Hedwig Augusta <Österreich-Tirol, Erzherzogin>
Hegel, Georg Wilhelm Friedrich 355
Heinrich <Heiliges Römisches Reich, Kaiser, IV.> 61
Heinrich <Heiliges Römisches Reich, Kaiser, V.> 61
Heinrich <Sizilien, König, VII.> 96
Heinrich <Thüringen, Landgraf, III.> 68

Helena, Heilige *133*
Heliogabal *80*
Henri <Rohan, Herzog, II.> 153
Herakles 35, 109, *111*, 130, *292*, 332, 344
Herder, Johann Gottfried von 354
Herkules s.v. Herakles
Heywood, Thomas 132
Hill, Aaron *170*
Hinsch, Hinrich 247, 249, 254, 298, *325*, 342
Hippolyte *97*, 100, *107*, 130, 132, 162
Hipsicratea 124
Home, Henry Lord Kames 354
Homer 52, *91*, 103, 319
Honegger, Arthur *5*
Hugo von Fleury 67, 88, 99
Hypermnestra 112
Hypsipyle *112*, 116
Idley, Peter *5*, 113
Iole 108, 109
Irene von Athen 162
Iriarte, Tomás de 170
Isaak 252
Isebel *133*
Isis *34*, 105
Ištar 352
Iulian 80
Iulius Caesar 27, 35, 44, *94*, 98, 130
Jael *133*
Jakob <England, König, III.> s.v. James Edward Stuart <England und Schottland, Thronprätendent>
James Edward Stuart <England und Schottland, Thronprätendent> 320
Jeanne d'Arc 332, *353*
Joachim von Fiore 7
Johann <Frankreich, König, II.> *602*
Johann Friedrich <Braunschweig-Lüneburg, Herzog> 213
Johann Wilhelm <Pfalz-Neuenburg, Pfalzgraf, II.> 263, 264
Jolyot Crébillon, Claude-Prosper 156, 158, 159, 160, *283*, 293, 316
Jommelli, Niccolò 289, *326*, 337, *347*
Joseph <Hessen-Darmstadt, Prinz> 287
Judith *122*, *133*

Julius Africanus 54
Juno 105
Jupiter 78, 108
Kallisto 108
Karl < Heiliges Römisches Reich, Kaiser, V.> 313
Karl <Heiliges Römisches Reich, Kaiser, VI.> 263, 319, 327, 328
Karl <Schweden, König, XII.> 271
Karl <Spanien, König, III.> s.v. Karl <Heiliges Römisches Reich, Kaiser, VI.>
Karl <Spanien, König, IV.> 100, 255, 263, 268
Karl Emanuel <Sardinien-Piemont, König, III.> s..v. Karl Emanuel <Savoyen, Herzog, III.>
Karl Emanuel <Savoyen, Herzog, III.> 307
Karl II. <Spanien, König, II.> 225
Katharina <Russland, Zarin, II.> 162, *163*, *329*
Katharina de'Medici <Frankreich, Königin> 153, 162, 241
Kaunos 109
Kephalion 36, 54, *87*
Kephalos 102
Kircher, Athanasius *147*, *254*
Kleopatra VII. Philopator 40, 44, 45, *51*, *53*, 77, 79, 85, 86, *90*, 95, 96, 100, 104, 112, *117*, 121, *122*, *123*, *127*, *135*, *163*, 344, *350*, *352*, *353*
Klippisch, Kaspar 135
Köhler, Johann Martin *247*
Konrad <Heiliges Römisches Reich, König, III.> 63
Kroisos 76, 77
Kusser, Johann Sigismund *218*
Kyros 23, 25, 34, 38, 41, 76, *85*, *127*, 130
Lalli, Domenico *283*
Lampeto 130, 132
Lampugnani, Giovanni Battista 290
Landi, Stefano *333*
Le Febvre, François Antoine 224
Le Févre, Jehan *130*
Leda 124
Legrenzi, Giovanni 192, 198, 199
LeMaire, Jean *137*, *161*

Lemoyne, Jean Baptiste 344
Leo, Leonardo 287, *326*
Leonora <Heiliges Römisches Reich, Kaiserin> s.v. Leonora <Neuenburg, Pfalzgräfin>
Leonora <Neuenburg, Pfalzgräfin> 344
Leopold <Heiliges Römisches Reich, Kaiser, I.> 202, *225*, 236, 238
Leopold <Markgraf, Marcha orientalis, III.> 63
Leopold <Österreich-Steiermark, Herzog, V.> *201*, *204*
Leopoldo de'Medici <Kardinal> *201*
Loredano, Giovanni Francesco *182*
Lotti, Antonio 287, *337*
Louis <Frankreich, König, XIV.> *75*, 156, 268, 298, 328
Louis Ferdinand <Frankreich, Dauphin> *331*
Louis Joseph <Bourbon, Prinz> s.v. Louis Joseph <Vendôme-Beaufort, Herzog, II.>
Louis Joseph <Vendôme-Beaufort, Herzog, II.> 262
Louis XIII. <Frankreich, König, XIII.> 153
Luca Casimiro degli Abizzi, <Castelnuovo, Marchese> 258
Lucretia 100, *112*, *133*
Ludwig <Frankreich, König, XIV.> s.v. Louis <Frankreich, König, XIV.>
Ludwig Rudolf <Braunschweig-Lüneburg, Herzog> 271, *317*
Luis Francesco de la Cerda <Medinaceli, Herzog> 255
Lully, Jean-Baptiste 207, 292
Luther, Martin 54
Lyde *43*
Lykomedes 102
Malipiero, Federico *191*
Mamerot, Sébastian *131*
Mancia, Luigi *324*
Mancini, Maria 134
Manelli, Francesco *169*
Manfredi, Muzio 91, 137, 138, 139, 140, 144, 145, 146, 148, 149, *160*, 188, 189, *190*, *196*, 198, 211, 297, 298, *316*, *345*

Marcus Antonius   40, 44, *79*
Margotti, Margarita   217
Marguerite de Béthune <Rohan, Herzogin>   153
Maria <Burgund, Herzogin>   *89*, 162
Maria Caroline <Sachsen, Prinzessin>   s.v. Maria Caroline <Savoyen, Prinzessin>
Maria Caroline <Savoyen, Prinzessin>   344
Maria de'Medici <Frankreich, Königin>   122, 134, 153, 162, *204*, 241
Maria Josepha <Sachsen, Prinzessin>   *331*
Maria Karolina <Neapel-Sizilien, Königin>   *331*
Maria Luisa Gabrielle <Savoyen, Prinzessin>   255
Maria Luisa Gabrielle <Spanien, Königin>   s.v. Maria Luisa Gabrielle <Savoyen, Prinzessin>
Maria Magdalena   *59*, 124
Maria Theresia <Heiliges Römisches Reich, Kaiserin>   290, *291*, 319, 327, 328, 329, 330, 340
Marino, Giambattista   *96*, 121, 122, *123*, 124, 127
Mars   108, 109
Martinelli, Gaetano   347
Mary <England, Königin, II.>   118, 282
Mary <Schottland, Königin, I.>   117
Mary Tudor <England, Königin, I.>   117
Massi, Francesco Maria   213
Mathilde <Anjou, Gräfin>   s.v. Mathilde <Heiliges Römische Reich, Kaiserin>
Mathilde <England, Prinzessin>   s.v. Mathilde <Heiliges Römische Reich, Kaiserin>
Mathilde <Heiliges Römische Reich, Kaiserin>   *161*
Mattheson, Johann   *344*
Mattioli, Andrea   241
Maximilla   *55*
Mazzoni, Antonio Maria   *344*
McLuhan, Marshall   18
Meckenem, Israhel van   332
Medea   *84*, 112, *123*, 133, 198, *341*
Meisterlin, Sigismund   83

Melania die Ältere   88
Melanippe   130, 132
Messalina   *78, 163*
Metastasio, Pietro   5, 6, 18, 93, 124, *142*, *157*, *158*, 160, 166, *172*, 173, 174, 175, *176*, 178, *181*, 287, 291, *306*, *307*, *308*, 311, 317, 318, 319, 320, 321, 322, 324, 325, 326, 327, 329, 330, 331, 335, 337, 342, 343, 344, *345*, 346, 349, 350, 351, *352*, 354
Meyerbeer, Giacomo   320, 343
Minato, Nicolò   344
Minerva   105, 184
Mitridates VI.   *124*
Moniglia, Giovanni Andrea   201, 202, 203, 204, 205, 206, 207, *208*, 209, 210, 211, 212, 213, 216, *217*, 218, 223, 224, *247*, 272, *274*, 276, 277, 291, 298, *312*, 317, 340
Monika   *124*
Montesquieu   354
Monteverdi, Claudio   165, 166, *170*
Moréri, Louis   *68*, 156, 157, 163, 246, 297
Morselli, Adriano   325
Moses von Chorene   21
Mozart, Wolfgang Amadeus   4, *167*, 325
Myrrah   102
Nabonid   41, 76, *85*
Nabopolassar   *41*
Nangis, Guillaume de   67
Napoléon <Frankreich, Kaiser, I.>   344
Nasolini, Sebastiano   *173*
Naucler, Johannes   *65*, 83
Naumann, Johann Gottlieb   344
Nebuchadnezzar   41, *54*, *85*
Nero   3, 4, 5, 10, 345, *349*
Nerva   79
Neumann, Angelo   3
Nimrod   68, *72*, 105, 249
Ninos   5, *8*, 23, *24*, 26, 28, 29, 31, 34, 43, 46, 87, 104, 119, 137, 138, 146, 147, 150, 187, 188
Ninyas   26, 29, 30, 31, 36, *39*, 43, 47, 54, 58, *147*, *148*, 150, 346
Nitokris   23, *24*, 34, 38, *43*, 90, 125, *202*
Noris, Matteo   207, 208, 210, 211, 212, 213, 215, 224, 270, 272, *274*, *275*, 276, 277, 298, *309*, 317, 326, 340, 341, *345*, 349

Octavianus s.v. Augustus
Odysseus 171
Olympias 50, 53, 104
Onnes 28, 29, 31, 36, 43, 322, 341, 353
Onomaris 43
Opis 105
Orlandini, Giuseppe Maria 306, 307, 308, 309, 337, 338
Osiris 34, 35, 344
Paër, Fernando 178
Paglia, Francesco Maria 254, 259, 260, 276, 337, 340, 345
Pagliardi, Giovanni Maria 186
Paini, Ferdinando 152
Paisiello , Giovanni 178, 344, 347
Pallavicini, Stefano 263
Pallavicino, Ferrante 121, 126, 182, 189, 190, 191
Pariati, Pietro 327
Paris 95, 112
Parisetti, Flaminio 218
Patrizi, Francesco 355
Penelope 38, 124
Penthesileia 94, 100, 130, 132, 162
Pesne, Antoine 209
Peter <Russland, Zar, I.> 271
Petrarca 5, 42, 81, 91, 92, 94, 98, 99, 100, 101, 102, 103, 104, 106, 109, 110, 122, 124, 139, 160, 161, 189, 210, 246, 324
Petrowitsch, Alexei 271
Petrus Comestor 73, 128, 129
Pheretime 43
Philipp <Anjou, Herzog, V.> 255, 260, 262, 268
Philipp <Spanien, König, II.> 148
Philipp <Spanien, König, V.> s.v. Philipp <Anjou, Herzog, V.>
Philipp II. von Makedonien 45, 202
Philomela 112
Phyllis 112
Piovene, Agostino 173, 306
Pius <Papst, V.> 118, 148
Pizan, Christine de 118, 119, 124, 135, 155
Platzer, Johann Georg 209
Pollarolo, Carlo Francesco 277, 287, 299

Pona, Francesco 121, 124, 125, 126, 161, 191
Porcia 53
Porpora, Nicola 307, 308, 309, 327, 335
Porsenna 328
Porsile, Giuseppe 328
Prati, Alessio 173, 343
Priscilla 55
Prokris 102
Publius Valerius Publicola 328
Pyramus 77, 97, 109, 112, 115
Pyrrhus 98
Rabelais, François 164
Radolfus Niger 88
Ragouenet, François 338
Rameau, Jean-Philippe 267, 344
Rapparini, Giorgio Maria 78, 263, 269, 327, 345
Rebekka 252
Respighi, Ottorino 5
Reutter d.J., Georg, 328
Rhodogyne 43, 52, 53, 90
Rinaldo d'Este <Modena, Herzog> 298
Robert von Rouen <Erzbischoff> 79
Roberti, Girolamo Frigimelica 173
Roma 184
Romulus 98, 112
Rossi, Gaetano 10, 152, 160, 178, 198, 343, 344, 351
Rossi, Giacomo 170
Rossini, Gioacchino 10, 19, 160, 178, 198, 335, 344, 351, 352, 353
Roy, Pierre-Charles 266, 292, 293, 297, 298, 316
Rubinstein, Ida 5
Rudolf von Ems 10, 67, 68, 88
Ruggeri, Giovanni Maria 278
Rycaut, Paul 185
Sachs, Hans 134, 135
Sacrati, Francesco Paolo 177, 182, 333
Said, Edward W. 6, 7, 10
Salomoni, Giovanni Battista 258
Salvi, Antonio 299
Salvi, Pratolino 306
Šamaš-šuma-ukin 77
Sammu-rāmat 8, 22

Šamšī-Adad 8
Sarakos 77
Sardanapal 24, 26, 47, 54, 66, 76, 77, 188, 211
Sarro, Domenico 320, 324, 335
Sartorio, Antonio 213, 344
Scarlatti, Alessandro 258, 259, 263, 306
Schaffgotsch, Johann Anton von 309
Schürmann, Georg Caspar 269
Seleukos I. 121
Selim II. 148
Sellitto, Giuseppe 344
Sertor, Gaetano 173
Sesostris 33, 34, 35, 46, 85, 90, 344
Severus Alexander 80
Shakespeare 90, 97, 115
Sigismund Franz <Österreich-Tirol, Erzherzog> 201
Silvani, Francesco 70, 266, 277, 278, 279, 282, 283, 287, 289, 291, 305, 306, 307, 309, 325, 326, 327, 331, 337, 338, 342, 346
Sîn-šarru-iškun s.v. Sarakso
Sinope 47, 130
Sixtus <Papst, V.> 320, 334
Sografi, Antonio Simeone 173
Sophie Charlotte <Braunschweig-Lüneburg, Herzogin> 136
Sparethra 38
Spencer, Edmund 115
Speroni, Sperone 139
Spinola, Paolo 235
Sporck, Franz Anton Graf von 309
Stabrobates 30, 31, 114, 190, 259
Stampiglia, Silvio 259, 324
Steinhöwel, Heinrich 73, 74, 82, 83, 135
Strauss, Richard 5, 165, 171, 335
Strozzi, Giulio 177
Strungk, Nicolaus Adam 247
Tagliazucchi, Giampietro 318
Tasso, Torquato 170, 283
Tatiane 88
Teuta 84, 130
Thalestris 163, 209
Thargelia 43
Theseus 84, 97, 107, 130
Thetis 102

Thisbe 77, 97, 108, 109, 112
Thomas <Saluzzo, Markgraf, III.> 130
Thomas von Aquin 128
Timoneda, Juan de 139, 335
Titus 98
Tomyris 23, 24, 43, 53, 122, 123, 127, 130, 132
Trajan 98, 121, 170
Trebeta 62, 63, 64, 65, 68, 82, 83
Tristan 95, 112
Tullia 48, 133
Valens 80
Vega, Felix Lope de 124, 148, 149
Vega, Lope de 124, 148, 149
Velthen, Johannes 207
Venus s.v. Aphrodite
Verdi, Giuseppe 21, 178
Vespasian 98
Veturia 133
Vico, Giambattista 354
Vincent, Isbrand 207
Vinci, Leonardo 166, 178, 319, 320, 321, 335, 337
Virginia 133
Virués, Cristobal de 144, 145, 146, 147, 148, 149, 150, 151, 152, 164, 188, 189, 190, 297, 298, 316
Vivaldi, Antonio 287, 288, 306, 335, 338
Voltaire 156, 160, 163, 164, 198, 292, 293, 298, 318, 327, 331, 347
von Hofmansthal, Hugo 5
Wagenseil, Georg Christoph 329
Wagner, Richard 3, 117
Warburg, Aby 7, 13
Wilderer, Hugo 173, 263, 270
Wilhelmine <Bayreuth, Markgräfin> 318, 334
Wilson, Brian 334
Zanelli, Ippolito 291, 298, 304, 305, 306, 309, 310, 311, 312, 320, 324, 326, 331, 337, 338, 341, 345, 346
Zarinaia 26, 38, 43
Zeno, Apostolo 125, 173, 174, 178, 287, 311, 312, 313, 315, 316, 317, 326, 337, 341, 344
Zenobia 84, 100, 104, 123, 136
Ziani, Marc Antonio 207

Ziani, Pietro Andrea   207, *247*, *325*
Zoroaster   46, 54, 57, 133, 153, *266*

Zweig, Stefan   5

Classica et Orientalia

Herausgegeben von Ann C. Gunter, Wouter F.M. Henkelman, Bruno Jacobs, Robert Rollinger, Kai Ruffing und Josef Wiesehöfer

---

21: Claudia Horst (Hg.)

Der Alte Orient und die Entstehung der Athenischen Demokratie

2020. XXII, 218 Seiten, gb
170x240 mm
ISBN 978-3-447-11284-0
⊙E-Book: ISBN 978-3-447-19908-7   *je € 58,– (D)*

22: Bruno Jacobs (Ed.)

Ancient Information on Persia Re-assessed: Xenophon's *Cyropaedia*

Proceedings of a Conference Held at Marburg in Honour of Christopher J. Tuplin, December 1–2, 2017

2020. XXXII, 408 pages,
8 ill., 3 tables, hc
170x240 mm
ISBN 978-3-447-11283-3
⊙E-Book: ISBN 978-3-447-19907-0   *each € 98,– (D)*

Nach allgemeiner Auffassung verharren die nahöstlichen Gesellschaften seit Jahrtausenden in despotischen Strukturen. Ganz anders scheint die Geschichte im Westen verlaufen zu sein, wo in Athen bereits im 5. Jahrhundert v.Chr. der ersten Demokratie der Weltgeschichte und der Entstehung der europäischen Zivilisation der Weg bereitet wurde. In der Forschung sind diese Dichotomien zwischen Ost und West mehrfach hinterfragt worden. Es hat sich gezeigt, dass sich auch in den mesopotamischen Städten Versammlungen und Strukturen politischer Selbstverwaltung nachweisen lassen.
Der von Claudia Horst herausgegebene Sammelband führt diese Debatten über die Entstehung demokratischer Strukturen fort und eröffnet neue Perspektiven, indem Demokratie nicht nur als Verfassung, sondern auch auf der Basis ihrer kulturellen, sozialen und ökonomischen Grundlagen betrachtet wird. Ausgehend von politischem Denken und politischer Kommunikation wird erkennbar, wie groß die Handlungsspielräume des Volkes in den jeweiligen Kulturen waren, welche Möglichkeiten es gab, Machtstrukturen zu kritisieren und Herrschaftsformen in Frage zu stellen, und wie die natürliche und die religiöse Ordnung wahrgenommen wurden. Die einzelnen Beiträge stellen die Besonderheiten der mesopotamischen, israelitischen und griechischen Politik und Kultur dar und regen dazu an, die hergestellten Vergleiche weiterzudenken.

In the past Xenophon's *Cyropaedia* has attracted the attention of scholars primarily for literary-historical reasons. It is one of the main tasks of the present publication to free discussion of the work from this relatively narrow disciplinary constraint.
As questions of genre cannot be ignored anyway, the volume opens with contributions that consider where *Cyropaedia* stands in relation to historiography, the novel and Socratic literature. The next group of studies deals with how Xenophon drew on material from other authors and from his own experience to develop a picture of the emergence of the Persian Empire and of the way in which power was exercised there. Investigations of this sort presuppose questions about the *historië* that underpins *Cyropaedia*, and that topic is the focus of two further contributions that deal specifically with the types of information that were available to Xenophon. A final group of contributions looks at the impact of the work in canonical and deuterocanonical books of the Old Testament, in the writings of the Alexander historians and in modern literature up to the 20th century.

Classica et Orientalia

Herausgegeben von Ann C. Gunter, Wouter F.M. Henkelman, Bruno Jacobs, Robert Rollinger, Kai Ruffing und Josef Wiesehöfer

---

23: Robert Rollinger, Kai Ruffing, Louisa Désirée Thomas (Hg.)

Das Weltreich der Perser

Rezeption – Aneignung – Verargumentierung

2019. VI, 450 Seiten,
131 Abb., 10 Tabellen, gb
170x240 mm
ISBN 978-3-447-11296-3
⊙ E-Book: ISBN 978-3-447-19918-6   je € 98,– (D)

24: Richard E. Payne, Rhyne King (Eds.)

The Limits of Empire in Ancient Afghanistan

Rule and Resistance in the Hindu Kush, circa 600 BCE–600 CE

2020. XXII, 272 pages,
40 ill., 3 maps, 6 tables, hc
170x240 mm
ISBN 978-3-447-11453-0
⊙ E-Book: ISBN 978-3-447-39027-9   each € 68,– (D)

Die Rezeptionsgeschichte der antiken Welt ist ein selbstverständlicher Bestandteil altertumswissenschaftlicher und historischer Forschung geworden. Der Schwerpunkt liegt dabei allerdings auf der klassischen Antike in Gestalt der griechischen und der römischen Welt; demgegenüber spielt die Rezeptionsgeschichte des Achaimeniden-Reichs bislang eine eher untergeordnete Rolle.

Das Weltreich der Perser nun stellt die Rezeption des Achaimeniden-Reichs in den Mittelpunkt der Aufmerksamkeit. Das chronologische Spektrum der einzelnen Artikel reicht von der Antike bis in die Neuzeit. Europäische und nordamerikanische Vorstellungen finden ebenso Berücksichtigung wie die Konstruktion der achaimenidischen Geschichte im Iran des 20. Jahrhunderts. Von den Beiträgerinnen und Beiträgern wurde ein breites Spektrum verschiedener Quellen für die Analyse der jeweiligen Rezeption zugrundegelegt, das von der klassischen Literatur und der Bibel über Oper und Malerei bis hin zur Darstellung der Perser im Film und der Präsentation persischer Kunst in Nordamerika reicht. Ebenso finden Vorstellungen vom Perserreich in der Kultur- und Geistesgeschichte breite Berücksichtigung.

The territory of modern Afghanistan provided a center for a succession of empires, from the Achaemenid Persians in the 6th century BCE until the Sasanian Iranians in the 7th century CE. And yet these regions most frequently appear as comprising a "crossroads" in accounts of their premodern history.

This volume explores how successive imperial regimes established enduring forms of domination spanning the highlands of the Hindu Kush, essentially ungovernable territories in the absence of the technologies of the modern state. The modern term "Afghanistan" likely has its origins in an ancient word for highland regions and peoples resistant to outside rule. The volume's contributors approach the challenge of explaining the success of imperial projects within a highland political ecology from a variety of disciplinary perspectives with their respective evidentiary corpora, notably history, anthropology, archaeology, numismatics, and philology. *The Limits of Empire* models the kind of interdisciplinary collaboration necessary to produce persuasive accounts of an ancient Afghanistan whose surviving material and literary evidence remains comparatively limited. It shows how Afghan-centered imperial projects co-opted local elites, communicated in the idioms of local cultures, and created administrative archipelagoes rather than continuous territories. Above all, the volume makes plain the interest and utility in placing Afghanistan at the center, rather than the periphery, of the history of ancient empires in West Asia.